国际货物买卖

SALE OF GOODS

杨大明 | 著

法律出版社
LAW PRESS · CHINA
北京

前　言

"Money and not morality is the principle of commerce and commercial nations".[1]

——Thomas Jefferson

商场如战场——这常用的中国名言,亦被前美国总统托马斯·杰斐逊(Thomas Jefferson)应用来描述国际买卖的大原则——赚钱。国际货物买卖常适用的英国法律数百年的发展都围绕着这种概念。英国法律对于货物买卖的基本原则是"caveat emptor"("买者自负"),即购买货物时,买方要自己小心,若在无知或欠缺谈判能力的情况下买错货物或多付了钱都不能怪责卖方或别人没有及时作出提醒或是对方欺骗他。简单的说,卖方没有责任提醒买方他买错了货,或可以在其他地方更便宜地买到相同的货物,且法律亦不会批评类似"卖花赞花香"的销售方法。同样,若卖方以过低价钱出售货物而令买方可以占大便宜,买方也没有责任就此作出提醒。可以说,商场(特别在国际商场)对无知与无能的人士是残酷无情的,虽然它不像战场是可以看见血淋淋的场面。

当然,以上的极端情况也有例外,如英国1979年的《货物稍售法》(Sale of Goods Act 1979)对特定情况下给予的有限保护及其他保护消费者的法例。但这法律适用于国际货物买卖(而后者的保护消费者法例明确不适用),英国法院/仲裁庭在国际货物买卖的应用都会假定买卖双方有同等的水平及谈判能力,不会轻易予以其中一方特别的保护。换言之,能够进行国际货物买卖的贸易商,不管是真懂或是不懂,都被假设为"全懂"。

按笔者的经验,中国公司对以上的概念或多或少都心存抗拒。这可能是因为1980年的《国际货物销售合同公约》(United Nations Convention on Contracts for the International Sale of Goods 1980,简称CISG)承认"善意"(good faith)原则,且"买者自负"这一概念与中国人一直的理念似乎有违反。虽然笔者对中国公司以上的态度有一定程度上的理解,但亦觉有必要在此提醒大家英国法律是完全另一套规则,而在

---

[1] "商业及从事于商业的国家都以金钱而不是道德为准则。"——托马斯·杰斐逊

国际货物买卖使用的法律主要就是英国法。

1999年,我父亲杨良宜先生已通过《国际货物买卖》一书对这一套规则作出介绍。从这本书出版到现在的12年内有大量改变,笔者也非常荣幸被托付对《国际货物买卖》作出重写的任务。这一本书主要针对中国贸易商在目前的国际货物买卖,希望看这本书的中国贸易商能够从本书为大部分他们遇到的困难与问题找到一个差不多配合的解释。但要特别提出的是,中国贸易商如果希望变得"全懂"是不能仅靠这一本书,毕竟在这一个复杂的行业是学无止境。与其他针对国际货物买卖英文书籍,如《Benjamin's Sale of Goods》(8th edn, 2010年), Michael Bridge教授的《The International Sale of Goods》(2nd edn, 2007年)或Schmitthoff的《Export Trade: The Law and Practice of International Trade》(11th edn, 2007年),一个重要不同之处是本书没有详细针对几个方面的重要内容,如提单及其他付运单证、保险、信用证等方面。这是因为在这几个重要方面,都有了或会有中文书籍针对,没有必要在本书大量重复。这些书籍包括了杨良宜先生所著的《提单及其他付运单证》(中国政法大学出版社)、《海上货物保险》(法律出版社),杨良宜先生与司嘉小姐正在著作中的《信用证与见索即付的保函》(法律出版社)。希望中国贸易商在看了所有这些书以及相关的先例之后,会变得是接近"全懂"并能够在这一残酷无情的国际商场屹立不倒。

本人特别感谢父亲杨良宜先生对这新版《国际货物买卖》所提供的意见,亦同时非常感谢闫萍律师、司嘉小姐与李佳莹小姐对这书出版所提供的大量协助。

最后,且最重要的是,全面更新/修改这本书需要大量时间,没有太太的支持及体谅是没有办法完成的,因此本人希望藉此对太太刘珊珊表示致意。

杨大明

2011年4月

目　录

第一章　序　　言

§1　国际货物买卖与英国法

货物买卖做法上千变万化,在英国或是适用英国法的国际货物买卖都是1979年的《货物销售法》(Sale of Goods Act 1979)所约束的,在香港及不少其他前殖民地也有类似立法。但对于中国读者会感兴趣,也是笔者在本书针对的,不是英国或香港本土买卖,而是国际买卖(特别是与中国有密切关系,数量与金额庞大的"商品"(commodity)买卖[这是指大宗货的"干货"(dry cargo)与石油/石油产品等])。在这种国际商品买卖,做法上最普遍是 CIF (cost,insurance and freight)、C&F (cost and freight)与 FOB (free on board)买卖。国际买卖的特殊性是它会涉及运输,所以相比本土买卖是有极大的复杂性与风险。

国际买卖这套规则是英国在过去二百年建立、完善起来的,亦是透过这套规则多年来保持贸易强国的地位和殖民地统治。就算英国现在已经没有以前的地位,在国际贸易的数量也占的不多,但今天国际贸易上的合约(特别是商品买卖)通常以英国法律来解释,争议往往是英国法院管辖或伦敦仲裁。所以,任何人涉及国际货物/商品买卖,必须掌握英国的这套规则不可,并加上基本的规则,如合约法。

§2　1980年《联合国国际货物销售公约》

虽然世界上绝大部份国际买卖争议都会涉及英国法,但国际上也越来越流行另一套制度,来自1980年在维也纳签定的《联合国国际货物销售公约》(United Nations Convention on Contracts for the International Sale of Goods,简称 CISG)。

这联合国公约在1988年1月1日生效,并有76个国家承认,[1]其中包括重量级国家如美国、大部分欧洲国家、澳大利亚与中国。但可惜英国并没有承认,大概好像对待《联合国仲裁示范法》的态度一样,心底里认为自己的一套是优越多了。即认为

[1] 以2010年7月7日为准。

1979 年的《货物销售法》,加上整套的案例法/普通法作出解释/补充,才是最好与最完整的。毕竟,这也是有很多的事实支持,就是涉及国际货物买卖的仲裁案件,世界上十之八九都是去伦敦审理。表示英国在这方面的法律还是受到欢迎,也就没有理由轻易改动这一个成功的模式。笔者作为一个实用主义者,也有同感。纯是比较,新的联合国公约仍未有经过任何考验。作为国际公约总是有太多协调,要兼顾不同法系(普通法与大陆法等),不同意见或太多意见(不少还是不太懂的国家代表所作出),避开尖锐议题等。但笔者绝非是说英国法就是无懈可击。

现实是,来香港/伦敦仲裁的国际货物买卖合约,绝大多数是约定英国法适用。双方更不会约定适用 CISG。故此,本书只是略提及 CISG 而不会深入分析。

国际上希望减少法律冲突,协调这方面的法律以前也曾经有过。1964 年,在海牙曾签署两个公约,一是《Uniform Law on the International Sale of Goods》,另一是《Uniform Law on the Formation of Contracts for the International Sale of Goods》。英国都承认了,并通过了 1967 年的《UK Uniform Laws on International Sales Act》立法。但这是政治姿态多于实际,因为该公约允许签约国局限在买卖合约双方明示同意才适用。这一来,这样做的机会不大。而且这两个公约在国际上支持的国家不多。

到了 CISG,国际上支持大得多了。而该公约的适用面也广多了。它在 Article 1 说明是两个承认国家之间的货物买卖,或是买卖合约适用承认公约国家的法律。而不想适用是要靠 Article 6 了,订约双方明确豁免适用。大精神仍是尊重订约自由,但 1964 年公约是买卖合约双方同意适用,而 1980 年公约是买卖合约双方同意辖免,否则适用。两者之间在现实中有强大差异,一般买卖双方都不会是专家,不会太了解某国际公约适用的优劣,所以订约时很少会合并适用或刻意辖免。所以,如果英国也承认 CISG,而适用英国法的国际货物买卖合约极多,则这公约会被广泛使用。这也是英国到了今天还是非常矛盾与不情愿去承认 CISG,但眼见到主要的外贸国家都已经承认,自己也不知道能够拖多久。

1980 年 CISG 也在其他情况下被适用,如作为"商人法则"(*lex mercatoria*)被适用在美伊(Iran – U. S. Claims Tribunal)之间的一个仲裁:Watkins – Johnson Co. and Watkins – Johnson Ltd. v. Islamic Republic of Iran (1990) XV Yearbook of Commercial Arbitration 220。它也在另一个国际商会仲裁被视作"商业习惯"(trade usage)而适用:ICC Case No. 5713/1989, summarised in (1990) XV Yearbook of Commercial Arbitration 70 and (1989) Unilex D 89 – 1。

以下随便挑几处与英国法律有出入之处:

(1)在 Article 25,"基本违约"(fundamental breach)的概念是英国法已经没有。Fundamental breach 的定义是:"A breach of contract committed by one of the parties is fundamental if it results in such detriment to the other party as substantially to deprive him of what he is entitled to expect under the contract, unless the party in breach did not foresee and a reasonable person of the same kind in the same circumstances would not have foreseen such a result."从此可见,CISG把违约与"可否预见"(foreseeability)扯上关系来判断这违约是否"基本"。在Article 49,51(1),(2),也只有在这种基本违约,在很大程度剥夺了无辜方所预期的好处,才允许无辜方终断买卖合约。CISG在Article 25有好像英国法下"中间条文"(innominate terms)的说法,但没有"条件条文"(condition)或"保证条文"(warranty)。

(2)如果货不对版,英国法适用通常让买方可"拒绝接受货物"(rejection of goods)。但1980年CISG的Article 46(2)与(3)允许买方要求提供"替代货物"(substitute goods)或作出修理。看来,CISG不像英国法的决绝与肯定。

(3)另一处英国法也是决绝或僵化(但较为肯定)是计算损失。英国法重视市场价格的差价,只要违约当时有适当市场可供比较,无辜方的真正损失会漠视。但1980年CISG的Article 75与76是重视无辜方有否合理买进替代货物(买方无辜)或转售该批货物(卖方无辜),如果有,所带来真正损失才是作准,而不是"市价"(current price)。

(4)如果交付的货物有缺陷,CISG容许买方用把货价向下调整作为对违约补救的方法之一,但在英国普通法就需要双方以明示条文作出约定损失计算是以这种办法为准。在Article 50,CISG这样描述:"If the goods do not conform with the contract and whether or not the price has already been paid,the buyer may reduce the price in the same proportion as the value that the goods actually delivered had at the time of the delivery bears to the value that conforming goods would have had at that time. However,if the seller remedies any failure to perform his obligations in accordance with article 37 or article 48 or if the buyer refuses to accept performance by the seller in accordance with those articles,the buyer may not reduce the price."

(5)CISG容许在某些情况下无辜方可以在对方在违约或预期违约的情况下"暂停履行"(suspend performance)他在买卖合约的责任,但不是终断买卖合约。在Article 71,CISG这样描述:"(1)A party may suspend the performance of his obligations if,after the conclusion of the contract,it becomes apparent that the other party will not perform a substantial part of his obligations as a result of:(a)a serious deficiency in his ability to perform or in his creditworthiness;or (b)his conduct in preparing to perform or in performing the contract."这里跟英国普通法的地位是很不一样,就是合约的一方违约或预期违约,无辜方有法律的救济,例如是可以接受并终断合约。但这法律救济不包括无辜方暂停对合约的履行,反正合约一天没有终断,无辜方还是必须履行合约下该做的事情,否则他也变了是违约方。这方面的英国法律可节录Channel Tunnel v Balfour Beatty (1993)1 Lloyd's Rep 291先例中,Staughton大法官说:"It is well established that if one party is in serious breach,the other can treat the contract as altogether at an end,but there is not yet any established doctrine of English law that the other party may suspend performance,keeping the contract alive. It is said that there is authority,at any rate in the

Commonwealth, which would support such a doctrine.”这一个法律地位与欧洲的一些国家并不一致，与 CISG 显然也是不一致。在英国法律下，除非已经被明确了是属于先决条件，如买方必须先开出信用证，卖方才需要履行提供货物装船的义务，否则就必须以明示条文规定。

(6)如果不履行买卖合约的理由是合约一方无法控制或超出其合理预料的事情，他可以免除赔偿对方的损失。在 Article 79，CISG 这样描述：“(1) A party is not liable for a failure to perform any of his obligations if he proves that the failure was due to an impediment beyond his control and that he could not reasonably be expected to have taken the impediment into account at the time of the conclusion of the contract or to have avoided or overcome it or its consequences.”这里与英国普通法不一样之处在本书第六章已经充分介绍。就是英国普通法的地位是合约必须“受阻”(frustration)才允许合约方不履行合约而不必赔偿对方的损失。但受阻的说法非常局限与严格，这导致了许多合约(包括货物买卖合约)加上了一条明示的“不可抗力条文”(force majeure clause)，特别保障在 CIF 与 FOB 买卖中要提供货物付运的卖方。但在 CISG 的 Article 79，看来是加上了一条默示的不可抗力条文，而且它也保障了买卖双方。

CISG 还在其他许多重要地方与英国普通法有差异，甚至有关“买卖合约的成立”(formation of contract)。另有许多的差异也在本书其他章节详谈的时候会涉及，不在这里多重复。

该公约目前有七十多个国家同意适用（虽然到不同程度)，包括大部分主要贸易强国（如中国、美国、澳洲、法国、德国等)。这些国家会比较喜欢 CISG，因为内容会比英国法较反映其理念，如 CISG 非常强调买卖双方要在“善意”(good faith)的基础上互相合作，但英国对这观点看得比较冷淡，认为除非合约有明示/默示规定，双方可用任何合法途径把自己利益扩到最大，不需理会对方生死。另一句话说，英国法律是没有善意的要求(除了一些特定的合约，如保险合约)，认为这是在商业合约关系中唱高调，在本质上每个人为自己的私利根本达不到善意。可能因为这理由，最可惜的地方是英国没有加入/适用 CISG 公约，英国心底里比较喜欢自己的一套，但 CISG 也因此而无法提升其重要性与普及。直至英国受到足够压力加入，CISG 目前看来不会在国际上有领导地位。英国的态度与以前两个有关国际货物买卖的公约有所不同。为了希望减少法律冲突，协调国际货物买卖这方面的法律以前也曾经有过。在 1964 年，在海牙曾签署两个公约，一是《Uniform Law on the International Sale of Goods》，另一是《Uniform Law on the Formation of Contracts for the International Sale of Goods》。英国都很快承认了，并通过了《UK Uniform Laws on International Sales Act 1967》的立法。但这是政治姿态多于实际，因为这公约允许签约国局限在买卖合约的双方当事人明示选择与同意适用。这一来，英国估计是理解到这公约的实用性不强，因为买卖合约的双方如果不懂，就不会作出这样的明示选择。而如果懂，双方就不大会选择该公约的适用而放弃英国法律。但到了 CISG，有关的适用或不适用的选择发生变化，就是买卖合约双方如果不想适用就必须明确豁免,这是在 Article 6:" The parties may exclude the application of this Convention or, subject to article 12, derogate from or vary the effect of any of its provisions"。这一来,情况会是买卖的双方如果不懂(这还是占多数)就不会作出明示豁免而导致 CISG 适用,而如果懂的国际贸易人士而且认同英国法律比 CISG 优越与肯定,他们才会选择作出明示豁免 CISG 而适用英国法律,但现实中这种人是少数。估计是这一个原因,以及其他原因(包括对 CISG 许多条文的怀疑),导致英国迟迟不加入 CISG。但话虽如此,现今在国际货物买卖(特别是商品以外的买卖如机器设备等)见越来越多 CISG 适用的情况,主要是涉及 CISG 国家的贸易,而双方没有在买卖合约里明示适用英国或其他类似法律(如香港)。现今也见越来越多在不同 CISG 国家判下的有关案例,而 1980 年维也纳公约也在其他情况下被适用,如作为"商人法则"(*lex mercatoria*)被适用在美伊(Iran – U. S. Claims Tribunal)之间的一个仲裁:Watkins – Johnson Co. and Watkins – Johnson Ltd. v. Islamic Republic of Iran (1990) XV Yearbook of Commercial Arbitration 220。它也在另一个国际商会仲裁被视作"商业习惯"(trade usage)而适用:ICC Case No. 5713/1989, summarised in (1990) XV Yearbook of Commercial Arbitration 70 and (1989) Unilex D 89 – 1。看来处理国际货物买卖时,也不得不懂这一套。

§3 货物销售/买卖的基本概念

在更深入探讨有关法律前,必须先区分货物买卖及其他类似,但并非是货物买卖的合约关系。理由很简单,英国 1979 年《货物销售法》及有关案例只会针对货物买卖,不约束或适用在其他合约关系。

英国 1979 年《货物销售法》在第 2(1)段对货物买卖合约(contract of sale of goods)的定义如下:"2. (1) A contract of sale of goods is a contract by which the sellers transfers or agrees to transfer the property in the goods to the buyer for a money consideration, called the price."

从此可见,英国的货物销售法律针对当卖方同意把他对货物所拥有的"财产/货物所有权"(property in the goods)转移给买方,而买方同意以货款支付给卖方作为"金钱上的对价"(money consideration)。从以上定义能看出货物买卖合约与以下的区别。

3.1 "货物买卖合约"(contract of sale)与"货物销售/买卖"(sale)的区别

货物买卖合约是一份合约,给双方在合约下所有的法律权利,但货物销售/买卖包含卖方把物品的财产/货物所有权转让给买方。

所以,如果卖方在货物买卖合约订立后,但买卖完成前(即财产/货物所有权转移前)决定拒绝履行合约,买方一般只会有向卖方提出"损失索赔"(damages claim)的权利。除非在少数特殊情况买方能证明金钱无法补偿损失(如货物非常独特罕有)，才能向法院申请“履约指令”（specific performance)（这在本书第六章3段有详论）。相反，如果财产/货物的所有权已转移到买方，就算货物目前还在卖方手里，卖方的身份只为“托管人”（bailee)，当买方要求时就要马上把货物归还，否则买方可马上向法院申请命令要求卖方把买方所拥有的货物交出。

在一般情况下，货物买卖合约订立与财产/货物所有权转移的区分没有太大意义。若是两家大企业订立合约，一般会履行这合约，不遵守，也逃避不了金钱索赔的后果。但若面对一些较特殊情况，如卖方资产不多或马上破产，就会有生死之别。买方在货物买卖合约下的是“对人”（即卖方）诉讼，但若卖方没有钱，这权利是没有价值的。在财产/货物所有权转移后就可加上“对物”（即货物)（in rem）诉讼，可直接把货物占有。这种权利在卖方破产时非常有用；若没有“对物”诉讼权，就算买方已有合约购买卖方某些货物，甚至已支付货款，也只能与卖方的其他债权人分摊这些货物（及其他卖方还有的资产）。只是有财产/货物所有权的买方能把他们的货物直接取回，不用与其他债权人共享。

至于财产/货物所有权何时转移，1979年英国《货物销售法》第17段表明转移时间是按照合约双方的“意图”（intention）来确定。这意图是按合约条文，双方行为及案件情况来定。这方面的法律复杂及千变万化，本书第五章会详论。

3.2 货物买卖合约与“馈赠”（gift）的区别

按英国法律，有效的合约必须要有“对价/约因”（consideration）。若没有对价，就不会有货物买卖合约。若甲方愿意免费向乙方提供货物，这在法律上被视为馈赠，甲方就算同意了但事后反悔也没有义务交出或继续提供货物，乙方不能求助法律寻求救济，如要求甲方赔偿损失。

如果要把馈赠的“义务”生效，按英国法律必须经过“契约”（deed）方式执行。另一方法是双方同意用象征性的价格如一块钱作为对价/约因，将馈赠变为买卖合约，但卖方接受这种方法定下一个有法律效力的合约，作为“卖方”会在英国法律下为他带来一些不愿意接受的默示责任，因为本质上这是馈赠。如货物必须达到“满意质量”（satisfactory quality），否则买方或受馈赠一方可以提出损失的索赔。若卖方是把货物半卖半送（象征性地支付一块钱，基本是免费），他是绝对不会愿意承担有关法律责任。这就变了卖方要加上很多明示条文把英国法律的默示地位强加的责任全部排除在外。

3.3 货物买卖合约与“以物易物”（barter）的区别

全球大部分货物买卖都是透过买方提供金钱及卖方提供货物来进行的。从发明了金钱后，国际上大规模货物买卖都不会透过以物易物的落后方式来进行。

虽然是这样，但以物易物的交易方式并不只是历史一部分。今时今日还会看见，也会报道，国际上用以物易物或类似方式作大型国际买卖。一个主要原因是一些发展中国家或他的企业在没有足够外汇时需要购买原材料，决定用自己所有的原材料作对换。也有些发展中国家或他的企业没有外汇买“制成品”（manufactured goods），所以协议提供大量原材料给外国生产商,这生产商把原材料制成后,把一部分制成品交回,作为对换。这种贸易方式笼统地被称为“对换贸易”(countertrade)。

虽然有些情况双方必须透过以物易物方式作贸易,但与普通货物买卖合约对比,以物易物是更复杂,因为针对两种货物的买卖。在 Pagnan v. Granaria (1986)2 Lloyd's Rep 547 先例,Donaldson 大法官对于一份“交换合约”(swap agreement)有以下描述:“It was a complicated deal. It was not a case of selling just one product;it involved selling two products and integrating the two contracts.”所以,在该案例,法院认为双方还未对主要条文表达足够清楚,结果判双方没有订立有效合约。

交换合约带来的最大疑问是英国 1979 年《货物销售法》对这种买卖有没有约束力。该立法第 2(1)条文清楚订明买卖合约必须以金钱作对价(money consideration)来对换货物。英国已有古老案件表明在以物易物的情况下,若一方“卖”了货物后没有收到另一方的货物,不能向后者提出诉讼,要求收回他所出售的“货款”(price),而这货款实际上就是卖了与交付的一票货。他只能按照普通法向另一方追讨“损失赔偿”(damages):Read v. Hutchinson (1813)3 Camp 352。

除了赔偿方面,以物易物与其他货物买卖还会有其他分别。例如,若没有 1979《货物销售法》的约束,卖方有没有责任提供满意质量的货物,毕竟满意质量只是 1979 年立法中的默示条件。

因为 1979 年法律的针对范围不够广泛,所以英国在 1982 年订立了《提供产品和服务法》(Supply of Goods and Services Act 1982),把 1979 年法律的主要默示条文适用于以物易物合约中。1982 年法律第 1(3)条文如下:“For the purposes of this Act, a contract is a contract for the transfer of goods whether or not services are also provided under the contract and (subject to sub section (2) above) whatever is the nature of the consideration for the transfer or the agreement to transfer.”

最后,若双方协议交换物品而没有对货物价格或货款定位,有关合约只会被视为以物易物。若双方对货物价格作定位,这就会被视为货物买卖,而并非以物易物。在 Aldridge v. Johnson (1857)7 E&B 885 先例,原告同意把 32 只价值 192 英镑的阉小公牛转让给被告,而被告把 100 吨价值 215 英镑的大麦转让给原告。这种交易可被视为两个互惠的买卖 (reciprocal sales),所以若一方没有交货,对方可作出起诉要求支付货款。相反,若双方没有对货物价格的定位 (即 32 只阉小公牛对换 100 吨大麦),这就会被视为以物易物,若一方拒绝交货,对方只能索赔能证明的金钱损失。

3.4　货物买卖合约与“提供服务”(supply of services)的区别

提供服务与货物买卖适用不同法律,这是能理解的。提供服务的性质不同,有些针对货物买卖的规定 (如财产/货物所有权或风险的转移)不会适用于服务。

所以,在 1982 年订立了《提供产品和服务法》也有添加一些针对提供服务的默示条文,包括 (如果没有任何有关明示条文)提供服务人员必须小心及有技术,必须在合理时间内提供服务及接受服务者必须支付合理费用。1982 年立法第 13、14 及

15 条文如下：

“**13. Implied term about skill and care** In a contract for the supply of a service where the supplier is acting in the course of a business, there is an implied term that the supplier will carry out the service with reasonable care and skill.

14. Implied term about time for performance (1) Where, under a contract for the supply of a service by a supplier acting in the course of a business, the time for the service to be carried out is not fixed by the contract, left to be fixed in a manner agreed by the contract or determined by the course of dealing between the parties, there is an implied term that the supplier will carry out the service within a reasonable time. (2) What is a reasonable time is a question of fact.

15. Implied term about consideration (1) Where, under a contract for the supply of a service, the consideration for the service is not determined by the contract, left to be determined in a manner agreed by the contract or determined by the course of dealing between the parties, there is an implied term that the party contracting with the supplier will pay a reasonable charge. (2) What is a reasonable charge is a question of fact.”

对于纯粹的货物买卖及纯粹的提供服务所适用的法律都相当明确，但对于一些货物及服务混在一起的合约（contract for work and materials)，那又怎样？这种合约不少，如帮船舶提供/更新零件，制造一套西装等。这类型合约应该适用什么法律作出约束？

法律会把合约区分为货物买卖或供应货物及服务类别。在作这区分时，法院/仲裁庭会分析“合约实质内容”（substance of the contract)：Robinson v. Graves (1935) 1 KB 579。若合约根本是提供货物而有关服务只是附带及非常有限，这就会被视为货物买卖合约。相反，若货物与服务无法区分的，合约就会被视为供应货物及服务。虽然表面上清楚，但实际作区分并不容易，以下从一些案例可得到指引：

(1)若原材料或物品是“买方”提供而“卖方”只在这些原材料/物品上加工，这些合约大多数会被视为提供服务或服务附带货物性质的合约，而不是货物买卖。所以，修船或把船舶等更新的合约一般不会被视为货物买卖，因为没有货物转让（除非有大量零件需要更换）：Anglo - Egyptian Navigation Co v. Rennie (1875) LR 10 CP 271。同样，印刷商协助作者把书印出来不是货物买卖，因为“原材料”（即书的内容）是作者自己提供：Clay v. Yates (1856) 1 H&N 73。

(2)若服务与货物供应是完全独立的，这些合约大多数会被视为提供服务而不是货物买卖。例如，医生是提供服务，虽然他会同时提供药物作为治疗一部分。同样，律师也应会被视为提供服务，就算他最终提供一份文件的产品（如遗嘱的“work product”）。这些行业（也包括其他专业人士）所提供的不只是物品，而是怎样处理疾病或诉讼的意见。

(3)但若卖方所作出的工作都是为了完成有关物品，这些合约大多数会被视为货物买卖,因为他们的辛劳最后都是为了把物品制成及转让给买方。例子包括造船合约: Re Blyth Shipbuilding Co Ltd (1926)24 Ll. L. Rep 139。但造船合约实质内容有许多是针对建造船舶,所以被视为是一个买卖合约外,也是一个建造合约:贵族院的 Hyundai v Papadopoulos (1980)2 Lloyd's Rep 1。所以,1979 年《货物销售法》虽然适用在造船合约,但会有个别条文难以适用,如对货物的"划归"(appropriation)。

3.5 货物买卖合约与"代理"(agency)的区别

货物买卖合约加上代理的因素可带来进一步的复杂性。当然,若买方清楚表明他是代表另一方购买货物,他就只是"代理人"(agent),而只是他的"委托人"(principal)与卖方有合约关系。但当双方没有对合约关系清楚表达,这会带来问题,因为买方可能是想把货物买入然后转售,或这根本是"一连串买卖"(string contract)。

在分析合约双方的关系,法院/仲裁庭会对合约文字/措辞作出一个完整及客观的分析,务求理解双方订约时的真正合约意图(parties' presumed intention of the contract)。这样解释合约条文在很早以前的贵族院先例 A & J Inglis v John Buttery & Co (1878)3 App Cas 552 就已经被明确,其中 O'Hagan 勋爵是说:"contract must stand by itself; and must be construed according to its own words, and the provisions contained within its own four corners."

有关按英国法律大原则是有什么文字/措辞在先例被解释为合约方以委托人身份订了合约 (所以要负责任)或以代理人身份订立 (所以不需要负责任),已经在笔者《期租合同》一书第 3.4 段有所分析,在这里不去重复,只提醒想以代理人身份与不想负上合约责任的人士,要小心在合约中明确写明自己只是代理人。

中国买方在这方面麻烦较多,因为虽然合约适用英国法,但中国在文件及程序上的要求会带来不明确的地方。笔者处理过一宗船舶买卖案件,中方作为买方。因为没有经过注册程序,所以需要通过代理协助处理进口程序。按中国法例/程序,买方及代理人的名字都需要在买卖合约中写上。更关键是买方及代理人都要在合约上签名。虽然合约对代理人作为"进口代理人"的身份表达得十分清楚,但在 2008 年年底金融海啸后,船价大跌,外国卖方鉴于买方没有资产作出赔偿的情况下,意图把有财力与外贸权的代理人拉进来,声称他是共同买方,所以负上"连带责任"(joint liability)。卖方一个主要观点是通常做法是合约应是买方自己签署 (而他用代理人帮忙进口该二手船舶是他自己的事,与卖方无关),又或是代理人(代表买方)签署,而买方不必再出面。卖方认为双方都同时签署船舶买卖合约是代表双方都想成为买家,也是给了外国卖方这一个信息。这一来为了作出抗辩,买方代理人引进了大量中国法律证据,务求向英国仲裁庭证明要求委托人与代理人同时签署合约的不寻常做法是因为中国法律/程序的要求,不代表代理人想作为共同买方。这一案件最后是外国卖方自己撤销(可能是看了买方代理人提供的证据感到心虚或其他原因)而不了了之,算是成功抗辩,但也拖累了中国买方代理人花了不少法律费用与精力。

3.6　货物买卖合约与"租用"(hire)或"分期付款租购"(hire purchase)的区别

货物买卖与租用当然是不同种类的合约，买卖的法律不大适用。但有越来越多所谓分期付款租购合约，把两方面的法律混合一起。

分期付款租购合约的一般定义是在合约期内，"买方"有权租用货物。在租约期满后，他有"选择权"（option）去购买货物。若他选择购买货物，卖方就要把货物财产/货物所有权转让给买方。若不行使选择权，他就要把货物归还给卖方，即放弃"占有权"（possession）。

对于租用合约（或分期付款租购合约的租用部分），1982 年《提供产品和服务法》也有在这方面表述对于占有权的默示条文："7. Implied terms about right to transfer possession, etc (1) In a contract for the hire of goods there is an implied condition on the part of the bailor that in the case of a bailment he has a right to transfer possession of the goods by way of hire for the period of the bailment and in the case of an agreement to bail he will have such a right at the time of the bailment. (2) In a contract for the hire of goods there is also an implied warranty that the bailee will enjoy quiet possession of the goods for the period of the bailment except so far as the possession may be disturbed by the owner or other person entitled to the benefit of any charge or encumbrance disclosed or known to the bailee before the contract is made. (3) The preceding provisions of this section do not affect the right of the bailor to repossess the goods under an express or implied term of the contract."

英国也有些本土法律针对分期付款租购合约，主要意图都是为了保护消费者（如 1964 年的《分期付款租购合约法》[Hire Purchase Act 1964] 及 1974 年《消费者贷款法》[Consumer Credit Act 1974]），因为与国际货物买卖关系有限，所以就此略过。

3.7　货物买卖合约与"托管"(bailment)、"质押"(pledge)及类似做法的区别

货物买卖的本质是卖方把财产/货物所有权转让给买方。相反，托管只是把货物的占有权暂时交给"受托人"(bailee)，日后受托人要把货物占有权还给"托管人"(bailor)，货物的财产/货物所有权一直都在托管人手中，从来没有转让过。质押是托管的一种，为作债务"担保"(security)，换言之受托人也就是债权人。

货物买卖与托管一般不难区分。一个较特殊情况是针对货物的容器。一些较便宜的包装会被视为货物一部分，但卖方绝对不会想把较贵的容器（如一个集装箱）转让给买方（除非已包括在货物价格一部分）。法院/仲裁庭会分析合约的条文来决定双方客观意图是否把容器作为货物一部分，或只是暂时托管给买方。为避免争议，最好在合约里把这些事情说清楚。

§4 CIF,C&F 与 FOB 历史简介

FOB 估计是历史上最早的国际货物买卖做法,很早已有关于 FOB 买卖的先例:Wackerbarth v. Mason (1812)3 Camp 270;Craven v. Ryder (1816)6 Taunt 433。

不难想象,在尚未有班轮也无法在不同国家通讯前,国际贸易的做法会是只能靠商人自己(或通过船长作为代理人)随船去外国港口收购货物,然后要求卖方送货物至船上交货。在船上商人会检查货物并感到满意后支付货款。

1850 年左右,有许多巨大变化与重要的改革。蒸汽机的出现加上意大利人马可尼发明电报机,创造了让班轮成立的环境,商人也可成立国际关系网络进行买卖,单证文件可以邮寄,银行开始参与等,开始令今天大家熟悉的国际货物买卖成形。法律也很快有所配合,主要是 1855 年的《提单法》(Bill of Lading Act 1855);而随之带来 CIF 买卖的做法,关于 CIF 的早期先例有如:Tregelles v. Sewell (1862)7 H&N 574;Ireland v. Livingston (1872)LR 5 HL 395。

有迹象显示,早期 FOB 做法变为 CIF/C&F 做法是买方希望把运费波动的风险转嫁给卖方来承担。因为订立买卖合约会比订立海上运输合约与付运时间上早,甚至早多了。卖方在装港负责付运会比较方便,特别是涉及班轮运输需要在装港订舱位。

一直以来,CIF/C&F 买卖与 FOB 买卖的做法均有。不同的年代也会使某一种做法稍多。例如,在 Blythe & Co v. Richards,Turpin & Co (1916)114 LT 753 先例提到第一次世界大战带来船舶吨位严重不足,卖方都不愿意承担付运的风险,这导致 CIF 买卖大减。同样原因下,同样情况在第二次世界大战也有出现。另也会有个别情况对 CIF/C&F 与 FOB 的做法取舍涉及其他考虑。例如,闻听在 20 世纪 80 年代后期,加拿大出口的硫璜因为会腐蚀船舶(带来一些著名先例如 The "Spiliada"(1987)1 Lloyd's Rep 1),所以为了避免麻烦,卖方坚持以 FOB 出售并要买方租船并承担租约的责任。

到了 70 年代,不少发展中国家发展了自己国家的船队。为了协助自己的船舶,并且节省外汇,有不少发展中国家的进口采取 FOB 做法。正如联合国在 1973 年的"Invisibles: Insurance"报告(Doc. TD/B/C. 3/107 of April 30,1973)17 段说:"... both Brazil and Ghana have ceased to import on a cif basis..."(巴西与加纳已经停止以 CIF 进口货物。)

但这十几二十年来,仍是 CIF (或 C&F)买卖的做法居多,这也是为何经常遇到"运费已付"(freight prepaid)提单,而船东好像是已经忘了英国法律默示地位是"运费到付"(freight collect)。造成这一个现象的原因是在今天的国际货物买卖,经常有一连串买卖,而只有第一个买卖才能以 FOB 成交,其余的买卖都必须以 CIF 进行,只涉及把付运单证进行买卖。另是在同样道理下,"浮动货物"(floating cargo)也只有

CIF 买卖才能进行。好像石油的买卖,据悉一个航次会有上百次交易,可以想得到大部分的买卖都必须是以 CIF/C&F 做法来进行。

但在一般的国际货物/商品买卖,买卖双方(特别是买方)会有选择以 CIF 或 FOB 买卖进行。很多的时候,买方也会要求同一票货物的卖方在要约作出两个价格,一个是 CIF 价格,另一个是 FOB 价格。这两种买卖(特别涉及商品买卖)很粗略的区分就是买方在 FOB 买卖需要派遣船舶到装港装运卖方提供的货物。这表示 FOB 买方需要有更多的航运知识与经验才能成功完成这一沉重的额外责任。鉴于越来越复杂的航运知识与租船带来的困难,发展中国家为了免麻烦,尽量不去碰航运这一个复杂的环节。在权力下放至各省市各单位后,中国的进出口公司在怕这一复杂环节的心理驱动下,喜欢以 CIF/C&F 成交进口货,以 FOB 成交出口货。这给有丰富航运知识与经验的国际贸易商(许多是在没有海港的瑞士作为基地)带来了一个黄金的机会去赚取庞大利润与扩大影响力,其中一个主要途径就是以 FOB 从一个发展中国家买入商品,然后以 CIF/C&F 转售给另一个发展中国家。

§5　集装箱运输的兴起

集装箱运输与商品买卖是没有太大的关系,但与非商品的国际货物买卖就有莫大的关系。到了 70 年代,有了另一个重要的改革就是集装箱运输的兴起。这一来,传统的国际买卖以“港口至港口”(port to port)的 CIF/C&F 与 FOB 无法配合,因为集装箱运输的优势是“门到门”(door to door)。例如,CIF/C&F 所需要的单证主要是一份“装船提单”(on board bill of lading),集装箱难以传统的提单来针对。即使是货代以卖方代理人身份把集装箱送抵班轮公司手中再装上船舶,但因集装箱早已在内陆把货物堆放好,海关铅封好,船长签发的清洁提单没有什么意义。这集装箱也常会放在甲板,所以不会是传统的装在船舱提单。而常会有的 LCL (less than container load)的情况,即货代揽了几票货才足够堆放满一个集装箱,付运更是明显无法要求船长为个别货方/卖方去签发装船提单,因为船长根本不知道集装箱内确实是堆放了什么货物与签发多少套提单。

这一来,国际买卖以 CIF/C&F 或 FOB 是无法进行的。代之而起的是一种叫 FRC [即“Free Carrier ...（named port)”]的做法。这在 2010 年的 Incoterms 被称为 FCA。

这一做法是根据与 FOB 做法相同的主要原则而设计的,不同的是卖方不是把货物运到港口,交给班轮公司装船,而风险也随着货物越过船舷与付运的时候转移给买方。FCA 是卖方把货物在双方同意的一个岸上地点(也可以就是在卖方的仓库)交货给买方委任的“多式联运承运人”(multimodal transport operator,简称 MTO)。这 MTO 常会是货代,但他不是作为代理人身份,而是作为运输合约的一方,即是“承运人”(carrier)。MTO 接手了货物后会签发一份“多式联运单”(multimodal transport document)给卖方,作为收据,双方同意把货物交出给 MTO 算是交货地点,这会是千变万化,地点不必再是装港。它可以是卖方厂房或仓库(seller's premises)、MTO 的仓库、内陆"货物集散站"(cargo terminal)、装港附近货物集散站等。例如,买卖会是:"我卖方确认 1,000 打棉衬衣,每打 20 美元,货物在南京中山路 10 号向承运人交货,7 月份交货"(We the sellers confirm 1,000 x 12 cotton shirts at US $ 20 per dozen free carrier's warehouse at 10, Chung San Road, Nanjing, delivery within July)。货物的风险与相关费用的分水线也会是在这同意的地点,而再也不是越过船舷。所以,买方应尽量同意接近国际运输起运的地点,以免承担不知悉的岸上风险与费用。

国际商会在其 1980 年指引(1980 edition, Guide to Incoterms)中,对集装箱运输兴起对国际买卖的影响有以下说法:

"The trend towards integrated (door to door) and multi – modal transport – accelerated by the advent of the container – had made certain traditional practices virtually obsolete. In today's traffic system, the ship's rail – once the traditional 'critical point' under the FOB, C&F, and CIF terms – no longer makes sense as a point for the division of functions, costs and risks between the contracting parties.

In addition, since a key function of the transport document is to evidence the good order and condition of the goods, it should be issued at a point where the carrier has reasonable means of conducting a check. In modern transport operations, this point has shifted from the ship's rail to seaport or inland terminals, where the goods are frequently stowed in containers or trailers, or on flats or pallets.

Consequently, there is a requirement for documents that specify received for shipment. A further consideration is that the principal carrier is frequently willing to assume a 'through liability' for the goods. This may apply even when he has contracted wholly or partly, with other parties. The ICC Rules for a Combined Transport Document (Brochure No. 298) are based on this principle. The combined transport document is invariably a received for shipment type of document and is also described in the ICC Guide to Documentary Credit Operations (Publication No. 305, article 23).

Costs of handling the 'paper flow' have in recent years become disproportionate to the costs of physical transportation. In an attempt to cope with this problem, organisations dedicated to the simplification of international trade procedures are currently investigating the possibility or replacing conventional transport documentation by electronic data processing systems. Trade terms themselves are being adapted to conform to the requirements of computer technology.

The new transportation techniques and the changed documentary practices receive special attention in the 1980 revision of Incoterms. In the new trade term 'Free Carrier… [named point] (FRC)', the ship's rail has been replaced as a 'critical point' by the 'named point' where the carrier is to take the goods into his custody. As noted, this is likely to be a cargo terminal at the seaport or inland.

Under both the amended term 'Freight or Carriage Paid to' (d. c. p.) and the new term 'Freight or Carriage and Insurance Paid to' (c. i. p.), the critical point is the moment of the delivery of the goods into the custody of the first carrier.

In addition, there is no reference in these terms to a negotiable, on board bill of lading, but simply to the 'usual transport document.' In some traffic involving maritime transport, this document may still be a bill of lading, or a negotiable document with the same legal characteristics, but it is not likely to evidence shipment on board a designated vessel.

It is expected that f. r. c. the amended d. c. p. and c. i. p. will gradually replace FOB, CFR and CIF in the new type of traffic now evolving. The fact that the new terms have made it feasible for sponsors of the American Foreign Trade Definitions to discontinue the use of their terminology in favor of the revised Incoterms is most encouraging. It should contribute substantially to the unification of legal practices and procedures in international trading throughout the world."

2010年的Incoterms根据不同的交货地点与卖方承担的不同费用,针对集装箱的多式联运已经有好几样的不同买卖做法包括:EXW (ex works);CPT (carriage paid to);CIP (carriage and insurance paid to);DAT (delivered at terminal);DAP (delivered at place);DDP (delivered duty paid)。这方面会稍后在另段介绍。

§6 买卖双方对掌握航运的好处

即使集装箱运输在国际货物买卖的做法上有了变化,但这并不影响散装货或大宗货的商品买卖。这种货物的买卖仍是以上百年延续下来的CIF/CFR买卖与FOB买卖的做法成交。在英国普通法,也是主要涉及了CIF/CFR与FOB买卖有关的先例,占了货物买卖案例的大部分。中国是一个主要的商品买卖国家,笔者认为很需要对CIF/CFR与FOB买卖有深刻的理解,才能坦然面对精明与厉害的国际贸易商,并能在这复杂的国际贸易中保障自己的利益。这本书也主要是为了针对这一方面,会在第二章详论CIF买卖与第三章详论FOB买卖。在这里只是粗略的概括性介绍,其中重点是说到在国际货物买卖中掌握航运所带来的好处与主动。特别是中国这些年来以FOB买卖为主的进口贸易,出现了许多大小问题,都会在一定程度中可通过掌握航运并处理得好而减少或防止。

以下先节录或简介杨良宜先生《程租合约》第一章的部分内容,来说明中国贸易商对CIF/CFR与FOB买卖不同做法的取舍(这只是简介,至于《程租合约》一书后进一步的发展会在之后的章节详述)。

6.1 掌握航运能提高贸易的利润、灵活性、机动性

这方面的好处多到数不清，例如以下例子：

(1)有一些买卖，如石油产品，约定货价的计算是根据装货一天(如提单日期的一天)为准。这一来，刚好有坏消息(或好消息)传出，货价会一直往下跌(或上升)，谁控制了航运便可占尽便宜。例如在货价下跌时，CIF或CFR的卖方可赶紧租船，早出提单付运。相反，FOB的买方可尽量拖，甚至已租进了船也命令它不给卖方准备就绪通知书，不靠码头，暂不装货，如The "Ulyanovsk" (1990) 1 Lloyd's Rep. 425先例。该先例中，没有相差几天，但货价差别却是接近100万美元之多。

这情况也发生在The "Eurus" (1996) 2 Lloyd's Rep 408先例，它是一艘油轮被程租去尼日利亚装12万吨原油。船舶本是会早到，但承租人知悉2月份油价会比1月份便宜0.617美元一桶，而买卖合约的原油价格是以提单日子的市场价格为准。所以承租人尽量想拖至1月31日后装完货，也的确做到了，船舶是在2月1日的1:30装完，谁知尼日利亚有一做法叫"8 o'clock rule"，即早上8点前装完仍算是早一天装完。这一来，仍避免不了是1月31日的提单，承租人(也是FOB买方)损失60万美元差价，向船东起诉索赔。

(2)可先租船装了以FOB买进的货物，如装港快要冰封，或是税务将有变动，或是货价市场大涨而买卖合约付运日期将届等。之后在海上慢慢找买方来转售这一票"浮动货物"(floating cargo)：The "Kelo" (1985) 2 Lloyd's Rep 85。

(3)遇上CIF/CFR买方坚持不肯负责卸货，即在买卖合约要求约定是"班轮卸货"(liner out)，卖方可租用一艘船舶要不是与船东约定装卸货是"免费装货，班轮卸货"(FILO [free in, liner out])，或是遇上船东坚持以"免费装卸"(FIO [free in and out])出租，也可干脆以"航次期租"(TCT)租船，并有了签发不同批注提单的自由。这一来，就可以保证租约是配合买卖合约的"班轮卸货"：Seng v. Glencore Grain (1996) 1 Lloyd's Rep 398。换言之，买卖做法可以千变万化，特别是在细节方面。

(4)谁负责海上运输可以为自己带来很大的方便，看当时货物/商品与航运市场情况来决定付运。例如，FOB买方可在买卖合约付运日期(这会是1/2个月或更长的时间不等)或早或迟，派出船舶要求装货。这会是根据买方自己的存货需求，或转卖情况，当时的市场价格与走势是否适合与能否以低价租用船舶等。或是，买方派遣船舶的日期对卖方备货并不方便。但选择不在他手中，也没有主动权。他或会根据买卖合约的条文可以让船舶在装港等货，但要面对高昂滞期费的支付作为代价。但会有情况是卖方如果拖延装货，不只是支付滞期费，而会是面对更严重的后果，就是被买方当作是违约而在付运日期届满前已经终断合约：The "Naxos" (1991) 1 Lloyd's Rep 29。

同样道理，CIF/CFR卖方也有同样的方便。另外，他可根据备货进展来同步租船等。遇上像(2)的情况，或是信用证因不符点而无法议付或获得支付，而买方也乘机不要这批货，令它变为"浮动货物"(floating cargo)，卖方也是承租人会是地位好得

多。特别是,租用有关船舶是以期租方式的 TCT,让 CIF/CFR 卖方作为承租人有更大的伸缩性、机动性去改卸港,或下令船舶慢驶等。变得不必承受太大压力,可找出处置船上货物的最好办法,如另找新买方或是与拒绝接收付运单证的原买方谈判解决办法。

6.2　争取对自己有利的买卖合约条文,或为谋利,或为方便

这是非常重要之处,可挑几种经常出现问题的情况来介绍,即卸货没有提单或无单放货,货损货差责任与装卸时间/滞期费。

6.2.1　无单交货

近年来无法解决的一个问题是船舶在卸港经常要面对无单放货。众所周知,一直以来的做法是买方或收货人没有正本提单,船长是不会把货物卸下并交出给他。即使把货物卸上岸以利船舶开航,船东也要对岸上储存的货物有充分的控制,确保不会在失控的情况下误交货,才肯把货物卸上岸:Barclays Bank Ltd v. Commissioners of Customs and Excise (1963)1 Lloyd's Rep 81;The "Sormovskiy 3068" (1994)2 Lloyd's Rep. 266。

今天的船舶速度太快,也有不少短航次,但议付与邮递付运文件太慢,经常导致船舶到了卸港,正本提单往往是仍在发货人手中或银行(不论是议付银行或开证银行)的手中。这情况发生的几率达 50% 之多。

一般解决的办法是两种:一是收货人以一流银行的"保函"(letter of indemnity)来替代提单,实是保障船东在如果误交货物的情况下,可靠的银行会赔给船东一切损失与费用。二是让船舶等待直至正本提单到了卸港。

但这两种办法都很昂贵,花的是不必要浪费的钱,并且有一定的风险。以银行保函来说,银行除了手续费以外,会要收保额的 1% 的费用作为"担保收费"(bail fee)。所以货价会是 450 万美元(这是一个很起码的数字,今天一船货物/商品动不动上亿美元,如一船 20 万吨的原油),船东要的保额最少是 500 万美元,"担保收费"即会是 5 万美元,加上手续费等,往往是买方/收货人在这笔买卖的利润也没这么多。此外,安排银行保函需要时间,所以对卸货来说延误几天仍会是无可避免。而且有说法是无单放货保函的大量(甚至过量)使用,大家都假设这种保函是合法与有效的,不会好像一些要求船东倒签提单或出清洁提单的保函因为涉及欺诈性行为而被法院视为无效:Brown Jenkinson & Co Ltd v. Percy Dalton (1957)2 Lloyd's Rep 1。但其实无单放货保函也会存在一定危险。在 Paul Todd 先生的《Maritime Fraud》一书(虽然他是针对一种做法就是把提单的其中一份正本交给船上,而其余的正本提单用作议付,船上的正本提单在卸港交出给收货人,然后收货人再交还给船长去取货),作者这样表示:"I do not think it should be assumed that a carrier is protected by delivering against a letter of indemnity (LOI). Certainly where an original bill of lading is carried on board, I would argue that his position is weak. He must be aware that there are other originals in circulation, and that they might be negotiated elsewhere, otherwise why carry only one of the set on board? He cannot possibly claim any real confidence that he is delivering to the person entitled. If the indemnity in Brown Jenkinson was unenforceable for public policy reasons, then surely the arguments against enforceability are at least as strong."

要是让船舶等待提单才卸货,这会延误好几天。给买方/收货人造成不便与损失不算,还会在提单终于到手可卸货前船东突然告知要留置货物,除非收货人支付好几天延误的滞期费或滞期损失。这一来,收货人又会是损失难逃,而涉及的金额也不会少。

但要是买方/收货人掌握航运,在一个 FOB 买卖,需要负责租船,他或会可以轻而易举地解决问题。他可以坚持租约内放进一条文是强制船东必须在卸港无单放货,文字上会是:"In case original bills of lading cannot be made available at the discharge port, then vessel to release the cargo against Charterer's letter of indemnity in accordance to Owner's P&I Club wording."

如果担心这条文有时会涉及非法而无效,(主要情况是货物所有权明确在发货人手中,船东会以他不应:"明知故犯,即使犯的是民法中的侵权"[intentional civil wrong]为由拒绝无单放货),买方/收货人,也就是承租人也可用一条看来是更加公平合理但可以达到同样目标的条文,说明等待提单才卸货的时间损失不算滞期费。这并非是要求船东非得接受无单放货,船东完全能够选择一种合法的办法履行租约。用字上可以是如下:"Should the original bills of lading not arrive at discharge port in time, it is at the discretion of the Owners to release the cargo against the charterer's letter of indemnity in accordance with Owner's P&I Club's wording without any bank endorsement. In case Owner elects to wait for the presentation of original bills of lading before discharging the cargo, time lost thereby shall not count as laytime and/or demurrage."

反过头来,如果买方/收货人不控制航运,如以 CIF/CFR 买货,此时卖方也是承租人,他是对卸港的问题不关心的。正常情况下,货款已有银行信用证的保证,在交出付运单证与取得货款后,卖方再也没有兴趣理会这一宗交易。在卸港的延误,船东一般会通过对货物的留置直接向买方/收货人追讨,不必或不能(如程租合约有一条"中止与留置条文"[cesser and lien clause],这一个课题可看杨良宜先生的《装卸时间与滞期费》一书之二十章)向卖方的承租人追讨。所以,卖方不会自找麻烦的在租船谈判时坚持船东要接受无单放货以保障买方。确实笔者也听过有这种事件的发生,就是在一个 CFR 买卖,合约有一条文说:"如果船舶抵达卸港没有提单,卖方协助买方尽快取货。"在该案件,船舶一到了卸港,给买方以此条文一逼,中国的 CFR 卖方便稀里糊涂的出了保函给船东,要求无单卸货。结果卖方虽然能够成功在信用证议付,但买方不去开证银行"赎单"。这导致开证银行扣船与指控船东无单放货,而船东也就一环接一环的以卖方的承租人所作出的保函要求卖方补偿,最后损失仍在卖方。这真是傻事,卖方要是肯为无单放货负责,要求船东把货物交出给买方,他要信用证保证付款干吗?何不省下信用证的费用以增加自己在这一交易中的利润?根据简单的合约法解释该买卖合约的条文,卖方也不必这样做。卖方"协助"(assist)买方尽快取货,如果由笔者作为仲裁员来裁决并作出解释,卖方请求船东接受买方(不是卖方)的担保以利尽快卸货也是足够合理的"协助"了,而船东接不接受,都不影响卖方已经作出了协助。卖方一点合约法概念也没有,心中无底,所以买方一相逼,即过度的"协助",从而自招损失。

6.2.2 货损货差

租约在货损货差方面有完全的订约自由,不受任何法律(如《海牙规则》)的约束。所以,承租人大可以利用优越的谈判力量(特别在航运市场低潮的时候)加上一条简单的条文,要船东负责所有后果,如我见过:"The Owner shall be responsible for all cargo loss or damage under this charter irrespective of whatsoever and however caused."

但要不要这样做也是涉及了千变万化的情况,例如在 CIF/CFR 买卖,作为承租人的卖方就没有必要争取这种有利货方的条文。因为海上运输的风险是由买方承担,货损货差也是他要去针对,卖方何必争取这种对自己利益无关的条文?但如果涉及是 FOB 买卖,承租人也就是买方,情况是不一样了。

当然,要是对船东公平一点,也可保证不必花太多时间在租约的谈判,可以简单把《海牙规则》或《海牙—维斯比规则》合并进租约,船东几乎都会接受。这种条文有时被称为"首要条文"(Clause Paramount):The "Marinor" (1996) 1 Lloyd's Rep 301, The "Stolt Sydness" (1997) 1 Lloyd's Rep 273, The "Bukhta Russkays" (1977) LMLN No 464。在租约合并了《海牙规则》或《海牙—维斯比规则》,也可以让将来签发的提单在货损货差的责任方面变了是一致。

如果是一般的平价质低的大宗货,如矿砂、煤炭、海砂等,航次中损坏的可能性不高,或许是承租人可在货损货差责任上让步,接受船东比《海牙规则》更轻的义务与责任,来换取其他方面谈判的好处。

但要是食糖,最怕水湿,而租用的船舶船龄较大,怕在船舱的水密方面有疑问,承租人又会加一条附加条文,把水湿的责任严格加在船东身上。措辞可以是:"The Owner shall be responsible for all loss or damage to cargo resulting from entry of water"或简单说:"The Owner shall be responsible for all wetting damage to cargo howsoever caused."

这其中会有千变万化的航运知识与技巧。所以,要在国际外贸做得好,就非要掌握航运不可。

6.2.3 装卸时间/滞期费

这些年来港口拥挤已经不是新闻,船舶在港口待泊停留一段较长的日子是常事,这就会动辄带来好几十万美元的滞期费。如果不掌握好这问题,设法减轻或避免承担滞期费的责任,在国际货物买卖是很容易会计算错误,起初以为可以赚,其实是亏大本。

对买卖双方而言,不论是否控制航运,完全无法逃避要面对这个问题。

这方面可先从买卖合约说起：不论是 CIF/CFR 或 FOB 买卖，负责租用船舶的一方都会产生与船东一样的想法，即对方是否会装卸货物的时候延误船期？例如，FOB 买方怕卖方在装港延误，CFR 卖方怕买方在卸港延误。而负责租用船舶的一方，却会在第一线要面对船东因延误船期而产生的滞期费索赔。

这危险性是非常真实的。笔者见过中国的 CFR 买方因暂时不要货物，又嫌岸上仓库租金贵，所以让货物存放在船舶上不卸，以为可以免费储存。谁知道，这一拖两三个月，造成的滞期费比岸上的仓库租金远高得多了。在这种情况下，除非 CFR 卖方在租约中强制船东留置货物直接向 CFR 买方索赔这一笔高昂的滞期费（如通过一条"中止与留置条文"），就会免不了被船东直接在租约下索赔。CFR 卖方显然会试图把这一损失或索赔转嫁给买方，毕竟是买方自己搞出来的麻烦。但到底这些索赔会否成功要看个别不同合约的条文，反正 CFR 卖方会被夹在当中而蒙受损失，而且麻烦少不了。

可以看到是在国际货物买卖合约，负责租用船舶的一方必须以明示条文约束非派船方在某一个固定时间内装完或卸完货物，否则要承担滞期费。

滞期费是一门复杂的学问，但做国际货物买卖，特别是针对商品买卖非要了解不可，其中可赚可亏大钱的奥妙无穷。这个课题在本书第九章有详论，另加上杨良宜先生所著的《装卸时间与滞期费》一书，所以在这里不多谈论。

但笔者还可以最后举一个案件作为例子说明在许多有关国际货物买卖的争议中，都会扯上滞期费作为考虑之一，不一定滞期费是一个独立的问题。

案件涉及中国的卖方以 FOB 买卖出售一票货物给英国买方，买卖合约中有一条特定条文针对货物质量不妥将来如何调整货价。买方准时开出信用证并派遣船舶，一切顺利履行。但卖方在付运后去银行议付的时候，其中一份文件的商检报告显示了货物质量有一点不妥。也是以此为理由，银行以付运单证不符合而拒绝付款。

在 CIF 买卖，如果卖方没有提供可被接受的付运单证，导致无法收到货款，这被视为是卖方违约/毁约，而买方可"接受"毁约并终断买卖合约：Gill & Duffus v. Berger (1983) 1 Lloyd's Rep. 622；Seng v. Glencore Grain (1996) 1 Lloyd's Rep 398。

确实，如果有关货物/商品市场下跌，买方也会这样做去脱身，或脱身后再压价，因为卖方会是处境困难。但如果买方不这样做，即没有"接受"毁约，反设法向船东取货，如提供银行担保，因为提单仍在卖方手中，这不表示买方可因卖方结不了汇而不用付出货价。买方这样做，会是因为市场上涨，他不想终断买卖合约而拒货。或是买方无知，不了解自己的权益。

在 FOB 买卖的情况下，英国 1979 年《货物销售法》(Sale of Goods Act) 第 28 条要求卖方提供付运单证，主要是一套正本提单，让买方可向船东在卸港提货，并"占有货物"(obtain possession)。这也是卖方"交货"(delivery) 的责任，而一般是这责任与买方的支付货款责任是"同步行为"(concurrent obligations)。

再回头说中国卖方在这宗买卖，议付时被银行以付运单证有不符点拒付，这导致正本提单仍在中国卖方手中。但船舶已经到达了印度卸港,买方便以自己(承运人)的担保要求船舶无单放货。中国卖方在知悉后马上通知船东正本提单仍在卖方手中,船舶必须小心无单放货,因为交出给不正确的对象。可以说,很多没有及时收到货款的卖方都会这样做,以便向要这票货物的买方施压。

有了卖方这一个警告,该案件中的船东再不敢继续无单交货,只卸下了一小部分货物后即停卸。这本来是很简单的事,英国买方想要这票货物,也已经卸下了一部分,想占有货物就应该支付货款,作为是“同步行为”。卖方因付运单证有不符点无法议付,不表示买方可侵占这票货物而不必付钱。这付运单证不符点可以是很多方面,如付运日期晚了,重量多了或少了等。这些会是违约,但救济(损失赔偿的计算)各有不同,也会有个别违约是条件条文可让买方终断合约,但都不能与买方需要支付货款才能占有这一票货物混为一谈。这一个案件也是一样,付运单证的不符点涉及了货物质量有不妥,但在该买卖合约本身已有条文调整货价。即使没有,这质量争议经常有,事后导致仲裁等,怎会与占有货物或财产/货物所有权转移与买方付款的“同步行为”混为一谈?

但英国买方不安好心,估计想借此机会不支付货款就可占有货物,他威胁中国卖方说船东不再继续卸货,会带来庞大的滞期费,最终会要卖方负责,并要求卖方马上无偿的情况下交出正本提单,让买方向船东取货,以减少延误船期。中国卖方不了解自己地位,真的被吓倒,最后以一半货款的120万美元把正本提单交出给买方。但即使如此,船舶仍是延误了30天之久,事后英国买方更向中国卖方索取这笔他要支付给船东的滞期费,理由是货物质量不妥所引起。说实在,这英国买方已是不够精明,否则他一早在逼中国卖方以一半货款的支付交换正本提单时就应该想到还有这一笔滞期费,可一并逼中国卖方承担这一笔钱。中国卖方不懂,又怕事,会糊里糊涂的签下城下之盟。

可惜的是,中国卖方因不懂才被吓倒,因为笔者见到过几次较精明的欧洲卖方在同样的情况下,反过来逼迫外国的FOB买方付清每一分钱的货款后才肯交出这份正本提单。欧洲卖方对买方就是坚持货物质量问题将来再谈,谈不拢就以买卖合约去仲裁。而目前要想有正本提单占有货物,就必须先付全数的货款。欧洲卖方还警告买方,船舶是后者租进,如果后者想赖皮不付货款,只会带来船舶延误所造成的滞期费,损失愈来愈大,自讨苦吃,但最终这票货物由于没有正本提单还是不会到手。结果多数是FOB买方被吓倒,付清所有的货款。

但中国卖方之所以被英国买方一威胁,说拖下去要卖方负责付船东的滞期费,就马上信以为真作出让步,这是因为不了解自己所处的法律地位。事实上,这个局面拖下去,压力应是在英国买方,在印度卸港累积的滞期费应是他的损失,不会是中国卖方,因为:(1)这是英国买方租用的船舶,第一线要面对船东索赔滞期费就是他。而且船舶是在卸港延误,除非卖方有违约而直接导致了在卸港的延误,怎会FOB买方可向卖方要求他承担这笔钱?(2)中国卖方有违约吗?货物质量不妥的违约不会带来30天的滞期费。导致这30天的延误是因为船东拒绝无单交货,而买方要占有货物则需要付清货款的“同步行为”(concurrent conditions),但买方想占便宜,不想支付任何货款,最后确也占了大便宜。毕竟,任何损失是要与某一个特定违约扯得上关系,要搞清楚“因果关系”(causation)。所以,货物质量不妥不会与船东拒绝交货(除非买方交出正本提单)扯得上关系,并导致了30天(甚至是300天)滞期的近因或主要原因。(3)若是这30天滞期费是因为货物质量差所导致,船长想卸货也卸不下,如有些石油产品或其他货物会有把船上管道堵塞的这些现象,这才可以把延误损失与质量差的违约扯上因果关系。

6.3 防止或减少假提单的受骗

这个问题对中国外贸造成严重影响,可以说中国也是多年来国际上外贸“文件欺诈”(documentary fraud)的主要受害国。

在科技进步,伪造文件的水平越来越高,其中一套提单就比美钞更容易伪造。假提单的问题会出现在许多其他的情况,如在 Motis Exports Ltd v. Dampskibsselskabet AF 1912 Aktieselskab (2000)1 Lloyd's Rep 211 先例,就涉及了骗子在西非卸港以伪造提单向船长取货,把自己签发或授权签发的船长也骗到。英国上诉庭认为船东在这情况下仍要承担买方损失,把货物的实际价格赔偿给真正收货人。而且提单上的广泛免责条文,也无法保护船东。从该案例能看见英国法律比较保障货方,认为船东更加能够对假提单作预防措施,如想办法让船公司作出的提单更难伪造。

但在本段所针对是假提单与信用证之间所产生的问题。骗子在做法上非常简单,只要买方与不知底细的卖方(骗子),或是通过中间商,或是直接搭上关系,订立一个 CIF/CFR 买卖合约,就已是大半身踏进了陷阱。订立一个合约非常容易,一句话或是一份电传就会是足够。但订立了后要脱身可能要付出昂贵的代价。若是马上警觉不妥,不再履约,这是毁约,外国卖方可以索赔他在该合约如果得到履行将会赚取的利润。这索赔金额不会因为外国卖方是来历不明的皮包公司而打折扣。当然一般情况买方也不会一订立买卖合约后马上就警觉外国卖方不妥。反正是中国买方在不警觉下进行下一步的履约,一般就是开出信用证。信用证实是一份合约,是通过发证银行以这一份合约承诺与保证付款给卖方,只要卖方能及时与准确交出一套信用证所要求的付运单证。当然,在国际货物买卖,这套付运单证最重要一份文件就是装船提单,显示卖方已付运有关货物,付运日期、货物品种、数量、重量、包装、表面状况等,都符合信用证(即买卖合约)的要求。

这份信用证,国际上都是使用由国际商会的文件委员会拟定的标准合约条文,最新的版本是2007年的“跟单信用证统一惯例”(The Uniform Customs and Practice for Documentary Credit,2007 Revision),即 UCP 600。

要了解信用证的危险,就应该明白他的操作纯粹是依赖文件。而依赖文件最大的问题就是任何文件都可以假造,骗子可以伪造一套假提单非常简单去骗买方或银行。这方面的危险大家都知道,特别是国际商会,其中可挑一些 UCP600 的有关条文有所针对：

第4条：信用证与其可能依据的买卖合约或其他合约是性质上不同的业务。即使信用证中包含有关于合约的任何援引，银行也与该合约完全无关，并不受其约束……

Article 4 Credits v. Contracts

(a) A credit by its nature is a separate transaction from the sale or other contract on which it may be based. Banks are in no way concerned with or bound by such contract, even if any reference whatsoever to it is included in the credit. Consequently, the undertaking of a bank to honour, to negotiate or to fulfil any other obligation under the credit is not subject to claims or defences by the applicant resulting from its relationship with the issuing bank or the beneficiary.

A beneficiary can in no case avail itself of the contractual relationships existing between the applicant and the issuing bank.

(b) An issuing bank should discourage any attempt by the applicant to include, as an integral part of the credit, copies of the underlying contract, proforma invoice and the like.

第5条：在信用证业务中，各有关方面处理的是单证，而不是与单证有关的货物、服务及/或其他行为。

Article 5 Documents v. Goods, Services or Performance

Banks deal with documents and not with goods, services or performance to which the documents may relate.

第14(a)条：银行必须合理小心审核一切单证，以确定单证表面上是否符合信用证条文的要求。

Article 14 Standard for Examination of Documents

(a) A nominated bank acting on its nomination, a confirming bank, if any, and the issuing bank must examine a presentation to determine, on the basis of the documents alone, whether or not the documents appear on their face to constitute a complying presentation.

第34条：银行对于任何单证的形式、完整性、准确性、真实性、仿造……概不负责。对于单证所代表的货物的描述、数量、重量、品质、状况、包装、交货价格或存在，或货物的发货人……诚信或行为及/或不行为，清偿能力或资信情况，也不负责。

Article 34 Disclaimer on Effectiveness of Documents

A bank assumes no liability or responsibility for the form, sufficiency, accuracy, genuineness, falsification or legal effect of any document, or for the general or particular conditions stipulated in a document or superimposed thereon; nor does it assume any liability or responsibility for the description, quantity, weight, quality, condition, packing, delivery, value or existence of the goods, services or other performance represented by any document, or for the good faith or acts or omissions, solvency, performance or standing of the consignor, the carrier, the forwarder, the consignee or the insurer of the goods or any other person.

另外,因为银行不愿意查核背后的事实,只看文件或单证,所以在 UCP500 新加了第 13(c)条,在 UCP600 就变了是 14(h)如下:"If a Credit contains conditions without stating the document(s) to be presented in compliance therewith, banks will deem such conditions as not stated and will disregard them."

这是防止如 Gian Singh (1974)2 Lloyd's Rep. 1 先例的要求一份证明的签名人士的护照号码,看来想防止不明来历人士乱出证明。但银行不能收起该护照作为付运单证的部分文件,又不能把护照复印一份作为证据,因为 UCP 要求正本文件。所以,即使保兑银行查核了签名人的护照仍是没有办法向开证银行(或让开证银行向买方)交待这一个事实,可见不以单证处理信用证之难处。

以上短短几句,可见这标准条文勾画出信用证的做法与风险分摊。这是,银行不会理会买卖合约,不理会事实真相,它所要理会的只是付运单证(即提单等)是否表面符合要求。而银行处理付运单证的责任只需合理小心审核,但求在表面看来符合。当然,草拟 UCP600 的国际商会充分知道表面看付运单证根本防止不了诈骗,要确认提单是否真假唯一的好办法是向位于世界各地的有关船公司询问是否有这批货物装载在他的船舶上。另是在装港雇用代理人查在提单日期有否作出提单的船舶称装运过这批货物,但这就是查核背后的事实,而且做起来绝非易事,也会要花时间且费用昂贵。而且,也不是太保险,毕竟,船公司也会是皮包公司,与卖方串通。这一来,如果有疑点,岂非还要进一步查这些位于世界各地的船公司及/或卖方背景。发展下去,岂非银行变了做国际贸易的资信中心?

所以,银行自知是做不到,也不愿意为了微少的收费去承担这方面庞大的风险。办法就是很简单的在 UCP600 的第 34 条明确豁免对这套付运单证(即提单等文件)伪造,货物根本不存在与发货人诚信有问题的责任。既然没有责任,银行怎么会花钱花心思"确认"(authenticate)提单真假?所以,以这种假提单的文件诈骗责怪银行不小心"把关"是毫无道理的。

从整体看,也是风险分摊应落在买方身上,而不会在银行。买方是专做这一个行业(某种货物买卖)的,订立买卖合约前应该知道来源是否可靠,市场情况(如商品是否短缺,出售的价格是否便宜的不合理),卖方是否可靠等。怎会是订了合约后靠不在行的银行"把关"来保障买方不会受骗呢?

想避免受骗的买方掌握航运知识的重要性在于,绝大部分假提单的诈骗是出自 CIF/CFR 的"单证买卖"(documentary sale)。中国买方通过开证银行取得一套付运单证,内有一份假提单,印上船名,这船舶是真是假也不知道。往往是买方等上两三个月仍是毫无消息才追查该假提单上印的船舶。届时才发觉根本没有这艘船舶,或是有这艘船舶但根本与这航次无关,只是船名被盗用了;或是船舶只是 500 吨的小船,不可能装运 2 万吨的化肥。

到了这个时候,骗子的卖方早已不知所踪,搞不好钱已花了一大半,买方根本没有任何补救方法,一切都太迟了。

但如果买方是以 FOB 买卖,他负责租船派船,这情况会发生么?虽然,笔者也曾听说过,买方派去装货的船仍有 3/5 天才抵达,但银行已通知买方说有人来议付了。肯定是这套付运单证是虚假。可是这一来买方会提早知道出事,并且有时间采取行动如向有关法院申请禁令,也往往能挽救。

例如,买方可马上向法院申请禁令,不准银行付款,而信用证确实有"诈骗的例外"(fraud exception)拒付的说法。英国判例对信用证的支付责任是在 United City Merchants v Royal Bank of Canada (1982)2 Lloyd's Rep 1 的贵族院先例得以明确。贵族院判决是即使文件或单证是虚假,银行仍得支付,唯一例外是受益方是参与这假文件意图诈骗。这样的判决是为了保障整个的信用证支付体系,否则会是夹在当中的一方(可能是中间商,可能是付款的保兑银行,甚至可能是开证银行),不知情的情况下支付了骗子之后,再向买方或开证银行要求偿付时,因届时文件或单证被发觉虚假而被合法拒绝了。这一来,银行还敢涉及信用证业务,先支付受益方一笔庞大的金额,然后向买方请求偿付么?

在 CIF/CFR 买卖的情况下,买方一直被蒙在鼓里,即使有怀疑也不像 FOB 买卖这么容易马上找到证据来支持这是一个假提单诈骗,向法院申请禁令。作为唯一的例外可在信用证下拒付,买方必须说服法院卖方(也是信用证受益人)企图用假单证来诈骗。这需要有很明确的证据,即使及时发觉欺诈,在 CIF/CFR 买卖是不容易很快的取得足够的证据。但要是 FOB,买方地位很不一样了,如派的船尚有 3 天才到装港,卖方已用假提单议付或要求开证银行做出支付,提单上会写上 FOB 买方派遣船舶的名字,也可能是另一艘船舶的名字。但这一来,买方很容易且很快有足够证据说服法院来证明这份提单是虚假的及卖方企图诈骗。也有可能银行也会被说服去拒付,要是银行太谨慎,只肯给买方一点时间去法院申请禁令,这也是可行。

总结而言,买方若能掌握航运,以 FOB 做法买货,会大大减少甚至避免近年来盛行的付运单证(假提单)诈骗。而买方只要有这能力掌握航运,如对卖方的资信有怀疑,也可坚持以 FOB 买卖成交来试探卖方,如果卖方是骗子,很可能买方这一坚持便会使他知难而退。

当然在这种对卖方资信有怀疑与货物来源并不可靠的情况下,要是真以 FOB 买卖成交,买方要租船最好利用皮包公司。这是因为履行不了租约的可能性比较大,要面对船东索赔损失的机会也相应加大。所以,以皮包公司或是以有限资金的公司租船,面对船东将来可能出现的索赔可进可退。

6.4 防止或减少航运风险之一:租用状况良好的船舶

即使是卖方不欺骗,买方的头痛仍会不少,接下去是谈到中国买方以 FOB 买卖货物的另一个好处,就是自己租用船舶可以设法防止或减少航运风险。这主要是海上运输这一复杂的环节,买方想掌握要面对很多方面的问题。现在先讲如何租用一艘状况良好的船舶,这包括多方面,懂航运的人士是会充分了解的。例如,船东有水平、管理好、船员素质高、船型、船旗与船龄适当等。这方面日趋复杂,如在《1974 年海上人命安全公约》(Safe of Life at Sea 或 SOLAS Convention)之第 IX 章,在 1993 年 11 月 4 日所通过的《国际安全管理规则》与在 2002 年全面生效下的要求每一艘船舶都需要有一份证书名为《船舶安全管理证书》(Safety Management Certificate)才会被允许进入或离开签约国的港口等。

如果负责租船运输的是卖方,特别是在 CIF/CFR 买卖之下,货物与运输风险一装上船舶就转移给买方,这一来可想象的是卖方不太关心租一艘状况良好的船舶来运输,从而减低货损货差的风险,令买方获益。卖方只会关心船东要的运费高低,船期船型(大小方面)是否适合与其他会影响卖方利益的方面。

CIF/CFR 买方是可以通过买卖合约对卖方选择船舶付运的权利作出限制,如在 80 年代的非商品货物买卖就经常会在合约加上一条以班轮船舶付运: Banque v. Rayner (1982)2 Lloyd's Rep 476。而针对商品买卖,也经常会见到明示条文要求卖方选择船舶不能超龄。但超龄船舶或不超龄船舶针对船舶状况而言只是决定好坏的其中一个因素,而其他更重要的因素就不能长篇大论的写在一个 CIF/CFR 买卖合约中,因为是会局限卖方选择租用船舶的伸缩性。所以,在一个国际货物买卖合约,租用什么船舶的限制一般是极少。如在 Incoterms 2010 年(如果合并在买卖合约)之下,CIF/CFR 卖方在 A3 条文只是需要:"按惯例,自费签订运输合约,用通常用以运输该类合约货物的远洋船(或内河船),经由通常的航线将货物运至指定的目的地港口"(The contract of carriage must be made on usual terms at the seller's expense and provide for carriage by the usual route in a vessel of the type normally used for the transport of the type of goods sold.)。对船舶的实际状况没有针对或提出什么要求。

这并非是限制卖方租用状况良好的船舶,这方面带来的争议只会是以下的例子:(1)船型不对,如太小的船舶行走冬天的大西洋,或是 60 年代发生过的油轮装散粮带来污染,等等。今天这种问题不大会发生。(2)船舶到了目的地港口,如体积太大,或吃水太深,非要先转驳。

除了 Incoterms,已经提到过买方会在涉及商品的买卖合约内经常会限制卖方能付运的船舶必须符合保险对认可船级社的规定或/与不能超龄,但这也不是什么了不起的限制,而且看来买方重点的关注还是加保费而不是船舶是否状况良好。首先针对船级社的规定,虽然船级社已在收紧,但仍是绝大部分的船舶,不论是状况好坏,都有船级社的证书。至于超龄(假设以 15 年的船龄为限),明显是 14 年的船与 1 年的新船,虽然都不超龄,但实际上会有巨大的差别。如果是好货与清洁货物(不是如铁矿、煤炭等,而是散粮),买方有选择应是会租进 1 年船龄的船舶。但选择权在卖方手中,他又不必负担风险的后果,只要是运费稍低,或运费一样但船东好说话,或船期稍为对卖方方便,他就会蛮不在意的租进 14 年船龄的船舶。

要知道,虽然这货损货差的损失会有保险公司赔付,但买方在正常的市场情况下是不会想索赔,他更希望要的是货物顺利完好的交付到他手中。

若是买方想在买卖合约(与信用证)严格限制卖方租船派船的自由,如船龄在5年以下,必须是哪几个著名船东的船舶等。现实中卖方不会答应,因为将来在付运时,如果卖方找不到这种船舶怎么办?或是,这种船舶运费要得很高而另一艘稍老的船舶运费却是相宜怎么办?要是卖方真会爽快答应,倒要怀疑这会否是一个假提单的骗局,因为卖方从未真正准备租船运货,所以什么都轻易承诺。

看来,要减少货损货差的风险,让好货装在好船,好船运费也会稍高,不会与老船或情况很差的船舶运费不分彼此,就要有多一些的FOB买卖。

只要FOB买方懂航运,在运他自己的货物时就会每次掌握一个较好的平衡:货物的种类、当时有在市场出租的船舶、不同船舶所要的运费、谁是船东、船期、互保协会,等等。

6.5 防止或减少航运风险之二:船东经济困难或倒闭

这不幸也是航运低潮时经常发生的事件,多年的运费低落也令很多的船东经济上并不稳定。对买方的影响,首先是船东半途(如在加油港)倒闭,船舶被扣再被法院下令拍卖。这扣船会是贷款银行的行为,也会是其他债权人的行为,但船东无力清偿而导致"贷款银行"(mortgage)也插手进来:The "Jogoo" (1981) 1 Lloyd's Rep. 513等。

这一来,航次也就无法再完成了,货物也不会运抵卸港。在"法院拍卖"(judicial sale)下的新船东,是没有法律或合约责任完成以前尚未完成的航次。如果买方不在合理时间内从船上取回他的货物,新船东作为受托人会在法院允许下把船上货物处理掉,如在扣船港卸下,再在无人认领下拍卖掉。

当然,对已倒闭的船东而言,他对作为提单持有人的买方是有在提单下履约的责任。特别是提单注明"运费已付"(freight prepaid),船东更应免费把货物运送到提单里规定的目的地港卸下。船东半途因船舶被扣,被拍卖不能完成航次,明显是违约/毁约行为。对买方的损失,如要转运,加上有延迟交货损失等,买方都可以因提单下的违约/毁约向倒闭船东提出索赔。但这没有实质意义,因为这索赔对船舶拍卖后所得的金钱而言,受偿只会排在贷款银行之后。一般债权人是不会分到金钱,因为拍卖价钱不会高,往往不足以充抵银行的债权。

所以,买方肯定免不了损失。这损失包括时间与金钱。买方往往要面对现实赶快去扣船港向法院证明自己有货物的所有权(一般是出示正本提单),然后取得批准后去安排卸货,再另外安排船舶转运。而如果这票货物无法转运(如水果),救货行动会更复杂更昂贵。无法安排转运的货物需要与新船东另订租约来完成航次,或买方索性自己参与船舶的拍卖,暂时性作船东,直到这一个航次履行完毕。

因为这种事件出现太多了,而在保"一切险"(all risks)的情况下,保险公司会否赔偿颇有争议,所以英国货物保单在1982年重新拟定时,已明确这一种损失是不赔的。在2009年,在A,B,C条文,也是有同一条文的豁免赔偿。在A条文(Institute Cargo Clause A),亦是保一切险,其第4.6条说:"In no case shall this insurance cover

... loss damage or expense caused by　insolvency or financial default of the owners, managers, charterers or operators of the vessel where, at the time of loading of the subject – matter insured on board the vessel, the Assured are aware, or in the ordinary course of business should be aware, that such insolvency or financial default could prevent the normal prosecution of the voyage."

CIF/CFR买方的损失能否向卖方索赔呢？应是不能，因为卖方租用的船舶并没有任何一方面违反买卖合约的明示要求，如不能超龄，除非买卖合约有一条明示条文说明卖方不能租一艘会在半途倒闭或发生经济困难的船舶。这样的条文规定，在现实的货物买卖中极少见到。但也不会有一条默示条文要求卖方不能租一艘会在半途倒闭或发生经济困难的船舶。第一，这并不合理，而不合理就不应该默示。因为第三人无法看得出一个船东会否倒闭与在什么时候倒闭，而往往船东自己也无法知悉，不知道在他背后的债权人会有什么行动在计划扣船。第二，不可能有此默示条文，因为这与另外的明示或默示条文有冲突，后者是指货物包括运输风险一装上船舶就转移给买方，这风险用字上并没有局限在哪一类的风险可转移给买方，哪一类的风险并不转移，仍是一路留在卖方身上。例如，并没有一个说法是保险赔付到的风险才能转移给买方。毕竟，CFR之下买方会否买保险及买什么险种（一切险或只是部分险）非是卖方所能控制。而且，直至1982年货物保单的修改，也确有保险公司在一切险保单下支付这种因船东倒闭带来买方的损失与费用。

总而言之，买方遇上这种损失只有自己承担，保险赔不到，也无法要卖方负责。

但若是买方自己控制航运，自己租船，以FOB买货，他在处理好的情况下会可以大大减少这种风险或损失，因为：(1)如果他熟悉航运业，会避开一些经济不稳定、名誉不好的船东或者二船东。作为第三人，他无法看出某船东会在租约航次中倒闭，所以不会完全防备这风险。但在一些极端的情况，航运界对某公司已是谣言满天飞，买方作为承租人可避之大吉。而如果有两艘以上适合的船舶同抢这票货，买方可选一位知道底细的船东，或是要租用之前刨根问底。(2)即使不幸遇上风险，FOB买卖下损失有机会大大减少。因为在FOB买卖，由于是买方租船与支付运费，他不需要运费已付提单，所以大可以接受"运费到付"(freight collect)的条件，如果船东坚持要先支付部分运费，买方作为承租人也可谈判，务求少付，要付也以"预支使费"(advanced disbursement)的方式，如支付20%、30%不等的运费。如果在航次半途遇上这种倒霉事件，买方顶多是麻烦一点，将尚未支付的运费——也因为船东无法完成航次再也不必支付——改用来安排转运的额外费用。

除了船舶半途被扣并被法院拍卖外，船东经济困难也可表现在另一个形式，即是船东在航次中接触买方，告知他没有能力完成航次，或没有钱支付燃油，或没有钱过运河等。买方反驳说，我这货是CIF/CFR买的，运费已付，提单也如此注明，而提单上所注明的对船东有约束力。船东会回答说这运费已花掉，或是运费已被二船东拿走后失踪：The "Constanza M" (1980) 1 Lloyd's Rep 505。反正是，船东再没有钱，没有能力完成这航次。买方不搭救,不肯掏钱,航次就无法继续。

在这种无路可走的情况下,买方只能掏钱资助船东完成这一个航次。后来货物总算能在很长延误后抵达卸港,买方或会以“非法威胁”(duress)与“没有对价/约因”(lack of consideration)来推翻较早时的掏钱协议,进而逼船东吐回这笔钱。这样做,买方亦可能会成功:The“Alev” (1989)1 Lloyd's Rep. 138。

但现实中如果船东真是没有钱,买方这样做也只能在卸港逼死船东,已支付的钱仍不会吐出来。在一连串的行动如船舶在卸港被扣,被法院拍卖,贷款银行会插手进来,买方作为一般的债权人,仍是不会分到任何钱。买方走第一步扣船与向法院申请拍卖,这并非是考虑或调整破产船东归还债务优先的因素。

这种被船东敲一笔的损失,与船东半途倒闭一样,买方也是不能从保险公司得到赔偿。也同样是,如果买方妥善掌握租约运输,以 FOB 买货会很大程度的减少或防止这种损失。

6.6 防止或减少航运风险之三:鬼船

鬼船的风险在70年代已在欧洲大行其道,主要是单船公司的鬼船装了贵重货之后,不驶往目的地,而偷偷地转向去了当时战乱的黎巴嫩或塞浦路斯,把该货物平价卖掉。这种做法显然是相等于盗窃,也是明显侵占了买方的货物。这种贵重货物的很多买方是当时暴富的阿拉伯石油出口国,他们也是船东盗窃的受害人。而涉及的一票货物随时值上四、五百万美元,即使是以三分之一的价值出售,鬼船船东也可无本生利的赚一、两百万美元。有关 Mareva 禁令的著名先例 The“Siskina” (1978)1 Lloyd's Rep 1 也是这种案子。

要去战乱的地方出售是因为这货物是赃物,而且数量庞大。目前黎巴嫩或塞浦路斯局势已较稳定,很少听见鬼船这风险。但这不法勾当却转移来了亚洲。在亚洲,战乱的地方应是没有,但不规矩、法律不严明的地方不少,鬼船船东一样可以出售赃物,如菲律宾、印尼、泰国等一些港口。

鬼船做法上也很简单,其兴起也与方便旗的兴起息息相关。所以鬼船绝大多数是巴拿马旗,或是洪都拉斯旗,或是索马里旗,或是伯尼兹(Belize)旗。在这几个方便旗国家登记,它们不查根问底,只要船东付出一定的注册费用即可发给船舶登记证明。鬼船即可开始营运,进出装港等。

不查根问底很重要,因为鬼船船东一般提供假资料,令受害方(被偷去货物的买方或他的保险公司)无从追查。例如,鬼船船东买进一艘老船来做此勾当,其原名是“ABC”。但船东去巴拿马注册是填上了“EFG”,而新名是想改为“HIJ”。之后,以“HIJ”为名偷了一批货物,受害方查也只能找到“EFG”,根本没有“HIJ”这艘船,更是无法与“ABC”串起来。而如果能串起来,找到“ABC”的原船东(不是骗子),他或会可提供线索这“ABC”当时是卖给香港某地址的一家船公司,后者是以80万美元买这艘“ABC”,钱从香港什么银行汇出来等。这一来,会可能一步步查到鬼船船东的幕后人士与他的银行帐号等。

鬼船船东拥有这"HIJ"的鬼船后,就在租船市场上通过经纪人找货。不能脱手的或是不值钱的货物如矿砂,运费再高也不会吸引鬼船船东。但其他值得去偷的货物(品种很多),鬼船船东免费也肯出租。当然,鬼船船东一般也只是以较低运费来吸引卖方租这艘鬼船。

要注意的是,这种诈骗又是与4.3小段的假提单不一样,因为卖方没有参与。提单也不是假的,它的船名确实是"HIJ",在提单上的装港及在付运日期内装了1万吨化肥等,也记录在案。问题只是出在"HIJ"这艘船舶装了货物之后,不是开去提单上的上海卸港,而是偷偷地转向去了印尼,把这1万吨化肥偷卖掉。

之后"HIJ"的船名不再出现。鬼船船东已另去其他方便旗国家(如洪都拉斯)注册,新船名改为"MNO",而原船名不会填上为"HIJ",而是虚构一名为"XYZ",反正洪都拉斯不会查根问底。这一来,转眼间,鬼船以"MNO"之名再在市场上通过经纪人找货,寻找下一个受害方。而上一个化肥的受害方,仍在全球寻找已不在人间的"HIJ"轮的下落。

买方也一样无法向卖方索赔,怪他租进一艘鬼船。卖方也不会知道租进的是一艘鬼船。惟一能怪的是道德上卖方找船时应小心点,多查查船东的背景才去租。但这是卖方要小心去做的工作么?因为货物装上船舶风险立即转移给买方。

幸亏,这种损失买方如果投保了一切险,应是可以获得赔偿。鬼船实是偷货,与传统的小工船员偷货一样,一切险应是赔偿的。但如4.4小段所讲,正常情况下,买方要的是完好的货物,不是一个向保险公司索赔的权利。至于另一种保险人的抗辩,说是鬼船的做法是导致承保的风险根本没有生效/开始,因为在装港开航船长就已经决定去非目的地的卸港:Nam Kwong v China Insurance (2002) 2 Lloyd's Rep 591;The "Prestrioka" (2003) 2 Lloyd's Rep 327。但在2009年的协会货物条文,保险人已经作出了让步,新加上10.2条文去规定在货方与他的雇员事前不知道租用的船舶是一艘鬼船,就不影响保险人会做出赔付,也不视为是承保风险还没有生效/开始。

总结而言,如果买方是FOB买货,能掌握租船运输并处理得好,会通过多方查问船东的背景而减少或防止租进鬼船。而即使是租进了鬼船而失去了这票货物,买方向保险人证明他与他的雇员事前不知道租用船舶是一艘鬼船也比较容易。

6.7 防止或减少航运风险之四:海盗

海盗问题近年来一直存在,而且不像有有效的应对办法。海盗问题在索马里海岸/亚丁湾(近年来范围更是有所扩张至整个印度洋)所发生的连环海盗绑架事件令人关注,并带来大量的困扰与损失。最近已有英国案例针对索马里海盗事件作出判决如Masefield AG v. Amlin Corporate Member Ltd (2010) EWHC 280先例,案情在杨良宜先生所著的《海上货物保险》一书第十章3.3段有详细介绍。本书只对索马里海盗的历史与状况节录有关内容:

"12. The existence and nature of piratical attacks off Somalia is a matter of great notoriety and has claimed increasing column inches of headlines over the last 2 or 3 years. The background is simple enough. Somalia is a failed state with no effective government or law enforcement. It is also one of the poorest countries in the world. This provides a fertile breeding ground for piracy conducted by fishermen living along the lengthy seaboard of Somalia.

13. The absence of any national administration means that any attempt to intervene by diplomatic means is fraught with difficulty. Equally any concept of military intervention involves legal and technical difficulties, leaving aside the risk to captured crews. In short the only realistic and effective manner of obtaining the release of a vessel is the negotiation and payment of a ransom. The scale of the problem is startling. In the 12 month period to November 2008 some 30 vessels were seized and then released on payment of ransoms in excess of $ 60 million.

14. Bunga Melati Dua was the sixth ship to be hijacked in 2008. The seizure was in August. It was taken to a position off the coast at Eyl. The initial ransom demand was well in excess of $ 2 million. But this was all of a piece with the process of Somali hijacking. Fortunately the process of negotiating such a demand and making an agreed payment had invariably led to the release of all vessels involved. Against that background, I did not understand it to be controversial that the actual prospects of recovery of the cargo as at 18 September were good. In any event, the evidence is overwhelmingly in support of that conclusion.

19. Even without the above exchanges and press reports, much was known about the modus operandi of Somali pirates. It is clear that they take vessels in order to ransom them and invariably negotiate with the shipowner or other interested party for the release of the vessel, cargo and crew, in exchange for a payment which represents an economic proportion of the value of the property at stake.

23. It is therefore evident that Somali pirates would demand a ransom and would release the vessel, cargo and crew upon payment. It was also likely that the ransom would be paid and that the vessel, cargo and crew would be released."

读者能从以上知道目前英国法院对索马里海盗事件的看法。法院认为海盗事件一般不会对船舶或货物带来损害。若船东"听话地"交上赎金,而国家不用武力干预,船舶/货物都会安全。索马里海盗只求财,不求命。这看法虽然从道德上可能有疑点,但反映目前英国法院从商业角度对这事情的看法。

所以,在 Masefield 先例,法院在考虑海盗绑架事件是否马上令船舶/货物变为"实际全损"(actual total loss)或"推定全损"(constructive total loss),认为并不是这样,因为船东/买方绝对可以通过支付赎金的方法赎回财产。

凭这案例的观点,对买方有什么影响?在国际货物买卖合约下,海盗风险与其他运输风险是由买方来承担。这再度反映掌握航运的重要性。虽然,买方掌握海上运输去作为承租人也不一定有好办法能够减少或防止海盗风险,但会有可能多做一点事情。如在租约中要求船东必须雇佣武装的守卫,或是租用速度比较快的船舶,或是在运输贵价货物时在运输合约明示要求船舶避开索马里海岸/亚丁湾等。

如果不幸被索马里海盗绑架,在提单合约下,若船东没有马上行动来保护船舶/货物(即及时开始与海盗谈判及提供赎金),货方能否向船东提出索赔因后者没有按《海牙规则》的要求小心/恰当地照顾货物?虽然在这方面还没有案例,按英国法院在以上 Masefield 先例对把船舶/货物赎回来谈到是相当普遍的做法,船东会有可能要对买方承担责任(除非有适当免责条文)。

§7　外贸人士掌握租约运输的难处

在§6段详细介绍了掌握航运的好处,特别在针对中国的进口贸易中尽量以 FOB 买卖,在本段会涉及一些这方面的困难。

既然掌握租约运输这么多好处,这么重要,为何发展中国家仍多数是以 CIF/CFR 进口,FOB 出口呢?简单的答案就是租约业务非常复杂且需要与世界上最厉害的外国船东对抗,不懂的外贸人士碰租约会带来另一类的惨痛教训。

首先说对手,租约业务很难避免与厉害、精明、熟悉法律与经验丰富的挪威或希腊船东等打交道。这些欧洲船东(特别是希腊)已有世界上最大的船队,特别是在干散货船,也是租船业务这方面的主力,估计希腊船东已有世界50%以上的吨位。希腊船东很大部分已是精通业务与法律,他们了解的海商法会比香港(或其他亚洲地区)的海事律师更多更深。

其次,另一难处是航运非常复杂,特别是在租约业务这方面。只要看涉及航运的争议,最后要打官司,十之八九是租约运输。毕竟,航运与国际货物买卖是最远古的国与国之间交往。几百年来,英国的商法、合约法、仲裁法,涉外法等的建立与完善,与航运关系密切。连著名的 Mareva 禁令,也是来自 The "Mareva" (1975) 2 Lloyd's Rep. 509 先例,它是一个租约纠纷。

可以说,只参与国际货物/商品买卖,再加上涉及租约业务,一般发展中国家的外贸人士根本不是对手。虽然是不掌握海上运输的 CIF/CFR 买方或 FOB 卖方,仍会对滞期费的问题无法摆脱。但对不懂的人,仍会是涉及租约业务越少越安全,越少承担责任并减少麻烦越省事。

租约运输知识不多的外贸人士,别说是与厉害的希腊或挪威船东谈判租约条文、履约期间与事后仲裁的斗法过不了关,仅是最起码的要求去租用一艘适合的船舶来装运有关的货物也做不到。如承租人(货方)租一艘2万吨载重的船舶装2万吨棉花,他不知道船舶能装多少棉花的极限是在"容积"(cubic),并不是"载重"(deadweight)。笔者也见过承租人分不出"吊车"(crane)与"吊杆"(derrick)的区别。或是,航次去装或卸港一定要使用船舶上吊车,但承租人租进一艘"没有装卸设备"(gearless)的船舶。也会是,装或卸港有吃水极限5但租进一艘太大太深吃水的船舶等。

这一来,外贸人士碰了一次毕生难忘的惨痛教训后,以后还敢奢言掌握租约运输么?总言之,虽然在上一小段讲了这么多做外贸一定要掌握航运的重要之处,但掌握的人士水平不高,马上是好事变坏事。例如,不懂与不精明的FOB买方租船难道就不会租进一艘鬼船?同样道理,FOB买方也会租进一艘经济有困难的船舶,或是与皮包公司的二船东、三船东打交道,导致航次半途出事而完成不了航次。

往往更坏的是如果出了事情,不懂的外贸人士不善处理,整个外贸/航运大网络关系不了解,会错失良机或带来更大的损失。笔者举一个典型例子。涉及中国进口一批昂贵货物,一定要在两个月内自欧洲运抵中国。中国FOB买方与一希腊的三船东订立程租租约。租约中,三船东保证两个月内货物抵达卸港,否则一天罚多少钱。这希腊三船东是皮包公司,以前也与中国FOB买方打过一次交道,而且欠钱,但据说中国FOB买方给他一次机会"赎罪"。

这在第一步,中方已犯了几个致命的错,如下:(1)昂贵的货物怎会找皮包公司运输?其次,中方也非是无法另外找到更好的船舶。根本就是他不了解一家公司或一个自然人的"资信"(credit)是值钱的。(2)皮包公司在租约内保证2个月抵达卸港,只是一句空话,将来如何执行?(3)就是能执行,惩罚条文可能英国法律不承认,但这倒是小问题。(4)一般有水平与信誉的船东是不会同意保证抵达卸港时间,因航次中无法控制因素太多,这希腊三船东会轻易同意,惹人怀疑他的动机。(5)这希腊三船东以前欠过中方FOB买方的钱,怎会再打交道?这是做生意,不是去教堂可祈求机会"赎罪"。这令笔者想起西方一句名言:"fool me once, shame on you; fool me twice, shame on me"。

在该买卖合约与租约,不必要有"运费已付"(freight prepaid)提单,因为是FOB买卖。但FOB买方作为承租人仍是在租约答应装货后运费已赚取,要在3天内将所有运费付给希腊三船东。在这一步,中方犯的致命错误有:(1)既然是FOB买卖,又不需要"运费已付"提单(事实上签发的提单是说明"运费到付"),为何在租约承诺所有运费先付,约定与提单不一致的条文?如先付了给希腊三船东,将来原船东因为没有收到希腊三船东或二船东的租金或运费,根据"运费到付"提单,也是他与FOB买方之间的唯一运输合约,再在中国卸港留置货物要求付运费又如何?(2)中国买方的解释是所有运费都一般是先付掉,这是国际航运惯例。这完全是误解,国际上根本没有这个惯例。要真是有惯例(即不必说明,法律也会有默示),反而是运费应该到付。船东要提供了服务(运输)才能获得报酬(支付运费),而如果不给报酬,船东可留置货物。运费今天经常预付,反而是违反一向惯例,用文字把法律一向默示的条文改变过来,是因为今天有太多的CIF/CFR买卖,需要签发运费已付提单。(3)中国买方又解释让步在租约同意先预付运费是因为谈判中希腊三船东坚持。这笔者又是不明白,当时不是说是承租人市场么?希腊三船东要坚持为何中方不坚持呢?是否对方坚持你就必须让步呢?到底这是否对方在虚张声势,或真是他的底线呢?中方有否试探过,查过对方底线即了解自己有多少谈判力量可充分利用?如果真是他的底线,中方是否必须硬了头皮与他打交道,因为没有其他船舶可租用?当然,笔者没有参与谈判,也不应该断言中方对希腊三船东的让步在当时的情况下是否明智。

有关船舶在欧洲装上了这批昂贵货物后,中方突然收到一份电传,来自另一家也是皮包公司的美国公司,自称是二船东。电传指出希腊三船东不可相信,不要付运费给他,而应付给二船东,否则这批货物无法顺利抵达中国。中方惊慌之余,撇开了希腊三船东,在几天内与这二船东另订了一个合约,同意分两次支付运费给他,并付出第一笔钱。

在这一步,中方再犯了几个致命的错误,如下:(1)它与希腊三船东有租约在身,要在3天内付出全部运费,不这样做应是明显违约。因为有这二船东的警告传真而对三船东有了怀疑,非是可以不履约的合法理由。而不付运费,希腊三船东可以很快去法院取得"简易判决"(summary judgement):The "Cleon"(1983)1 Lloyd's Rep. 586,或是向仲裁庭取得"中间裁决"(interim award),向中方执行,他也确是这样做。当然明知付运费给希腊三船东是财入光棍手,怎么样都要避免这一笔损失。但做法上会很不一样,这会在后详。(2)最莫名其妙的是,中方怎么会给二船东吓一吓便会多签一份合约,付钱给二船东呢?这一来,中方变为夹在两份租约之间,两份合约都要履行,多付一笔运费。照说,不签这份合约,中方与二船东根本没有任何关系,也没有必要付他任何钱。要是恐怕他令这批货物无法顺利抵达中国,应想想涉及这航次的人多得是,如果船长或大副也来一个电传给中方,要求付运费给他私人账户,否则这批货物有难,中方会否被吓倒再多订一个租约与支付运费?对笔者而言,会更怕船长的恐吓,而不是没有合约关系的二船东的恐吓,因为真正船东与船长不是事事听从二船东的,如漠视提单的绕航或无提单乱卸货,对货物的控制也不是在二船东的手中。(3)中国买方没有考虑到谁才是真正有能力,也有责任(提单责任)把货物运送到中国卸港的一方:就是真正船东。中方应从真正的原船东取得履约的保证,以威胁扣船作为压力。了解航运大网络的相互关系就应该知道应找原船东打交道,而不是担心另一个皮包公司的中间商(二船东)。正如笔者已提过,中方知道提单是"运费到付",却在租约里答应运费预付给希腊三船东,之后再来另一个租约答应另一笔的运费付给美国二船东,要是原船东在卸港留置货物,要求中方支付提单的"运费到付",这要求完全合法,如何是好?

在中方已付了第一笔钱给美国二船东后,杨良宜才接手此案件。当时,中方已面临三船东对全部运费的追讨,并已开始仲裁。中方也面临二船东对余下运费的追讨,也在开始仲裁,并威胁货物不会运抵中国。而真正应去反击,唯一的有能力、有责任把货物运送到中国卸港的原船东,中方反而从未接触过。

杨良宜一接手,完全撇开二船东、三船东,除了与他们开始了仲裁设法拖延时间外,并开始在程序上留难,如要求对方提供费用担保。确是,至少在与美国二船东的伦敦仲裁,只用上这一招已最后把他拖死,因为皮包公司的二船东根本付不出担保。而与三船东,最后是靠订立得不好的仲裁条文而脱身。

杨良宜首先要找对施加压力完成航次的对象自然是真正的原船东并在 Lloyd's Confidential Index 找出船东所在,发觉他也是有一定身份的船东,再找出船舶的互保协会。然后,杨良宜向他与他的互保协会发出一份传真,告诉他们杨良宜代表中国买方,并提醒他在提单下的责任是尽快、不能绕航的把货物运送到目的地,否则将面对扣船索赔。确是,当时美国二船东已经提出要求原船东不要继续开往中国,以此来给中方加压。但给杨良宜一逼,加上互保协会也会加压,原船东变得很为难。其实原船东根本不必听从美国二船东这种命令,即使在期租合约下,承租人(二船东)也不能作出与客观看来不合理的命令:The "Wilomi Tanana" (1993)2 Lloyd's Rep. 41。

原船东也接着要求中国买方作为最后的一位承租人支付提单下的运费,但杨良宜轻而易举地反驳说"运费到付"是指船舶要到了中国卸港,船舶准备就绪可交货时才需要支付,不会是在航次半途。

总之,以前一直是二船东与三船东天天在恐吓中方,在杨良宜接手后马上反过来是杨良宜天天在恐吓原船东,说要扣船,要索赔延迟交货等。最终原船东让步,开往中国卸港。事实上,美国二船东一直欠原船东租金,但这不是我方要理会的事。只是在到付运费方面,杨良宜利用不扣船并不索赔延迟交货(已有一点延迟)作为交换,逼原船东同意少付,全部运费可减掉已付给二船东的第一笔钱后才付给原船东。

在解决了货物最后抵达卸港的难题后,中方还面对二船东、三船东的运费索赔,这拖了很久,花了不少官司费用才最后脱身。

可见,如果处理不当,事情就越搞越大,中方会要付出三次与三倍的运费,一笔给三船东,一笔给二船东,一笔给船东。该案件也差一点是这样的情形。

这一来,为何以 FOB 买货? 倒不如以 CFR 买货,一般顶多是滞期费问题,不会弄得如此复杂(而笔者看来却是很简单)。

但即使有以上所讲难处,显然中国外贸人士必须掌握航运,特别是租约运输,才能减少各种风险与增加利润。

§8 中国外贸面对的困境与基本解决的建议

首先是,FOB 买方虽然是好像 CIF/CFR 卖方要负责航运以增加利润与控制国际货物买卖的主动权,面对同样的航运知识要求与经验才会处理得好,但实际上 FOB 买方会在责任上更大且处理上更困难。这是因为 CIF/CFR 卖方通过自己租船付运自己的货物,伸缩性与配合都比较容易。但 FOB 买方租船装卖方付运的货物,面对与需要配合的是会有严重利益冲突的卖方。如果市场相比订立买卖合约时候有所变化,如价格上升,卖方就会盯了买方所派遣的船舶挑毛病,以便终断买卖合约。这种问题在本书第三章有详论,不去重复。只举两个例子说明 CIF/CFR 买卖根本不必有同样的担心,但在 FOB 买卖就会出大问题。第一个是在 FOB 买卖合约,买方要向卖方作出派遣船舶的预先通知,买卖合约通常也会有明示条文针对这预先通知,如在预计抵达前的 15 天要作出。在英国法律,这是条件条文,买方一秒钟也不能少,否则卖方就有了借口终断合约,这方面可参阅本书第三章之 4.1.2 段:Bunge v Tradax (1981)2 Lloyd's Rep 1。但 FOB 买方会遇上困难如在最后期限作出预先通知时还差一点没有把租约确定下来,甚至是暂时找不到船舶。可以说这种困境是在 CIF/CFR 卖方就不会面对。

第二个例子是有关替代船舶,就是本来在预先通知的船舶因为遇到事故或不可预计的延误,无法在最后付运日期(并加上合理让卖方装货上船的时间)内抵达装港,导致买方另要找另一艘船舶替代原来的船舶。这表面看来应该是无伤大雅,只要替代船舶是能够准时抵达装港且能够配合买卖合约的要求。但看来在 FOB 买卖合约,买方不能这样做,这方面也可参阅本书第三章之 4.8 段:Cargill v Continental (1989)2 Lloyd's Rep 290。这种问题也显然是在 CIF/CFR 买卖,卖方不会面对。他可以多次替代船舶,反正能够在付运日期内付运货物,可以说是在买方还没有获得"划归通知"(notice of appropriation)前,买方根本不会知道。

所以,FOB 买方会比 CIF/CFR 卖方要更加小心,也要承担更多的风险。FOB 买方需要把买卖合约与租约之间的条文配合到天衣无缝,才能避免夹在当中。而即使是这样,仍有额外风险要承担,包括诉讼风险。如卖方违约拒绝交付货物就会导致 FOB 买方作为承运人要面对船东指控他作为承租人的违约/毁约,并索赔不履约的损失。也会是船东拒绝履行租约,导致了卖方乘货物市场价格暴升去终断买卖合约,逼迫 FOB 买方要向船东索赔这一庞大的损失。

可以说,在国际商品买卖,特别容易与经常面对这种被对方乘机终断合约的风险,正如上诉庭 Parker 大法官在 Cargill v Continental (1989)2 Lloyd's Rep 290 先例所说的:"It is common place for parties, if they can, to cancel contracts in order to take advantage of changes in the market when, but for the change, they would have been content to refrain from cancellation." 造成这个现象的原因有好几个,包括商品市场价格经常暴升暴跌,订立买卖合约的时候与实际付运的时候相差几个月,货物价格会是相差很远。所以,真正在国际商品买卖想赚大钱会是掌握这种可以终断买卖合约的机会并事后转售/拒货或向原来的对方抬价或压价。

这种心态与做法也受到了英国法律的鼓励,说是为了法律的肯定。例如,在贵族院先例的 Bunge v Tradax (1981)2 Lloyd's Rep 1 说明的大原则,就是涉及了买卖合约,所有有关时间的规定都会视为是重要或作为条件条文对待:"broadly speaking, time will be considered of the essence in mercantile contracts"。但在一份国际货物买卖合约,针对时间的规定会有不少,如买方针对开出信用证的期限,FOB 买方作出预先通知有关派遣船舶的期限,准时派遣船舶抵达装港,CIF 卖方作出划归通知的期限,卖方交出付运单证期限,卖方宣告装港/装货泊位的期限等。相比 CISG,终断合约就没有这么容易了。所以,CISG 也不会受到国际贸易商的欢迎。这可以从许多英国的标准格式买卖合约中把一些联合国国际公约排除在外中感受得到,比如说在 GAFTA 100,就有第 28 条条文说:"The following shall not apply to this contract:(a) The Uniform Law on Sale and the Uniform Law on Formation to which effect is given by the Uniform Laws on International Sales Act 1967;(b) The United Nations Convention on Contracts for the International Sale of Goods of 1980*;and (c) The United Nations Convention on Prescription (Limitation) in the International Sale of Goods of 1974 and the amending Protocol of 1980. (d) Incoterms..."(*注意是它排除了 CISG,但照理由英国还没有承认 CISG,所以可以解释一下笔者认为这样做的原因就是使用 GAFTA 100 标准格式合约的当事人很多还是英国以外的人士。如买卖双方是中国与韩国人,或是中国与美国人。这三个国家都是 CISG 的签约国。而 CISG 之 Article 1(1)(a)说明在这种情况下 CISG 适用,但 Article 6 也说明买卖双方可以明示排除 CISG 的适用。看来,这条文在这一个小段就是为了起这个作用。)

看来,即使英国也承认与接受 CISG,也不适用在许多以英国拟定的标准格式买卖合约,而是仍会适用英国普通法与 1979 年《货物销售法》。要改变这种情况恐怕要通过的国际公约是强制性适用,好像 1924 年的《海牙规则》,不准以订约自由排除,但这是不大可能会出现的。显然,CISG 就与英国普通法格格不入,如它要求善意与终断买卖合约并不容易。只在这里节录《Benjamin on Sale of Goods》(8th edn,2010 年)一书的 18-004 段的注脚 13 提到英国法律对付运单证的严格性,有任何不符点就让买方拒绝接受,但 CISG 就要求达致基本违约的程度或要求买方先提供给卖方一段额外的时间对不符点作出补救,说:"the clear and immediate right under English law to reject defective documents would be replaced by the need either to establish 'fundamental breach' or to set an additional period for curing the breach: see Arts 47 and 49(1) of the Convention."

英国法律另一个方面的鼓励或善待终断合约是针对买卖合约,它并不要求"善意"(good faith)。如在 The "Harriette N" (2008) 2 Lloyd's Rep. 685 先例(案情在本书第九章 8 段有介绍),涉及了卖方错误少算了卸港的滞期费并与买方达成协议,可否以"单方面错误"(unilateral mistake)推翻该协议。案情其中是提到了买方在达成协议的时候是完全知道卖方自己少算,但没有提醒他。这在中国人看来完全是取巧甚至是欺骗,但英国法律是不认为有问题,因为买卖合约没有善意的要求。在这方面 Aikens 大法官是这样说:"It is accepted by LD that Mr. Rostrup of Statoil had made an error in calculating this sum, because he had thought that the vessel had completed discharging on 13 October 2006, when in fact she had not completed discharging until 24 October 2006. the correct calculation for demurrage (which is agreed) would have been, in fact, some US $539,360.96. Mr. Hodge (买方) accepted, in cross - examination, that he realized that Mr. Rostrup(卖方) had made this mistake and he decided to keep quiet about it."

要特别提出的是买方的LD是代表Louis Dreyfus,是世界四大粮商之一,与中国的进出口散粮买卖有很密切的关系。看来,他并不在乎英国法院指他取巧的公开说法。这估计是与国际商业道德的大环境有关系,就是在西方人看来,LD是精明过人、懂得掌握商机且赚钱能力高,这与赖债(特别是输了官司还是不支付判决债务)或非法不履行合约的行为是不一样的。估计LD对此不会感到丝毫惭愧,也不会介意英国法院的报道。而这种法院报道案例看多了是见怪不怪,所有西方的其他大公司都有类似的报道。这就是西方或是国际商业社会认同的道德,可以说是与中国认同的道德是天壤之别。可以估计得到,如果中国买方与国际贸易商订了一个买卖合约,市场价格暴涨,国际贸易商就会盯了中国买方的履行,甚至设下陷阱,只要有一点点的问题,就会抓了机会终断买卖合约,不会给中国买方(或其他发展中国家的买方)捡这个便宜。

还有是,在今天从事国际贸易与国际航运的贸易商,也是著名的承租人,都是非常喜欢诉讼(litigious - mind)与习惯诉讼。这显然也包括了国际的船东,特别是欧洲的一些大小船东。原因是在上述所讲的大环境下,能够在这一商业环境中生存而且壮大的公司都必须是这样。比方已经提到过英国法律是接受甚至鼓励在国际货物买卖中取巧终断合约,这也是国际贸易商能够赚大钱的机会。但很容易想到,在市场逆变中终断合约,这是零和游戏,涉及一方赚取或省回数以百万美元,另一方就亏蚀或多花同样的金额。所以,即使另一方法律理据根本站不住,他也会通过诉讼跟对方拼命。这表示不敢或不喜欢诉讼的人士就有了好机会取巧终断合约,他也不敢。或被对方在法律理据并不强的情况下终断合约,即使蒙受庞大损失,他也不敢通过诉讼跟对方拼命。

虽然这种在国际商品买卖的大环境也适用在中国买方以CIF/CFR进口货物,就是外国卖方会在市场价格上升时挑毛病试图终断合约,笔者担心中国买方不懂法律且怕打官司一样会被外国卖方鱼肉。但相比以FOB进口货物,能找到的合法理由少得多。原因是不需要中国买方承担更多与更复杂的合约责任,基本上就是准时与准确开出信用证,远远比不上FOB买卖的重大责任。

§9 国际商会的Incoterms

国际商会的"国际贸易术语解释通则"(International Commercial Terms, Incoterms)广为外贸人士知悉,它是鉴于许多在国际贸易上通用的术语在不同国家的法院都有不同的解释,如英国普通法就有无数的先例解释CIF或FOB的各种买卖双方之间权利与义务的默示地位。但在其他国家的法院,如德国或者荷兰,也会作出不同对 CIF 或 FOB 的解释。这就带来了法律冲突,而且不同的法律体系会有根本性的异议。有国家的法律把国际贸易术语视为是不能改变或强制性的法律地位,有国家视为是习惯法,而英国法只视为是合约关系,双方有完全的订约自由可在本质上改变 CIF 或 FOB 等国际贸易术语。在这种大环境下,国际商会就在 1936 年拟定了 Incoterms 希望统一不同国家的做法或看法。

但"国际商会"(International Chamber of Commerce)是一个私人组织,它订的规则不是国家法律,更不是国际公约,不会是强制性适用。所以,想要 Incoterms 适用,买卖双方必须订明合并在买卖合约,当作条文之一适用。至于要否这样做,这是双方订约意图为主。例如,针对 FOB,Incoterms 规定由卖方负责出口许可证。但在本书第三章§7 段已提到,卖方不一定是适当人选去申请出口许可证,要看个别案件。而且,买卖双方对 Incoterms 所针对的方面都已另有条文专门针对,合并也意义不大了。

要注意的是 Incoterms 虽然是有许多地方是与英国法律的默示地位非常接近,但也有不同之处。举例说在 CIF 买卖,2010 年的 Incoterms 投保责任在 A3 (b)只要求最低的标准说:"The seller must obtain, at its own expense, cargo insurance complying at least with the minimum cover provided by Clauses (C) of the Institute Cargo Clauses (LMA/IUA) or any similar clauses." 但英国普通法在本书第二章 8. 1. 1 段有不同的规定,是 Scrutton 大法官在 Arnbold Karberg & Co v Blythe (1915) 2 KB 379 先例所说的:"该航次的货物一般投保的风险"(the ordinary contract of insurance of the goods on that voyage)。这是要看货物品种、船舶本身、航线及有否习惯性做法等。但显然在买卖合约如果合并了 Incoterms,就以它为准,因为明示条文是超越了默示条文/地位。

Incoterms 已经是有了好几个版本,每一个版本都定了不同数量术语的"通则"(rules),如 FOB 或 CIF 等不同术语的通则。这包括在最早期第一个版本的 1936 年有 11 条不同通则,1953 年有 9 条,1980 年有 14 条,1990 与 2000 年有 13 条,以及最新的 2010 年有 11 条通则。不少外贸人士把 Incoterms 视为是针对货物的"价格条文"(price clauses),如某一类货物的 FOB 价格就会比 CIF 价格便宜,因为在后者的情况下卖方要承担付运与保险的额外费用与风险,而同样的货物 CFR(在 1990 年之前,Incoterms 是 C&F)价格又应该比 CIF 价格稍微便宜,因为卖方不需要承担海上运输保险的费用。

Incoterms 一个最重要的针对就是"交货地点"(place of delivery),因为这决定了风险与费用的分水线。在交货之前,卖方要承担货物的风险与费用,而在交货后就转移给买方。这在千变万化的国际货物买卖,有时候也不容易确定,如交货地点是在输送石油或天然气的管道。

虽然一开始提到 Incoterms 广为外贸人士知悉,但知悉的程度是各有不同,看来不少人只是知道这一个大题目,但是不知道一些细节。在现实中经常会有在合约中错误合并 Incoterms 的笑话出现,例如,仅是合并 Incoterms,但没有说是哪一条术语的通则,或是合并了一条通则是没有在该合并的版本中出现的。更大的笑话是合并在一些并非属于实物买卖的合约,而 Incoterms 只是针对这一类的合约。如把 Incoterms 合并在租用与服务合约、租赁合约、合作协议、建造合约与信用证。

接下去简单介绍最近的 Incoterms 版本的变化。首先是在 1990 年,国际商会出版了新的 Incoterms 替代 1980 年版本,其中针对了将来必然面对的电子贸易,为推行"EDI"(Electronic Data Interchange)的需要。

1990 年 Incoterms 除了针对 CIF 与 FOB 买卖做法的通则,也有其他买卖做法的针对,包括在 Incoterms,如:

(1) EXW:工厂交货价(……指定地点)/ EX WORKS (... named place)。

(2) FCA:货交承运人(……指定地点)/ FREE CARRIER (... named place)。

(3) FAS:启运地船边交货(……指定装货港口)/ FREE ALONGSIDE SHIP (... named port of shipment)。

(4) CFR:成本加运费(……指定港口)/ COST AND FREIGHT (... named port of destination)。

(5) CPT:运费付至(……指定地点)/ CARRIAGE PAID TO (... named place of destination)。

(6) CIP:运费和保险费付至(……指定地点)/CARRIAGE AND INSURANCE PAID TO (... named place of destination)。

(7) DAF:目的地边境交货(……指定地点)/ DELIVERED AT FRONTIER (... named place)。

(8) DES:目的地船上交货(……指定港口)/ DELIVERED EX SHIP (... named port of destination)。

(9) DEQ:目的地港码头交货,关税已付(……指定港口)/ DELIVERED EX QUAY (DUTY PAID) (... named port of destination)。

(10) DDU:目的地未完税交货(……指定地点)/ DELIVERED DUTY UNPAID (... named place of destination)。

(11) DDP:目的地完税后交货(……指定地点)/ DELIVERED DUTY PAID (... named place of destination)。

2010 年的 Incoterms 把 11 个术语的通则分为两部分,第一部分是针对任何运输方式或多式联运(rules for any mode or modes of transport),这部分共有 7 个术语的通则:EXW, FCA, CPT, CIP, DAT, DAP, DDP。第二部分是针对海运或内陆航运(rules for sea and inland waterway transport),这部分共有 4 个术语的通则:FAS, FOB, CFR, CIF。

以下笔者把这 11 条买卖做法的通则有关"交货地点"(place of delivery)的规定简单节录:

(1) EXW:工厂交货价(……指定地点)/ EX WORKS (... named place)

A4 Delivery

The seller must deliver the goods by placing them at the disposal of the buyer at the agreed point, if any, at the named place of delivery, not loaded on any collecting vehicle. If no specific point has been agreed within the named place of delivery, and if there are several points available, the seller may select the point that best suits its purpose. The seller must deliver the goods on the agreed date or within the agreed period.

(2)FCA:货交承运人(……指定地点)/ FREE CARRIER (... named place)

A4 Delivery

The seller must deliver the goods to the carrier or another person nominated by the buyer at the agreed point, if any, at the named place on the agreed date or within the agreed period.

Deliver is completed:

a) If the named place is the seller's premises, when the goods have been loaded on the means of transport provided by the buyer.

b) In any other cases, when the goods are placed at the disposal of the carrier or another person nominated by the buyer on the seller's means of transport ready forunloading.

If no specific point has been notified by the buyer under B7 d) within the named place of delivery, and if there are several points available, the seller may select the point that best suits its purpose.

Unless the buyer notifies the seller otherwise, the seller may deliver the goods for carriage in such a manner as the quantity and/or nature of the goods may require.

(3)CPT:运费付至(……指定地点)/ CARRIAGE PAID TO (... named place of destination)

A4 Delivery

The seller must deliver the goods by handing them over to the carrier contracted in accordance with A3 on the agreed date or within the agreed period.

(4)CIP:运费和保险费付至(……指定地点)/CARRIAGE AND INSURANCE PAID TO (... named place of destination)

A4 Delivery

The seller must deliver the goods by handing them over to the carrier contracted in accordance with A3 on the agreed date or within the agreed period.

(5)DAT:目的地或目的港集散站交货(……指定港口集散站)/DELIVERED AT TERMINAL (... named terminal at port of destination)

A4 Delivery

The seller must unload the goods from the arriving means of transport and must then deliver them by placing them at the disposal of the buyer at the named terminal referred to in A3 a) at the port or place of destination on the agreed date or within the agreed period.

(6) DAP:目的地交货(……指定地点)/ DELIVERED AT PLACE (... named place of destination)

A4 Delivery

The seller must deliver the goods by placing them at the disposal of the buyer on the arriving means of transport ready for unloading at the agreed point, if any, at the named place of destination on the agreed date or within the agreed period.

(7) DDP:目的地完税后交货(……指定地点)/ DELIVERED DUTY PAID (... named place of destination)

A4 Delivery

The seller must deliver the goods by placing them at the disposal of the buyer on the arriving means of transport ready for unloading at the agreed point, if any, at the named place of destination on the agreed date or within the agreed period.

(8) FAS:启运地船边交货(…… 指定装货港口)/ FREE ALONGSIDE SHIP (... named port of shipment)

A4 Delivery

The seller must deliver the goods either by placing them alongside the ship nominated by the buyer at the loading point, if any, indicated by the buyer at the named port of shipment or by procuring the goods so delivered. In either case, the seller must deliver the goods on the agreed date or within the agreed period and in the manner customary at the port.

If no specific loading point has been indicated by the buyer, the seller may select the point within the named port of shipment that best suits its purpose. If the parties have agreed that delivery should take place within a period, the buyer has the option to choose the date within that period.

(9) FOB:装运港船上交货(…… 指定装货港口)/FREE ON BOARD (... named port of shipment)

A4 Delivery

The seller must deliver the goods either by placing them on board the vessel nominated by the buyer at the loading point, if any, indicated by the buyer at the named port of shipment or by procuring the goods so delivered. In either case, the seller must deliver the goods on the agreed date or within the agreed period and in the manner customary at the port.

If no specific loading point has been indicated by the buyer, the seller may select the point within the named port of shipment that best suits its purpose.

(10) CFR:成本加运费(……指定港口)/ COST AND FREIGHT (... named port of destination).

A4 Delivery

The seller must deliver the goods either by placing them on board the vessel or by procuring the goods so delivered. In either case, the seller must deliver the goods on the agreed date or within the agreed period and in the manner customary at the port.

(11)CIF:成本,保险加运费(……指定港口)/ COST INSURANCE AND FREIGHT (...named place of destination)

A4 Delivery

The seller must deliver the goods either by placing them on board the vessel or by procuring the goods so delivered. In either case, the seller must deliver the goods on the agreed date or within the agreed period and in the manner customary at the port.

相比上一个版本的 Incoterms,以前的 DAF、DES、DEQ 与 DDU 归纳为 DAT(DELIVERED AT TERMINAL)及 DAP(DELIVERED AT PLACE)。DAT 是用作替代 DEQ,而表明货物已经从运输工具在一个列名的“集散站”(terminal)卸下就可以交货给买方。而集散站包括了任何地方,不论有没有上盖,如码头、仓库、集装箱堆场,或是公路/铁路或航空货物集散站。DAP 是用作替代 DAF、DES 及 DDU,而表明货物已经到达列名的目的地并准备好可以从运输工具卸下来交货给买方。

2010 年的 Incoterms 大部分修改是用作内陆运输,对于这本书主要针对的国际货物买卖(主要就是 CIF/CFR 与 FOB)的改变不多。再加上除了如 FCA(Free Carrier),其他买卖做法并不多见,而会出现案例的情况更少。所以,不准备多谈,就此略过。

第二章　CIF 买卖

§1　简介

一谈到 CIF,一般会想到的是,在谁承担费用这方面是与 FOB 不同的。确是 CIF 代表了“cost,insurance and freight”的货价。做法是以海运为基础,所以要提到“运费”(freight)。而买方支付了 CIF 的货价也表示它包括了成本,抵达卸港的运费及运输中海上风险的保险。

国际商会的 Incoterms 2010 也是强调在谁承担费用上的不同处。如 CIF 的介绍是说:“(卖方)必须办理在货物运输期间丢失或损坏风险的海运保险,卖方签订保险合约并支付保险金。”这提的是关于保险,而关于运费是在 CFR 的介绍说:“‘成本加运费’意味着卖方必须支付将货物送到指定的目的地港口的成本与运费……”。

而 CIF 与 CFR 的区别也只在后者的做法是买方自己投保海上运输风险,不必由卖方理会,当然两者间的货价也应有不同来反映保费是由买方而不是卖方承担。买方自己投保除了是不少国家对进口货的做法,也有实质好处。买方遇到货损货差或半途的海难,与本国或本地的保险公司处理起来方便容易。

但其实 CIF 与 FOB 的分别不是只在费用的承担。在英国法律把 CIF(或 CFR)视为“单证买卖”(documentary sale),卖方把符合买卖合约的货物的一套付运单证(不论有关货物是否他自己付运或是第三人付运)交出给买方已可被视为履约,买方必须支付货款。虽然当时买方根本连货物也未见过;或会是,当时货物仍在船上,正在航次半途,并发生了共同海损或是救助;或会是,船货当时已沉没;也或会是,船货当时在中途港被扣,何时抵达卸港会是遥遥无期。CIF/CFR 卖方并没有承诺把货物在卸港交出,也不会对航次途中承运人/船东的违约负责。CIF 是单证买卖的说法最早的先例是 Arnhold Karberg & Co v Blythe Green Jourdain & Co (1916) 1 KB 495,上诉庭的 Scrutton 大法官说:“The key to many of the difficulties in CIF contracts is to keep firmly in mind the cardinal distinction that CIF sale is not a sale of goods but a sale of documents relating to goods. It is not a contract that goods shall arrive, but a contract to ship goods complying with the contract of sale, to obtain, unless the contract otherwise provides, the ordinary contract of carriage to the place of destination, and the ordinary contract of insurance of the goods on that voyage, and to tender these documents against payment of the contract price. The buyer then has the right to claim the fulfilment of the contract of carriage, or, of the goods are lost or damaged, such indemnity for the loss as he can claim under the contract of insurance. He buys the documents, not the goods, and it may be that terms of the contract of insurance and affreightment he buys no indemnity for the damage that has happened to the goods. This depends on what documents he is entitled to under the contract of sale. In my view, therefore the relevant question will generally be not 'what at the time of declaration or tender of documents is the condition of the goods?'... but 'what at the time of tender of the documents, was the condition of those documents as to compliance with the contract of sale?'"

另在许多同样说法中挑一个比较近期的先例 PJ van der Zijden Wildhandel NV v Tucker & Cross Ltd (1975) 2 Lloyd's Rep 240 中, Donaldson 大法官说:"The contract called for Chinese rabbits, cif. Their obligation was, therefore, to tender documents, not to ship the rabbits themselves. If there were any Chinese rabbits afloat, they could have bought them."

在 Donaldson 大法官的说法中,曾提到了卖方可以购买"浮动货物"(cargo afloated)并取得该船货物的一套付运单证交出给买方。只要这一套付运单证是完全符合买卖合约要求,如装港与付运日期等,买方是不能拒绝。这票浮动货物是其他国际贸易商已经作出付运或装船的货物,只是由于各种原因(如被原来买方拒绝,原来买方倒闭,租了一艘较大的船舶把货物多装了上船等)需要在付运日期间另找买方。这是 CIF 买卖完全可以接受的做法,正如 Tradax v Andre (1976) 1 Lloyd's Rep 416 先例中, Denning 勋爵所说:"In an ordinary contract to sell goods of a particular description of CIF terms, the seller can perform his contract by shipping goods of that description himself, or by purchasing such goods afloat. If shipment is delayed by force majeure or prevented by prohibition of export, the seller is not excused if he could have bought goods afloat to perform the contract."

CIF/CFR 卖方(由于会是承租人)只是有一个默示责任不应该干预承运人/船东履行在卸港交货的责任:Cremer v Brinkers' Groudstoffen BV (1980) 2 Lloyd's Rep 605;The "Playa Larga" (1983) 2 Lloyd's Rep 171。CIF/CFR 买方在支付货款前也没有法律默示的权利要求先检查有关的货物,因为这会带来卖方需要承担额外的责任如在卸港把货物从船舶卸下与存放在仓库让买方检查,甚至会需要放弃一套提单给卖方的保障以利买方向船长提货:Biddell Bros v E. Clemens Horst Co. (1911) 1 KB 934 之 959 页。

买方也可在运输途中再"转卖"(re-sell)这套付运单证,而经过多次转卖会造成"一连串的买卖"(string sale)。在有些货物品种,这转卖会是多次,直至船舶抵达卸港才由最后持有付运单证的买方提取货物,而中间的卖方与买方,是从来没有见过或碰过有关的货物。显然,海上转卖不能以 FOB 做法:货物已经付运,何来买方派船去装港？

由于 CIF/CFR 与 FOB 的卖方都是承诺把有关的货物在装港付运，所以有说法是属于“付运买卖”（shipment sale）。卖方没有承诺的是在卸港交货给买方，这种在卸港交货买卖可被称为是“岸上交货买卖”（on shore delivery sale），或是在卸港的“船旁交货买卖”（Ex – ship sale）。作为付运买卖也是与 1979 年《货物销售法》之 Section 27（It is the duty of the seller to deliver the goods, and of the buyer to accept and pay for them, in accordance with the terms of the contract of sale.）所说的不一致。这立法主要是针对英国本土的买卖。显然，在卸港交货买卖会带来非常重大的影响，其中在本书第六章所介绍的海上运输风险变了是在卖方而不再是在买方。

1.1 卖方交出付运单证可获支付先例

至 1911 年，CIF 一直有一个争议即买方是否可在货物抵达卸港后支付货款。毕竟不像 FOB，在货物运抵前买方根本谈不上能支配这票货物，也根本未能看过检查过这票货物。这与当时针对货物买卖的立法，1893 年《货物销售法》（Sale of Goods Act 1893）也有矛盾，如该立法的 Section 28 说：“unless otherwise agreed, delivery of the goods and payment of the price are concurrent conditions...”（除非双方另有约定，交出货物与支付货款是同一时间。）

但 Section 34（2）说：“unless otherwise agreed, when the seller tenders delivery of the goods to the buyer, he is bound on request to afford the buyer a reasonable opportunity of examining them for the purpose of ascertaining whether they are in conformity with the contract.”（除非双方另有约定，卖方在交出货物的时候，在买方的要求下他是必须让买方有一个合理机会对货物做出检查以确定货物是符合买卖合约。）

在 Biddell Bros v E Clemens Horst Co（1911）1 KB 934 的先例，是 CIF 的买方不肯在货物抵达卸港前支付。贵族院最后是判 CIF 有异于一般的买卖，货物销售法的 Section 28 所指“交货”（delivery of the goods）可以“交出付运单证”（delivery of the shipping documents）来代替。换言之，CIF 下的真正取货不是主要的履约。至于 Section 34（2）又如何协调解释呢？判是即使在交出付运单证与买方支付货款后发觉货物不妥，他仍有权拒绝货物并把已付货款向卖方取回。

当然，以上案例是针对买卖合约没有写明何时以及如何支付货款。如果有写明，如经常会有一条信用证条文，则当然是以合约写明为准了。但信用证支付货款的做法，也实是与 Biddell Bros 先例大致相同，也是交出付运单证即支付卖方货款。

1.2 CIF 的有关疑问

在以上的 Biddell Bros 先例，自然带来不少枝节的疑问，例如：（1）货物风险与所有权何时转移？（2）卖方什么时候要交出付运单证？（3）在哪里（卖方或买方所在地）交出付运单证？（4）交出什么付运单证？（5）不符点付运单证的救济。（6）买卖合约有其他条文与 CIF 基本做法/特征有冲突的情况。（7）真正取货后发觉货不对版而拒货的做法。这些方面与疑问会在本章接下去段节与本书其他章节探讨。

§2　先例对 CIF 的权威定义

在详细分析各疑问之前，可先节录一些对 CIF 的权威定义如下：

(i)在 Biddell Bros. v. E. Clemens Horst Co.（1911）1 KB 934 先例，Hamilton 勋爵说："A seller under a contract of sale containing such terms has firstly to ship at the port of shipment goods of the description contained in the contract; secondly to procure a contract of affreightment, under which the goods will be delivered at the destination contemplated by the contract; thirdly to arrange for an insurance upon the terms current in the trade which will be available for the benefit of the buyer; fourthly to make out an invoice as described by Blackburn J. in Ireland v Livingston（1872）L. R. 5 H. L. 395 or in similar form; and finally to tender these documents to the buyer so that he may know what freight he has to pay and obtain delivery of the goods, if they arrive, or recover for their loss if they are lost on the voyage. Such terms constitute an agreement that the delivery of the goods, provided they are in conformity with the contract, shall be delivery on board ship at the port of shipment. It follows that against tender of these documents, the bill of lading, invoice, and policy of insurance, which completes delivery in accordance with that agreement, the buyer must be ready and willing to pay the price."（卖方在 CIF 合约下：第一要将合约下的货物付运；第二要订立运输合约将货物运往同意的卸港；第三要安排有关贸易习惯性的保险，并将索赔利益给予买方；第四要签发一份发票；最后将这套付运单证交给买方，让买方在货物抵达卸港时向船长提取，或无法抵达时买方可向有关第三人索偿[如向保险公司或承运人]。所以在 CIF 做法下，卖方交出提单、发票与保单已属履约，买方也必须马上支付货款）。

(ii)在 Manbre Saccharine Co Ltd. v Corn Products Co Ltd（1919）1 K. B 198 先例，McCardie 大法官说："All that the buyer can call for is delivery of the customary documents. This represents the measure of the buyer's right and the extent of the vendor's duty. The buyer cannot refuse the documents and ask for the actual goods, nor can the vendor withhold the documents and tender the goods they represent."（买方所能要求的就是卖方交出习惯性的付运单证。这代表了买方能够有的权利以及卖方有的责任。买方不能拒绝接收付运单证而要求卖方交出实际货物，卖方也不能收起付运单证但交出付运单证所针对的货物。这也代表了一贯的说法，就是 CIF 买卖只是"单证买卖"[documentary sale]，不严格是货物买卖。）

(iii)在 Johnson v. Taylor Bros.（1920）A. C. 144 先例，Atkinson 勋爵也说同样的话如下："The authorities I shall presently cite establish clearly, I think, that when a vendor and purchaser of goods situated as they were in this case enter into a CIF contract, such as that entered into in the present case, the vendor in the absence of any special provision to the contrary is bound by his contract to do six things. First, to make out an invoice of the goods sold. Second, to ship at the port of shipment goods of the description contained in the contract. Third, to procure a contract of affreightment under which the goods will be delivered at the destination contemplated by the contract. Fourth, to arrange for an insurance upon the terms current in the trade which will be available for the benefit of the buyer. Fifthly, with all reasonable despatch to send forward and tender to the buyer these shipping documents, namely, the invoice, bill of lading and policy of assurance, delivery of which to the buyer is symbolical of delivery of the goods purchased, placing the same at the buyer's risk and entitling the seller to payment of their price…"

(iv)在 Smyth & Co v. Bailey Son & Co Ltd (1940) 3 All ER 60 先例, Wright 勋爵表示: - "The initials [CIF] indicate that the price is to include cost, insurance and freight. It is a type of contract which is more widely and more frequently in use than any other contract used for the purposes of sea - borne commerce. An enormous number of transactions, in value amounting to untold sums, are carried out every year under CIF contracts. The essential characteristics of this contract have often been described. The seller has to ship or acquire after that shipment the contract goods, as to which, if unascertained, he is generally required to give a notice of appropriation. On or after shipment, he has to obtain proper bills of lading and proper policies of insurance. He fulfils his contract by transferring the bills of lading and the policies to the buyer. As a general rule, he does so only against payment of the price, less the freight which the buyer has to pay. In the invoice which accompanies the tender of the documents on the 'prompt' - that is, the date fixed for payment - the freight is deducted, for this reason."(CIF 代表了货价是包括了货物本身的价值、保险与运费。相比其他海上贸易的买卖做法,这种买卖合约是非常广泛与普遍地使用的。有无数的交易,涉及了天文数字的金额,是每年以 CIF 买卖的形式在进行。这种买卖主要的特征已经被经常谈到,就是卖方需要付运,并在付运后,通常需要把这一票不确定的货物向买方作出一个划归通知。在付运后,卖方要取得一份提单以及一份保单。卖方通过转让提单与保单给买方就履行了他的合约责任。通常他只是会收到货款才会愿意作出这一个付运单证的转让,这货款会要扣减运费[这是以前比较普遍的做法,因为运费通常是到付,变了是 CIF 买卖下也会要买方支付运费给承运人/船东]。另加上发票的整套付运单证通常是要尽快交出给买方。)

(v)在 The "Julia" (1949) 82 Ll. L. Rep 270 先例, Porter 勋爵指出 CIF 与其他买卖的关键分别是: "The vital question…is whether the buyers paid for the documents as representing the goods or for the delivery of the goods themselves." 该案例中 Simonds 勋爵判是 CIF 的"主要特征"(salient characteristic)是: "the property in the goods not only may but must pass by delivery of the documents against which payment is made."(财产/

货物所有权不仅是可能而是必须在交出付运单证以交换货款的时候转移给买方。)

(vi)以上所讲的权威说法也带来另一讲法是 CIF 做法有三个交货的步骤，这是 Roche 大法官在 Schmoll Fils & Co Inc v. Scriven Bros & Co. (1924)19 Lloyd's Rep 118 先例所说的："there are three stages of delivery, i. e. 'provisional delivery' on shipment, 'symbolical delivery' on tender of documents, and 'complete delivery' when the goods are handed over to the buyer..."(三个交货步骤为：付运货物为"暂时交货"，交出付运单证为"象征性交货"，实际把货物交付买方为"完全交货"。)

(vii)买方真正在卸港"取货"(不是"交货")，已在本章 1.1 小段提过这不是 CIF 买卖主要的履约。这只是买方支付货款买了付运单证后，特别是一份提单向船长取回自己的货物而已，所以只算是"取货"。这是 Devlin 大法官在 Kwei Tek Chao v. British Traders & Shippers Ltd. (1954)1 Lloyd's Rep. 16 先例所说的："a CIF buyer who takes delivery from the ship at the port of destination is not taking delivery of the goods under the contract of sale, but merely taking delivery out of his own warehouse, as it were …"(在卸港提货并非是买卖合约下的交货，只是买方在仓库[指船舶]取回自己货物。)

(viii)而作为"打开仓库(船舶)的钥匙"(the key to the warehouse)所说的钥匙就是一份货权凭证的正本提单，也就是 CIF 做法下的交出付运单证作为"象征交货"(symbolical delivery)中最重要的一份单证。Bowen 大法官在 Sanders v. Maclean (1883)11 Q. B. D. 327 先例说："A cargo at sea while in the hands of the carrier is necessarily incapable of physical delivery. During this period of transit and voyage, the bill of lading by the law merchant is universally recognised as its symbol, and the endorsement and delivery of the bill of lading operates as a symbolical delivery of the cargo. Property in the goods passes by such endorsement and delivery of the bill of lading, whenever it is the intention of the parties that the property should pass, such as under similar circumstances the property would pass by an actual delivery of goods. And for the purpose of passing such property in the goods and completing the title of the endorsee to full possession thereof, the bill of lading, until complete delivery of the cargo has been made on shore to someone rightfully claiming under it, remains in force as a symbol, and carries with it not only the full ownership of the goods, but also all rights created by the contract of carriage between the shipper and the shipowner. It is a key which in the hands of a rightful owner is intended to unlock the door of the warehouse, floating or fixed, in which the goods may chance to be."

(ix)最后在许多权威说法中举一个比较近期的上诉庭先例，Hobhouse 大法官在 The "Red Sea" (1999)1 Lloyd's Rep 28 先例所说："This was a c. i. f. contract. It was therefore a contract for the sale of goods to be performed by the delivery of documents… The obligation under a c. i. f. contract is that the goods which are shipped shall conform to the contractual description. There is a right under the c. i. f. contract for the buyer to reject non – conforming documents or non – conforming goods. He has a right to reject the goods, even though he may earlier have accepted documents, unless that acceptance amounts to some waiver of his rights. Therefore, if the buyers' contentions are correct, they did have a right of rejection when they discovered, as they submit, that the goods at the time of shipment did not conform to the contract description. It also meant that they had a right to elect not to reject the goods and sue in respect of breach of warranty for failure to comply with the contract description or abate the price, which is what occurred in this case."(CIF 买卖是以交出付运单证作为履约的货物买卖。CIF 卖方的责任就是把按照买卖合约描述的货物作出付运。在 CIF 买卖合约下，买方是有权利拒绝接收不符的付运单证或不符的货物。买方有权拒绝接收货物，即使在较早的时候他接受了付运单证，除非是构成了弃权[举例就是卖方交出付运的单证并没有弄虚作假，提单日期清楚说明是已经过了付运日期才装上船舶，但买方接受，就不能在货物抵达卸港的时候以同样的理由拒绝接收货物，导致买方改变主意会是期间市场突然逆转价格暴跌]。所以如果买方的争议是正确，就是在后来才发觉付运的货物并不符合买卖合约的描述，他有权拒绝接收货物。当然买方也有权选择不拒绝货物，而针对不符的货物只视为是违反了保证条文，仅是索赔损失或从货价中作出扣减。)

§3 国际商会 Incoterms 2010 年的标准条文

Incoterms 不是法律(虽然它的规定与英国法律的默示地位非常一致)，它能在买卖合约适用全靠是被合并进合约，等于是一条明示条文。而因为今天这种做法不少，为了详细分析 CIF 的各方面疑问，所以笔者也先将 Incoterms 2010 在 CIF 的标准条文节录如下：

COST INSURANCE AND FREIGHT

CIF (insert named port of shipment)

This rule is to be used only for sea or inland waterway transport.

"Cost, Insurance and Freight" means that the seller delivers the goods on board the vessel or procures the goods already so delivered. The risk of loss of or damage to the goods passes when the goods are on board the vessel. The seller must contract for and pay the costs and freight necessary to bring the goods to the named port of destination.

The seller also contracts for insurance cover against the buyer's risk of loss of or damage to the goods during the carriage. The buyer should note that under CIF the seller is required to obtain insurance only on minimum cover. Should the buyer wish to have more insurance protection, it will need either to agree as much expressly with the seller or to make its own extra insurance arrangements.

When CPT, CIP, CFR, or CIF are used, the seller fulfils its obligation to deliver when it hands the goods over to the carrier in the manner specified in the chosen rule and not when the goods reach the place of destination.

This rule has two critical points, because risk passes and costs are transferred at different places. While the contract will always specify a destination port, it might not specify the port of shipment, which is where risk passes to the buyer. If the shipment port is of particular interest to the buyer, the parties are well advised to identify it as precisely as possible in the contract.

The parties are well advised to identify as precisely as possible the point at the agreed port of destination, as the costs to that point are for the account of the seller. The seller is advised to procure contracts of carriage that match this choice precisely. If the seller incurs costs under its contract of carriage related to unloading at the specified point at the port of destination, the seller is not entitled to recover such costs from the buyer unless otherwise agreed between the parties.

The seller is required either to deliver the goods on board the vessel or to procure goods already so delivered for shipment to the destination. In addition the seller is required either to make a contract of carriage or to procure such a contract. The reference to "procure" here caters for multiple sales down a chain ('string sales'), particularly common in the commodity trades.

CIF may not be appropriate where goods are handed over to the carrier before they are on board the vessel, for example goods in containers, which are typically delivered at a terminal. In such circumstances, the CIP rule should be used.

CIF requires the seller to clear the goods for export, where applicable. However, the seller has no obligation to clear the goods for import, pay any import duty or carry out any import customs formalities.

A THE SELLER'S OBLIGATIONS

A1 General obligations of the seller

The seller must provide the goods and the commercial invoice in conformity with the contract of sale and any other evidence of conformity that may be required by the contract.

Any document referred to in A1 – A10 may be an equivalent electronic record or procedure if agreed between the parties or customary.

A2 Licences, authorizations, security clearances and other formalities

Whereapplicable, the seller must obtain, at its own risk and expense, any export licence or other official authorization and carry out all customs formalities necessary for the export of the goods.

A3 Contracts of carriage and insurance

a) Contract of carriage

Theseller must contract or procure a contract for the carriage of the goods from the agreed point of delivery, if any, at the place of delivery to the named port of destination or, if agreed, any point at that port. The contract of carriage must be made on usual terms at the seller's expense and provide for carriage by the usual route in a vessel of the type normally used for the transport of the type of goods sold.

b) Contract of insurance

The seller must obtain, at its own expense, cargo insurance complying at least with the minimum cover provided by Clauses (C) of the Institute Cargo Clauses (LMA/IUA) or any similar clauses. The insurance shall be contracted with underwriters or an insurance company of good repute and entitle the buyer, or any other person having an insurable interest in the goods, to claim directly from the insurer.

When required by the buyer, the seller shall, subject to the buyer providing any necessary information requested by the seller, provide at the buyer's expense any additional cover, if procurable, such as cover as provided by Clauses (A) or (B) of the Institute Cargo Clauses (LMA/IUA) or any similar clauses and/or cover complying with the Institute War Clauses and/or Institute Strikes Clauses (LMA/IUA) or any similar clauses.

The insurance shall cover the goods from the point of delivery set out in A4 and A5 to at least the named port of destination.

The seller must provide the buyer with the insurance policy or other evidence of insurance cover.

Moreover, the seller must provide the buyer, at the buyer's request, risk, and expense (if any), with information that the buyer needs to procure any additional insurance.

A4 Delivery

The seller must deliver the goods either by placing them on board the vessel or by procuring the goods so delivered. In either case, the seller must deliver the goods on the agreed date or within the agreed period and in the manner customary at the port.

A5 Transfer of risks

The seller bears all risks of loss of or damage to the goods until they have been delivered in accordance with A4, with the exception of loss of or damage in the circumstances described in B5

A6 Allocation of costs

The seller must pay

a) all costs relating to the goods until they have been delivered in accordance with A4, other than those payable by the buyer as envisaged in B6;

b) thefreight and all other costs resulting from A3 a), including the costs of loading the goods on board and any charges for unloading at the agreed port of discharge that were for the seller's account under the contract of carriage;

c) the costs of insurance resulting from A3 b); and

d) where applicable, the costs of customs formalities necessary for export, as well as all duties, taxes and other charges payable upon export, and the costs for their transport through any country that were for the seller's account under the contract of carriage.

A7 Notice to the buyer

The seller must give the buyer any notice needed in order to allow the buyer to take measures that are normally necessary to enable the buyer to take the goods.

A8 Delivery document

The seller must, at its own expense provide the buyer without delay with the usual transport document for the agreed port of destination.

The transport document must cover the contract goods, be dated within the period agreed for shipment, enable the buyer to claim the goods from the carrier at the port of destination and, unless otherwise agreed, enable the buyer to sell the goods in transit by the transfer of the document to a subsequent buyer or by notification to the carrier.

When such a transport document is issued in negotiable form and in several originals, a full set of originals must be presented to the buyer.

A9 Checking - packaging - marking

The seller must pay the cost of those checking operations (such as checking quality, measuring, weighting, counting) that are necessary for the purpose of delivering the goods in accordance with A4, as well as the costs of any pre-shipment inspection mandated by the authority of the country of export.

The seller must, at its own expense, package the goods, unless it is usual for the particular trade to transport the type of goods sold unpackaged. The seller may package the goods in the manner appropriate for their transport, unless the buyer has notified the seller of specific packaging requirements before the contract of sale is concluded. Packaging is to be marked appropriately.

A10 Assistance with information and related costs

The seller must, where applicable, in a timely manner, provide to or render assistance in obtaining for the buyer, at the buyer's request, risk and expense, any documents and information, including security-related information, that the buyer needs for the import of the goods and/or for their transport to the final destination.

The seller must reimburse the buyer for all costs and charges incurred by the buyer in providing or rendering assistance in obtaining documents and information as envisaged in B10.

B THE BUYER'S OBLIGATIONS

B1 General obligations of the buyer

The buyer must pay the price of the goods as provided in the contract of sale.

Any document referred to in B1 – B10 may be an equivalent electronic record or procedure if agreed between the parties or customary.

B2 Licences, authorizations, security clearances and other formalities

Where applicable, it is up to the buyer to obtain, at its own risk and expense, any import licence or other official authorization and carry out all customs formalities for the import of the goods and for their transport through any country.

B3 Contracts of carriage and insurance

a) Contract of carriage

The buyer has no obligation to the seller to make a contract of carriage. .

b) Contract of insurance

The buyer has no obligation to the seller to make a contract of insurance. However, the buyer must provide the seller, upon request, with any information necessary for the seller to procure any additional insurance requested by the buyer as envisaged in A3 b).

B4 Taking delivery

The buyer must take delivery of the goods when they have been delivered as envisaged in A4 and receive them from the carrier at the named port of destination.

B5 Transfer of risks

The buyer bears all risks of loss of and damage to the goods from the time they have been delivered as envisaged in A4.

If the buyer fails to give notice in accordance with B7, then it bears all risks of loss of or damage to the goods from the agreed date or the expiry date of the agreed period for shipment, provided that the goods have been clearly identified as the contract goods.

B6 Allocation of costs

The buyer must, subject to the provisions of A3 a), pay

a) all costsrelating to the goods from the time they have been delivered as envisaged in A4, except, where applicable, the costs of customs formalities necessary for export, as well as all duties, taxes and other charges payable upon export as referred to A6 d);

b) all costs and charges relating to the goods while in transit until their arrival at the port of destination, unless such costs and charges were for the seller's account under the contract of carriage;

c) unloading costs including lighterage and wharfage charges, unless such costs and charges were for the seller's account under the contract of carriage;

d) anyadditional costs incurred if it fails to give notice in accordance with B7, from the agreed date of the expiry date of the agreed period for shipment, provided that the goods have been clearly identified as the contract goods;

e) where applicable, all duties, taxes and other charges, as well as the costs of carrying out customs formalities payable upon import of the goods and the costs for their transport through any country, unless included within the cost of the contract of carriage; and

f) the costs of any additional insurance procured at the buyer's request under A3 b) and B3 b).

B7 Notice to the seller

The buyer must, whenever it is entitled to determine the time for shipping the goods and/or the point of receiving the goods within the named port of destination, give the seller sufficient notice thereof.

B8 Proof of delivery

The buyer must accept the transport document provided as envisaged in A8 if it is in conformity with the contract.

B9 Inspection of goods

The buyer must pay the costs of any mandatory pre – shipment inspection, except when such inspection is mandated by the authorities of the country of export.

B10 Assistance with information and related costs

The buyer must, in a timely manner, advise the seller of any security information requirements so that the seller may comply with A10.

The buyer must reimburse the seller for all costs and charges incurred by the seller in providing or rendering assistance in obtaining documents and information as envisaged in A10.

The buyer must, where applicable, in a timely manner, provide to or render assistance in obtaining for the seller, at the seller's request, risk and expense, any documents and information, including security – related information, that the seller needs for the transport and export of the goods and for their transport through any country.

§4 货物风险的转移

这在 Incoterms 2010 已在 CIF 的 A5 与 B5 说的很清楚，即装运船舶的船舷或是付运就是风险的分水线。买方承担以后的风险，也实是海上运输的风险。虽然是大部分可能面对的海上风险都可投保，但即使是大部分货物投保“一切险”(all risks)，提供十分广泛的承保范围，还是有它的局限。其中最重要的一种就是一些肯定会发生或无可避免的风险，如货物损坏来自“正常损耗”(ordinary leakage or loss)、“固有缺陷”(inherent vice)、“包装不足”(insufficient package)、“延误造成”(caused by delay)、货物在海上运输途中“发热”(heating)或“自燃”(spontaneous combustion)等:Soya G. m. b. H. v White (1983)1 Lloyd's Rep 122;Coven SPA v Hong Kong Chinese Insurance Co (1998)EWCA Civ 1573。另有的局限是所承保的是一切险包括的险种导致的货物在海上运输途中受到“实质损失或损坏”(physical loss or damage),但基本上不承保其他“非实质的损失”,而非实质的基本上就是指费用或金钱上的支出,除了是“共同海损”(general average)、“救助报酬”(salvage reward)与“续运费用”(forwarding charges)。此外也明确规定在一切险的保单中(ICC Cargo Clauses 2009)是不承保由于船东或承运人倒闭而无法完成航次的损失与风险。至于承运人/船东与买方在提单下的争议导致损失(如滞期费),更是与保险合约无关,这种损失也不是海上运输风险所带来。另外也想到是承运人/船东会倒闭,保险人/保险公司也会倒闭而导致在保单下该赔但拿不到钱。反正这一切的风险,由于货物在付运后就转移给了买方,都是要买方自负。

这不是公道与否的问题,反正双方有订约自由,买方不愿意承担海上运输风险,大可以通过货物买卖合约中的明确条文说明卖方要承担所有运输的风险并保证货物安全抵达卸港作出交付。或是,干脆以 Incoterms 的 Delivered 买卖如 DDP 等。如果卖方同意,而且有财力与能力作出这种合约承诺,英国法律肯定是承认这一双方订约的意愿。但从默示地位的表面看来,买方(特别在 FOB 做法下)承担运输的风险是有公道之处。如果进一步考虑到以下两点,会觉得这是理所当然:

(1)这是商业人士自己的风险安排:在 CIF 做法中,交出付运单证给买方是包括了提单与保单。明显是将来在海上运输中产生风险并造成损失,向承运人/船东或保险公司索赔的权利在买方,不可能仍是在卖方(如果仍有风险)。而在 CFR 做法,由买方自己投保运输风险,亦是风险的安排明确。如果不是买方要承担风险,他何必投保? 正如 Bayley 大法官在 Fragano v Long (1825)4 B&C 219 先例所说:“If, however, the goods were not to be paid for unless they arrived why should the buyer insure them? . . .”

(2)以往海上通讯困难,如果风险是在卖方直至交出付运单证给买方,作为 CIF 做法下的转移财产/货物所有权(除了分不开的大宗货物,这一点也已经在《Sale of Goods (Amendment) Act 1995》有了更改,不再是问题,在本书第五章 4.4 段有详论),买卖双方都会无法知悉当时仍在航行的有关船舶或船上的货物,已否产生了风险与造成了损失,以便区分各自要承担的损失部分。而唯一可明确作为买卖双方各自承担风险的分水线是更早的装运船的船舷,因为是付运刚开始;另是有清洁提单说明当时的货物表面状况良好,没有损坏短缺。而这一个说明是签发提单的承运人/船东需要负责。根据 1968 年《海牙—维斯比规则》下对买方作为无辜的提单持有人,承运人/船东是被禁止翻供对提单上货物状况的批注作出否定。

§5 单证买卖下对单证的要求

已经在本章的简介解释过，CIF/CFR 是单证买卖：Arnhold Karberg & Co v Blythe Green Jourdain & Co (1916) 1 KB 495，所以对交出的付运单证是有各种严格要求，在以下的段节会进一步探讨。

5.1 付运单证必须给予买方一个持续性的单证保障(continuous documentary protection)

CIF/CFR 卖方交出的付运单证有这个要求是因为买方在支付货款换取这套单证后，卖方对这个买卖就告一段落，但买方还没有收到实际的货物，而货物在付运后的风险是在他。所以，买方必须要有付运单证(主要是在提单与保单)对他作出保障，如提单的目的地就是买卖合约的目的地。这一来，如果船舶不履行，买方有权根据提单向承运人/船东提出主张。又或是遇上货损货差，不论在运输途中任何时间发生，买方可以向承运人/船东或保险人提出索赔或要求赔付。正如 Mance 大法官在 Seng v Glencore Grain (1996) 1 Lloyd's Rep 398 先例的第401 页所说："... the contract remains ... an essentially documentary transaction under which the buyers part with payment in return for continuous documentary protection..."

提单在这方面的问题许多涉及了"转运"(transshipment)，第一个先例是 Landauer & Co v Craven & Speeding Bros (1912) 2 KB 94，这是一个"CIF 伦敦"的买卖，货物是黄麻，而装港是菲律宾马尼拉。由于当时航线与船舶比较少而没有直航，需要在香港转运。但卖方交出的提单只有香港去伦敦，没有马尼拉去香港的航程，这被判是单证没有一个持续性的保障。

接下去的先例就是 Hansson v. Hamel & Horley (1922) 10 Ll. L. Rep 507，是有关一个"CIF Kobe/Yokohama"的买卖，货物是袋装鱼肥料，而装港是挪威的 Braatvag。也是因为在当时没有直航，所以这票货物需要在汉堡以一艘日本船舶转运去日本。而在提单方面，第一套提单是交出给日本船东以交换第二套提单。第二套提单是在汉堡签发并称为是"全程提单从 Braatvag 去 Yokohama"(Through bill of lading … from Braatvag to Yokohama)。但第二套提单的日期已经是过了买卖合约的付运日期，它也只有根据第一套提单所说的在 Braatvag 装船时货物表面状况良好，但没有提到汉堡装船的货物状况。这被法院判是付运单证有缺陷，因为没有给买方提供在第一程航次任何保障，如货物发生货损货差，因为第二套提单并不明确可以让买方向日本船东索赔损失。贵族院的 Sumner 勋爵是说第二套提单并非是全程提单，它只是第二程航次的海上运输合约，并没有约束第一程航次的承运人(though called a through bill … is not really so. It is the contract of the subsequent carrier only, without any complementary provisions to bind the prior carriers)。另 Sumner 勋爵也提到单证必须明确提供一个持续性的保障是因为:“These documents have to be handled by banks, they have to be taken up or rejected promptly and without any opportunity for prolonged inquiry, they have to be such as can be re - tendered to sub - purchasers, and it is essential that they should so conform to the accustomed shipping documents as to be reasonably and readily fit to pass current in commerce.”

看来,如果在该先例日本船东所作出的第二套提单不仅是提到 Braatvag,而且说明他承担所有的责任,可能判起来就不一样。又或者,第二套提单说明在汉堡装货时的货物表面状况良好,也会在今天判起来有不同结果,因为在 1968 年的《海牙—维斯比规则》下,对买方作为无辜的提单持有人,承运人/船东是被禁止翻供去对提单上货物状况的批注作出否定。

即使今天航线多了很多,但还是有货物需要转运,如要内河船装运去一个主要港口才能有大船直航去 CIF 买卖的目的地,在这种情况下,根据《Benjamin's Sale of Goods》(8th edn, 2010 年)之 19 - 029 段所说是最好在买卖合约明示规定:“**Relaxation of requirement of continuous documentary cover.** The requirement of continuous documentary cover may be varied by the terms of the contract of sale, or by the customs or usages of the relevant trade. Thus where it is customary to ship goods by coastal or river steamers to a port for ocean shipment, and to tender the ocean bills of lading only, such a tender is good under c. i. f. contract. The custom may require the seller expressly to reserve power to tranship in the contract of sale, in which event the buyer will be entitled to reject the documents on account of transshipment if no such reservation was made.”

至于在大船的付运,也会涉及了在运输合约(如在班轮提单或是被合并进去提单的租约)会有一条明示的转运条文,如在 The “Christos” (1995) 1 Lloyd's Rep 106 先例中,有一条转运条文:“owners have the option to transship this cargo on a single vessel to the discharge port…”承运人/船东加上这一条明示条文的原因主要是为了他自己的方便,如遇上船上有一票或几票货物的装港由于拥挤,所以把这些货物卸下一艘小船慢慢等待卸货,这就可以让昂贵的大船开航去继续航程。如果在有关的提单中有转运条文,就带来买方的疑问就是在交出付运单证的时候货物是否已经被转运,如果是并在转运期间发生货损货差,买方是否根据有关的提单中要求大船的承运人/船东负责?针对这一个问题,也可节录《Benjamin's Sale of Goods》(8th edn, 2010 年)之 19 - 028 段所说:“**Liberty to transship and transshipment.** It has been said that the buyer is not deprived of continuous documentary cover merely because the bill of lading contains a liberty to transship, if that liberty has not in fact been exercised. As a general principle, this statement gives rise to some difficulty; for, as Lord Sumner said in Hansson v Hamel and Horley Ltd, the shipping documents ‘have to be taken up or rejected promptly’; and a buyer (or banker) to whom such a bill is tendered may have no means of knowing at the time of tender whether the goods have actually been transshipped. The position would be different where the goods had in fact been transshipped and the bill of lading either contained no liberty to transship or was in such terms that one of the carriers was responsible for the whole of the carriage and for any loss or damage to the goods at the point of transshipment. In such cases the buyer would, if the goods were lost or damaged, have a remedy against at least one of the carriers for breach of the contract of carriage. Thus the requirement of continuous documentary cover would be satisfied and the buyer would not be entitled to object to the documents merely on account of the transshipment. A bill of lading containing a liberty to transship might also be a good shipping document by custom."

付运单证必须给予买方一个持续性的单证保障不仅是在转运方面,也包括在其他方面。例如在 Seng v Glencore Grain (1996) 1 Lloyd's Rep 398 先例涉及了一票大米的 CFR 买卖,其中有规定是货价包括了"cost and freight linerterms Rotterdam in bulk... full outturn weight at port of destination..."。"Linerterms"是代表班轮条文,也就是代表船舶要负责装卸费用,而针对买方就是船舶要负责卸货费用与有关作业。但 CFR 卖方所租用的船舶是航次租约,装卸费用条文是由承租人负责的"free in and out,简称 FIO"。这导致了船东签发的租约提单合并了租约也就包括了 FIO,也就是船东不负责卸货费用。本来,如果卖方作出担保就能够解决这个付运单证有缺陷的问题,卖方大可以对买方作出保证他一定会负责卸货费用与作出有关作业安排。但仅是针对付运单证,这套提单就没有办法给买方一个持续性的单证保障。因为买卖合约下他是不需要负责卸货费用,但提单下要他负责卸货费用。所以,法院判买方可以拒绝接受这一套付运单证,违约的是卖方。其中 Mance 大法官是这样说:"The documents will identify the agreed cost, freight and destination, and will give the buyers the contractual right as against the carriers to delivery for such freight and at such destination. 'Linerterms' refers to responsibility for, inter alia, discharge, a matter directly involving the carrier. When the sale contract price clause refers to 'linerterms', the natural conclusion is in my view that it refers to a right which buyers are to be given as against the carriers. So viewed, the contract remains, from shipment, an essentially documentary transaction, under which the buyers part with payment in return for continuous documentary protection against inter alia the carrier. The alternative, that the sellers are bound to ship and to arrange for carriage to Rotterdam for the agreed cost and freight, but that the carriage contract may impose discharging obligations or costs on the buyers, although the sellers must themselves hold the buyers harmless in respect of discharging, conflicts with the ordinary scheme of c. i. f and c. &f. contracts. It leaves the buyers without documentary protection or rights against the carriers in respect of the discharging operation, and it preserves a continuing potential role and/or financial responsibility in respect of discharging to be performed by the sellers in relation to the buyers at the discharging port."

上述的先例也显示了在国际"商品"(commodity)买卖,负责航运的 CIF/CFR 卖方需要对航运与租船业务熟悉。如果在买卖合约是同意了 Linerterms,就应该明白如果以程租形式租船,是不容易说服船东接受 Linerterms。国际船东对不了解的港口是不愿意承担装卸费用,安排作业与船舶受到延误不能索赔滞期费。这表示卖方在这种买卖合约的条文下,要么是以自己可能拥有的船舶付运,要么就以期租形式租船,因为在期租下承租人会有更广泛的权利签发各式各样的提单。这方面可参阅笔者的《期租合同》(大连海事大学出版社)一书之第 26 篇。但 CIF/CFR 卖方以期租租船,需要的航运知识显然比程租租船更多。

5.2 付运单证必须严格且明确符合买卖合约要求

CIF/CFR 卖方经常会有情况没有办法解决付运单证有不符点的问题,这主要是付运单证由第三人作出或/与时间紧迫。例如装船提单是由船长代表承运人/船东签发,这就经常会带来问题。例如大家对货物表面状况是否良好有不同看法,即使是 CIF/CFR 卖方委任的检验师与船东委任的检验师也会有不同看法,导致了船长坚持在提单下批注而造成付运单证有不符点或有缺陷。更有情况是船长/船东会在签发提单有不合理的要求,如笔者遇到过一艘俄罗斯船舶,船长坚持签发俄罗斯文的格式提单,但这是与买卖合约的要求不一致。另可举著名的贵族院先例 The "Nanfri" (1979) 1 Lloyd's Rep 201,就涉及了船东为了对期租承租人加压力不能针对有争议的租金作出扣减,指示船长拒绝签发"运费已预付"(freight prepaid)提单,导致承租人马上面对买卖合约下的困难,因为 3 艘船舶的其中一艘已经快要装完货物并要签发提单。这一来,就会产生付运单证有不符点的问题,问题是在这种情况下,卖方与买方之间分别不同的法律权利是什么。这里的起点就是付运单证必须是符合买卖合约,否则买方可以拒绝接受与支付货款。

这一个法律默示的要求在许多先例有重复提到,这方面可节录两个先例,第一个是 Seng v Glencore Grain (1996) 1 Lloyd's Rep 398 先例,Mance 大法官说这样说:"In principle, I consider that presence in the bills of lading of provision for discharge on liner terms was a condition precedent to buyers' obligation to take up the documents. It is of the nature of documentary requirements that they should be strictly complied with. This is so whether or not a third party such as a bank is involved in the transaction. A buyer presented with shipping documents must make a judgment on the documents whether or not they are acceptable. He does not, at least normally, have the goods available for inspection at that stage. He cannot evaluate how significant any documentary discrepancy will or may prove. He is entitled to know where he stands. All these factors point to a strict view of compliance with documentary requirements such as the present. The strictness may sometimes be mitigated by the sellers' ability to correct and re-present the documents, a point made by Lord Justice Megaw in the S. I. A. T case, at pp. 62-63. But whether or not that course would have been open, compliance with the present documentary requirement was in my judgment a condition precedent to any obligation on the party of buyers to take up the documents."

第二个先例是 Soules v PT Transap (1999) 1 Lloyd's Rep 917, Timothy Walker 大法官所说如下:"(i) A c. i. f. contract is an essentially documentary transaction under which the buyers part with their money in return for continuous documentary protection against the carrier. (ii) The documentary requirements of the contract must be ***strictly*** complied with, and the buyer is not obliged to evaluate how significant any documentary discrepancy may prove to be; he is entitled to know where he stands. In this context he is not obliged to accept assurances outside the bills of lading. (iii) It is the bill of lading to which the buyers are entitled to look as being definitive of the contract of carriage binding upon the shipper. (iv) The bill of lading must provide for the carriage of the goods to the agreed destination."

5.2.1 付运单证严格性是否适用"极轻微"的说法?

付运单证会有出现不符的危险,如其中经常会发生的就是货物数量,特别在大宗货的商品买卖。例如在买卖合约中规定货物数量是"Min/Max 10,000 吨美国大豆",甚至货物数量给一个百分比的范围,如5% MOLOO,都经常会出现提单数字与买卖合约中的数量不符,或多或少,毕竟快速以机械装货中很难掌握准确,而且岸上数字与船上数字也会存在不一致,导致最后提单到底采用哪一个数字也会有争议。这一来,在要求付运单证严格不能有不符的情况下就会带来这一方面的问题与在市场价格暴跌的时候被买方利用作为取巧终断合约。问题是,是否有必要对付运单证这么严格,毕竟针对实际货物的质量等方面的缺陷,法律也在放宽,这包括了1994年《货物销售法与供应法》所带来的改变在1979年《货物销售法》之 Section 15A。

付运单证与实际货物的严格性不一致的矛盾是,在真正交货的情况下,货物有小瑕疵不足构成拒货理由,这不足令卖方违反如"满意质量"(satisfactory quality)的默示条件(这方面在第四章节后详),如几万听罐头有一二罐表面有生锈。但这批注加在装船提单上即会令提单不清洁而无法"交单"(tender)。这矛盾由 Roskill 大法官在 The "Hansa Nord" (1975) 2 Lloyd's Rep 445 先例的457页指出说:"I was at one time troubled by the fact that to accept Mr. Lloyd's(卖方大律师) argument on this branch of the law might involve the acceptance of different standards in the case of CIF contracts between the performance of a seller's obligations regarding the shipping documents which the seller has to procure and tender to the buyer and the seller's obligations regarding the goods which he has to procure, ship and cause to be delivered. Thus a bill of lading claused as to the apparent good order and condition of the goods shipped would be a bad tender and could at once be rejected by or on behalf of the buyer, yet if Mr. Lloyd be right, the defects in the condition of the goods which led to that clausing of the bill of lading would not automatically justify the rejection of the goods. At first sight this seems inconsistent, but Mr. Lloyd ultimately persuaded me that the seller's obligation regarding documentation had long been made sacrosanct by the highest authority and that the express or implied provisions in a CIF contract in those respects were of the class… any breach of which justified rejection"（Roskill 大法官说他感觉到困扰就是针对付运单证与实际货物的准则有不一致，如针对货物的表面状况，如果提单有批注就是不能被接受，但同样针对实际货物表面状况有一点不妥，不表示买方可以拒绝接收。虽有这矛盾，但已有悠长法律权威，判是卖方在付运单证方面有一个神圣责任，是任何大小不符点都会带来买方可拒绝这套付运单证的买卖）。

在 Debattista 教授之《Bills of Lading in Export Trade》（2009）一书之 9.12 段是指付运单证严格性绝对不能有任何与买卖合约规定不符，至今还没有直接先例针对即使有关的不符是"极轻微"（*de minimis*）可否被接受。但笔者知道提到过的先例也不是没有，其中第一个是 Moralice（London），Ltd v E. D. & F. Man（1954）2 Lloyd's Rep 526 先例，案情涉及了一个食糖的 CIF 买卖，涉及了以信用证作出支付，货物数量是 500 吨，但实际装货是少了 300 千克。McNair 大法官是这样说："I think that as between a buyer and a seller, if the contract was not complicated by the intervention of a letter of credit, and seeing that the seller was not calling upon the buyer to pay for 500 tons less 300 kilos, it would be a case in which the maxim or rule I have already referred to would apply, and would fall within cases like Shipton, Anderson & Co v Weil Bros & Co Ltd（1912）17 Com. Cas. 153, that being a decision of Mr. Justice Lush, and the case of Jydsk Andels – Foderstofforretning v Grands Moulins de Paris（1931）39 Ll. L Rep 223, a decision of Mr. Justice MacKinnon; because, as between buyer and seller, a deficiency of 300 kilos out of 500,000 kilos is, in the words of those judgments, quite insignificant or negligible."

第二个是 Tradax v Goldschmidt（1977）2 Lloyd's Rep 604 先例，涉及了一个大麦的 FOB 买卖，其中对货物质量的一项要求是杂质不能超过 4%。但卖方在后来交出的付运单证中，其中的一份质量证明是提到杂质有 4.1%。在 GAFTA 的仲裁庭是判这一份付运单证只是有微不足道的不符，买方不能拒绝接收。这在高院被 Slynn 大法官接受，说："If there had been no provision as to a quality final certificate I would have had no doubt whatever that the present breach of the provision as to impurities would not have entitled rejection of the goods but would have entitled the buyers only to an allowance. Does it make any difference that the quality final certificate whose purpose is to finalise quality between the buyer and the seller（and which is otherwise valid）shows this minor breach, which but for the final certificate must be met by a prior allowance. In my judgment, on the terms of the present contract, it does not make any difference. The buyers here had to consider whether the breach established by the quality final certificate was substantial and serious or went to the root of the contract or, on the other hand, whether it was of such a kind that they should have been satisfied with a price adjustment. There was, on the findings of the Board of Appeal, only one answer to that. Those findings are in strong terms and show that commercial men (to whose conclusion on these matters I must and do attach great weight) considered that this kind of deviation in quality would not be treated as entitling a rejection either of quality final certificate (the quality final certificate being otherwise valid) or the goods. Accordingly I hold that the buyers were not entitled automatically to reject the document because of the statement in the quality final certificate that the goods contained 4. 1 per cent. impurities."

第三个是上诉庭先例名为 SIAT di del Ferro v Tradax Overseas SA (1980) 1 Lloyd's Rep 53, Megaw 大法官就是说到这一方面的严格性,只有在"极轻微"(*de minimis*)的情况下会可以接受,说:"There are authoritative pronouncements which at least suggest that, in this area of obligations as to documents in c. i. f. contracts, any defect – any breach – other than one within the *de minimis* category, entitles the buyers reject the documents: the buyer is not obliged, at peril of being himself held to be in grave breach of contract if he makes the wrong decision (often a decision which has to be made quickly and, through no fault of his, on incomplete and imperfect information), to weigh and assess the risks and possibilities as to the seriousness of the consequences to him of the documentary defects, should he accept the documents. That, I believe, was the sort of consideration which Lord Justice Roskill had in mind when, in his judgment in Cehave NV v Bremer Handelsgesellschaft GmbH (1975) 2 Lloyd's Rep 445; (1976) 1QB 44, at pp 457 and 70F, he said: … Mr. Lloyd ultimately persuaded me that the seller's obligation regarding documentation had long been made sacrosanct by the highest authority and that the express or implied provision in a c. i. f contract in those respects were of the class, accepted by Lord Justice Diplock in the Hong Kong Fir case (1961) 2 Lloyd's Rep 478; (1962) 2 QB 25, at pp 493 – 495 and 69 – 72 any breach of which justified rejection."

5. 2. 2 "极轻微"说法适用与否的利弊

这方面的不同看法是各有利弊。要求严格并且不适用"极轻微"说法的好处在于:(1)肯定,买卖双方大家都明确了自己的地位。(2)可以让买卖合约有关付运单证的做法与信用证一致,因为信用证是任何有不符的单证都不会被银行接受的。这里虽然有一点不同就是买方比较有能力对有关的不符作出判断是否属于"极轻微"与可以被接受,但银行作为第三人对有关的买卖一点也不了解是没有这一个能力。但考虑到不少国际货物买卖是以信用证作出货款的支付,所以对付运单证严格性如果有不同对待毕竟不是一件好事。

至于不适用"极轻微"说法的坏处就是:(1)太容易让买方取巧,在市场价格暴跌的时候以有微不足道的不符作为拒绝接受的理由。(2)针对货物的实质质量,1994年《货物销售法与供应法》在1979年《货物销售法》之 Section 15A 已经加上了"极轻微"的说法(在本章第四章 5.5 段有详述),也就是买方不能在货物的描述、质量与适合性方面的默示条件只有微不足道的违反下去终断合约。这一来,在付运单证买卖也应该配合作出同样的放宽。

其中在 Debattista 教授之《Bills of Lading in Export Trade》(2009)一书之 9.17 段是认为还是要求付运单证严格不能有不符是比较好,这当然只是他个人的意见。

5.2.3 其他方面的严格性:涂改过的付运单证不被接受

这里的严格性也可以从其他角度看到,如涂改过的单证不能被接受,因为这对买方而言是不够明确,他需要进一步查询如涂改是否有恰当的授权作出。此外,会导致涂改过的单证买方在转售合约转交出给分买方有困难(not reasonably and readily fit to pass current in commerce)。这一点也是在 SIAT di del Ferro v Tradax Overseas SA 先例中提到,上诉庭的 Megaw 大法官是这样说:"I am unable to see how these alternations could be said to have cured the pre - existing defects, so as to oblige the buyers to treat them as proper and acceptable documents on the re - presentation. Not only is there no evidence of any valid authority for the making of these alternations; but further, the buyers had no ground for supposing that there was such authority. "

这一个先例在《Benjamin's Sale of Goods》(8th edn,2010 年)之 19 - 040 段也有提到说:"This view was approved in SIAT di dal Ferro v Tradax Overseas SA (1978) 2 Lloyd's Rep 470 where a bill of lading which did not originally provide for shipment to the destination named in the contract of sale was altered to indicate that destination after the goods had in fact arrived there. It was held that the buyer need not accept such an altered bill, as there was no evidence of any authority to make the alteration on behalf of the carrier and as, in any case, the buyer was entitled to documents evidencing a contract of carriage which provided from the time of shipment (and not from the time of a later variation) for the carriage of the goods to the destination specified in the contract of sale. It has, however, been suggested that the might be bound to accept an altered bill where the alteration merely corrected a 'minor clerical error'. It is arguable that the buyer would also not be entitled to reject a bill merely because it contained alterations which were required by law to be entered on it. "

5.3 买卖合约明示条文容许卖方为不符付运单证作出履约保证作为替代

这导致了部分精明的国际贸易商在买卖合约里加上明示条文希望减轻他们作为 CIF/CFR 卖方对付运单证的严格责任。这在一个先例 SIAT di del Ferro v Tradax Overseas SA (1980) 1 Lloyd's Rep 53 中有显示著名的国际贸易商 Tradax 有一条名为"Tradax 单证条文"(Tradax documents clause),说:"If any document whatsoever required to be furnished by the seller is missing or in apparent contradiction with the clauses and conditions of the sale contract and/or if such document contains errors or omissions of any kind, the buyer must nevertheless perform and take up the documents if the seller gives written or cable notice to the buyer that the seller guarantees performance in accordance with the clauses and conditions of the contract. "

在该先例,涉及了5000吨豆粕的"CIF Venice July shipment"。卖方(Tradax)交出的付运单证有不符,这包括部分提单的目的地注明是"Ancona/Ravenna"(这两个意大利港口显然不是买卖合约的目的地威尼斯),部分目的地是注明"as per charterparty"(目的地完全不明确,需要买方进一步查询)。英国上诉庭判是付运单证明确是有不符点或有缺陷,而"Tradax 单证条文"也保护不了卖方,因为针对这种条文属于免责与不合理的条文,必须严格作出解释,其中一个对 Tradax 不利的解释就是针对他向买方作出的保证履行。例如,Tradax 的保证中说明是已经给了船公司通知要求船舶去威尼斯卸港,但这被判是不能等同于"Tradax 单证条文"中保证履行买卖合约。另在保证中说明有不符单证如果带来买方的损失,卖方会作出补偿,也被判是不等同保证履行买卖合约。Megaw 大法官是这样说:"Moreover, a promise to reimburse buyers 'any and all such cost and/or expenses' cannot, in my opinion, be treated as being a guarantee of performance in accordance with the clauses and conditions of the contract. It would appear, if anything, to purport to cut down the damages to which the buyers would otherwise be entitled, if they were to accept and pay for defective documents. It cannot be in accordance with the meaning of the concluding words of the documents clause that the sellers, if they produce defective documents, can not only compel the buyers to accept them, but can performance, thereby reduce the amount of damages to which the buyers would have been entitled if the guarantee of performance had not been given."

这种类似"Tradax 单证条文"也出现在其他的买卖合约。例如在 The Grain and Feed Trade Association 的 CIF 买卖合约或称为 GAFTA 100 的标准格式,其中的第11条文针对支付货款的(e)小条是说:"Should shipping documents be presented with an incomplete set of bill of lading or should other shipping documents be missing, payment shall be made provided that delivery of such missing documents is guaranteed, such guarantee to be countersigned, if required by buyers, by a recognized bank."

5.4 付运单证必须真实、准确、合法与有效

5.4.1 不真实与不准确的提单

付运单证必须是"真实与准确"(true and accurate),通常的毛病是出在提单,不真实的提单最常见的就是"倒签提单"(back - dated bill of lading),这种提单是不能用来交出给无辜买方,有说法是它"不能在国际贸易中流通"(unmerchantable)。例如在一连串的买卖合约中,倒签提单是第一个 CIF 卖方所造成的,但提单流转到第二或第三个买卖合约,该合约中的无辜卖方(实际上是中间商)知道了倒签提单的事实,他就再也不能把这一份提单交出给下一个买方,否则他会犯了欺诈的刑事罪,这是有身份的人士或有商誉的公司不会做的。这就表示倒签提单一被发觉就再也没办法在国际贸易中流通。有关倒签提单不能用来作为交出付运单证的说法可节录 Wright 大法官在 James Finlay & Co v N V Kwik Hoo Tong Handel Maatschappij (1928) 32 Ll. L Rep 245 先例中所说:"A c. i. f. contract, such as those in question, is a contract for the sale and delivery of goods which must be shipped as called for by the contract description, but it is also a sale of documented goods. The c. i. f. seller is bound to procure and tender to the buyer shipping documents, that is, in particular, a bill of lading, which will, among other things, show the date of shipment, that being a condition of the contract. In my judgment it is an implied condition of the contract that the bill of lading so to be tendered shall be a true and accurate document and correctly state the date of shipment. Such a condition seems to me to be absolutely necessary to give to the transaction such business efficacy as the parties must have intended. . . "

但同样的道理下可以适用在任何提单注明的其他方面的重要内容是不真实与不准确，不光是局限在最后付运日期，例如根本没有提单注明的货物装上船舶：Hindley & Co Ltd v East Indian Produce Co Ltd (1973) 2 Lloyd's Rep 515。该先例涉及了一票货物根本没有装在签发提单的船舶上，原因并不清楚，因为卖方只是一连串合约中的中间商。反正船舶到了德国卸港被发现根本没有这票货物，这导致了买方向卖方索赔损失，要求退还已经支付了的货款。卖方的抗辩是 CIF/CFR 买卖是单证买卖，他交出了表面完全符合买卖合约的提单，他作为中间商也没有理由去装港调查到底提单的内容是否准确，而且买方是有权向签发提单的承运人/船东要求赔偿。但这被英国法院拒绝接受，并提到这一套单证并非真实与准确，道理与倒签提单一样。加上没有货物装在船上，该提单也不是一份物权凭证去针对任何的货物。此外，买方有权向签发提单的承运人/船东要求赔偿不代表卖方可以免责，这种同一个损失可以向不同被告根据不同合约关系的情况经常会有，的确是没有理由让被告推来推去，以逃避责任。Kerr 大法官是这样说："It is an implied term of a contract of this nature that the bill of lading shall not only appear to be true and accurate in the material statements which it contains, but that such statements shall in fact be true and accurate. A well – known illustration is provided in cases in which bills of lading contain incorrect statements about the date on which the goods comprised in them were shipped. "

这里可以节录《Benjamin's Sale of Goods》(8th edn, 2010 年)之 19 – 035 段："**Genuine bill of lading.** The bill of lading must be 'genuine'. A bill of lading issued in respect of goods which have never been shipped, or one which contains a false date of shipment is a bad tender under a c. i. f. contract; and the same would be true of a bill of lading containing some other forgery, such as a forged signature by or on behalf of the carrier. A bill of lading which falsely represents goods have been shipped, when no such goods have been shipped in fact, is a bad tender under a c. i. f. contract even though the carrier is liable to the buyer in respect of the false statement, e. g. under section 4 of the Carriage of Goods by Sea Act 1992, or in deceit. A bill of lading is also a bad tender if, before tender, shipper and carrier have agreed that the goods are to be carried to some destination other than that stated in the bill; for in such a case the bill would be 'false in that [it] purported to represent a contract which had been privately varied'. It seems that such a bill of lading is a bad tender by reason of its falsity even though the carrier might not, as against the transferee, be able to rely on the 'private' variation and so be liable for failing to carry the goods to the destination stated in the bill. It is submitted that a bill of lading would, a fortiori, not be genuine if it were issued after the shipper and carrier had agreed to rescind the contract of carriage and the goods had been unloaded from the ship on which they were to have been carried."

5.4.2 不真实与准确提单下买方的救济

提单不是真实与准确,如果买方能够及时知悉,显然就可以拒绝接受。这方面如果支付货款是通过信用证的方式,问题就比较复杂,因为信用证是涉及了另一个合约,与买卖合约没有直接关系。这也在信用证广泛合并的 UCP600 说明信用证是自主与独立,与基础合约无关。而且,英国法律特别重视信用证的可信性,所以不会轻易作出干预,如接受买方的申请以禁令阻止银行支付给卖方,因为议付的单证不是真实与准确。这方面可节录在 HKSBC v Kloechner (1989) 2 Lloyd's Rep 323 先例中,Hirst 大法官说:"... The reason of policy... is that otherwise a letter of credit will be almost valueless, since, as the everyday experience of the Commercial Court and the City of London arbitration community shows, such dispute (e.g. as to short delivery, damage in transit, defects of quality and the like) are commonplace; if, therefore every time such a dispute arose (or was even alleged by the buyer to arise), the buyer was free to stop payment under the letter of credit, the assurance given to the seller by a letter of credit would be severely undermined, and the lifeblood of international trade would truly be afflicted by a thrombosis."

但买方要求法院阻止银行在信用证下做出支付也不是说完全没有可能,在贵族院的 United City Merchants v Royal Bank of Canada (1982) 2 Lloyd's Rep 1 先例。案情也是涉及了倒签提单,但有关的卖方(也就是信用证的受益人)对倒签不知情。这种情况也经常会出现,如第一个 CIF 卖方是委托了货代或一家船公司安排付运,是他们延误并在背后签发倒签提单。更多出现的情况就是在一连串的合约下,作为中间商的卖方。在贵族院是对虚假的提单作出了一个著名的信用证"欺诈例外"(fraud exception),就是受益人如果明知道付运单证是虚假,想以这份单证来欺骗将来这份单证的持有人或买方,法院才会作出支付禁令。Diplock 勋爵说:"To this general statement of principle as to the contractual obligations of the confirming bank to the seller, there is one established exception: that is, where the seller, for the purpose of drawing on the credit, fraudulently presents to the confirming bank documents that contain, expressly or by implication, material representations of fact that to his knowledge are untrue."

上述的解释可以看到有很多情况还是会买方在一份不是真实与准确的提单下已经支付货款给卖方。这种情况很大部分就是在事后才能觉察提单重要内容是不真实与不准确,小部分会是事前能够觉察但也无能为力阻止信用证下的支付。这一来,剩下的只能向卖方索赔损失。但问题是什么损失？这一方面在本书第八章之 5.4 段有详细针对，并介绍了 Finlay (James) & Co v Kwik Hoo Tong Handel Maatschappij (1929) 1 KB 400 先例(涉及了倒签提单)，高院与上诉庭判是在这种情况下卖方是剥夺了买方可以拒绝单证/货物的权利，所以损失赔偿应该归还他这一权利并支持买方向卖方的索赔，就是买卖合约价格与货物抵达卸港的市场价格差价(当时市场已经下跌)，让买方成功把市场风险转移给卖方。

另也介绍了 The "Raffaella" (1984) 1 Lloyd's Rep 102 先例，案情涉及了 1 万吨水泥的买卖，说是在 1979 年 5 月在罗马尼亚的 Constanza 港装在"Raffaella"轮去埃及的 Port Said。但实际上该票货物在一年前已经在另一艘船舶上。反正这票货在抵达埃及卸港的时候，质量已经很坏，不能使用。法院判是买卖的这票货物根本没有存在过，指该提单只是"一张虚假的单证"(a sham piece of paper)，并判买方支付货款是在"事实错误"(mistake of fact)的情况下作出，卖方必须退还所有的支付货款。这一个先例与 Finlay (James) & Co 先例的损失计算说法看来只有一点联系就是买方成功把市场风险转移给卖方，在这一个讨论中只是顺便提出来。

还有介绍的是 Kwei Tek Chao v British Trader and Shippers Ltd (1954) 2 Lloyd's Rep 114 先例，案情也是涉及了倒签提单，无辜买方在不知道的情况下支付了货款，但在卸货前买方已经知道了这一个事实。换言之，买方还有机会可以拒绝接收货物，但买方没有这样做，估计是买方由于不能通过留置强制向卖方要回已经支付的货款，所以接收了货物以免"全军覆没"。但这一来，就不像 Finlay (James) & Co 先例，买方再也不能说这一份不真实的提单剥夺了买方可以拒绝货物的权利，因为"因果关系"(causation)已经打断，不拒货是买方自己做出的决定。

反正这些先例对于买方的救济都有点不同的说法，所以干脆节录《Benjamin's Sale of Goods》(8th edn，2010 年)之 19－035 段作为总结："Where a bill of lading is not 'genuine', the buyer is entitled to reject it. But the further question arises whether, if he pays against such a bill, the buyer has a restitutionary right against the seller for the return of that payment. In Kwei Tek Chao v British Trader and Shippers Ltd (1954) 1 Lloyd's Rep. 16 a buyer paid against a bill of lading which stated that goods had been shipped in October, when in fact they had been shipped on November 3 (outside the shipment period specified in the contract of sale). It was held that the buyer could not recover back the payment as having been made on a consideration which had totally failed; for the bill of lading, though not genuine, was not an utter nullity. This decision may be contrasted with that in The 'Raffaella' (1984) 1 Lloyd's Rep 102 where a bill of lading was alleged to represent cement shipped on the Raffaella in May 1979 at Constanza for Port Said. In fact the cement had been shipped elsewhere a year earlier (when the ship bore a different name), had not then been destined for Port Said, and was, by the time of tender, much deteriorated. Leggatt J. described the bill of lading as 'a sham piece of paper'; and held that money paid on behalf of the buyer against the bill could be recovered back by the buyer as having been paid under a mistake of fact. The two cases can be reconciled on the ground that the forgery in the first case related only to a single (though important) characteristic of a shipment which had undoubtedly been made, while in the second it went ' to the whole or to the essence of the instrument' in the sense that no shipment of the kind described in the bill of lading had ever been made at all."

5.4.3 不合法或/与无效的付运单证

付运单证中的提单与保单会是变了不合法或/与无效导致 CIF/CFR 卖方无法交出单证给买方。在提单,变了不合法的好几个先例是涉及战争。例如在 Arnhold Karberg & Co v Blythe Green Jourdain & Co (1916) 1 KB 495 先例,它是一个 CIF 买卖,案例涉及第一次世界大战在运输途中爆发,变得签发提单的德国船是成为一艘敌国船,属非法。问题是:买方可否拒绝接受这套付运单证?法院说是可以,买方可拒绝一套"非法与无效"(illegal and void)的付运单证。高院的 Scrutton 大法官说:"...I cannot believe that contracts which are illegal and void can be regarded as good tenders and available for the benefit of the buyer…I cannot hold that such documents are good tender, or that the buyer can be required to pay against them".

上诉庭的 Swinfen - Eady 大法官说:"The point is upon whom the loss is to fall where documents which were originally valid have become invalid before they were tendered. In my opinion, although there is no direct authority on the point, the decisions which have been given as to the effect of CIF contracts, and the language which is used in those cases, make it reasonably clear what the obligation of the seller is…In my opinion the cases dealing with CIF contracts have all proceeded upon the footing that upon delivery of the shipping documents the purchaser will obtain a right either to the goods or, if the goods are lost or damaged, to such claims in respect of the goods as shipping documents may entitle him, not necessarily covering event loss or damage, but they were to be effective documents; and I think that the language used by the judges in dealing with CIF contracts is only consistent with the view that the documents tendered are to be effective shipping documents, and that where the bill of lading has become avoided by war it is not a sufficient compliance with the contract to tender it…that at the date of the tender the documents must be valid and effective documents."(交单时付运单证必须有效,可让买方在以后货损货差时,向有关方根据该套付运单证赋予的权力去索赔)。

Bankes 大法官也说:"(卖方争辩) one of the risks undertaken by the buyer is a risk affecting his contract, and not the goods the subject - matter of the contract. I cannot agree with this view."

如果是 CIF 买卖的目的地禁止有关货物的进口,视为不合法,这不影响提单会是不合法而不能交出给买方。这是因为 CIF/CFR 买卖是单证买卖,并不理会有关货物在卸港的交付,买方也完全可以分售/转售而改去其他的目的地:Congimex v Tradax (1983)1 Lloyd's Rep 250。

至于是"无效"(ineffective)的保单,更会扯上合约"受阻"(frustration)的问题,特别是会否与"海上运输合约"(contract of affreightment)的受阻扯上关系。海上运输合约会是租约提单下的租约,甚至保单本身就是这样的一份合约。受阻是可以发生在船舶因为事故而变了是"推定全损"(constructive total loss),没有办法继续航次。也会是卸港由于受到天灾(如地震与海啸把卸港摧毁)而无法继续航次。更会是原来计划的航次无法继续,如在 1967 年的以埃战争导致了苏伊士运河的封闭,逼使船舶要花很多的钱与时间绕过好望角才能完成航次。也是这一个原因,绝大部分涉及国际货物买卖与租约的案例(总共有 6、7 个被报道的先例)涉及该事件都不能成立合约受阻,因为多花钱与时间是不构成受阻。只有一个涉及租约的先例 The "Massalia" (1960)1 Lloyd's Rep 594,因为租约有一条条文要求船长在通过苏伊士运河的时候通知承租人,结果被判是合约受阻,但这是一个很受争议的案例。在 The "Captain George K" (1970)2 Lloyd's Rep 21 先例,虽然是一个租约的先例,但其中有谈到租约受阻并不代表一个 CIF 买卖的受阻。毕竟在 CIF 买卖,在货物付运的时候以埃战争还没有开始,卖方完全有时间可以付运后取得提单并交出给买方。

事实上由于海上运输的风险是在买方的头上,所以即使发生了上述的事故,甚至是更严重的事故,如船舶沉没导致货物全损,卖方还是必须交出且买方必须接受付运单证:Manbre Saccharine Co Ltd v Corn Products Co Ltd (1919)1 KB 198;C Groom Ltd v Barber (1915)1 KB 316;Baxter Fell & Co Ltd v Galbraith and Grant Ltd (1941)70 Ll L R 142。即使是非海事事故造成货物全损,如货物在航次半途被敌人的军舰扣押或没收,也不造成提单是无效或不合法,这只是买方向承保一切险的水险保险人或是向战争险保险人索赔的分别:Re Weis & Co (1916)1 KB 346。这方面可去节录《Benjamin's Sale of Goods》(8th edn,2010 年)之 19 - 037 段所说:"The requirement that the bill must be 'effective' is subject to an important qualification. If the goods are destroyed after shipment a c. i. f. seller can (and indeed must) perform his obligations by tendering the documents 'although there cannot be a more complete frustration for the purpose of a contract of carriage than the destruction of its subject - matter'. The qualification also applies where the goods have not actually been destroyed but have become unavailable to the parties in some other way, e. g. by enemy seizure or requisition. In Re Weis & Co bean oil was sold c/i/f/ Antwerp. At the time of tender of documents, the ship carrying the goods had been seized by enemy (German) forces, but Antwerp was still in Belgian hands. It was held that the tender was good, as at the time of tender the bill of lading was not affected by illegality. The position would have been different if at the time of tender Antwerp had fallen and so had become an enemy port."(最后一句是指卸港的比利时安特卫普如果已经被德国占领,判法就不一样,因为该提单变了是不合法。)

接下去是针对保单会变了不合法或/与无效的情况，只说保单变了不合法的情况也是不多。但变了无效的情况主要的危险会是CIF卖方在投保时对保险人"没有作出实质性的披露"(material non - disclosure)或是"误述"(misrepresentation)，导致保险合约或保单可让保险人选择合约无效。这方面比起一般的合约如买卖合约来的更严格，因为英国法律在1906年《英国海上保险法》之Section 17是立法规定了保险合约是"绝对善意"(utmost good faith)，这与一般合约不要求善意是完全不一样。如果买卖合约也要求绝对善意，包括双方作出实质性披露，许多买卖就做不成了。例如，商店的老板需要对顾客说明你再往前走十分钟可以买到同样的货物，价钱便宜五块。众所周知，在英国法律下大原则是"买方必须自己小心"(*caveat emptor*)。已经有先例是受到这方面影响的保单是属于无效的单证：Cantiere Meccanico Brindisino v Janson (1912) 17 Com Cas。但问题也是买方没有办法在CIF卖方交出单证的时候会知道这些问题，这是到了后期买方向保险人提出索赔的时候面对没有作出披露或是误述的抗辩时才会知道，所以涉及的救济往往不是拒绝接收付运单证，而是事后向卖方提出索赔。

其他还会有保单变了无效的情况是在一些不要求受保人拥有或证明他的"可保利益"(insurable interests)有不同的写法，包括像"interest or not interest"、"policy proof of interest"、"without benefit of salvage"等。这种保险合约在伦敦是经常有，主要是用来针对一些情况是明显受保人有可保利益，但很难证明是多少。但在英国法律还是把这些保险合约视为是不能协助执行，赔不赔只是靠保险人与受保人之间的君子协议。对CIF买卖合约而言，反正是卖方如果交出这种保单应是被视为是无效的付运单证：Strass v Spiller and Bakers Ltd (1911) 2 KB 759。幸亏涉及了CIF卖方交出的保单，针对货物在海上运输的财产险，不论是一切险或者是战争险，都不属于这种保险合约。

§6 卖方何时要交出付运单证

在付运后，卖方应尽快交出付运单证给买方。这看起来不像有问题，毕竟卖方会想在交出单证后早日获得支付货款。但仍有个别情况会发生延误，例如买卖双方同意支付货款的时间是订在船舶抵达卸港，则卖方会不着急交出单证了。这是因为在CIF买卖，支付货款与交出单证在同一个时间是一般的做法，而交出单证(主要是装船提单)也代表了把财产/货物所有权转移给买方：Toepfer v Lenersan (1980) 1 Lloyd's Rep 143。

无可避免卖方延误交出付运单证会有可能严重影响CIF买方，会剥夺买方有时间在海上转售这票货物或影响他向分买方交出付运单证或议付等。所以，买卖合约通常会有明示规定卖方必须交出付运单证的最后期限。这会是通过一条明示条文如在先例 Toepfer v Lenersan 中的"not later than 20 days after date of Bill of Lading",否则买方可以拒绝接收单证。例如通过信用证支付货款,所有的信用证都会合并UCP600,它在 Article 14(c)说:"a presentation including one or more original transport documents . . . not later than 21 calendar dates after the date of shipment as described in these rules,but in any event not later than the expiry date of the credit."

6.1 默示地位

当然免不了还是会有买卖合约没有明示规定,这一来就要看英国法律的默示地位。默示地位或责任是要求卖方要合理速遣。这在 C. Sharpe & Co v Nosawa & Co.(1917)2 KB 814 先例,Atkin 大法官所说:"It is reasonably plain that such a contract is performed by the vendor taking reasonable steps to deliver as soon as possible after shipping documents,including the bill of lading and policy of insurance and the buyer paying the price against the documents unless there is some other stipulation as to payment in the contract···The contract is performed in fact,and the date of its performance is the date when the documents would come forward,the vendor making every reasonable effort to forward them."

这里也可以节录 Evans 大法官在 Concordia v Richco (1991)1 Lloyd's Rep 475 先例所讲的一段话:"There is no doubt in my mind that the c. i. f. seller is obliged to send forward the documents with all reasonable despatch,or 'forthwith' if a single word is preferred,and that performance of this duty is unrelated to the arrival of the ship. The formulation relied upon by the plaintiffs in the present case is 'to take all reasonable steps to forward [the documents] without delay' and it is suggested,I think,that this is subtly different in its effect from an obligation to send them 'forthwith'. I confess that I am unable to appreciate the suggested distinction,because in both cases the time for performance is limited by reference to what the seller can reasonably do. If there is a valid difference,then as stated above I prefer the words first used."

最后可节录《Benjamin's Sale of Goods》(8th edn,2010 年)之 19-067 段:"**No stipulation as to time of tender: documents to be tendered promptly.** Where the contract contains no provision as to time of tender,the seller must take steps to tender the documents as soon as possible after the goods have been shipped or (in the case of goods sold afloat) after the seller has 'destined the cargo to the particular vendee or consignee'. Although the contrary has been suggested,a c. i. f. seller appears,according to the older authorities,to be under no absolute obligation to tender the documents before the arrival of the ship. However,the increased speed of modern communications is likely to have reduced the practical importance of this rule (if it exists) since a seller who failed (for example) to forward the documents by air would probably be in breach of his obligation to tender them with the required degree of promptness;and documents,so forwarded should (except where the sea transit was short) normally arrive before the ship. ”

上述的节录可去一提就是法律没有默示付运单证必须在船舶抵达卸港之前交出,这显然就是考虑到现实中船舶速度越来越快,加上短航次,导致了今天经常会发生无单放货的情况,买方需要以保函向船东取货,而不能靠迟迟不来的提单。所以法律是不能默示一些现实中做不到的事情或是有不合理的要求。

6.2 明示规定

买卖双方在合约明示卖方必须交出付运单证的期限经常会有见到,如在 Toepfer v Lenersan (1980)1 Lloyd's Rep 143 先例,是从加拿大去欧洲的油菜籽的 CIF 买卖。但航次半途船舶遇上严重海难,货物延误了很久才抵达欧洲,买方不想要这票损失惨重的货物了,但海上运输的风险是在买方。所以,买方的理由或借口是卖方迟了交出付运单证,构成违约,而任何涉及时间的违约在买卖合约是"条件条文"(condition)。至于何时要交出付运单证,买方说该合约的付款条文已有明示或默示,该条文说:"Payment: net cash against documents and/or delivery order on arrival of the vessel at port of discharge but not later than 20 days after date of Bill of Lading by telegraphic transfer, cable charges for buyers' account. "

买方说交出付运单证的期限在以上条文很明确,是在两个时间:一是船舶抵达卸港,二是提单后 20 天,其中较早的一天。因为卖方不交出付运单证,买方如何能支付?

在该案例,卖方是过了提单日期 20 天才交出付运单证。英国上诉庭同意卖方违约,而且是违反了条件条文。Brandon 大法官说:"On the footing that the payment clause imposed on the sellers an obligation to tender documents in time to enable the buyers to pay against them by the prescribed date for payment, which was on the fact 20 days after the date of the bills of lading, it is clear that they failed to do so … we have reached the conclusion that the sellers' obligation to tender documents in time was a condition of the contracts, so that the buyers were entitled, on breach of that term, to treat the contract as at an end and to reject the documents accordingly. "

这一先例显示了错过了交出付运单证的限期,这是构成违反条件条文,在一个下跌的市场会是给了买方一个合法借口去终断买卖合约。至于把这一个期限视为是条件条文,可以说是符合在贵族院先例 Bunge v Tradax (1981)2 Lloyd's Rep 1 说明的大原则,就是涉及了买卖合约,所有有关时间的规定都会视为是重要或作为条件条文对待:"broadly speaking, time will be considered of the essence in mercantile contracts"。

6.3 无单放货买卖双方谁提供保函?

要求 CIF/CFR 卖方尽快交出付运单证,主要的原因之一是让买方能够在船舶一到达卸港就可以根据正本提单向船长取货,但由于在许多情况(特别是短航次)做不到,所以越来越普遍的就是以"保函"(letter of indemnity),通常还要银行作出或加签,以交换船东同意无单放货。虽然这种做法是越来越普遍,而且不同在装港要求签发清洁提单所作出的保函是属于非法与无效。但这种针对无单放货的保函由于不涉及刻意欺诈无辜第三人而通常会是属于合法,作为一个有效的合约,但在英国法律下还是不接受无单放货是正确的做法:The "Stone Gemini" (1999)2 Lloyd's Rep 255。这表示在无单放货后,船东会有风险被其他提单持有人(不是交出货物的买方)索赔"侵占货物"(tort of conversion)的严格责任。这一来,希望就是船东手中的保函能够提供给他一个保障,把赔付给其他提单持有人的钱以及其他费用可以向保函的担保人要回来。

安排保函的费用会是高昂,如银行会收每年担保费的 1% 另加上手续费用,提供 1000 万美元就动辄要十几万美元,更不说会要把本金让银行冻结起来,所以保函是买卖双方谁安排就会是重要。

首先就是看英国法律默示的地位,估计要看卖方有否尽快交出付运单证给买方。如果卖方在这方面有违约而导致了买方需要以保函向船长提取货物,这方面的费用应该是可以作为损失向卖方提出:The "Rio Sun"(1985)1 Lloyd's Rep 350。但如果卖方没有在这方面违约,而是其他的原因,如航次太短造成了买方需要安排保函,看来造成付运单证延误的风险应该就是由买方承担。这方面可以参考 Michael Bridge 教授的《The International Sale of Goods》(2nd edn,2007 年)之 4.80 段。

会有买卖合约作出明示的规定,其中在 GAFTA 100 之第 11 条文针对支付货款的(c)与(d)小条就有以下的规定:"(c) In the event of shipping documents not being available when called for by buyers, or on arrival of the vessel at destination, sellers shall provide other documents or an indemnity entitling buyers to obtain delivery of the goods and payment shall be made by buyers in exchange for same, but such payment shall not prejudice buyer's rights under the contract when shipping documents are eventually available. (d) Should sellers fail to present shipping documents or other documents or an indemnity entitling buyers to take delivery, buyers shall take delivery under an indemnity provided by themselves and shall pay for other documents when presented. Any reasonable extra expenses, including the costs of such indemnity or extra charges incurred by reason of the failure of sellers to provide such documents, shall be borne by sellers, but such payment shall not prejudice buyer's rights under the contract when shipping documents are eventually available."

这条文看来是要求 CIF 卖方提供或承担保函的费用,但在(d)小条要求买方在卖方没有提供保函的情况下,自己安排保函并把有关的费用向卖方取回。这里有一点是要求买方减少损失的意思,因为尽快安排保函以利无单放货可以减少损失,包括对船东要负责的滞期费。但这条文没有包括买方如果在无单放货下最后要对侵占货物负责的损失,是否可以向卖方取回,特别是在卖方没有违反尽快交出付运单证的责任。

在这种问题上,笔者总的说是 CIF/CFR 卖方应该尽量避免提供保函。只要卖方没有延误交出付运单证，也不存在买卖合约下的任何违约，就不存在事后买方可向卖方索赔提供保函的费用。本来，CIF/CFR 卖方提供的保函给承运人/船东可能是一种方便与便宜的做法，这是由于有相当部分的租约有明示条文针对承运人/船东在承租人的要求下同意在卸港无单放货，而只要承租人提供自己的保函（往往还会写明不需要银行加签）。而在 CIF/CFR 买卖，承租人往往就是卖方或受到卖方影响的船公司。但这里的危险是买方如果根据卖方提供的保函在卸港取货后，会有不安好心的后果，就是买方不向他的银行赎单。或是，由于付运单证有一些微不足道的不符点，买方回过头来要求卖方接受货价的折扣才同意让银行议付，变了是“恩将仇报”。笔者见过这种案件有好几回，这导致了如买方不向银行赎单，就迫使银行作为提单持有人向承运人/船东索赔无单放货，而承运人/船东又根据租约向承租人要求补偿，最后还是卖方的损失且麻烦重重。

§7 卖方在何处交出付运单证？

这一点曾经有相异判决，但现在法律地位应明确是在买方的所在地。正如 Brandon 大法官在 The“Albazero”（1974）2 Lloyd's Rep 38 先例的 53 页所讲的：“It seems to me clear that, under the ordinary CIF contract, where the shipping documents, including the bill of lading, are only delivered to the buyer against payment, and where tender of the documents has to be made at the place of business or residence of the buyer, that the delivery of the bill of lading, and the consequent transfer of the right to possession of the goods, will take place at the time when and at the place where the documents are tendered and taken up.”

在《Benjamin's Sale of Goods》(8th edn, 2010 年）之 19 - 070 段，说：“**Place of tender.** Under section 29(2) of the Sale of Goods Act 1979, the place of delivery of goods is, subject to contrary agreement, the seller's place of business; and it might be thought that tender of documents, being in some respects the equivalent of delivery of the goods, is to be made at the same place. Conflicting views have been expressed on the question. Dicta to the effect that the seller is bound to hand over, tender or deliver shipping documents are quite neutral; they do not, with one exception, make any express reference to the place of tender. Where the seller carries on business in one country and the buyer in another, which is also the country of destination, it would certainly be strange to apply the *prima facie* rule of section 29(2), under which the buyer would be bound to collect the bill of lading from the seller's premises. In such a case it would probably be held that tender need not be made at the seller's place of business, unless this was the normal course of dealing between the parties. It would not however follow that tender was to be made at the buyer's place of business. The seller may forward the documents to his own agent in then buyer's country with instructions to hold them until payment of the price: it would then probably be up to the buyer to collect the documents from the agent's premises, which would be the place of tender. On the other hand, where a payment is made through a bank in the seller's country, the place of tender might well be the premises of the bank. Problems as to the exact place of tender do not seem often to arise, though issues do occasionally arise for jurisdictional purpose as to the country in which tender is to be made. In most cases the country of tender will, by implication, be the country in which payment is to be made; and this is commonly specified in the contract."

当然,在有信用证情况下,卖方交出付运单证是在议付/付款银行。但没有约定以信用证作出支付,则卖方要将付运单证送给买方了。为了放心,希望能做到一手交出付运单证,一手收到货款,卖方会是被迫要花钱委托银行通过它的外国代理或分行"托收"(collection)了。

托收不保证买方会支付货款,如果当时市场价格暴跌的情况下买方会选择违约,至多将来面对损失索赔。另一种经常出现的情况是买方选择违约是在期间有关船舶发生事故并为买方所知悉,如被船东通知船舶发生共同海损或海上救助。照理说,这种运输中发生的风险责任是在买方头上,与卖方无关。但往往就会出现买方与卖方扯皮,不肯支付货款与交换付运单证。这是与信用证的做法不一样,因为信用证涉及了第三人的银行独立对卖方作出支付货款的承诺。买方想扯皮,银行也不会理睬。

所以,托收并不是一种对卖方安全的做法,只能用在一些与买方已经有常年业务关系并且有一定程度的信任。另有关银行也要小心千万别放手这一套付运单证。笔者听过一宗案件是:中国去芬兰的货物,付运后通过银行去芬兰向买方托收,银行竟然在要求下将一份正本提单给了买方,而且让他持有一段长时间,足够可在船舶抵达芬兰后向船长提取货物。当时有关货物的市场价格下跌,加上卸的货物有损坏,芬兰买方回头要求中国卖方打5折才肯支付货款。要知道,货物即使有损坏会是海上运输途中引起的,是买方的风险。这在船舶签发了清洁提单更加明显是这种情况。由于中国卖方下不了决定,没有很快回应,买方竟然把该货物装上原先的船舶退回中国,向船长要回一份正本提单退回给托收银行,而该票货物最后以全损告终。笔者想如果托收银行不乱放这份重要付运单证,买方根本无法先提货,再检查货物后找到借口扯皮。

§8 何种付运单证?

在买卖合约没有特别规定下,这套付运单证在 CIF 的做法是在 2 段之(iii)的 Johnson v Taylor Bros (1920) AC 144 先例所讲的三份付运单证:"保单"(insurance policy)、"发票"(invoice)与"提单"(bill of lading)。这也可节录《Benjamin's Sale of Goods》(8th edn,2010 年)19 - 024 段所说:"The shipping documents are those documents which a seller is required to tender as a condition of obtaining payment. In the absence of any contrary provision in the contract, or of a relevant trade usage or custom, a c. i. f. seller is bound to tender three such documents: a bill of lading, a policy of insurance and an invoice."

在现实中,CIF/CFR 买卖合约都会有明示条文要求付运单证必须包括其他的单证,如出口许可证(export permit)、包装单(packing list)、质量与重量证明(certificate of quality and weight)、检验报告(inspection report)、产地来源证(certificate of origin)、健康证明(certificate of health)等。例如在 Krohn & Co v Thegra NV (1975) 1 Lloyd's Rep 146 先例中,就涉及了一份"交货单"(delivery order)。有关的条文要求的单证是:"Full set of on board bill of lading and/or ship's delivery order and/or other delivery order in negotiable and transferable form. Such other delivery order, if required by buyers, to be certified by the shipowners, their agents or a recognized bank."以交货单替代提单是必须在买卖合约说明,因为对买方而言,交货单不是一份"物权凭证"(document of title),在 1992 年《英国海上运输法》生效之前,更加不会是让承运人/船东与买方(作为交货单的持有人)之间有运输合约的关系,它只是承运人/船东作出的一个承诺,把交货单所针对的货物交出给买方。由于今天的外贸越来越多不签发提单,所以好像 Incoterms 已经对这份重要的付运单证有了宽松的对待,只要求一份"通常的运输单证"(usual transport document)。这变了是买方如果要求付运单证是一套提单,而买卖合约同时合并了 Incoterms,是需要说明付运单证必须是一套提单。

"交货单"(delivery order)在商品买卖也越来越重要,这是由于大宗货物经常只会在装港签发一套(这会包括是一套有三份正本或不等的)提单。如果在航次中涉及后来的分售,而数量与该套提单不一致,例如是 20,000 吨食糖以不同数量分售给了三个不同分买方,就导致了只有一份提单没有办法交出给三个分买方。这里的做法之一就是分拆提单,也就是回头要求船东收回原来的提单,另签发三套对口货物数量的提单。另一个更简单的做法就是向船东或他的代理人退回原来的提单,要求船东签发三份不同数量的交货单。

这方面可节录 GAFTA 100 在第 11 条文有关支付货款的条文中(b)小条对付运单证交换货款的内容如下:"Shipping documents - shall consist of - 1. Invoice. 2. Full set of on board bills of lading and/or ship's delivery order and/or other delivery order in negotiable and transferable form. Such delivery order if required by buyers, to be countersigned by the shipowners, their agents or a recognized bank. 3. Policy and/or Insurance certificates and/or letters of insurance in the currency of the contract. The letter of Insurance to be certified by a recognized bank if required by buyers. 4. Other documents as called for under the contract. Buyers agree to accept documents containing the Chamber of Shipping War Deviation Clause and/or other recognised official War Risk Clause."

以下段节逐一对最重要的三份付运单证进一步分析,其中包括了最复杂与难明的提单。

8.1 保单

在货物保险方面,众所周知,是有不同范围。水险可以是投保一切险或是局限的列明险种,英国保单是著名的"协会货物保险条文 A、B 与 C"(Institute Cargo Clauses A/B/C),最新的版本是 2009 年。其中 A 条文是承保一切险,而 B 或 C 条文是局限的列明风险。对大部分的货物,投保的都会是一切险。只有少数货物(如铁矿)不大会发生一般的货损货差,一发生就会是十分严重的事故,如船舶沉没,才会有货方为了更便宜的保费投保 C 条文。至于 B 条文在现实中是很少有货方投保。投保一切险与投保局限的列明风险差别很大,除了遇上事故举证的责任有很大的不同外,也包括了承保的险种。例如在近年来众所周知的索马里海盗捕获船舶与货物,并勒索赎金,就是在 A 条文才是承保范围,但在 B 与 C 条文就不列明为承保风险。

除了水险,通常还加保战争险、罢工险等。这方面在杨良宜先生所著的《海上货物保险》一书有详细分析。

在 CIF 买卖,卖方负责投保并在交出付运单证给买方之时,将保单以交出的形式"转让"(assign)。这在 1906 年《英国海上保险法》(Marine Insurance Act 1906)的 Section 50(3)有说明保单可转让,做法是"通过背书或其他习惯性做法的形式进行"(by endorsement thereon or in other customary manner)。而习惯性做法就是交出正本保单,通常不必像提单要求背书。

买方要求 CIF 卖方投保至什么范围通常会在买卖合约内订明,否则会有不肯定之处,而普通法地位与 Incoterms 也并不相同。

8.1.1 普通法地位要求的投保范围

在普通法,Scrutton 大法官在 Arnbold Karberg & Co v Blythe (1915) 2 KB 379 先例是说:"该航次的货物一般投保的风险"(the ordinary contract of insurance of the goods on that voyage)。这是要看货物品种、船舶本身、航线及有否习惯性做法等。

在 Borthwick v Bank of New Zealand (1900) 6 Com. Cas. 1 先例,涉及冻肉从新西兰运往伦敦,买卖是 CIF,并涉及信用证支付货款。银行在议付接受了卖方交出的付运单证并支付了货款,付运单证包括只投保十分局限的"全损"(total loss only)的保单。有关货物的冻肉半途发生部份损坏,所以是在承保范围以外。因为卖方也倒闭了而不存在向卖方索赔的可能,故此买方起诉银行,并举证说明新西兰的冻肉运至伦敦一般都会投保"一切险"(all risks)。所以,银行不应该接受一份局限的保单。法院判买方胜诉,Mathew 大法官说:"In my opinion my judgment in this case must be for the plaintiff. The letter of credit states the terms on which the defendants were to negotiate and the plaintiff was to accept the drafts and I have no doubt that the letter is a contract in the fullest sense of the word. Under that contract, when a shipment was made and a draft was brought to the defendants for them to negotiate, their first consideration ought to be whether the draft was such as the plaintiffs would accept, and, therefore the representative of the bank should examine the documents attached to the draft in order to see whether they were those stipulated for in the letter of credit. If that precaution were taken, the documents should consist of proper bills of lading and invoices and a policy of insurance, and the object of the stipulations in the letter of credit being to protect the plaintiff, the policy should be an all risks policy, which, on the evidence, I am satisfied so the ordinary policy in business of this kind."

另在 Groom (C) Ltd v Barber (1915) 1 KB 316 先例是针对另一问题:这一般性或习惯性做法,应是指在订立买卖合约时或在履约时(付运时)?要知道,这两者之间轻易会隔几个月时间。在该先例,船货在第一次世界大战被击沉,属战争险。但该票货物没有投保战争险,因为订买卖合约时仍未曾发生战事,该贸易上习惯做法也不投保战争险。但在履约/付运时,则该贸易(货物品种与航线)已习惯投保战争险。在买方起诉卖方指后者违约,投保范围不足够,但 Atkin 大法官说判定是否足够的时刻在订立买卖合约之时。

这判决曾受批评,因为会导致投保不足或过度投保,因为它漠视了订约后至履约时相隔好几个月会有重大的情况变化。但其他法官也支持 Atkin 大法官,如 Rowlatt 大法官在 Law & Bonar v British American Tobacco Co. Ltd (1916) 2 KB 605 先例。

看来,普通法地位(即买卖合约不说明投保范围)也是不能令人满意。

8.1.2 Incoterms 地位或其他买卖合约明示要求的投保范围

要说明是 Incoterms 只是一套由"国际商会"(International Chamber of Commerce,简称 ICC)拟定的标准条文,并不是法律。所以,如果不在买卖合约明示约定,Incoterms 是不适用的。反正在 CIF 买卖合约,不论是有否合并 Incoterms,买方都经常会要求 CIF 卖方作出投保的范围与其他要求。如果合并了 Incoterms,但另有条文针对,解释起来就要给一个综合的解释,看双方订约的意图。如果买卖合约只合并了国际商会的 Incoterms 2010,则 CIF 卖方针对保险范围在合约的责任是:(1)除非买卖合约另有规定,只投保伦敦保险"协会货物保险条文"(Institute Cargo Clauses)或任何类似条文包括最低限度的保险范围,也就是 C 条文。这表示买方要有"一切险"(all risk)的 A 条文保障,必须在买卖合约订明,毕竟是涉及保费也很不一样。(2)期限应包括整个买方有风险的运输期间(货物越过装运船的船舷至目的地交货),这也是在本章 5.1 段所针对的问题,不去重复。这一般不是问题,伦敦保险协会条文有一条"仓库到仓库条文"(warehouse to warehouse clause)或现今称为"运送条文"(transit clause),应是充分包括了这买方要求的运输期间。这方面详论请参阅杨良宜先生所著的《海上货物保险》一书的第十一章。(3)在买方要求下,并要买方负责保费,卖方也要投保战争险、罢工险等险种。(4)最低保额是买卖合约 CIF 货价的 110%,这多加 10% 是预计买方一般会赚取的利润。而投保的货币是要与买卖合约一样,一般会是美元。

这是担心卖方在自己国家的保险公司投保,投保的金额是本国(如印尼)货币。

但已经提到过,很多 CIF 买卖都会另有明示条文针对要求卖方投保的范围与其他的要求。例如,已经提到了买方要求卖方投保一切险就必须订明。同样,要加保战争险或罢工险等险种,也需要订明。其他会订明的是投保的币种,通常就简单说明是美元,而不像 Incoterms 要求与买卖合约的币种一致。比较更重要的是保险人的可靠性,虽然 Incoterms 也有说到"信誉良好的保险人或保险公司投保",但比较空泛。经常会有明示条文说的更细,如保险人或保险公司必须是与劳合社同级别的(Lloyd's or equivalent),或是伦敦(或香港、新加坡等主要的金融中心)的一流保险公司(first class insurance company in London)。要求去伦敦或香港的保险公司投保,买方还可以避免 CIF 卖方在他的本土(如印尼)投保,币种虽然是美元,但由于外汇管制而在赔付的时候钱汇不出来。最后还会有买方估计会赚取的利润加在 CIF 的价格上作为投保的金额,这百分比会多过或少过 Incoterms 的 10%。例如在 Strass v Spiller and Bakers Ltd (1911)2 KB 759 先例中,就是 2%。但如果买方是估计会多赚,他可要求 CIF 卖方投保如 120% 的 CIF 货价。这里也会有考虑是买方不想让 CIF 卖方知道太多有关他赚取的利润,宁可自己另向其他保险人投保"增值保险"(excess value insurance),反正做法上都是千变万化。另去一提的是除了买方利润,要求 CIF 卖方投保的金额还会包括需要预付的进口税。

一涉及了明示条文,有了争议就会要作出解释,客观看双方订约意愿。例如在 Donald H Scott Ltd v Barclays Bank Ltd (1923)2 KB 1 先例,在买卖合约要求 CIF 卖方交出的是一份"可批准的保单"(approved insurance policy),这被解释为只要保单"是不可以提出合理的反对与反对的理由"就应该是"可批准的保单"(to which no reasonable objection could be made, but which ought therefore to be approved)。

涉及了投保一切险的要求,也最好说的是更明确,如投保协会货物保险条文 A。如果买卖合约只是泛泛地要求投保一切险,也容易起争议,因为已经解释过 A 条文还是有很多风险不予承保。这方面先介绍 Yuill v Scott - Robson (1908)1 KB 270 先例,它涉及了一个"CIF 德班"的买卖,货物是活牛,买卖合约是要求 CIF 卖方投保"面对的一切风险"(against all risks)。CIF 卖方投保了一切险,但货物由于在卸港德班被南非当局拒绝进口而蒙受损失,这是一切险不予承保。这种额外的易腐货物被拒绝进口的风险是要额外投保,这方面在杨良宜先生所著的《海上货物保险》一书第三章 3.8 段有介绍。回去这一个先例,法院是判 CIF 卖方违约,因为买卖合约要求"面对的一切风险"并不只是保险的"一切险"。

下一个案例是 Vincentelli v Rowlett (1911)16 Com Cas 310,这一个 CIF 买卖的有关条文是:"Insurance to be effected by (卖方) all risks"。但后来造成的损失是由于承运人违约,把货物装在甲板而蒙受损失,一切险的保险人拒绝赔付。而买方向 CIF 卖方索赔损失也不成功。法院判是买卖合约有关条文的解释是看不出双方意图要卖方投保船东违约的风险:"the parties had not intended that the seller should insure against losses arising out of the sheer breaches of a contract of carriage made in proper form, with proper care, and with a well - known reputable line of shipowners. ”

另去一提是在近期针对 CIP 买卖（carriage and insurance paid to）的案例名为 Geofizika v. MMB International & Greenfields（2010）1 Lloyd's Rep 458，法院认为卖方投保时必须与运输合约配合，否则会被认为违反了投保适当保险的义务而要承担有关损失。在这案例，卖方同意把三部救护车从英国以 CIP 形式运输到利比亚。运输合约允许承运人把救护车装在甲板上运输，但保险合约内有保证条文表明货物在舱内运输（“warranted shipped under deck”）。法院认为保证条文令到这变为一份不恰当的保险合约：“The under deck warranty was false and the policy was therefore doomed from the start. There was never a proper contract of insurance.”

笔者曾见过这种类似的案件：它是一个 CIF 买卖，保单中有一条“承诺性保证”（promissory warranty），要求货物（一台机器）必须是集装箱运输。但卖方其实不是这样做，结果机器在海上运输途中严重受损。保险公司以违反承诺性保证拒赔。在同样的道理下，买方应可向 CIF 卖方索赔。而如果这不符点应可在付运单证看得出来（从提单看得出不是集装箱运输，但保单严格要求是集装箱运输），更会是议付银行（如涉及信用证）也会有责任，虽然笔者不曾见过有明确先例，而 UCP600 等规定也没有对这种千变万化的细节有所说明。

最后，节录一些例子介绍买卖合约中有关保险要求与投保范围的明示条文。第一个例子是 Promos v European Grain（1979）1 Lloyd's Rep 375，其中的第 17 条文是这样说：“INSURANCE - Insurance on W. A. terms（Institute Cargo Clause）with average payable, with 3% franchise or better terms, including the risk of War, Strike, Riots, Civil Commotions and usual Warehouse to Warehouse Clause, to be effected, with seller's option with first class underwriters and/or Companies who are domiciled in the United Kingdom, or who for the purpose of any legal proceedings accept a British domicile and provide an address for service of process in London, but for whose solvency sellers shall not be responsible, Claims to be paid in the United Kingdom in the currency of the contract. Sellers shall give all Policies and/or Certificates and/or Letters of Insurance provided for in this contract, duly stamped,（if stamp duty is applicable）for not less than 2% over the invoice amount, including freight when freight is payable on shipment or due in any event…”

上述的例子有很多说法已经是过时，如“W. A.”，“franchise”，“Warehouse to Warehouse Clause”等，只是显示在 CIF 买卖合约会有很细的条文提出买方的要求与投保范围。在本书多处提到的 GAFTA 100，它的第 17 条文更加是一条非常详尽的条文针对保险的要求与投保范围，由于是太长，所以不节录。

8.1.3 保单与保险证明

“保单”（insurance policy）与“保险证明”（insurance certificate）是不同的单证，而在 1906 年的《英国海上保险法》只有针对前者的保单。所以在英国法律的默示地位下,CIF 卖方交出的付运单证必须是一份保单而不能是一份保险证明。这可节录《Benjamin's Sale of Goods》(8th edn,2010 年)19 - 047 段所说:"**Certificate of insurance**. A c. i. f. seller does not perform his obligations by procuring and tendering a certificate of insurance. The form of such a certificate is variable;but its essential feature is that it certifies that the goods in question have been insured under a policy to which reference is made in the certificate. Usually the certificate is expressed to be subject to the terms of the policy;and the main reason why tender of a certificate is insufficient is that the person to whom such a tender is made will be unable to determine from the certificate what the terms of the insurance are. Other objections are that such certificates are not transferable by indorsement,and that they may not give a right of action against the underwriters,apparently as they do not comply with the formal requirements of section 22 of the Marine Insurance Act 1906,by which a contract of marine insurance is inadmissible in evidence unless embodies in a policy."

但由于在现代国际贸易商作出投保的做法已经导致了很少会以保单形式作为付运单证(据说伦敦市场现在已经很少作出保单作为保险合约),取而代之的就是保险证明。而这里的主要原因就是今天的国际贸易商都是会订立长期的"开口保单"(open cover policy),把所有在开口保单有效的时间内(会是长达一年甚至永久有效直至保险人或受保人作出通知去终断)进行大量的货物买卖交易都包括在承保的范围内,只需要在每票货物真正付运后向保险人作出宣告以利作出如按月或季度的保费计算,而不会为个别的货物买卖交易投保并取得一份保单。这样就可以更加节省保费,节省行政工作,避免遗漏与时间上的紧迫。同样的好处也是在保险人。而在开口保单的情况下,只会作出个别付运的保险证明,不会有保单。

另一个比较次要的原因是一整船的大宗货而只作出一份保单,但由于这票大宗货会在航次半途分批转售,这又会出现以保险证明解决只有一份保单的情况了。在 John Martin of London Ltd v A. E. Taylor & Co Ltd (1953)2 Lloyd's Rep 589 先例,Goddard 大法官是这样说:"As I say, therefore, if this had been an ordinary c. i. f. contract... there is no doubt that a proper policy would have had to be tendered and that any documents which might be said,in some respects,to be as good as a policy,or in substitution for a policy,would have been a bad tender. But one knows that businessmen who carry on business in a certain methods,and then find that those methods are not in accordance with the strict law as laid down by the Courts,very soon find ways of getting round or avoiding the decisions which have been given by altering their contracts. That is not only a perfectly legitimate thing to do,but it is the way that the law merchant to some extent has been raised... These goods were arriving in London from Australia in very large quantities, and they were,no doubt,to be consigned to different consignees in the long run,and,therefore,it is much more convenient for the sellers to insure all the goods in the ship in one policy and then to arrange that certificates of insurance and indemnity are given to each one of the buyers so that they will be quite safe. If the goods are lost the buyer will still have his remedies under the policy of insurance, but it avoids having to take out a great number of separate policies. That, I think, is exactly why this contract, which is more than a c. i. f. contract, provides for an 'insurance policy / certificate and/or indemnity in lieu thereof.'"

在上述的先例,除了提到了保险证明外,还有另外一种办法替代交出保单,就是由 CIF 卖方给一个已经投保的保证。这在该先例也有这种做法,就是 CIF 卖方在发票中加上一条"补偿条文"(indemnity clause),措辞是"We confirm that the above goods are covered against 'marine and war risks' and that we hold relative insurance policy for 10 per cent above the value of our invoice to you. We therefore indemnify you from any consequences which may arise due to your accepting these documents without a policy of insurance."

要再强调的就是如果以保险证明或 CIF 卖方保证投保的做法替代一份保单,就必须以明示条文约定,因为英国法律的默示地位是不承认。但这已经是在国际外贸与许多标准条文的做法,例如,在 UCP600,在 Article 28 针对保险单证,其中(a)小条就说明保险单证如保单或保险证明或开口保单的宣告,只要表面看来是有保险公司或保险人或他们的代理人授权,就是银行可以接受议付的单证。该小条的措辞是这样:"An insurance document, such as an insurance policy, an insurance certificate or a declaration under an open cover, must appear to be issued and signed by an insurance company, an underwriter or their agents or their proxies. Any signature by an agent or proxy must indicate whether the agent or proxy has signed for or on behalf of the insurance company or underwriter."

另在 GAFTA100 针对 CIF 买卖,在第 11(b)条文,针对卖方要交出的付运单证针对保险单证是说:"Policy(ies) and/or Insurance Certificate(s) and/or Letter(s) of Insurance in the currency of the contract. The Letter(s) of Insurance to be certified by a recognized bank if required by Buyers. Other documents as called for under the contract. Buyers agree to accept documents containing the Chamber of Shipping War Deviation Clause and/or other recognized official War Risk Clause."

8.1.4 保单/保险证明必须提供持续性的单证保障

有关"持续性单证保障"(continuous documentary protection)在本章 5.1 段已经有详尽的介绍,在保单而言就是指买卖合约的整个运输过程直到货物交付给买方,都必须有保险对买方作出保障。如果在保险单证上不能显示这一点,这份单证就不能接受。这方面在 UCP600 Article 28 也有针对,其中(e)小条是说:"The date of the insurance document must be no later than the date of shipment, unless it appears from the insurance document that the cover is effective from a date not later than the date of shipment."

及(f)小条(iii):“The insurance document must indicate that risks are covered at least between the place of taking in charge or shipment and the place of discharge or final destination as stated in the credit.”

这在英国法律的地位也是一致的,这方面可先介绍 Lindon v White & Meacham (1975)1 Lloyd's Rep 384 先例。案情涉及了一个 CIF 买卖,货物是套头毛衣,本来目的地是去买方的仓库,但卖方送错了地点去他的办公地点并且由于还没有上班而被偷掉。Denning 勋爵是这样说:“Now the meaning of a c. i. f. contract has often been explained. The seller has to put the goods aboard a ship, to get the bill of lading to show they are on the ship. He has to have a policy of insurance taken out so as to cover the goods right through to their destination. In this case the policy should cover the goods, not merely as far as the Port of London: it should cover the goods right through to the customer's warehouse. The seller has to pay the freight, that is the carriage cost right through the destination. That is what c. i. f. means: cost of the goods, insurance of the goods; and freight of the goods right through to their destination. On a sale on those terms the seller is entitled to be paid when he hands over the documents to the buyer...”

另一个先例是 Promos v European Grain (1978)1 Lloyd's Rep 375,有关 CIF 的买卖,卖方所交出的保险证明是投保了“仓库到仓库”(warehouse to warehouse)。但由于订约后双方曾经同意对买卖合约作出部分变更(variation),其中一条是卖方给买方从交出付运单证后 45 天免费的仓储与保险:“that the sellers should provide the buyers free rent and insurance for a period of 45 days from the date of presentation of documents.”但“仓库到仓库”的大精神就是要求货物的运输不断在往前推进,涉及货物的储存除非是货物运输的一部分(如短暂在运输货棚[transit shed]存放),是一般的海上货物运输保单不保障的。在该先例,CIF 卖方交出的保险证明是没有看到对这 45 天的仓储有作出保险的保障,这被法院判是可以拒单。Parker 大法官说:“It is also said, and rightly said, by the buyers, that when this document was originally tendered there was nothing whatever on it which would indicate to anybody that the goods were covered in store at all, because the standard form of policy to which it refers combined with the Institute All Risk clauses insofar as applicable make it quite plain that the insurance goes only from warehouse to warehouse. There is therefore nothing on the face of the document to indicate that there is any cover provided while the goods were in store at all, and in my judgment the buyers were well - entitled to reject this document, not only because it was a document which was for an inadequate period...”

8.2 发票

“发票”(invoice)是以卖方名义签发,对象是买方,将这套付运单证(保单、提单)所针对的付运货物、货价等详细列出来。发票必须对买卖合约内的货物有全面描述,所以,它是让买方比较买卖合约及做其他工作(如报关)最重要的付运单证。

发票的形式可节录 Ireland v Livingston (1872) LR 5 HL 395 先例中 Blackburn 大法官所说:"The invoice . . . is made out debiting the consignee with the agreed price (or the actual cost and commission, with premiums of insurance, and the freight, as the case may be), and giving him credit for the amount of the freight which he will have to pay to the shipowner on actual delivery. . ."

以上的说法是针对 CIF 买卖的其中一种以前经常有的做法,就是运费到付,由买方直接支付给船东。但这种做法现在是很少,绝大多数的 CIF 买卖是由卖方先预付运费给船东,然后通过一份"运费预付"(freight prepaid)的提单向买方要求支付 CIF 货价,其中是包括了运费,虽然不会分开。

没有什么先例针对发票的内容,估计是在绝大部分情况下即使是买方或者议付银行对发票内容不满意,卖方就可以很快自己作出修改后"第二度交出"(re - tender),这与一些其他的付运单证要依赖第三人作出并不一样。在比较少见的情况下,买卖合约要求发票必须要有一些特定的内容,而这个内容是要依赖第三人提供,这才会对卖方有一点问题。在 John Martin of London Ltd v A. E. Taylor & Co Ltd (1953) 2 Lloyd's Rep 589 先例,买卖合约要求发票的内容必须有"lodgement number and location of certificate or origin"。有关 lodgement number 是必须由海关当局提供,但海关偏偏就迟了提供。法院判是买方不能因为发票没有这一个 lodgement number 而拒绝接收付运单证,因为买卖合约的规定只能被合理解释为 lodgement number 有了才需要卖方提供,不代表海关不提供就开不了发票。

发票应该对有关货物有一个足够的细节让买方知道这就是买卖合约下的货物,但也有先例判是发票不需要把买卖合约中所有的货物描述都写清楚。该先例是一个澳大利亚的案例:Henry Dean & Sons (Sydney) Ltd v O'Day (1927) 39 CLR 330,有关的买卖合约针对货物的描述是"150 bales first selection Liverpool wheat sacks",但发票只是说"150 bales Liverpool sacks"。法院判这发票的内容是已经足够,买方不能拒单。但如果发票的货物描述是与买卖合约的描述串不起来或者是不能肯定是否是相同的货物,这才是一个不符点,或是属于有不符点的付运单证。

8.3 提单

可以说在付运单证中,提单是最重要的一份付运单证。有关提单的学问是非常深与广,读者如果想增加这方面的了解就要看其他书籍,如杨良宜先生所著的《提单及其他付运单证》。在这里只简单说,提单这一份单证是有三个作用:一是物权凭证,二是海上运输合约或是它的证明,三是货物收据。这三个作用与 CIF 买卖都是有密切的关系,例如通过物权凭证的作用,买方可以安心作出支付货款,将来凭这套提单向船舶取货。有说法提单就是打开这海上仓库的钥匙。通过海上运输合约,买方就可以向船东或承运人强制要求履行,如把货物安全送达目的地,而且不能另收费。而在发生货损货差或是航程延误(如因为船舶在半途不合理绕航),对买方造成损失也可以根据这一份运输合约向承运人/船东索赔。在 CIF 买卖货物付运是由卖方负责,在商品买卖往往涉及了租船,所以与承运人/船东发生合约关系应该只是卖方(作为承租人),与买方是没有任何关系。但在英国通过1855年的《提单法》后,就立法规定了在一个提单转让给善意的第三人(买方),就可以把运输合约的相互关系同时转让,把受让人当作是原来订立提单合约的一方(这应是卖方或是发货人),令受让人享有在提单合约下的权利,但同时也要承担有关的责任(如滞期费的支付或危险品带来的损害后果)。有说法是1855年立法是属于一种强制性的"法定转让"(statutory assignment)或更贴切的"法定变更合约对象"(statutory novation)。1855年立法现在已经被1992年《英国海上运输法》所替代,但大精神或大原则还是一致。在其他涉及外贸的国家都有类似的立法,在中国这方面是在《海商法》有同样的针对。

提单的起点就是证明CIF卖方尽了付运的责任,这责任在1979年《货物销售法》之Section 32 (2)有明确规定,可节录如下:"Unless otherwise authorized by the buyer, the seller must make such contract with the carrier on behalf of the buyer as may be reasonable having regard to the nature of the goods and the other circumstances of the case; and if the seller omits to do so, and the goods are lost or damaged in course of transit, the buyer may decline to treat the delivery to the carrier as a delivery to himself or may hold the seller responsible in damages."

这法律地位已可用《Benjamin's Sale of Goods》(8th edn, 2010年)19-025段的一句话说明:"A CIF seller must make or procure a proper contract of affreightment, and procure a proper bill of lading"。即是,CIF卖方在安排付运必须订立一份恰当的运输合约与取得一套恰当的提单。恰当也就是合理,要根据每一个不同案件的事实作出判断。

也是同一道理,提单反映与证明CIF卖方已作出了"恰当"(proper)的付运。所以,提单必须有一些内容(这些内容已经或稍后分段进一步解释),这是在《Benjamin's Sale of Goods》(8th edn, 2010年)19-026段所提及的如下:"**Normal requirements as to bill of lading**. The bill of lading must normally be in a transferable form; provide continuous documentary cover; state that the goods have been actually shipped, as opposed to having merely been received for shipment; provide for the carriage of the goods to the agreed destination by the agreed or customary route; be issued 'on shipment'; be 'genuine'; cover the goods sold and no others; be 'valid and effective'; and be 'clean'…They are of course subject to the terms of the contract and to any relevant custom or usage."

提单必须要有一些内容证明一个恰当的付运,在Incoterms 2010也有针对。但这是需要买卖合约有明示合并,因为这不是英国法律的默示地位。只说Incoterms与英国法律的默示要求基本上是一样。Incoterms要求的付运提单要有以下内容:(i)运费已预付,来证明卖方已承担并支付了这笔费用:Incoterms A3(a)。(ii)正常的航线(如果有订明在提单中):Incoterms A3(a)。(iii)同意的卸港/目的地:Incoterms A3 (a)。(iv)货物已装运：Incoterms A3 (a)。(v)通常用以运输该类合约货物的那种船舶，而一般通过船名在提单上可查明：Incoterms A3 (a)。(vi)必须包括合约的货物，即提单准确说明所装的货物：Incoterms A8。(vii)付运日期：Incoterms A8。(viii)应是一份“不记名提单”(order bill of lading)，可让买方在目的地提取货物，或是在“转运期间通过单证转让把货物出售给后续买方……”：Incoterms A8。(ix)如果多过一份正本提单(多少份会显示在提单上，一般会是三份)，卖方要交出全套：Incoterms A8。(x)如果是租约提单，卖方必须同时提供一份租约的副本。因为同一航次会出多份提单，而只有一份正本租约是无法满足要求，故只能是副本：Incoterms A8。

由于提单是一个复杂与重要的课题，接下去会分段做进一步的针对。

§9 提单的类别与实际内容

提单的类别有很多，如果加上其他付运单证就会是更加多，所以先作出一个非常简单的解释。提单类别是包括了“装船提单”(shipped /onboard bill of lading)、“收货提单”(received for shipment 或 alongside bill of lading)、“租约提单”(charterparty bill)、“班轮提单”(liner bill of lading)、“全程或转运提单”(through bill of lading)、“多式联运提单”(combined transport bill of lading)、“海运单”(sea waybill)、“交货单”(delivery order)、“电子提单”(electronic bill of lading)等。

另可根据提单内容的写法而区分出：“持有人提单”(bearer bill)、“不记名提单”(order bill)、“记名提单”(straight consigned bill)、“可转让提单”(negotiable bill)、“不可转让提单”(non – negotiable bill)、“清洁提单”(clean bills)、“不清洁提单”(dirty 或 claused bills)、“正本提单”(original bills)与“副本提单”(copy bills)、“长/短格式提单”(long/short bill of lading)等。

在这里只会介绍一些与本书有关，特别是针对国际商品买卖有关的提单类别。

9.1 “租约提单”与“班轮提单”

也是顾名思义，“班轮提单”是由班轮公司签发的提单，在今天班轮公司的船舶都是集装箱船，也表示这种提单所针对的货物就是适合集装箱运输的货物。可以说，商品如散粮或是钢材很少会是以集装箱作出付运，除非是一些非常时期，如2008年金融海啸后导致集装箱运输的业务大受打击，笔者就听闻过以集装箱装商品(如化肥，钢材等)，直接与散货船竞争。班轮提单通常就是由班轮公司把密密麻麻的海上运输条文写得很清楚，条文一般都倾向船东的利益，个别的货方也不会有谈判的力量与能耐。也是在这个背景下，为了避免运输条文一面倒保护船东，所以就有了著名的1924年《海牙规则》，阻止班轮船东单方面订立对他有利的班轮提单条文，并强制船东必须要承担一个起码的责任，如必须恪尽职责令船舶在开航前和开航当时适航。

大宗货的商品经常会面对的反而是“租约提单”，它是由个别散货船或油轮的船东所签发。在做法上与班轮提单是完全不一样,因为个别散货船不固定走一个航线,也不会事前知道或能够控制运输合约的条文,需要每一次租船的时候通过与承租人(CIF 卖方)艰苦的谈判才能定下来。能够最后定下来的运输合约就是"程租合约"(voyage charterparty)。这不像班轮提单会能够与必须要事前能够控制运输合约的条文,不能在每一个航次与个别的发货人(会在一个航次有上千个不同的发货人)谈判运输合约条文。所以班轮提单都会有一套一早就由班轮公司拟定并且是改不了的运输合约条文,并且班轮公司会大量印制统一使用。这不同的做法导致了一份租约提单相比班轮提单是看来非常简陋,没有什么运输条文,也不会事前印制好,使用的经常会是由一些商会拟定的标准格式,如"波罗的海国际海事组织"(BIMCO)的 Congenbill 租约提单标准格式。租约提单也不会把程租合约内的运输条文一条一条搬过来。一个简单的做法就是通过合并,在租约提单上印上一条"所有租约的条文与条件都合并在本提单内"(All the terms, conditions, clauses and exceptions contained in the charter – party dated... apply to the bill of lading and deemed to be incorporated.)。这通常就足够把程租合约内的有关运输条文合并进提单,如装卸时间、滞期费、卸货港口与可以使用多少个泊位、卸货费用谁负责、运费的预付与结算、船东的留置权等。

这表示 CIF 卖方在交出付运单证的时候如果光是提供一份租约提单,是不够资料让买方知道他与承运人/船东之间的运输合约条文到底是什么,如他要负责的卸港作业到底允许他有多少卸货时间与面对滞期费的索赔会是什么金额。除非,CIF 卖方交出付运单证必须同时加上一份租约。但英国的先例是不要求 CIF 卖方在交出一份租约提单必须同时提供一份租约:在 Burstall v Grimsdale (1906) 11 Com Cas 280; Finska Cellulosaforenigen v Westfield Paper Co Ltd (1940) 4 All ER 473 等先例。这方面在 S. I. A. T di dal Ferro v. Tradax Overseas S. A. (1980) 1 Lloyd's Rep. 53 先例有提到,Donaldson 大法官是这样说:"The mere fact that a bill of lading refers to a charter – party does not require the production of that charter, if its terms are not incorporated into the bill of lading contract or do not affect the buyer's rights. Thus the bills of lading in the present case were claused 'Freight payable as per charter – party', but the sale contract provided that the sellers should settle the freight directly with the vessel. Nor need the charter – party be produced if the bill of lading refers to a known standard form and it is only the printed clauses of that form which are relevant, e. g. 'Centrocon Arbitration clause'. If the decision in Finska Cellulosaforeningen v Westfield Paper Co Ltd is correct, it is justified upon this ground."

这样的判法也不奇怪,因为合并其他单证除非有特定的要求是不需要同时提供,如信用证通常都会合并 UCP600,如果法律默示地位是要同时附上一份 UCP600 就会令信用证太厚了。租约更是经常会合并其他的文件,如国际公约的《海牙规则》,条文针对共同海损就合并《约克—安特卫普规则》,条文针对油污就会合并《美国油污法》与《国际油污公约》等。如果这些合并的文件都要同时附上一份,就会令一份简单的租约变了一本书,这显然是没有必要与造成纸张浪费。但显然这一法律的地位不令人满意,所以在涉及了租约提单,经常会有明示要求同时交出一份租约。例如在 The "Laemthong Glory" (2005) 1 Lloyd's Rep 688 先例,买卖合约中要求卖方交出的付运单证中的租约提单就要包括了一份签署的租约(included a signed copy of charter-party)。另在一些标准格式合约,例如 FOSFA 24,第 14 条文也有明示要求:"If the bills of lading refer to a Charter Party then, if required by the buyer, seller shall provide a copy of the Charter Party."在《The International Sale of Goods》(2nd edn, 2007 年)之 4.120 段, Michael Bridge 教授也建议这是一个好的做法:"To avoid uncertainty, a commendable practice is to make express provision for tender a copy of the charter party."

但这又带来了一个实际困难,就是在租船业务中作出一份签署好的租约是实际上很困难的事情,特别是涉及了一个短航次的程租合约。租约的存在是承运人/船东与承租人(也就是 CIF 卖方)都承认与接受,而租约的条文就是通过双方(通常经过租船经纪人)的电文往来,最终达成协议也就是全部要谈判的条文/条件都被双方接受。但在一个艰苦的谈判,即使是只有几天,就已经会涉及了无数的电文往来,其中还会有电话的口头往来。如果要整理出来作出一份完整的租约,就会很花功夫。如果涉及了经纪人,这通常是由他作出。他根据双方的往来整理好了一份草拟的程租合约,就会给双方批准。双方是否批准就要先查看他们之间谈判的电文与口头往来(这会记录在自己的笔记甚至光凭记忆)并作出比较,看看草拟的租约中整理出来的条文是否能够代表他们在谈判中同意的内容。如果双方都接受了草拟的租约就能代表该草拟租约是反映了他们在谈判中同意的租约,如果再进一步要求双方签署,除非承运人/船东与承租人都能够授权他们自己的经纪人签署,否则就要安排让双方自己签字。如果涉及了船东是挪威或希腊船公司,而承租人是美国或韩国公司(他们也是 CIF 卖方),光是这签字的过程就也会花上一两个月。难怪在现实中,许多短航次在双方完全履约后都不会有一份签署的租约。签署的租约甚至永远不会存在,而整个做法只被视为是"例行手续"(idle formality)。如果承运人/船东与承租人之间有争议,他们去仲裁所提出的证明证实双方所达成的协议也就是他们之间的电文往来,证明他们之间到底约定是什么。在现实中,往往是涉及了半年以上的期租合约或是多个航次的"包运租船合约"(contract of affreightment,简称 COA)才会是双方安排作出一份签署的租约。这显示了 CIF 买卖合约如果明示要求 CIF 卖方在交出付运单证的时候,租约提单必须同时附上一份签署的租约所面对的实际困难。如果没有经验的 CIF 卖方贸贸然在买卖合约同意交出一份签署的租约,但后来在实际中办不到,就会在买卖合约因为无法及时交出付运单证而违约。如果遇上有关货物的市场价格暴跌,更会被买方乘机取巧去终断买卖合约。

租约提单如果被要求附上一份签署的租约还有另一个问题,就是如果一票大宗货涉及了签发多过一份提单(这经常会发生),就不会有这么多份的租约可以在每一份提单附上。

9.2 “持有人提单”、“不记名提单”与“记名提单”

9.2.1 提单的收货人一栏如何填写决定是什么类别的提单

提单通常会有三栏填上不同的对象或当事人,第一栏是“发货人”(shippers),如果不涉及一连串合约,发货人一栏填上就很可能是 CIF 卖方,因为是他把货物装上船舶付运。如果涉及一连串合约,真正的发货人就会是第一个卖方或在后来的买卖合约中就是属于第三人,而不是该买卖合约的卖方。会有中间商不想他的买方知道货物的来源,所以他会把第一个卖方交出给他的提单向船东换取第二套提单,把第一个作为发货人的卖方改为他才是发货人,之后才交出该套付运单证给下一个买方。

第二栏是“通知人”(notify party),这是让承运人/船东知道通知谁,如在航次半途发生共同海损或救助,甚至船舶快将抵达卸港。这通知人通常会是买方,但不一定,毕竟提单会在海上转售给其他买方。反正对承运人/船东而言,这一个对象只是作出通知。他也没有其他的权利,如不能把货物交出给他或是听他的建议把货物交出给谁。

而第三栏是最重要,这一栏是“收货人”(consignee)。这一栏如果填上某一家公司的名字(往往是买卖合约下的买方),这就令提单变为是记名提单。这种提单是不可转让,任何试图背书或转让给第三人都不会被承运人/船东所承认。甚至有说法是发货人想要求承运人/船东把货物转交给其他人也不会被承认:Borealis v Stargas (2002) AC 205。换言之,在记名提单下,船长必须把货物在卸港交给填在“收货人”一栏的公司。所以有说法是记名提单与“海运单”(这是与飞机运输的空运单一样)基本上是同一类的付运单证,虽然在贵族院的 The “Rafaela S” (2005) 1 Lloyd’s Rep 347 先例,Steyn 勋爵有提到两类付运单证的一点不同,说:“In the hands of the named consignee the straight bill of lading is *his* document of title. On the other hand, a sea waybill is never a document of title. No trader, insurer or banker would assimilate the two. The differences between the documents include the fact that a straight bill of lading contains the standard terms of the carrier on the reverse side of the document but a sea waybill is blank and straight bills of lading are invariably issued in sets of three and waybills not. Except for the fact that a straight bill of lading is only transferable to a named consignee and not generally, a straight bill of lading shares all the principal characteristics of a bill of lading as already described.”

9.2.2 记名提单在英国法律地位与美国立法地位的异同

在 The “Rafaela S”先例,贵族院最终决定承运人/船东不能直接把货物交出给在记名提单上所表示的收货人。就算提单上写明谁是收货人而收货人可证明他的身份,亦必须交出正本记名提单才可提取货物。所以,就算船东把货物交出给正确的收货人,但若收货人取货时没有提供正本提单(若收货人还没有支付货款所以发货人不交出提单),而因为已取了货所以最终没有付款给卖方,卖方可向承运人/船东因后者无单放货而索赔货款。

The "Rafaela S"先例虽然是权威判决,但对于货物买卖合约这判决还有不明朗的地方。当卖方作出与使用不记名提单,英国1979年《货物销售法》Section 19(2)假定卖方把货物的财产权保留,一般直至卖方以付运单证与收到货款作对换。但若卖方把买方的名字在毫无保留的情况下填在提单的收货人一栏,就假定是把货物的财产权转让了给买方的收货人。在这情况下,若船舶抵达卸港后收货人不交出提单,船东除了无法交出货物给收货人,同样不能转交给发货人,因为货物所有权已经转让给了收货人,不再是卖方或发货人的财产。这判例在这方面可能带来的问题,笔者发表过文章:"To Wait or not to Wait for Presentation of a Straight Bill of Lading (Volume 4 Number 2 Shipping and Transport Lawyer)。

香港法院也最近跟随以上英国判决,在 Carewins Development (China) Ltd v. Hecny Shipping Ltd (2009) HKCU 672 判就算是记名提单,船东仍然要等待收货人交出正本提单才能交货,推翻了之前 The "Brij" (2001) 1 Lloyd's Rep 431 案例。

英国在 The "Rafaela S"先例的地位与美国的法律地位不一样,这也是在国际贸易中一个头痛的问题。在美国的1916年《提单法》,是比英国的1855年《提单法》详尽得多了,它有全面针对记名与不记名提单、它们不同的做法、不同的对待与不同的法律后果。

针对"记名提单"(straight bill lading)与承运人/船东在卸港可以把货物合法交出给收货人或买卖合约下的买方,可节录如下:

(i) Section 2 Straight bill of lading.

A bill in which it is stated that the goods are consigned or destined to a specified person is a straight bill.

(ii) Section 6 Indorsement on straight bill.

A straight bill shall have placed plainly upon its face by the carrier issuing it "nonnegotiable" or "not negotiable"...(记名提单应注明是"不可转让")。

(iii) Section 8 Duty to deliver goods on demand; refusal.

A carrier is justified, subject to the provisions of sections 90 to 920f this title, in delivering goods to one who is: (a) A person lawfully entitled to the possession of the goods, or (b) The consignee named in a straight bill for the goods, or (c) A person in possession of an order bill for the goods, by the terms of which the goods are deliverable to his order; or which has been indorsed to him, or in blank by the consignee, on by the mediate or immediate indorsee of the consignee. [承运人/船东可以合法在卸港把货物交出给三类人士,即:(a)的合法拥有对货物占有权的人士,如由法院在多人争夺货权的"互争权利诉讼"(interpleader action)中判决谁是胜诉方;(b)或记名提单下注明的收货人;(c)或不记名提单的持有人]。

9.2.3 不记名提单在提单收货人一栏的填写与背书

CIF 卖方显然是不会喜欢签发记名提单或海运单,因为在货物付运与签发提单的时候,他通常是还没有收到货款,所以为了保证收到货款之后(如果通过信用证支付就是在议付之后)才把提单作为物权凭证转让给买方,就可以万无一失。所以就有了签发“持有人提单”或“不记名提单”的做法。不记名提单是传统的做法,也是1855 年《提单法》与后来的 1971 年与 1992 年《海上货物运输法》所针对的提单。所以持有人提单或不记名提单是可以通过“背书”(endorsement)与“交出”(delivery)把货物的所有权转让给第三人。而能够把提单作为是这类别的提单就是在第三栏的“收货人”填上“指令”(to order),也就是要求承运人/船东将来把货物交给谁还要听令行事:The“Ythan”(2006)1 Lloyd's Rep 456。这种提单由于是发货人要求签发,“指令”也就是听他的命令,所以也可被称为是“发货人提单”(shipper's bill)。这一类可称为是持有人提单。这种提单是物权凭证,而且也可以通过背书把它转为不记名提单,就是背书说明:“to X or order”,这就变了将来把货物交给谁要听令 X 而不是发货人了(除非发货人就是 X)。不记名提单也可以在一开始就在第三栏填上“X or order”,或“to the order of X”,或“to X or his order”,或“to X or his assigns”。反正只要是 X 作出命令(通常就是通过背书)并交出提单,在卸港船长就会把货物交付给他。

9.2.4 美国《提单法》对不记名提单的详尽条文

针对“不记名提单”(order bill of lading)。在实务中最常见的,也可节录美国 1916 年《提单法》详尽的条文如下:

(i)Section 3Order bill of lading;negotiability.

A bill in which it is stated that the goods are consigned or destined to the order of any person named in such bill is an order bill…(不记名提单可以转让,它是在提单注明发货人是谁,一般是卖方或他的代理人,可事后指定或命令船长交出货物给谁)。

(ii)Section 7 Effect of insertion of name of person to be notified.

The insertion in an order bill of the name of a person to be notified of the arrival of the goods shall not limit the negotiability of the bill or constitute notice to a purchaser thereof of any rights or equities of such person in the goods.(不记名提单上会在卸港“通知人”[notify party]有注明是谁,但这不影响不记名提单的本质与可转让)。

(iv)Section 13 Alteration of bill

Any alteration, addition, or erasure in a bill after its issue without authority from the carrier issuing the same either in writing or noted on the bill, shall be void whatever be the nature and purpose of the change, and the bill shall be enforceable according to its original tenor.(既然提单由承运人/船东签发,理所当然的要修改也必须是在他们的授权下才是有效。所以,已经签发了记名提单是不能由卖方/发货人任意修改为不记名提单。要修改,卖方/发货人非要找承运人/船东修改不可,例如交换一套不记名提单)。

9.2.5 CIF/CFR 买卖的付运单证必须是一份不记名与可以转让的提单

在 CIF/CFR 买卖,法律默示的地位是卖方必须交出一份装船、不记名、可以转让与包括全程运输的提单。这在本段一开始节录《Benjamin's Sale of Goods》(8th edn, 2010 年)之 19 -026 段就已经提到,不去重复。

这一来,一份"记名提单"或注明"不可转让提单"(non - negotiable bills of lading),或一份"海运单",或一份"交货单"等都不属于"物权凭证"(document of title)。所以除非是买卖合约明示规定可作为付运单证交出给买方,它们并不是"应接收的交单"(good tender)。即使在买卖合约明示订明,也会带来这一个买卖是否仍算 CIF 做法的疑问。特别危险的是"交货单",因为这一份付运单证显示是在卸港实际交出货物给买方,这会被视为是有关的买卖合约要求在卸港实际交货,是属于"岸上交货买卖"(on shore delivery sale)。但在本章第 8 段,已经提到有先例 Plaimar Ltd v Waters Trading Co Ltd (1945)72 CLR 304 判卖方有权以交货单作为付运单证并不影响有关买卖合约是属于真正 CIF/CFR 买卖,在下一小段会进一步分析这方面的问题与介绍贵族院先例的 The "Julia" (1949)82 Ll. L. Rep 270。

9.2.6 买卖合约约定交货单会导致不被视为是 CIF 买卖的危险

这里的危险涉及了几个方面,第一就是 CIF 买卖主要的特征是货物在海上运输时仍可进行买卖,可"转售"(re - sell),以一套付运单证(主要就是提单)来转移货权。但换了不是一份"不记名提单",而是一份不代表货权的"交货单"或"记名提单",就会有困难了。第二方面是 CIF 属于单证买卖,海上运输风险在货物一装船就转移给买方。但在订约自由下,买卖双方大可以约定是实际货物而不是付运单证的买卖,而且卖方要在卸港以"岸上交货买卖"交出货物给买方,如 Ex - ship 买卖或以其他的措辞/文字。这一来海上运输风险就一直在卖方的头上,导致有关的买卖再也不能算是 CIF 买卖。就算在有关的买卖合约中既写明是 CIF 买卖,又有其他明示卖方在卸港交货的相互矛盾条文,作出全面解释也很有可能否定 CIF 买卖的本质。这就会带来很严重的后果,就是卖方会承担海上运输的风险并且要保证能够在卸港交货给买方,否则是违约。这里要提到交货单替代装船提单作为付运单证的危险,包括在买卖合约中允许卖方有选择以交货单作为装船提单的替代。这方面可节录《Benjamin's Sale of Goods》(8th edn,2010 年)之 19 -002 段如下:

"It(这是指一个真正的 CIF 买卖) follows from the statement that the seller performs his part of the bargain by tendering documents, that he is not obliged actually to deliver the goods at the agreed destination; he is only under a negative duty not to prevent the goods from being delivered to the buyer at the destination, by (for example) diverting them elsewhere, or by ordering the carrier not to deliver them to the buyer. If the contract does not impose an affirmative obligation on the seller to deliver the goods at the agreed destination, or in respect of their discharge there, it is not a c. i. f. contract even though the letters 'c. i. f.' occur in the contract. The question whether a contract obliged the seller to deliver the goods or only to tender the documents depends on the construction of the contract as a whole. Thus, on the one hand, it has been said that 'Not every contract which is expressed to be a c. i. f. contract is such. ' On the other hand, a contract for the sale of goods ' delivered Harburgh, cost freight and insurance ' has been held to a c. i. f. contract, so that the seller ' s obligations were performed by tender of documents even though the goods did not arrive: Tregelles v Sewell (1862) 7 H & N 574.

A contract which gives the seller the option of tendering documents or goods is not a c. i. f. contract, so that a contract on such terms does not oblige the seller to tender documents: Holland Colombo Trading Soc Ltd v Alawdeen (1954) 2 Lloyd ' s Rep 45. Conversely, a true c. i. f. contract does notgive the seller this option: he must tender the documents and cannot perform by instead tendering goods alone, even though they may be of the contract description. Nor, if shipment to the c. i. f. destination becomes impossible or illegal, can the seller be required to deliver the goods at some other place. "

这一个危险在著名的 The "Julia" (1949) 82 Ll. L. Rep 270 先例中可以看到,有关的货物去不了 CIF 的目的地安特卫普(Antwerp),因为运输半途中德国入侵,变了敌国。结果货物被迫转运去了中立的里斯本(Lisbon)卸下,买方自然损失惨重。买卖双方事后的争议是海上运输中的风险属谁? CIF 买卖下显然是在买方头上,但买方指这一宗买卖非是 CIF 买卖(虽然买卖合约中有这样订明),因另有矛盾的约定否定它,主要就是卖方有选择权在付运单证只是交出一份"交货单",而且也不包括一份保单。所以买方指有关的买卖实是要卖方在安特卫普交货,所以货物到不了卸港的风险不在买方。在仲裁与在高院的一审,买方败诉。Morris 大法官说:"... that the contract was basically one on CIF terms, and that buyers in accepting the particular delivery order had received a document for which they had agreed to pay and the risk had thereby passed to them. "

在上诉庭,买方再败诉。虽然在上诉庭只是多数意见,但还是可以节录多数的判决,如下:"... that the delivery order tendered by the seller ' s agents on payment by the buyer was an appropriate document contemplated by the provision in the sold note, and took the place of the usual documents under a c. i. f. contract; that the delivery order in addition gave the buyers direct and independent contractual rights against the sellers ' cargo superintendents; and that therefore the buyers had failed to show that there was a total failure of consideration for the payment. "

可是最后去了贵族院,买方却成为最后胜利者。Porter 勋爵说:

"The obligations imposed upon a seller under a CIF contract are well known, and in the ordinary case include the tender of a bill of lading covering the goods contracted to be sold and no others, coupled with an insurance policy in the normal form and accompanied by an invoice which shows the price… Against tender of these documents the purchaser may pay the price. In such a case the property may pass either on shipment or on tender, the risk generally passes on shipment or as from shipment, but possession does not pass until the documents which represent the goods are handed over in exchange for the price. In the result the buyer after receipt of the documents can claim against the ship for breach of contract of carriage and against the underwriter for any loss covered by the policy. The strict form of CIF contract may, however, be modified: a provision that a delivery order may be substituted for a bill of lading or a certificate of insurance for a policy would not, I think, make the contract concluded upon something other than CIF terms, but in deciding whether it comes within that category or not, all the permutations and combinations of provision and circumstance must be taken into consideration. Not every contract which is expressed to be a CIF contract is such...

The object and the result of a CIF contract is to enable sellers and buyers to deal with cargoes or parcels afloat and to transfer them freely from hand to hand by giving constructive possession of the goods which are being dealt with. Undoubtedly the practice of shipping and insuring produce in bulk[1] is to make the process more difficult, but a ship's delivery order and a certificate of insurance transferred to or held for a buyer still leaves it possible for some, though less satisfactory, dealing with the goods whilst at sea to take place. The practice adopted between buyers and sellers in the present case renders such dealing well nigh impossible. The buyer gets neither property nor possession until the goods are delivered to him at Antwerp...

... the true view, I think, is that it is not a CIF contract even in a modified form but a contract to deliver atAntwerp."

The "Julia"先例可以看到一个问题就是付运单证如果只是要一份"交货单"或让卖方选择交出一份交货单以替代提单，还会带来一个争议就是这到底全面解释有关的买卖合约是否应属于 CIF 买卖（海上运输风险在买方的头上）或是在岸上交货买卖（海上运输风险在卖方的头上）。这方面可以节录《Benjamin's Sale of Goods》(8th edn, 2010 年）之 19 - 003 段如下：

"In the ordinary case of a c. i. f. contract, the documents to be tendered will include a bill of lading. But the contract may expressly stipulate for tender of a delivery order, or give the seller the option of tendering a delivery order; and it is a question of construction, depending in particular on the form of delivery order contemplated by the parties, whether a contract of this kind is one for the delivery of goods at the agreed destination, or a c. i. f. contract. The mere fact that the contract allows the seller to substitute a delivery order for a bill of lading does not, as a general rule, import any obligation to deliver the actual goods so as to prevent the contract from being a true c. i. f. contract. But in ***The Julia*** a con-

〔1〕 这是因为分不开的货物，属多位不同买方，财产或货物所有权会是只能在卸港分得开之时才能转移。这一个问题已经有了解决并在本书第五章 §4 有详论。

tract for the sale of rye ' c. i. f. Antwerp ' gave the seller the option of tendering bills of lading or delivery orders. The seller shipped rye in bulk and tendered a delivery order in respect of a quantity smaller than the entire shipment; this order was directed to the seller's agent at Antwerp and was merely a preliminary step in a complicated procedure for securing the release of the goods. It was held that the contract was not a c. i. f. contract but one for the delivery of goods at Antwerp, and, as the goods were not delivered, there was a total failure of consideration. This was the case even though the contract provided for payment in exchange for the documents. The House of Lords laid stress on the fact that the seller in fact purported to perform by tendering a delivery order, and on the form of the delivery order tendered. It was, in particular, significant that this order was of such a kind that it required further acts to be done by or behalf of the seller at the port of destination in order to secure delivery of the goods to the buyer, a more normal delivery order addressed to, or issued by, the carrier would not have imposed any such requirement and would not have deprived the contract of its nature as a c. i. f. contract. If, moreover, the seller in The Julia had chosen to tender a bill of lading he would, it seems, have been held to have performed his obligations. The contract was therefore a c. i. f. or delivery contract at the option of the seller and its true nature could not be determined until that option had been exercised."

9.3 "正本提单"与"副本提单"

装船提单(假设是租约提单而且是不记名提单)通常会出多过一份正本与多份副本提单。至于出多少份正本提单会是在提单的表面有一栏填上(如在 Congenbill 的船长签字旁边有一栏可供填上),而且是通常会有三份或以上的正本提单。这种做法历史悠久,主要是因为以前运输不发达与危险大,所以多签发几份正本提单保证至少有一份能安抵卸港向船长提取货物。这种做法在今天的环境下其实是毫无必要,反而会制造机会给骗子,但可惜这做法在现实中还是在延续。因为只需要有一份正本提单就可以作为物权凭证向船长提取货物,所以提单也往往写上如果有关的货物被其中一份正本提单提取后就"功成身退"(accomplished),其余的正本提单就变了是无效。这通常是一句标准的话:"In witness whereof I, the said master of the ship, have affirmed to three bills of lading, all the same time and date, one of which being accomplished, the others to stand void."

因为只要一份正本提单就可以把货物提取,估计也导致了在 Sanders v Maclean (1883) 11 QBD 327 先例判 CIF 卖方只需要交出一套提单中的一份正本提单给买方就已经是足够。英国上诉庭说可以这样做,只要卖方不是把另一份正本提单背书给了第三人。但这怎会是买方在卖方交出付运单证时能查明的事呢?在该先例 Bowen 大法官说:"The bill of lading…may be regarded as a key of the warehouse where the goods are. Can a person who has contracted to pay on delivery of the keys of the warehouse refuse to accept the keys tendered to him on the ground that there is still a third key in the hands of the vendor which, if fraudulently used, might defeat the vendee's power of taking possession? I think business could not be and is not carried on upon any such principle."

所以,对买方安全的做法是在买卖合约与信用证中明示要求CIF卖方交出完整的一套装船提单,这一套就要看提单注明有几份正本提单:Donald H. Scott & Co Ltd v. Barclays Bank Ltd (1923)2 KB 1。在GAFTA 100,第11(b)条就说明是要"一整套"(a full set)。

至于是副本提单,这就无所谓多少份,反正在副本提单都会印上"副本"(copy)与印上"不可转让"(non - negotiable)。副本多印几份是因为有可能很多有关系的人都会要一份,例如港口当局、海关、代理人等。

9.4 提单的实际内容与CIF/CFR卖方必须作出一个合理与恰当付运的责任

这里可以先指出一个大原则,就是提单的实际内容(即使大部分内容是通过合并租约而来)必须能够显示CIF/CFR卖方作出一个合理与恰当的付运。这从1979年《货物销售法》之Section 32(2)可以看到,违反这一个立法条文的后果可以是很严重,就是买方可以拒绝接收货物的交付/付运,也等于就是拒货。但这方面的案例并不是太多,估计一个主要原因是买方不容易从CIF卖方交出的一份提单的内容就可以知道CIF卖方到底有否作出一个合理与恰当的付运,如有关船舶会否是本质上不适合用来运载有关货物(除非是极端的例子)或本质上不适航。也不容易通过一份提单看到合并租约中是否有不合理或不正常的条文。这种问题是在后来出了事后才会慢慢显现。

在CISG,也有类似条文把责任加在CIF卖方,这是在Article 32(2):"If the seller is bound to arrange for carriage of the goods, he must make such contracts as are necessary for carriage to the place fixed by means of transportation *appropriate in the circumstances* and according to the *usual terms* for such transportation."被笔者以斜体字强调就清楚表示:(i)有关的运输必须适合在当时的环境;(ii)必须是正常的条文。

这一个合理付运的责任可以包括两个方面,一是运输合约条文,二是有关船舶的实际状况。

运输合约条文必须合理与正常,这方面可介绍第一个先例Young (T) & Sons v Hobson and Partner (1949)65 TLR 365,有关买卖合约的货物(发电机)付运是以火车,运输的条件是"运输风险在货方"(at owner's risk)。但只要卖方多付一点运费,就可以在检查有关货物后以"运输风险在承运人"(at carrier's risk)作为运输条件。这被法院判是卖方订立不合理的付运条文。

第二个要介绍的先例是The "Rio Sun" (1985)1 Lloyd's Rep 350,涉及了原油在卸货的时候凝结,而导致货差。这就涉及了CIF卖方在指定付运船舶应否要肯定是有加热设备,并在租约中要求船舶在航次中维持一定的温度以保证卸货不受到凝结的影响。有关卖方的责任,Bingham大法官重复了CIF卖方的责任,说:"to procure a contract of affreightment appropriate for this cargo providing for its carriage to and its delivery at the destination which Gatoil（买方）should nominate."但 Bingham 大法官最终判是在航次与有关的原油，只要船舶顺顺利利直航去卸港的范围内，而且没有延误，货物是不会凝结导致卸不下船舶的。换言之货差与指定付运的船舶没有直接因果关系，说："It was submitted that if the cargo was found to be such that the R. O. B which formed was bound to form on a voyage of the kind and length（at least 15 days）contemplated by the contract of sale, then Tradax（CIF 卖方）sold goods which were unmerchantable and unfit for the purpose of being carried to a destination within the range agreed. This submission fails on the facts. This cargo was the standard Belayim blend. Had the vessel sailed straight to any port within the agreed range and discharged within a reasonable time, no unusual R. O. B would have formed. The cargo was entirely fit to withstand a voyage of the kind and length contemplated by the contract. The cause of the trouble lay not in the quality of the oil but in its delayed discharge...

On balance, I conclude that Tradax were not in breach of contract in failing to stipulate for the heating of the cargo, or an option to require heating, in their contract of affreightment. They were entitled to assume that the cargo would survive the voyage contemplated without deterioration even if unheated."

第三个要介绍的是 The "Northern Progress"（1996）2 Lloyd's Rep 319 先例，涉及了一批豆粕以 CFR 南斯拉夫卸港的买卖，由于前南斯拉夫在 1991 年下旬的政局不稳，所以 CFR 卖方租船被迫接受一条特定的绕航条文，内容是："In the event Yugoslavian ports are closed to merchant shipping or the area is subject to an insurance premium due to war – like conditions then Owners to declare this to Charterers and Charterers to nominate alternative port within Italian Adriatic. Extra insurance premium for this to be for Charterer's account. Any deviation incurred to compensate to the Owners by Charterers at cost duly substantiated."

这被判是一条不合理与不正常的条文，Rix 大法官是说："In the context of the CIF sale it seems to me to be well established that the seller is bound not to impose on his buyer a contract of carriage which contains unreasonable or unusual terms."

合理与否都是要根据每一个案例的不同案情作出判断，但明确的就是海上运输的风险虽然是在买方，但如果 CIF/CFR 卖方作出的付运是在正常的情况下，该票货物根本无法安全抵达卸港，这就会属于卖方的责任。这问题会出在货物没有在付运日期好好处理使货物能够承受一个正常的航次，这就表示货损货差的风险并非是来自海上运输而是运输前的处理与准备的问题：Mash & Murrell Ltd v Joseph I Emanuel Ltd（1961）1 Lloyd's Rep 46；The "Mercini Lady"（2009）2 Lloyd's Rep 679（有关这一方面的详细介绍请看本书第四章之 1.4 段）。但如果问题出在船舶不适合，如没有加热或冷藏设备，或是有关的租约条文没有针对该票货物的特征与妥善处理（如危险品，船长必须在航次中采取一些特殊的预防），这就表示卖方没有作出一个合理与恰当的付运。但如果是卖方没有在较早提到的两种情况犯错,而是船长自己没有按照发货人的要求作出应有的预防或照顾,结果由于他的疏忽而导致了货损货差,这才是买方要承担的海上运输风险,也是买方可向保险人或承运人/船东索赔损失。

第四个要介绍的先例是 The "Intan 6 V. 360A SN" (2003) 2 Lloyd's Rep 700,有关的 CFR 买卖合约中有条文针对付运的船舶,说:"SHIPMENT AND CLASSIFIACTION: By first class ships classed not lower than 100 Al in The Lloyd's Register or equivalent classification in any register which is a member of the International Association of Classification Societies... 'Overseas ship' or 'Ocean – going ship' or similar words shall mean a ship employed in carrying the contract goods… a shipment shall be deemed not to have been made unless and until the goods are shipped on board the overseas ship..."

但最后在印尼装港付运的一艘名为"Intan 6 V. 360A S"的船舶,在开航后大约三天沉没。仲裁庭与法院认为该船舶并非是买卖合约所要求的"first class ships",因为:(1)该船舶是一艘没有动力的驳船;(2)它的船级并不符合有关明示条文的要求。

接下去是分别探讨提单的实际内容,而根据内容的不同也会带出不同类别的提单,如"运费已预付"与"运费到付"的提单,"装船提单"与"收货提单"等。

9.4.1 提单内容要求之一:运费已预付等保障买方的批注

根据 The "Pantanassa" (1970) 1 Lloyd's Rep 153 先例,Brandon 大法官提到在 CIF 买卖有两种做法支付运费,说:

"In the case of c. i. f. contracts, payment of the freight element in the price may be effected in one or two ways. The first way is for the seller to prepay the freight and invoice the buyer for the full c. i. f. price, which is payable by the buyer against the shipping documents.

The second way is for the seller to leave the buyer to pay the freight on the delivery of the goods, invoicing him only for the c. i. f. price less freight.

When the first method is used the seller provides freight prepaid bills of lading. When the second method is used he provides what have conveniently been called freight collect bills of lading, that is to say, bills of lading under which freight is payable by the receiver (who may be the buyer himself or a sub – buyer from the buyer) to the ship at the port of discharge."

以上的两种办法,第一种是要求买方支付包括运费的 CIF 价格,这一来就表示卖方需要先垫付运费给船东,并取得一套"运费已预付"(freight prepaid)的提单,这才是正确要交出的付运单证。第二种办法是买卖合约只要求买方支付 CIF 价格但减去运费部分,这就表示卖方不需要垫付运费,只需要取得一套"运费到付"(freight collect)的提单。这一来,船东需要把货物送到目的地并开始准备卸货时才能赚取运费,而做出支付的人就是买方。如果买方不支付,船东是可以通过留置货物强制。

但由于第二种办法有很多的困难,如船东不愿意接受运费到付的形式,有业务水平的 CIF 卖方也会想从运费中赚取好处而不会想让买方知道等。所以在现实中很少有这个做法。更普遍的做法还是第一种办法,如买方开出的信用证就会要支付给受益人的卖方全数的 CIF 价格,这表示运费是包括在价格内,卖方就会有需要交出一套"运费已预付"(freight prepaid)的提单。如果卖方交出的提单在针对运费是有其他的说法,如"运费按照租约条文支付",就表示提单有缺陷或有不符点,买方可以拒绝接受。这在 Soules v PT Transap (1999) 1 Lloyd's Rep 917 先例中,涉及了这一个问题,可节录判决书针对这一个问题的说法是:"All of the Bills provided for 'freight payable as per charterparty'. A CIF buyer is entitled to receive documents which give him the right to take delivery of the goods without further payment. Clause 31 of the charterparty gave Sellers the option of 'freight prepaid' bills of lading subject to payment of freight before release of the bills. Buyers would have had no way of knowing that the Master would not refuse delivery of the goods on the grounds that the freight due under the charterparty had not been paid."

在高院 Timothy Walker 大法官同意这是问题说:"a bill of lading stating 'freight payable as per charterparty' leaves wide open the possibility that the shipowners would demand freight at the discharge port. Thus the Board were obviously right in regarding the bills of lading as discrepant in the two specified respects."

的确是"运费按照租约条文支付"(freight payable as per charterparty)有危险,因为买方不知道合并的租约中针对运费支付的条文到底是讲什么,而即使是知道租约条文要求预付运费,也不会知道承租人(可能就是 CIF 卖方)有否真正做出支付。反正在这种提单就谈不上承运人/船东确认收到运费,并且是被禁止翻供向第三人(买方)否认这一个事实。这两种不同的批注危险之处可在 The "Constanza M" (1980) 1 Lloyd's Rep 505 先例中看到,案情涉及中国买方虽然已经为一船来自美国的散粮支付给了卖方 CFR 全数的货价,但仍被迫多支付一次几百万美元的运费给船东,因为船东在被合并去提单的租约下确实没有收到运费。由于提单并未明确表示是"运费已预付",中国买方不能依赖一个不明确的表述拒绝支付运费。该先例的提单对运费支付的表述是:"freight payable according to terms/conditions and exceptions of C/P dated 18/1/79"。本来,中国买方既然支付给了卖方 CFR 的全数货价,明示或默示都可以要求一套"运费已预付"提单,但偏偏没有这样做。

在 Incoterms 2010 已见是有这明确要求,这大精神也可见 Seng v Glencore Grain (1996) 1 Lloyd's Rep 398 先例,即必须在买方支付包括了运费的货款后,付运单证(提单)可给予买方转向要求船东执行的同等保障而不会面对船东要求再付一次运费。

所以,提单注明是"运费已预付"(freight prepaid),船东必须把货物免费运抵提单目的地港/卸港,不能再向买方要求多支付部份或全部运费:The "Alev" (1989) 1 Lloyd's Rep 138。

同样大精神，如果买卖合约是“免费卸货”（liner discharge），或另一不太明确的“CIF and landed”写法，提单内容也必须如此注明，不能合并一份 FIO（free in and out）的租约。但租约业务中，船东经常会坚持不必负责装卸作业的 FIO，这可不成，变得提单必须注明“liner discharge”以允许买方可在卸港盯着船东免费为他卸货。卖方无法交出有这样批注的付运单证（提单）是违约/毁约：Seng v Glencore Grain（1996）1 Lloyd's Rep. 398。

再多举一例，如果买卖合约是“卸港不必支付滞期费“的“CQD”（customary quick despatch），则提单也要有这样批注，不能合并一份租约内有卸货时间与滞期费，令买方稍后会面对船东索赔滞期费并且留置货物。

9.4.2 提单内容要求之二：货物已经付运

这一要求就表示提单必须是“装船提单”（shipped /onboard bill of lading），顾名思义就是货物已经装上船舶，已锁死在船舶的船舱内，船长不会轻易放货给任何人，连发货人/卖方自己想取回货物也会面对船长先要求退回装船提单。装船提单还有其他的重要性，另一个就是把实际装船货物的数量、重量、标记与货物表面状况都在装船提单记录下来，这些记录应该是准确且令人有信心。这来自两个方面，一是对这些实际装船货物的数据作出记录是通过一位有水平与客观（不参与买卖双方各自的利益）的人也就是船长作出。二是在 1996 年《海牙—维斯比规则》，也是许多国家的立法，包括英国的立法，是由一个“结论性证据”（conclusive evidence）与“禁止翻供”（estoppel）的理论禁止船东/船长试图否定装船提单上的记录与资料。所以有了这么重的责任，船长通常都会是非常谨慎装船提单准确记录货物的实际状况。再另一个是装船提单的日期，由于提单也是货物装船的收据，所以日期应该就是装完有关货物的一天。这一个重要的记录与资料就可以比较买卖合约中的付运日期，了解货物付运是否在付运日期内作出。这方面的法律已经是绝对明确，如果货物不是在付运日期内作出付运，是违反了条件条文，买方可以拒绝接收付运单证或/与拒绝货物，有关最早的先例就是贵族院的 Bowes v Shand（1877）2 App Cas 455。

有了以上的解释，就可以了解 CIF 卖方能够证明他已经尽了合约责任做出付运，就是一套“装船提单”。在英国法律默示的地位，也是要求 CIF/CFR 卖方交出的付运单证要包括一份装船提单：Diamond Alkali Export Corp v Fl Bourgeois（1921）3 KB 443。这也是许多买卖合约或标准格式条文的要求，例如在 UCP 600，Article 20（a）（ii）在信用证议付如果是要求交出一份提单，该提单必须是装船提单。装船提单必须显示货物已经装上一艘有船名的船舶。另在 GAFTA 100，第 11（b）条文也是说明 CIF 卖方必须交出的付运单证是要包括“full set of onboard bill of lading...”

至于“收货提单”（received for shipment bills of lading），也可称为是“收货待付运”提单，只是指承运人/船东已经从卖方或发货人收取了货物，但还没有装上船舶。这种情况尤其是在班轮运输比较常见，因为班轮公司在收了货物后还要看船期与有关的船舶是否有舱位可以安放货物。这表示收货提单即使是有了一艘“意图的船舶”(intended vessel)付运,也不代表不会有改变。在将来真正装上船舶后,班轮公司才签发“付运提单”。做法上会只是在“收货提单”加一个印说明“付运”(shipped)并加上船名。这种收货待付运的做法危险可见 Kallis (Manufacturers) Ltd v Success Insurance (1985) 2 Lloyd' s Rep 8 先例中,本来准备装在“Ta Shun”轮上的货物结果装在“Ta Hung”轮上。收货提单显然是有很多问题,包括它不是一份物权凭证,它也没办法显示准确的付运日期,它也不代表货物已经是义无反顾装在船舶上运去给买方,它也不受到《海牙—维斯比规则》或类同立法的适用与保护。所以,没有在双方约定的情况下,收货提单是不能作为可以被接受的付运单证。幸亏涉及了商品买卖,收货提单比较少见。

所以买卖合约如果没有订明,买方不必接受一份“收货提单”,因为:(1)它可能不是“物权凭证”(documents of title):请参阅《Benjamin' s Sale of Goods》(8th edn,2010年)之18-088段。这方面有关案例是 The “Marlborough Hill” (1920) 5 Lloyd L R 362;Kum v Wah Tat Bank Ltd. (1971) 1 Lloyd' s Rep 439;Ishag v. Allied Bank (1981) 1 Lloyd' s Rep 92(此先例稍有不同看法)等。照说,“付运提单”是以习惯做法被普通法承认为物权凭证:Lickbarrow v Mason (1787) 2 TR 63。“收货提单”不像有足够证明可成立有这种习惯可被视作物权凭证。(2)“收货提单”涉及一段时间是买方如果自己投保(如在 CFR 或 FOB 买卖的情况下)毫无保障:保单不承保是因为货物风险仍未开始,货物是要装上船舶才是分水线。提单下船东也没有责任,因为货物未装上船,《海牙规则》与《海牙—维斯比规则》并不适用(在 Article I(e)说明:“‘Carriage of goods' covers the period from the time when the goods are loaded to the time they are discharged from the ship”)。而船东(特别是班轮船东)习惯以订约自由把货物未装上船舶的所有责任与风险豁免。(3)只有“付运提单”才可显示付运的准确日子。

9.4.3 提单内容要求之三:买卖合约的装港

CIF 买卖是没有要求卖方必须付运来自哪一个国家的货物,虽然在实际中经常对货物的产地有明示规定。但光是在买卖合约说明某一国家的货物,如“美国小麦”,虽然是显示了有关货物的产地,但并不代表有关货物必须来自美国付运。毕竟卖方可以不自己作出付运,而是通过购买“浮动货物”(floating cargo)甚至在卸港买入有关货物作为替代。在 Blackburn Bobbin Co Ltd v TW Allen & Sons Ltd (1918) 2 KB 467 先例,涉及了木材的货物名为“Finnish birch timber”,这被判是不必在芬兰付运,因为同样的货物在卸港的伦敦也可以买得到。但如果是很快会腐烂的货物并在买卖合约显示了货物产地,就会同时显示了付运港口或装港也应该是与产地一致:Lewis Emanuel & Son Ltd v Sammut (1959) 2 Lloyd' s Rep 629 先例中的“马耳他土豆”(Maltese spring potato)。

如果在买卖合约有约定货物必须从某一个装港或地区作出付运,这通常被视为是条件条文,CIF/CFR 卖方必须严格遵守:Aruna Mills Ltd v Dhanrajmal Gobindram (1968) 1 QB 655;Petrotrade v Stinnes (1995) 1 Lloyd' s Rep 142。这方面的约定也是

对货物本身描述的一部份,如《Benjamin's Sale of Goods》(8th edn,2010 年)一书的 18－310 段所讲的:"Stipulations as to the place of shipment··· are similarly part of the description of the goods"。

9.4.4　提单内容要求之四:买卖合约的目的地/卸港

CIF 卖方有责任将货物付运至目的地/卸港,这可节录《Benjamin's Sale of Goods》(8th edn,2010 年)之 19－031 段:"**Destination**. The bill of lading must provide for the carriage of the goods to the destination specified in the contract of sale: if the bill of lading does not satisfy this requirement, the seller is in breach even though the actual contract of carriage made by him did provide for carriage to that destination. A bill of lading may fail to satisfy this requirement, even though it is expressed to be for the delivery of the goods at the c. i. f. destination, if it does not oblige the carrier to deliver them there, e. g. if the obligation to deliver is qualified by the words 'or so near as the ship can safely get' and she cannot safely get to the particular wharf named as the destination in the contract of sale. Similarly, if the contract provides for delivery of the goods at any one of a range of ports to be selected by the buyer, the seller must arrange for them to be shipped on board a ship which can enter the particular port selected by the buyer: it is not enough for him to show that she could have entered other ports within the contractual range, nor is the buyer's choice of ports restricted to such ports as the ship could have entered. Where the contract provides for delivery at one of a number of named ports, a bill of lading is likewise defective if it provides for delivery at a range of ports wider (or presumably narrower) than that specified in the contract. Tender of a bill of lading is, however, goods in spite of the fact that the bill contains a qualification with the respect to the destination which is not expressed in the contract of sale, if that qualification is one which would an any event have been implied. Tender of a bill of lading which obliges the carrier to carry the goods to the c. i. f. destination is goods even though the carrier is prevented from discharging the goods there by some supervening event for which the seller is not responsible, e. g. if, after the time of contracting, 'a sudden storm had sited up the harbour there', or the port had become strikebound or the authorities of the country of destination had imposed a prohibition of import or the discharge of the goods there had become otherwise illegal. This follows from the nature of a c. i. f. contract, under which the seller is not obliged to ensure delivery of the goods at the c. i. f. destination."

这涉及几个方面可探讨如下。

9.4.4.1　订明目的地的情况

买卖合约订明目的地/卸港,提单当然也应同样订明,以便买方可盯着船东把货物运送至目的地。所以,在 S. I. A. T di dal Ferro v. Tradax Overseas S. A. (1980) 1 Lloyd's Rep. 53 先例,CIF 目的地是意大利的威尼斯(Venice),租约提单合并了租约,包括提单目的地说是"as per charter - party",但租约卸港是"Venice or Ravenna"。法院判是卖方违约,付运单证不符,买方可以拒绝接收。

另在 Soules v PT Transap (1999) 1 Lloyd's Rep 917 先例中,该 CIF 买卖的目的地是"one port out of Lorient/Brest/Montoir/La Pallice",但提单(有好几份)都没有同样的规定,这可节录判决书有关提单有缺陷的部分是说:"None of the Bills had provided for carriage of the goods to the destinations specified in the Contract which was 'one port out of Lorient/Brest/Montoir/La Pallice'. In fact Bills No. 5 and 8 provided for discharge at 'Rotterdam/Holland/EEC' and Bills Nos. 1 and 2A/F referred in general terms to EEC/Spain and France without designating any port. Buyers could not therefore be confident that if they paid for the documents, the vessel would carry the goods to the contractual destination at all."

在该先例,CIF 卖方争辩说提单的目的地比买卖合约的目的地更广泛,也包括了后者,所以这不算是有缺陷。而且卖方已经向买方作出保证一定会把货物运到目的地。但这不被法院所接受,毕竟在 S. I. A. T di dal Ferro v. Tradax Overseas S. A. 先例,也是提单目的地比买卖合约目的地更广,但一样判是付运单证不符。至于卖方向买方作出的保证,如果双方接受这是他们自己的事情,但法律就没办法接受一个法律地位是可以外来的担保解决付运单证不符的问题。

唯一例外会是提单的目的地剔除了一些法律默示本来不必去的港口,如肯定不安全港口或非法。但这情况很少有。如在 Re Goodbody & Co and Balfour Williamson & Co (1900) 82 L. T. 484 先例,买卖合约的 CIF 目的地是"任何英国的安全港口"(any safe port in the UK)。但提单卸港写作"any safe port in the UK (Manchester excepted)"。当时 Manchester 对船舶不安全,法院判是提单没有不妥,没有不符点。

9.4.4.2　订明一个地理范围内的卸港谁有权选择?

经常会有 CIF/CFR 买卖合约目的地是约定在一个地理范围内的卸港或多个卸港,如在 Tsakiroglou & Co, Ltd v Transgrains, S. A. (1958) 1 Lloyd's Rep 562 先例,为"CIF 汉堡/鹿特丹"。这一来就存在谁可以选择最终的卸港?这里法律默示地位看来并不是太清楚,因为卖方与买方都有合理之处有权作出选择。比方说,如果买卖合约没有把卸港的延误转嫁给买方(主要是要求买方支付滞期费),让买方选择一个非常拥挤的卸港就会对卖方不合理。另也有危险买方选择一个对船舶不安全或不适合进去的港口。但让买方选择卸港也有非常合理之处,首先就是商业的理由,买方在哪里方便取货就应该给予最大的考虑。大概也是这个原因,所以在 Tsakiroglou & Co, Ltd v Transgrains, S. A. 先例中,双方都接受是由买方选择汉堡或是鹿特丹或是地中海的港口(这是双方同意包括在选择范围内的)作为卸港,在这一方面是没有争议的。而有争议的是买方是否太迟作出选择。在该买卖合约,付运日期是整个 11 月份,而在 11 月 5 日,买方才选择马赛作为卸港。这被卖方认为是太晚并终断买卖合约。在英国法院,McNair 大法官判是最晚在 11 月 1 日前的一两天,买方将必须选择哪里是卸港,否则 CIF 卖方会难租船。这估计在近期承租人经常会以"航次期租"(time charter trip 或简称 TCT)的形式租船,对卸港的选择就会比较有伸缩性,但如果承租人是要以程租的形式租船,就有必要明确卸港。

而由于法律默示地位不是太清楚,所以最好就是在买卖合约中明示约定谁有权作出目的地/卸港的选择。大部分这种明示约定也往往会是让买方作出选择,例如在 The "Rio Sun" (1985)1 Lloyd's Rep 350 先例,有关条文是:"Delivery: In seller's vessel the 'Rio Sun' due to load in the period Nov 30 thru Dec 3rd 1981. Vessel has the following options all at WS 65: – Euromed but not east of Greece and Gib – Hamburg range excl. the UK. Delivery will be made on a CIF basis to Buyer's required destination allowed by the above options."

另在 The "Ocean Prince" (1985)1 Lloyd's Rep 389 先例,有关的条文是"Feb 15/March 15 in one lot CIF Basis Rotterdam. Buyer has Charterparty options at Charterparty rates for 1/2 safe port(s)/Berth(s) Le Havre – Hamburg range and UK"。

9.4.4.3 买方选择目的地对卖方的危险

较早的时候已经提到过买方有权在一个地理范围内选择卸港会有对船舶造成延误的危险,而 CIF/CFR 卖方作为承租人经常会要面对船东的索赔。但由于在买卖合约中也普遍加上滞期费条文,所以这一危险应该已是不大甚至没有。倒是卖方要小心另一个危险,这情况可见在 The "Epaphus" (1987)2 Lloyd's Rep 215 的先例,买卖合约的卸港订明由买方选择,为:"one main Italian port to be declared on vessel passing Suez..."

买方结果是选择了 Ravenna 为目的地/卸港,但船舶却因吃水太深而进不去。判是 CIF 卖方违约,Staughton 大法官说(上诉庭同意):"... if the vessel had not been named in the sale contract the sellers would have been bound to tender bills of lading of a ship which could enter any main Italian port and which was contractually bound to do so on the buyers' nomination; …the word 'main' was designed to limit the buyers' choice and the sellers' obligation and the sellers undertook that the vessel was capable of entering all main Italian ports."

所以,从以上先例看来,倘若买卖合约同意 CIF 目的地是"中国所有主要港口"是非常危险的。卖方在付运后交单,而当时市场货价下跌,买方可查提单上注明该船舶的特征(长、短、深、宽等),然后任意挑一个中国港口是该船舶进不去,而以此为由拒绝接收这套付运单证。如果在明示条文中多加一个安全港口的要求,进而局限了买方的选择也必须考虑是一个对船舶安全的港口,会能够避免这种危险。这就表示在 The "Epaphus" 先例,有关的条文是写作"one main *and safe* Italian port to be declared on vessel passing Suez..."

9.4.4.4 船舶进不了订明目的地/卸港

如果买卖合约是约定为"CIF 福州",而提单的船舶查实是一艘 7 万多吨的"巴拿马型”船舶,进不了福州,买方应可不接收付运单证,并以卖方违约/毁约对待:The “Epaphus”(1987)2 Lloyd's Rep 215。同样,若买卖合约允许买方在几个列名港口中选择,但提单上所注明的港口是列名港口以外的或是比地理范围更宽或更窄,这也是违反合约,买方可拒绝接收付运单证:Soules v. PT Transap (1999)1 Lloyd's Rep 917。

9.4.4.5　有“邻近条文”的情况

不少提单会印上一条“邻近条文”(so near thereto as she may safely get),如著名的 Congenbill。这条文是可减轻船东在普通法下必须履约去列名或指定卸港的绝对或严格责任,有关法律地位在杨良宜先生的《程租合约》一书有介绍,以下可节录:

“在 The ‘Varing’ (1931)P79 的先例,这‘邻近条文’是由船东去选择,去受益,免除他必须所同意的装卸港的绝对责任,除非是租约受阻。

也是因为它有免责的味道,所以一个说法是订租约时船东已明知道虽然应允了去上海,但实际上不会去,而只是去邻近的宁波,这是不允许。如是装港,待装的货物在上海,船东去了宁波,承租人该怎么办?把上海的货物转运到宁波港?这方面的费用与时间浪费可是不得了。但船东没有违约,他在租约只是应允去上海或邻近地区。所以,船东订约前单方面知道会要依赖免责条文,不会履行合约主旨的情况下,会是不允许的:The ‘Angelia’ (1972)2 Lloyd's Rep 154 等。

但在订约后,不论是列名或承租人后来指定的港口,如果发生任何船舶延误或带来额外使费的情况,船东可在合理情况下去邻近港口装或卸。这包括暂时不安全的情况。

所以在 The ‘Alhambra’ (1881)6 P. D. 68 先例,租约的卸港写作:‘safe port... as ordered or so near thereto as she may safely get...’。判是若一个港口必须要花钱轻载才能进去,则船东可不必去,他可去邻近港口卸货。当然,这应是租约没有特别条文针对轻载,如一条说:‘lighting, if any, for owners' account’。

在另一著名的案例 The ‘Athamas’ (1963)1 Loyd's Rep 287,租约订明是去柬埔寨的金边卸水泥,也有一条‘邻近条文’。因船速太慢,船要等待 5 个月后的湄公河流水较弱才能开去上游的金边,船东于是在相隔 250 海里的西贡(今天的胡志明市)把货物卸下,算是交差并要求运费。这样一来收货人把货物再转运到金边去的费用很高。但上诉庭判船东在邻近条文下可这样做。至于在相隔 250 海里是否太远,会否船东取巧去在装港一装货马上卸下,说是邻近港口,可以交差并要求运费?Sellers 大法官说是以合理为准,要船货利益都考虑在内。看来,‘合理’应是尽量接近卸港的其他安全港口。Sellers 大法官说:‘... so in considering whether a substitute discharging place is within the phrase ‘so near thereto as she may safely get’ the Court or tribunal should apply the conception of reasonableness in relation to distance. The distance might be so great in relation to the contemplated length, duration and nature of the adventure that notwithstanding that it was the nearest safe port or place the substituted place of discharge could not be assumed to be within the contemplation of the parties as fair and reasonable men.’

相隔距离以合理为准,船东要等待多久才能去其他邻近的港口也是以合理公平为准。船东肯定不能一需要等一两天潮水,便马上要去邻近港口装卸,甚至以此为借口来刁难承租人或收货人。

考虑到免责条文会严格对船东解释,小心的船东会在何谓‘合理’时间上尽量克制自己,不要太早作出反应。反正是,‘合理’要看不同案情才作出决定。只举一个案例,它不严格是关系‘邻近条文’,但原则上是一样。在 Knutsford S S Co Ltd v Tillmanns & Co (1908) AC 406 先例,提单卸港是海参崴,如果因冰封进不了海参崴是有条文允许船东去邻近港口。船东在海参崴等了 3 天后自己改去日本长崎卸货。贵族院说这 3 天时间太短。

再强调,这也不是 3 天或 3 星期的分别,完全看合理与否。例如,有消息说航道出了事故,要封闭两,三个月,船东可以一天也不等待就改去邻近的港口。有这邻近条文的分别是没有它,船东只好干等,直至航道重新通航,两三个月时间不见得会是‘受阻延误’(frustrating delay)。”

从上述对邻近条文的解释可以看到,CIF 买方失去了 100% 的船东保证在提单下要把货物运送至卸港的保障。所以,买方是否要接受这种付运单证或将来真正发生了船舶去邻近港口卸货而不去目的地,买方可否向卖方索赔,法律地位并不明确。《Benjamin's Sale of Goods》(8th edn,2010 年)之 19 - 031 段说是:“A bill of lading may fail to satisfy this requirement, even though it is expressed to be for the delivery of the goods at the CIF destination, if it does not in fact oblige the carrier to deliver them there, eg if the obligation to deliver is qualified by the words ‘or so near as the ship can safely get’ and she cannot safely get to the particular wharf named as the destination in the contract of sale.”

9.4.5 提单内容要求之五:船东有权转运的情况

这一个问题是连接本章 5.1 段所讲到的“持续性单证保障”(continuous documentary cover)。不少班轮提单订明船东有权“转运”(tranship),而且,船东不负责转运后的责任。这等于是说船东管不了货物是否能够安全运到 CIF/CFR 目的地,而且这样做也不是违约。例如,像 Soproma SpA v Marine & Animal By Products Corp (1966) 1 Lloyd's Rep 367 先例的有关提单有一条文说得非常清楚如下:“When, for any cause whatsoever, cargo is transhipped to another vessel…all risks of whatever nature they may be, lie solely and entirely with…receivers of the goods…It is therefore clearly understood and established that the responsibility of the master and owner under the terms of this bill of lading is strictly limited to the time the goods are on board the carrying vessel....”

而这种免责条文能否保障提单承运人(船东)是要看措辞会否足够广泛明确了:The “Berkshire” (1974) 1 Lloyd's Rep 185。

在这情况下,这提单如何影响 CIF 卖方的“交单”(tender)?在英国贵族院,

Asquith勋爵在 Holland Colombo Trading Society Ltd. v. Alawdeen and Others (1954) 2 Lloyd's Rep 45先例有以下看法:"...A bill of lading with a transhipment clause is not necessarily a bad tender under a CIF contract: but it must in some way give 'continuous documentary cover' in respect of the goods over the whole transit; and a bill of lading issued by a shipowner who by the transhipment terms in it disclaims all liability in respect of the goods in the event and as from the time of transhipment, gives no such 'continuous' cover..."

看来,提单允许船东有权转运,不影响CIF买方的是要该提单的承运人(船东)负责全程。所以《Benjamin's Sale of Goods》(8th edn, 2010年)的19-028段说:"In such cases the buyer would, if the goods were lost or damaged, have a remedy against at least one of the carriers for breach of the contract of carriage. Thus the requirement of continuous documentary cover would be satisfied and the buyer would not be entitled to object to the documents merely on account of the transhipment."

看来,这转运问题不好解决。毕竟,CIF/CFR卖方无法影响班轮公司提单的标准条文。加上其他新发展不知道会是如何影响这方面,如《汉堡规则》与《中国海商法》都在"提单承运人"(contractual carrier)多加了一位"实际承运人"(actual carrier),在这方面可参考杨良宜先生的《提单及其他付运单证》一书第三章§8。卖方可争辩班轮公司的做法导致了提单有一条有权转运条文已经是习惯性做法,但稳当的做法仍是在买卖合约中订明。特别是,CIF/CFR卖方明知会有一程船、二程船等,就应在买卖合约订明是"允许转运"(transhipment allowed)。

9.4.6 提单内容要求之六:正常的航线

在买卖合约没有订明情况下,CIF/CFR卖方付运的航线应是"正常与习惯"(usual and customary)。至于这方面是指什么航线,杨良宜先生的《程租合约》一书,第五章2.1小段,是说:

"一般而言,这是指装卸港之间地理上最直接的航线(direct geographical route): The "Indian City" (1939) 64 Lloyd's Rep 229; Achille Lauro v Total (1968) 2 Lloyd's Rep 247。

当然,这也会有变化。例如习惯上去某卸港时先要去另一港清关或让领航员上船。或是,可取道好望角或通过苏伊士运河。又或是,尤其是早期船舶要以大量煤炭做燃料,无法在一漫长航次前装足燃料,需要多次在中途港加燃料或油水。

这样一来,要证明不是地理上最直接的航线,但仍是正常及习惯航线,是要看每一案子的具体证据。例如,几乎所有其他同类船舶跑这航次也会是这样。

在这方面,Porter勋爵在The "Indian City"先例的说法是如下:

'It is the duty of a ship, at any rate when sailing upon an ocean voyage from one port to another, to take the usual route between these two ports. If no evidence be given, that route is presumed to be the direct geographical route, but it may be modified in many cases for navigational or other reasons, and evidence may always be given to show what the usual route is, unless a specific route be prescribed by the charter party or bill of lading...

In some cases there may be more than one usual route. It would be difficult to say that a ship sailing from New Zealand to this country (英国) had deviated from her course whether she sailed by the Suez Canal, the Panama Canal, round the Cape of Good Hope or through the Straits of Maggelan. Each might, I think, be a usual route. Similarly the exigencies of bunkering may require the vessel to depart from the direct route or at any rate compel her to touch at ports at which, if she were proceeding under sail, it would be unnecessary for her to call.'

对班轮的所谓正常及习惯航线,会更不好判断。班轮不像散货船,它从装港直航至卸港的机会不多,一般它会挂靠多个港口。在 Leduc v Ward (1888) 20 QBD 475 先例,它是判发货人知悉班轮不是直航却并不约束收货人。只要是提单上明示会从装港直航去卸港,收货人即可指控船东绕航。

但问题是,一般只有发货人才会知道班轮的行程航线,去订舱位。幸亏在之后的先例, Evans v Cunard (1902) 18 TLR 374 以及贵族院的 Frenkel v MacAndrews (1929) AC 545,是认同船东可证明该班轮正常及习惯性的航线,只要提单没写明是直航去卸港(proceed directly to the port of delivery)。而在 Evans v Cunard 写作是'bound for Liverpool';而在 Frenkel v MacAndrews 则写作是'with destination Liverpool';这并不影响船东举证班轮的一向正常及习惯航线。"

在现实中,买方一般是不会关心有关船舶的航线,所以很少会在 CIF/CFR 买卖合约中作出明示约定,要求卖方必须强制船东履行。英国法律也没有这方面的默示去针对买卖合约,但会默示船舶在开航时(不是订立买卖合约时)要走一条"合理与实际"的航线,即使这并非是最直接的一个航线。这里的不同是涉及了时间性的不同,因为订立买卖合约与船舶开航会有一段时间。其间会发生各种变化,如夏季变了冬季。更加会有重大的事情发生,如苏伊士运河因战争或其他天灾而封闭。这些情况都会导致了在船舶开航时合理与实际需要采取一条不同的航线。这方面可节录《Benjamin's Sale of Goods》(8th edn, 2010 年)一书的 19 - 032 段所说:"More usually, the route of shipment will be a matter of indifference to the buyer and will not be specially laid down in the contract of sale; and in such a case the court will not imply a term that a particular route must be used, merely because both parties contemplated that it would be used. The only term which the court may imply is that the seller will ship the goods by the route which is usual and customary at the time, not of the the contract of sale, but of the shipment. If at that time there is no 'usual and customary' route, the seller must ship the goods by any route that is reasonable and practical. Under these rules the route of shipment is not necessarily the most direct route."

9.4.6.1 买卖合约有"直航"的要求

如果买卖合约订明有"直航"(direct sailing)的要求,则 CIF/CFR 卖方必须这样做,否则买方可以拒绝接收这套付运单证。或是提单上并不明确是直航(一般是在提单说明航线与其他中途港),买方也可在事后发觉并以条件条文的违约终断买卖合约,并向卖方追回已支付的货款。

这情况发生在 Bergerco v Vegoil (1984) 1 Lloyd's Rep 440 的案例,该 CFR 的买卖合约有一条文说明:"The ship sails direct from port of loading to Bombay for unloading of cargo…"

但卖方付运的船舶"Vishva Shobha"根本不是直航,提单上看不出,所以卖方顺利以信用证议付。在时间方面,货物是在美国新奥兰的 11 月 30 日装船,卖方在 12 月 7 日向买方作出划归通知。到了 12 月 15 日,卖方顺利在信用证议付并把付运单证交出。再到了 12 月 26 日,买方才发现该船舶并非是直航去卸港的印度孟买,随即向卖方提出并保留索赔权利。船舶是在第二年的 1 月 10 日抵达孟买,但由于港口拥挤,船舶要到 3 月 18 日才能靠泊卸货。其间市场价格暴跌,买方在 3 月 14 日正式以此理由拒绝接收该票货物,并起诉卖方要求归还已支付了的货款。法院判是买方胜诉。

9.4.6.2 提单有广泛绕航权力条文的情况

在一些较早的先例,如 Shipton, Anderson & Co v John Western & Co (1922) 10 Ll L Rep 762,判是提单有一条广泛"绕航权力条文"(deviation clause),或称"自由条文"(liberty clause),也是 CIF/CFR 买方可拒绝接收付运单证的理由。

问题是这种条文经常出现在班轮提单与租约标准格式,例如在 Gencon 1994,第 3 条的绕航权利条文是说:"The vessel has liberty to call at any port or ports in any order, for any purpose, to sail without pilots, to tow and/or assist vessels in all situations, and also to deviate for the purpose of saving life and/or property."

照说,这方面不必太严格,因为在 1924 与 1968 年的《海牙/海牙—维斯比规则》下,即使是提单写得广泛,船东也将被局限在"合理绕航"。所以在租约提单即使是合并了 Gencon 1994,第 3 条文也不会有一个广泛的解释。加上,买方也无法影响班轮提单标准条文。但《Benjamin's Sale of Goods》(8th edn, 2010 年)一书的 19-033 段仍是说提单有一条广泛绕航权利条文会有危险被买方拒绝接收付运单证,而且不必理会到底船舶是否有真正的绕航(虽然语气不是太肯定):

"Thus in one case a bill of lading contained a clause in words 'so wide that the ship might have called anywhere she liked, and almost gone round the world before she came to the port of discharge': Shipton, Anderson & Co v John Western & Co. This would have justified rejection by the buyer if he had not on the facts waived the right to reject. It is submitted that this rule would apply even though the court would, as a matter of construction, cut down the clause, so as not to defeat the main object of the contract of carriage. Once again it is important to stress that the shipping documents 'have to be taken up or rejected promptly' and this would not be possible if, on tender of documents, the buyer (or his bank) had to resolve such difficult questions of construction. It is submitted that if the buyer is entitled to object to the bill of lading on account of a deviation clause he can do so whether or not the ship has actually deviated, since he may have no means of knowing this at the time of tender of documents. It must be emphasized that our concern at this point is with deviation clauses, and not with actual deviation. If the bill of lading contains no objectionable deviation clause, the buyer is not entitled to reject it merely because the ship has in fact wrongfully deviated. In such a case the buyer has a remedy against the carrier for breach of the contract of carriage; and the seller is not responsible for this breach.

The rule that a bill of lading may be rejected on account of a deviation clause is again subject to contrary custom or usage. Thus in Burstall v. Grimsdale (1906) 11 Com. Cas. 280, tender of a bill of lading containing a deviation clause was held good, whether or not the ship had actually deviated, as the bill was 'usual and customary' in the trade in question, and not inconsistent with the express terms of the contract of sale. It is now common for a bill of lading to contain a deviation clause; and it seems probable that such a bill would (for the purpose of a CIF contract) be a good shipping document by custom, unless either the clause was drafted in such wide terms as to make it unusual, or the contract of sale expressly provided that the contract of carriage should provide for 'direct' shipment to the destination named, ie for shipment without deviation even to an intermediate port on the general route to that destination."

9.4.7 提单内容要求之七:适合的船舶

这一方面的问题在本章9.4段谈到CIF/CFR卖方有责任作出一个合理与恰当的付运已经有涉及,在这里只再做一些补充特别针对船舶本身。装船提单一定会注明船舶的名字,CIF/CFR买方可查明船舶是否适合该类货物的运输,即使这会导致在时间上来不及拒绝接收付运单证,更谈不上可以阻止银行在信用证的支付。

船舶必须适合有关货物是普通法与Incoterms 2010都有的要求。可想象的情形会是冷藏货物装在一艘只有通风,没有冷藏设备的船舶。或是集装箱装在非集装箱的船舶甲板上。或是很清洁的化学品应该装在专用的船舶,却装在一艘普通脏油轮。或是需要加热的原油或燃油,却装在一艘没有加热设备的油轮等。要注意的是,这一方面要与船舶在履约中不适航分得开。不适航(或没有恪尽职责令船舶适航)是船东违约,买方应向承运人/船东追究。买方也不能遇上船舶不适航,就指责CIF卖方付运的船舶并非是适合。CIF卖方要负责的只是租用作为付运的船舶本质上不适合(虽然这也会包括了船舶在本质上不适航),只是针对不该用来装运买卖合约的货物。毕竟在这种情况下,有关货物就会在付运的途中损坏并且往往不涉及船东的违约,例如,承运人/船东可以货物的"内在缺陷"(inherent vice)对货损货差免责。所以付运船舶本质上不适合,是CIF/CFR卖方的责任:Mash & Murrell Ltd v Joseph I Emanuel Ltd (1961) 1 Lloyd's Rep 46; The "Mercini Lady" (2009) 2 Lloyd's Rep 679。

分开什么是船舶本质上不适航与承运人/船东在履行运输合约中违约的不

适航也不是容易的事情，因为这涉及了 CIF 卖方到底是否违约的问题。在2003年8月的月刊《Shipping and Trade Law》刊登的《What is a reasonable contract》一文中，有提到这个问题，说："However, bearing in mind that the ultimate aim is the preservation of the goods on the intended voyage, if the seller charters a sub - standard ship with leaking hatch - cover and shell - plating, blocked sounding pipes, outstanding class recommendations and a history of name changes, jumping arrest and unexplained stays in port, he must not be too surprised if the buyer declines to accept delivery of the goods or sues him for damages."

这表示 CIF/CFR 卖方必须要有这方面的知识（包括有关货物与航运等方面）才能找到本质上适合的船舶付运货物，否则就很容易出大问题。这在《Benjamin's Sale of Goods》（8th edn, 2010年）之8-015段，在提到 The "Rio Sun"（1985）1 Lloyd's Rep 350先例，说 CIF 卖方是"有必要对他出售与付运的有关货物拥有合理的知识，并确保所有的预防去保存货物不会在付运日期间变坏"（he is bound to posses reasonable knowledge of the characteristics of the goods he is selling and must ensure that the contract of carriage provides for the taking of any necessary precautions to preserve them during the transit in question, he need not stipulate for exceptional measures to be taken.）

根据提单，买方如果可看得出、查得出这方面卖方的违约，应在"交单"（tender）时可拒绝接收。或在事后才发觉，也可像9.4.6.1小段提及的 Bergerco v. Vegoil（1984）1 Lloyd's Rep 440的买方在卸港拒货，并追偿已支付了的货款。也或是向卖方提出货损索赔，因为这不是卖方一句话"风险装上船舶已转移给买方"可免除他之前租用的是一艘本质上不适合船舶的违约。

这种案件笔者见得不多，估计在大部分的情况下船舶不适航导致货损货差，买方作为收货人或他的代位保险人都会向船东索赔而不向卖方索赔，虽然这种案件也不是没有，如 The "Rio Sun"（1985）1 Lloyd's Rep 350。在现实中，会是有不少情况，CIF/CFR 卖方并没有太小心租用适合与适航的船舶，往往卖方关心的只是船舶在时间上（抵达装港的时间）是否适合与费率的高低。所以，经常听说非常昂贵的货物装在一艘"老爷船"，而这是不应该的。CIF/CFR 买卖合约会有条文针对付运船舶的要求，但通常写的非常简陋，如只针对船龄不能超过15岁不等。但船龄并不是唯一甚至是重要的考虑有关付运船舶是否适合。看来在涉及了昂贵货物或是敏感货物（如危险品），买方会要在买卖合约中对卖方付运船舶作出更详尽的要求。这种要求难免会受到卖方的抗拒，因为会导致将来租船的困难，但买方最后能够得出一些妥协总比放任任由卖方自由选择付运船舶为佳。针对油轮的运输，已经有好几十年各大石油公司有他们自己对船舶进行检查与批准的做法，而没有得到这些公司的批准是不会被租用甚至不会被允许挂靠这些油公司的码头泊位。这一来，如果卖方是其中的一家大石油公司，但没有以一艘批准的船舶作出付运，估计买方就会有机会成功作出抗辩卖方在这一方面的违约。

9.4.8　提单内容要求之八：货物要装在船舱内

除非是买卖合约允准货物可装在甲板上，否则买方可拒绝一份显示货物装在甲板的提单。货物装在甲板会带来多方面不良后果：货损货差风险大大增加，海上货物保险即使是承保一切险也不赔，承运人/船东一般在提单下没有任何责任，《海牙/海牙·维斯比规则》也不管制与适用等。

所以，《Benjamin's Sale of Goods》（8th edn，2010 年）一书的 18－315 段说："... Indeed the position seems to be that the buyer is entitled to reject goods which are carried on deck unless the contract of sale expressly permits such carriage. The 'general proposition that the deck is not the place upon which to put cargo except by some special arrangement' appears to apply as much to contracts of sale as to contracts of carriage."

9.4.9　提单内容要求之九：确是买卖合约的货物

提单必须显示装运在船舶的货物就是买卖合约的货物，这包括几个方面如"标记"（marks）、"数量"（number）等，它们在《海牙/海牙—维斯比规则》有说明，指发货人（卖方）要求下，船东必须签发出一份提单有某些内容，作用之一是"显示"（identify）这就是买卖合约的货物。它在 Article III（3）说明如下："After receiving the goods into his charge the carrier or the master or agent of the carrier shall, on demand of the shipper, issue to the shipper a bill of lading showing among other things －（a）The leading marks necessary for identification of the goods as the same are furnished in writing by the shipper before the loading of such goods starts, provided such marks are stamped or otherwise shown clearly upon the goods if uncovered, or on the cases or coverings in which such goods are contained, in such a manner as should ordinarily remain legible until the end of the voyage.（b）Either the number of packages or pieces, or the quantity, or weight, as the case may be, as furnished in writing by the shipper.（c）The apparent order and condition of the goods."

今天《海牙/海牙—维斯比规则》已是大部份国家的法律（海上运输法），所以，承运人/船东是有法律的责任应卖方要求下签发有此相关内容的提单，除非是他根本无法合理确定，甚至怀疑，如在货物重量或是明显的货不对版方面。

9.4.9.1　货物本身的描述

为符合买卖合约，提单对货物本身的描述一般会尽量配合。如"United States No. 2 or better Yellow Corn in Bulk"，或是"Prime Galvanised Sheets in Coils, coil size（MM）0.30X1000XC"。货物的描述也会把"标记"（marks）加上。这方面资料是卖方提供给船长，打印在备妥的提单上，而船长在没有值得怀疑的情况下也不会对此有异议而拒签发。

9.4.9.2　货物的重量/数量

在这方面，《Benjamin's Sale of Goods》（8th edn，2010 年）一书的 19－036 段说得明白如下："**Quantity**. The bill of lading must be for the quantity of goods sold and for those goods only: it must not cover more goods, or other goods of a different description"。

这也配合1979年的英国《货物销售法》第30段名"Delivery of wrong quantity"如下:"(1)Where the seller delivers to the buyer a quantity of goods less than he contracted to sell, the buyer may reject them…(2)Where the seller delivers to the buyer a quantity of goods larger than he contracted to sell, the buyer may accept the goods included in the contract and reject the rest, or he may reject the whole..."

还有两方面值得说明如下:

(i)如果买卖合约已规定了货量上下限,如"10% more or less",这必须依照。但如果只是一个货量,则看来"极轻微"(*de minimis*)的差别,仍是允许的:《Benjamin's Sale of Goods》(8th edn,2010年)一书的19-012段,1503页 footnote 84。

当然,多少差别是法律允许在先例看来并不好掌握。在 Shipton, Anderson & Co v Weil Bros & Co (1912)1 KB 574 先例,4950吨货量超出了55磅判是可以。但在 Payne & Routh v Lillico&Sons (1920)36 T. L. R. 569 先例,4000吨货量超出了2吨被判是"严重"(serious amount)。

除了案例,以上极轻微道理也在《货物销售法》第30(2)(A)段特别针对:-"(2A)A buyer who does not deal as consumer may not -(a)where the seller delivers a quantity of goods less than he contracted to sell, reject the goods under subsection (1) above(b)where the seller delivers a quantity of goods larger than he contracted to sell, reject the whole under subsection (2) above, if the shortfall or, as the case may be, excess is so slight that it would be unreasonable for him to do so. (2B)It is for the seller to show that a shortfall or excess fell within subsection (2A) above." [举证责任是在卖方身上]

但付运单证下是否允许极轻微的说法还不明确,因为《货物销售法》并没有针对单证买卖,它针对的只是实际货物买卖。这方面的问题在本章5.2.1段有详论,不再重复。

(ii)除非买卖合约订明允许分开付运,这一般是不准的。正如在1979年《货物销售法》的 Section 31(1)所讲的:"Unless otherwise agreed, the buyer of goods is not bound to accept delivery of them by instalments"。

谈这方面是因为在提单显示少付运了货物重量/数量的情况下,CIF卖方会以他计划"分开付运"(by instalments)来狡辩。

笔者可举一有趣的先例,是 Cobec Brazilian v. Toepfer (1983)2 Lloyd's Rep. 386。该CFR的买卖的货物是25,000吨,5%上下限的巴西大豆,其中19,000吨目的地是Santander,其余的目的地是Seville。而付运日期是1977年6月25日至7月10日。

因为装运船去装港途中发生碰撞,带来延误,所以赶不及在最后付运的7月10日把所有货物装上船舶。这一点可见于卖方在装完货物发给买方的传真说:

"…tender details:

DestinationSantander

B/L No. 1 - 8,500 MT dated 5th July 1977

B/L No. 2 - 6,000 MT dated 6th July 1977

B/L No. 3 - 4,000 MT dated 6th July 1977

DestinationSeville

B/L No. 1 - 5,711 MT dated 14th July 1977

Advise Toepfer that Cobec Hamburg will present documents upon receipt from ourRio office."

以上可见,涉及去 Seville 的大豆,最后付运日期已逝。所以,买方拒绝付运单证说:"We regret that we cannot accept this cargo tender being not in accordance with contract terms which provide for a shipment period until 10 July without extension."

在该争议,其中一点是买方只可拒绝 Seville 的大豆,而对 Santander 的大豆部份,买方仍要支付货款,无权拒绝接受。毕竟,分开两个目的地/卸港暗示了可"分开付运"(by instalments)。

但英国上诉庭不同意,认为卖方如果只付运了 Santander 的大豆,而根本不付运 Seville 的大豆,是完全不能接受的。而目前的情况,去 Seville 的大豆是付运了,但是日子晚了,本质上仍是一样。所以,合约并非是允许"分开付运",买方可以拒绝整票的货物。Kerr 大法官说:"The subject matter of the contract was one full cargo of 25,000 tonnes. 5 per cent more or less. Being a C&F contract, the delivery required under it was a single tender of documents. The tender had to comprise bills of lading issued in respect of one vessel and had to cover the stated quantities destined for Santander and Seville respectively, which had to constitute the entire cargo of the vessel——neither the respective documents, nor the goods to which they related, can in our view be treated as separate instalments."

9.4.10 提单内容要求之十:清洁提单

"清洁提单"(clean bill of lading)的其中一个权威定义是在 British Imex Industries Ltd v Midland Bank Ltd (1958)1 QB 542 先例,Salmon 大法官说:"I incline to the view …that a clean bill of lading is one that does not contain any reservation as to the apparent goods order or condition of the goods, or the packing."换言之,清洁提单就是船长对装船的货物表面状况没有任何批注,也就是代表他接受货物的表面状况良好,因为提单通常会印上"shipped in apparent good order and condition"。在《海牙/海牙—维斯比规则》下,这是船长在签发提单时必须要确认的内容之一。清洁提单也不代表货物的质量肯定是没有问题,因为船长在货物装船的一刻能够看得见与能够作出批注也只能是表面状况。所以船舶对货物的内在缺陷或表面看不见的质量问题(如因为货物是有包装)是不必负责任。所以,将来到了卸港买方有机会对货物作出全面检查时发觉描述与质量不妥,这也不能怪船长,因为表面看不出,买方对这种本质上的内在缺陷或表面看不见的质量问题的救济是"拒绝货物"(reject cargo)并向卖方索赔损失。这一点在《Benjamin' s Sale of Goods》(8th edn,2010 年)一书的 19－146 段有说:"The buyer is entitled to reject the goods even though he has previously accepted documents which were perfectly in accordance with the contract. This would be the case, for example, where the goods suffered from some qualitative defect not apparent on the face of the documents: e. g. where they were not equal to sample..."

如果表面状况是有问题而作出了批注,这就令提单变为是"不清洁提单"(unclean/dirty bill of lading)。交出不清洁的提单是买方拒绝接收,银行在信用证也不会接受。这在 UCP 600 Article 27 有说明:"A bank will only accept a clean transport document. A clean transport document is one bearing no clause or notation expressly declaring a defective condition of the goods or their packaging. The word 'clean' need not appear on a transport document, even if a credit has a requirement for that transport document to be 'clean on board'."

在货物过了船舷与装在船舶上,会有危险在货物还没装完的时候就发生事故,这就会带来应否签发清洁提单的问题。在 The "Galatia"(1980)1 Lloyd's Rep 453 的先例,涉及一个 CFR 买卖,有关船舶在印度 Kandla 装港作业途中,发生了火灾。这导致已装上船的一部份货物(食糖)受损并要卸回岸上处理掉。这一来,在全部货物装完,船长签发了两张提单。一张是火灾后装上船的货物,这些全部没有问题,是清洁提单。买方也接受了这一份的"交单"(tender),虽然它不足买卖合约的货量。但另一张针对火灾前装的损坏货物,船长加了批注说:"Cargo covered by this Bill of Lading has been discharged Kandla view damaged by fire and/or water used to extinguish fire for which General Average declared."这一来,CFR 的买方拒绝接受这份提单,指是不清洁。

上诉庭判是这份属清洁提单,而"清洁"是指货物付运时(装运上船一刻),没有任何可否定货物的表面状况良好,说:"a clean bill of lading is one in which there is nothing to qualify the admission that the goods were in apparent good order and condition at the time of shipment"。至于装上船舶后发生的货损货差,不管时间上是一个小时后,一天后或一个月后,风险已转移给买方,也是由买方向承运人/船东或保险公司索赔了。至于像 The "Galatia",船东根据 1924 年《海牙规则》对火灾可免责。据悉买方也忘了及时投保,买方可就自己倒霉了,这种风险也显示了分批货物的付运投保会带来的危险,如果买方是投保"开口保单"(open cover),就很大程度可以避免了这种风险。另是,买方拿了这一套有批注的提单,想把这批货物在市场转售就会有很大的困难。

在 The "Galatia",也判决了提单上常有的批注说:"weight, quantity, condition, contents and value unknown"并不影响它是"清洁"提单。这也说的通,措辞上只说"不知道",这并非是否定货物的表面状况良好。

一个不清洁提单的例子是在 Cehave NV v Bremer Handelsgesellschaft mbH (1976)

QB 44 先例,提单有这样一个批注:“some heating damage to cargo”。判是买方可以拒绝接收这份付运单证及货物。这一个问题对 CIF 卖方也经常造成了困扰,因为很小的问题,甚至是 CIF 卖方没有办法控制的情况下,遇上了小心的船长都会要加以批注。例如批注是“两包货物有水渍”,而这个水渍是由于装货的时候下小雨淋湿的。本来如果时间来得及,或 CIF 卖方事先知道,他可以换货。但货物全部装了上船签发提单的时候,船长才这样要求加上批注,就令 CIF 卖方很头疼,因为这个时候要换也没有办法了。由于这种情况千变万化,就不可能事先在订立买卖合约时说明不清洁提单买方也必须接受,因为永远不会知道批注所针对的事情到底是不是严重。虽然也不是说没有这样做,如针对钢材,就会有买卖合约约定船长批注只是“表面生锈”的话是可以接受的,因为钢材几乎是无可避免总会有表面锈。本来如果市场价格稳定的话,遇上这种小批注,CIF 卖方可以要求买方接受,如果是信用证支付货款,买方也可以通知银行接受有批注的不清洁提单。但怕就是怕如果市场价格下跌,就给了买方一个黄金机会拒绝接收付运单证。

对 CIF/CFR 卖方而言,出在清洁提单与货物数量的问题都是经常遇到,而且是自己控制不了,因为提单是否作出批注或对货物数量有疑义的决定是在船长或船东。这种问题也经常很难解决,特别是船东通报了他的互保协会。这一来,肯定是没有办法作出商业的解决。卖方提出给船东保函(甚至是足够现金去针对双方之间的歧见)会被视为是欺诈性的保函而拒绝。卖方试图说服船东货物表面状况良好,这一个船长的批注是过敏与不必要,往往会是徒劳无功。至于卖方试图更换有批注的货物,补上表面状况良好的货物,也往往是各种原因没有办法做到,如船舶已经开航,买卖合约付运日期已经届临,有批注的货物是被压在舱底等。这种争议不少是货物表面状况的批注或货物数量短少是极轻微,但往往会带来非常昂贵的争议以及给买方取巧去在信用证下作出拒付,这是十分可惜。

现在见到不少 CIF/CFR 卖方非常小心在租约中加上一条明示条文要求船长必须在装货完毕的时候签发清洁提单,而在装货期间一发觉有需要在提单作出批注的货物就必须马上向发货人提出,并马上作出更换以保证将来签发清洁提单。但这种条文也不能大幅度减少这种问题,往往会带来其他的争议,如船长是否有马上提出,或提出后是否有马上更换,或发货人能否作出更换,等等。一个较近期的先例 The “Sea Success” (2005)2 Lloyd’s Rep 692,有关的期租租约中有第 52 条文说:“Master has the right and must reject any cargo that are subject to clausing of the bills of lading. ”。针对该条文的解释,仲裁庭判是该条文下,如果把有关货物装在船上会导致提单的表面状况良好的陈述受到限制,船长有权且应该拒绝货物,(On the true construction of the final sentence of clause 52 of the charter, the master is entitled and obliged to reject cargo presented for shipment/tendered for loading if the cargo, once loaded would be properly described in the bill of lading in a way which would qualify the statement of the apparent order and condition of the cargo ultimately proposed to be stated in the bill of lading by the shipper.)。这裁决书受到了高院的支持。

9.4.11 提单内容要求之十一:付运日期

9.4.11.1 什么是付运日期?

CIF/CFR 买卖合约通常会有明示条文说明什么是付运日期或期限,这通常是一至两个月不等。涉及原油与石油产品的买卖,付运日期会比较短。如果没有明示条文针对(这种情况在国际货物买卖很少会发生),法律默示的地位就是在订立买卖合约后的合理时间内作出付运。这是在 1979 年《货物销售法》之 Section 29(3),说:"Where under the contract of sale the seller is bound to send the goods to the buyer, but no time for sending them is fixed, the seller is bound to send them within a reasonable time."

但在订约自由的大原则下,经常会有古灵精怪的条文需要动脑筋作出解释,例如在 Alexandria Cotton Company v Cotton Company of Ethiopia (1963) 1 Lloyd's Rep 576 先例,该棉花的 CIF 买卖付运日期规定为:"Shipment as from 1st June 1960. However the Buyers have the option to postpone the shipment until 1st June 1961..."这看来如果买方不行使选择权延误付运至 1961 年 6 月 1 日,付运日期应该就是 1960 年 6 月 1 日后的合理时间内。但如果买方行使选择权,不表示卖方可以在 1961 年 6 月 1 日后的一个合理时间内作出付运,而是该天变了是最后付运的一天,卖方如果错过这一天就是违约。

在 CIF/CFR 买卖,准确的付运日期是由卖方控制或选择,而证明货物已经准时付运最好的证明就是一套装船提单的日期:Dewar & Webb v Joseph Rank Ltd (1923) 14 Ll LR 393;PT Putrabali Adyamulia v Societe des Epices (2003) 2 Lloyd's Rep 700。

9.4.11.2 付运日期是买卖合约的条件条文

付运日期是买卖合约的条件条文,如果 CIF/CFR 卖方没有在付运日期内把付运货物,买方可以拒绝接受这一套付运单证(其中装船提单的日期是在付运日期后)。

付运日期是对货物本身描述的一部份。《Benjamin's Sale of Goods》(8th edn, 2010 年)一书的 18-310 段说是:"In English law, it has been settled ever since the decision of the House of Lords in Bowes v. Shand (1877) 2 App. Cas. 455 that stipulations as to the time of shipment form part of the description of the goods, and breach of such stipulations entitles the buyer to reject."

货物描述与付运日期扯上关系,也是有道理的。"期货"(futures)买卖的不是"7 月份大豆","9 月份棉花"吗?

在 Bowes v Shand 的先例,涉及提早了付运(像 Bowes v. Shand 的情况现实中不多,大多数是延迟了付运,但道理是一样)。货物(大米)付运日期是 1874 年 3 月、4 月份。但大部份在 2 月已装上船,出了三套提单。只有另一套针对少数大米是 3 月份签发的提单。贵族院判是买方可拒绝全部货物。Blackburn 勋爵说:"If the description of the article tendered is different in any respect it is not the article bargained for and the other party is not bound to take it."

在 Bowes v Shand 先例后,有许多其他的先例都依从,可以说英国在这方面的地位非常明确,这些先例包括有 Ashmore & Son v Cox (CS) & Co (1899) 1 QB 436; Foreman and Ellams Ltd v Blackburn (1928) 2 KB 60; Aruna Mills Ltd v Dhanrajmal Gobindram (1968) 1 QB 655; Borthwick (Thos) (Glasgow) Ltd v Bange & Co Ltd (1969) 1 Lloyd's Rep 17; SHV Gas Supply & Trading SAS v Naftomar Shipping & Trading Co Ltd (2006) 1 Lloyd's Rep 163。

这里也可以再一提有关重要的贵族院先例 Bunge v Tradax (1981) 2 Lloyd's Rep 1 所说明的大原则,就是涉及了买卖合约,所有有关时间的规定都会视为是重要或作为条件条文对待:"broadly speaking, time will be considered of the essence in mercantile contracts",这显然是包括了付运日期。

9.4.11.3 倒签提单的恶行

付运日期的严格性带来了"倒签提单"(back - dated bill of lading)的恶行,这是欺诈行为而且会触犯刑法,这方面已在本章之5.4.1段有详解,不再重复。

如果倒签提单的恶行被买方及时发觉后(而且很容易发觉,买方去装港一查就知道)可拒绝接收付运单证或/与货物,并向卖方追偿已支付了的货款: Panchaud Freres v Etablissements General Grain Co (1970) 1 Lloyd's Rep 53。而且在后来才发觉,来不及拒绝接收付运单证或/与货物,买方会根据 Finlay (James) & Co v Kwik Hoo Tong Handel Maatschappij (1929) 1 KB 400 先例的判法指称卖方这一份不真实的提单剥夺了买方可以拒绝单证/货物的权利,所以损失赔偿应该归还他这一个权利,也就是买方可向卖方索赔买卖合约价格与货物抵达卸港的市场价格差价(如果市场已经下跌),让买方成功把市场风险转移给卖方。这些损失与救济办法都会在本书第八章5.4段有详论,不去重复。

9.4.11.4 延长付运日期的条文

倒签提单的恶行并非不能避免,除了在操作要比较谨慎(如在市场价格暴跌的时候 CIF/CFR 卖方就应该在付运日期的早期作出付运),还可以有其他的办法。一种常见的就是在买卖合约中有一条容许卖方延长付运日期的明示条文,而作出的牺牲就是按照延长的时间扣减货物价格。但事前与买方约定总比在延误付运时去哀求买方延长付运日期而面对买方敲竹杠会好得多。这种条文在 GAFTA 100 的 CIF 买卖标准格式合约第9条就有,可节录如下:

"**Extension of shipment.** The contract period for shipment, if such be 31 days or less, shall be extended by an additional period of not more than 8 days, provided that sellers serve notice claiming extension not later than the next business day following the last day of the originally stipulated period. The notice need not state the number of additional days claimed.

Sellers shall make an allowance to Buyers, to be deduced in the invoice from the contract price, based on the number of days by which the originally stipulated period is exceeded, in accordance with the following scale:

1to 4 additional days, 0. 50%;

5to 6 additional days, 1%;

7 or8 additional days, 1. 50% of the gross contract price.

If, however, after having served notice to Buyers as above, Sellers fail to make shipment within such 8 days, then the contract shall be deemed to have called for shipment during the originally stipulated period plus 8 days, at contract price less 1. 50%, and any settlement for default shall be calculated on that basis. If any allowance becomes due under this clause, the contract price shall be deemed to be the original contract price less the allowance and any other contractual differences shall be settled on the basis of such reduced price."

9. 4. 11. 5　不可抗力延长付运日期的条文

付运延误另一个主要原因会是一些不可抗力的原因导致了 CIF/CFR 卖方没有办法及时作出付运,如货物储存地点或是矿场发生火灾,海啸或地震,租用的船舶还没有到装港就遇到事故沉没等。如果买卖合约定得好,可以保护卖方,如在合约内有明示条文说明在遇到不可抗力事件不能及时作出付运时可以通过通知买方延长付运日期。在 GAFTA 100 的 CIF 买卖标准格式合约第 19 条文就是这种条文,但由于在本书第六章 9 段有详尽探讨这一不可抗力条文,所以这里不去重复。

由于不可抗力条文的措辞/文字中订约自由下还会是千变万化,所以怎么样解释也会带来不同的后果。在 Fairclough Dodd & Sons Ltd v. Vantol (ZH) Ltd (1957) 1 WLR 136 先例,涉及了一个"CIF 鹿特丹"的买卖,付运日期是"12 月/1 月"。卖方本来的计划是把货物在一艘即将抵达的船舶在 12 月 21 日装船,但在 12 月 12 日,出口的国家埃及政府突然禁止有关货物棉花籽油的出口。这一禁令在 1 月 3 日撤销并在以后的时间都可以出口。该买卖合约有条文说明在这种情况下可把付运日期延长多两个月,所以卖方认为他有权延长至"2 月/3 月"。法院同意,认为卖方是证明他准备在 12 月 20 日装船,而该付运的确是受到了禁令的延误。至于在 1 月 3 日后禁令被撤销,卖方没有责任马上作出付运,虽然他并非绝对做不到。

这一个不可抗力的条文在 GAFTA 100 的 CIF 买卖标准格式合约与 FOSFA 标准格式合约都有类似条文,在措辞/文字上尽量对 CIF/CFR 卖方宽松。在针对禁止出口作为不可抗力的有关条文是在 GAFTA 100 的 CIF 买卖标准格式合约第 18 条:"**Prohibition.** In case of prohibition of export, etc… restricting export, whether partially or otherwise, any such restriction shall be deemed by both parties to apply to this contract and to the extent of such total or partial restriction to prevent fulfillment whether by shipment or by any other means whatsoever and to that extent this contract or any unfulfilled portion thereof shall be cancelled..."

所用的一词是"限制"(restriction),而不是"不可能"(impossible)、"延误"(delay)或"阻止"(prevent)付运。

9.4.11.6 Laycan

Laycan对于租约是非常熟悉的一词，通常laycan就是一个时段，比如1月1日至10日。这一来，1月1日就是“受载日”（layday），而1月10日就是“销约期”（cancelling day）。船舶如果早于1月1日抵达装港，承租人/发货人没有义务装船，船舶等待装货的时间也不会算是装货时间，时间损失是要船东自己承担。而船舶过了1月10日抵达装港，承租人可以取消租约。本来这一词是与国际货物买卖合约没有关系，但还是在订约自由下会加在买卖合约，这就带来怎么样解释。如果是在一个FOB买卖，解释起来还不会太困难，可以解释为买方派遣去装港的船舶必须在laycan时段内，否则后果也是与租约一致。但如果这一词出现在一个CIF/CFR买卖，就有点莫名其妙，所以曾经有说法是否可以解释为付运日期，特别是在有关的买卖合约中并没有一个付运日期。这种情况出现在SHV Gas Supply & Trading SAS v Naftomar Shipping & Trading Co Ltd (2006) 1 Lloyd's Rep 163先例，该大约3000吨丁烷的CIF买卖的条文是“Laycan Feb 17 - 19th 2003”。卖方SHV租了一艘船舶名为“Azur Gaz”并在2月17日抵达装港，但由于装港在2月天气很坏，导致大量船舶没有办法装货，其中只有3天才能让比较大的船舶靠泊装货。这导致了“Azur Gaz”要在锚地等到3月3日才能靠泊装货，而买方Naftomar通知卖方船舶是已经过了付运日期，所以他终断买卖合约。这带来的争议就是“Laycan Feb 17 - 19th 2003”是否是付运日期，这被英国法院否定。由于该合约没有明示的付运日期，就表示法律默示的地位适用，也就是SHV必须在1979年《货物销售法》之Section 29(3)所规定的合理时间内付运。由于受到坏天气的影响，法院不认为SHV有违反这一个默示的要求。

另在更近期的ERG Raffinerie Mediterranee Spa v. Chevron USA Inc (The “Luxmar”) (2007) 2 Lloyd's Rep 542先例，双方的FOB买卖合约（不是CIF，但道理一样）内包括了以下条文：

“7. DELIVERY

FOB ISAB REFINERY NORTH SITE（除了FOB措辞外的简写应该是指装货地点是在North Site炼油厂的一个安全与足够水深的泊位）... IN A SINGLE LOT BY M/T TBN / SUBS TO BE NOMINATED BY BUYER AND TO BE ACCEPTABLE TO SELLER IN THE PERIOD 27 - 30/05/2004.

BUYER WILL NARROW SUCH PERIOD TO A TWO DAY LAYCAN LATEST BY 21/05/2004 COB ITALIAN TIME.（买方要在5月21日的意大利办公时间结束前把原来较长的Laycan缩短为2天，这是石油运输经常的做法）

THE LAYCAN IS AN ESSENTIAL ELEMENT OF THE CONTRACT IN FAVOUR OF SELLER.”

在该先例，Chevron公司作为买方在5月17日作出预先通知将派遣“Luxmar”轮去装港（船舶确实在5月28日抵达）。在5月21日，“受载日/销约期”（laycan）被买方缩短为5月29至30日。但卖方ERG因为厂房故障，要到6月3日后才能修理好。

在同一天 Chevron 声称 ERG 破坏了条件条文在“付运日期”内装货/付运，所以终断买卖合约并索赔损失，如“Luxmar”轮的滞期损失。ERG 认为上述的第 7 条文名为“交货”（delivery）针对 Laycan 并非是付运日期，该买卖合约也没有付运日期，他可以在合理时间内装货。上诉庭法院最终认为双方以 laycan 用词代表双方客观意图并非要求 ERG 要在有关期间内付运货物（而卖方做不到的结果是违反条件条文）。其中 Longmore 大法官认为在 Laycan 最后的一刻抵达装港，也就是在 5 月 30 日的 2400 时，卖方就不能取消该船舶。但如果 Laycan 也被视为是付运日期，就等于这一艘晚来的船舶必须要求卖方马上甚至在同一时间内把货物装上船舶，否则是破坏条件条文，这就说不通了。他是这样说：“The laycan provision thus gives the fob seller a right to bring the contract to an end in circumstances in which, without a canceling provision, he may well have no right to do so. The concomitant of that right is that the buyer is entitled to present the vessel at any time up to 2400 on the last day of the laycan spread, here 30 May. If he is entitled to present the vessel at 2300 (or even 2359) on 30 May, the contract cannot be interpreted to mean that the seller must have completed loading by 2400 on that day because that would be a commercial absurdity. In that event, the seller must be entitled (and must also be bound) to load within the laytime provided for by the contract. If he does not do so, he will be in breach of the contract. He will not, however, be immediately in repudiatory breach partly because terms as to time of loading a vessel are not traditionally (and for good reason) regarded as conditions of the contract and partly because there would be great practical difficulties if the buyer were able to terminate the contract when the vessel had been partly but not fully loaded.”

换言之，Laycan 的意思是船舶如果超过最后限期抵达装港（事实上在该先例“Luxmar”轮是在 Laycan 内抵达），若 ERG 选择不行使取消合约的权利，就只能以该买卖合约的装货时间与滞期费（是合并了租约条文为准）对待，但不能终断买卖合约。

§10 买方拒绝接收付运单证的相关问题

10.1 卖方交单被拒可否再次交单的疑问

涉及了卖方“再次交单”（re - tender），在信用证的议付，受益人（卖方）会有较佳的对待。虽然对付运单证不符点同样（或更甚）严格，但因为银行在 UCP 600 的 Article 14(d)(ii) 要在拒绝接收付运单证同时指出“所有”（all）不符点，这变得受益人可赶紧修改后再第二次议付，成功获得支付，只要是信用证有效期未过。据悉，在信用证的颇准确的统计是 50% 以上的付运单证在第一次议付被银行拒绝，受益人是要依赖第二次交单与议付才能取得货款。

但没有信用证的支付安排，而是好像以“付款交单”（Document against Payment，简称 D/P）作为支付办法，CIF/CFR 卖方会面对买方的争议是在首次交出付运单证有不符点而被拒后，再无法第二次交单。也不像 UCP 600，在买卖合约买方不一定有默示责任要把“所有”不符点挑出来协助卖方修改后再次交单（如果可这样做）。

但看来 CIF/CFR 卖方是有权把有不符点的付运单证作出更改后做第二次的交出单证，只要是时间上来得及（在信用证就表示在有效期之前）。这方面的先例有：The “Playa Larga” (1983) 2 Lloyd's Rep 171； The “Niizuru” (1996) 2 Lloyd's Rep 66。在后一个先例，Mance 大法官说：“The presentation of documents complying with such a contract is a precondition to the buyer's obligation to accept the documents. But a rejection of non – complying documents does not terminate any further obligation or right to perform on either side. The seller may re – present complying documents, within the contractually appointed period. Only if the seller fails to present complying documents by the conclusion of the contract may the buyer treat himself as discharged from further performance and claim damages for non – delivery.”

可第二次交单是必须在有关买卖合约的交出付运单证的最后限期内（如果有这样的明示条文），如在 Toepfer v Lenersan (1980) 1 Lloyd's Rep 143 先例是“提单日期的 20 天内”，说：“Payment: net cash against documents and/or delivery order on arrival of the vessel at port of discharge but not later than 20 days after date of Bill of Lading ...”。则如果卖方是在提单日期后的 7 天内交单被拒，卖方可在往后的 5 天、7 天不等作第二次交单，当然是交出没有不符点的付运单证。

这在《Benjamin's Sale of Goods》(8th edn，2010 年）的 19 – 072 段说：“A seller who tenders defective documents is not in final or irrevocable default if the tender is made before the end of the time allowed for tender. Within that time, it is open to the seller to offer to make another good tender; and, unless the original bad tender can be treated as a repudiation of the contract, the buyer is not entitled to reject such an offer.”

10.2 买方能够合法拒绝何种付运单证？

买方能够合法拒绝接收 CIF/CFR 卖方交出的付运单证应该只是在两种情况下，第一种是付运单证内有明示条文或措辞显示了不符合买卖合约的要求，也就是从单证的表面看就知道有不符点。第二种就涉及了欺诈的情况，如倒签提单，提单表面看来是符合买卖合约的付运日期的，但买方知道是虚假的。这方面的说法可节录 The “Intan 6 V. 360A SN” (2003) 2 Lloyd's Rep 700 先例中 Havelock – Allan 大法官所说：“I take it to be the law that, aside from cases of fraud, the buyer under a c. i. f. or c. &f. sale can only reject the shipping documents in two circumstances: (1) where, by their express terms, they do not conform to the requirements of the contract in a respect which is more than minimal, and (2) where, even if they appear to conform to the requirements of the contract, they are not genuine in the sense that they contain false information about an aspect of the performance of the contract which would normally be disclosed in the documents and which is of more than minimal importance e. g. the date of shipment. In general the buyer is bound to pay for documents if, on their face, they conform to the terms of the contract. Lord Diplock so held in Gill & Duffus S. A. v Berger & Co Inc (1984) 1 Lloyd's Rep 227."

这里要说明的是有一种付运单证,如果进一步调查与分析,就是有表面看不出来有不符合买卖合约的要求,这能否拒绝接收?也就是单证表面看不出来有不符点,但花上几天调查后就会挑得出来,而且这一个不符点并不涉及好像倒签提单的欺诈性。这种情况会有不少,如买卖合约要求付运船舶的船龄必须有限制,或者必须要有加热设备与石油产品在航次中必须保持在一定的温度,这种不符点都通常不会在装船提单的表面显示出来。事实上在本章 9.4.7 段提及的问题大部分是属于这一种隐藏了的不符点。而如果这种付运单证也能够拒绝接收,或者在调查后发觉,但容许买方向卖方索赔他被否定了本来可以拒绝付运单证的机会损失[这种机会损失在本书第八章之 5.4 段介绍 Finlay (James) & Co v Kwik Hoo Tong Handel Maatschappij (1929) 1 KB 400 等先例有介绍,就是买方可以索赔买卖合约价格与交出付运单证一天的市场价格的差价,如果其间市场暴跌,买方就可以把不利的市场风险转移给卖方],会导致这一个问题太广泛了。

这在 The "Intan 6 V. 360A SN"先例,Havelock - Allan 大法官认为这种单证是不能拒绝,能拒绝的只是局限在付运单证从表面就可以看得出有不符点,说:"In the present case, the only dispute as to the conformity of the documents with the contracts is that Intan 6 was named in the bills of lading as the first carrying vessel. According to Mr. Edey (买方代表大律师) that is sufficient to establish that the documents were not contractual on their face. He submits that any statement in the documents, which, if true, means that the goods were not contractually shipped, is a statement which renders the documents liable to be rejected. I am confident that that is not the test. It is far too wide and Mr. Edey was unable to cite any case in support of it. The test is whether the documents contain a statement or statements which, without further investigation, demonstrate that the contract has not been honoured in one or more respects of more than minimal importance. This must be apparent from the terms of the documents themselves, without inquiry into the physical performance of the contract."

10.3 拒单与拒货的弃权/禁止翻供问题

在 CIF/CFR 买卖,买方是有两次独立与前后出现的机会拒绝付运单证或货物,虽然拒绝的后果都是一样,就是可终断有关的买卖合约。这可节录《Benjamin's Sale of Goods》(8th edn, 2010 年)之 19 - 145 段所说:"**Two rights to reject**. The duties of a c. i. f. seller include a duty to ship (or buy afloat) goods in accordance with the contract, and a duty to tender proper shipping documents. The seller may fail to perform one or both of these duties; and the buyer may have a right to reject in respect of any such failure. The same act or omission of the seller may lead to the breach of both duties. For example, where the goods are shipped outside the shipment period they will not correspond with the contract description; and such late shipment will also generally lead to inability to tender proper shipping documents, either because the bill of lading will not be dated in accordance with the contract, or because it will not be 'genuine'. In a case of the last kind, Devlin J said that there were 'successive breaches of different conditions committed one after the other', giving rise to 'two rights to reject', namely 'a right to reject documents, and a right to reject goods, and the two things are quite distinct'. It has, indeed, been suggested that 'in another sense, much more realistic… they are both really breaches of the same condition, that is to say of shipment within the contract period'. But more recently Lord Diplock has referred to the buyer's right to reject documents and to reject goods as 'separate and successive rights'; and this view is (with respect) to be preferred, in particular because, as Devlin J has pointed out, the right to reject the goods is not necessarily impaired by acceptance of the documents; and because the distinction is relevant as to damages."

这两次先后出现的机会通常会是拒单或拒绝接收卖方交出的付运单证为先，而实际在卸港拒绝接收货物为后。这一来，如果买方拒绝接收付运单证，几乎肯定第二次拒货的机会不会出现，买方也没有正本提单可向船长取货。但问题会出在买方发觉了付运单证有不符点，但还是接收。这里的原因有可能就是当时的市场价格看好，如买方对装船提单的日子比买卖合约付运日期晚了一天也不在乎，所以作出接收并支付了货款。但船舶抵达卸港可能是一个月后，在这一个时间甚至是更短的时间，商品价格暴升或暴跌的情况出现并非是罕见。这一来，假设市场价格暴跌，买方可否以货物没有在付运日期内作出付运为由拒绝接收货物？毕竟，在本章 9.4.11.2 段已经提到，付运日期是对货物本身描述的一部份，而且晚了一天不会是属于 1979 年《货物销售法》之 Section 15A 的"极轻微"。客观看来就可以感觉到，买方应该不可以这样做，理由就是弃权/禁止翻供。

由于现在船舶走得快与个别航次比较短，经常会有无单放货的情况出现，这就倒过来先后，变了是买方接收货物为先，但在后来卖方交出的付运单证中有明显的不符点。这一来又存在买方能否拒绝接收这一套付运单证？而如果能够拒绝，但已经接收了的货物没有办法退还给卖方，买方又能够有什么救济？

这一方面可介绍 Debattista 教授之《Bills of Lading in Export Trade》(2009)一书之 9.12 段所作出的结论就是：

(1)如果卖方先交出付运单证而表面有不符点可让买方合理知道，但买方不拒绝接收。这一来在将来实际交货如果涉及与付运单证不符点一致的问题或者缺陷，买方是不能拒货的。

(2)如果实际交货买方可以合理知道货物的缺陷，但不拒货。这一来在将来卖方交出一套付运单证,其中有单证涉及不符点是与较早货物的缺陷一致,买方也是不能拒单的。

(3)如果先交出付运单证或先在卸港实际交货,单证或货物都有不符点或缺陷是买方不能及时知道,这一来买方在后来的拒单或拒货都不会被视为弃权或禁止翻供。例如,在卸港实际交货有关的钢材是有严重生锈,但买方不拒货。在后来卖方交出的付运单证,其中装船提单有货物严重生锈的批注,买方会是不能拒绝接收这一套付运单证。但如果装船提单的日子是比付运日期晚了 1、2 天,这一来买方就不会被指是弃权/禁止翻供了。

(4)如果买方在拒绝接收有不符点的付运单证,但又没有办法退还货物,这可以在卖方向买方索赔货款时可以尝试去反索赔他被否定了本来可以拒绝付运单证的机会损失,也就是在上一小段所提到并在本书第八章之 5.4 段介绍的买方试图把不利的市场风险转移给卖方。

§11　买方支付货款

现实中涉及中国内地的国际货物买卖,大部份的支付货款会是通过信用证,而这种做法,稍后在本书第十章会有另外简单介绍。在此,只是讨论不是信用证或信用证结不到汇的情况下,如买卖合约订明支付货款会是:(1) CIF to Shanghai, payment terms net cash against documents. (2) CFR Shanghai, payment in cash on arrival of goods against shipping documents. (3) CIF Shanghai, payment by 30 days acceptance from date of bill of lading. (4) CIF Shanghai, payment to be made by cash in Hong Kong in exchange for bill of lading and policy of insurance. (5)其他千变万化的措辞/文字,反正这是订约自由。

11.1　1979 年《货物销售法》地位

在英国的 1979 年立法,地位是很明确的,如下:"Section 28: Unless otherwise agreed, delivery of the goods and payment of the price are concurrent conditions, that is to say the seller must be ready and willing to give possession of the goods to the buyer in exchange for the price, and the buyer must be ready and willing to pay the price in exchange for possession of the goods."

CIF/CFR 买卖既然是"单证买卖"(documentary sale),这立法讲的"交货"(delivery of the goods)也就是卖方的"交单"(tender of documents)了。换言之,交单与支付是同时进行:一手交单,一手交货款。

在 Elliott & Co v. Candor Manufacturing Co. (1920) 3 Ll L Rep 105 先例,买方举证指突尼斯的目的地有一个习惯是船舶抵达卸港后合理时间才要接受付运单证与支付货款。但法院拒绝接受这个习惯,因为"习惯"是不能利用来"推翻"合约上清楚写明的责任义务，而该合约是写明为 CIF 买卖。

11.2 买方可否坚持检查货物后才支付货款？

明显的答案应是不可以，这在本章一开始的简介就解释了 CIF/CFR 是单证买卖或付运买卖。卖方只承诺把买卖合约的货物作出付运并交出没有与买卖合约有不符点的付运单证，之后的事情特别在卸港会发生的事情是与卖方无关，货物能否安全抵达卸港也是与卖方无关。所以买方作出这样的坚持是与许多方面矛盾，如在卖方交出付运单证时，很可能船舶仍在大海航行，根本无法安排检查货物。如果要等到船舶抵达卸港买方有机会检查货物后才支付货款，这就会把卖方扯进来，包括在卸港要安排卸货与储存货物，甚至要把提单交出给买方向船长取货，反正要做了这些之后买方才有机会检查货物。而如果船舶因为海难全损而到不了卸港，就会导致买方永远没有机会检查货物而不必支付货款，这基本上与海上风险在货物装上船舶付运后就转移给买方的说法完全不一致。

但这一来，似乎与 1979 年《货物销售法》的 Section 34 有矛盾，可重复说："Section 34(1) - Where goods are delivered to the buyer, which he has not previously examined, he is not deemed to have accepted them unless and until he has had a reasonable opportunity of examining them for the purpose of ascertaining whether they are in conformity with the contract. (2) Unless otherwise agreed, when the seller tenders delivery of goods to the buyer, he is bound, on request, to afford the buyer a reasonable opportunity of examining the goods for the purpose of ascertaining whether they are in conformity with the contract."

以上一段的第二部分是，在买方要求下，卖方必须在交货时让买方有一个合理机会检查货物，才谈得上买方是否要接收货物，除非是"另有不同约定"(unless otherwise agreed)。

而在本章有提到的 Biddell Bros v E. Clemens Horst Co. (1911) 1 KB 934 先例中，就是判 CIF 买卖实属"另有不同约定"。所以，买方不能要求"交出付运单证"时卖方也要提供检查货物，之后才接收与支付货款。

11.3 买方检查货物后发觉货不对版怎样取回已支付的货款？

但毕竟 CIF/CFR 买卖还是在本质上属于货物买卖，也受到 1979 年《货物销售法》的管制，所以还是要涉及买方在 Section 34(1) 的权利。这一个检查货物的权利买方仍是保留，可在之后的卸港真正取货时首次有机会检查货物时发觉不妥才拒货。这种 CIF/CFR 的做法解释是"交货"涉及了几个阶段，这包括了交出付运单证是"象征性交货"(symbolic delivery)；在卸港的交货是"完成交货"(complete delivery)。而在每一个阶段，都会有检查的权利，包括交出付运单证时合理机会检查单证；卸港交货时合理机会检查货物。这里可节录《Benjamin's Sale of Goods》(8th edn, 2010 年) 之 19 - 158 段所说："**Delivery and examination.** Under section 35 of the Sale of Goods Act 1979, the question whether the buyer has lost his right to reject may depend on whether the goods have been delivered to him, and on whether he has had a reasonable opportunity of examining them. In a c. i. f. contract it has been said that there are 'three stages of delivery': a 'provisional delivery' on shipment; a 'symbolical delivery' on tender of documents; and a 'complete delivery of the cargo' when the goods are handed over to the buyer at the c. i. f. destination. Although some dicta can be cited in favour of the view that one or another of these stages is 'the' time of delivery, the best view is that, for the present purpose, these is no single time of delivery. The buyer's opportunity of examining the documents arises at the second stage, when the documents are tendered; and his opportunity of examining the goods arises at the third stage of complete delivery unless the contract expressly provides that he must examine the goods at the port of shipment."

如果在卸港真正取货并有机会全面检查有关货物后发觉不妥或货不对版,买方还是可以拒绝接收货物,这方面的做法在本书第四章 §8 段有详细的介绍,就不在此重复。这里有一个方面需要进一步解释,就是较早在交出付运单证并交换货款的时候,通过提单的背书与交出,有关货物的"财产/货物所有权"(property)就已经根据有关的《提单法》或 1992 年的《海上货物运输法》从卖方转让给了买方。所以如果后来在卸港发生了买方拒绝接收货物,就需要在这一方面有一个解释。说法是买方拒绝接收货物,该有关货物的财产/货物所有权就"回归"(revest)给卖方,而买方也可以根据"约因完全失去"(total failure of consideration)向卖方取回较早所支付的全部货价。但买方再也不能碰这一票货,因为在回归后该货物属于卖方,买方如果在没有卖方授权下插手,如出售给第三人以减轻储存费用或避免腐烂,就会是作出一个"与卖方拥有货权不符的行动"而影响拒货的合法性。此外,这种行动也会是属于侵占卖方货物的侵权行为。所以,在市场价格没有下跌太大,而检查后的货物发现的不妥并不严重,再加上向 CIF/CFR 卖方取回支付了的货价会是不容易或需要时间,但又不能把回归的货物留置或转售给第三人以取回部分货价,买方可能就不拒货而选择把这一个违约作为是一个破坏保证条文将来索赔这一个货不对版的损失。这些问题都会在第四章涉及,以下只节录《Benjamin's Sale of Goods》(8th edn, 2010 年)之 19-183 段有关上述部分内容如下:"**Effect of rejection on property.** Where the buyer rejects the documents property will not normally pass to him; but where he accepts the documents and subsequently rejects the goods the property thereupon revests in the seller. Meanwhile, the buyer has what has been called a 'conditional property' in the goods, that is, a property subject to the 'condition subsequent' that it will 'revest if upon examination [the buyer] finds [the goods] to be not in accordance with the contract.' if the buyer, between accepting the documents and rejecting the goods, deals with the documents, he is taken to deal with this 'conditional property' and not with the seller's 'reversionary interest'. Thus such dealing is not an act 'inconsistent with the ownership of the seller' so as to amount to an acceptance; and, even if it were such a dealing, it would no longer amount to an acceptance unless the buyer had been given the requisite opportunity of examination. Of course the buyer cannot generally reject the goods unless he is able and willing to restore them to the seller. If the goods have been delivered to a third person in pursuance of a sale or pledge, this will no longer *ipso facto* deprive the buyer of his right to reject, but he will not in fact be able to exercise that right unless he can regain possession of the goods so as to be able to restore them to the seller."

11.4 货物已毁灭 CIF/CFR 买方是否仍要接收付运单证与支付货款?

也应该是十分明确的是在 CIF/CFR 卖方交出付运单证时,即使是买方已知悉货物已毁灭或船舶正在出现重大海难事故,只要付运单证没有不符点,买方仍要支付货款,完成这宗"单证买卖"(documentary sale)的交易。通常在"付款交单"(D/P)或是买方签署承兑汇票以将来支付货款,即"承兑交单"(Documents against Acceptance 或简称 D/A),买方以这种理由拒绝支付,会是明确的"毁约"(repudiation),将很快面对卖方的索赔全数的货价。买方只能在付运单证中的提单与保单寻找保护,如向承运人/船东或保险公司索赔金钱上损失(如好货与有损坏货物之间在抵达卸港交货的市场价格差别)。但无法做到的话仍会是买方的风险。这明确立场的先例,应已在本章多处与其他章节提及,Biddell Bros. v E. Clemens Horst Co. (1911) 1 KB 934; The "Galatia" (1980) 1 Lloyd's Rep 453 等。只介绍在 Manbre Saccharine Co. Ltd. v Corn Products Co Ltd (1919) 1 KB 198 先例,在卖方交出付运单证前船货已全损,买卖双方也知道这意外。McCardie 大法官说:"If, the vendor fulfils his contract by shipping the appropriate goods in the appropriate manner under a proper contract of carriage, and if he also obtains the proper documents for tender to the purchaser, I am unable to see how the rights or duties of either party are affected by the loss of ship or goods, or by knowledge of such loss by the vendor, prior to the actual tender of the documents ..."

另举著名的先例 The "Salem" (1982) 1 Lloyd's Rep 369,涉及船东把船上的 20 万吨价值高达 5600 万美元的科威特原油在去欧洲半途非法绕航去南非德班把船上的原油偷走并非法卖给当时实施种族隔离的南非政府。该票原油的买卖是科威特石油公司以 FOB 卖给 Pontoil,而 Pontoil 以 CIF 在航次半途卖给壳牌石油。他们都是善意的买卖方,但最后损失是落在壳牌石油,也就是最后的买方。而在壳牌石油要支付货款给 Pontoil 时,大家都已经知悉了船上原油被偷走,但壳牌石油还是作出支付。这与好人坏人无关,纯粹知道自已逃不掉支付的责任,因为海上运输以及船东违约的风险是在买方。之后,壳牌石油向南非政府交涉,因为他们买了属于壳牌石油的贼赃,并取回大部分的损失。而其余的损失,壳牌石油是向保险人提出索赔并导致了这一被报道的著名先例。这方面的细节,可节录 Mustill 大法官在第一审所说,如下:"Adding a little detail to this summary, it can be said that Pontoil had bought the cargo on f. o. b. terms from Kuwait Oil Co. They then declared the goods under an open cover written by the defendant and his fellow underwriters. After the cargo had been loaded at Mina al Ahmadi (hereafter abbreviated to 'Mina'), but before the vessel reached Durban, they resold the cargo on c. i. f. terms to Shell International Petroleum Co. Ltd. ('Shell'), the plaintiffs in the action. After the loss of the vessel had become known to both parties, Pontoil tendered to Shell the documents of title, including a certificate of insurance relating to the voyage cover. After some discussion, it was agreed that Shell would pay the full price of the goods and pursue the claim against underwriters. There is no dispute as to the right of Shell to bring the present proceedings, and to cover to the same extent and on the same basis, as if Pontoil had retained the documents and brought the claim themselves. ”

所以如果付运单证没有不符点,但“交单”(tender)时买方已知悉货物全损或部份损坏,买方只是买入一个“诉权”,买方也不能拒绝接收付运单证,不肯支付货款。理论上与实际上,买方可凭手中的一套付运单证向承运人/船东或保险人索赔,但会有个别例子是困难重重或索赔也无法把所有的损失要回来,例如:(1)像9.4.10小段所提的The “Galatia” (1980)1 Lloyd's Rep 453先例,明知船东在《海牙/海牙—维斯比规则》对火灾可免责。(2)沉没的船舶是属于单船公司,船东变了是光棍。试图对船壳保险人可能要赔付的全损作出“冻结令”(freezing injunction)又因为找不到资料去法院申请或是时间上太晚而徒劳无功。(3)船东倒闭不继续完成航次,卖方交出付运单证时买方已知悉船舶在半途港被扣与即将被法院拍卖。买方也在知道这种风险是保险人不会赔付的损失,向倒闭的船东索赔也肯定是徒劳无功。(4)即使有一切险的承保,发生货损货差也因为保险公司/保险人倒闭或扯皮而赔不到。(5)向承运人/船东索赔,提单规定要去一些莫名其妙的地方仲裁(如印尼仲裁)。(6)其他千变万化的困难,包括要面对的昂贵律师费用,毕竟在这种国际案件,水平差一点的律师都没办法胜任。而能够胜任与称职的律师都不会收费便宜。

可以说,买方在CIF/CFR卖方交单时,知悉货物全损或部份损坏,买方只是买入一个“诉权”,但能够在同时发觉这一套付运单证有不符点(即使是极轻微的不符),买方也就千万不要放过这一黄金机会,利用这一技术性的合法理由拒绝接收付运单证,让卖方自己行使这些诉权。

11.5 买方保留提单必须支付货款

这一点应是理所当然,买方如果在取得这一套付运单证,并在检查后发觉有不符点想拒绝接收付运单证与不作出支付,他必须从速退回这一套付运单证给卖方,否则会构成弃权或禁止翻供。毕竟,这会剥夺了卖方可尽快对这套付运单证作出修改不符点并重新交单的机会。这一点也在1979年《货物销售法》的Section 19 (3)有说明如下:“Where the seller of goods draws on the buyer for the price, and transmits the bill of exchange and bill of lading to the buyer together to secure acceptance or payment of the bill of exchange, the buyer is bound to return the bill of lading if he does not honor the bill of exchange, and if he wrongfully retains the bill of lading the property in the goods does not pass to him。”(即买方如果不支付货款,不承兑汇票,但又不退回提单给卖方,货权并不会因为买方持有这一份提单而获得货物的转让,货物所有权仍是在卖方)。

如果买卖合约下的支付货款办法不是如上述的托收(不论是D/P或是D/A),而是通过银行开出信用证,也是有同样的精神就是议付银行如果拒绝这一套付运单证就必须从速退还给受益人(卖方)。在UCP600,更是在Article 14(b)说明在5个银行天内必须把拒绝接收的付运单证不符点通知受益人,并让受益人前来取回:“A nominated bank acting on its nomination, a confirming bank, if any, and the issuing bank shall each have a maximum of five banking days following the day of presentation to determine if a presentation is complying. This period is not curtailed or otherwise affected by the occurrence on or after the date of presentation of any expiry date or last day for presentation.”

§12　划归通知/付运宣告

12.1　什么是划归通知/付运宣告?

介绍了CIF/CFR的单证买卖,以下去介绍与其他CIF/CFR买卖有关的一些重要方面。首先介绍的就是CIF/CFR卖方所作出的“划归通知”(notice of appropriation)或“付运宣告”(declaration of shipping)。可以说名称的不同并不重要主要还是看内容。这里的原因是由于付运责任是在卖方,所以买卖合约如果没有其他的条文如要求卖方在付运前作出通知或要求卖方把租用的船舶告诉买方并先取得批准,买方是根本不会知道有关的货物已经付运在某一艘船舶上。可以说直到卖方交出付运单证,特别是一套装船提单,买方才会知道货物已经装在某一艘船舶上。但交出付运单证在时间上可以是很晚,已经提到过经常会在船舶已经抵达卸港后。另是看CIF/CFR卖方,他如果是一个国际贸易商,他会是在同一个付运日期甚至在同一天,在装港付运好几批同样的货物在不同的船舶上。如把同样的美国小麦装在A轮、B轮与C轮。而卖方的手中也同时有货物品种(美国小麦)与数量相同的三个编号是E/F/G的CIF/CFR买卖合约,但涉及不同的买方。这一来,直到卖方说清楚A轮装的小麦就是给E的买卖合约,可以说该买卖合约的买方是不会知道,也不能坚持A轮装的小麦就是属于他的货物以及他要承担风险。如果不幸船舶在离开美湾装港后,很快就遇上海难事故而全损,CIF/CFR卖方才首次告诉E买卖合约的买方说这票货才是你的货物,恐怕买方也不会接受。而如果当时美国小麦的市场价格暴升,CIF/CFR卖方借A轮遇上海难作为借口分别通知E/F/G买卖合约的三个不同买方说该全损的货物就是你们的货物,岂非可以全部把付运的责任赖掉?然后,把已经装在B轮与C轮的美国小麦再去市场以高昂的价格转售给其他买方。

这里还可以考虑到CIF买卖下的卖方还有第二种履行合约的做法,就是去市场买进“浮动货物”(floating cargo),只要该船舶上的货物是完全符合买卖合约的要求,包括付运日期。虽然是这种做法在实际上并不多,正如Croom - Johnson大法官在The “Epaphus” (1987)2 Lloyd’s Rep 215先例中所说:“a sale afloat in a named ship is rare.”,但这毕竟是卖方的权利。这一来,没有划归通知的要求,岂非卖方更加容易把付运的责任赖掉。

所以就会有这一个划归通知或付运宣告的要求,直到 CIF/CFR 卖方作出了这一个通知或宣告,把他选择交付的货物与有关的船舶"锁死"(locking the goods into the contract),卖方是不能以某一艘船舶的海难事故作为合约受阻的理由,拒绝向买方交货。正如《Benjamin's Sale of Goods》(8th edn,2010 年)之 19-015 段所说:"Where the contract is for the sale of unascertained goods, the seller is bound to appropriate goods of the contract description to the contract. 'Appropriation' is used in several senses. Here we are not concerned with the 'proprietary' sense of the word (i. e. with the 'unconditional appropriation' which is required to pass the property in goods), but with its 'contractual' sense, i. e. with the appropriation by which a seller of unascertained goods binds himself contractually to deliver particular goods (or goods from a specified source), or the documents representing them."

划归通知或付运宣告对买方而言还有一个重要的作用,就是如果买方自己不是这票付运货物的最后收货人,而是准备转售,他就必须尽早知道有关的货物付运后是装在哪一艘船舶上,才能把这一票"浮动货物"(floating cargo)转售或向已经订立买卖合约的分买方作出划归通知。

本书也已经在很多地方谈到"一连串合约"(string contract)与"绕一圈子"(circle)的买卖,一艘特定船舶上的货物会变得是一连串买卖或绕一圈子的买卖,也是在作出划归通知以后才串的起来。

所以,划归通知或付运宣告在法律的定义可节录 Wait v Baker (1848) 2 Exch 1 先例中 Parke B 大法官所说:"... it may mean a selection on the part of the vendor, where he has the right to choose the article which he has to supply in performance of his contract..."

至于划归通知或付运宣告的作用是可以节录 The "Vladimir Ilich" (1975) 1 Lloyd's Rep 322 先例中,Donaldson 大法官是这样说:"The giving of a valid notice of appropriation narrows the contract to a particular parcel or parcels of goods being carried in a named vessel under a bill of lading of a given date. It may, but will not necessarily, convert the contract into one for specific goods, depending upon whether the bill of lading relates to an unseparated part of a larger bulk cargo."

另在 The "Playa Larga" (1983) 2 Lloyd's Rep 171 先例,上诉庭的 Ackner 大法官是这样说:"Although the contract for the sale of unascertained goods, this was converted by (卖方) appropriation into a sale of specific goods, namely those goods shipped on 'Marble Islands' (船名). Those goods became irrevocably 'locked into' the contract. Accordingly, once the documents had been validly rejected, any possibility of performing the contract for that quantity of goods was irretrievably lost to (卖方). (卖方) did not have the right to tender other documents in replacement of those rejected. Accordingly, it followed that even if the contract was frustrated before the time for shipment expired. (卖方) had condemned themselves to a short shipment of an amount equal to the quantity which they had shipped on Marble Islands."

12.2 划归通知/付运宣告的内容

划归通知通常就是买卖合约下明示条文的要求,例如在 GAFTA 100 就是在第 14 条文。这是一条很详尽的条文,从(a)到(i)小条,笔者只节录(a)与(b)小条针对划归通知的内容以及必须作出的最后期限,如下:"(a) Notice of appropriation shall state the vessel's name, the approximate weight shipped, and the date or the presumed date of the bill of lading. (b) The notice of appropriation shall within (i) 10 consecutive days if shipped from the US Gulf and/or US, and/or Canadian Atlantic/Lake Ports, (ii) 14 consecutive days if shipped from other port, from the date of bill of lading be served by or on behalf of the shipper direct on his buyers or on the selling agent or brokers named in the contract..."

另节录 FOSFA 24(针对美国/加拿大大豆的 CIF 买卖),其中第 11 条名为付运宣告的条文是如下:

"Notice stating ship's name, date of bill of lading and approximate quantity shipped shall be despatched by first sellers to their buyers not later than 7 days after the date of the bill of lading. Notices by intermediate sellers shall be accepted by their buyers although received by them after such time, if from the 7th day after the date of bill of lading such notice shall been passed on with due despatch. The date of the 'on board' bill of lading shall be considered proof of the date of shipment in the absence of conclusive evidence to the contrary. Notice shall be deemed to be under reserve for errors and/or delays in transmission. Any slight variation in the ship's name shall not invalidate the declaration. A valid declaration cannot be withdrawn except with the buyer's consent.

Should the ship arrive before receipt of declaration of shipment and extra expenses be incurred, such expenses are to be paid by sellers.

The provision of this clause to be inoperative if the goods have been sold afloat.

Presentation of documents does not constitute a notice under the terms of this clause."

针对石油产品的 CIF/CFR 买卖,也会有同样的划归通知,但看来在内容方面会比较简单。例如在 The "Marine Star" (1993) 1 Lloyd's Rep. 330 先例,它的有关条文是:"Nomination: Ships nomination to be given to buyers latest at the time vessel passes Gibraltar."除了简单外,也可以看到重点不一样,在 GAFTA/FOSFA 针对的是干散货,比较重视的是付运日期/提单日期。但在石油产品,看来买方就会比较关心船舶在什么时候抵达卸港,所以上述的划归通知是要求船舶经过直布罗陀海峡时发出。

12.3　CIF/CFR 卖方可否收回并作出另一个划归通知

这一个问题是涉及了法律的大原则，就是如果合约一方作出了一个“选择”(election)并且通知了对方，这就是“最终与有约束性”(final and binding)的。这方面是有无数的例子，如合约一方以口头或行动拒绝履行合约，无辜方一选择接受对方的违约，这就令合约马上终断。

在 CIF/CFR 买卖合约，如果有明示条文要求卖方准时作出划归通知，这是条件条文。如果卖方选择某一艘船舶付运的货物作出划归通知，问题就是他能否收回并作出另一个划归通知？这种争议会出现也是与有关货物的市场涨跌有关系，例如买卖的货物是 6 月份的美国玉米，CIF/CFR 卖方作出第一个划归通知是 A 轮，船上的货物是在6 月3 日在美湾港口付运。但该划归通知是根据 GAFTA 100 晚了向买方作出，是在6 月 14 日，这是已经超过了付运后的 10 天。由于当时市场价格下跌，买方拒绝该划归通知。但卖方随即作出第二个划归通知以替代原先的一个，通知是 B 轮的货物(这可能是从市场买进的浮动货物)，这票美国玉米是在6 月 10 日在美国港口付运，并且通知的时候还在限期内。问题就是买方要拒绝这第二个正确的划归通知的话，就会要根据其他的理由。

这在一个很早的先例 Borrowman Phillips and Co v Free & Hollis (1878)4 QBD 500，涉及了 CIF 卖方先给一个划归通知说是玉米的货物装在“Charles Platt”轮上，但由于卖方没有付运单证而被买方拒绝，这导致了卖方作出第二个划归通知说是货物装在“Maria D”轮上，但这也被买方拒绝。上诉庭判是买方违约，第一个有缺陷的划归通知并非是“不可撤销”(irrevocable)。这一个先例在著名的贵族院先例 The “Kanchenjunga” (1990)1 Lloyd's Rep 391 中被 Goff 勋爵解释如下：

“We can see these principles at work in the law of sale of goods. If goods are tendered which are not in conformity with the contract, the buyer is entitled to reject them. However, as is recognized by s. 11(2) of the 1979 Act(《货物销售法》), where a contract of the sale is subject to a condition to be fulfilled by the seller, the buyer may –

... elect to treat the breach of the condition as a breach of warranty...

Of course, if the buyer rejects the goods as not conforming with the contract, and the time for delivery has expired, the buyer can without more sue the seller for damages for non – delivery. If the time for delivery has not yet expired, the seller is still entitled to make a fresh tender which conforms with the contract, in which event the buyer is bound to accept the goods so tendered: see Borrowman Phillips & Co v Free& Hollis, (1878)4 QBD 500. If the buyer elects to accept the non – contractual goods, he is bound by his election and is limited to his right of action for damages for breach of warranty, the exercise of that right being consistent with his having waived his right to reject his goods: see s. 11(4) of the 1979 Act.”

这一个问题再接下去要介绍的 Gertreide Import Gesellschaft mbH v Itoh & Co

(America) Inc (1979) 1 Lloyd's Rep 592 先例，该美国大豆的 CIF 买卖合约是根据 FOSFA 24 标准格式，其中有关付运宣告的条文较早已节录。它是要求在提单日期，也就是付运的一天后的 7 天内必须由第一个卖方向买方作出付运宣告。但如果涉及一连串买卖合约，后来的卖方就没有办法在同样期限内向下一个买方作出宣告。所以该条文只是要求夹在中间的卖方在一收到付运宣告后"尽快"(with due despatch)转告下一个买方。在该先例，卖方是一连串合约中第 8 个卖方，他在收到"Fernlane"轮的付运宣告后延误了好几天才转告下一个买方。这一个迟来的付运宣告被买方所拒绝，这导致了卖方作出第二个付运宣告，是装在"Constance"轮上的货物，这宣告是及时，但买方拒绝卖方有第二次宣告的权利。

Donaldson 大法官判是买方违约说：

"The answer to this contention is that a valid declaration of shipment only appropriates goods to a contract, and so modifies the rights and obligations of the parties to that contract, if it is applied to that contract by a valid notice. Any attempt to apply it by a stale notice is as ineffective as the tender of goods without the shipping documents such a tender leaves the seller free to make a fresh tender of different goods with the shipping documents.

In fact, I think that there is another answer. This is that the buyers are in error in regarding the notice as something distinct from the declaration of shipment. In truth, the notice is the declaration of shipment quoad the contract between these sellers and these buyers. It follows that the buyers cannot both maintain that it is a valid declaration of shipment which cannot be withdraw without their consent and an invalid one because it was sent to them out of time.

What this case is really about is an unforeseen fall in the market price from US $391 to US $280.5 per ton. The buyers' arguments have neither commercial nor legal merit.

I answer the question stated in the award by holding that the buyers are liable in damages to the sellers."

注意是在 GAFTA 100 的划归通知与 FOSFA 24 的付运宣告中，都有说明有效的划归通知是不能收回。其中 GAFTA 100 是在 10(h)说："When a valid notice of appropriation has been received by the buyers, it shall not be withdrawn except with their consent."但这个明示条文只是针对有效的划归通知，而针对无效或有缺陷的划归通知，英国法律地位看来是只要时间上来得及，卖方可以作出另一个有效的划归通知。

可进一步对 Gertreide v Itoh 先例作介绍。该案例中，涉及多次的海上买卖/转售，货物是美国大豆"CIF Rotterdam"。在该买卖合约(FOSFA form 24 标准格式)有第 10 条文说："**Declaration of shipment**: Notice stating ship's name, date of bills of lading and approximate quantity shipped shall be dispatched by first sellers to their buyers not later than 7 days from date of bills of lading. Notices by intermediate sellers shall be accepted by their buyers although received by them after such time if from the 7th day from the date of bills of lading such notices have been passed on with due despatch... ”

这条文显示:(1)这同一票货物买卖会有多次转售,所以条文要针对中间商。(2)CIF 下的付运单证买卖先要卖方给付运宣告,否则无法知道将来卖方交出的是什么付运单证,例如提单上付运的船名是什么。(3)这付运宣告要在提单签发后的 7 天内,但这只是适用于第一手卖方与买方之间。(4)以后的中间商卖方只要他“从速”(due despatch)把他上一手卖方给的付运宣告转告给买方即可。

在该案例的卖方(Itoh),已是第八手的买/卖方,1977 年 6 月 10 日收到了上一手卖方通知是大豆装运在“Fernlane”轮,提单日期是 6 月 1 日。可见,Itoh 收到付运宣告已是过了提单签发后 7 天。但这无所谓,因为 Itoh 已是第八手买/卖方。

当时,Itoh 可选择两种做法其中一种。一是把该票货物留待已用,到时候去卸港提取货物。二是如果另有买方,Itoh 也想把这票货物划归给他,则要照着第 10 条文的措辞下“从速”给予买方同样的付运宣告。

但估计 Itoh 考虑太久或想拖延去取巧,在 5 天后(6 月 15 日)才转告买方的 Gertreide。买方可能因市场价格下跌也就不要这套付运单证/这票货物了。

但 Itoh 随即在 6 月 23 日作出另一付运宣告,是另一艘船舶名为“Constance”轮,提单日期是 6 月 17 日。这是第一手买卖,但付运宣告是在提单签发 7 天内。

买方也拒绝接受该第二个付运宣告与“Constance”轮的一套付运单证。但法院判买方败诉,因为:(1)关于“Fernlane”轮的付运宣告既是“过时”(stale)而无效、是空的,等于未曾发生过这件事。(2)故此 Itoh 在“Constance”轮付运后首次发出付运宣告,样样都符合买卖合约,包括最后付运日期、通知日期、交单日期等,买方无权拒绝。

在这一小段最后要提的是有订约自由,故此 CIF 卖方除了在买卖合约订下一个宽松的交单期限外,也可像 UCP600 的说明买方要“从速”退回付运单证,指出所有不符点等。当然,若能把这期限清楚表明,如 7 天或 5 个银行工作天,这会减少有关“从速”包含多少时间的争议,而期限长短会以谈判力量及实际情况来定。

12.4　难去肯定 CIF/CFR 卖方违约的时间

由于 CIF/CFR 买卖,卖方是可以选择自已付运有关货物(这包括租入船舶)或买入其他第三人付运的货物(包括已经装船的浮动货物),然后交出有关付运单证给买方就已经是履行了他的付运责任。这就带来一个困难就是买方没有办法肯定卖方是在哪一天算违约,因为即使是买卖合约中的付运日期已经届满,也不代表卖方不能在市场购买已经装船的浮动货物。所以买方要指卖方违约,仅是证明他没有在付运日期作出付运,还要证明卖方没有办法在市场买入已经装船的同样货物,并划归给这一个买卖合约。这几乎是没有办法能成功举证,即使买入浮动货物本来就是很少会成事。这里的困难可节录 Michael Bridge 教授的《The International Sale of Goods》(2nd edn,2007 年)之 4.55 段:“**Third party shipper** Since timely shipment is a condition of the contract, it should follow that the buyer is entitled to terminate the contract as soon as the shipment period expired without the goods being shipped. This way of putting the matter exposes an acute difficulty. Unless otherwise agreed, the CIF seller is not obliged to be the shipper of the goods but may adopt someone else's shipment. This means that such a seller will not be late until a point is reached when he may no longer adopt a shipment. In principle, this will be when there is no exact cargo can be appropriated timeously to the contract, an almost unknowable fact. Whether a cargo can be timeously appropriated depends upon the length of the sales string and upon the availability of unappropriated cargo. The awkward outcome is that a CIF buyer entitled to terminate for late shipment will often not know with precision when the right arises. In practice, CIF buyers will have to wait until the seller commits another discharging breach, such as a repudiation or a tender of bad documents. ”

如果买方在没有办法肯定卖方已经是过了最后能够履行合约的一天就向卖方作出违约通知与终断买卖合约，事后被认为是条件还没成熟，就会变了是买方的违约（除非能够证明在余下的日子卖方肯定没有办法买入浮动货物或履行交付货物，因为“不可能”[impossibility]会是预期违约，但这显然也是很困难的事）。而如果买方不能肯定卖方已经违约，只是心里明知道卖方不会履行合约提供货物，如市场价格暴升，就导致买方不能及时减少损失，如从速买入替代货物。这种情况出现在 Gulf Agri Trade v Aston Agro Industrial (2008)2 Lloyd's Rep 376 先例，涉及了买方以为在付运日期已经届满（实际上搞错了日子）向卖方作出一个违约通知，这被判是买方违约。在买方作出违约通知后，该先例的卖方自己也不警觉付运日期其实还没有届满，但认为他还有时间可以买入浮动货物，所以向买方回应说：“As you know we are entitled to buy goods afloat and are not obliged to ship them ourselves. The mere fact that the shipment period has passed without an extension being requested does not mean that we are in default. Under GAFTA's 48 Clause 24(f)(sic) we can only be deemed to be in default on the seventh business day following the end of the shipment period. This period has not yet expired. Your Notice of Termination is therefore premature and – as such – is a repudiatory breach of contract. We accept your repudiatory breach and consider the contract at an end. We will notify you with details of our damages shortly. All rights reserved. ”

这就表示为了肯定，买方在 CIF/CFR 买卖合约尽可能加入一条明示条文，把最后作出“划归通知”(appropriation notice)或“付运宣告”(declaration of shipment)或“指定船舶”(nomination of vessel)等的期限明确下来。这就可以在最后的一天届满卖方还没有作出通知或宣告，买方就能肯定卖方已经违约。这种条文在一些拟定得比较仔细的 CIF/CFR 买卖标准格式合约都会有，如在食糖买卖的 The Refined Sugar Association Rules 就有一条：“The sellers shall declare without undue delay the approximate quantity shipped and the name/s of the vessel/s by which shipment has been effected. ”

或甚至在个别合约中的条文说明是“船舶开航后尽快”(as soon as possible after vessel's sailing)：The “Post Chaser” (1981)2 Lloyd's Rep 695。

至于在 GAFTA 100,第 10 条文针对划归更加是明确了日期,就是在美湾,美国东岸与大湖的装港付运的 10 天内,但在太平洋装港付运就在 14 天内,这些期限都是从提单日期算起。

至于在 FOSFA 24,第 11 条文针对付运宣告是要求卖方在提单日期后的 7 天内必须作出宣告。针对浮动货物,反正也是要在期限内作出宣告。

这些最后期限作出划归通知的有关条文也会针对了中间商的划归通知,因为中间商在收到上一个卖方的划归通知,就会是期限最后的一天,即使第一位中间商还来得及把通知转给下一个买方,下一个买方还是几乎可以肯定来不及转告他的买方。考虑到一连串的买卖会涉及数以十个以上的中间商,他们的买卖都会采用同样的标准格式,如 GAFTA 或是 FOSFA,唯一不同的往往只是在合约货物价格方面,就可以几乎肯定在后来的中间商向他们的买方作出划归通知是赶不及在原来的限期内。所以在这些标准格式合约,都会另有条文针对中间商对他们的买方作出划归通知只需要是"尽快"。其中在 FOSFA 24 的标准格式中第 11 条文的一句是:"Notice by intermediate sellers shall be accepted by their buyers although received by them after such time, if from the 7th day after the date of the bill of lading such notices have been passed on with due despatch."

如果划归通知只是要求尽快,就要根据每一个不同的案件看到底是否有尽快或是卖方没有合理解释发生的延误。例如在 The "Post Chaser" (1981) 2 Lloyd's Rep 695 先例,涉及了马来西亚棕油的 CIF 买卖,付运日期是 12 月。该案例中的卖方从他的卖方获得的划归通知或付运宣告是在 12 月 16 日。但买方多次催促后卖方还是直至次年 1 月 10 日才向买方作出划归通知,这是非常明确的延误或违反尽快地作出划归通知的明示要求。

对作为国际贸易商的买方而言,划归通知或付运宣告通常是越早作出就越好,这可以给他多一点时间处理这票货物,如分售/转售。还有一个危险是延误作出通知或宣告,也就是不说定某一艘船舶上付运的货物是归哪一份买卖合约,卖方有机会取巧,因为作为国际贸易商的卖方经常在同一个时间手中有几个买卖合约都涉及同样的货物需要履行与作出划归。这种取巧可以举一个简单的例子,就是 A 手中有两个同样的 CIF 买卖合约,其中 B1 作为买方的价格是 220 美元/吨,而另一个 B2 的买方的价格是 235 美元/吨。A 从他的卖方 X 收到划归通知,而这一票货的价格与 X 的买卖合约是 200 美元/吨。这一来 A 延误向 B1 或者 B2 转告 X 的划归通知是应该不会有什么好处。因为当时市场价格如果是 240 美元/吨,A 把划归通知转告给 B1,就可以从中赚取差价 20 美元/吨。但 A 要从市场买进替代货物或浮动货物履行对 B2 的买卖合约,这方面是要亏损 5 美元/吨。反正 A 是从中可以赚取 15 美元/吨。如果 A 改为把 X 的划归通知转告 B2,计算出来的结果也是一样,就是 A 只可以赚取 15 美元/吨。而且市场不论是升(如从 240 美元/吨升到 250 美元/吨)还是跌,结果都会是一样。这样看来,划归通知的延误或最后决定划归给哪一个买方应该是没有什么可以取巧。

但如果换了一点细节，延误作出划归通知就会有取巧的机会。例如A与B1的买卖合约付运日期是“6月份”，但与B2的付运日期是“6月/7月”。这一来就使A在一票B2的划归通知有延误的空间。而市场的走势通常是很难抓得准，但在一个非常短期内，还是比较容易掌握的。这一来，假设上述所讲的货物价格是完全一样，A是在6月底从X收到划归通知，当时的市场价格是240美元/吨，但A估计多等几天市场价格有机会下跌，他就可以延误作出划归通知，直到这一个走势比较肯定。A也可以在肯定后把来自X的划归通知转告给B1（因为市场价格还在下跌，但对B1作出划归通知的最后期限将届满）。针对B2的买方，由于在时间上还可以等待，A可以进一步等待如市场价格下跌至220美元才买入替代货物或浮动货物划归给B2，并多赚15美元/吨。也会是A的估计市场走势错误，A可以在肯定市场价格会继续上涨后，把来自X的划归通知转告给B2（因为B2的合约价格高，可以赚更大的差价），但不履行B1的买卖合约。这会在损失赔偿计算按照1979年《货物销售法》的规定，也就是买卖合约如果有付运日期，就是在卖方应该交付或付运货物的一天的市场差价为准，在这里举的例子应该就是6月30日，这一天的市场价格往往不是最高市场价格的一天。这一个损失赔偿计算可看本书第八章5.1.8.1段，不去重复。

§13　CIF买方除货款外要承担的其他费用

在CIF买卖，除了货款（这货款已包括了保费与运费），买方另要承担的其他费用经常见到的会有以下。

13.1　滞期费

这一个重要课题在本书第九章有详论，不去重复。在CIF/CFR买卖，如果涉及租船的运输（这在大宗货商品买卖是极有可能），一个拟定全面的买卖合约总会有条文针对卸货时间与滞期费。这是卖方为了保障自己在将来付运时去市场租船，船东会坚持在一定时间内装卸完毕，否则要支付每天多少滞期费。在装港，是CIF/CFR卖方自理，与买方无关。但在卸港，卖方控制不了也与他无关。但如果买方不赶紧卸货，对船舶造成大笔滞期费，船东事后向卖方（也是承租人）索赔就会令卖方蒙受损失。为了避免，卖方一种常见做法是先一步在买卖合约合并了尚未成立的租约的有关卸货时间及滞期费条文，措辞上会是如：“discharge lay – time and demurrage as per charter – party”，或是“discharge demurrage payable as indicated in the charter – party”等。这种是被称为“补偿性质”（indemnity code）的条文。当然，在这种措辞/文字下，如果后来卖方在租约并没有支付滞期费的合约责任，则买方不必“补偿”任何不存在的费用。这会是卖方以CQD（customary quick despatch）租入有关船舶。或是更有可能，卖方以“航次期租”方式（TCT）租入有关船舶：Malozzi v Carapelli S. P. A（1976）1

Lloyd's Rep 407。

由于 CIF/CFR 卖方在近年来经常会以"航次期租"(TCT)方式租船(会有部分船东喜欢期租,而不愿意程租),所以导致不少买卖合约,卸货时间及滞期费条文是称为"独立性质"(independent code)的条文。也就是,买卖合约下的卸货时间与滞期费的计算与租约无关,各自有不同的计算,虽然在卸货作业中的事实是一致(通常可以参考卸港的"事实记录"[statement of fact])。独立计算,对水平高的卖方更加会有机会从租约下的滞期费或租金与买卖合约下的滞期费差价中赚取利润。

13.2 卸货费用

这通常是 CIF/CFR 买方自己要承担,除非是像本章 5.1 小段所提及的 Seng v Glencore Grain (1996)1 Lloyd's Rep 398 先例,在买卖合约订明是"班轮卸货"(liner discharge)。

这一点在《Benjamin's Sale of Goods》(8th edn,2010 年)之 21 - 020 段也有说明如下:"**Landing Charges**. Under a c. i. f contract these must, unless the contract otherwise provides,[2] be borne by the buyer;[3] but under an ex ship or delivery at destination contract they have to be borne by the seller, in accordance with the normal rules relating to the expenses of delivery."

13.3 出口税/进口税

在国际货物买卖合约没有另外规定下,出口税是卖方承担,毕竟是卖方要支付后才能把货物付运去外国,取得一套付运单证:Produce Brokers New Company (1924) Ltd v British Italian Trading Co Ltd (1952)1 Lloyd's Rep 379。

同样道理,在目的地/卸港进口税是买方承担。这进出口税的分摊也是在 Incoterms 2010 的说法。如果买卖合约另订明,也要是清楚明确才能改变这普通法(或如有合并,Incoterms)的地位。例如在 American Commerce Co Ltd v Frederick Boehm Ltd (1919)35 TLR 224 的先例,付运去英国的货物(名为 saccharine)约定了货物价格是"CIF 价格加上支付了税务"(CIF duty paid)。但订约一天与真正付运进口一天,英国提高了这种货物的进口税。法院判"duty paid"措辞只针对订立买卖合约一天,而以后有所提高,仍是要买方自己承担。

13.4 其他费用

这会是买卖双方订立买卖合约时预见会有什么其他费用在这一个买卖或海上运输中会产生,然后说明由谁承担。例如,在 Henry (D. I.) Ltd v Clasen (1973)1 Lloyd's

---

[2] 例如,请看 Ceval International Ltd v. Cefetra BV (1996)1 Lloyd's Rep 464。在该案例,买卖双方同意用船边为标准分摊卸货费用,所以不需买方承担全部费用。有关条文是:"Discharge shall be as fast as the vessel can deliver... The cost of discharge from hold to ship's rail shall be for sellers account, from ship's rail overboard for buyers account..."

[3] 请看 Re Denbigh Cowan & Co. and R. Atcherley & Co (1921)90 L. J. K. B. 836 先例,第 841 页。

Rep 159 先例的有关条文说："Cape surcharge applied by conference vessels for buyer's account"。如有争议去解释它会纯是看条文的措辞/文字。

§14 有改动 CIF 买卖

在本章所介绍的 CIF 买卖特征，特别有关它是"单证买卖"(documentary sale)，有关货物的"财产权"(property)是在卖方交出付运单证以交换买方支付货款的时候才会转移给买方，另有关货物的海上运输风险是在买方头上，以及卖方不负责在卸港的交货与承运人/船东是否履行海上运输合约(除了有一个默示责任不得以承租人的身份干预海上运输合约的履行：Cremer v Brinkers' [1980] 2 Lloyd's Rep 605)等。这种 CIF 买卖可被称为是"正统 CIF"(classic CIF)。但在订约自由下，经常有各式各样的条文会把一个 CIF 买卖合约作出改动，导致了该买卖失去了部分的特征，这种买卖合约可被称为是"有改动 CIF 买卖"(modified CIF 或 CIF with variation)。如果双方有了争议，对有关的买卖合约还是需要作出全面解释，不能局限在它的名称或是标的为 CIF，就不理会有关合约其他有针对性的条文。这导致了会有情况是名为 CIF 的买卖合约最后被认定为更加接近是一个 FOB 买卖：The Parchim (1918) AC 157。这方面可节录在 The "Albazero" (1975) 2 Lloyd's Rep 295 先例，上诉庭的 Roskill 大法官所说："It is a trite observation that what is sometimes called a true f. o. b or a true c. i. f. contract is a comparative commercial rarity. Contracts vary infinitely according to the wishes of the parties to them. Though a contract may include the letters f. o. b. or c. i. f. amongst its terms, it may well be that other terms of the contract clearly show that the use of those letters is intended to do no more than show where the incidence of liability for freight or insurance will lie as between buyer and seller but is not to denote the mode of performance of the seller's obligations to the buyer or of the buyer's obligations to the seller. In other cases, though the letters c. i. f. are used, other terms of the contract may show that the property is intended to pass on the shipment and not upon tender of and payment against the documents so tendered or though the letters f. o. b. are used, other terms may show that the property was not intended to pass on shipment but upon tender and payment, the seller by the form in which he took the bill of lading intending to reserve his right of disposal of the property until he was paid against the shipping documents."

经常会出现有改动是把一个 CIF 买卖变成"岸上交货买卖"(on shore delivery sale)。这种案例很多包括在本章多处提到的 The "Julia" (1949) 82 Ll. L. Rep 270。又或在 Karinjee Jivanjee & Co v William F Malcolm & Co (1926) 25 Ll. L. Rep 28，这是一个 CIF 买卖，但另外有一条条文说："should the goods or any portion thereof not arrive from loss of vessel or other unavoidable cause, this contract to be void."

另可介绍 The "Usedom" (1931) 39 Ll. L. Rep 257 先例,这一个 CIF 买卖有条文针对支付是说:"PAYMENT: Buyers to pay 98 per cent of provisional invoice amount in exchange for shipping documents and/or approved delivery order on arrival of steamer in Hull. Balance to be paid or refunded as soon as possible after delivered weight is ascertained."另有特定条文说:"Buyers guarantee to take delivery with customary quick despatch. The steamer to pump into buyers' tank barges at sellers' expense."有关货物的亚麻籽油在卸港从卖方的船舶卸下去买方的驳船时发生事故,导致了相当一部分的货物流失,而双方的争议就是谁的风险?如果按照一个正统 CIF 买卖的解释,这风险显然是在买方。但买方的争议是有关条文已经导致了买卖合约本质上是一个岸上交货买卖,卖方有责任把货物安全卸下去买方的驳船。法院和仲裁庭是判买方胜诉。

接下去介绍是在 The "Gabbiano" (1940) P 166 先例,它有另一条条文说明货物在海上运输全损或船舶不能在卸港交货,有关货物就"从合约货量中扣除"(written off the contract quantity)。这被接受是与 CIF 买卖的特征不一样,法院判是属于有改动 CIF 买卖。

再接下去介绍是 Gardano and Giampieri v Greek Petroleum George Mamidakis and Co (1962) 1 WLR 40 先例,买卖合约说明是一个煤油的 CFR 买卖。但法院不同意,因为交货是在目的地/卸港的卖方油库,而且另有条文说明在付运日期间货物的蒸发超过了一个百分比是要卖方负责,这与 CIF/CFR 买卖的风险分摊不一致。

这种例子很多,在本书第六章的 4.4 段也介绍了各种试图改变海上运输的风险的情况,要卖方承担。其中一种常见情况会导致一个正统 CIF 买卖变为是已改动 CIF 是在货款支付条文,这在 The "Usedom"先例已经可以看到,它提到余下的货款是根据"交货重量"(delivered weight)确定了之后来支付或者退还,这被法院判是实际交货量而不是根据付运单证的"名义交货量"(notional deliver weight)。另在 Dupont v British South Africa Co (1901) 18 TLR 24 先例,这一个 CIF 买卖约定一半的货价是付运时支付,但另一半是要货物在卸港交给买方后支付。法院判后一半的货款是要货物安全抵达卸港才有的支付,这表示这部分的运输风险是在卖方。

这种案例也可见美国的 Cundill v AW Milhauser Corporation 275 NY. 416; 178 NE. 690 (1931),该 CIF 买卖合约的相关条文说:"Payment - Net cash against shipping documents payable upon arrival of steamer... No arrival - No sale."

美国上诉庭判这样的措辞下该买卖合约非是 CIF 做法。Hubbs 大法官说:

"Postponement of the time of payment alone would not prevent the contract from being a true CIF contract, as provision for future payment of the price would not affect the vesting of title. Here, however, was more than a postponement of time of payment of the price and in effect an agreement that shipping documents were not to be forwarded but to be presented after arrival of steamer, manifesting an agreement that if the steamer did not arrive, no payments were to be made and clearly indicating that the risk of the voyage was on the seller. So also the words ‘No arrival – No sale’ are repugnant to the idea of a CIF contract...

The letter CIF in the contract created an inference that the instrument was in fact a CIF contract. The express terms of the contract were however, utterly inconsistent with such inference. The express terms must prevail, and the letters CIF must be limited and applied to the price and not to the passing of title."

要说明的是如果 CIF 买卖合约针对货款支付是在货物抵达卸港后，但没有改变 CIF 买卖针对海上运输风险的分摊是在买方，这不影响它本质上属于 CIF 买卖。至于有关条文到底是否只延迟支付货款的时间或实际上是要求货物安全抵达卸港才需要买方做出支付（后者情况改变了风险的分摊），就要根据每一个不同条文的措辞/文字作出解释。例如在 Toepfer v Lenersan (1980) 1 Lloyd's Rep 143 先例，有关条文如下："Payment: net cash against documents and/or delivery order on arrival of the vessel at port of discharge but not later than 20 days after date of Bill of Lading by telegraphic transfer, cable charges for buyer's account."

这样的措辞，明显货物海上运输的风险是在买方，双方买卖的也只是这套 CIF 的付运单证。只是在付款方面是在船舶抵达卸港，而如果抵达不了，这条文已有针对就是提单日期后的 20 天作出支付。所以，如果装港卸港是 10 天航程，船货半途全损，买方支付货款往往是在同一天的提单日期与离开装港的 20 天后。

但如果该条文在措辞上只是说付款是在船舶抵达卸港而不提及提单日期后的 20 天，则船货半途全损下永远抵达不了卸港就会导致了争议是买方不需要作出支付。如果更明确订明支付货款是以船舶与货物抵达卸港为先决条件，这一来，会是与正统 CIF 的做法有基本冲突。因为是：(a) 海上运输风险变为是仍在卖方，卖方要为这运输风险另作出投保了。(b) 这不再是单证买卖，而变为实物（货物）买卖。

更加不会令一个 CIF/CFR 买卖的特征被改动的支付货款条文是在 The "Intan 6 V. 360A SN" (2003) 2 Lloyd's Rep 700 先例，它的第 11 条文是说明船货不论在付运宣告前或后发生全损，买方还是要做出支付。有关措辞如下："LOSS OF SHIP: Should the ship or ships and the goods thereon which apply to this contract be lost, whether before or after declaration, sellers shall tender complete set of shipping documents to buyers as soon as fairly practicable after the loss is ascertained and buyers shall pay cash in exchange for such documents, in order, within 14 days after presentation..."

从上述所见，已改动 CIF/CFR 买卖通常会导致卖方要承担全部或部分海上运输风险，也就是货损货差。这一来，卖方如果自己没有为这种损失投保，就会存在想向承运人/船东提出索赔，特别是有关的货损货差明显是来自他们的违约，如不适航或不合理绕航所导致。如果卖方也就是承租人，他可以根据租约向承运人/船东提出索赔这部分的损失。但由于 CIF 买卖经常涉及一连串买卖，蒙受损失的卖方不一定就是有关船舶的承租人。这一来，卖方要根据其他诉因向船舶提出索赔。但由于他不是提单持有人，有关货物的财产权也在交出付运单证的时候转让给了买方，会是困难重重。除非有关的货物发生全损,买方再也不需要这一套装船提单,愿意退还给卖方向承运人/船东提出索赔。但在货物发生部分货损货差,买方需要这一套装船提单,卖方的困难会很大。这方面带来复杂的问题可节录《Benjamin's Sale of Goods》(8th edn,2010 年)之 19-096 段所说:"**C. i. f. contract with 'variations'.** Problems similar to those discussed in paragraph 19-095 above could arise if the seller, for some reason other than the buyer's rejection of the bill, had an interest in enforcing the contract of carriage against the carrier: for example, if the contract of sale were a 'c. i. f. contract with variations' under which the amount payable to him by the buyer depended on the quantity of goods which arrived at the destination specified in the contract of sale, or under which the sale contract was to become void if the ship carrying the goods were lost en route to that destination. Such provisions in effect leave the risk of loss with the seller (contrary to the general rule that risk passes on or as from shipment); and the seller may wish to hold the carrier liable for the loss that he thus has to bear. He will not be able to assert his claim in tort for negligence of property has passed to the buyer before the loss, typically on payment against documents; and a claim in bailment will be, to say the least, problematical since the bill of lading, in the case put, will be in the buyer's name as shipper and hence acknowledge receipt of the goods from the buyer, making him (rather than the seller) the bailor, even though the actual delivery of the goods to the carrier may have been made by the seller. The seller may therefore wish to make his claim in contract and he would have considerable difficulty in making good such a claim under the 1992 Act (这是指 1855 年《提单法》被 1992 年《英国海上运输法》所替代的立法) if only part of the goods had been lost, for in such a case the buyer would be likely to retain the bill or to have surrendered it to the carrier when claiming delivery of the (remaining) goods, so that the seller would not be the 'lawful holder' of it within sections 2(1) and 5(2). But the contract of carriage would nevertheless be contained in or evidenced by a bill of lading and so fall within the subsection 6(5) exception to the 1999 Act, so that the seller would have no claim under that Act, even if he could satisfy the requirements of its section 1(3) by arguing that he was a member of a class expressly identified in the bill by virtue of the words 'or order' (or similar expressions). One further possibility would be for the seller to argue that an implied contract arose when he presented, and the carrier accepted, the goods for loading. This possibility is further discussed in paragraph 19-098 below. Here it suffices to say that such an implied contract would not fall within the subsection 6(5) exception. If the seller cannot establish any such implied contract (for example, because he cannot prove the requisite contractual intention on the part of the carrier), then the seller's best course would be to induce the buyer to make a claim against the carrier under section 2(4) of the 1992 Act, though it is an open question whether the seller would have an 'interest or right in relation to goods' (within that subsection) merely because they were at his risk. If this question were answered in the negative, the seller would have no remedy either under the 1992 Act or under the 1999 Act. His position could be more favourable if the goods had been wholly destroyed as a result of the carrier's breach. In such a case, the buyer would have no interest in retaining the bill of lading and might well be willing to transfer it to the seller, making him its lawful holder and thus giving him rights of suit under section 2(1) of the 1992 Act. Since there would have been no delivery of the goods to the person entitled to them, it is submitted that the bill would not (at the time of transfer) have been a 'spent' bill so that the seller would have a right of action on the bill even though the case did not fall within either if the two exceptions, stated in section 2(2) of the 1992 Act, to the general rule that no such rights are transferred to the holder of a 'spent' bill. The result would be that the seller's rights would not be subject to the restrictions imposed by the 1999 Act on the rights of the third parties arising under it."

这方面进一步的探讨,有兴趣的读者也可以看杨良宜先生所著的《提单及其他付运单证》一书。

第三章　FOB 买卖

§1　先例对 FOB 的权威定义

"装运港船上交货"(Free on Board,简称 FOB)应该对很多做外贸的人士都是十分熟悉了,因为这种买卖的做法已经有悠久的历史。反正是,可先将一些权威及著名的定义先节录如下:

(1)在 J. Raymond Wilson & Co Ltd v. N. Scratchard Ltd (1944)77 Ll. L. Rep 373 先例,Caldcote 勋爵说:"for a long time,certainly more than one hundred years,(FOB)had a well – known meaning,and if a party sells goods 'free on board',the meaning is that he has to put the goods on board and to pay the expense of doing so,and delivery is made and the goods are at the risk of the buyer when they are on board,the expense having been paid by the seller."(很长时间,肯定已经超过一百年,FOB 买卖有一个众所周知的意思,就是如果卖方以这种做法出售货物,他需要把有关的货物装到一艘船舶上,并支付有关费用,这就交出了货物而且货物在之后的风险是在买方头上。)

(2)在 Pyrene Co Ltd v Scindia Navigation Co Ltd (1954)1 Lloyd's Rep 321 先例,Devlin 大法官说的名言是:"The FOB contract has become a flexible instrument. In. . the classic type. . . for example in Whimble,Sons & Co Ltd v. Rosenberg & Sons (1913)3 KB 743,the buyer's duty is to nominate the ship,and the seller's to put the goods on board for account of the buyer and procure a bill of lading in terms usual in the trade. In such a case the seller is directly a party to the contract of carriage at least until he takes out the bill of lading in the buyer's name. Probably the classic type is based on the assumption that the ship nominated will be willing to load any goods brought down to the berth or at least those of which she is notified. Under present conditions,when space often has to be booked well in advance, the contract of carriage comes into existence at an earlier point of time. Sometimes the seller is asked to make the necessary arrangements;and the contract may then provide for his taking the bill of lading in his own name and obtaining payment against the transfer,as in a CIF contract. Sometimes the buyer engages his own forwarding agent at the port of loading to book space and to procure the bill of lading;if freight has to be paid in advance this method may be the most convenient. In such a case the seller discharges his duty by putting the goods on board, getting the mate's receipt and handing it to the forwarding agent to enable him to obtain the bill of lading."(FOB 买卖变了是一种非常有弹性的做法,所以也很难给一个准确的定义。在正统的做法,是买方的责任去指定一艘船舶,然后卖方把货物装到船舶上并取得一份提单。在这种情况下,卖方是海上运输合约的当事人,至少直到他取得一份提单是以买方的名义。估计在更早的年代,正统的做法是依据被买方指定的船舶是愿意装运任何的货物,只要卖方把货物拉到船旁。但后来,海上运输合约通常是需要预先订立合约,如向船公司订舱位。另一种做法或是第二种做法是卖方被要求作出有关运输的安排,这就需要卖方以他的名义取得一份提单,并在作出支付货款的时候转移给买方,做法好像 CIF 买卖。第三种做法是买方在装港委任自己的货代向船公司订舱位并取得一份提单,这在船公司要求预付运费的情况下是最方便的做法。在这种情况下,卖方只要把货物装到船舶上,取得一份大副收据并交出给买方的货代,让买方向船东交换一份提单,就完成了卖方的责任。)(这一个先例所指的三种 FOB 买卖做法已经过时,当时也不会涉及大宗货的商品买卖,请看下面的 The "El Amria" and The "El Minia"先例的中文解释。)

(3)在 The "El Amria" and The "El Minia" (1982)2 Lloyd's Rep 28 的先例,Donaldson 大法官说:"In Pyrene Co Ltd v. Scindia Navigation Co Ltd., Devlin J. instanced three types of FOB contract... In the first, or classic type, the buyer nominated the ship and the seller put the goods on board for the account of the buyer, procuring a bill of lading. The seller was a party to the contract of carriage and if he had taken the bill of lading to his order, the only contract of carriage to which the buyer could become party was that contained in or evidenced by the bill of lading which was endorsed to him by the seller. The second is a variant of the first, in that the seller arranges for the ship to come on the berth, but the legal incidents are the same. The third is where the seller puts the goods on board, takes a mate's receipt and gives this to the buyer or his agent who then takes a bill of lading. The buyer was a party to the contract *ab initio*."(这一个较近期的先例是重复 FOB 根据 Pyrene Co Ltd 先例是区分为三种不同做法,这已经有中文解释过了,不去重复。只说今天与 Pyrene Co Ltd 先例的 1954 年以及更早的年代做法已经很不一样,因为环境已经很不一样。在当年由于通讯与资讯不发达,安排运输显然是卖方比买方方便与实际得多。所以第一种正统的做法也是只要买方指定船舶[或某船公司的班轮],其余的安排就由卖方履行,包括作为该海上运输合约的当事人。而第二种做法更是明确要求卖方作出所有的运输安排。估计这两种做法在今天都会由买方自己一手包办,因为今天的买方再也不会感到有任何困难。在今天,FOB 的做法看来更像是第一种与第三种做法的混合。还有在 Pyrene Co Ltd 先例中提到的有关提单是以谁的名义也需要稍微解释一下。货方与班轮公司的海上运输合约就是一份提单而没有租约,而与班轮公司有合约关系的就是把货物装上船舶并委托船东作出托运,这也就是"发货人"[shipper]。所以在 Pyrene Co Ltd 先例的正统做法中,卖方是要取得一份提单,但

要求班轮公司把提单上的发货人一栏填上买方。另在第三种做法中,提单的发货人也会填上买方的名字。但在今天的做法,由于卖方需要这一套提单作为支付货款的保证,所以提单的发货人一栏通常是填上卖方的名字,而收货人一栏会是填上“指令”[to order],也就是发货人通过提单的背书作出了命令给船长,船长才能交货给提单持有人。所以今天的做法提单往往不会有买方的名字出现,有的话也只会出现为“通知人”[notify party]。)

(4)在 Miserocchi v. Agricultores (1982)1 Lloyd's Rep 202 先例,Staughton 大法官说:“... under an FOB contract it was the buyer's obligation to provide a ship at the place of shipment on the day when shipment was to take place; the seller had then to bring his goods to the ship's rail for loading...”(这是今天 FOB 买卖普遍的做法,特别是大宗货的“商品”[commodity]买卖,就是由买方租船并派遣船舶去装港,卖方就把货物装上船舶。)

§2 FOB 买卖的特征

2.1 概述

在以上介绍的权威定义,可列举以下对 FOB 做法的特征并指出它与 CIF 买卖的主要分别:卖方必须承担货物本身价格,并把货物装上船舶,承担所有有关风险与费用直至货物越过船舷(the seller must pay the cost and bear the responsibility of putting goods 'free on board', in other words, bear full liability for the cost and safety of the goods until the point of their passing the ship's rail)。

这里可以节录《Benjamin's Sale of Goods》(8th edn, 2010 年)之 20-015 段所说如下:“**Duty to put goods on board.** It is the duty of an f. o. b. seller to put the goods on board a ship nominated or designated by the buyer. Under section 32(1) of the Sale of Goods Act 1979 the seller is, by performing this duty, *prima facie* deemed to have delivered the goods to the buyer, but it must be emphasized that a mere “delivery of the goods to a carrier” within that subsection is not sufficient to discharge the seller's duty under an f. o. b. contract, since he must not merely deliver the goods to the carrier but actually put them on board the ship. The place at which the goods are thus delivered is considered to be the place of performance under an f. o. b. contract.”

这表示 FOB 定义不适用在集装箱运输,众所周知今天的班轮运输都改为以集装箱运输。而集装箱运输卖方是把货物交出给承运人,通常会是在承运人的“集装箱仓库”(container depot/terminal),而不会把货物装上船舶。所以 FOB 买卖在这种运输是并不恰当,应该是以 FCA(Free Carrier)买卖的做法。会有是写为“FOB container freight station”买卖,但这并不恰当并且会带来混乱。这也表示今天的 FOB 买卖,主要还是局限在大宗货的商品买卖才是恰当的做法。

在这里也可一提 CISG Article 31(a)是要求卖方交货给第一个承运人:"if the contract of sale involves carriage of the goods - in handing the goods over to the first carrier for transmission to the buyer."但 CISG 在 Article 6 是允许订约双方以明示条文豁免该公约或部分内容的适用。这表示 Article 31(a)与 FOB 买卖不一致,反而是接近 FCA 买卖。但如果在一个买卖合约中说明是 FOB 但同时适用 CISG(不论是明示或是默示),就会有疑问到底怎样解释它们之间的冲突?一个可以接受的解释就是 FOB 根据 Article 6 豁免了 Article 31(a)的适用,但这方面笔者不知道有权威的先例或说法,倒听说过不少对此有疑点。

2.2 买方可否要求卖方在装港交货,不必装上船舶

在 FOB 买卖,卖方必须把货物装在船舶上作为交出货物带来了几个先例针对一种情况,就是买方可否要求卖方在装港交货,不必麻烦去把货物装上船舶?这种情况会出现在:(1)当时市场价格暴涨,买方很想要这票货物。(2)买方不能及时租入船舶并派遣去装港。反正如果买方可以这样做,他就可以在稍后方便的时间自己安排把有关货物付运,而不必受到付运日期的限制。买方也可以把该票货物在装港的仓库分售/转售。这方面涉及了几个先例,并且关系到合约法另一个原则,就是合约条文必须是双方同意才能作出"变更"(variation),包括不要求某一条文下的履行。但有一种情况是该合约条文只会有一方的利益,而该利益方单方面放弃他的利益不要求对方的履行。这可节录《Chitty on Contract》(30th edn,2008 年)之 22-046 段所说如下:"**Waiver of condition for benefit of one party.** Where the terms of a contract include a provision which has been inserted solely for the benefit of one party, he may, without the assent of the other party, waive compliance with that provision and enforce the contract as if the provision had been omitted. He will not be permitted to do so where the provision has been inserted for the benefit of both parties or where there is in reality no concluded agreement."

这一个原则可以适用在很多情况,如在航运市场好景的时候买方的船东为了避免船厂拖延交船,要求船厂马上交船,不必履行造船合约中的试航与其他检查,因为这种合约条文只会涉及买方单方面的利益。这在 FOB 买卖也可以涉及同样的争议,就是在上述所讲的情况下买方要求卖方在装港交货。显然是卖方不会同意更改合约,因为市场价格暴涨,而买方不能及时派遣船舶去装港正是给了卖方一个黄金机会赖掉这一个买卖合约。这种情况出现在一个英国先例 Maine Shipping Co v Sutcliffe & Co (1918)87 LJKB 382,案情涉及了一个羊毛的"FOB 利物浦"买卖,但由于卖方无法成功申请到出口许可证(买卖合约有免责条文可以保护卖方),加上当时羊毛市场价格上涨,买方要求卖方在利物浦岸上的"保税区/仓库"(bonded warehouse)交货,认为他有权放弃货物必须装上船舶的利益而不必得到卖方的同意。买方争议说把货物装上船舶不会对卖方带来任何利益,只会带来额外装货费用与风险。但在英国法院,

Bailhache 大法官不同意,认为把货物装上船舶卖方也有利益,说:"A term of the contract as to the mode of delivery is not entirely for the benefit of either party to the contract and neither party can waive it without the consent of the other."

在理论上卖方的确是可以讲得出有一些利益,如卖方可以说这样的做法是剥夺他可以依赖免责条文,在一个对他有利的市场把买卖合约终断的利益。卖方也可以说这样的做法是会剥夺他对货物出口的利益,如在税务上的好处。还有是卖方会担心货物在装港交货,会带来本土的竞争,这是把货物出口就不必担心的事。这都是买方要求在装港交货,而不必装上船舶,必须成功举证卖方是不会有任何利益(即使是很小的利益)才可以成功单方面变更 FOB 买卖的条文。这通常是不容易,所以一般的说法就是卖方可以坚持把货物装上船舶作为交出货物。但在澳大利亚,曾经有高院的判例 Cohen & Co v. Ockerby & Co Ltd (1917) 24 C. L. R. 288 判是 FOB 买方可以要求选择在装港的仓库交货,不必装上船舶,除非卖方能够显示这样做会对他带来一些损害:"unless it can be shown that the seller thereby sustains some detriment."。另在美国的 Meyer v. Sullivan 131 P. 847 (1919) 先例,更是判 FOB 卖方要赔偿损失给买方,因为他拒绝在装港岸上交货,由于在一战期间无法把货物装上船舶。

最后一提的是明示条文可以超越默示地位,所以在 FOSFA 53 的 FOB 标准格式合约,它的第 12 条就给了买方一个在岸上提货的选择权。

2.3 费用的分摊

在 FOB 买卖,卖方是负责所有把货物装上船舶的、越过船舷的费用。但之后的费用是属于买方要承担,如"堆装"(stowage)的费用,除非买卖合约是约定 FOB Stowed。会有情况是装货上船舶与货物堆装都是由同一批小工进行,导致买卖双方谁负责安排小工会先要支付整笔的费用。这一来他就可以事后把费用分开(如果分得开),然后向对方要求补偿。例如卖方先支付了小工,他就可以向买方要求补偿属于堆装货物的部分费用。这方面可节录《Benjamin's Sale of Goods》(8th edn, 2010 年)之 20-021 段:

"**Seller's responsibility for expenses.** Under a "classic" f. o. b. contract, the seller is *prima facie* responsible for the cost of getting the goods over the ship's rail. He is not responsible for any further expenses, such as the expenses of stowing the goods once they are on board unless the contract is on "f. o. b. and stowed" terms. If the contract contains no such term but the seller in fact pays the charges of stowage, he is entitled to recover them from the buyer. One would, conversely, expect the buyer to be able to recover from the seller any charges paid by the buyer, under his contract with the carrier, of getting the goods from the quay over the ship's rail.

As between buyer and seller, any expenses, duties or charges payable before shipment have to be borne by the seller; and duties and charges payable after shipment fall on the buyer. Both limbs of this rule can be varied by the express terms of the contract, and by any relevant custom of the port of shipment."

这里其中卖方通常要承担的费用就是"货物(散粮)贮存的费用、利息损失与保费"(carrying charges),直到把货物装上船舶。但在一些标准格式合约,如 GAFTA 100(CIF 买卖)或 FOSFA 24(CIF 买卖)或 FOSFA 53(FOB 买卖),都有条文允许卖方(这是在 CIF/CFR 买卖)或是买方(这是在 FOB 买卖)延长付运日期(其中一个经常需要延长的原因是租船有困难),但需要预先给通知以及货价作一定的扣减。这一扣减在很大程度是为了补偿卖方要承担的额外"carrying charges"。

在 In Hecht, Pfeiffer (London) Ltd v Sophus Berendsen (London) Ltd (1929) 33 Ll LR 157 先例,涉及了装货前的额外费用,原因是船舶因为水深而没有办法完全靠泊装货,这需要把货物"驳载"(lightering)而导致了额外的装船费用。卖方认为买方需要承担,因为后者派遣的船舶不适合。但买方认为是卖方的责任因为他较早的时候向卖方查问有关装货泊位的水深,卖方请买方直接向"码头管理员"(wharfinger)查问。但码头管理员给错了资料而导致了这一个事件。法院是判买方败诉,因为卖方并不需要对码头管理员负责,而后者也不是卖方的代理人。

2.4 风险的分摊

卖方在把货物装上船舶后,已算是交出了货物,而有关货物的风险也随即转移给买方("that upon delivery is complete, the risk of loss in the goods is there and then transferred to the buyer".)

这里可以节录《Benjamin's Sale of Goods》(8th edn, 2010 年)之 20-020 段所说如下:"**Seller's responsibility for safety of the goods.** Under an f. o. b. contract, risk normally passes on shipment; but the seller will be responsible for any subsequent loss of or damage to the goods which is due to his breach of contract. Thus he may in certain circumstances be liable for deterioration in transit; and this is so, not only where the deterioration is due to a defect in the goods themselves, but also where it is due to some default of the seller in relation to the loading of the goods. The seller must see to it that the goods are loaded skillfully and carefully and he is liable for any loss resulting from his failure to do so, unless the failure consists merely in following the buyer's instruction as to loading."(FOB 买卖合约,货物风险通常在付运/装船后转移给买方。但卖方还会是负责付运后的货损货差,如果这是由于他的违约而导致的。所以会有情况卖方要负责货物在运输中的变质,如果变质是由于货物的缺陷或包装所引起[这方面可看本书第二章 9.4 段与第六章 4.1 段]。卖方也会对装货不小心导致货物在运输中的损坏负责,这特别是卖方要负责堆装货物,经常会因为堆装不善而导致底层的货物被压坏。除非是,堆装是按照买方或他派遣的船长所指示作出的。)

2.5 FOB 买方最重要的责任:租用与派遣船舶去装港

在 FOB 买卖,买方要负责安排指定船舶并及时派遣该船舶到装港装货,并通知卖方让后者把货物装上该船舶。这也是买方最重要与最困难的责任,涉及了在市场租用船舶，尽量把租约条文与买卖合约条文协调至“天衣无缝”，并严格履行两个合约，以免被夹在当中。可以说要顺利完成 FOB 买方的责任，需要有非常丰富的航运知识与经验。

这里就涉及了很多方面的问题，是 CIF/CFR 买卖不会涉及，如下：(1)买方派船的责任，如什么才算是准时可让卖方在付运日期内把货物装上船舶？(2)派遣的是什么船舶（大小、水深、船型、船龄、船期等）?；可否指定替代船舶（如原来指定的船舶因为事故而延误或原船东撤船）等。(3)去什么装港？虽然在 FOB 买卖，通常会说明装港如“FOB 利物浦”或是“FOB 青岛”。这与 CIF/CFR 买卖不一样，通常说明卸港而不理会装港，如“CIF 上海”。但如果在今天越来越多是说明一个地理范围的装港，如“FOB 上海以北的中国港口”，就存在其他的问题如谁可以选择在这个地理范围的装港？什么时候做出选择？选择的装港是否有局限如港口的大小与安全方面？

2.6 其他 FOB 与 CIF 买卖的异同

不像 CIF/CFR 买卖，FOB 买卖是不存在有“浮动货物”（floating cargo）与卖方作出“划归通知”（notice of appropriation）与“付运宣告”（declaration of shipment）的做法（这在本书第二章 12 段有详论）。

虽然不像 CIF/CFR 买卖是属于“单证买卖”（documentary sale），FOB 买卖还是属于一个“付运买卖”（shipment sale），卖方并不理会货物是否最后安全抵达卸港（FOB 买卖下通常也不会理会货物的卸港）。但由于卖方在把货物装上船舶的时候还通常没有收到货款，所以与 CIF/CFR 买卖一样，是需要取得货款支付的保证。这保证其中常见是来自买方银行开出的信用证，这一来去议付，卖方还是需要一套付运单证，做法上与 CIF/CFR 买卖基本上相同。例如卖方要求承运人/船东签发“不记名提单”（order bill），将来在议付时才通过把提单背书把“财产/货物所有权”（property）转让给买方。不论是否以信用证作为支付货款的方法，FOB 与 CIF/CFR 买卖一样，卖方都会有默示责任尽快提供付运单证给买方，让买方可早日处理（如转卖）或及时在卸港提取货物。

在近期的重要贵族院案例 Scottish & Newcastle International v Othon Ghalanos Ltd (2008) 1 Lloyd’s Rep 462，英国法院再次有机会详细考虑 CIF 与 FOB 买卖合约的区别。案情是塞浦路斯买方从卖方购买了 11 个集装箱的“苹果酒”（cider），从英国以船舶运输到塞浦路斯。在 2004 年 4 月 3 日买方向卖方订购这批苹果酒是有说明交货条文是“CFR 利马索”，但看来后来双方之间有关发票显示的价格有一点混乱。混乱的原因可能从节录的电文往来可见到，首先是 4 月 21 日卖方向买方的信函说：“you have mentioned that the terms are CFR Limassol while requesting us to ship on an FOB basis. The pricing which we have on our records show that you have an FOB price and [we] will therefore treat your order accordingly.”而买方向卖方的回复是：“Our prices are FOB UK port, but as per our agreement you prepay the freight on our behalf, thus making the delivery terms CFR. The delivery terms CFR should be stated on the invoice. The amount of the freight prepaid, should also be stated on the invoice, separately, see attached H. P. Bulmer's invoice. For the record please note that Bahr Behrend in Liverpool are agents of Zim Line in UK and are not our agents."

而最后发票是看来有点混乱，可节录判决所说如下："All 11 pro forma invoices showed the fob price (as Ghalanos[卖方] had requested in their original order letter). Two of them stated expressly, in a box with the printed heading 'Terms of delivery and payment': 'Free on board. Payment due 90 days from date of arrival'. The other stated 'Cost and Freight Limassol. Payment due 90 days from the date of arrival' (or, in three cases, 'from date of invoice'), although only the FOB prices were entered on them. After shipment, final invoices were made out, each showing separately the FOB price and the freight incurred at the rate which Ghalanos had agreed with Zim Line's Cyprus agent. The 'Terms of delivery and payment' boxes on these invoices were all completed 'Cost and Freight Limassol. Payment due 90 days from date of arrival'."

买方没有准时付钱，而卖方需要启动法律行动索赔货款。关键是卖方能在英国法院提出诉讼，或只能在塞浦路斯起诉买方。由于两个国家都属于是欧盟，所以有关的法律(Judgments Regulation[Regulation (EC) No. 44/2001])是以装货地点(或货物应该交出的地点)所在国家/管辖地区("the place where ... the goods were delivered or should have been delivered")为准。在 CFR 及 FOB 买卖合约的装货地点会有所不同。按 FOB 买卖合约，装货地点必然在装货港，卖方把货物交上买方所派遣的船舶。在 CIF 或 CFR 买卖，装货地点不必在装货港，因为卖方可购买已由第三人付运在海上的"浮动货物"(floating cargo)或以有关付运单证用作履行买卖合约。在该案例，法院认为买卖实际上是 FOB，所以英国法院有管辖权。

Mance 勋爵进一步解释 FOB 与 CIF/CFR 买卖的区别：

"[T]here are three general differences between fob and c&f contracts: –

(i) First, an fob contract specifies a port or a range of ports for shipment of the goods. A c&f contract specifies a port or ports to which the goods are consigned. (FOB 买卖合约会清楚显示装港或一个地理范围；CFR 买卖合约会清楚显示货物付运去的港口。)

(ii) Secondly, an fob contract requires shipment (whether by or on behalf of the seller or the buyer) of the goods at the port (or a port within the range) so specified; i. e the seller cannot buy afloat: see Benjamin, para 20 – 009. In contrast, under a c&f contract responsibility for shipment rests on the seller, and this can be fulfilled by the seller either shipping goods or acquiring goods already afloat after shipment, and moreover shipment can be at any port (unless the contract otherwise provides) (FOB 买卖合约必须在装港或一个地理范围内的装港有真正装货/货物付运，不论是由卖方或是买方安排或代理；卖方不能用已付运在海上的浮动货物履行一个 FOB 买卖；但 CIF/CFR 买卖的情况完全相反，卖

方可购买已付运在海上的浮动货物以履行买卖合约，而且也可以从任何的装港安排付运有关货物[除非有关买卖合约有特定的要求，这方面在本书第二章多处谈及，包括 12.1 段]。）

(iii) Thirdly, and as a result, a c&f contract involves (subject to any special terms) an all-in quote by the seller, who carries the risk of any increase (and has the benefit of any reduction) in the cost of carriage. In contrast, under an fob contract, although the seller may contract for and pay the freight, the buyer carries the risk (and has the benefit) of any such fluctuation."（CFR 买卖价格是"全包"的，而卖方承担海上运输费用会在订立买卖合约后上涨或下跌的风险或好处；但在 FOB 买卖的情况下，虽然卖方有时候会协助买方安排海上运输，但运输费用上涨或下跌风险或好处是由买方自己承担。）

有了以上的简介，本章接下去与本书其他章节会详论各方面关于 FOB 的特征与做法。

§3 国际商会 Incoterms 2010 年的标准条文

与第二章 §3 段一样将 Incoterms 的 CIF 标准条文节录，在这里也先将有关 FOB 的标准条文节录如下（再强调，它是要在买卖合约有合并才会适用）：

离岸价（……指定装货港口）（FOB）

FREE ON BOARD

FOB (insert named port of shipment)

This rule is to be used only for sea or inland waterway transport.

"Free on Board" means that the seller delivers the goods on board the vessel nominated by the buyer at the named port of shipment or procures the goods already so delivered. The risk of loss of or damage to the goods passes when the goods are on board the vessel, and the buyer bears all costs from that moment onwards.

The seller is required either to deliver the goods on board the vessel or to procure goods already so delivered for shipment. The reference to "procure" here caters for multiple sales down a chain ('string sales'), particularly common in the commodity trades.

FOB may not be appropriate where goods are handed over to the carrier before they are on board the vessel, for example goods in containers, which are typically delivered at a terminal. In such situations, the FCA rule should be used.

FOB requires the seller to clear the goods for export, where applicable. However, the seller has no obligation to clear the goods for import, pay any import duty or carry out any import customs formalities.

A THE SELLER'S OBLIGATIONS

A1 General obligations of the seller

The seller must provide the goods and the commercial invoice in conformity with the contract of sale and any other evidence of conformity that may be required by the contract.

Any document referred to in A1 – A10 may be an equivalent electronic record or procedure if agreed between the parties or customary.

A2 Licences, authorizations, security clearances and other formalities

Where applicable, the seller must obtain, at its own risk and expense, any export licence or other official authorization and carry out all customs formalities necessary for the export of the goods.

A3 Contracts of carriage and insurance

a) Contract of carriage

The seller has no obligation to the buyer to make a contract of carriage. However, if requested by the buyer or if it is commercial practice and the buyer does not give an instruction to the contrary in due time, the seller may contract for carriage on usual terms at the buyer's risk and expense. In either case, the seller may decline to make the contract of carriage and, if it does, shall promptly notify the buyer.

b) Contract of insurance

The seller has no obligation to the buyer to make a contract of insurance. However, the seller must provide the buyer, at the buyer's request, risk and expense (if any), with information that the buyer needs for obtaining insurance.

A4 Delivery

The seller must deliver the goods either by placing them on board the vessel nominated by the buyer at the loading point, if any, indicated by the buyer at the named port of shipment or by procuring the goods so delivered. In either case, the seller must deliver the goods on the agreed date or within the agreed period and in the manner customary at the port.

If no specific loading point has been indicated by the buyer, the seller may select the point within the named port of shipment that best suits its purpose.

A5 Transfer of risks

The seller bears all risks of loss of or damage to the goods until they have been delivered in accordance with A4 with the exception of loss of or damage in the circumstances described in B5

A6 Allocation of costs

The seller must pay

a) all costs relating to the goods until they have been delivered in accordance with A4, other than those payable by the buyer as envisaged in B6; and

b) where applicable, that costs of customs formalities necessary for export, as well as all duties, taxes and other charges payable upon export.

A7 Notice to the buyer

The seller must, at the buyer's risk and expense, give the buyer sufficient notice either that the goods have been delivered in accordance with A4 or that the vessel has failed to take the goods within the time agreed.

A8 Delivery document

The seller must provide the buyer, at the seller's expense, with the usual proof that the goods have been delivered in accordance with A4.

Unless such proof is a transport document, the seller must provide assistance to the buyer, at the buyer's request, risk and expense, in obtaining a transport document.

A9 Checking – packaging – marking

The seller must pay the cost of those checking operations (such as checking quality, measuring, weighting, counting) that are necessary for the purpose of delivering the goods in accordance with A4, as well as the costs of any pre – shipment inspection mandated by the authority of the country of export.

The seller must, at its own expense, package the goods, unless it is usual for the particular trade to transport the type of goods sold unpackaged. The seller may package the goods in the manner appropriate for their transport, unless the buyer has notified the seller of specific packaging requirements before the contract of sale is concluded. Packaging is to be marked appropriately.

A10 Assistance with information and related costs

The seller must, where applicable, in a timely manner, provide to or render assistance in obtaining for the buyer, at the buyer's request, risk and expense, any documents and information, including security – related information, that the buyer needs for the import of the goods and/or for their transport to the final destination.

The seller must reimburse the buyer for all costs and charges incurred by the buyer in providing or rendering assistance in obtaining documents and information as envisaged in B10.

B THE BUYER'S OBLIGATIONS

B1 General obligations of the buyer

The buyer must pay the price of the goods as provided in the contract of sale.

Any document referred to in B1 – B10 may be an equivalent electronic record or procedure if agreed between the parties or customary.

B2 Licences, authorizations, security clearances and other formalities

Where applicable, it is up to the buyer to obtain, at its own risk and expense, any import licence or other official authorization and carry out all customs formalities for the import of the goods and for their transport through any country.

B3 Contracts of carriage and insurance

a) Contract of carriage

The buyer must contract, at its own expense for the carriage of the goods from the named port of shipment, except where the contract of carriage is made by the seller as provided for in A3 a).

b) Contract of insurance

The buyer has no obligation to the seller to make a contract of insurance.

B4 Taking delivery

The buyer must take delivery of the goods when they have been delivered as envisaged in A4.

B5 Transfer of risks

The buyer bears all risks of loss of and damage to the goods from the time they have been delivered as envisaged in A4

If

a) the buyer fails to notify the nomination of a vessel in accordance with B7; or

b) the vessel nominated by the buyer fails to arrive on time to enable the seller to comply with A4, is unable to take the goods, or closes for cargo earlier than the time notified in accordance with B7;

then, the buyer bears all risks of loss of or damage to the goods:

(i) from the agreed date, or in the absence of an agreed date,

(ii) from the date notified by the seller under A7 within the agreed period, or, if no such date has been notified,

(iii) from the expiry date of any agreed period for delivery.

provided that the goods have been clearly identified as the contract goods.

B6 Allocation of costs

The buyer must pay

a) all costs relating to the goods from the time they have been delivered as envisaged in A4, except, where applicable, the costs of customs formalities necessary for export, as well as all duties, taxes and other charges payable upon export as referred to A6 b);

b) any additional costs incurred, either because:

(i) the buyer has failed to give appropriate notice in accordance with B7, or

(ii) the vessel nominated by the buyer fails to arrive on time, is unable to take the goods, or closes for cargo earlier than the time notified in accordance with B7, provided that the goods have been clearly identified as the contract goods; and

c) where applicable, all duties, taxes and other charges, as well as the costs of carrying out customs formalities payable upon import of the goods and the costs for their transport through any country.

B7 Notice to the seller

The buyer must give the seller sufficient notice of the vessel name, loading point and, where necessary, the selected delivery time within the agreed period.

B8 Proof of delivery

The buyer must accept the proof of delivery provided as envisaged in A8.

B9 Inspection of goods

The buyer must pay the costs of any mandatory pre – shipment inspection, except when such inspection is mandated by the authorities of the country of export.

B10 Assistance with information and related costs

The buyer must, in a timely manner, advise the seller of any security information requirements so that the seller may comply with A10.

The buyer must reimburse the seller for all costs and charges incurred by the seller in providing or rendering assistance in obtaining documents and information as envisaged in A10.

The buyer must, where applicable, in a timely manner, provide to or render assistance in obtaining for the seller, at the seller's request, risk and expense, any documents and information, including security – related information, that the seller needs for the transport and export of the goods and for their transport through any country.

§4　FOB 买方责任之一：派遣船舶

FOB 买方通常有两个最重要的责任，第一个就是准时开出与买卖合约相符的"信用证"(letter of credit)，这是假设涉及中国的国际货物买卖，通常是约定这一种支付货款的办法。这一个重要责任已经在本书第一章有所针对，在这里是针对第二个重要的责任，特别在针对大宗货的 FOB 买卖，即由买方指定/派遣适合的船舶准时去装港，并预先通知卖方。直至买方这样做了，卖方是根本没有把货物装上船舶的责任。所以有说法是买方派遣船舶并必须预先通知卖方是卖方把货物装船的"先决条件"(condition precedent)。涉及大宗货，这也往往表示买方要租船并通知卖方。如果买方不及时这样做，卖方可以买方违约去终断买卖合约，并且索赔损失。这方面可节录《Benjamin's Sale of Goods》(8th edn, 2010 年)一书的 20 – 046 段如下："**Duty to give shipping instructions.** Unless the seller has undertaken the duty to find shipping space, an f. o. b. buyer is bound to give instructions with regard to the shipment of the goods. The exact form of the shipping instructions depends on the term of the contract: these may require the buyer to instruct the seller to put the goods on a specified ship; or on a ship bound for a specified port or country; or simply on the 'near steamer'. The essential point is that the seller must be instructed, in accordance with any relevant terms of the contract, as to the way in which he can perform his duty to put the goods on board. If no shipping instructions are given, or if shipping instructions are not given within the time allowed by the contract, the seller is not liable in damages for non – delivery; and the buyer is liable in damages for non – acceptance."

这关系在 Cunningham Ltd v Munro (Robert A) & Co Ltd (1928) 28 Com Cas 42 先例由 Hewart 大法官说明如下(该买卖合约是订明为"FOB Rotterdam, October shipment"):"Under such an agreement it was the duty of the purchasers to provide a vessel at the appointed place, Rotterdam, at such a time as would enable the vendors to bring the goods alongside the ship and put them over the ship's rail so as to enable the purchasers to receive them within the appointed time... the usual practice under such a contract is for the buyer to nominate the vessel and to send notice of her arrival to the vendor, in order that the vendor may be in a position to fulfil his part of the contract."

如果针对小量的货物,有说法是法律默示的地位并不一定是要买方派遣船舶,而是要卖方作为买方的代理人安排付运。原因是方便与合理,也是法律默示地位所要求的,因为在以前通讯不发达的时候买方很难在装港安排舱位。这可节录《Benjamin's Sale of Goods》(8th edn, 2010 年)之 20 – 031 段部分的内容如下:

"The rule that an f. o. b. seller is (in the absence of a contrary stipulation) under no duty to reserve shipping space was criticized by Bailhache J. in DH Bain v Field & Co (1920) 3 Ll. L. R. 26 so far as it related to f. o. b. sales of small parcels (as opposed to entire cargoes). In such cases, the buyer will often have no representative at the port of shipment, so that the task of finding shipping space will in fact be undertaken by the seller, and the theory that he 'is acting merely in a friendly way or as a agent for the buyer is... not in accordance with the commercial practice or the views of commercial men'. Accordingly, the learned judge said:

'My own view is that in the case of small parcels sold f. o. b. it is the duty of the seller to take the necessary steps to provide the shipping accommodation.'

He admitted that this was 'contrary to what is always held in these Courts'; but it seems that in cases of the kind contemplated by Bailhache J. the courts will rely on very slight indications of intention to hold that the seller has in fact undertaken to find shipping space."

这种法律默示地位也不必太细究,因为在国际货物买卖合约,今天都会有很清楚的明示条文规定买方派遣船舶,对船舶的要求与作出通知等方面。在FOB买卖,买方指定/派遣船舶的责任是相当困难,买方如果没有对航运的知识与经验很难做得好,这不是随意委托一家船公司租船就可以解决问题。大致上,买方必须要让租船合约(不论是航次期租或是程租)与较早订立的买卖合约完全配合,不得有任何矛盾之处,否则会夹在当中。这些方面在以下的段节会分别进一步探讨,但针对个别不为国际船东熟悉的承租人或FOB买方,去市场租船在实际上还会面临其他的困难,如需要提供昂贵的担保才会有船东肯出租船舶。可以说对没有经验的FOB买方(或是CIF/CFR卖方),能够顺利租进船舶履行买卖合约也不是一件容易的事情。

4.1 买方必须预先通知卖方有关派遣船舶

4.1.1 买卖合约不订明也有默示要求

本来合约法的大原则之一就是履约的一方需要对方先给通知才能履行的情况下,该通知就变得是先决条件。简单举一个例子,如果甲方必须在一个限期内电汇给乙方一笔钱,但乙方迟迟没有告诉甲方他的银行帐号,就不能说甲方违约没有履行他支付的责任,这是一个普通做人的常识都可以理解到。这可节录这一个默示法律地位大原则的先例Vyse v Wakefield (1840) 5 M&W 442中所说:“Where a party stipulates to do a certain thing in a certain specific event which may become known to him, or with which he can make himself acquainted, he is not entitled to any notice, unless he stipulates for it; but where it is to do a thing which lies within the peculiar knowledge of the opposite party, then notice ought to be given to him.”

所以,FOB买卖合约即使没有订明买方必须作出通知,也可以合理想到卖方没有参与租船是无法知道船舶会何时抵达装港。他总不能一早在付运日期一开始就把待装的货物堆放在装港的装货地点(即使是卖方有权选择),然后漫无目的、毫无把握地等待买方派遣的船舶出现。毕竟,卖方能否这样做也有疑问,例如有关货物会是容易腐烂或是装货地点没有适合仓库等。

这方面Megaw大法官在Anglo - African Shipping Co v J Mortner Ltd. (1962) 1 Lloyd's Rep. 81先例的92页有说出这一个大原则如下:“They(卖方) are not under an obligation to take the goods a way from their factory or warehouse and to start them in circulation in the hope, or expectation, that they may arrive at a place which, later, the buyers would have said was the place where the buyers' ship was going to be at some particular time.”

所以,英国法律是有一个“默示地位”(imply terms)要求FOB买方合理预先通知卖方他所“派遣”(nominated)的船舶与相关的资料,如该船舶可以合理让卖方在付运日期内把有关的货物装上船。买方这一个默示责任在Henderson & Glass v Radmore & Co (1922) 10 Ll LR 727先例中是这样说:“name the vessel and give shipping instructions reasonably in time to enable the sellers to send forward the goods so that they could be shipped in accordance with the instructions.”

4.1.2 买卖合约订明是条件条文

现实中,因为“合理”尺度难以肯定,买卖合约会订明准确时间要求买方预先通知。例如在著名的贵族院先例 Bunge v Tradax (1981)2 Lloyd's Rep 1,案情涉及了一宗美湾装港的豆粕 FOB 买卖。买卖合约有明示条文要求“买方给予15天的装货通知”(The buyer were to give is 15 days' loading notice),而争议的一笔货物约定的最后付运日期是1975年6月30日。在6月16日的电传(17日为卖方收到),买方发出的通知说:“For the contract in object we nominate s. s. SANKOGRAIN ,ETA US Gulf 23/25 June 1975 for 5,000 5% more or less U. S. soya bean meal. Waiting for shippers' name and loading port. ”很明显,这通知完全不足15天,它离开船舶抵达美湾装港的时间只剩下7、8天。

卖方于是在6月20日回复(并终断买卖合约)说:“We refer to your telex of 17th June by which you nominated the vessel 'SANKOGRAIN'... We ask you to note that under the... contract you have the obligation to give a 15 days loading notice. On the other hand the extended period of shipment will expire on 30th June. Under the circumstances your loading notice is late and we consider that you are in breach of the above contract... We hereby declare you in default and hold you responsible for any and all losses damage costs and expenses which we may suffer as a result of your default. ”

在该先例,上诉庭与贵族院重申了:“时间的规定在像 FOB 买卖合约一般是合约的首要部分”(in mercantile contracts, i. e. , FOB contracts, stipulations as to time not only might be, but usually were, to be treated as being 'of the essence of the contract' even though this was not expressly stated in the words of the contract)。

换言之,判决结果是买方延误作出派遣船舶通知是违反了一个“条件条文”(condition),卖方可选择终断买卖合约(并索赔损失,虽然是估计卖方没有损失,他终断买卖合约是由于市场价格暴升)。

这看来是严格的判法,也有它的背景。这就是在 The “Hong Kong Fir” (1961)2 Lloyd's Rep. 478 的贵族院先例后,合约条文除了区分为“保证条文”(warranty)与“条件条文”(condition)外,还多了一种合约条文,名为“中间条文”(intermediate term 或 innominate term)。中间条文的作用是给法院或仲裁庭更大的弹性,在每一个不同案件的案情中,看实际违约带来的后果是否无足轻重或是严重。只有在实际后果严重的情况下,才会把中间条文提升到条件条文的地位,也就是让无辜方终断合约。可以说,在今天的合约条文中,大部分都会是中间条文。但个别案件的公平合理经常会与肯定性有冲突,就是每次要看实际后果是否严重,加上后来的判决或裁决也有它的不肯定,就导致了商业人士的不满意,认为是无所适从。例如在 Bunge v Tradax 先例的卖方在买方延误作出派遣船舶通知,不敢肯定是否能够合法终断合约。卖方如果纯粹是取巧倒也无话可说,但如果卖方的确由于这个延误带来一些损失与不方便,仍会是不肯定实际后果最后是否会被认定是严重,结果会导致无所适从。这正如上诉庭

Megaw 大法官在该先例所说的:"They will not be forced to make critical decisions by trying to anticipate how serious, in the view of arbitrators of courts, in later years, the consequences of breach will retrospectively be seen to have been, in the light, it may be, of hindsight."所以在 Bunge v Tradax 先例,贵族院看来是再度重视法律肯定性的重要,说明在好像 FOB 买卖合约中的时间限期,都是属于条件条文。

该先例的贵族院判法还有其他的原因包括在国际货物买卖,买卖双方通常都是国际贸易商,有很好的知识与法律水平。他们有时会是卖方,有时也会是买方,比较严格的法律针对卖方或买方整体上都没有影响。另一个原因是卖方必须在付运日期内把货物装上船舶是一个非常明确的条件条文:Bowes v. Shand (1877) 2 App Cas 455; Wilson v. Wright (1937) 59 Ll LR 86; The "Al Hofuf" (1981) 1 Lloyd's Rep 81,贵族院就觉得倒过来买方派遣船舶的通知就没有理由不同样严格要求。

4.1.3　预先通知必须是诚实与根据合理依据

由于预先通知往往是买方根据船东所给予的"估计抵达通知"(estimate time of arrival,简称 ETA),所以船东针对承租人的买方以及买方针对卖方都有一个"诚实与根据合理依据"(honest and on reasonable grounds)的法律默示责任:S Sanday & Co v Keighley Maxted & Co (1922) 10 Ll L Rep 738, The Mihalis Angelos (1970) 2 Lloyd's Rep 43, The "Azur Gaz" (2006) 1 Lloyd's Rep 163。这不仅是针对海上去装港的航程,还包括了需要有关的港口调查。特别是针对货物买卖,由于不存在"港口买卖合约"或"泊位买卖合约"的说法,这与租约并不一致。所以买方向卖方的通知还必须要调查有关装港靠泊装货是否会因为各种其他的原因而受到延误。在 The "Azur Gaz"先例,买卖合约有 Laycan 说明是 2 月 17 ~ 19 日,船舶是在 2 月 17 日抵达,但由于坏天气,船舶要到 2 月 19 日才能进去港内锚地且在 3 月 3 日才能靠泊。但这被对方在 2 月 25 日取消合约。Clarke 大法官认为船舶并没有尽责任根据合理依据作出这一个预先通知,说:"SHV's estimate of the time of the vessel's arrival at the ... port was not based on reasonable grounds in the absence of any information as to the berthing prospects at the loading port. Bad weather, port closure and berthing difficulties could and did occur at Melilli and other ports in winter. It was not reasonably to be assumed that in February there would be no problem. An inquiry of someone with knowledge of what was happening in Melilli would have revealed that the port was, on account of bad weather, substantially inoperative on 15, 16 and 17 February and that there was no prospect of Azur Gaz berthing immediately upon arrival on 17 February."

4.1.4　预先通知卖方派遣船舶必须是有效

买方的预先通知必须"有效"(effective),这表示这通知是让卖方合理"能够与合法"(possible and lawful)按照通知把货物装上船舶:Agricultores Federados Argentinos v Ampro SA (1965) 2 Lloyd's Rep 157; Soufflet Nagoce v Bunge SA (2009) EWHC 2454 (Comm)。在 Soufflet Nagoce v Bunge SA 先例,也有说明是如果买方的通知可以合理

能够与合法让卖方履行装货上船的责任,卖方如果拒绝履行是属于违约。

4.2 不能够履约的船舶

看来即使该派遣船舶不适合也是看程度与卖方的利益是否受到影响。如果不适合是可能对货物造成货损,照理由说卖方是不受到影响,因为货物装上船舶后风险属于买方。

但同样针对派遣船舶不适合,如果不适合达致的程度是"不能够"(impossible),就会是不一样。这不适合或不能够主要针对两个方面,一是针对装港与装货地点,二是针对有关的货物。如果这不适合与不能够是在买方的预先通知就可以看得出来,卖方也就可以马上拒绝。例如这不适合与不能够履约的船舶是根本进不了装港或是靠泊,这可以是船舶本身的问题,如太大或太小,但也可以是其他方面的问题,例如船旗国带来政治的问题,例如预先通知的船舶悬挂以色列旗,而装港是一个回教国家。这种问题有 The "New Prosper"(1991)2 Lloyd's Rep. 93 先例,案情涉及了多个澳大利亚港口作为装港,有关的货物是 35,000 吨澳大利亚大麦,买卖合约是 FOB。合约中有明示条文要求买方预先通知派遣船舶,说:"... give Seller full details of the vessel upon nomination and allow a minimum of 15 days before loading is due to commence."同时另有39 条文规定了派遣船舶的要求,说:"Nominated vessel(s) must comply with all South Australian and/or Victoria load port restrictions, i.e. LOA, Beam, SDW draft. However, before fixing vessel Buyers must obtain prior approval from Sellers."

但买方预先通知的船舶"New Prosper"轮在卖方查问后认为并非有效,因为在许多可以选择去的港口如果满载买卖合约的货物后,吃水会太深。买方自己向当局查问后,声称其中有个别港口可以接受该船舶,所以坚持"New Prosper"轮是卖方必须接受的有效通知。在仲裁中,判是卖方不能拒绝买方的预先通知,但上诉去了法院,这被推翻变为卖方胜诉,而买方要派遣的船舶并非是有效与符合买卖合约的要求。法院也判是类似第 39 条文对派遣船舶的要求本质上是属于条件条文。

另在 Toepfer v Itex Itagrani (1993)1 Lloyd's Rep 360 先例,涉及了 22,000 吨 5% 上下的阿根廷玉米的 FOB 买卖,而买方把该票货物同样以 FOB 转售给分买方。分买方作出了预先通知有关派遣的船舶名为"Danobar Tanabe"轮,该船舶只能大约装21,000吨,本来刚好可装这一票玉米。但分买方也同时在另一个买卖合约派遣同一艘船舶装约 6100 吨玉米。这一来估计该船舶只能装 15400 吨。卖方以买方根本无法履行合约作为预先违约去终断买卖合约,因为另一票货已经导致买方(与背后的分买方)根本"不能够履行"(impossible to perform),这是属于"预期违约"(anticipatory breach)的一种。在英国法院,Saville 大法官认为这还是不足证明买方是无法履行,所以卖方败诉。在该先例中,也可以看到证明对方无法履行是十分不容易,因为对方会提出各种可以履行的办法,即使是很遥远。例如在该先例没有明确提到,但估计一种可以履行的办法就是分买方决定在另一个买卖合约的 6100 吨玉米违约,不再要求"Danobar Tanabe"轮装货,而只装本先例买卖合约的 22,000 吨。在该先例中也没有把它当作是有效或是无效的预先通知去针对,但在《Benjamin's Sale of Goods》(8th edn,2010 年)之 20 - 047 段针对有效通知是包括了这一个先例的介绍,并说:"A buyer who has nominated a ship which is capable of taking the goods on board may then also nominate the same ship to load other goods under another contract and that ship may not have the capacity to load the full quantity sold under both contracts. Such 'overbooking' does not amount to a renunciation by the buyer of the first contract so as to amount to a repudiatory breach: it does not put it out of the buyer's power to perform that contract, but merely shows that he might not be able or willing to perform it."

如果预先通知所派遣的船舶在通知的一天还没有确定租约或是预订舱位(这是针对班轮公司的船舶),并不代表该通知是无效:Wimble Sons & Co v Rosenberg (1913) 3 KB 743。这会出现在买卖合约订明的预先通知限期届满(这是条件条文),但租约买方还是在与船东谈判,所以被迫作出不成熟的预先通知。买方如果这样做,他是有危险将来在卖方想把货物装上船舶,但即使该预先通知的船舶是在装港(班轮公司船舶),船东拒绝让货物装船,这就会导致较早的预先通知变为无效。

4.3 不能让卖方在付运日期内装货的船舶

是否有效的预先通知最富争议的就是该船舶的船期是否可以让卖方在付运日期能够把有关的货物装上船舶:F E Napier v Dexters Ltd (1926) 26 Ll LR 62;Bunge & Co Ltd v Tradax England Ltd (1975) 2 Lloyd's Rep 235。这是因为派遣去装港或是装货地点的船舶不能是在付运日期的最后一天才抵达,因为卖方根本没有时间可把货物装上船舶。所以在预先通知以及后来该派遣船舶实际上抵达与备妥的时间必须在付运日期最后一天之前的一段时间。如果双方在买卖合约中有约定装货率,就相对容易计算。在 The "World Navigator" (1991) 2 Lloyd's Rep 23 先例,这装货率就是卖方要履行装货的最低也是最高程度的责任。但如果在买卖合约中没有约定装货率,就根据实际情况由法律默示一个合理时间。换言之,买方派遣的船舶必须是在付运日期最后一天前的一段时间,这可以是根据允许的装货时间计算出来,也可以是根据情况而确定的合理时间。以 Bunge v Tradax (1981) 2 Lloyd's Rep 1 先例来介绍,买方在 6 月 17 日才通知卖方,而最后付运日期是 6 月 30 日,实是太迟。这一来,恰当时间通知是怎样计算呢?这在(1980) 1 Lloyd's Rep 302 - 303 页 Megaw 大法官有分析:该批货物是 5000 吨,上下 5%。装货率同意是 2000 吨一天,星期天不算。这表示要有 2 天半装货,即船舶必须允许在最迟的 6 月 27 日(星期五)开始装货。这也表示,15 天的装货通知应最迟在 6 月 13 日发出,而不是 6 月 17 日。

以上介绍可见,卖方允许在付运时间内及时装货的合理时间,如果在买卖合约有订明装货率,将会被当作派遣的船舶是否准时的计算标准。所以,简单的举例,有 2 万吨货物而同意装率是 1 万吨一天,最后付运日期是 6 月 30 日,这也表示准时的船舶应在 6 月 29 日前抵达装港装货地点,允许卖方可在 6 月 29 日、30 日装货,而如果买卖合约要求 10 天的预先通知,这通知就需要在 6 月 19 日前作出,否则是买方毁约。

如果买方派遣的船舶不符合这一方面所要求的时间,就会带来几种不同的后果。最严重的就是给卖方拒绝有关的预先通知或者是该派遣的船舶,进而终断买卖合约。也会是卖方只装部分的货物,到了最后付运日期的一天就停止装货。也会是卖方在付运日期届满后还是继续装货,然后把货物全部装完后根据买方违约而导致卖方需要在付运日期后以相等的延误时间才装完货,不存在卖方违约或单证不符向买方要求支付货款:The "Al Hofuf"(1981)1 Lloyd's Rep 81。至于卖方会采取哪一个做法就要看当时市场价格,显然是市场比合约价格高,卖方就会拒绝装货并终断买卖合约。如果市场比合约价格低,卖方就会选择装货,甚至在付运日期后继续装完。

即使 FOB 买方所作出的预先通知没有问题,但事后该派遣的船舶实际上晚到或是没有备妥而导致船舶变为不适合与不可能,这还是违约,而且会被视为是违反条件条文:The "Osterbek" (1972)2 Lloyd's Rep 341。船舶晚了到装港会被取消是有一定程度好像租约的销约期,这可参阅 The "Azur Gaz"(2006)1 Lloyd's Rep 163 先例,这一先例虽然不是针对 FOB 下的装港,但道理是一样。

这一方面的问题在接下去的段节会进一步详谈。

4.4 付运日期

在一个 FOB 买卖,卖方是没有付运的责任直到买方作出了预先通知有关派遣的船舶。而如果卖方收到了这个通知,卖方将必须在"付运日期"(shipment period)的最后的一天把货物作出付运/装上船舶:Yelo v S. M. Machado (1952)1 Lloyd's Rep 183。如果有关的买卖合约没有明确约定付运日期,卖方付运的责任就是在收到买方预先通知后的一段合理时间内作出付运/装上船舶:Glencore v. Transworld Oil Ltd (2010)EWHC 141。这合理时间显然就会根据每一个案件不同的事实认定,例如卖方需要多少时间才能准备有关货物才能装船。但如果是有证明卖方有不合理的做法,如在一个下跌的市场迟迟不准备有关货物,希望以更便宜的价格买入有关货物,这就对买方不公平,也不合理。反正在明确规定的付运日期或在一段合理时间内,卖方没有把有关货物作出付运,这是违约,而买方也可因此拒绝接受货物:Tradax Export SA v Italgrani di Francesco Ambrosio (1986)1 Lloyd's Rep 112;Petrotrade v Stinnes (1995)1 Lloyd's Rep 142。

在 Tradax Export SA v Italgrani di Francesco Ambrosio 先例,Kerr 大法官是这样说:"In Bunge Corporation v Tradax Export SA [1980] 1 Lloyd's Rep 294 it was held that the buyers' obligation to give the 15 days' notice is a condition of the contract. That decision was unanimously upheld by the House of Lords in [1981] 2 Lloyd's Rep 1 and the leading judgment of the Lord Justice Megaw was expressly approved by Lord Roskill at pp 11 and 723, in whose speech the other members concurred. It was also a condition that the vessel will arrive and be ready to load in sufficient time to allow loading (at the contractual rate, if any) before the end of the shipment period: Bunge & Co Ltd v Tradax England Ltd

[1975] 2 Lloyd's Rep 235. If these conditions on the side of the buyers are complied with, then the seller is obliged, also as a condition of the contract, to load the goods before the end of the shipment period (or any extension of it). All these matters were common ground between the parties."

4.4.1 FOB 买卖由买方决定付运日期中准确的付运时间

付运时间在 FOB 买卖一般是订明一段期间内,如 1998 年 7 月至 8 月。这一来,除非买卖合约另有说明,准确付运时间或主动是在买方。这也公道,毕竟找船舶付运会是不容易。所以,Staughton 大法官在 Miserocchi v Agricultores (1982) 1 Lloyd's Rep 202 先例说:"It is the buyer's obligation to provide a ship at the place of shipment, on the day when shipment is to take place. The seller must then bring his goods to the ship's rail for loading. If there is not a single day fixed for shipment, but for example any of the 30 days in the month of June, then the question arises who will choose when a ship shall be provided. In these contracts the choice lay with the buyers..."

如果合约没有清楚表明付运时间或付运日期,法院就会需要决定在这合约,考虑到双方用词及事实背景(factual matrix),是否应该默示付运时间/付运日期条文。在近期的 Cereal Investments Company (CIC) S. A. v. ED&F Man Sugar Ltd (2008) 1 Lloyd's Rep 355,合约有关运输时间的条文如此表达:"One vessel only presenting October 2006 Shipment at Buyer's Option, with 10 days pre-advise of vessel arrival."

法院认为这条文不够清楚反映双方希望达成付运时间/付运日期条文的意愿,所以无法默示条文。这再次表明要在合约内用语言清楚表明意思的重要性。

4.4.2 合约订明由卖方决定的例外

当然,既然有订约自由,买卖合约可以另有说明,让卖方决定付运时间,例如在 Harlow and Jones Ltd v Panex (International) Ltd (1967) 2 Lloyd's Rep 509 先例,该钢材买卖合约内的有关条文是说:"Goods to be delivered during August/September in suppliers' option"。在 7 月中,卖方通知买方 5000 吨货物(共有 1 万吨准备分两次付运)将在 8 月初备妥,并请买方派船,但买方没有派遣船舶,法院判是买方毁约。

可见是,由卖方决定准确付运时间,再由买方派遣船舶不容易执行。毕竟,在非常局限情况下租一艘适合的船舶去装港非是易事。所以,FOB 买方应抗拒类似 Harlow and Jones 先例的有关条文。

4.4.3 派遣的船舶何谓准时?

买卖合约一般有付运日期,FOB 买方指定派遣的船舶何谓准时,在 Donaldson 大法官在 Bunge v Tradax (1975) 2 Lloyd's Rep 235 先例的发言有说明如下:"The buyers have the right to nominate the vessel which is to carry the cargo. They also have the right to send her to the port of loading at a time of their choice. But both these rights are subject to two qualifications. First, that the vessel shall be suitable for the cargo and for the port. Second, that the time when she is tendered shall be within the shipment period and such that the cargo thereafter be shipped in accordance with the custom of the port and shipment completed at or before the expiry of that period。"(即买方有权派遣船舶是有两个附带条件：一是船舶必须适合货物与装港；二是船期在付运时间内并允许卖方依照该港习惯性做法可及时把货物装上船舶)。

这样的说法，表示买卖合约的付运时间是 8 月份，则买方派遣的船舶在 8 月 31 日抵达装港是不会被卖方接受。毕竟装货需时，卖方无法取得 8 月份内的提单。

所以，在 Napier v Dexters, Ltd (1926) 25 Lloyd's Rep 109 先例，涉及 20 吨货物，买卖订明为："Export delivery during October, 1925, FOB London steamer"。买方在 10 月 27 日去信(28 日卖方才收到)说可把货物交到 Fenning's Wharf(伦敦一码头)装在"Friedrich Jurgen"轮，并在 10 月 30 日第二天开航。在 10 月 30 日，卖方把 16 吨货物成功装上该船，但该码头拒绝在当天 2 点半之后接收货物，因为该船要开航。法院判是买方违约。

另在 Bunge v Tradax (1975) 2 Lloyd's Rep 235 先例，买卖的是 1000 吨大麦，付运最迟是 1 月 20 日，有关合约条文是："Delivery in good condition. . . from one good East Coast UK Port (port to be declared before 15. 12. 72) between 1st and 20th January 1973 (both dates inclusive) at Buyers' call."

买方先派遣了"Merc Mariner"轮，但因为它延误了而改为"Parkesgate"轮。该船舶在星期五的 1 月 19 日抵达。卖方提出抗议，指不够时间给他在 1 月 20 日午夜之前以正常习惯工作时间内装完货物。买方自知理亏，同意承担在星期六(1 月 20 日)的"加班费"(overtime)，但又为下雨所阻。结果，在 1 月 20 日前只装了 110 吨，要全部装完是要拖至 1 月 22 号，卖方也不肯再装。买方在该先例的争辩是如果派遣的船舶太迟，卖方不应装任何货物，应拒绝该船舶，否则装货已构成弃权，顶多将来卖方可索赔损失，而不是装了 110 吨货物后不再提供其余的货物。

但在该先例，Donaldson 大法官判卖方胜诉，可以这样做，也不构成弃权，因为卖方一早已有抗议与说明。

4.4.4 派遣船舶如果不准时卖方的应对

在以上 Bunge v Tradax 先例可见，买方派遣不准时船舶，卖方可：

(1)拒绝接受该船舶，并在买方没有另外适合替代船舶(这方面会稍后详谈)的情况下把买方当作毁约/违约。

(2)抗议下去装货，但只装至付运时间最后一天：Bunge & Co v Tradax England Ltd (1975) 2 Lloyd's Rep 235。这样做法会是在货价市场下跌；信用证允许部份货物付运，可以保证装上船舶的货物会获得支付货款。而再装其余货物因为付运时间已逝，提单日期不会被信用证接受，所以装上船舶也无法保证会获得支付，同时无法与买方达成协议，如修改信用证，所以，索性不再装而等待稍后索赔这部分的损失。

(3)与买方达成协议，修改信用证等，延长付运时间。

(4)货价市场下跌，卖方默不作声接受该船舶的不准时派遣：Tradax v Italgrani

(1986)1 Lloyd's Rep 112。在 The "Al Hofuf"(1981)1 Lloyd's Rep 81 先例是一个有关汽油的 FOB 买卖,付运日期是 2 月 20～28 日。买方也要作出 72 小时不等的预先通知有关派遣的船舶。但实际上买方是在 2 月 25 日才通知卖方有关 Al Hofuf 轮的 ETA 是在 2 月 27 日,实际上该船舶是在周日的 2 月 27 日晚上 7 点抵达。但问题是作出通知的时间如果需要是预先 72 个小时,卖方就可以到 2 月 28 日下午 6 时才接受该船舶,显然派遣船舶是太晚,因为根据约定的装货率的 36 小时与通知书后的 6 小时才开始计算装货时间,总共是显示了卖方有 42 小时装货。但 Al Hofuf 轮在第二天的 2 月 28 日晚上 10 点就离开,没有装任何汽油。在电话中,卖方曾告知买方根据买卖合约,这船舶的预先通知是晚了,根据供应商要到了 3 月 1 日或 2 日才能装货。但显然船舶是一早离开了,并且事后双方指称对方违约。Mocatta 大法官判是买方违约,其中他谈到卖方的原告本来是不需要接受一个延误船舶的预先通知,但接受了就有相应的时间把货物装船,说:"The result of that is this. The plaintiffs accepted this nomination when they need not have done so, and they accepted it because the refinery accepted it when it need not have done so, but accepted it with a warning that it could not promise that it would be able to load until Mar. 2; which subsequently became Mar. 3."对买方来说,他也接受预先通知是晚了,但争议说卖方既然是接受了,就不存在还要等 72 小时而应该在 42 小时内把汽油装船。但 Mocatta 大法官不同意买方的争辩,认为卖方有一段合理的时间完成装货,说:"that the seller would not be in final breach of conditions unless the loading took a frustrating period, it is that they would have been allowed a reasonable time to load and in view of the lateness of the nomination, the fact of the intervening weekend and the practice of the Italian Customs, it would be quite impossible to hold, as a matter of implication, that there was anything unreasonable in their not being able to start loading until Mar. 3. If they had, there is nothing whatever in the documents to suggest that they were not able to load the cargo at the average rate of 800 to 1000 tonnes an hour of which Miss Ann French spoke."

4.4.5 杨良宜先生一个非常详尽的裁决

杨良宜先生早在 1988 年 6 月 23 日的一个香港仲裁,他是公断人,当时在该裁决书他所讲的话,至今仍是持同样看法,现将有关这一方面节录如下:

"... In Bunge v. Tradax (1975) 2 Lloyd's Rep 235, Mr. Justice Donaldson (as he then was) said, inter alia (in p. 239):

'The buyers have the right to nominate the vessel which is to carry the cargo…these rights are subject to two qualifications.

First, that the vessel shall be suitable for the cargo and for the port. Second, that the time when she is tendered shall be within the shipment period and such that the cargo can thereafter be shipped in accordance with the custom of the port and shipment completed at or before the expiry date of that period. The sellers for their part have an obligation to start shipping as soon as the vessel is tendered and to continue to do so in accordance with the custom of the port. '

8) It was accepted as I have quoted inPara. 1(E) that (有关船舶) arrived Bangkok and tendered NOR on 18th September 1984 That would leave some 12 clear days up to the end of September, the last shipment date. Was this an early enough nomination? I do not think so.

It was accepted that for a cargo of 13,592.579 MT, at loading rate of 1,250 MT per day, there would be 10 days 20 hours 59 minutes as laytime allowed for the Respondents(卖方) to load within the shipment period. But the laytime was based on WWDSHEXEIU (weather working days Sundays and holidays excluded, even if used). Hence considering there were two weekends in the period of 18th – 30th September 1984, rain periods, shifting time from Bangkok to Kohsichang not to count, etc., the nomination of (船名) evidently failed to allow the Respondents as FOB Sellers to load the cargo within the laytime allowed prior to the shipment period expiring by the end of September 1994.

This is established, in my view, conclusively, by the dispatch money earned by the Respondents, and was accepted by the Claimants(买方), of US $2,928 33 or 2 days 02 hours 12 minutes saved on the laytime, but still the completion of loading was beyond the shipment period. I hear no claim for any other damage for detention outside of laytime calculation at the loading port of Bangkok.

A loading rate of 3,000 MT per day had been mentioned. But it was not relied upon as contractual and indeed the final laytime calculated was based on the loading rate as originally agreed.

It is true that the(有关船舶) waited 3 days before commencement of loading. But I disagree there was a breach of obligation on the part of the Respondents in having, in the words of Mr. Justice Donaldson, to start shipping as soon as the vessel is tendered and to continue to do so in accordance with the custom of the port.

First, I was not shown any evidence of the 'custom' in theport of Bangkok when it came to the loading of maize. But I seriously doubt that there could be such a 'custom' that any ship going to load maize in Bangkok would start loading immediately after NOR are tendered.

Secondly, I doubt whether Mr. Justice Donaldson meant to impose an obligation of regular speed/despatch of loading on the FOB Sellers right from the moment of the tendering of NOR. To do so would be highly inflexible and commercially unrealistic. I cannot see why the Sellers should not be free to have a brief waiting prior to actual loading, and/or to load at a slower speed initially, and then to make up by faster loading, say with more gangs working overtime, towards the end, or vice versa. As long as the loading can be completed within the laytime and actually earning despatch money. I find the Sellers, or the Respondents in this case, should not be accused of failing in their obligation. And if the shipment period had nevertheless expired, it pointed strongly to a possible late nomination. Similarly I cannot accept that the Respondents' election to load at their own silo, and not elsewhere that could be faster, would be a breach of obligation.

9) There was certain argument that the Respondents should in fact perform at a faster loading rather than the agreed rate in the agreement, so as to ensure that loading was completed prior to the expiry of the shipment period. I disagree. It might well be in the Respondents' interest to ship as fast as possible without regard for the agreed loading rate, either to earn more despatch money (if lucrative to do so), or to obtain (regardless of late nomination) a set of bills of lading bearing a date prior to the last shipment date for the negotiation of their Letter of Credit. But there cannot be a legally binding obligation on the Sellers to do that, thereby excusing the late nomination of the vessel by the Buyers. Otherwise where does it end? Could the Buyers not nominate a ship just a day prior to the expiry of shipment period and demand the Sellers to complete loading within a day, notwithstanding that the agreement permitted 10 or 15 days for loading laytime? Do the Sellers have to prove it was physically impossible for them to load within a day before the Sellers could be excused? What is the test?

10) As to the meeting in Bangkok during mid – August 1984 between the Claimants and the Respondents, whatever assurances such as concurrent or expeditious loading which the Claimants said to have obtained which caused them to feel relieved and 'lead to believe all was well' when they left Bangkok, was not relied upon as contractual and it was also not proven what the firm commitments were."

(1)这合理时间在买卖合约如果有订明装货率或时间,会是以这同意的数字来作为标准。

(2)如果装货完毕后起争议,可看卖方是赚取速遣费或要支付滞期费来裁定买方有否准时派遣船舶。

(3)卖方没有责任在装港改另一个更快的装货地点/泊位(一般卖方有权指定装货地点/泊位,这在本章4.5段有详论),或想尽办法加速装货如加班等。卖方只须要按照习惯性做法或买卖合约所同意的时间内装完货。

(4)当然,虽然买方派遣船舶并不准时导致装货时间不足,卖方还是会加快装货。这会是卖方也想付运这票货物,同时必须取得付运日期内的装船提单以便顺利议付。但卖方这样做,可事后向买方索赔额外装货费用,如不正常"超时工作"(overtime),因为是买方"不准时派遣船舶"(late nomination)所导致。

(5)卖方也可以装货至最后付运时间的一天,然后不再装其余的货物,好像是本章4.1.2小段的 Bunge v Tradax (1975) 2 Lloyd's Rep 235 先例。毕竟,如果卖方继续装下去,除非另有约定,他会取得的提单日期过了付运日期,无法议付。

(6)卖方如果一开始已可计算出买方派遣的船舶是不准时,可以拒绝接受。

(7)如果之后才发生的下雨导致卖方无法在付运日期内装完货物,错不在卖方,风险也不在卖方(装货时间不算坏天气时间的情况下),卖方不必支付任何滞期费,则仍是算买方违约(他或可免责,看免责条文),没有派遣准时船舶让卖方在订明装货时间内装完货物。

(8)这也不是怪谁的问题,而是风险在派遣船舶的买方。等于他派遣的船舶去装港途中遇上海难/事故导致延误,无法准时,这责任风险仍在买方一样。除非他受"免责条文"(exception clause)保障,他对卖方而言仍是违约/毁约。接下去会提到另一种风险也是在买方头上,这就是装港拥挤。

4.5 装港拥挤如何影响派遣船舶是否准时?

遇上装港拥挤,这风险又是谁属呢?笔者看来,这又是要看买卖合约内的装货时间相关条文去判断。例如,合约订明买方派遣船舶一早在港内港外待泊均可递交有效通知书,并始算装货时间,则这待泊风险自然落在卖方。会在仍未始装已是进入滞期时间,而滞期费的支付即表示了卖方违约而要支付的"议定违约赔偿"(liquidated damage)。

相反,不订明港内港外算是抵达,买方会要承担风险,因为如果是买卖合约讲明装货地点,FOB做法下是买方的责任把船舶派遣至该处让卖方装货上船。特别是,该买卖合约如"泊位租约"(berth charter)一样,说明是"买方派遣的船舶要到卖方适合泊位装货"(Vessel to be loaded at berth suitable to Sellers 或 Vessel to load at berth indicated by the Sellers).

这样的措辞就出现在 Miserocchi v Agricultores (1982) 1 Lloyd's Rep 202 先例的有关买卖合约,而该先例也是决定卖方或是买方要承担装港拥挤的风险与后果。

该先例涉及南美的 Rosario 与 Buenos Aires 两港装玉米,但因港口拥挤,FOB 买方派遣的几艘船舶被迫在"港外引航站"(Recalade pilot station)待泊,这导致了靠泊时已无法在付运日期内把货物装完。

该买卖合约除了已经提及要去装货泊位,而且在装货时间条文也说得明确如下:"Loading Rate – once vessel is berthed alongside berth suitable to sellers and ready to load this cargo, sellers guarantee, provided that the vessel is able to receive, a minimum average loading rate of 500 tons per weather working day...."

这变得船舶在港外待泊,是没有始算装货时间,也谈不上卖方要承担任何滞期费。判决的后果可以预见,Staughton 大法官说:

(1)... the submission by the buyers that their obligation was not to tender vessels at a berth and that it was sufficient that they had tendered them at Recalade pilot station, which was at the mouth of River Plate, would be rejected in that there was nothing in the contract which led to such a result or distinguished this case from that of an ordinary FOB contract where the obligation was to present the ships at the place of loading.（即买方争辩他派遣的船舶只须去到该港的港内港外，无法再前进，已算履约派遣船舶，不被法官接受。判是买方应把船舶派遣至装货地点，即卖方的泊位）。

（ii）... here the sequence of events was first that the buyers had to give 15 days' notice of probable readiness; then the sellers had to nominate a loading berth and thirdly the buyers had to tender or present the vessel ready for loading at that berth and although the sellers did not nominate a berth as soon as notice of probable readiness had been received even if they had done so it would not have made any difference to the vessel's progress.（即本买卖合约的条文规定是买方预先发出 15 天通知派遣船舶，卖方才指定装货泊位，买方把船舶开往该装货泊位。在本案例，卖方虽然也延迟了指定装货泊位，但这没有延误船舶，延误的真正原因是装港拥挤）。

（iii）... the submissions by the buyers that there was an implied term in the contracts that there would be an available berth as would enable a duly nominated vessel to load within the contract period, would be rejected in that business efficiency did not require such a term to be implied.（即买方争辩这买卖合约有一默示条件是卖方应马上指定一个可靠挂泊位，让一艘本来是准时派遣的船舶可在合约付运日期内装完货物，不被法院接受，因为达不到能默示的要求［有关默示的要求请看杨良宜先生所著《合约的解释》一书第七章 9 段，这里所讲的商业效力是指默示并非是必要，而如果非是必要，法院或仲裁庭是不应该自说自话替有关合约增加内容］）。

（iv）... the buyers therefore had to bear the losses arising from congestion and delay.（即判买方承担装港拥挤的损失与风险）。

以上先例可见，订立买卖合约也要有像程租合约一样的关于滞期费及装卸时间方面知识。例如，英国法律没有默示 FOB 卖方必须在派遣的船舶一抵达就能够去装货地点/泊位，不受到港口拥挤的延误，买方为了保护自己就可在买卖合约加上一个明示条文说"船舶一抵港即可马上靠挂泊位"（berth reachable on her arrival），这就会以明示条文强制卖方在船舶一抵达装港，卖方就必须指定马上可以挂靠的泊位，否则是违约。这一要求也可以以另一种语言来表达，就是要求卖方必须指定一个"任何时间可进出的泊位"（berth always accessible）。这两种语言/措辞在《Charter – party Laytime Definition 1980》有说："'REACHABLE ON ARRIVAL' or 'ALWAYS ACCESSIBLE'（applicable only if incorporated into a contract） – means that the charterer（在买卖合约就是 FOB 卖方） undertakes that when the ship arrives at the port there will be a loading …berth for her to which she can proceed without delay."这方面的先例有不少，如 The "Angelos Lusis"（1964）2 Lloyd's Rep 28; The "President Brand"（1967）2 Lloyd's Rep 338; The "Delian Spirit"（1971）1 Lloyd's Rep 506; The "Laura Prima"（1982）1 Lloyd's Rep 1; The "Johs Stove"（1984）1 Lloyd's Rep 38; The "Sea Queen"（1988）1 Lloyd's Rep 500; The "Fjordass"（1988）1 Loyd's Rep 336。如果要对这方面

进一步研究可看杨良宜先生所著的《装卸时间与滞期费》一书第六章。

重要是 FOB 买方必须要知道，这方面的后果会很严重。如果一艘原是准时的船舶因装港拥挤无法及时靠挂泊位，这是买方风险，如同船舶去装港途中遇上意外延误一样。加上，在装港会有几个不同地点或泊位可装货，即使港口拥挤，它们之间还是会有不同的等待时间。但由于买卖合约通常是由卖方选择装货地点/泊位，卖方大可以在货价上升时，乘机在他也确实无法在付运时间内装完货的情况下，接受买方的违约/毁约，终断合约，因为买方"没有准时派遣船舶"（late nomination of vessel）。

4.6 针对不准时派遣船舶风险办法之一：买卖合约允许延长付运时间

看来，FOB 买卖虽然主动是在买方，他派遣船舶，但这非是易事，风险也挺大，除非是买卖合约在"装货时间"（loading laytime）及"滞期费"（demurrage）等相关条文订立得好，把风险（包括装港拥挤）尽量推往卖方，这一点已在上一小段提及。

此外，也有其他方面可探讨，第一种就是本小段的办法。在不少标准买卖合约内包括了允许延长付运时间的条文，例如在 Miserocchi v Agricultores（1982）1 Lloyd's Rep 202 的先例，即有以下的条文：

"Carrying Charges——Should buyers not load within the delivery period specified in the contract, buyers are to pay sellers carrying charges calculated from the first day following the lost day of the delivery period so specified until Bills of Lading date as follows [填写 Carrying Charges 金额]."

"Extension of Delivery – Should buyers not tender vessel(s) in readiness to load within the specified contract period for delivery, he shall be in default, unless he gives notice to the seller by letter, if delivered by hand on the day of writing, or by telegram or by telex or by other method of rapid written communication not later than the last day of the specified contract period for delivery that an extension is claimed.... Should such extension be timely claimed, sellers shall carry the grain for a maximum period of 60 additional days in accordance with the full terms of carrying cargo clause aforementioned."

以上两条条文表示买方及时提出要求，并要支付 Carrying Charges 的费用，卖方要把付运时间延长 60 天。

确是，在 Miserocchi v Agricultores 先例，船舶因装港拥挤延误，买方也及时发出了要求说："with the present telex, we invoke extension clause for whatever quantity is not shipped within the contract period"。所以，该先例只涉及买方应否支付 Carrying Charges 之争，而非是卖方在付运时间已届满拒绝装货。

同样争议也可见先例 The "Rio Apa"（1992）2 Lloyd's Rep 586。

像散粮这种货物可以有这种条文，但换了是香蕉等易腐货物，FOB 卖方可不能轻易答应这种条文。否则买方因船舶未妥而要求延长付运日期长达 60 天，而香蕉已经割下放置在装港泊位等待船舶付运，卖方会因香蕉腐坏而被迫违约/毁约，因再无货可装。

4.7 针对不准时派遣船舶风险办法之二:货价上升尽早派遣

这一办法应是明了:在货物市场上升,加上租船会在有些情况(如在装港附近空放船舶不多,货物品种对适合船舶有特殊要求而不容易找,租船市场高涨,FOB 买方作为承运人并非是船东熟悉的公司等)不易,买方应早日行动,不要等待至付运日期后期才行动。

4.8 针对不准时派遣船舶风险办法之三:另租替代船舶

这方面在杨良宜先生的《程租合约》一书的第六章 1.1.3 小段(150 页始)已有谈及,可节录如下:

"买方派了船后可否另去替代?这问题很重要,因为经常遇到先前派的船产生延误,碰到意外。买方不替代(substitute)的话就无法准时派船到装港,允许卖方在付运日期内装货。

看来,如果买卖合约只是写作 FOB,针对派船没有任何条文,则买方有权替代一次:Agricultores Federados Argentinos Sociedad Coorp. Ltd v Ampro SA (1965) 2 Lloyd's Rep 157;Bremer Handelsgesellschaft m. b. H. v J. H. Rayner & Co. Ltd (1978) 2 Lloyd's Rep. 73 等。

在第一个的 1965 年 Ampro 一案,是一个 FOB 买卖玉米的合约,要卖方在 9 月 29 日付运。在 9 月 19 日,买方的派船通知指明是一艘名为'Oswestry Grange'轮,于 9 月 26 日可抵达装港。这派的本来适合,但因坏天气延误,之后不久发觉'Oswestry Grange'轮要在 9 月 30 日才能到达,此时合约付运日期肯定已过。于是买方另找替代船舶,在 9 月 29 日当天才通知卖方有'Austral'轮,当天可抵达待装;卖方不肯接受,并在当天下班后终断买卖合约。至于买方能否找替代船舶,法院说可以。

Widgery 大法官说:'There is nothing expressly in this contract to provide the circumstance in which a particular vessel shall be nominated, and the rights of the parties are to be regulated by the general law as it applies to an F. O. B. contract. As I understand it, the general law is that the buyers shall provide a vessel which is capable of loading within the stipulated time, and if, as a matter of courtesy or convenience, the buyers inform the sellers that they propose to provide vessel A, I can see no reason in principle why they should not change their minds and provide vessel B at a later stage, always assuming that vessel B is provided within such a time as to make it possible for her to fulfil the buyers' obligations under the contract. I can see no principle at all to indicate in a case of this kind that when the buyers had nominated the Oswestry Grange they were in any way inhibited at any time from changing their minds and substituting the Austral, provided always, as was the fact here, that the Austral was capable of accepting the cargo within the time for shipment stipulated in the contract.'

但要注意这必须是 FOB 合约中没有对派船作规定及买方也没有必要(除了是为了客气与方便)通知卖方所派的船的情况下。但这种情况不多,一般的买卖合约都有条文针对派船。这一来，买方往往是不能去另派替代船了。

这在上诉庭的 Cargill v Continental (1989) 2 Lloyd's Rep 290 一案例可见。该 FOB 合约有一条文说明：'Buyers to give a provisional notice of 8 clear days of the date of the vessel's e. t. a. at loading port... such notice to show vessel name, itinerary and approximate quantity to be loaded. The provisional notice must be followed by a final (definite) notice of 4 clear days of the date of presentation of the vessel for loading...'

该合约的付运日期是 8 月 5 日至 31 日。在 8 月 20 日，买方通知说派的船是 'Cobetas' or substitute, e. t. a. 8 月 29 日。在 8 月 22 日买方更说死(definite notice)是 'Cobetas' 轮，e. t. a. 却推至 8 月 31 日。卖方回答说如果 'Cobetas' 轮其他方面适合，他会接受该船舶装货。但到了 8 月 26 日，因 'Cobetas' 轮有了变化，买方通知以 'Finnbeaver' 轮，e. t. a. 8 月 28/29 日来替代。该船也确在 8 月 27 日抵达装港，并递交了准备就绪通知书，但卖方拒绝接受。当时货价市场高涨，卖方也乘机终断买卖合约。

上诉庭判是买方败诉，并指出没有说法是买方派船可自由替代，只要替代船能准时及适合。因为如合约有对这方面的要求，替代船往往无法履行其他方面的要求。譬如，派船通知要在 8 天前发出：这在 'Cobetas' 轮可做到，但 'Finnberver' 轮却无法做到。

这样看来，多数的 FOB 买卖合约，买方在作出合约要求的预先通知有关将派遣的船舶就不能改。尤其在商品市场暴涨时，买方船期可要抓得紧，否则会大难临头。

也可多看一方面，即订合约的危险。对中间商而言必须在条文上背靠背。譬如，一中间商以 FOB 向外国卖方要货，合约中有一条明确的派船规定(通知等各方面)。他再以 FOB 转卖给另一方，合约只是泛泛的 FOB。最后的买方预先通知将派遣船舶的船名，通知了中间商，中间商也转告外国卖方。但之后这最后的买方另改一替代船，他根据 Ampro 先例是可以这样做，但中间商面对外国卖方时会被当作毁约/违约。"

另去一提的是买方在预先通知中针对派遣的船舶经常会加上一条尾巴，就是在船名后加上"或其他替代船舶"(or substitute 或简写 OS)或"其他更好的船名"(or better name 或简写 OBN)。这在 Cargill v Continental 先例判是无效，买方不能单方面自己为自己创造一个将来替代派遣船舶的权利。

最后一提是会有情况 FOB 买方非要在最后的时间另派遣一艘替代船舶，但时间上根本不可能再作出合约要求的预先通知给卖方。例如原来派遣的船舶在即将抵达装港前发生事故，需要长时间的修理，即使 FOB 买卖合约有约定买方有权延长付运日期也解决不了。又或是原来派遣的船舶是二船东所出租，但由于二船东没有准时支付租金给原船东，原船东撤船。FOB 买方一知悉这个问题曾经马上接触原船东，希望以高租金或高运费直接另订立租约，以保证不必试图替代派遣的船舶，但时间上慢了一步。反正在这种情况下，都会导致买方在暴升的市场不想失去该票货物或给卖方敲竹杠要求提高合约货价,需要派遣另一艘替代船舶。由于上述所讲的英国法律地位,看来解决的办法也就是在订立买卖合约的时候预先争取一条买方在一些特殊的特定情况下可以派遣另一艘替代船舶而在时间上来不及就不必再重新作出预先通知的条文。

4.9 针对不准时派遣船舶风险办法之四:盯紧租船条文的船期

盯紧租约的船期,一种做法是在 FOB 买方所租用的船舶在租约加上一条"估计可装货日期"(expected ready to load on [日期]),即会给船东一个严格苛刻的责任必须做到,否则是条件条文的违反,并且船东要承担承租人(FOB 买方)的损失。显然,这"估计可装货日期"是与买卖合约的付运日期配合。

这在笔者的《期租合约》一书第五章2段(105页始)已有详述,可部分节录如下:

"……这几乎肯定是一个租约的条件条文,因为这一个陈述与国际货物买卖合约相关联,如果船东在租约内订下一个日子时不能合理相信船舶在该天会准备就绪,或根本没有合理基础认为船舶会在该天准备就绪,承租人就能够取消合约并对损失作出索赔,The 'North Anglia' (1956) 2 Lloyd's Rep 367; Mitsui OSK v Garnac Grain (1984) 2 Lloyd's Rep 448; The 'Mihalis Angelos' (1970) 2 Lloyd's Rep 43; The 'Baleares' (1993) 1 Lloyd's Rep 215,因为这是一个条件条文。

在 The 'Mihalis Angelos' 先例,上诉庭认为:'These words mean that, in the light of the facts known to the owner at the time of making the contract, he honestly expected that the vessel would be ready as stated and, further, that such expectation was based on reasonable grounds.'

在这个案例中,上诉庭认为当船东表示'expected ready to load under this Charter about 1st July 1965'时,没有合理基础去预计船舶能在这个时间/日子准备就绪。所以,当船东作出预计时必须计算清楚,不能乱作推测,而最好保持一些书面证据(例如在上一航次的卸港问了港口代理估计需要卸货的时间)为求以后容易对这方面提供证据。

在这方面,当船东订约时,会有两种情况发生。第一就是当订立了租约后,船舶就马上去交船地点/装货港。如果在途中遇上一些船东无法预料或控制的延误,他一般不会因此违约:The 'Baleares' (1993) 1 Lloyd's Rep 215,即使是涉及一些海难事故,船东也在有关租约下会有免责条文保护。举一个例子,船舶去交船地点在半途发生搁浅或碰撞,船东就可以受到航行疏忽免责的保护,因为在这一个预先航次,租约的有关条文已经是生效。第二种情况是船东订立租约后不是马上履行,但在中间一段时间另有其他租约/航次需要执行。如果在这些航次发生了延误的事故,就算是船东同样是无法预料或控制,或涉及航行疏忽事故,情况就会是相反。这是因为船东既然是在履行另一个其他的租约,就不可能同时也在履行下一个订立了的租约。变了是后者租约中的免责条文不能适用。这一来,在上一个航次履行的时候发生延误事故,船东仍是因此对下一个租约的船舶预计准备就绪装货日期条文构成违约:The

'Baleares'(1993)1 Lloyd's Rep 215。有关案例没有清楚解释为什么会在上述两种情况有这区别。理由会是因为如果下一个租约开始前,船东订下其他较早航次,甚至船期安排得非常紧密,有关船舶延误的风险应该由船东自己承担。

虽然这些理解在期租合约会是有争议性的,为免冒险,(船东)在答应船舶预算准备就绪装货日期时,最好加上注明,类似:'现在履行另一个租约(如在最后卸港)自____到____。若该租约能在____(日期)之前结束,预算可在____(日期)为履行此租约而准备就绪装货。'BIMCO 在 1957 年建议加入'Baltic Conference Expected Ready to Load Clause',如下:

'Expected ready to load about(日期)but without obligation to proceed to the loading port hereunder until the termination of any voyage on which the vessel may be engaged at the day of the charter party or any voyage the owners may reasonably commit the vessel to undertake after the date of this charter party.'

这样,如果因为履行上一租约有无法控制的延误引至船舶不能预期准备就绪装货亦不至于被取消合约与当作违反租约条件条文来索赔。这严格判法已经说过主要是配合国际的货物买卖合约,因为承租人可能由于错过了船舶准备就绪装货日期而失去了可装货的时间。程租下一样用词的,亦有一样的后果,对船东非常危险。"

4.10 卖方在派遣船舶准时情况下的责任

在 4.4.4 小段谈到船舶不准时卖方的应对,在这里反过来探讨在船舶准时的情况下,卖方装货上船的责任又是如何。这方面可节录《Benjamin's Sale of Goods》(8th edn,2010 年)一书的 20-036 段如下:"**Effect of seller's failure to load within required time**. We have seen that a seller's failure to load within the contractual shipment period is a ground of rejection. But where the contract provides for shipment within a specified period at the buyers' option, the seller may be under a duty to load before the end of the shipment period (e. g. if the buyer calls for shipment early in that period), and he may also be under a duty to load at a rate specified in the contract. Breach of these duties may make the seller liable in damages, though mere failure to begin loading in accordance with the contract will not have this effect if, by loading more quickly than he was contractually bound to load, the seller nevertheless completes loading within the time allowed by the contract. Nor does the mere fact that the seller has failed to comply with the requirements of the contract as to the commencement or rate of loading of itself entitle the buyer to reject: thus so long as the seller loaded, or was able to load, within the shipment period, the buyer could not reject merely because the seller failed to load within a reasonable time of receipt of shipping instructions, or merely because the seller failed to load at the stipulated rate."

以上可总结为:

(1)卖方必须准时在买卖合约付运日期内装完货物上船,否则是违约/毁约,买方可拒绝接受货物。举例,付运日期同意在 6 月份,买方派遣的船舶 6 月 15 日已抵达装港,但卖方一直无法提供货物,不去始装。买方可在6月30日已届接受毁约、终断买卖合约,并向卖方索赔(如派遣的船舶往装港白跑一次,货价上涨等)。这一点会在6段的注[3]再谈及。而如果卖方在6月28日才始装,至6月30日已届只装了一半的货物,买方应可不准再装,把船舶开走。这推理是与4.1.2小段所提的 Bunge v Tradax (1975)2 Lloyd's Rep 235 先例同一精神。当然,买方会这样做,往往是货价市场下跌。而另一更好解决办法会是:卖方也必须面对这困境,毕竟其余一半的货物装上船也是无法取得6月份日期的提单,信用证议付会有困难。所以,会被迫与买方协调去同意减一点货价,如5元、10元一吨。

(2)如果卖方只是延误装货,带来滞期费(在买卖合约订明装货时间情况下),或带来滞期损失(在买卖合约没有订明装货时间情况下,如只是说"customary quick despatch"),但只要最后卖方仍能够在买卖合约的付运日期的最后一天全部装完货物,买方也无话可说,只能向卖方索赔滞期费或滞期损失,不存在可拒绝货物:Tradax v Italgrani (1986)1 Lloyd's Rep. 112。

4.11 适合的船舶

在这方面可以先节录《Benjamin's Sale of Goods》(8th edn,2010年)的20-047段来介绍大原则、大精神如下:"**Shipping instructions must be 'effective'**. The instructions given by the buyer must be 'effective' in the sense that it must be possible and lawful for the seller to comply with them. Thus if the buyer nominates a particular ship, it must be capable of loading the goods within the shipment period. A nomination which comes so late as to leave inadequate time for loading within that period is defective. The same is true if the ship cannot lawfully load at the port of shipment named in the contract; and, where the contract names a range of ports and gives the option as to the port within that range to the seller, if the ship cannot lawfully load at any of those ports. If the buyer instructed the seller to load the goods on a ship bound for a particular port, the instructions would be insufficient if no ship bound for that destination were available at the port of shipment during the shipment period … If, however, after the seller has tendered the goods for shipment, the nominated ship refuses or fails to take the goods on board, it is submitted that the nomination will be regarded as ineffective, whether or not the buyer has previously reserved space on that ship."

以上所讲其实一点不难理解,在本章的整个4.2小段只提到派遣的船舶要准时,要让卖方有足够时间(或买卖合约的装货时间)在付运日期之前把货物装上船舶。

但如果派遣的船舶看是准时,可是在装港被当局列入黑名单不准装货。或是,船舶太大、太深、太长而进不了装港。或是,船长拒绝装货,指该货是危险品,除非卖方肯给红包。或是,船舶吊杆坏了令卖方无法从速装货。或是,船舱不洁非要再清洁一段时间才能装散粮等。千变万化的情况,都会令卖方根本无法在付运日期之前把货物装上船舶。这一来,光是表面看船期是准时,但实质上船舶并不适合,而问题是在船舶本身,不论买方有否犯错(如租错船舶),风险毕竟是在买方,不在卖方。

所以,遇上不适合的船舶,令付运日期已届仍无法装完货物或始装,卖方的应对可以是与本章的4.4.4小段一样。

4.12 贮存的费用、利息损失与保费

不少大宗货商品的标准格式买卖合约(如GAFTA或FOSFA),会有明示条文允许延长付运日期。这方面在FOB买卖,对要负责派遣船舶的买方显然是十分重要。它比CIF/CFR买卖更为重要是:(1)CIF/CFR卖方虽然是要负责租船作出付运,而处理这一方面的业务不简单并且会遇上各种的困难,但至少在卖方十分困难去自己安排付运,也有另一个履约的选择就是去市场买入浮动货物供应给买方。但在FOB,买方虽然要处理与面对租船这方面困难的业务,会面对同样的延误,但就不会有一个额外的做法可以买入浮动货物。(2)虽然是不应该而且太容易被拆穿,但从表面看来如果货物的付运过了最后付运日期的一天,负责付运的卖方可能以“倒签提单”(back - date bill of lading)作为一时的隐瞒。但还是有可能去永久的隐瞒,如买方不警觉,也不知道怎么样查。也会是货价已经在信用证下议付支付了,买方也就不了了之等原因。但在FOB买卖,由于是买方派遣船舶让卖方装货,大家都参与把货物付运的作业,谁也隐瞒不了谁有关付运日期内把货物装船的准确时间。

这种条文可举FOSFA 53的第12条非常详尽的部分内容,如下:“Buyers shall be entitled to an extension of the original contract delivery period not exceeding 15 days in which to provide suitable freight. Notice of such extension shall be given to Sellers as soon as possible but not later than the last business day of the original contract delivery period. Sellers undertake to carry the oil for Buyers' account for such an extended period at the rate stipulated in the Preamble or where no such rate is stipulated at the rate of US $0.50 per ton per day. Buyers need not state the exact number of days they require when giving such notice. If an extension is claimed five days pre - advice shall be given to Sellers of ship's expected readiness to load...”

在这种标准格式合约,如果买方作出通知要求延长付运日期或派遣船舶抵达装港日期,就会有规定他需要承担“货物(散粮)贮存的费用、利息损失与保费”(Carrying Charges),可简称“储存费用”。这也是公道,因为卖方会是因为付运日期的延长导致要把货物储存在装港的仓库,这是需要额外费用,应该由买方承担。

有关储存费用是多少或怎样计算,这纯粹是要看条文的措辞/文字。例如在The “Osterbek”(1972)2 Lloyd's Rep 341先例,在该FOB买卖,有关的条文是:“... Should buyers not tender suitable tonnage within contract time, sellers undertake to carry the goods for buyers' account at current rates for storage interest and insurance for a further period of 28 days.”双方的争议就是有关的条文是属于“补偿性质”(indemnity),就是卖方必须在这要求延长的时间内产生的储存费用与保险费用才能向买方索赔。而在该先例,看来卖方并没有货物(豆油)在延长的时间储存在装港的额外费用,所以没有费用可

向买方索赔。

但更多的条文针对储存费用是以货价的百分比例如 GAFTA 100 第 9 条是说:"1 to 4 additional days,0.50%;5 to 6 additional days,1%;7 to 8 additional days,1.50% of the gross contract price."表面看来这类似超出了使用装卸时间要对船舶延误支付的"滞期费"(demurrage),在本质上是属于"议定损失"(liquidate damage)。这样规定也显示了这种情况经常会发生,因为合约是不会为了不经常发生的违约去花时间约定一个议定赔偿。

这也带来了一些争议,已经有先例作出了解释。第一个是延长付运日期并支付储存费用作为代价,是否好像装卸时间与滞期费,属于违约与议定赔偿?这在 Fratelli v Nidera (1981)2 Lloyd's Rep 47 先例中,判是有一点不同。让买方延长付运日期只是给他一个合约的选择权,作出选择并非是违约。所以支付储存费用只是作为代价,并非是议定损失。这里可以节录上诉庭 Dunn 大法官所说:"... notice for extension of delivery having been given, in my judgment the carrying charges were the price of the exercise of the option to claim extension of delivery by the buyer. They were sums payable under the terms of the contract in consideration of the buyers' rights to claim an extension of delivery for up to 60 days and were not the consequence of any breach of contract by the buyers."

另 Waller 大法官说:"At a time when the buyers claimed an extension, there was no breach and so, at the end of the period up to 60 days, the sellers had an accrued right to the payments. It follows that, in my opinion, so far as these payments are concerned they were the price of an option."

这一点的重要性倒不是在固定的储存费用,因为它作为是对价或是议定损失的实际后果都是一样,反正买方要求延长付运日期就要付这笔钱。如果有关的条文是允许买方延长付运日期,但只是泛泛要求买方补偿卖方的有关损失,没有一个固定金额或货价的百分比。这一来如果把买方要求延长付运日期视为是违约而不是行使选择权,买方就可能面对金额庞大的补偿。甚至是有关货物(如易腐货物)由于延长付运日期而受到损坏或需要特别照顾。

照理说,如果储存费用只是对价而不是议定损失,就不存在这笔金额是否属于惩罚性条文的"罚金"(penalty)。这种争议在滞期费有出现,可参阅杨良宜先生所著《装卸时间与滞期费》一书第十八章第 8 段。但这种争议也出现在储存费用,第一个是 Gonzalez v Waring (1980)2 Lloyd's Rep 160 先例,有关的标准格式合约(South African Export Contract)是说明延长付运日期的长短是要支付每天固定的金额作为储存费用。买方争议说这笔钱是属于罚金,因为金额是比实际的储存费用高出很多。但上诉庭与第一审的高院不接受买方的争议。这在后来另一个先例 The "Bonde" (1991)1 Lloyd's Rep 136 也是有同样的观点。Potter 大法官是说:"Since the buyer has a right to extend the shipment period on giving proper notice, it seems to me that the obligation to pay carrying charges as provided is better regarded as the price to be paid for that extension than as a liquidated damage provision in respect of a breach. Nonetheless, like the board(上诉仲裁庭), I do not think that it follows that the absolute obligation represented by the loading rate guarantee for the purpose of triggering demurrage should be applied equally to impose a limit upon the extent to which the carrying charges should be paid."

最后一提的就是在 The "Alkeos C" (1984) 1 Lloyd's Rep 687 先例, Staughton 大法官认为上诉庭的 Fratelli v Nidera 先例已经说清楚这一个罚金的问题再也没有可争之处(laid to rest the penalties argument)。

涉及了不是买方选择延长付运日期,而是一个真正的违约(违反条件条文或保证条文),卖方是可以索赔储存费用以及其他的费用作为他的损失一部分。例如不少船东装散粮,也经常遇上船舱不洁而要再自费清洁,事后会被承租人(FOB 买方或 CIF/CFR 卖方)在租约下索赔一项"储存费用"(Carrying Charges),这一般情况下也会成功,因为承租人由于船舱不洁而需要在买卖合约延长付运日期并要支付储存费用作为代价。

另是,经常会有情况固定金额的储存费用定的比较高,如在 The "Bonde" (1991) 1 Lloyd's Rep 136 先例。这一来如果遇上有关货物的市场价格并非是暴升而是暴跌,FOB 买方即使需要延长付运日期,因为租船或派遣船舶晚了,也最好考虑不要求延长,这等于不行使选择权。而最后船舶晚到,估计卖方在市场下跌的情况下不会想终断这一个买卖合约,还是会硬着头皮装货作出付运。而针对过了付运日期的违约,卖方只能索赔真正的损失,这就会比买卖合约所约定的固定储存费用低。

4.13 FOB 买卖下的卸港

一般的 FOB 买卖,卖方并不理会装上船舶的货物去什么卸港,所以 FOB 买卖合约中通常是没有针对卸港或进口国家的条文。但例外情况是越来越多,正如在 Port Sudan v Chettiar (1977) 2 Lloyd's Rep 5 先例中,在一审的 Donaldson 大法官说:"in the real world of international commerce, with its political and religious boycotts, and its complex intergovernmental trade agreements the seller's interest was understandable." 例如一些有战略性价值的货物更加会受到这方面的影响。在 North Sea v PTT (1997) 2 Lloyd's Rep 418 先例,就有很详细的介绍有关沙特阿拉伯原油出口的一些在 1993 年开始所订立的出口政策,如只卖给主要石油公司与自己有炼油设备或安排的买方,而不是只进行投机性的转售的买方。此外,也控制原油的目的地卸港,因为不同地区或者国家在有关原油的价格中是有区别。所以禁止买方改变有关原油的目的地,否则会导致违约买方被列入黑名单而买不到沙特阿拉伯的原油。以下可小部分节录如下:"In addition to controlling sales to the end users, Saudi Aramco set its prices by reference to the region of destination of the cargo; if oil was purchased for an Eastern destination (Asia/Far East), the price was different to that for Europe. Saudi Aramco would not permit the switching of oil for Eastern destinations to Western destinations or vice versa. For that reason, it was Saudi Aramco's policy by imposing terms that entitled it to see discharge certificates when a vessel returned to Ras Tanura or Ju'aymah and by imposing sanctions on any person who breached the end user or destination restrictions."

另在 Port Sudan v Chettiar 先例,苏丹出口的买卖合约中说明是货物(棉花)"目的地是印度"(destination India),苏丹与印度两国之间有贸易协定,并有税务优惠。之后,印度买方发了一电文给卖方说:"关于买卖合约内的印度为目的地,我们也意图把货物转卖去其他远东地区。请允许目的地为印度或任何远东地区"。卖方回电说:"在苏丹/印度贸易协定外可允许其他目的地,只要货款以外币支付。"(will allow destination elsewhere if payment foreign currency outside Sudan India Agreement)。再之后,买方派遣一艘船舶来苏丹装港,但该船舶的目的地是去欧洲的罗马尼亚。卖方知悉后拒绝接受该船舶,这最后导致买方索赔损失 50 万英镑(当时是很大一笔钱)。买方争辩是 FOB 买卖下卸港与卖方无关,不得以此理由拒绝派遣的船舶。另外,买方指卖方的回电说明是可允许"其他"(elsewhere)目的地,这应该就是指卖方的话构成了弃权/禁止翻供。毕竟,买方依赖并租用与派遣船舶。

在高院,Donaldson 大法官判是卖方胜诉,也就是可以拒绝把货物装上船舶:"派遣的船舶并不适合,卖方可去拒绝,而回电说明可允许其他目的地也只是局限的针对买方要求去任何远东地区,不能无限制的指全球任何其他目的地买方都可以去"(the buyers' nomination of a vessel destined for Rumania was invalid since the word 'elsewhere' in the sellers' cable was to be construed in a limited sense and the sellers were entitled to refuse to ship)。

但去了上诉庭,仲裁庭与 Donaldson 大法官的判决被改变过来,判是卖方违约。但是根据另一个理由,就是判有关的买卖合约有了变更,允许把货物付运去印度以外的其他国家。

总结说,如果 FOB 买卖合约是明确限定了有关货物的目的地卸港,如果事实上不符,卖方应该可以拒绝把货物装船。这在 Michael Bridge 教授的《The International Sale of Goods》(2nd edn,2007 年)之 3.50 段有针对这一个先例说:"Had the contract remained unvaried, the trial judge's decision that the sellers were entitled to refuse shipment would surely have been correct."

这一方面的法律看来也在另一个先例 Bulk Oil (Zug) AG v Sun International Ltd (No 2) (1984) 1 Lloyd's Rep 531 有涉及,案情是一个北海原油的"FOB Hound Point/Sullom Voe"买卖。由于当时英国政府禁止把北海原油运往以色列,所以卖方都必须小心在买卖合约中加上一条针对目的地的条文,说:"Destination free but always in line with exporting Country's Export Policy. United Kingdom Government policy, at present does not allow delivery to South Africa."在该先例,买方虽然知道这一个条文的约束,但还是坚持他有权指定以色列的海防港作为目的地,并认为双方订约的时候就知道这一

个意图。而且不认为英国有这一个政策,买方也不知道,而有关的明示条文只针对南非。反正是最后卖方没有把北海原油装上船舶。在仲裁中,仲裁员判是买方败诉,并要赔偿高达1200万美元的损失给卖方。

针对货物的目的地或卸港,卖方能够在装船之前知道会有各种不同情况,一种情况是卖方要申请出口许可证,所以需要向FOB买方查问有关的目的地。如果买方所告知的目的地是卖方不认同,又或者是在当时市场价格暴涨导致卖方找麻烦,威胁不装货。但这显然是与上述先例的情况不一样,因为在买卖合约如果没有明确有关货物的目的地,法律默示地位是FOB买方可以随意把货物运去任何卸港或是转售。买方告诉卖方有关货物目的地或卸港只是为了协助办理出口许可证,而不是有一个合约责任必须去某一个地区或卸港。这也表示卖方如果不认同把货物运去某一些目的地或受到背后的政策影响不能去向某些地区出口,就必须在有关的买卖合约中明确规定。

如果在FOB买卖中有明确规定目的地或卸港,由于买方派遣与控制船舶(如以期租合约租用船舶),买方如果想改变有关货物的目的地会动歪脑筋,如绝对不要在有关货物装上船舶前与开航前告知卖方真正的目的地。这种做法显然是违约,会导致卖方将来在知悉后提出索赔或是好像North Sea v PTT先例中所提到的被沙特阿拉伯石油公司列进黑名单等严重后果。

4.14 不适合船舶例子:《程租合约》一书的介绍

在这问题上,杨良宜先生在《程租合约》一书有详细探讨。毕竟,FOB买方在针对这方面是一致的:他要租用或找准时及适合的船舶,所以要盯着船东在租约保证"估计可装货日期"(在本章4.9小段),另外也要保证船舶在各方面适合装港、有关货物、航次等。否则,事后被卖方拒绝,如船舶被装港当局列入黑名单,而买方又无法另租替代船舶(在本章4.8小段),在买卖合约付运日期一过会是后果严重。如果当时货价暴升令买方损失惨重,他可向船东索赔,只要是船东在租约内有明示或默示责任,而且不受免责条文保障,他会是责任难逃。也会是,当时货价暴跌令卖方向买方索赔,因后者没有准时派遣适合船舶。只要是买方有额外的损失,他也可在租约向船东索赔。

在《程租合约》一书,杨良宜先生针对船舶适合方面谈到有能够装下买卖合约的货量,船上吊杆吊车,船舶其他方面的详述等。可参阅该书第三章1.2小段始至2.4.3小段,内容与本章的FOB买卖合约息息相关。

§5 FOB卖方责任之一:指定装货地点

已经很详尽的谈及FOB买方的最主要责任之一的"派遣船舶"(nomination of vessel)的责任,现在可谈FOB卖方的责任。毕竟,整个FOB做法就是各做各的令船舶与货物在某一点(装货地点)汇合,双方可交接货物。FOB 买卖合约通常都会约定装货地点(宽松的一个地区范围或是一个特定的泊位或是海上钻油台),也必须是这样做,否则会有危险被视为是合约太不肯定而被判是无效。但在 Cumming & Co Ltd v Ince (1982)28 CLR 508 先例,法院说:"In the absence of any stipulation express or implied as to the port of shipment...,sufficiently certain to be enforced in a court of law."在这种情况下,会有可能被法院解释为装货地点是默示为卖方的所在地:"FOB at seller's place of business":Sutherland v Allhusen (1866)14 LT 666。这样的判法是法院尽量支持一个合约的存在,而不是轻易否定,再加上在 1979 年《货物销售法》之 Section 29 (2),法律默示装货地点是卖方的所在地。这在 CISG(《联合国国际货物销售公约》[United Nations Convention on Contracts for the International Sale of Goods])之 Article 31 (c)也是同样的规定。

5.1 买卖合约订明装货地点的情况

如果买卖合约订明装港或装货地点,如"FOB 上海",则 FOB 买方事后租船一般会是装港订明是在上海,除非是以"航次期租"(TCT)才会给买方有更大改变装港的自主权。所以,如果卖方要更改装港,如宁波才有货物可以装船,则必须大家都同意更改 FOB 买卖合约与程租租约才成。而遇上精明与"唯利是图"的船东会在承租人(买方)要求改港时敲一笔钱,这变为买方也会向卖方要这笔钱,否则不同意改港。应该也是这个原因,卖方会喜欢把装货地点尽量约定得比较广泛一点,特别是在卖方将来会提供的货物还不能肯定会在哪一个港口装货的情况下,如有关货物并非是他自己在某处生产,肯定会在该处或该港装货,而需要在市场买入。这种例子很多,在 Bunge v Tradax (1981)2 Lloyd's Rep 1 的先例的装港是:"FOB one US Gulf port"。

明显的是,同意了的装港或装货地点是"条件条文"(condition)。这表示卖方如果坚持买卖合约规定以外的装港,买方可以接受违约并终断买卖合约与索赔损失。这在 Petrotrade v Stinnes (1995)1 Lloyd's Rep 142 先例有涉及,Colman 大法官认为装港或装货地点是条件条文,不能被视为是"中间条文"(innominate term)的原因是如下:

"In a FOB contract where the buyer has to nominate the ship the precise identification of the delivery point is vital to the buyer. In order to take delivery he in turn has to enter into a contract of affreightment with a carrier which exactly matches the sale contract. If he has chartered a ship to load at a given port where the goods are to be delivered to the ship under the sale contract it is at that port and only at that port that he can require the chartered ship to load. He is not entitled to nominate another port unless the charter - party provides for a loading port range. It will not necessarily do so. The response that he may be able to persuade the carrier to go to a nearby port for a modest extra payment which would be recoverable from the seller in damages is nothing to the point. The fact is that in FOB contracts when the buyer has to nominate the ship the need for the precise matching of the contract of affreightment with the contract of sale, both as to timing and as to place of shipment, is essential and obvious in all cases. Contractual disparity would, in many cases, lead to acute problems for the buyer. It would often give rise to considerate commercial inconvenience. Apart from the need for a matching contract of affreightment, the buyer might have sold the goods forward or arranged to finance their purchase and might for either of those purpose have to tender or deposit bills of lading evidencing shipment at the port of shipment named in his sale contract. It would not be open to him to tender or deposit bills of lading evidencing shipment from a nearby port. The absence of precise correspondence between the actual place of shipment identified in the shipping documents and the contractual place of shipment would thus be likely in many cases to cause severe disruption of the buyer's commercial arrangements with others.

Moreover, if the place of shipment were only an innominate term, disputes would frequently arise as to the buyer's right to reject a tender of goods at a port other than that contracted for. There would be an issue whether it was so far from, or had such different characteristics from, the port of delivery identified in the contract as to deprive the buyer of substantially the whole benefit of the sale contract. The uncertainty to which such disputes would be achieved if the place of shipment is a condition of the contract is clearly a highly relevant consideration in deciding how to classify the term."

该案例是一个"FOB Antwerp"的买卖合约,货物是1万吨的汽油。为了符合目的地德国规定,也在合约订明该汽油质量必须是:"lead 0.15 g/1 maximum scavenger free"。

但在装货前,发觉该票汽油不是"scavenger free",买方因此发了以下的电传给卖方说:"... we have noted that the product to be loaded…is not scavenger free…Since this is an absolutely critical specification point as per contract we must ask you to make available immediately different product which is in accordance with the contractual specification.

As you are no doubt aware the delivery period…has already expired on July 18, 1992... we hereby urgently ask you to provide us by noon on Monday 20 July 1992 which alternative on spec. product. After fruitless expiration of this period we will have no other choice than to treat your breach as repudiation..."

卖方回应给买方两个选释:一是去 Flushing 的另一地点,该处有1万吨的 scavenger free 汽油。二是延长付运日期,在 Antwerp 等待符合要求的汽油。

买方要求 Flushing 所替代的汽油必须减价才接受更改装港,但为卖方所拒,这导致买卖合约的终断,互指对方违约。

在高院,卖方争辩 Flushing 比 Antwerp 更接近,对买方更方便。而且装港不能算是买卖合约的条件条文,只能算是中间条文,即有违反也不能乘机终断合约,因为事实显示了违反的后果一点也不严重。但 Colman 大法官不同意,判这是违反条件条文说:"... the tender of gasoline for loading at that place (指 Flushing) could not be a contractual tender to Stinnes (买方) within the terms of the sale contract. Stinnes would be entitled to treat such tender as a breach of a condition under the contract."

5.2 买卖合约订明装港,但装货地点(泊位)不说明的情况

这情况会是像本章 4.5 段已提到的 Miserocchi v Agricultores (1982) 1 Lloyd's Rep 202 先例,买卖合约订明是卖方可指定在 Rosario 与 Buenos Aries 两个装港适合泊位装货。Staughton 大法官说:"Similarly there may be more than one place of shipment – in this case, any berth at Rosario and any berth at Buenos Aires. Again the question arises who is to choose where the ship must be provided; in this instance, as will be seen, the choice lay with the sellers."

一般而言,选择装货地点或泊位会对卖方有重大影响,他会在某泊位才是方便交货。而一般在租船的情况下,FOB 买方也无所谓。等于是船东听承租人(租约是例如"上海 1/2 个泊位"),而承租人(买方)听卖方选择与指定上海港哪一个泊位。在不少情况下,也往往会是港口当局最后指定,但有不少情况是去一些私人的泊位,特别是像石油或散粮这种货物。

但如果这 FOB 买卖涉及班轮运输,让卖方选择泊位是不可行了,因为班轮有自己的码头、泊位。所以买卖合约应明示谁有权选择与指定会更明确。如果没有订明,法律会默示权利是在买方:David T. Boyd & Co. Ltd. v. Louis Louca (1973) 1 Lloyd's Rep. 209(这先例会后详)。

再重复本章 4.5 段所讲,卖方是没有一个默示责任必须指定一个没有延误,马上可靠挂的泊位,除非买卖合约订明要求卖方必须指定"berth reachable on her arrival"或"berth always accessible"。

5.3 买卖合约订明装港是一个广泛地区的情况

这会是经常遇到的情况,特别是如散粮的货物,卖方将来提供装船的货物来源会是比较广泛,所以卖方希望稍后才在一个广泛地区选择与指定一个或多个(看合约如何订)恰当与方便的装港与装货地点。例如在 Bunge v Tradax (1981) 2 Lloyd's Rep 1 的先例,货物是玉米,而订明的装港是:"FOB one US Gulf port at Sellers' option stowed/trimmed"(即美湾的一个装港,由卖方选择)。这样在买卖合约的措辞,变得 FOB 买方去租船也必须配合,即租约装港是"美湾一港口,由承租人选择"(one US Gulf port at Charterers' option)。

5.3.1 买卖合约不说明谁有权选择应由买方选择

像 Bunge v Tradax (1981) 2 Lloyd's Rep 1 先例,买卖合约是说明装港由卖方选择。但如果没有说明呢?毕竟由谁选择装港就对谁方便与省钱。除了这一方面,有时候更加会是带来更大的问题,如买方租的船舶是进不了卖方所选择的装港,因为吃水或其他实质性的问题:The "New Prosper" (1991) 2 Lloyd's Rep. 93。这也会在市场暴涨的时候给卖方一个机会用以终断买卖合约。虽然这一危险在一定的程度可以明示条文局限卖方的选择,如要求选择"好的"(good)与"安全"(safe)港口。此外,法律也会有默示条件要求作出选择是"诚实,善意与真实"(decision maker's decision will be limited, as a matter of necessary implication, by concepts, of honesty, good faith, and genuineness, and the need for the absence of arbitration, capriciousness perversity and irrationality): Socimer International Bank Ltd v Standard Bank (London) Ltd (2008) 1 Lloyd's Rep 558。

看来,在法律默示地位,会是由买方来选择与指定。在 David T. Boyd & Co. Ltd. v. Louis Louca (1973) 1 Lloyd's Rep. 209 先例,买卖合约的装港是说:"FOB stowed good Danish port"。Kerr 大法官考虑如果选择权在卖方,买方租船会有困难(特别是如果地区太广泛,毕竟不同港口会有不同的限制),而班轮订舱位会是更困难。所以,他是判选择与指定权在买方,认为这比较公道。他是说:"I have come to the conclusion that as a matter of principle, where nothing is expressly agreed and where there is no custom or any surrounding circumstances from which any particular conclusion can be drawn, the choice of a loading port under an FOB contract is that of the buyer if the contract leaves it open at what port shipment is to be made."

另在 Pagnan SpA v Feed Products Ltd (1987) 2 Lloyd's Rep 601 先例,上诉庭 Bingham 大法官也是同样地说:"It is true that there was no express agreement which party should have the option to nominate the loading port out of the agreed range, but GAFTA 119 in corporated the law of England and the English rule is that where in an f. o. b. contract, there is an agreed range of ports then *prima facie* where nothing is expressly agreed and where there is no custom nor any surrounding circumstances from which any particular conclusion can be drawn, the choice of a loading port is that of the buyer: David T Boyd v Louis Louca (1973) 1 Lloyd's Rep 209 at pp 212 – 213. It may very well be that the sellers would, by agreement, have nominated the loading port, but I do not think there was any uncertainty or any doubt in the minds of the parties on this matter."

除非双方另有在买卖合约明示约定,如在 FOSFA 53 标准 FOB 买卖合约在一开始就说明是由卖方选择装港,说:"Where sellers have the option to deliver from alternative load ports sellers shall declare actual load port no later than the first business day of the monthly prior to commencement of delivery period."

但这一个 FOB 买卖的默示地位是不能适用在其他属于"FOB 变形"(FOB variants)买卖,正如 Sutherland v Allbusen (1866) 14 LT 866 先例中,Pollock 大法官说:"The expression 'free on board' does not necessarily import that the goods should be put on board ship; it would be competent to the parties to prove that the goods were to be delivered somewhere else. The buyer may have them on board a ship or may have them at a railway – station, or may have them at any other place pointed out by him."这就带来了各种不同的买卖,如"FOT(free on truck)","FOR(free on rail)",甚至是"FOB 列明目的地"(这在

美国加拿大会有这种买卖)。这一来,也会涉及了卖方或是买方才有默示的权利选择装货地点的疑问。

在 Bulk Trading v Zenziper Grains (2001) 1 Lloyd's Rep 357,该先例是一个 FOT (free on truck)买卖,这是要求卖方把有关货物的美国玉米进口以色列之后,在双方约定的装货地点交货,由买方派遣卡车取货。但买卖合约中并没有说明在哪里交货,更没有明确规定卖方或买方有权指定装货地点。仲裁庭是认定有关货物在至少三个地点的粮仓可做出交货,即 Haifa、Ashdod 与 Ashbar。由于在履约的时候,买方向卖方多次追问在何处交货但没有得到回复,最终接受卖方违约,终断该买卖合约,并事后提出索赔。这就涉及了卖方是否需要提前指定装货地点的争议与到底谁有权指定。

在高院,第一审的 Moore - Bick 大法官把 FOT 与 FOB 买卖作同等看待,认为应该是买方有权作出决定,说:"I think that the balance is still tilted in favour of the buyer. His task is still to arrange for the transport of the goods; the seller simply has to have them available and give delivery. I would accept that in the case of an FOB contract, where a range of delivery places has been agreed, it would not necessarily be commercially impractical to allow the seller to nominate the place of delivery and indeed, some standard forms make provision for that, but that may well depend on the particular nature of the trade in question. However, it is clear from the authorities that in the absence of a term to that effect, it is for the buyer under an FOB contract to nominate the place of delivery. If the seller has difficulty in making goods available except at particular times or places, he can make appropriate provision for that in the contract. In my judgement the same principles apply to a simple FOT contract, which in its origin is essentially derived from the established form of FOB contract."

但去了上诉庭,这一判决被推翻。其中一个很大的原因是买方租用卡车与租用船舶所面对的难度完全是不可比较。所以上诉庭是同意 FOT 与 FOB 买卖不一样,前者是由卖方指定装货地点,Potter 大法官是这样说:

"Consequently, I do not consider that the position under an f. o. t. contract which provides for delivery of imported goods to be made at one of a number of ports or places is analogous to an f. o. b. contract which similarly so provides.

For the reason given by the board(上诉仲裁庭), it seems to me that the mechanics of the contract work much better if it is the sellers (who make all the arrangements with the ship), who select the place for delivery and inform the buyers accordingly. If that is correct, it seems to me clear that the board was correct to hold that this obligation fell to be performed before the buyers were obliged to nominate the trucks and the time for delivery. In such cases the buyer needs to know where he is going to have to send his trucks before engaging them and fixing a time for delivery. The identity of his haulier and the negotiation of the road freight rate and other terms are likely to be impracticable without knowing the delivery/collection point. On the other hand, it is not essential for a seller to know the identity of the trucks or to be given notice of their ETA before selecting and notifying the buyer of the place at which delivery will be made."

5.3.2 卖方如果有选择权只能选一个装港与一个泊位

如果买卖合约订明是卖方有选择权,但又没有讲明多少装港,卖方应该只可选择一个装港,因为程租合约下承租人也是只有这个权利:The "Shelley" (1950) 83 Lloyd's Rep. 137。同样道理下,如果没有讲明多少装货泊位,卖方也应该只可选择一个泊位,如同程租合约:The "Ypatia Halcoussi" (1984) 2 Lloyd's Rep 455。这种争议也出现在 Transcatalana v INCOBRASA (1995) 1 Lloyd's Rep 215 先例,该案例涉及了豆粕的 FOB 买卖,装货地点是巴西的 Rio Grande 在"INCOBRASA's berth"(这是卖方的泊位)。在 Rio Grande,还有其他的泊位可以装豆粕。在 1992 年 1 月 31 日,买方预先通知卖方是派遣了"Vera"轮。接下去在 2 月 18 日,卖方告诉买方他意图让船舶在 TTS(另一个泊位)装大约 5500 吨豆粕。但这不是买卖合约的全部货物,总共的货物数量是大约 6600 吨。所以买方在 2 月 19 日向卖方查问是否在 TTS 装 5500 吨而其余在卖方的泊位装?接下去在 2 月 20 日,买方要求按照买卖合约在卖方的泊位装所有的货物,但卖方回应说船舶已经在 TTS 开始了装货。买方回应说他并没有授权船舶挂靠 TTS 装货并要求卖方澄清是谁授权。之后双方还有通信的往来,反正最后被仲裁庭视为是买方对卖方使用两个泊位在通信往来中已经弃权/禁止翻供,说:"In view of the exchanges between the parties leading up to the loading and sellers obtaining the two berth option it is evident that buyers had detailed knowledge of the loading procedure of M. V. 'VERA' at Rio Grande. At the time of loading of the vessel, buyers did not communicate with sellers on that issue after their telex of 20th February 1992 and remained silent until they in their telex of 27th February 1992 applied the exact total quantity loaded at the TTS terminal and the sellers' berth to the then open contracts. In that telex they did not raise any objection nor did they make any reservation with regard to the loading at the TTS Ternimal. WE, THEREFORE, FIND and HOLD that the telex of 27th February 1992, constitutes the buyers' unconditional representation of their acceptance of the goods loaded on MV 'VERA' as contractual performance thereby waiving any remedies that they may have had in respect of a possible breach by sellers."

但去了高院,Mance 大法官显然不同意仲裁庭的决定,其中是认为买方不存在弃权,毕竟他没有足够的知道真实情况作出弃权的决定,也就是事前不知道船舶已经挂靠 TTS 泊位装货。Mance 大法官是这样说:"for there to be any binding election the sellers had to show an unequivocal affirmation of the contract notwithstanding the breach of condition, made with knowledge of the relevant matters; knowledge in the context of election or affirmation meant actual knowledge or knowledge which a person deliberately refrained from acquiring; and on the evidence the buyers had no such knowledge."

5.3.3　卖方如果对装港有选择权必须准时指定

如果买卖合约订明是卖方有选择权,但又没有讲明什么时候必须明确指定,则法律只好默示"合理时间内"(within reasonable time):The "Rio Sun" (1985)1 Lloyd's Rep 350。合理时间是不会导致买方受损,如拖延指定装港导致该船舶本来是"准时的派遣"(valid nomination),可让卖方在付运日期内装货完毕,但变为不准时。这方面大精神与租约是一脉相承的:Shipping Corp of India v Naviera (1976)1 Lloyd's Rep 132。

在 Gill & Duffus v Societe Pour L'Exportation (1985)1 Lloyd's Rep 621 先例,涉及一个食糖的 FOB 买卖,有关的装港是由卖方指定在"Rouen/Hamburg excluding Immingham"的范围内,并说明卖方必须最后在 1983 年 11 月 14 日指定装港(port to be specified by the seller at latest Monday 14.11.83)。有关货物的付运日期是从 1983 年 12 月到 1984 年 1 月,而船舶必须在预计抵达前的 14 天给卖方预先通知。在 11 月 11 日,买方发电要求卖方最迟在 11 月 14 日指定装港。但到了 11 月 15 日,由于卖方还没有作出指定,买方通知卖方指他违约并终断买卖合约。而卖方随即指定了"Dunkirk"作为装港,但买方拒绝接受。这一个争议就去了仲裁,而卖方的争辩是他在 11 月 17 日指定装港,这给买方有足够的在船舶预期抵达前 14 天预先通知。就算买方是计划在付运日期的第一天,也就是 1983 年 12 月 1 日装货,所以这一延误是一点关系也没有。这被仲裁庭所接受并判卖方胜诉。但上诉去了法院被推翻,认为针对买卖合约履行的最后限期的肯定性十分重要,特别在本先例双方所用的文字是"必须最后"(at latest),这里也考虑了贵族院的 Bunge v Tradax (1981)2 Lloyd's Rep 1 先例。Leggatt 大法官说:"taking into account the need for certainty in a time clause in a mercantile contract and the importance of party performing as agreed any obligation upon which performance by another party was dependent, the words 'at latest' could not be constructed in this context as doing no more than identifying a point in time after which the party in default was vulnerable to the service of a notice giving him a further period of time not contractually specified in which to do what he had contracted; there were no words in the English language by which a deadline could be appointed more concisely, more precisely, or with more finality than the words 'at latest' and those words meant what they said; the intention of the parties would best be carried out by treating the promise not as a warranty sounding in damages only but as a condition precedent by the failure to perform which the other party was relieved of his liability."

5.3.4　卖方指定装港后不能再更改

也是与租约或其他合约一脉相承,卖方一行使选择权指定了装港,再也不能单方面更改,除非买卖合约另有规定。在 The "Jasmine B" (1992)1 Lloyd's Rep 39 先例,Diamond 大法官说:"In the absence of any special provision in a charterparty, the effect of the nomination of a loading or discharging port by the charterer is that the charterparty must thereafter be treated as if the nominated port had originally been written into the charterparty and that the charterer has neither the right nor the obligation to change that nomination. ”

所以,卖方一指定了装港,买方作为承租人也向船东指定了装港,被指定了的装港如同是合约原先订明一样,也是条件条文(请看 Petrotrade v Stinnes (1995)1 Lloyd's Rep 142 先例)。可以想到,在这种情况下,卖方怎能单方面更改已经指定的装港?卖方当然可以要求买方同意后来的改港,光是要求而不是坚持并不构成是毁约/违约:Modern Transport Co Ltd v Ternstrom & Roos (1924)19 Ll LR 345。这方面可以节录 Michael Bridge 教授的《The International Sale of Goods》(2nd edn,2007 年)之 3.61 段所说:“The stipulated port of shipment is a condition of a contract: the seller cannot force on the buyer a change of port. If the seller were able to change the port, this could cause trouble for a buyer who has entered into a contract for the carriage of the goods from the previously nominated port. Similarly, the buyer, even if responsible for selecting the port, should not be able unilaterally to dictate a change of port. Courts value certainty and the avoidance of disputes. The seller could already have made arrangements with a supplier for the delivery of the goods to the original port. Even if neither of these is the case, commercial certainty is sacrificed if an inquiry has to be launched into the seller's reasons for resisting a change of port by the buyer. ”

§6 FOB 卖方责任之二:提供买卖合约的货物

在这责任,可先节录《Benjamin's Sale of Goods》(8th edn,2010 年),20-042 段如下:“**Duty to ship conforming goods**. The goods shipped by the seller under an FOB contract must be in conformity with the contract. They must, in the first place, be of contractual description[1]. …Where an FOB contract is (on its true construction) one for the sale of goods originating in a particular country, the seller cannot perform by delivering goods of the same kind, but originating in another country[2]. A provision as to the time of shipment may form part of the description of the goods, or at any rate be a term the breach of which entitles the buyer to reject[3]. The goods must be of the contract quality[4] and quantity[5] and must not be mixed[6] with other goods. The implied condition as to fitness for a particular purpose under section 14(3) of the Sale of Goods Act 1979[7] can apply to an FOB contract: for example, the buyer may reasonably rely on the seller's skill or judgment with regard to the packing of the goods. On the other hand an FOB seller is not (any more than a CIF seller) normally responsible for matters affecting the sale ability of the goods in the country of destination. [8]In Sumner Permain & Co v. Webb & Co. (1922) 1 K. B 55, the defendants sold tonic water fob London, knowing that the buyers intended to resell it in Argentina. The tonic water contained salicylic acid, and, by a provision of Argentine law of which the defendants were assumed to be ignorant, the sale of food or drink containing such acid was prohibited. It was held that the defendants were not in breach of the condition under what is now section 14(3) of the Sale of Goods Act 1979 as 'the particular question whether these goods were…compounded in such a way as to infringe the Argentine law is not a matter upon which it can be said that the buyer relied on the seller's judgment'.[9] Nor was the seller liable for breach of the implied term as to what is now called 'satisfactory' quality under section 14(2) of the Act, since 'quality' did not include 'the capability of the goods being lawfully resold according to the law of the country in which it is known that the sale would take place'."

1. FOB 卖方交付的货物必须符合买卖合约的"描述"(description)。一般国际货物/商品买卖,在订约时往往货物根本不存在,所以只能以描述针对这票"将来的货物"(future goods),即要求卖方将来交货必须是在某些描述内。例如在本章5.1小段提到的 Petrotrade v Stinnes (1995) 1 Lloyd's Rep 42,即对买卖的汽油有"scavenger free"的描述要求。如果不符合描述,买方可拒货并视为违约。英国法律传统对货物必须符合描述非常重视,1893 与 1979 年的《货物销售法》(Sale of Goods Act)一贯以来把它视为默示条文。但在本书第四章1.3段有介绍在1994年《货物销售法与供应法》为1979年《货物销售法》加入了 Section 15(A),说轻微违反买方是不能拒绝接收货物的。

2. 货物来源如果不符合买卖合约的明示或默示要求/条文,买方也可拒货,不让它装上船:Schijveschuurder and Others v Canon (Export) Ltd. (1952) 2 Lloyd's Rep 196。

3. 准确付运日期已在本书许多地方谈到它的重要性与是属于条件条文,必须严格遵守。再重复,如果付运日期是6月份,FOB 买方派遣的船舶6月15日已抵达装港,但卖方一直无法提供货物,不始装。直至6月30日或稍早1、2天,明确无法在付运日期内装完约定的货物与数量,买方可以拒货。

4。交货是要符合买卖合约质量要求。关于货物质量,在第四章5段详论。在这里只提质量会是内在或表面。如果表面质量有问题,会导致将来船长只肯签发不清洁提单。特别在 FOB 卖方是依赖信用证保证支付货款,卖方应关心这方面。但船舶不是卖方租的,船长也不会听命,变得有这方面关心,卖方或可在买卖合约加一条文说明:"The buyer must ensure that no cargo shall be allowed to load onboard that will prevent 'clean' bills of lading from being issued afterwards. Failing which, the buyer shall be fully responsible for the consequence"。

5. 交货是要符合买卖合约数量要求。举例是买卖2万吨玉米,在装货前或更早时间卖方说只有1万吨玉米,买方可视为毁约而终断买卖合约。毕竟,数量不对头会令转卖发生困难。也可能装货后期才发生短装,买方也可以此违约向卖方索赔(损失如市场差价,赔给船东的亏舱费等)。

6. 这情况在 FOB 买卖不大会发生,卖方不会把卖给其他人的货物也混在一起装上买方派遣的船舶。

7. 关于《货物销售法》针对货物适合买方用途的默示条文,在第四章第 6 段详论。

8. 卖方不承担货物能否在目的地转售或使用的风险。不说 FOB 买卖下的卖方不一定理会或知道货物目的地,要让卖方作出判断这票货物是否"合理适用"(这"reasonable fitness for purpose"是《货物销售法》默示条件之一)还必须是公平合理:Teheran – Europe v. S. T. Belton (1968) 2 Lloyd's Rep 37;The "Aquarius II" (1996) 2 Lloyd's Rep. 353。一般在国际买卖,买方对怎样的货物在目的地是适用应比卖方熟悉,依赖卖方判断并不公平合理。所以,买方不可以拒货,指这样的包装或产地在目的地/卸港不适用。如果有关注之处,买方应像 Petrotrade v. Stinnes (1995) 1 Lloyd's Rep 142 先例一样在买卖合约订明货物必须是"scavenger free",因为目的地的德国有此要求。这一来,交付的货物(汽油)不符合描述,买方才可以拒货,而不是泛泛的一句"这票汽油不合理适用,卖方应可判断"。

9. 在这 Summer Permain & Co v. Webb & Co (1922) 1 KB 55 先例,看来,买方应在买卖合约订明这票货物(是汤力水[tonic water])不准含有 Salcylic acid。有此描述,如果有违反,买方才可以合法拒货。

货物买卖合约与程租合约在这一点也是完全相通。很容易的推理:如果船东可以合法拒绝货物装上船舶,因为货物品种不符合租约规定,买方(也是承租人)理所当然也可以同样理由在买卖合约合法拒绝卖方交付的货物。除非是两份合约规定不同,导致买方/承租人夹在当中。

故此,笔者可节录杨良宜先生《程租合约》一书的相关部分,在第八章的 3.1 ~ 3.3 小段,如下:

3.1 准确品种

何谓准确品种呢?这要看租约是怎样写加上技术性方面的专业知识的。

例如承租人有几票散粮谷物可装载,他会在程租内的货物品种或描述为 HSS (Heavy grain, Soya, Sorghum),这应代表是在 50 以下积载因数的谷物。所以,如果承租人届时装轻载的农产品或谷物,船东可以拒绝或在装载后索赔损失(如空间不足而少装了货)。

在 The "Amphion" (1991) 2 Lloyd's Rep 101,货物是"anti – oxidant treated bagged fish meal"。这"处理"(treatment)是延缓鱼粉在航次中的自燃,令货物能顺利运至卸港。如果其实没有处理过,这不是符合租约的货物品种。同样,卖方也在买卖合约内违约,如果卖的是一种易腐的货物,卖方会租一艘可以在此航次保持货物正常情况下不会变坏的船舶。虽然运输的风险是在买方,但 CIF 与 FOB 卖方会有一个普通法默示责任——他所付运的货物可以有效地维持在正常航次中不变坏:Mash & Murrell

Ltd v Joseph I Emanuel Ltd (1961) 2 Lloyd's Rep 326。

在 LMLN No. 246,有一关于焦炭(coke)是否算是煤炭(coal)的伦敦仲裁。照说,它们是同一样的商品,应合理看待。

纽约仲裁也有很多这种争议,如:

(i)在 The "Steno Consul" SMA No. 2987 (1993),是关于何谓"脏油"(dirty petroleum products),判是它包括燃油、重柴油与润滑油。但不包括该案件的 oremulsion。船长拒装有理。

(ii)在 The "Sarah" SMA No. 2671 (1990),是关于何谓鱼粉,该程租订明是装鱼粉。仲裁庭认为鱼粉可以"全称的包括鱼类产品、从有浓味、自燃的到完全无害的品种"(a broad spectrum of fish products and derivatives with differing properties, ranging from strongly odorous and hazardous to harmless)。但该案子的"defatted fishmeal/fish protein concentrate",根据双方的谈判意向并不包括在内。

(iii)在 The "Ellinora" SMA No. 2195 (1986),租约的货物是"heavy handy deadweight scrap",判是不包括很长很重的建筑钢材。

(iv)在 The "Phoenix Star" SMA No. 2120 (1985)判是租约的"E. Cargo: Cpp Unleaded Undarked 2.5 NPA Charterers' option"是包括了"JP-4"(军队用的飞机燃油,需要极严格的船舱清洁,导致该船根本无法装载)。

3.2 承租人有不同货物品种的选择

程租中会订明多种货物可供承租人选择,要是这样,这选择(option)的解释应与其它合约选择一样。这包括是:一经选择再不能改变;要在合理时间内选择;有权选择者只考虑自己方便需求,不必理会对方利益,如选卸港不必选一个对船东最省钱的港口。

但有时候租约会订得不太清楚,导致不是被解释为选择,而只是承租人可任意"拣"(select)。这一来,会令承租人必须在几种"替代"(alternate)的货物品种中拣一种。而他原先已选装的某种货物被禁运,也不会令合约受阻。

在 Brightman v Bunge (1924) 19 Lloyd's Rep 384 租约货物的描述是:"a cargo of wheat and/or maize and/or rye. with an option to charterers to load other lawful merchandise"。承租人要装的小麦(wheat)被禁运,但船东盯着承租人要他装其他替代货物,指租约非是受阻等。上诉庭同意,认为在措辞上非是选择,只是拣一种替代货物而已。Atkin 大法官说:"It was argued on behalf of the shipowners that as the obligation was to load a full and complete cargo of wheat and/or maize and/or rye, a prohibition confined to only one could not be said to prevent or delay the loading of the cargo. I think that in such a contract as this there is no such thing as an appropriation of cargo binding shipowner to shipper or shipper to shipowner, nor any question of final election of an option. The shipper retains control of his powers until the final ton is put on the ship; and as he retains his rights so he retains his liabilities. I think therefore that the prohibited export of one of the classes of grain cannot be said to prevent the ultimate loading of the cargo. ”

但看来只要用词上不同,不把几种货物写在一起作为替代货物,不分比重,而更好是说明承租人在几种货物品种有“选择权”(option),则解释不一样了。在 Vancouver Strikes Cases (1963)1 Lloyd' s Rep 12,货物是描述为:“a full and complete cargo of wheat in bulk…and/or barley in bulk and/or flour in sacks... Charterer has the option of loading up to one third cargo of barley in bulk... Charterer has the option of loading up one third flour in bags... ”。承租人选择装小麦,但当时有罢工延误,而租约方面免责条文可免除承租人付滞期费的责任。船东说要是承租人装其他的货物(barley 与 flour),各是1/3 货量,已可大大减少滞期了。

贵族院判是这不像 Brightman 先例,没有注明主要装什么货物,而其他品种只是选择而已。既然可供选择,权利在承租人,他大可以不行使选择权。

3.3 危险品

笔者在《期租合约》一书给危险品下的定义是:“会对船舶、船员、其他货物造成危险的货品就是危险品。”该书已有这方面详述,不再重复。

程租不像期租,货物品种在租约中已有订明。所以,若租约订明是装鱼粉,则船长不可以因其有自燃危险而拒绝。既然出租,船东应接受这类货物品种一般性危险的预防与风险。

但如果这批货物有一般船长不应知道的特别类别(different kind)的风险,承租人或发货人有责任在装之前通知船长,让他熟悉防备:The “Atlantic Duchess”(1957) 2 Lloyd' s Rep 55(货是 butanised crude oil):The“Athanasia Comnlnos” (1990)1 Lloyd' s Rep 277(发出爆炸气体的煤炭);The “Fiona” (1993)1 Lloyd' s Rep 257(货是 residual fuel oil)。如果不事先通知,承租人等于是违反了这方面的法律默示责任。而如果租约有合并首要条文,《海牙规则》下的 Article IV,Rule 6 也适用。

如果船长收到通知后,发觉根本不能安全装抵目的地,可否拒装呢?毕竟,这是租约订明的货物。例如租约订明是铜精矿,但装之前被通知水份很高,航程中移动会产生危险:The “Agios Nicolas” (1968)2 Lloyd' s Rep. 57。这方面法律并不太明确,可看《Voyage Charters》一书的第 112 页说:“Where the cargo has been described specifically in the charterparty,but presents unusual risks which are different in kind from those usually associated with a cargo of the charterparty description,it is unclear whether the carrier is entitled to refuse the goods on the grounds that they fall outside the charterparty description or whether,having received the appropriate notice,he is obliged to carry them. The former view was taken by Evans J. In the “Amphion” (1991)2 Lloyd' s Rep. 101,purporting to follow the “Athanasia Comininos” at page 283. The latter view seems more in accord with the “Atlantic Duchess” (1957)2 Lloyd' s Rep 55,95 and the “Fiona”... It is also the view taken in Scrutton,page 103,subject to the qualification that if it is impossible to carry the goods safely,the carrier is justified in refusing them. ”

看来,关键是危险程度的确定,如果通知了船长他是可预防,或多花点钱增加设备,则已可解决问题。这一来,船东仍要履约,去装这租约订明的货物品种,虽它有特别类别的危险。

但要是太大,避免防备不了,总不能让船长船员跑这航次送死,这是"不可能"(impossible)履约了。"

上述的节录的问题都可以影响买卖合约如同影响租约。举例说,危险品就经常出现问题。而且,这危险品的品种也经常在改变,笔者在近期就处理一些从印尼付运到中国的"镍矿"(nickel ore),也是因为含水量太高导致出问题。例如在其中一件处理的案件是在装港装货后,由于含水量太高导致船长拒绝开航而需要把这票货物卸下岸上去进一步处理。本来如果在处理后重新再装上船舶,这应该只是涉及船舶延误与费用增加的额外损失。但在该案件,可能是由于镍矿的市场价格暴升,该票货物在卸下与处理后,印尼卖方试图转售给第三人。这一来,就轮到 FOB 买方要想办法保障自己的利益。这里就涉及几个问题,第一个就是"财产/货物所有权"(property)是否已经转移给了买方(这在本书第五章有详论)?如果是的话,就存在一个可能与第三人马上争夺这一票货物的"主权"(title),这一个问题在本书第七章有详论。本来根据 1979 年《货物销售法》之 Section 18, Rule 5 说明卖方把货物交付到买方派遣的船舶而不作出保留处置货物的权利就被视为是转移财产/货物所有权的意图。这一情况的确是已经发生了,因为一船的镍矿已经装在船上只是后来要重新卸下。但这还是要看买卖合约才能明确卖方是否有作出保留处置货物的权利,例如签发不记名提单与在将来交出付运单证的时候才去转移。而如果财产/货物所有权并没有转移给 FOB 买方,也就没有机会与第三人争夺这一票货物了。这剩下来的救济就是针对印尼卖方索赔损失,而卖方的违约可以作为替代的两个或以上的诉因。第一个就是印尼卖方没有提供货物,而且不提供的理由是不会在买卖合约中的不可抗力条文包括的。第二个就是印尼卖方即使争辩说他已经提供了货物,并装上船舶,只是后来因为含水量的问题而需要卸下,买方就可以根据卖方没有提供买卖合约所要求交付的货物,其中包括了默示要求的安全性,或是卖方违反了另一个默示条件/责任要求提供的货物必须能够承受有关运输可以预见的一般性风险:Beer v Walker (1877) 46 LJQB 677; Ollett v Jordan (1918) 2 KB 41; Mash and Murrell Ltd v Joseph I Emanuel Ltd (1961) 2 Lloyd's Rep 326; The "Mercini Lady" (2009) 2 Lloyd's Rep 679,这方面在本书第四章 1.4 段有详论。反正是损失赔偿的金额都会是在违约一天的市场价格与合约价格之间的差价,并加上 FOB 买方租船但要终断租约对船东所作出的赔偿以及在装港延误所带来的滞期费损失,这方面在本书第八章有详论。至于向该印尼卖方索赔有一定的困难,包括仲裁裁决书将来的执行,这是没有办法的事情,属于商业风险,也是与财力不足或信誉不足的发展中国家小公司进行金额庞大的国际贸易所面对的巨大风险。

§7 FOB卖方责任之三:负责货物装上船舶前一切费用

在这责任,也可先节录《Benjamin's Sale of Goods》(8th edn,2010年),20-021段的部分如下:"**Seller's responsibility for expenses**. Under a 'classic' FOB contract, the seller is prima facie responsible for the cost of getting the goods over the ship's rail. He is not responsible for any further expenses, such as the expenses of stowing the goods once they are on board unless the contract is on 'FOB and stowed' terms. If the contract contains no such term but the seller in fact pays charges of stowage, he is entitled to recover these from the buyer. One would, conversely, expect the buyer to be able to recover from the seller any charges paid by the buyer, under his contract with the carrier, of getting the goods from the quay over the ship's rai1..."

以上可总结说:

(1)分水线是在越过船舷,之前的一切费用归卖方,之后的归买方。

(2)内中最大的费用是装船作业费用,而且往往在现实中不区分,或是港口习惯做法,或是班轮公司做法。即把货物从装港仓库运至船旁,装上船舶,堆装好,一气呵成,而班轮会是把所有有关费用加在运费内。在这情况下,是买方负责运费也承担了这部份原是卖方应把货物从仓库运至船旁再吊上船舶的费用。但如果是区分得开,买方可向卖方追讨这笔费用。

(3)反之,在租船情况下,由卖方安排小工进行整个装船作业,他会被迫承担了越过船舷的货物堆装在船舱的费用。这一来,只要区分得开,卖方也可向买方追讨这笔费用。除非是,买卖合约订明是"FOB and stowed/trimmed",明确要卖方把货物装上船舶,并要堆装好。至于能否区分,这要看装港习惯做法。否则卖方会无法要求装货小工怎样拆开费用,分两部分收取。而小工硬拆开也会面对买方的质疑。所以,卖方如果知道会面临这困境,或可干脆要买方多付一点货价,以"FOB and stowed/trimmed"做法出售货物。有关买卖双方在"FOB and stowed/trimmed"买卖的风险转移,在本书第七章7段有详论。

(4)出口许可证在CIF或CFR买卖是卖方责任应是明确,也是在Incoterms规定:Congimex Companhia Geral, etc., S. A. R. L. v. Tradax Export SA (1983) 1 Lloyd's Rep 250。但在FOB买卖,英国普通法并不明确。这是因为情况各异——有时候只有FOB买方才有资料可申请出口许可证,如关于货物目的地的资料:H. O. Brandt & Co v H. N Morris & Co (1917) 2 K. B 784。但有时候只有FOB卖方才有资料可申请出口许可证,如只有卖方才知道货物的供应商,也不让买方知道:A. V. Pound & Co. Ltd v MW Hardy & Co Inc (1956) AC 588。正如在该案件所讲(在611页):"There might be a license system based not on destination but on the proportion of a manufacturer's product to be sent out of the country. In such a case the facts necessary to be stated would be known to the producer and not to the buyer. It would seem obvious that in such a case it would be for the seller to apply。"

再在另一案件,出口许可证只是发给属于某出口商会的会员,也是被 Devlin 大法官判是卖方负责出口许可证: Peter Cassidy Seed Co Ltd v Osuustukkukauppa Ltd. (1957)1 W. L. R. 273。

看来买卖双方在订约时应好好考虑谁负责出口许可证更为妥善合理,订好明确条文,省得将来争议。而如果合并 Incoterms 1990,应知道规定是卖方责任。这不一定是恰当的做法。当然,如果责任在卖方,但必须要买方协助合作才成,法律也会有默示条件买方必须这样做,否则是违约: Kyprianou v Cyprus Textiles Ltd (1958) 2 Lloyd's Rep 60。有关出口与进口许可证责任方面另在本书第六章之 8.11 段有详论。

§8 FOB 卖方责任之四:承担货物装上船舶前的风险

FOB 买卖像 CIF 买卖一样,货物的风险在装船/付运的一刻自卖方转移给买方。在《Benjamin's Sale of Goods》(8th edn,2010 年)一书,20-094 段,它是说:"The general rule is that risk under an FOB contract does not pass before shipment so that until shipment it is on the seller; and it passes to the buyer on shipment."

在 CIF 买卖,风险是"从付运"(as from shipment)时转移给后来的买方,因为 CIF 涉及先付运,后来在海上买卖付运单证的情况。但用字或措辞虽然有异于 FOB 买卖,实质应没有分别,反正运输风险是在买方。

8.1 货物保险

既使运输风险在买方,他应为这票已明确的、已"划归"(appropriated)的货物投保。照说,不像是 CIF/CFR,买方会有了风险(即货物已装上船)但仍是蒙在鼓里,FOB 买卖的做法下是买方派遣的船舶,怎会不知道风险什么时候开始?但在 Incoterms 1990 年仍有卖方通知买方货物已在甲板上交付的规定。这在 1979 年《货物销售法》也有同样规定在 Section 32(3)说:"Unless otherwise agreed, where goods are sent by the seller to the buyer by a route involving sea transit, under circumstances in which it is usual to insure, the seller must give such notice to the buyer as may enable him to insure them during their sea transit; and if the seller fails to do so, the goods are at his risk during such sea transit."

或是,这沿自本章 2 段的(iv),即 FOB 买卖会是由卖方代劳安排付运。

8.2 货物装上船舶作业时损坏的情况

如果货物在装港仓库受损,这风险应明确在卖方,他要承担后果并设法替换好货,否则会无法取得清洁提单,也是在买卖合约违约。

但货物在装上船舶作业时损害,买卖合约下责任属谁仍未有明确先例。这一方面在本书第六章4.2段有详尽的分析,可参阅。但在本段还是会简单重复介绍一下著名的先例 Pyrene Co Ltd v Scindia Navigation Co Ltd (1954) 1 Lloyd' s Rep 321,虽然该先例是针对卖方(FOB卖方)与船东责任属谁,如何理解,而不是针对FOB买卖合约。

该先例是涉及6架机场使用的消防车,以"FOB伦敦"卖给印度政府。在船东自己负责的装货时,船舶吊杆吊到一半仍未越过船舷把消防车掉下来损坏。卖方以侵权向船东索赔,看来,卖方是接受风险仍在他头上,不在买方。

至于以船舷为分水线,Devlin大法官在该先例说:"The division of loading into two parts is suited to more antiquated methods of lading than are now generally adopted and the ship' s rail has lost much of its nineteenth century significance. Only the most enthusiastic lawyer could watch with satisfaction the spectacle of liabilities shifting uneasily as the cargo sways at the end of a derrick across a notional perpendicular projecting from the ship's rail."(即19世纪的装货方法可以船舷为分水线,今天装货方法并不适合,不应想象一条以船舷为点向上的分割虚线,然后看见吊上去的货物一晃越过这一分割虚线,发货人马上可舒一口气,因风险已转移)。

以这说法看来,买卖双方以虚无的船舷为点的分水线不无疑问。但在《Sasson' s CIF & FOB Contracts》第三版一书的577段,Devlin大法官这说法只是针对与船东的运输合约,而在买卖合约,仍是货物在吊上船舶时掉在码头风险属卖方,掉在船舶甲板上风险属买方:"... In other words, the unsound situation that Devlin J. attempted to avoid with respect to determining the liability of the carrier under the contract of carriage, obtains in regard to delivery and the passage of risk, in the goods under the contract of sale between the FOB seller and his buyer. Thus, loading might well have a different meaning in the context of these two types of contract. Should the goods therefore suffer damage after they have left the ground but before they cross the ship' s rail the loss would normally be for account of the seller. But if the goods have crossed the rail and the damage occurs before they are safely on board, say as a result of an accident while still in mid - air, that damage would probably be held to be for the account of the buyer and not of the seller."

但在《Schmitthoff' s Export Trade》第九版一书,在第26页,有不看同法说:

"Here two views are possible. It has been suggested that in an FOB contract the goods are at the buyer' s risk when they pass the ship' s rail and it is irrelevant whether they reach the ship safely on completion of the loading operation or as the result of an accident. According to this view, 'loading' has a different meaning in the contract of sale from that attributed to it in the contract of carriage by sea.

Alternatively, it can be argued that the seller has fulfilled his obligations under an FOB contract only if the goods are deposited safely on board the vessel and the loading operation is completed. Here the same meaning is attributed to the concept of loading in both types of contract.

If it thought that the second view is correct, the fortuitous element which Devlin J. rightly rejected as a test for the contract of carriage by seat should likewise be rejected for the contract of sale..."

这看法是买卖合约与运输合约一样看待，所以，卖方应把货物安放在船上甲板（或舱内）才算是装妥。当然，这种意外也不见得经常会发生，而责任属谁将来要看会否有相关案例了。

另提以下三点：(1)即使像班轮运输，船东会把货物从装港仓库运至船旁再装上船舶（在7段之(ii)所讲的情况），但风险仍是在未有越过船舷前归卖方。(2)如有意外损坏货物，这会是谈不上有人犯错所造成的。或租船的情况下是卖方自己的小工疏忽，后果自然由卖万承担。但如果是班轮情况：装港小工或船东有过错，有责任所造成呢，这又会是如何，卖方能否怪买方，毕竟会是买方所订的舱位？答案应是不能，道理与笔者在《程租合约》一书第438页始所讲的"承租人不对船东负责发货人或收货人延误船舶开航的后果"一样。简言之，买方在买卖合约下并没有把货物装上船舶甲板的责任。如果买方要负这个责任，再委托班轮公司或装货工人做原是卖方应做的事，有了错误疏忽才谈得上要买方负责。否则是没有道理要买方为了第三人行为向卖方负责。(3)至于卖方与犯错弄坏他货物的船东及小工之间关系，在租船情况下，对船东是"免费装货"(free in)，小工是卖方雇用，另有合约。卖方能否要小工负责看他们之间的合约条文了。在班轮运输情况下，卖方会与班轮公司有一默示合约：Pyrene Company Ltd v Scindia Steam Navigation Company Ltd. (1954) 1 Lloyd's Rep. 321。而且明确是，这货物装上船舶所发生的意外也受《海牙—维斯比规则》或同类的立法管制。

8.3 船舶延误抵达装港导致备妥的货物损坏

FOB卖方需要很好地控制装货时间，特别是针对一些储存昂贵或容易腐烂的货物。卖方一方面有尽快装货的责任（这在下一段会介绍），否则会面对买方的违约指控，另也要考虑到派遣的船舶如果在付运日期的后期才抵达装港，会面临稍有延误就来不及在付运日期之前装船完毕。这更不用说是卖方也不想产生滞期费的责任。卖方要准时备妥货物，但如果买方派遣的船舶是延误抵达装港而导致了该批货物发生腐烂，这风险在谁会有争议。这方面先要介绍的是Cunningham Ltd v Munro (Robert A) & Co Ltd (1928) 28 Com Cas 42先例，有关的货物是荷兰的麸，是一个"FOB Rotterdam"的买卖，付运日期是10月份。卖方的供应商在10月14日把有关货物送到鹿特丹港口，但买方是到10月28日才能有船舶付运。期间该批货物发生腐烂。但由于买方可有整个10月份去决定什么时候付运有关货物，所以判是货物腐烂的风险在卖方的头上。Hewart大法官这样说："The usual practice is for the buyer to nominate the vessel and to send notice of her arrival to the vendor, in order that the vendor may be in a position to fulfil his part of the contract.”这表示卖方不要太早备妥货物,他备妥的时间应该只是在收到买方有关派遣船舶的预先通知的时候才去准备。如果卖方是需要较长的时间备妥货物,也就应该相应在买卖合约中以明示条文要求买方作出有足够时间的预先通知。

还有一个情况是 FOB 买方派遣的船舶发生延误,这一来本来不会腐烂的货物也变坏了。这一来风险属谁看来就要看派遣船舶发生延误的原因与 FOB 买方能否免责。这在一个近期的先例 The “Kriti Rex”(1996)2 Lloyd's Rep 171,有关的货物是香蕉,在第二个装港卖方或发货人已经把香蕉切割之后运到码头等待装船。但由于船舶机器的故障而导致了延误,而当时也找不到其他替代船舶。结果该票香蕉被发觉再也不适合运去本来的目的地欧洲,最后处置的办法就是把货物赠送给洪都拉斯的红十字会。

§9 FOB 卖方责任之五:尽快装货

9.1 允许 FOB 卖方延误装货会造成卖方选择付运日期

已经提到过在 FOB 买卖,准确付运日期的选择是在买方,而在买方做出选择后并通知卖方,卖方就必须在收到通知后一个合理时间内把货物按照买方选择的日期作出付运:Nordisk Oversoisk Handelsselskab A/S v Erikson & Christensen (1920) 5 Ll LR 71。在该先例,买方要求当船舶抵达布易诺斯艾利斯的装港卖方马上装船,法院判“马上”是指“really means as soon as you can, having regard to the exigencies involved in handling goods”。

这方面的问题就涉及了船舶抵达装港后卖方要多快装船与是否需要把货物在船舶一到的时候就准备装船。如果允许卖方拖延,这就会带来一个微妙的问题,就是本来准确付运日期是由买方选择,但通过延误就变为卖方选择。比方说付运日期是3月至4月(有时候拖得更长,付运日期长达半年也见过),买方紧急要这票货并希望尽快作出付运,船舶在3月1日就已经抵达装港。但卖方延误至4月下旬才装货,虽然能够在4月30日之前作出付运,但显然就是剥夺了买方的选择去尽早作出付运。而期间如果有关货物的市场价格是在下跌,卖方更加可以牺牲买方的利益去取巧,等待有关货物的市场价格进一步下跌才去市场买入。即使买卖合约有固定装货时间与滞期费条文,卖方也只需要为他的延误付出一些代价就可以主导或决定实际的付运时间。如果没有有关条文针对,卖方还可能不必为他的延误付出代价,因为买方证明卖方延误不一定是容易。所以,不乏见到 FOB 买卖合约中有明示条文要求卖方尽快装船。例如在 Nordisk Oversoisk Handelsselskab A/S v Erikson & Christensen (1920) 5 Ll LR 71 先例是要求“马上”(at once);在 Tradax Export SA v Italgrani di Francesco Ambrosio (1986) 1 Lloyd's Rep 112 先例是要求卖方交货"在买方要求下"(at buyer's call);在 The "Naxos" (1991) 1 Lloyd's Rep 29 先例,有明示条文说"the seller shall have the sugar ready to be delivered to the buyer at any time within the contract period."

这一困难的问题在《Benjamin's Sale of Goods》(8th edn,2010 年),第 20-036 段说:"**Effect of seller's failure to load within required time.** We have seen that a seller's failure to load within the contractual shipment period is a ground of rejection. But where the contract provides for shipment within a specified period at the buyer's option, the seller may be under a duty to load before the end of the shipment period (e. g. if the buyer calls for shipment early in that period); and he may also be under a duty to load at a rate specified in the contract. Breach of these duties may make the seller in damages, though mere failure to begin loading in accordance with the contract will not have this effect if, by loading more quickly than he was contractually bound to load, the seller nevertheless completes loading within the time allowed by the contract. Nor does the mere fact that the seller has failed to comply with the requirements of the contract as to the commencement or rate of loading of itself entitle the buyer to reject: thus so long as the seller loaded, or was able to load, within the shipment period, the buyer could not reject merely because the seller failed to load within a reasonable time of receipt of shipping instructions, or merely because the seller failed to load at the stipulated rate."

以上是说卖方如果不是在买卖合约付运日期装货,是买方拒货的理由。但如果买方选择准确在付运日期内的一天付运,卖方是有责任在买方选择付运一天把货物装船。他也有责任按照装货率装船,否则要承担损失赔偿的责任(这指滞期费而已)。卖方可以在开始装货比较缓慢,然后加快,反正在固定装货时间内完成装货即可。但卖方即使违约,只要是在付运日期内完成装货,买方是不可以拒货。这方面第一个针对的先例是 Tradax Export SA v Italgrani di Francesco Ambrosio。

该先例的案情涉及了买方派遣的船舶 Belgrano 轮是在 4 月 3 日抵达装港锚地并要求卖方装船,卖方是在 4 月 7 日才从市场买入有关的货物(豆粑),但买方终断合约。在第一审,判是买方胜诉。但在上诉庭,这裁决被推翻,这主要就解释"at buyer's call"这几个字。上诉庭认为这几个字只是代表买方选择付运日期内的哪一天卖方交出货物,但这不代表卖方需要在整个付运日期把货物备妥等待装货。至于在买方要求的付运一天会否由于卖方没有尽快装货而被视为是违反条件条文,买方可以拒货,虽然在当时付运日期还有很长的一段时间才会届满,上诉庭不认同。Kerr 大法官是这样说:

"The question which is not covered by any authority is whether - assuming that the buyers have complied with the conditions on their side mentioned above - the sellers can be in breach of condition before the expiry of the shipment period if they in fact load the contractual goods by this date, or are ready, able and willing to do so when the buyers nevertheless purport to declare them to be in default – i. e. in breach of condition – before this date. I have never previously heard of any such contention...

Similarly, there is nothing in the passages which I have quoted from Benjamin on Sale to suggest that, by failing to complete the loading within a reasonable time, or within the time prescribed by the loading rate (if any) laid down in the contract, the sellers can be held to be in breach of condition even if the loading is completed before the expiry of the shipment period. Prima facie the sellers would be liable in damages in the first case and for demurrage in the second. Thus, if a contract calls for shipment in, say, March, with payment against documents, and the sellers tender properly dated March bills of lading, I have never heard it suggested that the buyers are nevertheless entitled to reject the tender and treat the sellers as being in default, on the ground that the loading should have been completed more quickly or that the bills of lading should have borne some earlier date in March."

看来,要解决这一个问题,买方会需要明示条文例如要求卖方在整个付运日期内把货物备妥装船或要求卖方在派遣船舶抵达装港后若干天内必须开始起装。例如在 The "Naxos"先例,贵族院判决的结果并不相同。该买卖合约是 12,000 吨食糖的 "FOBS Dunkirk",付运日期是 5 月与 6 月。但另有明示条文(合并了食糖协会规则之 14[1])要求卖方交出食糖,说:"In cases of...(f. o. b. stowed) contracts the seller shall have the sugar ready to be delivered to the buyer at any time within the contract period..."。买方派遣的船舶 Naxos 轮的 ETA 装港是在 5 月 29 ~ 31 日,买方在 5 月 23 日通知卖方货物必须在 5 月 29 日备妥等待装货,否则是会被视为是违约,到了 5 月 29 日船舶抵达装港等待,但到了 6 月 3 日还没有装货,买方终断买卖合约。要注意是在当时,付运日期最后的一天还没有届满,这应该是 6 月 30 日。在上诉庭的多数是判卖方胜诉,但去了贵族院,这被推翻并判买方胜诉。其中有关解释上述节录的一句话中"ready to be delivered to the buyer"是什么意思,贵族院支持上诉庭 Kerr 大法官的解释就是货物不需要堆放在码头,但当船舶可以开始装货就能够容许持续的装货并且不会有终断。英文是"'[R]eady to be delivered'... does not mean that [the sugar] must be physically stacked on the quay when the vessel comes alongside. It means that it must then be available for loading without delay or interruption in the event that the vessel is able to start loading at once and to continue to load without interruption." Ackner 勋爵判这一句话是卖方必须要把货物食糖备妥让船舶起装且不能半途中断(以免卖方取巧装了小量货物后中断并拖时间才装其余的货物):"'ready to be delivered' in its context means that the sugar must be available for loading without delay or interruption in the event that the vessel is able to start loading at once and to continue without interruption."

Ackner 勋爵同意第一审的仲裁庭,认为 FOB 买方要求卖方尽快交货是至关重要,卖方拖延而只需要支付滞期费并非是足够的补偿买方的损失与不便,说:

"It will be recalled that in par. 14 of the award set out above, the arbitrators considered r. 14 as being 'of the utmost importance' and that under the rule the buyers were entitled 'to prompt delivery of a cargo' so that the cargo would be available to fulfil onward commitments. The arbitrators did not accept the payment of demurrage would be adequate compensation for the buyers. They considered that the buyers had paid for a valuable option which they would lose if the sellers were entitled to deliver whenever they were willing and able to do so providing it was within the delivery period. The arbitrators might well have added, in view of the r. 14 (4) which extends the frustrating period beyond June 30, providing loading is commenced by that date, that there could well be a lengthy period of many weeks for which the presenting vessel might otherwise be contractually required to wait for a cargo to be loaded. If the buyers are not then able to terminate the contract, then they may have to wait until the expiry of a frustrating period beyond the second month. In those circumstances it was therefore essential for the buyers to be able to terminate the contract and buy in elsewhere if, when the notice expired and the vessel arrived, the sellers had not then the sugar ready for delivery.

To my mind the evaluation by this experienced trade tribunal of the commercial significance of r. 14 (1) was wholly justified. Rule 14 (1) was crucially important to the buyers since it removed the risk that the absence or insufficiency of cargo would be a cause of delay. Since it must be rare, if ever, for it to be in the seller's interest to load a vessel very slowly, the rule ensures to a very large extent that loading will be promptly commences and speedily carried out and thus enable the buyers punctually to perform their own obligations to their customers. The rule tends to provide certainty which is such an indispensable ingredient of mercantile contracts."

而最重要的就是贵族院拒绝卖方的争议,就是付运日期既然是 5 月与 6 月,他可以等到 6 月底才把货物装船。允许卖方这样做显然就是把选择在哪一天付运的权利从 FOB 买方给了 FOB 卖方。针对这一个判决,《Benjamin on Sale of Goods》(8th edn, 2010 年)的解释是:"... it was further held that the term requiring them to have the sugar ready 'at any time within the contract period' was a condition, so that their failure to load immediately on the presentation of the ship justified rescission by the buyers, even before the end of the shipment period. One reason given for this conclusion was that prompt delivery was 'of the utmost importance' to the buyers. Another was that this classification promoted certainty for, although the contract did not actually specify a date by which loading had to begin, such a date could be determined without question in the light of subsequent events, viz. the giving of specified period of notice and the declaration of ship's readiness to load. It is submitted that an f. o. b. buyer would, a fortiori, be entitled to rescind where the seller had failed to comply with a provision of the contract requiring him, not only to ship during the shipment period, but also to do so within a specified number of days after receipt (during that period) of the buyer's shipping instructions. Since such a provision would lay down a precise time - table for performance, it would properly be classified as a condition in accordance with the principles laid down in Bunge Corp v Tradax Export SA, so that any breach of it (and not only a serious one) would justify rejection..."

9.2 明示条文规定 FOB 卖方延误装货买方不得终断买卖合约

会有明示条文明确 FOB 买方在卖方没有尽快在合理时间内装货的情况下不得终断买卖合约。这一明示条文出现在 The "Aragon" (1991) 1 Lloyd's Rep 61 先例，如下："In the event of any delay of any kind or from any cause whatsoever whether in connection with the scheduling of the tankship's turn to load (including any change in such scheduling), provision of a berth for the tankship, berthing or loading of the tankship or otherwise howsoever without limitation, any liability of the seller, however the same may arise and whether or not arising under the agreement, shall be limited to the payment of demurrage as hereinafter specified, and the buyer shall not be entitled to complain directly or indirectly of any delay except for the purpose of founding a claim to such demurrage."（有任何的延误靠泊或装船，卖方的责任只是局限在支付滞期费，买方不能有其他的投诉或救济。）

在有这种条文的情况下，FOB 买方看来就要有一个漫长的等待，有说法是要等到"受阻延误"(frustration delay)才能终断买卖合约。这是因为已经有了滞期费作为议定赔偿的针对，就不存在有其他的违约救济或者超出了议定赔偿金额的赔偿。会看情况这受阻延误也不会拖了太久，这是由于大部分买卖合约会有付运日期，所以在正常的情况下，到了付运日期的最后日子，卖方如果还是要履约的话也就会把货物装船。但这里的问题就是以上所谈到的卖方才是有权选择付运日期的哪一天作出付运。更会是有情况是付运日期比较长，甚至没有付运日期，但由于当时市场价格上涨，买方也希望能够有货物装船。这一来，就可能带来漫长的延误而产生大量的滞期费。除了买方要关心这笔滞期费最后能够向卖方索赔外，还要关心到在漫长的等待后卖方还是不装货就怎么办？这里还涉及了买方与他所租用船舶之间的关系，他会要面对船东索赔庞大的滞期费，并会通过各种办法施加压力，如留置货物，在提单签发前加上批注有关装港所产生的滞期费，开始仲裁，等等。

9.3 程租合约内经常会有的 Jupiter 条文

FOB 买方作为承租人与船东之间今天还经常会有船东在程租合约中要求加入一条"Jupiter 条文"。船东特别针对不是太了解背景的承运人与货物供应不是太可靠的装港（如针对某些货物在部分印尼装港），会是更加重视 Jupiter 条文。这方面可节录杨良宜先生在《程租合约》一书有关的内容，如下：

在 1970 年代，油轮市场急挫时，就出现了这类事件。一家名为 Jupiter 的承租人，本身是一家在百慕大的皮包公司，程租了 10 条以上的超级油轮，在波斯湾口待命装货。明显是投机的经营人(operator),希望转租图利。但当时市场急挫,无法转租。今天来看,当时的市场是一泻不起,但在其时是希望在人间,总觉得市场明天会止跌回升。所以Jupiter只叫船东等待装货命令,这自然不是"拒绝"的毁约。而船东也不敢贸然把油轮转租或开航。因为明天止跌回升,Jupiter顺利转租,而发觉船东却把船开走就会要面对庞大损失的索赔了。

结果,不少油轮等久了,且因市场一直在跌,以后这Jupiter承租人也失踪了。

船东有了这个惨痛的教训后,市场出现了一种Jupiter条文。只要看这条文的措辞已可知道它的意图,例如,在装木材的Nanyozai租约格式,第8条文说:"(数字) days of 24 running hours on demurrage for loading to be allowed charterers at loading port (s). Should charterers be unable to load within the above period, the vessel to have liberty to sail with the cargo then on board..."(条文允许船东有权在同意天数的滞期费日子届满后开航)。

另在油轮使用的Intertankvoy,第7条文是:

"Owners" option of canceling:

If for reasons not attributable to the vessel and/or owners,

(a) Charterers fail in their duty to furnish voyage instructions or loading orders in accordance with Cl. 2, and such failure has lasted for not less than10 days, or

(b) Loading has not commenced and20 days have passed after valid notice of readiness has been tendered, owners shall have the option of canceling this charter party.

If such option is exercised and the delay is attributable to charterers, they shall not be liable for loss of charterers. Whether or not owners exercise this option no claim they may have on charterers for loss of time or otherwise shall be prejudiced thereby.

这种条文对承租人的危险是船东会取巧,明对着一流的承租人,将来收取滞期费不是问题,而船舶未能在限期内开装或装完,全是与Jupiter条文关心的事情无关,只是正常港口延误或意外,且所同意付运的货物也已早就提供备妥在码头。而当时市场上涨,或船东想敲一笔,即会以此条文取巧去终断合约,威吓要开走。今天国际上虎狼当道,所以千万别相信别人,在租约中留给对方一个将来会致命的空子。一流甚至不是一流的承租人,会极力抗拒这类Jupiter条文。

这表示FOB买方也同时作为承运人必须要小心买卖合约与租约之间必须配合。例如不要接受一条类似The "Aragon" (1991) 1 Lloyd's Rep 61先例中的条文,同时在租约中接受Jupiter条文。这一来一需要装港等待装货,买方就会面对在买卖合约不能终断,但船东在租约下撤船或向承租人敲竹杠的风险就会是很大。

§10　FOB 卖方责任之六:提供付运单证给买方

虽然不像是 CIF/CFR,属单证买卖,付运单证地位极其重要,但 FOB 买卖下,卖方仍有一定的单证责任。大部分的 FOB 买卖合约,还是会规定"交单付现"(cash against document,CAD)。这表示"财产/货物所有权"(property)也只是在买方作出支付货款与卖方交出付运单证的时候才会转移给买方:Huyton v Cremer (1999) 1 Lloyd's Rep 620(有关详情请看本章 10.4.2 段)。

而如果付款方法涉及信用证,更是 CIF 或 FOB 在做法上都是大同小异,因为都涉及了另一合约:信用证,必须在议付时提供完全符合的付运单证才会获得支付。

但撇开信用证,也可见到买方会需要卖方在单证方面的合作协助。在典型的付运单证涉及一份装船提单,是卖方/发货人装船后才有权向船长要求签发,这是在《海牙—维斯比规则》的 Article 3(3)与各国相关的海上运输法/海商法所规定船长有责任的。卖方取得了这份装船提单,如果不尽快"交单"(tender)给买方(会在同时要求支付货款),会令买方:(1)船舶抵达卸港买方仍没有正本提单向船长提货;即使是面对承租人,船长如果签发过不记名提单仍会坚持有正本提单才肯放货,除非租约另有规定。(2)如果涉及"一连串买卖"(string sale)令买方无法面对他的买方履约。(3)太晚交单,航次快将完毕,会减少这份提单的"商业价值"(marketability),因为可转卖的时间短了。

10.1　FOB 卖方要尽快提供付运单证

所以,FOB 卖方这个责任在《Benjamin's Sale of Goods》(8th edn,2010 年),第 20-025 段说:"An FOB seller who undertakes to tender a bill of lading is not (any more than a CIF seller) under any absolute obligation to make the tender before the arrival of the goods at their intended destination; though (like a CIF seller) he is no doubt under a duty to tender the documents within such time as may be specified by the contract, or, if no such time is specified, to tender them promptly or "forthwith, that is to say, with all reasonable despatch". This should be taken to mean, not that the seller has a reasonable time within which to take steps to tender documents, but rather that he must act at once to take such steps as are necessary to ensure reasonable despatch."

这说法看来,FOB 与 CIF 在这方面是一致:卖方不必在船货抵达卸港前交单(毕竟航次会是很短),但他必须尽快,或如果合约有时间规定,照合约办。

这在 Concordia v Richco (1991) 1 Lloyd's Rep 475 先例,Evans 大法官判决中也说:"There was on the FOB seller who was obliged by his contract to obtain and tender the shipping documents, a duty to perform that obligation forth with, i. e. with all reasonable despatch, subject to there being no express provision or time limit to the contrary in the contract;this duty for all practical purposes was commensurate with that which rested on CIF sellers."

在该先例,是涉及2万多吨的大豆,以 FOB 买卖,涉及一连串买卖,使用是标准买卖格式的 GAFTA 64,内有第7条文说:"... Bill of Lading shall be considered proof of delivery in the absence of delivery to the contrary."

大豆是在7月25/29日装上船,这也是提单日期。照说在8月5日卖方已可"交单"(tender),但卖方迟至8月29日(船舶也刚抵达卸港)才交单。在 GAFTA 64,即有另一24条文针对"违约"说:"DEFAULT – in default of fulfilment of contract by either party,the following provisions shall apply: –(a)The party other than the defaulter shall,at their discretion have the right,after giving notice... to the defaulter,to sell or purchase,as the case may be,against the defaulter,and such sale or purchase shall established the default price...(c)The damages payable shall be based on the difference between the contract price and either the default price established under (a) above or upon the actual or estimated value of the goods,on the date of default..."

在这条文下,买方在8月29日发出这24条文下的"违约通知",看来,卖方对违约也没有异议。在高院,双方只是争索赔金额的高低。因为如果违约一天是算8月5日,当时大豆市场下跌,则买方以第24条文的方法计算只有名义损失。但如果违约一天算是8月29日,当时大豆市场上升,比起买卖合约价格可索赔35万美元。Evans 大法官判是应以卖方尽快从速交单日子为准。

10.2 FOB 卖方不尽快提供付运单证是否违反条件条文?

这一点在刚提到 Concordia v Richco (1991)1 Lloyd's Rep 475 一先例中有探讨,但不明确,因为该案涉及是 GAFTA 64 条文。看来,买卖合约如果有明确时限要求卖方"交单",则根据传统智慧或说法,这时限是"条件条文":请看本章4.1.2小段的 Bunge v Tradax (1981)2 Lloyd's Rep 1。

但如果买卖合约没有订明时限呢?这一来,如像 Concordia v Richo 先例,要找出合理时间,而 FOB 卖方有所违反呢?当然,这种情况下违反也是"条件条文"(condition)不是没有先例。如在 The "Post Chaser" (1981)2 Lloyd's Rep. 695 先例,合约要求货物的"划归通知"(notice of appropriation)要"在船舶开航后尽快发出"(As soon as possible after the vessels sailing),这被判是"条件条文"。

合约不明确订明时限,而以合理时间为准,并同时都算作"条件条文"会有一定不肯定。因为违反"条件条文"是事关重大,买方可拒单,在市场大跌时对卖方是大灾难。

所以对此,只说一点,难保法院或仲裁庭在决定何谓合理时间,宽紧会受影响。

10.3 单证有不符点 FOB 买方可否拒绝?

在探讨这一点前,先节录《Benjamin's Sale of Goods》(8th edn,2010年),20–112段如下:"**Right to reject documents.** In the case of a CIF contract there may be a right to reject the goods and a right to reject the documents; and the relation between these two rights gives rise to many difficulties. Discussion of these problems is generally confined to CIF contracts but it seems that they can also arise in relation to FOB contracts, under which the seller may be obliged to procure and tender certain documents. Thus in one case an FOB contract provided that the goods were to be shipped by December 12 and that payment was to be made against 'shipped' bills of lading. The seller tendered 'received' bills of lading and was unable to prove shipment by December 12. It was held that the buyer could reject on both these grounds. In another case it was common ground that an FOB buyer was entitled to reject shipping documents which included an analysis certificate revealing on its face a failure of the goods to conform to the contract in a way that amounted to a breach of condition. It would seem that were an FOB buyer has these two rights of rejection, the relationship between them is governed by the same principles which apply in the case of CIF contracts. These principles also determine whether a particular document is defective, and whether a seller's failure to tender some document called for by the contract, other than a bill of lading or mate's receipt – for example, a weight certificate – can justify rejection."

以上是说 CIF 买方有两个拒绝的权利:一是拒绝付运单证,它毕竟是"单证买卖";二是到了卸港可拒绝货物,毕竟是在当时买方才首次有机会检查货物。这方面已在本书第二章的"CIF 买卖"以及第四章的"货物质量"详谈,不再重复。

而在 FOB 买卖,买方在以上的节录看来也是有同样的两个拒绝权利。但或会是,FOB 买卖对单证的不符点会可能稍为宽松。

10.3.1 单证不符点必须本身是构成条件条文的破坏

这一点在 Tradax v Goldschmidt (1977) 2 Lloyd's Rep 604 先例可见,该案涉及大麦的 FOB 买卖,买卖合约中有规定水份 12%,杂质 4%。另有条文同意装港某独立检验公司作出的对货物证明是对双方有"最终约束"(final and binding)。而支付货款订明是:"Cash against documents on presentation in Paris, documents being as per Syrian tender conditions plus full set of Bills of Lading Clean on Board to order blank endorsed."

在装货开航后,卖方在"交单"时,买方发觉装港的货物证明指杂质是 4.1%,比合约规定的 4% 多了 0.1%。这关系到买方能否拒绝这套单证了。

卖方承认违约,但认为"非常微少",属于 *de minimis*,而且 FOB 买卖的单证严格方面不应与信用证的做法相提并论:Equitable Trust Co of New York v. Dawson Partners, Ltd (1927) 27 Ll. L. Rep 49。

Slynn 大法官同意卖方的观点,认为杂质的违约并不严重,也不会影响买方转售这票货物与这套单证,所以买方不能拒绝接受单证。Slynn 大法官说:"The buyers here had to consider whether the breach established by the quality final certificate was substantial and serious or went to the root of the contract, or, on the other hand, whether it was of such a kind that they should have been satisfied with a price adjustment. There was, on the findings of (仲裁庭) only one answer to that. Those findings are in strong terms and show that commercial men (to whose conclusions on these matters I must and do attach great weight) considered that this kind of deviation in quality would not be treated as entitling a rejection either of a quality final certificate or the goods. Accordingly I hold that the buyers were not entitled automatically to reject the document because of this statement in the quality final certificate or the goods contained 4. 1 percent impurities."

以上说法看来,单证必须显示是违反一个"条件条文"(condition)才足够可拒绝单证。光是 *de minimis*,甚至比 *de minimis* 更高的程度,只要不达到条件条文,买方可不能拒绝。这一来,对单证的严格 FOB 买卖与信用证做法是两码事,这是明确,在 Tradax v Goldschmidt 先例也有结论,但它与 CIF 买卖比较又是如何呢?这看来没有明确的先例,在 9. 3 小段节录的 Benjamin's Sale of Goods 看似一样,而 CIF 买卖也容忍 *de minimis*,但笔者并不认为程度可达条件条文的违反。例如:(1)提单或其他付运单证显示付运日期已过,付运日期是条件条文,所以 CIF、FOB 信用证做法下都可拒绝这套单证。(2)不清洁提单,显示有几包破包或水湿。但这本质与 Tradax v Goldschmidt 先例没有分别:一是货物表面状况,另一是货物内部状况。所以,FOB 买卖下,买方不一定能拒绝不清洁提单,还要看不清洁的程度。但信用证做法肯定不一样,与 CIF 也不一定一样。(3)付运数量不足的提单地位也应是与(2)一样,不重复。

10. 3. 2 FOB 买卖合约订明对付运单证的要求

为了肯定,买方如果想拒绝某些不符点的单证,最好在合约中订明。例如在 Vargas Pena v Cremer (1987) 1 Lloyd's Rep. 394 的先例,该 FOB 买卖合约对 cottonseed expeller 的货物有一条文说明:"Maximum 15% fat. If above 15% rejectable at Buyer's option."

这一点在 Tradax v Goldschmidt 先例,Slynn 大法官也有涉及说:"... What I have to decide is…whether the documents can be refused because the certificate shows that there was a percentage of impurities greater than that specified…If the documents did not include a quality final certificate or if the quality final certificate which was included dealt with goods other than barley it seems to me that the buyer could refuse the documents. Equally if the certificate dealt only with weight and failed to deal with quality it may well be that the documents could be refused without more. But here the certificate is a good certificate in that it does state what is the quality, what is the percentage of impurities. It shows that there was not a full compliance with the contractual term as to quality and it does what it was intended to do. It is a valid document capable of being transferred as part of a subsequent sale."

即"交单"订明要包括一份装港对货物质量与重量证明,故此一套单证中没有这一份证明,Slynn 大法官认为 FOB 买方可以拒绝。也可拒绝是:(1)这证明不是针对该买卖货物的大麦;(2)证明只有重量,没有质量。但如果这份证明是完全符合,是一份所要求的证明,唯一是在内容中有一项杂质不符合买卖合约要求(但又不构成破坏条件条文),FOB 买方是不能拒绝的。

这样分析,看来笔者在上一小段之(ii)谈到不清洁提单,如果在 FOB 买卖合约订明“交单”(tender of documents)是要一份“清洁”提单,后果会是不一样。

10.3.3 FOB 买卖可要求的付运单证

也是为了肯定,FOB 买方所要求的单证最好在合约订明。毕竟,FOB 做法下付运单证不会多。在 Mantovanl v Carapelli (1978) 2 Lloyd's Rep 63 先例,涉及一份“货物重量证明”(weight certificate)或一“密封样本”(sealed sample),Donaldson 大法官否定 FOB 买方要求说:“I doubt whether a weight certificate is a shipping document, but even if it is, the buyers were not entitled to treat the sellers' failure to tender it as a breach going to the root of the contract, unless this failure was persisted in and amounted to a refusal. The buyers never asked for a weight certificate and one could and would have been provided by the sellers if the buyers had done so. The submission that sealed samples should have been tendered with the shipping documents in exchange for payment is wholly without foundation.”

10.4 FOB 买方拒绝单证后的应对

表面看来 FOB 买方拒绝单证(或是因 9.2 段的不准时,或是因 9.3 段的严重不符点)比 CIF 买方不方便、不实际,因为船舶会是他租用的,而货物是在该船上,非要处置后才能把船舶退还给船东而不需要继续承担滞期费或租金。但这不方便并非太大。

首先是,一被拒绝,卖方马上面对“浮动货物”(floating cargo)的困境,要设法转卖。在 CIF 买卖情况下,卖方可能稍为容易,如改变卸港。当然,这也要看他的租约如何订法。但在 FOB 买卖,卖方会受制于提单上订明的卸港,无法改变。这会带来在国际市场转卖的局限与困境。会是要尽快在卸港提取了货物后,另设法处置,如在岸上实物转卖。

10.4.1 FOB 买方需要尽快处理货物才能把租用的船舶还船或完成航次

FOB 卖方不理睬买方的拒绝付运单证,而当时货物仍然是装在船舶上,这变得买方作为承租人要设法处置这票货物,才能把他所租用的船舶空出来还船或让船东完成航次。这会是像 Navigas v Enron (1997) 2 Lloyd's Rep 759 先例的做法,也是涉及 FOB 买方在航次半途拒绝货物。

该案例是以 FOB 买卖 2 万吨的“丙烷”(propane),装港是沙特阿拉伯的 Yanbu。在装港所发出的证明,在“腐蚀成份”(corrosive compound)完全符合买卖合约要求。但事后不久,买方知悉在 Yanbu 装的所有丙烷都含有过量的腐蚀成份。故此在船舶途经巴拿马运河时,买方安排提取货物样本再化验。另到了南美厄瓜多尔的卸港,也再一次化验。两次都确认了过量的腐蚀成份。因为该票货物无法在卸港处理,结果买方把这拒绝了的货物以“紧急代理人”(agent of necessity)身份以“次货”(defective goods)卖去美国。而买方总的损失,包括运费等,在该官司向卖方索赔,并拒付货款的150万美元。

有关“紧急代理人”的说法,请参阅本书第四章8.7.4.2段,不去重复。只总结买方要谨慎处理仍然在船舶上卖方的货物是因为:(1)买方的拒绝付运单证将来可能败诉,所以减少损失总是正确的做法。(2)买方将来可能因为其他并非是法律的原因无法成功向卖方取回损失(主要会是租用船舶的费用,如浪费了的运费或租金),例如卖方是皮包公司,所以一开始尽量减少自己的损失总是对的做法。(3)买方要在拒绝付运单证后才可以紧急代理人身份处置仍在船上的货物。(4)买方只是代理人,所以卖方如果拒绝把货物转卖或是以买方建议的办法处置,买方也只得听令,不管卖方喜欢怎么样处理他的货物。如果货物在船上令买方无法还船,他会是只能让船舶去原定的卸港然后安排卸下,并通知卖方前来取回他的货物。

现实中,买方在拒绝单证或货物后,更多的做法是与卖方谈判。一般是,卖方会在当时的情况下非常被动,特别是仍未曾收到货款,往往被买方压价。

10.4.2 FOB 买方已经无单取货可否拒绝付运单证

已经在本书多处提到过,今天已经超过50%会是船东根据保函在卸港无单放货,而不是根据正本提单放货。这种情况固然会出现在CIF/CFR买卖,但对卖方而言,更危险的是在FOB买卖。原因是在FOB买卖,船舶是由买方租用,他可以更有效地控制船东(如在租约中有条文明确要求无单放货)或说服船东作出无单放货,而这样做了后会是FOB卖方根本不知道或完全失控。这一来,如果FOB买方事后在卖方交出付运单证的时候作出支付货款,也就是一切顺利。但怕就是买方拒绝接受付运单证,这一来卖方可要跳起来。卖方可以多方面采取法律行动,包括向船东索赔无单放货,向买方索赔货款的损失或/与侵占货物(因为买方拒绝接受单证所以财产/货物所有权没有转移),向实际占有货物的分买方主张卖方对该批货物的主权并要求退还,等等。

这种情况在 Huyton SA v Peter Cremer & Co GmbH (1999) 1 Lloyd's Rep 620 先例中出现,案情涉及了 Cremer 作为 FOB 卖方出售一票3万吨小麦给 Huyton 的买方。而 Huyton 是把该票小麦以“CFR Port Sudan”转售给分买方的 Sotisco。在罗马尼亚的装港装货后,签发了一套不记名提单(请看本书第二章9段),提单的收货人一栏是“指令”(to order),而通知人一栏是 Sotisco。船舶在卸港 Port Sudan 在1996年1月2日把货物卸下给分买方,这是根据保函无单放货。在一个星期后的1月9日,Cremer 向 Huyton 的银行议付并交出付运单证要求支付货款,这被 Huyton 以单证有不符点所拒绝。这带来双方的争议,Cremer 指 Huyton 已经接受了货物,也无法退还货物,再拒绝付运单证的权利应该是“弃权”(waiver)。之后 Huyton 以 Cremer 拒绝修改付运单证的不符点作为违约/毁约,并接受以终断买卖合约。直到2月6日,Cremer 在修改文件后再交出付运单证后才获得了450万美元的货款支付。在该先例,其中一个重要方面涉及了财产/货物所有权的转移，Mance大法官是不认为转移给了买方，换言之货物的主权一直是在卖方Cremer也不涉及弃权或禁止翻供（如在本书第七章3.10.1段所讲的电放），因为Cremer根本没有参与或允许在卸港的无单放货说：

"Here, the original contract was for payment CAD, with the inference that property was only to pass on such payment. The shipping documents included a number of documents with contractual and commercial significance for both parties, irrespective of delivery. This is particularly so, having regard to the provision in Cremer's contract with Huyton whereby shipped weight, quality, condition, description, sampling and analysis were to be final as certified on loading. Further, on the evidence before me, Cremer was not party to any request to permit or agreement to allow the delivery of the goods at the discharge port without production of the bill of lading. The most that can be said is that Cremer ascertained, through enquiry of JGP, that an arrangement for discharge and delivery was being made between the 'receivers' and the vessel...

... When a dispute arose, Cremer's reaction on Jan. 17/18 was to call for the return to them by the bank of the shipping documents, in terms which indicated that Cremer would seek to use them to assert a continuing right to the goods. All these points go to confirm my view that neither the discharge nor the delivery of the goods to Huyton's sub-buyers nor the removal of part of the goods from Port Sudan had the effect of passing property."

第四章　货物质量与拒绝接收货物

§1　法律的默示责任

针对货物质量，起点是买方自己要小心，即是拉丁文“*caveat emptor*”或英文的“let the buyers be aware”。但即使买卖双方没有在针对“不确定货物”（unascertained goods）或“将来货物”（future goods）的买卖合约订下明示货物质量的要求，英国法律也有一些默示责任加在卖方。这些默示责任是针对订约时尚未存在或/与买方不能看得到的货物，也就是指不确定货物或将来货物，卖方要将来另行生产或收购才能交出货物给买方。这些买卖合约，由于买卖双方都不知道将来实际交出的货物，所以为了保障买方，以及让卖方知道将来交出的货物是要符合一些什么要求，只能在合约中约定所要求货物的“描述”（description）。这种方式的买卖可以被称为是“根据描述的买卖”（sale by description）。在比较少有的情况下，买卖合约会以货物“样品”（sample）为准针对不确定或将来的货物。但在这种情况，更多还是在有样品外，买卖合约仍会加上要求货物的描述。这种方式的买卖可以被称为“根据样品与描述的买卖”。

强加在卖方头上的默示责任或条件有三个是来自立法（1979 年《货物销售法》），另有来自普通法（案例法）。在国际货物买卖，如果合约适用英国法（这在国际的商品买卖可以说是绝大部分的现实情况），或是去伦敦、新加坡或香港等地仲裁，买卖双方都应该充分了解这些默示的责任或条件，以保障自己的利益。毕竟，FOB 或 CIF/CFR 买卖都是英国建立起来的一套国际货物买卖制度，只有英国法才有最完善与全面的针对。

1.1　来自 1893 年《货物销售法》

英国早在 1893 年已立了法，将以前英国法院判的先例综合为《货物销售法》，有关条文如下：

“13. Where there is a contract for the sale of goods by description, there is an implied condition that the goods shall correspond with the description; If the sale is by sample, as well as by description, it is not sufficient that the bulk of the goods corresponds with the sample if the goods do not also correspond with the description.

14. Subject to the provisions of this Act and of any statute in that behalf, there is no

implied warranty or condition as to the quality or fitness for any particular purpose of goods supplied under a contract of sale, except as follows: -

(1) Where the buyer, expressly or by implication, makes known to the seller the particular purpose for which the goods are required, so as to show that the buyer relies on the seller's skill or judgment, and the goods are of a description which it is in the course of the seller's business to supply (whether he be the manufacturer or not), there is an implied condition that the goods shall be reasonably fit for such purpose, provided that in the case of a contract for the sale of a specified article under its patent or other trade name, there is no implied condition as to its fitness for any particular purposes;

(2) Where goods are bought by description from a seller who deals in goods of that description (whether he be the manufacturer or not), there is an implied condition that the goods shall be merchantable quality; provided that if the buyer has examined the goods, there shall be no implied condition as regards defects which such examination ought to have revealed."

1.2 来自1979年《货物销售法》

在1979年,有了新的立法替代了1893年《货物销售法》,有关条文如下(只有部分节录另加上简单的中文翻译):

"**Sale by description**

13(1) Where there is a contract for the sale of goods by description, there is an implied condition that the goods shall correspond with the description;(如果是"根据描述的买卖",就有一个默示条件,确定了的货物或将来交出的货物是必须符合描述)

(2) If the sale is by sample, as well as by description, it is not sufficient that the bulk of the goods corresponds with the sample if the goods do not also correspond with the description.(如果"根据样品与描述的买卖",确定了的货物或将来交出的货物不能仅是符合样品,但不符合描述)...

Implied terms about quality or fitness

14(1) Except as provided by this section and section 15 below and subject to any other enactment, there is no implied term about the quality or fitness for any particular purpose of goods supplied under a contract of sale.(起点是没有法律默示要求是关于货物买卖合约下所提供的货物的质量与适合买方用途。换言之,这就是已经提到过的 *caveat emptor*。注意是《货物销售法》同时针对商业上与消费者的买卖合约。)

(2) Where the seller sells goods in the course of a business, there is an implied term that the goods supplied under the contract are of merchantable quality, except that there is no such condition -(如果卖方是在业务上出售货物[表示卖方不是进行一次过的买卖],法律就默示要求出售的货物是符合"可商售"质量。但以下的情况是没有这一个默示要求)

(a) as regards defects specifically drawn to the buyer's attention before the contract is made, or(第一种情况就是在买卖合约订立前,卖方已经告诉了买方有关货物的缺陷)

(b) if the buyer examines the goods before the contract is made, as regards defects which that examination ought to reveal.(第二种情况就是在买卖合约订立前,卖方已经对有关的特定货物作出检验,并在一个合理检验应该可以看到的缺陷)

(3) Where the seller sells goods in the course of a business and the buyer, expressly or by implication, makes known—(如果卖方是在业务上出售货物,而买方明示或默示告知了卖方)

(a) to the seller, or...

any particular purpose for which the goods are being bought, there is an implied term that the goods supplied under the contract are reasonably fit for that purpose, whether or not that is a purpose for which such goods are commonly supplied, except where the circumstances show that the buyer does not rely, or that it is unreasonable for him to rely, on the skill or judgment of the seller...(有关买货的用途,卖方就有默示要求,提供的货物是要合理适合该用途。除非是情况显示了买方并不依赖卖方的判断有关货物是否适合用途,或是情况并不合理去让买方依赖卖方的判断)

(6) Goods of any kind are of merchantable quality within the meaning of subsection (2) above if they are fit for the purpose or purposes for which goods of that kind are commonly bought as it is reasonable to expect having regard to any description applied to them, the price (if relevant) and all the other relevant circumstances.

Sale by sample

15(1) A contract of sale is a contract for sale by sample where there is an express or implied condition to that effect in the contract.

(2) In the case of a contract for sale by sample there is an implied condition—

(a) that the bulk will correspond with the sample in quality;

(b) that the buyer will have a reasonable opportunity of comparing the bulk with the sample;

(c) that the goods will be free from any defect, rendering their quality unsatisfactory, which would not be apparent of reasonable examination of the sample..."

1.3　来自1994年《货物销售法与供应法》

在1994年的立法(《Sale and Supply of Goods Act》1994),对1979年立法作出修改与补充,其中1979年《货物销售法》的Section 14(2)有关"可商售质量"(merchantable quality)已改为如下:

"14(2) Where the seller sells goods in the course of a business, there is an implied term that the goods supplied under the contract are of satisfactory quality.

(2A) For the purposes of this Act, goods are of satisfactory quality if they meet the standard that a reasonable person would regard as satisfactory, taking account of any description of the goods, the price (if relevant) and all the other relevant circumstances.

(2B) For the purposes of this Act, the quality of goods includes their state and condition and the following (among others) are in appropriate cases aspects of the quality of goods—

(a) fitness for all the purposes for which goods of the kind in question are commonly supplied,

(b) appearance and finish,

(c) freedom from minor defects,

(d) safety, and

(e) durability.

(2C) The term implied by subsection (2) above does not extend to any matter making the quality of goods unsatisfactory—

(a) which is specifically drawn to the buyer's attention before the contract is made,

(b) where the buyer examines the goods before the contract is made, which that examination ought to reveal, or

(c) in the case of a contract for sale by sample, which would have been apparent on a reasonable examination of the sample."

1.4 来自普通法/案例法

来自普通法(案例法),有一些与货物买卖关系不大的独立案例涉及货物质量,现节录《Benjamin's Sale of Goods》(8th edn,2010 年)的 11-089 段作为介绍如下:

"**Other implied terms**. Other terms may when appropriate be implied into a contract of sale, though this is comparatively rare in that the Sale of Goods Act 1979 itself implies most of the terms that are relevant. But it has been held that where goods were ordered from a manufacturer who made such goods, and was not in any other way a dealer in them, there was, in the absence of agreement or contrary usage, an implied term that the goods should be of the manufacturer's own make. Where goods are sold as being of a particular brand, it has been held that there was an undertaking that they would bear the normal label for that brand. It has also been held that the order of an article by its trade name is normally to be taken as meaning an article as it was manufactured at the date of the order, whatever its composition at an earlier date. But it is unwise to treat isolated decisions on their facts as lying down rules of law. The principles applicable for the implication of terms and the same as those which operate in the law of contract generally."

上一段的节录是说 1979 年《货物销售法》已经把有关货物质量的默示责任/条件基本上已经包括在内,剩下有的也不会多了。但曾有个别先例,根据案件不同事实,曾经判是从一位生产商直接购买的货物会有一个默示条件就是有关货物应是该生产商本人所制造，除非另去说明。另外，买卖某一个牌子的货物（如名牌服装，名车或不必是名牌也是有一个牌子），就会有默示条件有关货物有该牌子的一般使用的标签：Scaliaris v E Ofverberg & Co （1921）37 TLR 307；Centrestage Management Pty Ltd v Riedle （2008）170 FCR 298 （Aus）。如果订购一个有牌子的货物，就会有默示条件是在订购一天后才生产的。但总的说，这些案例都涉及了它们自己不同的事实，所以不能视为是广泛适用的法律规定。

以上是针对本土买卖，至于是国际货物买卖，一个关系重大来自普通法但没有在1979年《货物销售法》中规定的默示责任/条件就是如果买卖合约涉及了运输，卖方就有责任保证有关的货物质量是能够承受与适合这一运输而不会变坏。例如，货物的处理或包装必须能够承受有关运输可以预见的一般性风险。国际买卖总离不开运输，特别是海上运输。已经详论过，CIF与FOB买卖下，运输风险在货物付运/装船后就转移给买方。但风险归风险，如果这货物本身根本承受不了这一正常运输，如估计有20天航程，但这票"鱼粉"（fishmeal）10天内已会发热自燃，因为在装货前没有经过"抗氧化"（anti - oxidant）处理，这就表示卖方违反了默示责任/条件：Beer v Walker （1877）46 LJQB 677；Ollett v Jordan （1918）2 KB 41；Mash & Murrell Ltd v Joseph I Emanuel Ltd （1961）2 Lloyd's Rep 326；The "Mercini Lady" （2009）2 Lloyd's Rep 679。

说实在，这种由于货物没有处理或包装好导致运输途中几乎必然会发生事故，可以说不再是风险了。即使买方是承保"一切险"（all risks），保险人也不赔付这种无可避免的损失。"风险"（risks）在杨良宜先生的《海上货物保险》（法律出版社2010年版）一书第201页有介绍说：贵族院著名先例之British & Foreign Marine Insurance Company Limited v Gaunt （1921）2 AC 41，Sumner勋爵针对风险是这样解释："There are，of course，limits to 'all risks'. They are risks and risks insured against. Accordingly the expression does not cover inherent vice or mere wear and tear... it covers a risk，not a certainty；it is something which happens to the subject - matter from without，not the natural behavior of that subject - matter，being what it is，in the circumstances under which it is carried. Nor is it a loss which the assured brings about by his own act，for then he has not merely exposed the goods to the chance of injury，he has injured them himself."

也就是说，"风险"是指可能（即使是很大的可能）发生的损失，只是意外，但不能是一定会发生的损失，如无可避免的正常的损耗。

另外，在该书也介绍了多个先例包括有Soya G. m. b. H. v. White （1982）1 Lloyd's Rep 136先例，案情涉及付运时黄豆的水份含量。专家证明只要水份超出14%，在该航次（包括有关航程的长短、天气、温度等）是会在半途无可避免黄豆发热、出汗与损坏。这一来，即使投保是"一切险"，它仍只是针对"风险"，不针对一定会发生的损失，所以，该批黄豆水份如果在付运时超出14%，保险人是不必对这方面损失作出赔偿。也可以换言之，如果卖方提供的黄豆水份是超过14%的含量，带来事后无可避免的质变与损坏，卖方不能凭一句话说运输风险在付运/装船时已转移给买方来推卸责任。这风险不应让买方来承担,这也不是海上运输保险的所谓 A,B,C 条文会包括的。

所以,《Benjamin's Sale of Goods》(8th edn,2010 年)的 6 - 019 段所说如下:

"**Seller's responsibilities at point of delivery.** The *prima facie* rule that risk passes on delivery to the carrier in a commercial transaction is, however, subject to a number of qualifications. In particular, it is to be qualified by the principle enunciated in Beer v Walker (1877) 46 LJQB 677, and also by Diplock J in Mash and Murrell Ltd v Joseph I Emanuel Ltd (1961) 2 Lloyd's Rep 326 that, when goods are sold under a contract which involves transit before use, there is an implied term in the contract of sale that the goods should be despatched in such a condition that they can endure the normal journey and upon arrival at their destination be suitable for the ordinary purpose for which such goods are intended to be used and be of satisfactory quality. This does not mean that the seller guarantees the state of the goods on arrival at their destination; his undertaking relates to their state at the place of delivery to the carrier and to their capacity to survive normal transit.(表面规则是风险在货物交出给承运人就转移,但这是有一些例外情况。特别是一种例外在 Beer v Walker 和 Mash and Murrell Ltd v Joseph I Emanuel Ltd 先例,还有没提到的 The "Mercini Lady" [2009] 2 Lloyd's Rep 679 先例,这就是出售的货物如果涉及运输才能让买方使用,就有一个法律默示条件要求货物必须是能够承受正常的运输,能够在抵达目的地的时候有关货物还是能够适合它本来意图的用途与是满意的质量。这不代表卖方保证货物能够安全与完整抵达目的地,他只是承诺把货物在交货地点交出给承运人时,货物的状况是可以承受正常的运输。)

The effect therefore is that:

'... an extraordinary deterioration of the goods due to abnormal conditions experienced during the transit [is one] for which the buyer takes the risk. A necessary and inevitable deterioration during transit which will render them unmerchantable on arrival is normally one for which the seller is liable'."(以上说法的后果是如果在运输过程中遇到不正常的情况导致非正常的货物损坏,这是买方的风险。只是一个无可避免的货物损坏在运输过程中并导致货物到了目的地再也不能用作商业用途才是卖方要负责。)

另在 11 - 067 段也有提到:

"**Deterioration in transit.** There is, however, one question specific to section 14(3) (指《货物销售法》). Where it is contemplated that the goods will be transported, and some goods of the type referred to by the contract would bear transportation, and some, though fit for their purpose at the time of sale, would not, it may be held that the buyer relies on the seller's skill and judgment to select goods that will bear transportation..."

这方面第一个重要先例就是 Beer v Walker,涉及了伦敦运去布莱顿(Brighton)的兔肉在抵达目的地的时候腐烂,Grove 大法官判是卖方的责任,因为卖方“有保证食物在抵达目的地的时候良好”(a seller of food does warrant that the food shall be good on arrival)。第二个先例是 Ollett v Jordan,也是涉及了鱼在抵达目的地的时候发臭,上诉庭的 Atkin 大法官判是卖方不光是保证货物在付运的时候状况良好,而且是要在付运后的一段合理时间。

再接下去的先例是 Mash & Murrell, Ltd v. Joseph I. Emanuel, Ltd,案情涉及一个 CFR 买卖,货物是土豆,从塞浦路斯去英国利物浦。土豆到了利物浦,有严重腐烂,无法食用。在高院,Diplock 大法官判是该航次(是班轮运输)完全正常,所以是土豆“不适合运输”(not fit to travel),而卖方也破坏了一个默示责任,要对买方负责。Diplock 大法官说:“... there the warranty as to merchantable quality, in the case of goods sold C&F, was that the goods should remain merchantable for reasonable time (time for normal transit and for disposal); and that warranty was broken; and the sellers were in breach of warranty to ship goods in such a condition as to be capable of standing a normal voyage and to be of merchantable quality on arrival.”

该先例去了上诉庭被推翻,但不是在这一卖方的默示责任/条件。这纯是上诉庭对事实的认定作出与 Diplock 法官不同的看法,认为是半途因船舶缺乏通风而导致船舱内高温,最终引致土豆变坏腐烂。

根据专家意见,会导致这种严重腐烂,只有三种原因。一是航程半途中缺氧或高温(在华氏 100 度以上);二是严重水湿;三是土豆受某些真菌(some form of fungus growth)所侵袭。从证据(如船长、专家作供)看来,土豆并没有受严重水湿,而塞浦路斯出产的土豆也未曾听闻受真菌影响。相反,根据船上的“通风”(ventilation)及船舱内温度记录看来,船舶在半途的 Famagusta 一港(是班轮预定航线,不算不合理绕航)所停留的 5 天中,没有通风记录。该港口当时室外温度高达 80 度,如果船舱不通风是有可能会高达 100 度。虽然船长否认他没有通风,但真正的事实也不会有人知道,只能靠猜测。上诉庭作出与一审 Diplock 大法官不同的事实认定,判很有可能是在这 5 天中船舶不通风引致高温。这一来,表示买方败诉,卖方也没有破坏土豆“不适合运输”的默示责任/条件。相反,土豆半途变坏是买方的运输风险,他应该向保险人索赔与/或向船东索赔(因为船长没有小心妥善照顾货物,不通风)。

最后可谈谈《Benjamin's Sale of Goods》(8th edn, 2010 年)一书 11 - 067 段最后一句是说:“On the other hand, where all goods of the type referred to would necessarily deteriorate in transit or suffer a high risk of doing so, the risk of such deterioration, unless there are other indications, will be on the buyer.”,并提到有关的先例:Broome v Pardess Co - operative Society of Orange Growers Ltd (1940) 1 All ER 603。这句话是说明有一些容易腐烂,难处理的货物,买卖双方订约时都应该合理知道,以后实际履行会在每一个航次都免不了有一定程度的损耗,则这风险仍是由买方承担。这也包括了一些高风险的货物,如冷藏货,航次稍有延误,马上会出大事,这也是买方承担的运输风

险。可总结说,这卖方对货物要适合运输的默示责任/条件只是在买方无法合理知道,要靠卖方在货物的供应,付运前的处理或/与包装上小心,才会适用。这里也有很大的程度就是买方只能依赖卖方的水平作出货物付运的准备工作,因为买方是完全控制不了。

在这一个问题上,最近又出了一个先例名为 The "Mercini Lady" (2009) 2 Lloyd's Rep 679。案情是有关汽油(gas oil)的一个"FOB Antwerp"买卖,但船舶抵达西班牙的卸港,买方指该批汽油不符合规格(off specification)并拒绝接收货物。由于该买卖合约有条文说明在装港的检验/测试为最终与约束性(第 12 条),风险于货物装船后就转移给买方(第 15 条),与条文说明卖方是完全不保证该批汽油的"可商售"(merchantable)与适合与否等方面(第 18 条)。所以买方只能根据 Mash & Murrell, Ltd v. Joseph I. Emanuel, Ltd 先例并争议说卖方有一个法律默示责任/条件有关货物必须"适合运输"(fit to travel),并保证货物在一个正常的航次后抵达卸港(不光是在付运/装船)仍是满意质量与符合规格。卖方的抗辩是 Mash & Murrell, Ltd v. Joseph I. Emanuel, Ltd 先例只适用在容易腐烂货物与规定了什么航次的 FOB 买卖合约等。在第一审,Field 大法官判买方胜诉,除了判货物必须"适合运输"的责任不仅是针对容易腐烂货物外,也判是 1979 年《货物销售法》之 Section 14(2) 的默示条件针对货物必须是"满意质量"(satisfactory quality)是不应该只局限在付运/装船,还应该包括之后的合理时间。这一先例带来不稳定的地方就是一直以来的看法就是在货物付运/装船后,风险就转移给买方,看来变得模糊不清。但该先例去了上诉庭后被推翻,判是满意质量的默示责任/条件只是针对货物在付运/装船的一刻,也就是卖方交付货物的时候。换言之,在这一方面的英国法律地位实际上还是没有改变。这也是 CISG 的规定在 Article 36(1) 配合,说是卖方只是负责"for any lack of conformity which exists at the time when the risk passes to the buyer"。

§2　条件条文和保证条文

在英国合约法,"保证条文"(warranty)与"条件条文"(condition)的分别是众所周知的。这分别主要就是在违反的情况下带来不同的救济,保证条文只能索赔损失,而条件条文的违反除了能够索赔损失外,还可以让无辜方终断合约。在普通法,The "Hong Kong Fir" (1961) 2 Lloyd's Rep. 478 的贵族院先例后,还多了一种合约条文,名为"中间条文"(intermediate term 或 innominate term)。中间条文的作用是给法院或仲裁庭更大的弹性,在每一个不同案件的案情中,看实际违约带来的后果是否无足轻重或是严重。只有在后果严重的情况下,才会把中间条文提升到条件条文的地位,也就是让无辜方终断合约。可以说,在今天的合约条文中,大部分都会是中间条文。

在 1979 年《货物销售法》,由于是源自 1893 年的立法,所以没有针对中间条文,

因为在那个年代还没有这种说法。但却有立法条文针对保证条文与条件条文,并重复了两者违反的不同救济。这可节录如下:

“15A Modification of remedies for breach of condition in non - consumer cases(针对非消费者的买卖的救济,这显然是包括国际货物买卖)

(1) where in the case of a contract of sale —

(a) the buyer would, apart form this subsection, have the right to reject goods by reason of a breach on the part of the seller of a term implied by section 13, 14 or 15 above,(买方在卖方违反了 Section 13,14,15 的默示条文下,可拒绝货物) but

(b) the breach is so slight that it would be unreasonable for him to reject them, then, if the buyer does not deal as consumer, the breach is not to be treated as a breach of condition but may be treated as a breach of warranty.(但如果违反是轻微的,导致拒绝接收货物是不合理的,只要买方不是消费者,该违约就会被视为是保证条文而不算是条件条文。)

(2) This section applied unless a contrary intention appears in, or is to be implied from, the contract.(本立法条文适用,除非另有明示条文或默示条文在买卖合约中显示了不同的订约意愿)

(3) It is for the seller to show that a breach fell within subsection (1)(b) above.”(接下去的 Section 15B 只是针对苏格兰)

所以在进一步介绍 1979《货物销售法》之 Section 13,14,15 可以容许买方在卖方违反的情况下拒绝接收货物之前,先解释条件条文和保证条文的分别为什么在国际商品买卖是这么重要。

这里主要是涉及一种名为“市场风险”(market risk),也就是市场的波动在商品市场是非常的激烈,这导致了买卖双方在订立买卖合约后到履行的一段时间内,市场价格暴升或者暴跌的可能性会是存在,这一风险就会要卖方或者买方承担。在 J Gray 先生所著的《Shipping Futures》(2nd edn, Lloyd's of London, 1990)第二章中,曾经提到原油市场可以在 10 分钟内波动高达 7 美元/桶。这一个波动就表示一船 20 万吨油轮上的货物在 10 分钟内就可以赚或亏 1000 万美元以上。

在订立买卖合约,可以说卖方与买方都承诺了他们各自承担的市场风险。在订立买卖合约直到真正交货,这一段时间远不止 10 分钟,而可能是好几个月。在这一段时间里,市场价格维持原合约价格的可能性几乎为零。这表示如果真正交货的时候市场价格是上涨,买方就等于是买了便宜货,但卖方就承担了对他不利的市场风险。相反,如果交货的时候市场价格是下挫,买方与卖方的命运就扭转过来了。这市场的风险相对价格平稳的货物(如有价格控制机制)并不重要或不存在,但针对国际商品买卖可以说是不得了的大事。

但如果买方有一个拒绝接收货物的权利,这就给了他在要承担不利市场风险的情况下可以转移给卖方。也就是市场价格下挫了,买方通过拒绝接收货物,是可以不必付高昂的合约货款。如果买方已经支付了部分或全部的货款，他也可以在合法拒绝接收货物后，向卖方根据“复原”(restitution)的大原则讨回。讨回这笔钱是属于“债务的追偿”(recovery of debt)，通常可以十分迅速，在英国法院会是以“简易判决”(summary judgment)的形式追讨。债务的追偿也不像损失的追偿，不存在需要债权人证明“损失的遥远性”(remoteness of damage)、“因果关系”(causation)或“合理减少损失”(mitigation)等。这方面在本章稍后在8.2.3段会进一步探讨。

如果只涉及了保证条文的违反，也就是买方只能索赔损失，这就不存在可以转移不利的市场风险给卖方。比方说，以100美元/吨买的商品，因为质量问题而贬值20%，只值80美元/吨。到了真正交货时，该商品在市场上的价格只有50美元/吨，贬值20%的质量问题也只会是相应减低，变为只值40美元/吨。这表示在两种情况下，买方索赔的损失只是贬值后的差价。而且向卖方提出索赔损失还要证明许多方面，如已经提到的“合理减少损失”等。这表示索赔损失的诉讼会是比债务的追偿昂贵与困难得多。

§3 英国《货物销售法》的默示责任/条件介绍

在详细分析《货物销售法》每一个措辞/文字之前，可先作出介绍，以增加了解。

笼统地说，《货物销售法》有三个主要默示责任加在卖方：(i)以货物描述进行买卖，则货物必须符合合约的描述(correspond with description)。以样本进行买卖，则货物也必须符合样本(correspond with sample).(ii)货物有“可商售质量”(merchantable quality)，这在1994年立法已改为是“满意质量”(satisfactory quality)。(iii)货物适合买方特别用途(fitness for particular purpose)。

笔者描述以上为“主要”默示条件，因为容易忽略在《货物销售法》还有三项协助买方的默示条文。这是在Section 12有关货物拥有权的默示条文，即是：(i)卖方是有法律权利出售货物(seller “has a right to sell the goods”)；(ii)卖方能转让所出售的货物的一切主权，货物不会受任何抵押或负担影响(除非有预先向买方披露或买方知道)(“the goods are free ... from any charge or encumbrance not disclosed or known to the buyer before the contract was made”)；(iii)买方可安然地享受及拥有货物，而不会受别人干扰(除非作出干扰的人是执行有关抵押而这存在有之前披露给买方或买方知道)(“the buyer will enjoy quiet possession of the goods except so far as may be disturbed by the owner or other person entitled to the benefit of any charge or encumbrance so disturbed or known”)。以上条文之中，(i)是默示条件(condition)，但(ii)及(iii)只是默示保证条文(warranty)，就算违反都不能自动终止合同。因为这些默示条文是针对货物主权，而不是货物质量，所以会在本书第七章进一步探讨。

虽有以上的三个默示责任，但大前提仍是本章一开始所讲的买方要自己小心

(*caveat emptor*)。这在 1.2 小段,在 1979 年立法的 Section 14 (1)也是说得明确。即除了本立法的默示责任,而它们都有局限性(后详),卖方是不保证任何货物质量的。

首先第一个默示责任是针对订约时,买卖双方只是针对"将来货物"(future goods)或"未存在货物"(non - existing goods)或"没有确定货物"(unascertained goods),这一来,要确定买卖到底是什么东西也只能依赖在合约中写明的货物描述,或是依赖样本。在国际买卖经常以这方法来进行买卖,它不像百货商店的买卖,买方看准了某件商品才进行买卖,不存在再要订下描述或提供样本。一些要建造的货物,如买卖一台大机器,或是新建一艘船舶,也只能靠合约描述了。例如,说明这机器要有多少马力、耗电量、耗油量等。如果是商品,会有可能在洽谈合约时卖方提供样本,则双方可以样本进行买卖了。当然,要建造货物或一般商品,都有可能以描述/规范或样本其中之一进行买卖,或是既有描述,又有样本进行买卖。

反正是这样的买卖是卖方有默示责任将来交付的货物必须符合描述(1979 年立法之 S. 13(1)),或符合样本 S. 15(2)(a),或两方面都要符合 S. 13(2)。换言之,不能是"货不对版"。

在第二个默示责任,卖方把货物商售给买方,质量应符合。另外是考虑到在一个买卖合约的买方,货物不一定是自用,而是用作转售,所以有了这"可商售质量"要求。这默示责任与第一个是有不同目的,它不是为了"确定"将来的货物,它确是为了针对货物质量。当然,它与货物描述也有联系。一般是,某种货物的描述下所作的用途,如果能符合,即已是可以。如 Diplock 勋爵在 Ashington Piggeries Ltd v. Christopher Hill Ltd (1971)1 Lloyd's Rep 245 的第 278 页所说:"Goods are of merchantable quality if they are fit for use for any purpose for which goods which correspond with the description, by which they were sold would normally be used."

在第三个默示责任,它只是针对买方的"特殊要求"(particular purpose),不像第二个默示责任是针对一般用途。当然,这特殊要求必须是买方订约前通知卖方才成。这考虑到会有情况是买方不了解产品商品,只了解自已用途是什么,而卖方非常熟悉他的产品商品,买方应可订约前告诉卖方他的特殊要求,而卖方不否定这个默示责任下订约,进行买卖,也就会有了这个"货物适合买方特别用途"的要求了。

当然,第二与第三个默示责任也会有重复之处。例如,某种货物只有一种用途,是唯一的一种,则"可商售质量"与"货物适合买方特别用途"也只是同一回事。

举一个简单的例子,是一个国际货物买卖,以 CIF 成交,所确定将来交接的货物是"美国家禽饲料,十月份前付运"。所以,如果将来交付的货物不是来自美国,这并不符合描述。同样,付运日期不对,这也不算符合货物描述。而这家禽饲料即使到了买家手中是质量差或是只能给某些家禽作饲料(如牛猪可以,但不适用在火鸡),不适合买方用途,这货物也不见得是不"可商售质量",任何内行第三者眼中看来这货物仍是家禽饲料,可作买卖,只会是价值很不一样而已:Hardwick Game Farm v. S. A. P. P. A. Ltd (1968)1 Lloyd's Rep 547。

但如果在成交前买方告诉了卖方这票家禽饲料是为了饲养火鸡之用，则地位不同了。这货物必须“适合买方特别用途”，否则卖方是违约。

判断卖方有否破坏以上的默示责任非常重要，因为它们也是默示条件，可导致买方合法“拒绝货物”（reject cargo），终断买卖合约。在接下去段节，会更详细探讨这些默示责任。

§4 默示责任/条件之一：符合描述或/与样本

4.1 序言

严格来说，这一默示责任实与货物质量无关，它纯是为了“明确”（identify）双方买卖的是什么货物。但笔者仍在本章节探讨这问题是货物描述常同时包括货物质量的要求（如 Re North Western, Rubber Co. Ltd and Huttenbach & Co［1908］2 K. B. 907 的“fair quality rubber”；Toepfer v. Continental Grain Co［1974］1 Lloyd's Rep. 11 的“Hard Amber Durum Wheat”；Toepfer v. Warinco A. G.［1978］2 Lloyd's Rep. 569 的“fine - ground soya bean meal”等）。这带来解释上的困难，因为英国法律一直以来对交付货物必须符合描述的要求非常严格，所谓是“完美交付规则”（perfect tender rule）。货物一不符合，即使只是轻微，也会导致买方可理直气壮地拒绝货物。但货物不符合描述并不表示它不符合“可商售质量”（merchantable quality），即卖方并没有违反任何其他默示（或明示）的条件条文，这表示如果买方想拒货（如市场下跌），买方会尽量指货物不符合描述，即使是货物质量没有问题，完全是“可商售质量”：Arcos Ltd v. E. E. Ronaasen & Son (1933) A. C. 470。

以上所讲的问题可以先以我们日常生活中一个简单的例子说清楚。起点是买卖合约有完全的订约自由，所以买方希望购买什么货物，他只要说清楚，卖方答应提供就必须要做到。至于买方怎么样说清楚，也就是在买卖合约中的货物描述。比方说，买方想买蛋糕，在买卖合约中的描述只是“蛋糕”，显然卖方可以提供任何形式与任何牌子的蛋糕。当然是，卖方不能提供过期的蛋糕，这会是违反了另一个默示条件，就是“可商售质量”，虽然在描述而言还算是蛋糕。换一个情况，是买方在买卖合约中的描述是“美心蛋糕”（美心是香港牌子的饼店），这一来卖方就要提供美心蛋糕才能算是符合货物描述的默示条件。如果卖方提供的是其他牌子的蛋糕，甚至比美心蛋糕更加优质，买方还是可以拒绝接收。再换一个情况，是买方在买卖合约中的描述是“巴黎美心的黑森林蛋糕”，卖方也同意了。这就表示卖方在交货期必须提供的是“巴黎美心黑森林蛋糕”。卖方不能说价钱太高，甚至在北京买不到，所以提供不了。这都是违约行为，卖方认为飞去巴黎购买这一块蛋糕代价太大，他就不应该在买卖合约中做出承诺，或是做出承诺也必须要高昂的货价（其中足够支付巴黎来回的飞机票）。

至于货物描述与质量的分别,前者是1979年《货物销售法》之Section 13(1)的默示条件条文。但后者只是一般的合约条文,通常只会是一条"保证条文"(warranty),违反只能向卖方索赔损失。但这方面的分别带来不少的诉讼,有时涉及买卖合约怎么样去写。举例说,买卖合约对货物的描述是"美心低糖黑森林蛋糕",这"低糖"一词看来是描述的一部分。但如果对货物的描述是"美心黑森林蛋糕,糖分不超过5克",这就会有争议,前者是货物描述为了明确购买的是什么货物,后者只针对质量。但由于他们写在一起,特别在条文的标题说是针对货物描述,判法就会带来不稳定。再把情况改一改,就是一条针对货物描述的条文只是说"美心黑森林蛋糕",然后另一条文针对货物质量,就包括了一大堆的要求,其中包括"糖分不超过5克",这就在解释起来容易对货物描述与质量做出区分。

4.2 1893年立法的原意

看来,1893年《货物销售法》将货物买卖的做法一分为二。一是针对"现货"(present goods)或"特定货物"(specific goods),不必依赖对货物的描述。二是针对"将来货物"(future goods)或"不确定货物"(unascertained goods),买卖双方只能依赖对货物的描述进行买卖。

针对现货,1893年的立法对买方苛刻,要他自己小心(*caveat emptor*),卖方没有对货物描述与质量的任何默示责任,也不存在买方可拒绝接收货物。买方如果买错了货物也就只能怪自己了。

但针对"根据描述的买卖"(sale by description),则1893年的立法相对保护买方。有了要严格符合买卖合约描述或/与样本的默示责任/条件外,也要货物有"可商售质量"(merchantable quality)。而且在不符合的情况下,买方也可拒绝接收货物。

1979年《货物销售法》是1893年立法的延续,在Section 13(1)说明"根据描述的买卖",就有一个默示条件,确定了的货物或将来交出的货物是必须符合描述,所以什么构成货物的描述就是很重要,因为可能违反有严重后果的条件条文。这非常严格的规定已经有无数的先例让买方以非常微小的缺陷或差异去终断买卖合约,也就是拒绝接收付运单证或在卸港拒绝接收货物。

这严格的规定说是因为在国际货物买卖有必要提升大家的肯定性。一票货物或商品从一个国家去另一个国家经常会涉及了多次在海上的转售,其中还会涉及融资的银行。而大家对一大笔货款的转手,信心完全建立在一套付运单证,其中有对货物的描述。换言之,他们实质上是看不见他们买卖的是什么东西,而只是凭付运单证列出对货物的描述,就知道买卖的是什么东西。这一来就有必要严格对待描述货物的一方,也就是卖方,要求他严格而准确地做出描述。毕竟,针对货物的描述,有时候的确是会"差之毫厘,谬之千里"。

在著名的贵族院先例"Diana Prosperity"(1976)2 Lloyd's Rep. 621,涉及了一个长期期租合约的争议,因为航运市场下跌而导致交船的时候承租人不愿意接收而挑毛病。而挑的毛病就是该船舶是一艘新造船,在定租约的时候,由于还没有船名,所以只约定"... to be built by Osaka Shipbuilding Co. Ltd. And known as Hull No. 354 until named and shall have a deadweight of about 87,600 tons."但在实际的造船过程中,该船舶是 Osaka Shipbuilding Co. 把它转给另一个属于同一集团的造船厂建造,虽然 Osaka Shipbuilding Co. 有参与一些重要的工作如设计等。这一个安排导致了该艘新造船多了另一个船壳名称,为"Oshima Hull No. 004",直到建造完毕前才正式注册与改船名为"Diana Prosperity"。承租人所挑的毛病就是该船舶并非是他在长期期租所承租的,他租的是"Osaka Hull No. 354",不是"Oshima Hull No. 004",所以不符合描述,这根据《货物销售法》Section 13(1)是一个默示的条件条文,承租人可以拒绝接收。

说实在的,这也不是一个货物买卖合约,而是一个租约,加上很明显可以看出是承租人在取巧,因为在该案例下,船舶是完全正确的,就是租约中所针对的船舶。不正确的只是船壳的名称,这充其量是"right ship, wrong name",而英国法律是一贯不重视名称而重视实质。结果判下来也的确是承租人败诉。但 Wilberforce 勋爵有提到说针对货物描述的案例太多与太技术性,贵族院需要重新考虑这方面的问题,说:"excessively technical and the due for fresh examination in this House"。但 Wilberforce 勋爵承认针对国际商品买卖,"严格与技术性的看法"(strict and technical view)还是重要,说:"as regards the description of unascertained future goods (e. g. commodities) as to which each detail of the description may be assumed to be vital."

4.3 何谓以货物描述进行买卖?

这"根据描述的买卖"(sale of goods by description)是指何种情况呢?明显地,买卖时仍未存在的货物,肯定以描述进行。但即使是已存在,是明确的一件商品,所谓"specific goods",也会是以描述进行买卖。在 Varley v. Whipp (1900) 1 QB 513 先例,买卖是一架"second hand self - binder reaping machine",但订约当时该机器是在另一处。法院判这买卖是以描述进行,并说:"it must apply to all cases where the purchaser has not seen the goods, but is relying on the description alone"。(既所有在买卖时买方并没有见到货物,要依赖对将来卖方交出来的货物做出描述,即是以货物描述进行买卖)。如果买方曾检验过货物与订约前知道货物描述可能不对,这也会不算是以描述进行买卖:Harlington & Leister Ltd v. Christopher Hull Fine Arts Ltd. (1991) 1 Q. B. 564(有关的货物是一幅画)。

由于 1893 年与目前生效的 1979 年《货物销售法》下强加在卖方头上的默示要求或责任都是在"根据描述的买卖",所以有必要进一步解释另一种"不根据描述的买卖"。在《Benjamin's Sale of Goods》(8th edn, 2010 年)之 11 - 007 段有提到了 Joseph Travers & Son Ltd v Longel Ltd (1948) 64 TLR 150 先例中,Sellers 大法官说是这种买卖有两种如下:"Sales by description may... be divided into sales (1) of unascertained or future goods, as being a certain kind or class, or to which otherwise a 'description' in the contract is applied; (2) of specific goods, bought by the buyer in reliance, at least in part, upon the description given, or to be tacitly inferred from the circumstances, and which identifies the goods."

"不根据描述的买卖"显然是针对特定货物(specific goods)也就是在订立买卖合约的时候已经"明确了"(identified)的货物。这里可以节录《Benjamin's Sale of Goods》(8th edn,2010 年)11－011 段所说:"It follows that the only sales not by description are sales of specific goods *as such*. Specific goods may be sold as such when they are sold without any description, express or implied; or where any statement made about them is not essential to their identity; or where, though the goods are described, the description is not relied upon, as where the buyer buys the goods such as they are."

显然这种买卖相对不多,在国际货物/商品买卖是更加不会有。

4.4 为何要区分?

区分的重要性可在以下几个例子及情况可见:

(1)这一默示责任,在 1979 年《英国销售法》的 Section 13,是适用在任何买卖。但有关质量方面的 Section 14 (2),只是适用在"商业上买卖"(in the course of business),不适用在私人买卖。所以,私人之间买卖而买方对货物质量不满,他只能以 Section 13 的违约(如果能够成立)成功索偿,而无法用 Section 14 (2)。

(2)以这默示责任,设法赖掉一宗错误买卖实是因买方自己缺乏眼光所引致。这可举 Harlingdon & Leinster Enterprises Ltd. v. Christopher Hull Fine Arts Ltd. (1991) 1 Q. B. 564 的先例,涉及一宗艺术品买卖。卖方出售两幅德国著名画家(Gabriele Muenter)的画,买方是德国画的专家,比卖方更懂。买方也检验过才购买,但事后发觉原来不是 Gabriele Muenter 的真迹。买方于是想退货,指违反《货物销售法》Section 13 的不符合描述(即非是 Gabriele Muenter 的画)。但上诉庭(除了 Stuart－Smith 大法官)判是这买卖不是以描述进行,或是,买方根本未依赖对货物的描述,只是凭自己眼光。

(3)以这默示责任在市场下跌时赖掉一宗买卖。在 2.1 小段提及的 Arcos Ltd v. E. E Ronaasen & Son (1933) A. C. 470 先例,是买卖半寸厚"横木"(staves),但交付的货物只有约 15% 是半寸厚,其余是约 9～16 寸不到的厚度。虽然这批横木完全在质量上可以,符合 merchantable quality,也适合买方用途(制造装水泥木桶),但贵族院判是货物不符合描述,买方可拒绝。正如 Buckmaster 勋爵在该先例说,货物质量与货物描述是两码事:"The fact that the goods were merchantable under the contract is no test proper to be applied in determining whether the goods satisfied the contract description, and I think the phrase 'commercially' itself shows that while the goods did not in fact answer the description, they could, as a matter of commerce, be so dealt with."

同样情况出现在 Re Moore & Co and Landauer & Co (1921) 2 KB 519 先例,货物的描述是"30 罐一箱的澳洲罐头水果"(Australian canned fruit packed in cases of 30 tins),但交付是 24 罐一箱,虽然其他完全符合买卖合约(包括货物总数),法院判是买方可拒绝接收。

(4)在国际买卖,为了防止或减少货物被外国买方拒绝接收,带来对卖方的严重不便,常会在买卖合约有一条文禁止买方。这所谓的 Non – rejection clause 一般只针对货物质量(即《货物销售法》的 Section 14),不大会针对 Section 13(毕竟是为了确定将来的货物)。这一来,买方想拒绝货物动脑筋不是在货物质量,而是在货物描述。这 Non – rejection clause 可见于 Smith Brothers (Hull), Ltd v. Gosta Jacobsson & Co. (1961)2 Lloyd's Rep 522 先例中买卖合约的第 19 条文:"Buyers' right of rejection shall not be exercised where the claim is limited to questions of…quality unless the shipment…as a whole…is not in respect of such heads of claim a fair delivery under the Contract from a commercial standpoint of which, in the event of dispute, the Arbitrators or their Umpire are to be the sole and final judges."

(5)也是在国际买卖,合约常会有一条文会说明"装港检验证明视为最终"(loading port inspection to be final):Toepfer v. Continental Grain Co. (1974)1 Lloyd's Rep 11;The "Bow Cedar" (1980)2 Lloyd's Rep 601;Cauwenberghe v. Tropical Products (1986)1 Lloyd's Rep 535 等。在本章稍后的 4.2 小段在这方面再行介绍。在这里指出这种条文一般只针对货物质量,不针对货物描述。这变得在装港出了证明指这批货物质量没有不妥,符合买卖合约,而真正交付给买方时买方发觉货物严重不妥,想拒绝接收。但因为无法否定已视为最终的装港证明,对货物质量买方会是哑巴食黄连。这一来,买方又会在货物描述方面动脑筋,而如果买方能挤进去,如 Toepfer v. Continental Grain (1974)1 Lloyd's Rep. 11 先例的"Quality No. 3 Hard amber durum wheat of U. S. origin"的"hard"(硬)一字,本质是针对货物质量,但也被上诉庭判是货物描述的一部分。这样,买方可以卖方违反这默示条件/责任向卖方索赔,不受装港证明为最终的约束。而卖方破坏了条件条文(condition),不论明示默示,买方即可终断合约(拒货)再索赔,或只是索赔损失。

(6)不少国际买卖合约也会对货物质量索赔有一短暂时效,如在卸港交货后 14 天或 21 天不等。买方一错过,再无法提出货物质量的异议。同样道理,这种条文不大会针对货物描述。如果买方能以交的货物不符合描述为由而起诉,会不受时效影响:Cauwenberghe v. Tropical Products (1986)1 Lloyd's Rep. 535。

4.5 什么是货物描述?

针对不确定货物,也就是国际货物/商品买卖涉及的货物,Diplock 勋爵在 Ashington Piggeries Ltd v. Christopher Hill Ltd (1971)1 Lloyd's Rep. 245 先例说到货物描述是:"The 'description' by which unascertained goods are sold is, in my view, confined to those words in the contract which were intended by the parties to identify the kind of goods which were to be supplied... Ultimately the test is whether the buyer could fairly and reasonably refuse to accept the physical goods proffered to him on the ground that their failure to correspond with that part of what was said about them in the contract makes them goods of a different kind from those he had agreed to buy. The key to s. 13 is identification."(针

对不确定货物,“描述”是局限在买卖合约中为了明确将来要供应的货物品种……这方面最终的考验是买方能否公平合理地拒绝接收卖方实质交出的货物,理由是这些货物并不符合买卖合约的要求,导致了不是买方想购买的货物品种。《货物销售法》之 Section 13 最重要的针对就是为了明确。)

即使是以“根据描述的买卖”进行,也不是在买卖合约中每一项描述都会被视为是 1979 年《货物销售法》Section 13(1)所针对的“货物描述”,这一点已由贵族院在 Ashington Piggeries Ltd v. Christopher Hill Ltd (1971)1 Lloyd's Rep. 245 先例中明确。Diplock 勋爵在该先例中说(在第 277 页):

“... Not all statements about the characteristics of goods which are the subject - matter of a contract of sale form part of the 'description' by which they are sold [**1**]. Sections 13 and 14 draw a distinction between the description by which goods are sold, on the one hand, and their fitness for the particular purpose for which they are required and their quality, on the other. Section 14 (4) recognises that a contract for the sale of goods may contain an express statement about the fitness of the goods for a particular purpose or their quality which does not form part of the description by which they are sold [**2**] but constitutes a separate stipulation in the contract which may be either a condition or a warranty, depending upon the construction of the contract (see Section 11(1)(b)).

A contract for the sale of goods is one whereby the property in goods which have been physically identified is transferred from the seller to the buyer (see: sections 1 (1) and 16). But a contract may be made for the sale of unascertained goods before the actual goods in which the property is to be transferred are physically identified and agreed upon. At the time of making such a contract the kind of goods which are its subject - matter can only be identified verbally and/or by reference to a sample. The 'description' by which unascertained goods are sold is, in my view, confined to those words in the contract which were intended by the parties to identify the kind of goods which were to be supplied [**1**]. It is open to the parties to use a description as broad or narrow as they choose [**3**]. But ultimately the test is whether the buyer could fairly and reasonably refuse to accept the physical goods proffered to him on the ground that their failure to correspond with that part of what was said about them in the contract makes them goods of a different kind from those he had agreed to buy [**4**]. The key to Section 13 is identification [**1**]. ”

针对上述 Diplock 勋爵的判词,可做出以下备注:

[**1**] 上述的判词中有多处说明了只为了“明确”(identify)货物的描述才会被当作货物描述,而不是事无大小,每一项在买卖合约中对货物的描述都可归类。

[**2**] 例如,常会对货物的买卖以明示条文包括了各种质量方面的要求,一般这不成为货物描述的一部分。但这并不稳定,要看买卖合约如何写法(如货物描述与质量是否分开两条条文)及其他因素(如货物本质)。正如在 Toepfer v. Continental Grain

Co (1974)1 Lloyd's Rep. 11 先例的 "No. 3 hard amber durum wheat"的"hard"(硬)一字,Denning 勋爵认为"硬"一字可以同时作为质量与描述,说:"The 'description' of goods often includes a statement of their quality. This 'new laid eggs' contains both quality and description all in one. 'Quality' is often part of description. In this very case the word 'hard' is a word both of quality and of description."

而贵族院的 Diplock 勋爵也支持的在 Berger & Co. Inc. v. Gill & Duffus S. A. (1984)1 Lloyd's Rep. 227 先例说:"The conclusion reached by the Court of Appeal in Toepfer v. Continental Grain Co. is, in my opinion, plainly right. My own preferred analysis of the reason why it is consistent with Section 13 of the Sale of Goods Act 1893 is that while 'description' itself is an ordinary English word, the Act contains no definition of what it means when it speaks in that section of a contract for the sale of goods being a sale 'by description'. One must look to the contract as a whole to identify the kind of goods that the seller was agreeing to sell and the buyer to buy. In Toepfer's case it was not 'No. 3 hard amber durum wheat' *simpliciter* but durum wheat of U. S. origin for which a certificate had been issued by a U. S. Government official stating that its quality was that which is described in the trade as 'No. 3 hard amber'".

另在 Marimpex v. Louis Dreyfus (1995)1 Lloyd's Rep 167 先例,Clarke 大法官也接受货物描述可去包括货物质量。

综上所述,笔者自己再举一个简单例子:买方想买的是一批没有石蜡的原油,用来提炼润滑油。所以货物被描述为"crude oil with no paraffin"。这一来,将来交付的货物就不能是"crude oil"(原油)内有"paraffin"(石蜡),卖方然后抗辩这"paraffin"只属货物质量,不属货物描述,买方不能拒绝接收货物,笔者感觉是不可接受。

[**3**] 双方买卖合约会对货物描述订得很细致,也会订得很泛泛或简单,只求让双方知悉将来交接的货物是什么。而随着今天买卖的货物品种日趋复杂,如一座发电机,一艘新船,令对这种买卖合约的描述再不能像商品的一句话已足够勾画出将来要交出的货物。往往它们会涉及多张纸甚至是一本书,有数以百项或是千项不同的描述(如对新船所要求的规格)。这一来,如果严格把每一项都视为是属于《货物销售法》Section 13 的"货物描述",买方在市场下跌的时候就很容易挑一个小毛病赖掉整个造船合约,拒绝接收船舶。所以,在杨良宜先生的《造船合约》(大连海事大学出版社 2008 年版)一书之 207 页举了一例是造船合约讲明是一艘"有装卸设备散装船"(geared bulk carrier),但交船时吊车不符合描述(规格),令船舶无法满意作业操作,也令船舶变成一艘"没有装卸设备散装船"(gearless bulk carrier),船东(买方)可拒绝接收船舶。但如果只是小毛病如在船员房间的中央空调(特别是该建造的船舶并非是会去热带营运的客轮),船东不能以此项不符合造船合约的描述(规格)而拒绝接收船舶。船东只能事后索赔损失,即使是什么金钱上的损失也不容易证明。总之,不是每一项造船合约中的规格(这会是上千项)都是属于默示条件条文的货物描述。

[**4**] 最后的考验是客观看一位公平与合理的买方会否/应否认为交付的货物实际上是另一种货物品种,并不是他原先同意买的。

另可再度一提的是在"Diana Prosperity"(1976)2 Lloyd's Rep. 621 先例,Wilberforce 勋爵把造船合约中的新造船描述(这会是厚厚的一本书,涉及了船舶每一部分的规格)中区分为两大类。第一类是为了明确货物描述的重要部分(their purpose is to state [identify] an essential part of the description of the goods),第二类只是为了提供给买方一些有关货物特定的显示,让他能够寻找什么货物与可以做出处理,例如出租该船舶(provide one party with a specific indication [identification] of the goods so that he can find them and if he wishes sub - dispose of them)。在第二类的"描述",就可以宽松解释,不必把它视为是买卖合约或《货物销售法》中的"描述"。

虽有了以上指引,在个别例子中适用也非是容易。例如 Roy Goode 教授的《Commercial Law》(第四版)一书的第 324 页举了一个例子,这是在报纸刊登广告而成交的一辆二手车的本土买卖,广告是 "For sale:2007 Honda Civic automatic,only one owner, 10,000 miles,headrests,radio,excellent condition." Roy Goode 教授认为:(ⅰ)有关"一辆车",而且是 "Honda Civic automatic"(日本车的牌子、型号、自动波)的表述应明显是货物描述。一有偏差,会是违反了 Section 13(1)的默示责任/条件,买方可以拒绝接收货物。(ⅱ)"2007 年新的车子"多数也会是属货物描述。(ⅲ)"只有一位车主拥有过"(only one owner)与"只有使用过 1 万里"(10,000 miles)并不明朗,无法说得准是否是货物描述。如果是,买方就可以在有很小的偏差如车子实际使用过 10,100 里就可以拒绝接收货物,因为违反条件条文就不再存在有"大违反"或"小违反"。(ⅳ)至于有"头枕"(headrests)、"收音机"(radio)及"非常良好状况"(excellent condition)肯定只属货物"特质"(attributes),与"明确"(identify)货物(是什么车子)无关,即使有违反也不是属于《货物销售法》之 Section 13。

但即使有这些权威性的指引,也不解决问题。曾经被判是不符合买卖合约中的货物描述先例无数,但其中不少是国际买卖。有一些案例是简约易明,如买卖合约中讲明买卖是新的货物就不能以二手货充数,买方可拒绝接收:Andrews Bros Ltd v. Singer & Co Ltd (1934)1 KB 170。卖方如果交付的货物数量不足买卖合约的描述,买方也可拒绝接收:The "Wise" (1989)1 Lloyd's Rep 96。这一点也在 1979 年《货物销售法》的 Section 30 有说明。

但有更多的先例,涉及在买卖合约中不同的写法,都会有不同的判法,而导致什么是"描述"与什么不是"描述"的分水线并不很清楚。而在先例中,也把买卖合约对货物的描述区分为"质量"(quality)、"保证"(warranty)"特质"(attribute)等,说是不等于 1979 年《货物销售法》的"货物描述"。在这里简单挑几个先例,在 Ashington Piggeries Ltd v. Christopher Hill Ltd 的贵族院先例,涉及了一条名为是"数量与描述"(Quantity & Description)的条文中,明示了有关的货物是"季节的一般平均质量"(fair average quality of the season),这被贵族院判是不属于货物的描述,只是对货物质量的保证。

但有其他的先例中针对货物质量的措辞/文字被视为是货物的"描述",如在Toepfer v. Continental Grain Co (1974) 1 Lloyd's Rep. 11。在该先例中,有关的货物是说"Hard Amber Durum Wheat",其中"硬"(hard)一字表面看来是针对质量。另在Toepfer v. Warinco AG (1978) 2 Lloyd's Rep. 569先例,有关的货物是豆粕(soya bean meal),但加上去的"磨碎"(fine - ground)一词就被视为是货物的"描述"。看来这一方面的问题实在是不容易找出明确的分水线,但还是有了不少先例在某些方面明确到底是不是属于货物的描述,以下进一步介绍。

4.6 付运日期、付运港口、浮动货物、舱底货物等属于货物描述

4.6.1 付运日期

这方面在贵族院的Bowes v. Shand (1877) 2 App. Cas. 455先例已经是明确了付运日期是属于货物的描述,卖方必须严格依照。在该先例是涉及了600吨的印度大米,在买卖合约约定了付运的日期为"to be shipped during the months of March and/or April 1874"。但实际上这批大米大部分是在2月份付运并签发了2月份日期的提单。在贵族院,判是买方可以拒绝接收货物,Blackburn勋爵是这样说:"If the description of the article tendered is different in any respect it is not the article bargained for, and the other party is not bound to take it."

严格依照付运日期是买卖合约的条件条文,一违反就可以让买方终断合约的明确法律地位是可以近期上诉庭的Westbrook Resources v. Globe Metallurgical (2009) 2 Lloyd's Rep. 224先例再次确认。该先例涉及了3万吨锰矿的CIF买卖,分批付运,第一批的付运是在2005年1月28日。上诉庭的Moore - Bick大法官是这样说:"Since time of shipment was usually of the essence in a contract of this kind, it could be accepted for present purposes that it was a condition of the contract that the first shipment should be made before 28 January 2005."

这种问题已经困扰了CIF/CFR卖方上百年,到今天还是没有解决的办法。这就是不能在买卖合约的付运日期把货物准时装船。这里是因为涉及了太多方面的问题,部分是卖方自己也控制不了的。这些问题包括租用适合的船舶,找到了船舶又可能会出事(如船舶抵港晚了、遇上海难等)而到不了装港,把货物拉到船旁也会是面临各种问题包括备货/生产速度、岸上运输、天气变化、其他第三人的疏忽、过错或行政措施等、装船时遇上天气影响、港口拥挤导致付运船舶无法挂靠、装货设施的损坏、装卸工人罢工等数不尽的变数。当然这也会有是卖方自己可以控制的问题,包括自己没有及时备货或租船,在买卖合约中的付运日期约定的太短或太不现实,没有争取一条可以延长付运日期条文或不可抗力事件可以延长付运日期等。反正导致的最终结果就是在买卖合约最后的付运日期内没有把货物装上付运的船舶。目前包括在中国大陆最普遍的对付延误付运的对策就是签发一套"倒签提单"(back - dated bills of lading),这明显是为了遮盖货物晚了付运,是破坏货物描述,而受骗的对象就是买方

或有关的银行(如果涉及了信用证)。显然,这种瞒骗的手段是改变不了卖方违反了对货物描述的要求,买方如果及时发觉是可以拒绝接收付运单证或拒绝接收货物,并对卖方造成严重的后果。这种先例是数不清的多,包括像 Finlay (James) & Company v. Kwik Hoo Tong Handel Maatschappij (1928) 32 Lloyd's Rep. 245; Kwei Tek Chao v. British Traders and Shippers Ltd (1954) 2 Lloyd's Rep. 114; Panchaud Freres v Etablissements General Grain Co (1970) 1 Lloyd's Rep 53; Kleinjan & Holst NV Rotterdam v. Bremer Handels (1972) 2 Lloyd's Rep. 11; United City Merchants v. Royal Bank of Canada (1982) 2 Lloyd's Rep. 1; Vargas Pena v Cremer (1987) 1 Lloyd's Rep. 394; SCB v. PNSC (2003) 1 Lloyd's Rep. 227 等。

对付延误付运的对策去签发一套"倒签提单"实际上是非常危险(英国法律明确是一种犯罪的欺诈行为)的做法,也是想得太简单与太短视的做法。原因是这种行为太容易被发觉,而且一被发觉就证据确凿。例如,任何人(如买方)查询装港当局货物什么时候装船,马上会有准确答案/证据。另在许多其他的文件如船舶的航海日志,也有明确记载可作为证据。从简单的精明做人道理已可分析:对太容易暴露,留下太多蛛丝马迹的"欺诈行为"千万不要做,否则要骗就要骗得手段高明,受害人被骗了也不知道怎么一回事,如 2008 年的金融海啸。

以上的介绍不妨以上诉庭的 Kerr 大法官在 Procter & Gamble Philippine Mfg Corp v. Becher (Kurt A) GmbH & Co (1988) 2 Lloyd's Rep 21 先例中所说作为总结:"Many commercial cases turn on the dates of bills of lading. Normally they have three common features. The date shown is the last day of a calendar month. This is also the last day of the contractual shipment period. But the cargo was in fact only loaded a few days later, during the following month. Presumably some cargoes are really loaded in full on the last day of a month and covered by a correctly dated bill of lading. But one never hears of such cases in the Courts. When we see a bill of lading dated on the last day of a month we know that it was ante-dated to serve a clear-cut, though dishonest, commercial purpose: they pretence that the goods were in fact put on board before the expiry of the contractual shipment period. The reason lies in the decision of the House of Lords in Bowes v Shand (1877) App. Cas. 455 that the shipment period stipulated in a CIF contract forms part of the *description of the goods*. It follows that late shipment involves a breach of condition which gives rise to a right of rejection."

倒签提单会导致无辜买方很大的问题,如在一连串合约中,第一手的买方在不知情的情况下接受了倒签提单,但之后发现延误付运与倒签提单的事实,该提单就实际上失去了"可商售用途"(unmerchantable)。因为第一手的买方不能再以这一套提单向下一手的买方作为付运单证买卖,如果市场继续下挫,他就会被"锁死"(lock in),因为他手头持有的是一套"不可做商售用途"的提单。

正规的做法就是卖方向买方尽早说明付运会延误,要求延长付运日期,也就是更改买卖合约(这是假设合约本来没有一条卖方有权延长付运日期的条文)对货物的描述。如果当时的市场价格变化不大,甚至还有一点上涨,可以说在大部分情况下买方都会同意而不会选择终断买卖合约。毕竟付运晚了几天而不是几个月或几年,买方通常都不会受到影响。即使当时市场下跌,但只要幅度不大,卖方也可以以适度地减低货物价格换取买方同意更改付运日期。通常,在这个时间尽早解决这个问题一般还是比较容易谈得拢。但如果 CIF/CFR 卖方为了避免"麻烦",签发一套倒签提单解决问题,就会带来后患。这就是在船舶开航卸港的期间,则会是长达半个月或一个月不等的时间,如果有关货物的市场价格暴跌,就会导致精明的买方向装港查询装船时间,如果明确了是倒签提单,买方就会借这个机会拒货。可以说,如果事前卖方与买方同意了更改付运日期的话就不会遇到这样一个厄运。

这样说,即使只是从卖方商业的角度看,唯一会考虑倒签提单的情况(笔者绝不是建议这种欺诈行为)就是知道货物付运可能赶不上买卖合约的付运日期的一刻,就是货物市场价格暴跌的时候。卖方明知道跟买方说明与愿意作出减价,也只肯定会被买方拒绝延长付运日期。加上,卖方有信心在船舶开航去卸港的期间,市场价格相当肯定会回升。但这种情况会是太罕见,而吃不准的话,对卖方而言还是没开始装船就被买方终断买卖合约总比货物运去卸港后才被终断买卖合约会是更佳。大概还有一种情况就是卖方知道买方是个傻瓜,骗了他也不知道是怎么一回事。西方有身份的卖方迫不得已非要做假,也会交给第三方比如货代去做。

4.6.2 付运港口

至于在付运港口,如果买卖合约有规定(这会是 FOB 买卖合约,但也会在 CIF 买卖出现,情况会是买方关注货物的来源),这也属于是货物描述。在 Petrotrade v. Stinnes(1995)1 Lloyd's Rep. 142 先例,买卖的汽油是以"FOB Antwerp"成交。但由于装港安特卫普没有买卖合约所要求的汽油品种(必须是 scavenger free,因为目的地是德国,而德国刚有了必须使用这一种的汽油的法律规定,是为了减少空气污染),但卖方在另一个 Flushing 倒是有供应,所以要求买方派遣的船舶改去 Flushing 装。这本来对买方有利,因为 Flushing 比安特卫普更近卸港。但买方要求减价,最后双方谈不拢而互指对方毁约而告终。Colman 大法官判是约定的装港属于条件条文,买方可以拒绝任何改变。Colman 大法官提到买方可能面对的困难,就是他可能租了一艘船舶只能去安特卫普,如果买卖合约下卖方有权改港,FOB 买方作为承租人不能在程租合约随意改港,就会夹在当中。这看来不像是货物描述的说法,但在《Benjamin's Sale of Goods》(8th edn,2010 年)之 100 - 310 段是这样说:"Stipulations as to the place of shipment and as to the time at which the goods are to be ready for shipment are similarly part of the description of the goods."

4.6.3 浮动货物

买卖合约中约定是买的是浮动货物,表示货物已经装上船舶,这是属于货物描述:Gorrissen v. Perrin (1857) 2 CB (N. S.) 681; Foreman & Ellams Ltd v. Blackburn

(1928)2 KB 60;Macpherson,Train & Co Ltd v. Howard Ross & Co Ltd (1955)WLR 640。在 Foreman & Ellams Ltd v. Blackburn 先例中,7 月 2 日所订立的买卖合约对货物的约定是"Shipment... per *Suffolk* due to sail during August",在措辞/文字上它是针对货物将在 8 月装上 Suffolk 轮并会启航。但实际上在订约的一天,有关的货物(冷冻的兔肉)已经装在 Suffolk 轮上。法院判是买方有权拒绝接收货物,因为违反了货物描述。

4.6.4　舱底货物

"舱底货物"(underdeck cargo)就是指货物的付运不是装在甲板上。装在甲板上的货物显然会面对更大的海上风险而受到损坏或消灭。还有是装在甲板的话有可能违反买方的保单,有损失的时候得不到赔偿。所以有先例判是在买卖合约中如果规定了舱底货物,但装在甲板(这会在提单上注明)是违反了货物描述:Montague L Meyer Ltd v. Travaru A/BH Cornelius of Gambleby (1930)46 TLR 553;White Sea Timber Trust Ltd v. W W North Ltd (1932)49 TLR 142;Messers Ltd v. Morrison's Export Co (1939)1 All ER 92。但这种案例都是涉及了传统的运输,到了集装箱运输,把集装箱堆放在甲板上已经变成正常的做法,会有不同的看法。这方面可看《Benjamin's Sale of Goods》(8th edn,2010 年)之 21-097 段。

4.7　货物的杂质、变质、次质、损坏等不符合买卖合约货物描述

现实中的国际货物买卖,特别涉及商品,经常会有针对货物杂质、水份、含量、成分、特征等各方面的货物描述,如不能超过或少于某一个百分比。如果有关货物被发现是有过多的杂质/水分、或是缺少或不足某方面含量/特征(如蛋白质、纤维,等)或是货物有一定的质变/次质等,这是否会被视为不符合货物描述?表面看来,这些描述是针对货物质量,而不是作为"明确"(identify)货物。会是,能否成功举证这种问题可否构成不符合货物描述应是看问题的严重程度。可以举一个极端的例子说明这一点,如果买卖的货物只是泛泛的"袋装水泥"(bagged cement),如果因为过多水分与质变而结块,会到一个程度不会被一般商业人士称为水泥,甚至把它称为是垃圾。这就是一个典型的货物描述从根本上不符合了。这种类似的案例在 Asfar & Co v. Blundell (1896)1 QB 123 就出现过。另稍后在 Ashington Piggeries Ltd. v. Christopher Hill Ltd. (1971)1 Lloyd's Rep. 245 先例中也会再次说明问题的严重程度是一个重要的考虑。

但货物因此问题而导致价格大跌并不会自动影响货物的描述,因为价格下跌只是商业原因,货物有了缺陷并不代表它就不符合买卖合约的描述。在 Gill & Duffus S. A. v. Berger & Co. Inc. (1981)2 Lloyd's Rep 233 先例,涉及了 500 吨阿根廷豆(Argentine Bolita beans,1974 年收成),但抵达法国卸港的时候发现本来应该是白色的阿根廷豆变了有颜色与生虫,买方指称这票不是他所购买的货物。Mustill 大法官是这样说:"The finding that the admixture was "commercially significant" is not enough for the purpose of the buyers' case under s. 13. Goods may well be subject to a defect which is commercially significant — in the sense, for example, that the defect makes them worthless in the market than they would otherwise be worth — without the goods necessarily suffering a change of description as a result. The consequence of the admixture in the present case might be (I do not say that it would be) simply to convert a consignment of Argentine Bolita beans into an inferior consignment of Argentine Bolita beans; without preventing the goods from being Argentine Bolita beans at all."

4.7.1 构成不符合货物描述的先例

所以光靠货物内有杂质、含量/成分不足、质变等构成不符合货物描述应非易事。成功先例不是没有，特别在早期的先例对商品买卖看似非常严格。它们可介绍如下：

(1) Pinnock Bros. v. Lewis & Peat Ltd. (1923) 14 Ll. L. Rep 277 先例中，判是"copra cake"含有"caster seed"(这有毒质)再不属"copra cake"这货物的描述。

(2) Rapalli v. K. L. Take Ltd. (1958) 2 Lloyd's Rep. 469 先例是关于 CIF 的买卖，货物描述是"medium onions"(中型洋葱)。但交付的洋葱有 6 ~ 7% 是过小(在 50 ~ 70mm)，5 ~ 6%"发芽"(sprouting)。买方拒绝接收货物。但在高院，先是被判是买方不能拒绝，只能索赔损失，因为货物本身仍是"可商售质量"(merchantable quality)。但再到了上诉庭，买方胜诉，被判是可拒绝接收货物，原因是货物不符合在买卖合约"medium onions"的货物描述。Romer 大法官说："Accordingly, this is a case where the parties introduced into the contract their own tolerance or margin of the size, namely, 50 to 70 mm., and the question is whether the goods which were tendered by the plaintiff (卖方) to the defendants (买方) conformed to that contractual description. The answer to that is plainly 'No', because the plaintiff himself admitted that 6 to 7 percent of the onions were below the minimum size of 50 mm. Therefore, unless that percentage, fixed at 7 percent, is within the *de minimis* principle, it is quite clear that the defendants were not bound to accept the goods."

看来，这判决与较早所提及的 Arcos Ltd v. E. E Ronaasen & Son (1933) AC 470 先例一致，除了它接受了"极轻微"(*de minimis*)的原则。

(3) Glass' Fruit Markets Ltd. v. Southwell & Son Ltd (1969) 2 Lloyd's Rep. 398 先例是涉及了买卖"希腊土豆"(Greek potatoes)。在价格一项，说明是"For Sound Bags only"。何谓"Sound"(良好)引起争议，因为这关系到买方能否拒绝接收货物或只能索赔损失而已。这批土豆到了交付给买方被发现有"刮坏"(bruises)、"生虫"(blight)等问题。Nield 大法官判是这批土豆不符合"Sound"的描述，买方可拒绝接收。他对"Sound"的定义是："... Quite clearly, it would be commercially intolerable to require that every single potato in a consignment of 25,000 bags should be perfect, and Mr Luddmer added to the evidence on these points. He gave his opinion that sound bags are those with a maximum of five percent of ordinary damage not blight, and that they ought not to have any blight at all, especially wet blight, and that a shipment would be regarded as sound if at least 95 per cent were free of mechanical marks and bruises, and soft potatoes, as

opposed to blight. I am satisfied that the term ‘sound’ would not apply if there were any save a negligible amount of genuine disease, such as blight..."

(4) Tradax v. European Grain (1983) 2 Lloyd's Rep 100 先例是一个 CIF 买卖，商品订明是："Goods in bulk U. S. A. solvent extracted toasted soya bean meal – maximum 7.5% fibre"。在卸港，买方化验后发觉货物（美国黄豆）平均"纤维"（fibre）是 9.28%，于是拒绝接收货物。卖方争辩买方不能这样做，只能索赔损失。

但在高院，Bingham 大法官判"最高 7.5% 纤维"（maximum 7.5% fibre）是货物描述一部分，卖方是违反了默示条件条文，买方有权拒绝接收货物。

(5) Marimpex v. Louis Dreyfus (1995) 1 Lloyd's Rep. 167 的先例也是 CIF 买卖，商品描述是"正常俄罗斯汽油"（normal Russian gasoil）。在汉堡交货时买方发觉货物受"细菌污染"（bacteriological contamination），价值大跌，约 10% 货物要花费处理后才能使用。Clarke 大法官认为货物质量也可以是货物描述的一部分，而"正常"（normal）一词表示了这批货物必须要有俄罗斯汽油的一般"特质"（attributes）。如果严重污染，则不能算是"正常"的描述了。Clarke 大法官说："Mr Howard（买方大律师）is right to say that words relating to quality can form part of the description; see Benjamin at par. 11 – 017. The question is whether the word ‘normal’ forms part of the description here. In my judgment it does, at least to some extent. So for example the expression ‘normal’ would give an indication that the pour point of the oil was within certain limits. If it were not, the oil might be Russian but not normal. The word must I think add something to the expression ‘Russian gasoil’. The question is what. It seems to me that it says something about the quality. To come within the description the oil must have attributes which are within those to be expected in normal Russian gasoil. Thus I would hold that if the gasoil was such that it was so contaminated that it required significant treatment before it could be used for any purpose or alternatively had to be sold at a significant discount it could no longer fairly be described as normal Russian gasoil…On the contrary it was abnormal gasoil because a significant part of it could not be used without more than minimal expenditure."

(6) Choil Trading SA v. Sahara Energy Resources Ltd (2010) EWHC 374 的近期先例，买方同意向卖方购买"石油精"（naphtha），质量明示为"PHRC naphtha quality"。"PHRC"缩写是代表在尼日利亚 Port Harcourt 港口的一家炼油厂，亦是卖方的供应商。但结果提供的石油精含有比平常更多的杂质。法院认为若卖方提供的货物有一般 PHRC 产品的特质，这就足以履行卖方提供符合描述货物的责任。最终，因为货物同时以"按现状"（as is where is）方式出售，所以卖方也没有违反需要提供"满意质量"（satisfactory quality）货物的责任。从这个案例能看见，描述货物必须要非常明确及仔细。如果描述只是泛泛或简单，日后无法向买方提供所需的保护。

4.7.2　不构成不符合货物描述的先例

(1) 已多次提及的重要贵族院先例 Ashington Piggeries Ltd. v. Christopher Hill Ltd.

(1971)1 Lloyd's Rep. 245,买卖的货物名为"Norwegian Herring Meal, Fair average quality of the season, expected to analyse not less than 70% protein, not more than 12% fat and not more than 4% salt."买方是用来作为他畜养的水貂的饲料,但双方不知道原来这 Norwegian Herring Meal 内含一种 DMNA(防腐剂)会令水貂中毒,这最终导致水貂大量死亡。但估计这相对少量的 DMNA 是对其他家畜不会影响。贵族院看来认为只有"Norwegian Herring Meal"是属于货物描述,而且,除了 Viscount Dilhorne,都不认为这有毒的饲料不符合货物描述。Guest 勋爵说:"Herring meal is still herring meal notwithstanding that it may have been contaminated by DMNA. If there was a substantial addition to the commodity described, then it might be that the goods plus this addition would not correspond with the description. The case of Pinnock Bros. v. Lewis and Peat Ltd. (1923)14 Lloyd's Rep. 277 is an example of this type of case, where the goods delivered were an admixture of copra cake and castor beans, the latter being poisonous, and this was held to be a different substance from the copra cake contracted for by description. A similar position arose in Robert A. Munro & Co. Ltd v. Meyer (1930)2 K. B. 312, where the meat and bone meal contracted for contained an admixture of meat and bone meal and cocoa husks. It was, accordingly, not of the contract description of meat and bone meal. The quantitative approach was applied. In my view, the fact that the herring meal was contaminated by DMNA did not result in a different substance from the herring meal in the description. There was no loss of identity. In my view, no breach of Section 13 occurred."

这先例明确是认为污染或损坏是要视其严重程度,而必须是严重至令货物不能合理与客观把货物视为是符合买卖合约的描述才会是违反这一个默示责任/条件。在这说法下,买方会感到苛刻,因为不易达致这程度。Donaldson 大法官在 The "Caspian Sea" (1980)1 Lloyd's Rep 91 先例举的一个简单易明的例子:"一船硫酸的货物,海水渗进去,它仍然是硫酸,顶多是可称为受污染的硫酸。但如果海水不断涌入船舱,硫酸流失,总会到一个程度从客观看,这只是一船海水,内含几滴硫酸而已。"

(2)Tradax v. Goldschmidt (1977)2 Lloyd's Rep. 604 的先例,FOB 买卖的货物是大麦,合约的描述是:"Commodities: White Syrian Barley - 63/64 specific weight 12% moisture - 4% foreign matters"。但真正是有 4.1% 的杂质,而不只是 4%。该案例倒也不是争议这多了的 0.1% 杂质是否"极轻微"(*de minimis*),即使是包括为货物描述也无妨。而是,买方接受杂质并不构成货物描述的一部分。这看来是与 Ashington Piggeries Ltd 的贵族院先例 Viscount Dilhorne 说法是一致的。

(3)Total v. Addax (1996)2 Lloyd's Rep 333 的先例涉及了买卖的燃油是在合约中被描述为"Straight run fuel oil, ex Bonny light crude oil, usual Dakar refinery quality"。买方(Total)拒绝接收货物,指该燃油有"分解物质"(cracked material)。燃油如果已经历过"分解"(cracking)提炼,会是市场价值较低。而且它也再不能被称为"straight run","ex Bonny light"与"usual Dakar refinery quality"。另外,买方也指称燃油有过高

的“钒”(vanadium),钒与硫磺的不当比例等方面。但 Waller 大法官判是买方无法证明燃油有分解物质,而其他方面也不足令该批燃油不能被称为“usual Dakar refinery quality”。故此,买方不能拒绝接收货物。

4.8 总结货物符合描述的默示责任/条件

可以看到卖方这一默示责任/条件绝非容易掌握了解,先例也看似有一定的矛盾。虽然起点是很简单易明,也在较早的时候介绍过如在本章 4.1 段所提到的“蛋糕”、“美心蛋糕”、“巴黎美心黑森林蛋糕”的例子应该是清楚表达。造成这一问题复杂的原因反而是在买卖双方订立合约时混乱或不明确,需要法院或仲裁庭解释。大原则是如果对将来与不确定的货物描述不严格对待,岂非会购买食糖变了卖方交付食盐? 要知道,不少货物稍有差别,已是“差之毫厘,谬之千里”。简单的比喻是食糖与代糖,不能交付了不同的货物再争议这是违反了条件条文(买方可以拒绝接收)或只是保证条文(买方只能索赔损失)。这对买卖双方太不肯定,也不利于交接一刻无所适从。故此英国《货物销售法》在 Section 13 索性来一个默示条件条文,而且英国法律对以描述进行买卖严格要求“完美交付”(perfect tender)。这带来了稳定与肯定,但也同时对卖方非常苛刻。例如是在本章较早提到的的 Arcos Ltd 与 Re Moore & Co and Landauer & Co 等先例可显示。但这对早期相对简单的货物品种,主要是商品,也还可以。到了近三四十年,货物品种日趋复杂,国际买卖也远不只是单纯的商品,对将来交付货物的描述也是愈加专门、繁多、细微。这令买方在市场不利或不想要这票货物时很容易挑一个问题,指是不符合货物描述,乘机赖掉这宗买卖。这导致贵族院也认为以前在这方面的先例太“技术性”(technical),必须再重新检讨,而且在解释合约时把“货物描述的措辞/文字只局限在一些会是主要为了明确货物身份的内容”(It would be better if section 13 were confined to descriptive words which constitute a ‘substantial ingredient of the identity of the thing sold’.):Wilberforce 勋爵在 The “Diana Prosperity” (1976)2 Lloyd’s Rep 621 的说法。

而在立法方面,也有试图减少买方在这方面取巧的机会。本来是,作为条件条文(默示或明示)一有违反,事无大小,无辜方都可终断合约。但在 1994 年《The Sale and Supply of Goods Act》,为 1979 年《货物销售法》加上了 Section 15A,禁止非消费者买方(也就是包括了国际货物买卖的买方)以 Sections 13 至 15 的违反而拒绝接收货物,如果“违约是很轻微,是不合理让买方拒绝接收货物”(the breach is so slight that it would be unreasonable for the buyer to reject the goods)的情况下,就不能拒货而只能索赔损失。但这立法对卖方也不见得是有太大保障,因为 *de minimis* 原则本来已有:Rapalli v. K. L. Take, Ltd. (1958)2 Lloyd’s Rep. 469 先例。当然,用字上这立法应不只是 *de minimis*。

目前的法律地位看来是如买卖的货物是“硫酸,水份不超过 0.5%”,则只有硫酸算是货物描述。水份如果超出 0.5%,则除非可导致硫酸不能再称为硫酸,或导致这硫酸失去“可商售质量”(merchantable quality)(在这方面 1994 年立法有所改变,后详)而违反另一默示责任/条件,可说是买方不能以货物描述不符的理由拒绝接收。买方当然可以水份超出买卖合约规定而索赔损失,但这只是以保证条文的违反来对待,只能局限在索赔水分超出所导致的金钱损失。

但难去判断的是有订约自由,买卖双方如果明确要把水份含量提升当作货物描述,如在买卖合约说明水份不超过0.5%是在本合约下视为货物描述的部分,或是说明这属于买卖合约的重要部分(of essence),难道法院或仲裁庭可罔顾?或是买卖合约把货物描述为"纯硫酸"(pure sulphuric acid),甚至是"百分百纯硫酸"(100% pure sulphuric acid),法院或仲裁庭可罔顾过高的水份含量,是市场上不会视为"纯硫酸"的?看来答案是不能,这也是较早所提到的近期先例 Marimpex v. Louis Dreyfus (1995) 1 Lloyd's Rep 167 的判法。

看来,精明的买方会为所买货物的描述多加名堂,如"first class","top grade","spotless","normal","pure","fine – ground soya bean meal"(Toepfer v. Warinco A. G. [1978] 2 Lloyd's Rep. 569),"Argentina Bolita beans"(Gill & Duffus v. Berger & Co. Inc. [1981] 2 Lloyd's Rep 233)等,或是一种专门描述是市场人士公认必须符合某特质如"Banchaquero Crude"是不能有石蜡成分(The "Caspian Sea" [1980] 1 Lloyd's Rep 91)。另是可以在买卖合约中明示规定拒绝接收货物的情况,好像是在 Vargas Pena v. Cremer (1987) 1 Lloyd's Rep 394 先例中有关货物质量的措辞是:"Maximum 15% fat, If above 15% rejectable at Buyer's option"。

反正所有的做法都是增加买方可以不符合货物描述而拒绝接收的可能性。除了是保护买方买到他所希望要的货物,更加可以提升在市场价格暴跌的时候有取巧的机会把市场风险转移回给卖方,或是在拒货的同时向卖方作出无损害的谈判要求减价。

§5 默示责任/条件之二:"可商售质量"与"满意质量"

5.1 1893 年与 1979 年《货物销售法》的有关措辞/文字

这一个默示责任/条件是与货物质量直接有关。它也在 1994 年《货物销售法与供应法》中唯一有改变,就是从 1893 年《货物销售法》所称的"可商售质量"(merchantable quality)改为"满意质量"(satisfactory quality)。

在本章 1.1 小段,读者可见在 1893 年的立法中首先出现在 Section 14(2)是"可商售质量"一词。在措辞/文字上,可见:(1)它只想适用及保障买方在以"根据描述的买卖"(sale by description)下的货物。(2)卖方不论是否是有关货物的生产商,或只是中间商,都有这默示责任。(3)"可商售"(merchantable)只是泛泛一词,没有在立法中作任何解释。(4)买方如果在成立买卖合约前已检验过货物,应该可发觉有此质量缺陷,但仍订约是不能依赖这默示责任/条件。

在本章1.2小段,读者可见在1979年的立法虽然仍是有Section 14(2),但内容有了不少改变如下:

(1)它放在“货物适合买方特别用途”(fitness for particular purposes)前面。这完全正确,“可商售质量”(merchantable quality)是针对一般性情况,而“货物适合买方特别用途”只是针对买方有“特殊要求”的比较局限性情况。

(2)首次在立法中试图为“可商售质量”作出定义,是在Section 14 (6),已有在1.2小段节录。至于这定义是否有太大帮助,见仁见智,稍后再作探讨。

(3)删除了“以描述购买货物”(bought by description)一句,但要求货物买卖是“在生意过程中卖方出售货物”(the seller sells goods in the course of a business)的交易。这表示不包括卖方私下偶然为之的出售某一货物(如因为换车出售使用过的旧车),而要有“一定程度的交易规律”(some degree of regularity)。

(4)它再次说明了在Section 14 (2)(a)与(b)如果卖方订约前告知买方有关货物缺陷,或在订立买卖合约前买方已检验过货物,应该可发觉有此质量缺陷,便不再受本默示责任/条件的保护。举例这在买卖船舶,会是以“以现状,以现在位置”(as is,where is)来进行了,这表示买方是要承担所有质量上的风险,卖方是不做任何明示或默示的保证。这看似公道但总会有个别案件看来有漏洞,如在R&B Customs Brokers Co Ltd v. United Dominions Trust (1988)1 All ER 847先例,一辆车在订约前已先交给买方试用,买方发觉车顶漏水。在卖方承诺修妥后也就订立了买卖合约,但卖方之后无法修妥,仍是漏水。买方于是要拒绝接收这辆车子,但卖方指在订约前买方已检验过并发觉这缺陷,所以只能索赔损失(但索赔金钱损失就会有很多困难,除了有举证的责任与提到的“合理减少损失”等之外,还会面对合约时效、免责条文、赔偿限额等),不能退还也就是无法拒收车子。上诉庭并没有对这一点争议有明确表态,但同意立法有漏洞,令买卖合约没有完全订立前但货物已交付的买方失去保护。

5.2 何谓“可商售质量”?

5.2.1 针对多种用途的种类货物

1893年立法用了“可商售质量”(merchantable quality)一词,这一词应该说是对商业上的买卖是适合,但对消费者的买卖就不适合,这也是导致在1994年《货物销售法与供应法》立法的改变以“满意质量”(satisfactory quality)替代了可商售质量。“可商售质量”一词可以说是有极大伸缩性作出解释。一个极端的解释是以买方立场来看:“可商售质量”是以他实际所需的角度出发。另一个极端的解释是以卖方立场来看:如果这货物有多种用途(国际货物买卖中的商品[commodity]多数情况是如此),只要这批质量低或受损货物仍有一种用途可供在市场上出售,这货物仍算是“可商售”。

举一个简单的例子:买卖货物是家禽饲料,市场上一般理解是可供多种家禽(牛、羊、鸡等)食用,买方也不必另作“特殊要求”说它是用在所养的鸡。但后来交付的货物或是有杂质,或是太粗糙,无法喂鸡,但市场上仍可以很低价格的“家禽饲料

(只供牛羊食用)”出售。这一来,如果以买方立场来看,这货物是“不可商售质量”。相反,以卖方立场来看,货物仍可商售。要知道,这关系到买方能否拒绝接收货物,因为它是一个默示条件。

在贵族院的 Hardwick Game Farm v. S. A. P. P. A. Ltd (1968)1 Lloyd's Rep 547 先例,即是与以上例子一样,家禽饲料正名是“Brazilian groundnut extraction”。该批货物含有毒素,仍可供牛食用,但不适用在鸡。贵族院以多数意见判这货物是“可商售”(merchantable),可在市场上以“groundnut extraction”出售,价钱也不变,变的只是买方无法用在喂鸡而已。换言之,这是卖方立场来看待。

另一著名先例是 The “Hansa Nord” (1975)2 Lloyd's Rep 445,案情涉及了两个“CIF Rotterdam”买卖合约,商品是“citrus pulp pellets”。但在荷兰卸货时,发觉货物受热损坏,令货价有 60% 的贬值,而这受热损坏是装船之前的问题而非是装货上船之后(风险已转移给买方之后)才出现的。买方拒绝收货,要求卖方退回货款,但卖方拒绝收回货物,导致了僵局。而货物本身是由驳船船东(因存放在驳船上没有人理会)向荷兰法院申请下令出售,最后以很低价格出售用作牛饲料之用。在英国上诉庭,Denning 勋爵很详细的找出“条件条文”(condition)与“保证条文”(warranty)的历史来源,它们的分别以及带来不同的救济与后果。他也针对“可商售质量”(merchantable quality)的解释,认为应该是以一个客观的商人或“生意人”(commercial man)判断为准。所以,如果一个生意人针对一批损坏的货物说:“买方不应拒货而只应在价钱上打一点折扣”,则表示这货物应还是“可商售质量”。在此案例,“citrus pulp pellets”本是用来作为牛饲料,损坏了仍是作此用途,只是价格大跌,但货物本身仍是“可商售”。所以上诉庭推翻原判,认为买方不能拒货,只能索赔损失。其中 Denning 勋爵是这样说:“These citrus pulp pellets were bought for cattle food. That was the purpose for which such pellets are commonly bought. They were as fit for that purpose as it was reasonable to expect. That is shown by the fact that they were actually used for that purpose. Some of them arrived damaged, but not to such an extent that the buyer was entitled to reject the cargo in both holds, or either of them. That damage was such as to entitle the buyer to an allowance off the price for breach of the clause ‘[shipped] in good condition’; but not such as to entitle him to reject the lot on the ground that it was not of ‘merchantable quality’... This makes commercial good sense. It often happens that the market price falls between the making of the contract and the time for delivery. In such a situation, it is not fair that a buyer should be allowed to reject a whole consignment of goods just because a small quality are not up to the contract quanlity or condition. The proper remedy is a price allowance and not complete rejection.”

也可回头看较早的先例,但判法是一致的。在 Summer Permain & Co Ltd v. Webb & Co Ltd (1922)1 KB 55 先例,买卖的是一种叫“Webb's Indian Tonic”的汤力水。该水中有一种“水杨酸”(salicylic acid),在买方想转售的阿根廷是有法律禁止的。这导致这批货物被阿根廷海关没收充公。但英国法院判这货物不是不“可商售”,它完全可以在其他地方出售。再想深一层,如果买方告诉卖方这批货物是转售去阿根廷,地位又会是如何呢?这一来,指卖方违反的默示责任仍不该是 Section 14(2),而是另一个在 Section 14(3)的“货物适合买方特别用途”(fitness for particular purpose)。但这又会面对另一问题:买方依赖卖方(卖方不会对阿根廷法律比买方更熟悉)是否公道?这方面问题,如 Teheran - Europe v. S. T. Belton (1968)2 Lloyd's Rep 37 的先例,会在探讨第三个立法默示责任/条件时再详论。

以上看来,主流看法仍是以卖方的立场。但这一来对买方十分苛刻,因为买方对货物的用途往往只有一个或有限的几个。而可商售质量是不理会买方的用途。虽然这也符合一贯理念,即买方自己要小心的“*caveat emptor*”大原则。买方要成功指称有关货物“不可商售用途”绝非易事,因为对“种类货物”(general goods)变为“一无是处,毫无用途”会是很少碰到。而如果碰到,它也会同时不符合货物描述(如果以描述进行买卖)。虽然,也有少数不同的著名先例,如在本章多处提到的 Ashington Piggeries Ltd v. Christopher Hill Ltd (1971)1 Lloyd's Rep 245 先例,贵族院以 3 比 2 多数判货物(名为“Norwegian Herring Meal”)是不“可商售质量”(unmerchantable quality)。

5.2.2　针对一种用途的特定货物

如果某种货物只有一个用途,这用途一旦失去,该“特定货物”(specific goods)再也不是“可商售用途”。例如啤酒只是用来饮用,所以受到污染,就不能饮用,即是“不可商售用途”:Wren v. Holt (1903)1 KB 610,卖方不能狡辩说受污染的啤酒也可以用来洗澡。车辆是用来驾驶,没有其他合理用途。如果它无法安全地在公路上行驶,或是排污不达标令车辆无法合法行驶,这也会是“不可商售用途”:Lee v. York Coach & Marine (1977) RTR 35; Bernstein v. Pamson Motors (Golders Green) Ltd. (1987)2 All ER 220)。相比种类货物,特定货物比较容易成立“不可商售质量”的默示责任/条件。

在上一小段最后一句,说车辆是用来驾驶,没有其他合理用途,倒也不正确。因为这意味除了无法安全行驶等外,任何与“性能无关”(non - functional)的质量缺陷都不能算是违反“可商售质量”的默示责任/条件。在 Rogers v. Parish (Scarborough) Ltd (1987) QB 933 先例,买卖的一辆新车有很多小毛病、噪音高等。高院判这车辆能在公路行驶,不算“不可商售”。但在上诉庭被推翻。Mustill 大法官看来不认为车子只是用来驾驶,而可漠视其他方面的质量,说:“Starting with the purpose for which 'goods of that kind' are commonly bought, one would include in respect of any passenger vehicle not merely the buyer's purpose of driving the car from one place to another but of doing so with the appropriate degree of comfort, ease of handling and reliability and, one may add, of pride in the vehicle's outward and interior appearance.”

这也合理,如买卖电视机,交付的货物不能光是有画面即可满足“可商售质量”,也包括视乎该电视机有否严重刮花、陈旧、肮脏等,否则也不见得可转售/出售。

5.3 针对多种等级的货物

不少货物,特别在国际买卖的"商品"(commodity),常会有不同"等级"(grade),当然好、坏等级会在价钱有差异。而等级差异也不一定影响它的多种用途。看来,这方面是要买方自己小心,说明购买的等级(这一来变为货物描述一部分),否则交付货物等级低仍会是不影响"可商售质量"(merchantable quality)。现笔者节录Salmond大法官在新西兰先例的 Taylor v. Combined Buyers Ltd (1924) NZLR 627 先例中所说:"the term 'merchantable' does not mean of good, or fair, or average quality. Goods may be of inferior or even bad quality but yet fulfil the legal requirement of merchantable quality. For goods may be in the market in any grade, good, bad or indifferent, and yet all equally merchantable. On a sale of goods there is no implied condition that they are of any particular grade or standard. If the buyer wishes to guard himself in this respect he must expressly bargain for the particular grade or standard that he requires. If he does not do so, *caveat emptor*; and he must accept the goods, however inferior in quality, so long as they conform to the description under which they were sold and are of merchantable quality - the term 'quality' including state or condition."

5.4 "可商售"定义的难处

在英美法系的国家,它们多依照英国在1893年之后的立法,也使用同样措辞/文字,加起来有无数的先例在解释何谓"可商售质量"。而在1979年立法的 Section 14 (6),也给了它定义。但感觉上仍是无法下更准确、肯定与通用的定义。这也可理解:《货物销售法》针对所有买卖:本土的、国际的、消费者的、商业买卖的,所有千奇百怪的货物品种(机器、飞机、船舶、食品、药品、电器用品、商品[commodity]、化学品、石油等)都各有特征,而交易的做法也相异。所以,如何下定义?

例如,要求"安全使用"才算"可商售"(merchantable),看似合理,也确是在针对车辆、船舶等的买卖是这样判决。在 Wilson v. Rickett Cockerell & Co Ltd (1954) 1 QB 598 先例,买卖的是煤球,但混进了一件爆炸品,导致买方房子被毁,上诉庭也是以不能安全使用为理由判煤球不是"可商售"。但是,货物换了是香烟又是如何?

又例如,要求货物不能"残缺不全",但二手货、次货甚至垃圾也有人买卖。也难保买方在这种货物交付一刻因为市场不利,想以"不可商售"赖掉这宗买卖。

还有,价格应否也一并考虑?在1979年立法的 Section 14 (6)所给予的定义,是明确要一并考虑。这也完全合理,如一辆车子,只卖100人民币,加上是非常残旧,会否买卖是拆废铁、或拆零件,而车子是否能安全在公路行驶实际上是无关紧要,不算"不可商售"?

"可商售"字面上也与"市场"(market),"能否出售"(saleable)扯上关系,否则何来比较,如 Diplock 勋爵在 Ashington Piggeries Ltd v. Christopher Hill Ltd. (1971) 1 Lloyd's Rep. 245 先例的第281页说:"The expression 'merchantable quality' in relation to goods implies that at the time of the contract of sale there already exists a market in goods of the kind described from which it is possible to identify a standard of comparison or norm with which the goods should correspond in order to be acceptable to a reasonable buyer of such goods in that market."

这一来,如果某种货物没有市场,或是新产品,尺度又会如何对待?而《货物销售法》针对消费者买卖,这方面纠纷众多,"可商售"一词会不适合。

综上所述,可见准确、肯定与通用的定义绝非易事。正如 Rougier 大法官在 Bernstein v. Pamson Motors (Golders Green) Ltd (1987) 2 All ER 220 先例所说的:"Any attempt to forge some exhaustive, positive and specific definition of such a term applicable in all cases, would soon be put to mockery by some new undreamed of set of circumstances."

5.5 1994 年《货物销售法与供应法》改为"满意质量"

在 1994 年立法,已删除"可商售质量"(merchantable quality)而改为"满意质量"(satisfactory quality),这已在本章 1.3 小段节录。原因也在本章 5.2.1 段有提到过,就是可商售质量只适合商业买卖而不适合消费者买卖。针对消费者,购买的货物往往只有一种用途。针对满意质量的定义,它在 Section 14(2B)与(2C)给予了一连串的指导思想(谈不上是定义)来协助法院或仲裁庭如何看待有关货物是否达到"满意质量"。不少是从针对本土买卖的消费者角度出发,例如,在"外观与涂饰"(appearance and finish)、"没有次要的瑕疵"(freedom from minor defects)、"安全使用"(safety)与"耐久"(durability),都是质量满意与否是要考虑的其中一个方面。

但同时也要考虑买卖货物的价格以及其他相关情况。如针对"安全使用",买方订约前有否被卖方合理通知,例如,买卖香烟已有对健康有害作出警告,危险药物也有使用的警告等,则买方不能指是不"满意质量"的货物。而这指导思想(guidelines)的 Section 14(2B)(a)至(e)的 5 个方面,也说明是可有"其他"(among others)的考虑。这一来,在本章的 5.3 小段为例,如果买方不在货物描述说明"等级"(grade),卖方如果交付低等级的货物但买方支付的价格是针对高等级,这仍是"可商售质量"(merchantable quality)。但在 1994 年立法,就不一定是"满意质量"(satisfactory quality),因为是可考虑低等级会否与买卖货物价格相配,订约时买方可合理预期的货物等级等。例如在 Thain v Anniesland Trade Centre 1997 SCLR 991 先例,买卖的是一辆 5/6 年的旧车,已经行驶 8 万公里,价格只是不到 3000 英镑。买了之后 2 个星期,变速器出问题。但法院判是该旧车的卖方不必负责,买方出这个价钱是应该可以预计到会有类似问题。

有重大改变的一处会是新的 Section 14 (2B)(a),可重复是要求货物质量是:"fitness for all the purposes for which goods of the kind in question are commonly supplied."

看来,立法意图(可看《Sale and Supply of Goods》,最后报告之 3.36 段)是拟加重卖方的责任,对一些"种类货物"(general goods),可有多种用途,它们必须在"所有"(all)的"一般性用途"(common purposes)都适用。而不只是有部分用途适用已可满足“满意质量”(satisfactory quality)的要求。只有在“非一般性用途”(uncommon purposes),卖方才不负责,是要买方提出“特殊要求”才会有另一个默示责任/条件的产生(这第三个默示责任后面详论)。

这样,在本章5.2.1小段所举的“家禽饲料”例子与所介绍的Hardwick Game Farm v. S. A. P. P. A. Ltd (1968)1 Lloyd's Rep 547先例,在新的立法下会是判法不一样了。卖方再也不能说饲料可作为牛饲料,虽然不能作为鸡饲料,仍算是“可商售质量”。当然,在某些情况下法院或仲裁庭认为对卖方不公平,仍可判该种饲料供给鸡使用属“非一般性用途”,所以卖方不必负责。但这已非是以往对“可商售用途”的说法。

但这改变是否妥当?举个例子,买卖的货物是纸张。以往,卖方不必关注买方要这纸张是作何用途,卖方大可供应如“再造纸”(recycle paper)。但在今天的立法,这可不成了。“再造纸”不能用在部分电脑影印,或是用来画油画,或是加上荧光等。它们都会是“一般性用途”(common purposes)。“再造纸”是如此,但高质的纸张,例如粉纸,也会不适宜铅笔的书写,这也是纸张“一般性用途”。

这一来,买方要买“纸张”(paper),卖方岂非在新立法下会是无所适从?卖方会要在成交前要求买方说明纸张用途,然后局限货物描述(说明不能用作哪些用途),而不是反过来在Section 14(3)要买方提出“特殊要求”:这一来,岂非一贯的“买方要自己小心”(*caveat emptor*)变为“卖方要自己小心”(let the seller be aware)?

另外,也要再重提在本章多处提到的Section 15A,即轻微违反是买方不能拒绝接收货物。在5.2.1小段所提到的刮花、肮脏等影响货物外观或有次要瑕疵,能让买方成立构成不“满意质量”(或以前的“可商售质量”),也不一定程度足够可拒绝接收货物,除非是所有这种不妥加起来严重:Farnworth Finance Facilities v. Attryde (1970) 1 WLR 1053。

在这里带出一些近期有关“满意质量”的最新案例:

(1) Britvic Soft Drinks v. Messer UK Ltd (2002)2 Lloyd's Rep 368。在这案例,原告运用被告所提供的二氧化碳来生产汽水饮品,但发觉被告所供应的二氧化碳含有微量“苯” (benzene)。这对健康完全不构成危险,但原告用了大量金钱/资源处理在这方面的负面新闻,解释微量的苯不会影响健康。最终,法院认为二氧化碳内含有微量不影响健康的杂质没有违反卖方提供“满意质量”货物的默示约定。负面新闻可透过不同方面引起(如某些产品用第三世界的廉价劳工生产),这与产品“质量”无关。从此可见,若买方要得到这方面保障,必须在合约中有清楚约定,不能只靠“满意质量”的默示规定。

(2) Friarwood Ltd v. Champagne Cattier SA (2006) EWCA Civ 1105。这案例涉及几千瓶名酒的变质速度是否反映品质有问题。法院认为在这个案件,必须倚靠专业品酒专家才能协助法院判断产品是否达到“满意质量”的水平。法院在这方面这样描述:“For this purpose goods are considered to be of satisfactory quality if they meet the

standards that a reasonable person would regard as satisfactory taking into account the description applied to them and all other relevant circumstances. It was common ground that in this case satisfactory quality is to be judged by the standards of a reasonable wine merchant buying non-vintage champagne from a reputable, but not top flight, producer for resale in both the wholesale and the retail market."

(3) Egan v. Motor Services (Bath) Ltd (2008) 1 All ER 1156。在这案例,原告从被告买了一辆新车后发觉在高速时方向盘会自动向左转,而带来危机。法院认为若方向盘真的会自动向左转,一个合理/正常人(reasonable person)会不"满意",而会违反"满意质量"规定,虽然瑕疵(defect)表面上轻微而可修理。但最终法院没有接受原告所提供有关这方面的证据,所以被告胜诉。

(4) Whitecap Leisure Ltd v. John H Rundle Ltd (2008) All ER (D)383。在这案例,被告同意协助原告安装滑雪缆车,但这些仪器长期需要修理,最终因为原告搜集了大量这方面证据,所以结果能向被告索偿。

由于本书只针对国际货物/商品买卖,而不是针对英国消费者买卖,所以不对满意质量进一步探讨。最后,可去提香港并没有跟进英国1994年的立法。换言之,香港仍是1979年立法的"可商售质量"(merchantable quality)。而听说也是在这一点上:即值不值得改为"满意质量"(satisfactory quality),决定不了,导致香港没有跟进。

§6 默示责任/条件之三:货物适合买方用途

已经多处提到这最后一个默示责任/条件,是在1979年立法的Section 14(3),也已在1.2小段节录。这一条文涉及了两个方面,第一方面就是货物必须适合"一般性用途"(common purpose),这是不需要买方在订约前向卖方提出,而是卖方应该知道(by implication)。如在Preist v Last (1903) 2 KB 148先例,有关的货物是热水袋(通常用在睡觉前加暖),就不能漏水或破裂。另在Grant v Australian Knitting Mills Ltd (1936) AC 85先例,有关的货物是内衣,就不能会引起皮肤敏感。这都是买方不必说明卖方也必须做到否则是违反了这一默示责任/条件。早在Wallis v Russell (1902) 2 IR 584先例就已经有说:"购买一把剃刀是买卖双方都应该知道它只有一个用途,这是常识,买方没有必要先通知卖方"(It savours of absurdity that where an article, such as a razor, is to the knowledge of both buyer and seller only bought for one purpose, an implied warranty should depend in any degree upon the buyer making known to the seller something which not only the latter knows already, but which also forms part of the common knowledge of mankind.)

第二方面是立法意图在买方有任何对货物有"非一般性用途"(uncommon purposes)的要求,他应在订约前明示通知卖方,才能依赖卖方对此特殊要求作出的判断。

会有不少情况是买方不了解货物(这特别是一些产品如成药),只了解自己用途是什么,而卖方非常熟悉他的产品,这样的法律安排也看似十分合理。例如,出售成药的药店经常会有买方或顾客询问有关他家里的小孩咳嗽应该购买什么成药比较适合,这些药店会有药剂师并会对买方做出建议。这种案件在针对消费者的买卖会是经常有,例如在 Jones v Gallagher (T/A Gallery Kitchens and Bathrooms)(2005)1 Lloyd's Rep 377(案情涉及买卖与安装名牌的厨房与有关设施)或 J H Ritchie Ltd v Lloyd Ltd (2007)1 Lloyd's Rep 544(案情涉及电动耙使用在买方的农地上,买方要求卖方修理后仍是不妥而拒货)在这种情况下买方依赖卖方做出判断是完全合情合理,卖方也有了这一立法上的默示责任/条件。但会有情况(特别在国际货物买卖)是买方才熟悉或能了解,卖方无法或很难知道。这一来,客观看买方要依赖卖方(如在上述 Summer Permain & Co Ltd v. Webb & Co Ltd (1922)1 KB 55 的先例)作出判断并不合理,则 Section 14(3)的最后一句("except where the circumstances show that the buyer does not rely, or that it is unreasonable for him to rely, on the skill or judgment of the seller")也已有写明是买方不能依赖卖方。这方面在接下去的小段会进一步解释。

6.1 是否合理依赖卖方的判断?

已经提到是在这一个方面,有一个依赖卖方做出判断有关货物是否适合买方非一般性用途是否公道的问题。这方面除了 Summer Permain & Co Ltd v. Webb & Co Ltd (1922)1 KB 55 的先例,比较近期的有 Teheran - Europe v. S. T. Belton (1968)2 Lloyd's Rep 37。案情涉及了买方向英国卖方购买机器,说明是转卖去波斯(今天的伊朗)的,但这机器事后发觉不能在波斯使用。法院判卖方知悉买方用途仍是不够,在这案例,买方知道波斯情况而卖方一无所知,依赖卖方做出货物能否在波斯适用根本不公道。

另一个更近期贵族院先例名为 The "Aquarius II" (1996)2 Lloyd's Rep 353 也是在这一点有争议。它是涉及一条渔船,该船东雇用被告来更换船上的"凸轮轴"(cam shaft)。但多次工程失败,最后被迫整个船舶主机被换掉。而老的一套主机与凸轮轴,被第三人买去安装在另一船上,该船并没有同样问题。估计是凸轮轴没有不妥,但"Aquarius II"本身有"特别处"(a particular abnormality or idiosyncrasy),导致凸轮轴有过多的"扭曲震动"(create excessive torsional resonance in cam shafts)。船东向被告索赔损失近 70 万英镑之多,指被告的凸轮轴"不适合用途",是破坏了 1979 年《货物销售法》的 14(3)段节。船东说被告明知凸轮轴是要安装在"Aquarius II",安装工作也是被告做的,所以该船有任何潜在的、不知悉的问题导致这凸轮轴不适合用途,风险与责任均是在被告。但贵族院不同意,说这样依赖被告(卖方)不公道,他根本无法运用"技术与判断力"(skill or judgment)。Keith 勋爵说大精神是:"As a matter of principle, therefore, it may be said that where a buyer purchases goods from a seller who deals in goods of that description there is no breach of the implied condition of fitness where the failure of the goods to meet the intended purpose arises from an abnormal feature or idiosyncrasy, not made known to the seller, in the buyer or in the circumstances of the use of the goods by the buyer. That is the case whether or not the buyer is himself aware of the abnormal feature or idiosyncrasy."

以上的说法,令一些先例,特别是较早期的,表面上准确性也不无疑问。当然,这永远可以用每一先例的案情的不同事实(facts)解释或是推搪。例如在 The "Mancester Importer" (1922) 10 Ll. L. Rep. 697 先例,船东(买方)买的货物是:"please supply 500 tons South Wales Coal for the steamship 'Mancester Importer' at Partington on Friday",但交付上船的煤炭不适用在该船的"自然通风锅炉"(natural draught furnaces),这导致船东多项损失如船期、回航等。贵族院推翻上诉庭判决,认为卖方要对船东负责,因为违反了这"货物适合买方特别用途"的默示责任/条件。Sumner 勋爵说:"What then are the circumstances? Both parties to the contract were in the coal trade; both knew of the effects if the strike…The seller, however, was and the buyer was not specially conversant with South Wales coal and though both were fully alive to the difficulties of the time, the difficulties that they both felt related, in my opinion, solely to the scarcity and not at all to the quality of the coal available…I do not think it is shown that even the seller had any reason to doubt that the coals would be fit for ordinary bunkers, or that the officials had not taken reasonable steps to ensure that the coal, which they had secured, would be suitable for the purpose... As to the buyer, I see no grounds at all on which to find that he had come to know that the quality of the coal must be so much a matter of uncertainty or of chance, that no reliance on the seller's skill and judgment ought to arise on his side."(即双方都知悉煤炭这货物,双方也知道当时有罢工导致煤炭短缺,但短缺与货物质量无关。双方比较,卖方对 South Wales 煤炭知悉较多,卖方交付煤炭上船时也不怀疑它可用作该船舶的燃料[当年船舶还是烧煤的]。而作为买方的船东,也不见得是愿意冒险,什么煤炭都可交付上船,不必依赖卖方作出判断这煤炭是否适合买方特别用途)。

笔者的疑问是卖方会比买方(船东)更了解这"Mancester Importer"轮的锅炉所需吗? 如果是"不",这看来把责任放在卖方头上并不公道,卖方也不见得有机会、有能力对此作出判断(skill and judgment)。看来,当时煤炭短缺,早知如此,有强大谈判力量的卖方应利用订约自由先要求买方自承后果(即煤炭是否适用)才供应。

另一疑问是在卖方即使有这"货物适合买方特别用途"的默示责任,这是否是严格责任? 例如,他是没有疏忽,也判断不出来,好像 The "Aquarius II"先例? 在早期的 Frost v. Aylesbury Dairy Co Ltd (1905) 1 KB 608 先例,牛奶受伤寒菌污染,是当时技术上检验不出来,法院仍是判卖方要负责。而即使在较近期的 Hardwick Game Farm v. S. A. P. P. A. Ltd (1968) 1 Lloyd's Rep 547 先例,Reid 勋爵也是说:"If the law were always logical one would suppose that a buyer who has obtained a right to rely on the seller's skill and judgment, would only obtain thereby an assurance that proper skill and judgment had been exercised, and would only be entitled to a remedy if a defect in the goods was due to failure to exercise such skill and judgment. But the law has always gone further than that. By getting the seller to undertake to use his skill and judgment the buyer gets under Section 14(3) an assurance that the goods will be reasonably fit for his purpose and that covers not only defects which the seller ought to have detected but also defects which are latent in the sense that even the utmost skill and judgment on the part of the seller would not have detected them."

以笔者来看,这是与 The "Aquarius II"先例有点矛盾,虽然也可区分说 The "Aquarius II"毛病出自渔船本身的"特别处",不是货物(凸轮轴)。但毕竟大精神是:如果卖方无法合理知悉,何来可运用"技术与判断"(skill or judgment),买方依赖卖方公道吗?与整个货物买卖的起点是要买方自己小心(*caveat emptor*)相符吗?

6.2 在描述/质量适合买方用途方面轻微违约的情况

在本章多处如本章4.8段都有提到1994年《货物销售法与供应法》(Sale and Supply Goods Act)为1979年《货物销售法》加上了 Section 15A,禁止非消费者买方(也就是包括了国际货物买卖的买方)以 Sections 13 至 15 的违反而拒绝接收货物,只要是"违约是很轻微,不合理让买方拒绝接收货物"(the breach is so slight that it would be unreasonable for the buyer to reject the goods)的情况下,就不能拒货而只能索赔损失。大道理都是一样:一经认定某方面属货物要"适合买方特别用途"的默示责任,既是条件条文,就算是稍有破坏,买方本来有权终断买卖合约,即拒绝接收货物。但1994年立法引进了"极轻微"(*de minimis*)的原则,就要看买方终断买卖合约与拒绝接收货物是否合理。当然在较严重违约的情况,拒绝接收货物完全合理。这仍是一个默示条件条文,对卖方的后果严重。碰上市场下跌,买方可赖掉这票买卖,把不利的"市场风险"(market risk)转移给卖方,会对卖方带来重大的损失与不便。

但这里也带来了不肯定,就是怎么样才算是"极轻微"(*de minimis*)的违约?这涉及了重大的决定,就是买方认为不属于极轻微违约去终断买卖合约而拒货,但结果判是属于极轻微违约,买方只能索赔损失,就会令较早的拒货变为不合法,构成了毁约。这真正是说明了追求公平合理有时候的确会与法律的肯定性有矛盾。

有关这一个立法的原因或期望,可节录《Benjamin's Sale of Goods》(8th edn, 2010年)之12-026段所说:"The Law Commission Report which led to the enactment of the provision sought to prevent what are completely technical rejection in commercial contracts, which may be motivated by caprice or (more likely) adverse movements in the market which lead a buyer to seek escape from a contract. It was, however, stated to be 'not intended as a major alteration in the law'. It is also stated that the buyer's motives for rejection are not intended to be regarded as relevant, as 'subjectivity' is referred to as undesirable. It appears therefore that the test of reasonableness is intended to be an objective one, though it still ought to be geared to a person in the buyer's position rather than an external observer. It would appear that the new section is of severely limited effect and may in the end make little difference in practice. There have been no reported decisions on it since its enactment in 1994. In the meanwhile, however, uncertainties as to its potential application, in particular as to when it is impliedly excluded, may create problems. ”

另一方面带来的问题就是在 4.6 段所讲的付运日期(也就是提单日期)一贯被视为是货物描述。这一来会否付运日期也可以在 1979 年《货物销售法》的 Section 15A 允许轻微违约,如付运日期可以比买卖合约中规定的付运日期晚一两天?答案显然是不行,因为在国际货物买卖合约中有关时间的规定在普通法一直被视为是条件条文:Bunge Corp v. Tradax Export SA (1981)2 Lloyd's Rep 1。在现实中的操作,如果付运日期迟于买卖合约中的相应规定,在付运单证买卖也不会被买方或议付银行所接受。毕竟,1979 年立法也没有针对单证买卖,所以 Section 15A 不适用。但由于付运延误,经常卖方是以倒签提单的不法行为解决问题,所以会有情况是在卖方交出付运单证或议付的时候延误付运并没有被发觉,而是事后到了卸港卸货前买方才发觉。这一来,就存在买方能否拒绝接收货物,而卖方能否抗辩说延误付运只有 1 天,这属于 Section 15A 中所讲的轻微违约?这种争议还没有见到先例,但由于准时履行买卖合约特别是付运在普通法下也是条件条文,所以买方拒货不必依赖 1979 年的立法。这也是在 Michael Bridge 教授的《The International Sale of Goods》(2th edn, 2007 年)之 10.05 段所作出的结论说:“The reason why s 15A might possibly apply to non – timely performance (though not to documentary performance) is that the notion of description, codified in s 13, is historically the reason given for treating the timely shipment of CIF goods as being of the essence of the contract. Nevertheless, buyers rejecting non – timely shipments do not, and do not have to, invokes s 13. The view that every aspect of unascertained goods goes to description has long been exploded. The legal principle (description) that supported the development of a strict approach to timely performance was only partly codified in the form of s 13, and s 15A refers not to description but to s 13. Consequently, the better view is that the restrictions brought to bear upon the rejection of goods by s 15A (which also does not refer to the rejection of documents) have no impact upon the timely performance rule in commercial sales. ”

§7　总结《货物销售法》的默示责任/条件

本章并没有详细分析有关“满意质量”与卖方判断货物是否适合买方特殊用途的问题,根本谈不上与《Benjamin's Sale of Goods》(8th edn, 2010 年)权威书籍比较。本书针对国际货物/商品买卖,读者绝大多数是中国人,所以笔者也不提及其他重要有关立法如 1977 年《不公平合约法》等,它们只是适用在英国涉及消费者的本土买卖。确是,1994 年的立法把“可商售质量”(merchantable quality)改为“满意质量”(satisfactory quality)也是主要从消费者有关买卖角度出发,多于考虑国际上买卖。所以,太细分析或是没有必要。

笔者总结一下三个默示责任/条件之间关系来结束这方面探讨如下:

(1)Section 13(货物描述),Section 14 (2)(满意质量),Section 14 (3)(适合买方特别用途)与 Section 15 (2)(样本买卖)免不了有重叠之处。常会有卖方违反了 Section 13,也同时违反了 Section 14。但它们也可以完全独立,如不违反 Section 13,但违反了 Section 14 (2)。

(2)只有 Section 14 (2)与 14 (3)才要求买卖是“在生意过程中卖方出售货物”(the seller sells goods in the course of a business)。

(3)只有 Section 14 (3)是买方在非一般性用途要依赖卖方的“技术与判断”,Section 14 (2)没有这个必要。例如,买卖之前买方来一个检验,在 Section 14 (3),买方仍可依赖卖方的“技术与判断”。如检验一瓶成药并同时问药房(卖方)这成药对家里 7 岁小孩咳嗽了 3 天,晚上也睡不好,是否有效。但在 Section 14 (2),买方这一检验,能在检验中看得出来,如从成药的标贴,则卖方再没有责任:在 Section 14(2C)(b)。

(4)货物会是完全一流,符合买卖合约货物描述与质量良好,根本不违反 Section 13 与 Section 14 (2),但仍会违反了 Section 14(3),因为买方有一特别古怪用途曾经向卖方提出过但并不适合。

(5)Section 13 只适用在以货物描述进行买卖;Section 15 (2)只适用在以样本进行买卖;但 Section 14 (2)与 14 (3)适用在所有买卖方式。

(6)最后,在 Section 14(1)清楚表示除了 Section 14(2)与 14(3),没有其他对于质量或适合用途的保障,说“Except as provided by this section and section 15 below and subject to any other enactment, there is no implied [term] about the quality or fitness for any particular purpose of goods supplied under a contract of sale.”所以在这方面大前提还是“买方自己小心”(*caveat emptor*)。

在结束有关《货物销售法》的默示责任/条件前,要重申买卖合约中永远可以明示的货物质量条文去超越默示地位,因为明示条文更加代表了双方订约意愿。而无数的仲裁(因为国际货物买卖合约中都会有仲裁条文),都会是涉及了明示条文的解释,而不是 1979 年《货物销售法》的默示责任/条件。虽然,在国际商品的买卖,绝大部分都会适用英国法,所以离不开 1979 年《货物销售法》。但该立法的默示责任/条件只能算是起点,买卖合约的明示条文才是决定性的。

§8 国际货物买卖中的买方拒货

8.1 买方拒绝付运单证

本章§2已经谈到1979年《货物销售法》Section 15A(1)(a)规定,买方在卖方违反了Section 13,14,15的默示责任/条件条文下,可拒绝接收货物。但事实上,买方的拒货在现实中是有两种,一种是1979年《货物销售法》中没有提到的买方拒绝付运单证。尤其是在CIF/CFR买卖,即所谓的"单证买卖"(documentary sale),买方如果拒绝接收这一套付运单证,也就是在实践中拒货。显然,买方很少会在付运单证中挑得出卖方违反Section 14 (2)(满意质量)和Section 14 (3)(适合买方特别用途)。但在付运单证挑得出卖方违反Section 13(货物描述)就可能性大得多,其中本章4.6段就已经提到付运日期、付运港口与舱底货物等都属于货物描述,而这些描述都可以在付运单证,特别是在一份"付运提单"(shipped bill of lading)中可以觉察到。如果单证买卖是通过银行的信用证议付,可以说是付运提单如果显示了这些货物描述上的缺陷或差异,不符合买卖合约的要求,肯定就会被银行拒绝议付。而如果是通过"付款交单"(documents against payment或简称D/P),买方也可以拒绝接收这一套付运单证。但针对付运日期,经常会出现的陋习就是签发了一份"倒签提单"(back - dated bill of lading)。这一来,付运单证从表面是看不出任何缺陷或差异,买方看起来就不能拒绝接收,而银行也没有理由拒绝议付。但如果买方有证据显示提单是倒签,这又涉及了CIF/CFR卖方违反了买卖合约的另一个重要的条件条文,就是付运单证必须是"真实或准确"(true or accurate):Finlay (James) & Co v Kwik Hoo Tong Handel Maatschappij (1928) 32 Ll. L. Rep. 245; Kwei Tek Chao v. British Traders & Shippers Ltd. (1954) 1 Lloyd's Rep. 16; Hindley & Co v East Indian Produce (1973) 2 Lloyd's Rep 515; The "Raffaella" (1985) 2 Lloyd's Rep. 36等。这表示破坏了这一条件条文,买方还是可以终断合约而不必依赖1979年《货物销售法》之Section 13(1)。

这里先介绍第一个也是重要的先例Finlay (James) & Co v Kwik Hoo Tong Handel Maatschappij,案情是有关一个食糖的"CIF Bombay"买卖,付运日期是9月份。但实际上是过了时间到10月初才付运,只是提单日期是写作9月30日。第一手买方在不知情的情况下接受了付运单证,但他向分买方交出单证的时候就被拒绝,显然分买方查到了提单倒签的事实。这迫使第一手买方夹在当中要把这批食糖拍卖,因为当时的食糖市场明显下挫,所以第一手买方蒙受严重损失,并向卖方提出索赔。卖方违约的责任是明确的,争议主要涉及了损失的计算。卖方指9月30日与10月初基本上食糖市场价格是一样(只不过比起买卖合约的价格下挫了),所以晚了几天的损失是零。但买方指他的损失是本来他可以拒绝这一套有缺陷的单证,由于卖方提供不真实的单证剥夺了买方权利,所以损失是以被剥夺权利计算,也就是买卖合约价格与违约时市场价格的差价。买方的争议在上诉庭被支持。这一来,在经济的地位而言就与买方一开始可以拒绝接收付运单证一致,也等于成功把市场风险转移给卖方。

接下去在 Kwei Tek Chao v. British Traders & Shippers Ltd 先例,也是涉及了倒签提单,买方知悉倒签的事实前已经把货款支付,但当时货物还没有去卸港卸下。由于买方恐怕拒货后没有办法把已经支付的货款向卖方取回,所以没有拒货。但在英国高院,Devlin 大法官还是根据 Finlay (James)& Co 先例的损失计算办法判买方胜诉。

再接下去是 Kleinjan & Holst NV Rotterdam v Bremer Handels (1972)2 Lloyd's Rep 11 先例,也是出现类似的案情与判法。买方不拒绝接收有缺陷的付运提单,但说明保留他索赔的权利(reserve right to recover damages)下接收了单证。英国高院的 Cooke 大法官认为 Finlay (James)& Co 先例的损失计算适用,不论是买方"有否被误导下接受了不真实的付运单证或在明知道倒签的事实下自己选择不拒绝付运单证或货物"(whether they have been misled or have elected not to rescind with full knowledge of the facts)。这说法是有争议的,因为 Finlay (James)& Co 先例是买方在误导下接受了倒签提单。但如果买方知道事实的情况下自己选择接受倒签提单,在因果关系上损失就不是来自不真实的付运单证,而是来自买方自己的选择。看来 Cooke 大法官的说法是太广泛让买方可以通过一般的损失赔偿计算把市场下跌的风险转移给卖方。

所以在接下去的先例就受到了批评,第一个就是 Vargas Pena v. Cremer (1987)1 Lloyd's Rep 394 先例。案情倒不是涉及了倒签提单,而是在付运单证中显示了货物质量不符合买卖合约的要求。该 FOB 买卖合约针对货物质量有一条条文说明了超出了 15% 的脂肪买方就可以拒货:"Max. 15% fat. If above 15% rejectable at Buyer's option..."。但在付运单证中,有一份文件是货物的检验证明显示了脂肪是 15.73%。这导致了买卖双方在后来谈判降价,但谈不拢。买方向卖方发出传真表示他不接受,但接下去在卸港把货物出售。这被法院判是买方作出与拒货不符的行动,另 Saville 大法官判是买方失去了拒货的权利,原因不是付运单证有缺陷所导致,而是来自他自己的选择或不符行动所造成。所以,市场价格下跌的风险还是在买方,也就是损失不是按照 Finlay (James)& Co 先例。Saville 大法官是这样说:"If the buyers know of the breach, however, then the position is different, for without more there is then no causal connection between the breach and the loss of the right to reject. The buyers know that they may reject if they wish to do so—the breach does not cause them to accept the documents. In such a case to award damages where the documents have been accepted on the basis of the difference between the contract and market prices at the date of the breach is to award damages that simply do not flow from the breach. The damages that flow from the breach in such circumstances are represented (in the ordinary case at least) by the difference between the value of the goods as warranted and their value in fact. I should add that to my mind acceptance of the documents together with a reservation of all rights would (in the absence of a special agreement made with the sellers) make no difference where the buyers know the true position: they can only reserve what rights they have — if they choose to accept the documents with knowledge of the breach, then the rights they have are the rights attached to that case, and not those that would exist if they have taken a different course of action."

最后介绍的先例是 Procter & Gamble Philippine Mfg Corp v Becher (Kurt A) GmbH & Co (1988) 2 Lloyd's Rep 21,案情涉及了"copra expeller cake"的"CIF Rotterdam"买卖。提单日期是1月31日,实际上货物装船是在2月10日。但由于买方已经把买卖合约的1月份付运日期延长到2月份,这表示付运并没有延误,只是提单不正确。在上诉庭,判是买方不能以 Finlay (James) & Co 先例的计算索赔合约价格与货物抵达卸港时市场价格之间的差价。买方本来可以错误的提单日期拒绝付运单证(但会有情况下卖方可以取得正确的付运单证并作第二次交出[re-tender]给买方),但即使是不知情的情况下没有拒绝付运单证,失去了机会,就等同实质货物有潜在的缺陷导致买方接收货物后没有在合理时间内拒货,也会在1979年《货物销售法》之 Section 35 被视为是"确认了买卖合约"(affirm the contract)。买方在这种情况下是不能以索赔损失,企图把市场下跌的风险转移给卖方。

去总结,有说法是 Finlay (James) & Co 先例对买方十分有利的损失计算,让没有拒绝接收付运单证与拒货的买方可以通过索赔损失把市场下跌的风险转移给卖方只适用在一种情况,就是卖方的欺诈与买方不知情,导致了失去两次本来可以拒货(拒绝付运单证与拒绝接收货物)的机会。这主要就会是倒签提单,因为本来买方可以拒绝不真实的付运单证,也可以在卸港拒货,因为付运日期是属于货物的描述。但因为卖方欺诈性的行为导致买方无法知道他的这一个权利而令两次拒绝接收的机会都失去。这可以节录在 Michael Bridge 教授的《The International Sale of Goods》(2th edn, 2007年)之10.122段:"**Confining Finlay damages to fraud?** However that may be, this line of authorities shows some judicial discomfort with the common law position that a party may avail himself of technical rights so as to terminate the contract and put the risk of adverse market movement back on the other party. An argument has been advanced for limiting damages recovery in the Finlay (James) & Co type of case, namely, where there is a double breach (concerning documents and goods) and the buyer has lost both rights of rejection. The seller's extensive damages liability (for depriving the buyer of the chance to reject the goods), which in substance departs from the rules limiting rights of rejection, has been criticised. It is not confined to cases where the seller has been guilty of fraudulent behaviour or at least has been aware of someone else's fraud at the time of documentary tender."

8.2 买方拒绝接收货物

8.2.1 卖方必须提供合理机会让买方对货物作出检验

在国际买卖,特别是 CIF/CFR 的单证买卖,买方可因为货物描述或/与质量有缺陷去拒绝“接受”(acceptance)只能是在货物抵达卸港,买方首次有机会检验之后才有可能发觉是否有缺陷。这也是1979年在《货物销售法》的说法如下:

“Section 34 Buyer’s right of examining the goods

Unless otherwise agreed, when the seller tenders delivery of goods to the buyer, he is bound on request to afford the buyer a reasonable opportunity of examining the goods for the purpose of ascertaining whether they are in conformity with the contract.(卖方交货给买方,他必须在要求下让买方有一个合理的机会检验货物,以确定是否符合买卖合约)

Section 35 Acceptance

(2) Where goods are delivered to the buyer, and he has not previously examined them, he is not deemed to have accepted them ... until he has had a reasonable opportunity of examining them for the purpose –(如果交货给买方,而买方以前没有机会检验货物,买方是不被视为接收货物,直到他有一个合理机会做出检验)

(a) of ascertaining whether they are in conformity with the contract(为确定货物是符合买卖合约的要求), and (b) in the case of a contract for sale by sample, of comparing the bulk with the sample.”(如果是以样品进行买卖,把一大批分不开货物或散货与样品比较)

这完全是合理与现实的规定。买方没有见过、检验过货物,如何能以货物描述与/或质量不符买卖合约的要求而拒绝接收?总不能要求买方凭空想象。在1979年《货物销售法》的条文,看来卖方必须提供机会让买方对货物作出检验,是买方接收货物的先决条件,而买方如果拒绝检验卖方是可以拒绝交货的:Walter Potts & Co Ltd v Brown Macfarlane & Co Ltd (1934) 30 Com Cas 64。

8.2.2 买方的检验包括了什么与费用的分摊

检验的做法与程度主要是看货物的本质与有关的买卖合约规定。所以如果是需要测试,就应该是包括在检验内的。这表示可以短暂的使用有关货物(如买卖车辆可以试开)或处理小部分的货物,只要目的是为了测试。在Heilbutt v Hickson (1872) LR 7 CP 438先例,涉及的货物是大批供应军队使用的鞋子,在测试的时候把少量的鞋子扯烂,由于不满意,接下去把更多数量的鞋子扯烂。这不被视为是接收货物,也不存在买方需要为这些扯烂的鞋子作出支付。这方面较近期的先例有Burroughs Business Machines Ltd v Feed – Rite Mills (1976) 64 DLR (3d) 767。

如果买方过分的检验与测试,会有危险是被视为是接收了货物:Harnor v Groves (1855) 15 CB 667; Finch Motors Ltd v Quin (No. 2) (1980) 2 NZLR 519。

至于费用方面,提供给买方检验与测试的费用是在卖方。但实际进行检验与测试的费用是在买方。如果买方在检验与测试后发现货物质量的缺陷,并合法拒绝接收货物,在买方向卖方提出的损失索赔是可以包括这一笔检验与测试费用的。这方面可看《Benjamin’s Sale of Goods》(8th edn, 2010年)之12 – 042段。

8.2.3 国际货物买卖的合理地点与时间让买方对货物作出检验

这方面的大前提可节录《Benjamin’s Sale of Goods》(8th edn, 2010年)之12 – 043

段："Examination, testing and the like must be carried out within a reasonable time having regard to the nature of the goods and all the circumstances of the case."：Heilbutt v Hickson（1872）LR 7 CP 438；Truk Ltd v Takmakidis GmbH（2000）1 Lloyd's Rep 543。

国际货物买卖与本土买卖显然是有不同的情况，因为涉及了海运（甚至包括了岸上运输）。

所以，CIF/CFR 的付运单证买卖下，船舶到了卸港把货物卸下，买方首次有机会检验货物时发觉不符买卖合约的规定（这是在较早付运单证买卖时从单证看不出来的缺陷），他仍可拒绝接收。买方即使在较早前接收了付运单证，也不影响这一个实际拒货的权利，因为这是两码事。Devlin 大法官在 Kwei Tek Chao v. British Traders & Shippers Ltd.（1954）1 Lloyd's Rep. 16 先例说："a right to reject documents, and a right to reject goods, and the two things are quite distinct."

即使买方已经支付了货款（如通过信用证的议付），也可向卖方追讨这笔货款，这在本章第 2 段介绍过是属于"债务的追偿"（recovery of debt）。而货物的所有权与风险，可以说也重新"回归"（revest）给了卖方。

这方面可节录《Benjamin's Sale of Goods》（8th edn, 2010 年）之 19－158 段如下："... unless the contract expressly provides that he must examine the goods at the port of shipment：H Glynn（Covent Garden）Ltd v Wittleder（1959）2 Lloyd's Rep 409. The buyer is allowed a reasonable time after discharge for examining the goods and then a further reasonable time for deciding whether he intends to reject. Thus in one case it was held that the right to reject had not been lost where a CIF buyer completed his examination of the goods seven days after discharge and rejected them after another four days：Tradax Export SA v European Grain & Shipping Co（1983）2 Lloyd's Rep 100."

至于 FOB 买卖，看来买方通过船长作为他的代理人会在装港装货时已可见过与检验过有关的货物。但现实中这只能是一个表面的检验，看看是否能作出清洁提单。已有先例判是：这只是针对付运的角度，不会是涉及货物买卖合约中的描述与/或质量。现实也确是如此，船长不会知道买卖合约内容，船长也不会在钢材付运时（举例）检验它的"张力"（tensile strength）与其他的成分等。换言之，FOB 买卖下买方也是像 CIF 一样，可在货物到了卸港首次有机会检验货物时发觉不符买卖合约才拒绝接收。一般而言，FOB 买方不一定要在装港检验，不会可在付运前决定是否拒绝货物：Boks & Co. v. J. H. Rayner & Co（1921）37 TLR 519, 520。但也不一定都可留待在卸港检验：J W Schofield & Sons v. Rownson, Drew and Clydesdale Ltd（1922）10 Ll. L. Rep. 480, 482。这要视情况与合理与否而定，如 Bailhache 大法官在 Saunt v. Belcher and Gibbons（1920）26 Com. Cas. 115, 120 先例所说："To postpone the place for inspection it is necessary that there should be ... two elements; the place at which he delivers must either be unsuitable in itself or the nature of the packing of the goods must make inspection at that place unsuitable."（押后检验是需要两个考虑因素：一是卖方提供给买方检验的地点是不适当的,二是货物的包装导致在该地点检验不适当。)

而在 FOB 买卖,可以说是十之八九要求买方在装港装船前检验货物,马上决定接收或拒绝货物,是不合理不现实的,因为:(1)如果货物有包装,怎可能在付运前拆了包装为了进行检验? 这会是延误直至货物转售给"分买方"(sub - buyer)才会有机会拆开包装进行检验与测试:Molling & Co v Dean & Son Ltd (1901)18 TLR 217;Van Der Hurk v R Martens & Co Ltd (1920)1 KB 850;J W Schofield & Sons v Rownson,Drew & Clydesdale Ltd (1922)10 Ll LR 480;Bragg v Villanova (1923)40 TLR 154;A J Frank & Sons Ltd v Northern Peat Co Ltd (1963)39 DLR (2d)721。(2)FOB 买方通常在装港以外的外国,没有代表在装港可进行。(3)往往时间上(付运日期等)也不一定允许。

所以,绝大部份 FOB 买卖仍是允许买方在卸港进行货物检验,并在描述或质量发觉不符买卖合约,可拒绝接收:Scaliaris v E Ofverberg & Co (1921)37 TLR 307(FOB 纽约,卖方争辩检验应该在纽约,不应该在伦敦厂房,所以拒货无效,但法院不同意);Boks & Co v J H Rayner & Co (1921)37 TLR 800;J W Schofield & Sons v Rownson,Drew & Clydesdale Ltd (1922)10 Ll. L. Rep 480(FOB 纽约,卖方争议检验应该是在纽约,而不是在卸港的 Antofagasta,但不成功);Bragg v Villanova (1923)40 TLR 154;Obaseki Bros v. Reif & Son Ltd (1952)2 Lloyd's Rep 364 等。但 FOB 不像 CIF/CFR 这么明确,后者是单证买卖,买方几乎肯定没有机会在装港付运前见过货物。所以,在特别的例外,如 FOB 买方有代表在装港监督装货,而这货物又是严重不符合描述,如合约是大米,但装的是黄豆。卖方会可成功抗拒买方在卸港的拒绝接收货物,因为他在装港早已有合理机会检验(在这一点上),要拒绝接收应当尽快作出,不应再允许付运至卸港,这情况会令买方失去拒绝接收的权利。

这方面可先节录 J W Schofield & Sons v. Rownson,Drew and Clydesdale Ltd 先例所说:"... *prima facie* rule that (under an FOB contract) the goods should be examined at the place of destination... The question of whether there has been reasonable opportunity of examination before shipment where the goods are to be put free on board is a question to be decided in the particular case on its circumstances."

另可节录《Benjamin's Sale of Goods》(8th edn,2010 年)之 20 - 115 段的部分内容如下:"In most of the reported cases on FOB contracts the point of examination has been held to be,not the place of shipment,but the destination of the goods: that is,the place at which they actually get into the hands of the buyer or into the hands of a sub - buyer to whom they are directly despatched."

8.2.4 国际货物买卖合理地点对货物检验在卸港对卖方造成的不便与危险

在国际货物买卖,由于英国法律下对买方检验货物的地点与时间是可以晚至遥远的卸港,并可让买方在检验后发觉货物不符合买卖合约的描述或/与质量后拒绝接收货物,这显然会对卖方带来极大不便与损失。所以早在 Meyer (Montagu L) Ltd v Osakeybtio Carelia Timber Co Ltd (1930)36 Com Cas 18,20 先例,Scrutton 大法官曾经说："The business man does not like the idea of rejection; he appears to think that any case can be satisfactorily dealt with by the buyer having to take the goods and get consolation in damages if the goods are not what he wanted to buy."故此，实际的做法中经常会试图减少这方面风险，保障卖方。毕竟，明示条文的约定是可以超越英国法律默示的地位。这种明示条文的约定会是有多种不同的形式，包括要求 FOB 买方如果实际做得到，必须在装港付运前对货物作出检验与测试。或是一条明示条文说明"以卖方在付运前作出的检验与证明为终"（seller's inspection prior to the shipment shall be final and binding to both parties），这种类似的条文在石油产品的买卖经常会出现。又或是一条明示条文干脆禁止买方拒绝接收货物（non – rejection clause），只准许索赔损失。这种明示条文的做法在接下去的段节进一步解释。

8.2.5　卖方减低货物被拒绝接收风险做法之一："装港检验证书为终"条文

8.2.5.1　这种条文的措辞/文字与作用

这种条文写法是千变万化，随便先举几个例子，在 Toepfer v. Continental Grain (1974) 1 Lloyd's Rep 11 先例是一条十分简单的条文针对小麦的买卖，说："*Quality final* as per official Lakes Loading Inspection certificate or any other official inspection certificate."（在装港的检验证明针对货物质量是最终的）。

在 Apioil v Kuwait (1995) 2 Lloyd's Rep 124 先例，有关的 CIF 原油买卖合约中有一条条文说："Determination of Quality: As per certificate issued at loading port by suppliers to be final and binding upon parties."另在转售的分买卖合约中相关条文是："Determination of Quality: ... as per certificate issued at loadport by shippers to be final and binding upon both parties, unless it can be proved that testing and/or sampling was incorrectly performed."

在 Galaxy Energy v Eurobunker (2001) 2 Lloyd's Rep 725 先例，针对燃油（fuel oil）的买卖，有一条比较复杂的条文，说："Quality as ascertained at loading installation to be final and binding for both parties except for pour point, sulphur and net calorific value to be retested at disport on the basis of a ship's composite sample taken before discharge by Messrs. Saybolt Independent Inspectors whose results to be final and binding for both parties save fraud or manifest error.

Inspections costs at disport to be equally share between Buyer and Seller."（在装港油库的检验所确定的燃油质量是最终与对双方有约束性的，除了燃点，硫磺，与净热值要到卸港根据船上的样品再度测试。测试由 Saybolt 进行，测试结果最终与对双方有约束性，除非涉及欺诈或明显错误。在卸港的测试费用由双方平均承担。）

这方面在本章 2.1.3 小段之（v）有涉及，是今天国际买卖合约中常见的条文。这条文（即"装港检验证明为终"）对卖方的好处由 Donaldson 法官在 Rolimpex v. Dossa & Sons (1971) 1 Lloyd's Rep 380 先例解释说："A provision that a certificate given at the loading port shall be conclusive may well have great advantages to both parties. Thus the buyers obtain an inspection at or before shipment by independent experts and can refuse to accept delivery of any goods which do not pass that scrutiny. They could, of course make an inspection themselves, but if they sought to reject goods, a dispute would be certain to arise. A conclusive certificate avoids all such disputes. Furthermore, the goods can be sold on similar terms without risk that the sub – buyers will make claims. From the point of view of the sellers the advantage lies in the avoidance of complaints based on evidence collected in a foreign country long after the goods have left their control, and in the fact that at the time of the inspection they have an opportunity of replacing any goods which do not meet with the approval of the surveyors. Against this background there is no reason to treat as commercially unrealistic the suggestion that the parties intended the surveyor's certificate to be conclusive."

Denning 勋爵在 Toepfer v. Continental Grain (1974) 1 Lloyd's Rep 11 先例也有节录了该案件的仲裁裁决书说:"The commercial purpose of the provisions (for an official certificate to be final as to quality)... is to avoid disputes as to quality and to achieve finality in this respect once a proper certificate of inspection had been issued and tendered. A further reason... is that differences of opinion are otherwise to be expected among persons experienced in the grain trade in countries outside the United States and Canada as to the correct grading (including both the grade and sub – class) of consignments of U. S. or Canadian grain and such differences would otherwise give rise to numerous disputes."

8.2.5.2 这种条文对卖方的好处

总结以上权威说法,可看到这"装港检验证明为终"条文对卖方的重大好处。这可以考虑卖方的想法与担忧会是:

(1)合情合理的考虑是货物质量如果真有问题,显然是早知道比迟知道好。在装港知道了,可马上替换好货(如有办法)等。对部分的货物例如石油产品,在装港替换符合买卖合约质量的好货通常不是问题。到了卸港才知道,带来买方拒绝接收货物,卖方再无法补救,如何处理这票货物与免不了的争议与诉讼往往对双方都是劳民伤财。

(2)卖方也会对卸港买方进行的"货物检验"(examination of goods),以此证明拒绝接收货物有不放心之处。例如,美国卖方对中国买方以商检局(CCIB)检验与测试,作出报告证明货物质量不妥,不符合买卖合约要求免不了会有怀疑。这是人之常情,中国卖方对外国买方以当地检验与测试的报告或证书拒货也同样会有怀疑。但毕竟,这些报告或证书仍是重要甚至是唯一的证据,能否事后质疑它、否定它,取得法院或仲裁庭信任仍是未知数。

(3)即使这不涉及外国买方与当地的检验人贪污偏私,卖方也不放心卸港检验所下的判断与水平。毕竟,完全善意的两位不同专家或检验人对同一事实也会有不同见解。在"边缘案件"(borderline case),这不同看法对买方能否合法拒绝接收货物会是“差之毫厘，谬之千里”。

(4)卸港检验设施、方法、仪器的可接受性，是否先进、准确等，也是卖方所猜疑的。笔者见过不少这种专家的争议。

(5)还会有的问题是货物在海上运输过程中的损坏，这应该是买方的风险，但如果在卸港检验会把这些损坏一揽子当作卖方的货不对版。

以上的考虑在一条草拟好的“装港检验证明为终”条文都可以针对与解决，如约定一家卖方安心的检验人或检验公司(国际贸易商通常比较安心与信任的如SGS或Saybolt)在装港进行检验与测试。

8.2.5.3　这种条文对买方的好处

这种条文好像信用证的做法一样，主要是为了保障卖方。但这装港检验证明为终条文对买方也有一点点好处，即双方都有好处，如下：

(1)减少劳民伤财的货物质量争议，不论是在拒绝接收货物或只是索赔损失，长远而言是双方都有利与有了肯定性。

(2)买方转售也可以有同样合约条文约束“分买方”(sub - buyers)，可以在一连串的买卖夹在当中的买方避免在将来的争议夹在当中。

(3)“最后买方”(end buyers)也就是接收货物的买方经常面对一个困难就是不知道在卸港发现损坏的货物是谁的责任，是卖方责任或是承运人的责任。照说货物在卸港发觉货损货差，买方总会可以要求卖方或承运人承担责任。而针对承运人而言，由于买方通常对货物是有投保“一切险”(all risks)，也表示可以要求保险人先赔付然后代位求偿向承运人索赔损失。但除非是货损货差的原因能够明确，买方会有夹在当中的危险。买方向保险人或承运人索赔，他们会抗辩这不是运输风险所造成，而是付运前已经存在的货物质量问题。买方向卖方索赔，卖方又说货物付运/装船后风险转移给买方，而风险转移一刻有清洁提单证明货物良好。买方这种困境在本书第六章有详论，不去重复。在这里只说是如果买卖合约中有一条“装港检验证明为终”条文，也确有了一份完善、充份、有说服力的装船前货物检验/测试证明，它的内容会比清洁提单详尽得多。这会让买方更加明确在卸港发现的货损货差索赔对象应该是谁。买方以此证明向保险人或/与船东索赔也可提供重要依据。它好像清洁装船提单一样，在风险转移一刻说明了货物状况，而清洁提单只能针对货物的表面状况，但装船前货物检验/测试证明会针对看不见的货物质量。例如，提单无法说明货物水份过高应是“内在缺陷“或是船长没有在航次中妥善通风？煤油变色是受到船舱以前所装过货物残余的污染或是本身在提炼时不稳定(虽然这在装港检验/测试也不一定可看出来)？

8.2.5.4　这种条文对买方的不利之处

这种条文肯定对买方(最后买方)有不利之处，可总结如下：

(1)买方在卸港首次有机会自己检验/测试货物而发觉货不对版，也无法索赔损失，遑论拒绝接收货物。因为有此装港检验证书说货物符合买卖合约的描述与质量，买方已经在合约同意了这是最终与双方有约束性的。

(2)卖方对卸港的检验人不放心,担心有贪污或偏私,买方何尝对某些的装港作出检验证明不是有同样忧虑?

(3)即使是双方在买卖合约的条文是约定由一位“独立检验人”(independent Surveyor)与某国际著名公证/检验公司,如SGS或Saybolt出证明,也难保当地(装港)的检验人会是绝对公正、廉洁。而犯错疏忽更是时有所闻。部分发展中国家的买方还会担心这些国际著名检验公司很受到国际贸易商的影响。

(4)别说证明该检验人犯错疏忽绝非易事,即使买方能做得到,也改变不了什么。因为双方在合约中已同意了是“最终与有约束性”(final & binding),英国法律是完全尊重,唯一能推翻的是证明涉及欺诈如贪污,因为只有“欺诈是超越一切”(fraud unravels all)。这是几乎不可能的事:Rolimpex v. Dossa & Sons (1971) 1 Lloyd's Rep 380; The "Protank Orinoco" (1997) LMLN No 462。Denning勋爵在Toepfer v Continental Grain (1974) 1 Lloyd's Rep. 11先例曾说:"Apart altogether from authority, I am clearly of opinion that a mistake by the certified, even when afterwards admitted by him to be a mistake, does not invalidate the certificate. It remains as between seller and buyer and all down the chain... It must be remembered that numerous persons act on the faith of the certificate, such as the buyers, sub - buyers, bankers lending money and so forth. Good sense requires that the finality of the clause should be upheld by arbitrators and the courts in full. It is not open to the arbitrator himself to say afterwards: 'I have made a mistake'."

8.2.5.5　买方对这种条文的措辞/文字必须小心

买方如果要接受这种条文,又想尽量减少对他的不利之处,买方应对条文措辞与内容小心向卖方讨价还价。例如,订明谁是双方能够接受的独立检验人或检验公司,买方是否能够派代表参加,检验/测试的明确办法,检验地点与准确时间,检验证明应有内容等。因为这种条文是会带来严重后果,所以,法律解释起来也是严格,在实际做法必须依从所订的条文内容,否则证明是不会当作“最终与有约束性”(final & binding)。

这方面可节录British Shipbuilders v. VSEL Consortium plc (1997) 1 Lloyd's Rep. 106先例中Lightman大法官说:"If the expert in making his determination goes outside his remit e.g. by determining a different question from that remitted to him or in his determination fails to comply with any conditions which the agreement requires him to comply with in making his determination, the Court may set his decision aside. Such a determination which the parties agreed should affect the rights and duties of the parties, and the Court will say so."

看来,以上的说法有一点像仲裁员的管辖权来自仲裁条文,所以权限是不能超越仲裁条文所授予的管辖范围。故此,这种条文说明谁是检验人,即其他人士不能替代:Kollerich & Cie S. A. v. State Trading Corp. of India (1980) 2 Lloyd's Rep. 32。条文说明是一位“独立检验人”(independent surveyor),法律默示是要买卖双方共同委任的才成:The “Protank Orinoco” (1997) LMLN No. 462。

所检验证明的货物,必须是双方合约规定的:The “Bow Cedar” (1980)2 Lloyd's Rep. 601。该先例稍后在8.2.5.7段会进一步介绍。

至于检验/测试的明确办法,如果双方有了约定,也必须严格依照。

8.2.5.6　买方回避这条文方法之一:攻击装港检验的证明

如果买卖合约有这条文,而卸港交付的货物又是明显不妥,加上是市场下跌,买方想取巧拒绝接收货物并把市场风险转移给卖方,一种常见的做法是攻击并否定装港检验/测试证明。这种攻击并非是指检验/测试有过错或疏忽,这并没有用,因为双方已经同意了接受为最终与对双方有约束。这攻击是指该检验/测试非是双方在买卖合约中约定当作为“最终与有约束力”(final & binding)。例如,检验人不是双方所同意的;检验/测试办法不是双方所同意的;检验数量不足与不是双方所同意的;证明只有针对货物化学特征但没有其他方面特征等。这又是与仲裁条文的道理一样,就是攻击仲裁庭的裁决有过错或疏忽是没有用,因为社会科学本来就没有100%的正确性,仲裁既然是双方的选择,就应该接受免不了的诉讼风险。反而比较容易攻击的是仲裁庭的管辖权,如果仲裁庭是超出了仲裁条文的管辖,这就是一个更好与更容易的办法令裁决书不能成为“最终与有约束力”。这方面可介绍以下的先例。

8.2.5.6.1　有关先例之一:Veba v Petrotrade

检验/测试的明确办法如果双方有了约定,必须严格依照,这方面可举Veba v Petrotrade (2002)1 Lloyd's Rep 295先例,有关“汽油”(gas oil)买卖合约中第10条文是说:“... to be determined by a mutually agreed independent inspector at the loading installation [Antwerp] in the manner customary at such installation such determination shall be final and binding for both parties save fraud or manifest error...”。买卖合约也有第4条文规定了测试汽油密度的办法,说:“Density at 15 deg. C + 0.876 KG/L max ASTM D1298”。在装港的测试证明是0.8750 KG/L,这是符合买卖合约不能超过0.876 KG/L的要求的。但到了卸港,最后的分买方再作出测试,发现密度超出了买卖合约的规定。这导致了买方的索赔与诉讼。卖方的抗辩显然就是买卖合约的条文说明以装港测试的证明为准,在卸港的测试与卖方无关。但买方作为原告的争辩是装港的测试并没有按照双方约定的测试办法,也就是ASTM D1298。在装港实际测试的办法却是ASTM D4052。而两种不同的测试办法中后者更为先进与误差更小,难怪检验公司(Celeb Brett)就“不自觉”的选用了该方法。从公平合理的角度来看,买方没有理由反对。但问题就是买卖合约中规定是老的一种测试办法,这就涉及了管辖权的问题。

反正最后,Morison大法官的判决是同意装港的测试不是最终与有约束性,说:“Applying this approach to the present case, Celeb Brett were asked to determine the quality of the gasoil using method D1298. They have not done so and the parties have not agreed to be bound by a determination as to quality by any other method…. As to ‘manifest error’ I am inclined to the view that there was a manifest error here, due to the wrong test being used, but I would prefer to rest my decision on the basis that Clause 10 cannot operation unless the determination has been made in accordance with the method stipulated in Clause 4.”

在上诉庭,还是维持原判,其中 Simon Brown 大法官说:“In short, the inspectors here were required to determine the quality of the cargo using test method D1298. They did not do so and the parties had not agreed to be bound by a determination as to quality by any other method. The determination is accordingly not binding.”他也认为只要测试偏离了双方约定的办法,就不必再追究到底测试结果是否有一个“明显错误”(manifest error)。上诉庭也接受双方约定的测试办法不一定只是为了考虑哪一种办法更加准确,所以还是最终要以双方的约定办法为准。Dyson 大法官是这样说:“Turning to the present case. I am in no doubt that the fact that the use of the wrong method cannot have affected the ‘result’ does not save the determination. As Mr Goldstone(买方代表大律师)has pointed out, it cannot be assumed that the choice of a particular method of testing is a consequence solely of the parties’ desire to achieve an accurate result. There may be different reasons which have been dictated by the terms of other related contracts and/or letters of credit. The possibility that there may be such other reasons is by no means far - fetched in the context of a commercial contract which is likely to be one of a chain. These are not matters about which the Court can or should speculate. The starting point is that if the parties have agreed that a determination using method A is not to be binding, then a determination using method B will not be a binding because the parties have not agreed that it will be.”

8.2.5.6.2 有关先例之二:AWB (International) Ltd v. Tradesmen International (PVT) Ltd

另一个有趣的澳大利亚案件名为 AWB (International) Ltd v. Tradesmen International (PVT) Ltd (2006) VSCA 210,杨良宜先生是该澳大利亚仲裁的首席仲裁员。案情是涉及了一个 15 万吨澳大利亚小麦的 CFR 买卖合约,合约中的卸港是巴基斯坦的 Port Qasim。在最后一次付运,船舶(名为“Sea Swan”)抵达 Port Qasim 的时候,巴基斯坦卫生当局拒绝让该票货物卸下,声称货物中有一种名为 Karnal Bunt 的真菌(它会影响谷物的生长与导致谷物不适合食用)。结果该票货物被买方拒绝接收,最后整船货被卖方以非常便宜的价格转卖去印尼,而船舶也在延误了几个月后到了雅加达把该票小麦卸清。无可避免的是双方有了一个庞大金额的争议,原告(巴基斯坦的买方)也就开始了澳大利亚仲裁希望取回他已经在信用证下支付给了卖方的货款。显然双方的争议就是买方能否合法拒货。该买卖合约的有关条文可节录如下:

“2. Quality

Australian Standard White Wheat in bulk ... with the following guaranteed specifications.

Test weight76 kg/hl minimum	
Protein	10% minimum
Moisture	12% maximum
Foreign Matter	0.5% maximum
Wet Gluten	26% minimum
Falling Number	325 seconds minimum
Shrunken and broken	2% minimum
Damaged Grain (spouted/heat damaged etc.)	0.5% maximum
Edible grains other than wheat	1.0%
Colour	original
Mycotoxin	not more than 5 parts per billion
Dockage total deductable	over one half of one percent
Fit for human consumption	Yes

Quarantine**Should meet the quarantine requirements of Pakistan**

Ergot Nil

Dioxin free

Free from live insects

Not genetically modified

Heavy metals within WHO permissible limits

Free from Karnal Bunt and substantially free from Striga seed

Treated with phosphine prior to loading at the recommended label rate

Fresh Crop 2003/2004

7. Documents

a. Full set of original, clean on board Bill of Lading

b. Official Export Grain Inspection Certificate issued by AWB (International) Limited

c. Official Grain Weight Certificate issued by AWB (International) Limited

d. Original phytosanitary certificate issued by Australian Government body…

e. Fumigation certificate issued by AWB (International) Limited

f. Radiation Certificate issued by AWB (International) Limited

g. Crop Year Certificate issued by AWB (International) Limited

h. Ships Hold inspection certificate …

i. Certificate of origin …

Above b, c, d, e, f, g certificates to be further issued/certified by an independent surveyor to be mutually agreed at loadport. Cost for such surveyor to be for buyers account.

8. Weight, Quality & Condition

Weight, **quality** and condition **to be final at port or ports of shipment in Austral-**

ia, as per customary Official or AWB (International) Limited Certificate or Certificates. The cost of Certificate(s) shall be for account of Sellers

(Simultaneously mutually agreed independent surveyor to be appointed and certificates issued accordingly, cost for such appointed surveyor to be for buyers account.)"。(条文加黑部分是笔者的强调)

显然在上述的买卖合约条文中有许多起冲突的条文,而买方拒绝货物就根据上述节录条文第2条的加黑部分说明小麦的货物是符合巴基斯坦的检验检疫与没有Karnal Bunt,而卖方在两方面都是违反,所以买方可以合法拒绝货物,并把已支付的货款取回。但澳大利亚的卖方显然就依赖第8条文,而根据第8条文在装港所作出的检验证明是说明小麦并没有Karnal Bunt。该份文件也是根据第7条文在议付的时候交出给买方,而CFR买卖本质上是单证买卖。

最后在仲裁庭之间三位仲裁员认为如何协调这两个条文这一点并不好判,并因此进行了辩论。但是最终还是决定以第8条文的规定为准,原因主要是针对一些已经由很多先例确定与行业认可的条文,为了肯定性,英国的解释合约条文规则中是说不要轻易的漠视与偏离。结果最后是判巴基斯坦买方败诉,可以说是惨败。

显然,如果买卖合约能够订的好一点,特别是考虑到卸港严格对待Karnal Bunt与绝对禁止进口受污染的货物,买方会可考虑好像Galaxy Energy v Eurobunker (2001) 2 Lloyd's Rep 725先例的写法,就是说:"Quality as ascertained at loading installation to be final and binding for both parties except for ***Karnal Bunt*** to be retested at disport before discharge . . . whose result to be final and binding for both parties save fraud or manifest error."。在订约自由下也可以有其他的写法,反正就是强调Karnal Bunt的问题是超越了第8条文。

8.2.5.7 买方回避这种条文方法之二:区分货物质量与描述

这方面会是在提到了Toepfer v. Continental Grain (1974) 1 Lloyd's Rep 11的著名先例。在这里,笔者拟较详细介绍这有关先例如下:

(1)在Toepfer v. Continental Grain先例,这种条文与有关货物是写作:"Quality No. 3 hard amber durum wheat of U. S. Origin – – – quality/condition final at loading as per official certificate."

美国当局发出了一张证明,但该证明事后被判是错误,货物并"不符标准"(different standard)。交付的货物实是"amber durum wheat",而"hard amber durum wheat"是等级或标准更高的货物。买方认为美国当局的证明只能是针对货物质量是最终,但出问题的是货物描述,这并非是最终。

高院与上诉庭都判是买方败诉,认为"amber durum wheat"虽然是分为三种不同等级,但都是因为在质量的不同。所以不能区分货物质量与描述,这都受到这条文的约束,即该美国当局证明(不论对错)都是"最终"。Denning勋爵说:"The first point taken by the buyers was that the certificate was only final as to 'quality'. It was not final, they said, as to the 'description' of the goods. The error here they said was an error in the description and not as to quality…In this very case the word 'hard' is a word both of quality and of description. If a certificate is final as to the quality 'hard', it is final as to that description also. The quality and description cannot be separated. Finality as to one means finality as to the other…I hold therefore that this certificate…was certifying the quality of the wheat. It was expressly agreed to be final. It is binding on both buyers and sellers unless there is some reason for overthrowing it."

Roskill 大法官也说："It seems to me abundantly plain, as it does to my Lords, that though the words 'hard amber durum' are all part of the description of the goods, they also in the context equally plainly denote the quality of the goods named as do the words 'No. 3'. In particular, the word 'hard' denotes the quality which has to be supplied; and, with all respect to the argument to the contrary, it seems to me to be plain that the finality of the certificate in question applies to all matters of quality, including whether or not the wheat shipped was of the quality known as 'hard'."

（2）在 The "Bow Cedar"（1980）2 Lloyd's Rep. 601 先例，结论看来有点不同上一先例。这一个 FOB 买卖的货物是"Brazilian crude ground nut oil"，合约内也有一条文说："... weight and quality final at loading as per certificate of independent surveyors nominated by sellers..."在该先例，这条文订得很细，是在 FOSFA Form B 的标准格式，可部分节录如下：

"1. Quality: The oil shall be of good merchantable quality at time of shipment…

3. Sampling and analysis: Analysis final at time of shipment or in the event of the oil not being loaded within 15 days of the contract period on the last day of the extension allowed under clause 5.

Representative samples drawn and sealed by sellers' representatives and if in attendance, Buyers' representatives, to be sent for analysis to the Federation's Laboratory or to an analyst in membership of the Federation and represented in the Vegetable/Marine Oil Section, whose decision shall be final."

在巴西装港，独立检验人出了一份证明是说：

"...

FROM: Paranagua bound for Rotterdam.

SAMPLE OF: Brazilian crude groundnut oil, in bulk.

IDENTIFIED AS : Composite sample from tank - trucks, at time of loading representing 200,000 kos of Brazilian Groundnut Oil, in bulk, loaded on board "BOW CEDAR" at Paranagua on May 12th, 1977。

ANALYSIS: Acidity (F. F. A.)—0.98%

Moisture and impurities—0.18%

The undersigned hereby certifies that the chemical analysis certificate was issued as a result of the analysis of samples taken by independent surveyor and that such chemical analysis was performed in accordance with the procedures prescribed by A. O. C. S. method."

在装船时，该票250吨货物不幸与另一票250吨的"soya bean oil"混起来，导致仲裁庭判这250吨货物再也不能去描述为"Brazilian crude groundnut oil"。

高院的Lloyd大法官判买方胜诉，不受装港独立检验人出的证书约束说："That it was clear from the certificates the（独立检验人）were certifying that there was 0.98 per cent in the sample and 0.18 per cent moisture and impurities but there was nothing in the certificates to support the suggestion that the surveyors were also certifying that the goods were Brazilian crude groundnut oil; and it was clear from the form and layout of the certificates that what was being certified was the result of their chemical analysis not the commodity which they were analyzing... even if, however, the certificates did certify the commodity as well as the chemical analysis, it was plain on the ordinary meaning of the words that the certificates were to be final as to the sort of matters that were covered by the quality clause, i. e. the FFA, moisture and impurities and not as to the commodity itself."

这判决是说：(a)装港证书只针对了货物的化学成份，而不是货物本身是否算是"crude groundnut oil"。(b)证书虽有提及"Brazilian crude groundnut oil"，只是为确立样本（The reference to Brazilian crude groundnut oil is only to identify in general terms the sample)，不是独立检验人所作出检验/测试后的证明。(c)至于解释与Toepfer v. Continental Grain先例不同之处，Lloyd大法官说本案无关货物质量，等于在Toepfer v. Continental Grain的案情如果变了是小麦的货物交付了高粱的货物，上诉庭判法也不会是一样。

(3)在Cauwenberghe v. Tropical Products (1986) 1 Lloyd's Rep 535的先例，货物是500吨的桶装"Malayasian palm fatty acid distillate"，FOB买卖合约有一条文说："Shipped weight and quality to be final as per certificate of independent surveyor"。在马来西亚装港，检验公司SGS出了一份证明称为"Certificate of Weight and Quality"，说明货物样本经检验/测试后完全符合买卖合约要求（水份、杂质、free fatty acid、total saponifiable matter等）。但到了欧洲卸港，买方自己另进行检验/测试，发现有2000多桶是好的货，但有710桶是其他东西，甚至有些是不知名的"黑块"（solid black substance)，另有24桶是空的。买方于是拒绝接收货物。在FOSFA仲裁的一审，判是有734桶不符合货物描述，是违反了《货物销售法》的Section 13默示条件，所以买方胜诉。但去了仲裁二审，认为是应当把SGS的证明作为"最终"，所以改为卖方胜诉。最后去了高院，这又被推翻，变为买方再度胜诉。Hirst大法官依从The "Bow Cedar" (1980) 2 Lloyd's Rep 601先例的判法，判SGS证明只针对化学成份，而不是货物描述是否都是"桶装的Malaysian palm fatty acid distillate"。所以，不存在买方不能以货物描述不符而拒绝接收。

8.2.5.8 买方回避这条文方法之三:以侵权起诉检验人

这方法不是买卖双方之间,而是在作出装港证明的检验人如果有错误或疏忽的情况下,买方应可以侵权起诉检验人。而如果买方与检验人也有合约关系(在共同委任的情况下),买方也可以以合约起诉。但在买卖合约,已经提到过是买方如果在买卖合约接受了"最终与有约束力",是不能对卖方推翻该装港证明。在英国法,看来 Smith v. Eric S. Bush (1990)1 AC 831 的先例下,买方有此权利。这种做法的唯一好处大概就是会给检验人与检验公司一定的压力令他们把工作做好。

这方面可介绍一个近期的上诉庭先例 The "Kriti Palm" (2007) 1 Lloyd's Rep. 555。案情涉及了一个"FOB Coryton(英国)"的买卖,货物是汽油(gasoline),卖方是美孚石油公司(Mobil),而本案例的原告 AIC 是中间商,他把有关的货物转售给另一家美国公司名为 Galaxy。FOB 买卖合约的条文是说明:"Quality and quantity at loadport: as determined by mutually acceptable independent inspectors, appointed by seller, results to be final and binding for both parties save fraud and manifest error. Costs to be shared 50/50 buyer/seller."但在转售买卖合约,是没有条文说明检验证明是最终与有约束性。而 Mobil 是后来指定了 ITS Testing Service (UK) Ltd,这也是本案例的被告。在装港,ITS 在测试后作出了一个质量的证明,说明是符合买卖合约的规格(主要是"Reid Vapour Pressure"或简称 RVP 的质量要求是 8.22 psi,而买卖合约规定不能超过 9)。但后来船舶抵达纽约的卸港,收货人在测试后认为货物是不符合规格(off specification)。也发觉在装港 ITS 是使用了一个错误的测试办法,就是应该使用 ASTM D5191,但实际使用的是 ASTM D323。在卸港,Galaxy 委任了另一家检验公司 SGS 所得出的 RVP 是 9.3 - 9.69。这事后带来了一连串的诉讼,先是 Galaxy 在瑞士法院起诉 AIC,并最后获得胜诉。而 AIC 就起诉美孚石油公司,但最后双方达成和解,美孚石油公司支付了 20 万美元给 AIC。在这之后 AIC 就开始起诉 ITS,要求赔付其余的损失与瑞士法院的诉讼费用。至于诉因是包括了违约、欺诈、故意隐瞒等方面,因为是涉及了 ITS 的一位负责人在电话中告知 AIC 负责人该测试证明准确,当时是在 AIC 支付货款给 Mobil 前的一天。而 ITS 当时已经做了另一个内部测试发现 RVP 是 9.33 psi,ITS 的负责人应该知道。最后在英国高院判是 ITS 有欺诈与故意隐瞒,但欺诈被上诉庭改变,只是故意隐瞒成立。

8.2.5.9 买方回避这条文方法之四:依赖所谓货物应能承受合理运输过程而不会变坏的默示条文

这所谓的方法在本章 1.4 段已经介绍过的 The "Mercini Lady" (2009) 2 Lloyd's Rep 679 先例,不重复案情的介绍,只全面节录在该先例的 FOB 买卖合约中的有关条文。

第 12 条文是说明装港的检验/测试证明是最终与有约束性,说:"Quality and quantity, basis shoretank, to be determined by a mutually agreed independent inspector at the loading installation, in the manner customary at such installation. Such determination shall be final and binding for both parties, except in case of fraud or manifest error."

第15条文有关风险与货权的转移是说:"each delivery shall be completed and title shall vest absolutely in buyer when the product passes the vessel's permanent hose connection at the port of loading at which time buyer assumes all risks pertaining thereto."

另在第18条文是说明卖方不保证货物的可商售与适合与否,说:"There are no guarantees, warranties representations, express or implied, or merchantablity, fitness or suitability of the oil for any particular purpose or otherwise, which extend beyond the description of the oil set forth in this agreement."

在本章1.4段已经介绍过,买方试图回避这第12条文,但最终在上诉庭不成功。

8.2.6 卖方减低货物被拒绝接收风险做法之二:禁示买方拒绝条文

这种"禁示买方拒绝条文"(non-rejection clause),只准买方索赔损失的措辞/文字可以是千变万化,但作用是一致。这种条文在针对消费者的本土买卖会是根据1977年《不公平合约法》无效,但在国际货物买卖在享有完全的订约自由下,它的有效性就看它怎样写就怎样解释。

在J Aromn & Co (Inc) v Comptoir Wegimont (1921) 3 KB 435先例,涉及了可可粉的买卖合约,买卖合约中有条文说明买方不能拒绝接收货物"即使在付运时候货物在等级、品种或描述有差别"(whatever the difference of the shipment may be in value from the grade, type or description specified)。由于付运日期延误,而付运日期是有说法是属于货物描述,所以就有了争议买方可否拒货。在高院,McCardie大法官说是买方可以这样做,并解释说:"In one sense the time of shipment is part of the description of the goods... but... the express requirement of a contract that goods shall be shipped at a particular period is a good deal more than a mere description of the goods within section 13 of the Sale of Goods Act 1893. It is an express term of the contract independent of that which is generally known as the description of the goods. It is, I think, a condition precedent... that the goods shall be shipped as required by the contract."

另在Beck (Ernest) and Co v Szymanowski (K) and Co (1924) AC 43先例,有一条文说明交付的货物是"当做"(deem)符合买卖合约,除非买方在14天内向卖方作出"不符合"(non-conformity)的书面通知。

也另在Vigers Bros v Sanderson Bros (1901) 1 QB 608与White Sea Timber Trust Ltd v. W W North Ltd (1932) 49 TLR 142案例中,有一条明示条文说明是买方不能拒绝买卖合约内所指定的货物。

而在Smith Brothers (Hull), Ltd v Gosta Jacobsson & Co (1961) 2 Lloyd's Rep 522先例中有一条19条文说:"Buyers' right of rejection shall not be exercised where the claim is limited to question of… quality unless the shipment... as a whole... is not in respect of such heads of claim a fair delivery under the Contract from a commercial standpoint of which, in the event of dispute, the Arbitrators or their Umpire are to be the sole and final judges."

在 Ficom SA v Sociedad Cadex Limitada (1980) 2 Lloyd's Rep 118 先例，合约中有一条 Article 7："Unless there be gross negligence or fraud on the part of the shippers... a difference of quality shall never authorize the buyers to ask for cancellation of the contract, but shall only entitle buyers to an allowance..."

例如在造船合约，船厂实是卖方，船东实是买方。为了防止市场下跌船东在交接时找船厂麻烦，笔者很久前已见过类似以下的条文在造船合约："The Vessel when delivered shall be completed to normal quality standards in all respects. However the Buyer shall not refuse delivery of the Vessel because of any minor and/or insubstantial defects/deficiencies which do not materially affect the commercial ability of the Vessel to operate. Any such defects/deficiencies will however be dealt with by the Shipbuilder per 'Warranty of Quality' (guarantee repairs)."

这也是一种"禁止买方拒绝条文"，也与 1994 年的《货物销售法与供应法》(《Sale and Supply of Goods Act》)后的 Section 15A 措辞相近。

8.2.7 卖方减低货物被拒绝接收风险做法之三：合约订明违反后的价格调整

买卖合约会对货物/商品约定的部分重要质量、指标或成份订下了价格的调整，如对煤炭的含煤量，化学品的水份或其他化学成份等。这样订明了即使原来会是违反默示甚至明示条件条文，也只应以买卖合约规定的救济为准，只能调整货物价格，而不是让买方拒绝接收货物。这种做法尤其是在 1979 年《货物销售法》之 Section 15A (1)(b) 的生效之前，连轻微的描述/质量问题也可能被合法拒货。这一点在 GAFTA 标准合约(如 GAFTA 100 的第 5 条文)有详细针对。

这可以介绍 Charles Ford v. AFEC (1986) 2 Lloyd's Rep. 307 先例，买卖的货物是 1200 吨的"USA ground toasted soya beans, maximum 10 per cent moisture, maximum 8 per cent fibre, minimum 55 per cent profit, maximum 6 per cent ash, allowance 1:1, non-reciprocal, delivered quality."而在有关的买卖合约中，以 GAFTA 102 为准，有第 5 条文是说："When the combined content of oil and protein is warranted within a margin, as for example 40%/42%, no allowance shall be made if the analysis ascertained as herein provided be not below the minimum, but if the analysis be below the minimum warranted the allowance for deficiency shall be computed from the mean of the warranted content. The cake and/or meal is guaranteed free from castor seed and/or castor seed husk and not to contain more than 5% of sand and/or silica. Should the cake and/or meal or any portion thereof be rejected by Buyers owing to the presence of castor seed and/or castor seed husks, excess of sand and/or silica over 5%, the contract shall be null and void for such quantity rejected. The right of rejection provided by this clause shall be limited to the parcel or parcels known to be defective."

至于怎样针对货物质量、指标或成份作出价格的调整,可介绍 Soules v Louis Dreyfus (2000)2 Lloyd's Rep 307 先例。在该先例是涉及了 GAFTA 124 的样品测试条文,大致的内容是货物到了卸港买方在 14 天内可以把货物的样品送去做首次的测试。而样品需要有 6 份,其中一份样品必须摆在防水的容器,以方便测试货物的水分。在测试后买方收到报告,必须在 14 天内送一份给卖方。卖方如果不接受买方的测试报告,必须在收到后 14 天内作出通知,要求作出第二个测试,并要求买方把样品送给第二个检验人/检验公司。如果两个测试的结果不超过 0.5%,这结果就是最后。但如果超出了 0.5%,卖方或买方都有权在 14 天内作出通知要求第三个测试。在三个测试结果,最接近的两个结果去平均就是买卖双方接受为最终与有约束性。另是,如果没有在期间内提出要求检验,就会是失去时效。而最早两个由买卖方测试的结果平均后就当作是最终。

在该先例是涉及 CIF 法国港口的买卖,有关的货物是 35,300 吨巴西豆粕(soya bean meal pellets),买卖合约中针对货物的蛋白质(protein)与脂肪(fat)含量说明如果低过 48% 就要作出价格上的调整。在卸货后,样品分别前后送去给两家检验公司(S&S 与 IEEB)。S&S 得出的结果是:protein 含量 43.95%,oil 含量 1.17%;IEEB 得出的结果是:protein 含量 45.80%,oil 含量 1.25%。但买卖双方都没有在接下去的 14 天内要求作出第三个测试。这一来,由于蛋白质是低过 48%,买方就把两个测试报告的数字平均并向卖方要求货价的调整大约是 15 万美元。但卖方稍后发信给 S&S 质疑他的数字,S&S 调查后回来向卖方承认错误(说是打字员打错),并重新作出另一份测试证明,蛋白质变为 45.91%。这导致了双方的争议,就是能否事后作出修改?Steel 大法官在考虑了一连串的先例如:Dean v Prince (1953)1 Ch 590;Toepfer v Continental Grain Co (1974)1 Lloyd's Rep 11;Campbell v Edwards (1976)1 WLR 403;Baber v Kenwood Manufacturing Co Ltd (1978)1 Lloyd's Rep 175;Coastal (Bermuda) Ltd v Esso Petroleum Co Ltd (1984)1 Lloyd's Rep 11;Gill and Duffus SA v Berger & Co (1984)1 Lloyd's Rep 227;Charles Ford v. AFEC (1986)2 Lloyd's Rep. 307;Jones v Sherwood Computer Services (1992)1 WLR 277 等明确了即使是检验人有错(甚至承认自己犯错),也不能改变,因为双方根据合约条文明确接受检验/测试结果(不论对错)是最终与有约束性。Steel 大法官是这样说:

"These decisions, in my judgement, support the buyers' contention that the parties have set up an all embracing code for determining disputes as to quality. A disparity of 0.5 per cent, or more allows a party to call for a third test. It is quite impossible to operate that code if it is only applicable in the event of inadequate or incompetent sampling techniques. Any clerical error, if not ascertained and admitted in the 14 - day period, merely emerges as an unexpected disparity. Indeed, the sellers were in part provoked to question the analysis because of their own internal analysis results. Any error whatever its source can be corrected by that third test.

Any difference approach gives rise to uncertainties to the scope of permissible enquiries into the nature of the possible mistake, presumably without limit of time. This would be commercial nonsense in a chain contract..."

8.2.8 卖方减低货物被拒绝接收风险做法之四:豁免默示条件/责任

国际货物买卖不受1977年《不公平合约法》的局限或约束,可以享有完全的订约自由。卖方只要利用清楚无误的措辞/文字豁免有关货物描述与质量的默示责任/条件,即说明1979年《货物销售法》的Section 13(货物描述)及Section 14(货物质量)不适用在本买卖合约,就可以避免货物被拒绝接收的风险。当然,买方会否同意,特别去豁免Section 13是另一回事了。这在The "Mercini Lady" (2009)2 Lloyd's Rep 679先例中第18条文是说明卖方不保证货物的可商售以及适合与否就是类似这种做法,有关条文的措辞/文字请看本章8.2.5.9段。

8.3 买方可否接收部分货物与拒绝其余货物?

注意是买方在1979年《货物销售法》之Section 11(4)下是不能接收部分的货物(如没有质变,状况良好的一部分货物),该条文是说:"Where a contract of sale is not severable and the buyer has accepted the goods or part of them, the breach of a condition to be fulfilled by the seller can only be treated as a breach of warranty, and not as a ground for rejecting the goods and treating the contract as repudiated, unless these is an express or implied term of the contract to that effect."

如在Cauwenberghe v. Tropical Products (1986)1 Lloyd's Rep 535先例,买方接收2000多桶的好货,但拒绝接收734桶不符合货物描述的坏货。这样会造成Section 11(4)下的弃权,禁止翻供及确认,即丧失了拒绝接收整票货物的权利。在一个"分不开"的买卖合约,是一票"分不开"的货物,原是一个完整的"商业单元"(commercial unit)如一台机器,买方接收部分而拒绝其他部分,确会对卖方造成困难与不公平。

英国法律是在一票"分不开"的货物,"一次交付的货物"(a whole consignment),如果其中有部分的货物描述/质量违反了条件条文,买方可全部拒绝接收:Jackson v. Rotax Motor & Cycle Co Ltd (1910)2 KB 937;Re Moore & Co Ltd. and Landauer & Co Ltd (1921)2 KB 519。这一点在Atiyah教授的《The Sale of Goods》第12版一书的500页也有说:"But if the contract is not severable, then it is to be treated as an entire contract. Hence, in these cases a partial breach is to be treated in the same way as a total breach and the buyer is *prima facie* entitled to reject all the goods."

但这一方面在1994年立法有了改变,稍后在8.3.2段会介绍。

8.3.1 何谓"分不开"与"分得开"买卖合约?

这方面诉讼并不多,只简单地说"分不开"(在上一小段介绍情况)与"分得开"买卖合约最大分别是后者往往是"分批付运"(delivered by instalments),而且往往是分开支付货价(separately paid for)。另外,也要看个别买卖合约的措辞/文字。

如果是"分得开"买卖合约,正如在《货物销售法》的Section 31(2)所显示,买方可拒绝接收个别不符合货物描述或质量的分批付运，而不存在要么全部拒绝接收，要么全部接收。

确是，"分得开"买卖合约要以部分坏货而全部拒绝接收，终断买卖合约，会是不容易。这可见于 Warinco A. G v. Samor SPA (1977) 2 Lloyd's Rep 582; (1979) 1 Lloyd's Rep 450 的先例。该 FOB 买卖是涉及2000 吨的"crude rapeseed oil"，分两次付运。在第一批付运，货物到了卸港被买方拒绝接收，原因是颜色太深，不符合规格。货物结果是原船开回装港处理，而买方也拒绝支付货款，并开始仲裁。但双方马上面临如何面对第二批的付运，所以卖方告知买方说："With regard to the October quota(第二批付运) we can only put at your disposal the same goods that we have placed at your disposal for the September quota(第一批付运). Goods which ... correspond perfectly so far as quality is concerned to the terms and conditions of the contract. If these goods were to be refused we would consider you even as from now in breach of contract..."(即第二批的货物与第一批一样，它们都符合买卖合约规定的质量要求，你买方如果再拒绝接收，我卖方马上当你已经是违约)。

买方回答说："We are not in agreement with the contents of your message. We call your attention to the fact that the parcel…must be whole same and merchantable or of good merchantability... Any other oil will be refused and we shall take you to arbitration."(即我买方不同意你所讲，总之你第二批货物必须良好并可商售，其他不符合的货物将被拒绝接收，我并会在仲裁起诉你)。

卖方显然是担心第二批的付运货物面临同一命运，严重扩大损失。故此得不到买方的保证会不会拒绝接收第二批货物，卖方乘机指买方是"预期违约"(anticipatory breach)，也就是"毁约"(repudiation)，并接受此毁约去终断买卖合约，不再安排第二批付运。

在高院，Donaldson 大法官判是卖方不付运属于毁约行为，他不应把第一批付运出了毛病而自动扩大至整个买卖合约的终断，说："the seller ought not to be allowed to turn a dispute about one instalment into a dispute about the contract as a whole"。

Donaldson 大法官也讲出了在这种"分得开"买卖合约如何去处理的大原则如下：

"If a buyer under a contract calling for delivery by instalments commits a breach of that contract before all the deliveries have been made and that breach is so serious as to go to the root of the contract – in other words, to destroy the basis of the contract – common sense suggests that the seller should not be expected to go to the trouble and expense of tendering later installments if he does not want to. The law so provides.

Again, if it becomes clear that the buyer will be unable to accept or to pay for later installments, common sense suggests that the seller should, if he wishes, be discharged from any obligation further to perform his port of the contract. The law so provides.

Finally, if a buyer acts or speaks in a manner which declares in clear terms that he will not perform his part of the contract. The seller should, in common sense and fairness, have the option of being discharged from further obligation under the contract. And the law so provides.

But common sense also suggests that there can be borderline cases in which it is not quite so clear what should happen. The law is at a disadvantage here in that it must draw a line. The line which it draws is indicated by the question: 'Has the buyer evinced an intention to abandon or refuse to perform the contract? In answering this question, the law has regard to such factors as the degree to which the delivery of one installment is linked with another, the proportion of the contract which has been affected by the allegedly repudiatory breach and the probability that the breach will be repeated. However, these are merely part of the raw material for answering the question. They cannot be conclusive in themselves."

以上总而言之,主要仍是看对方有否毁约(拒绝履约[renunciation]或不可能履约[impossibility])来取决可否终断合约,进而把一次的付运出了毛病而扩大至拒绝接收(或付运)所有以后的分批/分期付运(future instalments)。至于拒绝履约或不可能履约这问题,它们是可以发生在真正需要履约之前。可以说,Donaldson 大法官认为 Warinco A. G v. Samor SPA 的买方回复并不明确是毁约或拒绝履约,不足让卖方"接受"并终断合约,不付运第二批的货物。

8.3.2 1994 年立法的改变:"分不开"合约也可以部分拒绝接收货物

在 1979 年的《货物销售法》,原有 Section 30(4)对 Section 11(4)带来混乱矛盾。后者这是在"分不开"买卖合约下,买方不能拒绝部分货物,只接收其余货物。但这 Section 30(4)却是说:"Where the seller delivers to the buyer the goods he contracted to sell mixed with goods of a different description not included in the contract, the buyer may accept the goods which are in accordance with the contract and reject the rest, or he may reject the whole."

它带来像 Ebrahim Dawood Ltd v. Heath Ltd (1961) 2 Lloyd's Rep 512; Esmail v. J. Rosenthal & Sons Ltd. (1964) 2 Lloyd's Rep 447 等的先例。这 Section 30(4)已在英国的 1994 年立法被"废除"(repeal),照说不必多讲,但考虑到仍有不少受英国法律影响的国家/地区尚未跟进 1994 年立法,所以可举一个简单例子说明这 Section 30(4)的适用情况。

如果在一个"分不开"的买卖合约,货物是腰果仁 1000 袋。交付的货物 900 袋是好货,但 100 袋的腰果仁质变,属于"非是可商售的质量"(unmerchantable quality),买方是不能只接收 900 袋而拒绝接收 100 袋[受 Section 11(4)约束]。但如果另 100 袋不是"非是可商售的质量",而是核桃仁(另一种货物),混了在一起,则买方可接收 900 袋腰果仁,而只是拒绝接收 100 袋的核桃仁。

以上一切已在英国的 1994 年《货物销售法与供应法》(《Sale and Supply of Goods Act》)全面改变了,它取消了 Section 30(4)外,还加进了 Section 35A 如下:

"Right of partial rejection (i) If the buyer –(a) has a right to reject the goods by reason of a breach on the part of the seller that affects some or all of them, but (b) accepts some of the goods, including, where there are any goods unaffected by the breach, all such goods, he does not by accepting them lose the right to reject the rest. . ."

这在《Benjamin's Sale of Goods》(8th edn,2010)之11 –102 段有说:"The reforms of 1994 introduced into the Sale of Goods Act by s. 35A a right of partial rejection. The previous law had been that acceptance of any part of the goods barred rejection of the whole (subject to the instalment rules mentioned above). Now where some of the goods conform, the buyer may if he wishes reject the whole consignment if the non – conformity is a breach of contract, but he may instead reject the defective parts of it (provided that what he rejects are "commercial units"; and provided that he accepts all the conforming goods) and keep the rest."

上述只多解释什么是"商业单元"(commercial units),这是在 1994 年立法之 Section 35(7)所说:"... and in this subsection 'commercial unit' means a unit division of which would materially impair the value of the goods or the character of the unit."这是为了避免一些情况例如是一双皮鞋或是一套百科全书,而其中有部分被买方接收,例如只要左脚的皮鞋,这是不容许的。

8.4 买方失去拒绝接收货物权利的情况

也是在卖方违反默示(或明示)条件/责任下,买方有权拒绝接收货物。但买方也会在某种情况下,往往因为处理不当,而失去了这权利。这一来,买方如果还是坚持拒货就会变得是毁约。买方失去的权利只是拒绝接收货物,但索赔损失是不包括在内。这种处理不当通常就是指会造成一种"弃权"(waiver)或/与"禁止翻供"(estoppel)。这种情况在 1979 年《货物销售法》的 Section 11(2)有说明如下:"Where a contract of sale is subject to a condition to be fulfilled by the seller, the buyer may waive the condition, or may elect to treat the breach of the condition as a breach of warranty and not as a ground for treating the contract as repudiated."

另在 Section 35 是说明了有三种情况如下:

"35. Acceptance(接收货物)

(1) The buyer is deemed to have accepted by goods, subject to subsection (2) below – (买方是被当作接收了货物,除非是 section 2 有关买方还没有合理机会检查货物) (a) when be intimates to the seller that he has accepted them, (买方对卖方表示他接收货物) **or** (b) when the goods have been delivered to him and he does any act in relation to them which is inconsistent with the ownership of the seller. (当货物交付给买方,买方做出与卖方拥有货权不符的行动)

(2) Where goods are delivered to the buyer, and he has not previously examined then, he is not deemed to have accepted them under subsection (1) above until he has had a rea-

sonable opportunity of examining them for the purpose –(a) of ascertaining whether they are in conformity with the contract, and (b) in the case of a contract for sale by sample, of comparing the bulk with the sample.

(5) The buyer is also deemed to have accepted the goods when after the lapse of a reasonable time he retains the goods without intimating to the seller that he has rejected them."(买方也被当作接收了货物如果在过了一段合理时间他仍保存货物,没有向卖方表示他拒绝了接收货物)

8.4.1　买方的两种弃权:选择性弃权与禁止翻供弃权

进一步探讨这三种情况会构成衡平法下的弃权或/与禁止翻供令买方失去了拒货的权利之前,可简单说明它的大道理。在贵族院的 The "Kanchenjunga" (1990) 1 Lloyd's Rep. 391 先例,Goff 勋爵把弃权分为两大类。第一类是无辜的买方可以对违约的卖方所破坏的条件条文做出"选择"(election),这选择是终断合约或是"确认"(affirm)合约,这种弃权时被称为"选择性弃权"(waiver by election)。一经选择,买方也就不能恢复到原来的地位终断合约。第二类是无辜的买方可以做出一个"清楚与无可争辩"(clear and unequivocal)的"表示"(representation)他不会严格依赖他在法律上的权利(这权利就是可以拒绝接收货物),而违约的卖方也依赖了这一表示,正如在 Finagrain SA v Kruse (1976) 2 Lloyd's Rep. 508 先例中上诉庭的 Megaw 大法官所说:"... some conduct induced by the representations, differing in some material manner from the way in which the sellers would have conducted themselves if the supposed representation had not been made."这一来,买方是被禁止翻供去推翻他原先的表示。这种弃权被称为"禁止翻供弃权"(waiver by estoppel)。而这两类的弃权还是有一点重大的分别,"选择性弃权"是需要做出选择的买方知道他的权利,然后才存在做出选择。但"禁止翻供弃权"就不需要买方知道他的权利,只要他做出表示会导致卖方依赖了,而且造成一定程度的不利或损害(prejudice),这是第一类的弃权不要求的。另一个分别会是"禁止翻供弃权"会令买方既失去了拒货的权利,也失去了索赔的权利。但在"选择性弃权",这买方的选择通常只局限在拒货的权利,也就是确认买卖合约,很少会是延伸至索赔损失的权利。换言之,买方还是可以向卖方提出索赔损失。

简单的例子就是买方知道了严重的货不对版后,对卖方以语言或行动表示接收这票货物或过了一段合理时间也不拒货,这会是第一类的"选择性弃权"。如果买方不知道他可以拒货的权利,可是他向卖方却做出一些"清楚与无可争辩"的表示他将来不会拒货。当然,在买方不知道或不能合理知道的情况下,卖方要成功争辩买方做出了一个无可争辩的表示会是不容易:Bremer Handelsgesellschaft m. b. H v. C Mackprang Jr (1979) 1 Lloyd's Rep. 221; Avimex SA v. Dewulf & Cie (1979) 2 Lloyd's Rep. 57。

这种买方的表示可以是千变万化,如 FOB 买方在装港的监督人(supervisor)装货的中途发现货物质量的问题,但没有提出抗议,可让卖方马上在装港作出补救,正如

Brandon 大法官所说："... the supervisors by making no protest as soon as loading had begun had made an unequivocal representation to the sellers that they had no objection to the delivery of coarse - ground meal instead of fine - ground meal and that by reason of the absence of any such protest, the sellers delivered 1,900 tonnes of coarse - ground meal instead of putting the matter right at once and delivering only fine - ground meal"：Toepfer v. Warinco AG (1978) 2 Lloyd's Rep. 569。

接下去会是介绍更多不同的千变万化的案件/先例，都分别属于弃权的两大类。反正弃权的一个目标就是要求有权利的无辜买方讲话与做事情要"保持一致"(consistency)，不能出尔反尔，因为这会对卖方造成不公平。例如在货物市场高涨的时候或者卖方还来得及另找其他买方的时候，有权拒绝接收货物的买方却不选择拒货或表示不会拒货。但稍后可能是因为货物市场下挫，买方又好像改变主意要坚持拒货。显然这是英国法律为了公平合理而不会容许的。这种情况有时候也不是涉及买方想取巧，而是下不了决定，这尤其是对中国大陆的部分买方经常会出现。例如过了合理时间也不拒货，因为领导没有做出批示，这就是一种典型的弃权行为。

8.4.2 买方如果接收货物就只能向卖方索赔金钱上的损失

首先要了解如果买方接收了货物的后果是：在 1979 年《货物销售法》的 Section 11(4)有说："S. 11(4) Where a contract of sale is not severable and the buyer has accepted the goods or part of them, the breach of a condition to be fulfilled by the seller can only be treated as a breach of warranty, and not as a ground for rejecting the goods and treating the contract as repudiated, unless there is an expressed or implied term of the contract to that effect."

以上是说如果一个"分不开"(not severable)的买卖，如果买方接收了全部或部分货物，则他再也不能拒绝。即使有一个条件条文的违反，买方也只能是视作保证条文的违反，局限在事后向卖方索赔金钱上损失。如果当时的市场上涨，买方这样做是完全可以理解。但如果当时的市场下跌，买方不掌握这一个好机会去终断合约，把"市场风险"(market risk)转移给卖方，就会是太可惜了。

这大原则完全合理，含有弃权或禁止翻供的"确认"(affirmation)的精神在内。毕竟，卖方如果违反条件条文，给了买方一个终断合约的机会，买方应该尽快行动，也好让卖方另行处置被拒绝接收货物，以减少损失。如果买方决定拒绝接收货物，因为卖方违反条件条文(默示或明示)，他必须注意一些重要事项。否则是买方本来合法拒货，也因为后来做错了应该注意的事项而变为是买方毁约。这些买方必须注意的事项在接下去段节探讨。

8.4.3 情况之一：向卖方显示已接受货物[Section 35(1)(a)]

这情况已经很清楚，只需提一点：买方签收了交付的货物，之后才能检验/测试，才能发觉不妥，这会被卖方指较早的签收是一种"显示"(intimates)已经接收货物。

特别是在英国本土买卖，更会有卖方被买方签收的"收据"(receipt)上面写明

"买方已接收货物,属于《货物销售法》的 Section 35 的接收"。

所以在 1994 年立法,刻意加上 Section 50(2),并在 Section 50(1)先说明是"除非是 Section 2 有关买方还没有合理机会检查货物"(subject to subsection[2] below)以明确后者 Section 2 的优先。后者 Section 50(2)是讲清楚买方必须先有合理机会对货物检验/测试或与货物样本作出比较后,才存在买方对是否接收货物的取决。这表示买方较早的签收货物,或在国际买卖的买方在卸港安排卸货等,只要他们仍未曾有合理机会对货物作出检验/测试,这些行为都不能算是向卖方显示已经接收了货物。

当然也会发生是买方已检验了货物后,也应可发觉在描述/质量是否有严重缺陷后,再签收货物,这就会有危险被当作接收了货物,买方会因此失去拒货的权利。甚至,卖方会争议说这构成了"承诺性禁止翻供"(promissory estoppel)。简单说,承诺性禁止翻供是 Denning 大法官在 Central London Property Trust Ltd v High Trees House Ltd (1947) KB 130 先例所创立的理论或说法,就是有权的一方向另一方作出承诺他不会坚持他原有的权利,而另一方依赖了这一个承诺,有权的一方就会暂时甚至是永久失去了他原有的权利。这是属于衡平法,基本上是不容许有权的一方出尔反尔。在这里所讲的情况,就是买方是有权也知道自己有权拒绝接收货物,但他却向卖方以口头或行动表示接收货物(签收)。这导致了卖方以为不会面对拒货的厄运,但买方后来又坚持拒货,这是法律不允许或禁止的。毕竟买方的出尔反尔可能是市场价格有了变化,本来在上涨突然变得暴跌。虽然也有不少情况是买方自己犹豫不决甚至是不懂。

8.4.4 情况之二:买方做出与卖方拥有货权不符的行动[Section 35(1)(b)]

这是三种会令买方失去拒绝接收货物权利情况中最困难也最多争议的一种。首先,涉及国际买卖,会要解释何谓"卖方拥有货权"(the ownership of the seller),因为如在 CIF/CFR 的单证买卖,特别是通过信用证议付,不是货权早已转了给买方,一般是在不记名提单的背书时? 这一来,怎会在卸港买方仍可做出与卖方拥有货权不符的行动?

看来合理解释是把原先的提单背书作为一种"有条件转移货权"(conditional transfer),条件就是一个后续条件就是货物不会被买方接收。而当稍后买方拒绝接收货物时,货权会"归还"(reversion),而买方是不应作出会与卖方这"归还利益"(reversionary interest)的货权有不符的行动。Devlin 大法官在 Kwei Tek Chao v. British Traders & Shippers Ltd. (1954) 1 Lloyd's Rep. 16 先例(它是一宗 CIF 买卖)有解释说:"He (买方) gets only conditional property in the goods, the condition being a condition subsequent. All his dealings with the documents are dealings only with that conditional property in the goods. It follows, therefore, that there can be no dealing which is inconsistent with the seller's ownership unless he deals with something more than the conditional property. If the property passes altogether, not being subject to any condition, there is no ownership left in the seller with which any inconsistent act under S. 35 could be committed. If the property passes conditionally the only ownership left in the seller is the reversionary interest in the property in the event of the condition subsequent operating to restore it to him. It is that reversionary interest with which the buyer must not, save with the penalty of accepting the goods, commit an inconsistent act."

8.4.4.1 与卖方拥有货权不符行动之一:正常转售的行动

正常"转售"(resell)经常发生,特别是在国际货物买卖。买方往往也不加以检验,即使先接受了货物后,也马上转手交给分买方,而最后一位分买方才会对货物作出检验/测试。由于在国际买卖经常出现一连串买卖,所以往往对货物的描述与质量提出质疑,甚至拒绝接收,也先是来自这最后的分买方。这一来,卖方可否指买方转售,把货物接收后再交出给分买方(会是遥远地点的分买方,甚至有多个不同分买方,有些在欧洲,有些在亚洲等),是做出"与卖方拥有货权不符的行动",也是剥夺了卖方的"归还利益",令他再"拥有货权"(revests the property or resumes possession)增加困难,因为要去遥远的不同地点取回货物。

在 Hardy & Co Ltd v. Hillerns & Fowler (1923) 2 KB 490 先例,可表现这方面的困难。买卖是一票来自南美的小麦,船舶在3月18日抵达英国的卸港(Hull)。在3月21日,买方转售了部分货物,并交付给了分买方,在3月23日,买方才有机会检验他手中的小麦,发觉货不对版。但法院判是买方较早的转售是做出与卖方拥有货权不符的行动,所以失去了拒绝接收货物的权利。但注意是这一转售是在买方发觉货不对版导致有权拒货之前已经做出的安排,属于一连串买卖的转售,这在国际货物买卖是经常会有,属于正常转售。

同样判法也可看 Pelhams (Materials) Ltd v. Mercantile Commodities Syndicate (1953) 2 Lloyd's Rep. 281 先例。另外也有其他不相同的判例如新西兰的 Hammer & Barrow v. Coca - Cola (1962) NZLR 723。

这一来,法律地位并不令人感到满意。已经提到过在国际货物买卖,正常转售经常发生,岂非会是分买方面对买方可拒绝接收货物,但买方因为有这正常转售而无法面对卖方拒绝接收货物,导致被夹在当中,无所适从!所以,1979年《货物销售法》多增加一条文,是 Section 35(6)(b)说:"S. 35(6) The buyer is not by virtue of this section deemed to have accepted the goods merely because ... (c) the goods are delivered to another under a sub - sale or other disposition."

8.4.4.2 与卖方拥有货权不符行动之二:无法归还货物

在买方发出拒绝接收货物通知时,买方必须能够"归还"(reversion)货物,让卖方"复原"(*restitutio in integrum*),去拥有货权。如果买方在发出通知时做不到这点,这通知无效:Hardy & Co v. Hillerns & Fowler (1923) 2 KB 490。

这看来也是合情合理:买方拒绝接收货物,要退货,但又没有货物可退,这怎成?例如,买方已把货物吃了、用了:Lee v. York Coach & Marine (1977) RTR 35。在《Benjamin's Sale of Goods》(8th edn, 2010)之 12 - 007 段是说:"*Restitutio in integrum* will be impossible where, for example, the buyer of a car has substantially modified it after purchase, or it has been seriously damaged in an accident, whether or not by his fault, or sold to someone who is not willing to return it. But on principle testing of the goods, even if it partly consumes them or otherwise affects their conditions, should not bar rejection. And the mere fact that goods have deteriorated in market value will not bar rescission if they can be returned."

其他类似的不符行动也会包括了买方把货物抵押了给银行（Kwei Tek Chao v. British Traders & Shippers Ltd [1954] 1 Lloyd's Rep 16），或是留置货物（J. L. Lyons & Co Ltd v. May & Baker Ltd [1923] 1 KB 685），或是拒绝让卖方对货物做出检查等情况。

针对上述讲的最后一点是笔者知道一个香港仲裁涉及了一票印尼煤炭在中国港口卸下后放置在收货人的码头，但因为货物质量声称有严重缺陷而被收货人拒绝接收货物。该中国的收货人是分买方，他向买方拒货后，买方也向印尼卖方拒货。当印尼卖方试图去收货人的码头对货物作出检查/测试，但多次被拒绝。这迫使印尼卖方在他与买方之间的香港仲裁去向仲裁庭申请"检查命令"（inspection order），而仲裁庭也的确是作出了。但印尼卖方还是不被收货人允许去他的码头对货物做出检查，夹在当中的买方对仲裁庭诉苦说他也控制不了他的分买方。但问题是面对印尼卖方，分买方作出与卖方拥有货权不符的行动，后果仍是要买方承担。至于买方将来面对分买方（毕竟拒绝接收货物是来自后者），也可以根据同样的理由去抗辩并否定分买方的拒货，这是另一份买卖合约与另一个仲裁的事情。

还有一个变数是货物无法归还给卖方因为在期间（买方收到货物后，在合理时间内作出检查/测试，并马上拒货）发生货损货差。就算是部分的货损货差，反正也是没有办法"完璧归赵"。这一方面在很大的程度要看什么原因造成货损货差，首先是货物本身缺陷的原因造成或是检查/测试需要合理损耗部分货物，这应该不影响买方拒绝接收货物的权利。但如果货损货差是由于买方自己的过错或疏忽导致无法"完璧归赵"，这就会有问题了。还有一个原因会是第三人造成的货损货差，如在拒货前货物部分被盗，或是造成原因是买卖双方都谈不上有关系（Head v. Tattersall [1871] LR 7 Ex 7）。这方面英国法律还不是太明确，但估计是也会令买方失去拒绝接收货物的权利。

在 Head v. Tattersall 先例，涉及了通过拍卖所买到的良驹，但后来被买方发现不符合描述而退还给卖方。但退还的时候，该良驹伤害了自己的蹄子。争议就是谁要承担这一风险，而法院判是买方胜诉。在该先例是涉及了买卖合约中有明示条文容许买方退还，这会有说法是与买方因为货不对版拒绝接收货物有一点不同。但也有说法是在本质上没有太大分别。这一来，就有了不稳定，这方面可节录《Benjamin's Sale of Goods》（8th edn, 2010）之 12－060 段："Modern law would more frequently assume that the property had passed to the buyer before the time for rejection. In such situations the same principle would put the risk on the buyer unless the damage or destruction arose from the seller' s breach of contract. The position is not however clear. "

总结上述所讲,也可节录该权威书之 12 - 100 段所说:

"**Rejection of damaged goods.** The notion of rescission implies the return of the goods against a refund of the price (in English law at least), plus an award of damages where appropriate. What is nowhere made clear is whether rescission under s 48C is possible when the goods cannot be returned at all, or cannot be restored in the condition in which they were on delivery. If this is due to a defect in the goods, that is of course something of which the seller cannot complain. This will also be true if part of the goods has been used up by normal testing (for example, testing of wine) or normal installation (as where a roll of carpet is fitted). On the other hand, if it is due to misuse or mistreatment by the buyer, that he has lost the right to reject is obviously something of which he cannot complain.

There is, however, a third possibility. If the loss or damage was caused by something for which the buyer was not responsible, for example, purely accidental damage, can the buyer use this as an excuse for non - return, or return the goods damaged? Nothing in Pt 5A gives guidance. The general English law is not clear either. It is in that context suggested that the most likely view is that there can be no rejection (though an action for damages would lie); and if that is correct in general it should probably also apply here. "

8.4.4.3 与卖方拥有货权不符行动之三:拒绝接收的通知并不明确肯定

在 Vargas Pena v. Cremer (1987) 1 Lloyd' s Rep. 394 先例,是 FOB 买卖,货物是 cottonseed expeller。买方发出的拒绝接收货物通知内容是:"... According to the contract we as buyer the right to reject the above parcel... In order to protect the cargo we herewith inform you that we will sell the cargo on 27th August 1984 at the best obtainable price through an independent international Broker basis CIF Rotterdam. In case you do not agree to this procedure kindly confirm by return that you pay back all amounts which are due to us respectively which we already paid to you and to barge and shipowner companies, etc…Since time is rather short and vessel arrives next week, kindly advise still today what you wish to do. Should we have no reply by today we will proceed with the sale on Monday 27th August 1984. Our arbitrator will be announced in due course. "

卖方没有回复,而买方也就把货物照通知所讲处理掉。

在高院, Saville 大法官判这通知并不明确,有矛盾,所以是无效。他是说:"To my mind, however, a clear and unequivocal rejection is one where buyers indicate that they want and will have nothing more to do with the goods. In my view the telex is, in this regard, neither clear nor unequivocal, for the buyers simultaneously asserted that they were not accepting the cargo while also asserting that they would (if the sellers did not reply) deal with the cargo by selling it... up to the time of the resale (in the present circumstances on

August 28,1984). The buyers had not unequivocally rejected the goods;and such a resale was an act inconsistent with the ownership of the sellers and must therefore be treated as the acceptance of the buyers."

以上先例看来,这拒绝接收货物通知措辞/文字十分重要。它必须是肯定、明确、决绝与不能拖泥带水的通知卖方从今起这票货物是归还卖方,让他自由处置,买方再不理会。设想如果拒绝接收后,货物所有权实属卖方,买方怎会有权可在卖方不讲话不授权情况下出售这票货物?这根本是一种"wrongful conversion of seller's goods"(非法侵占卖方的货物)。即使当时这是一种好的处置方法,买方也只应通知卖方让卖方决定。如果有卖方授权后,才能以代理人身份出售该票被拒的"cottonseed expeller"货物。

如果买方在拒绝接收货物同时另有寻求解决办法的话要与卖方说,也最好与拒货通知分开与稍后作出。如果是寻求和解谈判,买方更应注明"无损害"(without prejudice),可避免将来的文件披露。如果只是在其他方面寻求解决办法,买方也最好在每次的电文中注明"without prejudice to the rejection earlier"(无损害较早的拒绝接收货物),以防止卖方或真或假的自称被买方误导。

另一有趣先例是与 Vargas Pena v. Cremer 大同小异的是稍后的 Graanhandel T. Vink v. European Grain (1989)2 Lloyd's Rep. 531。这先例会在4.8小段后详。

8.4.4.4 与卖方拥有货权不符行动之四:不把提单背书给卖方

通常在拒绝接收货物,会是货物已经卸下并在买方的控制或占有下,如在买方的仓库。在这个时候,表示提单已经是失效(spent),因为正本提单(至少是一份)已经交出给船东以交换卸货/交货。但会有情况是货物还没有从船舶上卸下就已经可以对货物进行检验/测试(这种情况会是在石油产品/化学品等货物出现),并在发觉质量有严重缺陷后拒绝接收货物。这一来就涉及了买方仍然持有一套装船提单,就会有必要背书给卖方才能让卖方从船上提货并作出处置。如果买方拒绝这样做,如要求卖方赔付金钱后才背书提单,这也会构成是作出与卖方拥有货权不符的行动。这里可以节录 Michael Bridge 教授的《The International Sale of Goods》(2nd edn,2007年)之10.25段所说:"When the buyer rejects the goods, it is submitted that he will have to place the documents at the disposal of the seller to permit the seller to deal with the goods. This will mean re-endorsing the bill of lading in favour of the seller in an appropriate case... If, however, he refused the seller access to the goods after a clear rejection of them, he would incur the risk of liability in conversion if this amounted to a serious enough interference with the seller's title. The same should follow if the buyer's interference is with the documentary means of access to the goods. Even if the seller has retained, for example, an original copy of the bill of lading, the seller may need all copies when entering into subsequent dealings or may wish to take all practical steps to suppress the risk of fraud. In such a case, at least, the buyer who retains a copy of bill of lading converts the document itself, at least if his refusal to surrender it is persistent. A refusal to re - endorse the bill of lading to the seller would not be an act of conversion of the bill of lading itself, and probably not an act of conversion of the goods, but the buyer's conduct in failing to re - endorse the bill means that the goods represented by the document are not made available to the seller as required by the s. 36. This should mean, it is submitted, that the buyer has not effectively rejected the goods so as to be able to terminate the contract. The effect of the buyer rejecting the goods is that he revokes his prior acceptance of the documents. So, although there are separate rejection rights for goods and documents, they are rights that, to a considerable extent, are inseparably linked."

8.4.4.5 与卖方拥有货权不符行动之五:继续安排卸货

这方面可以介绍 Tradax v Goldschmidt (1977) 2 Lloyd's Rep 604 先例,案情涉及了 FOB 买方在知道了有关货物(大麦)的杂质成份超出了买卖合约的规定,即使是可以根据这个理由拒绝接收货物,但由于买方继续做了一连串的事情安排卸货,这被视为是买方做出不符的行动,因为会影响被拒货后卖方可能处置这票在船上的货物,如要求船舶开去其他港口卸货。这在 Slynn 大法官的判决中提到说:

"The Board of Appeal (这是指 GAFTA 仲裁庭所认定的事实) concluded that from, at the latest Feb. 28, 1968, the buyers adopted a course of conduct which is set out in detail in par. 2(a) of the case. They found that the buyers caused it to be represented to the vessel's owners and to other customers and port authorities that Mantovani was receiver, consignee and owner of the goods and was entitled to exercise dominion thereover; that they caused Mantovani to provide the vessel with a guarantee stipulating for delivery of the goods without production of a bill of lading; that they caused the vessel to be ordered to a discharging wharf and to discharge into Mr. Mantovani's available space; that they caused the discharge to take place under an import licence stating that Mantovani was the owner of the goods and they caused a survey of the vessel because of alleged damage to part of the cargo. In addition it is said that they complained to the sellers on Mar. 5 of an excessive quantity of earth and stones. The buyers did not however agree to sell nor did they attempt to sell or dispose of the goods prior to the sale to Mr. Mantovani in June, 1969.

The Board further concluded that if the sellers were not entitled to deliver goods with more than 4 per cent. Foreign matter or not entitled to tender a quality certificate showing such content, the buyers knew of such breach, or the inevitability of the breach, on Mar. 1 1968, but they nonetheless acted in the way which I have described. Accordingly it was found that the buyers waived any right which they might otherwise have had to treat the sellers' breach as being a breach of condition and they waived their right to reject the goods or the shipping documents in respect of them."

这先例在 Michael Bridge 教授的《The International Sale of Goods》(2nd edn, 2007

年)之10.12段有提到说:“For example, in Tradax v Goldschmidt, Slynn J was of the view that a buyer, knowing that barley supplied was not in accordance with the contract, could accept the goods by the performance of an inconsistent act in continuing the process of unloading the goods from the ship and placing them in a silo…The essence of an inconsistent act, therefore, is that the buyer asserts proprietary rights in the goods or acts unnecessarily in a way that is detrimental to the seller's ownership rights.”

8.4.4.6　与卖方拥有货权不符行动之六:买方转售已经被拒绝接收的货物

这与较早8.4.3.1段所提到的正常转售不一样,而是买方在知道了货物描述/质量不妥,是严重的货不对版,并合法拒绝接收货物后的转售。换言之,如果合法拒绝接收货物是会导致货物的所有权与风险“归还”(reversion)给卖方,买方再自说自话处理其他人(也就是卖方)的货物,这是一个明显不过的“侵占”(conversion)行为。但买方经常有他自己的考虑,一个常见的原因就是希望把货物转售(即使货物是有缺陷或当时市场下挫也会卖到一定的价钱)并取回部分的货价。买方的如意算盘是他通常会已经通过信用证或其它办法支付了货款给卖方,希望通过转售能够收回一部分的钱,然后其余欠下的合约差价就通过仲裁向卖方取回,而成功的话也就可以把市场下跌的风险转移给卖方。还有这样做会在将来如果被判是买方无权拒绝接收货物,他也可以把自己的损失减到最低。另一个原因会是“好心”,就是卖方如果抗拒买方的拒货,就会有危险该票货物没有人处理。这会导致容易腐烂的货物因为时间的过去而变得全损,即使是一些没有这方面问题的货物也会因储存而导致费用增加。毕竟买方在卸港处理起来的确是比较容易,所以买方安排转售该票货物并认为自己这样做是为大家好也合理减少损失。但要知道,受害方合理减少自己的损失,否则不能向对方索赔这部分可以避免的损失是不适用在这个情况。而如果拒货合法,卖方的损失可不需要买方合理减少,买方是没有这方面的责任或权利。

在非常特殊的情况下,由于货物还是在买方的托管下,买方可以作为“紧急代理人”(agent of necessity)把卖方的货物转售。如货物马上要转售,否则就会腐烂,时间上也来不及向卖方要求授权。但这种情况在现实中由于通讯发达很少会出现。

这一个问题是经常带来困难,在许多著名的案例中都带来争议,就是如果买方没有卖方的授权下转售被拒绝接收的货物会否构成与卖方拥有货权不符行动。

这困难的问题可节录Evans大法官在Graanhandel T. Vink v. European Grain (1989)2 Lloyd's Rep. 531先例的讲话如下:“Those being the relevant propositions of law, it is right to observe that the position of a buyer who does reject goods on grounds of misdescription or otherwise is a delicate one. When the relevant facts are known or ascertainable, he clearly must make up his mind. I note in passing that s. 34 of the Sale of Goods Act (which it is not suggested is relevant in the present case) gives the buyer a sufficient time to examine the goods before he has to make up his mind. If he does decide to reject the goods, he must do so unequivocally and be prepared to take a stand. From then on he must regard the goods as being for the account of the seller. It is clear that a buyer cannot hedge his bets by saying that he rejects the goods, if in fact he chooses to resell them for his own protection, the buyer can always try to obtain a 'without prejudice' agreement to a sale; or he may be able to show in the circumstances of the particular case that he was justified in acting as an agent of necessity. But apart from those possibilities it is clear that, broadly, his position is that he gives instructions for sale at his own peril."(买方拒货是一个微妙的做法。买方在知道了所有有关的事实[这是有关货不对版的事实]并确定了他所有的拒货的权利,他需要立下决心。《货物销售法》之 Section 34 是已经给了买方足够的时间检查货物后才需要立下决心怎样做。如果他决定拒货,他必须毫不含糊去做并坚持立场。从这时开始,买方就应该把有关货物视为属于卖方。买方是不能一方面说拒货,另一方面把货物出售来保障自己[因为买方已经支付了货款,希望收回一部分损失]。买方可以与卖方达成一个无损害的协议把货物出售,或者在有一些情况下买方可以作为紧急代理人把货物出售。但除了这种情况下,总体来说,买方把卖方的货物出售是有莫大的危险。)

这一个困难的问题,会稍后在本章再探讨有关买方正确或安全的做法。

8.4.4.7　与卖方拥有货权不符行动之七:其他实例有关分买方带来给买方的困难

曾在一个香港仲裁涉及外商的卖方通过香港中间商转售货物给中国大陆的分买方。货物到了中国卸港,分买方发觉货不对版,拒绝接收,但同时扣押/留置该批次货,要求他的卖方(香港中间商)退还已支付货款才肯放货。同一时候,香港中间商也向外商(卖方)发出拒绝接收货物通知。卖方主要指买方无权拒绝接收货物是基于他在中国国内的分买方不肯放货,何来"完璧归赵"?杨良宜先生作为仲裁庭成员之一同意卖方的抗辩,判买方不能拒绝接收货物,只能索赔损失。

该裁决书在这一点上表示:

"43) On 'rejection', it is not in dispute that on 5/8/96, MS (买方) had served a notice of rejection.

But the problem is, the goods have been 'liened' by the sub - Buyers inChina. Thus, MS are unable to restore the goods to K(卖方). K argued that the goods had been accepted and the right of rejection has been lost. Section 37 of the Sale of Goods Ordinance, Cap. 26, was referred to and it states in Sec. 1(b) as:

(1) Subject to subsection (2), the buyer is deemed to have accepted the goods...

'(b) when the goods have been delivered to him and he does an act in relation to them which is inconsistent with the ownership of the seller.'

44) Counsel for K referred the Tribunal to two judgments. The first is J. L. Lyons and Co. Ltd. v. May and Baker Ltd (1923) 1 KB 685. It has to do with rejection by the buyers after payment of price and the right of the buyers to retain goods until return of money

paid. It was held that a person who has purchased goods and has rejected them after paying the price is not in a position of an unpaid vendor under ss. 38 and 39 of the Sale of Goods Act, 1893, and therefore has no lien upon the goods and is not entitled to retain possession of them until the money paid has been returned.

45) Shearman J. Held, inter alia:

'It has been contended that a buyer who has rejected goods which he has paid for, and who has not been repaid the money which he has paid, has a right to retain possession of the goods until he has received his money back, in the same way as a vendor, who has received a check as a conditional payment, but which has been dishonoured, has a right to stop the goods in transit, or, if he is in possession of the goods, to a lien on them for the price.'

I however cannot find that there is any foundation for such a right at common law. There is certainly no such right under the Sale of Goods Act, 1893.

46) The second judgment K relied upon is Hardy and Company v. Hillerns and Fowler (1923) 2 KB 490. It was held that the transfer of the goods to the sub-purchasers was an act inconsistent with the ownership of the sellers.

47) Bankes L. J. said:

'Where under a contract of sale goods are delivered to the buyer which are not in accordance with the contract, so that the buyer has a right to reject them, the seller upon receipt of notice of rejection is entitled to have the goods placed at his disposal so as to allow of his resuming possession forthwith, and if the buyer has done any act which prevents him from so resuming possession that act is necessarily inconsistent with his right. It is not enough that the buyer should, as in the present case, be in a position to give the seller possession at some later date, he must be able to do so at the time of rejection.'

48) Atkins L. J. agreed and added:

'…under those circumstances I think that it is quite immaterial that the sub-purchasers may afterwards, by agreement or otherwise, have returned the goods to the buyers.'

49) Counsel for MS referred to the Tribunal to a change in the Sale of Goods Ordinance, which is Section 37(6) to the buyers: '(6) The buyer is not by virtue of this section deemed to have accepted the goods merely because the goods are delivered to another under a sub-sale or other disposition.'

50) Counsel for MS further lead the Tribunal to see in《Benjamin's Sale of Goods》, para. 19-134, which said: 'In Hardy & Co. v. Hillerns and Fowler a CIF buyer who had taken up the documents then resold part of the goods and delivered these to his sub-buyer. It was held that he had done an 'act inconsistent with the ownership of the seller'; and this part of the decision is still good law. It was further held that such an act barred the right to reject the goods even though the buyer had not at the time of the resale and delivery had

an opportunity of examining the goods; but this part of the decision was reversed by an amendment of the 《Sale of Goods Act》 made in 1967. Before that amendment it was also said that a mere pledge of documents by a CIF buyer would not be an ' act inconsistent with the ownership of the seller (Kwei Tek Chao v. British Traders and Shippers Ltd. [1954] 1 Lloyd's Rep. 16) and conflicting views were expressed on the question whether a buyer amounted to such an act. This point is likely to become less important now such an act will not amount to acceptance unless there has been an opportunity of examination...'

51) The Tribunal, after due consideration, views the 《Sale of Goods Ordinance》 now makes it clear that mere delivery to another under a sub – sale or other disposition does not of itself constitute acceptance, but the common law barriers to rejection may still be invoked against MS where applicable.

52) As such, MS cannot unscramble a transaction unless they are able to give*restitutio in integrum*, except where the inability to do this arises from the wrongful act of K themselves. The Tribunal does not expect MS to recollect the goods from the sub – buyers in China for K. But it is a much more drastic situation here.

53) Counsel for MS had also argued, forcefully, the position of a pledge because the buyer may be unable to reject the goods without the consent of the pledge, who may insist on being paid off first.

The Tribunal sees the force of this argument. But on balance, the Tribunal finds it more persuasive in a sentence to be found in P. S. Atiyah's book on The Sale of Goods (1995 Edn.) in p. 468, which reads:

"*Therefore, where the price has been paid to the seller by a banker's credit against documents, the buyer will in proactive have to pay off the bank to obtain a release of the documents before he can return them to the seller and so reject the goods.*"

54) To conclude all that has been said in earlier paragraphs, the Tribunal therefore finds it difficult to accept that a lien on the goods by the sub – buyers is not an act that is inconsistent with the ownership of K in a valid rejection.

Whilst Section 37(6) may assist MS in saying that the goods were not deemed to have been accepted when it resold, it has no bearing when, factually, MS has done an act inconsistent with the ownership of K in that MS were unable to get the goods. This occurred again when there was offer to buy. K could not have disposed of the goods in the ways they wanted notwithstanding it has been ' rejected' by MS...

55) The Tribunal considers that MS has to either reach agreement with the sub – buyers, or pay the sub – buyers, in order to be in a position to revest the goods to K. Failing that, the right of rejection is lost even though the notice to reject on 5/8/96 has been sent."

这种可以是千变万化的情况也曾经在另一个多年前的香港仲裁案件中出现,涉及一票钢材在中国卸港的检查/测试后发觉有严重的潜在缺陷。但发觉问题的时候其中少量的货物(大概5%)已经被另外一个分买方在卸港的仓库内提走并拒绝退还,也就是他不拒货。但这影响了买方向卖方的拒绝接收货物(大量的次货仍然在中国卸港的仓库内,买方也没有其他的分买方)。而当时还没有在本章8.3.2段所提及的英国1994年《货物销售法与供应法》(《Sale and Supply of Goods Act》)可接收部分货物,但仍然有权拒绝接收其余质量有问题的货物。

8.4.5　情况之三:时隔太久才拒绝接收货物(Section 35[4])

这第三种情况会导致买方失拒绝接收货物的权利看来也是清楚明了,这也公道,否则买方明知货物违反了默示责任/条件,却不拒绝接收,在把货物利用够后再或加上市场价格从上涨变得下跌,过了几个月后才通知卖方拒绝接收,这怎样成?这方面先例也不少如Commercial Fibres v. Zabaida (1975) 1 Lloyd's Rep. 27。

在这第三种情况,有两处可谈谈:(1)何谓"合理时间"(reasonable time),这是Section 35(4)所用的字?(2)"隐闭缺陷"(latent or hidden defect)的问题。

何谓"合理时间"内买方必须通知卖方拒绝接收货物当然无法说死是多长多久,要每次根据不同的案情而定。所以何为合理是没有一个明确的定义也没有一个一成不变的期限。大原则是这一段时间应该是不会太长,但也应该是足够让一个合理买方作出决定应该选择终断合约或是确定合约(affirmation)。而如果其中有时间段(甚至只有短至1~2天)是买方没有办法解释为什么犹豫不决,就已经有危险是过了合理时间。但如果买方可以合理解释所有的时间段,如有关的货物是必须问了专家才能下决定,而专家因为新年而无法取得他的意见。之后还为了小心,需要问律师有关拒货的权利。加起来造成了半个月的延误才拒货,这可能被接受整个时间段都属于合理时间,买方可以拒货。至于解释并不合理(至少是仲裁庭或法院接受不了),这也会是与没有解释的地位一样,如在半个月都下不了决定,或是领导不批示或找不到领导等。

在国际货物买卖,经常涉及转售,则拒绝接收货物必须先来自分买方,买方才会向卖方发出通知拒绝接收货物,这一来,涉及多位当事方,会是需时较长。这情况在Maniffature Tessile v. Ashley (1979) 2 Lloyd's Rep 28,该先例在交接货物与买方通知卖方拒绝接收货物相隔3、4个月,但上诉庭在该先例的案情事实判仍算是"合理时间"内。看来,本土买卖是不会允许这么长时间,除非有很特殊情况:Burnley Engineering Products Ltd. v. Cambridge Vacuum Engineering Ltd. (1994) 50 Con. L. R. 10。

因为合理时间长短会受买方是否有足够时间检验货物而定,所以会受货物种类影响。在Clegg v. Olle Anderson (2003) 2 Lloyd's Rep 32先例,针对较专业的游艇买卖,上诉庭认为用七个月时间来谈判讨论能否修补瑕疵不会令买方丧失拒绝权。但在另一案件:Jones v. Gallagher (2005) 1 Lloyd's Rep 377,针对厨具,4个月时间已足以令到买方丧失拒绝权。

该先例也谈到卖方如果否定货物有任何不妥,会对抗任何拒绝接收货物的意图,则买方应可有更多时间向"分买方"查清楚,自己尽量肯定了真相才须发出通知给卖方。

至于在"隐闭缺陷"的问题上,这会是交接货物后几个月或甚至是几年后才显现出来,买方能否届时仍可通知卖方"拒绝接收货物"(rejection of goods)?要知道,买方早已检验过货物(只是看不出隐闭缺陷而已),并会已向卖方显示接受货物(在4.6.3.1小段介绍的情况之一)。但以衡平法(弃权、禁止翻供与确认)角度来看,买方不能合理知道这"隐闭缺陷"是不应指他已有"确认"(affirm)接受这票货物。

英国在1987年的法律委员会报告(Law Commissions' Report, Sale and Supply of Goods, paras. 5.6-5.13)认为不应让买方长期拥有拒绝接收货物权利。主要原因是时间一拖长,情况变得复杂,如买方长期已享用了这货物的利益如何公平计算?

这种问题在国际货物买卖也会有,特别是如船舶或机器买卖。当然,买方对事后发觉的隐闭缺陷,看合约的写法,索赔损失仍是会不受影响,影响只是不能长期有权拒绝接收货物或退货。在合约内,双方也会可能同意如"保证期修理"(guarantee period repair),逾时不再有责任,这是订约自由,是另一回事。

但有时候还是有乱来的情况,如笔者处理过一个案件就是买方接收了一艘船舶,在使用了3年后因为对情况不满意,船舶经常出严重问题,就开始伦敦仲裁要求向卖方退还船舶(也就是拒绝接收),并要卖方归还船价,这显然是不会成功。

这合理时间的问题还是有几方面要分开来进一步探讨。一个问题是在付运单证就可以发觉货不对版,但买方不行动,这会否影响买方后来拒绝接收货物?另一个问题就是买方如果要求卖方对货不对版的货物进行补救或修理,这带来的延误会否影响合理时间必须拒货?

8.4.5.1 付运单证可以发觉货不对版

这方面会带来一些很复杂的情况,如在Panchaud Freres v Etablissements General Grain Co (1970) 1 Lloyd's Rep 53先例。案情是涉及了一个巴西玉米CIF买卖,付运日期是6月/7月。提单日期是7月31日,但与提单一起交出的付运单证中包括了一份检查证明,内容中显示了付运日期是在8月10~12日。显然针对检验人而言,他是不会有动机隐瞒真正的付运日期,但这也显示了倒签提单的问题。买方却没有发觉这一点或并没有理会,反正就支付了货款以交换这一套付运单证。在后来的实际交货,买方拒绝接收该倒签提单的货物,这在仲裁是判买方由于时隔太久,所以再不能以这个理由拒绝货物。但去了高院,Roskill大法官认为买方没有弃权或严格说是禁止翻供。但去了上诉庭,一审的判决被推翻。Denning勋爵是这样说:"Mr Lloyd(卖方代表大律师) gave a good illustration. Suppose, he said, in this case the bill of lading had contained the true date of shipment - Aug 12 - (whereas the last date under the contract was July 31): so that, when the buyer took up the documents, he would have seen, if he had read it, that the date of shipment was Aug 12. If he did not trouble to read it, but instead took up the documents and paid for them, he could not afterwards reject the goods on the ground of late shipment. Even though he had not read the bill of lading – and so was ignorant of the late shipment – he could not afterwards reject the goods on the ground: for the simple reason that he had the full opportunity of finding out from the contract documents what the real date of shipment was: and yet he did not trouble to do so. It would not be fair or just to allow him afterwards to reject the goods. Mr Evans（买方代表大律师）was inclined to accept this illustration as correct. Another instance can be given from the ordinary sale of goods. If a buyer does not choose to examine the goods when they arrive, and puts it off beyond a reasonable time, he loses his right to reject; see sect 35 of the Sale of Goods Act, 1893. Although he did not know they were not in conformity with the contract, nevertheless, by letting a reasonable time to go by, he loses his right to reject."

看来，Panchaud Freres 先例还是要根据每一个不同案件的事实作出判断到底是否有这种属于侵权或禁止翻供的争议，这毕竟是属于衡平法，所以必须是公平合理。在 Procter & Gamble Philippine Mfg Corp v Becher (Kurt A) GmbH & Co (1988) 2 Lloyd's Rep 21 先例中，就作出了不同的判决。该先例是"CIF Rotterdam"，也是涉及了延迟付运与倒签提单。买方接收了一套付运单证并作出货款的支付。单证中也是有一份检验报告显示了真正的付运日期与提单不符。但在 GAFTA 的仲裁庭，认为检验报告并不足清楚明确去令买方感觉到提单日期并不正确。这一个裁决后来被高院与上诉庭支持。显然，如果在 2 套付运单证，其中一套只有 2 ~ 3 张文件，很容易就看得出提单日期不正确。但在另一套有好几十张不同的文件，其中一份内容很多的文件中仔细看是可以显示提单日期不正确。在这种不同的事实或情况下，很容易就可以看到在后一套的付运单证，买方不会太容易觉察到提单日期的不正确，这一来衡平法的弃权就不会适用，因为对买方太不公道。

8.4.5.2　买方对货不对版货物要求补救或修理

这种情况经常会出现在本土买卖，如车辆或者是电器用品。就是在货物交付给了买方后，买方在检验或短暂使用后发觉有质量问题。本来，买方可以拒绝接收货物，也就是把车辆或电器用品退还给卖方。但更多的情况会是买卖双方接触后，买方会派人作出补救或修理。但如果补救或修理还是解决不了问题，就会发生买方要拒绝接收或退还有关的货物。但这一来就可能涉及合理时间已经错过，会否卖方可以指称买方对拒货的权利已经放弃。

这种情况也会在国际货物买卖出现，针对商品就比较罕见，因为这些货物不存在可以修理。但国际货物买卖也会针对机器、造船、造飞机等。这些货物如果在交付给买方后发觉质量有问题，现实中总会是卖方先设法作出补救或修理。这一来很容易拖上好几个月，问题是如果补救或修理后还是令买方不满意，他可否拒绝接收货物或退货？

由于这方面也经常带来争议，所以在 1979 年《货物销售法》根据 1994 年的《货物销售法与供应法》加上的之 Section 35(6),说:"The buyer is not virtue of this section deemed to have accepted the goods merely because -(a) he asks for, or agrees to, their repair by or under an arrangement with the seller, or (b) the goods are delivered to another under a sub - sale or other disposition."

8.5 买方不必亲自退还货物

买方拒绝接收货物,虽然必须能做到归还货物,但法律并不要求买方亲自安排退还货物给卖方,即使是货物因转售已在遥远不同的分买方之处。这在 1979 年《货物销售法》的 Section 36 也有说明与肯定如下:"36. Buyer not bound to return rejected goods Unless otherwise agreed, where goods are delivered to the buyer, and he refuses to accept them, having the right to do so. He is not bound to return them to the seller, but it is sufficient if he intimates to the seller that he refuses to accept them."

在 Molling & Co v. Dean & Son (1901) 18 TLR 217 先例,英国卖方出售 4 万本书给买方,也知道这批书是要转售去美国。之后在付运去美国时,买方也一直没有机会检验这批书。货物到了美国,"分买方"(sub - buyer)检验后发觉货不对版而拒绝接收,这导致买方安排把该批书再运送回英国退还给卖方。法院判是买方可拒绝接收,并可向卖方索偿这笔运输费用,因为买方一直没有合理机会检验货物直至运抵美国。这个先例,应在目前 1979 年立法下是准确的法律地位。

这种理解,实是一理通,百理明。例如在信用证的议付,如果银行以付运单证/单证有不符点而拒绝接收,银行的恰当通知受益人的措辞/文字可以是:"Please consider these documents to be at your disposal",或是"Documents held at your risk and will be at your disposal",或是"Documents are returning to you immediately"。即是,银行不必亲自退回付运单证/单证,但必须能让受益人随时取回这套付运单证/单证,并在议付时间还来得及的情况下,可作出修改不符点等补救行动。

8.6 买方拒绝接收货物后的各种后果

各种后果,先节录 Atiyah 教授的《The Sale of Goods》第 12 版一书的第 503 页介绍如下:

(1) Where the buyer repudiates the contract, having the right to do so, he can of course decline to pay the price or, if he has paid it, he can recover it:

如果卖方交付的货物货不对版而被买方拒绝,不论当时市场涨跌,买方可拒付货款(如果仍未支付)或向卖方索偿,取回已付货款(如果已部分或全部支付/预付,如以信用证方式)。这道理不难了解,如果合约一方同意付一笔钱(作为对价)是为了买一样东西或获得一样服务。但合约对方根本完全不能提供这样东西或服务的情况下,仍要合约一方支付已同意的一笔钱,实有欠公平。如果要求他仍去支付,只能事后索赔损失,会是在损失的索赔遇到各种困难,如举证的责任与各种"限制"(limitations)好像是"损失的遥远性"(remoteness)、"因果关系"(causation)、"合理减少损失"(mitigation)与可能要面对的合约时效、合约责任限制,等问题。比方说,卖方不能提供货物会是买卖合约中明示免责事故所导致，所以索赔不一定成功，会让卖方平白发一笔横财，他不提供货物仍可享受对价（同意的一笔钱）的好处。

(2) In addition, he may maintain an action for damages, for if the buyers acts within his rights in rejecting the goods tendered, he can normally hold the seller liable for non - delivery:

买方在合法拒绝接收货物后，如果另有损失，如市场上涨，买方可另索赔损失（除了不必支付货款外），因为货不对版实是等同卖方"不交货"（non - delivery）一样看待，这是违约。当然，卖方可否免责，有否抗辩理由是索赔损失的下一步。

(3) There may be some circumstances in which, after rejection by the buyer, the seller can tender delivery of a new lot of goods if he still has time to do this within the period allowed by the contract, but in general it seems that the buyer is entitled to treat a wrongful delivery as itself a breach of contract which justifies repudiation by him:

在国际货物买卖，有各种付运日期、通知，要买方派船（在 FOB 买卖）等局限。所以一旦是货不对版，买方拒绝接收，卖方已不可能再另去及时交付一批符合买卖合约要求的新货来作出补救。这不像信用证的议付，如果付运单证有不符点，只要时间还来得及，可以作出补救后再去银行议付。所以，买方已是马上可当作卖方"不交货"，是毁约/违约，并终断买卖合约。

(4) The buyer's right to recover the full price after rejecting the goods is based on the supposition that he received no consideration at all when he rejects; in one sense this may not be completely accurate where the buyer may have used the goods before rejecting them. But as a matter of law it is probably generally correct to treat the rejection as demonstrating a total failure of consideration so that the seller is not entitled to any credit for any use that the buyer may have had from the goods:

照说，买方拒绝接收货物要行动得快。但即使是如此，买方仍可能已使用，享用了这票货物一段短暂的时间。这货物会是一台机器（国际货物买卖也有可能），或是一辆车，使用后才发觉违反默示责任/条件。但在以"完全得不到对价好处"的理由不必支付货款（或是取回已付货款），买方是不必为这使用、享用的好处去折算。原因纯是这理由下取回或不支付货款不是索赔损失，不存在"补偿净损失"（compensation for net loss only）等的大原则。

(5) However, the case may be different if the buyer claims damages in addition to seeking the recovery of his price. It would seen remarkable if the buyer did not have to set - off the value of any use he may have had from the goods against a claim for damages:

但如果买方有损失想索赔损失，不光是取回货款，则他要面对只能补偿净损失，而计算"净损失"（net loss）应折算已使用或享用了这票货物的好处，退还给卖方。

(6) The acceptance by the seller of the buyer's rejection revests the property in the former if it has passed to the buyer, and also restores to him the immediate right to posses-

sion:

在国际货物买卖,较早的财产/货物所有权转移给买方(如在议付时背书提单),又会在卸港买方合法拒绝接收货物时,卖方也不抗拒下,财产/货物所有权归还卖方,卖方也同时有拥有这批货物的所有权,并可以自由作出处置。

(7) Consequently, as we have seen, the buyer has no lien on the goods for the repayment of the purchase price:

买方不能在拒绝接收货物后又扣押/留置现属卖方的货物。在这种情况下,买方不被视为是"没有获得支付的卖方"(unpaid seller),所以没有好像留置货物或是"中止运输"(stoppage in transit)的权利。

(8) The seller, upon receipt of notice of rejection, is entitled to have the goods placed at his disposal so as to allow of his resuming possession forthwith:

卖方在收到买方拒货的通知时,有权自由处置有关货物,让卖方恢复占有货物的权利。

(9) It is not wholly clear whether the risk is to be treated as revesting in the seller on rejection, but the practical position seems to be that the risk does not pass at all where defective goods are delivered and then rejected by the buyer, or even where a short quantity is delivered and the goods are rejected:

这里涉及一重要之处,即拒绝接收货物的风险谁属?这关系出了事谁承担后果,因为该票货物仍会很值钱,谁要为它投保等重要方面。合理或逻辑上看来,风险应归卖方。事实也是如此,小心的卖方会一早以不高的保费投保一种"seller's contingency liability insurance",针对货物在卸港或半途(包括信用证下无法议付)被买方拒绝接收后,可以有相应保险的保障。

8.7　买方拒绝接收货物后的恰当做法

恰当的做法不易掌握,在本章的8.4.3小段已显示了不少"地雷"。在本小段笔者想再详谈或重复强调。其中Evans大法官在Graanhandel T. Vink v. European Grain (1989) 2 Lloyd's Rep. 531先例的讲话对这一方面就很明确,这话已经在本章8.4.3.6段有节录并加上中文翻译,不在此重复。只说,买方如果检验了货物,确定了货不对版的真相后,他有一个重大决定去面对:要否拒绝接收货物?这可以说是《货物销售法》或普通法给他的法律默示权利。买方要是拒绝接收,他必须义无反顾言行一致地把货物当作已退回给卖方,货物再也与他无关。买方不能又拒绝接收货物,又背后安排转售给第三人。买方这样做,会像8.4.3.3小段的Vargas Pena v. Cremer (1987) 1 Lloyd's Rep. 394的先例一样,导致拒绝接收货物事后被法院否定。买方这种言行不一致的行为,都可视为是一种弃权或禁止翻供。首先就是买方已经合理知道了他有拒货的权利,但这个权利可以通过许多言行不一致或错误的做法被视为是放弃。如过了合理时间还不拒货,拒货通知拖泥带水,继续使用或处理有关货物,没有卖方同意下把货物转售,设下关卡不让卖方处理有关货物或做出检查,为有关货物投保等。

8.7.1　买方已支付货款能以索赔损失或根据复原大原则向卖方取回

这一问题在§2段已经提到过，在这里可以进一步分析。这可先节录《Benjamin's Sale of Goods》(8th edn，2010年)的12－069段，如下："**Restitution: recovery of money paid.** A buyer who justifiably rejects goods may sue for damages: any award will take into account, and may include, any part of the price paid. He may alternatively recover any money he has paid in restitution as upon total failure of consideration. This right is expressly preserved by s 54 of the Sales of Goods Act 1979. Such a claim may be simpler than a claim for damages in that he has no need to prove loss nor to mitigate: it may indeed yield more than a claim for damages would, especially on a falling market, though where other loss can be proved a claim for damages may be preferable. In order to exercise it, the buyer must terminate the contract, i. e. treat it as discharged.

'If goods have been properly rejected, and the price has already been paid in advance, the proper way of recovering the money back is by action for money paid for a consideration which has totally failed, i. e. money had and received; but that form of action is governed by exactly the same rules with regard to affirming or avoiding the transaction as in any other case.': Kwei Tek Chao v. British Traders and Shippers Ltd (1954) 2 Lloyd's Rep. 114."

以上权威说法的简单解释是：

1. 合法拒货的买方是可以另向卖方索赔"损失"(damages)的，而有关的判决或者裁决将会包括了买方已经支付了的部分或全部货款，加上其他会有的损失以谋求做到复原。例如，市场上涨了买方的损失就是在合法拒货时该货物的市场价格，这就是可以向卖方提出的主要损失。因为根据复原原则，如果合约被履行，买方就会有一票价值与市场价格一致的货物，而这是比合约货价会高。所以索赔这一笔金额是包括了已经支付了的部分或全部货款，也包括了市场上涨后应该带来给买方的庞大或意外的利润：Millar's Machinery Co Ltd v David Way & Son (1935) 40 Com. Cas. 204; Johnson v Agnew (1980) AC 367。

2. 买方也另可以作为替代，只选择向卖方取回已经支付了的部分或全部货款，理由是"约因全部失去"(total failure of consideration)，因为货款就是为了购买货物，但买方什么货物都收不到(但除了"短装"[short delivery]或"分批付运"[shipment by instalment]，稍后解释)。这也是复原的大原则可以向卖方取回，而且是以"债务"(debt)的方式取回。所以比索赔损失简单，也不需面对索赔损失的举证责任与各种"限制"(limitations)，如"损失的遥远性"(remoteness)、"因果关系"(causation)、"合理减少损失"(mitigation)与可能要面对的合约时效、合约责任限制等问题。这尤其是在拒货的时候市场价格下跌，买方只要能够取回支付了的货款，实际上也不会再有其他的损失需要向卖方索赔。

3. “约因全部失去”大原则适用在“短装”(short delivery)导致了买方没有收到的部分货物。如支付了货款购买 20,000 吨食糖,但卖方只交付了 10,000 吨食糖。这一来买方即使收到了部分的货物,对短装的 10,000 吨食糖已经支付了的货款还是可以根据约因全部失去去取回已经支付了的货款。这可节录《Benjamin's Sale of Goods》(8th edn,2010 年)的 12-071 段:“**Recovery of money paid in cases of short delivery.** Where the seller delivers less than the contractual amount, the buyer may of course reject the whole tender. But he is allowed alternatively to accept the goods delivered. If he does so he must pay for them at the contract rate: this can usually be justified on the basis that he is voluntarily accepting the offer made. He can also sue for damages: but he can, instead, recover in restitution any excess of price paid over and above what is due for the goods delivered, for the original contract has been discharged by breach, and consideration in respect of which there is failure can be apportioned. It would seem that the same must apply when the buyer rejects part of the goods, as is now permitted.”

“约因全部失去”大原则也适用在“分批付运”合约的买卖,买方已经接受了较早的付运,但合法拒绝后来的付运。这方面可节录《Benjamin's Sale of Goods》的 12-072 段:“**Recovery in cases of instalment contracts.** Likewise, where the buyer justifiably treats a severable instalment contract as discharged, he can recover any money paid in respect of goods which he is entitled to return or which he is now under no obligation to accept. Even if the contract subsists, he can recover the price of instalments justifiably rejected. But in general it seems that he can neither return instalments previously accepted nor recover payment made in respect of them.”

4. 要以复原大原则向卖方取回支付了的货款,大前提就必须要拒货,终断买卖合约。但索赔损失大原则就只需要证明卖方违约,不一定需要拒绝接收货物:Yeoman Credit Ltd v Apps (1962) 2 QB 508。

5. 会有情况是拒绝接收货物后,光是以复原大原则向卖方取回支付了的货款是不足弥补买方的损失的,如当时市场上涨,这一来买方只能选择索赔损失。至于为什么市场上涨买方还会拒绝接收货物,情况会是货物质量实在太差,买方接收了货物也不知道如何处理或得物无所用。

8.7.2 买方向卖方取回支付货款所面对的困境

但是,必须无条件拒货的法律地位会令国际货物买卖的买方大为不利。因为在大多数情况下,买方早已支付了大部分或全部货款给外国卖方,主要会是通过信用证。这一来,再“无条件”退回货物,买方岂非是“钱货两失”?故此,买方有很大诱因扣押/留置这票货物,直至卖方提供担保。或是,把货物转售给第三人,收回一部分钱,其余再向卖方追讨。如果买方不能扣押/留置这票货物,会有情况是买方索性不拒绝接收货物,只索赔损失:Kwei Tek Chao v. British Traders and Shippers Ltd (1954) 2 Lloyd's Rep. 114。但法律并没有理会买方的困扰,就是把买方一方面拒货,另一方面扣押/留置货物视为是相互矛盾的行为,并明确是买方不能这样做。

要知道,买方"无条件"退回货物,卖方可自行转售,也可把货物运往外国转售,反正是完全拥有如何处理的自主权。买方管不了,也无权知悉。

杨良宜先生在很多年前涉及的一宗诈骗案,是中国买方以信用证支付的600万美元向一香港公司(背后是印度人)CFR购买缅甸一级烟叶。但交付的是印度次级烟叶。这次级烟叶仍值200万美元,中国也有市场。但中国买方在船舶抵达中国卸港发觉货不对版马上发出拒绝接收通知给卖方,并不肯参与任何解决问题,害怕失去拒货的权利。结果船东为了避免延误船期决定连船带货回航去印度,让卖方把该批次货另行转售,而中国买方的损失原是只有400万美元(如果次级烟叶用来对冲),反而变了是600万美元。而向香港卖方索赔,他是一个骗子,也是皮包公司,自然是椽木求鱼了。

笔者认同杨良宜先生的看法,认为中国买方不应拒绝接收货物,反正能够向卖方索赔损失的话,这权利不会因为"选择性弃权"而失去。笔者不是对中国买方有否权利拒绝接收这明显是货物描述不符合买卖合约,卖方是违反1979年《货物销售法》Section 13的默示责任/条件有任何怀疑,而是在实务中要懂得如何变通,面对大公司的卖方与面对皮包公司的卖方在同一案情也应是不同反应。所以,中国买方何必拒绝接收货物？又不是当时市场大跌,又不是面对大公司的卖方。或是真正损失难以证明或/与金额不大。即使是接受了货物,中国买方一样可向卖方事后索赔损失[在1979年《货物销售法》的Section 11(4)]。如果索赔能够成功取回损失,这结果还不是一样？不拒货唯一的结果会是,损失变了只有400万美元(对冲了次级烟叶的"好处"后)。考虑到在现实中根本无法向皮包公司的香港卖方(摆明是骗子)成功索赔损失,就变了中国买方减少损失才是至关重要的考虑。这一来就表示中国买方完全可以合法拒绝接收货物的情况下,也不应该这样做。因为这样才可以把600万美元的损失减为400万美元。所以,拒不拒货还是要看每一个案件的实际情况而定,而考虑也不光是局限在货物的描述与质量是否是严重货不对版。

非要成功拒绝接收货物是在市场大跌,而相对违约所带来的损失极小甚至没有。所以如果不拒绝接收货物,只索赔损失,就对买方毫无意义了。如付运日期不符(倒签提单),这也是违反货物描述。但相差一两天实是对买方无伤大雅,根本不造成任何损失。只是在期间市场价格相比买卖合约价格大跌而已,拒货是唯一把这一下跌市场风险转嫁给卖方的办法。这一来,买方碰上这个"机遇"能否"赚"几十万或是几百万"利润"(敲卖方或赖掉一个亏本买卖)纯是靠拒绝接收货物能否成功,并非是依靠索赔损失。事实上,笔者也已经见过不少案件是中国买方面对严重货不对版却进退失据而失去了一个良好的机会把市场下跌的风险转移给外国卖方,这是非常可惜的。

所以在平衡利弊考虑是否选择拒绝接收货物,在一个极端,就是市场大跌一半以上,涉及的市场价格与合约价格相差好几百万美元,而卖方是一家经济实力雄厚的跨国公司,不愁将来以“约因全部失去”(total failure of consideration)的复原大原则取回全部的货款,买方就不应该迟疑尽快在合理时间内拒绝货物。至于中国买方有时候会加以考虑卖方不服气要提出诉讼而带来的麻烦,这就不必要。毕竟在国际贸易,诉讼/仲裁的麻烦可以说是业务的一部分。如果想避免就根本不应该参与国际贸易,否则就只会是投降,任由外国卖方鱼肉。

在同样的道理下,另一个极端就是上述杨良宜先生的例子有关中国买方面对的印度次级烟叶拒货,这就是平衡利弊后不应该这样做的。

8.7.3 买方想减少损失但卖方不合作的困境

这是买方面对的另一个经常发生的困境,他看到有好机会可拒绝接收货物,也认为卖方是违反了明示或默示条件条文,但他并不敢百分之百肯定(如描述/质量的缺陷是否严重或只是“极轻微”[*de minimis*])。的确也是,大部分是“边缘案件”(borderline case),谁敢肯定。除非交付的货物是黄金变了废铜,是食糖变了垃圾,是棕油变了海水,这种极端的欺诈性案情才勉强会是黑白分明。即使看来黑白分明,刚提的简单例子如棕油变了海水仍有可能是运输途中出事,是买方风险,与卖方无关,怎可拒绝接收?在1994年立法后新增加的Section 15A,意图减少买方以太技术性的货物描述/质量不符拒绝接收货物,照说买方会更难成功与合法的拒绝接收。而一不成功,变了是乱拒绝接收货物的买方毁约,反而要面对赔偿卖方的可能是重大损失。

这一来,买方拒绝接收货物的同时,也会想尽量减少损失如好好处理这票有关货物,如尽早有好价钱转售给第三人,以便将来“万一”败诉,也不会面临卖方巨额损失的索赔。

但现实中,卖方经常不合作,或会是卖方不懂,或是不合理的反应,或是想以此来逼迫/威吓买方收回拒绝接收货物的通知,否则会把事情搞大。

这一来,会是双方在僵持,互不信任,互不妥协,令拒绝接收货物后无法作出合理措施如尽快转售给第三人等。这僵持下去,会令部分货损变为全损,或令仓库费用大增。这对双方都是坏事,因为最后胜败是任何一方(买/卖方)都不应百分之百自信的。

8.7.4 买方无损拒绝接收货物的适当做法

针对以上所讲的买方两个困境,又不作出与已经拒绝接收货物的相矛盾行动,也就是本章在8.4.3小段所举的“与卖方拥有货权不符行动”,买方会可采取以下五种方法行事。

8.7.4.1 做法之一:与卖方达成“无损害”协议

这是最理智最公平的做法了,即双方协商如何处置这被拒绝接收的货物,以减少损失。这协商是明示说明“无损害”(without prejudice)双方争议的地位,即买方坚持拒货有理,但卖方坚持拒货无理。

至于如何最好处置,这会是在卸港尽早找到其他买方,也会是转运去其他港口转售,甚至如Warinco A. G. v. Samor SPA (1977) 2 Lloyd's Rep 582先例把被拒收货物运回装港等。反正个别案情都不相同,目的是找出最好经济效益的做法。

但可惜的是,买卖双方一有了严重争议总是很难协商与达成任何协议。如果能够做得到,恐怕他们也可以顺便对争议达成和解,根本不必诉讼。他们总是不相信对方,也不排除常会有一方作出"战斗格"来威吓对方,而现实中也确有成功例子去逼迫怕事的对方妥协让步或无条件投降。

8.7.4.2 做法之二:买方作为紧急代理人处置货物

关于"紧急代理人"(agent of necessity)这课题,传统是适用在上百年前的船长与船舶或船上货物的关系。由于在该年代通讯十分困难甚至是不可能,所以遇上紧急的情况为了船舶或货物的安全或保护,船长可以作为紧急代理人做出一些根本没有船东或货主(统称"委托人")授权的行为,例如把货物转运:The "Soblomstem" (1866) LR 1 A&E 293;或是订立约束船东与货方的救助合约:The "Renpor" (1883) 8 PD 115;或甚至把船上货物半途出售:Tronson v Dent (1853) 8 Moo PC 419;等。大致上,紧急代理人是必须要符合一些条件:(1)很难或不现实去取得真正的授权,这会是好像Scrutton大法官在Springer v Great Western Railway Co (1921) 1 KB 257先例中所说的"commercially impossible",这种情况在今天通讯发达是很少会出现。另一种情况是好像集装箱运输,如果要求船长向每一票货物的货主取得签订救助合约的授权是完全不现实:The "Choko Star" (1990) 1 Lloyd's Rep 516。(2)紧急代理人想采取的行为是为了委托人的利益着想,与紧急代理人本人的利益毫无关系,而且在当时的情况下是客观看必须采取,这也表示这种情况往往就是紧急的情况。(3)紧急代理人必须是善意为了委托人的利益行事,不论最后做到与否,如订立了救助合约不表示救助会成功。(4)如果紧急代理人能够与委托人联络,就必须这样做。而如果有了明示指示,就根本不再存在紧急代理人的说法。

以上看来,这并不容易让拒货的买方可自说自话作为紧急代理人把货物处理或转售。如卖方(作为被拒货物的真正货权拥有人)明确拒绝了买方建议把货物出售给在卸港的另一个买方(即使他出的价钱不错),然后把该进帐的一笔钱作为保证金,仲裁有了谁胜谁败后才分摊。这一来,主人已说"不卖",仆人(买方)能以"紧急代理人"身份抗命吗?当然是不能。

但在Graanhandel T. Vink v. European Grain (1989) 2 Lloyd's Rep 531的先例,Evans大法官说是有例外情况如下:"... the buyer may be entitled to sell goods as an agent of necessity but, first, the facts must justify this in the particular case and secondly, it has been said that no question of agency can arise if the necessary authority has been expressly refused. That was the effect of certain dicta in Morton v. Chapman itself and there is a supporting passage in《Benjamin on Sale》(par. 190). I would venture respectfully to doubt whether that is necessarily always the case: one can envisage circumstances where a buyer does establish the need to sell, where it might well be argued that the seller's refusal to acknowledge those facts would not prevent the buyer from alleging that the agency did exist."

但 Evans 大法官的说法下,这种例外情况仍不会多。估计会是如针对易腐货物,不马上处置(如出售)是肯定不成的,好像在 Morton v. Chapman (1843)11 M. & W. 534 的先例一样。但卖方就是不合理、讲不通,光是盯着要买方无条件收回拒货通知。这一来,买方为了在最后关头抢救该货物的剩余价值而出售给第三人,会可成立他这样做的身份是“卖方的紧急代理人”,并非是“侵占卖方的货物”(conversion of seller's goods),亦非是做出与卖方拥有货权不符的行动而导致较早的拒绝接收无效。

8.7.4.3　做法之三:买方在买卖合约订明在拒货后有权留置

已经提到过(如在本章的8.4.3.7段),买方在拒绝接收货物后是不能扣押/留置已经是属于卖方的货物。但在现实中,这也是经常会发生的危险做法。原因不难理解,就是买方通常已经支付了货款(通过信用证的议付),所以不甘心把货物退还给卖方但自己什么时候能够向卖方取回已支付的货款没有底,所以试图扣押/留置属于卖方的货物,希望把货款逼出来。这是英国法律不允许的。例如在《Benjamin's Sale of Goods》(8th edn,2010 年)的12-067 段有说:“the buyer cannot exercise any lien over them in respect of repayment of the price.”这一个英国法律地位看来与美国法律不一样,这是在美国《Uniform Commercial Code》之 Section 2-711(3)。

最安全的方法,莫过于买方一早在买卖合约订明在拒绝接收后有权留置货物,并有权出售(如果卖方不为已支付了的货款提供担保)。既然在普通法或 1979 年《货物销售法》都没有给予买方留置的权利,订约自由下,买方大可以在买卖合约为自己创造一个留置权,措辞/文字可以是:“Should the buyer reject the goods for whatever reason, the buyer shall have a lien on seller's goods over payment made under the letter of credit. Should the seller fails to return or secure the buyer for the said payment within 7 days after rejection, the buyer shall be entitled to re-sell the goods on behalf of the seller and hold the proceeds, if any, as security. Such acts do not constitute acts which are inconsistent with the ownership of the seller, and should not invalidate buyer's rejection of goods (if validly rejected).”

8.7.4.4　做法之四:买方向法院申请 Mareva 或类似禁令

笔者没有见过相关先例,提及这种做法的案例却有,如 Pagnan & Fratelli v. Corbisa Industrial (1970)2 Lloyd's Rep. 14 的向意大利法院申请一个“decree of sequestration”。但感觉上是买方向法院(卸港当地)申请禁令不准卖方把货物移走去外国,或是“冻结”把货物在卸港出售后的收益,以防卖方把钱汇走,这不应是做出与卖方拥有货权不符的行动。

当然,买方能否说服法院给予禁令是未知数。像冻结令或以前叫法的 Mareva 禁令,会是取决于多项因素,如卖方是大公司或是皮包公司。而申请禁止实物的“冻结”1~2 万吨的货物,当然也会比禁止银行一笔钱难得多:Rasu Maritima S. A. v. Pertamina (1977)2 Lloyd's Rep. 397。

8.7.4.5 做法之五：买方向法院或仲裁庭申请出售卖方货物或要求卖方提供担保

目前在香港的仲裁法，给予仲裁庭/仲裁员极大的权力，在《香港仲裁条例》之Section 2 GB，它是说（在2011年6月1日后生效的新《香港仲裁条例》，有关权利是在Section 35）：

"2GB General powers exercisable by arbitral tribunal

(1) When conducting arbitration proceedings, and arbitral tribunal may make orders or give directions dealing with any of the following matters:...

(b) requiring money in dispute to be secured:...

(e) in relation to relevant property –

(1) directing the inspection,... detention or *sale of the property* by the tribunal...

(f) granting injunctions or directing other interim measures to be taken."

看来，买方可尽快成立仲裁庭并向它申请给予"出售命令"(order for sale)，而且这是"无损害"(without prejudice)买方较早的拒绝接收货物通知。而如果卖方抗拒，坚持要取回他的货物说是另有处置办法，买方也可同时申请仲裁庭下令卖方先要提供已经支付了的货款的担保。

其实香港法院在仲裁庭没有成立前也有同步的权利作出同样的出售货物命令，这是在Section 2GC(1)(b)(i)（在2011年6月1日后生效的新《香港仲裁条例》，有关权利是在Section 45）。但注意的是不少买卖合约是去伦敦仲裁，根据英国1996年《仲裁法》，出售货物的命令必须是来自法院而不是仲裁庭，这是在Section 44(2)(d)。

§9 本章的总结

简单总结非常详尽的本章，笔者认为整个起点十分合理明了。虽然是以买方要自己小心为基础，法律仍是为了保障买方特别是购买"将来的货物"，加了几个默示责任/条件。这一来，将来交付的是"货不对版"，买方可以拒收，同时也可以拒绝支付所同意的货款或取回已经支付的货款。这法律地位在岸上大部分的本土买卖是合情合理，而它们与国际上的货物/商品买卖都是受同一法律约束，也就是1979年《货物销售法》。例如，买方订购了一张双人床但交付的是一张单人床，根本不符合货物描述。如果仍要买方接收，并必须马上支付约定的货款（否则卖方可以追讨债务向买方索赔），只能将来索赔损失（这种情况到底有什么损失与怎么样计算损失也是一个大问题。例如是两个大胖子夫妻同睡一张单人床，而如果货物对版他们原可有一张双人床），会对买方很不公平。故此他可拒收，并不支付货款。

但有了这拒绝接收货物的权利，又会带来买方的取巧，这主要是市场下跌可把市场风险转移给卖方。但法律不能为市场上涨或下跌搞两套或多套不同法律,而且市场变化也不是唯一的取巧。例如,在香港楼市大跌常听说买方设法寻找技术性的理由"踢契",这就是雷同国际货物买卖中买方拒绝接收货物。如果成功,买方可"赚"或"省回"数以百万或千万港元。

所以,法律希望能减少这方面取巧,如针对将来货物或不确定货物的买卖合约中能被称为"货物描述"的项目只能局限在"确定"(identify)到底是什么货物:Ashington Piggeries Ltd v. Christopher Hill Ltd (1971)1 Lloyd's Rep 245; The "Diana Prosperity" (1976)2 Lloyd's Rep. 621 等。而针对货物质量方面,一直以来是要严重致有关货物变为不可商售质量。这在 1994 年立法改为满意质量,但同时也增加了 Section 15A 在 1979 年《货物销售法》,在违反货物描述/质量程度轻微,买方不得拒绝接收货物。

但这又带来许多枝节,因为有太多的"边缘案件"(borderline case),这都有在本章节提及。而且这也验证了法律的"肯定"(certainty)往往会是与个别案情的"公道"(equity)有冲突。例如多了 Section 15A,明确有了违反货物描述/质量是默示条件条文,但小心的买方仍会犹豫可否拒绝接收货物,因为程度上可能仍算轻微。而买方如果拒绝接收货物,事后去仲裁,也会有危险是仲裁员以"事后诸葛亮"的眼光看整件事,作出不同看法。

Section15A 也有另一难处理之处,类似 1967 年的《误述法》Section 2(2)。这难处理之处是:如果买方真拒绝接收货物,因为他认为严重不符合"满意质量",后来的诉讼会怎样办?难道判买方败诉,指他不应拒绝接收货物,要赔卖方损失?但毕竟,买方是货物质量有问题的受害人,只是程度严重与否的问题。会否仲裁庭或法院受此影响,加上息事宁人,而判买方做法合理?但如果这是在拒绝接收货物的一刻作出的裁决/判决,结果会是不一样?但要知道,要一个"即时仲裁"(instant arbitration)看看买方可否合法马上拒绝接收货物是不容易的安排。莫说这要当事双方合作,这种争议也涉及大量证据,特别是专家证据,所以仲裁是快不来的。

有了这 Section 15A,会是在一定程度上减少买方拒绝接收货物,特别在质量方面。但整体看,拒绝接收货物仍是常会遇到。例如,经常有倒签提单,而准确的付运日期既是货物描述一部分,也是合约条件条文,不存在有程度轻微可被接收的说法。

买方一有权拒绝接收货物,不论是在乎货物质量或是倒签提单,则他必须要小心不作出"弃权"(waiver),不论是选择性弃权(确认买卖合约)或禁止翻供弃权。例如,买方不能把货物保留与使用了半年一年后退回给卖方,即使是有一个完美的理由拒货如倒签提单。

在国际货物买卖,主要以 FOB 买卖与 CIF/CFR 买卖进行,更是有它们的独特之处。例如:

(1)买方以货物描述/质量不符拒绝接收货物,理应是在买方能合理检验货物后才作出决定,这不能是凭空想象。在国际货物买卖,这合理检验机会一般只会在卸港才有,特别是 CIF 买卖。但这一来,在外国卸港才被买方拒绝接收货物,又会对卖方带来莫大的困难、不便与严重损失，是岸上本土买卖不会面对的。所以大部分的国际货物买卖合约，尤其是在某一些种类的货物如石油产品，都会有一条装货前的检验/测试为准的类似条文。

(2)买方也有他的困难与矛盾，因为他往往会以是信用证方式，早在航次半途已支付了货款给卖方。国际货物不像岸上本土交易，经常可以做到一手交钱，一手交货。这一来，拒绝接收货物后，岂非"钱货两失"？这带来本章的探讨有关买方恰当的做法，希望能够在拒绝接收货物与将来能成功取回支付了的货款之间找到一个平衡点。要知道，在某些情况下能否拒绝接收货物是关乎生死大事或庞大金额，如在倒签提单的例子，碰巧是遇上金融海啸导致市场大跌，买方如果能成功拒绝接收货物会是救了他公司一命。但货物迟一两天付运实质上对买方并没有造成任何损失，他根本不等这票货物的使用。

以上各方面，加上有订约自由，带来了千变万化的做法与双方斗智，本章节虽然已试详述，仍不能一一道尽其中奥妙，只好请读者举一反三地发扬光大，压倒对手，保护自己的利益。

第五章　财产/货物转移

在货物买卖,主旨是“转让财产/货物”(passing of property),即原是卖方的货物转让给了买方,自此“财产/货物所有权”与“风险”归买方。这看来理所当然的说法也有千变万化的情况,特别在国际货物买卖,需要了解。但在进一步介绍前,先把“财产/货物所有权”(property)与另一个看起来非常接近的“主权”(title)要区分。这就是,前者是针对买卖双方之间的关系,也就是卖方把财产/货物所有权转让给买方以完成一个买卖合约的履行。而后者是针对全世界或第三人,毕竟卖方把财产/货物转让给买方会有可能是卖方实际上是没有主权(如卖方从其他人买回来的货物是贼赃)。在本书与本章,将尽量以买卖双方所转让的是财产/货物所有权,但也会简称为“货权”或“货物”。这是要与本书第七章详论的“主权”区分。

§1　财产/货物所有权属谁为何重要?

1.1　货物买卖的两个不同权利

对买卖双方,他们应了解两个权利的不同。一是“对货物的权利”(rights *in rem*),另一是“对人的权利”(rights *in personam*)。“对人的权利”在买卖合约下是指卖方向买方,或买方向卖方根据合约的规定索取货款或索赔金钱上的损失。

如果申张两种权利是同等容易,则区别两种权利的不同实是无关重要。例如,卖方即使是失去了“对货物的权利”,把货物与货物所有权无条件交了给买方,但在买卖合约下有对买方的权利,可向买方索赔,也不怕买方赖得掉。

但怕是怕“对人的权利”失去或者是困难重重,这变得谁才是对货物有权利非常关键。谁拥有货物所有权,即使当时货物不在他手中,他可通过法院出禁令或履行指令取回这票货物。在英国《Torts (Interference with Goods) Act 1977》的立法,也有针对这种向法院申请被非法侵占的货物归还并且以金钱赔偿间接损失的“交货指令”(order for delivery)的做法。这方面可参阅杨良宜先生所著《海上货物保险法》第十四章11.3段。

1.2　转让财产/货物所有权是根据买卖双方的意图

由于国际货物买卖的“对人的权利”通常不能是太有把握(如在下段会提到的买方倒闭风险[insolvency risk],经常会扯皮的买方[特别是皮包公司],国际诉讼的昂贵费用与延误等），所以对卖方而言，要保障自己“对货物的权利”直到自己的利益完全得到保障（这通常是指货款已经付清）就变得是至关重要了。保障对货物的权利，就表示财产/货物所有权能够掌握在卖方的手里，直到货款付清后才转移给买方。在英国法律卖方什么时候转移货物所有权（现货或可以确定货物）给买方完全是看双方的订约意图（intention）。这是在 1979 年《货物销售法》的 Section 17（它只针对现货）所讲："S. 17 (1) Where there is a contract for the sale of specific or ascertained goods the property in them is transferred to the buyer at such time as the parties to the contract intend it to be transferred. (2) For the purpose of ascertaining the intention of the parties regard shall be had to the terms of the contract, the conduct of the parties and the circumstances of the case."

这意图并不是指卖方或买方的主观意图，而是有争议的时候由法院或仲裁庭客观地确定双方的意图。这种意图可以表现在买卖合约的条文或是从双方的所作所为或行为。例如，在买卖合约中有明示条文说明财产/货物所有权与风险在装船后转让给买方，就客观地确定了双方的这一意图，即使在装船后，买方还没有支付货款给卖方。至于在行为客观显示双方的意图，可以举例是卖方无条件把有关货物交出给买方。这一来，即使卖方还没有收到货款，也被视为是卖方同意把财产/货物所有权转让给买方。这种情况都会导致“对货物的权利”失去，卖方只剩下了“对人的权利”。

1.3　《货物销售法》对现货或不确定货物转让财产/货物所有权的假设

双方的意图转让财产/货物所有权与货款是否有部分或者全部支付在现实中没有必然的关系，毕竟交出货物后容许买方分期付款或赊账或要买方作出预付后才生产货物然后转让所有权的情况也多得很。这在 1979 年《货物销售法》Section 18 中之 Rule 1 是这样说："Where there is an unconditional contract for the sale of specific goods in a deliverable state the property in the goods passes to the buyer when the contract is made, and it is immaterial whether the time of payment or the time of delivery, or both, be postponed."（如果在一个无条件的现货买卖合约，而货物是处于可交付状态，财产/货物所有权在合约生效时就转让给买方，至于货款什么时候支付以及有关的现货什么时候交付并不重要，它们完全可以押后。举一个简单的例子，买方在一家百货公司订约买下一台电视机，并支付了 50% 的订金，而百货公司答应后天送货至买方家中。但第二天，百货公司倒闭。买方不受影响，他仍可向百货公司清盘人取回已属于他的电视机。当然，百货公司的清盘人也会追讨这仍未付清的其余 50% 货款。）

事实上在 1979 年《货物销售法》的 Section 18，有说明 5 条规则在现实中经常会出现的情况去说明买卖双方是被假设有怎么样的意图。其中第 1 条规则（Rule 1）在上段有介绍，以下节录 Rule 2 –4 如下：

"Rule 2: Where there is a contract for the sale of specific goods and the seller is bound to do something to the goods for the purpose of putting them into a deliverable state, the property does not pass until the thing is done and the buyer has notice that it has been done.(第2条规则也是针对现货,如果卖方是要对有关的现货多做一点工作才能把有关现货"处于可交付状态",就必须在完成了这些工作并通知买方才能转让财产/货物所有权。举一个简单例子,如以上所举之例,刚好该电视机木架子稍为陈旧,买方不满意,百货公司答应更换。这一来,同样在百货公司倒闭的情况下,结果会是很不一样。买方已付的50%订金会变了只是债权人,但电视机的财产/货物所有权不归他。)

Rule 3: Where there is a contract for the sale of specific goods in deliverable state but the seller is bound to weigh, measure, test, or do some other act or thing with reference to the goods for the purpose of ascertaining the price, the property does not pass until the act or thing is done and the buyer has notice that it has been done.(第3条规则也是针对现货,如果卖方是要对有关的现货量度或测试后才能确定有关货物的价格,就必须在完成了这些工作并通知买方才能转让财产/货物所有权。注意立法的规定只针对卖方,所以是不包括买方或者第三人要对有关货物的量度或测试,这不影响财产/货物所有权的转移:Nanka Bruce v Commonwealth Trust Ltd [1926] A. C. 77。另也注意立法的规定只针对量度或测试是为了确定价格而不是其他原因需要量度或测试,所以如果有关的买卖合约约定是一笔总额的货价,不受量度或测试的影响,本规则的意图就不适用:Hanson v Meyer [1805] 6 East 614; Alexander v Gardner [1835] 1 Bing. [N. C.] 671。)

Rule 4: When goods are delivered to the buyer on approval or on sale or return or other similar terms the property in the goods passed to the buyer: (a) when he signifies his approval or acceptance to the seller or does any other act adopting the transaction; (b) if he does not signify his approval or acceptance to the seller but retains the goods without giving notice of rejection, then, if a time has been fixed for the return of the goods, on the expiration of that time, and, if no time has been fixed, on the expiration of a reasonable time.(第4条规则是针对货物交出给买方,但买方有一个选择权去接受或在规定的时间内或合理时间内拒绝接受。至于有关货物的所有权转移在买方批准或接受,并通知卖方,或是没有在规定时间内或合理时间内不表态但仍然把货物保留。这种买卖合约会是货物给买方自己使用,但需要试用[trial]一段时间:Ellis v Mortimer [1805] 1 B. & P. N. R. 257; Humphries v Carvalho [1812] 16 East 45; Beverley v Lincoln Gas Light & Coke Co [1837] 6 A. & E. 829;或是货物属于特许[approbation]: Blanckensee v Blaiberg [1885] 2 T. L. R. 36; Bevington v Dale [1902] 7 Com. Cas. 112)

Rule 5: (1) Where there is a contract for the sale of unascertained or future goods by description, and goods of that description and in a deliverable state are unconditionally appropriated to the contract, either by the seller with the assent of the buyer or by the buyer with the assent of the seller, the property in the goods then passes to the buyer; and the assent may be express or implied, and may be given either before or after the appropriation is made.

(2) where, in pursuance of the contract, the seller delivers the goods to the buyer or to a carrier or other bailee or custodier (whether named by the buyer or not) for the purpose of transmission to the buyer, and does not reserve the right of disposal) he is to be taken to have unconditionally appropriated the goods to the contract.

(3) where there is a contract for the sale of a specified quantity of unascertained goods in the deliverable state forming part of a bulk which is identified either in the contract or by subsequent agreement between the parties and the bulk is reduced to (or to less than) that quantity then if the buyer under the contract is the only buyer to whom goods are then due out of the bulk – (a) the remaining goods are to be taken as appropriated to that contract at the time when the bulk is so reduced; and (b) the property in those goods then passes to that buyer.

(4) Paragraph (3) above applies also (with the necessary modifications) where a bulk is reduced to (or to less than) the aggregate of the quantities due to a single buyer under separated contracts relating to that bulk and he is the only buyer to whom goods are then due out of that bulk."（第5条规则不是针对现货而是针对不确定或将来的货物，这一来在双方订立买卖合约的时候，根本不存在好像现货一样有一票"处于可交付状态"的货物。所以在英国法律一直以来是不理会买卖双方的意图，而是立法规定必须要等到不确定或将来的货物能够明确或划归后，才存在可把财产/货物所有权转让给买方。这一方面最后是以立法[Sale of Goods Amendment Act 1995]解决。这一个麻烦的课题会在稍后本章第三段与第四段做进一步解释。）

许多在这方面的争议都涉及了双方的意图不明确，所以要找出到底什么时候转移财产/货物所有权，因为在几个重要方面都与这一个问题有密切关系：

(1)倒闭风险。

(2)如果卖方主观认为财产/货物所有权没有转移给买方，但客观而言并不正确。这一来如果卖方对他仍然占有的货物作出一些没有买方授权的行为，这是侵占买方的货物，会带来严重的后果。简单例子就是在一个国际买卖合约中有明示条文约定财产/货物所有权在装船后转移给买方，但在装船后不久，因为买方经济发生问题（或其他原因如市场价格上涨），卖方将该笔货物转售给第三人，并下令他所租进的船舶去其他卸港，这就构成了卖方侵占了买方的货物。另一个更常见的例子是买方作为承租人要求船长无单放货，这又是一个典型的侵占货物所有权人对货物的权利。

(3)如果客观而言卖方的确已经把财产/货物所有权转让给买方，在"对人的权利"会很不一样。经常会发生的就是买方只是支付了部分货款或是根本没有支付，但财产/货物所有权已经转让给了买方，卖方向买方提出的诉讼只是一个"债务的追偿"(action for debt)，而不是一个"损失的索赔"(action for damage)：这方面请看1979

年《货物销售法》的 Section 49(1)与 Section 50,并会在本书的第八章详论。这两种是不同的诉讼,债务的追偿一般很容易,法院通常愿意作出“简易判决”(summary judgment)。债务也不像损失赔偿是有许多的限制,如损失遥远性(remoteness)、因果关系(causation)与合理减少损失(mitigation)等。可以说如果“对人的权利”是有保证的话(如买方是一家财雄势大的大公司或卖方手中有担保),能够索赔债务是最好不过的,也不必顾虑失去“对货物的权利”。

(4)财产/货物所有权到底有没有转移也在很大程度决定了在买卖双方之间谁拥有货物,这会在合约(特别是根据已经有了改变的1855年《英国提单法》下提单转让所带来的合约关系)与侵权的诉讼与索赔损失有重要性。例如在侵权中,只有货物实质拥有或占有的原告才能够向侵权人提起这种诉讼。但在国际买卖,通常会有买方要承担货物在海上运输的风险,偏偏在发生事故的时候并不实质拥有船上货物的货权的情况。

以下会对上述的部分内容做进一步的解释。

1.4 合约对方倒闭

最典型一种令“对人的权利”失去是合约对方倒闭。这一来,幸运的卖方如果仍拥有对“对货物的权利”,他可避免损失,把货物要回来或转售。否则,他面对倒闭的买方只会是一个普通债权人,买方欠下的货款根本追不回来。这种风险对买方也是同样存在,就是他支付给了卖方所有的货款,但实际上货物所有权还没有转移给买方。

这种风险今天因经济不稳定是十分大,所以如果是财产/货物所有权太早转让或要把货物先交出给买方,但货款后付或分期支付,其间遇上买方倒闭,卖方就会蒙受损失。因此在不少岸上的买卖合约或部分涉及海事合约(如船舶燃油的买卖合约),卖方常会在买卖合约内订明一条“保留货权条文”(retention of title clause)。这做法在1979年的《货物销售法》Section 19,也充分承认说:“S. 19(1) Where there is a contract for the sale of specific goods or where goods are subsequently appropriated to the contract, the seller may, by the terms of the contract or appropriation reserve the right of disposal of the goods until certain conditions are fulfilled; and in such a case, notwithstanding the delivery of the goods to the buyer, or to a carrier or other bailee or custodier for the purpose of transmission to the buyer, the property in the goods does not pass to the buyer until the conditions imposed by the seller are fulfilled.”

“保留货权条文”的有效性在1979年《货物销售法》下也不是绝对的,其中会受到影响的是 Section 25,有关部分如下:“(1) Where a person having bought or agreed to buy goods obtains, with the consent of the seller, possession of the goods or the documents of title to the goods, the delivery or transfer by that person, or by a mercantile agent acting for him, of the goods or documents of title, under any sale, pledge, or other disposition thereof, to any person receiving the same in goods faith and without notice of any lien or other right of the original seller in respect of the goods, has the same effect as if the person making the delivery or transfer were a mercantile agent in possession of the goods or documents of title with the consent of the owner..."

以上立法条文大致上说在第一个合约卖方有一个保留货权条文，但买方订立第二个合约并交出有关的货物给另一个买方（第三人）。这一来第三人善意取得货物，也不知道原来合约的卖方对货物有一个权利，就好像 Section 24 的“商业代理人”（mercantile agent）如一个品牌的总代理出售与交出货物一样，或是根据本书第七章 3.10.5 段之“买方控制货物”（buyer in possession）说法而不受到这一保留货权条文的影响。这方面的问题最近在英国法院有针对，先例名为 Angara Maritime Ltd v. Ocean Connect UK Ltd（The “Fesco Angara”）（2010）EWHC 619。案情涉及了 Angara 是一艘船舶名为 Fesco Angara 轮的船东，它期租给一家英国著名的承租人 Britannia Bulkers，租约日期是 2008 年 7 月。由于在期租合约下是由承租人负责燃油，所以在 2008 年 9 月，Britannia Bulkers 向 Oceanconnect 购买了一批燃油供应给该船舶，价值为 177,305.59 美元。燃油供应或买卖合约通常可以赊账，并且有一条保留货权条文。之后遇上 2008 年 10 月的金融海啸，而 Britannia Bulkers 也随之倒闭，所以从来没有支付这一笔燃油费用。这导致了 Oceanconnect 向 Angara 要求取回这一票燃油，依据的就是这一条保留货权条文。但其间 Britannia Bulkers 已经把船舶还船给了 Angara，Angara 在结算的时候也为还船的燃油作出了支付。结果英国法院判是 Angara 属于一个善意的买方或无辜第三人，受到 Section 25 的保护。

1.4.1　保留货权条文的措辞

今天在卖方过早把货物交出与财产/货物所有权无条件转让给买方，但还没有收到全部或者部分货款的情况下，会是危险颇大，因为经济环境不稳定。所以，即使是在本土买卖中，卖方对买方资信了解较多，好掌握，追债相对容易与费用低，也会常见在买卖合约放进一条“保留货权条文”（retention of title clause）。这可以是简单的一条如下：“Ownership of goods shall remain with the Seller until full payment has been made.”（财产/货物所有权是在卖方直到货款全部支付）

这种条文在法律是没有任何的问题，也不需要在公司注册处登记作为押记，毕竟在这条文下有关货物根本不属于买方，也不是买方的财产。这方面可节录 1986 年《清盘法》（Insolvency Act）之 Section 251 所说如下：“retention of title agreement means an agreement for the sale of goods to a company, being an agreement which does not constitute a charge on the goods, but under which, if the seller is not paid and the company is wound up, the seller will have priority over all other creditors of the company as respects the goods or any property representing the goods.”

另在 Schmitthoff 的《Export Trade: The Law and Practice of International Trade》（11th edn, 2007 年）一书 4-008 段有提到在 1982 年一个欧共体公约针对这种简单保留货权条文的有效性，但还没有生效。

但问题是很多还没有收到货款的卖方不会对一条简单保留货权条文感到有足够保障,所以就有了越来越复杂的条文去延伸卖方的权利。例如,允许买方把货物转售给第三人,但这样做只是作为卖方的代理人,而收到的货款只是作为卖方的"信托人"(trustee)。也会是即使有关货物变了是其他产品,卖方对其他产品也是保留了货权。这种例子很多,如有关货物是树脂,但已经被用作生产纸板:Borden v. Scottish Timber (1979)3 All ER 961;或是有关货物是皮革,但已经被用作生产手袋:Re Peachdart Ltd (1984) Ch 131。这种复杂保留货权条文就相当麻烦,因为在买方倒闭的时候会很严重影响其他的债权人,这方面稍后段节会进一步介绍。以下先作为例子介绍一条十分全面与复杂的条文如下:

"Property in the goods shall remain vested in the seller until payment in full thereof shall have been made by the buyer.

The buyer shall be in possession of the goods solely as bailee for the seller until the full price is paid.

The buyer shall store the goods separately from his own goods and/or those of any other person and at all times the goods shall be stored in such a manner that they are readily identifiable as the seller's goods until the full price is paid.

The buyer's rights to possession shall cease forthwith if:

(a) not being a company he is declared bankrupt; or

(b) he does anything or omits to do anything which would entitle a receiver to take possession of any of his assets or which would entitle any person to present a petition for winding up; or

(c) being a company a receiver is appointed to take possession of any of the buyer's assets or a petition is presented to wind up the buyer.

The buyer may sell the goods to a third party prior to the date on which full payment of the price is received by or made to the seller if and only if:

(a) none of the circumstances specified in the preceding paragraph have occurred or are reasonably expected to occur; and

(b) the proceeds of sale, if less than the full price of the goods or such part of the proceeds of sale as equals the full price of the goods when received by the buyer and/or his agents, are placed forthwith in an interest-bearing deposit account and the funds therein or the appropriate part thereof are held on trust for the seller and are payable to the seller; and

(c) notice is given as soon as reasonably practicable to the seller of the sub-sale including the name and address of the third party and the name and address of the bank with whom the deposit account has been opened and the number of the account; and

(d) notice is given as soon as reasonably practicable to the seller once the proceeds of sale have been received by the buyer.

In the event the goods are manufactured into new objects or mixed with other goods, or in any way whatsoever become a constituent of other goods, the seller will become the owner at the moment of such manufacturing (mixture) of the newly manufactured objects (mixed goods) for a percentage equivalent to the proportion that the invoiced value of the goods bears to the value of the new object (mixed goods)."

1.4.2 Romalpa 先例

这种复杂的保留货权条文常被称为"Romalpa clause",是因为上诉庭在 Aluminium Industrie Vaassen v. Romalpa (1976) 1 Lloyd's Rep. 443 的先例,确认了这种条文的有效性与买卖双方明确表达了他们有关财产/货物所有权在何时转移的意图,在该案例中,买卖合约中有一第 13 条文是说:

"The ownership of the material(货物) to be delivered by A. I. V. (卖方) will only be transferred to purchaser(买方) when he has met all that is owing to A. I. V. no matter on what grounds.

Until the date of payment, purchaser, if A. I. V. so desires, is required to store this material in such a way that it is clearly the property of A. I. V. A. I. V. and purchaser agree that, if purchaser should make (a) new object(s) from the material, mix this material with (an) other object(s) or if this material in any way whatsoever becomes a constituent of (an) other object(s) A. I. V. will be given the ownership of this (these) new object(s) as surety of the full payment of what purchaser owes A. I. V.

To this end A. I. V. and purchaser now agree that the ownership of the article(s) in question, whether finished or not, are to be transferred to A. I. V. and that this transfer of ownership will be considered to have taken place through and at the moment of the single operation or event by which the material is converted into (a) new object(s), or is mixed with or becomes a constituent of (an) other object(s). Until the moment of full payment of what purchaser owes A. I. V. purchaser shall keep the object(s) in question for A. I. V. in his capacity of fiduciary owner and, if required, shall store this (these) object(s) in such a way that it (they) can be recognised as such.

Nevertheless, purchaser will be entitled to sell these objects to a third party within the framework of the normal carrying on of his business and to deliver them on condition that—if A. I. V. so requires——purchaser, so long as he has not fully discharged his debt to A. I. V. shall hand over to A. I. V. the claims he has against his buyer emanating from this transaction."

卖方是在法院索求:(i)在已出售货物(铝箔)所得到的 3.5 万英镑;(ii)其余买方仍拥有的铝箔所有权归卖方。

上诉庭判是卖方胜诉,其中有些说法可节录如下:

(1) Roskill 大法官说"买方/收货人实质占有的铝箔实属卖方/原告所有"(the

foil physically held by the receiver was therefore the plaintiffs' foil and they were entitled to it).

(2) Goff 大法官说:"卖方有权追踪这笔 3.5 万英镑货款并比其他所有买方的债权人优先"(be entitled to trace their aluminium into the proceeds of sale so as to enable them to take the Pds. 35,000 and to take that sum in priority to the general body of (买方) creditors and in priority to the secured creditor).

(3) Goff 大法官说:"这第 13 条明显是为了保障卖方不会变为无担保的债权人"(discloses a manifest intention to preserve the vendors from being left in the position of unsecured creditors).

(4) Goff 大法官说:"买方有权出售铝箔,但直至付清货款,他是为卖方而出售"(The implied power must, therefore, in my judgment be a power to sell, but not for the appellants'(买方) own account but for the account of the respondents(卖方) unless and until all moneys owing be paid).

Romalpa 先例后是同一判法的 Clough Mill v. Martin (1984) 3 All ER 982 先例。

保留货权条文的另一个困难是交付的货物如果被"混合"(mix)了而变了身份,是其他新产品的一部分。如果这混合并不严重,很容易分拆出来,好像是柴油机的货物被买方安装在发电机作为最后产品,这不影响卖方的保留财产/货物所有权:Hendy Lennox (Industrial Engines) Ltd v Grahame Puttick Ltd (1984) 1 WLR 485.

但如果交付的货物是棉纱被混合成为了衣服,或是葡萄干被混合成为了饼干,看来要对已变了身份的新产品保留财产/货物所有权,卖方的条文必须在文字/措辞上十分明确清楚,因为这意图并不算合理与正常,所以需要更明确的文字/措辞才能达到表明双方意图的效果。Bridge 大法官在 Borden v. Scottish Timber (1979) 3 All ER 961 先例有警告说:"If a seller of goods to a manufacturer, who knows that his goods are to be used in the manufacturing process before they are paid for, wishes to reserve to himself an effective security for the payment of the price, he cannot rely on a simple reservation of title clause such as that relied on by the seller. If he wishes to acquire rights over the finished product, he can only do so by express contractual stipulation."

以上的货物被混合去生产另一种产品的情况,可节录在 Clough Mill v. Martin 先例,Goff 大法官是这样说:"... where A's material is lawfully used by B to create new goods, whether or not B incorporates other material of his own, the property in the new goods will generally vest in B, at least where the goods are not reducible to the original materials."

最近的 Fairfax Gerrard Holdings v. Capital Bank PLC (2008) 1 Lloyd's Rep 297 案例再次体现了保留货权条文的有限用途。该案件涉及一件昂贵机器的买卖及转售。原买方(Dimond)通过原告(Fairfax Gerrard)所提供的贷款购买机器。他们融资合约清楚表示 Fairfax Gerrard 出信用证购买货物然后"转售"给 Dimond。合约内有保留货权条文,但同时合并了 Fairfax Gerrard 的标准信托收据内容,包括允许 Dimond 按平常商业情况把机器出售(虽然收益必须以信托关系帮 Fairfax Gerrard 保管)。Dimond 把机器卖给被告(Capital),但之后 Dimond 面对经济问题,结果被清盘。最终上诉庭认为因 Dimond 按照在标准信托收据下的权利把机器转售给 Capital, Fairfax Gerrard 已失去保留财产/货物所有权的资格。

1.4.3 立法/普通法针对保留货权条文的原因与做法

保留货权条文在订约自由下表达买卖双方的意愿在大精神上是无可置疑的,但一条复杂的条文中的部分内容会涉及很大的争议,其中是买方通过转售向第三人收到的货款。在 Romalpa 先例,它的说法是有了这种条文,买卖双方有了"信托关系"(fiduciary relationship),买方是以卖方信托人身份收取货款。但这样解释会带来严重后果。现在不是针对其他债权人可漠视的实物(货物),而是针对一笔债务人剩下的金钱现款。而金钱现款没有办法作出区分,也是倒闭的买方所剩无几的可惠及其他债权人的真正资产。所以,如果有卖方前来说这笔钱先归我,因为买卖合约有一条完整的保留货权条文,而这笔钱债务人账户中通过出售某批货物而取得的一笔收入,其他债权人(包括贷款银行)可会跳起来。要知道,这不同其他负债,保留货权条文是不透明的,订在双方私下买卖合约,外人无法得知。例如,一家规模很大的车行,拥有 500 辆奔驰汽车,看似财雄势大,资产良多,但这些汽车实都归卖方,因为有这保留货权条文。而且,把这些汽车出售了的现金收益,也不是属于该车行。这一来,外人(如放款银行)很容易上当。

所以,在近期的先例,都局限 Romalpa 先例。这是通常通过两个途径,第一个途径就是条文中的部分内容需要根据 2006 年《公司法》之 Section 860,在 21 天内去公司注册处登记为买方公司的"押记"(charge)才能是有效。第二个途径就是对千变万化写法的保留货权条文作出局限的解释。例如,有先例认为卖方对买方向第三人出售所收取的货款不是"信托关系",只是一种押记,卖方想享有优先权必须要去公司注册登记为押记,作用是让所有其他想放款的未来债权人知道买方经济上的真相。这些近期先例是:Re Weldtech (1991) BCC 16; Compaq Computers v. Abercorn Group (1991) BCC 484; Modelboard v. Outer Box (1992) BCC 945 等。在 Re Bond Worth Ltd (1980) Ch 228 先例,有关的保留货权条文针对向第三人出售的货款是说:"Our beneficial entitlement shall attach to the proceeds of resale or to the claim for such proceeds",法院判是除非卖方把这笔货款分开而不是把它混合在所有公司的资金内,信托人的说法还说的过去,否则这只是债务人,想比其他债权人优先就需要一早登记押记。

另是保留货权条文如果针对有关货物混合变为其他产品,在 Schmitthoff 的《Export Trade: The Law and Practice of International Trade》(11th edn, 2007 年)一书 4-009 段,也说到是需要登记为押记,说:"In any event, even if the clause extended to the finished product, it would be registrable as a charge under s. 396 of the Companies Act 1985"。这里也是有不少先例针对不同写法的保留货权条文。在 Re Bond Worth Ltd

先例,有关货物是阿克利纶(美国制丙烯腈合成纤维的商品名称),它被用作生产地毯。有关的保留货权条文是有一句说卖方有“equitable and beneficial ownership of the product”,这被法院判是需要登记押记,否则该条文无效。另在 Re Peachdart Ltd (1984) Ch 131 先例,有关货物是皮革,但已经被用作生产手袋。有关的保留货权条文是说:“... the relationship of the buyer to the seller shall be fiduciary in respect of ... other goods in which the contract goods are incorporated or used...”这也被法院判是需要登记押记。

另外一个问题是不同国家的公司法会对某些保留货权条文所针对的情况有不同的对待,或承认或不承认。所以在国际上法律冲突的问题在这方面也很严重。英国在这方面的立法改革,已经出了好几个报告,包括 The Law Commission's Consultation Paper No 164 (2002); Consultative Report on Company Security Interests (Consultation Paper No 176 (2004)); Company Security Interests Developing a Final Scheme (April 2005)与 Law Commission Final Report on Company Security Interests, Law Com No 296 (2005)。针对英国的 2006 年《公司法》,可节录《Benjamin's Sale of Goods》(8th edn, 2010 年)之 5-142 段与 5-143 段如下:

“The existence of Romalpa clause in contracts of sale is serious concern to creditors of manufacturing and trading companies and in particular to banks who might otherwise be secured by a floating charge on the assets of the buyer company or by a fixed charge on its book debts and other receivables. It is also of concern to factoring companies to whom the buyer company may have sold or discounted its receivables. Attacks on the effectiveness of Romalpa clauses have been made mainly on two grounds. The first is that the clause gives rise to a charge created by the buyer company within s. 860 of the Companies Act 2006 and so requires to be registered within 21 days of its creation under s. 870 of the Act. The second is that the particular clause, in its terms or upon its true construction, does not confer such extended rights as are claimed by the seller in reliance on its provisions. Since Romalpa clauses may take many forms, and since the case-law on their validity and interpretation has become progressively complex and refined, this area of the law is, in the words of Staughton J., “presently a maze if not a minefield”. It will therefore be necessary to consider separately the various provisions that may be inserted in such clauses.

Company charges. Section 874(1) of the Companies Act 2006, provides that a charge created by a company registered in England and Wales and being a charge of a description referred to in s. 860(7) is (so far as any security on the company's property or undertaking is conferred by the charge) void against the liquidator, administrator and any creditor of the company, unless the prescribed particulars of the charge are delivered to the registrar of the companies for the registration within 21 days after the date of its creation. In a number of cases, which are discussed in the paragraphs which follow, the court have held that the effect of certain forms of Romalpa clause was to create a charge on the property of the buyer company and that the clause was to that extend void for non – registration against a liquidator, administrator or creditor of the buyer company under s. 874(1), or its predecessors."

1.4.4 复杂保留货权条文的不明朗与执行的困难

目前英国法律针对一条复杂保留货权条文(这可以在订约自由下有千变万化的写法),不稳定之处是难决定什么是需要去公司注册处登记为押记,否则条文是无效。正如在 Schmitthoff 的《Export Trade: The Law and Practice of International Trade》(11th edn, 2007 年)一书 4 – 009 段所说:"According to the present state of authorities the requirements of a non – registrable extended retention of title clause cannot be stated with absolute certainty."

另在 Hendy Lennox (Industrial Engines) Ltd v Grahame Puttick Ltd (1984) 1 WLR 485 先例, Staughton 大法官说道有关一条复杂保留货权条文的有效性与解释,已经变了十分复杂与危险,好像是一个地雷阵:"presently a maze if not a minefield"。

另是即使是一条有效的复杂保留货权条文,在实际操作也是有一定困难。这方面可节录《Benjamin's Sale of Goods》(8th edn, 2010 年)之 5 – 148 段如下:"In conclusion it may be said that a reservation of title provision, if properly drafted, will normally be effective and will enable the seller to retain ownership of the goofs agreed to be sold until those events which are expressly or impliedly set out in the provision occur. Nevertheless, in practice, considerable difficulties may arise in attempting to enforce the provision. The seller may be unable to prove that the Romapla clause was effectively incorporated into the contract of sale; he may be unable to distinguish his goods from those supplied by other suppliers or those that have been paid for from those that have not; and in many cases the goods will have been sold or converted into other products when he seeks to exercise his rights. The seller's goods may be mixed with similar goods of the buyer, in which case it is a question of contractual construction whether any use of the mixed goods is first ascribed to the buyer's share in the mixture."

1.4.5 国际货物买卖中不记名提单的保留货权做法

上一小段不是深入讨论这"保留货权条文",因为它不太影响国际商品买卖,只是想带出大精神,就是财产/货物所有权的转让是根据买卖双方的意图,而加上这样的一条条文就是明显不过的订约意图。同样大精神下,与跟单信用证有密切关系的"提单"(bills of lading),要求的"不记名提单"(order bills)也是与"保留货权条文"的道理是一致的,而且做法要悠久得多。即提单在收货人一栏是填上"发货人/卖方指定"(to the order of shipper or seller),而不应是买方。如果是后者,即收货人只填上买方,这提单变为"记名提单"(named bills/straight bills),这就特别有危险在 FOB 的买卖中被视为是无条件把货物交出给买方派遣的船舶,失去了对货物的占有与留置权。而一直到卖方收到货款这一段时间内,如果买方倒闭或赖皮,卖方将有很大的风险。

卖方虽然在1979年《货物销售法》之Section 38－43有一些不完全可靠的保障（主要是有权留置货物［lien on cargo］或运输途中要求承运人中止运输［stoppage in transit］），但远远比不上在买卖合约中有一条“保留货权条文”或类似不记名提单的做法。提单在收货人一栏填上“发货人（卖方）指定”，实是卖方保留财产/货物所有权。直至货款付清（如信用证议付时），卖方是不肯放弃财产/货物所有权，不会通过把不记名提单背书“指定”谁才是收货人。这种做法在立法中也讲的清清楚楚，是在1979年《货物销售法》之Section 19（2）。

这方面首先可节录《Benjamin's Sale of Goods》（8th edn，2010年）之5－137段如下：

“**Bill of lading to seller's order.** One method of obtaining security is for the seller to take bill of lading making the goods deliverable to his own order or that of his agent, thereby evincing an intention that the property is not to pass to the buyer until certain conditions (to be ascertained from the terms of the contract and what the parties said or did at the time) are fulfilled. Such a device was recognized by the common law as effective to prevent the passing of property to the buyer and is given statutory recognition in s. 19(2) of the Sale of Goods Act 1979, which provides as follows:

'Where goods are shipped, and by the bill of lading the goods are deliverable to the order of seller or his agent, the seller is *prima facie* to be taken to reserve the right of disposal'.

This subsection lays down a prima facie rule, but the presumption contained in it may be rebutted by proof of a contrary intention from the contract or the circumstances of the case. The operation of s. 19(2) is discussed in detail later in this work.”

这方面可介绍Evergreen Marine Corporation v Aldgate Warehouse (Wholesale) Ltd (2003) 2 Lloyd's Rep 597先例，涉及了一个FOB买卖，Moore－Bick大法官是这样说：“Although the contracts do not state in terms when property in the goods was to pass from the sellers to Aldgate (FOB买方), it is implicit that it was intended to pass on indorsement and delivery of the bills of lading. That, of course, would only occur on presentation and acceptance under the letter of credit. I think it is clear, therefore, that the reason why the bills of lading named the manufacturer as shipper and the local bank as consignee was to ensure that the manufacturer, and in turn the sellers acting thorough the bank, retained ownership and control of the goods until the documents had been accepted and paid for in accordance with their respective contracts.”

有关卖方如果保留一套提单就会通常被视为是保留财产/货物所有权，让他决定货物给谁的有关先例还有：The “San Nicholas” (1976) 1 Lloyd's Rep 8; The “Albazero” (1977) AC 774; The “Ciudad de Pasto” and “Ciudad de Neiva” (1988) 2 Lloyd's Rep 208; Huyton SA v Peter Cremer & Co GmbH (1999) 1 Lloyd's Rep 620。而且在FOB买

卖,由于卖方把货物交出给买方派遣的船舶,他也失去了对货物的占有与留置权。这是在 1979 年《货物销售法》之 Section 41 (2):"The seller may exercise his lien or right of retention notwithstanding that he is in possession of the goods as agent or bailee or custodier for the buyer."。

在 FAS 买卖,也是有同样的法律地位,这是在 The "Antares III"(2002)1 Lloyd's Rep 233 先例。

至于在 CIF 买卖,由于是"单证买卖"(documentary sale),更加可以假设有关财产/货物所有权只会在交出付运单证(主要就是一份不记名提单)的时候才会转移。这在 The "Julia" (1949)82 Ll. L. Rep 270 先例,贵族院的 Viscount Simonds 大法官就以一句非常强硬的话表述了 CIF 买卖的财产/货物所有权转移必须是在买方支付货款后以交换付运单证的时间才会发生:"The property in the goods not only may but must pass by the delivery of the documents against which payment is made."

在 CIF 买卖合约,与 FOB 不同的是由卖方指定与派遣付运的船舶,所以不存在有在 FOB 买卖下的危险,就是卖方把货物交付给买方派遣的船舶后就失去了占有与留置权的问题。

1.5 拥有或占有货物才能依据侵权或 1855 年《英国提单法》提起诉讼

针对侵权诉讼,英国法为了政策上的理由,怕一打开"大水门"(floodgate)会带来太多的侵权起诉,所以一向坚持只准真正拥有或占有货物的人士才能以侵权起诉。其他不拥有货物,但有各种合法利益人士受同一侵权而损失,也是投诉无门。正如在 The "Aliakmon" (1986)2 Lloyd's Rep 1 的先例,Brandon 勋爵说:"... there is a long line of authority for a principle of law that, in order to enable a person to claim in negligence for loss caused to him by reason of loss of or damage to property, he must have had either the legal ownership of or a possessory title to the property concerned at the time when the loss or damage occurred, and it is not enough for him to have only had contractual rights in relation to such property which have been adversely affected by the loss of or damage to it."

有"possessory title"的占有人(如运载货物的船舶船东/船长或是仓库所有人)以侵权起诉很少见到,变得主要仍是"合法拥有货物"(legal ownership)的所有权人才会以侵权起诉。

所以,承租人是不能向因疏忽而导致船舶碰撞的对方船舶以侵权起诉,只有"legal ownership"的受损船东与船舶上的货物所有权人,才能向对方船舶以侵权起诉并索赔损失:Chargeurs Reunis Compagnie Francaise de Navigation a Vapeur v. English & American Shipping Co. (1921)9 Ll. L. Rep 464; The "World Harmony" (1965)1 Lloyd's Rep 244; The "Metal Transporter" (1985)2 Lloyd's Rep. 303。

另一种在海上运输经常会发生的侵权诉讼是货方向无直接合约关系的二程船船东、陆运实际承运人、仓库所有人等起诉,都会要注意在造成损失之时是否拥有货物。例如,货物在 8 月 1 日装上一程船,并签发全程提单。在 8 月 5 日装上二程船,而二程船在8月7日沉没。当时,卖方尚未在信用证下议付,更未曾在不记名提单背书把货物转让。当然,稍后(如8月9日)卖方是如此做了。但事实上,在货物损失之时,买方并没有真正拥有货物。当然,买方可以提单合约起诉一程船,让一程船另向二程船追讨补偿(如果二程船涉及了违约,如严重不适航导致沉没)。但只要买方想以侵权直接起诉二程船(如一程船船东倒闭),就会面对损失的时候是否拥有货物或占有货物的问题。安全方法是加上卖方的名义(如果卖方肯借出名义),作为共同原告,因为买方与卖方之间总有一方是货物的所有权人。

侵权会有困难,照理说买方会在有关的立法取得与有关承运人之间的合约关系。在英国立法,就是在1855年《英国提单法》,通过立法把提单持有人(通常就是最后的买方)与承运人扯上合约的关系。通常,他们两位不会是原来运输合约的订约方,这在CIF买卖中最明显不过,所以他们之间是不会有合约的"相互关系"(privity of contract)。由于他们之间没有合约关系,也只能剩下侵权关系了。但由于合约关系远远比侵权关系广泛(如支付滞期费,留置权等都是与侵权无关的),所以由这一1855年《英国提单法》试图把提单持有人与承运人扯上合约关系。这可简单节录该立法序言中所提到的目的:"Whereas by the custom of merchants a bill of lading of goods being transferable by endorsement the property in the goods may thereby pass to the endorsee, but nevertheless all rights in respect of the contract contained in the bill of lading continue in the original shipper or owner, and it is expedient that such rights should pass with property."

然后在Section 1说明提单经过背书转让财产/货物所有权,就可以同时把合约关系转让给该提单的持有人,说:"Every consignee of goods named in a bill of lading, and every endorsee of a bill of lading **to whom the property in the goods therein mentioned shall pass**, upon or by reason of such consignment or endorsement, shall have transferred to and vested in him all rights of suit, and be subject to the same liabilities in respect of such goods as if the contract contained in the bill of lading had been made with himself."(加黑部分是笔者的强调)

但读者也可以看到与侵权类似的问题,就是如果背书转让提单这一份运输合约给买方,必须是与财产/货物所有权扯上关系。这表示买方即使持有提单,但因为某种原因没有成功转移财产/货物所有权所以变不成船舶上的货物所有权人,也无法以合约关系向承运人提起诉讼/索赔。

这一局限,也对国际货物买卖带来极大影响,这方面在贵族院的The "Aliakmon"(1986)2 Lloyd's Rep 1先例有最好显示。它涉及钢材买卖,英国买方付不出货款,运输途中买卖双方另达成协议是钢材的财产/货物所有权仍属卖方,先由买方以提单(是空白背书的"持有人提单"(bearer bill))向船东提取钢材,再去转售,才支付卖方,付清后财产/货物所有权才归买方。换言之,这类似"保留货权条文"的做法,而在其间直到买方付清货款,买方即使占有货物也只是作为卖方的代理人或托管人。

在卸货时,钢材被发现有损坏。事后买方向船东索赔,在侵权方面,判是买方在钢材受损时,并非拥有货物,有的只是一份买卖合约说明买方将会有该批货物而已。所以,买方不能以侵权起诉船东。另以提单合约向船东索赔,也面临同样的困难与1855年《英国提单法》不适用而以败诉告终。

The "Aliakmon"先例只是在80年代中无数同类案件中的其中一宗,幸亏这一问题已经在新的1992年立法做出了改变,这立法就是1992年《海上运输法》。

这方面问题,在杨良宜先生的《提单及其他付运单证》一书的第三章12段有详谈,不去重复。

英国通过了1992年《海上运输法》替代1855年《提单法》,大大扩充了买方(合法提单持有人)的提单合约诉权,应是大程度减少了这方面问题。但仍会有例子是买方(提单持有人)无法以合约(提单)向承运人/船东起诉,只能是以侵权与/或"托管"(bailment)起诉因疏忽造成损失的被告。光是以"托管",也要怕"有条件的分托管"(sub - bailment on terms)会有不知详情的"条件"。这方面请看杨良宜先生的《国际商务游戏规则—英国合约法》一书的第103~104页。要是以侵权,则又要面对在事故发生时有否真正拥有财产/货物所有权的质疑。例子是:(1)买方持有的提单只是一程船东所签发,但货物在二程船随船沉没与全损。(2)买方持有的提单明确是承租人才是"合约承运人"(contractual carrier),不是船东,船东不是提单合约一方。这一来,即使合约关系通过1992年《海上运输法》转让给了买方,买方根据合约也只能起诉承租人。但货物是在船上受损,承租人又是皮包公司,就会动脑筋要向非合约方的真正船东以侵权提出诉讼/索赔了:The "Venezuela" (1980)1 Lloyd's Rep. 393;The "Ines" (1995)2 Lloyd's Rep 144;The "Hector" (1998)2 Lloyd's Rep. 287。(3)买方持有多式联运单,但签发该单证的"承运人"(carrier),实是一家皮包公司的"无船承运人"(NVOCC),不值得向他起诉。货物是在某处仓库或某船舶上受损,向他们起诉与索赔又涉及了侵权。

§2 针对现货买卖双方货物的转让

"现货"(specific goods)或"确定货物"(ascertained goods)多属岸上买卖,国际货物买卖较少,后者多是"将来货物"(future goods)。现货的货物转让,更加是要看买卖双方的协议,他们有订约自由,可以条文明确表达他们的订约意图。这可从本章3.1小段探讨的"保留货权条文"可见,一经写明保留,财产/货物所有权转让自然是押后至双方约定的时间。

而如果是没有协议,现货的货物转让是要看其他方面如客观行为、双方做法等等。反正是客观找出双方意图。而这也是1979年《货物销售法》的Section 17中前三条规则(它只针对现货)所讲的,可简单重复说第一条规则就是如果是可交付的现货,在合约生效时卖方把财产/货物所有权转让给买方,而不管买方是否已经支付货款。第二条规则就是卖方如果要做点工作才能令现货可以交付,则卖方必须做了后并通知买方,财产/货物所有权才能转让。第三条规则是卖方要对有关的现货量度或测试后才能确定有关货物的价格,并在完成了这些工作并通知买方才能转让财产/货物所有权。

针对现货或确定货物,由于双方明确知道是什么货物,就不存在卖方还要作出"划归通知"(notice of appropriation)的问题。至于货物是不是明确的现货,也会有争议。在 Kursell v Timber Operators and Contractors Ltd (1927) 1 K. B. 298 先例,涉及了一个买卖合约,是给买方15年在拉脱维亚(Latvian)森林砍伐木材的权利,后来森林被拉脱维亚政府征用,判是货物(木材)所有权并没有转移给买方。原因是货物在订立买卖合约时并不确定,将来有多少木材可以买卖是根据树木的生长速率。

针对现货或确定货物,在1979年《货物销售法》的 Section 17 的前三条规则都有说明有关货物必须处于"可交付状态"(deliverable state)是在1979年《货物销售法》的 Section 61(5)被解释为:"Goods are in a deliverable state when they are in such a state that the buyer would under the contract be bound to take delivery of them."这一方面主要是针对货物的实质状态是否能马上让买方提取货物 Kulkarni v Manor Credit (Davenham) Ltd. (2010) EWCA Civ 69。如果有一台机器在订合约的时候还没有与放置它的混凝土底分开,其间该机器发生损坏,判是机器并非处于可交付状态,损坏是卖方的风险:Underwood Ltd v Burgh Castle Brick and Cement Syndicate (1922) 1 K. B. 343。

§3 针对不确定货物买卖双方在货物的转让

3.1 不确定货物与划归的关系

国际货物买卖一般是针对"将来货物"(future goods)或"不确定货物"(unascertained goods),即在订约时,货物仍未存在或有关货物混在其他更大批的同类货物中,如买卖的是"某船舶装运的30,000吨散装大豆的其中5000吨"。这一来,1979年《货物销售法》的 Section 16 说明是直至确定,货物不能转让:"... where there is a contract for the sale of unascertained goods no property in the goods is transferred to the buyer unless and until the goods are ascertained."

换言之,不论双方意图是什么,总之是货物一天不能确定,就不能转让。可以说在英国法律很长一段时间,这是财产/货物所有权转让完全是根据双方订约意图下的唯一例外情况。针对不确定货物的所有权转让,是要根据法律而不是双方意图。所以,Mustill 勋爵在 Re Goldcorp Exchange Ltd (1995) 1 AC 74 先例说:"it makes no difference what the parties intended if what they intended is impossible."上述 Section 16 应是超越接下去的 Section 17,就是说明在英国法律下卖方什么时候转移财产/货物所有权给买方完全是看双方的订约意图(intention)。这意图是可以从双方的行为与语言(如划归通知)中确定。

这法律地位有它的合理性,因为货物没有确定,怎会谈得上是"处于可交付状态"(deliverable state)? 试想如果卖方与10个不同买方订下买卖合约,各自出售50辆单车。订约时,单车仍未生产,是"将来货物"(future goods),买卖双方只是以单车"规格/描述"(description)来进行。如果像§2段的现货,订约时货物马上转让,卖方何来单车转让? 再说,稍后卖方倒闭,卖方仓库发觉有50辆刚生产的单车。这归谁啊? 10个不同买方,已付出一部份订金,或是未付订金也会想要这票单车,会异口同声说是这票生产好的货物归我。正确答案应是货物仍在卖方,除非是卖方已发出了通知给其中一个买方,说明你订约最早,先生产好的50辆单车并加上了买方标志是归你的合约下,而该买方也同意过几天来安排提走这放在仓库的50辆单车。

卖方这一个通知或是行为就是所谓"划归通知"(notice of appropriation)或划归,也只是通过划归,才能把不确定货物变为确定是那一票货物去交付给某一位买方,转让财产/货物所有权。正如《Williston on Sales》一书解释"划归"为:"an overt act manifesting an intent to identify specific goods as those to which the bargain of the parties shall apply".(一个明明白白的行为显示了卖方的意图明确哪一些现货适用在有关的买卖合约中交付给买方)

另可节录《Benjamin's Sale of Goods》(8th edn,2010年)之5-069段的部分内容如下:

"In Wait v Baker(1848)2 Exch 1, Parke B pointed out that appropriation may be understood in different senses:

'it may mean a selection on the part of the vendor, where he has the right to choose the article which he has to supply in performance of his contract. Or the word may mean, that both parties have agreed that a certain article shall be delivered in pursuance of the contract, and yet the property may not pass in either case … 'Appropriation' may also be used in another sense, viz, where both parties agree upon the specific article in which the property is to pass, and nothing remains to be done in order to pass it.'

For property to pass under a contract for the sale of unascertained or future goods, it is undoubtedly necessary that appropriation in the last sense should have occurred. In essence, however, 'appropriation is to be understood as an overt act manifesting and intent to identify specific goods as those to which the bargain of the parties shall apply': it is the act of one party only, and its purpose is to identify the goods to be sold."

"不确定货物"直到确定后才能转让财产/货物所有权也可以从一般的常识解释,就是简单地问转让财产/货物所有权到底是什么货物?

在1979年《货物销售法》的Section 18,在§2段所介绍的第5条规则是针对"不确定货物"与"划归通知"的指导思想,如下(这在本章较早之第1段有节录,但在这里加上中文解释的注脚):"Rule 5(1) – Where there is a contract for the sale of unascertained or future goods by description, and the goods of that description and in a deliverable state are unconditionally appropriated to the contract, either by the seller with the assent of the buyer or by the buyer with the assent of the seller, the property in the goods then passes to the buyer; and the assent may be express or implied, and may be given either before or after the appropriation is made.〔4〕"

在以上《货物销售法》Rule 5(1)的指导思想,说明划归是必须有以下两个条件:

(1)卖方必须是"无条件"(unconditional),不能改变主意的确定某票货物划归给某个买卖合约。卖方不能改变主意,划归后又自说自话更换货物。所以,如果卖方仍有其他行为要做,如要把某票货物装上船舶前,较早的行为如把生产好的货物存放在装港一仓库,一般是不会被视为划归,因为卖方可把货物转让或作出其他的处置。毕竟,卖方当时或稍后要改变主意仍是来得及,买方也无法阻挡。所以,卖方要做一连串的事情才能把有关的货物交付给买方,能够作出无条件划归往往是在最后的阶段。这方面稍后在3.3段作进一步介绍。

(2)划归行为一般是一方作出,往往是卖方,但也需取得对方/买方同意。当然,这同意也不严格,往往行为已足够显示同意。例如在Aldridge v. Johnson (1857) 7 E&B 885先例的买方把麻包袋交给卖方,让卖方装满大麦。卖方装了一大半倒闭,判是装满麻包袋的货物已是划归,属买方的货物。另有Langton v. Higgins (1858) 4 H&N 402的先例判法也是一致。这方面稍后在3.8段作进一步介绍。

3.2 货物划归通知的权威说法

重复与简单说,"划归"(appropriation)就是确定在一整批不确定货物或将来货物中哪些货物是属于有关的买卖合约,要同时把财产/货物所有权转让给买方。这里很重要的是卖方作出这一个决定并给了买方一个被接受的划归通知,就再也不能作出改变。这甚至会在买卖合约明示规定,例如在FOSFA Form 24就有一句说:"A valid declaration cannot be withdrawn except with the buyers consent."例如不能在货物还是在卖方的占有下,尚没交出给买方,卖方就改变主意把确定了的货物转售给其他人,这会构成对买方货物的侵占行为。以下多举一些权威说法解释划归的定义。

有关划归通知的作用,可节录Donaldson大法官在The "Vladimir Ilich" (1975) 1 Lloyd's Rep 322先例说法:"The giving of a valid notice of appropriation narrows the contract to a particular parcel or parcels of goods being carried in a named vessel under a bill of lading of a given date. It may, but will not necessarily, convert the contract into one for specific goods, depending upon whether the bill of lading relates to an unseparated part of a

---

〔4〕 在针对不确定货物或将来货物的买卖合约,符合规定的货物并且可以作出交付是在卖方或买方(并在取得对方同意后)无条件划归该合约,该货物的所有权才能转移给买方。有关对方的同意可以通过明示或默示,并可在划归通知之前或之后作出。

larger bulk cargo."(注意上述 Donaldson 的说法是,划归通知作出后就会把买卖合约变为是针对特定货物,而根据 1979 年《货物销售法》Section 18 的第 1 条规则说明,一旦处于可交付状态的特定货物,而且买卖合约没有其他的条件,如"保留货权条文",就会是同时把财产/货物所有权转让给买方。这除了是一个不能确定的货物,因为混杂在一大批同类货物中。但这一个问题已经有了立法的修改,就是 1979 年立法的 Section 20[a],稍后在本章的 4.4 段会探讨这个问题。)

有了划归通知的肯定后,买方也可在付运单证(主要是指提单)仍未到手,就已可尽快转售这批已确定了的货物(主要是知悉装在某艘船舶上的货物)。即使不是需要海上转售,买方也会在短航次需要尽早报关或做出其他准备。至于涉及好像谷物这种货物经常有"一连串买卖合约"(string contracts),划归通知更加可以很快的把一连串买卖合约串起来。例如是 A(最早的卖方)给 B,B 给 C,C 给 D,D 给 E,一直下去给 M(最终的买方,也是收货人),共有 12 个合约都是购买同样的货物就是"10,000 tonnes No 1 US origin amber durum wheat CIF Rotterdam shipment Great Lakes port July 2005",本来是串不起来,但卖方一做出一连串的划归通知后就串的起来。如果该批货物付运的船舶(会在划归通知说明)遇上天灾沉没,也就在 12 个合约的买方都蒙受损失,但实际上只有最后的买方有真正损失,但可以向保险人索赔。但如果没有做出划归通知就已经出事故,这风险是在卖方,并会面对买方的毁约或不履行指控,即使卖方的意图就是把船上的这票货物划归给买方,只是来不及作出通知。

这种"一连串买卖合约"下的划归通知做法,在 Gertreide Import Gesellschaft mbH v Itoh & Co (America) Inc (1979) 1 Lloyd's Rep 592 先例中有涉及。有关的一批商品(美国大豆/CIF 荷兰/付运日期为 1977 年 6 月),在 8 个买卖合约通过一个合约要求的划归通知串起来。显然最后一个买家才是用家,其他在中间的卖方或买方都是中间商,插在当中只是为了投机与利润。由于不能等到买方收到提单才确定买卖是哪一票货物,所以合约要求卖方必须在提单签发日期的 7 天内作出划归通知,这也是条件条文。但由于涉及了 8 个买卖合约,而每一个中间商作为卖方向下一手买方作出划归通知都免不了有一点时间上的延误。所以,如果第一个合约的卖方在提单签发日期的 7 天内最后一天作出,就很难保证在后来的几个买卖合约的卖方也能够及时做到,这就很危险。所以在划归通知的合约内,就要求中间买卖合约的买方必须接受划归通知,只要卖方是合理地尽快把从上一手卖方收到的划归通知转发(文字上是"Notices by intermediate Sellers shall be accepted by their Buyers although received by them after such time, if from the 7th day from the date of the Bill/s of Lading such notices have been passed on with due despatch.")。在该先例,到了最后一个买卖合约,卖方是在提单签发后第 8 天才收到上一手卖方的划归通知,如果尽快转发给最后的买方/用家,显然也是超出了 7 天的期限。但只要卖方不延误,最后买方还是要接受。但问题是在该先例的卖方,再等了 7 天时间,等于是在提单签发后第 15 天才转发。由于当时的美国大豆市场下跌,最后买方就拒绝接受该无效的划归通知。

在英国法下有划归通知的明示合约条文会是重要，因为英国法律不像有这方面的默示要求。所以如果不要求，发货人/卖方就不一定需要做出划归通知，更不需要在某一个时限内做出通知。毕竟不做出任何划归通知也不影响卖方在一个 CIF 买卖合约的履行，在 CIF 卖方交出付运单证就可以对买方明确了有关的货物。即使交出单证有所延误，装了有关货物的船舶到了卸港还是可以卸货给买方。

3.3 什么是无条件的划归

这方面可以节录 Re Blyth Shipbuilding Co Ltd (1926) 24 Ll. L. Rep 139 先例中，上诉庭的 Pollock 大法官针对"无条件"是这样说："If any test is to be derived from the Sale of Goods Act I do not think that that word 'unconditionally' ought to be overlooked. What is meant by 'appropriated' in this connexion? Does it mean that once some goods have been brought on the site definitely to be used in the vessel, no others can be substitute for them – that if those particular goods were damaged or injured or found for some other reason unsuitable, no change could be made except at increased cost to the purchaser of the vessel(在该先例，一艘建造的船舶就是买卖的货物)? Does it mean that those goods and those goods only are to be used, and in respect of them, if any misfortune happens, it falls upon the shoulders of the purchaser? Unless such is found to be the case it does not appear that it would be right to say that the materials and things had been unconditionally appropriated."

接下去可节录《Benjamin's Sale of Goods》(8th edn, 2010 年) 之 5-071 段部分内容如下："**Unconditional appropriation.** The appropriation must be unconditional, that is to say, the party appropriating must intend that the property shall pass by the appropriation, if assented to by the other party, and not upon the occurrence of some further event, e.g. payment or tender of the price. By s. 19(1) of the Act, the seller may, by the terms of the contract or appropriation, reserve the right of disposal of the goods until certain conditions are fulfilled; he may be deemed to have done so in the circumstances set out in s. 19(2) and (3). So, for example, in the case of the usual c. i. f. contract, the seller reserves the right of disposal by retaining the documents against payment or securing of the price by the buyer, and 'the notice of appropriation under an ordinary c. i. f. contract is not intended to pass, and does not pass, the property'."

1979 年《货物销售法》的 Section 18, Rule 5(2) 指导思想是说卖方把货物交给买方，又不在合约加上保留货权条文，是视为无条件划归，自此财产/货物所有权属买方。这合情合理的推定，也已在本章 1.3.4 小段等提及。但 Rule 5(2) 也说卖方把货物交付给买方指派的"承运人"(carrier) 好像是船东或卡车，为把货物付运给买方，这也被视为无条件划归，自此财产/货物所有权属买方。故此，在一宗国际买卖，货物是 2 万吨小麦，合约规定是美国最高等级小麦。这是典型的不确定货物买卖，或将来货物买卖，订约时小麦的货物仍是无影无踪，所以不像现货，订约时已转让财产/货物所有权。到了买卖合约付运日期,卖方备好 2 万吨小麦,贮藏在美国装港码头的"谷仓"(silo),当然这仍未能算是划归。但到了 FOB 买方指派船舶抵达装港,该 2 万吨小麦装上该船,可说是明显不过的卖方无条件把这 2 万吨小麦划归给这买卖合约,财产/货物所有权自当转让。

当然,卖方往往在当时仍未收到货款。即使有了信用证(这表示银行在另一个独立的合约下作出支付货款的承诺),也不保证太多,因为银行也有倒闭的风险与更常见的危险是信用证因为文件有不符点而结不了汇。所以,卖方并不想 2 万吨小麦一装上船,财产/货物所有权马上转让给买方。如果买方倒闭,开信用证银行也倒闭,卖方可以合法申张"对货物的权利"。所以,在国际货物买卖的做法,类同岸上的保留货权条文,是签发一套"不记名提单"(order bill of lading)。这做法已在本章的 § 1 段有详论,不再重复。

3.4 针对划归行为的主要先例

这方面主要重要先例是 Carlos Federspiel v. Charles Twigg (1957) 1 Lloyd's Rep 240,它涉及单车的国际买卖(FOB 买卖)。卖方生产后已包装妥堆放进集装箱,也已油漆好买方名字与地址。但在集装箱能装上船舶前,卖方倒闭。这一来就要判到底谁对这批在集装箱内的单车有"对货物的权利"(rights *in rem*)。法院判是这票单车的货物仍未转让给买方,而卖方所做的一切都不足显示"无条件"(unconditional)划归与卖方"不能改变主意"(irrevocable)。Pearson 大法官有以下重要讲话,说明了这方面法律:

"First, rule 5 of S. 18 of the Act is one of the Rules for ascertaining the intention of the parties as to the time at which the property in the goods is to pass to the buyer unless a different intention appears. Therefore the element of common intention has always to be borne in mind. A mere setting apart or selection by the seller of the goods which he expects to use in performance of the contract is not enough. If that is all he can change his mind and use those goods in performance of some other contract and use some other goods in performance of this contract. To constitute an appropriation of the goods to the contract the parties must have had, or be reasonably supposed to have had an intention to attach the contract irrevocably to those goods, so that those goods and no others are the subject of the sale and become the property of the buyer. (这一段是说卖方选定某些货物准备将来交付给买方并不足够,因为卖方可以改变主意把这些货物转卖给其他买方。划归必须是可以合理假设有一个不可撤销的意图把某些货物在有关的买卖合约中作为交付,而且货物变成买方所有权,卖方如果改变主意把这些货物转售给其他买方会构成非法侵占。)

Secondly, it is by agreement of the parties that the appropriation, involving a change of ownership, is made, although in some cases the buyer's assent to an appropriation is conferred in advance by the contract itself or otherwise. (划归涉及了双方同意,所以必须要有买方的同意。)

Thirdly, an appropriation by the seller with the assent of the buyer may be said always to involve an actual or constructive delivery . . . there may be after such constructive delivery an actual delivery still to be made by the seller under the contract. Of course, that is quite possible, because delivery is the transfer of possession, whereas appropriation transfers ownership. So there may be first an appropriation, constructive delivery, whereby the seller becomes bailee for the buyer, and then a subsequent actual delivery involving actual possession, and when I say that I have in mind in particular the cases cited, namely Aldridge v. Johnson(1857)7 E & B 885 and Langton v. Higgins (1859)4 H&N 402.

Fourthly, one has to remember S. 20of the Sale of Goods Act, whereby the ownership and risk are normally associated. Therefore, as it appears that there is reason for thinking, on the construction of relevant documents, that the goods were, at all material times, still at the seller's risk, that is *prima facie* an indication that the property had not passed to the buyer. (财产/货物所有权与风险通常是走在一起的,所以如果风险还是在卖方头上,通常就显示了财产/货物所有权尚未转让给买方。但注意这一说法在国际货物买卖中是站不住脚的,因为风险与财产/货物所有权通常是分离的。货物的风险在装船后就已经转移去买方,但财产/货物所有权往往通过不记名提单与信用证的做法在后来才会进行转移给买方。)

Fifthly, usually, but not necessarily, the appropriating act is the last act to be performed by the seller. For instance, if delivery is to be taken at the seller's premises and the seller has appropriated the goods when he has made the goods ready and identified them and placed them in position to be taken by the buyer and has so informed the buyer, and if the buyer agrees to come and take them, that is the assent to the appropriation. But if there is a further act, an important and decisive act, to be done by the seller, then there is*prima facie* evidence that probably the property does not pass until that final act is done. (通常划归的行为就是卖方要履行的最后一步。如如果交付在卖方的所在地,而卖方确定与备妥了有关的货物,并放置在一个方便买方来提取的地方,并通知买方。如果买方同意前来提取,这表示买方同意划归。但如果还有其他卖方要履行的重要行为,这是表明证据显示财产/货物所有权是要到该最后的行为做出之后才会转让给买方。)"

在以上 Pearson 大法官所讲的最后一句,再次说明卖方如果有一连串重要事情要办妥才能履约,一般是做了最后一件重要的事情才能视作划归。也表示,在国际货物买卖,涉及海运(假设是没有不记名提单的做法,如只出具海运单),一般是要把货物装上船舶(在 FOB 买卖),这是卖方要做的一件大事,才会被视为划归。这也正是 Carlos Federspiel 先例的判法。也是在§3 段节录的 Section 18,第五条规则的指导思想所针对的。

3.5 货物买卖的划归与租船合约的指令船舶

看来,买卖合约的划归与租船合约(没有确定是哪一艘船舶作出履行的租约)常会有船东“指令”(nominate)履约船舶一样:The “Super Servant Two” (1990)1 Lloyd's Rep 1。这是在订约时,船东未能明确哪一艘船舶会履约,更有可能船东自己手头没有空闲船舶,要另行租入。所以在租约中针对履行的船舶之约定“to be named”或简称 TBN,这相当于买卖合约下的“不确定货物”。但在船东后来指令/选择后是某船舶履行该租约,则再也不能更改,好像该被指令的船舶就是一早写在租约作为履约之船舶一样:Anglo - Danubian Transport Co. Ltd v. Ministry of Food (1949)83 Ll. L. Rep 137;The “Trado” (1982)1 Lloyd's Rep. 157。

3.6　造船合约下船舶的划归

针对造船合约也会有这一方面的问题,近期在一个伦敦仲裁中有涉及。案情涉及了船厂为同一个买方船东建造 2 艘姐妹船,船价十分高昂,因为订约是在 2008 年金融海啸前。但第一艘船因为延误而过了“死亡日期”(drop dead date)而被买方取消,但不幸看来第二艘船也会因延误而被买方取消。这一来船厂就动脑筋想去取巧,就是把被取消了但已经建造完毕的第一艘姐妹船作为第二艘船的替代,并及时作出“交付通知”(delivery notice)给买方。这遭受到买方大力的抗拒,因为买方如果要接受这一艘昂贵的船舶就要比市场价格多支付近 1 亿人民币。这带来的争议是船厂能否这样做,毕竟建造船舶也是一个买卖合约,但不像是二手船买卖,在订立合约的时候是针对不确定与将来货物。这无可避免带来了划归通知到底是在什么时候做出,而船厂的争议就是在通知买方第二艘船(在该案例实际上是第一艘船)可以交付的时候。这也表示船厂在没有作出划归通知之前是可以改变主意,更换另一艘同样的姐妹船。当然是针对船舶建造合约,还会有其他的疑问解释不了,例如买方可以在建造期间对有关的船舶作出检验或更改。这一来如果买方对第二艘船做了一连串这方面的工作,但船厂在交付之前私下改了去交付第一艘船就很难说的通。但如果说划归不是在船厂作出交付通知,而是在更早就发生,也很难说的通是什么时候。例如是否在订立造船合约并去确立了“船壳号码”(hull number)?是否在第一次切割钢板?是否在安放龙骨?是否在船壳下水?是否在试航?可以说是有一点说不清。但任何合约的解释是需要全面作出整体的解释,所以确立到底什么是将来货物,也不仅是只看划归通知这一个方面。也会是,划归通知在造船合约并没有太大的关系,因为一直的说法是造船合约不光是一个买卖合约,也是一个合约去“设计与建造”(design and construction)有关的船舶:Stocznia v Latvian Shipping (1998)1 Lloyd's Rep 609。反正最后伦敦仲裁庭是判船舶买卖合约的特征是不能纯粹以买卖合约对待,所以不存在船厂可以通过划归通知随便选择交付给买方/船东任何一艘船舶,只需要符合同样的描述与质量。

3.7　划归通知的格式

在国际买卖中针对 CIF/CFR(但也会可能出现在 FOB 买卖)通常有合约条文要求卖方准时给予买方“划归的通知”(notice of appropriation)。本来也不一定是有这个通知的必要,因为稍后在 CIF/CFR 卖方交出付运单证的时候,特别是一份装船提单,就会能够确定划归的货物。但这在时间上会是比较晚(所以有这么多无单放货的不正常做法),也不是买方可以掌握的。所以买卖合约就会加上一个更早期限去作出的划归通知。这种通知在 FOSFA 标准买卖合约格式中被称为是"宣告付运通知"(declaration of shipment),这在针对国际货物买卖而言会是一个更容易理解的名称。例如在 Gertreide Import Gesellschaft mbH v Itoh & Co (America) Inc (1979) 1 Lloyd's Rep 592 先例中,就节录了有关的"宣告付运通知"条文如下:"**Declaration of shipment**: Notice stating ship's name, date of Bill/s of Lading and approximate quantity shipped shall be despatched by first Sellers to their Buyers not later than 7 days from date of Bill/s of Lading. Notices by intermediate Sellers shall be accepted by their Buyers although received by them after such time, if from the 7th day from the date of the Bill/s of Lading such notices have been passed on with due despatch."

另在 The "Intan 6 V. 360A SN" (2003) 2 Lloyd's Rep 700 先例中的买卖合约条文第 10 条,也是有同样的条文如下:"**Declaration of shipment.** Notice giving name of ship and/or ships and/or ocean going ships, leading marks and other means of identification and /or bills of lading, date and numbers including container numbers where relevant shall be advised by shippers at time of shipment and by intermediate parties with due despatch. The time for making a declaration under this contract shall expire 72 hours before arrival of ship at port of discharge unless duration of voyage is less than seven days…A declaration or tender shall be deemed to be a good declaration or tender under a contract (but without prejudice to any question arising on points other than those concerning the declaration or tender) unless objection is made in writing by the Buyers to his Sellers concerned within three business days following the receipt of such declaration or tender, such objection to be passed on by intermediaries with due despatch. A declaration once made shall not be withdrawn, amended or replaced by another declaration or tender, except by mutual agreement."

这种划归通知也可节录在 Bunge v. C. C. V. (1980) 1 Lloyd's Rep 458 先例中更详尽的一条,是在 GAFTA 100 标准格式内的:

"(a) Notice of Appropriation stating that the vessel's name and the approximate weight shipped shall within (i) 10 consecutive days if shipped from the U. S. Gulf and/or U. S. and/or Canadian Atlantic/Lake Ports, (ii) 14 consecutive days if shipped from any other port, from the date of the Bill(s) of Lading be despatched in accordance with sub-clause (2) by or on behalf of the Shipper direct to the first Buyer or to the Selling Agent or Broker named in the contract.

(b) Notice of Appropriation stating the vessel's name and the approximate weight shipped shall, within the period stated in sub-clause (a) by despatched in accordance with sub-clause (e) by or on behalf of each subsequent Seller to his Buyers or to the Selling

Agent or Broker named in the contract, but if Notice of Appropriation is received by a subsequent Seller on or after the period stated in sub - clause (a) from the date of the Bill of Lading, his Notice of Appropriation shall be deemed to be in time if despatched: - (1) On the same calendar day, if received not later than 1600 hours on any business day. (2) Not later than the next business day, if received after 1600 hours or on a Non - Business Day."

以上的通知,看似冗长,特别是在(b),是因为准时发出划归通知会被视为"条件条文"(condition),违约会有严重后果: Kleinjan & Holst NV Rotterdam v Bremer Handels (1972) 2 Lloyd's Rep 11; The "Post Chaser" (1981) 2 Lloyd's Rep. 695。

而且,GAFTA 100 涉及的农产品买卖会在海上运输的时候就已经进行多次转售,所以会有分买方与分卖方,都涉及要准时发出划归通知的合约责任。

最后一提是在 CISG,它在 Article 32(1)也有类似的条文如下:"If the seller, in accordance with the contract or this Convention, hands the goods over to a carrier and if the goods are not clearly identified to the contract by markings on the goods, by shipping documents or otherwise, the seller must give the buyer notice of the consignment specifying the goods."

3.8 什么是买方对划归的同意

针对这方面的解释可简单节录《Benjamin's Sale of Goods》(8th edn, 2010 年)之 5 - 074, 5 - 076, 5 - 077 段:

"**Assent of the other party.** Since it is by agreement of the parties that an appropriation involving a change of ownership is made, where an election to appropriate rests with one party, the appropriation must be made with the assent, express or implied, of the other. Such assent may be given either before or after the appropriation is made. Williston has said:

"The act of appropriation has no legal consequences unless previously or subsequently assented to by the other party. If the buyer assents in advance to an appropriation by the seller, he is in effect an offeror, and such an appropriation as the buyer has authorized is an acceptance. If the buyer's assent is subsequent to the appropriation, the seller is the offeror and the buyer the acceptor of an agreement for the specification of the goods".

This analogy should not, however, be taken too far. There is no need to find any formal offer and acceptance. It is sufficient that one party has assented, expressly or impliedly, to the appropriation by the other. (买方的同意划归只需要是明示或默示不反对卖方的划归,这并不需要提升到订立合约所要求的明确与无条件"要约"与"接受")…

Assent may be implied from conduct, as where a buyer is informed that the goods appropriated to the contract are those on board a particular ship, and he receives and retains the invoice and bill of lading or gives instructions for an insurance policy to be effected on the goods. Payment of the price after notification that the goods are ready for delivery may also amount to assent, provided it is specifically made in respect of those goods. Further, where goods have been separated from bulk and are in a deliverable state, the tender of a delivery order by the buyer and its acceptance by a warehouseman constitutes an appropriation of the goods by the seller with the assent of the buyer.（买方的同意也可以从行为中默示,如买方收到通知划归给买卖合约的货物是装在某一艘船舶上,买方接收与保留卖方发票与提单,或是为货物投保,这都可被视为是同意卖方的划归。在收到通知有关货物的划归后支付部分或全部货款也是会被视为买方同意。在不确定的货物确定后,并"处于可交付状态"[deliverable state],买方接受卖方的提货单也会是被视为同意。）

If the seller notifies the buyer that certain goods have been appropriated to the contract, but the buyer refuses to accept the goods or to pay the price, the property will not pass unless there is some other act on the part of the buyer which indicates his assent to the appropriation. Assent may, however, in some circumstances be inferred from silence, as in *Pignataro v Gilroy* (1919) 1 *K. B.* 459, where a contract was entered into for the sale of 140 bags of the rice to be delivered within 14 days. The buyer sent the seller a cheque for the rice and asked for a delivery order. The seller sent him a delivery order for 125 bags lying at the wharf of a third party and informed him that the remaining 15 bags were ready for delivery at the seller's place of business. The buyer neglected to take delivery of these 15 bags for one month, and in the meantime they were stolen. It was held that assent could be inferred from a month's silence without objection."（如果买方收到卖方的划归通知后,拒绝接受或支付货款,这通常就代表买方不同意划归,财产/货物所有权就不会转让给买方。如果买方沉默,不在合理时间内反对划归,会被视为是同意划归。在 Pignataro v Gilroy 先例就出现这种情况,而其间有关的货物被盗窃了,如果划归是有效的转移财产/货物所有权与风险,损失是在买方。）

3.9 不被接受的划归通知能否撤回并重新作出?

假设根据买卖合约所作出的划归通知,有缺陷或不符合合约要求,如过了付运时限或错误办法,又或者是内容并不足够等情况。显然在这种情况下,买方也不接受。问题是,卖方是否有可能有机会作出补救,另给第二个划归通知?最早的先例是 Borrowman Phillips and Co v Free & Hollis (1878) 4 QBD 500,涉及了 CIF 卖方先划归装在"Charles Platt"轮上的一票玉米,但买方拒绝接受,因为卖方没有合约要求的付运单证。接下去,卖方再划归装在"Maria D"轮上的同类玉米,并且有付运单证。但买方也拒绝,认为卖方在作出第一个划归通知的时候就已经受到约束,而第一个划归是有缺陷,但不能撤回。估计买方有这种态度,在现实中十有八九是因为市场中玉米价格下跌。上诉庭不同意买方这种说法。

这一个先例的说法,Donaldson 大法官在 The "Vladimir Ilich" (1975) 1 Lloyd's Rep 322 先例中也接受,换言之卖方是有权对第一个有缺陷的划归通知作出补救。当然,这还是需要符合其他的要求,如买卖合约中对这一个通知作出的时限,因为划归通知是条件条文。

比较近期的先例是 Gertreide Import Gesellschaft mbH v Itoh & Co（America）Inc（1979）1 Lloyd' s Rep 592，案情的部分是在较早的 3.2 段，其中提到在该一连串买卖合约的最后买卖合约中，卖方延误了 7 天把上一手卖方发给他的划归通知（有关货物是装在"Constance"轮）转发给下一手买方而被买方拒绝接受，因为买卖合约中是要求卖方尽快（due diligence）作出划归通知。至于延误的原因，可能有很多。有可能是卖方吃不准是否向下一手买方作出这一票货的划归通知，因为想自用作为最后的买方，或是在其他同样的买卖合约向其他买方作出划归。也有可能是卖方疏忽，忘了及时作出划归通知等。但在该先例，卖方在第一个延误划归通知被拒绝后，很快作出了第二个划归通知。第二个划归通知显然是另一艘船上（"Fernlane"轮）的另一票同类货物（包括货物品种是美国大豆，1977 年 6 月付运，与 CIF Rotterdam 等等），而且完全符合买卖合约的要求（主要是在时间上就是第二个划归通知是在提单签发日期后的 7 天内）。但由于当时的大豆市场下跌，买方还是拒绝，认为卖方没有权利作出第二个划归通知去补救。在英国高院，判是卖方有这一个权利，Donaldson 大法官是这样说的：

"The answer to this contention is that a valid declaration of shipment only appropriates goods to a contract, and so modifies the rights and obligations of the parties to that contract, if it is applied to that contract by a valid notice. Any attempt to apply it by a stale notice is as ineffective as the tender of goods without the shipping documents. Such a tender leaves the seller free to make a fresh tender of different goods with the shipping documents (Borrowman Phillips and Co v Free & Hollis (1878) 4 QBD 500).

In fact, I think that there is another answer. This is that the buyers are in error in regarding the notice as something distinct from the declaration of shipment. In truth, the notice is the declaration of shipment quoad the contract between these sellers and these buyers. It follows that the buyers cannot both maintain that it is a valid declaration of shipment which cannot be withdrawn without their consent and an invalid one because it was sent to them out of time."

§4　分不开货物对国际买卖所造成的困难与解决

在"确定货物"（ascertained goods）与"不确定货物"（unascertained goods）之间，往往会有一个中间阶段是可称为"半确定货物"（quasi - ascertained goods）。例如，在本章 §3.1 段的 10 个不同买卖合约的单车，订约时根本未曾生产，所以是不确定货物。但之后履约，卖方生产了足够的单车存放在仓库，但仍未来得及付运给不同买方，更没有发出划归通知，卖方已突然倒闭。这一来，10 个不同买方可否各自去卖方仓库，在一大批单车中拣够自己合约的数量,说是货物已属买方?

简单的说:不可以,1979 年《货物销售法》的 Section 16 已明确说明未曾确定的货物是不能从卖方转让给买方。

或会说:足够单车已生产了,存放在卖方仓库,这还不够明确吗?撇开 3.1 小段的"划归"(appropriation)要求,也显然是不够明确这些单车已成为每个不同买卖合约下的"确定货物"。试想想,不同买方到了卖方仓库提取"自己"的货物会拣颜色美丽的单车,生产有小缺陷的不要等。如果仍有不足之数,最后来提取的买方会倒霉。弄不好,他们之间会大打出手,争夺最后的几辆单车。客观去看,这所作所为像是买方去倒闭的卖方仓库提取回"自己"的单车吗?

4.1 对国际货物买卖的不便

但这严格的法律地位带来其他的不便,特别是在国际上的商品买卖。例如,买卖的是 1 万吨食糖。本来是在 CIF 或 CFR 买卖,该票食糖一装上某艘船舶,卖方作出划归通知,财产/货物所有权就可转让给买方(当然是卖方会通过不记名提单保留财产/货物所有权直到收到所有的货款)。

这一连串的做法没有任何困难,只要是装这票 1 万吨食糖的船舶只是 1 万多吨载重,只涉及一票货,一套提单,一个买卖合约与一个买方在整个航次。如果涉及了国际贸易商,为了节省海上运输的费用以赚取更大的利润,就经常会出现把几票同类货物合并在一艘船舶付运。例如船舶是 2.5 万吨载重,装的是 2 万吨食糖,分属三份不同买卖合约与三个不同买方。食糖都混在一起,说不出哪部份归某买卖合约的,反正是船舶到了卸港,买方前来提货,才慢慢分。但这一来,却令"不记名提单"的背书也在 1979 年《货物销售法》的 Section 16 下无法转让财产/货物所有权,因为在船上的食糖"意外"的分不开而未曾可确定。这表示买方有莫大的风险,他支付了货款并取得一套背书的提单,但实际上财产/货物所有权还是在卖方。如果其间(一直到买方向船舶根据手中的正本提单提了货)卖方倒闭,买方就会是"货财两空"。

1979 年立法在这方面也不是故意为难,本小段已介绍过 10 个买方去卖方仓库"提取"(实是形同抢掠)单车的困境,可再介绍这 2 万吨混合在一起的食糖为例。该船舶半途遇险,海水进舱内令 1 万吨食糖变为"糖水"流失。到了卸港,有三位买方,各买了 1 万吨、5000 吨及 5000 吨,上船提货。他们知悉遇险再加上食糖市场价格上升,都会说变"糖水"流失的货物不属他的一票。这一来,船长怎样办呢?先到先得?但他们都一齐到呢?

而船长如果向三位买方质问:你们说变"糖水"流失的货物(装在 1,2 号船舱)不属你们的,可否证明较早时,货物已转让给你们(提单背书时)并已确定是装在 3 或 4 或 5 船舱。可以说,三位买方都会无法回答。理论上,这三套提单可以说明有关数量的食糖是装在哪一个船舱,但现实中没有这种做法。

可见,分不开的货物要到了卸港,真正分得开,才能转让货物给个别买方。但这对买方不便而且不利,因为他支付货款后(如以信用证支付),仍无法拥有货物。如果卖方倒闭怎样办,因为债权人会来索取这票仍属卖方的货物?而发生货损,买方如果要以侵权或提单的运输合约起诉船东或其他有关人士,也会因不拥有财产/货物所有权而寸步难移。

4.2 不能以衡平法转让来解决

在 Re Wait (1927) 1 Ch. 606 先例,买方曾试图以另一个理论来解决这困境。Wait 买了 1000 吨小麦,装在"Challenger"轮,再在第二天分售了给 X 其中的 500 吨。X 也把货款支付了 Wait。但不久后,船舶仍未抵达卸港,小麦也未去分开,Wait 已倒闭。Wait 的清盘人要取回这 1000 吨小麦,这一来,X 可就惨了。X 以"衡平法转让"(equitable assignment)的理论,希望支持他能取回这 500 吨小麦。这衡平法转让在杨良宜先生所著的《国际商务游戏规则——英国合约法》一书的第 125 页有详论,不再重复。而且,在 Re Wait 先例,X 也被上诉庭否定,认为详尽的《货物销售法》立法后,买卖双方只能在该立法中确定自己的法律地位。Atkin 大法官说:"The total sum of legal relations arising out of the contract for the sale of goods may well be regarded as defined by the code"。换言之,X 的买方不能以衡平法理论超越立法的 Section 16 所说的:"尚未确定的货物不能转让"。

4.3 美国相关的立法

美国立法不像英国的严格,它在 The Uniform Commercial Code, Section 2 - 105(4)说:"An undivided share in an identified bulk of fungible goods is sufficiently identified to be sold although the quantity of the bulk is not determined. Any agreed proportion of such a bulk or any quantity thereof agreed upon by number, weight or other measure may to the extent of the seller's interest in the bulk be sold to the buyer who then becomes an owner in common."

即是,在"可识别的一大批"(identified bulk)货物中,有"仍未分开的份数"(undivided share),卖方仍可转让货物给买方。一经转让,买方成为该一大批货物中的"共同拥有者"(owner in common),货物再不属卖方。

至于"可识别的一大批",好的例子会是装上"玫瑰海"轮(船名)的 1 万吨食糖,而该船实装了总共 2 万吨。这一来,"玫瑰海"上的 2 万吨是"identified bulk",而某买卖合约下的 1 万吨是"undivided share"。在美国法律,该合约的买方不必等待在卸港卸下并实际分配给他的食糖时才能转让财产/货物所有权。"可识别的一大批"也可以是整批货分售给多位买方是存放在一个仓库,或是一个储物室,或是一个谷仓,或是一个油柜。

4.4 英国在 1995 年立法的修改

在英国法律,这"共同拥有者"的概念并不新奇。在岸上的土地/房子,常会有这概念。如一个房子由几位业主按比例的拥有,各占一份,所谓"tenancy in common"。同样做法,一早也在商船的拥有与注册中实行,根据《商船法》(Merchant Shipping Act),是可以有多达 64 人去注册为船东作为共同拥有。货物买卖也没有理由不能这样处理。所以在 Sale of Goods (Amendment) Act 1995,它在 1979 年《货物销售法》增加了 Section 20(A)与 20(B)。Section 20(A)名为“Undivided shares in goods forming part of a bulk”,而 Section 20(B)名为“Deemed consent by co－owner to dealings in bulk goods”。

另外,1979 年《货物销售法》仍然保留了 Section 16,表示大原则不变,只是加了几个字说“Subject to Section 20A below”,以表示新增加 Section 20A 只是唯一例外情况,大原则仍是货物要能“确定”(ascertained)才能转让财产/货物所有权给买方。

Section 20(A)在一开始就说明只是用在买卖不确定货物其中的一个“特定数量”(specified quantity),这目的显然是为了明确有关买方准确的份数。在许多买卖商品的合约,通常会给其中一方一个百分比的伸缩性,如“5000 吨食糖,+/－10%”,这看来不像是一个特定数量。但在 Section 20(A)(1)(b),它是规定了以“买方支付部分或全部货价为准”(the buyer has paid the price for some or all of the goods which are the subject of the contract and which form part of the bulk.)。

会有情况在订买卖合约的时候,有关的货物是可以确定,这一来 Section 20(A)就不适用。例如在订立买卖合约有关“50 箱的 Johnny Walker Blue Label 威士忌酒储藏在你的酒库”,如果当时卖方的酒库只有这 50 箱,这就等于是买卖确定的货物,Section 20(A)也就不适用了。但如果在订合约的时候卖方的酒库有多过 50 箱的同类威士忌酒,Section 20(A)就适用。

在 1979 年《货物销售法》之 Section 61(1)对一大批货物(bulk)分售给多位买方或卖方自己保留一部分有以下的定义:“... a mass or collection of goods of the same kind which－(a) is contained in a defined space or area; and (b) is such that any goods in the bulk are interchangeable with any other goods therein of the same number or quantity.”

这定义(a)是指“可识别的一大批”(identified bulk)货物,这一方面在 4.3 段提到美国的法律已经有涉及,包括装上船舶、飞机、火车,或是储藏在仓库或谷仓的整批同类货物。不去重复,只说是不包括在某一个地理范围的同类货物,如来自法国的波尔多:Stapylton Fletcher Ltd (1994) 1 W. L. R. 1181。它也不包括卖方的“一般性经营存货”(general trading stock):Re London Wine Co (Shippers) Ltd (1986) P. C. C 121; Re Goldcorp Exchange Ltd (1995) 1 A. C. 74。

Section 20(A)只适用于同类货物/商品,这方面有非常局限的解释。所以,在 RBG Resources v. Banque Cantonale Vaudoise (2004) 3 SLR 421 的苏格兰先例,法院认为铜(copper)、镍(nickel)和锡(tin)并非同类货物,这些不同物品就算混合一齐亦不适用 Section 20(A)。

这一来,英国法律在这问题上已与美国法律看齐。

英国法律针对部分会出现的问题也有一些细则,例如是:

(1)一大批货物有了短缺的情况如何分配——这是在 Section 20(A)(4),说明了“共同拥有者”按比例分配。如在较早的 2 万吨食糖有 1 万吨变了糖水,余下的 1 万吨只好按比例分:1 万吨的买方只能有 5000 吨;其余各 5000 吨的 2 位买方只能各有 2500 吨。要知道,这 1 万吨变了糖水的损失起因,船东不一定在《海牙规则》或《中国海商法》下有责任。所以遇上不幸要由共同的买方分摊承担。

这实是与中远提单上一条文一样,只是做法上以前靠提单条文的明示,今天可靠立法给予的默示。这中远提单条文说:“Where bulk cargo or goods without marks or cargo with the same marks are shipped to more than one consignee, the consignees or owners of goods shall jointly and severally bear any expense or loss in dividing the goods or parcels into pro rate quantities and any deficiency shall fall upon them in such proportion as the carrier, his servants or agents shall decide.”

(2)无法避免先到先得的情况——这是在 Section 20(B)(2)针对了另种情况,是不同买方会是无可避免的先到先得,如上例的 2 万吨食糖分不同港口卸,加上流失不多,船长也不知道有短缺。这一来,最后的卸港的一位买方(提单持有人)会发觉少了 1000 吨,而这总的 1000 吨损失全是归他来承受,这看来很不公道。要知道,这 1000 吨损失起因会是船东不必负责。这一来,这不幸的买方可否起诉船长,指他分配损失不当?但是,船长怎样做才是恰当呢?或是,起诉比他先一步提货的买方,要求他们照比例多提取的食糖归还给他?

英国法律为了避免过多的诉讼,复杂的理算/分摊与不现实/昂贵的做法,决定不追求绝对的公道。立法在 Section 20(B)(2)与(3)是说明谁倒霉则损失自负。

当然,英国法律不禁止订约自由,当事方可另协议:The “Ypatianna”(1981)2 Lloyd's Rep. 286; Re Stapylton Fletcher (1994) 1 WLR 1181。例如在 GAFTA 100 的详尽的 26 条文,其中在(e)条文就有与 Section 20 (B)(2)与(3)不同的规定,可节录如下:

“26 PRO - RATA

(a) should any of the above mentioned quantity form part of a larger quantity of the same or a different period of shipment of bags of the same mark, or of a similar quality, whether in bags or bulk or whether destined to more than one port, noseparation or distinction shall be necessary.

(b) All loose collected, damaged goods and sweepings shall be shared by and apportioned pro - rata in kind between the various receivers thereof at the port of discharge named in the contract, buying under contract, containing this clause, in the event of this not being practicable or any of them receiving more or less than his pro - rata share of apportionment, he shall settle with others on a pro - rata basis in cash at the market price and each receiver shall bear his proportion of depreciation in market value. The pro - rata statement shall be established by the seller or their representatives in conjunction with the receivers or their representatives.

(c) The above pro - rata apportionment between receivers shall have no bearing on the establishment of final invoice with sellers and for the purpose of these final invoices, the total quantity of loose collected, damaged goods and sweepings shall be regarded as delivered to those receivers who did not receive their full invoices quantity.

(d) In the case of excess or deficiency, the difference between the invoiced and the total delivered quantity shall be settled as the market price by final invoices to be rendered by receivers, who have received more or less than the paid for, to their immediate sellers without taking into consideration the above pro – rata apportionment between receivers.

(e) If an excess quantities delivered to one or more receiver, and a deficient quantity is delivered to one or more receiver, the excess and deficiency shall be settled between them at the market price. Final invoices shall be established with the immediate sellers for any balance resulting from this settlement.

(f) All shippers, sellers, and buyers of any part of such larger quantity as aforesaid under contracts containing this clause shall be deemed to have entered into mutual agreements with one another to the above effect, and to agree to submit to arbitration all questions and claims between them or any of them in regard to the execution of this clause as aforesaid in accordance with the Arbitration Clause of this contract. Sellers and Buyers shall give all reasonable assistance in execution of this clause. All sellers shall be responsible for the settlement by the respective buyers in accordance with this clause within a reasonable time.

(g) The market price wherever mentioned in this clause shall be the market price on the last day of discharge of the vessel in the port of destination, such price to be fixed by arbitration unless mutually agreed.

(h) In the event of this clause being brought into operation, any allowances payable in respect of condition, or quality, or under any of the other guarantees contained in this contract, shall be based upon the actual weight received by the buyers and not on the pro – rata weight.

(i) In the event of any conflict, in terms of the method of apportionment applicable to the port of discharge published by the The Grain and Feed Trade Association shall, where applicable, take precedence over sub – clause (b) to (h) above.

(j) In the event that Clause (a) applies or that the goods subsequently become commingled, and that the goods were shipped by more than one shipper and destined for one or more ports of discharge, then after the adjustment between receivers under the terms of this clause, the shippers shall settler pro – rata between themselves in proportion to their bill of lading quantities.

Such settlements shall be made in cash and in the event of two or more discharging ports being involved, then the settlement price shall be the average of the market prices on the last day of discharge in the respective ports."

(3)卖方"超售"(overselling)——如果卖方无意或疏忽把一大批货物超售,也会带来是怎么样的解决办法。比如说,卖方把他存放在粮仓的1万吨小麦出售给两位买方,各自是5000吨。但接下去卖方再出售3000吨给第三位买方。这一来会否是三位买方按照 Section 20 (A)(4)平均分摊?但在《Benjamin's Sale of Goods》(8th edn,2010年)之5-121段,认为更好的看法是原来的两位买方可以分配到他们的份数也就是各有5000吨。至于第三位买方的3000吨,由于卖方根本没有这个货物或财产/货物所有权已经转让给原来的两位买方,所以根本没有东西可以出售。这一情况是1979年《货物销售法》之 Section 21(1)有所针对。在这种情况下会有一个例外的情况是"卖方控制货物"(seller in position)这是在1979年《货物销售法》之 Section 24 所针对,并会在本书第七章之3.10.4段进一步解释。它针对的情况是买方支付了货款但不把货物提走,让卖方继续占有或控制,之后卖方把货物出售给另一位无辜的买方后倒闭。如果 Section 24 适用,就会把原来的两位买方视为授权卖方出售给第三位买方,导致第三位买方可以全数取得3000吨,而原来两位买方只能各自承担1500吨的短缺。

4.5 合并或减少令不确定货物分得开情况

有了1995年立法的修改,像 The "Elafi" (1981)2 Lloyd's Rep 679 的有趣先例已不再重要。它是说稍后的"合并"(consolidation)或"减少"(exhaustion)可令合并在一大批的货物分得开,进而令货物得以"确定"(ascertained),加上买卖双方早已意图转让财产/货物所有权,背书了的不记名提单已在买方手中。这一来,一经确定,财产/货物所有权马上转让。

例如较早的2万吨食糖,分三个不同卸港给三个不同买方。到了最后一航程,船上也只有最后买方的5000吨食糖,明显已是确定,是通过"减少"(exhaustion)达致确定。如果不幸在该航程中船舶沉没,最后买方可以侵权(因为没有提单合约的关系如二程船)起诉船东。

又或是,这2万吨食糖在运输途中,原1万吨的买方以 CIF/CFR 把其余各5000吨2票食糖也买下来(单证买卖),变得拥有所有船上食糖,这是通过"合并"(consolidation)来达致确定了。

4.6 将来货物(future goods)

与不确定货物(unascertained goods)通常是商品有一点不一样的是将来货物通常是针对一些需要卖方生产或收购的货物,这在1979年《货物销售法》Section 5(1)有针对说:"goods to be manufactured or acquired by him after the making of the contract of sale, in this Act called future goods"。有说法是买卖将来的货物不严格是一个买卖合约,只是一个协议去买卖将来的货物。至于财产/货物所有权的转让也是根据买卖双方的意图,这是在1979年《货物销售法》Section 17。另外根据 Section 18 的第五条规则,将来货物与不确定货物也是需要作出"划归通知"(notice of appropriation)。这通常是在将来货物已经生产或收购完毕,并且是在一个"处于可交付状态"(deliverable state)。换言之,将来货物一般是针对"完成的货物"(finished product)。在本章 3.6 段提到的伦敦仲裁,认为造船合约并不是一个买卖完成货物的合约,看来划归在造船合约(根据常用的日本造船格式)并不是关键的一步。

有时候找出买卖双方的意图也不是容易的,举一个涉及庞大金额的先例 Davy v Emerald (1992)2 Lloyd's Rep. 142,案情涉及了原告(Davy)出售给被告(Emerald)一个使用在北海油田的浮动生产设施(floating production facility,简称 FPF),是从一艘旧船改装并加上许多设备,价值高达 1,287,800,000 英镑。付款的办法是 Emerald 支付部分的货款,而主要高达 88,060,000 英镑,是通过巴克莱银行所开出的信用证。在原来的合约中,其中有第 18.1(a)条文针对有关 FPF 的所有权转让,就是在完工与支付货款后,说:"Title to the work and the facilities shall be with [Davy] until and shall be transferred to and vest in [Emerald] immediately upon completion and payment of the amount due from [Emerald]... At the time of transfer to and vesting of title... [Davy] shall deliver to the company a duly executed legal bill of sale in respect of the FPF."

在履行的途中,买卖双方曾有争议并达成了和解协议,导致了双方的意图并非是十分明确。反正是针对支付货款,双方所同意步骤一是在快将完工的时候,Emerald 先支付 9,000,000 英镑与 24,800,000 英镑,也在同一天开出 94,000,000 英镑的信用证。信用证议付的文件包括了非常重要的"卖据"(bill of sale)。卖据是由卖方制作,通常会经过公证后在买卖双方交接的时候交出给买方。卖据是一份明确不过的重要文件把有关货物的所有权转让给买方。接下去的步骤是当 FPF 完工后,Davy 提供给 Emerald 9 份文件其中包括了卖据。再接下去的步骤是 Emerald 会多作出一份文件确认完工(completion certificate)与从英国政府贸发部取得的文件,加上 Davy 较早所提供的 9 份文件一并退还给 Davy,让 Davy 去巴克莱银行议付。

这导致了双方的一个争议就是 FPF 所有权是在什么时候或哪一个步骤转让给 Emerald。Emerald 认为是在 Davy 交出卖据给他或信用证以外的货款已经做出支付。但 Davy 认为是在他收到所有的文件可以去巴克莱银行议付,并且有关文件被接受的时候才能转让 FPF 所有权。在高院与上诉庭,认为卖据虽然重要,但不能在 1979 年《货物销售法》下超越双方的意图。由于卖据是要稍后退还给 Davy 用作议付,判是双方的意图是要等到 Davy 成功议付才会转让 FPF 所有权。Staughton 大法官这样说:

"Business sense supports that construction. One would not expect the parties to provide that the passing of title should be deferred until some relatively trivial amounts were paid, but not until Davy were in a position to draw by far the largest proportion of it under a letter of credit. (商业的常识是卖方不会愿意在买方只支付了小金额的货款就把所有权转让给买方,而是应该是在 Davy 能够把最大一笔货款在信用证议付后取得。)

There are other arguments to consider. First, it is said for Emerald that the contract requires Davy to hand a duly executed bill of sale to Emerald at stage 4, by cl. 36.3.1(e)

. Since a bill of sale is an instrument which transfers the property in a ship, the title must then pass. But the basic rule is that property passes under a contract when it is intended to pass; s. 17(1) of the Sale of Goods Act, 1979. since the bill of sale was forthwith to be handed back by Emerald to Davy, and Davy were to use it for presentation under the main letter of credit, it cannot in my opinion have been the intention that property should pass when the bill of sale was first handed to Emerald, so as to override cl. 18.1(a) as I have construed it.(另一个争议是 Davy 交出了一份卖据,而卖据是明确在船舶买卖作为所有权的转移。但在一个案例中是约定把卖据退还给 Davy 去银行议付,这就显示了交出卖据并非是双方的意图去转让所有权。)"

4.7 造船合约

有关建造船舶,今天通常的做法是在船舶建造完毕后交船的时候,船厂才愿意把财产/货物所有权交出给买方(也就是船东)。这一个意图是在今天普遍被使用或作为依据的日本造船标准格式合约中的 Article VII (5)有说明如下:"Title to and risk of loss of the VESSEL shall pass to the BUYER only upon delivery and acceptance thereof having been completed as stated above; it being expressly understood that until such delivery is effected, title to and risk of loss of the VESSEL and her equipment shall be in the BUILDER..."

在做法上买方通常被要求作出分期付款的预付(甚至会是大部分船价的预付),以协助船厂建造船舶所需要的流动资金。但"预付"(advance payment)并不等同"定金"(deposit),将来无法交船(即使不是船厂的过错)是需要退还给买方。这也是船厂被要求提供银行的"还款担保"(refund guarantee)的原因。所以,船厂即使收取了大金额的预付,也不要以为是赚了的钱。这是在将来交不了船舶无法转移所有权给买方的时候需要退还。

但在订约自由下,还是会有千变万化甚至是莫名其妙的约定。例如在一个近期的案件,造船合约中有一条名为船舶所有权的条文说明在安放龙骨的时候船舶所有权就属于买方,买方可以作出登记(还没有建造完毕的船舶作出登记在英国法律下是不行,但在许多其他国家可以这样做),条文写法是:"the vessel shall be the buyers' sole property as from the moment of her keel laying and shall be initially registered with the ship register of the flag state nominated by the buyers."

由于 2008 年金融海啸,结果中国船厂在把该船舶建造完毕后并交出船舶,外国船东的买方没有接受。而在船价方面,还有高达 85% 的船价没有支付。这导致了中国船厂最后把买方的拒绝视为是违约并终断合约。之后,船厂自己把该船舶在一个方便旗国家作出登记并营运。但营运不久该船舶就给外国船东(只是一个没有资产的单船公司)在美国扣押,说该船舶是属于他的财产,被非法侵占。中国船厂试图以外国船东没有支付大部分的船价以及违约作为理由试图说服扣船的法院,但不成功。毕竟在英美法下,已经提到过所有权转让与货款支付与否没有关系(如在本章 1.2

段),而与双方之间的违约争议更加是没有关系。这导致了中国船厂非常被动,船舶在美国被扣了半年,损失惨重。

§5 CIF/FOB 买卖双方货物的转让

已经提及,国际货物买卖的 CIF 与 FOB 绝大多数是针对"将来的货物"(future goods)。但稍后到了真正付运,很大可能在装上某船舶(特别是在买方派船的 FOB 买卖)时,已可转让货物给买方,因为:(ⅰ)付运是卖方所要做的最后行为。(ⅱ)应被视为无条件的"划归"(appropriation)。(ⅲ)这也配合 1979 年《货物销售法》的 Section 18,Rule 5(2)的指导思想。(ⅳ)即使该船舶上会合并其他同类货物而分不开,目前英国法律下也无妨:本章 4.4 小段。

故此,CIF/CFR 买卖的一般法律地位是在付运并做出划归通知时,财产/货物所有权自卖方转让给买方:Biddell Brothers v. E. Clemens Horst Co. (1911) 1 KB 934。但这不乏争议,因 CIF 是"单证买卖"(documentary sale)双方买卖的标的是一套付运单证而不是实质的货物。例如 McNair 大法官在 Ginzberg v. Barrow Haematite Steel Co Ltd (1966) 1 Lloyd's Rep. 343 先例的第 253 页所说:"See, too, The Glenroy, (1945) A. C. 124 where Lord Porter states that in the case of a normal CIF contract the property would not pass until the documents were taken up and paid for. If the buyer takes the bills of lading and does not within a reasonable time pay in accordance with the invoice accompanying the bills of lading the property does not ordinarily pass."

在 FOB,法律地位是更加明确:Carlos Federspiel v. Charles Twigg (1957) 1 Lloyd's Rep 240。该先例已在本章 3.4 小段介绍过,Pearson 大法官判是该票货物(单车)要在装上船舶时才算是划归,能够转让财产/货物所有权,而装上船是 FOB 下卖方最后也是"最决定性行为"(decisive act)。

5.1 国际贸易的卖方不愿意装船时财产/货物所有权转让给买方

因为国际贸易追债的困难,对外国买方资信不太了解(买方会随时倒闭)等,卖方是不想货物装船马上被视为无条件的划归去把财产/货物所有权转让给买方。因为除非买方预先付出货款(这种情况是绝无仅有),卖方通常不会在装船时就已经收到货款。正如 Staughton 大法官在 The "Ciudad de Pasto" and "Ciudad de Neiva" (1988) 2 Lloyd's Rep. 208 先例所说的:"It seems to me that in the ordinary way a seller will not wish to part with the property in his goods if they are shipped overseas until he has been paid in full."

确实也是如此,而小心的卖方为了避免法院或仲裁庭对"意图"(intention)有误会,更会:(ⅰ)在买卖合约订明;或(ⅱ)以"不记名提单"(order bill of lading)保留财产/货物所有权。

5.2 显示意图之一:买卖合约订明

双方在买卖合约订明何时转让货物,这当然是最明确了。而除非是双方稍后"更改"(vary)这协议,法院或仲裁庭也必须尊重。现实中买卖合约一般不会针对转让财产/货物所有权。正如在4.6段中节录的Staughton大法官所讲的名言。但永远有例外情况,就是卖方订下对自己不利的明示条文,如在买卖合约中笔者曾见过条文如:"Property of the goods shall pass to buyer when shipped onboard vessel."

订立这样条文的卖方很可能是"外行",因为不必写也会是这样的法律默示地位。但这一个默示地位对卖方没有保障,如货物装上船后一天,货款很迟才能收到,其间买方倒闭,卖方可就惨了,财货全失。而如果在同一份买卖合约中有其他矛盾的规定,如签发不记名提单与/或卖方付运后交出付运单证(不论是以托收或是信用证方式付款),就会带来争议到底哪一个条文超越?财产/货物所有权到底在装船时还是在交出付运单证时转移。

订立这种外行条文会带来许多危险,如知悉一些案件以托收的方式收取货款,但同时有上述的明示条文。货物到了目的地港的时候被第三人扣押,该第三人说是买方的债权人,对属于买方的货物进行扣押。但卖方还没有收到货款,而买方在出事后失踪。这导致了卖方与第三人之间有了争议,就是这批货物的财产/货物所有权到底是属于卖方还是买方。如果是属于卖方,这一个扣押就是错误并必须解除。而如果是属于买方,这一个扣押就是正确而且扣押所得到的款项(如通过拍卖出售)有可能是归第三人。这显然是要看有关的买卖合约,买卖双方是什么意图在转让所有权。杨良宜先生曾经在一宗同类的案件向中国法院提供专家意见,是涉及了日本卖方把一船化学品运去宁波,但在卖方收到货款之前货物在宁波被第三人扣押,而买方失踪。提供的专家意见是有关英国法律(因为该买卖合约约定适用英国法)下财产/货物所有权应该是属于卖方或是买方。

更多在CIF买卖合约会订明的,也可以保障卖方,是不直接的说明"一手交单,一手交钱"(cash against documents),可以足够表达意图是交单时才把装船的货物/货权转让。而交单的中心付运单证就是一套装船提单。可看以下先例:

(1)在Hansson v. Hamel & Horley (1922)10 Ll. L. Rep 507先例,是CIF买卖,虽然涉及"记名提单",但合约中有条文说明"cash against documents",Sumner大法官说:"In spite of the insertion of the consignee's name in the bill of lading,the intention to reserve the *jus disponendi* to the seller till the documents are taken up is manifested by the way in which the transaction is carried through with regard to the presentation of the documents."

(2)在Ross T. Smyth & Co Ltd. v. T. D. Bailey, Son & Co. (1940)67 Ll. L. Rep, 147先例的第155页,Wright勋爵说:"... The bills of lading were held by the sellers. The contract provided for cash or (at sellers' option) an acceptable of sellers' draft against documents. That condition for the transfer of the documents had not been fulfilled. The bills of lading were the symbols of the goods and the sellers, by retaining them, retained against the buyers title and control over the goods. All the buyers had at that stage was a contractual right to obtain control and thereby become owners upon taking up the documents."

(3)在 The "Julia" (1949) 82 Ll. L. Rep 270 先例,也是 CIF 买卖,涉及船舶在比利时卸港时德国入侵,余货被船舶转去里斯本卸清的损失到底由卖方或者买方承担,是要判财产/货物所有权与其风险有否转让给了买方。

(4)在 Cheetham v. Thornham Spinning (1964) 2 Lloyd's Rep 17 先例是 CIF 买卖棉花。当棉花到了 Manchester 卸港,为了减少仓库昂贵的费用,卖方虽不信任买方(以前曾赖债),也先让棉花送去买方的工厂。但卖方仍扣押了一套单证(提单),等买方支付,而买方也完全了解卖方意图。买方之后倒闭,变得谁才是这票棉花的主人事关重大。Roskill 大法官说是双方意图并没有把财产/货物所有权转让,而即使棉花送去买方工厂,也非是唯一结论性的行为。

(5)在 Ginzberg v. Barrow Haematite Steel Co. Ltd. (1966) 1 Lloyd's Rep 343 先例,也是类似情况,CIF 买卖下卖方同意买方无单提货(钢材),但之后一位买方倒闭。McNair 大法官不认为双方有任何"更改"(variation)买卖合约的行为/协议,而这合约双方意图仍是买方支付了货款,交换了提单,财产/货物所有权才转让给买方。

(6)在 Trafigura Beheer v. BCL Trading GmbH (2002) EWCA Civ 251 先例,虽然卖方在信用证下提供的付运文件有不符点,但买方接受了这些文件。法院认为在买方接受这些文件后,就算银行还未把钱付给卖方,但财产/货物所有权已经在买方接受文件不符点时转让给买方。这显示就算议付的文件有不符点仍然可以透过文件被接受把财产/货物所有权转让。

5.3 显示意图之二:不记名提单的签发

在本章之 1.3.4 段,已经提到有关"不记名提单"。关键是签发的提单在"收货人"(consignee)一栏填上"卖方指令"(to seller's order)或"发货人指令"(to shipper's order)。千万不要填上买方的名字,因为一填上,这变为"记名提单"了。

措辞上已可明确,这票装上船货物交给谁收货仍得先看卖方/发货人而不是任何其他人的指令。而卖方/发货人指令,方法是在"不记名提单"背书。如果背书说明给某买方,在出示一份有背书的正本提单后,船长可把货物交给该买方。如果是空白背书,这份提单变为"持有人提单"(bearer bill of lading),谁有正本提单已可提货。

对船长而言,也是要见到背书,表示卖方/发货人已作出"指令"(order),才肯放货。光是一份正本提单仍不足够。

正如在 The "Ciudad de Pasto" and "Ciudad de Neiva" (1988) 2 Lloyd's Rep 208 的先例,上诉庭的 Staughton 大法官说:"Here by the bills of lading the goods were deliverable to the order of the sellers; consequently the *prima facie* presumption is that they reserved the right of disposal. Unless the presumption is displaced, that has the result that the property did not pass to the buyers until the condition imposed by the sellers was fulfilled."

（在该先例是买方付清余下 20% 货款）。

这做法对保障 FOB 卖方很重要，因为 FOB 不是单证买卖，不像 CIF/CFR。

5.3.1　记名提单的情况

如果签发的是"记名提单"，特别在 FOB 情况，买卖合约也没有条文说是像"cash against documents"，是有危险被视为卖方没有保留货权，而导致货物装上船舶就算是转让给买方。在 The "Ciudad de Pasto" and "Ciudad de Neiva" (1988) 2 Lloyd's Rep 208 先例，它是 FOB 买卖，Staughton 大法官说："... if the parties wanted (the presumption in SGA s. 19(2) regarding the effect of the order B/L) to be displaced, all they had to do was arrange that the seller should insert the name of the buyer as consignee in the bills of lading."

但这说法有争议是即使是"记名提单"卖方也应可在海上运输途中向船东更改收货人。正如在 The "Lycaon" (1983) 2 Lloyd's Rep 548 先例所讲的："The whole object of reserving the *jus disponendi* is to enable the seller to divert the goods if the buyer is unable or unwilling to pay. Although this is usually done by taking the bill of lading to order of the seller or his agent, it can also be done where the consignee has been named in the bill of lading, by changing the name of the consignee: Mitchell v. Ede."

加上，有了贵族院的 The "Rafaela S" (2005) 1 Lloyd's Rep 347 判决，结论应该十分清楚：发货人运用记名提单不代表马上把财产/货物所有权转让给买方。在这个案例，法院明确决定就算提单记载买方名字，但买方仍然要提交正本提单才可提货。笔者曾经在国际刊物中发表过意见（"To Wait or not to Wait for Presentation of a Straight Bill of Lading – Is that still the Question?" – 4(2) S. & T. L. I. [2003]），表示若贵族院决定买方需要提供正本记名提单才能向船东提货，这与 The "Ciudad de Pasto"先例有冲突，希望贵族院能在这方面明确澄清。虽然没有这样做，但应该能假设 The "Ciudad de Pasto"先例的观点已被替代了。The "Rafaela S"案件也最近被香港法院接纳（Carewins Development [China] Ltd v. Hecny Shipping Ltd [2009] HKCU 672）。

幸亏，现实中的记名提单很少遇到。如果买卖双方可以接受记名提单，就干脆接受"海运单"(seaway bill)。

5.3.2　划归通知的情况

本章 3.2 与接下去的小段提及这方面，CIF/CFR 卖方发出这通知，只是准确准时履行买卖合约要求。所以，如果签发了不记名提单，只要卖方仍未背书/指令，这纯合约要求的划归通知并不能把有关货物转让。

但买卖合约会有另外针对卖方作出划归通知的要求，例如在本章 3.7 段所介绍的 Bunge v. C. C. V. (1980) 1 Lloyd's Rep 458 先例。

5.3.3　无单放货的情况

虽在本章 5.2 小段之(v)，已提及了 Ginzberg v. Barrow Haematite Steel Co. Ltd. (1966) 1 Lloyd's Rep. 343 案例涉及无单放货，这种不令人满意与危险的情况现在是

多的不得了。要警告卖方，如果他同意以保函替代无单放货给买方，是会有危险被视为无条件划归或/与对船东作出无单放货的"禁止翻供"（estoppel）。虽仍有不记名提单未曾背书，看似卖方仍保留财产/货物所有权，但在 The "Delfini"（1990）1 Lloyd's Rep. 252 的先例，判是买卖双方意图［会是通过"更改"（variation）买卖合约］是两种方法之一，可转让货物；一种是提单背书，另一种是卖方同意下以保函交换无单放货。Purchas 大法官说："The effective intention of the parties disclosed from the documents was that alternative methods of discharging the liabilities under the contracts were clearly envisaged, namely either by delivery against bills of lading under the normal CIF arrangements or, in the absence of shipping documents, the delivery of the goods at the shippers' request against letter of indemnity in favour of the owners. Whichever course was the one adopted by the parties would be effective to transfer the property in the cargo discharged to the person entitled to receive it."

今天以保函无单放货经常有，但多数不涉及卖方。如涉及卖方（在中国内地是电汇），而他手中仍有不记名提单未背书，也无意把财产/货物所有权无条件转让给买方直到全部货款先收到，则卖方要小心明确以文字说明意图，如无单放货前与买方说明卖方仍保留财产/货物所有权，直至"cash against documents"。

5.3.4 有信用证的情况

曾有说法是有了信用证保证卖方会得到支付货款，则卖方不必有意图再以提单保留财产/货物所有权：The "Dirigo"（1919）P. 204。但这说法不被接受，主要是信用证本身也不能完全保证卖方肯定能收到货款。例如议付文件有不符点，银行倒闭，当地法院做出禁令等。如在 The "Glenroy"（1945）AC 124 先例所讲的 "the bank might fail"；或是在 The "Ciudad de Pasto" and "Ciudad de Neiva"（1988）2 Lloyd's Rep 208 先例所讲的 "even the most copper - bottomed letter of credit sometimes fail to produce payment."

再加上信用证不外是银行与受益人之间的一个合约，在订约自由下，就离不开合约的解释是要根据双方约定的条文。如果议付文件之一是需要买方提供，好像在本章 4.6 段所介绍的先例 Davy v Emerald（1992）2 Lloyd's Rep. 142，如果买方不去或延误提供有关的文件，卖方作为受益人就会面对困难。

第六章　风险与受阻

不幸之事经常有,特别是国际货物买卖涉及高风险的海上运输。一发生不幸之事,造成损失,这风险属谁呢?如果损失是由买卖双方其中的一方错误所导致,除非买卖合约另有规定,就会由错误一方承担。如果损失是在无辜的一方,他往往可以向错误一方提出索赔。但要知道,这不幸之事不一定涉及买卖双方的责任,如纯属天灾(则会构成受阻)或是涉及第三人的错误。而第三人的错误也不一定要对损失负责,如涉及船舶航行疏忽导致海难,船东也可在《海牙规则》或《中国海商法》下免责。又或是,即使不能免责,船东也可限制赔偿金额。反正是,总会有损失。这一来,买卖双方谁承担这损失呢?这不是一句:"不是我错"可解决。因为这不幸之事也往往不是对方的错误,不存在可以向对方索赔。但双方总要有人要承担损失,总不能由法院或仲裁庭来承担。答案应是,谁在发生不幸之事的一刻对有关货物要承担风险,损失就在他。这进一步表示,要是清楚货物买卖风险的分摊,何时从一方转移到另一方,合约怎样写等,都是十分重要。

首先,可介绍一下风险以及相关其他方面概念的关系。

§1　风险与国际货物买卖的关系

国际货物买卖由于涉及海上运输(这可以是漫长与危险,特别在早期),所以比岸上的本土买卖风险是大得多。这里可以涉及四种风险,一是"市场风险"(market risk),二是"财政风险"(financial risk),三是"实质风险"(physical risk),四是"法律风险"(legal risk)。市场风险是涉及了市场价格的升跌,这可以说是做任何生意都会要面对的风险。但涉及国际商品买卖,这风险显然更加大。一方面就是商品市场暴升暴跌,加上在订立买卖合约直到买方收到货物由于涉及了海上运输时间就会隔了更加长。这造成了在国际商品买卖有更多的情况是卖方或买方试图以各种理由终断合约,把市场风险转移给对方,而英国法律也为了法律的肯定与可循性,对履约方面时间性或付运单证准确性的严格对待,也制造了终断合约的机会。至于财政风险就是卖方希望尽早收到货款,特别把货物付运给买方之前,但买方希望在实质收到货物并作出检查后才支付货款,而付运与真正收到货物还是相隔一段长时间。这种矛盾的希望与互不信任通过装船提单作为物权凭证以及信用证的做法在很大程度上有了解决,本书第十章1段有针对这一个财政风险。至于实质风险就是在货物付运直到买方实质收到货物这一段海上运输中,货物会发生货损货差,这到底是由卖方或是买方承担?而法律风险是针对风险的分摊到底是在双方的协议下由谁承担,或是由第三人承担(如承运人或是保险人)。法律风险也涉及如政府干预货物的出口或者进口。在法律风险方面,国际货物买卖主要是涉及了法律默示地位(特别是针对 CIF 与 FOB),以及更为重要的订约自由,包括是反映在经常被使用的一些商会标准格式买卖合约。而在本章,重点就是分析第三与第四种的实质风险与法律风险。

本书第五章已提及"财产/货物所有权"(property)的转让。一般是,原是卖方的货物,也是他的风险(如当时有不幸之事损失归卖方),一经转让给买方,则货物/货权与"风险"(risk)同时归买方。这也完全合理:卖方把货物交了给买方,如一般岸上买卖都会是一手交货,一手交钱,卖方怎会再同意负责往后的风险呢?这基本原则是:谁有货物,谁有风险,在一个很早先例已明确下来:Martineau v. Kitching(1872) LR 7 QB 436。也已通过立法,在1979年《货物销售法》的 Section 20(1)有说明如下:"S. 20 Risk*prima facie* passes with property (1) Unless otherwise agreed, the goods remain at the seller's risk until the property in them is transferred to the buyer, but when the property in them is transferred to the buyer the goods are at the buyer's risk whether delivery has been made or not."

当然,这立法一开始已说明买卖双方可另协议。也确是如此,在国际货物买卖,一般是财产/货物所有权与风险从卖方转让给买方并不走在一起,往往会是风险在买方而货物所有权仍在卖方,这方面已在本书多处包括本章§5小段后详及。

CIF/CFR 与 FOB 买卖,货物一去付运/装船,风险就从卖方转移给买方。考虑到不记名提单的广泛做法,即财产/货物所有权是在不记名提单背书与交出时才转让给买方,这表示在国际货物买卖,风险与财产/货物所有权转移给买方一般不会走在一起。这是与大部分岸上买卖(如1979年《货物销售法》Section 20(1)的表面说法)并不一样。这风险不仅是货物的实质风险(如损坏/短缺),也包括其他风险如承运人/保险人赖皮、倒闭等。买方如果要承受风险就表示只能根据付运单证中的提单或保单/保险证明向承运人/保险人索赔。如果不成功,买方就要自己承担损失。买方唯一能够向卖方根据买卖合约提出索赔就是在卖方有违约,如 CIF/CFR 卖方交出的付运单证不真实或不准确(untrue or inaccurate):Hindley & Co v East Indian Produce (1973) 2 Lloyd's Rep 515;付运单证必须是有效:Arnhold Karberg & Co v Blythe Green Jourdain & Co(1916) 1 KB 495;付运单证没有提供一个持续的文件保护(continuous documentary cover):Hansson v. Hamel & Horley(1922) 10 Ll. L. Rep 507;没有租用一艘船舶或是备妥货物可以合理让货物安全运输到目的地:Mash & Murrell Ltd v Joseph I Emanuel Ltd(1961) 2 Lloyd's Rep 326 与 The "Mercini Lady" (2009) 2 Lloyd's Rep 679;等。注意是在这种情况下卖方因为违约导致了买方可以向他提出索赔,这并不影响货物的风险还是在卖方。所以货物如果发生延误、损坏、灭失/消失等风险是第三人所造成或天意造成,只要不涉及卖方违约,损失还是由买方承担,因为风险在他。

§2 风险与保险的关系

谁有了风险,特别是本章针对的货物实质风险,谁应投保以求减少风险要自承。有风险一方,即使仍没有拥有货物,他仍可投保。1906 年的《英国海上保险法》对"可投保利益"(insurable interest)在 Section 5 是给了很广泛的定义。

2.1 "可投保利益"包括范围

只要有任何一项利益的人士都有"可投保利益",它包括:(ⅰ)有财产/货物所有权(property)。(ⅱ)对货物占有(possession)导致有托管的责任。(ⅲ)有风险(risk)。(ⅳ)已支付货款。

海上运输风险很大,至今程度上有所减少,但仍是确实存在。所以,虽然没有法律强制为海上运输风险投保,一般仍是离不开保险。事实上在国际贸易中最常见的 CIF 买卖,付运单证中就包括了一份货物保险的保单或保险证明。

2.2 保险如何减少风险

当然保险能否减少风险以及它的保护程度,是要看多方面因素。如承保的保险人的信誉,他会否在外国遥不可及之地等方面。也是因为向 CIF 卖方转让过来的外国保险人保单或保险证明会是索赔困难(关于这转让/交出的做法,请看第二章),所以今天不少 CIF 买方已是倾向自己安排投保,以 CFR(C&F)买货。当然,也会有国家规定进口货必须在本国投保,以保护本国保险人。

另一看的因素是保险的范围,这也在本书第二章有详及,即根据付出保费的高低,保险范围可宽可窄。从"英国协会货物保险条文"(Institute Cargo Clauses,简称 ICC)的 A 条文的一切险至 C 条文的局限风险,还有其他险种的取舍如战争险与罢工险。而即使是承保最广泛的 A 条文,还是有一些明示与默示的局限,就是不赔偿在航次中肯定会发生的风险、损失是无可避免(如散货在运输过程中的自然损耗,正常渗漏与正常磨损)、固有缺陷、延误造成损失、承运人破产或经济困难等。

这一切有关问题,已在杨良宜先生的《海上货物保险》(法律出版社 2010 年版)一书有详尽的探讨,不在此重复。

总的说,谁有风险谁就应该寻求保险的保护。既然在一般情况下海上(或包括岸上)运输的风险在买方,表示通常他必须投保或肯定自己有保险的保护。

在 CIF 的"单证买卖"(documentary sale),买方不必关心自己投保,因为有卖方转让的保单或保险证明,否则卖方不会获得支付货款。有说法是 CIF 卖方必须提供给买方一个持续性的文件保障(continuous documentary cover),正如 Sumner 勋爵在 Hansson v. Hamel & Horley(1922)10 Ll. L. Rep 507 先例中说 CIF 卖方必须:"cover the buyer by procuring and tendering documents which will be available for his protection from shipment to destination."这文件的保障显然是包括了一份保单或保险证明。卖方转让保单或保险证明给买方后,照说运输风险不在卖方,他也不必再要任何保护。但卖方会面对货物因为质量的争议在目的地被买方拒绝的可能,导致货物与货物风险转回给卖方,正如在《Benjamin's Sale of Goods》(8th edn,2010)在 19 - 183 段说:"Where the buyer... accepts the documents and subsequently rejects the goods the property thereupon revests in the seller. Meanwhile, the buyer has what has been called a 'condition subsequent' that it will 'revest if upon examination [the buyer] finds [the goods] to be not in accordance with the contract'."

如果发生这种情况,卖方就必须为这批货物作出投保,因为有变为是他的风险的危险。原来的一份保单或保险证明,即使买方退还给他也已经是没有用,因为它承保的航次已经完成。但匆匆忙忙作出投保除了有时间上的困难外,保费也会偏高。所以卖方会一早就以小额保费投保货物在目的地港被拒的风险,可称为"shipper's contingency liability"保险,以求万全。

在 FOB/CFR 的买卖,是买方自己要安排投保。买方也要尽快投保,因为货物一装上船舶,风险已属于买方,而不幸之事会是在装货半途中发生,导致已装船部份货物受损,这也是买方自负的风险。

例如在 The "Galatia"(1980)1 Lloyd's Rep 453 先例,是 12,000 吨食糖的 CFR 买卖。卖方租用了 Galatia 轮去印度 Kandla 装该批食糖,但在装货途中,才只有几百吨食糖装上船舶后,船舶发生火灾,导致装上船舶的 200 吨食糖受损并卸下与作废。船舶在装完货出了两套提单,一套是没有争议在后来装上船舶的情况良好的食糖,但另一套是针对受损与作废的 200 吨食糖。买方拒绝后一套提单,导致卖方与买方之间的诉讼。本质上,就是这 200 吨受损与作废的食糖风险是属于谁。高院与上诉庭判是一旦是卖方把货物拉到船舶(the goods are wholly at the risk of the buyers as soon as they are alongside),有关货物属于买方的风险。而在该著名先例,买方仍未投保,所以是买方自己要承担损失。

2.3 卖方通知买方及时投保的责任

确是,除非买方已安排了"开口/预约保单"(open cover),可以让买方事后知道了有关货物的付运后才向保险人作出宣告,如果要为个别付运投保,加上货价高与货物品种不常见,会是需要时间安排投保/再保。所以,卖方一装货上船,应尽快通知买方以便后者马上投保。这个责任已在本书第三章有提到,并指出了 1979 年《货物销售法》的 Section 32(3)特别针对这一点。如果卖方没有及时作出通知并提供足够资料让买方投保,有说法是风险没有在货物付运/装船后转移给买方,即仍是在卖方。

这立法的责任是十分严格,卖方没有过错下也会要负责,如通讯不灵或失误,正如 Hamilton 大法官在 Wimble, Sons & Co. v. Rosenberg(1913)3 KB 743 先例所说:"The Sale of Goods Act Section 32(3) notice is a heavy responsibility. Without the seller's fault and perhaps without his knowledge, without negligence and perhaps in spite of his diligence, the notice may miscarry or fail to convey sufficient information to the particular buyer, or be such as in his particular case may not enable him to insure, though in other circumstances it might suffice well enough."

可质疑 FOB 买卖,是买方指派的船,他怎会不知道风险已经开始? 确实在 Wimble, Sons & Co. v. Rosenberg 的先例,就是这情况。英国上诉庭判是卖方不必再发出通知, Buckley 大法官说:

"Sub-section(3) requires the seller to give such notice to the buyer as will enable the latter to insure. These words will be satisfied if either(a) the buyer is already in possession of knowledge of all the facts which it is necessary to know in order that he may insure the goods, in which case nothing is wanting to enable him to insure them, or(b) if such notice(if any) as has been given him completes his knowledge of the facts so as to enable him to insure...

But in the facts which I have stated it seems to me that no notice to 'enable' the buyer was wanted, for he already had ability: he had all materials necessary to enable him to insure. These words of the section, therefore, which require the seller to give notice do not apply, for no notice was wanted to enable the buyer to insure."

但考虑到 FOB 买方不一定会准时准确从船长获得投保所需资料,如涉及多个分租,或是货物数量有变。加上 Incoterms 2010(如果有合并)的 A3(b)与 1979 年《货物销售法》的 Section 32(3)的明示要求与措辞,也要怕忘了投保的买方赖卖方没有发出通知,小心的 FOB 卖方仍会照发通知。而在 CFR 买卖,这卖方的严格责任更是无可推卸了,因为买方根本不会知道有关的货物作出付运。

在 CISG 之 Article 32(3)是这样说:"If the seller is not bound to effect insurance in respect of the carriage of the goods, he must, at the buyer's request, provide him with all available information necessary to enable him to effect such insurance."这表示只有 CIF 是卖方投保,不必通知买方有关货物的付运/装船。在其他的情况下(这包括 FOB 买卖和 CFR 买卖),卖方都有必要通知买方并提供有关资料让买方投保。

2.4　受保人必须在损失时有"可投保利益"的规定

至于"可投保利益",应是在风险造成损失一刻受保人(货方)必须拥有这一利益,这是在 1906 年的《英国海上保险法》Section 6 有讲,如下:

"When interest must attach

6(1) The assured must be interested in the subject-matter insured at the time of the loss though he need not be interested when the insurance is effected: Provided that where the subject-matter is insured 'lost or not lost', the assured may recover although he may not have acquired his interest until after the loss, unless at the time of effecting the contract of insurance the assured was aware of the loss, and the insurer was not.

(2) Where the assured has no interest at the time of the loss, he cannot acquire interest by an act or election after he is aware of the loss."

以上立法,可解说如下:

(1)受保人(货方)在投保时不必有利益,这完全可以理解,不是已提到"开口/预约保单"吗?这种保险的安排,也是今天国际贸易商通常的做法。看受保人是否有利益,关键只是在风险造成损失的一刻。

(2)如果投保时,只要不是受保人已知悉货物发生损失,但保险人仍蒙在鼓里,而是双方均不知情,则损失业已发生也通常不影响善意的受保人。这方面在杨良宜先生的《海上货物保险》一书第三章有详细介绍。其中在8.6段有提到保险合约中通常有一句"标的是否已经有损失"(lost or not lost)并解释了其作用,说:"'lost or not lost'的主要作用是保障受保人的货方,并体现在以下几种情况:(1)在货方作出个别航次的单一投保(facultative)或是在一个开口保单(facultative/obligatory)宣告等时,而风险已经开始,甚至在货方不知道的情况下货物已经发生了货损货差(所以也不存在自动披露的问题),保险的赔付也不会因为发生损失的时候货方没有可保利益而受到影响。(2)允许受保人的买方可以在货损货差后才取得货物所有权,依然对以前发生的货损货差获得赔付。这种情况在国际货物买卖经常会有,如货物在还有一天才到卸港时才被转卖给最后的收货人。(3)在货物付运前岸上运输发生货损货差,但CFR/FOB买方不能或不想拒绝货物如卖方倒闭或索赔有困难。(4)在卸港或交货地点才发觉的货损货差,如果买方在保险合约有举证的责任,其中包括证明在损失的时候他有可保利益,会在证明货损货差发生在运输期间的哪一个时段面对困难。但如果有了'lost or not lost'的规定即可以避免。"

(3)"lost or not lost"针对如CIF/CFR的单证买卖,买方明知货物已毁,他仍要支付货款给卖方,接受已经不存在的货物及风险(倒数自装货一天始)从卖方转让给他。这不影响买方可向保险人索赔,除非是CFR买方在知悉货物已毁才投保,而保险人是被蒙在鼓里(否则保险人怎会接受投保?)。

(4)以上立法的Section 6(2)是针对情况如CFR买方合法拒绝接受货物(或单证),这导致货权与风险"转回"(revest)给卖方:Automatic Fire Sprinklers Pty Ltd v Watson(1946)72 CLR 435; Kwei Tek Chao v British Traders & Shipping Ltd(1954)2 Lloyd's Rep 114; Ward(RV)Ltd v Bignall(1967)1 QB 534; Tradax Export SA v European Grain & Shipping Ltd(1983)2 Lloyd's Rep 100。如果之后发生不幸之事导致货损货差,这应是卖方自负的风险。如果他没有投保"shipper's contingency liability"或对转回给他的货物及时作出投保,这一损失就要卖方自己承担。

这一来,或会是买方想做"好心",反正他在CFR下投保的保险也因拒货变得无用,索性帮助卖方。例如,再名义上买进这票已毁之货,进而变得该货物装上船舶一刻买方已有风险,当然是在发生不幸事故时买方也变得有"可投保利益"。这在1906年《英国海上保险法》的Section 6(2)讲明是不成的/不准的,说:"Where the assured has no interest at the time of the loss, he cannot acquire interest by any act or election after he is aware of the loss."

2.5　买方有否“可投保利益”的探讨

本章§5小段及多处谈到不论是CIF/CFR或FOB买卖，货物一付运/装船，风险即转移给买方。所以，在海上运输中发生不幸事件造成货物损失，买方明显有“可投保利益”。

但会在卸港才发觉的货损货差，不明显是海上运输中造成的。例如，表面看不出来，所以不会在提单注明。例如，集装箱内或有包装的货物半途被偷去，这可发生在离开卖方仓库以公路运输或存放在装港仓库时，当然这也会在船上被偷去。装货上船前或当时下雨引致货物淋湿，提单却没有批注，这又会是另一种情况。这一来，买方可否向保险人索赔，至于向第三人（如船东、仓库所有人）起诉尽量留给保险人“代位求偿”（subrogation）？

A、B与C的货物运输保单，众所周知是有一“输送条款”（transit clause），即以前称为“仓库至仓库条款”。所以在CIF买卖，这问题不大，因为保单或保险证明是来自卖方的转让（背书或交出保单等行为）。即使在装港仓库发生损失短缺，买方没有“可投保利益”，但卖方有，而这索赔权利随着保单“转让”（assign）给了给买方。

但在CFR或FOB买卖，买方自己投保，这会有麻烦了。虽然保单仍是有这条“Transit Clause”，但明显地，货物在未曾装上船舶前发生损失时，买方没有任何“可投保利益”。既没有风险，也没有财产/货物的所有权，也不会预付了货款。

§3　风险与占有、控制及托管的关系

一般总是，货物的占有与控制不在自己手中而在对方手中，是不会愿意负责风险。但万事总会有例外。在国际货物买卖，可想到有以下情况：

（1）货物是易腐烂的食物，如香蕉，在装港待装，但FOB买方指派的船舶发生延误。这一来，香蕉虽在装港腐烂时由卖方“占有”（possession）与“控制”（control），风险却归买方。这也在1979年《货物销售法》的Section 20（2）有说明如下：“Where delivery has been delayed through the fault of either buyer or seller the goods are at the risk of the party at fault as regards any loss which might not have occurred but for such fault.”

这方面的先例有Cunningham Ltd v Munro（Robert A）& Co Ltd（1928）28 Com Cas 42，法院认为买方延误，而且误导了卖方一早把货物拉到码头，所以要对装船前货物腐烂负责。较近期的先例可参阅The“Kriti Rex”（1996）2 Lloyd's Rep 171先例。

（2）同一道理，香蕉已付运，风险与货物（通过背书提单）已转让给买方，但CIF卖方不恰当干预航次，因为船舶是卖方租的，这带来延误而导致香蕉腐烂。

（3）货物在航次半途或在卸港被买方“拒绝接受”（rejection），这方面问题在本书第四章详谈。买方拒绝后，货物与风险都归卖方，这在第四章有提及。但卖方的货物仍会在买方所指派的船舶上（涉及FOB买卖），或是卸港的仓库里。这一来，买方只

能是个“托管人”(bailee)。如有损失涉及托管人的疏忽,他(买方)仍要对卖方负责。但不幸事件造成损失不涉及托管人(买方)疏忽,这仍是卖方要自负的风险。如果卖方疏忽甚至是拒绝把买方托管的货物取回,这就会导致买方变为是“不自愿托管人”(involuntary bailee)。这一来,买方只会对故意造成的货损货差或严重疏忽负责,而不必对一般性的疏忽负责。这方面在1979年《货物销售法》的Section 20(3)有说明如下:“Nothing in this section affects the duties or liabilities of either seller or buyer as a bailee or custodier of the goods of the other party.”

另是在《Benjamin's on Sale of Goods》,(8th edn,2010年)之6-011段有涉及说:“If, after the property in the goods has passed to the buyer, he justifiably rejects the goods, the question arises whether and, if so, in what circumstances the risk of any loss or damage to or deterioration of the goods in the intervening period revests in or is deemed to have remained with the seller…If goods are rightfully rejected, but the seller neglects or refuses to collect them, the buyer would appear thereafter to be an involuntary bailee, being liable only for deliberate injury to the goods or for gross negligence, but not ordinary negligence.”

关于“托管”(bailment)这课题,在N. E. Palmer教授的《Bailment》一书,他指出最重要的是对一样东西的占有,就可构成托管:“The essence of the bailment in possession”。现在的托管也不必另有一个合约或是物主的明确同意,而托管人的责任就是在他托管期间“合理小心”的照顾(reasonable or due care)。托管往往会是有收费的,所谓“bailment for reward”;但也会是免费的,所谓“a gratuitous bailment”。分别会是前者要有较高的“小心”(care)标准去照顾托管的东西。

托管的情况比比皆是,笔者可随意举一案例是Moukataff v B. O. A. C. (1967) Lloyd's Rep 396。其他岸上林林总总的托管比如说东西寄放在大饭店的衣帽间,贵重东西放在银行保险箱等,都是托管。在航运,明显的例子是货物在船上,船舶也是“占有”,所以船方也是托管人。在货方向船东起诉货损货差时,告票中总是把侵权、合约与托管都放进去,以免遗漏。因为有可能双方并没有提单合约存在,则侵权与托管就用的上了。而托管会是要船东(托管人)证明货物虽在他手中损坏,但他已有“合理小心”照顾,这一点比侵权控告强,因为举证不一样。

但如果双方有提单合约关系,这托管只是“有条件托管”(bailment upon terms),而条件(terms)也就是提单合约的条件,包括《海牙规则》,所以以合约或托管来起诉船东其实是一样。

§4 货物买卖风险的转移

4.1 CIF/CFR买卖的风险转移

国际货物买卖涉及海运,在CIF/CFR买卖,法律的起点大致上都是风险在货物付运(shipment)的时候就从卖方转移给买方:The "Julia" (1949) 82 Ll. L. Rep 270;The "Galatia" (1980) 1 Lloyd's Rep 453。在 The "Julia"先例,Porter 勋爵针对 CIF 买卖的风险转移是说:"generally passes on shipment or as from shipment"(通常是在货物付运或从付运开始)。这里是针对两种 CIF 买卖,第一种是 CIF 卖方先订立了买卖合约,然后作出货物付运,风险就在付运时转让给买方。第二种是在货物已经装上船舶,在运输途中作出 CIF 买卖,这就把从付运开始("as from shipment",这是比订立 CIF 买卖日期更早)的风险转让给买方。在 CIF 买卖,卖方对货物符合买卖合约的质量要求有责任,这一个责任只是在付运的时候:Oleificio Zucchi Spa v Northern Sales Ltd (1965) 2 Lloyd's Rep 496; Cordova Land Co Ltd v Victor Bros (1966) 1 W. L. R. 793。但在作出付运后,由于风险转移给了买方,所以之后货物发生损坏(deterioration)的风险是在买方。CIF 卖方仅有的责任是他要租用一艘船舶是可以合理让货物安全运输到目的地(如针对冷藏货物,不要租用一艘没有冷藏设备的船舶,或是货物的包装或处理无法承受有关航次所需要的时间内去维持质量不变):Mash & Murrell Ltd v Joseph I Emanuel Ltd (1961) 2 Lloyd's Rep 326;The "Mercini Lady" (2009) 2 Lloyd's Rep 679。所以在付运后货物损坏是由于船舶不适合有关的运输所导致,CIF 卖方还是会有风险。如果货物在付运后发生损坏,但之后(如在船舶快将抵达卸港前)才有了 CIF 买卖,这仍是属于买方的风险。

但针对货物全损(total loss)而不是部分损坏,英国的法律不一样对待,这在本章 8.5.5 段有介绍,不去重复。

4.2 FOB 买卖的风险转移

在 FOB 买卖,与 CIF 买卖基本上一样,卖方对货物的风险是在货物交出给买方付运的一刻,这在传统的说法一般是指货物越过船舷。FOB 买卖不会发生在 CIF 第二种情况,即是在付运后在海上才进行买卖,这只能发生在 CIF 的单证买卖。所以也就不会发生 FOB 买方要承受订立买卖合约之前货物损坏的风险。这里可节录《Benjamin's Sale of Goods》(8th edn, 2010) 在 20 - 094 段说:"**Generally passes on shipment.** The general rule is that risk under an f. o. b. contract does not pass before shipment so that until shipment it is on the seller; and it passes to the buyer on shipment. There is no scope in the case of f. o. b. contract for the rule applicable to c. i. f. contract that risk can pass 'as from' shipment. This rule presupposes that goods are first shipped and then sold; and this is a sequence which cannot occur under an f. o. b contract since goods sold on f. o. b. terms must be appropriated to the contract by shipment at the latest. The rule as to the passing of risk under f. o. b. contracts applies where the sale is of specific goods, where it is of goods which are originally unascertained because the contract was simply one for the sale of generic goods by description and goods of that description are appropriated to the contract on or before shipment and so become ascertained, and even in the apparently rare case where such goods remain unascertained even after shipment because they are shipped as an undifferentiated part of a larger bulk. Risk may pass on the shipment even though property does not pass at this time, either because the seller reserves the right of disposal; or because the goods at the time of shipment form an undifferentiated part of a larger bulk and have not been paid for; or for both these reasons. Where only part of the goods has been loaded the risk may pass as to that part. ”(一般而言,在 FOB 买卖合约,风险不在付运前转移给买方。但到了付运,就会转移给买方。FOB 是不存在有好像 CIF 的货物已经装在船舶上进行买卖,导致“从付运开始”[as from shipment]的风险就已经转让给买方。这一风险转移的规定是假设卖方把货物装上买方派遣的船舶。如果 FOB 买卖是不确定的货物,就会在付运更早的时间或在付运的时间肯定作出了划归,因为卖方把货物装上买方派遣的船舶就再也不可以对这票货物改变主意了。风险也在这一个时候转移给买方,即使是财产/货物所有权因为卖方保留货权或要求船长签发不记名提单而没有转移给买方。如果货物只是部分装上船舶,装船的部分货物风险转移给买方,而不是等待全部货物装完的时候才转移风险。)

货物付运是从承运人开始装货直到签发装船提单的一个过程。这一过程往往需要发货人与承运人之间的合作(a joint operation, the shipper's duty being to lift the cargo to the rail of the ship . . . and the shipowner's to take it on board and stow it . . .)。如果货物在这一个过程中损坏,风险到底是发货人(在 FOB 买卖合约下就是卖方)或承运人(在 FOB 买卖合约下就是代表买方)还是会有争议。传统的说法是有关的货物过了船舷,风险就转移给买方。但在 Pyrene Co Ltd v Scindia Navigation Co Ltd(1954)1 Lloyd's Rep 321 先例中,这一风险转移的分水线被 Devlin 大法官批评是已经过时,说:“The division of loading into two parts is suited to more antiquated methods of loading than are now generally adopted and the ship's rail has lost much of its nineteenth - century significance. Only the most enthusiastic lawyer could watch with satisfaction the spectable of liabilities shifting uneasily as the cargo sways at the end of a derrick across a notional perpendicular projecting from the ship's rail. ”

在该 Pyrene Co Ltd 先例,涉及了发货人与承运人之间的关系,就是船东安排的装卸工因为疏忽导致船吊所吊起的一辆消防车(货物)掉下码头严重损坏,争议涉及了《海牙规则》是否适用,因为货物还没有越过船舷。这个问题也令笔者想起了多年前涉及了一台重好几百吨的遥控设备,价值接近 1500 万英镑,在英国中部港口装货去中国时从船吊掉下船舶(是一艘专门装运重货的船舶),造成了该设备高达 200 万英镑修理费用。如果过不过船舷才是分水线,会否是掉下码头与掉下船舶就决定了是谁的风险?

在 Pyrene Co Ltd 先例,Devlin 大法官说是《海牙规则》与装货的责任是根据双方运输合约怎样约定发货人与承运人之间有关装货作业的分工,说:“the operation of the [Hague] rules is determined by the limits of the contract of carriage by sea and not by any limits of time; that the parties were free to define their respective obligations as to 'loading'; and that in the case before him the carrier's obligations in this respect had begun before the tender had crossed the ship's rail."

在《Benjamin's Sale of Goods》(8th edn,2010 年)之 20－096 段认为 Pyrene Co Ltd 先例的判决也适用在买卖合约中买卖双方的风险转移,说:"Devlin J. did not,in the Pyrene case,make any specific statement as to the passing of risk between buyer and seller. But it is arguable that his reasoning can be applied by analogy to this problem: in other words,that the question whether the goods have been 'shipped' at any particular point(so as to pass the risk) depends on the division of duties with regard to shipment which the contract of sale makes between buyer and seller. This division is,of course,not necessarily the same as that between shipper and carrier: indeed it does not seem to have been the same in the Pyrene case itself,for it was there said that the property in the tender(消防车)had not passed at the time when it was dropped and damaged. As the price had by then been paid, the most likely explanation for this is that the goods had not yet been 'shipped' as between buyer and seller even though,as between shipper and carrier,the loading had begun. If this is correct, the risk in the tender would also not have passed at the time when it was dropped,and indeed the seller's action against the carrier seems to have been based on the assumption that this was the position. According to the traditional view,the risk would pass when the goods cross the ship's rail,as this is the point at which performance of the seller's duty to ship is completed. But that duty may be enlarged or curtailed by the provisions of the contract of sale; and it is arguable that,where this is the case,the risk should pass,not when the goods cross the ship's rail,but whenever the seller's duty with respect to loading is performed. Thus if the sale were on 'f. o. b. and stowed' terms the risk would on this view not pass until the goods were stowed. Conversely,it has been suggested that if the contract provided for payment against a 'received' bill of loading,the seller's duty would,by implication,cease when the goods had been delivered to the carrier for shipment; and that the risk would pass at that point. The view that the risk passes when the seller's duty with respect to loading is performed certainly looks less arbitrary than the traditional view that the risk passes when the goods cross the ship's rail. But it may also be less convenient since it may lead to a situation in which the risk can pass to the buyer before shipment,and hence before he is likely to be covered by insurance; or at least to considerable uncertainty as to which of the parties to the contract of sale should insure against loss or damage during that part of the process of loading in respect of which the carrier is entitled to the protection of the Hague,or Hague－Visby Rules. The best way of avoiding this uncertainty is to specify the point at which risk is pass by an express provision in the contract of sale."

以上的节录大致上是指发货人与承运人之间的风险分摊与买卖合约的风险分摊并不一致。事实上在 Pyrene Co Ltd 先例 FOB 卖方作为原告向承运人提出索赔并且判是装货已经开始与《海牙规则》适用,但原告是卖方而不是买方,从买卖合约看来,应该是接受买卖双方之间的风险还没有转移,消防车掉下码头时风险还在卖方。由于 Pyrene Co Ltd 先例的说法是责任是根据双方合约怎样约定装货作业的分工,这相比传统的 FOB 买卖风险转移就是货物越过船舷就会是变得不稳定。因为在买卖合约可以有不同的约定,如不少 FOB 买卖是约定“f. o. b. and stowed”(FOB 与堆货)或“f. o. b. and trimmed”(FOB 与平舱),岂非是卖方要完成堆货或平舱作业后才能转移风险给买方? 这方面的问题会稍后在本章之 7 段进一步去探讨。FOB 买卖也会约定在承运人签发“收货提单”(received for shipment bill of lading),买方就要支付货款,这就会把风险转移提前到装货之前,而且令 FOB 买卖与 FAS 买卖(船边交货)看来没有分别。也会是约定在承运人签发“付运提单”(shipped on board bill of lading),但这也会是把风险转移押后太久,因为常常会在装货后一段时间才签发付运提单,特别是在对于提单内容有争议的情况下。

这除了是对买卖双方不稳定,也会对保险成问题。如货物风险转移给买方在付运/装货前就会有危险是货方没有作出货物保险的保护。所以《Benjamin's Sale of Goods》(8th edn,2010 年)之 20 - 096 段最后一句说最好的做法是买卖双方在买卖合约中以明示条文对货物的风险转移作出规定,好像在 The“Forum Craftsman”(1985)1 Lloyd's Rep 291 先例,有关的 FOB 买卖合约就有明示规定货物的风险在越过船舷时转移给买方。《Benjamin's Sale of Goods》看来是认为确定 FOB 的风险转移是在货物已开始装货,承运人要承担责任的时候为准。但这一看法是与 Pyrene Co Ltd 先例不符。这是在 20 - 096 段所说:“An alternative solution would be one by which (for the purpose of the passing of risk) the goods were ‘shipped’, as between buyer and seller, as soon as the duties of the carrier with respect to loading had, as between carrier and shipper, begun. Under such a rule, the risk would pass at the point from which the carrier was protected by the Hague or Hague - Visby Rules; and this would have the advantage that only one of the parties to the contract of sale (i. e. the buyer) would need to insure the goods against loss or damage resulting from acts or omissions of the carrier for which the latter was not contractually liable. The suggested solution is, however, inconsistent with the assumptions underlying the Pyrene case; these are that the carrier is protected by the contract of carriage as soon as performance of his duty to load has begun, but that the risk passes from seller to buyer only when performance of the seller's duty to load is completed.”

在 Michael Bridge 教授的《The International Sale of Goods》(2nd edn, 2007 年)之 8. 46 段,也有提到了这一个买卖双方之间风险在装货过程中哪一个明确时间转移在英国目前的法律还是一个问题(The current law does not clearly provide it)。在 8. 47 段,Michael Bridge 教授认为针对 FOB 买卖去选择一个风险转移的分水线,只能是在货物越过船舷直到卖方在船上交货(这只在 FOB 买卖,CIF 买卖只交出付运单证,不理会货物有没有到达卸港交货),这应该是短时间,而后者看来是比较适合作为买卖双方之间的风险转移。他是这样说："Yet, at least in the case of packaged goods, the shipper's rail test is a relatively simple one to apply and an alternative test is not easy to formulate. One alternative would be to have the risk transferred when the carrier takes the goods in hand for shipment, which would align the transfer of the risk in FAS and FOB contracts. The defect with this approach is that it runs counter to the basis of the FOB bargain: the risk event may prevent the goods from being delivered by the seller at all. Another alternative would be to transfer risk as soon as the goods are received on board, a variant of this being as soon as the seller's delivery obligation has been accomplished. According to this variant, risk would pass only when the goods are stowed, or stowed and trimmed, if such additional delivery obligations are assumed by the seller. The real choice would appear to lie between crossing the ship's rail and delivery. The latter approach is less artificial than the former and is therefore to be commended."

4.3　1980 年《联合国货物销售公约》有关风险转移

CISG 在买卖双方之间的风险转移有不一致的规定，这是在 Article 67(1)，说："If the contract of sale involves carriage of the goods and the seller is not bound to hand them over at a particular place, the risk passes to the buyer when the goods are handed over to the first carrier for transmission to the buyer in accordance with the contract of sale. If the seller is bound to hand the goods over to a carrier at a particular place, the risk does not pass to the buyer until the goods are handed over to the carrier at that place. The fact that the seller is authorized to retain documents controlling the disposition of the goods does not affect the passage of the risk."（当货物交给第一个承运人时，货物的风险就转移给买方。）

CISG 没有区分 CIF/FOB 买卖，可以看到就是上述条文针对货物交出给第一位承运人作出运输。这表示在海上运输，货物交出给船公司就已经可以把风险转移给买方。但通常在这一个时刻，船公司只会签发一套"收货提单"(received for shipment bill of lading)。这一份不是付运单证，是需要进一步把货物装上船舶才能取得付运单证。如果风险的转移是以这一个时刻，也不配合 FOB 买卖，因为卖方严格需要把货物装上船舶才能算是交货，需要的是一套"装船提单"(onboard bill of lading)。而且，付运/装货前就转移风险令 FOB 买卖与 FAS 买卖变得一致。更严重的是如果 FOB 卖方雇佣了内陆运输承运人，风险就会在货物交给他的时候就转移给买方，这显然是与大家所了解的 FOB 买卖不一致。在 Michael Bridge 教授的《The International Sale of Goods》(2nd edn, 2007 年)之第 364 页的注脚 147，就提到了一个德国的案件判是货物交给第一个货代，风险就转移给买方，说："see Bundesgerichtshof, 2 March 2005 (translated at < http://cisgw3.law.pace.edu/cases/050302g1.html >) goods delivered by seller directly to the sub-buyer, with risk passing when the first freight forwarder received the goods."在同一个注脚中 Michael Bridge 教授也提到了 CISG 在风险转移是十分不明确,特别在针对各种不同交货条件的买卖,如 CIF、FOB、FAS 等:"The CISG is remarkably unclear on the application of its risk rules to contracts involving different types of delivery term."

4.4 明示条文针对风险转移

以上针对风险转移只是法律默示的地位,也就是起点。双方由于有订约自由,完全是有权力以明示条文超越默示地位。例如约定风险在付运前就已经从 CIF 卖方转让给买方:Wiehe v Dennis Bros(1913)29 T. L. R. 250。又或是在 The "Galatia"(1980) 1 Lloyd's Rep 453 先例,CFR 买卖合约中有第 22 条文说:"the buyers' risk shall commence immediately the sugar is alongside the export vessel"。在 Law & Bonar v British American Tobacco Co Ltd(1916)2 K. B. 605 先例,涉及一条印本条文规定了货物的风险是在 CIF 卖方头上直到卸港实际交付,法院认为条文与 CIF 买卖起冲突并判是无效。但如果这种条文是很明确代表了双方订约意愿,如以附加条文的形式出现在一个 CIF 买卖合约,就不容易漠视它的存在,毕竟解释合约就是解释双方的订约意愿。虽然这种莫名其妙的情况在现实中还是会出现,但的确是一种不正确的做法。如果货物在海上运输的风险是在 CIF 卖方直到卸港实际交付,就没有理由交出保单并转让给买方,因为将来发生货损货差要向保险人索赔的是 CIF 卖方而不是买方。而在 CFR 或 FOB 买卖,买方也不需要作出投保,除非卖方是小公司,可靠性比不上保险公司。基本的做法是需要保险作出保护的就是要承担风险的一方,所以海上运输风险如果是在卖方,买方通常就没有必要投保,甚至会有情况买方由于没有风险,也没有其他可保利益(财产/货物所有权或占有权),导致投保也是空的。

在国际货物买卖合约经常会有明示条文把部分货物损坏的风险放在卖方,虽然总的风险在付运时就已经转让给了买方。这种条文会是说货价的支付最终以卸港的交货量作出调整或是卸港发生短卸,卖方要退还有关的货款,这表示海上运输中途发生的货差,风险是在卖方:Steam Navigation Co v De Mattos(1863)32 L. J. Q. B. 214; Dupont v British South Africa Co(1901)18 T. L. R. 24; Houlder Bros & Co Ltd v Commissioner of Public Works(1908)A. C. 276; Produce Brokers New Company(1924)Ltd v Wray, Sanderson & Co. Ltd(1931)39 T. L. R. 257 等。这种明示条文也会是说明如果船舶与货物全损,该 CIF 买卖合约就无效:Karinjee Javinjee & Co v William F Malcolm & Co(1926)25 Ll. L. R. 28; Re Denbigh Cowan & Co and R Atcherlry & Co(1921)90 L. J. K. B. 836。也会有明示条文说明是货物抵达卸港后买方才作出货款的支付(这与 CIF 买卖有矛盾,因为 CIF 是付运单证买卖,不理会卸港交货)。这种明示条文会仍是有效的 CIF 买卖,虽然并不适合或恰当。在 The "Gabbiano"(1940)P166 先例,这种条文还是会被视为是一个 CIF 买卖合约,但有所调整(remain a c. i. f contract with variations),但试图作出调整的条文将被法院或是仲裁庭非常严格与狭窄的解释。这方面稍后会举一些实际案例/例子。

4.4.1　买卖合约意图改变风险分摊的例子

因为有订约自由,所以买卖双方有意或无意改变买卖双方针对货物运输风险的分摊并不乏见。在本书第二章已介绍了一个美国先例 Cundill v A W Milhauser Corporation 275 NY. 416; 178 NE. 690(1931),买卖合约中约定为"No arrival - No sale"。这一来,判决是海上运输风险是在卖方了。

这种做法在 FOB 少见,因为感觉上是买方自己派遣船舶,海上运输风险归买方是理所当然。但在 CIF/CFR 买卖,这经常会有,而且条文往往与 CIF/CFR 买卖的做法有基本上的冲突。这是加上一条附加条文,可被买方争议是卖方对运输风险负责,例如是:(1)条款针对货物何时抵达卸港。(2)支付部分或全部货款是在船舶抵达卸港后。(3)最后调整货款是以卸港量重为准。(4)在卸港买方/卖方作出共同检查,并根据该报告提出索赔。(5)其他千变万化措辞/用字。

遇上这种矛盾条文(与 CIF/CFR 的默示风险分摊有异),这会是涉及法院或仲裁庭如何作出全面解释与协调的技巧。而解释合约的矛盾条文,杨良宜先生的《合约的解释》(法律出版社)一书有详论。大前提应是,买卖双方既然同意以 CIF/CFR 成交,这只是单证买卖,而 CIF/CFR 买卖的风险分摊(货物付运/装船为风险的分水线)是明确的习惯做法与法律地位。如果要以订约自由改变它,这文字/措辞可要是非常明确才能否定或超越 CIF/CFR 买卖的大前提了。

确实,解释起来也很难协调。因为一解释卖方要承担海上运输风险,就再难说是付运单证买卖,不会是 CIF/CFR 买卖,而是在卸港的实质货物买卖。如果买方已支付货款(通过信用证或托收),但货物海上运输途中消失,也会可以卖方没有实质交货而导致"完全缺乏约因"(total failure of consideration)为由向卖方把支付了的货款追讨回来。

这也导致整个做法有疑问,例如,CIF 卖方为何把保单背书转让与交出给买方?他有风险才真正需要保护,不是买方。而即使是把保单转让与交出了给买方,仍要承担风险的 CIF 卖方应再度投保,即使这带来"双重保险"(double insurance)。

所以,如果买卖双方订明是 CIF 或 CFR 买卖,如果有其他严重矛盾条文,也无法协调,法官或仲裁员仍有很大倾向或诱因解释这矛盾条文在 CIF/CFR 做法下是"无效"(repugnant)。

4.4.2　例子之一:订明货物抵达卸港日期

这情况在 The "Wise"(1989)1 Lloyd's Rep. 96 先例可见。该 CFR 买卖,有一"交货"(delivery)条文说是:"9. Delivery: Vessel TBN. Arrival March 15 - 30,1986"。虽然它也另有明示条文针对风险转让,说:"Title and Risk: Passes at vessel's manifold flange at loadport"(这是经常见到的明示条文在原油或石油产品的买卖合约与油轮运输)。

该买卖合约的货物(汽油)装在"Wise"轮上(但有短装),去卸港途中被伊拉克火箭摧毁,买方争辩交货是要在 3 月 15 至 30 日抵达澳大利亚卸港,由于货物到不了,买方是可以拒绝货物而导致财产/货物所有权与风险转回给卖方,也等于卖方要承担被伊拉克火箭摧毁的风险。在判决中其中有提到买方作为被告的争辩如下："the defendants argues that although the contract provides for the price to be paid on the c. &f. basis it should not be assumed without further consideration of its detailed terms that this particular contract necessarily has, from the outset, the effect of a traditional c. &f. contract. There is the highest authority, if needed, for the proposition that the true effect of a contract is to be derived from its terms regardless of what label is put upon it see The Julia(1948)82 Lloyd's Rep 270. It is said that so – called c. &f. delivered contracts are a relatively recent development in the oil trade which has come about because of the importance of dates of delivery at the discharge port. . . The defendants contend that a cargo which arrives late can be rejected, in which event title and risk revest in the seller in the absence of a proper and accepted nomination with which there has been strict compliance by the sellers."

Leggatt 大法官否定这争辩说："It seems to me that since the parties have chosen to designate the contract as a C&F contract. I should approach the construction of it in the expectation that is what it is. When I look at the delivery clause, I find that it is to be performed by a vessel to be nominated followed by the words 'arrival: March 15 – 30, 1986'. It seems to me that the nominated vessel shall be such as is expected to arrive within the period mentioned. It does not wear the air of a contract designed to procure the guarantee of delivery within the period stipulated. I decline so to construe it, especially since to do so would be inconsistent with a C&F contract in classic form, I accept the plaintiff's(卖方) submission that on a true construction of the contract their obligation was to load a contractual cargo onboard a nominated vessel within a time which in the ordinary course of events would enable the cargo to arrive at both discharge ports within the stipulated period".

以上可见：(1)这方面问题只是如何"解释合约"(construction of contract)。(2)起点与重心仍是这一份买卖合约是 C&F 或 CFR 买卖，之后再看"交货条文"(delivery clause)能否明确改变些什么。(3)"交货条文"不明确是卖方"担保"(guarantee)会在 3 月 15 至 30 日这段期间在澳大利亚卸港交货，这样解释也是与 C&F 买卖做法或大原则有矛盾。(4)所以，法院接受卖方的争辩，即他只要指派一艘船舶，装货上船，而且在正常情况下(按照船舶的速度与航程)会在 3 月 15 日 ~ 30 日抵达卸港。(5)而海上运输的风险，包括被火箭摧毁的战争险，实属买方。买方如果没有投保战争险就是自己倒霉。

这同样观点在 Sassoon 的《CIF and FOB Contract》第 4 版一书也说："14. . . The mere fact that there is reference to delivery or arrival in a CIF contract is not sufficient to alter the effect of the CIF term"。

4.4.3　例子之二：订明货物抵达卸港才支付全部或余额货款

这情况有不稳定的先例。在 Dupont v. British South Africa Co. (1901) 18

T. L. R. 24 先例,买卖合约条文订明一半货款在交换付运单证时支付,另一半在“交货时支付”(to be paid upon delivery of the shipments)。Kennedy 大法官判是余下一半货款是必须要有交货,买方才要支付,这变得海上运输风险(如船舶沉没而无法卸港交货)是在卖方。

但在 Fragano v. Long(1925)4 B&C 219 先例买卖合约的付款条文是说“交货后 3 个月后支付”(Terms to be three months' credit from the time of arrival)。货物运输中灭失/消失,但法院判这不影响买方要在预计交货日期后 3 个月支付货款。Bayley 大法官说:“如果不交货买方不必支付,买方为何再要投保?”(If, however, the goods were not to be paid for unless they arrived why should the buyer insure them? That shows that the arrival was not considered as a condition precedent to the payment... If they did not arrive, still the plaintiff [买方] would be bound to pay in a reasonable time after the arrival became impossible.)

同样判法也在一个较早的先例 Stein, Forbes & Co v County Tailoring Co(1916)86 LJKB 448 中有关买卖合约的付款条文是说“船舶抵达后以文件交换”(against documents on arrival of steamer)。

在较近期的 The “Karin Vatis”(1988)2 Lloyd's Rep. 330 先例,虽然不是有关买卖合约,但判决思路一致。也是说明船舶沉没,并没有卸货,但条文说明卸货后要支付的债务(欠下运费)仍要在预计抵达卸港卸货后的合理时间内支付。

可总结是买卖合约如果订明买方支付全部或部分货款的时间与抵达卸港串在一起,这不影响 CIF/CFR 买卖的风险分摊,即仍是买方承担海上运输风险。但如果条文明确订明船货安全抵达卸港是买方“支付货款的先决条件”(pre – condition to payment),这解释起来会是不一样了。

4.4.4 例子之三:订明风险在卖方与类似措辞/文字

照说,买卖合约订明海上运输风险在卖方,这应是够明确双方的订约意愿。但仍有各不同判法,毕竟,措辞/文字也在每一个案例不同。

在 Law & Bonar v British American Tobacco Co Ltd(1916)2 K. B. 605 先例,是一个 CIF 买卖,判是一条“印本条文”(printed clause)说货物风险在卖方直至交付给买方属无效与被 CIF 买卖的基本大原则超越。

但在 Karinjee Jivanjee & Co. v. William F. Malcolm & Co. (1926)25 Lloyd's. Rep 28 先例,CIF 买卖合约有一条文说:“Should the goods or any portion thereof not arrive from loss of vessel or other unavoidable cause, this contract to be void for any such portion”(如果部分货物因沉船或其他无可避免意外不能运抵卸港交货,该部分在本合约失效,即买方不需要支付这部分的货款)。

法院判是意外在付运单证买卖前发生的话,该条文有效。但之后发生的话,买卖双方不能依赖它,如指买卖合约失效因为全部货物因沉船灭失/消失。在该先例,CIF 卖方确是这样争辩,因为投保金额偏高,向保险人索赔比买卖合约“好赚”。但意外在单证买卖后发生,所以卖方败诉。

同样思路的判决另有 The "Gabbiano"(1940)P. 166 先例,CIF 买卖合约有一条文是写作:"If, after loading, any steamer stemmed under this contract is lost, or is. for any reason, unable to deliver the goods or any part thereof, the quantity of are so undelivered by such steamer shall be written off the contract quantity..."

Merriman 勋爵说:"... If, however, a total loss occurred to the knowledge of the parties before tender of documents, the argument on both sides assumed, as I think correctly, that, contrary to the law applicable to a CIF contract proper, the sellers could not call upon the buyers to take up the documents, at any rate if the sellers still retained the bills of lading in their own possession at the material time."(如果在交出付运单证之前,双方知道了发生全损,我认为是与 CIF 买卖的默示法律不一样,就是卖方不能再要求买方接受付运单证。)

4.4.5 例子之四:订明在卸港量重调整最后货价

这种条文在 CIF 或 CFR 买卖合约经常见到,如在著名的标准 CIF 买卖散粮的格式,GAFTA 100,即有 16 条文说:"最后货价调整以卸港买方量重为准。量重时卖方有参加监督的权利。如果用抓斗卸货,双方商讨与同意量重的办法。"(WEIGHING – Final settlement shall be made on the basis of gross delivered weights and the goods shall be weighed at time and place of discharge at port of destination herein named at Buyer's expense. Seller have the right to superintend. If discharge is carried out by grab, the method of weighing is to be mutually agreed between Buyers and Sellers and/or their respective agents. In case of damage the discharged weight shall be determined on the basis of an analysis made of samples of the damaged and undamaged portion of the goods. Additional weight due to damage not to be paid for, unless Rye Terms apply).

这条文在著名先例如 Krohn v. Mitsui(1978)2 Lloyd's Rep. 419 及 Congimex v. Tradax(1981)2 Lloyd's Rep. 687 等都涉及。

估计原意是 CIF/CFR 买方怕提单数字(这是在装港发货人提供的数字)不准确,或是不想承担货物的运输途中正常损耗,所以这样订明。但这会带来其他更多问题,如:

(1)买方是否必须进行量重?——这答案应是"对",已有明确判例说买方不这样做是违反合约条文:Congimex v. Tradax。当然,多数情况是卸港量重的数字比提单数字低,买方违约不进行量重是自己吃亏。但在较少见的情况下,卸货量数字会有所增加。如果是被卖方知悉,买卖合约有类似条文下,卖方可以向买方索赔这增加数字的货价,是买方如果不违约下卖方应可获得的利益:Oricon Waren – Handels G. m. b. H. v. Intergraan N. V.(1967)2 Lloyd's Rep. 82。

(2)如果卸港量重显示数字有增加,比提单数字大,是因为半途遇险而遭致,如用水救火导致水湿货物量重增加,这又如何?这答案看来仍是以卸港量重数字为准,除非是化验能分得开增加的水分。在没有证据的情况下，是没有办法作出凭空想象。在 Oricon Waren – Handels 的先例，是救火的蒸汽水分令货物重量增加了多少无法知道，卖方仍是可索赔增加数字的货价。而在 GAFTA 100 标准格式 16 条文，最后一句明示："Additional weight due to damage not to be paid for..."。但它仍没有针对意外遇难后，增加的数字肯定有但无法知道的情况。

(3)如果半途遇险而遭致卸港量重显示数字减少又怎样办？这看来答案仍不稳定，但十分关键，因为这决定运输风险属谁：买方或是卖方？这问题会稍后谈到较近期先例 Seng v. Glencore Grain(1996)1 Lloyd's Rep 398 才详论。

(4)进行量重是否必须严格照同意条文进行？这答案也应是"对"。在 Krohn v. Mitsui 先例，买卖合约是"C&F Rotterdam"，自然卸港进行量重是指 Rotterdam。但后来改了去 Bremen 卸，而量重发觉有 280 吨短少。买方于是向卖方追讨这笔多支付了的货款，但卖方抗辩说这不是 Rotterdam 的量重数字。上诉庭判卖方胜诉，而虽有对买方不公平之处(即 Bremen 量重不应有大分别，或任何分别)，但为了肯定，仍是要要求买方严格依照买卖合约所同意条文进行量重，包括时间、地点、方法、谁负责量重等。

(5)最大的问题仍是这条文一加，这买卖合约仍否可算是 CIF 或 CFR？风险属谁？这答案并不稳定，仍要看个别合约的所有有关条文。

首先在 The "Usedom"(1931)39 Lloyd's. Rep 257 先例，是 CIF 买卖，订明买方先支付 98% 货款，余数在卸货数字明确后调整。Roche 大法官判这合约下的运输风险属卖方。

在 Oricon Waren – Handels 的先例，Roskill 大法官看来也同意这条文一加，买卖合约是像"Gross delivered weight contract"(交货合约)多于 CIF contract(是单证买卖)。

但在近期的 Seng v. Glencore Grain 先例，Mance 大法官不是这样判。该买卖是 C&F(CFR)大米的货物，并讲明货价是"full outturn weight at port of destination"(以卸港卸货量为准)。半途，船舶发生搁浅而遭致全损。买方拒支付货款，指运输风险在卖方，因为再也不会有"卸货量"可作为依据支付货款。但 Mance 大法官不同意买方说："The contract has the hallmarks of a true C&F contract. The focus of sellers' obligations is upon shipment to be followed by tender of appropriate shipping documents, including certificates of quality, condition and fumigation at time of shipment and a commercial invoice. By condition 4(第 4 条文) the risk is expressly provided to pass from warehouse in Thailand(装港), and the insurance policies are to be held at sellers' disposal 'until documents are retired'. This is a printed clause, but it is consistent with the typed provisions contemplating payment against documents 'on arrival of the vessel at destination, but not later than 45 days after Bills of Lading date', and the passing of property once 'full and unrestricted payment has been received by the sellers…Unless all these provisions are to be undermined, the contract must be viewed as essentially C&F in their nature, with the simple proviso that, if and when the goods do arrive and outturn, they will be weighed and the price will in that event be adjusted by reference to the outturn weight. If the goods covered by the shipping documents and invoice are lost in transit and do not arrive at all, the risk of loss remains on the buyers..."

即是,该合约讲明是C&F(或CFR)买卖,并有多处条文讲明与C&F做法一致,更有一条第4条文针对风险说是在买方("The Rice to be at Buyers' risk from warehouse to warehouse and they engage to effect marine insurance")。所以,除非全部否定这些条文,否则仍必须支持这是一份C&F买卖合约,运输风险在买方。如果货物安全抵达卸港,有了卸货量,则以它调整货款。如果不能安全抵达卸港,没有卸货量,则不调整货款而已。

至于与The "Usedom"(1931)39 Lloyd's. Rep. 257先例有不同的判法,Mance大法官解释说是因为The "Usedom"有关的买卖合约,说是CIF,实是有很多其他条文针对卸港与交货,他说:"The contract in that case was full of reference to delivery, the actual delivery at Hull(英国卸港); it contained for example obligations regarding discharging, pumping, strikes and quality and condition, all relating to the position at Hull and pointing towards it being in reality a contract for delivery ex ship at Hull."

但如果货物不是全损,只是部分流失,如2万吨食糖有1万吨因海水涌进而变了糖水,导致"卸货"(outturn)数字是有,但只有1万吨。这一来,岂非要卖方承担运输风险,他也要为食糖部分消失投保,但反而全损在Mance大法官的判决下倒是买方的风险?而要是这样,岂非2万吨食糖有1.9万吨因不幸事件变糖水,卖方反而希望余下1000吨也最好"泡汤",全部损失?而要是说CIF/CFR买卖下运输风险在买方,这大原则之下2万吨食糖有1万吨因不幸事件消失,卸货量变得只有余下1万吨,也不得调整货款,是买方自己倒霉。但这一来,如果消失货量无法判断是不幸事件造成或是正常损耗造成,好像(ii)小段的Oricon Waren – Handels先例的情况呢?

这正是在Seng v. Glencore Grain先例中买方的争辩,希望说服Mance大法官他的判法会在部分损失(不是全损)很难分摊,要寻找造成的原因。但Mance大法官简单的只是针对该先例的货物大米分析说:"It was submitted by Mr Young for the buyers (买方大律师) that this construction would involve problematical disputes about the causation of any difference in outturn weight. But simple loss of weight appears unlikely to result from an accident at sea affecting a rice cargo, unless one postulates examples of obvious accidents affecting the integrity of the vessel or requiring the jettisoning of cargo..."

4.4.6 例子之五:订明在卸港进行共同检查

这种条文也经常见到,订明买卖双方在卸港进行"共同检查"(joint survey)。这条文会接下去说明根据该报告买方须在多久时限内向卖方提出索赔。买方会争辩说:如果卖方没有海上运输的风险,他为何要关心卸港的抵达货物情况,且花钱与参与共同检查?

考虑到本章8.4.1小段所讲的前提仍应尊重CIF/CFR买卖的大原则,加上在这种争辩可全面协调解释,而不必硬否定该明示条文为“无效”(repugnant)。协调解释的一种做法(笔者在仲裁裁决中曾经遇到过)说:“运输风险仍在买方,而在卸港进行的共同检查,它可针对运输风险所产生的货损货差(如果有),也同时可针对付运前已有存在的货损货差(如果有),不论清洁装船提单是否是能表面看见(如是内在缺陷就看不见)并加上批注。自然,这种条文接下去提及的向卖方提出索赔,能成功的也只是在后一类的货损货差。”

4.4.7　例子之六:订明卖方保证货物状况良好抵达卸港

这种条文较少见到,如果是在CIF/CFR买卖合约订明,这也应是够明确运输风险在卖方,这种条文在著名的The “Julia”(1949)82 Ll. L. Rep 270先例出现,措辞是:“The sellers guaranteed the condition on arrival, and for that purpose samples were to be taken and sealed at port of discharge jointly...”

该CIF买卖,涉及在“安特卫普”(Antwerp)交货。在运输途中,德国希特勒入侵比利时,导致该航次无法完成,“Julia”轮也不能到达安特卫普交货,损失惨重。买方争辩运输风险不在他,这不是一个真正CIF的单证买卖,实是卖方要在安特卫普交货的买卖。

贵族院推翻了上诉庭判决,判买方胜诉。Porter勋爵说:“The object and the result of a CIF contract is to enable sellers and buyers to deal with cargoes or parcels afloat and to transfer them freely from hand to hand by giving constructive possession of the goods which are being dealt with…The practice adopted between buyers and sellers in the present case renders such dealing will nigh impossible. The buyer gets neither property nor possession until the goods are delivered to him at Antwerp... But the whole circumstances have to be looked at and where, as, in my opinion, is the case here... the property and possession both remained in the sellers until delivery in Antwerp, where the sellers were to pay for deficiency in bill of lading weight, guaranteed condition on arrival and made themselves responsible for all averages, the true view, I think, is that it is not a CIF contract even in a modified form but a contract to deliver at Antwerp.”

当然在该先例,贵族院判买方胜诉是根据多方面。例如在安特卫普交货是准备以卖方给买方一份“提货单”(delivery order),去提取“Julia”船长签发提单货量的1120吨其中的500吨(买卖合约的货量)。而保单承保的是1120吨,也说是会按比例分摊赔付给买方所购买的500吨。这加上卖方“保证货物状况良好抵达卸港”(guaranteed condition on arrival),导致贵族院的决定。

4.4.8　例子之七:订明其他关于卸港的事情

现实中还会有其他千变万化的附加条文会导致这方面争议,如卖方要给买方“估计抵达卸港通知”(estimated time of arrival)或负责一部份卸货作业/费用。但一般而言,这都不足明确可否定或超越 CIF 或 CFR 买卖的大原则,即它们是付运单证买卖,不是卸港交货买卖,海上运输风险不在卖方。

4.4.9 明示条文改变风险分摊的总结

在以上各小段的介绍中,也不是没有成功成立运输风险实是被改为由卖方承担,进而否定了 CIF 或 CFR 这种单证买卖的一贯/传统做法。确是,解释买卖双方明确的订约意图仍是至高无上的大原则/大精神。所以,法院/仲裁庭也不能妄顾或扭曲。如果有以下的附加条文约定在一个 CIF/CFR 买卖合约,笔者就很难想象到可以成功否定:"Notwithstanding this is a CFR contract, it is expressly agreed that the risks shall only pass to the buyers until the goods have arrived safely at the discharge port. The sellers shall effect insurance for their risks as they see fit until the safe arrival of the goods. If the goods fail to arrive or delayed X days beyond the reasonable day of arrival, the buyers shall be entitled to claim back the full price paid under the letter of credit for a total failure of consideration. At discharge port, final settlement shall be made on the basis of gross delivered weights determine by a joint survey... If the joint survey reveals any damage to goods caused by whatever reasons. The sellers shall be responsible."

4.5 卖方并没有转移的风险

卖方并没有转移给买方的风险,自然是货物未装上船舶之前已经存在的损坏。最明显例子是货物质量有问题,有"内在缺陷"(inherent vice),这是只能针对货物表面状况的清洁提单也发现不了,所以是不会有批注。对货物内在缺陷,承运人或船东也不会需要负责,这是在 1924 年的《海牙规则》,Article 4(2)(m)规定是免责的原因,文字上如下:"Wastage in bulk or weight or any other loss or damage arising from inherent defect, quality or vice of the goods."

这一来,针对货物的内在缺陷,由于在付运/装船前已经存在,买方可向卖方索赔,后者不得以风险已转移来推卸责任。

而即使是表面状况可以看到的货损货差,只要是在付运/装船前已经存在,卖方仍是不能推卸责任,因为问题的存在是在风险转让之前。只是在承运人或船东签发了"清洁提单"(clean bill of lading)的情况下,买方作为提单持有人也可同时向船东索赔,多了一位被告可供选择。但有关的合约与诉因并不一样,买方向卖方索赔是根据买卖合约,诉因会是 CIF/CFR 卖方需要承担付运/装船前的风险与他提供的付运单证必须是真实与准确:Hindley & Co v East Indian Produce(1973)2 Lloyd's Rep 515。买方向承运人或船东索赔是根据提单,诉因会是交货不符合提单的描述与数量,而根据 1968 年的《海牙—维斯比规则》,Article 3(4)是规定了提单的描述与数量是承运人或船东不能对提单持有人反证,该规定的文字是:"However, proof to the contrary shall not be admissible when the bill of lading has been transferred to a third party acting in good faith."

举例说,买方向船东索赔时,船东自辩与证明货物短缺是因为 CIF/CFR 卖方(承租人)的提单数字谎报了大数,如提单虽然注明是20,000吨钢材装上船舶,但实际上只装了15,000吨。或是,货损是因为“装船之前已经有损坏”(pre – shipment damage),但CIF/CFR卖方给了船长红包签发了清洁提单。买方作为提单持有人自然可以向船东成功索赔,因为这些自辩在《海牙—维斯比规则》或中国《海商法》之下不是免责或抗辩理由。但如果买方不幸碰上船东倒闭,或是船东要求责任限制导致赔偿不足、或是错过了1年时效等变数而无法向船东全数或部分成功索赔,买方可在买卖合约向卖方提出索赔。确是,这种货损货差,CFR买方投保的保险人即使是承保一切险也不会赔、不应赔。因为如果从未装上船舶的货物,根本运输风险从未开始(risks never attached)。而如果涉及货损,由于不是在付运/装船后发生的风险所导致,也不在承保范围内。至于在CIF买卖,由于货物运输保险承保的期间是“仓库至仓库”,所以货损货差如果是在付运/装船前,但在离开卖方仓库后的一段时间发生,买方根据卖方转让过来的保单或保险证明还是可以受让人获得赔付。但如果货损货差是在离开卖方仓库前就已经存在,就存在同样的问题是保险人不会赔、不应赔。

§5 对国际货物买卖一般风险分摊的正确做法

毕竟能成功改变CIF或CFR买卖下的运输风险分摊现实中并不多,所以,一般仍是难逃货物在付运/装船后,风险转移给买方。了解了这一点,就会发觉在现实的做法中(包括不少中国内地的贸易商)存在不少的错误观点与做法,最终导致劳民伤财,甚至失去了索赔的权利(如错过了时效)。

5.1 错误做法的例子

例如,经常见到买方在卸港提货时发现有货损货差后,向CIF/CFR卖方提出索赔。这是岸上买卖的买方遇上同样情况的正常反应,因为岸上买卖不涉及运输以及运输风险的转移,但在国际货物买卖中买方作出同样反应可就不一定正确了。如果买卖双方都不是太了解自己的法律地位,就会费时失事地谈判而最终还是一场空。到了后期(如买方向称职的律师或懂行的人士查询)才觉察买方应该起诉的正确对象是承运人/船东,就会可能碰上《海牙规则》1年时效已经错过,或是船东唯一的一艘船舶已转售或沉没,变为皮包公司。

本来,买方可以知道索赔对象不应该是卖方,最好的证明是一份清洁提单,显示了在付运/装船的一刻,风险转移给买方的时候货物并没有这种货损货差。所以,索赔的对象应该是负责运输的承运人或船东。

笔者也见过不少情况是CIF/CFR买方无单提取了货物,但仍没有支付货款(这会是信用证有不符点而导致了卖方在后来结不了汇,或是卖方托收但买方不肯支付,等原因),导致卖方要向买方起诉(通常是通过仲裁,因为买卖合约都会有仲裁条文),要求支付这笔欠下的“债务”(debt),也就是货款。买方作为被告经常用来抗辩,希望在货款中打个折扣,是指称这票已经通过"无单放货"的货物有货损货差。但这样说法照道理不能成立,因为运输风险是在买方。买方如果想成功抗辩,就必须证明这货损货差在付运/装船前已经存在。但这在承运人或船东签发了一套清洁提单的情况下是不容易证明的。

这种例子多不胜数与千变万化,曾经看过一票"CFR 黄埔"的钢材买卖,船舶在意大利装港离泊准备开航时,在航道搁浅。港内拖轮协助脱险后,向当地法院提出要求救助奖金,并留置扣押船上的货物。船舶提供了船舶部分的担保,本可马上开航,但中国买方并未有提供货物部分的担保,并浪费宝贵时间向欧洲卖方纠缠,要求卖方解决这问题,因为船舶连装港也没有离开。由于时间的拖延,西方船东在意大利装港向法院申请把这票钢材从船上卸下,并拍卖掉把货款存放在法院将来支付救助奖金。如果这样做,损失可就扩大了并最终导致了中国买方支付了货款(通过信用证支付),但最后失去了整船的钢材。实际上,该票钢材是向人保投保了一切险(这包括承保非实质损失的救助费用),中国买方应该是向人保要求向救助人提供救助奖金的担保。虽然有关的船舶还没有离开装港就出事,但在时间上已经是在货物付运/装船后,所以风险已转移给中国买方,不会是在欧洲卖方。懂行的卖方是不会理睬中国买方的纠缠,反正在信用证之下,卖方能够从银行收到货款是已经有了保证。

再可以举例是中国内地现在进口不少石油产品与化学品,这种商品买卖双方对海上运输风险的分水线是通常约定在货物通过船旁的"集管总管"(manifold)。但这表示在风险转移时货物是在油管内,大家连石油产品或化学品的表面状况都看不见。而且即使是船长看得见,也不会看得出这货物是否有污染,过多水分或过多杂质等质量的问题。所以,这要依赖货物的"样本"(samples)了。一般会是装上船舶前存放在"岸上油库"(shore tank)的货物先取一个样本,但考虑到这样本是卖方自己提取与密封,加上岸上油库离开船舶集管总管遥远,货物可能在通过岸上油管被污染或发生短缺(造成货损货差)。所以,在集管总管会再在装货时多提取一个样本。如果这两个样品的化验结果一致,是状况良好,符合买卖合约的描述要求,这应该是很好证明这票货物装船一刻,也就是在风险转移给买方时,货物是良好。

当石油产品或化学品装上船舶前发货人/卖方的代表总会先表面检查船上油柜/船舱是否清洁。但这不保证太多,因为像船上的油管内部无法看得见,怎知道它已清洗,没有上一航次的货物残余造成污染:The "Gianna M"(1937)57 Ll. L. Rep. 247?

所以装完货物后,卖方会与船长共同再从船上油柜/船舱提取另一个样本,以供比较岸上油库与在集管总管提取的样本。这些样本都会密封好,留一套在船上以及一套提供给买方。

最后,船舶到了卸港,买方会在开始卸货前与船长从船上油柜/船舱提取另一个样本,以作化验。要是化验结果发觉不妥,如有过多水分或受到污染,可再通过化验其他样本,往往会可断定这污染是否在付运/装船前一直存在,是卖方责任。或是因为船舶不适航(不适货)而造成污染,与卖方无关,是买方自己承担的运输风险,只会可向船东索赔。在前者,如果涉及卖方责任,除了可向卖方索赔损失外,还会存在买方可以拒绝接受货物(rejection of cargo),这课题在本书第四章有详论。

笔者见过中国 CIF/CFR 买方纯是根据卸港样本证明货物受污染而向外国卖方索赔的个案。而在装港提取的各种样本,根本未理会,莫说是做出化验了。但这一来,中国买方败诉机会很大,因为这是 CIF/CFR 的单证买卖,运输风险在买方,卖方也从未保证货物状况良好抵达中国卸港去交货。

不明确了解这风险分摊或转移会小事化大事,曾知悉一艘化学品船舶上的一小票货(约 1000 吨以下的化学品)在卸港被买方"拒绝接受"(rejection),指受到船舶污染。本来这污染不严重,岸上不难处理,却因此导致船舶无法卸下来而延误船期一个多月,因为船舶找不到其他渠道可以把货物卸到岸上暂时存放。看来,买方混淆了两个不同的合约:买卖合约与运输合约。买卖合约因为在 1979 年《英国货物销售法》下有各种默示条件条文,所以存在有这拒绝接受货物的权利(请参阅本书第四章 2 段)。但运输合约下的提单或租约没有这种明示或默示的条件条文,不适航也不是条件条文:The "Hong Kong Fir"(1961)2 Lloyd's Rep 478。所以,索赔损失是可以,但不存在拒绝接受货物,不能以"货不对版"退还货物给船东,毕竟船东只是托管人,从来不拥有货物。所以,即使船东是正确索赔的对象,拒绝接受货物会是严重错误的决定。适用在提单的立法会是可让买方把货物"退还"给船东(即拒绝接受货物)大概只是会在中国《海商法》的第 50 条找到,这是说明货物如果未能在提单明确约定的时间内交付,属于延误交付。而在这规定时间届满 60 天内承运人或船东仍未能交付货物,买方可以当作货物已经灭失。这一条中国《海商法》下的规定与《汉堡规则》的 Article 5(2)、(3)相似,但措辞/文字上并不实际。这是,笔者已看过上千上万的装船提单,从未见过有双方(船方与货方)明确约定时间在卸港交付货物。所以,中国《海商法》针对一种不存在也不现实的情况,而《汉堡规则》也不是这样的措辞/文字。这也导致多年在中国内地常有的争论,即是提单或租约没有明确约定卸港交付时间,买方或提单持有人可否向船东索赔延误交付,如延误是因船舶不适航或不合理绕航所导致?要知道,这才是一般的情况,即提单或租约没有约定卸港交付时间。而英美法是很明确:当然可以向违约的承运人或船东索赔。至于有否延误并不需要提单约定时间,只需要合理估计航程所需要的时间就能够得出船舶应该在什么时间抵达卸港交货,如果晚了就是延误,这需要承运人或船东解释是什么原因造成。如果延误涉及违约,承运人或者船东就要对卖方或收货人的经济损失负责赔偿,但这不会影响货物的所有权。中国《海商法》是说 60 天的延误届满,买方或提单持有人可视为该票货物已经灭失,这到底是什么意思?是否货物延误了 61 天才抵达卸港,提单持有人可拒绝接受?如果可以拒绝接受,把货物视为已经灭失(但实际上不是),该货物的所有权与风险会否自此"合法"归船东,让船东全权处置、分售、投保等?

以上所讲的各种错误观点与做法,还会有其他千变万化的情况,但万变不离其宗,所以不再多举例子,或只多讲一宗曾经历过的香港仲裁。它涉及一票从欧洲去中国的钢材,是一家日本大商社以 FOB 向欧洲卖方购买后再以 CFR 转售给中国买方。换言之,这日本大商社是中间商,但他负责海上运输,希望从中赚取利益。日本大商社租进一艘船舶,但是通过香港一家二船东。该船舶驶往中国途中在新加坡添加燃油时被债权人扣押,最终该船舶被法院拍卖,而原船东的单船公司就倒闭了。这一来,船上的钢材到不了中国卸港,要设法转运,挽救损失。这本来是中国买方的风险,不关日本卖方(中间商)的事,后者也已在信用证通过议付获得支付了货款。但在中国买方的商业压力下,日本卖方竟答应承担风险,负责安排转运,把钢材运至中国卸港。事后,花费了约 80 万美元,日本大商社想想不服气,就以承租人身份根据租约向香港二船东起诉,指后者赚取了预付运费,却不完成航次。当然,二船东想向原船东转嫁这项损失索赔,应是不会成功了,因为原船东公司已倒闭。但在双方披露文件后,二船东提出新抗辩指日本大商社原是没有风险,所以这 80 万美元的损失费用非是他的"法律责任"(legal liability)要承担的。而日本商社这 80 万的损失是自己考虑商业关系自掏腰包,属于自愿承担的责任。后来,该香港仲裁庭外和解据悉是对二船东很有利。看来,该日本大商社/卖方要在商业压力下"自愿"(volunteer)协助中国买方,也应该先在买卖合约作出相应修改,改变风险分摊或转移,变成法律责任需要花钱安排转运,以利向二船东事后索赔。这种船东在航次半途倒闭的风险在 80 年代航运不景气的时候经常发生,难保将来不会重演。在一切险的货物运输保险,在 1982 年《协会货物条文》之 4.6 条或 2009 年《协会货物条文》之 4.6 条已经以明示条文说明不承保这种风险所造成的损失,在措辞上是不承保"loss, damage, or expense arising from insolvency or financial default of the owners, managers, charterers, or operators of the vessel."这表示在这种可以造成重大损失的运输风险,一切险是不承保的,这就变为买方要承担的风险。买方也没有办法向 CIF/CFR 卖方索赔损失,除非能够证明卖方有违约造成了这一事故。例如在 1979 年《英国货物销售法》之 Section 32(2),是有规定 CIF/CFR 卖方是必须订立一个合理的运输合约:"the seller must make such contract with the carrier on behalf of the buyer as may be reasonable having regard to the nature of the goods and the other circumstances of the case; and if the seller omits to do so, and the goods are lost or damaged in course of transit, the buyer may decline to treat the delivery to the carrier as a delivery to himself or may hold the seller responsible in damages."

但承运人或船东在航次半途中突然倒闭是很难扯得上卖方订立合理运输合约之间的关系的。所以,如果买方有水平掌握航运,能够平衡可靠的船东与付运日期,加上有关的货物价值高,避免这方面的风险会是选择 FOB 买卖而不是 CIF/CFR 买卖,顶多只能通过买卖合约的有限度明示条文作出卖方选择付运船舶的自由。这方面如果读者想进一步了解可参阅杨良宜先生《海上货物保险》之第八章 6 段。

5.2 详细货物检验报告的重要

在 CIF/CFR 买卖,甚至是 FOB 买卖,买方提货时发觉有货损货差,一般是无法知悉或肯定造成的原因。为了肯定与掌握"当场证据"(contemporaneous evidence),以决定索赔的对象(卖方？船东？保险人？),应马上找专家或“检验人”(surveyor)对受损货物进行一个详细检验并取得一份报告,推断造成货损货差的原因,这是十分重要。该检验报告也会是买方马上需要的重要证据,如涉及货物的严重“内在缺陷”(inherent vice),让买方决定是否马上“拒绝接受”(rejection)货物,退还给卖方。

如果检验报告推断货损货差是船舶在海上运输中造成,与卖方无关,买方会要进一步对船舶可能不适航进行取证,如尽快在卸港或下一个港口向当地法院申请作出上船检查命令:The “Lady Muriel”(1995) No. 87(Civil)。

在将来的索赔,该检验报告是十分重要甚至是买方唯一的证据。它的内容也往往会是买方作为原告在后来的诉讼中“文书控辩请求”(pleadings)所需要的”事实说明”(particulars)。

5.3 买方面对货损货差应向谁索赔?

货损货差经常发生,而除非是严重事故如海上救助或船舶沉没导致货物全损,一般的CIF/CFR买方只会在卸货/交货时才会知悉。买方要了解如何处理,特别是向谁索赔。照说,即使买方要承担海上运输风险,但业已投保“一切险”(all risks),应是不会面临货损货差的损失也没有受到保护的危险。可是,现实是买方要小心,处理不当而导致“投诉无门”,自己最后要承担损失经常听闻。固然,即使投保一切险,也有好几项运输中发生风险导致损失是不赔的。例如,承运人/船东半途倒闭或经济发生困难而完成不了航次。或是,船舶“延误”(delay)导致有关货物的市场大跌所造成的经济损失,因为一切险是不承保延误造成的损失与损坏:请看杨良宜先生《海上货物保险》(法律出版社2010年版)之第八章5段。或是延误造成的货物腐烂的货损货差实质损失。

固然,“一切险”的保险人不赔,买方也会可转向船东索赔实质损失或经济损失。但在船舶延误,船东也不一定有责任。例如,是“航行疏忽”(可以在1924年《海牙规则》下免责)如船舶碰撞所导致的延误。而在船东倒闭,船东虽有责任,也是明显毁约,不可能在《海牙规则》下或提单合约下免责,但买方对已倒闭船东是无可奈何,是坏账无法成功追偿的问题。正是,“石头根本钻不出血,榨不出水”。

总体说,有了一切险的保险,大部份的实质货损货差,只要是在海上运输发生,仍应是有保险保护。这就关系到买方在卸港交货时发觉面对货损货差损失,要处理恰当,将来才不会投诉无门。毕竟,这世界没有“好人”,买方向每个对象(如保险人、船东、卖方等)尝试索赔,都会被初步拒绝。如果买方不取得证据明确证明责任谁属或/与采取(或威胁采取)法律行动,是很难会碰到对象很快与主动地作出赔付的。

5.3.1 索赔对象要准确的重要性

这方面的重要是:

(1)不浪费律师费用——律师费用高昂,如果处理不当,找错对象索赔,会是严重劳民伤财。

(2)诉前保全——今天取得“诉前保全”(pre - action security)十分关键。船舶会是单船公司,卖方会是皮包或经济不稳定的公司。这涉及要尽快扣船或申请“冻结禁令”(freezing injunction),以求取得诉前保全。有了担保,可以安心打官司,不必怕胜诉后只是空欢喜外,还会逼使对方(船东或卖方)不会在诉讼途中使用拖延手法,也大大增加了庭外和解的可能性。

(3)保险合约中的要求——货物保险(包括一切险)的保单或保险证明中一般有条文要求受保人的买方及时采取适当行动保护保险人在赔付后的代位求偿权,否则会导致的损失可向买方反索赔或对冲赔付。这是在杨良宜先生所著的《海上货物保险》一书第十三章有详论,请参阅。所以在肯定了正确索赔对象是船东,也表示买方应采取适当行动向船东及时在恰当的法院起诉(或提单如果有仲裁条文,及时开始仲裁):Thyssen v Calypso(2000)2 Lloyd's Rep 243;扣船或以冻结禁令取得诉前保全:The "Vasso"(1993)2 Lloyd's Rep 309;等。

(4)其他相关行动——索赔对象找对了,会要马上采取一些紧急与相应的措施如取得或保留证据。索赔对象是船东的话,买方会要考虑在船舶离开卸港前向当地法院申请上船检查,以确定它是否适航/适货。这会比将来诉讼只靠空争、臆猜、船东作出文件披露(这会有危险船东只会一面倒披露对己方有利的文件)等优越得多了。一旦上船检查后,明确了舱盖多处漏水腐蚀,有了录像或照片,而检验报告中明确了货损是因为海水所造成,会是证据确凿是船舶不适航导致。在这情况下,船东很可能马上投降赔钱,昂贵的诉讼根本不必继续下去。

其他保留证据行动会是如申请上船把航海日志复印一套,如涉及倒签提单,即装货日期与提单日期不符,航海日志上详细记录的装货进度与日期会是对提单有否倒签提供了确凿的证据。

其他相关行动也包括了与法院/法律以外的多方面,如货损货差源自装船前已是存在,即正确索赔对象是卖方而不是船东。这一来,会涉及买方要否“拒绝接受”(rejection)货物。这方面问题在本书第四章有详论,不再重复。

(5)索赔时效——这又是重要的环节,因为不同索赔对象都会面对不同时效。索赔对象如果是承运人或船东,提单索赔的时效就会根据1924年《海牙规则》或1969年《海牙—维斯比规则》之Article 3(6)的交货后1年索赔时效的规定:“In any event the carrier and the ship shall be discharged from all liability... unless suit is brought within one year after delivery of the goods or the date when the goods should have been delivered”,除非双方明确同意去延长与没有附带条件:The "August Leonhardt"(1985)2 Lloyd's Rep 28。如果货物在半途全损,船舶根本没有卸港交货,这一年的时效就是估计“货物应交付之时”(the date when the goods should have been delivered)起算。还有,这一年的时效必须是在恰当的诉讼地点或/与恰当的诉讼方式(如提单有仲裁条文就必须是仲裁)作出保护:Thyssen v Calypso(2000)2 Lloyd's Rep 243。而最重要的就是准确找对了谁是提单的承运人:The "Antares"(1987)1 Lloyd's Rep 424;The "Captain Gregos"(1989)2 Lloyd's Rep 63;The "Ines"(1995)2 Lloyd's Rep 144;

Maritrop Trading Corporation and Others v Guangzhou Ocean Shipping Company(Unreported,11 Dec,1997); The "Hector"(1998)2 Lloyd's Rep 287; The "Flecha"(1999)1 Lloyd's Rep 612; The "Starsin"(2003)2 WLR 711。

如果买方的索赔对象是卖方,双方的关系是在买卖合约(或是索赔对象应是船东但双方关系不是提单而是租约),索赔时效也不一定是简单明了。在英国法下会有三种以上不同种类的时效,第一类就是立法的1980年《Limitation Act》的6年时效,这是很长的一段索赔时效,买方可以慢慢来。但问题往往是第一类会被第二类的索赔时效所超越,就是在容许订约自由下,往往在买卖合约(或是在租约)明示约定一个更短的索赔时效,如3个月、6个月或1年不等。由于买卖合约通常是有一条仲裁条文,表示买方必须在明示索赔时效内向卖方启动仲裁程序以保护时效是至关重要。至于如何启动仲裁,在笔者合著的《仲裁法——从1996年英国仲裁法到国际商务仲裁》一书第三章3段有详述,不去重复。至于第三类的索赔时效也是同样复杂,就是买卖合约如果明示或默示适用英国以外的外国法,就会要适用外国的索赔时效立法。英国以前把时效问题作为"程序"(procedural)问题,即在伦敦仲裁要依从英国程序法,所以英国立法的6年时效适用(假设有关合约没有明示约定索赔时效)。但在1984年《Foreign Limitation Periods Act》的立法后,把索赔时效已当作"实体"(substantive)问题看待,这变为要看所适用的外国法对索赔时效有怎么样的规定。所以,如果买卖合约规定了伦敦仲裁但适用中国法(明示或默示[根据法律冲突寻找出最密切关系的法律]),索赔时效就有可能是中国的2年。这情况不多见,但不是没有,如曾经有一个香港仲裁,涉及的争议是香港法律或是德国法律才是该钢材买卖合约的适用法律。如果是香港法律,根据立法是有6年时效之久。但如果是德国法律,它的《German Commercial Law》,第377条文要求买方必须要在货物交付后马上进行检查,如果有货不对版,必须马上通知卖方,否则买方会失去索赔权利。这是否算是一条索赔时效条文不无争议之处,因为措辞/文字不够明确。但该仲裁判是香港法律适用,否则还要根据德国法律专家作为证人对这第377条文的解释与举证才好下定论是否能作为索赔时效对待。如果是索赔时效,买方将会是错过索赔时效而败诉了。

5.3.2 谁才是正确索赔对象?

总结上述所讲,买方面临货损货差,首先看看CIF/CFR买卖合约有否明示条文把海上运输风险明确要卖方承担。已经提到过,一般是不会这种改变,表示仍是买方承担海上运输风险,分水线是货物付运/装船的一刻。这一来,还是要明确货损货差是卖方风险(装船前已经存在)或是买方风险(海上运输途中发生)。已经提到过,买方马上要安排对货损货差的检验,找出损失原因才知道正确索赔对象应该是谁。

5.3.2.1 船舶是索赔对象

如果有"清洁提单"(clean bill of lading)可作证明(通常会有,否则卖方也结不了汇),可以说,除非提单有虚假资料,否则可以合理用肉眼见到或感觉到的货损货差,特别是海水造成的货损,一般常识已可知道与船舶不适航有关,正确的索赔对象应该是船东。毕竟,一份清洁提单加上“不清洁卸货记录”(dirty outturn report)证明了货物是在海上运输期间发生货损货差,能够解释什么原因造成也只有承运人或船东,1924 年《海牙规则》之 Article 4 也是把免责的举证责任加在了承运人或船东。而即使提单有虚假资料(如清洁提单下的货物在付运前已经损坏或提单的货物数量并没有全数装船),承运人或船东还是难逃责任。这表示买方或收货人对货损货差的实质对象十之八九是针对承运人或船东。

对买方而言,如果正确的索赔对象是承运人或船东,表示货损货差应该是海上运输风险所造成,也表示投保了”一切险”的买方通常可以向保险人同时提出要求赔付,因为是运输风险所造成的货损货差明显是一切险承保的风险。这通常是一个比较容易的索赔途径,往往会比买方向承运人或船东(他们背后有高水平的互保协会所支持)提出索赔容易得多。

当然,买方作为受保人有责任保护保险人将来的代位求偿权,还是有责任做正确的事情,其中就是起诉必须有正确对象能在时效内提出,他到底是船东或是承租人的疑问,因为有可能提单下的“承运人”(carrier)是承租人,即它是一份“承租人提单”(charterer's bill of lading)。

5.3.2.2 谁是承运人:船东或承租人?

这是一个复杂的课题,也可显示外贸人士必须了解航运,否则有了货损货差买方会是向谁作为承运人提出索赔也搞不清楚。

在“二战”后,国际航运业务有了变化,就是多了很多租约特别是期租合约而不是“二战”前的航次租约。举例说原船东 A 把船舶出租给 B,而出租的方式是“光船租约”(demise charter),或是“期租合约”(time charter),这些合约根本不是个别的货物运输合约,之后,B 把该船舶营运,并以光船船东的身份或二船东的身份与 C 的货方签订运输合约。这一来,承运人应该就是 B,C 如果把有关的提单背书转让给收货人 D,航次中发生货损货差,D 如果贸然向原船东 A 提出索赔(通常通过诉船/扣船把原船东扯进来),就会把承运人的对象彻底搞错,在发觉索赔对象错误后(往往是在船东作出抗辩才发觉),如果 1 年的时效已经错过就无法挽回。

在英国法律,提单只是一个运输合约(除了其他提单的性能外),因为立法(1855 年《提单法》)的后果导致“承运人”(carrier)与买方(也是提单持有人)成为这合约的当事方。像所有其他合约一样,要寻找谁是合约方才有起诉对象。这一般不是问题,总不成你订了一个价值高昂的合约连对手是谁也不知道?如上述例子,D 怎么会找不到到底应该向谁索赔的资料?在国际航运与外贸,答案是经常没有办法知道,因为 A 与 B 的租约并不是公开的资料,D 根本无法知道。D 在确定谁是承运人时唯一可以参考的就是一份装船提单,这提单往往是些标准的格式,如大宗货物提单经常会是以 Congenbill 标准格式。能够在里面找到有关承运人的资料通常只是船舶的名字以及提单的签字(通常就是船长的签字或船舶代理人的签字)。有诉权的货方通常的假设就是船舶的原船东就是承运人,这在今天根据船舶名字找出谁是原船东很容易,这就可以让货方以诉人的方式起诉船东。或是更普遍的做法,就是以"对物诉讼"(in rem)的形式起诉船舶并同时扣船以取得诉前担保。但即使是以对物诉讼的形式起诉,当原船东出面提供担保并作出抗辩,也令诉讼的形式从诉物变为诉人。所以,诉人必须是搞清楚正确的对象。上述诉人的做法假设原船东就是承运人,但现实中很多情况是不对。船东在稍后实质抗辩的时候就会指出他不是承运人因为船舶已经光租给了 B,而提单上的船长签字只约束 B,因为在光船租约下是 B 雇佣该船长,与原船东的 A 无关。或是,提单实际上是期租承租人作为承运人的提单:Paterson Zochonis & Co v Elder Dempster & Co(1922)12 Lloyd's Rep 69; The "Venezuela"(1980)1 Lloyd's Rep 393; The "Ines"(1995)2 Lloyd's Rep 144; The "Hector"(1998)2 Lloyd's Rep 287; The "Flecha"(1999)1 Lloyd's Rep 612; The "Starsin"(2003)2 WLR 711 等。

但在提单而言,要买方寻找合约对手(即谁是"承运人")经常是个难题。(1)买方不是谈判订立运输合约的一方,在 CIF/CFR 买卖下明显是卖方或发货人订立运输合约。这运输合约关系是通过 1855 年《提单法》(已被 1992 年《海上运输法》所替代)的立法强加在买方与承运人。(2)1924 年《海牙规则》也讲明这承运人不必一定是船东:它的 Article I(a)给"承运人"定义是包括"船东或承租人与发货人/卖方订立运输合约"(the owner or charterer who enters into a contract of carriage with the shipper)。(3)提单经常会有误导性的,难明的与矛盾的条文针对谁是承运人,如一条"光租条文"(demise clause)。(4)有光租的情况(这是不为外人所知的安排),而船长船员是受雇于承租人,与船东无关。所以涉及不适航、疏忽照顾货物等的船长/船员,责任只会在光船承租人,不在"无辜的"船东。当然光租情况不多,更多仍是期租程租,船长船员受雇于船东,不是承租人。

总而言之,这带来买方的错误起诉承运人时有所闻。如在 The "Henrik Sif"(1982)1 Lloyd's Rep 456 先例,是错告了期租承租人,而真正对象是船东。在 The "Antares"(1987)1 Lloyd's Rep 424 先例,也是一样的错误起诉,劳民伤财,而且回头起诉正确对象时,1 年时效已错过。

确定谁是承运人,谁是提单合约的订约方纯是解释提单的条文、措辞。但一直有个说法是船长受雇于船东,所以他签发或授权签发的提单,实属船东提单,不是承租人提单,即船东才是承运人。在 Wehner v. Dene Steamship Co(1905)2 KB 92 的先例,Channell 大法官说:"If the charter is not a demise, a bill of lading signed by the master or by the charterer as authorised agent of the master is usually a contract with the shipowner. In ordinary cases, where the charterparty does not amount to a demise of the ship, and where possession of the ship is not given up to the charterer, the rule is that the contract contained in the bill of lading is made, not with the charterer but with the owner."

但这"说法"(rule)也不是绝对,提单其他的条文仍要一齐解释,如经常有的一条应该说是针对性的"承运人身份"(identity of carrier)条文,必须一并解释并务求客观找出双方订约的意愿。这可看看一些相关的先例如下:

(1)在 The “Venezuela”(1980)1 Lloyd's Rep. 393 先例是 NYK 作为代理替船长签发提单.船舶本身是属一巴拿马公司所拥有,但期租给了一中国公司,再分租/期租给 CAVN。所签发提单背后有一条文说明承运人是 CAVN 或合伙人的 FMG。Sheen 大法官认为这“承运人身份”条文重要,比船长授权签发的“说法”(rule)更重要。所以,该先例判不是船东提单,而是承租人提单,即承运人是 CAVN,也是买方应起诉的对象。

(2)在 The “Ines”(1995)2 Lloyd's Rep 144 先例,判决结果可是相反。该提单在签字之处有批注说:“IN WITNESS whereof the Master or the Agent of the said vessel has signed the number of original Bills of Lading stated below... signed for the carrier Maras Linja pp EIMSKIP - Rotterdam, as agents only.”

另外,提单背面的免责条文是说:“提单是发货人与船东之间的合约。”(The contract evidenced by this Bill of Lading is between the Shipper and the Owner of the ocean vessel named herein...)

法院是要确定谁是承运人:到底是作为承租人的 Maras Linja,还是船东?

在签字之处的批注,是可解释为 EIMSKIP 代 Maras Linja 的承运人签发提单,或是 Maras Linja 也只是代真正承运人(船东)签发提单。

Clarke 大法官判是船东才是提单承运人。他说:“Although the signature box itself is ambiguous, a consideration of the other clauses and the documents as a whole leads in my judgment to the conclusion that the parties intended that the contract should be between the shippers and the shipowners.”

(3)在 The “Hector”(1998)2 Lloyd's Rep 287 先例,提单是代船长所签发,而且背面也有一条“承运人身份”条文,说明船东是承运人。看来,这难逃这是一份船东提单的“说法”(rule)。但该先例的提单,用的是 Conline 标准格式,承租人 USEL 在提单正面加上一图章说:“CARRIER: U. S. EXPRESS LINES(USEL)”。

因为是在提单正面,又不是“印本条文”(printed clause),Rix 大法官判这提单承运人是 USEL,不是船东。也表示航次半途 USEL 经济困难/倒闭,原船东没有合约责任去完成航次,提单持有人的买方也是无可奈何。

还有是一个合约如果对谁才是订约方有争议,原是可参考订约时的谈判过程。但在提单,这会是发货人/卖方与原船东或二船东等之间的谈判,买方不会知道,也无法知道(特别是涉及了一连串的买卖合约),因为买方作为提单合约的订约方是 1855 年《提单法》所“强加”的。这一来,提单下的合约承运人的确定通常只看提单中的措辞/用字。

英国法律不像中国《海商法》,如果买方或收货人与承运人扯不上合约关系,就算是承运人造成货损货差,作为“实际承运人”(actual carrier)的责任也只是侵权,而不是合约的责任。买方如果只能向承运人作出侵权的起诉,就会面对很多局限,如 1924 年《海牙规则》下的严格适航责任、举证责任、纯经济损失不能包括在内等。毕竟，也是因为西方能让买方或收货人通过合约关系向承运人提出索赔，而不是只能靠侵权，才会有1855年《提单法》的立法。

当然中国内地的买方或收货人也不必太担心，因为他们通常涉及了"商品"(commodity)买卖。在商品买卖大宗货运输中，通常涉及租船，提单格式也多是使用如Congenbill，不会印上期租承租人名字，加上签发一般是代船长或船长授权的代理人。所以，难逃这是属"惯常说法"(usual rule)，它是一份"船东提单"(owner's bill of lading)，船东就是承运人。

(4)目前对于承运人身份问题最重要案例是贵族院的The "Starsin"(2003)2 WLR 711。在该先例，提单是承租人代理人签发的，表明是"... as agents for the carrier Continental Pacific Shipping..."(注意这公司，简称CPS，就是承租人)。但提单背面有两条附加条文，第33条是"承运人身份"及第35条是"光租条文"，措辞却是明确说明原船东才是该提单的订约方或承运人，如下：

"33 IDENTITY OF CARRIER. The Contract evidenced by this Bill of Lading is between the Merchant and the Owners of the vessel named herein (or substitute) and it is therefore agreed that the said Shipowner only shall be liable for any damage or loss due to any breach or non-performance of any obligation arising out of the contract of carriage, whether or not relating to the vessel's unseaworthiness. If, despite the foregoing, it is adjudged that any other is the Carrier and/or bailee of the goods shipped hereunder, all limitations of, and exonerations from liability provided for by law or by this Bill of Lading shall be available to such other. It is further understood and agreed that as the Line, Company or Agents who has executed this Bill of Lading for and on behalf of the Master is not a principal in the transaction and the said Line, Company or Agents shall not be under any liability arising out of the contract of carriage, nor as Carrier nor bailee of the goods."

"35. If the ocean vessel is not owned by or chartered by demise to the Company or Line by whom this Bill of Lading is issued (as may be the case notwithstanding anything that appears to the contrary) this Bill of Lading shall take effect only as a contract of carriage with the Owners or Demise Charterers as the case may be as Principal made through the Agency of the said Company or Line who act solely as Agents and shall be under no personal liability whatsoever in respect thereof."

这表示提单正面与背页有冲突，正面的签字一栏说明是承租人(CPS)提单，而背页的印本条文则说明是原船东提单。在上诉庭，多数意见给背面的条文有更大的分量，认为条文内容更加有针对性，所以是一份原船东提单。其中Andrew Morritt大法官这样说："The signature box is part of the bill of lading. The normal rule whereby greater importance is attributed to specific provisions, including the signature box, put into a standard form is qualified by and to the extent that clause 35 of the standard conditions is applicable."

但上诉庭的判决被贵族院所推翻。贵族院认为承租人代理在提单正面签名,加上清楚表明 CPS 是“carrier”,应该压倒提单背面的第 33 和 35 条文,特别考虑到因为 UCP 600 只要求银行考虑提单的正面(当结算信用证时),而不需考虑背面写什么。所以,这是承租人提单。

虽然这一个重要的先例有一定的争议(如 Aikens 大法官著的《Bills of Lading》2006 年版之 7.69 段节提出了五点质疑),但还是可以总结说买方/收货人或者代位求偿的保险人要根据提单找出谁是合约承运人,最主要是看提单的正面,特别是签字。另外可能对承运人有提示的是看提单有否印上某公司的名字(如中远的提单)以及船名。只是在比较罕见的例子,提单正面对承运人的提示实在是太含糊与太矛盾,才会看提单背面的印本条文。

5.3.2.3　卖方是索赔对象

清洁提单只是针对货物付运/装船时的表面状况良好,它不能作为在付运前已经存在货损货差的证明,这是卖方的风险。最明显的例子就是货物的“内在缺陷”(inherent vice)或是不符合买卖合约对货物描述的货不对版。在这种情况下,买方一般正确的索赔对象都会是卖方。同样也包括了卖方责任的是货物本身或是 CIF 卖方所租用的船舶无法可以合理让货物安全运输到目的地:Mash & Murrell Ltd v Joseph I Emanuel Ltd(1961)2 Lloyd's Rep 326 与 The “Mercini Lady”(2009)2 Lloyd's Rep 679。这会是货物本身(如没有处理好的鱼粉或煤炭,半途一定会发生自燃),或是包装不足,或是原有必须在航次途中加热但所租用的船舶没有加热设备或能力等。这是违反 1979 年《货物销售法》之 Section 32(2)的。反正是向船东/船舶索赔会面对货物内在缺陷等的抗辩。这在 1924 年《海牙规则》之 Article 4(2)有明示对这种情况说明承运人免责,包括:“(m) Wastage in bulk or weight or any other loss of damage arising from inherent defect, quality or vice of the goods. (n) Insufficiency of packing. . . . (p) Latent defects not discoverable by due diligence. (q) Any other cause arising without the actual fault or privity of the carrier. . .”

有不少货损货差的性质可以马上知悉错误是在卖方,不在承运人或船东。例如,货物成份不足或是包装不足。如在 Kollerich & Cie SA v. State Trading Corp of India (1980)2 Lloyd's Rep 32 先例,水泥的袋包质量不妥,不符合合约要求,带来卸港有大量破包,这是明显可向卖方索赔,但向承运人或船东索赔就不会成功。或会是,袋包不妥可以肉眼见到,这可怪责船长不应签发清洁提单,变得买方也可以向承运人或船东索赔损失。但这要看每一不同案件的事实,如买卖合约要求 6 层牛皮纸厚的袋包,事实只有 5 层,可是船长怎可以肉眼觉察少了一层或/与知悉买卖合约的要求?变了买方的损失只能向卖方根据买卖合约提出索赔。

较早时提到石油产品或化学品买卖的装港样本。如果化验结果发觉已经受到污染或质量不符,又是明显应向卖方索赔,与承运人或船东扯不上关系。

在杨良宜先生的《仲裁法——从 1996 年英国仲裁法到国际商务仲裁》一书第 23

页提到 Carl International v. Ernst Komrowski & Co. (Arb. List No. Con – 5 of 1996) 一案例,涉及土耳其进口中国的大批"一级镀锌铁"(prime galvanized sheet)。但一个月不到的航次,货物到了中国黄埔卸货时已经因为全部严重生锈而作废。检验报告明言是这票货物应是生产工序与处理有问题,并指出船舶半途没有遇到意外,船舶舱盖也没有进水迹象。再推想到或根据专家意见是船舶有部份进水也不会全部货物作废,以及镀锌铁本身就是为了防锈,即使进水也不应该严重生锈。所以,很快可以作出判断是错应在卖方,不在承运人或船东,因为工序与处理不妥是船长看不见,而在装船时该票镀锌铁也估计是还未严重生锈至肉眼可见的程度。但如果检验报告提及在装船时生锈就肉眼可见,就表示买方除了卖方外还多了一个可以索赔的对象,就是承运人/船东,因为他不应该签发清洁提单。这一个方面会在下一小段进一步详谈。

5.3.2.4　船舶与卖方都是索赔对象

也会有情况是买方可起诉承运人或船东(根据提单),亦可起诉卖方(根据买卖合约),如在本章较早所讲到的"付运/装船前的货损货差"(pre – shipment damage or shortage),如 2 万吨化肥的提单实质只有装了 1 万吨上船。

谈到付运/装船前的货损货差,钢材常会有这方面问题。如果卸港发觉钢材严重生锈,这锈也明显不是新锈,不会是航次运输中产生,买方应可向卖方索赔。当然,买方也应可向船舶索赔,因为船长签发了清洁提单。而即使是承租人在船长背后乱出清洁提单,也是有表面授权,对船东/船长有约束:The "Nea Tyhi" (1982) 1 Lloyd's Rep 606。

而更清楚明确可以选择起诉承运人或船东,亦可起诉卖方的情况就是付运/装船前货物已经有损坏,本来出不了清洁提单,但卖方作为发货人给了船长一份保函以交换签发清洁提单。这一来,针对无辜的买方或是收货人,他们都有责任。

买方既可向船东与卖方同时起诉,最安全省钱的办法是能在同一个诉讼把船东与卖方共同列为第一与第二被告。但这现实做不到。他们涉及不同合约关系,责任基础也不一致。更重要是,它们会有并不一致的管辖权条文,如不同仲裁地点与不同仲裁程序的仲裁条文,根本无法合并。例如,买卖合约的仲裁条文是香港仲裁条文,而提单合约的仲裁条文是合并租约的条文,是去伦敦仲裁。这一来,买方会要决定先起诉谁了。这有多方面考虑因素,主要是看起诉谁更容易、更廉宜,而且是谁才赔得起,所谓找出 "deep – pocket"(口袋有钱)的被告。

例如,卖方是皮包公司或买卖合约有一条乌干达仲裁条文,看来,买方是要忘了向卖方索赔,应尽快全心全意向船舶起诉与取得诉前担保(主要是通过扣船)才是上策。

相反,索赔金额涉及数以千万美元,如倒签提单或是只装 1 万吨钢材,船长却签发了 2 万吨的装船提单。买方或收货人就应该知道这种性质的索赔是船东的互保协会不承保的,将来成功索赔也只能是要船东自掏腰包。但在航运低潮的时候,除了是一些大船东(如中远或者马士基)才会有庞大财力能够赔付,单船船东会是赔不起,船舶价值也不会高达数以千万美元。买方扣船索取担保,也只能逼死船东而已。最后法院把船舶拍卖,所得款项也会是银行贷款优先取走,不会剩下给货损货差的买方或收货人。

也会是有情况买方或收货人想向船舶采取行动(如诉船[in rem]与扣船取得诉前担保)时,该单船公司已经把船舶出售或船舶已经沉没。

在刚举的例子就可以看到,在理论上船舶与卖方都是索赔对象,但实际上或现实中剩下的索赔对象只是卖方。如果中国买方一看买卖合约,有一条有利的有效贸仲仲裁条文,中国法律与《中国海商法》也对倒签提单或不正确提单同样严厉对待,加上卖方是欧洲一间大公司,随时赔得出数以千万美元。这一来,明显应尽快全心全意向卖方提起贸仲仲裁索赔损失,不必浪费时间金钱在同样有责任的单船船东或承运人身上。

从另一个不同角度考虑,就是向承运人或船东起诉时效会比较短暂(1924 年《海牙规则》为 1 年),加上扣船十分容易,可取得至关重要的"诉前担保"(pre - hearing security),所以有可能还是会选择先向船舶索赔。至于承运人或船东赔付给买方后另向卖方要求"补偿"(indemnity),如后者曾经给了保函,或是卖方/发货人在船长背后乱出不正确提单议付,这是买方不必理会。

也会是,买方在向船东索赔过程中警觉买卖合约的时效即将届满。但考虑到诉前担保金额不足,或是对该案件的法院或仲裁庭不安心(怕判错),又或是被迫接受船东的不足的和解赔偿(可能多方面原因如面对责任限制)等,令买方有必要在稍后向卖方追付余额。这一来,买方会要与卖方协议延长合约时效。如果卖方不合作,买方会要采取行动保护合约时效,如买卖合约有仲裁条文就要开始仲裁。在比较少有的情况下买卖合约没有仲裁条文,就要去"称职法院"(competent court)出一份"保护告票"(protective writ),保护的就是时效。然后尽量不推进仲裁或诉讼,等待向船东索赔的最后结果才决定进一步行动。

5.3.2.5　船舶与卖方作为索赔对象有变的情况

另一复杂与危险变数是根据检验报告所指的损失原因向其中一方(承运人/船东或卖方)起诉,但诉讼途中,对方显示证据(如在披露的过程中)是他不必负责。更或是,最后判决/裁决是对损失原因有不同看法(如认为承运人/船东作为被告不必负责,负责的会是卖方,因为被认定货物损坏的真正原因是内在缺陷),这也会是法院或仲裁庭错判,但这可是奈何?

例如,鱼粉发生自燃(如在 The "Amphion" [1991] 2 Lloyd's Rep 101 先例),买方只能知悉船舶在卸港发生自燃,导致货损。但原因不详:这会是船舶延误航次或其他方面的不妥善处理/照顾货物所造成,也可能是鱼粉根本未处理好延缓航次中的自燃。前者是承运人/船东违约,后者是卖方违约。如果是买方起诉船东但最后败诉,裁定是鱼粉的内在缺陷所导致,并且不接受买方提供的检验报告所作出的初步结论,买方应怎么办?会否是买方转去向卖方起诉?如果在起诉船东途中保险人已赔了给买方,再代位把官司打下去,但结果却是裁定损失不是航行/运输风险,而是货物的内在缺陷导致,保险人又如何自处呢?可否向买方追讨回这笔已付的赔款,因为货物的内在缺陷导致在运输途中会出现无可避免的损失,并非是承保的风险:Soya GmbH v White(1983)1 Lloyd's Rep 122?

在本书第四章提到 Mash & Murrell, Ltd v. Joseph Emanuel Ltd(1961)2 Lloyd's Rep 326 的先例,可充分显示这种危险。它在第一审的高院,Diplock 大法官判是土豆的货物不适合运输,即卖方有错与有责任。但卖方上诉后被上诉庭推翻原判,判是土豆损坏是因为船舶半途不通风所导致,这变得是船舶有错与有责任,与卖方无关。这情况照说不应发生,因为事实的认定不应允许上诉,也不应被推翻,上诉的只是法律问题。

再多举一个知悉的例子,案情涉及了船上在卸货时发现煤油变色,CFR 买方向船东起诉,指货物在船上受到污染。但在诉讼过程中,船东证明以前三次货物装的都是汽油,都没有受到污染,技术上不可能会是船上油柜或油管不清洁而导致污染。加上,船东证明煤油在提炼时技术不完善是会带来煤油因本身不稳定而变色,实属内在缺陷。在该案件中,船东胜诉。看来,买方在有了结果后又是要转向卖方根据买卖合约起诉去索赔损失。

上述情况不常出现,但真的出现了这种情况,买方又如何自处?看来,考虑因素也是与上一小段所探讨的差不多,笔者不再重复。只说,作为货损货差的买方/收货人或他的保险人,都应该尽快收集证据并作出准确的判断。众所周知,证据越完整与优质,就越能找出事实的真相,也就是什么原因造成了货损货差。根据完整与优质的证据作出判断应该把谁作为索赔对象,就会相对准确与证据确凿。这一来,浪费诉讼费用与时间和在不同索赔对象之间告来告去的情况就可以大大减少了。

5.3.2.6 保险人赔付后发觉保单不必赔付如何自处?

上一小段提及,如果保险人已赔付了特别是 CFR 或 FOB 买方,再代位继续向船东索赔,可是结果判决下来指货物内在缺陷,不是船东责任,实是卖方责任,而且判得颇有说服力。这一来,保险人如何自处?他固然可代位再转向卖方索赔,只要代位权足够广泛,但会面临困难如时效已经错过、卖方是皮包公司等。

这一来,保险人会想它可否向买方(保单受保人)讨回已赔付的款项?确是,根据判决结果,应是保单或保险证明不必赔付,因为损失产生在风险开始(装上船舶)之前。

保险人无条件的赔付买方是会被视为一个"默示和解协议"(implied settlement agreement)。在 Mayee v. Pennine Insurance Co(1969)2 Q. B. 507 先例,Denning 勋爵说:"... the insurer's letter contains the important words 'in settlement of your claim'..."。Winn 大法官也说:"the insurer's letter contemplates a complete clearance of the whole matter and a termination of the dispute arising out of the claim, in so far as there was one..."

英国法律尊重协议/合约,这包括了和解协议,不存在订约一方事后以不知道后果可反悔,如保险人不能在和解协议赔付后,以未曾调查清楚或是不知道法院或仲裁庭会判决是货物的内在缺陷为由,向买方反悔。Atkin 勋爵在 Bell v. Lever Bros. Ltd (1932) AC 161 先例说:"... it is of paramount importance that contracts should be observed, and that if parties honestly comply with the essentials of the formation of contracts——i. e., agree in the same terms on the same subject - matter——they are bound, and must rely on the stipulations of the contract for protection from the effect of facts unknown to them."

所以可总结,保险人赔付买方后,是绝不容易反悔。当然像误述、错误、受保人欺诈等情况,可否定这协议的有效性,保险人仍会有成功向买方反悔的可能。例如,买方(受保人)向保险公司误述说船东已承认货损货差责任,只是赔偿金额有不大的争议,但事实非是如此。毕竟保险合约是要求绝对善意,这一责任是在投保与后来赔付都必须要遵守的。

因为赔付后反悔不易,所以保险人轻重不好掌握。加上,在"一切险"的投保,拒赔的举证责任是在保险人。而迟迟不赔又说不出理由,会导致买方(受保人)的起诉。这表示:(1)保险人一知悉货损货差应马上独立作出检验调查。(2)在没有明确事实前尽量不赔付。(3)买方(受保人)如果已向船舶起诉索赔,设法先看看船东的抗辩。如船东的抗辩主要是如"海上风险"(perils of the sea)、航行疏忽、责任限制等,保险人作出赔付给买方应该看来是安全合理,特别是这也配合了独立检验调查报告的初步结论。当然,完全的安全是没有,难保将来赔付后代位的诉讼,船东的抗辩会突然"修改"(amend)为货物内在缺陷或包装不善。(4)保险人对仍有疑虑的赔付作出书面保留权利向买方将来讨回这笔钱,如果事实最后被认定是与运输风险无关及在保单或保险证明范围以外。

最后一提,关于这方面有关保险的问题,可参阅杨良宜先生的《海上货物保险》(2010 年版)一书。

§6 大批不确定货物的风险转移

有关大批"未确定货物"(unascertained goods)已经在本书第五章 §4 有介绍,本段尽量不重复而只针对本章有关的风险转移问题。

在 1979 年《货物销售法》之 Section 20(1),说明除非双方有不同的约定,财产/货物所有权在转让给买方前,风险仍是在卖方。这表示货物所有权与风险在一般的情况下是走在一起的。该条文是:"Unless otherwise agreed, the goods remain at the seller's risk until the property in them is transferred to the buyer, but when the property in them is transferred to the buyer the goods are at the buyer's risk whether delivery has been made or not.”

再接下去是在 Section 16 规定了唯一例外情况之 Section 20A，就是在一大批货物中部分出售给买方，但还没有实际摊分/区分情况下的“不确定货物”如果买方已经作出了货款的支付，货物所有权是可以马上转移给买方，而买方也变为一大批货物的共同拥有人。这在 Section 20A(2)有说明：“Where this section applies, then(unless the parties agree otherwise), as soon as the conditions specified in paragraphs(a)(这是针对一大批货物中部分出售)and(b)(这是针对买方支付了货款)of subsection(1)above are met or at such later time as the parties may agree －(a) property in an undivided share in the bulk is transferred to the buyer; and(b) the buyer becomes an owner in common of the bulk”

这表示大批不确定货物的风险与货物所有权再也不必等到在一大批货物中作出分摊与区分后，明确了交出给买方的货物后才能转移货物风险与货物所有权。这针对国际货物买卖，如某一艘船舶上的 3 万吨大豆签发了三套提单，每套提单是 1 万吨大豆，并分别转让给三个不同的 CIF/CFR 买方，是需要到了卸港把货物卸下后交货才能够做出分摊与区分。

本来在一般的本土货物买卖，财产/货物所有权不能转让，风险也不能转移给买方应是合情合理。否则买方也不知道怎样做才能自保，如会否为这批不属于买方的货物投保？

有关这方面较早的先例可先介绍 Healey v Howlett & Sons(1917) 1 KB 337，案情是买方购买了 20 箱的“鲭鱼”(mackerel)的本土货物买卖，卖方交付给了火车车长共 190 箱，是给三个不同买方，并要求火车车长为货物打上印记，包括这 20 箱。但车长没有这样做，即货物仍是在一大批中分不开，火车延误令鲭鱼变坏。本来根据 1979 年《货物销售法》的 Section 32(1)，它是说卖方把货物交出给承运人为了把有关的货物付运给买方，这一来，把货物交出给承运人就被视为是交出给买方：“Where, in pursuance of a contract of sale, the seller is authorized or required to send the goods to the buyer, delivery of the goods to a carrier(whether named by the buyer or not) for the purpose of transmission to the buyer is *prima facie* deemed to be a delivery of the goods to the buyer.”

但由于这一票货物是一大批不确定的货物，所以根据 Section 16，货物所有权是不能转让给买方(注意在当时还没有 Section 20A，这是在 1995 年《Sale of Goods(Amendment) Act》加在 1979 年《货物销售法》才有的)。这一来，根据 Section 20(1)，货物风险也未能转移给买方。这表示在上述的先例中，鲭鱼变坏的风险是在卖方。

但随后的 Stern v. Vickers(1923) 1 KB 78 先例，却是接受风险转移可以发生在财产/货物所有权转移之前。在该案例，卖方出售 12 万加仑的酒精，它是混在其他的酒精里(共有 20 万加仑)全数储存在第三人的“储存罐”(storage tank)。卖方给了买方一份“提货单”(delivery warrant)，让买方随时自己提取这票酒精。买方为了自己方便而延误了几个月才提取，其间酒精变质。虽然这票酒精是一大批中分不开，但上诉庭判风险已转移给买方,酒精变质是买方自己的风险,因为在“提货单”给了买方后,卖方已是失控,再也没有什么事情可做了。相反,买方可以自己尽快提取这12万加仑的酒精,就不会出现这一事故。Scrutton大法官这样说:“The(卖方)of a specified quantity out of a bulk in the possession of a third – party discharges his obligation to the purchaser as soon as the third – party undertakes to the(买方)to deliver him that quantity out of the bulk... The(卖方)had done all that they undertook to do. The(买方)had the right to go to the storage company and demand delivery, and if they had done so at the time they would have got all that the(卖方)had undertaken to sell them. What the(买方)here are trying to do is to put the risk after acceptance of the warrant upon persons(指卖方)who had then no control over the goods...”

1979年《货物销售法》之Section 20A也适用在本土的货物买卖。但Section 20A与20B主要是针对货物所有权的转让,没有针对风险的转移,所以还是带来一定的疑问。就是在一大批货物还没有分摊/区分前,又不涉及好像Stern v. Vickers先例中买方自己延误提取货物的情况下,风险是否应该在买方?例如在《Benjamin's Sale of Goods》(8th edn, 2010年)之6 – 006段就提到了这一个问题,其中部分节录如下:“Nevertheless it is suggested that the allocation of risk in cases governed by s. 20A cannot satisfactorily be answered merely by referring to the principle that “risk passes with property”. The “property” that is transferred to the buyer under s. 20A is property in an undivided share and not, until the goods are separated from bulk and appropriated to the contract, the sole property in the goods themselves. It is arguable that, as a general rule, the goods are at the buyer's risk only when the sole property is transferred to him and not from the time of the transfer to him of an undivided share(though the definition of “goods” in s. 61(1) includes an undivided share in goods). Yet it would seem remarkable that a seller who has, for example, sold to two buyers each 50,000 gallons of spirit out of a particular tank containing 100,000 gallons should continue to bear the risk(other than in appropriate circumstances as bailee) of damage to or deterioration of the goods rendering them unfit for the purpose for which the buyer requires them, even though the seller, having been paid in full for the entire quantity sold, is no longer the owner of the goods and has divested himself of all interest in them. If the entire bulk from which the goods are to come is not merely damaged or deteriorates but is lost or destroyed, the choice is between placing this risk on the buyer or holding that the contract is frustrated, in which case some apportionment of the loss may arise under the Law Reform(Frustrated Contracts) Act 1943. The matter is not susceptible of an easy solution...”

但这方面的问题,即使在Section 20A生效前,针对国际货物买卖是不存在问题。针对FOB买卖(虽然是很少会在FOB买卖涉及一大批货物分别出售给不同买方,因为派遣船舶的是买方),货物海上运输的风险在付运/装船时就已经转移给买方,即使财产/货物所有权还没有转让,不论是由于卖方通过不记名提单保留货权直到收到货款或是一大批货物中的不确定货物:Stock v Inglis(1884)12 QBD 564; The Parchim (1918) AC 157; Olbert Metal Sales Ltd v Crescorp Inc(1997)1 FC 899(Canada)。针对CIF/CFR买卖,货物海上运输的风险也是在付运时就转移给买方:The "Julia"(1948) 82 Ll. L. Rep 270; Biddell Bros v E. Clemens Horst Co. (1911)1 KB 934。在以上先例下,可说在国际货物买卖如CIF/CFR,即使是船舶上有一大批不确定的货物分别出售给不同买方,如船上20,000吨当中的5000吨食糖,即使在1979年《货物销售法》对财产/货物所有权的转移没有作出改变前,亦不影响货物装上船舶后,风险马上转移给买方。

§7　FOBS、FOBT 或 FOBST 买卖的风险转移

这种FOBS("f. o. b. and stowed",即FOB与堆货)或FOBT("f. o. b. and trimmed",即FOB与平舱)的买卖在本章4.2段有简单提到过,就是在Pyrene Co Ltd v Scindia Navigation Co Ltd(1954)1 Lloyd's Rep 321先例带来的说法是,装货作业的分工与责任是根据双方合约的约定,这同时会影响风险的转移。

这里可以先简单解释什么是"堆货"(stowage)与什么是"平舱"(trimming)。平舱比较简单,主要就是针对散货(如散粮)通过输送带或其他装货的设备快速地装进船舱里面去。这表示如果没有平舱的话,货物就会像一座小山一样,因为把货物装进船舱主要会集中在船舱中间。所以通过平舱的作业(这可以以人手或推土机)就可以达到以下的主要作用:(1)该作业有助于"船舶稳性"(stability),货物不致在航次的中途移动而令船舶倾斜。(2)减少船舶受力状态不平均,以致影响结构。(3)有些货物像煤炭,平舱可减少自燃危险,如消除"热点"(hot spots)。(4)平舱可更有效利用船舱的空间,尤其是两翼与两头。

至于堆货,主要就是针对杂货或袋装货,主要起的作用就是:(1)让货物堆放好以便安全开航,也就是让船舶适航,其中考虑到船舶在结构上"受力状态"(stress)与稳性。(2)有些货物需要"捆绑"(lashing)、"楔缝"(wedged in)、"衬垫"(dunnage)等,以便让货物半途通风,航次中不在舱内移动,等等。(3)不同的货物要分开堆装,以免互相造成污染(这尤其在集装箱运输之前)。(4)堆装得好,可充分利用船舱的空间,减少"亏舱"(broken stowage)。

由于平舱与堆货在一定程度上涉及了船舶的适航,所以在普通法下(也就是没有在海上运输合约明示规定的时候),这些作业是要船东负责的。而如果船东堆货作业没有做好,导致货物受到损坏,如在航次中货物因为捆绑不好而坍塌,也是由船东负责。但由于在租船合约,特别是期租,装卸作业与堆货都是由承租人作出安排与支付费用,所以堆货出了问题(这可以导致船舶发生危险或只是导致货损)到底是船

东或承租人要负责还是说不清,涉及了大量的先例直到近年来还是有诉讼针对。这方面可参考笔者的《期租合同》一书之25.2段,并介绍了大量有关的先例如 The "Ovington Court" (1940) 67 Ll. L. Rep 161; The "Ciechocinek" (1976) 1 Lloyd's Rep 489; The "Shinjitstu Maru No. 5" (1985) 1 Lloyd's Rep 568; The "Imvros" (1999) 1 Lloyd's Rep 848; Compania Sud American Vapores v MS ER Hamburg (2006) 2 Lloyd's Rep 66; 等等。

这同一精神延伸到买卖合约,则表示谁负责派遣船舶谁要堆货或/与平舱。毕竟,派遣船舶的买卖一方可以在普通法的地位下把这方面的责任转移给船东。这在CIF/CFR买卖下是没有问题的,因为派遣船舶的是卖方。

但在FOB买卖下,一般是卖方的交货责任就是在货物付运/装船后就完成。例如Incoterms中说明"卖方必须……负担直至货物在装运港有效越过船舷时为止的一切费用及风险"。而堆装或/与平舱是在货物装船后的作业,通常是在货物装船完成到船舶开航之间的一段时间的作业。加上派遣船舶是FOB买方,所以以FOB买卖进行贸易,堆装或/与平舱应是买方的工作。卖方即使是被小工要求先支付有关的费用(因为卖方需要小工把货物装船),也可在事后向买方追讨。而即使是以CIF买卖,卖方风险与责任亦是在付运/装船后转移给买方,所以若因堆装不妥而造成货损,买方也不能向卖方追偿损失:LMLN No. 320的ICC仲裁。这样一来,FOB买方若不想在装港对任何装货、堆货或/与平舱的作业承担责任与费用(因为他们都是相关并会是有同一批小工操作),就应在买卖合约中写明以FOBST (Free on Board Stowed Trimmed)的价格为准了。这表示买方付出的货物价格也包括了堆货与平舱的费用。

但这样一来,也引起了争论:FOBST买卖下的付运/装船交货与风险应否也延至货物在船舱内堆装或平舱完毕?但如果风险延迟至已经堆装好或平舱好以后才能转移给买方,就表示货物装了上船,仍要等待堆装/平舱的作业。在等待中货物发生什么损坏,这是卖方的风险。

这方面的讨论可见刊登在1994年Part 1的《London Maritime & Commercial Law Quarterly》或简称LMCLQ的季刊中Reynolds先生一文。看来,英国也没有针对FOBST的先例,反而倒有一个美国的先例:Minex v. International Trading Co. of Virginia and S. S. Eirini (1969) 303 F. Supp. 205。Reynolds先生看来是认同交货与风险应延迟转移给买方,直到堆货或/与平舱完成。但这一来,会影响货物保险(风险什么时候开始),也会对提单日期有影响。

另外,也会影响买卖双方谁应该承担装船后但开航前货物损坏的责任。这种情况笔者可举两个例子:

(i)杨良宜先生曾经处理过一艘船舶在日本装运一批电缆去中国(该批电缆是为了铺设在天安门广场),但在装了一部分(大约是总共40捆中的25捆)的时候,台风(据说是日本前所未见的巨大台风)即将到来。因此,港口当局就马上命令所有船舶开到大海中(港外)避风。由于比较匆忙,装船的电缆没有捆绑好,当然也没有堆装好,结果在外锚地因为船舶的横摇造成了严重损坏。显然,如果风险是货物一去装船就转移给中国买方,则这也是买方或他的保险人所要承担的风险。但如果是 FOBS 买卖(在该买卖合约的确是如此),那么风险就会要延迟至堆装好货物才能转移给中国买方,则表示在港外避风造成的严重损坏仍是在日本卖方。该案件最后是通过谈判获得和解,并且对中国买方有利。

(ii)在 The "Galatia"(1980)1 Lloyd's Rep 453 先例,涉及在印度装袋装糖。装了一半货物,船上发生火灾,结果导致有 200 吨糖受火与水(灭火之用)的损坏,并被卸下来处理掉。装货完毕后,签发了两套提单,一套是后来装船状况良好的袋装糖,另一套是针对这 200 吨处理掉的袋装糖,船长在提单上加了批注说:"Cargo covered by this bill of lading has been discharged Kandla(装港)view damaged by fire and/or water used to extinguish fire for which general average declared."

后一套提单被银行拒绝,认为是不清洁提单,但在高院与上诉庭判是这提单虽有批注但只是"不正常"(unusual),而不是"不清洁"(dirty)。关于所谓"清洁装船提单"(clean on - board bill of lading),Megaw 大法官说:"The learned judge, having gone into the authorities, arriving at the conclusion that a clean bill of lading is one in which there is nothing to qualify the admission that the goods were in apparent good order and condition at the time of shipment…I have no doubt but that the learned judge was right in saying that..."(清洁是指在付运/装船时,没有任何方面可否定这货物的表面状况良好。)

但针对本小段所针对的课题,读者可想想,如果是 FOBS 买卖会有什么不同结果?显然,在发生火灾的时候,全部货物不会已经堆装好,如果风险还没转移给买方,在买卖合约下后果就要卖方承担了。最后,只重复在本章 4.2 段提到的 Michael Bridge 教授认为针对 FOB 买卖选择一个风险转移的分水线,只能是在货物越过船舷直到卖方在船上交货。

§8　风险与受阻的关系

8.1　合约的承诺必须严格执行

要了解受阻概念,必须先明白英国法律下对合约承诺方的严格或绝对责任。这方面最主要的先例是早自 Paradina v Jane(1647)Aleyn 26 一案,法院说:"when the party by his own contract creates a duty or charge upon himself, he is borned to make it good, if he may, not withstanding any accident by inevitable necessity, because he might have provided against it by his contract."

换言之,合约一作出明示或默示的承诺,必须执行。如果无法执行,便要面对违约的指控与金钱损失的索赔。这里根本没有合理与否,反正就是"一言既出,驷马难追"。

合约承诺会有千变万化的种类与形式。比方是一个简单的国际买卖合约,卖方会明示或默示承诺:及时备妥货物,付运日期内装货,取得出口许可证与其他有关文件,准时交出付运单证(在 CIF/CFR 买卖)与议付,货物要符合各种默示/明示条件或保证条文,等等。买方会明示或默示承诺:准时开出信用证(付运日期之前或签约后7天不等的明示条文),准时派遣船舶去装港与作出预先通知容许卖方在付运日期之前装妥货物(FOB 买卖),派的船舶不能超龄与船舱要干净,等等。

在以上的各种承诺下假设如果买方无法按照买卖合约的承诺准时开出信用证,他就是违约。这一个违约会是违反"条件条文"(condition),要面对卖方索赔金钱上的损失与卖方有权选择同时终断买卖合约。不准时开出信用证的违约通常是因为有关货物的市场价格跌了(相比订约时的市场价格),买方想赖皮,要对这个违约作出赔偿(通常就是市场价格相比合约价格的差价)应是理所当然。但也有可能信用证无法准时开出是买方主观来看有合理原因或"不可抗力" 理由。如银行搞错了,买方国家突然收紧外汇,买方所在地发生外来因素如天气或通讯等的干预等,这林林总总的原因,令买方无法执行承诺,在英国的严格责任下,也是一种违约,买方要对卖方损失负责。在货物市场价格上涨时,卖方也可因此违约去乘机终断买卖合约,因为准时开出信用证会是条件条文:Pavia & Co SPA v Thurmann - Nielsen(1952)1 Lloyd's Rep 153 等先例。

8.2 "合约受阻"的说法

合约受阻(frustration of contract)的说法是在 Taylor v. Caldwell(1863)3 B&S 826先例(案情是有关租用一个音乐厅但在订约后不久被大火烧毁)才开始发展起来,这说法是减轻上一小段所讲的合约承诺必须严格执行,也就是在受阻的情况下,合约承诺就不需要严格执行,而且是不必赔偿对方的损失。可以说如果一个合约对卖方或是买方无法履行下去,原因是受阻,就可以说合约是因受阻而终断(contract discharged by frustration),而不是合约是因违约而终断(discharge by breach)。在前者的受阻,则风险归谁就损失谁负,不存在向对方索赔损失。在后者的违约/毁约,原有风险的无辜方,他承受的损失可向违约/毁约方索赔。

在英国法律,合约受阻的说法是十分狭窄,并不能期望以这一说法解救一位在买卖合约中作出太多承诺的卖方或买方,特别是针对一些他自己也没有能力履行的承诺。不妨先节录《Chitty on Contract》(30th edn,2008 年)之 23 - 007 段有关合约受阻的定义以及必须符合的五个要件,如下:

"Although the existence of the doctrine of frustration is now firmly established, its juristic basis remains rather uncertain. However in J. Lauritzan AS vWijsmuller BV(The Super Servant Two)(1990)1 Lloyd's Rep 1, Bingham L. J. set out the following five propositions which describe the essence of the doctrine. These propositions, he stated, were 'established by the highest authority' and were 'not open to question'. The first proposition was that the doctrine of frustration has evolved ‘to mitigate the rigour of the common law's insistence on literal performance of absolute promises’ and that its object was:

‘... to give effect to the demands of justice, to achieve a just and reasonable result, to do what is reasonable and fair, as an expedient to escape from injustice where such would result from enforcement of a contract in its literal terms after a significant change in circumstances’

Secondly, frustration operates to ‘kill the contract and discharge the parties from further liability under it’ and that therefore it cannot be ‘lightly invoked’ but must be kept within ‘very narrow limits and ought not to be extended’. Thirdly, frustration brings a contract to an end ‘forthwith, without more and automatically’. Fourthly, ‘the essence of frustration is that it should not be due to be the act or election of the party seeking to rely on it’ and it must be some ‘outside event or extraneous change of situation’. Finally, a frustrating event must take place ‘without blame or fault on the side of the party seeking to rely on it’.”

8.2.1 受阻要件之一:必须是发生了基本或极端的情况改变导致严格履行合约不再是公正与合理

在这一个要件下,就是在合约履行中发生了“基本”(fundamental)或“极端”(radical)的情况改变,可以说从客观看是双方订约时预见不到也不是双方作出承诺的时候预计针对的情况。这一来,可以说是该合约遇上了受阻。这里是可以节录合约受阻被接受的权威性说法,就是 Radcliffe 勋爵在 Davis Contractors Ltd v Fareham U. D. C(1956) A. C. 696 先例中所说:“... frustration occurs whenever the law recognizes that without default of either party a contractual obligation has become incapable of being performed because the circumstances in which performance is called for would render it a thing radically different from that which was undertaken by the contract. *Non haec in foedera veni.* It was not this that I promised to do… There must be… such a change in the significance of the obligation that the thing undertaken would, if performed, be a different thing from that contracted for.”

稍后,贵族院的 Simon 勋爵在 National Carriers Ltd v Panalpina (Northern) Ltd (1981) AC 675 先例中说:“Frustration of a contract takes place when there supervenes an event (without default of either party and for which the contract makes no sufficient provision) which so significantly changes the nature (not merely the expense or onerousness) of the outstanding contractual rights and/or obligations from what the parties could reasonably have contemplated at the time of its execution that it would be unjust to hold them to the literal sense of its stipulations in the new circumstance: in such case the law declares both parties to be discharged from further performance.”

已经提到过,合约受阻的说法是十分狭窄的。这里是有几个重要的原因:一是法院或仲裁庭不存在有一个裁量权可干预合约的规定,认为情况变了对其中一个合约方太苛刻,所以合约不需要履行。一直以来的说法就是法院或仲裁庭只是解释合约,协助合约执行或作出违约救济。二是不希望让合约方以受阻作为借口逃避一个不利的合约。三是在现实中,如果双方在订合约时就可以预见到将来履行时可能遇到的困难与变化,就通常会在合约中加上明示条文约定如何针对,如押后履行合约,或双方同意终断合约,互不追究。这种明示条文可以名为是"困难条文"(hardship clause)或"不可抗力条文"(force majeure clause),而后者条文经常会在国际货物买卖合约中出现。

曾经有说法是合约受阻是来自"默示考验"(implied term test):FA Tamplin S. S. Co Ltd v Anglo Mexican Petroleum Products Co Ltd(1916)2 AC 397。但看来这一个说法是不被接受的,毕竟合约受阻只适用在订约双方无法预见的情况改变。这一来,就不存在双方会可被假设在订约时如果有"好事第三人"提出这种情况改变,双方会如何异口同声作出回应的默示考验。

8.2.2 受阻要件之二:合约受阻成立是把合约杀死

这就是《Chitty on Contract》中所讲到的第二个要件,即合约一旦受阻,整个合约就不再存在,双方再也不存在要履行的问题。事实上,如果想依赖合约受阻的合约方能够成功成立受阻的说法,也往往是他无法在实质上或商业上履行,只能把合约杀死。这也可节录《Chitty on Contract》(30th edn,2008 年)之 23 - 001 段如下:"A contract may be discharged on the ground of frustration when something occurs after the formation of the contract which tenders it physically or commercially impossible to fulfill the contract or transforms the obligation to perform into a radically different obligation from that undertaken at the moment of entry into the contract."

英国法律基本上是不承认合约的部分受阻,虽然在仲裁方面著名的 The "Nema"(1981)2 Lloyd's Rep 239 先例是有仲裁庭作出这样的裁决,就是两个不同租期的期租租约,其中一个航次(是第一段租期最后一个航次)因为罢工而受阻。这一来,针对合约履行只是部分受阻或/与双方不希望一出现情况改变就把合约杀死,就需要约定一条有针对性的不可抗力条文。比如说在 GAFTA 97 的标准 CIF 格式合约,就有一条针对卖方延误付运货物的不可抗力条文。条文除了列举了许多不可抗力事件(如工人罢工、暴动/骚乱、机器或设备的故障、火灾等)影响准时付运外,更明示说明这一延误如果超出了一个月,买方有权终断买卖合约。如果买方不选择终断,付运就可以多延长一个月,而如果不可抗力事件仍然继续,买卖合约就自动终断。这些明示条文的针对都不是英国法律能够默示的。

8.2.3 受阻要件之三:一旦受阻合约马上自动终断

《Chitty on Contract》中所讲到的第三个要件与第二个基本上差不多,就是合约一旦受阻,则合约马上自动终断。这带来了不公道,可以从一连串的英皇加冕典礼取消的有关案例中明确显示。这些案例涉及了英皇登基加冕在伦敦有大游行与庆祝,所以不少人士预先以高价租了一些重要的观礼地点如阳台、游艇等。但典礼当天因为英皇生病而取消,这导致有一连串的诉讼并被判是合约受阻。但合约自动终断也会带来另一方面的不公平,这最终导致了1943年《合约受阻法》(Frustrated Contracts Act)。这可以先重温英皇加冕典礼取消的有关案例中的个别不同案情。首先在Chandler v Webster(1904)1 KB 493先例,该合约下规定(租阳台来观看加冕典礼)的租金141英镑先付,先付日子早于典礼取消之日(受阻事件发生那一天)。确是,租方已付了100英镑(未有付足)。在诉讼中,租方要求业主退回这100英镑,但业主反索赔41英镑。法院判合约是受阻而自动终断,但以前欠下的仍要付清,所以业主反索赔41英镑成功。这样判法,看似符合受阻后合约被杀死,受阻前已付应付的钱可被保留,以后才要付的钱也不必再履行的大原则,但实在对租方很不公道。在合约受阻下,他仍是要支付所有租金,而且被否定了他原可在加冕一天使用原先所租的阳台,因为这部分合约的履行已是因受阻而终断。否则,租方即使未能得观礼,也可用来晒一天太阳。

而相对另一Coronation cases的Krell v Henry(1903)2 KB 740先例,它的合约规定一部分租金是碰巧在典礼取消后才付,所以这部分可以在受阻后免除支付。

这一来,变得合约如何规定付款就决定谁倒霉,谁发财。在货物买卖合约,就会是买方如果预先支付了全部的货款,但货物还未交付之前发生受阻,买方就惨了,因为"货款两空"。而如果受阻的时间很早,如合约签订后不久,卖方根本没有作出任何工作与花任何金钱(如去生产/制造有关的货物),但货款就全数预付了,卖方就会是无端发了大财。

针对这种不公平的后果也不能依赖合约的规定,因为受阻事件是针对突发的,一般不可预见的情况变化,变得双方在订约时根本无法作出较合理、较公平的发生受阻事件后在付款上的分摊,只能听天由命。

这带来立法的呼声,也确是在1939年,法律改革委员会(The Law Revision Committee)出了一个报告名Seventh Interim Report(Rule in "Chandler v Webster")Comnd. 6009,作出建议。这带来了1943年的立法。

在1943年立法前,其实曾有一案例贵族院推翻了Chandler v Webster的说法,判是在Chandler v Webster先例的情况下,租方可以"完全得不到对价好处"(total failure of consideration)为由要回这141英镑的租金。但该案例又带来其他的不公平之处,所以1943年的立法仍要通过。

该案例是Fibrosa Spolka Akcyjina v Fairbairn Lawson Combe Barbour Ltd(1942)73 Ll. L. Rep 45。被告以1600英镑代价为原告制造一座机器然后交付去波兰,在签约时,原告照协议先付了1000英镑。在制造半途,德国占领波兰,这导致英国(与法国)对德国宣战,令整个合约变为非法而受阻。原告成功向被告索回已付的1000英镑,原因是完全得不到对价好处。

但Fibrosa先例仍有缺点,要1943年立法来更改,是:(ⅰ)看来,如果只是"部分得不到对价好处"(partial failure of consideration),Fibrosa 先例不适用,不公平情况仍在。这会是制造的机器(或其他货物或服务)已交付了一部分。(ii)被告退回已付的1000英镑,是依据完全得不到对价好处,与公平合理无关,普通法(不是衡平法)也不会理会。变得被告在制造机器半途,已花费了一定的成本(金钱),不能在1000英镑扣除后有剩余才退给原告。这变了对原告公平,但对被告不公平。

1943年的立法,针对 Fibrosa 先例就会容许要退还受阻前已经预付的钱给原告(买方),卖方是可以先扣除他已经花掉的使费,只要这使费是为了履行有关合约而花费掉的。反正是该立法的主要宗旨是 Goff 大法官在 B. P. v Hunt(1979)1 WLR 783 先例所说的"Fundamental principle underlying the Act itself is prevention of the unjust enrichment of either party of the contract at the other's expense"(即是防止因合约受阻,一方占对方一个便宜,不当得利)。Goff 大法官也说:"real basis of the Act is that it is designed to provide a flexible machinery for the adjustment of loss."(该立法是设法容许把损失如何由双方公平分摊)。

在这1943年立法,保障会是多方面。例如卖方已提供了部份货物并交出与付运给买方,在1979年《货物销售法》的 Section 31(2)的情况下,但买卖合约却订明分批付运仍算是履行"整体的一个合约"(entire contract),并规定了要全部履行后买方才支付货款(或大部分的货款)。但由于履行半途中合约受阻,在普通法下卖方提供的货物就恐怕收不到货款,因为合约自动终断。但在1943年立法下,卖方可取得"合理提供了货物的价格"(reasonable price for goods supplied)的所谓"*quantum valebat*"或/与"合理提供了服务的报酬"(reasonable remuneration for services performed)的所谓"*quantum meruit*"。总之是,该立法允许买卖合约受阻后双方公平分摊所面对的损失与好处。

由于本书不是针对合约法,所以不进一步分析1943年《合约受阻法》。

8.2.4 受阻要件之四:合约受阻不能是来自想依赖受阻说法逃避合约履行的合约方的行为或选择,必须完全是外来的意外事件导致情况变化

合约受阻不能是来自想依赖受阻说法逃避合约履行的合约方的行为或选择。这种所谓的受阻是被称为"自己导致的受阻"(self - induced frustration)。正如在 Bank Line Ltd v Arthur Capel & Co(1919) AC 435 先例所说:"self - induced frustration, that is, on frustration due to his own conduct or to the conduct of those for whom he is responsible."

这行为或选择肯定是包括了想依赖受阻的合约方的违约行为:The "Eugenia"(1963)2 Lloyd's Rep 381; The "Hannah Blumenthal"(1983)1 Lloyd's Rep 103; Cheall v Assn. of Professional Executive and Computer Staff(1983)2 AC 180。这行为或选择也包括了想依赖受阻的合约方的预期违约行为:New Zealand Shipping Co Ltd v Societe des Ateliers et Chantiers de France(1919) AC 1。

但合约受阻的说法并不需要涉及违约或预期违约,即想依赖受阻的合约方的过

错或疏忽而导致。只要是想依赖受阻的合约方能够有机会避免或可以控制这一个情况变化的发生,就已经算是"自己导致的受阻"。这方面的争议出现在 The "Super Servant Two"(1990)1 Lloyd's Rep 1 的上诉庭判例,案情涉及了一个拖带合约,是把一座钻油台从日本造船厂拖带去鹿特丹。合约是准备两艘拖轮的其中一艘履行拖带,"Super Servant One or Super Servant Two in Wijsmuller's(船东)option"。船东后来的计划是准备以"Super Servant Two"履行,而"Super Servant One"就已经用作其他的用途。但船东还来不及指定"Super Servant Two"之前(在 CIF 买卖就等于是还没有作出划归通知肯定履行合约的一票货),该拖轮就因事故沉没。这导致了船东无法履行该拖带合约,并希望以合约受阻与该合约中的"不可抗力条文"免责。船东无法履行不严格是涉及了他的过错或疏忽,但还是涉及了他的行为或选择。这方面在英国上诉庭有争议:到底"行为或选择"应该是严格(restrictive)还是不严格? Bingham 大法官认为是不必严格局限在过错或疏忽的行为或选择,说:

"When, in Bank Line Ltd Lord Sumner made his famous observation that 'Reliance cannot be placed on a self - induced frustration' he was contrasting a self - induced frustration with one arising 'without blame or fault on either side'. As the judge observed

... in some respect the doctrine of frustration and the concept of 'self - inducement' are simply opposite sides of the same coin.

Wijsmuller's test would, in my judgment, confine the law in a legalistic strait - jacket and distract attention from the real question, which is whether the frustrating event relied upon is truly and outside event or extraneous change of situation or whether it is an event which the party seeking to rely on it had the means and opportunity to prevent but nevertheless caused or permitted to come about. A fine test of legal duty is inappropriate; what is needed is a pragmatic judgment whether a party seeking to rely on an event as discharging him from a contractual promise was himself responsible for the occurrence of that event."

但这方面还是会带来千变万化的情况,例如在一个贵族院先例:Czarnikow v Rolimpex(1978)2 Lloyd's Rep 305 中,虽然是针对不可抗力条文的解释,但同样道理可以针对合约受阻的说法,就是想依赖受阻说法逃避合约履行的合约方是属于国有企业,这一来国家突然作出的禁令、法令导致买卖合约无法履行,这可否能够成立合约受阻。举例说,买方是国有企业,有关的国家突然实施外汇或金融管制,导致信用证不能准时开出给卖方。在这种情况,买方可否被指是属于国家的一部分,所以国家的行为或选择也就是买方的行为。在 Czarnikow v Rolimpex 先例,案情涉及一个食糖的 FOB 买卖合约,装港是波兰,卖方是一家波兰的国有企业。在 1974 年的秋天,由于大雨与水灾导致甜菜欠收。结果是波兰政府下令马上禁止食糖出口,这导致了部分的食糖无法交货。卖方依赖了不可抗力条文的有关部分:"Should the delivery in whole or in part within the delivery time specified be prevented or delayed directly or indirectly by government intervention... stress of weather... or any cause of force majeure (whether or not of like kind to those before mentioned), beyond the seller's control..."

买方指称卖方是波兰国有企业,所以有关不可抗力事件并非是在卖方的控制之外。但这不被法院接受,认为从证据上来看卖方不能视为是波兰政府的机构,并且是享有充分的自主权。

这种案例对中国社会主义国家来说还是非常有关系的,因为国有企业甚至不是国有企业在社会主义的制度下如果要依赖不可抗力事件,只要问题涉及政府(如取不到出口许可证或进口许可证,政府禁止出口或进口[例如在2004年中国政府全面禁止巴西大豆进口中国,导致大量买卖合约无法履行并带来多宗的伦敦仲裁,主要争议在合约受阻或买卖合约中的不可抗力条文])都会有可能被外国公司指称这不是在中国公司的控制之外。这一来就要根据证据看中国公司是否享有充分的自主权,虽然到底怎样的程度才算是充分自主还是因人而异。另会要在个别案件看有关事件是否想依赖受阻说法的合约方有参与或是有影响,而不是完全独立在外。毕竟,会有个别有影响力的合约方或国有企业是有可能挑起国家作出有关的禁令或指令,表面看来可以导致合约受阻或是属于不可抗力。这种情况出现在 Manidoil – Jetoil Greek Petroleum Co SA v Okta Grude Oil Refinery AD(2003)2 Lloyd's Rep 645 先例,法院认定前南斯拉夫政府要求导致无法履行合约供应与处理原油是被告自己挑起政府提出这一个要求。

8.2.5 受阻要件之五:合约受阻不能是来自想依赖受阻说法逃避合约履行的合约方的过错或疏忽

第五个要件与第四个基本上差不多,不需要多解释。这一个要件可以说是完全可以理解,如果船东故意把船舶凿沉或是不适航导致船舶沉没而无法履行租约,如果可以让船东依赖受阻说法逃避租约的履行,也不需要对承租人的损失作出赔偿,显然是不公平的。

8.3 在国际货物买卖扩大合约受阻说法的不可抗力条文的重要性

以上简单介绍了合约受阻说法的一些要件,也提到过受阻是一个"严格"(restrictive)的说法,因为英国法律的大前提就是双方订立了合约,在合约作出了承诺,就必须履行。所以,合约方在一个比较复杂与金额庞大的国际性合约,履行起来会有许多不可控制的外来因素会影响或造成延误,就必须在订约时加入一条有针对性的"不可抗力条文"(force majeure clause)。在国际货物买卖合约,只要是一份比较正规的合约都会有这一条条文。可以说,能够想得到或能够预见会对履行合约造成障碍或延误的情况变化,都应该在不可抗力条文中作出针对。在"万一"出现这种情况变化,双方就知道怎样针对或分摊这个风险,可以不必受到当时市场价格是涨或是跌的影响,进而避免劳民伤财的争议与诉讼。至于合约受阻的说法,这是法律的默示地位,就留待将来"千万分之一"发生的不可预见与真正极端的情况变化,如天塌下来。

对国际货物买卖,由于都是涉及了"不确定货物"(unascertained goods/cargo),受阻比岸上本土买卖的确定货物会更加困难。例如确定货物一旦消灭,1979年《货物销售法》之 Section 7 就说明了合约受阻。

但针对不确定货物,就有说法是受阻不适用在卖方提供不了货物,正如在 Blackburn Bobbin Co Ltd v TW Allen & Sons Ltd(1918)1 KB 540 先例所说:"... a bare and unqualified contract for the sale of unascertained goods will not (unless most special facts compel an opposite implication) be dissolved by the operation of the principle [of frustration], even though there has been so grave and unforeseen a change of circumstances as to render it impossible for the vendor to fulfil his bargain."

这表示卖方意图提供装船/付运的货物即使是消灭或被有关国家禁止出口,也不适用受阻。毕竟卖方可以在其他国家出口有关货物,甚至在 CIF 购买"浮动货物"(floating cargo)。只会在很局限的情况下,特别在买卖合约是针对货物是某一个特定国家出口,受阻说法才会有可能适用。

至于对买方而言,受阻说法就更加难以适用,因为 CIF 或 FOB 都属于"付运买卖合约"(shipment contract),通常不理会卸港会发生什么。这可节录《Benjamin's Sale of Goods》(8th edn,2010 年)之 6-055 所说:"**Change in circumstances of buyer.** A contract of sale of goods will not be frustrated by the fact that, after the contract has been made, events subsequently occur which render the goods of no practical use to the buyer or which prevent him from using the goods for a purpose intended by him, unless it can be shown that the continuing existence of such purpose was the basis on which both parties entered the contract."

仅有的例外会是在 CIF/CFR 买卖的卸港变为敌对国家会是被敌对国家占领:Fibrosa Spolka Akcyjina v Fairbairn Lawson Combe Barbour Ltd(1942)73 Ll. L. Rep 45。在英国的《Trading with the Enemy Act 1939》立法,供应货物给敌对国家是非法与刑事犯法。

这在接下去的段节会进一步解释。

8.4　CIF/CFR 买卖下的合约受阻

总的说,在 CIF/CFR 买卖(也包括 FOB 买卖),合约受阻的说法通常不容易成立,正如《Benjamin's Sale of Goods》(8th edn,2010 年)之 19-125 所讲:"Although the doctrine of frustration applies to CIF contracts, in practice its application to such contracts is very much restricted. Thus the most obvious cause of frustration in a domestic sale is the destruction of specific goods, or of an identified bulk of which the goods form a part; but this will not generally frustrate a CIF contract where the goods are destroyed after shipment..."

这里的原因是 CIF/CFR 买卖,也包括了 FOB 买卖,是不会针对"现货"(specific goods),而是针对不确定货物。现货根据 1979 年《货物销售法》之 Section 61(1)是指在买卖合约订立时已经明确与同意了什么货物(goods identified and agreed on at the time the contract of sale is made),现货是不存在后来卖方可以单方面以其他货物作为替代。但在国际货物买卖,特别是在商品买卖,有关的买卖合约中约定的货物如原油或石油产品、散粮、化肥、矿砂等,都可以在将来让卖方有一个选择的自由去供应哪一票货物,只要货物是符合买卖合约中的描述。就算这一个描述比较局限,如"美国第一级玉米从美湾或大湖港口在2009年7月付运",卖方仍是存在自由选择。通常,在合约受阻的说法下,如果有其他合理办法可以履行合约,就谈不上无法履行。所以,即使卖方单方面意图作为履行买卖合约的一票货物由于受阻原因而无法供应,卖方还是不能依赖合约受阻的说法,因为他可以去市场购买另一票同类型的浮动货物(即使是比较难找与价格高昂)履行买卖合约。这里解释了为什么在CIF/CFR买卖,受阻的说法通常不会适用。但局限归局限,还是会有合约受阻的情况导致有关买卖合约无法履行(不论是在实质上或是商业上),如有关货物禁止出口:M'Master & Co v Cox M'Euen & Co 1920 SC 566,等等。或有关的买卖合约变为是非法:Societe Cooperative Suisse des Cereales et Matieres Fourragers v La Plata Cereal Co SA(1947)80 Lloyd's Rep 530;Regazzoni v. Sethia(KC)(1957)2 Lloyd's Rep 289;Lemenda Trading Co Ltd v African Middle East Petroleum Co Ltd(1988)QB 448;Royal Boskalis Westminster v Mountain(1997)CLC 816,830;Ispahani v Bank Melli Iran(1998)Lloyd's Rep Bank 133。或买方因为受阻原因无法作出支付:Nile Co for the Export of Agricultural Crop v Bennett(H & JM)(Commodities)Ltd(1986)1 Lloyd's Rep 555。或开不出信用证:Toprak v Finagrain(1979)2 Lloyd's Rep 98。或无法付运货物:Nickoll and Knight v Ashton , Edridge & Co(1901)2 KB 126;Acteylene Co of GB v Canada Carbide Co(1922)8 Lloyd's Rep 456;Lewis Emanuel & Son Ltd v Sammut(1959)2 Lloyd's Rep 629;Tsakiroglou & Co v Noblee Thorl GmbH(1961)1 Lloyd's Rep 329。或买不到货物保险:Comptoir Commercial Anversois and Power Son & Co(1920)1 KB 868。

8.5 买卖合约下卖方无法提供货物的风险

在国际货物买卖,卖方无法提供货物会是经常发生。造成的原因有很多,如货物来源发生意外,或是原卖方或供应商出尔反尔拒绝提供,出卖了卖方:Intertradex S. A. v Lesieur Torteaux(1978)2 Lloyd's Rep 509。这种情况明显不是合约受阻,也不符合第四与第五要件(本章4.2.4与4.2.5段),毕竟原卖方的行为在有关的合约而言与买方的角度来看,就是属于卖方的行为。另外也不符合第一个要件(本章4.2.1段),因为即使原卖方来源出了问题,原卖方仍然可以寻找其他的替代来源以履行他与买方的合约。毕竟双方的买卖合约并没有说明只是一个来源或是特定货物。至于寻找其他替代来源会带来的金钱上的负担,这更加不是合约受阻的说法所能接受。从来没有一个说法是合约必须赚钱,亏本就是受阻。所以不构成发生了情况改变导致严格履行合约不再是公正与合理。

这方面在近期的The "Mary Nour"(2008)2 Lloyd's Rep 526先例也有涉及并作出同样的判法。在这先例,买方理解在墨西哥水泥市场的供应出现了垄断或独占情况(cartel),所以希望透过大量购买水泥能把这局势打破。买方与卖方订立了水泥供应合同,而后者卖方是透过另一个供应商提供货物。在履行合约前,供应商的大股东(亦是在墨西哥提供水泥以及是这垄断或独占情况的得益者)要求供应商拒绝提供货物给卖方,令卖方没有办法向买方履行合约。

上诉庭 Moore - Bick 大法官不认为买卖合约受阻,说:"... in the absence of some exceptional supervening event, such a contract will not be frustrated simply by a failure on the part of the ultimate supplier to make goods available for delivery. The reason for that is not far to seek: it is implicit in a contract of this kind that the seller will either supply the goods himself or(more likely) will make arrangements, directly or indirectly, for the goods to be supplied by others. In other words, he undertakes a personal obligation to procure the delivery of contractual goods and thereby takes the risk of his supplier's failure to perform. That obligation will be discharged by frustration if a supervening event not contemplated by the contract renders that performance impossible or fundamentally different from what was originally envisaged, but most events which result in the failure of a supplier to provide the goods will not fall into that category."

另一个常见的原因导致卖方无法提供货物是市场的变化,也就是在订立买卖合约后市场价格急升而且货源短缺。但这也是与合约受阻的说法扯不上关系。合约必须要赚钱,而亏本就是受阻。至于货源短缺,往往只表示卖方需要出更高的价格才能找到货源,这仍然是金钱多少的问题。针对这种事件,只能是双方同意在一条不可抗力条文中针对。这方面在 2008 年底的金融海啸后导致市场急剧下挫,又出现了这方面的先例,例如在 Classic Maritime Inc v. Lion Diversified Holding Berhad(2010)1 Lloyd's Rep 59 与 Tandrin Aviation Holding Ltd v Aero Toy Store(2010)2 Lloyd's Rep 668 的先例。其中 Classic Maritime Inc 先例涉及运费市场下跌高达 95% 以上,但英国法院还是不接受是合约受阻。

本来,特别在国际商品(commodity)买卖,如农产品,就是季节性而且受到天然灾害的影响。所以市场价格经常有重大的波动,严重的缺货或者是供应过多的情况经常存在。而且国际买卖都是将来的货物/商品(future goods 与 forward sale),其中一个作用就是为将来的价格作出"对冲"(hedging)。这包括生产的农夫有了保证将来种出来的农产品会有多少的价格,而消费的面粉厂知道会可以什么价格买进小麦。这一来,这种因素例如天灾或"欠收"(poor harvesting)都不会是构成买卖合约受阻的原因,否则也起不了对冲的作用:Sainsbury(HR & S)Ltd v Street(1972)1 WLR 834。而且这种情况也不会造成这一种受影响的农产品完全买不到,只会是价格高昂与麻烦而已。再说,在国际货物买卖,也绝少会把商品的供应只局限在小范围的地方,变成该地方是卖方所意图作出供应受到了天灾或欠收,也不影响卖方可以其他地方寻找替代的供应。在 Tandrin Aviation Holding Ltd 先例也是涉及了 2008 年底金融海啸后买方不接受买下的一架飞机的交货,被判是违约/毁约。该买卖合约有一条不可抗力条文,法院判买方不能依赖该条文拒绝履约,也不能依赖该买卖合约的不可抗力条文(这一方面稍后进一步分析)。但可以想得到是不可抗力不能依赖或免责,合约受阻就更加没有机会成功了。Hamblen 大法官是这样说:

"The principle defence which ATS(买方)has advanced to seek to justify its refusal to accept delivery of the aircraft is that the alleged 'unanticipated,unforeseeable and cataclysmic downward spiral of the world's financial markets' triggered the force majeure clause in the agreement,thereby postponing the time for ATS to complete the purchase and potentially affecting the price at which ATS should be entitled to purchase the aircraft.

Tandrin(卖方)submits this argument is bad in law because an economic downturn or tightening of credit markets has never been held to be force majeure in English law,and unworkable in practice because the result of the operation of the force majeure clause is that ATS 'should retain its contractual right to purchase the aircraft in question in a commercially reasonable time and in a commercially reasonable manner; and should continue to hold the deposit in the meantime'. This is vague and unworkable and the antithesis of the certainty required in commercial transactions.

It is well established under English law that a change in economic/market circumstances,affecting the profitability of a contract or the ease with which the parties' obligations can be performed,is not regarded as being a force majeure event,. Thus a failure of performance due to the provision of insufficient financial resources has been held not to amount to force majeure: see The Concadoro [1916]2 AC 199; and likewise a rise in the cost or expense: see Brauer & Co(GB)Ltd v James Clark(Brush Materials)Ltd [1952] 2 All ER 497 and generally the discussion in Chitty on Contracts, 30th Edition, para 14 - 148."

8.5.1 1979 年《货物销售法》Section 6 与 Section 7

但如果供应货物因为外来的事故造成实质灭失或消失,并且不涉及卖方的过错或疏忽,就会有机会成立合约因为"共同错误"(mistake)与"受阻"(frustration)的说法。这方面可先节录 1979 年《货物销售法》在 Section 6(针对现货或特定货物在订约时被灭失)与 Section 7(针对将来特定货物在风险转移给买方之前被灭失)所针对的两种情况如下:"Section 6 Goods which have perished Where there is a contract for the sale of specific goods,and the goods without the knowledge of the seller have perished at the time when a contract is made,the contract is void."与"Section 7 Goods perishing before sale but after agreement to sell Where there is an agreement to sell specific goods and subsequently the goods,without any fault on the part of the seller or buyer,perish before the risk passes to the buyer,the agreement is avoided."

显然以上所讲的情况是比较局限,这是因为在 1893 年《货物销售法》立法的时候,有关"错误"与"受阻"的说法还在早期的阶段。所以该立法是没有意图或能力规范这些说法,而针对的两种情况(在 Section 6 与 7)是根据两个已经存在的先例。第一个是 Couturier v. Hastie(1856)5 H. L. Cas. 673 先例,案情涉及双方买卖一票已在船上付运的玉米。但订约时船长已因货物开始腐烂而半途卖掉,买方知悉后拒绝支付货款。贵族院判这买卖就是针对这票特定货物,所以买卖合约因错误无效,这是 Section 6 所针对的。第二个是 Elphick v. Barnes(1880)5 C. P. D. 321 先例,案情涉及了一匹马的买卖,但该匹马在风险转移之前就突然死亡,这就是 Section 7 所针对的。所以,货物买卖的受阻情况除了 1979 年立法的局限条文外,还需要看普通法的地位。

总结有关 Section 6 与 Section 7 所针对的两种情况是:

(a) Section 6 严格说是"双方/共同错误"(common or mutual mistake)的问题,这种错误其中针对的一个情况就是合约的标的在订约的时候已经消失,如在双方订立房子买卖合约的当时,在双方不知情的情况下该房子刚好发生火灾并最终把房子全部烧毁。可以说这等于双方订合约的标的物根本是不存在。同样的情况也可以出现在二手船舶买卖,在双方订立合约的时候该船舶已经沉没。有说法是"错误"与"合约受阻"是一脉相承的,只是错误发生在订约之前,而合约受阻发生在订约之后的情况变化。

(b) Section 7 接近合约受阻的说法而不是双方/共同错误。它所针对的是"出售协议"(agreement to sell)将来交出的特定货物(specific goods)。正如在《Benjamin's Sale of Goods》(8th edn,2010 年)之 6-037 段所说:"In its terms s. 7 of the Act will apply to all agreements for the sale of specific goods where the transfer of the property in the goods is to take place at a future time or subject to some condition thereafter to be fulfilled, unless the risk has passed to the buyer."

(c) 但 1979 年《货物销售法》Section 6 与 7 主要是针对英国本土的买卖,而不适用在国际货物买卖。立法条文是针对"现货"(specific goods),但国际货物买卖绝多数针对的是"将来货物"(future goods),也往往是"没有确定"(unascertained)的货物,如 20,000 吨美国玉米。它们如果在风险转让给买方前遇上不幸事故而"灭失"(perish),1979 年《货物销售法》并没有针对。

(d) 早在 Howell v. Coupland(1876)1 QBD 258 先例,就涉及了将来与没有确定货物的受阻。案情涉及了一个买卖合约,货物是将会在卖方拥有的农地所种植的 200 吨土豆。卖方拥有的农地估计的产量是 400 吨,可以说是足够满足这一买卖的供应。但后来由于害虫的侵犯,导致土豆欠收,只能有 80 吨的收成,卖方全部供应给了买方。显然是市场价格上涨,买方因为供应不足而蒙受损失,向卖方索赔,理由是他没有对剩余的 120 吨交货。法院依据 Taylor v. Caldwell(1863)3 B&S 826 先例判卖方没有责任,是属于受阻。这一个先例有争议说是包括在 1893 年《货物销售法》的 Section 7 内,但也有说法是根据普通法地位。

(e) 根据普通法地位判合约受阻的还有是 Fibrosa Spolka Akcyjina v Fairbairn Lawson Combe Barbour Ltd(1942)73 Ll. L. Rep 45 先例,案情涉及了英国卖方(厂家)以"CIF Gdynia"出售机器给一波兰公司。付运前,波兰被德国希特拉占领,英法随后向德国宣战，这令有关的买卖合约目的地变为英国敌国，判是合约受阻。这显然不是当时的1893年《货物销售法》Section 7所针对，因为不涉及了货物的灭失，而是涉及了买卖合约的非法。

(f) Section 6与7都是针对了货物的实质"灭失"(perish)，这显然是包括了货物的全损，如连船带货沉没在大海。又或是货物受损后本质上有了根本性的改变，如水泥因为进水而变了混凝土等类似情况：Asfar & Co v. Blundell (1896) 1 QB 123。比较不明确的是有关货物实质还是完整无损，只是卖方的所有权或占有权失去。在 Barrow, Lane and Ballard Ltd v Philip Philips & Co Ltd (1929) 1 KB 574先例，涉及了储存在一个特定仓库内的700包果仁买卖，这是属于特定货物买卖。但在买卖合约订立之前，有109包被第三人盗窃。这被法院判是属于货物被灭失，所以根据1893年立法之 Section 6，这700包果仁的买卖合约被视为是无效。这先例虽然澄清了货物灭失是包括了货物盗窃，但也带来问题就是这700包即使只是被盗窃了几包，也会导致整个买卖合约变为是无效。如果果仁市场上涨，就会给了卖方取巧的机会，而买方也有同样的机会如果市场下跌。这样看来，美国立法之《Uniform Commercial Code》之 Article 2-613的规定会是更加公平，说："Where the contract requires for its performance goods identified when the contract is made, and the goods suffer casualty without fault of either party before the risk of loss passes to the buyer... then (a) if the loss is total the contract is avoided; and (b) if the loss is partial or the goods have so deteriorated as no longer to conform to the contract the buyer may nevertheless demand inspection and at his option either treat the contract as avoided or accept the goods with due allowance from the contract price for the deterioration or the deficiency in quantity but without further right against the seller."

8.5.2 CIF/CFR买卖不同阶段的履行是谁的风险？

在一个CIF/CFR买卖合约的履行，卖方供应与付运货物的合约承诺与责任通常涉及了几个前后阶段。第一步就是通过货源、收购或者生产在合约的付运日期内把货物备妥。第二步就是安排把备妥的货物作出付运（如果涉及大宗货，就会要租入船舶）。第三步就是向买方作出"划归通知"(notice of appropriation或declaration of shipment)，以确定有关合约下付运的货物。第四步就是向买方交出付运单证，而如果涉及信用证的支付，就是去银行议付。在这些前后阶段，都会有可能发生卖方无法控制的意外事故而导致货物的实质灭失/消失。以下就可以探讨谁的风险与合约受阻可否成立。

8.5.3 第一阶段：卖方备妥货物在付运前无法提供货物（包括备妥货物灭失/消失）

在第一个阶段，不论是CIF/CFR或是FOB买卖合约，如果卖方遇上困难无法提供有关的货物，这是卖方自己的风险，也很难适用受阻的说法，即使困难是由于一些并非金钱可以解决的情况变化。特别是在国际商品的买卖，买卖合约绝大部分是针对“没有确定的货物”(unascertained goods),如 20,000 吨美国玉米。这一来,明显是卖方因遇上困难提供不了该票货物(即使原因是该批玉米的来源受到意想不到的事故与情况变化,如水灾或地震导致了玉米无法运输到港口),卖方能成功依赖合约受阻说法来脱身的机会并不高。因为即使是卖方备妥的货物遇上困难,既然是没有确定,他大可以去市场买进同类的商品(包括是已经在船舶付运的“浮动货物”[floating cargo])来履行合约,交货给买方。除非是,世界上所有的美国玉米都无法买到,这应该是不大可能。这方面的公道也可以这样看,如果在当时玉米市场价格下挫,表示合约价格相对高昂,对卖方极其有利的情况下,他会否与能否在市场买进同类商品来履行合约。如果是能够,怎能说该买卖合约是在实质上或是商业上无法履行要自动终断呢?

这方面权威的先例是在 Blackburn Bobbin Co. Ltd v. T. W. Allen & Sons Ltd. (1918) 1 K. B. 540,说:“a bare and unqualified contract for the sale of unascertained goods will not (unless most special facts compel an opposite implication) be dissolved by the operation of the principle of frustration, even though there has been so grave and unforeseen a change of circumstances as to render it impossible for the vendor to fulfil his bargain.”

另可以节录《Benjamin's Sale of Goods》(8th edn, 2010 年)之 19 - 126 段:“**Destruction of goods before shipment.** A CIF contract for the sale of specific goods would presumably be frustrated, or avoided under section 7, if the goods were destroyed before shipment. If the contract were for the sale of a specified quantity of unascertained goods forming part of an identified bulk, or of unascertained goods to be taken from an identified source, it would likewise be frustrated if (without any default on the part of the seller) the bulk was destroyed or the source failed or because unavailable before shipment. A CIF contract for the sale of unascertained generic goods would not be frustrated merely because goods which the seller had intended to appropriate to the contract were destroyed before shipment.”(一个 CIF 买卖合约针对的是特定货物,如果在付运前被灭失/消失,可以假设合约受阻可以成立,合约会是根据 1979 年《货物销售法》之 Section 7 无效。一个 CIF 买卖合约针对的是一大批货物中一定数量的不确定货物或是来自明确了来源的不确定货物,如果该一大批货物或者明确的货物来源变了是在付运前无法提供,也可以假设合约受阻可以成立[只要是没有卖方的过错或疏忽]。一个 CIF 买卖合约如果买卖的是不确定的货物品种[例如是 20,000 吨美国玉米或 50,000 吨澳大利亚矿砂],就不存在合约受阻的说法,即使在付运前被实质灭失/消失的货物就是卖方意图划归给有关买卖合约的一票货。)

有关卖方的单方面意图,不论是如何正确合理,都不大可能构成受阻。正如 Donaldson 大法官在 Congimex v Tradax (1983) 1 Lloyd's Rep 250 先例所说的:“... frustrated expectations and intentions of one party to a contract do not necessarily or indeed usually lead to the frustration of that contract...”毕竟,只要是意图就表示卖方可以作

出改变。而且卖方的主观意图是没有办法反证,完全是让他自说自话。

8.5.3.1 合约的货物来源明确规定

但货物来源发生意外事故与情况变化导致没有确定的货物买卖的合约受阻不是不可能,但重要的在买卖合约中明确了来源。在著名的 Howell v. Coupland(1876)1 QBD 258(说是导致了1979 年《货物销售法》之 Section 7 的立法),案情涉及了一位农夫出售 200 吨土豆,说明是在他自己的土地上种植。但因为欠收而交不出货,法院判是合约受阻。

要注意是,即使买卖合约所针对的商品有显示来源,这也不一定是足够明确。所以在 Blackburn Bobbin Co Ltd v TW Allen & Sons Ltd(1918)2 K. B. 467 先例,买卖的货物是"Finland birch timber",卖方意图是从芬兰取得有关的货物。但因为第一次世界大战爆发,航线中断而无法做到。法院判买卖合约没有受阻,"芬兰"只是指货物的原产地,而并非是买卖合约中约定的来源。所以,卖方必须交货或是作出金钱的赔偿,因为这种货物当时不只是芬兰才有,伦敦也有存货,而买卖合约未规定货物来源必须是来自芬兰。

所以在上一小段所举的例子如 20,000 吨美国玉米或 50,000 吨澳大利亚矿砂并没有明确有关货物的来源,只是针对了货物的原产地。

明确合约的货物(特别是商品)供应来源在国际货物买卖不是太多,这里涉及了把来源限死,卖方将在供应货物失去了弹性。但这一来,也表示受阻的说法就不容易成立。

这大精神其实也可用在其他方面,如买方付款或开信用证,因他的国家实行外汇管制而无法办到,这并不是受阻:Universal Corp v. Five Ways Properties Ltd(1979)1 All ER 552;Toprak v Finagrain(1979)2 Lloyd's Rep 98。因为在国际买卖,付款或开信用证可来自任何地方,买方自己意图的地方,即使是他的国家,也只是代表困难增加而不是无法履行合约付款的承诺。除非是,双方订约时明确规定付款或信用证的来源,而该来源发生达到受阻程度的情况变化。

8.5.3.2 合约的货物供应来源订得广泛

合约的货物供应来源也会是订得广泛,如"中国出口"(ex – China)的货物/商品。这一来,会构成受阻,如有关货物的中国货源受到天然灾害、战争、禁止出口等的影响。但要注意两点:(1)这必须是全中国来源均受影响,而并非只是部分地区。(2)合约受阻说法的要件要兼顾,主要是这影响必须是严重的,令买卖合约无法履行或变为基本不同双方订约时的意图(请看本章 4.2.1 段)。

8.5.3.3 合约明确的货物来源受到全面或部分禁令不准出口

所以在 Andrew Millar & Co. Ltd. v. Taylor & Co. Ltd. (1916)1 KB 403 先例,法院判一个"暂时的禁运"(temporary embargo)不能令买卖合约受阻。在其他的同样情况,如短暂天然灾害影响来源或付运,一般不会令合约无法履行或变为基本不同,也不会构成受阻。

在合约规定的装港或货源禁止有关货物出口(prohibition)的情况下,会否令买卖合约受阻而自动终断是要看禁止是否“绝对”(absolute),或是“有条件”(qualified),或只是“部分”(partial)。一般,绝对禁止出口是可以令买卖合约受阻。但有条件的禁止出口则要看什么条件了。如果是它要求卖方申请“批文”(license)。这一来,法院或仲裁庭会认为卖方应该有默示责任申请出口批文,而不是受阻的问题:Dalmia Dairy Industries Ltd. v. National Bank of Pakistan(1978)2 Lloyd's Rep. 223; The "Playa Larga"(1983)2 Lloyd's Rep 171。

至于部分的禁止出口,在 The "Zuiho Maru"(1977)2 Lloyd's Rep 552 先例中有涉及。案情涉及了沙特阿拉伯在 70 年代石油禁运时下令所有石油公司减产 10%,这导致 Zuiho Maru 轮少装了 7% 的货物(原油)。在抗辩船东索赔“亏舱费”(dead-freight)时,租船人指原租约已因石油禁令而受阻,而真正履行的航次,装了只有 93% 的货物,只属于新安排或另一份租约,与原租约无关。Kerr 大法官否定这是租约受阻,因为影响太轻微。他说:"Without resort to any definition of the nature of the frustrating event, it is self evident that any short - fall of this kind could never be capable of giving rise to frustration, because there is nothing like a sufficiently fundamental change of circumstances."

它一般不会令合约受阻。但它会免除卖方受禁止出口而无法交货这部分的责任,如《Benjamin's Sale of Goods》,(8th edn,2010 年)在第 333 页之注脚 302 所说:"It is, however, arguable that, if an export prohibition is only partial, and restricts export to a stated percentage of the quantity of goods contracted to be sold, the seller would be bound to deliver the permitted quantity if required by the buyer, being discharged of liability in respect of the remainder: see Sainsbury(HR & S) Ltd v Street(1972)1 WLR 834 and below, paras 18 - 381, 18 - 397, contrast Kawasaki Steel Corp v Sardoil SpA(1977)2 Lloyd's Rep 552. (express clause required)."

8.5.3.4 货物的供应来源只是双方订约时的意图,但没在合约明示

这种情况会否令合约受阻并不明确,英国也没有相关的先例,但看来应是不容易令合约受阻。在现实中,如果双方有争议,也肯定表示是其中一方(如买方)会是否认双方在订约时有意图确定货物的供应来源只局限在特定地区,受到了合约受阻的影响。

知悉杨良宜先生曾经作为仲裁员处理过这样的一个争议,是关于广西梧州在 1994 年发生特大水灾,令卖往美国的货物(50 吨锑)被毁而无法交货。当时市场上锑的价格急升,美国买方向卖方提出不交货违约的索赔。其中主要的一个争议是锑的来源是否只是广西梧州或是全中国,因为是全中国的话,大可在其他来源得到锑的供应,只是货价要贵多了。在该案件的案情是广西原卖方与作为中间商的卖方(也是仲裁的被告)先订了约,之后卖方才找到原告的美国买方要这票货。所以,双方对这 50 吨锑是来自广西梧州是知悉的。但是否共同意图可以作为默示条文则有大疑

问了,因为最终双方在合约中明示的货物来源是写为全中国。毕竟,明示条文是要超越默示条文。而且,即使是可以默示也不一定会令该买卖合约受阻。因为仲裁庭看有关的证据是广西梧州的大水灾并不能令卖方绝对提供不了货物,只是十分困难与金钱上要严重亏损。结果显然是判卖方败诉,要对不交货负责。

8.5.3.5 多份买卖合约下部分货物来源因意外事故无法提供

这种情况是非常麻烦,但会经常发生。今天的卖方通常是一些国际贸易商,会对同来源的货物或商品分批同时订立多份的买卖合约,有时候即使是供应来源在买卖合约中明确但意外事故只涉及部分货物的提供,而非是全部。例如,卖方估计生产的5000 吨货物分 5 批卖了给 5 个不同买方,有 5 个不同买卖合约,各 1000 吨。但后来因发生受阻意外事故只能有 1000 吨可以备妥,这如何处理?要知道,市场会涨会跌,市场涨了买方会坚持要货,即使是 1000 吨是给 5 个买方均分也好,市场跌了买方又会坚持合约已经因受阻而自动终断,所以他没有责任接受与支付一部分的货物。反过来说卖方也会因市场的涨跌而扯皮,如市场涨了,卖方会对 5 个不同买方分别声称买卖合约受阻。至于备妥的 1000 吨,买方就会待价而沽。

公平与合理解决这个问题会有几个办法。第一个办法是把所有的 5 个买卖合约都视为受阻,卖方自己可任意处理手上的 1000 吨,不论市场涨跌。但看来,对这 5 个合约都是不确定货物,还没有作出划归通知,法院不会支持这个做法。

第二个办法是把卖方当作 5 个买卖合约都违约,交不出货。但这一来变得对卖方不公道,因为 5000 吨货物全毁则可依赖所有买卖合约的受阻,但部分货物被灭失/消失却变了所有买卖合约下违约要作出金钱的赔偿,这显然是说不通的。

第三个办法是任由卖方把这 1000 吨的货物给谁,其余买卖合约则受阻。但这又看来也会造成不公平,如卖方可选择交货给对他最有利(如合约价格最高)的买卖合约,或是与卖方关系最好(或最差,看当时市场高低)的买方。

第四个办法是把 1000 吨货物在 5 个买家分摊,但这一来,又关系要如何公平合理分摊。

(1)依比例分摊,这在 1973 年美国政府因为密西西比河水泛滥造成严重大豆短缺而禁止出口而带来一连串的案例中有其中几个都有探讨这一分摊做法:Bremer Handelsgesellschaft m. b. H. v. C. Mackprang Jr. (1979) 1 Lloyd's Rep. 221 在 224 页;Continental Grain Export Corp. v. S. T. M. Grain Ltd. (1979) 2 Lloyd's Rep. 467 在 473 页;Bremer Handelsgesellschaft m. b. H. v. Continental Grain Co. (1983) 1 Lloyd's Rep. 269 在 292 页等。其中可节录部分的说法例如在 Westfaliche Central – Genossenschaft GmbH v Seabright Chemicals Ltd(没有报道)March,1979 先例中,Goff 大法官说:"... it is, in my judgment, proper to consider the widely asserted proposition that such a seller is under an obligation to apportion his available stock *pro rata* among his several purchasers. In my judgment, there is no rule as such. No terms to that effect can generally be implied into the contract; and such a rule is too rigid to reflect accurately the principle of causation. No doubt, if apportionment *pro rata* is carried out it will generally be regarded as reasonable; but it will not invariably be required—for example, if the quantity available is too small to be sensibly apportioned among the relevant purchasers; or his storage problems or a perishable product require one purchaser to be preferred to another; or (perhaps) if a ship already chartered and tendered were reasonably to be loaded; and there may be other cases. ”另在 Bremer Handelsgesellschaft m. b. H. v. Continental Grain Co. 先例,上诉庭的 Ackner 大法官说:“Bremer Handels would have had to satisfy the arbitrators, or the board on appeal, that a proportional distribution of goods between the buyers would have been at least a reasonable method of allocating any available goods between buyers, although not necessarily the only method. The question of how the goods should have been distributed is a question of fact on which there were no findings, since they had not been provided with any relevant material. ”

(2)依买卖合约日期先后来分摊:Intertradex S. A. v Lesieur Torteaux (1978) 2 Lloyd's Rep 509。在该先例,Denning 勋爵是这样说:“Mr. Hallgarten (买方代表大律师) submitted that the defence of force majeure are not available: because (卖方) had some groundnuts available. They had, he said, sufficient to fulfill this contract, but instead of fulfilling it, they fulfilled *two or three other contracts – which were earlier in point of date.* I put to Mr Hallgarten this instance: Suppose (卖方) had entered into 15 equal contracts and they had only enough groundnuts to fulfill one of these contracts. If they fulfilled one of them, would they be liable in damages on all the other 14? Mr Hallgarten submitted that they would be. I cannot agree with that at all. This is a question which has often been discussed. It seems to me that, when a supplier had many contracts to fulfill, but only has enough of the goods to fulfill one of them, then, if he reasonably appropriated what he has to that one, he can rely on force majeure as to the others. ”

(3)依交货日期先后来分摊,后来者就拿不到了。

在美国的立法《Uniform Commercial Code》,它在 Section 2 – 615 的(b)看来是必须采用照比例分摊。它是说:“. . . (a) Delay in delivery or non – delivery in whole or in part by a seller who complies with paras. (b) and (c) is not a breach of his duty under a contract for sale if performance as agreed has been made impracticable by the occurrence of a contingency. . . (b) Where the causes mentioned in para. (a) affect only a part of the seller's capacity to perform, he must allocate production and deliveries among his customers but may at his option include regular customers not then under contract as well as his own requirements for further manufacture. He may so allocate in any manner which is fair and reasonable. (c). . . ”

在英国法律,目前看来是不接受这种照比例分摊的做法,这可节录《Benjamin's Sale of Goods》(8th edn, 2010 年)之 6 – 053 段:“. . . in the absence of such a clause (这

是指不可抗力条文）,there is no obligation on the seller to effect such an apportionment or on the buyer to accept the lesser quantity tendered, nor, if the seller does apportion, does it appear that he will be relieved by reason of frustration from liability for non – delivery of the undelivered balance."

自从 The"Super Servant Two"先例(在4.7小段有详论)的决定后,看来应是第二个办法的处理。它虽不是一个货物买卖的案例,而是拖带合约是给了船东使用两艘船的其中一艘来履行的选择,但上诉庭判词有涉及这方面的问题。这方面可节录《Benjamin's Sale of Goods》(8th edn, 2010),在6 – 052段所说:"A seller may, because of a prohibition of export or other extraneous supervening event, have insufficient goods of the contractual description available to fulfill all of his existing contracts for those goods, but nevertheless have sufficient goods to satisfy one or some of them. Suppose that a seller has contracts with A and B for the supply from a defined source of unascertained goods of the same contractual description. He has sufficient goods available to fulfill his contracts with A, but the occurrence of such an event renders it impossible for him to perform his contracts with both A and B. it is clear that he cannot claim that both contracts are frustrated on the ground that he cannot perform both contracts in full. But, on one view, he should be entitled reasonably to appropriate what goods he has to A's contract, and will then be discharged by frustration from performance of his contract with B. The contrary view is that he could not excuse non – performance of his contract with B by reference to his commitments to A, nor could he give priority to A's contract over that of B... He can therefore perform his contract with A for which he has sufficient goods, but will then be liable for the breach of his contract with B which is unfulfilled, since perform his contract with A in preference to that of B. This issue was considered incidentally in The Super Servant Two. In that case, the defendants agreed to transport a large drilling rig by sea on terms that the transportation unit to be used for the carriage was to be Super Servant One or Super Servant Two at the defendants' option. The defendants intended to use Super Servant Two for the contract, but before the time for performance that unit sank. They had in the mean time entered into contracts with other persons which they could only perform by using Super Servant One. They therefore declined to use that unit to carry out the contract and claimed that the contract was frustrated. The court of appeal held that the contract was not frustrated by the loss of Super Servant Two: the contract could still have been performed by using Super Servant One, but the defendants themselves elected not to do so. This case is not, of course, concern the sale of goods, and it is distinguishable in that the contract reserved to the defendants the express option to use either of the named units for its performance. Nevertheless, in his judgment, Dillon L. J. rejected the proposition that a party who, because of a supervening event, is deprived of the means of satisfying all his existing contracts may elect to use such means as are available to him to perform some of the contracts and claim that the others are discharged by frustration. If the view of Dillon L. J. is correct, then, in the absence of any appropriately drafted force majeure clause in the contract of sale, even a reasonable allocation by the seller of available goods to A will not relieve him of liability for breach of his contract with B, notwithstanding that an extraneous event for which he is not responsible has rendered it impossible for him to perform both contracts in full."

8.5.3.6 卖方在付运前无法提供货物是否有责任购买浮动货物以履行买卖合约

可先节录《Benjamin's Sale of Goods》(8th edn, 2010 年)之 19-011 段所说如下："**Seller's duty to ship or buy afloat.** The seller's duty to ship may be performed by actually shipping goods, by allocating such goods which he has already shipped, or by buying such goods afloat. If performance in such one or more (but not all) of these ways becomes impossible, the general rule is that the seller must perform in any one of them that remains possible. Thus if shipment by the seller is prevented through some cause beyond his control, the general rule is that he must buy goods already afloat and appropriate them to the contract. An exception to the seller's duty to buy afloat in such circumstances is discussed later in this chapter. Sometimes the terms of the contract may exclude the possibility of performance by appropriating goods already shipped by someone other than the seller, e. g. where the sale is of goods to be shipped, or to be manufactured, by the seller."

导致 CIF/CFR 买卖比 FOB 买卖更不容易发生受阻的原因之一，是卖方即使在付运货物发生困难(如在岸上运输发生严重货损货差，法律更改导致禁止出口等)，仍有"买入浮动货物以履约的责任"(duty of buying goods afloat)。这可节录《Benjamin's Sale of Goods》(8th edn, 2010 年)之 19-142 段部分内容如下："Normally, a CIF seller is bound to perform either by shipping goods of the contract description or by buying such good already afloat. If performance in the first of these ways is prevented, the second must be adopted; so that normally a CIF seller cannot rely on a clause, which is expressed to apply where force majeure or similar clauses prevent performance, merely because shipment is prevented: he will be excused only if he was also prevented from buying goods afloat."

当然，如果货源发生困难(如意图的装港禁止出口)，卖方无法提供货物付运，被迫要去市场买入已装船的浮动货物/付运单证(这会是在禁止出口前已经装上船舶的货物)，会是十分昂贵。但价高价低或亏损严重并非是受阻，这在本章较早如 4.5 段有谈到，并举 Classic Maritime Inc v. Lion Diversified Holding Berhad (2010) 1 Lloyd's Rep 59 先例。

解释合约要整体看待，不应断章取义。所以会有情况是买卖合约所针对的将来付运货物是由卖方生产，这会否定卖方仍有买入浮动货物之责，因为这种浮动货物不会由卖方生产：Johnson v. Taylor Bros (1920) A. C. 144。

另一种情况可否定/免除卖方有买入浮动货物的责任，但求卖方严格履约，是在买卖涉及有“一连串合约”（string contracts）或是同一票货物的卖方回购，造成了所谓的“绕一圈子”（circle）的买卖。何谓绕一圈子的买卖在 GAFTA 100 标准格式第 28/29 条文有详细定义与针对，在这里只简单说就是同一票尚未付运的货物由 A 卖给 B，B 转售给 C，C 再转售给 D，但 D 又转售给 A。会有情况是 A 故意造成这一个绕一圈子的买卖，就是在一连串合约的最后买进，所谓的“closing out”，这就变了所有的买卖不涉及真正的货物买卖，而只是结算差价，作为利润或亏损：Garnac Grain Co. Inc. v. H. M. F. Faure and Fairclough Ltd（1967）1 Lloyd's Rep 495；Voest Alpine v Chevron（1987）2 Lloyd's Rep 547。这种绕一圈子的买卖，在石油或农产品等商品，会在一票货有上百次的交易，而其中一些石油公司或国际贸易商的名字，会在一连串合约中多次出现。例如在 Concordia v Richco（1991）1 Lloyd's Rep 475 先例，涉及货物是大豆，是 Richco 卖给 Panchaud（215.70 美元/吨），Panchaud 转售给 Itex（195.12 美元/吨），Itex 转售给 Cerealfin（205.50 美元/吨），Cerealfin 转售给 Concordia（193.65 美元/吨），Concordia 转售给 Richco（201.00 美元/吨），这已经构成绕一圈子的买卖。在这种情况下，如果发生第一位卖方（Richco）违约，如无法提供货物，在市场高涨的时候真正的受害方也就是最后一位的买方（也是 Richco），中间商损失的顶多只是差价。但显然 Richco 一个个合约这样追溯起诉，最终的被告还是 Richco 自己，这样的诉讼是没有意义的。所以，GAFTA 100 标准格式第 28/29 条文提供了一个简单结算的做法，这稍后在本书第八章 6.3 段有关损失计算会进一步介绍，目前只针对合约受阻的问题进一步探讨。

在 1973 年的美国政府因为密西西比河河水泛滥而禁止大豆出口所带来的一连串著名案例如：Toepfer v. Cremer（1975）2 Lloyd's Rep 118；Tradax v. Andre（1976）1 Lloyd's Rep. 416；Finagrain SA v Kruse（1976）2 Lloyd's Rep. 508；Bunge v. Kruse（1977）1 Lloyd's Rep. 492；Bremer v. Vanden（1978）2 Lloyd's Rep. 109 等，确认了另一种卖方不必购买浮动货物的例外情况，就是涉及了一连串或绕一圈子的货物买卖。在这些先例中，贵族院考虑到一连串卖方（也不会知道涉及多少个卖方）都去市场抢购仅有的在禁令前已装船的美国大豆，会令市场大豆价格上涨至“不可思议之程度”（driving the price to unheard levels）。所以在 Bremer v. Vanden 先例，Wilberforce 勋爵说：“My Lords, dealing, as we are, with a trade in a U. S. origin commodity, CIF Rotterdam, on the terms of GAFTA 100, a contract which provides for shipment followed by ‘string’ and ‘circle’ contracts, and for carefully timed notices of appropriation; and dealing as we are with an export embargo which would create a maximum of buyers chasing a minimum of goods, I am of opinion that the existence of a duty to buy afloat is impracticable and commercially unsuitable. I agree with the judgment of Lord Denning, M. R., in ‘Tradax v. Andre’ and would hold that no such duty existed.”

这方面也可以节录《Benjamin's Sale of Goods》（8th edn，2010 年）之 19－142 段：

"The resulting 'chains' of buyers and sellers commonly had 20 to 30(and sometimes as many as 100)links. The effect of the export embargo was to push prices up steeply, so that buyers claimed damages from sellers who had failed to deliver, while sellers relied on prohibition and force majeure clauses in the contracts. It was held that the general rule, requiring a CIF seller who was prevented from shipping to buy afloat, did not apply, and the reason given for this exception to the general rule was that, in the circumstances which had arisen, it would not be clear which(or how many)of the sellers in the string was(or were)to do the buying afloat. If they all attempted to do so, the result would be that a large number of buyers would be chasing the relatively small quantity of soyabean meal left available(because already afloat)after the embargo, thus creating an extreme pressure on prices, which would be driven up to 'unheard of levels', so that no seller would be able to obtain goods of the contract description 'by the exercise of any means reasonably open to him'."

要求卖方买入浮动货物,现实中也会有其他的困难,因为不一定容易找得到。除了浮动货物要与有关买卖合约的货物描述一致(如交货期),还存在愿意或能够转售的浮动货物不一定太多。而且,卖方即使是找得到也不买入浮动货物,也有可能反过来说无辜买方自己应该这样做以减少损失。至于是否有浮动货物,通常是通过专家证人提供有关的证据。这可以介绍 Contigroup Companies Inc. v Glencore A. G. (2005) 1 Lloyd's Rep 241 的先例,案情涉及了原告 CFR 卖方,出售两船的约 22,000 吨的液态石油气给被告。而被告转售给中石油,交货地点是温州,交货的时间是 2002 年 6 月 7 到 12 日。原告在第二次付运的船舶 Sunway 轮在航次中发生延误,而且船上只装了"丁烷"(butane),但被告转售给中石油的除了丁烷以外还有"丙烷"(propane)。所以最后交不了货而涉及了能否找到浮动货物的争议。Ian Click 大法官是这样说的:

"I have already indicated that I accept that between May 29 and June 4 Glencore(被告)made strenuous efforts through Mr. DuPay(被告证人)to find a single substitute cargo on a vessel able to reach Wenzhou, by June 10, or at least earlier than *Sunway*. They also, mostly through Mr. Schneider(被告证人), tried to find smaller cargoes to keep Petrochina supplied. The former efforts failed altogether. The latter only produced one, unsuitable, cargo.

Moreover, the expert evidence called by Contichem(原告)entirely failed to establish that at the end of May or in early June, 2002 there were cargoes of butane, whether in port or afloat, that were available for purchase or exchange, and that could have been re-directed to Wenzhou to arrive there earlier than *Sunway*. Mr. Hoare(原告专家证人)listed eight vessels(excluding *Yusho* referred to below)carrying large cargoes of butane, or butane and propane, that could have arrived at Wenzhou between June 6 and 12, 2002. That is, they were so positioned that, had they been ordered so to do, they could have reached Wenzhou at some time within that period. These include apparently, a vessel Mr. Delia(原告证人)

suggests might have been diverted to Wenzhou. Mr. Hoare accepted that none of these cargoes was for sale and that all were committed to other parties. Possibly, he said, they could have been exchanged for other cargoes. He was not, however, saying there was such a cargo available for purchase or exchange. He was saying it is possible that there was such a cargo available.

It is, of course, to be observed that if such a cargo did exist, then between May 29 and June 4, Mr. DuPay, who had every incentive to find it, did not do so. Indeed, it was not even possible to find much smaller cargoes of suitable butane. Moreover, the closer in time to June 10, the less chance there was that any cargo found would have been able to reach Wenzhou by then. Nor was it suggested that there was any sufficient butane already at Wenzhou available to be acquired."

8.5.3.7 FOB卖方在付运前无法提供货物(包括备妥货物灭失/消失)

这一方面FOB买卖与CIF/CFR的地位是差不多,只是上述与接下去所讲的许多问题(如划归通知前的货物灭失/消失)是与FOB无关。有关货物灭失/消失发生在FOB的付运前,这一方面的风险可节录《Benjamin's Sale of Goods》(8th edn, 2010年)之20-103段如下:

"**Destruction of goods before shipment.** An f. o. b contract for the sale of specific goods could be frustrated or avoided under section 7 of the 1979 Act if the goods were destroyed before shipment, since at this stage the risk would not normally have passed to the buyer. Risk may exceptionally pass to the buyer before shipment: this is the position where the shipment is delayed as a result of the buyer's fault. In such a case, destruction of the goods before shipment would discharge the seller under the rules relating to risk, but the buyer would remain liable on the principle that a party cannot rely on self-induced frustration.

An f. o. b. contract for the sale of a specified quantity of goods forming an undifferentiated part of an identified bulk, or of goods to be taken from an identified source, could likewise be frustrated if the bulk were destroyed, or if the source dried up, before shipment. On the other hand, an f. o. b. contract for the sale of unascertained generic goods would not be frustrated merely because the goods which the seller intended to appropriate to the contract had been destroyed. But such a contract might be frustrated where a stipulated method of performance became impossible, or by supervening illegality."

8.5.4 第二阶段:卖方作出付运后货物损坏或灭失/消失

在CIF/CFR买卖,如果卖方把货物已作出付运,风险自动转让了给买方:The "Julia"(1949)82 Ll. L. Rep 270;The "Galatia"(1980)1 Lloyd's Rep 453。在The "Julia",Porter勋爵判是货物在付运后损坏,不论买卖合约是在付运前还是付运后订立,这都是属于买方的风险。由于CIF买卖是单证买卖,所以在付运后,如果在运输过程中发生事故导致货物的损坏或灭失,都不影响卖方必须及时提供付运单证,而买方也必须作出货款的支付。买方针对货物的损坏或灭失能够有的救济就是在付运单证,这包括向承运人提出索赔或向保险人要求赔付。而如果买方可以向承运人与保险人分别获得救济,买方通常将会选择保险人,因为比较容易获得赔付,然后通过代位求偿让保险人向承运人追偿。也会有情况是承运人并不需要负责或者无法获得救济(如单船船东的船舶沉没),但保险人也无法作出赔付(如保险公司倒闭或损失是属于除外风险),买方就要自己承担损失了,因为在买卖合约下付运后是买方的风险。这可节录《Benjamin's Sale of Goods》(8th edn,2010 年)之 19-081 段,说:"**Goods lost in transit.** Just as the loss, destruction or enemy seizure of the goods after shipment does not discharge the seller from his obligation to tender documents, so these events do not relieve the buyer from his obligation to pay the price. The remedy of the buyer (if any) in such cases is against the carrier for breach of the contract of carriage, or against the underwriter on the policy of insurance. But the buyer is bound to pay the price on tender of documents even though he has no claim either against the carrier, because the goods were lost through some cause for which the carrier was not responsible, or against the underwriter because they were lost by a peril not insured against."

8.5.5 第三阶段:卖方作出付运后但在划归通知前货物损坏或灭失/消失

在 CIF/CFR 买卖,买方作出"划归通知"(notice of appropriation 或 declaration of shipment)是确定有关合约下付运的货物。应该是明确,如果双方有了买卖合约并且有关的货物已经作出划归,但之后货物灭失/消失,CIF 买方是必须作出货款的支付。但如果在货物作出划归之前货物已经灭失/消失,这里的情况就有一定的困难了,特别是卖方已经知道货物的灭失/消失,再作出划归通知就好像是一个空头划归。而且这在 CIF 买卖,卖方可以根据市场的好坏而取巧,正如 Rowlatt 大法官在 Re Olympia Oil and Cake Co and Produce Brokers Co (1915) 1 KB 233 先例所说:"Pushed to its logical conclusion, this would involve that the person in whose hands the ship was lost could afterwards enter into a contract to sell a cargo, and, if the price fell, buy a cargo and tender it and pocket the difference; and, if the price rose, tender the lost ship and escape from the speculation without loss."

简单说这取巧就是如果市场价格上涨,特别加上货物灭失/消失不属于承保的风险,卖方就可以对买方说你必须支付货款以交换这一套付运单证。至于货物灭失/消失,你无法向保险人取得赔付,这损失是在你的头上,因为是你的风险。但如果市场下跌,加上货物灭失/消失是属于承保风险(表示可根据保单向保险人获得赔付通常是买卖合约的合约价格加上 10% 不等的估计利润),卖方就会试图在市场上购买另一票同类货物(或者是另一艘船舶的浮动货物),然后作出划归通知或交出有关的付运单证要求买方支付,并从中赚取额外的利润。

这在《Benjamin's Sale of Goods》(8th edn,2010 年)之 19-084 段有提到这种取巧,

说:"... if a c. i. f seller had, as a matter of law, a general right to appropriate goods after loss. To be able to sell on c. i. f terms, he would have to be in a position to pass on the benefit of an insurance policy. Hence if the market rose (or if the policy did not cover the loss) he would appropriate and tender the lost shipment. But he would not be bound to do this, so that, if the market fell and the policy did cover the loss, he could buy another shipment below the contract price, tender that, and claim the insurance (which would normally be based on the contract price) on the original (lost) shipment."

但如果在货物灭失/消失后,就不能作出划归通知,会在一些情况下造成很不公平的情况。如在一连串的买卖合约(string contracts),就会存在上一手的卖方在船舶沉没前作出了有效的划归通知,但中间商作为卖方向下一个买卖合约的买方作出划归通知就是无效了,因为船舶刚好就在此时沉没。为了明确中间卖方可以这样做,就会有好像 The "Intan 6 V. 360A SN" (2003) 2 Lloyd's Rep 700 先例中的买卖合约条文第 11 条如下:"**Loss of ship**: Should the ship or ships and the goods thereon which apply to this contract be lost, whether*before* or after declaration (of shipment), Sellers shall tender complete set of shipping documents to Buyers as soon as fairly practicable after the loss is ascertained and Buyers shall pay cash in exchange for such documents, in order, within 14 days after presentation..."

以上提及的问题只针对货物灭失/消失,如果只是货物损坏(即部分的货损货差)并不受到影响。但这也带来了疑问,就是部分货损货差与整票货物的灭失/消失如果有这样不同的对待是否合理与现实,毕竟货损货差会有情况是非常严重。看来有不少先例是支持 CIF 卖方是可以把已经灭失/消失的货物作出划归的。首先可以介绍的是 Re Olympia Oil and Cake Co and Produce Brokers Co (1915) 1 KB 233 先例,在第一审是判卖方在这种情况下是不能作出划归通知的,但去了上诉庭,这判决被推翻并支持仲裁庭的裁决,就是认定在油菜籽的交易,有一个习惯的做法(trade custom)是在一连串的买卖中,中间卖方即使知道货物灭失/消失,买方也必须接受源自第一个卖方的划归通知。

另在 Groom (C) Ltd v Barber (1915) 1 KB 316 先例,案情涉及了 CIF 卖方作出划归通知之前两个星期船舶已经沉没,货物也是灭失/消失。卖方对事故并不知情,但主要还是 Atkin 大法官判是买方必须作出货款的支付以交换付运单证,虽然有关货物并没有作出划归。

另在 Manbre Saccharine Co Ltd v Corn Products Co Ltd (1919) 1 KB 198 先例,卖方是知道船舶的沉没,但还是向买方作出划归通知。法院也是作出同样的判决,并有针对卖方知道或不知道船舶沉没的分别,McGardie 大法官是这样说:"I am unable to say how the rights and duties of either party are affected by the loss of the ship or goods, or by knowledge of such loss by the vendor, prior to actual tender of the documents."

针对这一个问题,可节录 Michael Bridge 教授的《The International Sale of Goods》

(2nd edn,2007 年)之 8.65 段所说作为总结:"**Pre – appropriation loss.** More difficult is the case where the loss occurs before appropriation. If the CIF contract could be rationalized as a sale of documents rather than goods, the seller's right to appropriate lost goods represented by conforming documents could be upheld on this ground alone. But the governing view, represented even where the seller's right to appropriate a lost cargo is upheld, is that the CIF contract is a sale of goods and not a sale of documents. Nevertheless, string trading conditions, where the contracts are largely speculative instruments disembodied from the underlying physical cargo, it is expedient not to halt the retrospective transfer of risk on the ground that the loss has occurred before appropriation. Once again, it would be hard to justify differentiating between loss and severe damage. This position is hard to press where the seller knows of the loss before appropriating the goods to this particular contract. Yet even here that seller may have appropriated all other cargoes at his disposal before learning of the loss prior to appropriating the goods to his last contract. The true difficulty lies in determining whether a seller's appropriating power should be controlled so as to ensure fairness amongst that seller's various buyers. Now, the commodities trade is not inhabited by the faint – hearted or the under – resourced. It is better to treat the seller's choice as a business decision that the seller will answer for in future dealings with those same buyers."

8.5.6 第四阶段:卖方向买方交出付运单证前货物灭失/消失

这个问题与上一小段的划归通知问题差不多,毕竟在一些 CIF 买卖合约中不需要作出划归通知,卖方向买方交出付运单证才说明了具体是哪一票货物进行买卖。这里涉及了其他方面的讨论,其中就是付运单证中的一套提单,如果是没有货物的存在,会被视为是无效的单证:Hindley & Co v East Indian Produce(1973)2 Lloyd's Rep 515。该先例涉及的是提单上的货物根本没有作出付运,装在有关的船舶上。这一来,涉及了卖方违反了另一个 CIF/CFR 的基本责任,就是单证必须是"真实与准确"(true and accurate)。但针对目前探讨的问题,就是在卖方交出付运单证前,货物遇上事故造成灭失/消失,应该是与提单不真实与不准确没有关系,因为提单只是针对付运的事实。

可见,一般情况下,非具体货物在卖方尚未把风险转给买方前已消失或被毁,是不会令合约受阻的。要是没有受阻,不交货则变了卖方违约,要对买方作出赔偿。

8.6 CIF/CFR 卖方其他受阻的情况之一:卖方找不到船舶

如果这 CIF 买卖合约是约定了履约的船舶,会好像是 Nickoll and Knight v. Ashton, Edridge & Co. (1901)2 KB 126 先例,约定货物(棉花籽)是"to be shipped per steamship 'Orlando'(船名)... during the month of January"。Orlando 轮不幸搁浅,卖方成功以买卖合约受阻抗辩买方的索赔。上诉庭的多数法官认为该买卖合约已约定了唯一的履约做法,即是以 Orlando 轮付运,而非是其他船舶。

在澳大利亚的 Cornish v. Kanematsu(1913)3 SR(NSW)83 先例,涉及一票以 CIF

成交的洋葱,约定是"for shipment per P&O steamer sailing from Japan about the 8th September"。因为罢工,P&O 的船舶没有在有关时间自日本开航。澳大利亚法院也是判卖方没有付运/装船有关的货物并没有违约。

但 CIF 买卖合约会约定某一艘船舶履行海上运输在现实中不大可能出现,卖方也不会同意,这实是对他太局限了。若是没有约定,则卖方找不到船舶,或是他单方面意图履约的船舶在装货前遇上事故/海难,仍不能是构成受阻。

找不到船舶不构成受阻可见 Lewis Emanuel & Son Ltd v. Sammut(1959)2 Lloyd's Rep 629 先例,货物是马尔他土豆,以"CIF 伦敦"成交,付运日期是从马尔他"on or before April 24,1958"。但卖方发觉当时唯一的一艘船舶行走马尔他至伦敦,是无法妥善运输这票土豆。而当时也根本没有已装船的浮动货物可供卖方购买以履行买卖合约。但这里涉及了 CIF 买卖的付运是卖方负责,找船的风险也在卖方。而且在合约法,即使订约方承诺一些不可能做到的事情,也就是乱订合约,还是要负责赔偿有关的损失的:The 'Epaphus'(1987)2 Lloyd's Rep 215; The "New Prosper"(1991)2 Lloyd's Rep 93。另也注意这一先例与 Nickoll and Knight v. Ashton, Edridge & Co. 先例和 Cornish v. Kanematsu 先例不同之处,就是没有发生订立买卖合约后出现意外事故,如 Orlando 轮搁浅或罢工。所以在该先例,法院判是卖方找不到船舶,无法履行买卖合约并非是受阻,而是违约,卖方必须赔偿买方损失。Pearson 大法官说:"The seller, being on an island, if he wants to export goods he must... make sure that shipping space is available before he commits himself to an absolute contract."(即是指卖方应先查清楚有否适合船舶运输才可出售货物,在合约内承诺买方一些办不到的事情还是需要负责)。

最后一提的是在 Thomas Borthwick v Faure Fairclough(1968)1 Lloyd's Rep 16 先例,涉及了班轮公会不提供付运船舶(买卖合约要求班轮公会船舶承运),结果 CIF 卖方另找了一艘非班轮公会的船舶付运,但有关的付运单证被买方拒绝接受,并且被法院认可。法院认为找不到班轮公会船舶并非是不可抗力的理由,显然更加不会是受阻。

在航运市场低潮的时候,往往是船多货少,CIF/CFR 卖方要找一艘准时、适合与运费在预算之内的船舶不是难事。除非是卖方在付运日期太晚才开始找船,或是已经租进的船舶在去装港途中遇上事故/海难才会面对找船的困难。但小心的 CIF/CFR 买卖合约,如在 GAFTA 100 CIF 标准合约,它有第 9 条文可让 CIF 卖方有权向买方书面要求延长付运日期,以便卖方遇上类似意外可以有足够时间另找一艘替代船舶。

8.7 CIF/CFR 卖方其他受阻的情况之二:卖方无法投保

在今天,这情况也不大可能发生。但也不能完全排除会有情况是去不稳定地区或特殊货物品种,会造成对个别险种(而在 CIF 买卖合约内约定卖方必须投保)无法或十分昂贵去投保。遇上这情况,从受阻的基本理论推想,读者应可理解这又是卖方违约了,而不会是买卖合约受阻。在 Re Comptoir Commercial Anversois and Power, Son & Co. (1920) 1 K. B. 868 先例,就是这情况。该 CIF 买卖因战事爆发而卖方投保不到战争险,判是合约非是受阻,而是卖方违约,除非有相关免责条文,卖方要对违约负责赔偿买方的损失。

8.8 CIF/CFR 卖方其他受阻的情况之三:卖方无法履行合约内双方估计的履行做法

这是指在订约时,双方估计是怎样的履行,但这估计并非明示在合约为唯一履行做法。这一来,将来有变,令估计的做法无法履行,但仍有其他做法,只是昂贵得多或困难重重,这仍是不足令合约受阻。

在著名的 Tsakiroglou & Co v. Noblee Thorl G. . m. b. H(1961) 1 Lloyd's Rep. 329 先例,最清楚解释这一点。该 CIF 买卖是从汉堡运货去苏丹港,订约时该正常运输航线是要通过苏伊士运河,这也是买卖双方估计的履行做法。但订约后发生以埃战争,导致苏伊士运河封闭。同时,市场运费大涨,CIF 卖方真要租船付运可就是亏大本了。所以,卖方指该 CIF 买卖合约受阻。

但法院不同意合约受阻,因为苏伊士运河封闭,船舶可航行绕过南非。虽然运费高涨,但赢亏本来是不足构成合约受阻。看来,希望在这种情况下合约可以受阻的卖方,就必须在买卖合约说明运输是要通过苏伊士运河。但在现实中是不可能会订得这么细,毕竟合约受阻本来就是针对一些双方在订约时不能预见的意外事故。但在 Tsakiroglou & Co. v. Noblee Thorl G. m. b. H. 先例中,Simonds 勋爵在判决时曾经随口说说(obiter):"It appears to me that it does not automatically follow that, because one term of the contract, e. g. that the goods shall be carried by a particular route, becomes impossible of performance, the whole contract is thereby abrogated."

这说法也符合受阻理论的基本精神,不会是合约内有其中一条次要的明示条文无法履行,即不分轻重指合约已受阻,而实质上合约可履行,顶多是有履行责任/风险的一方要付出较昂贵或不便的代价而已。这方面在另一先例更好的表达:在 Congimex v. Tradax (1983) 1 Lloyd's Rep 250 先例,涉及 16,500 吨大豆的买卖,"CIF Lisbon"成交。买卖合约约定最后货价是以卸货后实质交货量为准。订约后一个月,葡萄牙政府改法,不准私人公司进口大豆,导致买方无法取得合法进口必须要的一份 BRI 证件(可把它视为"进口许可证")。买方拒绝卖方的付运单证,指该 CIF 买卖合约受阻。其中买方一个抗辩理由是合约中的有关在葡萄牙卸货后的"量重"(weighing)以确定实质交货量无法合法履行。但英国上诉庭判是即使确实,也不足严重构成受阻。Donaldson 大法官说:"... furthermore, the fact that some minor aspect of performance became impossible did not necessarily frustrate the contract and it would have been necessary to have obtained a finding that such impossibility as existed destroyed the commercial basis of the contract."

但由于有订约自由,这种次要的明示条文大可以利用适当措辞/文字提升其重要性,例如约定:"通过苏伊士运河是本 CIF 买卖合约唯一的履约做法",则 Simonds 勋爵以上这句话也就不适用了。

Simonds 勋爵的说法在 CIF 的买卖也会带来另一疑问,在《Benjamin's Sale of Goods》(8th edn,2010 年)19 - 128 段也有提及说:"this suggests that,even if the contract had expressly provided for shipment via Suez,it would not have been frustrated merely because shipment by that route became impossible. Frustration would have occurred only if shipment by the designated route was a matter of fundamental importance. No reference was made by any other member of the House of Lords to this point,which(in relation to a CIF contract)is not free from difficulty. On the one hand,inability to perform a term of minor importance should not,as a matter of general principle,frustrate a contract. On the other hand,if the contract of carriage does not comply with the express provisions as to the route of shipment contained in the contract of sale,it might seem that the buyer would be entitled to reject the documents,and at first sight it is hard to see why the seller should be bound to procure a carriage document which the buyer could reject. Probably the reason why the buyer would not be entitled to reject in Lord Simonds' example is that the stipulated method of performance is assumed to be one that is not intended to be exclusive."(买卖合约如果明示要通过苏伊士运河,但这不是被视为一条重要的条文,所以根据 Simonds 勋爵所说是不足够令买卖合约受阻的。但这一来,会是 CIF 卖方提供的一套付运单证会是不符合通过苏伊士运河的要求,如提单说明是通过南非好望角而非是通过苏伊士运河,因为它已封闭。这一来,照说买方可拒绝接受这套不符合的单证。但这有点说不通,起点是不准卖方依赖合约受阻,但最后变了是卖方没有交出一套准确的付运提单并可让买方拒绝接受。)

8.9 买卖合约其他受阻的情况之四:买方无法开出信用证

这问题不光是会发生在 CIF 买卖,也会是在 FOB 买卖。众所周知,准时与准确依照买卖合约开出信用证是条件条文,买方必须履行,否则卖方可终断合约,并且索赔损失。有说法是准时开出符合买卖合约要求的信用证会是买卖合约的"先决条件"(condition precedent):Trans Trust S. P. R. L. v Danubian Trading Co(1952)1 Lloyd's Rep 348。有说法是这只是卖方承诺交货的先决条件(a condition precedent to the seller's obligation to deliver the goods):Dix v Grainger(1922)10 L1. LR 496; Dexters Ltd v Schenker & Co(1923)14 Ll LR 586; Garcia v Page & Co Ltd(1936)55 L1. LR 391。并且是说如果违反开出信用证就是破坏了买卖合约的条件条文,卖方可以终断合约(a condition of the contract non - fulfilment of which further entitles the seller to treat the contract as discharged):Lindsay(AE)& Co Ltd v Cook(1953)1 Lloyd's Rep 328; State Trading Corp of India Ltd v MGolodetz Ltd(1989)2 Lloyd's Rep 277; Nichimen Corp v Gatoil Overseas Inc(1987)2 Lloyd's Rep 46。

如果买方无法开出信用证又不是因为有关货物的市场价格大跌而扯皮,而是能够证明因为他无法控制的原因所导致,这一来买方可否以合约受阻而成功抗辩卖方的索赔损失呢?

应该说是不容易,因为合约的履行是以严格或绝对责任为准则,不光是合理与否为准则。这在 Toprak v. Finagrain(1979)2 Lloyd's Rep 98 先例可显示这一精神。该"CFR 土耳其港口"的美国小麦买卖,买方是一家土耳其国家企业。在支付货款,是以信用证做法,有关条文是:"Payment——By irrevocable, divisible, transferable letter of credit to be opened in Sellers' favour with and confirmed by a first class U. S. or West European Bank covering 100% payment against presentation of shipping documents…Letter of credit to be opened by March 31,1975 the latest."但事后买方无法取得土耳其财政部允准,因为没有预留这笔外汇,导致买方最终开不出信用证。面对卖方索赔,又关系到买方开出信用证的责任与风险。

英国高院与上诉庭都判买方败诉,只看一点:因为这买卖合约的有关条文根本没有提到信用证是来自土耳其。买方可开出来自任何地点/银行的信用证,只要是有一家一流美国或西欧银行肯保兑即可。在上诉庭,Denning 勋爵提到了另一个重要的先例:Kleinwort, Sons & Co v Ungariche Baumwolle Industrie Aktiengesellschaft & Another (1939)2 KB 678,说明在一个英国法律为依据与履行是在英国的合约,如果有债务人因为其他国家的外汇控制而导致无法履行付款责任,英国法律是不理会的。这在《Legal Aspect Of Money》一书有提到,说:"... when it comes to the performance of an English contract, the existence of exchange restrictions in a foreign country need not, as a matter of principle, be considered. ... Its most important application in practice is to be found where under an English contract money is due in England and the debtor resides in a restricting State which makes it impossible for him to discharge his obligations. Such consequences of the restricting State's laws are wholly immaterial, because they are extraneous to a contract subject to English law and performable in England."

由于该买卖合约(是以 GAFTA 标准合约为准,是一份英国法律的合约,并有明示条文说明是合约当作在英国履行)根本没有明示或默示条文说明信用证是从土耳其开出,所以受阻是成立不了,Denning 勋爵是这样说:"It seems to me in this contract, where the letter of credit had to be a confirmed letter of credit—confirmed by a West European or US bank—the sellers are not in the least concerned as to the method by which the Turkish buyers are to provide that letter of credit. Any troubles or difficulties in Turkey are extraneous to the matter and do not afford any defence to an English contract, performance to be by a confirmed letter of credit. Therefore, on that point (interesting as it is), I come to the same conclusion as the Judge and the Board of Appeal. This illegality—or impossibility—by the law of Turkey is no answer to the claim. So the state enterprise is clearly liable. The damages we are told run into £ 20,000,000 or more because of the drop in price."

但买方开不出信用证导致买卖合约受阻的也不是没有成功过，在 Nile Co for the Export of Agricultural Crops v Bennett(H & JM)(Commodities)Ltd(1986)1 Lloyd's Rep 555 先例，案情涉及了总价值高达 2,800,000 美元的土豆 FOB 买卖，总共有 9 次付运。卖方是埃及国营公司，而埃及土豆的出口全部是埃及政府通过这家公司去控制，本来在买卖合约的付款条文是在土豆卸货后一个星期后才需要支付，这可以容许买方把这些土豆转售后有了大部分的现金再支付给卖方。但在 1981 年年底，埃及政府突然改变"规定"(regulation)，要求所有的外国买方必须在付运前先开出信用证，并不接受任何其他的办法。这导致买方拒绝履行，不接受这一个付款办法的改变。这导致了原告向买方索赔损失，因为土豆在英国的价格下跌。在高院，判是该买卖合约因合约受阻而自动终断。其中，也有提到与 Toprak v. Finagrain 先例的区别，就是 Toprak v. Finagrain 先例没有在合约中规定履行是在土耳其，这与本先例不一样。Evans 大法官针对受阻是这样说："The effect of the regulation was to make it unlawful for the plaintiffs to export potatoes on the terms of the potato agreement, vis FOB with payment cash against documents. It also had the effect of making it impracticable—impossible, in practice—for any export to take place on those terms, given the need to comply with exchange control and other regulations before any shipments could take place. Clearly, the agreements required the plaintiffs to load potatoes at Egyptian ports and to obtain the necessary documents from the authorities there. The supervening illegality, or impossibility of performing, these acts in Egypt is sufficient to frustrate the contract, even if it is governed by English law: Ralli Bros v Compania Naviera Sota y Aznar, (1920)5 Ll L Rep 371. the defendants relied upon the strict interpretation given to this rule by the decision of the Court of Appeal in Kleinwort Sons & Co v Ungarische Baumwolle Industie Aktiengesellschaft and Another (1939)2 KB 678 and in Toprak Mahsulleri Ofisi v Finagrain Companie Agricole et Financiere SA(1979)2 Lloyd's Rep 98, but in those cases there were no acts which the contract required to be performed in the foreign country concerned, and in my judgment they have no application here."

买方开不出"担保"(guarantee)，也是同样大原则：S. C. C. M. O. (London) Ltd v. Soc. Generale de Compensation(1956)1 Lloyd's Rep. 290.

8.10 买卖合约其他受阻的情况之五：合约变为非法

在英国法律/普通法，如果一份英国法律作为适用法的合约变为非法(这是指英国法)，显然是导致合约受阻。如果对 CIF/CFR 卖方而言，在订立买卖合约后目的地变为敌国，应可以非法(否则是通敌)为由令合约受阻：Fibrosa Spolka Akcyjina v Fairbairn Lawson Combe Barbour Ltd(1942)73 Ll. L. Rep 45。

但在国际货物买卖，由于重要的履行往往涉及外国(英国以外)的法律。在这方面，如果一份合约的适用法是外国的法律，而该法律因为有了突然的变化导致合约的履行是非法，英国是接受可以导致合约的受阻：Nile Co for the Export of Agricultural

Crop v Bennett(H & JM)(Commodities)Ltd(1986)1 Lloyd's Rep 555(该先例判是埃及法律是适用法)。英国普通法也接受双方约定的履行是在外国进行,而在该履行国家的法律变为是非法,这也不会被执行(Contracts having for their common object the performance of an illegal act in a foreign friendly country would not be enforced.):Foster v Driscoll(1929)1 KB 470;Regazzoni v. Sethia(KC)(1957)2 Lloyd's Rep 289;Ispahani v Bank Melli Iran(1998)Lloyd's Rep Bank 133。

在 Regazzoni v. Sethia(KC)的贵族院先例,有关的货物是麻包袋,以 CIF 买卖从印度付运去意大利 Genoa。但实际上背后的阴谋是把这批麻包袋从 Genoa 转口去当时进行种族隔离的南非,而当时印度的法律是禁止麻包袋运去南非。贵族院是判有关的合约在重要履行的地点是非法,所以不能执行,否则是违反对友好国家的政策,说:"involve the doing of an act in a foreign and friendly State which violates the law of that State and English ' public policy demands that deference to international comity'."

在另一个重要 Ralli Bros v Cia Naviera Sota y Aznar(1920)2 KB 287 先例,涉及有关的履行在西班牙(涉及的船舶是西班牙船旗与付运费是西班牙)变为非法,英国上诉庭也是作出同样的判决,拒绝执行。但由于该合约是程租合约,所以在此不多介绍。

以上两个先例合约中的适用法都是英国法,但由于重要的履行地点是友好国家与变为是非法,所以英国法律不予执行。而即使合约中有明示条文说明是合约当作在英国履行,也不影响这一个 Ralli Bros 先例与 Regazzoni v. Sethia(KC)先例的说法,毕竟公共政策是不能以订约自由作出改变的:The "Playa Larga"(1983)2 Lloyd's Rep 171。

但有时候合约中会有条文说明一方向另一方保证有关的合约是合法,这一来,该保证可视为是"附带协议或承诺"(collateral undertaking),可向违反保证的一方提出索赔:Smith,Coney & Barrett v Becker,Gray& Co(1916)2 Ch 86。

在同样的大原则下,如果买卖双方变为是敌国,即使这是与英国无关,也会导致买卖合约受阻。在 The"Playa Larga"先例,古巴的卖方以"CFR 智利港口"出售大批食糖给智利国家单位的买方。订约当时,两国关系良好,因为智利刚通过民主选举选了一位社会主义的 Salvador Allende 总统。但在 1973 年,美国中情局支持的 Augusto Pinochet 将军发动了流血政变,杀死 Allende 总统与估计3000 人。这导致智利与古巴外交与商业关系马上中断,而这一份 CFR 买卖合约也在现实中无法履行而被判是受阻。

最后一提的是英国在这方面的国际私法有关合约责任已经是被 1980 年的欧共体法律《Rome Convention on the Law Applicable to Contractual Obligations》所替代,但按照 Michael Bridge 教授的《The International Sale of Goods》(2nd edn,2007 年)之 7.37 段,这一个改变应该在针对这一方面是没有影响。

8.11 买卖合约其他受阻的情况之六：买方无法取得出口或进口许可证

"出口许可证"(export licence)或"进口许可证"(import licence)的问题是根据不同的国家与不同的货物而定。一般在国际商品的买卖，这一方面都不是大问题。只会在非常不正常的情况如严重欠收导致了出口国家需要保证本土的供应才可能会有禁止出口或出口许可证不容易申请到。但如果国际买卖涉及其他的货物，如艺术或文化有关的货物，或是军火，显然出口许可证会是十分关键。在这种合约中，往往会有明示条文规定取得出口许可证是买卖合约的"先决或后续条件"(condition precedent or subsequent)：Charles H Windschuegl(1950)84 Ll LR 89；Brauer & Co(Great Britain)Ltd v Clark(James)(Brush Materials)Ltd(1952)2 All ER 497。在 Brauer & Co 先例，有关的条文是："This contract is subject to any Brazilian export licence"。

在国际货物买卖，不论是 CIF/CFR 或是 FOB 买卖，出口许可证(如果需要)都是十分重要，否则卖方根本没有办法供应有关的货物，买卖合约也就履行不了。相对而言，进口许可证的重要性在国际货物买卖中就低得多。因为在 FOB 买卖，卖方根本不理会货物的目的地或最终卸港。正如 Sellers 大法官在 SSCMO(London)Ltd v Societe Generale de Compensation(1956)1 Lloyd's Rep 290 先例所说："This being an FOB contract, the manner in which the goods were to be dealt with by the buyers was of no concern to the sellers."除非是特殊的情况，如沙特阿拉伯出口的原油，就限制了目的地以肯定最后谁是用家，原因之一是原油价格会是根据目的地而有所不同：North Sea Energy Holdings N. V. Petroleum Authority of Thailand(1999)1 Lloyd's Rep 483。至于是 CIF/CFR 买卖下的货价是包括了付运货物去特定的目的地的运费，如"CIF 上海"，但只是付运单证(包括一套装船提单，注明目的地是上海而且运费已经预付)的买卖，而不是卖方承诺在上海交货的买卖。所以 CIF 卖方通常也不会理会货物的最终目的地，CIF 买方把货物转售或转运。这都显示了国际货物买卖通常关注的是出口许可证(如果有需要)，而不是进口许可证。毕竟，FOB 或 CIF/CFR 买卖都属于是针对"付运的买卖合约"(shipment contract)。

在英国的普通法，也就是在买卖合约作出明示规定谁负责申请与取得出口许可证或进口许可证，大前提就是根据每一个案件不同的事实找出谁更加方便与容易申请与取得。正如《Benjamin's Sale of Goods》(8th edn, 2010)之 18－354 段所说如下："But there does not appear to be any absolute rule of law to this effect, and it is submitted that the position depends in each case on the facts known to the parties, their opportunities for obtaining a licence, and the risks consciously undertaken by them."

8.11.1 出口许可证

买卖合约如果没有写明是买卖双方谁负责申请与取得出口许可证的情况下，可以说在 CIF 买卖，在大部分的情况下应该很明确是属于卖方。这是因为 CIF 买卖下是由卖方负责付运，卖方也可以选择自己的时间作出付运(只要在买卖合约的付运日期内)。在 CIF 买卖，卖方也需要通过划归通知才能向买方明确付运的一票货物。

在作出划归通知时,货物往往已经是在船舶上,是在海上运输期间。可以说,申请与取得出口许可证的时间早已过了,很难想象会有说法是要买方负责。

但也会有少有的情况会是 CIF 买方需要申请与取得出口许可证,这在《Benjamin's Sale of Goods》(8th edn,2010)之 18 - 354 段有提到说是 CIF 的买卖双方都在同一个国家,有关的货物需要出口许可证,而 CIF 买方计划把有关货物转售另一个国家,这导致了申请出口许可证所需要的资料只有 CIF 买方才能知道。(Thus where goods are sold on c. i. f. terms by a seller to a buyer in the same country for export to another country it is perfectly possible for the buyer alone to know all the facts relevant to an application for an export licence, in which case it would be up to him to obtain the licence.)

而在 FOB 买卖,曾经有判例说是买方有责任取得出口许可证。该先例是 Brandt (HO) & Co v Morris (HN) & Co (1917) 2 KB 784,有关的货物是"苯胺油"(aniline oil)。订约的双方都是英国公司,而买方是准备转售给一家美国的公司。但由于当时是在"一战"期间,英国对苯胺油的出口必须申请出口许可证。当时英国是否批准苯胺油的出口许可证,最终目的地是非常重要与敏感,而最终目的地 FOB 买卖下是买方才知悉并控制。英国上诉庭最后判是买方的责任作出这个申请,但这显然是与该先例的特殊案情有关系,如买方才有申请的资料与双方都是英国公司,所以向英国当局申请出口许可证都不会有难度,大家都假设知道自己国家的法律要求:K C Sethia Ltd v Partabmull Rameshwar (1951) 2 Lloyd's Rep 89。上诉庭也提到了在不同的案情会是卖方,而不是买方的责任去申请与取得出口许可证,说:"There might be a licence system based not on destination but on the proportion of a manufacturer's product to be sent out of the country. In such a case the facts necessary to be stated would be known to the producer and not to the buyer. It would seem obvious that in such a case it would be for the seller to apply."

在涉及了买卖双方不同国籍的国际货物买卖,如巴西出口许可证显然就是巴西的卖方/供应商向巴西当局申请,就远比要求中国的买方向巴西当局申请合理得多。

接下去是 Pound (AV) & Co v Hardy (MW) & Co (1956) AC 588 先例,有关的买卖是 FAS (Free Alongside Ship),有关出口许可证应该是谁的责任,FAS 与 FOB 买卖应该是没有太大分别。该先例的卖方是英国公司,买方是美国公司,货物是 300 吨的葡萄牙的松节油,交货港是里斯本的买方船旁。在订合约时,卖方是知道买方要把该批货物付运去东德的港口,而当时葡萄牙法律是要针对松节油货物的出口许可证的,而出口许可证只是葡萄牙当局有登记的供应商才能申请。事实上在该先例的卖方与买方都不是葡萄牙当局有登记的公司,但最终的供应商(可算是卖方的分卖方)有登记可作出申请。而事实上,卖方为了保护商业机密,拒绝向买方透露谁是最终的供应商。在后来的供应商的申请是被拒绝,因为该货物准备运去东德的 Rostock 港。

在贵族院,判不是买方的责任去申请出口许可证,因为他根本不认识供应商。贵族院也认为是针对出口许可证是没有办法说是谁的责任。贵族院也拒绝了卖方的争辩,就是买方应该改港不去东德,估计这就会令申请出口许可证比较容易。针对这一个问题(就是 FOB 买方要去的卸港会影响卖方申请出口许可证,但后者又管不了),在 Michael Bridge 教授的《The International Sale of Goods》(2nd edn,2007 年)之 5.11 段有这样的解释:"The starting point,it is submitted,it that a seller applying for an export licence should be entitled to call upon the buyer to name an alternative destination if the authorities refuse the licence because of the country of destination. Nevertheless,although it is an unlikely event,if the upsetting of the parties' common contemplation about the destination of the goods were to destroy the foundations of the contract,the contract would be frustrated at common law. The best explanation of the Pound case(指 Pound [AV] & Co v Hardy [NW] & Co 先例) is that,on its peculiar facts,the foundation of the contract had been destroyed because the buyer's plans were too far advanced for the seller fairly to call upon the buyer to change them. The buyer's ship,chartered for Rostock,was already in port with only two days remaining in the shipment period when the sellers demanded an alternative destination at such a late date. A different explanation is that a seller in such circumstances should be entitled to call upon a buyer to nominate an alternative destination only if there is evidence,lacking in the Pound case itself,that the national authorities would grant a licence for another country of destination. The former explanation is preferable; the latter would be difficult to apply if,for example,the alternative countries were few in number or outside the normal patterns of trade."(起点是卖方申请出口许可证如果遇上困难是有权要求买方指定其他的目的地,毕竟合约是有默示责任协助而不是阻挠对方履行合约责任。而如果买卖双方虽然在一个 FOB 买卖已经约定或同意了去某一个目的地,因此申请不到出口许可证,这会是合约受阻的问题。至于在 Pound(AV)& Co v Hardy(MW)& Co 先例,涉及了特殊的案情,买方来不及更改与指定其他目的地。)

有关出口许可证,有不少买卖合约已经是有明示规定说明是卖方的责任,这也是为了避免普通法下根据不同案情会有不同结论的不稳定法律地位。例如在 Atisa SA v Aztec AG(1983)2 Lloyd's Rep 579 先例,就有以下的第 21 条文在有关的食糖买卖合约:"...the Seller shall be responsible for obtaining any necessary export licence. The failure to obtain such licence(s) shall not be sufficient grounds for a claim of force majeure if the regulations in force at the time when the contract was made,called for such licence(s) to be obtained."

这方面在 Incoterms 也有规定是卖方的责任。而在申请的过程中如果卖方需要买方的合作(如提供资料或文件),法律也默示了买方有这一个责任:Kyprianou v Cyprus Textiles Ltd(1958)2 Lloyd's Rep 60。

8.11.2 进口许可证

针对卸港的进口许可证,在国际货物买卖的重要性或有关性相比出口许可证是低得多。在传统的 FOB 买卖,卖方只要把货物付运/装船就完成交货责任,根本不必理会买方如何处理有关的货物,理所当然也不会关心进口许可证的问题。所以在 FOB 买卖合约,很少会有明示条文针对谁负责申请与取得进口许可证,只有在 Incoterms 下"多此一举"说明这是买方的责任。

至于在 CIF/CFR 买卖,也重复说卖方也不会太关心进口许可证的问题。因为 CIF/CFR 买卖一直被视为是付运单证的买卖,所以卖方不理会也不保证货物会到卸港安全卸货,这方面在本书多处有谈及,包括本章第 5 段。这方面可举 Congimex v. Tradax(1983)1 Lloyd's Rep 250 先例(有关案情在本章之 4.8 段有介绍),葡萄牙改法导致申请不到名为 BRI 的进口许可证,但买方想依赖合约受阻不成功。上诉庭的 Donaldson 大法官是这样说:"It is important to bear in mind the nature of a classic CIF contract. It is a contract for the sale of documents representing goods which are(a)laden upon a vessel and(b)the subject matter of a contract for their carriage to the contractual destination. It is not a contract for the sale of goods at or guaranteed to arrive at the contractual destination. Given that the sale contract was governed by English law and that payment was to be in New York, if this had been a classic CIF contract the only aspect which could be affected by Portuguese law was the performance of the contract of affreightment. This would be immaterial unless Portuguese law was such as to frustrate that contract. If the buyers wish to rely upon this as a basis for contending that the contract of sale itself was frustrated, they should have sought and obtained findings as to the terms of the bill of lading contract showing that it was a contract which could only be performed by the importation of the goods into Portugal and that the frustration of that contract went to the root of the sale contract."

这种类似案例也出现在 L'Office National du the et du Sucre v. Philippine Sugar Trading(London)Ltd.(1983)1 Lloyd's Rep 89 的 CFR/C&F 买卖。另在 Bangladesh Export Import Co Ltd v Sucden Kerry SA(1995)2 Lloyd's Rep 1 先例中,涉及了"CFR 吉大港"由于孟加拉全面禁止食糖进口而导致了买方无法取到进口许可证,上诉庭判是买卖合约并没有受阻或遇上不可抗力事件。这里一方面涉及了该买卖合约有一条对买方致命的明示条文说:"*Licence.* To be obtained by buyers. The inability to obtain import licence shall not be justification for the declaration of force majeure",但也涉及了 CIF/CFR 买卖的大原则,就是不理会也不保证货物会到卸港安全卸货,上诉庭的 Millett 大法官判是有关该票食糖必须进口孟加拉是不能轻易作出这一个假设,因为潜在与 CIF/CFR 买卖的大原则有冲突,就是容许买方自由处理所购买的货物,说:(implication that the goods had to be imported)"cannot lightly be made in a c. i. f. or c. &f. contract, since it is inherently repugnant to the right of the buyer to do what he wants with the goods that the has bought."

确是,CIF/CFR 买卖是单证买卖,不是在某卸港的货物买卖。即使 CIF 买卖是注明了目的地如"CIF 土耳其港"或"CFR 上海",它只是要求付运单证(提单与保单/保险证明)说明运费与保费已支付并给予买方一个合约的保证去该目的地/卸港。卖方能提供这份付运单证,也就是履约了。之后,如果土耳其或上海的进口许可证发生困难,这与出售付运单证的卖方无关。这也不影响 CIF 单证买卖的进行。而且买卖合约适用法如果是英国法,土耳其(或中国)法律指该货物进口是非法并不构成买卖合约的非法。它也不构成主要履约地点的非法,因为是只是付运单证买卖,不是目的地/卸港的"岸上交货买卖"(on shore delivery sale)。再者,像 Congimex v. Tradax 先例有涉及,是买方无法按照原来计划进口葡萄牙可把货物转口去如法国等地,虽然葡萄牙并非是转口货物的好地方,买方肯定有损失。反正是,买卖合约并非是"无法履行"(impossible)或"非法履行"(illegal),这是需要严格的解释才会构成受阻。看来,只会在罕见与不符合 CIF 买卖的大原则案件,就是 CIF 卖方以明示条文去承诺在目的地/卸港交货,才会在买方取不到进口许可证的情况下能提出合约受阻的说法。否则,即使在买卖合约把申请进口许可证的责任约定在 CIF 卖方,也不一定能够影响货物付运与 CIF 单证买卖的进行。这里可以节录《Benjamin's Sale of Goods》(8th edn, 2010)之 18 – 373 段所说如下:"... where a c. i. f. contract imposed a duty on the buyer to make reasonable efforts to obtain an import licence, and he failed, inspite of making such efforts, to obtain the licence. That failure would not prevent the seller from lawfully shipping goods and tendering shipping documents. Hence it would not lead to any failure of condition precedent or concurrent condition on the seller's part, and prima facie the buyer would not be absolved from his duty to pay against his documents. Another possibility is that a c. i. f. contract might impose an obligation to make reasonable efforts to obtain an import licence on the seller. If he failed (inspite of making such efforts) to obtain the licence, he could nevertheless still lawfully ship the goods, so that prima facie he would not be absolved from his duties to ship goods and tender documents: performance by his would not be illegal since it is no part of the c. i. f. seller's duty to ensure the actual delivery of the goods at the contractual destination. It would thus seem to be open to the buyer to claim performance and to divert the goods elsewhere. The seller would be discharged from his duties to ship and tender documents only in the unusual in which the contract could be interpret as giving rights to a duty to deliver the goods (at least if they were not lost in transit) at the destination named: in that case the seller could argue that performance would involve participation in an attempt to do an unlawful act in the country of destination."

另一提的是 Mitchell Cotts & Co v Hairco Ltd (1943) 2 All ER 552 先例,涉及了一批"山羊毛"(Sudanese goat hair)由于没有进口许可证而被当局充公,英国法院判是在该"CIF 伦敦"的买卖合约下,申请进口许可证的责任是在买方。但该案例并非是太有关系,因为它并非是一个传统的 CIF 买卖,以付运单证交换支付货款,因为买卖的时候该票货物已经在伦敦的"保税区仓库"(bonded warehouse)以及涉及了解释有关英国的货物进口法律。

8.11.3 2004年中国巴西毒豆案件的进口许可证问题

谈到这里,读者应是可以理解在2004年中国发生了巴西大豆/红豆的大量案件中,最后导致了中国大量的大豆进口商面临国际贸易商的庞大索赔与伦敦仲裁,并且最终绝大部分败诉。据说现在仍有不少的有关裁决书目前在最高院被要求根据1958年《纽约公约》向中国大豆进口商执行。而由于中国大豆商大量的破产倒闭,也令中国的大豆市场目前已经是由国际贸易商控制。巴西大豆/红豆的事件是由于中国进口大量的大豆而令市场价格高昂,这导致了巴西卖方(部分也就是国际贸易商)把剩余的有毒红豆(就是将大豆添加化学品用来保存作为种子,化学品是红色)也掺在一般的大豆货物中运到中国来,导致在几个月内中国内地出现数起婴儿吃了有毒的豆奶产品而死亡的事故。到了2004年5月10日,中国政府作出了禁令,禁止23个中国大豆进口商(都是国际贸易商)进口巴西大豆。这导致了巴西大豆市场价格崩溃,最后迫使巴西总统飞赴北京请求解除禁令并保证此类事件不再发生。但在其间,由于不少中国大豆进口商已经向国际贸易商以CFR买卖了多批的巴西大豆,部分已经在海上运输的途中。这些中国大豆进口商如果还没有申请进口许可证就显然不会申请成功,如果已经申请取得进口许可证也会被撤回。这导致了中国大豆进口商纷纷向国际贸易商声称买卖合约受阻,不再履行。如果有关买卖合约的巴西大豆还没有付运,中国大豆进口商就拒绝开出信用证。如果有关买卖合约的巴西大豆已经付运,就任由CFR卖方自己想办法转售到其他国家,毕竟船舶是由卖方所租,卖方会尽力把船上货物处理掉就可以还船。也会有巴西大豆是中国大豆进口商以FOB买卖(估计为数不多),买方要处理掉有关的货物才可以还船。这表示买方是要把船上的巴西大豆转售去其他国家或作为其他用途。反正是,从4.11.2段可以看到,法律地位对中国买方都是不利,不论是CFR或FOB买卖,中国进口许可证的问题都不能成为合约受阻的原因。中国大豆进口商如果希望在这种情况下能够从买卖合约脱身,会是要明示条文针对。这明示条文会是要求CFR卖方承诺在中国卸港交货(如Benjamin一书所说的"a duty to deliver the goods(at least if they were not lost in transit) at the destination named")或是说明有关买卖合约是以"取得进口许可证为基础"(subject import licence),让进口许可证变为合约的先决条件或后续条件:Brauer & Co (Great Britain) Ltd v Clark (James) (Brush Materials) Ltd (1952) 2 All ER 497。

8.11.4 申请许可证的责任是严格或只是恪尽职责?

不论是默示地位或是买卖合约有明示条文针对这出口或进口许可证(加上有相关免责条文或不可抗力条文),会有必要看法律默示地位或明示条文的措辞/文字如何解释这方面的责任是绝对/严格或只是合理程度了。在Coloniale Import Export v. Loumidis Sons (1978) 2 Lloyd's Rep. 560先例,Lloyd大法官在参考了许多有关的先例后,作出以下的总结,说:"The principles to be deduced from the above cases can be summarized as follows: (1) Whenever a dispute arises as to the obtaining of an import or an export licence, there are two questions to be answered, namely, (i) whose duty or task was it to obtain the licence, and (ii) did that party warrant that he would obtain a licence or only that he would use his best endeavours? In other words, was the duty absolute or limited? (2) Where there is an express term in the contract dealing with licences, it is a matter of construction whether that term is intended to deal with the first or the second of the above questions, or both. If it be intended to deal with the second or both of the above questions, then the further question arises whether the duty is absolute or limited. As with all questions of construction, the term under consideration must be construed in the light of the other terms of the contract and the surrounding circumstances. (3) Where there is no express term dealing with the second of the above questions, the law will imply an obligation to use best endeavours and will not imply an absolute warranty."。

从上述第三点看来,英国法律默示地位不是一个绝对与严格的责任,只是程度较低的恪尽职责。如果有明示条文针对,就要解释有关的措辞/文字了。例如在 Czarnikow(C) Ltd v Centrala Handlu Zagranicznego "Rolimpex"(1978)1 All ER 81 先例,买卖合约中的明示条文被解释为卖方有严格责任。所以卖方申请不到出口许可证明被判是不能依赖不可抗力条文。

在 Pagnan SpA v Tradax Ocean Transportation(1986)2 Lloyd's Rep 646 先例,有关出口许可证的责任被视为是一个严格责任,而有关的明示条文(作为"特别条文"[special condition])是"Seller to provide for export certificate enabling buyers to obtain import licence into EEC under tariff 07.06 with 6% import levy." 但被判是卖方可以依赖第 19 条文的"禁止出口免责的条文"(prohibition clause),这条文并没有被取得进口许可证的严格责任所超越,因为在该买卖合约的禁止出口免责的条文有明确针对出口国家的政府禁止出口,恰恰适用在该案例的情况。Steyn 大法官首先说明了买卖双方之间在这方面的争辩:"Accordingly, the buyers submitted that the special condition must prevail, or, as it was put in argument, the special condition overrides cl. 19(禁止出口免责的条文). The sellers, on the other hand, contended that, even if the special condition imposed an absolute obligation, its language does not evince an intention to override cl. 19." 接下去,Steyn 大法官说明哪一条条文超越另一条的问题不容易决定,但主要还是看有关条文的措辞/文字,说:"This is a question on which I have found the arguments finely balanced. Ultimately, the answer must be sought in the particular language of the two contractual provisions contained in this contract. Sometimes, contracts for overseas sales contain express language making clear that the obligation to obtain an export licence is not subordinated to the force majeure clause. An example of such a provision is to be found in C. Czarnikow Ltd v Centrala Handlu Zagranicznego Rolimpex (1978) 2 Lloyd's Rep 305. In that case r. 18(a) of the Refined Sugar Association provided*inter alia* that if delivery was prevented by "government intervention... beyond the Sellers' control" the contract would be void without penalty. Rule 21 made the seller "responsible for obtaining any necessary export licence". It further provided that – ... the failure to obtain such licences shall not be sufficient grounds for a claim of force majeure if the regulations in force... when the conduct was made, called for which licences to be obtained."

但最终,Steyn 大法官认为卖方严格责任取得出口许可证与禁止出口免责的条文不要看谁超越谁,而可以作出协调的解释,说:"On balance I have come to the conclusion that the special condition is not inconsistent with cl. 19. The starting point must be that there is an absolute obligation to obtain an export certificate. Breach of this obligation gives rise to a prima facie liability for damages. On the other hand, the sellers will be excluded from liability if they can prove the necessary facts to bring the case within the scope of cl. 19. Viewed from the buyers' point of view this conclusion no doubt detracts from the value to them of the absolute contractual duty placed on the sellers to obtain an export certificate. It is, however, a construction which assigns a meaningful interpretation to both clauses, and does not treat them as in conflict."

看来责任是严格或只是恪尽职责分别不大,更重要的还是免责条文或不可抗力条文的措辞/文字。而即使是恪尽职责,责任也是不轻。这可举一些著名先例中法院所讲的责任程度。首先在 Viller & Co (London) Ltd v R Silcock & Sons Ltd (1960) 1 Lloyd's Rep 509 先例,Pearson 大法官说卖方必须说明申请许可证的各种努力都必然不会成功(to show that any attempt to obtain a licence would necessarily have been unsuccessful)。另在 Malik Co v Central European Trading Agency (1974) 2 Lloyd's Rep 279 先例,Kerr 大法官说仲裁庭必须通过认定事实"满意出口商再也没有合理的事情可以做,而且做了也不会对最后的结果有任何分别":"satisfied that no further efforts could have made any difference to the result or that in all the circumstances it would have been unreasonable to expect the exporter to have done more."另在 Provimi Hellas AE v Warinco AG (1978) 1 Lloyd's Rep 373 先例,上诉庭的 Megaw 大法官认为卖方在这方面的责任是:"Would there have been any reasonable possibility that further efforts on the part of the seller would have been successful in securing the lifting of the ban?" 另在 Overseas Buyers Ltd v Granadex (1980) 2 Lloyd's Rep 608 先例,Mustill 大法官要求卖方必须"to prove that nothing which he could have done would have enabled him to ship"。

8.11.5 其他有关的问题

有关申请出口许可证(或在国际货物买卖较次要的进口许可证),还会涉及其他的问题。其中一个就是申请成功后,出口国家因为突变的天灾人祸而改变政策,撤销原来作出的许可证。这一来,涉及了有责任申请与取得出口许可证的一方当事人(通常是卖方)是否有责任重新作出申请的问题。可以说即使这一个情况有不可抗力条文的针对,卖方也往往要证明该情况阻止了他的履行,在没有办法解决下,卖方才会有保护。这就会表示卖方可能会有责任重新作出申请,但有关的法律地位并不明确，这可节录《Benjamin's Sale of Goods》(8th edn,2010)之 18 - 365 段所说如下：“**Revocation of licence**. Once the licence has been obtained, the duty to obtain it is performed. The party under that duty is therefore prima facie not in breach if the licence is later revoked, at least if the revocation is not due to that party's conduct or culpable omission. This rule appears to apply whether the duty is an absolute one or one of diligence. The prima facie rule can be excluded by an express term of the contract; and there is some support for the view that, even where the contract contains no such term, the party under the duty must make reasonable efforts to secure the restoration of the licence (Provimi Hellas AE v Warinco AG [1978] 1 Lloyd's Rep 373). But in the absence of such a term the suggested additional duty appears to be inconsistent with the view that once the licence has been obtained the duty of the party required to obtain it has been performed; and it is submitted that a term imposing the additional duty is unlikely to be implied.”

另一个有关的问题就是出口许可证不一定是卖方自己申请，而是会依赖供应商申请。这种情况尤其是在一连串的买卖特别显著。这一来，如果供应商没有恪尽职责(不论是默示还是明示责任)或证明有尽了这个责任，卖方是否要对买方负责？答案应该是肯定的，这在 Overseas Buyers Ltd v Granadex SA(1980)2 Lloyd's Rep 608 先例有针对，Mustill 大法官是认为卖方不能把自己的责任下放给供应商或第三人，说“The sellers could not by delegation divest themselves of their obligations.”

8.12 FOB 买卖的受阻

有关 FOB 买卖的受阻在较早的段节中已经大量涉及，只多提一提就是 FOB 买卖的受阻会比 CIF/CFR 更少。FOB 买卖主要会在买卖合约约定的装港/国家由于受到自然灾害、战争、禁止出口等影响而导致卖方提供货物发生困难而想依赖受阻。已经提到过，由于国际货物/商品买卖是不会针对“现货”(specific goods)，而是针对不确定货物，FOB 卖方想依赖合约受阻并有责任举证并不容易。只说，FOB 卖方在这方面的困难(成功依赖合约受阻)会稍比 CIF 买卖低。除了 FOB 买卖会在合约明确约定装港外，卖方也不存在有“买入浮动货物”(buying goods afloat)的责任。

至于装港国家变为敌国(对买方而言)可以令 FOB 买卖合约受阻，但目的地/卸港有了重大变化则往往无关。毕竟，FOB 做法是船上交货的买卖，目的地/卸港一般不会在买卖合约约定，卖方也不会关心。如果有明确约定，而不是买方自己单方面意图/计划，则目的地/卸港变为敌国才有可能令该买卖合约受阻。

如果买方派遣了船舶，说明了目的地/卸港，但尚未装货已经发生了目的地/卸港突然变为敌国，这也不会令 FOB 买卖合约受阻。毕竟去目的地/卸港也只是买方单方面的意图/计划，在后来发生重大变化，与卖方无关。毕竟在 FOB 买卖，买方是可以另外指定并非是敌国的目的地/卸港，以利双方履行。

不光是目的地/卸港发生突变，FOB 买卖下的卖方也不会关心“船上交货”(free on board)后的履约，如去目的地/卸港的航行。所以像 Tsakiroglou & Co. v. Noblee

Thorl G. . m. b. H(1961)1 Lloyd's Rep 329 先例(已经介绍过,案情涉及了苏伊士运河因以埃战争而封闭,船舶必须绕过南非好望角才能去卸港),更不会发生在 FOB 买卖,因为海上运输是买方自己的事情。

至于买方找不到船舶,无法准时派遣船舶到装港装货,道理与 CIF 卖方找不到船舶一样,一般是不会构成 FOB 买卖合约受阻(或是不可抗力的事故),只会是买方违约而已。

§9　Force Majeure 条文或/与免责条文

9.1　"不可抗力"(Force Majeure)条文的作用

鉴于合约受阻说法的严格、局限、不肯定、不容易成立与缺乏弹性,加上受阻成立后的法律地位不令人满意(如合约自动中断,不存在一个缓冲的时间延迟履行)与一旦不是合约受阻即变为想依赖受阻说法逃避合约履行的合约方变为是违约/毁约方,就会要面对可能是金额庞大的金钱赔偿责任。所以在许多合约(特别是国际货物买卖合约)一般会约定一条详尽与有针对性的"不可抗力条文"(Force Majeure clause),针对将来履约中会对其中一位合约方或双方造成困难或严重不便时,甚至在发生严重亏损时,针对或作出调整。首先可节录《Chitty on Contract》(30th edn,2008 年)之 14－137段有关这一条条文的定义与作用,如下:"**Force majeure clauses**. The expression 'force majeure clause' is normally used to describe a contractual term by which one (or both) of the parties is entitled to cancel the contract, or is excused from performance of the contract, in whole or in part, or is entitled to suspend performance or to claim an extension of time for performance, upon the happening of a specific event or events beyond his control. Such clauses may assume a variety of forms, and a term 'the usual force majeure clauses to apply' has been held void for uncertainty. Force majeure clauses have been said not to be exemption clauses, although it is difficult to draw any clear line of demarcation between the two types of clause, since the effect of each may be to relieve a contacting party of an obligation or liability to which he would otherwise be subject"。

上述的节录可以做以下的解释:不可抗力条文通常是指一条合约条文说明其中一方或双方合约方有权终断合约,或可以全面或部分不履行合约承诺,或可以暂停履行合约,或可以有时间上的延长履行合约,只要发生了某一项是想依赖一方当事人不可控制的特定事故。不可抗力条文可以有千变万化的写法,这毕竟是订约自由。但在英国法律,如果光是简单的一句说"通常的不可抗力条文适用"是并不足够,被认为是太不肯定。这里的原因是"不可抗力"一词是来自法语,英国法律本身是没有这一说法,也没有法律给它一个默示地位说明它究竟包括哪些事件。所以,订立一条全面与针对性的不可抗力条文是有必要,其中就是把双方认同的不可抗力事件逐一明示规定。有说法是不可抗力条文只是属于“分摊风险”(risk allocation)的条文,并不属于免责条文,虽然这两种条文在本质上是分不开,它们都是为了豁免合约方严格必须履行合约承诺的责任。这一说法的部分影响会是解释不可抗力条文,会是采取一个比较中性的态度,而针对免责条文通常的说法就是对受益方采取严格与针对性的态度。在《Chitty on Contract》(30th edn,2008 年)之 14-004 段的注脚 15 是说两种条文解释起来是同样严格(but in practice they may have the same effect and be as strictly construed)。

不可抗力条文的作用,简单说是规范将来双方无法控制的意外事件(不论能否在订约时预见)如果发生应如何针对与调整合约的履行。至于怎样针对或调整,完全是看不可抗力条文的措辞/文字如何拟定。这种条文在订约自由下可以有极大的伸缩性。它可只针对严重的意外事件,本身就已经足够构成合约受阻,如是说“天意阻止了合约的履行”(Act of God... preventing the performance of this contract),但也可以针对不严重的事件影响合约的履行,甚至包括严重亏损,而这是根据普通法根本不可能成立合约受阻的。而代替合约会在受阻的说法下自动终断,它可以约定延长履行的时间,或是改变履行的方法,或是延长一段时间后不可抗力事件仍然存在就合约自动终断,等等。这种条文也可明确针对如何退回预付了部分货款或订金,或不可抗力事件只影响部份货物来源的情况下在不同买卖合约下如何分摊(这在本章 8.5.3.5 段有详论)等。

涉及合同受阻与不可抗力条文的不同之处,可举 Intertradex S. A. v Lesieur Torteaux(1978)2 Lloyd's Rep 509 为例。该先例涉及了卖方在一个 CIF 买卖合约无法提供货物,造成的原因是两个:(1)工厂的机器坏了;(2)原料的火车运输有困难。上诉庭是判这两个原因不构成合约受阻,但是包括在不可抗力条文中。Denning 勋爵是这样说:“First as to frustration: I do not think the board(这是指仲裁庭)were right in finding that the contracts were frustrated. The events were not sufficient to warrant any finding of frustration. There was the breakdown of machinery at the factory. There was the difficulty in getting raw material down by rail. Such events are commonplace in the world of affairs. If a party desires to avoid such consequences, he must insert a stipulation to excuse him. He cannot avoid them by a plea of frustration…In both those instances there would be two causes operating. Taken together they might constitute a case of force majeure.”

9.2 Force Majeure 一词的定义

“Force Majeure”一词本身是来自法国的《民法典》之 Article 1148,英文翻译是:“There is no occasion for damages where, in consequence of *force majeure* or accident the debtor has been prevented from conveying or doing that to which he was obliged or has done what he was declared from doing.”

在 Matsoukis v Priestman & Co(1915)1 KB 681 先例,Bailhache 大法官在听取了大陆法系律师的专家意见后,说:“The words ‘*force majeure*’ are not words we generally find in an English contract. They are taken from the Code Napoleon and they were inserted by this Romanian gentleman or his advisors, who were no doubt familiar with their use on the Continent. I have had the evidence of a Belgium lawyer as to their meaning, and he said that the words are understood on the Continent to mean ‘causes you cannot prevent and for which you are not responsible’."

由于不可抗力条文有许多不同的版本,所以如果含糊的条文会是被英国法院视为太不肯定而判是无效。这在 British Electrical and Associated Industries(Cardiff) Ltd v Patley Pressing Ltd(1953)1 WLR 280 先例中,一个买卖钢材的合约中有一句说是"subject to *force majeure* conditions",这被法院判是不肯定哪一个不可抗力版本而无效。

Donaldson 大法官在 Thomas Borthwick(Glasgow) Ltd v Faure Fairclough Ltd(1968) 1 Lloyd's Rep 16 先例中也针对"*force majeure*"一词的解释说:"the precise meaning of this term, if it has one, has eluded lawyers for years."

而即使是一条简单的不可抗力条文有效(如根据某行业的习惯做法),它也会被解释为"阻止"(prevent)合约的履行,而不是较宽松的"妨碍"(hinder)或延误合约的履行。所以一条简单的不可抗力条文并非是好的条文。在现实中,不可抗力条文经常会提到一连串的不可抗力事件,然后以一句任何其他依赖方无法控制的事件作为结束。

即使不可抗力条文提到一连串的不可抗力事件,也经常不会有完全配套的针对。所以在英国法院也有许多的判例在没有完全配套的事件中判到底是否包括在内。其中在英国已有无数的先例解释不可抗力条文可包括的事件或不包括的事件,例如:

——战争:Zinc Corp v. Hirsch(1916)1 K. B. 541。

——罢工:Matsoukis v. Priestman(1915)1 KB 681; Torquay Hotel v. Cousins(1969) 2 Ch. 106; 等等。

——行政干预,如禁运:Tradax v. Andre(1976)1 Lloyd's Rep. 416;等等。

——拒绝给出口许可证进口许可证等:Walton v. British Italian Trading(1959)1 Lloyd's Rep. 223; Coloniale Import Export v. Loumidis Sons(1978)2 Lloyd's Rep. 560; 等等。

——扣押(seizure):Yrazu v. Astral Shipping Co. (1904)20 T. L. R. 153;等等。

——不正常风暴等坏天气:Lebeaupin v. Crispin & Co(1920)2 K. B 714。

——水灾令货物运不出来:Alfred C. Toepfer v. Peter Cremer(1975)2 Lloyd's Rep 118; Tradax v. Andre(1976)1 Lloyd's Rep. 416; Bunge v. Alfred Toepfer(1978)1 Lloyd's Rep. 506; Avimex S. A. v. Dewulf & Cie(1979)2 Lloyd's Rep. 57.

——火车车皮受干预等:Intertradex S. A. v Lesieur Torteaux(1978)2 Lloyd's Rep 509.

——机器停顿故障:Thomas Borthwick v. Faure Fairclough(1968)1 Lloyd's Rep. 16;

Sonat v. Amerada Hess(1988)1 Lloyd's Rep 145。

而不可抗力条文不包括的事件(除非是特别在条文中写明),有以下情况:

——财政来源不足:The "Concadoro"(1916)2 A. C. 199(船长没钱开不了船被判不构成 force majeure)。

——生意计算错误:Atlantic Paper Stock v. St. Anne Nackawic Pulp & Paper Co. (1975)56 D. L. R. (3d)409。

——成本高涨:Brauer v. James Clark(1952)2 All E. R. 497(涨价 20 – 30% 被判不构成 force majeure)。

——经济逆转/金融风暴:The Concadoro(1916)2 AC 199; Brauer & Co(GB)Ltd v James Clark(Brush Materials)Ltd(1952)2 All ER 497; Tandrin Aviation Holding Ltd v Aero Toy Store(2010)2 Lloyd's Rep 668

——因第三人不履行或被出卖引致:John Batt v. Brooker, Dore (1942) 72 Ll. L. Rep. 149; Thomas Borthwick v. Faure Fairclough(1968)1 Lloyd's Rep 16(班轮公会不肯提供舱位);The "Mary Nour"(2008)2 Lloyd's Rep 526。

9.3 不可抗力条文的例子

为了更好表达,笔者先举几个这种条文的例子。一是在 The "Super Servant Two" (1990)1 Lloyd's Rep. 1 先例,它不是货物买卖合约,而是一个拖带合约,条文如下:"... in the event of Force Majeure, Acts of God, perils or danger and accidents of the sea, acts of war, war – like operations, acts of public enemies, restraints of princes, rulers of people or seizure under legal process, quarantine restrictions, civil commotions, blockade, strikes, lockout, closure of the Suez or Panama Canal, congestion of harbours or any other circumstances whatsoever, causing extraordinary periods of delay and similar events and/or circumstances, abnormal increases in prices and wages, scarcity of fuel and similar events, which reasonably may impede, prevent or delay the performance of this contract."

读者可见到以上多项不可抗力事件是不会成功依赖合约受阻的说法,如罢工、巴拿马/苏伊士运河封闭、港口拥挤、费用增加、燃油不足等。

第二个例子是国际商会的一条标准条文,基本上可以用在任何形式的合约,名为"Force Majeure(Exemption)Clause of the International Chamber of Commerce",可节录如下:"(1)that the failure was due to an impediment beyond his control(无法履约是由于一个他无法控制的障碍); and(2)that he could not reasonable be expected to have taken the impediment and its effects upon his ability to perform the contract into account at the time of the conclusion of the contract(他在订约时无法合理预见该障碍与它影响他履约的能力的后果[1]);and(3)that he could not reasonably have avoided or overcome it or at least its effects(他无法合理避免或超越该障碍或它所造成的后果)"。在(3),英国案

---

[1] 这一个问题在本章 9.4.3 段有详论。

例亦是有相同的要求：Sonat v. Amerada Hess(1988)1 Lloyd's Rep. 145；The "Super Servant Two"(1990)1 Lloyd's Rep. 1。一般而言，这种条文不能保障依赖一方有过错或疏忽，否则也不能算是不可抗力了。

第三个例子的不可抗力条文(主要为了保护卖方或供应商)常见在买卖合约，如下："the company shall not be liable to the customer for any loss or damage which may be suffered by the customer as a result, directly or however indirectly, of the supply or goods or services by the company being prevented, hindered, delayed or rendered uneconomic by reason of circumstances or events beyond the reasonable control of the company including but not limited to act of God, war, riot, strike, lockout, trade dispute or labour disturbance, accident, break - down of plant or machinery, fire, flood, storm, difficulty or increased expense in obtaining workmen, materials or transport or other circumstances affecting the supply or the goods or of raw materials therefore by the company's normal source of supply or the manufacture of the goods by the company's normal means or the delivery of the goods by the company's normal route or means of delivery."

读者可见到以上多项不可抗力事件与造成什么影响也是远远比不上合约受阻说法的严格性。例如在不可抗力事件中，就包括了面对困难与费用增加去寻找工人，物料，运输或其他影响货物供应。而造成什么影响就包括了阻止，妨碍，延误或"造成不经济"(rendered uneconomic)。

第四个例子更有趣与国际货物买卖有关系，它是针对食糖的买卖，在 Refined Sugar Association Contract 标准格式的 17 条文。它在最后一段针对了依赖一方(卖方)必须马上给通知，作用是买方可作出调查到底卖方无法履行是由于不可抗力事件的影响。而在前面与最后一句，它针对了部份货物来源/供应发生困难的情况，即受影响的一部份可免责，而没有影响的一部份仍需要履行，作出供应。条文是：

"ForceMajeure

Should EEC Legislation, Government Intervention, ice, war. strikes, rebellion, political or labour, disturbances, civil commotion, fire, stress of weather, act of God or any cause of Force Majeure(whether or not of like kind to these before mentioned) beyond the Seller's control prevent directly or indirectly within the delivery period stated in the contract: (a) the supply or delivery in whole or in part of the sugar allocated or to be allocated by the Seller against the contract, or(b) the means of transport declared or to be declared for loading the sugar and the Seller or his agent be unable to supply other means of transport of equal character to enable him to effect delivery within the contract period.

The Seller shall immediately advise the Buyer by cable or by teleprinter of such fact and the quantity so affected and the delivery period shall be extended by 45 days. If the Seller is prevented from advising immediately through the circumstances beyond his control he shall notify the Buyer as soon as possible. If the delivery is still prevented by the end of the extended period, the contract shall be void for such quantity without penalty payable or receivable."

第五个例子是 GAFTA 的标准 FOB 合约，即 GAFTA Contract Form 119 的第 19 条类似不可抗力条文（主要保护卖方无法提供货物装船）如下："Prohibition – In case of prohibition of export, blockade or hostilities or in the case of any executive or legislative act done by or on behalf of the government of a country of origin, or of the territory where the port or ports of shipment named herein is/are situated, restricting export, whether partially or otherwise, any such restriction shall be deemed by both parties to apply to the Contract to the extent of such total or partial restriction to prevent fulfilment whether by shipment or by any other means whatsoever and to that extent this contract or any unfulfilled portion thereof shall be cancelled. Sellers shall advise Buyers without delay with the reasons there of, and if required, Sellers must produce proof to justify the cancellation."

第六个笔者想举的例子是 GAFTA 的标准 CIF 合约，名为 GAFTA 100，现在已改为 GAFTA 97。它有一条详细的第 22 条，在 1973 年美国对黄豆禁运（起因是密西西比河泛滥，影响黄豆收成并造成美国本土供应紧张，导致美国政府禁止出口）时带来无数著名案例对这条文的争议与解释，譬如是：Toepfer v. Cremer (1975) 2 Lloyd's Rep. 118; Tradax v. Andre (1976) 1 Lloyd's Rep. 416; Finagrain SA v Kruse (1976) 2 Lloyd's Rep. 508; Bunge v. Kruse (1977) 1 Lloyd's Rep. 492; Bremer v. Vanden (1978) 2 Lloyd's Rep. 109 等。这条文如下："Sellers shall not be responsible for delay in shipment of the goods or any part thereof occasioned by any Act of God, strike, lockout, riot or civil commotion, combination of workmen, breakdown of machinery, fire or any cause comprehended in the term 'force majeure'. If delay in shipment is likely to occur for any of the above reasons, Shippers shall give notice to their Buyers by telegram, telex or teleprinter or by similar advice within 7 consecutive days of the occurrence or not less than 21 consecutive days before the commencement of the contract period, whichever is later. The notice shall state the reason(s) for the anticipated delay. If after giving such notice an extension to the shipping period is required, then Shippers shall give further notice not later than 2 business days after the last day of the contract period of shipment stating the port or ports of loading from which the goods [were] intended to be shipped, and shipments effected after the contract period shall be limited to the port or ports so nominated. If shipment be delayed for more than one calendar month, Buyers shall have the option of canceling the delayed portion of the contract, such option to be exercised by Buyers giving notice to be received by Sellers not later than first business day after the additional calendar month. If Buyers do not exercise this option, such delayed portions shall be automatically extended for a further period of one month. If shipment under this clause be prevented during the further one month's extension, the contract shall be considered void. Buyers shall have no claim against Sellers for delay or non – shipment under this clause provided that Sellers shall have supplied to Buyers, if required, satisfactory evidence justifying the delay or non – fulfilment."

第七个例子是 Tandrin Aviation Holding Ltd v Aero Toy Store(2010)2 Lloyd's Rep 668 的先例,有关一个飞机买卖合约中的不可抗力条文是:"**Force Majeure.** Neither party shall be liable to the other as a result of any failure of, or delay on the performance of, its obligations hereunder, for the period that such failure or delay is due to: Acts of God or the public enemy; war, insurrection or riots; fires; governmental actions; strikes or labor disputes; inability to obtain aircraft materials, accessories, equipment or parts from the vendors; *or any other cause beyond seller's reasonable control.* Upon the occurrence of any such party of its obligations arising under this Agreement, shall be extended by a period equal to the duration of such event."(斜体是笔者的强调)

在该先例,被英国法院判是 2008 年底金融海啸导致买方拒绝接受所购买的飞机交货,并要求延期,是不能依赖这一条不可抗力条文。除了英国普通法一直以来就是不接受经济逆转/金融风暴导致受影响的一方难履行合约是不可抗力(这在本章 8.5 段已有介绍),英国法院也有针对上述一条不可抗力条文特定针对的不可抗力事件只有是说"任何其他卖方无法合理控制的事件",但没有针对"买方",所以买方是不能依赖该条文。其中 Hamblen 大法官有说到买卖合约的不可抗力条文或免责条文经常是保障卖方而不是买方,原因是买卖合约(特别是针对生产的机器/设备)主要履约的一方是卖方而不是买方。他是这样说:"Further, it is striking that the clause does not refer to 'any other cause beyond the purchaser's reasonable control' or 'any other cause beyond either party's reasonable control' but only to 'any other cause beyond the seller's reasonable control'. The natural and ordinary meaning of such a provision is that it is addressing the position of the seller rather that the purchaser and is a force majeure circumstance that only the seller can rely upon. There would be nothing particularly surprising of this part of the force majeure clause was limited in this way since it is the seller who has the principal performance obligations under the Agreement. The purchaser's essential performance obligation is to pay the price and accept delivery, obligations that are far less likely to be affected by force majeure circumstances."

9.4 不可抗力条文的解释

由于每一个条文的措辞/文字都不一样,所包括的不可抗力事件会多会少,所以不会有统一的解释。但有一些经常会见到的措辞/文字,而且涉及过诉讼,可以说是有比较稳定的解释,不妨作出以下探讨。

9.4.1 针对不可抗力事件影响程度的"阻止"与"妨碍"的分别

正如所有其他合约条文,不可抗力条文不同的用字也决定了它所能起的作用。例如,如果条文只是在一连串的不可抗力事件后,说明它们"阻止"(prevent)了一方履行合约,卖方可不必负责(在上一小段第五个例子就是类似的条文),这一来,这条文解释起来会严格得多。因为光是履行增加难度或亏本不足以是"阻止",应是局限在确实无法履行(不论是在实际上或是在法律上)才行:Ross T. Smyth & Co. v. W. N. Lindsay Ltd. (1953) 2 Lloyd's Rep. 378; Warinco A. G. v. Fritz Mauthner (1978) 1 Lloyd's Rep. 151; Exportelisa S. A. v. Giuseppe &Figli Soc. Coll. (1978) 1 Lloyd's Rep. 433; Huilerie l' Abeille v. Societe des Huileries du Niger (1978) 2 Lloyd's Rep. 203; CIF v. Sealink (1988) 1 Lloyd's Rep. 323 的 327 页; Thomas Valley Power Ltd v. Total Gas Ltd (2006) 1 Lloyd's Rep. 441 等。

如果卖方意图的供应出了问题,但卖方可从其他地方取得供应,他也不能在"阻止"的条文下免责:Joseph Pyke & Son v. Richard Cornelius (1955) 2 Lloyd's Rep 747; Koninklijke Bunge v. Cie Commerciale d' Importation (1973) 2 Lloyd's Rep. 44; P. J. van der Zijden Wildhandel N. V. v. Tucker & Cross Ltd. (1975) 2 Lloyd's Rep. 240; Exportelisa S. A. v. Giuseppe &Figli Soc. Coll. (1978) 1 Lloyd's Rep. 433; Hoecheong Products Company Ltd v. Cargill Hong Kong Ltd (1995) 1 WLR 404。

在"阻止"的条文下,即使是有其他替代的办法,如卖方原来意图出口的国家对货物"禁运"(embargo),但会有其他途径可以找到同样的货物(如浮动货物),有关买卖合约的履行有否被"阻止"还是要看个别条文的整体解释与是否涉及了一连串的买卖合约"(string contracts)或"绕一圈子"(circle)的买卖。在本章之 8.5.3.6 段,曾经提到过在这种买卖,卖方是没有责任买入浮动货物作为替代供应。所以,针对"阻止"的不可抗力条文也有相应的不同。这方面有很多先例,只节录在 Bremer v. Westzucker (1989) 1 Lloyd's Rep. 582 先例,上诉庭的 Bingham 大法官针对类似上一小段第五个例子的条文是否能够保障 CIF 卖方不能提供货物能否去依赖该条文,说:"In *Cook Industries Inc. v. Meunerie Liegeois S. A.* (1981) 1 Lloyd's Rep. 359 at P. 363 Mr. Justice Mstill defined the burden on a seller in this situation in terms which have since been generally accepted and applied: '... it is now the law that the seller need go no further than prove the impact of the embargo on his intended source of supply; and this he can do by proving either that there was *no* shipper who had unappropriated goods which were free from the embargo, or that the shipper from whom the seller *intended* to obtain the goods had non which were free from the embargo. Attention must therefore be focused on what has come to be called the "relevant" shipper rather than on the individual consignment: see, for example, *Bremer Handelsgesllschaft m. b. H. v. C. Mackprang Jr.* (1979) 1 Lloyd's Rep. 221 and *Bunge S. A. v. Deutsch Conti Handelsgesellschaft m. b. H.* (1979) 2 Lloyd's Rep. 435.' Until now sellers in string have almost adopted the second of these two approaches, seeking to identify the relevant shipper at the head of the string and show that he was prevented by the embargo from appropriating goods to the string in question..."

这方面在《Benjamin's Sale of Goods》(8th edn, 2010)之 8 - 092 段也有解释说:"In particular, c. i. f. sellers in a 'circle' or 'string' have in some cases been held entitled to rely on a clause of this nature when they or some shipper higher up the 'string' were prevented by government embargo from shipping the goods, even though they could have attempted to purchase substitute goods afloat, on the ground that such an attempt would in the circumstances have been impractical and commercially unreasonable."

但用上"妨碍"(hindered)一字来代替"阻止"解释起来就宽得多:Tennants(Lancashire)Ltd v. Wilson(CS)& Company Ltd(1917)AC 495; Navrom v. Callitsis Ship Management S. A.(1988)2 Lloyd's Rep. 416 等。在 Tennants(Lancashire)Ltd 先例中,Loreburn 勋爵对"妨碍"的定义是说:"... to place a merchant in the position of being unable to deliver unless he dislocates his business and breaks his contract in order to fulfil on surely hinders delivery."但在该先例,也有提到光是费用增加导致履行合约成本增加并不属于"妨碍"。

另在 Reardon Smith Line Ltd v. Ministry of Agriculture(1962)1 QB 42 先例,也是有同样的看法。在 Peter Dixon & Sons Ltd v. Henderson Craig & Company(1919)2 KB 778 先例,涉及了一个货物买卖合约,但找不到船舶运输,原因是战争的影响与风险增加导致运费大涨,这也被法院接受是属于"妨碍"。

不可抗力条文中如果用上了其他的措辞/文字,如"impeded"、"impaired"或"interfered with",会被解释为"妨碍":这请看《Benjamin's Sale of Goods》(8th edn,2010)之 8-094 段。

如果不可抗力条文有针对延长履行的时间,也应有"延误"(delayed)一词。这措辞/文字是不等同"阻止":Fairclough Dodd & Sons Ltd v. Vantol(ZH)Ltd(1957)1 WLR 136. 通常只需要"妨碍"交货就已经足够:Tradax v. Andre(1976)1 Lloyd's Rep. 416; Avimex S. A. v. Dewulf & Cie(1979)2 Lloyd's Rep. 57 等。

另一提的就是在上面 9.3 段第三个例子中提到的"rendered uneconomic"一词,这措辞/文字就更加广泛保护卖方了。字面看来,卖方只要是不可抗力事件导致了亏本,特别是亏得比较严重,就应该是"rendered uneconomic"了。9.3 段第五个例子中提到的"restricting export... deemed to apply to this contract"也是十分广泛保护卖方,它在 Michael Bridge 教授的《The International Sale of Goods》(2nd edn,2007年)之 7.27 段提到是 GAFTA 因为上一个版本的条文中"preventing fulfillment of the contract"一词太严格与引起大量的诉讼,所以在现有的版本改了更宽松保护卖方。但 Bridge 教授认为是太宽松了,说:"It is indeed open to criticism for being too easy."

最后可节录 Treitel 教授之《Frustration and Force Majeure》(2004 年,第二版)一书之 12-023 段针对两个看起来差不多写法的不可抗力条文,但判法不一样,Treitel 教授认为是涉及了一条针对因果关系,但另一条就不要求,说:"Although there may be a tendency to construe a clause of the present kind narrowly against the party seeking to rely on it, there is no rule of law to this effect. The point may be illustrated by contrasting tow cases. The first is PJ van der Zijden Wildhandel NV v Tucker & Cross Ltd(1975)2 Lloyd's Rep. 240, where a contract for the sale of frozen Chinese rabbits on c. i. f. terms provided that '**should the sellers fail to deliver... or to effect shipment in time by reason of war, flood, fire or storm, heavy snow or any other causes beyond their control**', they were to be entitled to cancel the contract. This clause was held not to protect the seller when they were let down by their Chinese suppliers since this event did not prevent them from performing by other means. Under the c. i. f. contract it was their duty 'to tender documents, not to ship the rabbits themselves' and, although they might not have been able to ship goods of the contract description, they had failed to show that they could not have bought such goods already afloat and have tendered documents relating to those goods. The second, contrasting, case is Ford & Son(Oldham) Ltd v Henry Leetham & Sons Ltd(1915) 21 Comm Cas 55, where a contract for the sale of wheat gave the seller the option of canceling '**in case of prohibition of export blockade or hostilities preventing delivery of wheat to this country**'. Shortly before and shortly after the outbreak of the First World War, prohibitions on the export of wheat were substantial suppliers to this country. It was held that the seller was protected by the clause even though no such prohibition had been imposed by the United States and Canada, who were the main suppliers of wheat to the United Kingdom. The cases can be distinguished on the ground that the clause in the former case did, while that in the latter case did not, require the seller to establish the relationship of cause and effect between the events specified in the clause and his inability to deliver."

9.4.2 不可抗力条文的同类规则

"同类规则"(*Ejusdem generis*)是针对一些"通称语言"(general language/words)在一些特定事件的后面,这一来,该通称语言会被视为是特定事件的同类事件而给与局限性的解释,而不会是包罗万有。以下可先节录 Watson 勋爵在 Sun Fire Office v. Hart(1889)14 App. Cas. 98 先例所讲的:"It is a well known canon of construction, that where a particular enumeration is followed by such words as 'or other', the latter expression ought, if not enlarged by the context, be limited to matters *Ejusdem Generis* with those specially enumerated."

这种情况经常会在不可抗力条文/免责条文中出现,就是有了一连串的特定不可抗力/免责事件后,加上一个通称事件作为总结,如"或其他依赖不可抗力一方无法控制的原因"(or any other causes beyond our control)。这一来经常会出现的争议就是有关不可抗力是否必须是特定不可抗力事件与同类型事件才能依赖,或是可以根据后面的通称语言包罗万有,只要是依赖方无法控制?这种争议经常会有,因为出的事经常是千奇百怪,无法完全套在特定事件与同类型事件。这方面可先节录《Chitty on Contract》(30th edn, 2008 年)之 14-138 段所说如下:"Frequently a number of events are specified and then followed by the words 'or any other causes beyond our control'

. Such general words in a commercial document are prima facie to be construed as having their natural and larger meaning and are not limited to events ejusdem generic with those previously enumerated. Moreover, the words ' beyond our control ' will normally be construed to refer, not only to the unspecified cases, but also to the specific events. Clauses which excuse performance in general terms may be construed as force majeure clauses. Thus a clause in a contract of sale which provides that the date of delivery is approximate only, and that the seller is not to be responsible for any delay or non – delivery, does not confer upon him an absolute discretion whether to deliver or not and so render the contract nugatory, but only to excuse him if non – delivery is due to a cause outside his control. In the absence of a clear indication to the contrary, a force majeure clause will not be construed to cover events brought about by a party's negligence or willful default, even though a specified event would in other contexts not be limited to an event occurring without negligence. "

9.4.2.1 支持这同类规则的原因

(1)"假设双方不会约定多余的内容"(presumption against surplusage)的解释合约条文规则——这是一个主要支持的说法,就是如果通称语言是不受局限,在它前面列举的特定事件就变为是多余的内容与没有任何意思了。但解释合约是要整体解释与给每一个订约方同意了的措辞/文字都有一定的意思。

(2)局限解释应该比较接近订约意图——这里可节录 Devlin 勋爵在 Chandris v. Isbrandtsen – Moller Co Inc. (1951) 84 Ll. L. Rep. 347 先例中所说:"The so – called rule is, in short, really only a recognition of the fact that parties with their minds concerned with the particular objects about which they are contracting are apt to use words, phrases or clauses which, taken literally, are wider than they intend. . . ."

(3)一般认为通称语言只是为了避免对特定事件的进一步区分——这可以节录 Thames and Mersey Marine Insurance Co Ltd v. Hamilton Fraser & Co (1877) 12 App. Cas. 484 先例中,Macnaghten 勋爵所讲的:"to prevent disputes founded on nice distinctions. Their office is to cover in terms whatever may be within the spirit of the cases previously enumerated, and so they have a greater or lesser effect as a narrower or broader view is taken of those cases. "

9.4.2.2 豁免同类规则的做法

因为大原则是订约自由,所以如果订约双方不想局限通称语言,把这一个解释规则排除在外,最好就是以文字说明,如"无论任何"(whatsoever)或"whether or not similar to the foregoing"等。这里可先节录 Devlin 大法官在 Chandris v Isbrandtsen – Moller Co Inc. (1951) 84 Ll. L. Rep. 347 先例所说的,如下:"Legal draftsmen are all familiar with the existence of the rule, and familiar too with the proper signals to hoist if they do not want it to apply. Phrases such as ' whether or not similar to the foregoing ' and ' without prejudice to the generality of the foregoing ' are often employed in legal draftsmanship; and if the draftsman has read the report of *Larsen v. Sylvester & Co* he will know the addition of 'whatsoever' generally serves the same purpose."

另 Fry 大法官在 Earl of Jersey v Neath Union Rural Sanitary Authority (1889) 22 QBD 555 先例中说:"... where you find the word 'whatsoever' following, as it does, upon certain substantives, it is often intended to repel, and in this case does effectually repel, the implication of the so – called doctrine of *ejusdem generis*..."。

另一种明确的写法就好像是伦敦食糖商会拟定的标准格式合约 Refined Sugar Association Contract 之第 17 条的 *force Majeure* 条文如下:"*Force Majeure* Should EEC legislation, Government Intervention, ice, war, strikes, rebellion, political or labour – disturbance, civil commotion, fire, stress of weather, act of God or any cause of *force Majeure* (**whether or not of like kind to these before mentioned**) beyond the Seller's control prevent directly or indirectly within the delivery period stated in the contract:..."。

另是有说法是如果通称语言不是在特定事件的后面,而是在前面,这同类规则就不适用。例如在 Ambatielos v Anton Jurgens Margarine Works (1922) 2 K. B. 185; (1923) A. C. 175 先例中,租约有以下条文:"Should the vessel be detained by **causes over which the charterers have no control**, viz. quarantine, ice, hurricanes, blockade, clearing the steamer after the last cargo is taken over etc., no demurrage is to be charged and lay days not to count."。(加黑一就是通称语言)

法院判是同类规则不适用。先是在上诉庭是这样说:"The first difficulty that I feel in applying the doctrine of *ejusdem generis* to this case is that in this case, unlike any other which has been cited to us... the specific words follow the general words and do not precede them."。

接下去在贵族院也有同样的说法,Cave 子爵说:"... I know of no authority for applying that rule to a case of this kind, where to begin with the whole clause is governed by the initial general words, where, secondly the expression to be construed is the expression 'etc.,' and where thirdly there is no genus which comprises all the five cases specified other than the genus described in the general words."

另介绍的是 The "Agios Nicolas" (1968) 2 Lloyd's Rep. 57 先例。案情是在该期租合约中,有一条文针对不允许承租人装运危险品,如下:"No live stock nor injurious, inflammable or dangerous goods (**such as** acids, explosives, calcium carbide, ferro silicon, naphtha, motor spirit, tar, or any of their produces) to be shipped."

Donaldson 大法官认为接受承租人代表大律师的争辩指"例如"(such as)是为了例证而不是为了局限(by way of exemplification and were not intended by way of restriction)。Donaldson 大法官也同意早一个先例 The "Stamatis" (1967) 1 Lloyd's Rep 114, 涉及了的条文是:"... if the ship is prevented from entering the port or place or is likely to be delayed thereat, for an unreasonable time, owing to causes beyond the carrier's control

such as blockade, interdict, war, strikes, lockouts, disturbances, ice, storms, or the consequences thereof, the carrier shall be at liberty to proceed..."

Donaldson 大法官针对早一个先例的判法认为"such as"才是主导,而不是后来的特定事件,表示支持说:"Mr. Justice Megaw(该先例的法官)decided that in such a clause the words 'such as' controlled the words that went before and this clause did not come into effect in respect of all causes beyond the carrier's control, but only in respect of those causes beyond the carrier's control which were in the nature of blockade, interdict, war, etc. If I may say so with respect, I entirely agree with the learned Judge so far as that clause is concerned."

9.4.2.3 什么是"同类"

这可节录 McCardie 大法官在 S. S. Magnhild v. McIntyre Brothers & Co (1920) 3 K. B. 321 先例中所说的,如下:"whether the specified things which precede the general words can be placed under some common category. By this [is meant] that the specified things must possess some common and dominant feature."(在通称语言之前的特定事件是否属于同一类别。各项特定事件一定要拥有一些共同与主要的特征。)

如果在通称语言之前只有一项特定事件,有说法是这一个解释规则仍然适用,这是 Slesser 大法官在 Foscolo Mango & Co v. Stag Line Ltd (1931) 2 K. B. 48 先例中所持的观点,如下:"On a strict application of the *ejusdem generis* rule it may be argued with some force that to construct a genus out of one species and undefined general words (which together with the species have gone to form the genus) in order to define the denotation of those general words is but a *petitio principii*, but however that may be, on the wider consideration of the intention and context there is ample authority for the view expressed by Hamilton J."

但如果在所有特定事件中找不出它们之间有共同与主要的特征,它们各有不同的针对,有说法是这一解释规则不适用。Vaughan Williams 大法官说:"if a common genus is not to be found the necessary consequence would be that the words 'or any other cause' could not be limited by the doctrine of *ejusdem generis*."

同样,Farwell 大法官说:"Unless you can find a category there is no room for the application of the *ejusdem generis* doctrine."

9.4.3 不可抗力条文与免责条文是否是一样?

不可抗力条文是否属于免责条文的同类,或只是规定合约双方履行的"责任范围"(extent of obligation)有一些争议。因为如果它是免责条文,它在解释起来会面对"严格"(restrictive)与"针对受益方"(*contra proferentem* rule)。已经提到过,现实中的解释对两种条文没有太大分别。在保护消费者(作为买方)的角度下,不可抗力甚至会受英国《不公平合约法》(Unfair Contract Terms Act 1977)的管制。

不认同这不可抗力条文是免责条文的人士,会指出很多标准格式合约内有这种条文,它不是由某一合约受益方(在国际货物买卖合约就通常会是卖方受益)拟定,而是由"中立"的商会拟定。加上,有时候这不可抗力条文会是保护合约双方,非是一方。

事实上,应该是明确不可抗力条文是与免责条文一致要受到保护消费者立法之1977年《不公平合约法》与1999年《Unfair Terms in Consumer Contracts Regulations》的管制:Shearson Lehman Hutton Inc. v. Maclaine Watson & Company Ltd(1989)2 Lloyd's Rep. 570之612页。这方面对国际货物买卖是没有影响,因为买方不是消费者。

在还有一个方面是针对订约时,需要依赖免责条文的合约方就已经知道或可以合理知道免责事件会发生,就不能依赖。但针对不可抗力条文,想依赖的合约方(如买卖合约的卖方)在订约时已经可以合理知道不可抗力事件会发生,他能否依赖?这一问题看来还不完全明确,有关不可抗力事件在订约时已经可以预见的情况下,可否依赖不可抗力条文的问题会在下一小段进一步探讨。

9.4.4 不可抗力条文的举证责任与订约时可以预见不可抗力事件会发生

先强调,就是要依赖不可抗力条文的合约方(在国际货物买卖合约通常就是卖方)是负有举证责任:CIF v. Sealink(1988)1 Lloyd's Rep 323。通常举证责任是在三个方面:(1)发生的事件是在条文内,不论是在个别不可抗力事件或是在该条文的通称或概括性的文字,如"any other unspecified, unforeseen and uncontrollable events comprehended in the term 'force majeure'";(2)该不可抗力事件影响了合约的履行;(3)他已经采取了合理行动避免或减轻这一个影响。

订约时可否预见不可抗力事件会发生的问题在一定程度上与上述的(3)有一点关系,就是依赖方有否采取合理行动避免或减轻不可抗力事件的影响,如他可以不或押后订立该合约。法国法律也认为不可抗力必须要符合的条件之一,就是不可预见(force majeure is imprévisibilité)。

先节录《Benjamin's Sale of Goods》(8th edn,2010)之8-091段所说,其中包括了举证责任与订约时可以预见不可抗力事件会发生的法律地位,如下:"**Burden of proof.** The burden of proof is on the seller to prove the facts bringing the case within the clause. He must therefore prove the occurrence of one of the events referred to in the clause and that he has been prevented, hindered or delayed(as the case may be)from performing the contract by reason of that event. He must further prove:(i)that his non-performance was due to circumstances beyond his control; and(ii)that there were no reasonable steps that he could have taken to avoid or mitigate the event or its consequences. However, in *Trade and Transport Inc. v. Iino Kaiun Kaisha Ltd*(1971)1 WLR 210(就是The "Angelia" [1972] 2 Lloyd's Rep. 154先例)where the clause in question referred to "unavoidable hindrances", Kerr J. stated that a party would be debarred from relying upon such a clause if the existence of facts which show that the clause was bound to operate should reasonably have been known to that party prior to the conclusion of the contract, and would have been expected by the other party to be so known. But subsequently in *Channel Island Ferries Ltd v. Sealink United Kingdom Ltd* (1988) 1 Lloyd's Rep. 323, Parker L. J. expressed doubts whether, because of pre – contract improvidence, a party would be disabled from relying on a *force majeure* clause, even if such clause would otherwise have applied; there was no principle of law that a party who entered into a contract could not rely on its terms because he was improvident in entering into it. It may, nevertheless, be argued that the parties to a contract cannot reasonably have intended that one party should be entitled to rely on a *force majeure* clause which, as the result known to him at the time of entering into the contract, he could reasonably foresee would inevitably come into operation and so affect the performance expected of him by the other party. However, it has been held that there is no justification for limiting the ordinary meaning of words in a *force majeure* clause to events or states of fact not in existence at the date of the contract or to those which are unpredictable at the time it was made."

有关不可抗力条文在英国法院一直以来在这一个问题上持不同意见的先例可分别介绍如下。一是 Safadi v. Western Assurance Company(1933)46 Ll. L. Rep. 140 先例，Roche 大法官认为是不可以去依赖，说："There is a great deal of doctrine and authority to the effect that you cannot apply language such as 'cause or circumstances or matters beyond the control of the assured' to excuse performance when those... matters are represented by... matters in existence and known to be in existence by the person relying upon them at the time he makes the contract from the performance of which he seeks to be excused."

但接下去的上诉庭先例就持不同意见，该先例是 Reardon Smith Line Ltd v. Ministry of Agriculture(1962)1 QB 42，Sellers 大法官是这样说："There is no settled rule of construction that a specific exception, such as strikes or war, cannot be relied upon if the strike or war was operative at the time when the contract was made or the ship ordered to the affected port. It must depend on a proper construction of the contract."

接下来介绍的就是 The "Angelia"(1972)2 Lloyd's Rep. 154 先例，Kerr 大法官认为是不可以依赖，如果依赖方可以在订约时合理查问就知道不可抗力事件的存在，说："if the existence of such facts should reasonably have been known to [依赖方]... and would have been expected by the other party to the contract to be so known."

再接下去是 The "Radauti"(1988)2 Lloyd's Rep. 416 先例，案情涉及了利比亚的 Tripoli 港有严重拥挤，但这拥挤已经持续了好几年，并且大家都知道。显然在租约订立的时候就已经存在拥挤的情况。该租约有一条名为不可抗力条文，但内容是接近免责条文，说："*Force majeure*: ... or any other... hindrances（这一词已有判例说是包括了港口拥挤）happening without the fault of the Charterers... delaying... discharging... of the cargo are excepted and neither the charterers nor the shippers should be liable for any loss or damage resulting from any such exempted clause and time lost by reason thereof shall not count as laydays or days on demurrage.”这导致了船东争议说承租人不能依赖这一条不可抗力条文或免责条文,要支付拥挤所导致的一大笔滞期费。船东的争议不被高院与上诉庭接受。Lloyd 大法官同意《Scrutton on Charterparties》一书所说:“Exceptions can be successfully relied upon even though the event preventing performance is operating at the date of the contract.”

接下去在 CIF v. Sealink(1988)1 Lloyd's Rep 323 先例,涉及是一条不可抗力条文的解释,上诉庭 Parker 大法官就不接受 The “Angelia”先例说:“For myself I do not so read the judgment(The ‘Angelia’). It appears to me to be a judgment which turns wholly on the construction of the particular contract there involved. If and insofar as it is though that any such principle had been laid down, I can only say that for my part, without deciding that it is inevitably wrong, I am unable to say that it is right. To suggest that a party who enters into a contract cannot rely on its terms because he was improvident in entering into it is a principle which appears to me to be far too wide, and insofar as it is suggested that such is the principle, I do not accept it.”

估计这一个问题(订约时已经预见不可抗力事件会发生可否依赖不可抗力条文)还会继续有争议,这也是 Mustill 勋爵在 Hoecheong Products Company Ltd v. Cargill Hong Kong Ltd(1995)1 WLR 404 先例中所说的。这种不同的看法,在杨良宜先生的《合约的解释》一书第 8 章第 8 段有给了一个解释,说:“……但合理预见并没有明确的定义,如果是严格看待,所有会发生的不可抗力事件在一定程度上都可以预见,如战争、政治问题、自然灾难,等等。但事后分析与在商业谈判中准确预测并在合约内针对是两码事。加上,经常会有商业人士乐观地订约,并希望可能会发生的不可抗力事件将来不会出现。还有是,商业人士中也有比较乐观与比较悲观的区别。所以,何谓预见(foreseeability)不到的事件是指一些不大可能会发生的情况而令合理的订约双方觉得没有必要花功夫在订约时明示针对与在如果发生的情况下怎样分摊风险(an event so unlikely to occur that reasonable parties see no need explicitly to allocate the risk of it occurrence, although the impact it might have would be of such magnitude that the parties would have negotiated over it, had the event been more likely.)……”

9.4.5 作出不可抗力事件通知的要求

有不少不可抗力条文(如本章 9.3 段所举的第四到第六个例子)都有依赖方作出通知的要求。这些例子都涉及了国际货物买卖合约,也表示卖方需要依赖的情况下就尽快或准时作出不可抗力事件通知。这一通知的本意与卖方的举证责任有关,这就是买方不希望等到将来诉讼,只能依赖卖方单方面提供的证据考虑(或让仲裁庭决定)是否出现了不可抗力事件并且阻止或妨碍了合约的履行。这是因为到诉讼时才了解真相就劳民伤财了,而且只依赖卖方单方面提供证据也不可靠。所以恰当的办法就是一旦出事,证据还找得到,调查相对容易,就要求卖方作出通知让买方可以立即调查是否真的发生了不可抗力事件、它是否阻止或妨碍了合约的履行以及卖方是否可以合理避免或减轻它的影响。这方面可节录 Aikens 大法官在 In Mamidoil－Jetoil Greek Petroleum Company SA v Okta Crude Oil Refinery(2003)1 Lloyd's Rep 1 先例所说:"The reason for requiring notice to be given must be that the 'other party' can then investigate the alleged force majeure at the time. It can challenge whether it does prevent performance or delay in performance by the party involving force majeure. Alternatively it can see if there are other means of enabling performance to be continued."

不可抗力事件通知是要求有一定程度的细节或内容,其中在买卖合约经常会要求该通知必须说明延误的原因:Intertradex S. A. v Lesieur Torteaux(1978)2 Lloyd's Rep 509。在该先例中,上诉庭还针对了如果是同时有两个有效的不可抗力事件造成了买卖合约履行的妨碍或延误,卖方就必须分别作出两个通知(但估计在同一个通知说明两个有效的不可抗力事件也应该达到同一目的)。Denning 勋爵是这样说:

"That show that, if there are two reasons, the notice must give the reasons, stating the occurrences which caused non－performance. If they occur successively, two successive notices must be given. This is necessary so that buyers can check it up to see whether the reasons are valid. The eighth sentence says that "the sellers shall provide, if required, satisfactory evidence" justifying the delay or non－fulfilment. Hence the necessity for notice of the occurrence.

So it comes to this: if the breakdown of machinery would by itself have been sufficient to prevent delivery, the sellers would be protected by the force majeure clause, even though there may have also operated another cause, namely, the difficulty in getting raw materials. But, if the breakdown of machinery would not by itself have prevented delivery, and if the goods could have been delivered in time, but wereprevented by the difficulty of getting raw materials, then the sellers could not rely on the force majeure clause: because they gave no notice in regard to the difficulty in getting raw materials."

也会有不可抗力事件通知是被要求在发生的若干天内作出,另在事件结束后的若干天作出第二个通知。依赖方必须要小心与准确按照通知的要求。

接下去要探讨的是不可抗力事件通知如果没有及时或准确作出,这会带来什么后果?显然,依赖方(在本书就会是 CIF 或 FOB 卖方因为不可抗力而无法提供货物)如果完全没有做出过任何通知,就会有很大的困难依赖不可抗力条文。比较富争议性的是在依赖方有作出通知,但并非是及时或准确内容。这一来,后果就要看通知是否是属于"先决条件"(precondition)或是"中间条文"(intermediate term),后者是要看个别案件没有给通知所造成的实质严重性。会有不可抗力条文明示规定说明如果没有及时与准确作出通知,就失去了依赖它的权利。但如果没有这样写明的话,看来法律的默示地位还是有一点不稳定。这可节录《Chitty on Contract》(30th edn, 2008 年)之 14－150 段所说:"a clause excusing performance, or permitting one part to postpone or suspend performance, may provide that certain procedures are to be followed or notices given to the other party within a stipulated period or time before he is entitled to rely on the clause. Such measures may be a condition precedent on which the availability of the protection provided by the clause depends, or merely an intermediate term, the non – fulfilment of which does not necessarily deprive him of his right to rely on the clause. The other party may also be held to have waived, or to be estopped from asserting, non – compliance with the measures set out in the clause."

在该段节的注脚,显示了有大量不同的先例,部分认为通知是先决条件,部分认为是中间条文。在 Bremer v. Vanden(1978)2 Lloyd's Rep. 109 先例,Wilberforce 勋爵认为有三个方面考虑通知的要求是否是先决条件:(1)条文的写法与文字(the form of the clause itself);(2)该条文与合约整体的关系(the relation of the clause to the contract as a whole);(3)法律的整体考虑(general considerations of law)。

Bremer v. Vanden(1978)2 Lloyd's Rep. 109 先例的案情涉及了买卖合约对通知的要求只是说"sellers shall advise buyers or reasons therefor",这被贵族院判是不足够明确可构成先决条件,不让卖方依赖不可抗力事件。当然,卖方还是需要对不可抗力事件举证,只是不受到没有及时作出通知的影响。但另在 Mamidoil – Jetoil Greek Petroleum Company S. A. v. Okta Grude Oil Refinery A. D. (2003)2 Lloyd's Rep. 645 先例,该合约的通知条文是说"shall give prompt notice to the other party"。这被上诉庭的 Aikens 大法官判是如果没有给通知不可抗力事件就不能依赖。这在刚提到的 Intertradex v. Lesieur 先例,上诉庭也是有同样的判法。

而在比较最近期的一个著名先例 The "Azur Gaz"(2006)1 Lloyd's Rep 163,有关不可抗力条文的通知部分是说:"The party whose performance is so affected shall immediately notify the other party here(sic), indicating the nature of such cause and, to the extent possible inform the other party of the expected duration of the force majeure event." Clarke 大法官判是卖方没有马上作出通知并不属于没有按照先决条件行事,说:"I incline to the view that compliance with the notice provisions is not, under this form of clause, a condition precedent. First, the clause does not, but easily could have, said that notice was a condition precedent or that reliance on force majeure was only available provided such notice was given. Second, the clause does not contain any clear implication that that must have been intended. Third, the demurrage time bar clause provides a specific cut off point beyond which a demurrage claim is not possible. The force majeure clause does not contain such a provision. Fourth, I find it difficult to accept that, in a contract such as this, the parties contemplated that the failure by one party to inform the other immediately of the cause of its failure to perform, or a failure to give all possible details as to the expected duration of the cause, should disentitle the affected party from any reliance on the force majeure event. I see the force of the observations made by Aikens J(这是指 Mamidoil – Jetoil

Greek Petroleum Company S. A. v. Okta Grude Oil Refinery A. D. 先例), particularly in relation to the long term contract that he had to consider, whilst recongnising that the considerations that caused him to reach the view that he did (the imperative nature of the clause, the need for the ' other party ' to be able to challenge the existence of force majeure or mitigate its effect, and the difficulty of providing loss as a result of non - notification) could be said to apply in very many cases and leave little scope for the considerations set out in (Bremer v Vanden 先例)."

9.4.6 不可抗力条文应包括的内容

一条完整的不可抗力条文内容应有以下几个方面:

(1)对会有可能影响买卖合约的履行的不可抗力事件尽量列出——已经提到过,太简单的 force majeure 一词目前在英国法院作用不明确、有不同与不肯定判法。而且,有了意外影响买卖合约的履行也会带来不必要的争议或是昂贵的诉讼。完整的条文应是列出一连串完整的不可抗力事件,然后以一句广泛的通称或概括性的文字作为结束,如"any other unspecified, unforeseen and uncontrollable events comprehended in the term ' force majeure '"或"any other events beyond the control of the sellers"。这会有把握法院或仲裁庭给这不可抗力事件一个宽松的解释,只要发生事件不在依赖方或卖方合理控制内可避免或减轻。

(2)向买方马上作出不可抗力事件通知的责任——这个作用已在9.4.4小段提到,是要让买方马上调查不可抗力事件的真相,卖方有否错误或疏忽等。如果这要求订得明确完整,法院是会判这通知是想依赖不可抗力条文的"先决条件"(pre - condition)。这一来,即使卖方的确是因为不可抗力事件提供不了货物,但没有严格依照要求给买方通知,结果会是卖方本来可"免责"也要承担违约赔偿买方损失之责。

(3)出了不可抗力事件后如何处理——这方面会是千变万化,可任由买卖双方协议约定。一般会是延长一段履行的时间,这可容许双方看看事件的进一步发展。这种安排往往比普通法下的合约受阻说法优越;受阻下要是能够成立,则买卖合约自动终断,根本没有一个缓冲区。在受阻说法下,如果合约履行受到十分严重的延误,也可以成立合约受阻。大原则是知道,即延误要构成受阻是要严重至一个程度是买卖合约无法履行或共同订约意愿被毁或与原来的买卖合约有"根本的不同"(radically different),但现实中运用这些大原则不好掌握,也不肯定。这法律地位是比不上不可抗力条文清楚说明因某些不可抗力事件带来延误,可让卖方获得45天的延长,而如果不可抗力事件仍然存在,卖方可终断合约或合约自动终断等。这是在9.3段第五个例子的不可抗力条文有清楚规定。

(4)证明——会有不可抗力条文规定依赖方(如卖方)提供不可抗力事件证明,这可看9.3段第五个例子中最后的一句话。更会有条文规定了依赖方向某中立与可靠的机构(如装港的总商会)取得一份不可抗力事件的书面证明。

第七章 货物主权(title)

§1 序 言

在本章的开始要再度解释一下在第五章所针对的“property”与本章所讲的“title”到底有什么不同,因为在中文的翻译它们所用的文字看起来都差不多,如在第五章说是“财产/货物所有权”,但也有在少见的情况下以“货权”或“财产”一词提及。但在本章称为“货物主权”。这两个英文措辞分别出现在1979年《货物销售法》,笔者的解释就是它们的确是有密切关系但又不完全一样。首先是“property”是针对买卖双方之间财产/货物所有权的转移,这包括在第五章详细介绍说明买卖双方之间的货权转移主要是看双方的“意图”(intention)。但“title”是面更加广,就是谁在针对某一些特定的财产/货物在面对第三人甚至全世界有一个更优越的货权或主权。这表示在一个买卖合约,会有可能是卖方转让给买方的货权本身是有缺陷的主权,导致了无辜买方购买了有缺陷甚至是欠缺主权的货物是无法对抗对该批货物有更优越货权的第三人。就算在买卖合约中有一条明示条文针对主权的转让(这种情况不多,但在The “Wise”[1989] 1 Lloyd's Rep 96先例,就有一条条文说明3万吨的汽油在装船后主权转让给买方),也只是约束买卖双方,不能用来对抗善意第三人。

有了这个澄清,表示在本章中文所提到的货物主权应该都是指“title”。当然笔者希望是尽量在本章采用“货物主权”一词以区分与第五章“财产/货物所有权”的不同。

货物主权问题的探讨可以先节录1979年《货物销售法》的有关条文,是在Section 12有关货物主权的默示条文,如下:“12(1) In a contract of sale, other than one to which subsection(3) below applies, there is an implied term on the part of the seller that in the case of a sale he has a right to sell the goods, and in the case of an agreement to sell he will have such a right at the time when the property is to pass...”(在货物买卖,卖方有一个默示责任是他必须对出售的货物有主权,而在买卖是将来货物的“出售协议”,卖方的默示责任是在有关财产/货物所有权转让给买方时是有主权出售。)

而且,这条文接下去是把这问题的重要性提升为"条件条文"(condition),如下:"12(5A)As regards England and Wales and Northern Ireland,the term implied by subsection(1)above is a condition..."

在1994年《The Sale and Supply of Goods Act》,为1979年立法加上了Section 15A,也同时减轻了卖方会可能是轻微违反货物描述与质量不再被视为是违反条件条文,不会带来合约被终断的严重后果。但这法律的修改并没有影响这一个针对货物主权的问题。即是,这问题严格依旧,卖方一违反就构成了条件条文的违反。而只针对影响英国本土买卖以及买方是消费者的1977年《不公平合约法》,也规定不准卖方以订约自由豁免或减轻这一项的条件条文(针对货物主权)。

接下去在1979年《货物销售法》针对买卖双方货物主权的转移的Section 21(1):"Subject to this Act,where goods are sold by a person who is not their owner,and who does not sell them under the authority or with the consent of the owner,the buyer acquires no better title to the goods than the seller had,unless the owner of the goods is by his conduct precluded from denying the seller's authority to sell."

§2　货物主权转让会有什么问题?

"财产/货物所有权"(property)的转让(卖方给买方)已在本书第五章有详论,如像岸上/本土的一手交货一手交钱的买卖,看似干净利落,但面对货物主权转让会有什么问题呢?

答案是:很多,也很复杂,如:(1)卖方所出售的货物是偷回来的,或是骗回来的,或是侵占所得的,或是只有空的主权。(2)卖方作为代理或共同货物拥有人或公司负责人(如董事)越权出售货物。(3)出售货物侵犯版权或专利,导致买方得物无所用。(4)其他千变万化的情况,导致卖方无法转让给买方一个"清洁主权"(clean title)。

幸亏,这问题对国际上"商品"(commodity)的买卖关系不大,相关案例也不多。但国际上非商品的买卖,包括像二手船(也属货物:Behnke v Bede Shipping Co Ltd (1927)27 Ll. L. Rep. 24的26页)买卖,关系仍很大。

2.1　卖方盗窃、骗取或侵占的货物

这方面的大原则是在1979年《货物销售法》的Section 21(1),这已在§1有节录。换言之,卖方没有货物的主权(或是拥有比真正货方更优越的主权),也没有真正货方的授权或允许,他是不能转让给买方他自己也未曾拥有的主权。

但这看似合理明了的说法却带来极大的困扰,即盗贼或骗子把不属他自己的货物出售给了"善意"(good faith)的买方,然后不知所踪。如果事后真正货方出现,申张主权,这善意的买方会是处境困难。理论上,在有关的买卖合约中的卖方(即盗贼

或骗子)违约是明显不过,违反了1979年立法的Section 12(1)。但这向卖方(即盗贼或骗子)可以提出"对人的权利"(rights *in personam*)的索赔,是没有实质作用的,只有"对货物的权利"(rights *in rem*)——即买方如果对货物的主权优先于真正货方,所谓"better title"——才有意义,因为能够把货物拥有/占有。

这种问题在岸上/本土货物买卖经常发生,如在二手车市场、艺术品市场等,涉及十分复杂的争议。

在国际货物买卖,这种问题随着越来越多的"鬼船"(phantom ship)与"海盗"(piracy)行为而也要面对。"鬼船"即船东把整船的货物盗取,绕航去不三不四或是可以取巧的地方,非是原订卸港,再把它廉价出售。"海盗"行为即是用暴力把船舶(另加上货物,如果当时船上有货)劫持,可能把船员杀害,然后把船舶与货物廉价出售。这种不法行动在最近的几十年来都在发生,其中航运界人士最熟悉的是The "Salem"(1983)1 Lloyd's Rep 342先例,这一个被称为是"世纪盗窃"的案件,案情涉及了希腊船东买了"Salem"这艘老龄超级油轮,在油轮市场里出租并揽了一票货,从科威特装20万吨原油去欧洲。但事实上该批骗子已经与当时实施种族隔离的南非政府(所以受到联合国与生产石油的阿拉伯国家的禁运)达成买卖协议,把"Salem"轮上的一票原油卖给南非政府。当时的南非白人政府也不是外行,但南非当时有法律保护战略性物资进口来源的机密,所以南非的买方想问清楚该批石油的底细才敲定买卖也做不到。反正结果在原来的航次半途,"Salem"轮绕航去南非德班把该票原油非法卸下。而在事故的时候,这批原油的主权是在壳牌石油公司,或另一个说法是该公司持有正本提单,这是一份"主权凭证"(document of title)。后来这个事件闹了出来,据说壳牌石油公司从南非白人政府取回了绝大部分的损失。一个解释当然是壳牌石油公司不是泛泛之辈,而是一个实力强大的跨国公司。但笔者认为一个分量更重的解释就是南非白人政府是完全知道"Salem"轮的船东是根本没有法律依据可把一批他没有主权的原油合法转让给南非白人政府,可让他有一个比壳牌石油公司更优越的主权。所以买了贼赃,也只能自己承受损失。

这问题也会在无知的情况下发生。例如,期租下承租人欠下租金,船东"过度反应"(over - react)的把船舶上货物"据为己有",绕航去非是原订卸港设法出售,用来抵债(欠下的租金)。这方面的著名先例有The "Mandarin Star"(1969)1 Lloyd's Rep 293。

要知道,船舶上的货物甚少情况会属承租人,提单持有人(真正货方)一般不是欠租金的承租人。加上即使租约下船东有权为欠下租金去取得担保而"留置"(lien)货物,这种"合约留置权"(contractual lien)也不表示可"据为己有"的自作主张出售船舶上的货物。这方面在笔者的《期租合约》一书第581页始有详论,不再重复。

同样道理也适用在"仓库管理人"(warehouseman)如果被欠下租金,他作为"受托人"(bailee)也是有权留置货物。但如果真正货方拒绝或迟迟不能提供担保或做出支付,仓库管理人想出售有关的货物以减少损失也只能是根据有关地点的法律行事,如向法院申请批准把货物出售给第三人或是根据有关的立法,如英国的1895年《商船法》(Merchant Shipping Act)。

2.2　卖方越权出售

"授权"(authority)简单介绍就是本来有主权的一方明示或者表面授权给一位代理人向买方出售有关的货物。"明示授权"(express actual authority)是在文字上写明,这是明确不过的证据。比较正规一点的明示授权就是向代理人做出一份正式签出甚至公证了的"授权书"(power of attorney)。但除了一些特殊的情况下,明示授权并不要求什么形式或格式。一封信函或一个电传或一封邮件都是足够。例如在国际贸易,通常货方与船东都需要在装卸港口委任一位代理公司,这种委托通常就以电传或电邮做出。明示授权也在内容中明确规定了代理人的权限与授权的范围。例如,如果涉及授权把有关货物出售,就可能加上了一个范围,如必须在一个月内找到买方而且出售价格不能低于某一个金额。

至于"表面授权"(apparent or ostensible authority)也是在商业活动中经常出现,因为是不会动辄就要求明示授权。如一家大公司的工作人员购买文具,并要求商店稍后寄上发票结帐。恐怕不会有商店要求该工作人员提供一份授权书,该商店只要满足该人士就是在该大公司工作就已足够。表面授权的其中一个要求是客观看,依赖这种授权的人士应该对情况有怀疑,就会导致表面授权不足够了。所以在The "Ocean Frost"(1986)2 Lloyd's Rep 109先例,涉及了承租人的租船经理的表面授权与一个金额高昂的3年期租合约。表面看来,租船经理肯定在租船业务中有表面授权,船东不会多此一举要求承租人提供一份授权书。但每一个案件都涉及了不同的事实,而在该先例,贵族院认定了该交易有太多不正常事情导致一个无辜方的船东应该要求真正授权,而不能依赖表面授权。其他同类的案例还有不少,如First Energy (UK) Ltd v Hungarian International Bank Ltd(1993)2 Lloyd's Rep 194。

所以,如果看起来是卖方但实际上是代理人,背后实际上是有委托人,他才是真正拥有货物的主权,这就会涉及他所出售的货物有否真正货方授权的问题了。会是真正货方只是要求代理人在有关市场放空气,而真正出售必须先要他批准。或是真正货方对价格或/与数量或/与其他方面有了限制才准出售。但该代理人越权行事。

要是这代理是干这种业务,即惯常的代为买进卖出这种货物,所谓"商业代理人"(mercantile agent),或可说对"善意"(good faith)买方而言,这商业代理人有表面授权是没有值得怀疑。即使他没有实质授权,仍应约束真正货方,因为两种授权都是有效约束背后的委托人。

但这说法是用不上在真正货方委托普通朋友在有条件下出售货物,而该朋友越权。这一来,卖方(该朋友是以他自己名义把货物出售)又是无法把比真正货方更优越的货物主权转让给买方了,因为他本身也未曾拥有货物主权。

一间有限公司,权限在董事局。所以涉及重大/昂贵的货物买卖,如船公司出售一艘船舶,买方必须明确卖方有董事局的"实质授权"(actual authority)出售,而不是光听卖方一个雇员或一位董事自说自话的可能越权行为，导致将来船舶主权有争议。做法上是要卖方提供一份明示的“董事局决议”(Board Resolution)同意出售与“授权书”(Power of Attorney)。

2.3 出售货物侵犯版权/专利

这方面可见著名先例的 Niblett v. Confectioners Materials(1921)3 KB 387，它涉及一票罐头的炼奶，印有标贴为 “Nissly Brand”。这一来，破坏了 Nestle 与 Anglo - Swiss 的专利/版权，该两家公司恐吓向买方起诉。买方被迫把标贴涂掉并且亏本再转售。事后，买方向卖方索赔损失，法院同意卖方违反了《货物销售法》的 Section 12(1)。Scrutton 大法官说：“The sellers impliedly warranted that they had then a right to sell(the condensed milk). In fact they could have been restrained by injunction from selling them, because they were infringing the rights of third persons. If a vendor can be stopped by process of law from selling, he has not the right to sell.”(卖方默示保证他有权利出售这票炼奶，但事实上他没有权利。如果第三人权益受损，可以禁令不准这卖方出售，他怎可说是有权利?)

也可以说卖方没有权利出售，违反了《货物销售法》的 Section 12(1)，是本人对货物只有一个“有缺陷的主权”(defective title)。

破坏第三人专利/版权是如此解释，其他方面会是更具争议了。例如，特别是艺术品，外国指是非法出口，如美国案例的 Jeanneret v. Vichey 693 F 2d 259(1982)。即使是英国法院根据 1979 年《货物销售法》判是卖方没有违反 Section 12(1)。在这市场转售，价钱很可能受压。

例如在 City of Gotha v. Sotheby's and Cobert Finance(1998)1 WLR 114 先例，德国政府称 Sotheby's 要出售的一幅名画是在第二次世界大战时自德国盗取。英国高院判该名画主权属谁以德国法律来解决，而时效也是如此对待。

2.4 其他卖方无法给买方一个清洁主权的情况

这里可举几个简单例子说明情况。一是有“质押”(pledge)，这也是最早与最基本方式的以财产/货物作为担保债务的做法，它在 Coggs v Bernard (1703) 2 Ld. Raym. 909 先例已有详及。其中一种重要的做法：“典当”(Pawn - broking)有很长的历史，一直是贫穷阶级人士解决眼前经济困难的重要途径，至今仍是存在的行业，也有立法针对：1974 年的《Consumer Credit Act》Section 114 - 122(在 1989 年 5 月 19 日替代 1872 - 1960 的《Pawnbrokers Act》的剩余有效条文)。随着社会的相对富裕及典当的式微，质押的做法并没有减少。它在商业上普遍被使用，如以财产作为质押以获取融资或以物权凭证的提单(也是财产/货物)作为质押以换取银行信用证的预支(advance)，或是把拥有的股票(share certificates)质押给银行。

质押的好处(特别是对债权人而言)是：(1)一种十分可靠的“担保权益”(security interests)，由于债权人把足够抵押的财产抓在手里。若与其他“担保权益”(主要是“浮动押记”)有冲突，也会是质押优先：Australia and New Zealand Banking Group

Ltd. v Curlett, Cannon and Galbell Pty. Ltd. (1992) 10 ACLC 1292。(2)十分简单的做法,只需把有关的财产交出占有权给债权人即可产生一个质押。相比其他的"担保权益"做法,质押不需要"登记"(registration),没有大量文件(如抵押),清还债务一般时间较短,如不还清,债权人有权出售手中的财产。质押不像"留置权"(lien),出售是需要向法院申请批准。(3)债权人可以"转让"(assign 或 transfer),另去"分质押"(sub - pledge)。

质押的坏处是:质押的债权人是"占有"(possess)财产的做法导致最大的坏处或局限,因为:(1)这可能剥夺了债务人的谋生工具(如船舶、汽车、机件设备等);(2)对体积大或数量多的财产,债权人难以"受托人"(bailee)身份照顾它,即使是短期;(3)风险也太大,如被占有与托管的100辆法拉利名贵汽车,固然债权人可以投保这种托管风险,但保费昂贵。所以一艘船舶只会是"抵押"(mortgage),不会"质押"(pledge)。

若是质押不实质占有财产,这会大大降低了它的担保价值,而且会被视为是"虚假浮动押记"(sham floating charge),由于没有登记(non - registration)而视为无效。

质押的基本做法有以下五点:(1)转让财产的占有权给债权人作为担保;(2)债务人/典当人有回赎权,只要"提出"(tender)所欠的债务(或若担保是一项任务,则去履行);(3)债权人/承押人在对方违约时可出售财产;(4)出售金钱不足抵押,债务人仍有个人责任清还余款;(5)而出售金额超出债务,应退还给债务人,若质押合约说明债权人可因为债务人违约而没收这多出来的钱,这也会被视为"惩罚性条文"(penalty clause)而无效。

至于债权人/承押人凭什么能够把一个比真正货方的典当人更优越的财产/货物主权通过出售转让给无辜的买方而不会违反1979年《货物销售法》的 Section 12(1),就涉及了一个特殊货权的说法。这就是典当人拥有的是"一般财产/货物所有权"(general property),而承押人持有财产的"特殊财产/货物所有权"(special property)。在 Kum v Wah Tat Bank Ltd. (1971) 1 Lloyd's Rep. 439 先例,Devlin 大法官是这样说:"A pledge is said to have a special property in the goods(被告/船东大律师所说) referring to The "Odessa" (1916) 1 A. C. 145, has rightly pointed out that this is not property in the ordinary sense; the pledge has not even temporarily the use and enjoyment of the goods but simply the right to retain them until the pledge is honoured and if it is not, no sell them and reimburse himself out of the proceeds."

但如果典当人回赎时间还没有到期,承押人未经典当人同意已经把财产/货物出售,理论上承押人也会是无法给无辜买方一个"清洁主权"(clean title),但仍是违反了1979年《货物销售法》的 Section 12(1)。可针对无辜买方而言,它会是可以本章3.10段所提及的例外情况,能够获得保障并在这种情况下视为是可让买方比原来真正货方拥有更优越的主权,这稍后会探讨。

但部分财产/货物是真正所有人或货方没有办法交出给债权人/承押人作为质

押,必须继续占有。例如一座房子或是一艘船舶,因为需要居住或者营运。这一来,就有了不同的做法就是"抵押"(mortgage)。抵押是债务人把抵押财产主权交给债权人,让债权人在债务人"违约"(default)时(主要是还不出债务或是做出一些事危害担保),占有或出售财产/货物以抵债。这是一种"财产权益"(proprietary right)。但债务人也有他的"财产权益",就是可把债务还清,把财产"回赎"(redeem),债权人不能硬把财产占为己有,拒绝债务人回赎。但为了保护无辜第三人例如是买方或其他融资方让他们知道有这笔债务,不会因为财产/货物是债务人在继续占有而容易引起误导,所以是有要求登记并让所有第三人去查阅。

"抵押"(mortgage)与"质押"(pledge)有重要不同之处。以上可见,抵押是不必把抵押财产/货物交出给贷款的银行保管。但针对抵押的法律而言,有说法是抵押不像质押,抵押品主权是转让去给贷款的债权方,虽然这会是"有条件"(conditional),只在债务人到期不偿还欠债才变为"绝对"(absolute),银行(债权人)可占有抵押品,变为己有,这一般会在抵押协议说明:Fletcher and Campbell v. City Marine Finance (1968)1 Lloyd's Rep 520。如果债务人到期偿还欠债,又涉及了抵押品主权转回给债务人。正如 Parker 勋爵在 G. & C. Kreglinger v New Patagonia Meat & Cold Storage Co. Ltd(1914) AC 25 (H. L.)先例中说:"... a legal mortgage has generally taken the form of a conveyance with a proviso for reconveyance on the payment of money by a specified date."这是房子的抵押,至于船舶抵押有不同的地方就是没有这种"抽象性把抵押船舶的主权转来转去"(notional transfer of ownership of vessel)。英国《商船法》改变普通法不把船舶的主权转让给债权方,就是为了保护银行不会因为担当名义上的船东而带来可能是庞大的责任(如船舶造成的油污责任),这在 The Liverpool Borough Bank v Turner I J &H 159;(1861)2 De G. F. &J. 502 先例中提到:"The mortgagee, however, is not to be deemed the owner of the ship, except in so far as may be necessary for making her a security for the mortgaged debt(sect. 34). This section was inserted for his protection against liability which might have attached to him by reason of his interest in the ship(see "Dickinson v Kitchen",8E & B 789); and would have been quite unnecessary if the mortgage transferred no interest in the sense of ownership in her to him; or in other words if it created a mere charge on her in his favour..."

由于抵押的房子或船舶继续是由原来的船东所占有,所以如果他在其间出售给第三人,而第三人也没有查阅有关抵押的登记,因为在一般情况下是不会质疑房子业主因为抵押了而没有主权,这是另一种情况无法给买方一个"清洁主权"(clean title),进而是违反了 1979 年《货物销售法》的 Section 12(1)。可针对无辜买方而言,它会是可以本章 3.10 段所提及的例外情况,能够让无辜买方获得保障。在这种情况下视为是可让无辜的买方有比第三人更优越的主权。这是被称为"买方控制货物"(buyer in possession),稍后在 3.10.5 段会进一步解释。

§3 英国法律的起点:保护货物主权

3.1 英国法律是绝对重视保护私产

英国法律对待货物(财产)主权是绝对重视,视同“神圣”(sacrosanct)。并有立法针对。它认为在文明社会,就必须保护私产。所以,英国的相关立法《Torts(Interference with Goods)Act 1977》(或简称 TIGA)就是针对真正货方的货物受到其他人的错误干预,如把它侵占或不合法使用。立法的原因主要是在过去的150年的普通法把这一方面的法律变得非常混乱与复杂,它涉及几种不同的侵权而且经常会出现重复。这些不同的侵权包括:“非法侵入”(trespass);“非法侵占”(conversion);“非法占有”(detinue);“复归损失”(reversionary injury)。举一个例子来说明它们之间的重复与细微的不同情况就会造成不同的诉因:如果 A 非法侵入 B 的车子,这就构成非法侵入。如果接下来 A 把该车子偷走,这就构成了非法侵入与非法侵占。如果 B 的车子属于“有条件的买卖”(conditional sale)或“租购”(hire - purchase),涉及了一家财务公司的 C,这对 A 而言就造成对 C 的复归损失。也会有情况发生就是 A 干预 B 的财产但其间没有构成非法侵入、非法侵占、非法占有与复归损失。这一来,A 也不构成任何侵权的行为。在 British Economic Lamp Co v Empire, Mile End(1913)29 TLR 386 先例中,被告的房东拒绝让原告进入取回他的财产(如原告在搬走的时候留下的财产),这被判是被告不构成侵权。

在 TIGA 的立法下,设法把有关的法律概念合理化与简化。在 Section 1 有了一个新的侵权诉因名为“对财产的错误干预”(wrongful interference with goods),它其中是包括了“非法侵占”(conversion)如航运与外贸中熟悉的无单放货、“非法侵入财产/货物”(trespass to goods),“由疏忽导致对财产或附加其上的利益的损害”(negligence so far at it results in damage to goods or to an interest in goods)、“任何其他侵权行为对于财产或附加其上的利益的损害”(any other tort so far as it results in damage to goods or to an interest in goods)。

除了上述所讲的侵权救济,真正货方或真正主人还可以有一个“复原”(restitution)的救济,这方面可节录《Benjamin's Sale of Goods》(8th edn,2010 年)之 7 - 003 段内容如下:“Alternatively the owner may ‘waiver the tort’ and pursue a restitutionary claim to recover any sum received as a result of the sale or use of the goods by the wrongdoer in an action in restitution for money had and received. Further the proprietary right of the owner is recognized, both at common law and in equity, by allowing him to ‘trace’ or ‘follow’ his property in to the proceeds of its sale, so long as these have not been dissipated, or into other identifiable assets which have been purchased with those proceeds. This will be particularly important where the defendant is insolvent and the owner seeks to establish a claim in priority to the defendant's general creditors. At common law, tracing is a limited remedy. It is available only where the proceeds of sale have not been mixed with other moneys, e. g. in a bank account, or (if a claim is made to other assets) where these have been purchased exclusively with the unmixed proceeds. But equity will trace into a mixed fund or into assets purchased with the mixed fund and will follow the moneys into the hands of anyone other than a*bona fide* purchaser for value without notice, giving the owner a charge over the fund or assets in question. However, tracing in equity requires the owner to establish that the defendant or a third party is in a fiduciary relationship to him, and that he has an equitable proprietary interest in the property claimed."

3.2 非法侵占属于严格或绝对的责任

英国法律与TIGA立法绝对重视保护私产，是从几个方面可以看得到。第一个方面是非法侵占属于严格或绝对的责任，这等于侵占方即使是无辜与不知道内情而受到牵连也是责任难逃。例如在Hardman v Booth(1863)1 H. &C. 803先例，就涉及了一家拍卖行因为拍卖被侵占的货物而需要负责。也可以节录Marfani & Co. Ltd v Midland Bank Ltd(1968)1 WLR 956先例中Diplock勋爵说："... one of the consequences of the historic origin of the tort of conversion and its application to negotiate instruments as 'goods' is that the tort at common law is one of strict liability in which the moral concept of fault in the sense of either knowledge by the doer of an act that it is likely to cause injury loss or damage to another, or lack of reasonable care to avoid causing injury, loss or damage to another, plays no part."

这立场并不受如真正货方本人也有错，如他有疏忽而导致他的货物被他人盗窃或侵占。

3.3 非法侵占在TIGA立法下的救济办法

在TIGA，针对非法侵占财产/货物规定了有三种救济的办法：(1)法院作出命令要求把非法侵占的财产/货物归还并且以金钱赔偿间接损失(an order for delivery of the goods, and for payment of any consequential damages)；(2)法院作出命令要求把非法侵占的财产/货物归还，但给被告有一个选择就是赔偿货物价格与间接损失来替代归还货物(an order for delivery of the goods, but giving the defendant the alternative of paying damages by reference to the value of the goods, together in either alternative with payment of any consequential damages)；(3)损失赔偿(damages)，显然这会是适用在被侵占的货物很容易在市场找到替代，所以金钱赔偿就已经足够，法院不必作出第一种救济的归还货物的命令。

至于向法院提出救济的"时效"(time bar)，在英国法律下就是适用1980年《Limitation Act》所规定的6年，毕竟非法侵占财产/货物是一种侵权的行为。这6年计算是从原告有了诉因的一天，也就是在原告财产/货物被侵占的一天起算：Granger v George(1826)5 H&C 149。非法侵占财产/货物的其中一种常见情况是保管人(如仓库或船舶)不合理拒绝把货物交出给真正货方(船东最容易犯这种错误就是错误留置货物,如在运费已预付提单下仍为运费留置货物),时效就在拒绝交出的一天起算:Phipott v Kelley(1835)3 Ad & El 106。即使被侵占的货物因为转售而导致了有第二个侵占,导致了原告要起诉的对象是第二个侵占方,这也不影响开始计算时效是在同一天。这表示第一个侵占方在6年后才转卖而导致了有第二个侵占方,但原来的真正货方是没有办法向第二个侵占方采取行动把有关的货物要回来,因为在过了6年的法定时效后,原来的真正货方对货物的主权也已经消失,变成了第二个侵占方可以有该财产/货物的主权。在这里也可以简单解释时效条文(不论是默示的立法时效或明示的合约时效)可分为两种,一种是时效过了就会阻止了寻求救济的办法(remedy barring),如合约的仲裁。另一种是时效过了就会令有关的合约或侵权权利消失(right barring)。表面看来与在实际的做法上,两者没有太大分别,所导致的后果也往往是一致的。在英国的《民事诉讼程序规则》(CPR 16PD－014),也没有对这两种时效有去区分。但针对财产/货物的主权问题,就会有必要知道。因为在第一种的时效,显然不会影响主权被剥夺,失去的只是救济的办法。但在第二种的时效,就会影响主权被剥夺。在大部分立法时效的措辞,如果过了时效通常是会阻止寻求救济的办法,也同时令相关的权利失去。例如在《海牙规则》,Article III,rule 6,是说“In any event the carrier and the ship shall be discharged from *all liability* in respect of loss or damage unless suit is brought within one year after the delivery of the goods...”。这在The “Aries”(1976)2 Lloyd's Rep. 256 先例明确了这一个国际公约或立法的措辞是同时令两个“阻止”发生作用。这两种时效条文的区别主要还是在合约时效,如很多仲裁条文经常说“如果双方不在争议发生后9个月内开始仲裁,就不能提出”或“双方有争议去香港仲裁,并必须在9个月内开始”,显然在文字上这是属于第一种时效。

在1980年《Limitation Act》下,Section 3(2)是会同时令两个“阻止”(barring)发生作用,表示在6年时效过去后,原来真正货方对有关的财产/货物主权也消失。例外的情况是非法侵占是通过盗窃(不论是在英国本土或外国发生)、欺诈或恐吓的行为,就会不受这6年时效的约束。在1968年的《Theft Act》之Section 15(1)与Section 21,并在1980年的立法中Section 4(1)有所针对并改变一般非法侵占是有6年的时效。所以在理论上,6年时效并不适用在小偷或者骗子非法侵占原告的财产/货物。另有关系的是2002年的《Proceed of Crime Act》之Section 288在1980年立法增加了Section 27A,这会导致的后果是如果原来真正货方向法院申请归还多年后找到的财产/货物,因为是从他身上偷取,而法院也作出了这一个宣告,就可以视为是原来真正货方对该财产/货物的主权并没有因Section 3(2)的6年时效后而消失。以上只是非常粗略的介绍有关时效的法律,而它的有关是因为不少财产/货物(如名画、古董文物等)被非法侵占,特别是偷取后,会在一段较长的时间后才找到。

3.4　在航运与外贸经常见到的非法侵占情况

TIGA所针对,在航运与外贸会经常见到的情况可以列举如下:

(1)“错误交货”(Misdelivery):这种违反 TIGA 最常见的情况就是无单交货[正如先例 Trafigura Beheer BV and another v. Mediterranean Shipping Company SA(2007) EWHC 944(Comm)],但也可以包括其他的情况。如经常会有船东或者承运人声称留置货物,因为还欠下运费或滞期费。如果船东或者承运人提出这一个要求是不正确(如提单已经注明是运费已预付或是对滞期费的要求是狮子大开口等),都会带来货方以 TIGA 采取诉讼行动(并会加上侵权与托管的诉因,因为都有关系)。如根据 TIGA 要求法院对船东或承运人下命令将货物归还。

(2)“出售或处理”(Sale or disposal):这是针对一种情况就是托管人在没有授权下把货物出售或是处理掉:Howard E. Perry v. British Railways Board(1980)1 WLR 1375。针对海上货物运输是会有例外情况,如承运人/托管人可以把危险货物在航次中途卸下或销毁,这是根据《海牙规则》或《海牙—维斯比规则》Article 4(6)。承运人/托管人也可以在一些属于共同海损的情况下把货物抛落大海。另是在货物估计是不能安全运往卸港,如易腐货物,承运人/托管人可以作为紧急代理人在没有授权的情况下在中途避难港把货物合法出售。另一种情况可让承运人/托管人在没有授权下把货物出售是委托人拒绝取货,如货物有一点点损坏,委托人作出过激的反应,这在 TIGA Section 13 也有针对。

(3)“盗窃与侵占”(Theft and misappropriation):这些是包括承运人/托管人将货物盗走或是非法处置,在海上货物运输会有很多种不同的形式出现。这可以是小偷小摸,如船员把贵重的货物偷走,这在使用集装箱运输之前是经常有发生。或是船东自己偷取货物,如在燃油价格上涨,所以经常听说油轮船东在装运燃油或者原油的时候,把船舱的货物转移去燃油柜:The “Captain Gregos”(1990)1 Lloyd's Rep. 310。船东还可以是汪洋大盗或世纪诈骗犯,如把价值高达 5600 万美元的 20 万吨原油中途偷走并非法转卖给南非政府的 The “Salem”(1983)1 Lloyd's Rep. 342,而这一个案例也已经在本章 1.1 段详细介绍。

(4)“错误扣留”(Wrongful retention):这些是包括承运人/托管人到了卸港的时候拒绝交出货物,通常的理由就是留置货物,因为欠下运费或者滞期费等。但如果并没有欠下或是船东乱敲竹杠,这就会是一种错误的扣留货物。例如经常会发生倒闭或是欺诈的期租承租人签发了“运费已预付”(Freight - prepaid)的提单,但没有把收到的运费按时支付租金给船东,导致了船东在卸港甚至还没有抵达卸港就“留置”货物,要求支付运费。这显然就是一种典型的错误扣留货物,在英国法下是受到 TIGA 的管制。这种案件很多,包括像 The “Mandarin Star ”(1969)1 Lloyd's Rep. 293;The “Alev”(1989)1 Lloyd's Rep. 138 与 Cho Yang Shipping v. Coral(UK)(1997)2 Lloyd's Rep. 641 等先例。

(5)“受托人违反责任”(Breach of duty as bailee):这是针对托管人违反他的责任,这些责任包括是合理谨慎照顾托管的货物以及在要求下或是在托管协议下交还给委托人。此外,托管人也不能在没有授权下处理受托管的货物,如把货物转交给分托管人(转运)。错误干预货物只针对托管人违反合约所造成的货物“损失或者毁灭”(loss or destruction),而不针对一般的货损。

根据这个错误干预货物的诉因索赔,相比侵权或者违反谨慎照顾货物的托管责任,表面看来是“重复”(overlap)。但是有一点分别,就是会有情况需要向第三人提出索赔,但他既不是一个托管人,或者是一个分托管人,而他也不存在有任何的疏忽。这一来,就只能以 TIGA 去向该第三人起诉了。这可以节录 Aikens 大法官著的《Bills of Lading》2006 年版之 9.84 段,如下:“An advantage of a claim framed in wrongful interference with goods is that, unlike claims in bailment or negligence, it may in some circumstances be made against a party who is not a bailee and who had not acted negligently (or fraudulently). However, the most frequent situations in which wrongful interference with goods is relevant (for present purpose) are when the carrier either delivers goods to the wrong party, or steals it himself.”

3.5 *nemo dat* 的说法

也是这个起点,有了著名的说法(拉丁文)是 *nemo dat quod non habet* 或简称 *nemo dat*。就是,一个人(卖方)不能转让给其他人(买方)一个比他自己拥有的货物主权更优越的货物主权(a person cannot give a better title than what he/she had)。这说法也是立了法,即是在本章 1.1 小段节录的 1979 年《货物销售法》的 Section 12(1)。换言之,卖方如果对有关出售的财产/货物没有主权,就不可能把该批货物的主权转让给第三人的买方。卖方如果对出售的财产/货物的主权是有缺陷的,也不可能把该批货物出售给了买方后,有缺陷主权就自动变为没缺陷。

3.6 *nemo dat* 法律起点与鼓励商业活动的货物买卖有正面矛盾

英国法律的另一大精神是尽量保护商业活动,这包括保护无辜买方可以合理预期他能够在买卖合约中的利益,也就是买到他所同意购买的货物,并能享受不被干预的使用或占有。这一来,这一个大精神与 *nemo dat* 的另一个大精神可会有正面矛盾了。如果卖方对货物没有“绝对”(absolute)与“不可剥夺”(indefeasible)的主权,如货物有抵押,或是从真正货方侵占过来,或是越权,甚至是盗窃而来,都会导致无辜的买方利益严重受损。例如,买方会被真正货方要求物归原主,否则会以 TIGA 的救济办法向无辜买方强制执行。

对个别的案件来看,会有是买方应在买卖的时候有合理怀疑,如价钱便宜至不可置信,导致买进赃物,可以说在这种情况下买方受损不应可怜。但大部份不会是这情况,况且光是价钱便宜(但不达至怀疑程度)怎能责怪买方,这根本是人性。对这种情况可以举一个简单的例子,就是一辆名车停在马路上被盗窃,并被小偷开了去另外一个城市,转售给另一个无辜买方。原来的车主报了警,并在不久后找到了这辆名车。但问题是该名车应该是归还给原来的车主或是应该让无辜买方保留?理论上可以找出其他办法,只是实际不可行。例如是说名车应该根据 *nemo dat* 的大原则下归还原来的车主,而无辜买方可以根据有关的买卖合约向小偷索赔损失,因为小偷作为卖方,违反了1979年《货物销售法》Section 12的默示条件,没有把车子的主权转让给买方。但实际上,无辜买方是不可能再找到一个小偷的卖方并成功索赔,把损失要回来。如果把个别案件的事实一并考虑,更加是说不清楚怎么样处理才是公道。例如,原来车主把该名车随意在马路停泊,又没有好好加锁,导致小偷很容易得手。又例如,无辜买方根本不可能有什么怀疑,而购买该名车的价格实际上不比当时的市场低。

这矛盾由Denning大法官在Bishopsgate Motor Finance v. Transport Brakes(1949)1 KB 322先例指出说:"In the development of our law,two principles have striven for mastery. The first is for the protection of property: no one can give a better title than he himself possesses. The second is the protection of commercial transactions: the person who takes in good faith and for value without notice should get a good title. The first principle has held sway for a long time,but it has been modified by the common law itself and by statute so as to meet the needs of our own times. "(在英国法律的发展,有两个大原则是一直想主导。一是保护财产/货物的主权,没有其他人可以有一个比原来的真正主人/真正货方更优越的主权。二是保护商业上的交易,包括无辜的善意买方给了货款就应该得到他所买的财产/货物。只要买方是无辜,在没有通知的情况下,他应该对所买的财产/货物有一个好的或清洁的主权。但在英国法律已经是有一段长时间第一个大原则是超越了第二个大原则,但在普通法与立法也有作出了一些所谓的*nemo dat*的例外情况。)

总结说,在更加重视*nemo dat*大原则的地位下,也为了在这个严重矛盾与第二条大原则取得一些平衡。英国法律发展了几种做法保障无辜的善意买方,在不知情的情况下买入没有主权或清洁主权的财产/货物。可以说是希望能够鼓励商业活动,不致把买方吓怕,不敢随便购买财产/货物。这会在接下去之3.10段介绍。

3.7 保障无辜买方做法之一:已过时的market overt

在1979年《货物销售法》Section 22(1),曾经是说:"Where goods are sold in market overt,according to the usage of the market,the buyer acquires a good title to the goods, provided that he buys them in good faith and without notice of any defect or want of title on the part of the seller."

这条文已在1994年的《Sale of Goods(Amendment)Act》(在1995年1月3日生效)被取消掉。

确实,这"market overt"的规定早已过时。这只要看"market overt"的定义:这市场的买卖只包括在伦敦的商场而不是在英国其他城市:Clayton v. Le Roy(1911)2 KB 1031;买卖必须在大白天进行,好像罔顾了电灯的发明:Reid v. Metropolitan Police Commissioner(1973)1 QB 551。

这规定原意是想保障无辜买方可去"market overt"的市场安心买进货物,但这也同时削弱了*nemo dat*的立场。而且,它变为一种/一处可安全顺利出售赃物的做法与地点。加上已过时与不现实,所以取消掉也没有任何可惜。但这一来,英国法律更是倾向于 *nemo dat* 的立场/起点,对无辜买方显然不利。

3.8　保障无辜买方做法之二:登记真正财产/货物方的主权

这做法最广泛为人所知是土地物业的买卖,它的主权都必须登记,以供无辜买方公开查阅,以免买进业权不清楚或有争议的土地物业。

因为土地会是历史长远,不会"折旧"(depreciate)或摧毁,不像其他的货物都有短得多的"生命"(life span)。所以,会有过往契据文件失去或不全,造成业权来历不明或有地方混乱。查阅业权会是/曾是复杂的工作,导致买卖房子一直是由有资格的律师进行这一方面的工作。

其他要登记主权并可供查阅的财产/货物是船舶与飞机。在电子提单的构思下,是要求提单持有人(真正货方)登记。而货物在船上运输期间每次以单证转卖也要登记,这就可以在任何时间都很容易查阅到有关货物的主权属于谁,以避免或减少无单交货与假提单的当前困境。

但这做法要求其他千千万万的不同货物买卖是完全不实际。这变得绝大多数的买卖,无辜买方只能盲目依赖卖方对货物主权的转让。而如果卖方做不到,会是违约,违反了 1979 年《货物销售法》Section 12(1)的默示条件条文,要赔偿买方损失。但问题是,卖方如果是身无分文或不知所踪的小偷或光棍,无辜买方的损失也就根本无法追究了。

3.9　保障无辜买方做法之三:尽量减少承认负担或留置权

为了不影响无辜买方,英国法律尽量减少承认对货物的"负担"(incumbrances):Portline Ltd. v. Ben Line Steamers Ltd(1958)2 QB 146。同样原则也适用在对货物的"留置权"(lien),在中国也会被称为是"优先权"。

这一点又可以笔者最熟悉的航运为例,即船舶(也是财产/货物一种)的"海事留置权"(maritime lien)。在 The"Rippon City"(1897)P. 226 先例,Gorrel Barnes 大法官说:". . . a maritime lien travels with the vessel into whosoever's possession. It comes so that an innocent purchaser(无辜买方)of a ship may find his property subject to claims which exist prior to the date of his purchase, unless the claim is lost by laches or the claim is one which is barred by the statute of limitation(法定时效). . . and although it may be hard on an innocent purchaser, if it did not exist, a person who was owner at the time a lien attached could defeat the lien by transfer if he pleased."

换言之,海事留置权的存在会严重损害无辜买方是充分认识到的。只是在权衡轻重后,特别在远古时代(当时国际上无法通讯),一定程度上为了要保障本土/岸上受害方的权益而对付来去无踪,不知背后在干什么(如私下出售)的外国船东与船舶。

但原则上仍是尽量减少承认,正如 Diplock 勋爵曾说:"The attitude of UK towards maritime liens is on the whole one of dislike of them. We have a very small number of maritime liens existing in our national law."

但航运是国际性,不光是受英国法律的影响。例如是美国,虽然对本土的财产/货物,原则是与英国一样。但一涉及船舶,多数是外轮,因为美国商船不多,美国就不客气了。为保障美国本土的利益,美国立法承认大量的海事留置权,大大超出了英国法律,反正受损的是外国船东(即使他是一个无辜买方)。

这一方面的问题,在笔者的《期租合约》一书第 610 ~ 611 页有说明如下:

41.2.1.1 可能给船舶带来债务的情况

NYPE 46 第 18 条文的最后一句,是禁止承租人不许对船舶带来债务与海事优先权(maritime lien)。在今天转租频繁,这会是分承租人或分分承租人带来的债务而影响船舶,但在船东与承租人之间的租约而言,仍是承租人要对船东负责的。

现实中,会有哪方面承租人或分承租人会给船东带来债务呢?肯定最频密的最危险的债务,应是承租人的物料供应及有关营运服务所欠下的债务。对船舶物料的供应不少是来自船东自己,如润滑油、船舶零件与物料、船员生活上的供应等,它们都与承租人无关。对来自承租人物料的供应应是不多,想得到的主要是燃油、垫货板等。但这"债务"对船东已会是够惨了,因为光是燃油这一项就会是数量大,价值高。而且,燃油供应商做法上非常习惯放帐给承租人,如供应后 2、3 个月才要求支付,不管该承租人是否只是一个光棍的营运人(operator)。

除了物料之外,有关营运对船东提供服务,即美国所谓的"必需品"(necessaries)更会是多元化了。它会包括领港费用[1],码头费用[2],小工费用[3],特别代理费用[4],熏舱费用[5]等。必需品也当然包括燃油及润滑油[6]。其中一些费用会是很可观,如小工作业。在期租下,这些都应是承租人要承担的。有一些费用,承租人也往往要先支付,否则营运不了,如港口使费。所以这种债务留下来要船东承担机会不高。但有少数的几种会极其危险,因为它们的做法往往不会要承租人先付清费用才提供,这就变为债务。最典型的是燃油供应,大部分石油公司或燃油供应商为了抢生意,常会给承租人(甚至来历不明的承租人)好几个月的还款期。这一来,直至油款还清,它就是一笔债务,而债务人应明确是要供应燃油的承租人而非是船东。

41.2.1.2 美国法律对于海事优先权的规定

欠下燃油费用理所当然的"债务人"(debtor)是承租人,毕竟是他安排供应并且是他与燃油供应商签署供油合同,为何船东又会要承担后果呢?的确,这是英国法

---

〔1〕 *The Blue Spruce* 315 F. Supp. 555(D. Mass. 1970).

〔2〕 *The Western Wave* 77 F. 2D. 695(5th Cir. 1935).

〔3〕 *The Jagat Vijeta* 696 F. 2D. 1135(5th Cir. 1983); *The Rosa Roth* 587 F Supp 1033, 1985 AMC 718 (SDNY 1984).

〔4〕 *The Mare Arabico* 459 F. Supp. 1325(D. MD. 1978).

〔5〕 *The American*(1931) AMC 197(D. Mass. 1930).

〔6〕 *Galehead Inc. v. M/V Anglia* 1999 AMC 2952(11th Cir. 1999).

律的立场,[1]除非船东/船长作了供应合同的一方所以也成为了共同债务人,有个人的责任,但这种情况现实中不会发生。

只可惜,另一个主要国家美国的法律(也代表它的立场)很不一样。它把这种债务当作为海事优先权(maritime lien)。作为优先权,即表示债权人(creditor)可以咬着这艘船舶不放,不管谁是债务人,不管船东本人有没有责任,也不管这船舶已变卖了多少次,而届时的船东是完全无辜,对此债务完全无知。

明显的是,美国法律想保障本土的供应商、石油公司、小工、代理人等。至于要牺牲船东的利益,这是管不了的,反正美国并不是一个船东的国家。但美国是一个任何船东都没法漠视的国家,加上有其他国家的法律会尊重美国法律,[2]只要供应是在美国发生,所以船东非得要重视不可。

注意的是,今天转租频繁,所以这种债务也可以是分承租人或是分分承租人留下来给船东承担的,这会是连原承租人也不知情。当然,在本条文下,承租人仍要对船东负责这债务的影响,包括付出的钱去还债,扣船时的延误(可能发生在还船后,所以也不存在承租人能否停租的争论),律师费等。至于承租人赔了给船东后根据分租约向分承租人要求补偿,这是不关船东的事。反正在一连串的租约下,出了这种事情,谁的口袋深(deep pocket),谁就逃不掉。反正一层层的诉讼会是要到一个光棍的分承租人或分分承租人才会停止。

美国法律把这种债务作为优先权是根据1910年《美国联邦海事法》(《The Federal Maritime Lien Act,46 U. S. C.》),Section 971 的有关文字如下:-"Any person furnishing repairs, supplies, towage, use of dry-dock or marine railway, or other necessaries, to any vessel, whether foreign or domestic, upon the order of the owner of such vessel, or of a person authorized by the owner, shall have a maritime lien on the vessel, which may be enforced by suit *in rem*, and it shall not be necessary to allege or prove that credit was given to the vessel."

3.10 保障无辜买方做法之四:*nemo dat* 说法的例外情况

英国法律也发展出几个"例外情况"(exceptions),令真正货方对财产/货物的主权减弱或被剥夺,导致无辜买方对该同样财产/货物的主权可超越或优先。这种情况以下小段探讨:

3.10.1 *nemo dat* 例外情况之一:禁止翻供(estoppel)

这衡平法下的原则/理论,已在杨良宜先生的《国际商务游戏规则——英国合约法》一书的第十一章节有详尽谈及,不在此重复。

这原则/理论的精神也有在1979年《货物销售法》Section 21(1)有所反映说:"... unless the owner of the goods is by his conduct precluded from denying the seller's au-

[1] *The Monica S* [1967] 2 Lloyd's Rep 113.

[2] *The Ioannis Daskalelis* [1974] 1 Lloyd's Rep 174(加拿大最高法院).

thority to sell."(除非真正货方以他的行为导致他不能否定卖方没有权出售有关货物。)

这一种禁止翻供导致 *nemo dat* 大原则不适用。早在 Lickbarrow v Mason(1787)2 T. R. 63 案中,Ashhurst 大法官有提到过:"... wherever one of two innocent persons must suffer by the acts of a third, he who has enabled such third person to occasion the loss must sustain it."(如果有两位无辜方因为第三人,如小偷的行为而造成损失,损失就无可避免由两位无辜方其中的一位要承担,而应该承担的那位是由于他的行为容许了第三人有机会造成该损失。)

但这一说法显然太广泛,否则一批珠宝的真正主人委托一个信差从一个办公地点送去另一个办公地点,但中途信差把该批珠宝侵占与出售给了一位无辜买方,就已经可以导致真正主人失去了这批珠宝的主权,因为他的行为容许该信差有机会造成该损失。所以在后来的案例中只在两种情况下适用。第一种是真正货方对无辜买方作出了口头或行为上的表述,导致无辜买方误以为卖方对有关货物拥有主权。第二种是真正货方的疏忽导致了卖方有一个表面上对货物的主权。在这两种情况下,就会导致了本来不应该有主权转让的货物,但无辜买方可以获得主权。这一方面可节录《Benjamin's Sale of Goods》(8th edn,2010 年)之 7-008 段部分内容如下:"The true owner of goods can be estopped from denying the apparent ownership of the seller, so that the buyer acquires a good title to the goods by estoppel. Such an estoppel may arise either: (i) by reason of a representation made by the true owner that the seller is the owner of the goods; or (ii) by negligence on the part of the true owner which enables the seller to create an appearance of ownership. For reasons of commercial convenience, however, the effect of its application is to transfer to the buyer a real title and not a metaphorical title by estoppel."

作为对 *nemo dat* 的例外情况,实例也不多。只要想想,要构成禁止翻供,原来及真正货方应该是曾向无辜买方作出口头、文书或行动,令无辜买方被误导而依赖这个表示,买入了这票主权不清洁或不存在有主权的财产/货物。而且这口头、文书或行动表示应是"清楚与无误"(clear and unequivocal),明显造成对一方(无辜买方)不公平,需要衡平法插手干预。

这一来,现实中真正货方根本不大可能在事前会接触到无辜买方,如他们之间隔一个小偷或货物侵占者,怎会有过禁止翻供行动呢?同样的道理也适用在较早介绍的信差运送珠宝的例子中。

光是把货物或是货权凭证(如正本提单)交给一个骗子,这行动本身也不足够构成禁止翻供。在著名的 Mercantile Bank of India v. Central Bank of India(1938)AC 287 先例,一个骗子把货物凭证给第一家银行"质押"(pledge)。该银行又把货物凭证交回以便骗子取货。但他却把这份凭证向第二家银行质押,多骗取一点货款。判是这不足构成第一家银行面对第二家银行有禁止翻供行动。

一般而言,真正货方与他的财产/货物分开并交出给第三人,是不足够构成对主权的一个表述。真正货方必须做多一点不对劲的事情才会造成禁止翻供而失去货物的主权。否则,真正货方把货物存放在仓库或交上船舶运输,仓库看管人或是船长把该批货物出售给无辜买方也会造成禁止翻供,这显然是不现实的。

至于真正货方做多一点不对劲的事情会是他自己或者通过他的代理人向无辜买方作出一个表述,他授权或同意有关财产/货物的出售。如果只是没有货物主权的卖方向无辜买方作出的表述,则显然是不会约束真正货方: Farquharson Bros & Co v King & Co(1902) A. C. 325; Weiner v Gill(1905)2 K. B. 172. 反正是要无辜买方能够证明他被真正卖方的表述误导了,而且被依赖了,否则是不会购买这批没有主权或不清洁主权的货物。

这方面可介绍 Eastern Distributors Ltd v Goldring(1957)2 Q. B. 600 先例。案情涉及了一个车主想以他的客货车作为融资的工具,该车主与一个车行同意让车行代表他向原告的金融公司说明车主同意从车行以"租购"(hire - purchase)的方式接收该客货车,并为此签了一些有关的空白文件,包括租购合约与交车证明。这些做法允许该车行有了机会与有关的证明文件向金融公司声称车行才是对该客货车有主权,并有权出售给原告的金融公司。在上诉庭,判车主是对这一个不正确的陈述同意而且是知情,所以试图否定车行的表面授权不被上诉庭接受,认为车主的行为(签出这些错误的文件)已经是构成禁止翻供。换言之,原告的金融公司对该客货车有了一个更优越的主权,这也是 1979 年《货物销售法》Section 21(1)最后的一句话的:"除非真正货方以他的行为导致他不能否定卖方没有权出售有关货物"。

另一个经常会见到的真正货方做不对劲的事情或表述是涉及无单放货的一种名为"电放"的做法,就是发货人(往往也是卖方)向船长做出明示要求在卸港无单放货给买方,但在当时买方还没有支付货款,正本提单还在发货人的手里,表示发货人还是真正货方,货权还没有转移。这种做法很莫名其妙,如果卖方是这么信任买方信誉,放了货给他还是不影响将来货款的支付,就不必要花钱以昂贵的信用证作为支付办法。如果卖方因为有了信用证下的银行保证支付而感觉放货也没有问题,就应该考虑到信用证下的支付并非是完全的保证。这方面在本书第五章 3.3 段也有提到。如果是因为 CIF/CFR 卖方担心在卸港产生过多的滞期费,因为等待正本提单,这也是过虑(买卖合约与租约订的好是经常可以把这方面的风险转移给买方或否定船东的索赔机会)或至少是轻重掌握的不好。反正不多探讨,只说如果船长依照电放的要求无单放货,但事后卖方收不到买方的货款而向船东提出侵占货物/无单放货所造成的损失索赔,船东就应该可以禁止翻供作为抗辩。如果卖方向无单放货后买方转售有关货物的分买方要求归还这批货物的部分或全部,也会面临无辜分买方的同样抗辩,也就是 1979 年《货物销售法》Section 21(1)最后的一句话的:"除非真正货方以他的行为(电放通知船长无单放货)导致他不能否定卖方没有权出售有关货物"。

再把无单放货的事件做出一些改变,就是更常见的在卸港,买方向船东作出了保函以交换无单放货的情况。这与上段所讲的不一样之处就是上段涉及了真正货方明确做了一些行为,也就是主动告知船长无单放货,但在本段真正货方并没有参与保函交换无单放货。但有不少这种安排,当时的发货人/卖方是知情,只是他不参与也不说话。这一来,也是涉及了相当有趣的考虑。通常在禁止翻供,是需要被禁止一方明确讲了一些话或做出了一些行为。如果不讲话,这只能是中性,因为他如果开口讲话会怎么样说不会有人知道。但沉默还是在很少的情况下会构成弃权,这可以节录Bingham大法官在The "Lutetian"(1982)2 Lloyd's Rep 140先例中所说如下:"More recently, Lord Wilberforce in Moorgate Mercantile Co. Ltd v Twitchings, (1977) A. C. 890, at p. 903, provided persuasive authority for the proposition that the duty necessary to found an estoppel by silence or acquiescence arises where a reasonable man would expect the person against whom the estoppel is raised, acting honestly and responsibly to bring the true facts to the attention of the other party known by him to be under a mistake as to their respective rights and obligations."

这表示在真正货方对他的货物在卸港以保函交换无单放货被提走完全知情与默许,也会在将来主张他有更优越的货物主权的时候会面对禁止翻供争辩的可能性。

一般是,即使真正货方有疏忽行为,这也不构成禁止翻供。例如,不小心导致财物被偷,再转售给无辜买方。如果接受真正货方的不小心的事实可构成禁止翻供,这会导致打开"大水闸"(flood gates)的危险而带来大量诉讼。加上每次都要回头追究真正货方曾经有否疏忽并不容易调查取证(特别是对这一方面一无所知的无辜买方),也不科学,也劳民伤财。例如,一位无辜买方购买了一辆名车,但实际上在3年前已经被偷,并在事后多次转售。无辜买方面对真正车主要求归还,是根本没有办法对3年前的盗窃如何发生与是否涉及了真正车主的疏忽调查取证。但在加拿大曾有过不同看法的判例:Canaplan Leasing v. Dominion of Canada General Insurance(1990)69 DLR(4th)531。至于在大原则,由于禁止翻供是衡平法的救济,的确是有要求申请人或原告必须自己是清白的,所以真正货方不小心导致财物被盗的说法也不是完全没有依据。

3.10.2 *nemo dat* 例外情况之二:"可令无效的主权"(voidable title)

进一步解释这分别的关键所在,可先节录1979年《货物销售法》相关的Section 23如下:"When the seller of goods has a voidable title to them, but his title has not been avoided at the time of the sale, the buyer acquires a good title to the goods, provided he buys them in good faith and without notice of the seller's defect of title."

这里可以先解释一下"无效"(void)与"可令无效"(voidable)的分别。一个合约因非法或共同错误/一方错误(这种错误非常局限,只适用在双方"驴唇不对马嘴",不严格是有"一致想法"[meeting of mind])等情况而会从一开始就是无效,即"自始无效"(void ab initio),也就是这个合约从来没有存在过。但在另外的许多情况下,只是给了无辜方一个可令合约无效的选择。这包括误述、不披露、胁迫、不正当影响等。

举例说,卖方向买方作出误述而导致了买卖合约的产生,买方可以据此终断合约。但在买方发觉误述的时候,有关货物价格暴升,就决定不选择令合约无效,而只向卖方提出索赔(特别有关的误述涉及了欺诈性或疏忽性)。

这无效与可令无效也会出现在货物主权。首先,一个无效的主权就是卖方对从真正货方盗窃来的货物,他从来是没有主权,也转让不了给无辜的善意买方一个主权。但一个可令无效的主权:譬如B通过向A作出欺诈性的误导与不正当影响,使A(真正货方)把货物给了B(骗子),如此,A在发觉后有权选择令合约无效。但在期间B已经很快地把有关货物转售给了C(无辜的善意买方)。这一来可以说B没有一个绝对的主权,但他有的是一个"可令无效的主权"(voidable title),而C也在A没有选择终断合约前买了有关的货物就可以取得了一个"不可剥夺"(indefeasible)的主权。在《Benjamin's Sale of Goods》(8th edn,2010年)之7-024段依据White Bros v Davison(1911)1 KB 463与Eisinger v General Accident Fire and Life Assurance Corp Ltd (1955)1 WLR 869先例对"violable title"定义如下:"... is a good title until a person entitled to avoid elects to avoid it, and does avoid it, in which case that which was a title, though a voidable title, becomes an avoidable title."

对此可进一步解释:如真正货方被骗子(买方)"误述"(misrepresent),如以空头支票付款,真正货方可以根据买方的误述导致买卖合约的产生而终断这合约,而原来出售之货物也就物归原主了。但一天尚没有终断前,真正货方与骗子买方实是有一个有效合约,这与盗窃不同,后者的双方之间根本没有过合约的存在。换言之,骗子对买卖合约针对甚至已经交付的财产/货物是有主权,只不过这主权会被真正货方(卖方)可令无效,这就是所谓的"voidable title"。

而只要骗子买方有"voidable title",而且真正货方仍未曾终断合约,是可把财产/货物根据1979年《货物销售法》的Section 23转让给无辜的"分买方"(sub-buyer)。而且,分买方在主权会超越与优先于原来真正货方。

在这种情况下,显然为了避免导致自己的主权被剥夺,真正货方应尽早终断买卖合约,或者可早一步比骗子买方将货物的"voidable title"转让/转售给了无辜分买方。例如真正货方被骗子以空头支票骗了一批珠宝或一辆名车,真正货方一知道真相后就应该马上采取行动以误述/欺诈终断与骗子的买卖合约。这方面会遇到的困难可节录《Benjamin's Sale of Goods》(8th edn,2010年)7-024至026段如下:

"The true owner may therefore defeat the operation of s. 23 by avoiding the seller's title before the seller resells the goods to the buyer. It is not necessary that there should be a judgment of a court to effect such avoidance. The true owner may achieve this result by rescinding the contract between himself and the seller. As a general rule, he must communicate to the seller his intention to rescind, and the seller's title will not be avoided until this has been done. An uncommunicated intention, for example, by speaking to a third party or making a private note, will be ineffective. This rule,, however, is not an absolute one. It would seem that the true owner may rescind the contract merely by retaking possession of the goods; and a further exception or qualification was recognized by the Court of Appeal in Car and Universal Finance Co Ltd v Caldwell(1965)1 QB 525. In that case, the defendant was fraudulently induced to sell a motor car to N in return for a cheque. When the cheque was dishonoured, the defendant immediately informed the police and the Automobile Association of the fraud, but neither he nor they were able to communicate with N. Subsequently N sold the car, which came into the hands of the claimants, who bought it in good faith and without notice of any defect of title. At first instance, Lord Denning M. R decided that the defendant had effectively rescinded the contract between himself and N, so that the claimant acquired no title to the car. 'I hold', he said: '... that where a seller of goods has a right to avoid a contract for fraud, he sufficiently exercised his election if he at once, on discovering the fraud, takes all possible steps to regain the goods even though he cannot find the rogue or communicate with him. [1]

This decision was upheld by Court of Appeal, but on the narrower ground that, in this case, N intended quite deliberately to disappear and render it impossible for the defendant to communicate with him or to recover the car. The court left open the question whether or not the general principle would apply in a case where one party to a contract makes innocent misrepresentation which entitles the other to elect to rescind and than innocently so acts that the other cannot find him to communicate his election to him.

This decision has been criticized and its effect appears to have been considerably curtailed by the subsequent decision of the Court of Appeal in Newtons of Wembly Ltd v Williams(1965)1 QB 560.[2] from this latter case it would seem that, if a rogue obtains possession of goods from the true owner under a contract of sale induced by his fraud, he can pass a good title to an innocent buyer under s. 25(1) of Sale of Goods Act 1979 notwithstanding the fact that the true owner has avoided the rogue's voidable title before the innocent buyer purchased the goods. Although, in this case, the contract between the true owner and the rogue appears to have been an agreement to sell, and not a sale of, the goods, the wording of s. 25(1) extends to cases where the rogue has 'bought' the goods as well as to cases where he has 'agreed to buy' them. Provided, therefore, that the other requirements of that subsection are fulfilled, it is submitted that rescission of the contract of sale by the

---

〔1〕 Denning 勋爵认为是真正货方如果无法找到骗子告知他选择终断合约,因为找不到骗子,就可以通过报警以显示这一个选择,这就可以避免在稍后的无辜买方可以依据"可令无效主权"把货物拥有并超越真正货方的主权。

〔2〕 Denning 勋爵的判法在下一个先例被批评,认为真正货方不论是否能在无辜买方买进有关货物前或后令合约无效,也不影响无辜买方可以根据《货物销售法》Section 25(1)而取得有关货物的主权,这一个 Section 25(1)在本章 3.10.5 段会介绍。

true owner will not prevent an innocent buyer from acquiring a good title under s. 25(1) even if he cannot do so under s. 23.

In any event, in order to avoid the seller's voidable title, the true owner must be in a position to rescind the contract made between himself and the seller, that is to say, the remedy of rescission must not for any reason have become barred. In particular, the true owner must have elected to affirm the contract and so lost his right to rescind."

在以上可见,真正货方与无辜买方的卖方之间的合约到底是无效或只是可令无效有很大的分别,往往会决定有关货物的主权是属于谁。所以,有一些著名先例如 Cundy v Lindsay (1878) 3 App Cas 459; Ingram v. Little (1961) 1 QB 31 与 Lewis v. Averay (1972) 1 QB 198,案情涉及了真正货方受骗后全力争辩说他与骗子的买卖合约是"无效",不光是"可令无效",以求把被骗财产/货物从无辜分买方手中取回。而依赖的无效往往就是指真正货方自己有错误,这错误就是骗子的身份,所以在这种"驴唇不对马嘴"的情况下,双方没有一致想法而令买卖合约无效。比方说,一个骗子冒充一家著名的公司骗了真正货方一票货物,真正货方就会有机会说合约的想法是与该著名公司做生意,从来没有想到过与该骗子去做生意。

在 Cundy v Lindsay 先例,涉及了一个骗子名为 Blenkam 冒充另一家著名的公司 Blenkiron & Co,向真正货方要了一批货物。真正货方对 Blenkiron & Co,久闻大名,不以为意下给了这骗子一批货物,一心是想交货给 Blenkiron & Co 并大可以放心。骗子取得货物之后转卖给无辜买方,骗子自然是从未付款给真正货方。真正货方在知道真相后向无辜买方要回货物,而关键的争论是真正货方与骗子的合约是否是无效的。如果是,则货物的主权从没有转移,自然骗子也不能把货物主权再转移给无辜买方。显然,如果真正货方只是主张被骗子欺诈或误述,这是保护不了他的主权,因为只会是可令无效而不是无效。该先例是判合约无效,因为真正货方是把身份搞错了,从来没有与骗子做生意的一致想法。

另在 Ingram v. Little 先例,案情涉及原告被一骗子游说卖她的车子给他,原告不肯答应除非是先付现金。在骗子再三游说下,并自称是一位 Hutchinson 先生,住在何处(换言之是有名有姓要将来追究是可以找得到的人),原告在查了电话簿对此资料确认后,同意把车子卖给这骗子,并接受了一张支票。后果是可以想象,而骗子又是转手把车子转卖给无辜的买方。在这场官司看看真正车主和无辜买方(他们不幸都碰上骗子)谁该倒霉,法院判真正车主花了很大心机去确认骗子身份才肯同意卖出车子,但其实是搞错了,骗子根本不是 Hutchinson 先生,所以这错误是在订约双方的"身份",合约应是无效。

但在 Lewis v. Averay 先例,结果又倒转过来。又是一骗子买车子,在付款时给一张支票,真正车主坚持先要把这张私人支票兑现后才容许骗子把车子开走。骗子继续游说下,并自称是一电影明星,又提供了一些文件证明他就是该明星,真正车主让骗子把车子开走。在这一先例,上诉庭判真正车主的错误只是搞错了订约对方的

"优劣气质"(attributes),即"不可信任"(non - credit - worth),这涉及他的判断,而不是搞错合约对方的"身份"。本案与 Ingram 先例的不同处应是在 Ingram,原告要确认对方身份(但搞错了)才肯订约。但在 Lewis 先例,原告订了约而出问题的只是之后的付款方式。

这种问题不好解决,毕竟争夺有关货物主权的都是无辜方,也是法律在大原则下希望保护的对象。难怪 Delvin 大法官在 Ingram v. Little 先例曾经建议无辜的当事人一人一半分摊这一个损失,虽然实行起来会是麻烦重重。幸亏,这种问题在国际货物/商品买卖比较少出现,所以不进一步详论。

3.10.3　*nemo dat* 例外情况之三:商业代理人(mercantile agent)

商业代理人的定义是在依然有效的《Factors Act,1889》的 Section 1(1):"The expression 'mercantile agent' shall mean a mercantile agent having in the customary course of his business as such agent authority either to sell goods or to consign goods for the purpose of sale, or to buy goods, or to raise money on the security of goods."

在这明确定义下,像承运人,"仓库管理人"(warehousemen)或其他形式的托管人都不属于商业代理人。在普通法,真正货方是完全有权授权他的代理人或受雇人把他的财产/货物出售并转让货物主权给买方。对买方而言,只要真正货方的代理人或受雇人是有真正授权或默示授权可以这样做,也是不必担心买入的货物没有主权。但光是真正货方让他的代理人或受雇人占有财产/货物或物权凭证文件,这本身并不足够代表代理人或受雇人可以把有关货物出售并转让货物主权给其他人。这本身也不足够代表代理人或受雇人可把有关货物作出"质押"(pledge):Fuentes v Montis (1868) L. R. 4 C. P. 93。这完全可以理解也配合现实做法,毕竟要把货物交出给代理人或受雇人保管的情况实在是太多。例如一批货物的运输可以说在整个运输过程中都会有不同的代理人或受雇人占有与保管,真正货方恐怕碰都没有碰。所以对一般人而言,也会有常识不会向这些人士购买该批货物。如一个商人不会向仓库管理人做出要约把存放在仓库的 2 万吨化肥出售给他。真的这样做,也会向仓库管理人问清楚来龙去脉并要他提供一份真正货方的授权书。

但在商业社会有其他类型的代理人看来就有更加清楚的默示授权可以把有关货物出售,并转让给买方一个优越的主权。例如,该代理人是某种名牌货物的总代理。为了更好保护无辜货方,在 19 世纪的英国就对这方面立了法,也就是 1823 年、1825 年、1842 年、1877 年以及最后一版的 1889 年《Factors Act》。立法的作用部分就是为了保障无辜方善意向商业代理人购买或质押或其他处置有关货物,就会约束真正货方。这是在 1889 年立法之 Section 2(1),如下:"Where a mercantile agent is with the consent of the owner, in possession of the goods or of the documents of title to goods, any sale, pledge, or any other disposition of the goods, made by him when acting in the ordinary course of business of a mercantile agent, shall subject to the goods provision of this Act, be as valid as if he were expressly authorized by the owner of the goods to made the same; provided that the person taking under the disposition acts in good faith, and has not at the time of the disposition notice that the person making the disposition has not authority to make the same."

一位车主把名车交给车行修理或加油,也不存在车行可以"商业代理人"(mercantile agent)的身份出售车子,进而剥夺了(相对无辜买方而言)车主的主权。正如 Chapman 大法官在 Astley Industrial Trust v. Miller(1968)2 All ER 36 先例所讲:"Counsel for the defendant's construction would, for example, lead to this result: if I take my car into the local garage to have a puncture repaired, or to be greased, or to have a general check-up before going on holiday, I would be at the risk of the garage not only purporting to sell it, but actually passing good title if, besides carrying out repairs and servicing for customers, they professed the business of buying and selling motor cars. This would seem a startling conclusion."(被告大律师的争议会带来很奇怪的结果。如果我把我的车子在放假前交出给一家当地的车行进行简单修理与检查以及加润滑油,我就会冒很大风险,该车子会被车行出售,并且可将一个比我更优越的主权转让给第三人的买方。)

但如果真正货方把财产/货物交给了一位商业代理人,则如果该代理人越权或胡作非为出售该财产/货物,无辜买方仍可取得主权。这在 1889 年的《Factors Act》的 Section 2(1)有说明如下:"Where a mercantile agent is, with the consent of the owner, in possession of goods or of the documents of title to goods, any sale, pledge, or other disposition of the goods, made by him when acting in the ordinary course of business of a mercantile agent, shall, subject to the provisions of this Act, be as valid as if he were expressly authorized by the owner of the goods to make the same; provided that the person taking under the disposition acts in good faith, and has not at the time of the disposition notice that the person making the disposition has no authority to make the same."

看来,无辜买方向某种货物的总代理(比喻)购买就不会有主权的问题,不用担心在买卖后冒出一个自称真正货方说这总代理是 *nemo dat* 卖方。

在 Lowther v. Harris(1927)1 KB 393 先例,一位"艺术品商人"(art dealer)以欺诈性误述从真正货方取得一幅名贵挂帷,并越权的出售给了无辜买方,判是无辜买方可获得一个"优越的主权"(good title)。

涉及信用证业务,会有一份文件名为"信托收据"(trust receipt),是在买方没钱向银行赎单,开证银行被迫交出这份单证(主要是货权凭证的一份正本提单)给买方让他向船东提货,并把有关货物转售,之后再支付给银行。但如果买方不诚实,把这套付运单证向第二家银行质押骗钱,开证银行会失去货物主权,主权归了第二家银行,因买方被视作开证银行的"商业代理人"(mercantile agent):Lloyd's Bank v. Bank of America(1938)2 KB 147。

表面看来,这主要先例与本章 3.10.1 小段所提的 Mercantile Bank of India v. Central Bank of India(1938) AC 287 先例的判法有矛盾。但它们的案情有一个微妙与重大的分别，即该先例的第一家银行把货物凭证的正本提单交回给骗子只是为了向船长"取货"(delivery of the goods)，这不属 1889 年《Factors Act》的 Section 1(1)对商业代理人授权的定义。这定义是"出售"货物，或"为出售而托付"(consign for the purpose of sale)，或"买进"货物，或贷款质押。光是为了"取货"(delivery of the goods)不是商业代理人的关系，但该案例的事实又不足构成禁止翻供。

能够成立商业代理人这 *nemo dat* 的例外情况，有两点要注意：(1)真正货方必须是自动自愿把货物或货物凭证交给商业代理人，而不是后者向前者偷回来，抢回来或骗回来。换言之，这里只涉及好像越权等问题而已。正如 Denning 大法官在 Pearson v. Rose & Young(1951)1 KB 275 先例所说："To enable the Factors Act 1889 to operate, the consent must be to the possession of the goods by a mercantile agent as mercantile agent …that means that the owner must consent to the agent having them for a purpose which is in some way or other connected with his business as a mercantile agent."(2)无辜买方不应有合理怀疑，如商业代理人本行不是该货物商品的买卖，行踪有异等：Oppenheimer v. Attenborough & Sons(1908)1 KB 221。

3.10.4 *nemo dat* 例外情况之四：卖方控制货物(seller in possession)

这可先节录 1979 年《货物销售法》的 Section 24，如下："Where a person, having sold goods, continues or is in possession of the goods, or of the documents of title to the goods, the delivery or transfer by that person, or by a mercantile agent acting for him, of the goods or documents of title under any sale, pledge or other disposition thereof, to any person receiving the same in good faith and without notice of the previous sale, has the same effect as if the person making the delivery or transfer were expressly authorised by the owner of the goods to make the same."

这一条立法条文是按照 1889 年《Factors Act》之 Section 8，源自 Johnson v Credit Lyonnais Co(1877)3 CPD 32 先例所针对的情况："with the object of mitigating the asperity of the common law towards an innocent party purchasing goods from a person who has all the trappings of ownership but in truth has no proper title to the goods."

这实是针对一种买方支付了货款，也取得了货物的主权，但又不马上把货物取走并占有，导致卖方对该货物继续去占有，但实际的身份从真正货方变为是"受托人"(bailee)。但对第三人而言，是完全不会知道卖方对该货物的主权会已是转让给了买方。但如果卖方把这票仍在他手上的货物再出售给第二位买方，然后倒闭，导致第一位与第二位买方争夺该货物的主权。根据这"seller in possession"的说法，是善意无辜的第二位买方(即不会知道该货物已经出售了，只是第一位买方不取走而已)拥有更优越的主权。

一般卖方仍占有该货物是第一买方自愿的安排，如方便自己不马上取走，但会有情况是卖方通过欺骗等手法令买方让他继续占有该货物。这一来，也不影响是 seller in possession,无辜的第二买方的主权仍受保障。这是在 Worcester Works v. Cooden Engineering(1972)1 QB 210 先例所说的:"It does not matter what private arrangement may be made by the seller with the purchaser,such as whether the seller remains bailee or trespasser or whether he is lawfully in possession or not. It is sufficient if he remains continuously in possession of the goods that he has sold to the purchaser."

在这个案例,被告同意把一辆汽车卖给一位汽车经销商(最终发觉是骗子)。骗子给了被告支票,但最终无法兑现。这位骗子安排把汽车转卖给另一位同谋,然后以这称为"租购交易"(hire - purchase)向原告贷款。被告因为支票无法兑现,所以向骗子占有汽车(骗子亦没有反抗)。当原告也想争夺汽车主权时,被告声称因骗子当时占有汽车,骗子容许被告占有汽车能有效把主权转让给被告。

以上较特殊的观点被上诉庭接受。法院认为在1979年《货物销售法》有关条文的"处置"(disposition)一字非常广阔,不只限于买卖,而能包括在该案中被告因为支票无法兑现,而占有骗子的货物。这观点在 P4 Ltd v. Unite Integrated Solutions(2006) EWHC 2640 先例被跟随,法院认为当货物/材料已提给对方,虽然要付钱后货权才转让,但仍然会被视为"disposition"。

这种"seller in possession"的争议,据说英国本土/岸上经常会有。但在国际货物买卖,应是不大会发生。在 FOB 买卖,货物装上船舶根本不再是由卖方占有。在 CIF/CFR 买卖,不论是托收或信用证支付货款,都是一手交单(提单),一手交货。理论上,卖方可另出一套单证(包括提单),然后同一票货物的单证再以"浮动货物"(floating goods)出售给第二位买方。如果第二位买方不在同一卸港,卖方(也会是承租人)更可令船舶更改卸港。但现实中这情况不大会发生,因为卖方这样做,有歹心,为何不以更容易的骗局捞一票,如干脆来个假提单骗局伪造假的付运单证去信用证议付,根本不必有任何货物的付运就可以骗到整笔的货款。当然这一个"seller in possession"的争议并非是不能在 CIF/CFR 买卖发生,就是卖方出两套付运单证出售给不同的买方,导致这两个买方要争夺谁对这票货物有更优越的主权。

3.10.5　*nemo dat* 例外情况之五:买方控制货物(buyer in possession)

这方面也可先节录1979年《货物销售法》的 Section 25(1)如下:"Where a person having bought or agreed to buy goods obtains,with the consent of the seller,possession of the goods or the documents of title to the goods,the delivery or transfer by that person,or by a mercantile agent acting for him,of the goods or documents of title,under any sale,pledge or other dispositions thereof,to any person receiving the same in good faith and without notice of any lien or other right of the original seller in respect of the goods,has the same effect as if the person making the delivery or transfer were a mercantile agent in possession of the goods or documents of title with the consent of the owner."

这种"buyer in possession"的说法,会是主要针对像本书第五章1.3.1小段所详论的"保留货权条文"(retention of title clause)。在这情况下,货物是交付给了买方,但卖方又私下(因为买卖合约的内容只有买卖双方才能知道)保留了货物主权,是无辜的第三人如后一位买方或分买方不会知悉。在一定程度上也是3.10.3的"商业代理人"(mercantile agent)说法的延续。所以,如果他从买方购进该货物,分买方应在这说法下获得主权,可超越/优先原来卖方所保留的主权。公道客观的说,谁叫原来卖方信任买方,虽主权仍是保留,但却让买方占有与控制该货物呢,让他有一个表面看来完全没有怀疑的权利把货物出售/转售?

这种争议看来也是对国际货物/商品买卖及航运关系不大,但有趣的案例仍是会有。例如在 The "Saetta"(1993)2 Lloyd's Rep. 268 先例,即涉及船上燃油主权属谁的争议。该先例是一个期租合约,因承租人欠下租金导致船东撤船。而在船上剩余的承租人燃油,船东也就自动接收过来当作自己拥有。这方面的做法可参阅笔者的《期租合同》一书第293~294页。但承租人的燃油,较早时供应给船上,实未曾付钱给石油公司。而该燃油买卖合约内有一保留货权条文是说:"8. Retention of Title – Notwithstanding that delivery has taken place, the Marine Fuels shall remain the sole and absolute property of the Seller(指石油公司) as legal and equitable Owner until such time as the Buyer(指承租人) shall have paid to the Seller the agreed price together with all interest, costs and expenses which may have accrued due and together with the full price of any other fuel the subject of any other contract with the Seller. Both the Owner of the vessel and the Buyer acknowledge that they are in possession of the Marine Fuels solely as bailee for the Seller until such time as all foregoing sums have been paid to the Seller. The Buyer's right to possession of the Marine Fuels ceases if he does anything or fails to do anything which would entitle a Receiver to take possession of any assets or which would entitle any person to present a Petition for winding up. The Seller may for the purpose of recovery of its Marine Fuels enter upon any premises or the vessel where they are stored and may repossess the same..."

石油公司于是向"侵占方"的船东要求支付船上燃油作为赔偿损失,因为承租人是皮包公司,既付不出租金,也付不出欠下的油钱。石油公司和船东之间争夺这票剩余燃油的主权,自然是涉及1979年《货物销售法》。首先,这票燃油的主权仍由石油公司保留应无疑问,虽然船东并不知道,因为这是承租人的供油合约。但这票燃油交了给承租人,也是买方占有与控制。看来,这正是"buyer in possession",如果承租人出售该票燃油,有一个较正式的买卖合约,如出售给无辜的船东,船东所获得的主权应可超越/优先石油公司保留的主权。

但问题是,这撤船所导致的船东接收了承租人的剩余燃油并没有承租人的同意,也不涉及船东付油钱给承租人,只是把承租人所欠的租金对冲了。另外,在船上的燃油根本没有动,不存在有交接,只是账目上的结算而已:撤船前燃油属承租人,撤船后燃油属船东,被接收过来。这一来,是否符合1979年《货物销售法》Section 25(1)所讲的"... with the consent of the seller... the delivery... of the goods... under any sale. . . ”？毕竟，“delivery”（交付）一字在1979年《货物销售法》的Section 61(1)是有清楚定义，说是：“voluntary transfer of possession from one person to another”。

Clarke大法官不认为这撤船后接收承租人燃油符合1979年立法的措辞/文字，所以判船东败诉。他说：“. . . the transfer of possession from the charterers to the owners was not achieved by any act or acquiescence on the part of the charterers; it was achieved by the exercise of the owners' right to terminate the charter for non-payment and it would be an abuse of language to say that there was a delivery of the bunkers by the charterers to the owners; the transfer was involuntary. . . ”（承租人转让占有权去船东并非是涉及了承租人的行为或默许，而是通过船东行使他的权利在承租人没有支付租金去终断租约。把这种情况说成是承租人交付燃油给船东是扭曲了“交付”一词，这一转让占有权完全是非自愿的。）

但如果在不同的案件事实与背景有所不同，就会有不一样的结论。近期的Angara Maritime Ltd v. Ocean Connect UK Ltd(The “Fesco Angara”)(2010) EWHC 619就可以看到这一点。在该先例，原告的船东把船舶期租给Britannia Bulkers A/S。租约履行期间，承租人向被告购买了燃油供应给船舶作为营运之用。被告提供燃油时并没有马上收钱，这是石油公司惯常的做法，就是允许承租人赊账稍后才支付。但供应合同中有一条保留货权条文。众所周知，Britannia这一家著名的船公司在2008年金融海啸后倒闭，没有付清油钱。同时，Britannia向原告船东表示无法继续履行期租合约，要求原告把船舶接收回去自己营运。原告在结算Britannia在还船时所欠下的租金时有扣减“还船燃油”（bunkers on redelivery）的价值。原告船东向法院申请声明，说因为Britannia在占有燃油（buyer in possession）的情况下转卖给原告，所以被告不能对船上燃油有一个更优越的主权。法院接纳这观点，认为在这案例中Britannia有“自愿”地把燃油卖给原告船东，所以能成功把燃油主权转让，并是一个*nemo dat*的例外情况。这一个先例在本书第五章之1.4段也有介绍。

3.11 盗窃的货物

这大问题已在本章2.1小段谈及，而且可见3.10小段所介绍的五种*nemo dat*说法的例外情况并没有包括了对无辜买方买入了赃物的保障。

在本章3.10.2段曾提到Devlin大法官在Ingram v. Little(1961) 1 QB 31先例建议在同类情况下，原来真正货方与无辜买方对半分摊这损失，认为是最公道。但这建议在立法的考虑中被否定，因为该货物会经过多次转售，设法分摊损失会是不实际也太困难。

关于盗窃的货物，较近期有一个贵族院案例名为National Employers Mutual General Insurance v. Jones(1990) 1 AC 24，案情涉及了一个与“buyers in possession”有关的新争议。这是，（甲）是真正货方（货物是一辆被偷的车子，之后转售了5次），（乙）是盗贼，（丙）是无辜第一买方，（丁）是（丙）再转售的无辜第二买方。这一来，（乙）卖给（丙）是无法转让给（丙）一个清洁主权，因为货物是偷回来的。但（丙）再转卖给

(丁),可否这样看1979年《货物销售法》的Section 25(1)所指的所有当事方:"Where a person(丙) having bought or agreed to buy goods obtains with the consent of the seller (乙) possession of the goods... the delivery or transfer by that person(丙)... of the goods... under any sale... to any person(丁) receiving the same in good faith and without notice of any lien or other right of the original seller(甲) in respect of the goods, has the same effect as if the person making the delivery of transfer(丙) were a mercantile agent in possession of the goods... with the consent of the owner(甲)."

如果可以,是否(丙)不能有一个清洁主权,但(丁)就可以了,而且是超越/优先于真正车主的(甲)? 这争议看来是不合理,但这纯是解释1979年《货物销售法》有关条文的措辞/用字,如同解释合约一样。

在上诉庭,以多数判是Section 25(1)不适用,因为(甲)与(乙)(盗贼)之间不是一个买卖。但这判法有不通之处,因为无辜的(丙)岂非无法指称(乙)违反了1979年《货物销售法》的Section 12(1)并索赔损失,因为他们之间并非有买卖合约的关系(虽然在现实中向盗贼索赔损失也是空话一句)?

再去了贵族院,结果是一致维持上诉庭原判,即(丁)败诉,货物(车子)主权仍属真正车主的(甲)。但判法却很不同,Goff勋爵是看以前立法的措辞/用字,发觉以前的"owner"(Section 25(1)最后一字)是写作"vendor"。而(乙)卖给(丙)是把(乙)当作vendor,(丙)当作vendee。这一来Section 25(1)最后一句应是"...(丙) were a mercantile agent in possession of the goods... with the consent of the vendor(乙)."

而在1889年立法时才把vendor改为owner一字,但政策上并无任何改变的意图。这一来,表示(丙)再转卖给(丁),不可把Section 25(1)最后几个字视为"... with the consent of the owner(甲)",而应视为"... with the consent of owner/vendor (乙)"。而(乙)既然是盗贼,他所能转让给(丙)或(丁)的货物主权显然是不能超越或优先于真正车主的(甲)。这也是Goff勋爵的判法。

3.12 Rowland v. Divall 先例的问题

这先例也是涉及偷车的转售,在往后无辜买/卖方之间的纠纷。在该先例(Rowland v. Divall [1923] 2 KB 500),A把车子卖给了B,B再卖给了C,之后车子在C手中被警察检获后物归原主。之后B赔钱给C再向A要求退还全部货款,指是"约因全部失去"(total failure of consideration),这方面的复原说法可参阅本书第四章8.7.1段。但这期间有4个月,即B有了4个月之久使用该辆车子的好处,这应否只是"部份约因失去"(partial failure of consideration),只能向A索赔而不是讨回全部货款。而索赔损失,则4个月使用的好处要计算在内? 要知道这一个计算不容易。

上诉庭同意B的说法,认为买方得不到车子的主权等于什么都得不到。Atkin大法官说:"What the buyer had a right to get was the property in the car, for the Sale of Goods Act expressly provides that in every contract of sale there is an implied condition that the seller has a right to sell... There can be no sale at all of goods which the seller has no right to sell. The whole object of a sale is to transfer property from one person to another."

这先例的判法也引起不少争议,如有说是上诉庭把"财产/货物所有权"(property)的概念与"主权"(title)混淆。A确是有把车子的"property"转让给了B,只是在"title"上不是清洁,比不上真正车主的优先而已。

但总的来说,这方面问题应对国际货物买卖关系不大,所以就此略过。只想以此先例指1979年《货物销售法》的Section 12(1)的条件条文,实是比其他的默示条件条文(请看本书第四章的§3段)都显得严厉。而且,Section 15(A)针对的轻微违约(请看本书第四章的6.2小段)也不适用在Section 12(1)的有一个默示条件卖方必须在转让财产/货物所有权的时候,他必须有权出售并转让主权。

§4 货物没有负担/债务与买方能安宁占用的保证

1979年《货物销售法》的Section 12(针对有关货物主权的默示条文)下还有两个较次要重要的"保证条文"(warranty),可节录如下:"12(2)(a)——There is an implied term that... The goods are free, and will remain free until the time when the property is to pass, from any charge or encumbrance not disclosed or known to the buyer before the contract is made";"12(2)(b)——There is an implied term that... The buyer will enjoy quiet possession of the goods except so far as it may be disturbed by the owner or other person entitled to the benefit of any charge or encumbrance so disclosed or know."

然后在Section 12(5A)说:"As regards England and Wales and Northern Ireland, the term implied by... subsections(2)... above are warranties."(这默示条文只属于较次要的保证条文。)

4.1 货物没有负担/债务

在本章3.9小段已有详及,英国法律是尽量减少承认会对无辜买方造成影响/不利的"负担"(encumbrances),不再重复。

4.2 买方能安宁占用货物,不受干扰

这方面一定程度与货物没有负担/债务是同一回事。如果货物有负担/债务,例如买进的二手船舶有海事留置权或优先权而被扣押,则买方也不能说是能"安宁占用"(quiet possession)。这方面与卖方不能转让主权,违反Section 12(1),也是同一回事。例如,真正货方出现要求物归原主,自然买方又是不能安宁占用:Mason v. Burningham(1949)2 KB 545. 如果货物侵犯第三人的专利权,这也是令买方不能安宁占用:Microbeads v. Vinhurst(1975)1 Lloyd's Rep 375.

在本章2.3小段谈到Niblett v. Confectioners Materials(1921)3 KB 387的先例说是侵犯第三人的专利权,会是被视为卖方违反了1979年《货物销售法》Section 12(1)

的转让主权条件条文。但在 Microbeads v. Vinhurst 先例,又可见到卖方如何会没有违反 Section 12(1)的转让主权,却有违反 Section 12(2)的安宁占用,令无辜买方得以获得赔偿损失。

在 Microbeads v. Vinhurst 先例,买卖的机器在 1970 年 1 月至 4 月间交付。但第三人在 1970 年 11 月才完成专利的登记。所以,在买卖合约当时,卖方谈不上对 Section 12(1)有任何违反,如不能说卖方当时也只有一个有"缺陷的主权"(defective title),因为侵犯了某人的专利权。

2 年后,买方才被第三人接触,指该机器侵犯专利权,上诉庭判是卖方虽没有违反 Section 12(1),但违反了 Section 12(2)。

这也带来另两个方面的问题要探讨如下。

4.2.1 卖方保证维持多久?

在 Microbeads v. Vinhurst 先例可见,卖方有否违约并不只看订立买卖合约或交付货物的一刻。卖方的保证是针对将来,因为 1979 年立法的 Section 12(2)(b)所用的措辞/文字是:"The buyer will enjoy quiet possession",这是针对将来。

但这"将来"是多久呢,有否限期?看来没有这方面先例,除了 Ackner 大法官在 The "Playa Larga"(1983)2 Lloyd's Rep 171 先例中所说的:"We appreciate that there is force in(the seller's counsel's) submission that some qualification to the express words of (Sale of Goods Act, Section 12(2) is necessary, otherwise there is no limit on the time when the actionable interference may occur."

幸亏,国际商品买卖的有关货物一般生命都不会长,很快也会转售或消耗了,不致会在买进多年后,买方会受干扰而无法安宁占用货物,再要回头找卖方指他违反 Section 12(2)(b)的保证。例外情况之一会是二手船舶的买方会在多年后仍受海事留置权或优先权/卖方债务的干扰。虽然英国法律下的海事留置权或优先权项目不多,而且时效很短,务求减少影响无辜买方。但航运是国际事业,会面对其他国家不同的法律。即使在英国,也会把债务索赔拖得很长,进而影响无辜买方。例如,在时效将届或/与在船舶转卖前出了告票:The "Monica S"(1967)2 Lloyd's Rep. 113; The "Berny"(1977)2 Lloyd's Rep. 533; The "Helene Roth"(1980)1 Lloyd's Rep. 477。这方面的复杂问题在杨良宜先生著的《船舶买卖法律与实务》一书的第五章有详论,不在此重复。

4.2.2 不受干扰所包括的第三人有谁?

会干扰买方,导致他无法安宁占用货物的第三人应包括的范围要有合理的局限,否则岂非买方将来遇了小偷,也可指是卖方违反了 Section 12(2)(b)?毕竟,卖方不是"一切险"的保险人,总得有局限,与卖方扯得上关系。这一点 Ackner 大法官在 The "Playa Larga"(1983)2 Lloyd's Rep 171 先例中说:"The words of Sale of Goods Act, Section 12(2) cannot be applied without some restriction on the language. It is common ground that they were not intended to impose upon a seller the obligation of guaranteeing the buyer's position against every disturbance that might occur. It was accordingly accepted that the buyer could not be responsible where the seller's possession was disturbed by the wrongful act of a third party totally unconnected with the seller."

4.3　损失计算

最后也可以谈谈"货物没有负担/债务与买方能安宁占用"的损失计算。由于1979年《货物销售法》之 Section 12(5A)说明它只是保证条文,变成了只能让买方向卖方索赔金钱上的损失,但不能终断买卖合约,如拒货。至于在违反保证条文下的损失计算,1979年《货物销售法》之 Section 53 有所针对买方的救济。

会有情况(特别是买方安宁占用财产/货物受到干预,不一定能证明金钱上的损失,如第三人没有提出金钱索赔)。这就有危险买方向卖方的索赔只能取得"名义损失"(nominal damage)。但买方还是可以试图索赔损失,依据是1979年《货物销售法》之 Section 53(1)(a)与(3)针对违反保证条文的救济,就是向卖方索赔有关财产/货物因为这一个违反的"货价贬值"(diminution of value)或"差价"(difference in value)。例如来自第三人的干预是第三人向某国家法院申请了禁令,指有关货物在该国有问题,而导致了买方的不便,但不影响买方把有关货物在其他国家的使用或出售。另是如果买方为了预防将来会有同样来自第三人的干预,可以要求法院或仲裁庭对卖方作出一个"宣告与补偿"(declaration of liability and indemnity)的判决/裁决。

这方面可节录《Benjamin's Sale of Goods》(8th edn,2010年)4-024段所述如下:"As regards England and Wales and Northern Ireland the term implied by s. 12(2)(a) is a warranty. The measure of the damages recoverable for breach of this warranty is uncertain. Where a claim is made by the owner or other person entitled to the benefit of the charge or encumbrance, there will be a breach of the term as to quiet possession implied by s. 12(2)(b) and the damages will be assessed accordingly. But if no such claim is asserted, it is arguable that the damages will be nominal only, since the buyer will not have sustained any loss as a result of the breach. In such a case, however, it is submitted that the buyer is entitled to damages representing any diminution in the value of the goods, having regard to the likelihood that such a claim will in future be made, or to recover any expenses reasonably incurred by him to discharge or remove the charge or encumbrance and acquire an unencumbered title to the goods."

§5　货物被"侵占"(conversion)或"侵犯"(trespasser)

5.1　侵占的不同形式

侵占有很多不同的形式,比侵犯广泛得多。例如A的货物被B偷去,B是在民事上犯了"侵犯"。但再下去B把货物转售了给C,C再转售了给D等,C与D只是犯了

"侵占"。当然,B既是"侵犯",也是"侵占"。所以,侵占会是广泛得多。

不同的形式有:

(1)C在没有足够合法理由下,拥有主权属于A的货物,而在A要求归还时拒绝。这正是本章3.11小段提及的无辜买方买进赃物后被真正货方要求归还时的困境。当然,也会有其他的各种变化。例如,一个小偷把偷的皮包匆忙中塞进一个不知情过路人士的口袋。这不是侵占,因为过路人的拥有并不知情,"非是自愿"(involuntary)与短暂。但之后真正货方要求归还而过路人拒绝,这变为是侵占了。同样道理也会发生在公众地方拿错了其他人的大衣或雨伞。

(2)C把A的货物,不论是取自A或其他人,占为己有。

(3)C的货物来自B(购买或馈赠),而B对该货物没有"主权"(title)。

(4)C把主权属于A的货物转送或转售给第三人如D、E、F等,或做同样事情导致A对该货物的主权受到损害。船长把货物在卸港无单放货即属这一形式的侵占。

(5)C把A的货物毁坏。例如,A把他的车子借给C,但C把车子撞坏。

(6)作为托管人,C错误的导致A的货物失去或毁坏。这是在《Tort(Interference with Goods)Act,1977》的Section 2(2)立法所规定的一种侵占。来取代以前的detinue。

(7)C即使是合法自A取得货物,如以托管人或承运人身份取得,但事后错误的"保留"(keep)或"使用"(use)该货物。比如是无权留置货物但却宣布留置:Finalayson v. Taylor(The Times,4 April 1983);这种形式的侵占常会在航运中发生,即船长/船东非法留置船上货物,有意或无意的当作籍口向货方敲一笔钱。就算只是暂时性亦可构成侵占,侵犯者不需永久占有货物:Kuwait Airways v. Iraqi Airways(Nos 4&5)(2002)2 AC 883。

5.2 侵占是严格责任

侵占是一种"严格"(strict)的民事"侵权"(tort)责任:Clerk & Lindsell的"Torts"19版之§17-08。侵占方自辩说自己无辜,没有意图/疏忽,不知情等并不足够。这也是经常在船东无单(正本提单)放货后面临真正货方(提单持有人)索赔时的一种抗辩,但其实在英国法律下站不住脚。

除非是侵占方(船东)与真正货方(提单持有人)之间也有合约关系,而合约内有广泛免责条文可免除侵占方的责任。例如,在著名的金康租约的第2条文,对船东非常保护,免去船东对船员或代理的故意行为的责任。这一来,真正货方会是受合约的约束,不得以侵权为诉因改变合约条文,从中取巧。

5.3 侵占赔偿计算的特殊对待

侵占的各种"救济"(remedy)已是在本章3.3小段提及,即1977年的《Tort(Interference with Goods)Act》的立法(简称TIGA)Section 3订明如下:"(2)The relief is -(a)an order for delivery of goods,and for payment of any consequential damages,or(b)an order for delivery of the goods,but giving the defendant the alternative of payment damages by reference to the value of the goods, together in either alternative with payment of any consequential damages, or (c) damages."

详细探讨这三种不同救济之前,也应看该立法 Section 3(3),如下:"(3) Subject to rules of court –(a) relief shall be given under only one of the paragraphs (a), (b) and (c) of subsection (2), (b) relief under paragraph (a) of subsection (2) is at the discretion of the court, and the claimant may choose between the others."

这是说真正货方针对侵占方的法律救济只能是在三种做法中拣一种。而这三种的第一种是在法院的裁量权,决定是否给予。但余下两种救济却是完全由真正货方自己决定选用哪种。

5.3.1 三种不同的救济

(1)法院下令物归原主与侵占方赔偿有关损失(如果有)。但这第一种救济的裁量权既在法院,表示法院不一定会给予这命令(order for delivery of goods)。而面对这种申请,法院的考虑会是与面对"履行指令"(specific performance)的申请一样。例如,法官要考虑双方的"便利与否"(balance of convenience),市场有否代替产品,整个案情的公道,将来金钱上的损失赔偿会否已是足够等。

(2)第二种也是下令物归原主,但侵占方有选择权赔付所侵占货物的市场价格,而保留货物。另外,再赔偿有关损失(如果有)。这种救济是由真正货方选择决定。而在货物已完全毁坏或失去,侵占方可以说是无法物归原主,也只得是赔付货物的市场价格了。

(3)第三种是货物也不想要了,或者侵占方不再占有货物,真正货方选择只要侵占方赔偿损失。侵占方不存在有选择权可说:"货物仍在,可以马上物归原主。"

有以上三种不同的救济,也是说得过去。法律是想尽量帮助真正货方,严厉对待侵占方。所以,要考虑真正货方的想法。第一种救济权利不在真正货方,所以不必多讲。在第二种与第三种救济之间的抉择,会是因为侵占的延误(如船东非法拒绝交货)导致一个赚钱的分售合约被终止,变了物归原主再也没有作用。或是,侵占的延误导致货物会产生质变,如一船的香蕉。自然是真正货方不想要物归原主,就选择第三种救济了。

相反,如果真正货方仍想要回这票被侵占货物,则他会选择第一种(但法院会否定)或第二种救济。可是,侵占方会是无法物归原主。或是这样做太昂贵不便,如侵占的货物已是安配或混合在其他货物内。所以,第二种救济可让侵占方有选择权去赔付货物的市场价格,加上有关损失。

5.3.2 侵占赔偿的"市场价格规定"

侵占赔偿的起点是看被侵占货物的市场价格,这道理在一个较早期案例的 Hall v. Barclay (1937) 3 All ER 620 已有说明如下:"Where you are dealing with goods which can be readily bought in the market, a man whose rights have been interfered with is never entitled to more than what he would have to pay to buy a similar article in the market."

这“市场价格规定”(market value rule)也在1977年立法的Section 3(2)(b)再次订明:请看本章5.3小段。

市场价格的“可供买卖市场”(available market)会有各方面争议,这在本书第八章会有详论。

而市场上下波动,变得是哪一天的市场价格为准呢?答案是在货物被侵占的那一天,原因是自该天起,侵占方的行为令真正货方无法及时转售/处理这票货物,如估计有关市场将会大幅度下挫:Solloway v. McLaughlin(1938)AC 247。

这答案在BBMB Finance(Hong Kong)v. Eda Holdings(1991)2 All ER 129先例被Templeman大法官再次强调说:“The general rule is that a plaintiff(真正货方)whose property is irreversibly converted has vested in him a right to damages for conversion measured by the value of the property at the date of conversion... The inexplicable failure by the defendant to collect the sale price cannot mitigate or reduce the damages recoverable by the plaintiffs and cannot alter the measure of damages.”

这一来,表示货物被侵占后市场下跌,而即使是原来真正货方不会有眼光或机会在市场下跌前转售,但有了侵占赔偿的规定,他可索赔市场价格,进而把以后市场下跌的风险与损失转嫁给侵占方。要知道,侵占方不一定有过错或疏忽,只是侵占属严格责任而已。所以,这看来会造成不公平,如Andrew Tettenborn先生在Cambridge Law Journal,52(1),March 1993发表的一文“Damages in Conversion – The Exception or the Anomaly?”所举的例子如下:“In other cases the present conversion rule simply over –compensates P(真正货方). Assume, for example, a cargo belonging to P is mistakenly collected from a third party's warehouse by D(侵占方)a week later, when D notices the mistake and returns it, its market value has fallen. P can claim this drop in value(i.e. the value of the cargo when taken, less its reduced value when returned)[1]; but unless it is clear that P would have realized the cargo in the meantime, awarding P anything at all simply gives him a windfall. Or take another example: suppose D takes P's property in error, but when he later offers it back P refuses to accept it[2] The logic of conversion dictates that P is entitled to do this, and so effectively force D to ‘buy him out’ by paying what the property was worth at the time he took it. There seems little to be said for this. The sensible solution is for P to be bound to mitigate his loss like any other tort plaintiff; even if his property has gone down in value, no injustice would be caused by making him accept it back and then recover from D any actual loss he could show.”

至于在货物侵占后,市场价格不是下挫而是上升,岂非不会对侵占方不利,而且还可赚?因为他可选择第二种救济的赔付侵占那一天的市场价格,而不归还业已市

〔1〕 第二种救济,市场价格下跌的部份视为“有关损失”(consequential damages)。

〔2〕 第三种救济。

场价格大涨的货物。答案是侵占方不必妄想,英国法律对他十分严厉与不利。在 Sachs v. Miklos(1948)2 KB 23 先例中,上诉庭说:“The value of the goods converted, at the time of their conversion, is one thing... but it does not follow that that sum is the measure of the plaintiff's(真正货方)loss. The question is what is the plaintiff's loss, what damage be has suffered, by the wrongful act of the defendants(侵占方).”

在该先例,上诉庭判是货物被侵占后市场价格上涨的差价(与侵占那一天的市场价格比较)是“有关损失”(consequential damages),侵占方要作出赔偿。

在 The “Playa Larga”(1983)2 Lloyd's Rep 171 先例中,上诉庭认为侵占货物(食糖)后市场价格上涨,不表示真正货方可在其间拣一天是市场最高的一天作为比较,真正货方一定要证明他会在市场最高点出售该票货物。Ackner 大法官是说:“Iansa(原告,也是有关货物的智利买方)must establish what damage they have suffered. Mr. Rix(原告的大律师)had to accept:(a)That after the date when Iansa could have bought in to cover their loss there was no evidence at all that the fluctuations in the sugar market made the slightest financial difference to them. There was no evidence that they could have sold at the highest price. On the contrary, the reasonable inference was that the goods would have been resold for domestic or other consumption in Chile(有关货物的目的地国家).(b)Although theoretically Cubazucar(卖方,也是侵占方,因为事发的时候货权已经转让给了原告)was capable of selling the sugar at the highest price, there is no evidence that it did so.”

道理是如此,证明也并不困难。真正货方作供说他意图会在某天某时出售货物图利只是讲故事,事后诸葛亮,侵占方无法反证/反驳。

在这方面最后可介绍已经提及的 Solloway v. McLaughlin(1938)AC 247 先例。该案例中,股票经纪把寄存在他手中的股票侵占出售。往后在市场以便宜得多的价格再购进,及时归还给股票主人。这一来,股票经纪赚了一大笔,但股票主人也谈不上有损失。股票主人发觉了这件事后以侵占损失向股票经纪索赔,并且成功。判是侵权一方不能在“侵权”(tort)图利,如果有,这好处或不当得利要归还受害方。这方面看来与“合约”(contract)有点不同,违约方可图利,只要对方没有损失:请看《国际商务游戏规则——英国合约法》一书的第 604 页介绍的 Surrey County Council v. Bredero Homes Ltd(1993)1 WLR 1361。但连这判法也已有了疑问:Attorney General v. Blake(1998)1 All ER 833。

5.3.3　如何取巧?

有了本章 5.3.1 与 5.3.2 小段的介绍,现在可看真正货方如何在 1977 年 TIGA 立法下的取巧,选择最佳的救济:(1)首先看侵占方是否是皮包公司或小公司。如果是,表示索赔金钱损失将是困难重重,甚至是无望。所以应从速要求物归原主,只要有关财产/货物还是由侵占方占有。(2)如果侵占方是大公司,而货物市场价格在侵占后下跌,或即使物归原主也难以处理(如有关货物的原来分销已经告一段落,而真正货方对该票货并没有需求),则应选择第三种救济,拒绝侵占方物归原主,向他索赔侵占当天的货物市场价格。(3)如果货物市场价格在侵占后上涨,则对侵占一事当作不知(有情况可做得到)。市场到了高点时当作想把货物出售而发觉被侵占,造成巨大损失。也不要接受侵占方物归原主,只要赔偿金钱上的损失。

5.3.4 无单放货的救济/赔偿

上一小段的取巧做法,可套用在经常发生的无单放货,而真正货方(正本提单持有人)是收不到货款的卖方。

卖方可以"侵占他人货物"(conversion of cargo)的诉因向船东/船长起诉,而船东一般无法物归原主,因为有关货物已是给买方无单放货的取走。所以只能是赔偿货物在侵占当天的卸港市场价格,加上"间接损失"(如果有)。其中,若是有关货物的市场上涨,以这诉因卖方向买方索赔甚至是不必局限在买卖合约的货价,而可是更高的市价。

这样说法太简短,其实向买方(侵占方)起诉,所有在5.3.3小段的取巧考虑都用得上,从中选择对卖方最佳的救济。

§6 买卖二手船主权纠纷的例子

关于二手船(也是货物)的买卖,英国也是同样的法律适用,这方面也在本章多处涉及,例如3.9小段的海事留置权影响无辜买方。

一般在正常的二手船买卖,主权方面应不大会出问题。有经验买方都会要求船舶登记,卖方董事局(在本章2.2小段)等明确证明有关买卖船舶的主权与授权。但有一种买卖是会有这种问题,就是通过法院拍卖。照说,无辜的买方通过法院拍卖应是更安全才是,不是有明确说法是买方通过法院的拍卖可以有"清洁的主权,不再有海事留置权或/与负担"(clean title free of all liens and encumbrances):The "Acrux"(1962)1 Lloyd's Rep 405?甚至,不再有以前未曾清还的抵押,虽然这先例只是解释《Harbours Docks and Piers Clauses Act,1847》的立法:The "Blitz"(1992)2 Lloyd's Rep 441?

这一方面也在1979年《货物销售法》之Section 21(2)(b)有所明确,说明财产/货物的主权转移是:"Nothing in this Act affects -(b) the validity of any contract of sale under the order of a court of competent jurisdiction."

但只想想,全世界各国都有法院,难道它们的拍卖都会被所有其他国家承认为有清洁的主权并被视为是"称职法院"?毕竟,这是没有双边协议或国际公约约束。所以,很难想象伊朗或朝鲜把一艘英国船舶扣押再通过法院拍卖,而英国是认为非法扣押,无辜买方却会是被英美承认可以获得清洁的主权。

这种争议在南非的Great River Shipping Inc v. Sunnyface Marine Ltd(1992)4 SA

313(c)的案例中可见。它涉及一艘名"Mnimosyni"的船舶,因欠下大量债务,导致它在青岛被扣押,进而被青岛海事法院拍卖。结果买进该船的是一家中资背景的香港船公司,改名为"Great Eagle"轮。在它稍后的营运中,在南非被以前的希腊船东扣押,指称他的船舶被侵占(本章§5段),要求物归原主或/与作出金钱赔偿(本章5.3.1小段)。要成功说服南非法院,希腊船东要指称与证明青岛海事法院不是"称职法院",不合法或甚至是阴谋剥夺他的主权,形同本章2.1小段的盗窃。这一来,即使买方是无辜,也无法获得船舶主权了。

最后希腊船东败诉,但不是在主权,而是南非法院拒绝接受管辖权,同意了无辜买方的申请中止,认为最适合管辖的法院去决定主权的争议是在中国,如青岛海事法院或它的上诉庭。换言之,无辜买方以"不方便法院原则"(*forum non conveniens*)的说法胜诉。南非法院认为所有争议有关的资料证人(如欠债,法院拍卖,过程与法律等)都是在中国。南非法院也不接受中国整体是会勾结起来不公平的对待希腊买方,令希腊买方找一个中国律师来代表他也找不到。

从这案例中也可见,虽然无辜买方最后胜诉,他所受的干扰与所要花的不菲官司费用,实已是造成严重不公平。面对的是青岛海事法院拍卖,无辜买方也不存在可以本章4.2与4.3小段的理由向青岛法院索赔损失。再说,无辜买方甚至会败诉。毕竟在近年来,西方传媒把中国大陆描述为"铁板一块",为要侵占外国公司利益而所有中国单位/中国人联手"坏事做尽"的说法在西方不是没有市场,甚至会影响一些国家法院的法官。

结束本章前,也可介绍其他主权争议的案例如:The "Jupiter"(1925)21 Ll. L. Rep 117。该船是一家俄罗斯公司所拥有,该公司在1919年,继俄国10月革命后搬去法国经营。但该船舶的船员"变节"(俄罗斯公司的原船东说是船员受贿与被威胁),导致该船舶被苏联接管没收。之后,苏联把该船舶出售给一个无辜意大利买方。但俄罗斯公司的原船东(革命后离开了苏联)在英国要扣押该船舶,要求物归原主。

另最后一提是The "Ocean Enterprise"(1997)1 Lloyd's Rep 449案例,内容十分详尽,涉及卖方公司的唯一董事把船舶阴谋安排出售,漠视其他股东利益,导致被判船舶物归原主(卖方公司)。

第八章　损失赔偿

§1　损失赔偿的大原则

国际货物买卖合约如果有一方(卖方或买方)违约/毁约造成对方损失,这损失的计算大原则是与其他合约一样,就是"复原"(*restitutio in integrum*)。说法是"尽量用金钱来令无辜方回到一个合约被履行的地位"(as far as money can do it,to be placed,in the same position as if the contract had been performed).这通常也可以做到,因为商业活动包括本书所针对的国际货物买卖大家都是为了金钱,所以合约内绝大部分的条文如果被违反都可以以金钱量化,并要违约方作出赔偿。

英国法律也有一个说法就是合约方首要的责任就是必须严格履行他在合约中作出的承诺,至于合约方第二个责任就是如果他不履行,就是作出金钱的赔偿让无辜方回到合约被履行的地位。

但以金钱作为损失赔偿的大原则是一个非常复杂与困难的课题,笔者处理过很多的争议是针对赔偿的金额而不是责任的问题。对违约方而言,毕竟赔偿一千万美元或只赔偿十万美元会是有生死的分别。国际货物买卖,可以说是任何复杂与困难的损失赔偿问题都会涉及,这包括像英国法律下的一些局限,导致有部分看来是由于违约方错误所导致的损失是没有办法计算在内。这些局限最主要的是"因果关系"(causation)、"损失遥远性"(remoteness of damages)与"合理减少损失"(mitigation)。以下段节可以简单涉及这些重要与复杂的损失赔偿局限。

1.1　因果关系

首先十分简单介绍"因果关系",它的要求就是损失必须是由于对方违约所引起。换一句话说,该违约就是造成后来损失的主要、直接与有效的原因。这种因果关系有时候在复杂的事实中不容易判断,虽然有时候还是会明确。如在一个早期有关保险的先例:Coxe v Employers Liability Assurance(1916)2 KB 629,一个工业伤亡的案件中造成死亡的一个原因被说是由于受害人的出生。这看来是有一点狡辩,但的确是没有他的出生,就不会有他的死亡,只是这一个因果关系是太间接与太遥远。在商品买卖,如果卖方拒绝交货,买方在半个月后去市场购买替代货物。但由于市场一路在上涨,支付的货价就变得更昂贵。问题是无辜买方可否向卖方索赔所有的差价?这就带来了其中一个争议就是因果关系,因为有可能是买方过了半个月才去市场购买替代货物是其他原因所造成。其中一个是买方估计市场会短期下跌而不是上涨，结果看错了市场而加大了损失。显然这加大的损失就可以争议因果关系来自买方自己看错市场走势，而卖方的违约就变得是远因。这里的公道也可以从另外一个角度看，就是买方估计准确，市场下跌至价格比原来的合约价格更是便宜，导致买方赚了大便宜。买方在这种情况下当然没有损失可向卖方索赔，但是否要退还所赚的便宜给卖方，因为买方看准了市场去购买替代货物。显然买方会抗辩说功劳是属于我的眼光准确，这就表示买方眼光不准确的时候是不应该把加大的损失向卖方索赔。

再多举一个可能的原因，就是无辜买方自己缺乏财力购买替代货物，要另作出安排才能在半个月后去市场购买。这一来，又可以说是加大的损失因果关系来自买方自己的财力问题，而违约就变为远因。

1.2　损失遥远性

接下去就简单介绍"损失遥远性"，这里的重要之处是针对一些合理预见与不可预见的损失作出区别，前者是在违约可以向违约方索赔并会得到赔偿，但后者是除非在订约前告知了对方，并假设对方愿意承担这一个风险的情况下，才会得到赔付。整个理念的背后原因是世界上很多事情会小事化大事，所以要求违约方承担没有止境或无限扩大的损失是不公平，毕竟违约方在有关合约所得到的利益可能是很不成比例以及他在订约前知悉了要承担的庞大风险的情况下有选择不订立该合约。这方面的先例有很多，包括 Hadley v. Baxendale(1854)9 Ex. 341；Victoria Laundry v. Newman Industries(1949)2 K. B. 528 与 The"Heron II"(1967)2 Lloyd's Rep 457 等的著名先例。其中最著名，也是在英国法院诉讼中被引用最多的先例，就是 Hadley v. Baxendale。著名的说法是在 Baron Alderson 大法官所定下的损失计算的遥远性大原则，如下：

"Where two parties have made a contract which one of them has broken, the damages which the other party ought to receive in respect of such breach of contract should be such as may fairly and reasonably be considered either arising naturally, ie, according to the usual course of things, from such breach of contract itself, or such as may reasonably be supposed to have been in the contemplation of both parties, at the time they made the contract, as the probable result of the breach of it. Now, if the special circumstances under which the contract was actually made were to be communicated by the plaintiffs to the defendants, and thus known to both parties, the damages resulting from the breach of injury which would ordinarily follow from a breach of contract under these special circumstances so known and communicated. But, on the other hand, if these special circumstances were wholly unknown to the party breaking the contract, he, at the most, could only be supposed to have had in his contemplation the amount of injury which would arise generally, and in the great multitude of cases not affected by any special circumstances, from a breach of contract."

以上的节录是将违约带来的损失分为两类，一类就是违约自然会带来的损失，在双方订约时可以合理预见；另一类就是在订约时不可预见的"特别损失"(special damage),除非违约方在订约前被告知会有这一损失,他才会需要承担赔偿责任。

1893 年《货物销售法》把 Hadley v. Baxendale 先例的第一类损失立了法,在 Section 50(2),Section 52(2)与 Section 53 中有针对,至于 Hadley v. Baxendale 先例的第二类损失,也就是特别损失,比较接近的是 Section 54。这些内容在稍后会有节录或请参阅本书的附录。

损失遥远性的大原则直到最近还是不断有这方面的先例,如带来不少争议的贵族院先例 The"Achilleas"(2007)1 Lloyd's Rep. 19,说是对 Hadley v. Baxendale 先例的损失规定有了改变。在以上有提到的先例中,只简单介绍 The"Heron II"的案情,涉及了该船舶从黑海装港装了一船食糖,但由于不合理绕航而延误了 10 天抵达伊拉克的巴斯拉卸港。卸港的食糖市场价格在延误期间大跌,问题是买方或伊拉克的收货人能否向船东索赔这笔损失。毕竟在没有实质货损货差的情况下,船舶延误抵达也只会有这笔经济上的损失。船东抗辩说他不是一个食糖的贸易商,不能合理预见这种市场损失。但这不被贵族院所接受,认为船东应该合理知道巴斯拉港有一个食糖的市场进行买卖(在法律上愚昧或无知不是抗辩理由),船东也应该知道市场是会有波动,船东更加应该知道船舶延误会有可能对买方带来这方面的损失。

从 The"Heron II"的案情看来,针对货物买卖,违约方(不论是买方或是卖方)更加应该能够合理预见这方面的市场损失,因为他们都是行内人。比较容易引起的争议反而是无辜方自己会有的特别安排,这通常被视为是对方不会知道除非在订约前获得告知。这种特别安排主要会是分合约,如买方把货物转售。这些分合约所涉及的利润、赔偿以及其他特殊安排都不会是卖方能够合理预见。其他特别安排会是买方紧急需要使用有关的货物,否则会带来严重后果如无法完成生产。针对卖方的特别安排会是买方如果违约(如 FOB 买方不派船去装港或不开出信用证等)会导致卖方失去了税务方面的优惠。

1.3 合理减少损失

接下去简单介绍"合理减少损失",在这一大原则下,每个受害方都应该合理地减少自己的损失,如果没有合理减少损失,他就不能把自己应能减少而没有减少的那部分损失向违约方索赔回来。这一大原则是有几个方面的大道理支持的,如下:(1)与因果关系有一定的关系,就是违约方/侵权方虽然有赔偿责任,但受害方没有合理减少损失而造成的部分额外损失与原来的违约或侵权没有直接的因果关系。(2)与损失的遥远性也有一定关系,就是违约方/侵权方是没有料想到受害方是不会合理减少损失的,所以额外的损失在本质上是太遥远。(3)要求受害方合理减少损失是为了避免整体的经济损失与浪费。(4)这涉及了公平对待双方当事人,就是受害人如果想多花钱,他可以自己掏荷包,没有理由要违约方/侵权方承担他的奢侈行为。这方面可节录 Pearson 大法官在 Darbishire v. Warran(1963)1 WLR 1067 先例所说如下:"he is fully entitled to be as extravagant as he please but not at the expense of the defendant."

要求受害方合理减少损失的道理也很简单,可以一个简单例子说明。比如买方因为市场价格下跌或己方原因拒绝收货,卖方应当合理尽速地在市场上把货物转售出去以取回一定货款。而不应任由该票货物闲置而导致最后霉坏不值一文,甚至还有一大笔的仓储费用与弃置处理费用,而这种情况在现实中会出现,特别是在受害方意气用事,明显不可行但仍坚持买方让步的情况下。这很容易客观看到如果要求买方(即使毁约的责任是100%的明确)赔偿全部货价并加上各种费用,是非常不公平的。这里当然会涉及了每一个案件不同的事实,如同样造成这一个严重的结果是由于卖方没有办法合理找到替代的买家,如该票货物比较特殊,根本没有其他人要,或当时遇上金融海啸根本没有市场或替代买方。这一来,要求买方承担所有的损失就客观看是理所当然了,因为卖方有设法合理减少损失,只是没有成果罢了。又例如该票货物(如一台特殊制造的机器)根本没有市场或找不到替代买方,也不代表卖方没有合理减少损失的做法。如尽快安排把货物转运回自己的工厂,或是以废铁价格处理掉,或是以大幅度减价出售给原来的买方,但不放弃卖方将来索赔的权利:Payzu Ltd v. Saunders(1919)2 KB 581;A. B. D. (Metals & Waste) Ltd v. Anglo Chemical & Ore Company Ltd(1955)2 Lloyd's Rep 456,等等。反正就是能够合理减少损失,即使成效不会太大,受害方还是应该这样做。

1.4　其他损失计算的大原则

损失计算大原则远远不止上述所介绍的三种局限,与货物买卖的损失计算经常有关的其他比较次要的大原则可一提的有"机会损失"(loss of chance)、"受害方有部分过错"(contributory negligence)、"期望损失与依赖损失"(reliance loss and expectation loss)、"议定赔偿与惩罚性赔偿"(liquidated damages and penalty)。以下做一些非常简单的介绍。

1.4.1　机会损失

简单说,这是针对无辜方在违约方如果履行合约就有可能会得到的利润/好处,但这会完全取决于第三人的决定,也没有办法从第三人取得证据说明他会怎样决定。英国法律在 Allied Maples Group Ltd v Simmons and Simmons(1995)1 WLR 1602 先例就开始全面承认这种机会损失,只要这一个损失在本质上不算是太空泛与太投机。而损失就是由法院或仲裁庭尽量作出一个百分比,以反映这一个机会损失的价值。例如前当事人向被告律师提出索赔,因为该律师错过了时效导致失去了索赔的权利。但这一索赔即使时效没有错过,也不会是一定胜诉。这是要根据许多的因素包括案件本质与证据的强弱,还要加上诉讼免不了的风险,因为是取决于法院的决定。所以在责任虽然是清楚,但作为被告律师不应该赔偿整个索赔金额,只能是由法院核算一个机会损失的金额,要求被告赔付。

这机会损失与货物买卖损失计算的关系可节录《Benjamin's Sale of Goods》(8th edn,2010 年)之 16－050 段,说:"Loss of a chance may also be relevant when a loss of profits depends on many speculative factors(and not on the loss of a specific opportunity).

So(subject to the rules on remoteness) the defendant's breach of contract may cause the claimant to lose future profits from 'repeat orders' from his previous customers. Cases on the sale of goods illustrate this principle."

1.4.2 受害方有部分过错

一般而言,合约是不理会受害方是否有部分过错,所以自己也要分摊部分损失,只能向违约方索赔损失的一个百分比。合约还是看造成损失的主要原因,如果受害方的过错不是主要造成损失的原因,就可以向违约方索赔所有的损失,这可以换句话说是受害方的过错没有打断了因果关系。但在侵权,就在1945年有一个立法,允许根据侵权方与受害方各自要承担的过错。例如侵权方是超速驾驶的司机,而受害方就是行人,他也有部分的过错,如没有看清楚就过马路。如果最后法院认定司机的过错是70%,行人的过错是30%,行人索赔的损失就只能向司机取回70%。这在船舶碰撞已经是悠久的做法,也有1910年《国际船舶碰撞公约》针对。但在合约损失的索赔,如果违约方的过错是与侵权一致,已经有了判例说是1945年立法也可以适用在分摊损失:Vesta v Butcher(1986)2 Lloyd's Rep 179;Henderson v Merrett(1995)2 AC 145。但这种情况不会是很多,因为合约与侵权有许多不同之处。如侵权的责任主要是由有关法律所规定,但合约责任是订约双方自己约定。另是合约责任的起点是"严格或绝对"(strict or absolute),不像侵权通常是以"合理小心"(reasonable care)不要对第三人造成损害。但由于有订约自由,合约责任会约定与侵权的合理小心一致,这就会有可能适用1945年的立法。

这一大原则与货物买卖损失计算的关系可节录《Benjamin's Sale of Goods》(8th edn,2010年)之16-051段,说:

"The Law Reform(Contributory Negligence) Act 1945 permits apportionment of loss by the reduction of the claimant's damages where he 'suffers damage as the result partly of his own fault and partly of the fault of any other person';the definition in the Act of 'fault' as 'negligence' raises the question whether a defendant guilty of a breach of contract can take advantage of this provision if the claimant has himself contributed to causing his loss by some 'fault' on his part. This situation could easily arise where a buyer is injured when using defective goods. The Court of Appeal has held that the Act applies only in the special situation where the claim in contract is founded on an act or omission by the defendant which would also(even in the absence of any contract) have given rise to liability in tort. In this situation it would be anomalous if the claimant could avoid the apportionment provisions of the Act by the simple device of suing only in contract. The Court of Appeal decided that in any other situation the Act should not apply to a claim in contract; if it did apply, it would mean that a defendant who committed a breach of his contractual obligation without fault would be in a worse position than one who committed it through fault (viz. negligently). So where the defendant undertook a strict contractual duty irrespective of reasonable care, contributory negligence could not be pleaded.

Even where the Act does not apply to claim in contract, there are many situations where conduct of the claimant which would have constituted contributory negligence under the Act will bar his recovery on the ground of his failure to mitigate, or his failure to prove causation (his own carelessness may be held to be the sole cause of the loss). In an appropriate case, the court may take an apportionment in its finding on causation."

1.4.3 期望损失与依赖损失

一直以来的说法是无辜方因违约而会蒙受的损失主要一类是"期望损失"(expectation loss),一般是指若没有发生违约/毁约,无辜方本可以在此合约下期望获取利益的丧失。这些是比如"市场价格的分别"(difference in value)、"利润损失"(loss of profit),甚至是"补救费用"(cost of cure)。这种损失是最正宗的,最普遍的,也能完全体验"复原"的基本精神,即在先例 Robinson v. Harman (1848) 1 Exch. 8502. 1, Baron Parke 勋爵所说如下:"The rule of the common law is, that where a party sustains a loss by reason of a breach of contract, he is, so far as money can do it, to be placed in the same situation, with respect to damages, as if the contract had been performed."(金钱来令无辜方回到一个合约被履行的地位)。

另一类是"依赖损失"(reliance loss),它是针对"浪费的费用"(waste of expenditure),是因为依赖有此合约而花的费用,而因为对方违约/毁约而浪费了。这在一定程度上不是用"金钱来令受害方回到一个合约被履行的地位",而是"回到一个合约从未存在的地位。"因为本来不必花这笔钱。

传统的说法就是无辜方可以选择索赔其中一类的损失。针对期望损失与依赖损失,可以节录《Chitty on Contract》(2008 年,第三十版)之 26-002 段:"'**Expectation' and 'reliance' interests**. A distinction has been drawn between the 'expectation interest' and the 'reliance interest' of the claimant: the former relates to the gains or benefits which he expected to receive from the completion of the promised performance of the other party's obligation but which were in the event prevented by the breach of contract committed by the latter; the reliance interest relates to the expense or loss which the claimant has himself incurred in reliance on the promised performance and which is wasted by the defendant's breach. Both interests are protected by the law on damages, but it is not yet clear whether English law permits the claimant to recover both his expected profit on the contract and the consequential expense he has incurred in reliance on the defendant's promise. In principle, he should be entitled to recover his expected net profit plus any of his incidental expenditure of a type reasonably contemplated by the parties at the time the contract was made, but not his gross profit (e. g. the full contract price) plus his disbursements which would have been incurred in earning that gross profit."

这在货物买卖损失计算的关系会是违约卖方拒绝或没有交付/付运有关货物,但无辜买方根本没有任何真正损失或期望损失,这会是原来的买卖合约订的并不有利而导致了无辜买方买进替代货物是更便宜,也会是无辜买方买进的替代蒸汽机所取得的效益更好而导致没有任何损失(在 British Westinghouse Electric & Manufacturing Co Ltd v. Underground Electric Rys. Co of London Ltd [1912] AC 673 就是无辜买方在原来买进的一台蒸汽机有缺陷而另购买一台更有效益的蒸汽机作为替代以推动火车头)等。但毕竟无辜买方在原来的买卖合约也花了钱,如开了信用证但卖方没有付运货物而导致了失效。这一来,这笔开信用证的花费就可以根据依赖损失去向违约卖方提出索赔。

1.4.4　议定赔偿与惩罚性赔偿

议定赔偿是双方在订约时估计某一种类的违约如果发生,就赔偿一笔固定的金额。通常这一类违约是在合约中经常会发生,而发生后证明无辜方的真正损失也麻烦,且部分的损失无法证明,所以干脆估计并约定一笔固定金额作为赔偿。对违约方而言,好处是这一笔固定金额会有情况可以当作是责任限制,可以预先知道在某一类违约的情况下他需要赔多少钱。议定赔偿在许多合约中会出现,如在程租合约就会有“滞期费条文”(demurrage clause)针对船舶延误,在工程合约就会有”延误损失条文”(delay damage clause)针对工程延误等。这种条文英国法律是完全尊重,但经常会与英国法律不予承认的惩罚性赔偿条文分不清而带来争议。简单说惩罚性赔偿条文所约定或拟定的固定金额是双方在订合约时根本不是一个善意与合理估计将来会面对的损失,比方说在买卖合约中有条文说货物晚了一天支付就要赔偿固定金额100万美元,可以说是怎么样也算不出来有这样的损失。但英国法律承认的议定赔偿条文是一个“真正预先估计的损失金额”(genuine pre-estimate of damage)。这方面的法律主要的先例是 Dunlop Pneumatic Type Co Ltd v New Garage and Motor Co Ltd (1915) AC 79,Dunedin 勋爵是说:

“(1) Though the parties to a contract who use the words ‘penalty’ or ‘liquidated damages’ may prima facie be supposed to mean what they say, yet the expression used is not conclusive. The court must find out whether the payment stipulated is in truth a penalty or liquidated damages...

(2) The essence of a penalty is a payment of money stipulated as in terrorem of the offending party; the essence of liquidated damages is a genuine pre-estimate of damage.

(3) The question whether a sum stipulated is a penalty or liquidated damages is a question of constriction to be decided upon the terms and inherent circumstances of each particular contract, judged of at the time of the making of the contract, not as at the time of the breach.”

(4) To assist this task of the construction various tests have been suggested which, at applicable to the case under consideration, may prove helpful or even conclusive.

Such are:

(a) It will be held to be a penalty if the sum stipulated for is extravagant and unconscionable in amount in comparison with the greatest loss which could conceivably be proved to have followed from the breach.

(b) It will be held to be a penalty if the breach consists only in not paying a sum of money, and the sum stipulated is a sum greater than the sum which ought to have been paid...

(c) There is a presumption (but no more) that it is a penalty when 'a single lump sum is made payable by way of compensation, on the occurrence of one or more or all of several events, some of which may occasion serious and others but trifling damage.'

On the other hand:

(d) It is not obstacle to the sum stipulated being a genuine pre-estimate of damage, that the consequences of the breach are such as to make precise pre-estimation almost impossibility. On the contrary, that is just the situation when it is probable that pre-estimated damage was the true bargain between the parties."

这方面的法律对货物买卖的关系会有多方面,一个常见的例子就是在买卖合约中会大家同意针对货物延误付运或货物质量有缺陷的议定赔偿。如有条文针对有关货物的水分不能超标,而如果超标1%至3%就要卖方支付给买方5%货价的赔偿;如果超标3.1%至5%就要卖方支付给买方10%的货价赔偿;再如果超标5.1%买方就可以拒绝接收货物或退还货物。这种根据违约严重性作出赔偿的高低的条文就更有可能被接受为议定赔偿条文,法院或仲裁庭是不会细究1%水分超标是否会带来真正损失是接近或高达5%的货价,反正一个预先估计的损失金额总会免不了高或低,但如果条文改一种写法,就是水分一超标,不论超多少卖方都要支付给买方10%货款的赔偿,这就有危险是属于惩罚性赔偿条文而变为无效。这特别是有关货物的水分超标如果程度不严重,带来的影响是很有限。而10%货价的金额会是足够赔偿最严重的水分超标。这一个例子就是反映了 Dunlop Pneumatic Type Co Ltd 先例的(4)(c)段所说的考虑之一。

1.5　计算真正损失的困难

上述所介绍的损失赔偿的局限对计算无辜方真正损失带来许多困难,这包括了许多大原则是非常富争议性,举证的困难以及免不了的延误。如针对合理减少损失,就已经导致了长期合约计算真正损失会是快不了,因为不可能在发生违约的一天或稍后时间就能马上确定损失金额。如一艘新造船的买卖,由于船价下跌买方拒绝接受船舶,卖方/船厂自然是可以索赔金钱上的损失。但问题是直到该艘被拒的船舶能够作出处理,如出售给第三人,卖方/船厂是没有办法明确他真正的损失。卖方/船厂不能索赔造船合约的船价,因为这不是他真正的损失。否则将来把被拒的船舶出售,这笔或多或少的一笔钱就变了是卖方/船厂的额外好处,这显然不是复原的大原则。

也是这个原因,所以会有一些古怪的先例如 Stocznia v Latvian Shipping (1998) 1

Lloyd's Rep 609,就是卖方/船厂尽量避免损失的赔偿,而寻求欠下货款的救济。在该先例涉及了6艘冷藏船的建造与买卖合约,其中合约规定在船厂安放龙骨的时候,买方就要预付一大笔的部分船价。船厂已经安放了第一艘与第二艘的龙骨,这两艘船舶可以简易判决向违约买方索赔欠下的货价是没有问题,但该船厂把这两艘船舶已经安放好的龙骨重新涂上油漆变为是第三第四艘,希望不必花成本与麻烦而令第三第四艘船舶的船价预付日期届临,并可以同时以简易判决向违约买方索赔欠下的货价。

同样会令无辜方真正的损失难以计算的是一个长期合约,如10年的货物供应合约或是期租租约。比方说是一个租期还有8年的租约被承租人违约/毁约,拒绝履行,无辜方的船东如果索赔真正损失,就会要把该船舶营运直到8年后才会知道总的真正损失。这当然是太不合理,届时6年的时效也已经错过。所以非要有办法在违约的一天能让大家计算损失。这就免不了要去估计,就是能够估计在今后的8年如果承租人履行租约会带来的收益,相比船东自己在违约时下挫了的市场营运所带来的收益(船东也必须这样做,因为他要合理减少损失),才能计算出真正损失。

1.6 货物/商品买卖损失计算的市场规则

在国际货物/商品买卖,它倒是有了一个相对简单与快捷的办法计算损失,这个办法就是"市场规则"(market rule),在1979年《货物销售法》的Section 50(3)和Section 51(3)有所规定。以市场规则计算损失在英国法律下是适用在其他的商业活动,只要是有市场,如租船合约或是股票转让合约。但只有货物买卖才是立了法,并说明这是计算损失的"表面规则"(*prima facie* rule)。

市场规则计算损失也被视为是Hadley v Baxendale(1854)9 Exch. 341先例的第一类损失,这可以节录《Benjamin's Sale of Goods》(8th edn,2010年)之16章脚注507提到贵族院的The"Achilleas"(2007)1 Lloyd's Rep. 19先例的总结是:"Where there is an available market the presumed intention of the parties will usually be that the natural loss resulting in the ordinary course of events will be the difference between the contract price and the market or current price at the relevant time. In principle, if another kind of damage is claimed it should be necessary for the claimant to show that the buyer assumed responsibility for that kind of loss."

市场规则是相对简单的主要原因是它不追究无辜方因为违约而蒙受的"真正损失"(actual loss),而是针对一个"客观损失"(objective loss)或"推断损失"(notional loss)。这就是推断或假设卖方如果拒绝交货,无辜买方就马上去市场购买替代货物,而将来向卖方索赔的就是合约价格与市场价格的差价。反过来,买方如果拒绝收货,无辜卖方就马上去市场转售有关货物。至于卖方是其他方面的违约,如付运的是次货,只要次货也是有市场价格,损失还是可以同样计算。这就是所谓的市场规则,它的好处就是不必再理会真正损失所带来的大量局限大原则的争议与举证,如"因果关系”、“损失的遥远性”、“合理减少损失”等。一个简单的计算也可以看得出它的公平之处，就是 A 卖价值 100 元的货物给 B，B 再把同样的货物以 120 元转卖给了 C。但由于市场价格上涨或其他原因，A 拒绝提供货物，而当时的市场价格是 140 元。这表示 B 去市场马上买进替代货物，以履行他与 C 的买卖合约，就表示 B 损失了 40 元的差价，这是可以向 A 提出索赔。或是，B 不去市场买进替代货物，就会面对 C 向他的索赔，在该合约下市场与合约价格的差价是 20 元，B 要去赔偿给 C。但 B 可以同时向 A 提出索赔，这差价就扩大至 40 元，其中 20 元赔了给 C，剩下的 20 元也就是如果合约被履行 B 应该能够赚取的利润。

这方面可节录 Shearson Lehman Hutton Inc. v. Maclaine Watson & Company Ltd (1989)2 Lloyd's Rep. 570(No. 2)(1990)1 Lloyd's Rep 441 先例中所说：“... the object of the provision is to avoid uncertainty of damages, of a presumption that if there is an available market the plaintiff seller can obtain the market or current price of the goods on the date of the breach, that his damages are to be measured by reference to that price whether or not it would have been reasonable or sensible for him to have waited before going into the market and selling the goods, and that neither is to be adversely affected by price fluctuations either before or after the date of the breach. For these reasons the requirements of reasonable mitigation, which would ordinarily apply to a claim for damages, do not apply when the measure of damages is governed by s. 50(3).”

但现实中往往不会是这么简单，如 B 去市场买进替代货物，他不会马上进行或能够马上做得到。所以是推断损失如果是以违约的一天市场价格为准，就表示推断损失与真正损失总免不了有差别，导致了无辜方会赚会亏。比如是无辜买方在卖方违约后的一个月（这延误可以是买方自己下不了决心，想投机，公司官僚主义，进口手续，期间长假，涉及货物数量庞大必须分批购买才不会抬高市场等原因）才去市场购买替代货物，由于市场一直在上涨，他的实际损失就显然会比推断损失更大。也会是无辜买方在卖方违约后根本没有去市场买进替代货物，因为暂时不需要，或是有第三人送了一票同类货物给买方，显示买方没有真正损失，但他还是可以向卖方索赔推断损失。

还有一种常见的情况是不同的合约会有不同的条文。如上述的 ABC 为例，B 与 C 之间的转售买卖合约中有条文说明如果供应商（也就是 A）不提供货物，卖方 B 就没有责任提供货物。这一来就表示 B 可向 A 索赔市场差价的 40 元，但根本不必赔付给 C 他所蒙受的损失 20 元，因为他可以免责。同样情况下也会出现在 B 与 C 的合约中有一条议定赔偿条文，约定了如果 B 不提供货物，只需要赔偿 10 元给 C。这一来，B 只要把 A 索赔的 40 元给 10 元 C 就已经足够。但如果是追究真正损失，B 是不能赚取这种好处，B 也没有办法证明这就是他的损失。

虽然市场规则也免不了有它的争议（在本章稍后会详论），如有关的商品是否有市场。因为针对不同的商品在全球不同的违约地点与时间，不一定都有进行买卖的市场。至于要求无辜方马上去在市场购买替代货物,立法条文是说明在违约的"时候"(at the time or times)。但现实中这是不大可能的事,尤其是有关货物/商品数量庞大,可以说无辜方转售或买进都需要时间。但如果考虑太多什么才是对无辜方合理的时间,就会令市场规则所针对的推断损失去靠近无辜方真正损失,最终会令1979年《货物销售法》中Section 50(3)和Section 51(3)所追求的肯定性与客观性计算损失会被冲淡甚至否定。

市场规则虽然解决了大部分的商品买卖损失计算,因为商品通常都有市场并且有很完整的市场报告可以作为市场价格的证据,但还是避免不了即使是国际货物买卖,有小部分商品以及其他的货物(如机械设备等)是没有市场。这一来,就只能索赔真正损失,并受到计算损失局限大原则的约束。所以了解这一个损失计算的课题还是非常重要。

例如在British Westinghouse Electric & Manufacturing Co Ltd v. Underground Electric Rys. Co of London Ltd(1912)AC 673先例,案情涉及了一台蒸汽机的出售,用在火车的车头。由于该蒸汽机不符合买卖合约的要求,本身在动力与经济的操作上有缺陷,这导致了无辜买方在使用了一段时间后购买另一台蒸汽机作为替代。该替代的蒸汽机是一个不同的型号,有更大的动力,导致了在操作上所带来的利润比原来一台蒸汽机即使性能符合合约规定的情况下更高。在后来的诉讼中,受害方作为原告索赔替代蒸汽机的价格以及其他有关的损失。但索赔并不成功,因为判是替代蒸汽机所带来的更高利润是足够对冲买方损失的。这里并不涉及市场规则,替代的蒸汽机从时间上也不是马上购买作为替代品,也没有这种市场存在。所以,这里是涉及了真正损失的计算以及买方需要减少损失,在这一先例中他是成功减少至零,因为替代蒸汽机带来更高的利润。

但可惜不是所有的货物买卖都适用市场规则,如中国向外国购买或出售一些大型机器或设备,这就不会有市场可买进替代或转售给其他买方,就免不了还是要证明真正蒙受的损失。

1.7 CISG的损失计算与市场规则

在CISG,针对损失计算与英国法律是很不一样。它在Article 75是以买卖合约价格与实际买进替代货物价格或转售价格之间的差价,换言之是先追究真正损失,而只有在无辜买方没有买进替代货物或无辜卖方没有转售有关货物才根据Article 76以市场价格作为比较。条文是如下:

"Article 75 If the contract avoided and if, in a reasonable manner and within a reasonable time after avoidance, the buyer has bought goods in replacement or the seller has resold the goods, the party claiming damages may recover the difference between the contract price and the price in the substitute transaction as well as any further damages recoverable under article 74.

Article 76(1) If the contract is avoided and there is a current price for the goods, the party claiming damages may, if he has not made a purchase or resale under article 75, recover the difference between the price fixed by the contract and the current price at the time of avoidance as well as any further damages recoverable under article 74. If, however, the party claiming damages has avoided the contract after taking over the goods, the current price at the time of such taking over shall be applied instead of the current price at the time of avoidance. (2) For the purpose of the preceding paragraph. The current price is the price prevailing at the place where delivery of the goods should been made or, if there is no current price at that place, the price at such other place as serves as a reasonable substitute, making due allowance for difference in the cost of transporting the goods. "

这大概也是一个原因 CISG 被认为是更适合机器设备等的货物买卖,但不适合"商品"(commodity)的买卖。但这也不只是 CISG,在美国的《Uniform Commercial Code》之 Article 2-708,2-713,2-723。这些条文也是规定了无辜方没有真正的替代货物买卖或转售,才以市场价格作为比较。

§2 1979 年《货物销售法》的相关条文

先列出 1979 年《货物销售法》的有关损失计算的条文。它们分别是针对了"履约指令"(specific performance)的救济,卖方"追讨货款"(action for price)的救济,市场规则的救济与真正损失。

至于是针对卖方向买方"追讨货款",也就是欠下的债务,1979 年立法是在 Section 49 有所规定,如下:

"***49. Action for price***

(1) Where, under a contract of sale, the property in the goods has passed to the buyer and he wrongfully neglects or refuses to pay for the goods according to the terms of the contract, the seller may maintain an action against him for the price of the goods.

(2) Where, under a contract of sale, the price is payable on a day certain irrespective of delivery and the buyer wrongfully neglects or refuses to pay such price, the seller may maintain an action for the price, although the property in goods has not passed and the goods have not been appropriated to the contract.

(3)...(本条文是针对苏格兰,中国读者不必关心。)"

针对买方错误拒绝接收货物,这导致了财产/货物所有权转让不了,无辜的卖方就没有办法索赔债务,因为不存在欠下货款。这一来卖方只能索赔金钱的损失,以下的 1979 年立法 Section 50(3)就是说明表面规则计算损失是根据买方违约时的市场价格与买卖合约价格的差价为准,这也就是介绍过的"市场规则"(market rule)。但要注意的是市场规则所针对的买方违约不是一般性的违约,而是违反买卖合约主要的履行责任，就是接受货物与作出支付。

"***50. Damages for non-acceptance***

(1) Where the buyer wrongfully neglects or refuses to accept and pay for the goods, the seller may maintain an action against him for damages for non-acceptance.

(2) The measure of damages is the estimated loss directly and naturally resulting in the ordinary course of events from the buyer's breach of contract.

(3) Where there is an available market for the goods in question the measure of damages is *prima facie* to be ascertained by the difference between the contract price and the market or current price at the time or times when the goods ought to have been accepted or (if no time was fixed for acceptance) at the time of the refusal to accept."

接下去的条文在1979年立法是针对卖方拒绝履行买卖合约的主要违约，而无辜方是买方。这些是包括了Sections 51至53。显然，没有条文针对欠下货款的债务追偿，因为不会出现这种情况。但会有其他的情况出现，如涉及独一无二的货物，卖方拒绝提供，买方就会要考虑尽快以履约指令的救济办法强制履行。另一种情况就是卖方提供的货物有缺陷，导致买方要索赔损失。

首先在Section 51是针对卖方拒绝提供货物，买方只能索赔金钱的损失。立法也是说明表面规则计算损失是根据卖方违约时的市场价格与买卖合约价格的差价为准，也就是"市场规则"(market rule)。该条文是如下：

"***51. Damages for non-delivery***

(1) Where the seller wrongfully neglects or refuses to deliver the goods to the buyer, the buyer may maintain an action against the seller for damages for non-delivery.

(2) The measure of damages is the estimated loss directly and naturally resulting, in the ordinary course of events from the seller's breach of contract.

(3) Where there is an available market for the goods in question the measure of damages is *prima facie* to be ascertained by the difference between the contract price and the market or current price of the goods at the time or times when they ought to have been delivered or (if no time was fixed) at the time of the refusal to deliver."

接下去的1979年《英国货物销售法》是有立法规定了履约指令的做法，这是在Section 52，如下：

"***52. Specific performance***

(1) In any action for breach of contract to deliver specific or ascertained goods the court may, if it thinks fit, on the plaintiff's application, by its judgment or decree direct that the contract shall be performed specifically, without giving the defendant the option of retaining the goods on payment of damages.

(2) The plaintiff's application may be made at any time before judgment or decree.

(3) The judgment or decree may be unconditional, or on such terms and conditions as

to damages, payment of the price and otherwise as seem just to the court. . . ."。

再接下去的 1979 年立法 Section 53 是针对次要的违约,也就是保证条文的违约。其中一种经常会发生的就是货物质量的缺陷或货物数量不足,而且缺陷或数量不足并不严重,不论是在法律上或商业上的考虑都不足让买方拒货或买方本来就没有打算要拒货。但卖方的违约还是实在存在,所以买方可以向卖方提出金钱损失的赔偿。如有缺陷货物所导致的贬值,或是在有市场的情况下,有缺陷货物的市场价格与按照买卖合约所要求的状况良好货物市场价格之间的差价。

"53. Remedy for breach of warranty

(1) Where there is a breach of warranty by the seller, or where the buyer elects (or is compelled) to treat any breach of a condition on the part of the seller as a breach of warranty, the buyer is not by reason only of such breach of warranty entitled to reject the goods; but he may-(a) Set up against the seller the breach of warranty in diminution or extinction of the price, or (b) Maintain an action against the seller for damages for the breach of warranty.

(2) The measure of damages for breach of warranty is the estimated loss directly and naturally resulting, in the ordinary course of events, from the breach of warranty.

(3) In the case of breach of warranty of quality such loss is *prima facie* the difference between the value of the goods at the time of delivery to the buyer and the value they would have had if they had fulfilled the warranty.

(4) The fact that the buyer has set up the breach of warranty in diminution or extinction of the price does not prevent him from maintaining an action for the same breach of warranty if he has suffered further damage"

简单说,以上各立法条文针对了绝大部分的不同违约的救济办法,不论是来自卖方或者是买方,如:(1)卖方交付了货物,但买方不支付货款;(2)买方在卖方交出付运单证或交货时拒绝接收,甚至在较早的时候以语言或行动作出"预期毁约"(anticipatory breach),并且被无辜卖方接受终断买卖合约;(3)卖方拒绝交付或准时付运货物;(4)卖方付运或提供的货物有缺陷;(5)其他千变万化违约的情况。

§3 救济办法之一:履约指令的救济

国际货物买卖合约的部分违约/毁约,如卖方拒绝提供货物或买方拒绝接收货物,更好的复原会是不用金钱赔偿作为救济,因为它有许多的局限,而是以另一种的救济名为"履约指令"(specific performance)或是"禁令"(injunction)。道理很简单,违约方拒绝履行,错误履行,甚至只是威胁将不会履行,透过法院的指令迫使他必须按照合约履行就应该说是可以对无辜方作出最完善与满意的救济。法院的指令或禁令是必须严格遵守,否则是藐视法院而导致坐监,商业人士会把一件民事争议变为是刑事责任,所以在西方国家这是对违约方非常有效的救济办法。但也是这一个过于严厉的原因,导致了履约指令无法成为第一救济办法,而永远是在金钱赔偿后的第二救济办法。因为英国法院在作出履约指令时,必须有许多的考虑,包括像违约方如果被作出指令是否能够严格遵守。否则作出履约指令就等于是把违约方"逼上梁山"变为罪犯。在贵族院的 Co-operative Insurance Society Ltd v. Argyll Stores (Holdings) Ltd (1998) A. C. 1 先例,明显是局限了履约指令的救济。贵族院推翻了上诉庭的大多数意见,拒绝做出履约指令。该先例涉及了一个很重要的原则:不可以漠视违约方选择违约并赔偿金钱上的损失的自由,毕竟履约指令是一种"非常严厉"的强制做法(heavy handed nature of the enforcement mechanism),会造成不公正。在该先例其中一个很重要的原因是英国法院难以监督该履约指令的执行。

这对国际货物买卖到底会有什么关系?简单的答案是只要无辜方能够去市场买到替代货物(即使是以更高的价钱),就假设无辜方应该这样做以减少损失,然后向违约方索赔金钱的损失,这一损失通常也就是市场货物价格与买卖合约价格之间的差价。反正是把金钱赔偿视为是更佳的救济办法。

只会在没有办法在市场上买到替代货物,也就是无辜方没有办法计算与证明金钱上的损失,而且对无辜方还会有其他无法以金钱量化的因素,如感情因素,法院才会考虑对违约方作出履约指令。这种货物有说法是属于或接近"独一无二"(uniqueness),如买卖古董或名画。在这种情况下的违约,法院会是更加愿意作出履约指令,希望强制违约方严格履行买卖合约。

这一方面在 1979 年《英国货物销售法》是有立法规定了履约指令的做法,这是在 Section 52,已经在上一小段节录,不去重复。

注意是立法条文的文字上只针对"特定货物"(specific or ascertained goods)。这一个定义肯定是包括一艘双方约定船名的船舶,或一匹名驹,或一幅名画等。但这通常不包括一些"非特定货物"(unascertained goods)。这通常就是一般商品(如散货,如钢材或棉花),因为这种商品通常有市场可以买入替代商品。如果是在订约时还没有生产或存在的货物,这也应该是非特定货物。针对前者的特定货物,立法条文规定了法院可以作出履约指令的救济,虽然条文在措辞上没有剥夺法院的裁量权。

但近年来也有了案例针对一些非特定货物与市场上可以买到替代的商品,但英国法院还是作出履约指令强制买卖合约的执行,如 Sky Petroleum v. VIP Petroleum (1974) 1 WLR 576 先例中买卖的汽油与 Howard E Perry Ltd v. British Railways Board (1980) 1 WLR 1375 先例中买卖的钢材。在前一个先例,由于当时的市场汽油严重短缺,原告要买替代的汽油不容易,法院作出禁令不允许油公司终断汽油供应给一个车行(有关的禁令在本质上就是相等于履约指令)。在后一个先例,法院下令必须交货,除了是买方很难从市场买入替代钢材外,还有其他原因是 Megarry 大法官所提到的,说:"Damages will be a poor consolation if the failure of supplies forces a trader to lay off staffs and disappoint his customers(whose affections may be transferred to others) and ultimately force him into insolvency. ”

较近期的先例是 Thames Valley Power Ltd v. Total Gas & Power Ltd(2006)1 Lloyd's Rep. 441,案情涉及了 Total 与 Thames Valley 订了一份长达 15 年的提供燃气的协议。Thames Valley 是一个合伙公司,其成立的目标是为了取得为期 15 年的为伦敦希斯罗机场提供暖气与电力的合约。在履行了 10 年左右,Total 说是根据合约的一条不可抗力条文终止合约。Christopher Clarke 大法官判是 Total 不能终止合约,并同时提到可以对 Total 作出履约指令。虽然,在该先例中是不必这样做,因为 Total 明确表示如果是败诉,即不能以不可抗力终止合约,他会继续履行。Christopher Clarke 大法官看来是有两个理由支持履约指令。第一个理由是找不到替代履行,但照理说燃气应该在市场上买得到,只是估计这么大的数量与一个肯定的供应来源就难以替代。他针对该合约的基础是这样说:"为了肯定有一流的供应商去作出长达 15 年的供应"(to assure a source of supply from a first-rate supplier for 15 - year term),所以光是作出损失赔偿就会是剥夺了卖方希望获得的该合约的主要利益(substantially the whole benefit that the contract was intended to give them)。第二个原因是认为金钱赔偿并非是一个足够的救济,计算接下去 5 年的损失几乎是不可能,因为燃气市场价格的巨大波动。

但还是有一些不明朗的先例,会否在新的趋势下法院有不同的裁量权,更愿意作出履约指令。在 Societe des Industries Metallurgiques SA v. The Bronx Engineering Co Ltd(1975)1 Lloyd's Rep. 465 先例,有关的货物是一台"Bronx combined driver and pull through slitting machine"。但被告卖方拒绝提供,紧急需要这一台机器的原告向法院申请履约指令,并提供证据证明虽然在市场上可以找到替代,但需要长达 9 ~ 12 个月的时间其他的生产商才能够提供。但上诉庭拒绝作出履约指令。这判决看来是受到批评,在 Jones 和 Goodhart 的《Specific Performance》(第二版)一书第 145 页:"This conclusion ignored the commercial reality that it was impossible to mitigate within a reasonable period of time; it was particularly harsh because the court accepted that the plaintiff would have had difficulty in calculating his loss since the machine was to be used in Tunis. "

这种能够在市场找到替代货物的情况其实经常会有,只不过有时候不容易,如耗时过长。比较说,考虑哪一种救济办法是更完善与公平,也应该把这个因素考虑在内。毕竟它在本质上与 Sky Petroleum v. VIP Petroleum 和 Howard E Perry Ltd v. British Railways Board 先例没有什么不同,就是在当时的市场找替代货物不容易,因为有短缺。但如果再过半年会否市场就不再短缺?

不再次更详尽地探讨这一个复杂的问题,只说在国际货物/商品买卖,履约指令的救济不常会遇到。原因不外是:(1)绝大部分的商品都会有市场,无辜方可以在市场买进替代商品(或尽量接近的货物),将来向违约方索赔金钱损失。(2)不像岸上买卖,国际货物买卖涉及的都是一些"非特定货物"(unascertained goods),绝少会是独一无二的货物。(3)国际货物买卖往往涉及了外国的违约方,不在英国法院的管辖内,所以难以监督,估计英国法院比较不愿意作出履约指令。

至于刚提到的第(3)点,可举一个有关造船合约(也属于货物买卖合约)的先例。Hirst 大法官在 Gyllenhammar & Partners International Ltd. v. Sour Brodogradevna Split (1989) 2 Lloyd's Rep. 403 先例所说的如下:"... a very complex contract requiring extensive co-operation between the parties on a number of matters, particularly modifications, optional variations, and, perhaps most important of all, matters of detail (some by no means unimportant) left undefined in the specification. In my judgment these factors, coupled with the consideration that the work would take place in a foreign yard, outside the Court's jurisdiction, would tell against an order for specific performance being in principle appropriate in the present case."

§4 救济办法之二:欠下货款的债务追讨

这种救济办法只能适用在国际货物买卖相对局限的违约,也就是来自买方的违约。主要的情况就是卖方已经把"财产/货物所有权"(property)转让给了买方,但买方不支付货款。另一种情况是买卖合约中约定了支付货款的日期,如分期付款。这一来,不管财产/货物所有权是否有转移给买方,只要支付的日期一过,卖方也是可以向买方追讨欠下的货款。

4.1 做法上优胜之处

追讨货款实是追讨债务,这做法的好处是清楚明了,往往很快可取得法院判决(如通过"简易判决")或是仲裁裁决("部分或中间裁决书")。它不像索赔损失,会是要通过费时失事的举证、计算及多方面争议(如有否减少损失,卖方自己也有错等)才能裁定真正损失会有多少,所以快不了。而在责任明确的情况下,买方对这债务的唯一抗辩或是提出"对冲"(set-off)减少支付。但对冲的项目不多,不是每项"反索赔"(counterclaim)都可对冲"债务"(debt)。

这一点与《期租合约》一书笔者在第 345 页提到的"撤船的时机"是一脉相承的道理。欠下的租金是债务,但船东如果是索赔损失,则在撤船后的替代租约/航次都会抖出来,看看总的损失会是多少。所以在装了货物,签发了提单之后,承租人作出拒付租金的毁约/违约行为,而船东反正要完成这提单航次。故此会有情况是船东最好不接受承租人毁约/违约,坚持期租仍然有效。直至提单航次完毕,如果承租人还是没有支付也不像会支付租金,而当时市场也可以找到替代租约可减少损失,船东才接受毁约/违约而终断期租合约,给自己一个自由可转租给其他承租人。这一来,以前所欠下未付的租金变了都是债务,船东可以很快很廉宜的行动向仲裁庭申请一个部分或中间裁决书:The "Kostas Melas" (1981) 1 Lloyd's Rep 18; The "Aditya Vaibhav"

(1991)1 Lloyd's Rep 573,先要回这笔债务。但如果船东一在承租人毁约/违约时马上接受终断期租合约,但提单航次还是必须要完成,就会导致之后完成提单航次的时间损失(没有租金了,期租已不再存在)及其他损失,全是损失的一部份,部分会是难以成功索赔。总损失也包括撤船后的经营盈亏等,特别是在较长期的期租。这一来,船东向承租人索赔损失可真要做很多事,仲裁也快不了。

举一种情况:承租人经济状况不明朗,船东希望尽快试试承租人的支付能力,而且不必花很多官司费用的情况下,可先取得一个欠下租金(债务)的"中间裁决"(partial award),在承租人确定能支付后再慢慢另索赔在撤船后的损失。但如果一下子只有庞大损失,没有债务,则船东只好恒心打一两年官司,取得一个费时与昂贵的最后裁决书后,才能向承租人执行。如果承租人届时不能支付,船东可就惨了,光是官司费用已是浪费掉一大笔。同样的考虑也适用在货物买卖合约的同类争议。

4.2　可追讨货款情况之一:财产/货物所有权已经转让

第一种情况是在1979年《货物销售法》Section 49(1),它也是很公道:难道买方已经吃了用了有关货物后,卖方仍不能追讨货款吗?财产/货物所有权已转让,卖方再也无法减少损失如转售给第三人,这是买方才能做的。故此,要卖方索赔损失,不是追讨货款,并不公平与实际。

所以,在FOB的买卖下,会是在货物装上买方派的船舶后,卖方已有权追讨货款:Henderson & Glass v Radmore & Co(1922)10 Ll LR 727。但如果当时签发了"不记名提单",即卖方仍保留货权,则要待"背书"(endorse)提单后才谈得上货权转让。届时买方不支付货款,卖方也可追讨货款。

但在上述的情况,不论是FOB或CIF买卖,通常会是以信用证支付货款,这导致了卖方需要向买方追讨货款的情况很少会发生。在CIF/CFR的"单证买卖"(documentary sale)下,如果买方拒绝接受有关付运单证,财产/货物所有权仍在卖方手中,也令卖方只能向买方索赔损失:A. A. Nortier & Co. v. Wm. Maclean, Sons & Co. (1921) 9 Ll. L. Rep. 192。

只会在少有的情况下,因为付运单证有不符点或开证银行倒闭等原因,卖方无法在信用证获得支付。但同时有关的货物又被买方提取了(通常是在卸港以保函向船舶提取了货物)。这会是一种典型情况,卖方可向买方追讨货款。当然卖方会有另一个选择向船舶索赔损失,因为无单放货,但会有情况是船舶在采取行动的时候已经沉没或转售,但这是题外话。

一种常见情况的买方违约/毁约,是买方拒绝开出信用证或是在FOB买卖下拒绝派船去装港,因为市场价格下跌。这一来,卖方会是非要接受买方的违约不可。没有FOB买方派船,会是卖方自己想履约并把财产/货物所有权转让给买方也不可能。所以,卖方只能向买方索赔损失,不能追讨货款:Collery v Overseas Exporters Ltd. (1921)3 KB 302。

4.3　可追讨货款情况之二:合约中明确规定支付日期已届

第二种情况是在1979年《货物销售法》的Section 49(2),它是针对合约中有"明确规定支付一天"(on a day certain)。这一来,只要该天到来,即使是财产/货物所有权仍未转让给买方(这是第一种情况),卖方即可以追讨货款(欠债)。"明确规定支付一天"在Shell-Mex Ltd v Elton Cop Dyeing Co Ltd(1928)34 Com Cas 39先例中被解释为"合约规定支付的时间并且没有其他附加条件或有一个变数"(a time specified in the contract not depending on a future or contingent event.)。在该先例,买卖合约中有条文说:"... sellers have the right at any time to invoice to buyers the due quantities of oil not taken up, and to demand payment of the invoice amounts."这在法院判是没有明确规定支付一天,所以卖方只能索赔损失。Wright大法官是这样说:"... not in terms say that the buyers have to pay the invoice price as a debt at any specified time, or on delivery of the invoice, or at any specified time after delivery. What is invoiced under clause 15 is still the price payable under the contract, which includes the sellers' services in actually delivering the goods to the buyers' works."

在Stein, Forbes & Co v County Tailoring Co(1916)86 LJKB 448先例,是涉及了一个CIF买卖。买卖合约中的支付条文是说:"在船舶抵达卸港时以现金交换付运单证"(net cash against documents on arrival of the steamer)。在船舶抵达时,买方拒绝做出支付以交换付运单证,所以财产/货物所有权也没有转让给买方。法院判卖方只能索赔损失而不能索赔货款,因为该条文并非是"明确规定支付一天",而是有其他附带条件或者变数,就是交出与交换付运单证。Atkin大法官说:"On the contrary, it is payable expressly against delivery(of the documents)"。

同样的判法也在Muller, Maclean & Co v Leslie and Anderson(1921)8 Ll LR 328先例,这是一个CFR的买卖。

最后介绍的是一个苏格兰先例名为Henderson and Keay Ltd v A M Carmicheal Ltd, 1956 SLT(Notes)58,有关货物买卖支付货款的条文是:"见发票以现金马上支付"(prompt cash against invoice)。法院也是判不属于"明确规定支付一天"的条文,说:"... must mean something of the nature of a fixed date... The date of the receipt of the invoice leaves it open to the seller to make the price payable at any time either before or after delivery of the goods. The buyer under such a stipulation can have no certainty as to when the price is to be required of him."

接下去可以介绍一个富争议性的造船合约(也是货物买卖)先例Hyundai v. Papadopoulos(1980)2 Lloyd's Rep 1。案情涉及了在造船半途中,船东(买方)因市场下跌或其他理由对船厂言明除非大幅度降价,他将来不会接受该船舶。但船厂不予理会也不接受船东的预期违约(因为还没有到交船的一天)而继续建造该船。过了10天,造船合约订明船东需要再支付船厂15%船价,如当时安装好主机。如果船厂向船东要求支付而被拒,船厂即可马上行动(去法院或仲裁)追讨欠下的货款

(15%船价)。并可以很快向船东或他的担保人(或担保银行)执行。这显然是比向买方索赔损失优胜的多,因为计算损失,是要看船厂如何处置该船舶,如是否继续建造?是否把建造一半的船舶改为其他的船型以利将来以更好价格转售?这一来,明显是需要时间。所以船厂如果想尽快追回欠下的部分船价,说不定船厂真正的损失在计算后也不一定多过15%船价。

但这Hyundai的先例颇受批评,可见Atiyah教授的《The Sale of Goods》第12版一书的第481~482页。这道理是有一宗货物买卖,合约订明货款在某天预付。如果卖方在该天后才以买方毁约终断合约,以致他不必交付任何货物。但由于合约的支付日期已经在合约终断前届临,这让卖方可事后追讨货款,而不是光索赔损失,似有对买方不公道之处。毕竟,货物仍掌握在卖方手中,只有卖方可处置或转售。同样的批评也在《Benjamin's Sale of Goods》(8th edn,2010年)之16-027段,说:"It is submitted,on the basis of these decisions,that the better view is that a day can be 'certain' under s. 49(2) only if it is fixed in advance by the contract in such a way that it can be determined independently of the action of either party or of any third person. If,for example,an instalment of the price becomes due when the seller has reached a specified stage in the construction of the goods,it is submitted that the instalment should not be held to be 'payable on a day certain' within the meaning of the subsection. But dicta in the Court of Appeal cast doubt on this submission:the contract was for the sale of a ship to be built by the seller,and it was held that s. 49(2) could apply to claims for instalments of the price due to be paid on different dates,as well as to a claim for the full price of the goods. Although the judgements do not discuss the meaning of 'a day certain' in the subsection,they assume that the seller could sue for instalments failing due as he reached the specified stages of construction of the ship,e. g. when the keel was laid. If the subsection does apply when the date for payment is ascertained in the course of the performance of the contract,it will enable the seller to recover the price in many cases where the property in the goods has not passed to the buyer;but this appears to be inconsistent with the purpose of s. 50(1),which assumes that the normal remedy when the property has not passed is a claim for damages for non-acceptance."

在美国的立法,看来是较公道。《Uniform Commercial Code》的Section 2-709(1)说明货物没有转让给买方的话,卖方只是"在无法合理转售该货物"的情况下(the seller is unable after reasonable effort to resell them at a reasonable price,or the circumstances reasonably indicate that such effort will be unavailing)才向买方追讨货款。

而如果卖方在判决前能转售,也不像英国法律会变为只能索赔损失,卖方根据Section 2-709(2)是仍可继续追讨货款,只是这笔货款要扣除货物转售所得。

最后一提是有关在Hyundai v Papadopoulos先例中提到的"预期违约"(anticipatory breach),就是违约方在他需要履行合约之前以语言或行动表示他不会履行。这种情况在国际货物买卖是经常会发生,如市场价格暴升,卖方在还没有需要履行之前(如 CIF 卖方还没有到付运日期最后的期限)对买方说明他不会提供或付运货物。又或是在市场价格暴跌的情况下,买方对卖方称他不会接收货物。在这种情况下,经常会是无辜方哀求或威胁违约方,希望说服他履行合约,改变预期违约的想法。这一来,买卖合约并没有终断。如果预期违约方真的是改变想法,到了规定履约的时间履约,就表示较早的预期违约根本是没有发生过。但无辜方也有另一个选择,就是通过选择接受对方的预期违约,这可以马上终断合约并让无辜方有权向对方索赔损失。这也表示一选择接受对方预期违约,无辜方作为受害人就马上有一个合理减少损失的"责任"。这些方面有关先例是 White & Carter(Council) Ltd v McGregor(1962) AC 413;Anglo-African Shipping Co v J Mortner Ltd. (1962)1 Lloyd's Rep. 81。

这一个重要课题在这里一提是为了介绍无辜方在面对对方预期违约的恰当处理。如果在合约中有一条条文明确说明在多少天之后要作出某一笔金额的支付,也没有任何附加条件或有一个变数,无辜方就会是等这明确的一天过了之后,才考虑接受对方的预期违约。因为在很多情况下,索赔债务比索赔损失是容易、省钱与快捷得多。

4.4 卖方收不到货款去"中止运输"的权利(stoppage in transit)

这个权利在 1979 年《货物销售法》的 Sections 44~46 有所规定,它涉及海上运输。由于有关条文较长,所以只节录 Section 44。Section 44 说:"Right of stoppage in transit Subject to this Act, when the buyer of goods becomes insolvent the unpaid seller who has parted with the possession of the goods has the right of stopping them in transit, that is to say, he may resume possession of the goods as long as they are in course of transit, and may retain them until payment or tender of the price."

这一个"中止运输"的权利早在 18 世纪已经被英国法院根据商人的习惯做法而承认,这就是卖方在收不到货款而且买方又面临破产的情况下有权中止船东把船上的货物在卸港交出给买方。如果没有这一法律权利,在买方真正破产时卖方就会失去了这批货物,而自己只能沦为一位普通的债权人。这在 FOB 买卖尤其重要,因为卖方把货物交上买方派来的船舶,就会失去该批货物的所有权。本来针对把财产/货物所有权已经转让给买方,但买方仍欠下货款,卖方可以通过"留置"(lien)货物强制买方作出支付。但由于货物装上买方的船舶,卖方连占有权也一并失去了,就不存在可以行使留置了。所以普通法与现在 1979 年《货物销售法》给了卖方这一个权利,即只要货物仍在运输途中,卖方就可以通过中止运输重新取得对货物的留置权。FOB 卖方与运输的船舶是没有合约关系的,所以如果不是有这一个立法的中止运输的权利,船东是不必理睬卖方的通知或要求的。但现在有了立法,后果就不一样了,它规定了货物的承运人或其它托管人必须交还货物给卖方,或是依照卖方的指示(如要求船舶去其他卸港),而有关的额外费用由卖方自己承担。这是在 Section 46(4):"When notice of stoppage in transit is given by the seller to the carrier or other bailee or custodier in possession of the goods, he must re-deliver the goods to, or according to the directions of, the seller, and the expenses of the re-delivery must be borne by the seller."

但这种中止运输的做法在今天已经很少会发生，原因是国际货物买卖的卖方通常会通过信用证保证能够收到货款。如果不涉及信用证，如财雄势大的国际石油公司之间的石油买卖，他们会有争议，但不会有赖皮，更加不会有买方面临破产的厄境。此外，货物买卖也经常会有一条"保留货权条文"(retention of title clause)，卖方不会受到买方破产/倒闭的影响而失去了货物。所以笔者只节录《Benjamin's Sale of Goods》(8th edn, 2010年)之15-062段："**Purpose of the right of stoppage**. As soon as the unpaid seller delivers the goods to a carrier for transmission to the buyer he normally loses his right of lien, but he may, by exercising his right of stoppage, resume his lien if the buyer becomes insolvent while the goods are still in transit. The main purpose of the right of stoppage is to enable the unpaid seller, by resuming his lien, to gain priority (in regard to the goods) over the general creditors of an insolvent buyer who becomes bankrupt. By stopping the goods in the course of their transit, the seller puts the carrier under an obligation to redeliver the goods to him, and thereby reacquires the right to possession of the goods. But the exercise of the right of stoppage does not of itself terminate the contract of sale: it merely prevents the buyer from obtaining possessions of the goods, and puts the seller in a position in which he can effectively exercise his statutory power of resale. In the normal situation, the seller may, after giving notice to the buyer of his intention to do so, resell the goods if the buyer fails to pay the price within a reasonable time after the notice. But if the buyer (or his trustee in bankruptcy) tenders the whole price while the seller retains the goods, and before the seller terminates the contract by reselling the goods or otherwise, the seller is bound to accept the price and to redeliver or redispatch the goods to the buyer (or his trustee). The unpaid seller's right of stoppage in transit arises solely upon the buyer's insolvency, unlike his right of lien which may also arise in other circumstances. The definition of 'insolvent' found in s. 61(4) has already been examined. Partial payment of the price does not prevent the seller from exercising the right of stoppage in regard to the balance of the price, nor does his acceptance of a negotiable instrument as conditional payment. But the practical importance of the right of stoppage in transit has greatly diminished with the development of more sophisticated methods of payment, particularly the use of banker's commercial credits when the parties carry on business in different countries, and with development of new forms of security, such as retention of title clauses. Where a bank is in possession of the documents of title to the goods until payment, it is in a position to protect both the seller and itself if the buyer becomes insolvent; and since the buyer will not be able to get the documents unless he pays the issuing bank, he cannot obtain the goods without payment."

§5 救济办法之三:损失赔偿

5.1 按市场规则计算无辜方的损失

在本章之1.5段,已经有简单介绍过在英国法律下,买卖合约下卖方或买方拒绝履行他们主要的责任提供货物或接收货物,损失计算通常是根据“市场规则”(Market Rule)或“合约/市场规则”(Contract/Market Rule),除非有关的货物根本没有一个可供买卖的市场。这虽然是一条简单与快捷的计算办法,也不是完全没有争议,以下对各种争议做进一步的探讨。

5.1.1 何谓“表面规则”

1979年《货物销售法》之Section 50(3)与Section 51(3)说明市场规则是一条表面规则,这一解释是可以节录Webster大法官在Shearson Lehman Hutton Inc. v. Maclaine Watson & Company Ltd(No. 2)(1990)1 Lloyd's Rep 441先例所说如下:“... I would, if necessary, justify them by resorting to the expression '*prima facie*' in the sub-section, implicit in which, in my view, is a licence to avoid a literal application of the following words in circumstances in which literal application of them would not lead to the establishment of a fair market or current price on the day of the breach, given that there is an available market. In other words, the expression '*prima facie*' enables the Court, in an appropriate case where it would be unfair to confine a notional sale to a sale which could only have been made, in practice, on the day in question, to determine what would have been in substance a fair price on that day in all circumstances.”

这表示在违约当天,如果在一个可供买卖的市场无法提供一个公平合理的市场价格,法院可以在恰当的案件中偏离市场规则根据其他途径找出一个公平的价格,以此与买卖合约价格比较确定损失。

这种极端的情况有时候会发生,如在Shearson Lehman Hutton Inc. v. Maclaine Watson & Company Ltd(No. 2)先例。笔者记得在2008年金融海啸时,许多市场都暴跌,包括租船市场。而同时也有很多违约,一般就是承租人拒绝履行较早前以高价(如每天租金8万美元)订立的长期期租合约。这一来,责任是明确不过,富争议的只是损失计算。由于很多这些案件的租约还有5年到8年不等的合约有效期,所以没有办法根据真正损失计算。至于在当时的极低潮的租船市场,即使是有承租人愿意租用同样长期的期租合约,恐怕只会愿意每天租金500美元(为例),可以说是完全不现实,也不可能是今后5年到8年都会停留在这个水平。所以笔者知道伦敦仲裁庭想以其他的办法找出一个违约当天的公平价格,包括是依赖专家意见,或是等到审理时(这会是金融海啸后半年至一年不等的时间),租船市场开始有一些正常的活动作为参考。

这 *prima facie* rule 虽然有说法是这一条市场规则在能够成立当时有一个可供买卖市场,这是不能改变的规则。这方面可节录在 Pagnan & Fratelli v. Corbisa Industrial (1970)2 Lloyd's Rep. 14 先例中所提到的买方的争辩是说:"That *prima facie* rule is, it is contended, an invariable and immutable rule, as is shown by the judgment of the Judicial Committee of the Privy Council in AKAS Jamal v Moolla Dawood, Sons & Co(1916)1 AC 175 and by the judgment of this Court in Campbell Mostyn (Provisions) Ltd v Barnett Trading Company(1954)1 Lloyd's Rep 65."但应该不是神圣不可侵犯,这从该 Pagnan & Fratelli v. Corbisa Industrial 先例也可以看到。案情是涉及 1 万吨的玉米买卖,从巴西运往意大利港口(最终是去 Trieste)以 CIF 价格的 64 美元一吨成交。因为卖方延迟付运,买方交涉下这 64 美元的合约货价被减至 62. 64 美元,等于延迟付运的问题已经达成和解。货物(玉米)是 1965 年 10 月 19 日运抵 Trieste,在该地当天的玉米市场价格是 64. 50 美元一吨。所以,如果买方向卖方索赔(如果卖方另有违约),损失计算根据市场规则应是简单不过,是 64. 50 美元减 62. 64 美元再乘以 1 万吨。该货物因玉米质量不符,被买方合法拒绝接收。买方之后向意大利法院申请扣押卖方的玉米,所谓的"decree of sequestration"(这应该有一点像英国法律的冻结令),要求卖方提供诉前担保,因为买方已经支付了货款。另一方面,精明的买方一直是与卖方谈判,趁卖方被拒货不知道怎么办的时候拼命压价,终于在 11 月 13 日以 51 美元一吨成交,在这货价下买方可以赚大钱。

但买方仍向卖方索赔因拒货而带来的市场规则损失,因为有关货物是有可供买卖的市场,而市场规则损失的计算也已经提到过,是 64. 50 美元减 62. 64 美元再乘以 1 万吨。买方也争辩说在市场规则下,就不理会有关货物真正的转售或无辜买方买进替代货物的价格。另买方也指出在 11 月 13 日的成功压价协议中并没有说明是"in full and final settlement of all disputes",即明言包括了拒货的争议在内。所以拒货争议的损失,既然有可供买卖市场,就必须严格依照 1893 年《货物销售法》的 Section 51(3),无辜买方应可获得 64. 50 美元减 62. 64 美元再乘 1 万吨的赔偿。至于买方已占了大便宜的 11 月 13 日压价协议,买方争辩说这在有市场价格可供比较情况下,这一个压价协议的赚亏是无关。但上诉庭不同意,认为 Section 51(3)的市场货价只是 prima facie rule 而已。在本案例,拒货后的 11 月 13 日的压价协议不是把这批玉米转售给第三人,而是给原来的买方。让买方在这同一票货物买卖占了大便宜,就不能再以市场规则重复计算损失,而且妄顾买方在压价协议得到的好处。所以,上诉庭判买方只有名义上损失。Megaw 大法官是这样说:

"For my part, I think the argument fails. The rule in sect. 51(3) of the Sale of Goods Act does not purport to be more than a prima facie rule. There is nothing in the case cited, or in any other case which was brought to our attention, to elevate its status above that which is involved in 'prima facie'. In particular, the cases cited were not concerned with a situation, as here, in which, after a breach of contract by non-delivery, or rejected delivery of defective goods, the selfsame goods became the subject matter of a contract of purchase and sale between the selfsame parties at a price which differed from the then-prevailing market price.

Despite the attractive argument of Counsel for the buyers. I am not persuaded that the ordinary principle of mitigation of damages, as laid down in British Westinghouse Electric and Manufacturing Company Ltd v Underground Electric Railways Company of London Ltd (1912) AC 673, should not be allowed to have effect in such a case, where the tribunal of fact concludes that the ultimate sale is a part of a continuous dealing. ”

5.1.2 何谓“市场”

这在《Benjamin's Sale of Goods》(8th edn, 2010 年)之 16 – 064 段是这样解释:“**Suggested tests for an“available market”**. An early view was that an available market is some place (e. g. an exchange) where the goods in question can be sold; a later view was that it ‘means a particular level of trade’ in a particular locality; another that it refers to a sufficient demand for the goods ‘to absorb readily all the goods that were thrust on it’; another that it means a situation where the current price for the goods may fluctuate according to supply and demand (which rules out the situation ‘where the goods can only be sold at a fixed retail price’); and another that …there must be sufficient traders who are in touch with each other...”

以上的说法大致上是不必要有交易所或特定场所进行买卖才算是有市场,只要有足够人数的卖方与买方,能够以市场当时的情况提供或购买有关货物即已足够。如果人数不足吸纳或能够提供有关的货物(会有买卖合约涉及了数量非常庞大的货物),就谈不上是有一个“可供买卖的市场”(available market)。

笔者也可以顺便节录 Michael Bridge 教授的《The International Sale of Goods》(2nd edn, 2007 年)之 10.53 段对市场的解释:“**Meaning of ‘market’**. Earlier authority interpreted ‘market’ to mean a physical place where goods are bought and sold. But this misses the point of the rules of damages assessment, which is that a buyer or seller, as the case may be, has the opportunity to contract again in circumstances of supply and demand. A modern judgment has expressed a preference for interpreting ‘an available market to mean that the situation in the particular trade in the particular area was such that the particular goods could freely be sold’. This is the now prevailing view. In conditions of supply and demand, there is a market. There will be room for debate in individual cases whether there is sufficient supply and demand for there to be a market. Sometimes trading conditions in esoteric products are too thin to justify, for present purposes, the existence of a market in that product. ”

涉及市场的争议有很多的先例,笔者只介绍几个比较典型的例子。

5.1.2.1 有关市场解释先例之一:ABD (Metals & Waste) Ltd. v. Anglo Chemical

& Ore Co Ltd

在 ABD(Metals & Waste) Ltd. v. Anglo Chemical & Ore Co Ltd. (1955)2 Lloyd's Rep 456 先例,案情涉及了一个"CIF Lisbon"的买卖,货物是一种高等级的"电镀锌"(electrolytic Zinc),共200吨。在该案例,只有损失计算的争议,因为在责任方面买方已接受不交付货物的违约。

买方说这批货物已经转售,所以不交付货物带来给他的"利润损失"(loss of profit)约400英镑,另加上赔偿给分买方的2,311英镑。

但卖方说应是1893年《货物销售法》的Section 50(3),即市场价格与合约价格的差价为准,损失赔偿的金额是低得多了。

照说,伦敦有一个"金属交易所"(Metal Exchange),也有锌的买卖,怎会是没有市场?但证据显示,交易所对这种高等级的电镀锌(纯度达99.97%)并没有买卖进行。只有一般的锌,纯度在98%,才有买卖。这种高等级的电镀锌也会有在交易所内外以私下方式进行买卖,而且间中会在"The Metal Bulletin"刊登有关交易的价格。

Sellers 大法官判是有市场可供比较,并说:"It is not necessary to establish a market that it should have a fixed place or building, but there must be sufficient traders who are in touch with each other to evidence a market, and I think that is so here."

当然作出比较还必须是对等(与买卖合约价格看齐),在伦敦成交的市场买卖价格是"ex ship London",故此需要调整为"CIF Lisbon"。这是要调整"高等级/纯度的溢价(premium)",运去 Lisbon 的运费与保费。反正 Sellers 大法官最后计算出来的差价是£ 7 - 16s 一吨,而200吨的总损失应是1560英镑,也是买方胜诉所得的赔偿。

5.1.2.2 有关市场解释先例之二:Contigroup Companies Inc v Glencore A. G.

在先例 Contigroup Companies Inc v Glencore A. G. (2005) 1 Lloyd's Rep 241,案情涉及了 Glencore 向 Contigroup 以 CFR 购买45,000吨的丙烷与丁烷,分两船付运。在第二次的付运,Contigroup 租了一艘名为 Sunway 轮作出付运。而其间 Glencore 把该船的货物以 DES(Delivered Ex Ship)转售给了中石油,而目的地是温州与时间是2002年6月7日到12日。但实际上 Sunway 轮上的货物只有丁烷,这与中石油的分买卖合约并不一致,该合约是要求2000 - 10,000吨丁烷与至少2000吨丙烷,总共不超过25,000吨。另一个更大的问题就是 Sunway 轮延误作出付运,这导致了中石油很大的困难,因为它必须供应给它的客户每天3000吨丁烷。这导致了中石油的损失,最终与 Glencore 达成和解协议,Glencore 赔了172,899.67美元。但估计这笔和解赔偿是偏低的,因为 Sunway 轮上只有丁烷而导致的额外的关税,高达101,355美元。

之后 Glencore 向 Contigroup 索赔这一笔损失,指称这笔损失主要是为了赔偿延误付运带来中石油的损失。但要索赔这种在分买卖合约的损失,就必须在没有可供买卖的市场下才会适用。由于延误付运只是几天,在其间没有市场波动的情况下如果根据市场价格也就表示 Glencore 根本没有损失。所以 Glencore 必须说服法院当时是没有可供买卖的市场,而这个市场是非常狭窄的,因为有关的货物并非是丁烷这么简单,而是要在6月7日到12日之间抵达温州的"浮动货物"(floating cargo),或是在温州有这个市场可买进丁烷。英国法院的Ian Click大法官接受是针对这票非常局限的货物,违约的时候是没有市场,说:

"Could Glencore have gone into the market and acquired a substitute for Lot 2 on June 10,2002,the date of breach,or,indeed,at any time between learning on May 29 than Sunway would be late and June 10? For if it could,it would be difficult to argue that Glencore's loss could have been any more than the additional cost(if any)of obtaining that substitute.

Glencore was entitled to receive a cargo of between 21,000 and 22,000 metric tones of butane at Wenzhou not later than June 10,2002. It knew by May 29 that Sunway could not arrive by that date. Moreover, despite requests by Glencore, Contichem never showed any sign of itself finding a substitute cargo to enable the sale contract to be performed on time.

I have already indicated that I accept that between May 29 and June 4 Glencore and Glencore International made strenuous efforts through Mr. DuPay(Glencore 的事实证人)to find a single substitute cargo on a vessel able to reach Wenzhou,by June 10,or at least earlier than Sunway. They also,mostly through Mr. Schneider(Glencore 的事实证人),tried to find smaller cargoes to keep Petrochina supplied. The former efforts failed altogether. The latter only produced one,unsuitable,cargo.

Moreover,the expect evidence called by Contichem entirely failed to establish that at the end of May or in early June,2002 there were cargoes of butane,whether in port or afloat,that were available for purchase or exchange,and that could have been re-directed to Wenzhou to arrive there earlier than Sunway. Mr. Hoare(Contichem 专家证人)listed eight vessels(excluding Yusho referred to below)carrying large cargoes of butane,or butane and propane,that could have arrived at Wenzhou between June 6 and 12,2002. That is,they were so positioned that,had they been offered to do so,they could have reached Wenzhou at some time within that period. These include apparently,a vessel Mr. Delia(Contichem 事实证人)suggests might have been diverted to Wenzhou. Mr. Hoare accepted that none of these cargoes was for sale and that all were committed to other parties. Possibly, he said, they could have been exchanged for other cargoes. He was not,however,saying there was such a cargo available for purchase or exchange. He was saying it is possible that there was such a cargo available.

It is,of course,to be observed that if such a cargo did exist then between May 29 and June 4,Mr. Dupay,who had every incentive to find it,did not do so. Indeed,it was not even possible to find much smaller cargoes of suitable butane, Moreover, the closer in time to June 10,the less chance there was that any cargo found would have been able to reach Wenzhou by then. Nor was it suggested that there was any sufficient butane already at

Wenzhou available to be acquired.

In my judgment, on the evidence considered as a whole, it is fanciful to suppose that Glencore, or Petrochina for that matter, could have goes out into the market and acquired substitute butane for delivery at Wenzhou before Sunway arrived, whether at the date of breach (June 10 or 12) or between learning Sunway would be late and that date. It is in my judgment plain that there was no relevant available market for butane."

5.1.3　何谓"可供买卖"(available)?

有市场外,它还须是"可供买卖",这也是立法的措辞 –"available market"。"可供买卖"字面上应是解释无辜方(买方或卖方)可以很快的、自由的买进或转售有关货物,以减少损失。"可供买卖"的一词有一定的争议性,因为根据不同的货物品种与数量大小,即使是有市场也会不能够很快在违约当天买进或转售。如买进5万吨小麦作为替代货物/商品,在最正常的市场情况下也要好几个工作天才能够做到,但不会有人怀疑该批小麦是有一个可供买卖的市场。

在 Charter v. Sullivan (1957) 2 QB 117 先例, Sellers 大法官曾判一辆车子需7~10天才能出售表示当时没有"可供买卖"市场。但《Benjamin's Sale of Goods》(8th edn, 2010年)在16–067段认为该判决有错,应是以"合理时间"来看待。而每一种不同货物,不同情况(如当时市场刚好暴升暴跌,情况混乱,大家不敢买卖,或有长假期等),都有它的不同"合理时间"。

当然,不是"商品"(commodity)的货物而是特别为这一个买卖合约制造,如一台发电机,它往往不会有"可供买卖"市场。即使最终能成功转售,如可在买方无理拒绝接收货物一段长时间才能找到替代买方,甚至对该台发电机要作出一定的改装,就不能说在买方违约/毁约后的"合理时间"内很快找到替代买方,所以无法说是有"可供买卖"市场。

针对一些商品看来是有可供买卖市场,但由于有关的货物涉及了很大的数量,不能很快买进替代商品或去转售,而需要一小批一小批处理,这才不会导致不恰当的抬高或推倒市场价格。所以"合理时间"会是违约后可让无辜方最快能够买进或转售的一段时间。这方面曾经涉及过几个著名的先例。

5.1.3.1　有关货物数量庞大无法马上买进或转售先例之一: Garnac Grain Co. Inc. v. H. M. F. Faure and Fairclough Ltd

第一个是贵族院的 Garnac Grain Co. Inc. v. H. M. F. Faure and Fairclough Ltd (1967) 1 Lloyd's Rep 495 先例,案情涉及了"CIF Bromborough/Purfleet"买卖(这是英国港口),货物是15,000吨的美国猪油,而价格是每吨195美元。付运日期是1963年12月或1964年1月。但卖方违约,他并没有作出付运。在第一审, Megaw 大法官认为在1964年2月4日会有买方可以买进替代货物的市场并估计市场价格应该是每吨242.50美元。但在后来上诉到贵族院,才提到该批货物数量庞大,必须要分批买进才不会把市场抬高。但由于这一点没有包括在上诉通知,所以不予处理。Pearson 勋爵是这样说:"... it was contended that no assessment could properly be made on the basis of the difference between the contract price and the market price on Feb 4,1964 (or any other date that might be material) because there was then no market in the United Kingdom for 15,000 tons of lard for immediate delivery, and the evidence did not reveal any other basis for assessing damages. There was evidence that all material times (towards the end of January and early February 1964) you could not buy that quantity for immediate delivery in the United Kingdom. There was, however, evidence that you could buy smaller quantities-up to 2000 tons at a time-in the USA for delivery to ports for shipments to the United Kingdom; and there was a market price, given by one witness as MYM243. 60 per ton, for such purchases on Feb 4. If you wished to buy 15,000 tons at those prices you could have to do so over a period. According to one witness, if you were able to buy 15,000 tons of lard at a time you could have to pay a higher price. There was thus some evidence on which Mr. Justice Megaw could find that there was a market price and that it was MYM242. 50 per ton on Feb 4. No arrangement to the effect that there was no market price proved was presented at the trial of the action. No such point was included in the respondents' notice given by Garnac to the Court of Appeal. It may have been raised in the Court Of Appeal but it is not mentioned in the judgment. In these circumstances I do not think the finding of fact of Mr. Justice Megaw on this point can be successfully challenged."

5.1.3.2 有关货物数量庞大无法马上买进或转售先例之二:Shearson Lehman Hutton Inc. v. Maclaine Watson & Company Ltd (No. 2)

第二个是 Shearson Lehman Hutton Inc. v. Maclaine Watson & Company Ltd (No. 2) (1990) 1 Lloyd's Rep 441 先例,这一先例涉及了在 1986 年初国际市场上的锡矿价格暴跌,而有关的几个合约有 7755 吨。这样的数量也是没有办法很快的在市场转售,Webster 大法官是这样说:"Approached in this way, the answer seems to me to be: that if the seller actually offers the goods for the sale there is no available market unless there is one actual buyer on that day at a fair price; and that if there is no actual offer for sale, but only a notional or hypothetical sale for the purpose of s. 50(3), there is no available market unless on that day there are in the market sufficient traders potentially in touch with each other to evidence a market in which the actual or notional seller could if he wished sell the goods; see Lord Justice Sellers in ABD (Metal & Waste) Ltd v Anglo Chemical & Ore Co Ltd (C. A.) (1955) 2 Lloyd's Rep 456 and Charter v Sullivan (1957) 2 QB 117."

接下去 Webster 大法官针对在这种情况下怎么样找出一个公平的市场价格,这包括在违约后几天或一段时间的市场成交价格,但要排除这段时间的价格因为其他原因的波动,说:"What is the answer to the second question, i. e. the appropriate price issue? The answer seems to me to be that, where there is no actual sale, the market price must be a fair market price for the total quantity of goods assuming them to have been sold by a seller on the relevant date; but that, since it might be unfair to the defendant purchaser to confine the price so established to the price obtainable if an actual sale had to be concluded on that day, it is permissible to take into account the price which would be negotiated within a few days with persons who were members of the market on that day and who could not be taken into account as potential buyers on the day in question only because of difficulties of communication. If account is taken of the price which would have been negotiated after a few days, no account can be taken of any price fluctuations after the date of breach; i. e. for that purpose it has to be assumed that the price remained constant during the period of the negotiations."

5.1.3.3　有关货物数量庞大无法马上买进或转售先例之三：Petrotrade v. Stinnes

第三个是 Petrotrade v. Stinnes(1995)1 Lloyd's Rep. 142 的近期先例。该案涉及1万吨汽油的 FOB 买卖，准备是从安特卫普装运去汉堡。买方在装港已拒绝接收货物，指该批货物不符合规格要求。

该案例中一个争议是损失如何计算：卖方根据 1979 年《货物销售法》的 Section 50(2)的真正损失向买方索赔 242,471.09 美元(原合约价格与他把1万吨汽油分10次转售价格的差别/损失)，加上 76,976.28 美元(利息，油库贮藏费用等)。

但买方指应以 Section 50(3)的比较违约时的汽油市场价格的差别为准，估计会是低多了。

这一来，自然要先看看这票汽油是否有"可供买卖市场"(available market)，才能决定是 Section 50(2)适用还是 Section 50(3)适用。该票汽油只能在德国使用(因为环保的要求)，德国也有市场。但出售1万吨，会令市场受压而导致价格大跌。所以卖方分10批，每批1000吨，在3个月时间内慢慢转售。也是这个背景，卖方指违约当时(或在合理时间内)并没有一个可供买卖市场。所以，Section 50(3)的计算损失办法不能采用，应该根据 Section 50(2)。

但买方专家证人举证指这票1万吨汽油可分批以2/3千吨转售，只需时1/2星期，也不致令市场价格受压。

Colman 大法官接受与相信买方证人，判卖方纯是自己为了想在转售多赚一点而去拖长时间，希望汽油价格上涨，但最终没有实现。Colman 大法官说："Petrotrade's(卖方)failure to dispose of it as rapidly as that, was, I infer, more likely the consequence of their holding out for prices which were not obtainable because of the general level of demand in the market or for a general rise in market prices which did not occur. No doubt they had perfectly good reasons for wanting to maximize the overall resale recovery and genuinely believed that, having regard to the state and movements of the market, they were marketing the gasoline so as to achieve the most advantageous prices, even having regard to the cost of being out of their money and of the storage of the unsold material."

同时，Colman 大法官也认为该票汽油有一个"可供买卖市场"(available market)，而需要两个星期才能分批完全出售1万吨汽油(这是根据买方证人)并不影响"可供买卖"。他说:"There can be no doubt that the starting point is to ask whether there was an available market. On the facts which I have found, the limited demand for this product which meant that it would take two weeks to sell all of it does not mean, in my judgment, that the market was not 'available' within Section 50(3). It is indeed 'available' because the price of the product was regulated by supply and demand at the material time and because a seller acting with reasonable determination could have disposed of at least some of the gasoline at that time and of the balance within a mere two weeks."

所以,Colman 大法官判是卖方在这方面败诉,计算损失应估计违约当时的市场价格,而不是毁约后3个月慢慢出售的总损失(即使这是卖方的真正损失)。他说:"Once it is accepted that the entire parcel could have been sold in approximately two weeks, there can be no basis for adopting as the basis for the calculation of damages the resale prices actually achieved over the ensuing three months. The seller's genuine belief that by holding the parcel for a much longer period he would be able to recover a larger return on resale does not justify departing from the market price obtainable at and immediately after the buyer's non-acceptance."

5.1.4 市场必须是合约描述的货物

应注意是这市场必须是合约描述之货物,不能是差不多作为替代的货物。

这里首先可节录 Coastal International v Maroil (1988) 1 Lloyd's Rep 92 先例,是一个 CFR 买卖,涉及的燃油是"July/August Rumanian bunker C 3.5% straight-run atmospheric"。照说,燃油的市场会是很大,没有理由买不进替代货物。但法律要求针对的是买卖合约约定的货物。在该先例中,卖方没有提供货物,而针对违约当天是否有市场,Leggatt 大法官是这样说:

"The contract description of the fuel oil in the instant case was 'July/August Rumanian bunker C 3.5% straight-run atmospheric'. As the defendants' own unavailing attempts amply testify, there was an embargo on the export of Rumanian bunker C fuel oil from Rumania from mid-July to the end of September, 1982. A certificate from Petrolexport of Oct 12, 1982, declares this to have been due to a shortage of deliveries of crude to Rumania.

For the plaintiffs, Mr. Van Gemerden(无辜买方证人) also searched in vain for a replacement cargo, as did their broker, Mr. Been (经纪人) of Stardust International Ltd. Unsurprisingly, the defendants(违约卖方) did not adduce any evidence that any cargoes were available of fuel oils answering to the contract description. I am quite satisfied, and I find, that in these circumstances there was no market, available or otherwise, in late August or September, 1982 for goods of the contract description."

另可介绍 Mance 大法官在 The "Marine Star" (1994) 2 Lloyd's Rep. 629 先例的633

页说:"The delivery date under the present contract was in my judgment port of the contract description of the goods agreed to be sold: Benjamin's Sale of Goods(4th ed.) pars. 18－116/118. On this basis the notion of a"market"for replacement goods is here a restricted one, and could only be met if the plaintiffs(受害的买方)were able to buy in replacement goods for delivery at Aruba in the bracket of Aug. 4 to 10, 1991; Benjamin par. 19－153; re Bourgeois and Wilson Holgatel(1920)25 Com. Cas. 260 at P. 281."

显然,该案例涉及的货物"Russian E4 straight run fuel oil ex Black sea for delivery CIF basis Aruba 4－10 August 1991"被判是没有同样货物的市场。

这种案例还有 Obaseki Bros v Reif & Son Ltd(1952)2 Lloyd's Rep 364 与 The "Golden Rio"(1990)2 Lloyd's Rep 273。

可见是,描述越细的货物,交货日子很短暂,加上如卖方很接近付运或交货期才违约/毁约令买方时间不多,会是不容易有市场可以买进替代货物,因 1979 年的《货物销售法》下"市场"一词是局限的概念。

另是针对 CIF/CFR 买卖,也会是局限。如涉及"浮动货物"(floating cargo),针对是装在某一艘船舶已经在付运中的货物,就不可能有市场买进替代货物。这方面可节录《Benjamin's Sale of Goods》(8th edn, 2010 年)之 19－185 段说:"The first is whether there is a 'market' for goods sold by reference to a particular set of shipping documents. Where the sale is of goods afloat and en route to a particular port or range of ports, this requirement will be satisfied only if there is a market in which such goods can be bought and 'it is not sufficient to show that there was a market for goods which belong to the same genus, but which were not of the contract description'. As the description may include the date of shipment and other statement about the ship the notion of the market in relation to c. i. f. contracts can be a restricted one. Thus Scrutton L. J. has said that, where the goods were sold by reference to a bill of lading bearing a particular date, there was no market for goods of the contract description and that therefore the 'market' rule did not apply. It seems that there can similarly be no 'market' for goods sold afloat on a named ship, though such a transaction has been said now to be a 'rare phenomenon'. If there is no market, damages may be assessed by reference to an actual sub-sale, so long as this contract no unusual features which make the loss, or part of it, too remote."

估计这方面的法律相对严格是因为英国法律一直以来对以货物描述进行买卖这方面的重视,一旦货不对版,买方就可以拒绝接收货物。这所谓的"perfect tender rule"在本书第四章第 4.1 段有提到,并介绍了一些著名的先例如 Re North Western, Rubber Co. Ltd and Huttenbach & Co(1908)2 K. B. 907; Toepfer v. Continental Grain Co (1974)1 Lloyd's Rep. 11; Toepfer v. Warinco A. G. (1978)2 Lloyd's Rep. 569 等。在其他的合约涉及了市场规则计算损失,会是有一定的伸缩性。如租船市场,如果一个期租合约被船东违约下终断,承租人就可以根据市场规则向船东提出索赔,也就是在租船市场中同类型船舶的租金作为比较原租约的租金以找出损失:The"Elena d'Amico"(1980)1 Lloyd's Rep 75;The"Wave"(1981)1 Lloyd's Rep 521;The"Product Star"(No.2)(1991)2 Lloyd's Rep 468。但如果租船市场的同类型船舶是必须要与原租约的船舶描述一样,就变为几乎没有可能适用市场规则。如原租约是65,432载重吨位或1999年6月建造,就不可能在当时的租船市场中会有一艘这样的船舶可供租用。会是只要是一艘同类型的船舶,如"巴拿马型"(panamax)船舶的市场就可以用作为比较,即使同类型船舶会是更大或更小,更新或更旧。

注意是这里针对的是市场规则下的市场价格,但如果市场规则不适用(主要是因为在违约当天没有可供买卖的市场),变为无辜买方索赔真正蒙受的损失,他就可以买进"最接近"(the nearest equivalent)的替代货物,而不必好像市场规则下的必须是合约描述之货物。至于买进最接近替代货物的损失可否向违约卖方索赔,这就要看无辜买方这样做是否合理。这也是合理减少损失的课题,本章稍后会针对。

5.1.5 哪里的市场?

本书是针对国际买卖,所以不像本土买卖,后者往往只有一个市场。即使本土买卖的有关货物/商品买卖是多于一个,也会是在价格上密切关连。但在国际,会在装港、卸港、交出付运单证地点等多处有关地点都有有关货物/商品的市场,而且它们在价格上虽有关连,但会相差较大。

例如在著名的The"Heron II"(1967)2 Lloyd's Rep 457先例,是罗马尼亚装食糖去伊拉克的Basrah港。在伦敦与Basrah港都有食糖买卖的市场,光是在Basrah港,就每年有近20万吨的买卖成交,而伦敦估计就有更加庞大的市场。但伦敦与Basrah市场的升跌并不同步,因为像几艘船舶装运了食糖同时抵达Basrah港,就会大程度影响当地市场与压低价格,但这与伦敦市场无关。这一来,哪里的市场价格来比较差价?

在CIF或FOB买卖,一般*prima facie* rule会是以目的地港的市场(如果有)为准:Aryeh v Lawrence Kostoris & Sons Ltd(1967)1 Lloyd's Rep 63,特别在买方是受害者或无辜方。但是总的看来,这是以合理与现实来考虑减少损失的无辜方会去或应去哪里的市场买进替代货物/商品或转售。像FOB买卖,卖方是受害者或无辜方,因买方拒货的违约会发生在装货前(买方拒不派船),待装货物滞留在装港。买方拒货的违约也会发生在卸港(如理由不足,并未构成条件条文的违反,买方就拒绝接收货物)。而在CIF买卖,更会多一个是交出付运单证地点(单证买卖),不一定是装卸港。交出付运单证时往往货物在运输途中,所以《Benjamin's Sale of Goods》(8th edn,2010年)之19-233段说:"...If at that time there is a market for goods afloat at the place where the documents should have been accepted, that would *prima facie* be the market by reference to which damages are to be assessed. But this is by no means an invariable rule and it is submitted that any other market in which it would be reasonable for the seller to dispose of the goods would be relevant if there was no market where the documents should have been accepted. If there is no market for goods afloat, the market at the destination will be the relevant one, since that will be the market in which the seller will normally dispose of the goods."

也会有情况是装或卸港没有市场,但很近的一个港口/城市即有可供买卖市场,很方便与容易转售或购买有关货物。合理与现实看来,是不应漠视该附近也有方便的市场。反正针对哪里的可供买卖市场的考验就是看整体的合理性,这包括无辜方买进替代货物或转售所需要的时间、费用与麻烦。正如《Benjamin's Sale of Goods》(8th edn,2010 年)之 16-068 段所说:"It is submitted that the test is one of the reasonableness, in the light of the time, expense and trouble involved."

在 Lesters Leather & Skin Company Ltd v. Home & Overseas Brokers Ltd(1948)82 Ll L Rep. 202 先例,是印度去英国的 CIF 买卖,货物是蛇皮。在伦敦,因为货不对版而被英国买方拒绝接收。卖方同意英国没有这种货物的市场,但印度有,理论上买方买进替代货物是可在印度市场购买,而差价不大。但上诉庭判这对英国买方而言并不合理,因为他要等待太久才会另有从印度来的替代货物。换言之,印度的市场对英国买方讲起来是太遥远。Goddard 勋爵说:"After all, these matters always come down to whether the party aggrieved has acted reasonably in mitigating or not mitigating the damages. I cannot say that the buyer is bound to go hunting the globe to find out where he can get skins(蛇皮) and then have them shipped, months after the contract time, so that they will arrive here many months after the date at which, had they been shipped in accordance with the contract, they would have arrived."

Goddard 勋爵在举例说如果买卖是 Bordeaux(法国) CIF 伦敦,两地非常近与方便,而不是"印度 CIF 伦敦",则判法会不一样了,Bordeaux 港的市场会是合理的市场可比较差价。

这看来与著名美国先例的 Scaramelli & Co. v. Courteen Seed Co. 217 NW. 298 (1928)的判决一致。Wisconsin 的最高院(Supreme Court)判是:"Under a CIF contract, the place where title passes is not controlling with reference to what market the buyer's damages shall be determined. In this case it is perfectly apparent, and must have been in contemplation of the parties, that, in the event of the failure of the seller to perform, the buyer would be compelled to resort to the markets of this country(美国,买方所在地) to supply the goods. It would have been physically impossible for the buyer, after the seller's default, to have purchased goods in Italy(装港) and transported them to this country in time to meet its need."

另在 The"Texaco Melbourne"(1994) 1 Lloyd's Rep 473 先例,案情并非有关国际货物买卖,而涉及了原告购买了一船燃油,由被告拥有的 Texaco Melbourne 轮来承运。该批燃油准备从加纳一个港口的炼油厂运到加纳另一个卸港后分批转售给其他的油公司。但这批燃油并没有最终运到该卸港,这导致了加纳政府向船东提出索赔。这方面的责任是明确的，唯一涉及的就是损失的计算。与本章有关的先例中有争议说是加纳并没有一个可供买卖的市场，而最近与最方便的市场是在意大利，原告买进替代燃油就必须以美元做出支付。

最后为了肯定可提一提，买卖双方会在买卖合约中订明以哪里的市场的价格作准，以资比较，如在 Laing, Son & Co. Ltd v Eastcheap Dried Fruit Co (1961) 2 Lloyd's Rep. 277 先例的合约条文说："... on the estimated market value ruling on the day of default at the destination named in the contract for goods of the contract description and position."

该先例实是一个 FOB 买卖，所以有关货物的目的地港不会在买卖合约中找得到，而是要在付运单证中（例如提单）寻找，这被法院认定为大阪（Osaka）。

5.1.6 黑市、现货市场、期货市场与实际货物市场

"黑市"（black market）或地下市场的价格可以被用作为确定违约市场价格，除非黑市的存在是违反当地的法律（如税法），原因是没有理由要求无辜方非法减少损失，不论是买进替代货物或是转售。这里可以节录《Benjamin's Sale of Goods》（8th edn, 2010 年）之 16－069 段所说如下："A 'black' market, where the goods are bought and sold surreptitiously to evade contractual restrictions (e. g. restrictions on price or supplies) may nevertheless be an available market for the purpose of the Act. It is, however, doubtful whether a black market where the goods are available in breach of statutory controls would be treated similarly, since the seller cannot be required to mitigate his loss by committing a breach of the law."

关于国际货物买卖中的"现货市场"（spot market）可以举一个 50,000 吨豆粑的 9 月份"CIF 鹿特丹"买卖的例子：如果 CIF 卖方太晚拒绝提供货物，无辜买方是没有办法在市场买进同样的货物（即 9 月份"CIF 鹿特丹"）作为替代的，变了无辜买方只能是以鹿特丹的现货市场价格作为市场价格的比较，不论他是否真正买进作为替代。这可举 Stroms Bruks Aktie Bolag v Hutchison (1905) AC 515 先例为例，它涉及了 CIF 的木浆买卖，从瑞典去英国 Cardiff，损失的计算是根据 Cardiff 的现货价格，但要减去瑞典至 Cardiff 的运费与保险费，另会要减去卸货费用后才能作出比较。

不少货物/商品有"期货市场"（future market）与"实际货物市场"（physical market），实际货物市场才是真正有货物的交付、运输、支付货款等。但期货市场只是用来对冲将来价格上升或下跌的风险，更会是纯为了投机。期货市场没有真正货物交付与运输，而在付运或交付时间到来时由买卖双方通过交易所的平台作出结算。这两个市场的价格有关连，但经常会不一样。

在 Metelmann v NBR (1984) 1 Lloyd's Rep 614 先例，它详细介绍了食糖的两个市场与不同之处，包括像在伦敦、巴黎等交易所的期货市场。在该先例买方拒绝履行一个在 1 月份交货的 FOB 买卖，卖方在 1 月 21 日接受买方的违约。在同时间，卖方害怕食糖市场继续下跌，导致手中的一票被买方拒绝的食糖遭受更大损失，所以在一个

5 月份交货的期货市场出售同样数量的食糖作为对冲以固定或锁死他的损失。

在 Nissho Iwai v Cargill(1993)1 Lloyd's Rep. 80 先例,它是更详细的介绍了 Brent crude oil(原油)的两个市场与操作。

由于两个不同市场价格不同,与合约价格比较,所得出的差价应该是以哪一个为准呢? 显然,这又是以合理为准。如果真有实际货物市场可以合理买卖,应是这个市场价格比较合理与对口。但如果实际货物市场买不进与卖不出,而无辜方害怕市场将会暴升或暴跌而去期货市场"对冲"(hedge),特别是他真正做了,又有合理解释为何这样做,则应是可接受以期货市场价格的差价为无辜方损失的计算:Metelmann v NBR(1984)1 Lloyd's Rep. 614。

5.1.7 浮动货物的市场

但如果买方拒绝接收货物是在运输半途发生,就存在卖方当时能否在市场转售了这批"浮动货物"(floating cargo)。如果能够,也不会是 FOB 价格,而会是以 CIF 价格成交。这一来如果涉及的买卖合约是 FOB,应把 CIF 价格减掉估计运费/保费才好比较。正如《Benjamin's Sale of Goods》(8th edn,2010 年)之 20 - 140 段说:"... If there is a market for goods afloat of the contract description, that market may be taken into account for the purpose of assessing damages, if it would be reasonable for the seller to dispose of the goods in that market. In relation to FOB contracts, however, the concept of a market afloat gives rise to the practical difficulty that goods are not sold afloat on FOB terms. The only market price for the goods afloat is therefore likely be their CIF price. The cost of freight and insurance would have to be deducted from that market price for the purpose of assessing damages for breach of an FOB contract."

但如果无法在运输半途出售/转卖,这时间会要相应押后,要到船舶/货物抵达卸港后的一天视为买方拒货/毁约。而市场价格(应是在卸港的市场)也是以那一天(或以后的一段短暂但合理时间)为准。

5.1.8 哪一天的市场价格

因为不少货物/商品的市场价格每天不同,会是大起大落,一两天内已是面目全非,如在 Alfred C. Toepfer v. Peter Cremer(1975)2 Lloyd's Rep 118 的先例。所以,有必要找出哪一天的价格才可作为进一步估计应比较的市场货价。在上一小段的 Petrotrade v. Stinnes(1995)1 Lloyd's Rep 142 先例,已可见这日子是违约/毁约后的两个星期内市场平均价格。因为涉及大批货物,最快也需要两个星期分批出售。在 SHV Gas Supply & Trading SAS v. Naftomar Shipping & Trading Co Ltd Inc (The Azur Gaz)(2006)1 Lloyd's Rep 163 先例,这段日子可以超过一个月。另在 Carbopego-Abastecimento de Combustiveis SA v Amci Export Court(2006)1 Lloyd's Rep 736 先例,更是涉及了买卖合约中最后交货一天后的几个月的市场价格。反正是有许多国际货物买卖的先例都为了针对以哪一天的市场价格为准与合约价格作出比较,以下会进一步探讨。

5.1.8.1 1979 年《货物销售法》规定是违约当天以最后必须履约的一天(last

performance date)

根据1979年《货物销售法》之Section 50(3)针对买方违约,就已经规定了哪一天或什么时间,这就是买方应该根据买卖合约规定的日子收取货物,而如果没有规定日子,就是买方拒绝接受货物的一天:"... at the time or times when the goods ought to have been accepted or(if no time was fixed for acceptance)at the time of the refusal to accept."另在Section 51(3)针对卖方违约,也同样规定了是买卖合约如果有付运日期,就是在卖方应该交付或付运货物的一天。而如果没有规定付运日期,就是卖方拒绝交付或付运货物的一天:"... at the time or times when they ought to have been delivered or(if no time was fixed)at the time of the refusal to deliver."

在这一个立法规定下,可节录《Benjamin's Sale of Goods》(8th edn,2010年)之16-071段有关买方拒绝派遣船舶去装港接受货物而违约的那一天,也就是以那天的市场价格为准:"The contract itself will normally fix the exact time for acceptance. A time fixed by reference to the happening of an event(e. g. the arrival of a ship)has been held to be a fixed time for a purposes of s 51(3)and it is submitted that the same position should apply to s 50(3)."

《Benjamin's Sale of Goods》(8th edn,2010年)之16-071段接下去是针对买卖合约约定货物交接的一天(这会经常出现在本土买卖),以买方在该天拒绝接受货物为准。如果是分批交付货物,例如是6月、7月与8月,买方拒绝接受货物就以分批交付最后一天的市场价格为准,也就是6月30日、7月31日与8月31日。该权威书籍是这样说:"Where the contract fixes a period during which delivery and acceptance are to be made, the time when the goods ought to have been accepted is the time, within the stipulated period, when the goods were actually tendered to the buyer by the seller. Where the contract provides that delivery is to be made by separate deliveries of part of the goods at stated times or intervals, the damages in respect of the buyer's failure to accept an instalment must be calculated by reference to the market price prevailing at the time fixed for delivery of that instalment."

而有关卖方拒绝交付或付运货物,也是根据同样的道理,这可节录《Benjamin's Sale of Goods》(8th edn,2010年)之17-008段:

"The provisions of the contract must be looked at to determine whether a time has been fixed for delivery of the goods, and, if so, the exact time for delivery. When the contract specifies that delivery is to be made by separate instalments at different times, the market price for each instalment is taken separately at the date when the particular instalment should have been delivered. Where the contract fixes a period within which the seller is to make delivery of the goods, the time for fixing the market price in the event of non-delivery is the last possible time within that period...

If the obligation imposed on the seller is to deliver the goods on a fixed date, it may be assumed that he has the whole of the usual business hours of that day in which to make delivery. In the absence of the seller's repudiation of his obligation to deliver, the buyer may not know until the close of the day's usual business hours whether the seller has neglected to deliver, and it will then be impracticable for the buyer to buy substitute goods in the market price under s 51(3) should be the first practical opportunity which the buyer reasonably had to buy in the market, e. g. normally on the next business day..."(违约当天是要查看买卖合约中有否条文针对一个明确的日子需要卖方交付货物。如果买卖合约涉及了分批交付/付运,计算损失就以分批交付/付运,每一批的最后交付/付运日子的市场价格为准。如果交付货物是约定了一段时间,卖方拒绝交货就以这一段时间内最后的一天为准。如果卖方在合约中明确需要在最后的一天作出货物的交付/付运,他是有该天的一整天。除非卖方以语言或行动更早表示了他拒绝履行合约,否则无辜买方是不能明确肯定卖方不交付/付运货物,直到最后的期限已经过去。在这种明确与无可挽救的情况下,Section 51[3]才适用,要求买方马上去可供买卖的市场买进替代货物。会是在违约当天由于要等到最后的一刻,所以买方真正会有机会去市场买进替代货物也是在第二个工作天。)

5.1.8.2 最后必须履约的一天说法的先例与解释

这方面有不少先例,去一提的是贵族院的 Bremer v Vanden(1978)2 Lloyd's Rep 109 先例,其中 Wiberforce 勋爵是这样说:"... the common law, and *prima facie*, s 51 of the Act, provide for damages to be ascertained by reference to the price as on the **last day for performance**."(黑体字是笔者的强调)。

在该先例,被认定为最后必须履约一天是在 1973 年 7 月 10 日。但该先例涉及了 GAFTA 100 标准格式,它有第 26 条文针对,说:"In the event of default by seller entitling buyers to damages, such damages shall be based upon the actual or estimated value of the goods on date of default..."

这就带来了争议即应该是以 7 月 10 日还是以第二天的 7 月 11 日的市场价格为准?因为光是差一天的市场价格金额就高达每吨 50 美元。根据普通法或者 1893 年《货物销售法》,应该是 7 月 10 日才是最后卖方必须履约一天。但这被说是"date in default"而不是第 26 条文的"date of default"。反正最后贵族院是根据第 26 条文判是以 7 月 11 日较低的市场价格为准。

Salmon 勋爵说:"I am convinced they are not the damages should be assessed on the difference between the contract price and the market price of soya bean meal on July 10 or 11, 1973. The market price was high above the contract price on July 10 but it fell substantially on July 11 although it was then still much in excess of the contract price. Assuming that the sellers were obliged to appropriate and ship the June instalment by July 10, they would have had up to midnight on that day to complete their contract..."

接下去 Salmon 勋爵说道市场价格应该以最后必须履行一天后的第二个工作天

为准,原因是:"I agree that the breach can be said to have occurred on July 10 at midnight although it is arguable that it did not occur until just after midnight, i. e. on July 11. Assuming that it did occur on July 10, still the buyers could not have bought on the market until July 11, for shipment and appropriation after the market closed, but before midnight on July 10 would have been a perfectly good execution of the contract. If the market price had fallen on July 11 to the contract price, the buyers would have suffered no damage and should recover none. If, on the other hand, the market price had risen on July 11 above the market price on July 10 it seems only just that the buyers should have been fully compensated for their loss."

在这个先例看来,根据《货物销售法》与买卖合约明示条文所针对的违约一天是存在7月10日与7月11日之分,而相差一天的价格是会有很大的不同。在国际货物买卖合约中所使用的标准格式,经常会有明示条文针对违约损失的计算,即所谓的"违约条文"(default clause),稍后会探讨。

5.1.8.2.1 CIF/CFR 买卖下最后必须履约一天

CIF/CFR 买卖由于是"单证买卖"(documentary sale),卖方有两种办法履行买卖合约。第一种就是在付运日期真正作出货物的付运,然后向买方作出"划归通知"(notice of appropriation 或 declaration of shipment)。第二种就是没有作出任何付运,但卖方在市场购买一票已经装船的"浮动货物"(floating cargo),并及时向买方作出划归通知或交出该浮动货物的付运单证。而只要该付运单证是符合买卖合约的要求(如浮动货物是在付运日期内装船),卖方也就不存在没有履行合约。

这一来,CIF/CFR 卖方最后履约一天就不是付运日期最后的一天了,而是根据买卖合约必须作出货物划归的一天或最后交出付运单证给买方的一天。在前一种情况,可举 GAFTA No. 100 的 CIF 买卖,其中第10(b)条文针对划归通知是说:"The notice of appropriation shall be given within (i) 10 consecutive days if shipped from the US Gulf and /or US and/or Canadian Atlantic/Lake Ports, (ii) 14 consecutive days if shipped from any other port, from the date of the bill of lading be served by or on behalf of the Shipper direct on his Buyers or on the Selling Agent or Brokers named in the contract. The Non-Business Days Clause shall not apply."

而后一种情况针对 CIF/CFR 卖方最后交出付运单证给买方的一天,可举 Colin & Shields v Weddel & Co Ltd (1952) 2 Lloyd's Rep 9 先例之有关条文:"Nett cash in London or Liverpool at seller's option in exchange for shipping documents on arrival of vessel, but in no case later than 20 days from date of bill of lading..."

如果没有这种明确的条文规定,估计 CIF/CFR 卖方肯定违约的一天就是估计最后交出付运单证以履行"单证买卖"会是以买卖合约最后付运日期一天,再加上合理时间算出卖方应交出付运单证的一天,并以该天的市场价格为准。在 Sharpe v Nosawa (1917) 2 KB 814 先例,案情涉及日本青豆的"CIF 伦敦"买卖,付运日期是6月(最后付运一天是6月30日),但卖方没有作出付运,而如果卖方是在6月30日付运,付运单证应可在7月21日抵达伦敦,但真正的货物是在8月30日才运抵伦敦。而日本青豆在伦敦市场在8月份价格暴升。卖方承认违约责任,但认为是以7月份市场价格与合约价格的差价为准。而无辜买方当然是想以8月份市场价格为准了,因为按照7月份市场价格根本赔不到什么钱。

Atkin大法官判卖方胜诉,因CIF买卖是单证买卖,并说:

"What, then, is the remedy of the buyer? His remedies are specified in section 51 of the《Sale of Goods Act 1893》. His right is to place himself as nearly as possible in that position in which he would have been if the contract had been fulfilled.

In this case there is first the question: Could the buyers have gone into the market at the time when the contract ought to have been performed and have bought goods CIF June shipment? If so, the difference of price would be the measure of damages. I am not satisfied that they could have bought 93 tons of Japanese peas CIF June shipment, although there are some evidence that they could have bought smaller parcels. The damages are to be assessed on the basis of reasonable conduct on the part of the purchaser. In the circumstances of this case the reasonable thing for a merchant to do who could not buy goods coming forward would be to go into the market and buy goods on the spot. In that way he would put himself as nearly as may be in the position as if the contract had been fulfilled, and would have got control of an equivalent amount of goods. It is true that he may incur further expense by reason of having to take up goods at once, the cost of warehousing, insuring, etc., but that would be part of his damages. *It has been suggested that he might and ought to wait until the goods would have arrived. That, in my view, puts him into a different position. If the contract had been performed he would have had control of the goods at the time when the documents would have arrived. If he awaits the arrival of the goods, inasmuch as that may not happen for weeks or months he is in the meantime subjecting the vendor to the risk of fluctuations in the market not contemplated by the parties and not reasonable. The reasonable course was for the plaintiffs to go into the market and buy goods. There is no doubt that they could have bought Japanese peas on the spot in July.*"

至于买方违约,在CIF/CFR买卖下,买方的履约责任相对简单(在买卖合约而言),这就是在交换付运单证的时候作出支付。虽然还是有"托收"(D/P)的做法,但许多针对中国货物进口还是以信用证作为支付办法。而买方的最后必须履约一天也就是在最后期限前开出信用证给卖方(受益人)。

5.1.8.2.2 FOB买卖确定最后必须履约一天

这种情况通常出现在FOB买方派遣船舶去装港,但由于市场价格上涨或其他原因,卖方过了付运日期还是不提供货物。这一来,买方也有必要肯定是哪一天卖方无可挽救的违约,因为有必要采取行动合理减少损失,这包括去市场买进替代货物或/

与租进船舶的船东谈判终断买卖合约并作出赔偿。这在时间的控制上不能过早,因为卖方回心转意准备履行,但船舶已经开走,这就变为买方的违约/毁约了。

这方面可介绍的先例是 Kyprianou v Pim(1977)2 Lloyd's Rep. 570,它涉及在一个 FOB 买卖,如果买方没有在付运日期之前的合理时间(足够时间允许卖方装货,以利卖方能够取得付运日期内的装船提单)指定或派遣船舶去装港,买方会是有两个不同的日子可供选择为违约一天(该先例也涉及了 GAFTA 79A 标准格式),同样道理也适用在确定最后必须履行一天。这根据市场当时的波动还是会可能对损失计算有重大影响。第一个日子就是最后付运日期的一天加上卖方装货所需要的时间。假设装货需要 10 个工作天,而付运日期是 9 月份,这一天买方必须派遣船舶去装港就会是 9 月 18 日。另一个日子就是付运日期最后一天,也就是 9 月 30 日。

在 Kyprianou v Pim 先例,判是违约一天与计算市场价格一天是买卖合约付运日期最后一天,因为这才是买方肯定违约的一天,届时买方是"肯定与无可挽救的"(certainly and irretrievably)实际违反了买卖合约。Kerr 大法官所作出的解释如下:"... the buyers were no doubt already in breach substantially before the end of the shipment period... But it by no means follows that the buyers are entitled to have the damages assessed by reference to such earlier dates, whatever these might be and whatever might be considered reasonable-There are at least two reason, apart from the difficulty of computing the damages with any precision on this basis. First, I do not think that these breaches were breaches of condition. Even if they were, it was open to the sellers to keep the contract alive, as they did. Secondly, the argument fails to take account of the reasoning which underlines the conventional measure of damages for non-acceptance or non-delivery, i. e. the difference between the contract and market prices. This reasoning is that on a certain date there is a clear default, with the result that the innocent party can resort to the market to sell the unaccepted goods or to buy the undelivered goods. It is on this date that the market price becomes the appropriate basis for the damages to be awarded. But the date of default must be certain. In the present case, however, the sellers could never safely resort to the market until the end of the respective shipment periods. They could not safely treat the buyers as having repudiated their obligations before these dates-The sellers were entitled to wait until the end of the shipment period, when the buyers were certainly and irretrievably in default, and to have the damages assessed on that date."

看来,Kerr 大法官的选择是认为计算什么是足够时间让卖方装货不容易,所以选择付运日期的最后一天。这也会有一定的争议,就是国际货物买卖合约现在经常会有一条非常明确与详尽的装货时间与滞期费条文(在 FOB 就针对装港),所以计算足够的装货时间在实际上也不会太困难。

5.1.8.2.3 卖方要求延长提供/付运货物或买方要求延误付运货物

这种情况在现实中经常会发生,因为一定程度上由于市场价格的问题也会有个别困难的情况。例如FOB卖方要求买方晚一点派遣船舶到装港,并要求延长交货期限。或是CIF买方要求卖方晚一点付运有关货物。这种情况如果在双方同意并且在延长后的确履行了买卖合约,也就不会有任何争议了。但经常会是把实际问题拖延而不是解决,除非市场突然逆转。结果往往是延长了时间后还是没有履行买卖合约的主要责任,这就带来是哪一天违约与哪一天市场价格为准的争议。通常如果是因为市场不利而要求延长必须履约的一天,往往在延长后市场会变得更加不利,这表示损失以原来合约的最后履约一天与延长后的一天计算起来可能相差很远。这可节录《Benjamin's Sale of Goods》(8th edn,2010年)一书,其中在17-011段是针对卖方提出要求,说:"**Postponement at seller's request of time fixed for delivery**. The assessment of damages when the time fixed for delivery has been postponed by the parties depends on whose request led to the postponement. If it was at the seller's request, but he fails to deliver the goods at or before the postponed date of delivery, the breach occurs at the latter date and the damages should be assessed on the basis of the market price at that date. If there was a simple waiver by the buyer of the date fixed for delivery, without a specific date being substituted, a reasonable time (presumably calculated from the due date) is taken as the new date for delivery. These rules apply only where there is a definite request by the seller for the postponement and promise by him that he will deliver at the postponed date or within the postponed period: mere forbearance by the buyer from insisting upon delivery upon the original contractual date for delivery will not entitle him to claim damages on the basis of a higher market price at a later date."

接下去在17-012段是针对买方提出要求,说:

"**Postponement of deliver at buyer's request**. If the request for postponement of the delivery date was made by the buyer, and the seller agreed to the postponement but later failed in his obligation to deliver, this failure to deliver will constitute a breach by the seller so that the damages should be calculated by reference to the market price at the date of the seller's breach. If the delivery date was postponed indefinitely at the request of the buyer, he cannot without notice call on the seller to deliver immediately; but the buyer may give notice fixing the date for delivery a reasonable time thereafter. If the original arrangement was for delivery by instalments over a period, the postponement may have the effect of postponing the period of delivery, so that when the buyer requests the seller to deliver, he is bound to commence a new period of deliveries by instalments of the same amounts and at the same intervals as originally fixed.

After granting a postponement of delivery to definite date, the seller cannot refuse to deliver on the ground that the buyer was unable or unwilling to take delivery on the original date fixed for delivery: however, he may, by giving reasonable notice to the buyer that he retracts his agreement to the postponement, oblige the buyer to accept the goods upon the expiry of that notice."

以上的节录大致上是指谁提出要求延长履约时间，但之后又不履约，违约当天就以延长后的最后一天为准。这里可介绍 Bunge v C. C. V(1980)1 Lloyd's Rep 458 先例，它涉及了一个 CIF 买卖下违约的 CIF 卖方必须履行最后的一天到底是 7 月 11 日或是 7 月 18 日，这两天的市场价格显然并不相同。相差 7 天是因为在 7 月 11 日买方以电文通知卖方并给他 7 天时间交出付运单证，否则会开始仲裁。法院认为在一个有效的双方同意更改合约延长履约时间，就以延长后最后一天为准。但在本先例，并没有一个有效的合约更改，提出要求的也是无辜买方，所以违约一天或最后履行合约一天（买卖合约的付运日期加上合约容许延长的时间）是在 7 月 11 日。上诉庭的 Roskill 大法官是这样说："That leaves his last point, which was that the date of default should be treated as July 18 and not 11, as held by the House of Lords in the Bremer case. The argument was that it should be July 18 because of the reference to seven days in this telex. If there had been a variation of the original contract in respect of the June instalment, and that variation had included the acceptance of the performance under the contract, there would have been much to be said for the view that, if there were subsequently a default, that default would have taken place at the end of the expiry of that period of seven days. This telex, in my judgment, was not a variation of this contract in that way. The default date was already passed. It was July 11 and, on July 12, the buyers were saying: 'Well, if you can let us have contractual documents within seven days, we will accept them'. But, as they were not supplied within seven days, the default date remains as the House of Lords have held, namely, July 11."

5.1.8.2.4　市场规则与"违约一天计算损失规则"

市场规则有时候被指是著名的"违约一天计算损失规则"（breach date rule），这也是 1979 年《货物销售法》的 Section 50(3) 与 Section 51(3) 规定的时间是以违约当天为准，也就是在有关货物/商品应被买方接收但被拒或卖方拒绝交出或付运有关货物的一天。也是这样，无辜方才能去市场买进替代货物或转售货物，以减少损失。但已经介绍过普通法的解释是违约方到了最后必须履约的一天才算是肯定与无可挽救的违约，也就是所谓的"last performance date"。在稍后会介绍的"预期违约"（anticipatory breach），会是更加明显违约的一天与计算损失的最后必须履约一天是不一致。而到了最后必须履约一天的届临，也往往要等到该天的终结才能明确违约方的违约。这表示无辜方最终能够去市场买进或转售（不论他有没有这样做）最快也是要到第二天的工作天。这样看来，"违约一天计算损失规则"在货物买卖合约并不算是名副其实。

另一提的是 1979 年《货物销售法》在 Section 53 与 51(3) 最终的目的还是为了找出违约当天的"市场或当时价格"（market or current price）。在 5.1.1 段提到过的法院或仲裁庭可以绕过市场规则这一条"表面规则"（*prima facie* rule），但只是认为不能根据违约当天的市场价格，因为这不是公平合理的市场价格。这表示在正常的情况下，只要在违约/毁约当天有一个可供买卖的市场，而且可以找得出市场价格，法院或仲裁庭就不应该去偏离。

5.1.9　1979年《货物销售法》所针对的"实际违约"与"预期违约"

1979年《货物销售法》之Section 50与51所针对的是"实际违约"（actual breach），但国际货物买卖经常会面对的是一种"预期违约"（anticipatory breach），这是没有在1979年的立法针对的。预期违约就是还没有到履行合约的一刻，违约方就对无辜方以语言或行动（这方面可看先例The"Santa Clara"[1993] 2 Lloyd's Rep 302）表示他将来不会履行合约。预期违约会是CIF/CFR卖方在付运日期还没有开始或期间（反正还没有到付运日期最后一天）就对买方说他不会交付/付运有关货物，或是FOB卖方对买方说你不必派遣船舶到装港，反正我不会提供货物，或是FOB买方对卖方说是由于市场下跌，我不会派遣船舶去装港。通常造成预期违约是由于国际商品市场价格的波动，所以在市场暴升，就经常会有卖方拒绝（或坚持不合理要求，如提高价格）履行买卖合约。而在市场暴跌，就经常会有买方拒绝接受付运单证或接收货物。

5.1.9.1　预期违约的法律与无辜方的两个选择

有关预期违约的法律，笔者不妨先节录《Chitty on Contracts》（30th edn，2008年）之24-021段所说如下："**Anticipatory breach**. If, before the time arrives at which a party is bound to perform a contract, he expresses an intention to break it, or acts in such a way as to lead a reasonable person to the conclusion that he does not intend to fulfill his part, this constitutes an 'anticipatory breach' of the contract and entitles the other party to take one of the two courses. He may 'accept' the renunciation, treat it as discharging him from further performance, and sue for damages forthwith, or he may wait till the time for performance arrives and then sue. On the other hand, where the anticipatory breach takes a continuing form, the fact that the innocent party initially continued to press for performance does not normally preclude him from later electing to terminate the contract provided that the party in breach has persisted in his stance up to the moment of termination."

预期违约也在《Benjamin's Sale of Goods》（8th edn，2010年）之16-080段，这是针对作出预期违约的语言或行动是买方，说："Where the buyer commits an anticipatory breach by repudiating his obligation to take delivery of the goods before the date fixed for delivery, the seller has an option: he may either accept the repudiation and so treat it forthwith as a discharge of the primary obligations of the parties, or he may continue to treat the contract as binding and thus not accept the repudiation as a discharge."另在17-013段针对作出预期违约的语言或行动是卖方（如在付运日期之前就已经告诉买方由于市场价格暴升或是他没有足够货物提供的情况），说："Where the seller, before the date fixed for delivery of the goods, repudiates his liability under the contract, the buyer has a choice:he may either accept the repudiation as a breach and immediately sue for damages, or he may refuse to accept the repudiation and continue to treat the seller as bound by his contractual obligations."

这表示在英国法律,预期违约是给了无辜方两个选择。第一个选择就是可以“接受”违约,这就会导致合约马上可以终断,并计算与索赔损失。换言之,违约方如果在第二天改变主意,回来要求履行合约,无辜方也可以不理会,因为双方的合约关系已经不存在。

第二个选择就是可以不接受这一个预期违约,并坚持违约方必须履行合约。这一种做法在现实中会是哀求,也会是威胁(如以开始仲裁施加压力),更会是双管齐下。这一来,合约关系依然存在,所以不存在无辜方需要合理减少损失。而如果作出预期违约的一方回心转意履行合约,就表示什么事情也没有发生过,也不会有什么损失。而如果作出预期违约的一方持续表示他不会履行合约,无辜方可以在稍后“接受”(如感觉到没有办法说服对方履行合约,或是市场突然变得对终断合约有利)。但稍后的接受是后来持续或再度的预期违约,至于第一个预期违约由于无辜方没有接受,就等于没有被选择而放弃了。

第二个选择的情况在国际货物买卖经常会有,如FOB卖方因为市场货价暴涨,在付运前要求买方抬高合约价格,否则拒绝履行。买方往往不会马上“接受”这一个预期违约,而会是作出哀求或是同意作出一定程度的提高价格。但由于谈不拢,卖方持续拒绝作出付运,买方可以接受这一个后续的预期违约。买方也有可能一直不接受,拖拖拉拉直到付运日期最后一天届临,但卖方还是不作出付运。到了这一个时候,再也不是预期违约的问题,而变为是实际违约,因为卖方回心转意想履行也不可能了。

5.1.9.2　预期违约下的市场价格还是以最后必须履约一天为准

这上述简单的介绍下,就可以看得出1979年《货物销售法》下的Section 50(1)与Section 51(1)所针对的“违约”套用在“预期违约”会有更多的变化。这可以是指违约方作出预期违约的语言或行动的一天,但这有一点说不通。因为无辜方如果不接受而最终逼使违约方回心转意按照合约履约,就等于什么都没有发生过。比较说的通就是无辜方接受这一个预期违约的一天,但这一来就表示无辜方可以在一定程度操纵以哪一天为违约一天的市场价格。还有就可以把实际履行合约最后的一天为准,在FOB买卖为例,就以付运日期最后一天作为违约一天,即使卖方作出预期违约以及被接受了也不会改变。

在英国法律下,应该还是以“最后必须履约的一天”(last performance date)的市场价格为准。这方面可节录《Benjamin's Sale of Goods》(8th edn,2010年)之16-081段(针对买方的预期违约):“If the seller accepts the buyer's anticipatory repudiation, he may sue immediately for damages for breach of contract; but in those situations in which there is an available market for the goods, the relevant date for ascertaining the market price remains prima facie(and subject to any requirement of mitigation) the date fixed for delivery, since that is when the contract ought to be performed. If the action is heard before the date for delivery arrives, the court should attempt to estimate what the market price is likely to be at that future date. The seller cannot advance the relevant date for ascertaining the market price merely by exercising his option to accept the anticipatory breach; a lower market price at the time of repudiation should not increase the damages. Thus, it is submitted that the provision in s 50(3) that, when no time is fixed for acceptance, damages should be assessed by reference to the market price 'at the time of the refusal to accept' should not apply to an anticipatory breach by the buyer."(简单说以上是说明即使是预期违约被接受,损失计算还是以买卖合约最后必须履约的一天为准。如果审理的时候最后必须履约的一天还没有来临,法院或仲裁庭就需要试图估计将来这一天会是什么市场价格。明确的是无辜方不能操纵以哪一天为违约一天的市场价格。而最后一句是说明1979年《货物销售法》之Section 50 [3]有关买方拒绝接收货物并非是针对预期违约,所以违约方作出预期违约的一天并不能以该天的市场价格为准。)

同样的说法也在《Benjamin's Sale of Goods》(8th edn,2010年)之17-014段(针对卖方的预期违约),说:"Where the buyer chooses the first alternative, and treats the repudiation as an immediate breach of contract, the relevant date for taking the market price is, prima facie, and subject to the rules on mitigation, the due date for delivery-not the date of the repudiation nor the date of the buyer's acceptance of the repudiation. If the buyer's claim is heard before the date for delivery arrives, the court must attempt to estimate what the market price is likely to be at that date, e. g. by taking into account the current trend of the market. The provision in s 51(3) that 'if no time was fixed' for delivery, the relevant market price is taken 'at the time of the refusal to deliver' does not apply to an anticipatory breach by the seller, [e. g. when the seller's obligation was to deliver within a reasonable time]."

5.1.9.3 预期违约被接受后所带来额外的无辜方必须合理减少损失的"责任"

与实际违约不同的就是如果预期违约被无辜方"接受"(accept)并终断了合约,但履行合约的时间还没有抵达,就存在无辜方会有责任合理减少损失。举例说,买卖合约的交付/付运日期是6月份,但在4月中卖方作出预期违约的语言,说明他不准备交付/付运或要求买方作出其他的承诺才肯履约,而买方也就很快接受了终断买卖合约,背后会有各种原因甚至是买方不想与该卖方持续这一个合约关系。但之后,由于市场的波动甚至被普遍认为在上涨,买方应该有很多的好机会以较低价买进该批6月份付运的货物,但买方什么都没有做。这就会导致市场价格虽然是以6月30日的交付/付运日期最后一天为准(可能这一天的市场价格已经是暴涨),但被法院或仲裁庭认为买方没有合理减少损失。这里也要小心对买方的要求只是"合理"(reasonable),所以不能以这一段时间(4月中至6月)最低的市场价格为准,因为要求无辜买方是未卜先知是不合理的。

这方面的权威说法可节录《Benjamin's Sale of Goods》(8th edn,2010 年)之 16-081 段(针对无辜卖方减少损失的"责任"),说:"If the seller does accept the buyer's anticipatory repudiation, his damages will be assessed on the basis that he took reasonable steps to mitigate his loss. Where the seller should have mitigated by reselling, the relevant market price is that existing at the date he ought reasonably to have resold, not that at the date of the repudiation, nor that at the date when the repudiation is accepted. If the market price is falling after the time the seller accepted the repudiation, it will normally be reasonable for the seller to resell immediately, so that he will be unable to recover the difference between the price on the date he ought to have resold and the price on the date when he actually resold."

另在 17-015 段(针对无辜买方减少损失的"责任"),说:"... the buyer's damages will be assessed on the basis that, following his acceptance of the repudiation, he should have taken reasonable steps to reduce his loss, e. g. by buying substitute goods in the market. The onus of proof is on the contract-breaker (the seller) to show that the buyer ought reasonably to have bought substitute goods at a time earlier than the date fixed for delivery under the contract; if the seller fails to produce evidence to show that the buyer should have repurchased in the market, the buyer's damages should be calculated with reference to the market price at the due date for delivery. But where the seller can prove that the buyer should reasonably have mitigated his loss by repurchasing before the due date, the relevant market price is that existing at the date the buyer reasonably to have bought the substitute goods. (Neither the price at the date of the repudiation, nor that at the date when the repudiation is accepted, is strictly relevant.) If the market price was rising after the date when the repudiation was accepted, it would normally have reasonable the buyer should have bought in the market immediately, and if he failed to do so, he will be unable to recover his damages the difference between the normal price on the date he ought to have bought and higher price on the dated he had in fact bought the substitute goods."(简单说,上述的节录是说明买方一接受卖方的预期违约,就有了要求他必须减少损失,也就是在市场买进替代货物。针对买方没有合理在货物交付/付运最后一天之前的时间买进替代货物,举证责任是在违约的卖方。如果卖方无法成功举证,买方的损失计算就会根据货物交付/付运一天的市场价格为准。但如果卖方成功举证,市场价格就会以买方合理应该在市场买进替代货物以减少损失的一天为准。反正是卖方作出预期违约一天或买方接受预期违约一天的市场价格都是严格说无关。一般而言,预期违约一被接受,而当时市场被视为是上涨,买方就应该马上在市场买进替代货物而不应该等待。如果买方等待,但最后还是在交付/付运一天前真正买进替代货物,这一来买方就会有危险要自己承担马上买进替代货物与等待市场上升后才买进替代货物之间的

差价。)

5.1.9.4　有关先例介绍

这方面可以举三个著名先例作为进一步的解释,第一个是英国枢密院的 Tai Hing Cotton Mill Ltd v Kamsing Knitting Factory(1979)AC 91 先例,该买卖合约下的交货时间比较有弹性,是说在买方向卖方提出要求后,卖方在一个月内作出交付。由于市场价格暴升,卖方在7月31日拒绝履行合约,这构成了预期违约。但买方是直到11月28日才算是接受并终断合约。枢密院的判决是认为损失计算是按照无辜买方接受卖方的预期违约后再加一个月时间,也就是12月28日。也是这一天,卖方必须履约。

第二个是 Sudan Import v. Societe Generale de Compensation(1958)1 Lloyd's Rep 310 的先例。它涉及一个 FOB 买卖,付运日期是1955年9月份。在8月中,买方知悉这是一宗亏本生意,于是在8月17日向卖方书面要求终断合约,并请卖方转卖/出售手上货物说:"we take the liberty of asking you if a cancellation pure and simple would suit you, for it is not impossible that you would have on the spot the chance of reselling these seeds(货物)without difficulty."

卖方在8月22日拒绝了终断合约的要求说:"... regret cannot cancel nor re-buy must maintain our contract..."

买方在8月29日明确拒货,这也构成了预期违约,说:"... regret impossible take over goods please consider contract cancelled and dispose goods..."

双方之后另有电文来往后,其中卖方在9月10日发出电文说已备妥货物在装港并问及船舶:"... we emphatically refute your allegation of joint account we repeat cannot cancel contract or repurchase. We confirm notice that the total quantity groundnuts contracted ready Port Sudan since 22/8 at your disposal. You must immediately telegraph steamer you booked with approximate date of loading."

而在9月20日,卖方终于"接受"8月29日的预期违约说:"In view no reply our cable 10/9 must treat your cable 29/8 as repudiation of contract which we now accept as final breach——."

这一来,计算损失,应是以哪一天的市场价格为准呢:8月17日(买方要求终断合约)?8月29日(预期违约)?9月10日(卖方要求履约)?9月20日(卖方接受8月29日的预期违约)?9月30日(买卖合约的最后付运一天)?

上诉庭认为是以9月30日一天的市场价格为准。但由于在9月20日卖方接受了买方的预期违约而终断了买卖合约,所以从9月20日到9月30日这一段时间要看卖方作为无辜方是否有合理机会可减少损失,如可以高价转售。贵族院的 Evershed 勋爵说:"In my judgment, it is impossible to go back, for the purpose of mitigating the damage, any earlier than Sept. 20, that being the date on which the contract was put to an end by the sellers' acceptance of the buyers' repudiation; but it is, I think, right to say that you arrive at the sum of damage by ascertaining what the loss would be to the sellers by non-performance on the performance date, Sept 30, looking back, however, to Sept. 20 to see whether that loss ought to be reduced by steps which the sellers could reasonably have taken, from and after the last-mentioned date, in mitigation."

第三个要介绍的是 Kaines v Ostereichische(1993)2 Lloyd's Rep. 1 先例。案情涉及的是买卖1987年9月的60万桶 Brent 原油,英国法院判卖方违约/毁约,卖方是在6月17日告诉买方他们之间没有买卖合约,而买方在6月18日之下午5:28时接受了卖方的违约,把该合约终断。在后来的诉讼,法院根据双方提供的证据认定双方已经成立了买卖合约。这一来,卖方说没有买卖合约,拒绝履行就很明显就是违约了。

但这一个案例双方当事人的另一个重要争议是有关损失怎样计算,也是在这一方面要上诉去上诉庭。这里可以介绍当时价格波动非常大的 Brent 原油市场。首先是双方买卖合约的价格是每桶18.48美元,到了6月18日,9月期货的市场价格变了是18.72美元,涨了24分钱。到了6月19日,再涨了2分钱,平均的市场价格变了是18.74美元。之后的市场价格每天有涨有跌,到了6月25日是有一个"石油出口国"(OPEC)的会议,这一个会议的结果会影响市场价格。当天,Brent 原油的9月期货下跌至18.38美元。在第二天,即6月26日,市场又上涨了38分钱而变了是18.76美元。这之后是周末,没有市场。到了6月29日,油价上涨至平均价格的19.23美元。在同一天,买方在市场买进了60万桶的9月期货,价格是19.30美元。

在上述的事实下,无辜的买方希望索赔的金额显然就是19.30美元减去18.48美元,等于0.82美元,再乘以60万桶,等于599,981.52美元。但卖方认为买方只能获得"名义赔偿"(nominal damage),因为既然买方没有在6月18或者19日买进9月期货,而选择等待,他们如果是在6月25日的市场价格18.38美元时买进,这就比买卖合约的价格更低了,不会蒙受任何损失。

在高院,Steyn 大法官判是卖方与买方的损失计算都是错误的,因为这是把违约/毁约后其他的因素加了进来,包括像买方的等待至6月29日才买进9月期货与卖方以6月25日的最低市场价格为准(这是事后诸葛亮或要求买方是未卜先知,也超出了要求买方必须合理减少损失的"责任")。Steyn 大法官认为计算损失的时间,应该还是根据"违约一天计算损失规则"(breach date rule)的违约/毁约的当天或顶多是第二天,也就是买方接受违约/毁约(在6月18日之下午5:28时)后的6月19日。

在上诉庭,Steyn 大法官的判决得到支持,Bingham 大法官是这样说:"The Judge's conclusion that a reasonable prudent oil trader would have bought in a substitute cargo on June 19 in my opinion fixes the level of the plaintiffs' damages on the facts of this case irrespective of what the plaintiffs did or failed to do at the time. Had the market price risen steadily after June 19, their failure to buy could not have increased the damages payable by the defendants. Had the price fallen steadily after June 19, their failure to buy would not have reduced the damages. It is, as I think, a somewhat unreal exercise to look at the trend of market prices with the benefit of hindsight, seize on June 25 as the one occasion before the plaintiffs actually bought when the market price dropped below the contract price and postulate that the plaintiffs should have bought then. The Judge rightly held that the plaintiffs were speculators (no doubt quite as anxious to make a profit for themselves as to protect the defendants against loss) they may well have stayed out of the market on June 25 in the hope that prices would sink lower. What a reasonable trader would have done is, in my view, a sounder basis for assessing damages than the subjective judgement of any particular player in the market."

Bingham 大法官也有说明"违约一天计算损失规则"(breach date rule)找出当天的市场价格是一条完全中立的规则,不受后来市场价格进一步的波动,说:"The Judge's(指高院一审的 Steyn 大法官)conclusion that a reasonably prudent oil trader would have bought in a substitute cargo on June 19 in my opinion fixes the level of the plaintiffs' damages on the facts of this case irrespective of what the plaintiffs did or failed to do at the time. Had the market price risen steadily after June 19, their failure to buy could not have increased the damages payable by the defendants. Had the price fallen steadily after June 19, their failure to buy would not have reduced the damage."

5.2 有可供买卖市场价格下无辜方实际转售或买进价格不予考虑

这里先探讨无辜卖方的实际转售价格是否可以考虑在损失的计算内,这方面可节录《Benjamin's Sale of Goods》(8th edn, 2010 年)之 16-075 段:

"**Resale at a price lower or higher than the market or current price.** If there is an available market, but the seller immediately resells at less than the market or current price, he will be unable to recover the difference between the contract price and the actual resale price: the reasonable seller would have obtained the market price on the resale. However, a difficulty arises if the seller more than fulfill his duty to take reasonable steps to mitigate loss, viz, if he resells at a price higher than the prevailing price. It is a rule of the doctrine of mitigation that if the claimant has in fact avoided loss resulting from the defendant's breach of contract, he cannot recover damages in respect of his potential loss...

If the seller has, at the date of the buyer's breach, only the one set of the relevant goods, viz, the set left on his hands following the buyer's breach, the price (higher than the market price) which he actually receives by reselling immediately is a direct consequence of the buyer's breach, and should be taken into account in assessing the seller's damages. The seller should recover only his actual loss, viz, the difference between the contract price and the actual resale price, since, but for the breach, he would not have had the opportunity of reselling. If, on the other hand, the seller had, at the date of the breach, further supplies of the relevant goods, a resale of only some of his stock at a higher than market or current price could not necessarily be attributed to the buyer's breach and, in these circumstances, the seller should be entitled to the normal measure of damages under s 50(3)."

从上述的节录可以得出以下的一些总结：

(1)如果当时有一个可供买卖的市场，通常就不考虑无辜卖方实际的转售合约与价格，虽然在无辜买方看来这才是他真正蒙受的损失。只有在没有一个可供买卖的市场，才会考虑真正的转售。

(2)即使无辜卖方(如果是无辜买方也是同样的道理)在对方违约后马上转售有关的货物，但比市场价格低，他还是没有办法向违约买方索赔额外的损失。这看来对无辜方不公道，但市场规则本来就是希望排除所有可能外来的因素。比方说转售有关货物的价格比市场价格低会是由各种原因所造成，如卖方自己的"恐惧"(panic)，市场了解不足，判断错误，没有合理减少损失等。

(3)但反过来说如果无辜卖方在对方违约后马上转售有关货物，而且卖了比市场价格高，这一来会否让他借这个机会赚一票，还是以市场价格为准。上述《Benjamin's Sale of Goods》(8th edn,2010 年)一书的说法是有困难，因为大原则就是无辜方必须合理减少损失，而在行动中成功减少损失，就必须在计算损失加以考虑在内。这表示无辜卖方只能索赔他马上转售有关货物的实际损失(这是要比按市场价格为准为低)，另加上转售带来的费用。

(4)以上所讲的情况会有不同就是无辜卖方有多过一票货物，这表示他可以说卖了比市场价格高的额外利润是他的另外一票货物而不是在买方违约的一票货物。所以在这种情况下卖方还是可以根据 1979 年《货物销售法》之 Section 50(3)根据市场价格来计算损失。

5.3 没有可供买卖市场下无辜方索赔真正蒙受的损失

如果在没有可供买卖市场，1979 年《货物销售法》Section 50(3)与 Section 51(3)的市场规则就不适用。这一来无辜方真正蒙受的损失就可向违约方提出索赔，根据 Section 50(2)与 Section 51(2)的损失计算大原则，这也是在本章 1.2 段提到 Hadley v. Baxendale(1854)9 Ex. 341 先例中的第一类损失。Hadley v Baxendale 先例中的第二类损失，也就是"特别损失"(special damage)，就要看违约方在订立合约前有否收到无辜方的通知。这两类不同的损失可以著名的 Victoria Laundry v. Newman Industries(1949)2 K. B. 528 先例作为介绍，它也是一个买卖合约。案情涉及了买方洗衣馆向被告购买了一个锅炉，卖方迟交货达 5 个月之久。买方诉称卖方若按期交货，买方除了因使用锅炉可赚取正常利润之外，还应可获得并完成几项来自政府方面的合约，赚取极高额的利润。因此，卖方要赔偿所有这些盈利损失。法庭判定卖方在订约前已知晓买方是从事洗衣、印染行业，而且该锅炉是买方急待投入使用以扩大业务量的。因此对买方本可赚取的正常利润的丧失，卖方必须赔偿，因这是他在订约当时可以合理预见的一般损失。至于那几份获利奇高合约的盈利损失，则卖方无须负责。因为在卖方没有特别知会的情况下，卖方不可能预见到买方会有这么值钱的几份合约在手。这些合约本可带来的异常利润的丧失客观上对卖方来说，是遥不可及的特别损失。

无辜方证明他真正蒙受的损失除了上述所讲的损失遥远性外也涉及了其他方面计算损失的一些大原则，包括像“因果关系”（causation）与“合理减少损失”（mitigation）。

5.3.1　无辜卖方的真正损失

这里再度重复真正损失的计算大原则就是为了令无辜卖方“复原”（*restitutio in integrum*）。说法是“尽量用金钱来令无辜方回到一个合约被履行的地位”（as far as money can do it, to be placed, in the same position as if the contract had been performed）。他可以索赔所有真正损失，只要是1979年立法Section 50(2)所规定的由于买方违约所造成的直接与必然的损失，这也是Hadley v Baxendale (1854) 9 Exch. 341先例中第一类损失。另是，损失的计算是受到其他的大原则的局限，特别是“因果关系”、“损失遥远性”与“合理减少损失”。以下针对几个方面作进一步的探讨。

5.3.1.1　原买卖合约的利润损失

这些“真正损失”（actual loss）显然是包括了无辜卖方在原来被买方违约的买卖合约中可以赚取的利润。但计算真正损失会是千变万化，如经常会有无辜卖方在任何时间有好几票同样的货物（如机器）可以出售，也在同时寻找其他的买方购买这些货物。无辜卖方在买方违约拒绝接收货物的情况下干脆把该票货物给了下一个买方，而根据这一个买卖的价格，无辜卖方看来是没有真正损失，因为转售把原来买卖合约的利润损失也能赚回来。但对无辜卖方而言，他有同样的货物可出售，找到另一个不同的买方本来是可以多做一宗买卖，多赚取一笔利润。但现在就变了只能赚取一笔利润，所以剥夺他向违约买方索赔利润损失并不公道。在这种情况下，只要无辜卖方能够证明，他还是可以索赔利润损失。

在《Benjamin's Sale of Goods》（8th edn，2010年）之16－079段：“**Recovery of loss of profits despite resale**. A difficulty arises where the seller, despite the absence of the available market, claims the loss of profits on the abortive sale on the ground that the second buyer was an additional, not a substituted, buyer: i. e. the seller is claiming that he would have made the second profit on the second sale even if the first buyer had not defaulted. The test is whether the seller had the ability and the opportunity to make the two separate profits. If the seller had fulfilled the first contract, would he have been able to fulfill the second contract as well. If so, he is entitled to recover from the defaulting buyer his loss of profit on the first contract. On the issue of the seller's ability to earn the second profit, the burden of proof lies on the defaulting buyer to show that the seller could not have earned the second profit but for his breach of the first contract.”

接下去针对几个方面经常会出现在损失计算的争议作进一步的探讨。

5.3.1.2　最后成功转售与有关费用

即使是没有可供买卖的市场，会有情况是最后无辜卖方还是成功找到其他买方，成功转售。这一来,他是可以索赔这方面的差价:Harlow and Jones Ltd v Panex(International)Ltd(1967)2 Lloyd's Rep 509。而如果他运气好把有关货物的转售成功而且卖一个好价钱,他就没有真正损失可向违约买方索赔:Lazenby Garages Ltd v Wright(1976)1 WLR 459。如果有关的货物如为买方制造的机器是需要作出改装后才会有其他买方可以适用,这改装的费用也包括在无辜卖方的真正损失内:Re Vic Mill Ltd(1913)1 Ch 465。这些行动与花费都涉及了合理减少损失的"责任",在本章1.3段有简单提到。由于每一个不同的案件都会有个别的行动,所以就只能掌握大原则,就是客观看无辜卖方采取每一个行动是否合理。如把违约买方拒绝接收的机器改装,希望能够吸引其他买方以利转售。如果这是一个合理行动,这笔费用就可以包括在真正损失内,有关方面可节录《Benjamin's Sale of Goods》(8th edn,2010年)之16-078段:"there may be circumstances in which it would be reasonable for the seller to incur a limited amount of expenditure to adapt the goods in such a way as to make them readily saleable."但如果在改装后真正找到的买方要求恢复原状,导致无辜卖方又要花钱这样做,如果客观看卖方改来改去都是合理,则所有的改装费用都可以算作真正损失。

至于在期间直到成功找到其他买方的利息、仓储费用、保险费用、登广告费用(Ward [RV] Ltd v Bignall [1967] 1 QB 534)等,显然也是真正损失的一部分。正如《Benjamin's Sale of Goods》(8th edn,2010年)之16-086段所说:"The seller may claim his reasonable expense on resale, storage and other charges..., and any other loss or expense which satisfies the tests of causation and remoteness."而如果在期间有部分货物损坏,如需要很长的时间才找到其他买方,导致部分易腐烂的货物损坏,这一个损失也可包括在内:Cunningham Ltd v Munro(Robert A)& Co Ltd(1928)28 Com Cas 42。但如果货物的损坏是由于仓储保管人的疏忽而导致部分货物被盗窃,这就会打断因果关系,因为这一个损失只能算是间接因买方的违约而导致,直接与最主要的原因是后来的疏忽。

涉及CIF/CFR买卖,如果卖方在买方违约前已经租用了船舶而导致必须取消与作出赔偿,这些花费也是真正损失的一部分:The"Selda"(1998)1 Lloyd's Rep 416。而如果货物已经装上船舶,就会涉及了无辜卖方需要把船舶开到其他港口把有关的货物合理处置掉,这些费用也是真正损失的一部分。

如果买方指该转售不合理,卖得太便宜,导致损失加大,这是要买方举证的:The"Solholt"(1983)1 Lloyd's Rep 605。违约方这种批评说无辜方可以在减少损失不合理或可以做得更好是通常不容易成功,因为法院或仲裁庭会对这种事后诸葛亮的挑剔有一定程度的反感,认为事件的起因就是违约方所导致,把无辜方放在一个困难的处境。这方面有许多权威的说法,在这里只介绍Banco de Portugal v Waterlow & Sons Ltd(1932)AC 452先例中所说的一段话:"The law is satisfied if the party placed in a difficult situation by reason of the breach of a duty owed to him has acted reasonably in the adoption of remedial measures and he will not be held disentitled to recover the cost of such measures merely because the party in breach can suggest that other measures less burdensome to him could have been taken."

5.3.1.3　违约买方作出新要约

这种情况在现实中也是经常出现，就是违约买方对无辜卖方说是如果无辜卖方肯把合约货价减去20%，他作为FOB买方就愿意开出信用证或是派遣船舶。换言之，违约方作出一个"新要约"(re-offer)。这一来如果无辜卖方是意气用事或不现实面对这一个新要约，坚持买方要以原来的合约价格交货，导致最终一拍两散，而最后无辜卖方在处置有关的货物(如一台机器)蒙受了更大的损失，甚至要报废，就会有危险被视为是没有合理减少损失。比方说是假设无辜卖方接受新要约的话，就可以减少50%的损失。这就会有危险被法院或仲裁庭判是50%的损失要减去新要约的20%，无辜卖方只能索赔30%，没有合理减少损失所导致的额外损失是要扣除。当然，如果无辜卖方对没有接受买方的新要约有一个说得过去的理由并最好能够提供证据，这就有机会被视为是合理。例如，无辜卖方指出买方的新要约是有其他不合理的条件，如要求他必须放弃将来对买方的起诉或索赔；或是要求新要约不必以信用证支付货款；或是规定了一个很短的回复时限及无条件接受新要约，是无辜卖方这类型的公司(如国营公司)无法在这么短时间内做出决定。这种能够说的过去的理由是千变万化，反正要求受害方合理减少损失的责任并不严格。怕就怕无辜卖方根本给不出任何不接受买方新要约的理由，甚至有当场的文件证明无辜卖方是意气用事或蛮不讲理，这就对无辜卖方有危险了。例如，去对买方说："我以后再也不跟你这种人做生意了！"。如果有关的合约是一个长期的合约，卖方倒还可能有一个说得过去的理由，即经过这一次的违约，已经缺乏了长期与买方合作的信心。如果有关的合约涉及了人与人之间的关系，如雇佣合约，法律会是更加宽松对待无辜方拒绝接受再要约，如雇员对把她无理解雇的雇主作出的新要约就可以："我以后再也不跟你这种人干活了！"作为理由可拒绝，这样做也不能说是没有合理减少损失。但如果只是一票货物的买卖，无辜卖方也明知道有关货物在没有市场下能不能找到其他买方心里没底，所以最后损失可能会是惨重，就不应该考虑跟什么人做生意了。毕竟在国际货物买卖，经常会需要把货物卖给不知道来历的买方，卖方只要有信用证保证付款，通常是不必顾虑太多。

这一来，同样的一句话"我以后再也不跟你这种人做生意了！"在国际货物买卖就可能不足以证明无辜方的合理，甚至会被视为是意气用事。这方面可节录Devlin大法官在Heaven and Kesterton Ltd v Etablissements Francois Albiac & Cie (1956) 2 Lloyd's Rep 316所说如下："If goods are rejected in a c.i.f. contract for some reason that has nothing to do with quality-the shipment date was wrong, or documents were not in order, or something of that sort, so that the goods are properly rejected-and then the buyer goes out into the market to buy goods of the contract quality, it is open to the seller to go to him and say: 'Well, then, I tender you these goods. These goods are of the contract quality. You are looking for goods of the contract quality. You rightly rejected them upon a basis that had nothing to do with their quality. If you are looking, therefore, for goods to make good your loss, here they are, and I can supply cheaper than you would be able to buy them at the market rate outside.' If the seller does that, that is a matter which must be taken into consideration in answering the question of whether or not the buyer has acted reasonably, as it is his duty to do, in mitigating damage."

5.3.2 无辜买方的真正损失

这些"真正损失"(actual loss)主要是无辜买方在原来被卖方违约拒绝交付/付运的有关货物的"真正价值"(real value of the goods),这货物的真正价值是不能按照无辜买方在转售/分销合约计算(在分合约有可能赚取庞大的利润),因为这种损失会算是"特别损失"(special damage),在没有事先作出通知的情况下,违约的卖方是不会知道与愿意承担赔偿责任。

但无辜买方的分合约价格会可作为证据说明拒绝交付货物的真正价值。在 The "Arpad"(1934)P 189 先例,案情涉及一船小麦的货物在卸港短卸,英国上诉庭多数意见认为在交货港是没有可供买卖的市场以确定市场价格。为了找出货物的真正价值,买方提供了他在分合约的价格。但这被上诉庭拒绝参考,因为订立分合约是在5个月之前,时隔太久,不会有价值证明违约时的货物真正价值。

无辜买方在卖方违约下最要小心是合理的减少损失(mitigation),并尽量在每一个重要的行动中保留充分的证据(最好是文件证据)证明合理性。这种行动也会在实际中千变万化,如在 Glencore v Transworld Oil Ltd(2010)EWHC 141 先例,在计算无辜买方可向卖方索赔的损失就要考虑到买方在有关的"对冲合约"(hedging contract)成功所赚取的利润,并要从索赔损失金额中扣除。

5.3.2.1 无辜买方寻找替代货物的费用

由于卖方拒绝交付/付运货物,无辜买方通常会有需要寻找替代货物或替代的解决办法。在没有可供买卖市场的情况下,无辜买方如果寻找替代货物就不受到本章5.1.4段的局限,就是不要求替代货物完全符合原买卖合约的描述,而只要是"最接近"(the nearest equivalent)的替代货物。而涉及的费用都可以作为是真正损失的部分,唯一法律的要求就是无辜买方没有不合理扩大了损失。这方面可节录《Benjamin's Sale of Goods》(8th edn,2010年)之17-023段所说:

"**Cost of procuring the nearest equivalent**. The 'duty' to mitigate lies upon the buyer even where there is no available market for the purchase of goods of the contractual description. The buyer's damages will be assessed on the basis that he should have taken reasonable steps to mitigate his loss, and where the seller fails to deliver, the buyer may be able to buy substitute goods from another source; in these circumstances, the price at which he reasonably bought them will be the basis for assessing his damages under the general principle of s. 51(2). Provided that the buyer's mitigating action was reasonable in all the circumstances, he may recover as damages the reasonable cost of obtaining goods which are the nearest available equivalent in quality and price to goods of the contractual description. The nearest equivalent may be of superior quality and so higher in price than the contract goods: thus, where the seller promised to deliver diamonds at 24s. 6d. per carat, the buyer was found not to have acted unreasonably in buying substitute at 40s. : Diamond Cutting Works v Treifus [1956] 1 Lloyd's Rep 216. In another case, where the defendants failed, in breach of contract, to supply gas to the claimants, the Privy Council used the following words to approve of the claimants' acts to mitigate their loss:

'They chose to perform on behalf of the defendants, in a reasonable way, that contract for them and to obtain from an independent source a sufficient quantity of gas, similar as near as might be in character and quality to that which they were entitled to receive. In such case it is well established that the measure of damages is the cost of procuring the substitute article, not at all the price at which the substituted article when procured could have been sold by the person who has procured it.': Erie County Natural Gas and Fuel Co (1911) AC 105"

5.3.2.2 无辜买方另找替代解决办法的费用

会有时候是无辜买方在没有收到违约卖方交付的货物,需要寻找替代解决办法来解决困境,这可以介绍 Geofizika v. MMB International & Greenfields (2010) 1 Lloyd's Rep 458 的先例,案情涉及了原告 Geofizika 作为买方向被告 MMB 购买 3 辆救护车,买卖是以 CIP (Carriage & Insurance Paid to 利比亚的特里波利),价格是 74,952 英镑。在买卖合约负责运输的 MMB 委托货代 Greenfields 安排运输与保险。但在海上运输,该 3 辆救护车被错误安放在船舶的甲板,结果在经过比斯开湾(Bay of Biscay)的时候遇上风浪,导致其中 2 辆被冲下大海。根据买卖合约的条文,说明运输必须是以"正常条件"(usual terms),这被法院认定是该 3 辆救护车应该被装在船舱内,这表示 MMB 违反了买卖合约。MMB 也违反了另一方面,就是提单说明是允许船东可以有选择权把货物装在甲板上(的确也是这样做了),但保单说明是必须装在船舱内。这表示两份文件不一致,甚至是提供了一份无效的保单,Geofizika 作为受害方是没有办法向保险人要求赔付。所以,Geofizika 只能向 MMB 提出索赔,而且责任是相对明确,有争议的还是在损失的计算。Geofizika 索赔的金额有两个部分:第一个部分是没有争议,就是被冲下大海二辆救护车的价格共 57,890 英镑,加上替代救护车的付运的运费及保险费共 3200 英镑,这也代表了有关货物的真正价值。第二部分就有很大的争议,这涉及了 Geofizika 长期(从 2006 年 12 月下旬到 2007 年 11 月 9 日)以高昂的代价租用其他车辆用来替代冲下海的二辆救护车,共达 90,000 英镑。Geofizika 指称他不能马上买入替代的救护车是由于他没有这笔钱或外汇,而如果他能够有资金买入替代的救护车,这也需要一段合理时间安排,包括订立另一个买卖合约与付运。这估计 Geofizika 还是需要租用其他车辆一直到 2007 年 3 月 31 日,换言之从 2006 年 12

月下旬货物应该交付直到这一天所花的高昂租金,作为合理解决办法所花的费用,还是可以向 MMB 索赔。至于2007 年3 月 31 日到2007 年11 月9 日这一段时间所花的高昂租金,就涉及了另一个有趣的问题,就是无辜方的穷困所导致的额外损失可否向违约方索赔,这在下一小段分析。

5. 3. 2. 3 无辜买方穷困所导致的额外损失

会有情况无辜买方在寻找替代货物或替代的解决办法时面对资金紧张的问题而导致了无法采取最合理的办法,最终导致损失进一步扩大。这一损失计算的课题也是很复杂,例如在著名的先例 The“Edison”(1933)45 Ll. L. Rep. 123 与 Clippens Oil Co. v Edinburgh and District Water Trustees(1907)A. C. 291 对穷困带来的额外损失到底是属于损失遥远性的问题(这是以违约卖方在订约时不知道无辜买方没有资金合理减少损失)还是没有合理减少损失的问题,还没有搞清楚。如果两个大原则都有关,就分不清它们之间的界限了,但两个不同大原则会带来截然不同的结果。

这一个穷困的问题首先可介绍一个 Trans Trust S. P. R. L. v Danubian Trading Co(1952)1 Lloyd's Rep 348 先例,案情是有关一票钢材的 FOB 买卖,以信用证付款。该案例的原告与被告都是中间商,但在他们的买卖合约之间,原告是卖方。作为中间商的卖方能够向上一个分卖方开出信用证往往是需要买方的信用证作为担保,这才可以让卖方的银行视为有足够担保可以替他开出信用证(所谓的“背靠背信用证”)或作出融资。正如 Denning 勋爵所解释:“He may, for instance, be himself a merchant, who is buying the goods from the growers or the manufacturers, and has to pay for them before he can get delivery; and his own bank will only grant him facilities for the purpose if he has the backing of a letter of credit.”但在本案例,原告与被告的协议更加干脆与省了银行的收费与手续费,就是要求最后的美国买方开出信用证给最后分卖方,也就是原告的卖方(钢材的生产商)作为信用证受益人。结果美国买方没有开出信用证,这导致了被告作为中间买方对原告也算是违约/毁约,而原告对最后分卖方也只能是作出同样的违约/毁约。没有开出信用证是一个明确的违约,责任无须质疑,争议还是在损失的计算。被告的争辩是原告可以向最后分卖方履行开出信用证或作出金钱上的支付,就不会对最后分买方有责任与造成如此大的利润损失。显然这就涉及了原告到底有没有财力或能力这样做以减少损失的问题。在上诉庭,认为原告由于穷困或无法支付最后分卖方的损失是在双方订买卖合约的时候是可以料想得到的,Denning 勋爵是这样说:“It was... said that the damages were the result of the impecuniosity of the sellers and that it was a rule of law that such damages are too remote. I do not think there is any such rule. In the case of breach of contract, it depends on whether the damages were reasonably foreseeable or not. In the present case they clearly were.”这应该是针对损失遥远性的大原则,但接下去 Denning 勋爵也有针对合理减少损失,认为卖方并没有不合理,说:“There is one way, however, in which the buyer might be able to rely on the rise in price. It might be a ground for mitigation of damages. I can well understand that the buyer might in some cases be able to say that the seller ought to have offered the goods elsewhere and got someone else to provide a letter of credit. But no such case can be made here. The seller acted very reasonably throughout. He kept the matter open for the buyer in the hope and expectation that the credit would be provided, and eventually lost his own option because the credit was not provided. He has, therefore, lost his profit without any fault on his part and is entitled to recover it from the buyer as damages."

在上一小段所介绍的 Geofizika v MMB International & Greenfields(2010)1 Lloyd's Rep 458 先例，针对无辜买方因为穷困导致了损失的扩大，就是在 2007 年 3 月 31 日到 2007 年 11 月 9 日这一段时间所花的高昂租金，英国高院认为 Geofizika 的穷困是没有证据显示 MMB 在订约时是知道的。Mackie 大法官是这样说："There is no evidence that MMB knew of these genuine difficulties and, as I see it, it could not reasonably have foreseen that such expenses would be not unlikely to result from any breach."结果是判对于这部分的损失，也就是租用其他替代车辆的额外租金，是不能向违约卖方索赔。

5.3.2.4　违约卖方作出新要约

这方面与 5.3.1.3 段所讲的大道理基本一致，在这里只简单介绍个别情况只适用在无辜买方，这就是在货不对版(不论是在货物描述或是在质量方面的问题)，无辜买方合法拒绝接收货物。如果违约卖方向买方作出了新要约减低价格，即使新要约看来是完全合理与善意，但由于是涉及了货不对版，所以英国法律不认为在这种情况下买方拒绝考虑新要约是没有合理减少损失：Heaven and Kesterton Ltd v Etablissements Francois Albiac & Cie(1956)2 Lloyd's Rep 316；Pagnan & Fratelli v. Corbisa Industrial(1970)2 Lloyd's Rep. 14。在 Heaven and Kesterton Ltd 的先例，Devlin 大法官的说法(在 5.3.1.3 段有节录，不去重复)是认为货不对版是与卖方其他的违约本质上不一样，在其他的违约如交出的付运单证不符合要求或是延误作出付运，无辜买方就有必要认真考虑卖方作出的新要约了。

至于违约卖方在新要约提出的其他条件，还是要看到底是否合理。在 Payzu Ltd v Saunders(1919)2 KB 581 先例，卖方在一个分批交货的买卖合约中，错误以为买方没有及时支付货款终断合约，这被判是违约。但卖方事后向无辜买方作出新要约，承诺以原来的价格继续供应货物，但要求以现金支付每次分批的交货，这被买方拒绝。由于当时是"一战"的期间，买方没有办法从其他地方买到替代的供应而蒙受扩大的损失。上诉庭判是买方没有合理减少损失，他应该接受违约卖方的新要约。

5.3.2.5　无辜买方在分售合约的损失与分买方的索赔

总体说，如果有可供买卖的市场价格，无辜买方在分售/转售合约(也就是转售违约卖方拒绝交付/付运的有关货物给其他分买方)的真正损失就是无关，这也是市场规则。这可节录《Benjamin's Sale of Goods》(8th edn, 2010 年)的 17－028 段所说："Where a market price at the date of the seller's breach is ascertainable, a higher or lower price at which the buyer has resold the goods to a sub-buyer is generally irrelevant to the assessment of damages for the seller's failure to deliver: the damages are to be calculated on the basis of the market price of similar goods at the date (and place) of the failure to deliver."

反过来说,如果没有一个可供买卖的市场,而违约卖方应该预见到无辜买方会分售/转售有关货物,后者就可以索赔所有在分售合约的损失(包括利润的损失与分买方的索赔),除非是受到损失赔偿大原则的局限,如"因果关系的终断"、"损失遥远性"或是"没有合理减少损失"。这可节录同一本书的 17 - 035 段:"**Loss of profits on resale: no available market**. If there was no market for the goods in question but the seller knew, or ought to have known, that the buyer bought the goods with a view to resale, the buyer is entitled to his loss of profit on the resale when the seller fails to deliver the goods. Thus, if the goods were to be specially manufactured for the buyer, and the seller knew that they were to be resold by him, the buyer's loss of profit is the measure of damages when the seller fails to deliver: the seller is taken to know that similar goods cannot be bought in the market. For the buyer to be entitled to claim his loss of profits under this principle, the sub-contract must be of a usual type, and the profit must be reasonable in amount."

即使是违约卖方在订约时就预见无辜买方会分售/转售有关货物,会产生"特别损失",这也不会替代了市场规则。由于很容易就能够成立卖方能够预见买方会分售/转售,如知道买方是一个国际著名的贸易商就已经足够,所以是太容易就能否定市场规则的适用就会导致了这一个简单与快捷的损失计算办法消失。这方面可节录《Benjamin's Sale of Goods》(8th edn, 2010 年)的 17 - 029 段所说:"The mere fact that sub-sales may be within the reasonable contemplation of the parties at the time the contract is made does not oust the market price rule. Normally, when the seller knows that the buyer is a trader buying for the purposes of resale, the seller will be able to contemplate that, if he fails to deliver, the buyer will be able to buy substitute goods in the market in order to fulfill his contracts of resale."

5.3.2.5.1 分售合约的利润损失案例之一:Hall v. Pim

但会有例外的案件要参考分售合约的真正损失,这是在贵族院的 Hall v. Pim (1928) All ER 763 先例,案情是涉及一票澳大利亚小麦的 CIF 买卖,CIF 卖方也作出了划归,就是装在 Indianic 轮的货物。该买卖合约中有明示条文说明买方可在航次中转售,这等于是双方预见到货物在海上运输的时候会转售。所以,无辜买方在转售有关货物的真正损失是符合了本章 1.2 段提到的 Hadley v. Baxendale 的第二类特别损失。卖方违约不交付/付运货物(因为同一票货卖方已经卖了给其他人),无辜买方实际上已经分售/转售给分买方,有 5 元一吨(举例而已)的利润。但在应交货时卸港当地市场价格下跌,与合约价格只有 2 元一吨的差价。这表示根据市场规则无辜买方只能是索赔2元一吨。双方的争议就是买家索赔5元一吨,但卖方只愿意赔偿2元一吨。贵族院判是双方订约时已考虑到分售,所以卖方(违约方)应赔偿5元一吨,说:"That it was contemplated that the cargo might be passed on by way of sub-sale if the buyer did not choose to keep it for himself, and that the seller in such a case contracted to put the buyer in a position to fulfill his subcontracts if he entered into him."

这一个先例可解释为双方在订约时就预见了分售/转售有关货物会产生的"特别损失"是超越了双方预见市场规则下的市场价格差价的损失。但笔者认为更好的解释是有关货物是装在Indianic轮的澳大利亚小麦,这表示无辜买方根本没有办法去市场买进同样的货物,这在本章5.1.4段也有提到。Michael Bridge教授的《The International Sale of Goods》(2nd edn,2007年)之10.52段针对这一点是这样说:"The buyer could not go into the market to buy a substitute Indianic cargo, because there was not one to be had. And the sub-buyer was entitled under the sub-contract to demand 'Indianic' wheat; the buyer could not impose an otherwise identical cargo of Australian wheat shipped at the same time and due to arrive at the same time."

另在Hall v. Pim先例,它也强调除非有特别的额外通知在订约前让违约卖方能"确实了解"(actual knowledge)特别损失的程度,违约卖方要负责赔偿的分售/转售损失只能局限在:(1)一般利润。(2)分售合约是一般性条文。(3)分售应在违约前(原买卖合约应交货前)已订立。(4)不能是非寻常与昂贵或利润奇高的分售。

这方面在《Benjamin's Sale of Goods》(8th edn,2010年)17-031段有指出如下:"In Hall v. Pim, above, the House of Lords limited the original seller's liability to loss of normal profits under a resale made on usual terms. The sub-contracts: '... must have been entered into before the time of delivery (under the original contract) and they must be contracts in accordance with the market, not extravagant and unusual bargain.'."

5.3.2.5.2 分售合约的利润损失案例之二:Coastal International Trading v. Maroil

Coastal International v. Maroil (1988) 1 Lloyd's Rep. 92的先例已经在本章5.1.4段已经提到过,并提到在该先例是没有这合约描述燃油的市场可供比较,所以市场规则不适用。涉及的买卖是6万吨燃油。这燃油是叫"July/August Rumanian bunker C 3.5% straight-run atmospheric"。当时该燃油短缺,卖方交付不出货物。

在针对真正损失的计算,Leggatt大法官判是以买方真正在分售(sub-sale)给Shell(分买方)的价格比较并找出损失。

根据原来买卖双方的合约,这燃油价格是订明以提单日子或指定船舶日子的Platt市场价格为准;措辞是:"Platts high quotation CIF Med. will apply based on 3,500 seconds valid on bill of lading date or, at our option, date of nomination basis Lavera discharge terminating on a CIF basis."

而买方分售给Shell是以"肯定价格"(fixed price),即多少钱一吨。

这两个合约价格比较,带来巨大索赔(所谓利润损失),高达10,800,000美元。

Leggatt 大法官认为部分损失是在订约时无法合理预见的，在做出各种调整后判是合理利润损失是在 300,000 美元。Leggatt 大法官在该先例说："Essentially, what the plaintiffs（买方）did was to buy at a Platt-linked price and sell at a fixed price. Although it is obviously open to a trader to do so, I am satisfied that in the oil market since 1979 it has been uncommon for traders to commit themselves in this way over such a relatively long period of time. In my judgment, the provision was unusual in itself and extravagant in its result. It cannot have been within the contemplation of the defendants（卖方）when they made their contract with the plaintiffs that such a term was likely, or even liable, to be incorporated into any sub-contract which the plaintiffs might make. Not only was the provision unusual but the result which it would have produced in the way of profit to the plaintiffs was unreasonable, or, as Mr Justice Lewis more succinctly put it... too high."

换言之，Leggatt 大法官认为买方以这方式分售给 Shell 是卖方订约时无法合理预见。

5.3.2.5.3 分售合约的利润损失案例之三：The"Marine Star"

在 The"Marine Star"（1996）2 Lloyd's Rep 383 先例，也是判没有可供买卖的市场，所以是 1979 年《货物销售法》的 Section 51（2）计算损失为准。

在该案例，买方是为它的集团下一间炼油厂叫 Coastal Aruba 买进该批燃油。也可以说是，Coastal Aruba 是"分买方"（sub-buyer）。

买方的损失是两项，一是"利润损失"，即它本可赚取的原合约与分售合约差价，总共是 USMYM95,139.85。这笔损失法院认为合理，判买方胜诉，不受买方/分买方是联营公司影响。

另一项是"买方对分买方所遭受的生产损失所负责任"（liability towards Coastal Aruba for loss of yield），金额是估计为 576,490.45 美元。在这一点上，是涉及一条很广泛的免责条文在原合约与分售合约内，有关措辞是："Neither party shall be liable for any breach, delay or nonperformance hereunder which directly or indirectly results from or is caused, in whole or in part, by... breakdown or injury to ships, pipelines, machinery or facilities of the seller or those from whom the seller obtained products purchased hereunder... or other impairment or interference with sellers' means of supply... or which directly or indirectly results from any cause beyond sellers…control, whether such other causes be of the classes herein specifically provided or not..."

在上诉庭，推翻了高院的判决，认为卖方不能在这条文免责不表示买方在分售合约面对 Coastal Aruba 不能在同一条文免责。买方的供应燃油来源是"Marine Star"轮船上的货物，卖方一违约/毁约，不肯交付货物，这是免责条文所写明的"impairment or interference with sellers means of supply"，面对 Coastal Aruba 的分买方而言，买方也算是"a cause beyond sellers control"。

虽然有先例曾判无辜方在面对第三人（如分买方）的索赔，不完全依赖他的合约权力并为了商誉等原因作出合理和解等都不算是没有合理减少责任，并可以把这笔和解损失向违约方索赔要求补偿：The“Lily Prima”(1976)2 Lloyd's Rep 487。但在本先例，上诉庭判是不适用。毕竟无辜买方与分买方的 Coastal Aruba 是一家人，不存在有商誉等要保障，导致买方不必在分售合约内的免责条文负责下，仍自动赔付 Coastal Aruba 也会算是合理，然后再转嫁向卖方要求补偿。

5.3.2.5.4 分买方向无辜买方的索赔与诉讼

如果无辜买方可以索赔分售合约的真正损失，就除了他可赚取的利润外，也包括了其他一般性条文下的损失。如买卖合约经常在卖方没有交货或在延误交货的违约下有一条“议定赔偿”(liquidated damages)条文，无辜买方会需要向分买方作出赔付，如 Robert Stewart & Sons Ltd. v. Carapanayoti & Co. Ltd. (1962) 1 WLR 34 先例的一条说：“The invoicing price in the case of the seller's default shall include a penalty of not less than 2% nor more than 10% over the estimated market value.”

有关“议定赔偿”与“罚款”的分别（后者英国法律不予承认），这不在本书详论，有兴趣的读者可参考其他书籍在这方面的谈论，如在杨良宜先生所著的《造船合约》第四章。

而无辜买方如果面对分买方的诉讼与索赔，甚至被有管辖权的法院判是败诉，这一笔钱与有关的诉讼费用也是可向违约的卖方索赔。这方面的先例是 Grebert-Borgnis v J & W Nugent(1885)15 QBD 85，案情有关违约卖方订约前知道买方把有关货物以同样条文（除了货物价格）分售/转售给了法国分买方。英国上诉庭判违约卖方要赔付给买方他必须根据法国法院的判决赔偿给分买方，Brett 大法官是这样说：“Where a plaintiff under such circumstances as the person is seeking to recover for some liability which he has incurred under a contract made by him with a third person, he must show that the defendant, at the time he made his contract with the plaintiff, knew of that contract, and contracted on the terms of being liable if he forced the plaintiff to a breach of that contract. If such sub-contract was not made known to him at all, the defendant cannot be made liable for what the plaintiff has had to pay under it... but where the sub-contract was fully made known to him in all its terms, in my opinion the defendant would be liable; and the proper inference, and one which the jury might infer, would be that he had contracted with the plaintiff upon the terms that if he broke his contract he should be liable for all the consequences of a failure by the plaintiff to perform his sub-contract. Still, however, it seems to me. According to what has been decided, that the original vendor, in such a case as this, is only liable, in the case of a breach of contract, for the natural consequences of so much of the sub-contract as was made known to him.”

如果无辜买方向违约卖方索赔的时候，分买方索赔的金额还没有明确（如分售/转售合约下的争议还在诉讼，或双方还在谈判和解），无辜买方是可以要求有关法院或仲裁庭对责任作出“宣告判决或裁决”(declaratory judgment/award)说明违约卖方需要补偿这一笔损失,金额将来决定。这方面可节录《Benjamin's Sale of Goods》(8th edn,2010 年)17 - 036 段所说:"The buyer may be entitled to substantial damages from the seller even before he has discharged his liability to the sub-buyer by payment. If the sub-buyer has not claimed damages from the buyer by the time the buyer's claim against the original seller is being decided by the court, the buyer may be entitled to a declaration of indemnity in respect of the sub-buyer's potential claim; or the court may reserve this item of the buyer's claim for assessment of damages if and when the sub-buyer's claim is met by the buyer."

以上提到的无辜买方对分买方的赔付或面对索赔的损失,通常在市场规则适用的情况下就不会适用。原因是无辜买方可以在卖方违约的情况下在市场买进替代货物供应给分买方。而就算是分买方对无辜买方提出索赔,这也是应该根据市场规则。所以,不存在可以索赔市场价格的差价与分售合约的利润损失,因为这是"双重赔偿"(double compensation)。

5.3.2.6 无辜买方其他的真正损失

无辜买方还会面对其他千变万化的真正损失,这在没有可供买卖市场的情况下,他都可以向违约卖方提出索赔。笔者最后节录《Benjamin's Sale of Goods》(8th edn,2010 年)17 - 037 段所说:

"**Consequential and incidental losses incurred by the buyer**. Where the seller fails to deliver the goods, but there is an available market, the buyer should be able, by buying substitute goods, to avoid consequential losses flowing from the seller's breach. There may, however, be some incidental expenses which the buyer incurs in buying substitute goods, such as extra expenses in transport or handling: these are recoverable as part of the buyer's damages, in addition to the measure of damages in s. 51(3).

In the absence of an available market, however, the buyer may often wish to claim consequential losses such as: extra expense incurred by him, e. g. in adapting the nearest equivalent goods which he can obtain; or the loss of profits he would have made under a contract of resale; or the loss of profits which he would have made had the goods been delivered so that he could manufacture them into different article, as the seller knew he intended to do; or the damages he paid to a sub-buyer. In some circumstances the buyer may claim both loss of profits and the extra expenses incurred by him which are wasted as a result of the seller's breach of contract, but the courts will be careful to avoid overlapping of different heads of loss.

Loss of profits which would have been derived by the buyer from the use of a profit-earning chattel (or part of such a chattel) is a possible head of damages for non-delivery, but the reported cases on this type of loss concern delayed delivery and are discussed below. The principles of these cases may, it is submitted, be carried over to cases of non-delivery, subject to the buyer's 'duty' to mitigate his loss; when it is clear to the buyer that the failure of the seller to the deliver is not merely a delay in delivery, his 'duty' to repurchase elsewhere may perhaps be higher than when the buyer reasonably believes that the seller will ultimately deliver the goods."

5.4　卖方延误交付/付运与倒签提单的损失计算

这种情况也是在实际的业务中司空见惯，虽然是这种违约1979年《货物销售法》并没有针对。总的说，针对货物延误交付/付运，损失的计算就根据无辜买方在卖方按照买卖合约规定作出交付/付运会收到货物一天的市场价格相比延误收到货物一天的市场价格，它们的差价就是无辜买方的损失。这当然是以有关货物有一个可供买卖的市场找出违约当天的市场价格。可以看到的就是市场如果没有什么波动，通常延误并不会造成什么损失。这方面可节录《Benjamin's Sale of Goods》(8th edn, 2010年)之17－038段说："The Act contains no provision which expressly provides for the assessment of the buyer's damages when the seller fails to deliver on the date fixed for delivery, but the buyer accepts delivery of the goods from the seller at a later date. Where there is an available market for the goods, the usual measure of the buyer's damages is the difference between: (a) their market value at the time and place fixed by the terms of the contract for delivery; and (b) their market value at the time and when (and the place where) the goods are in fact delivered to the buyer. Apart from consequential losses, such an extra expense and the loss of profits, this sum should put the buyer into the financial position he would have been in if the seller had fulfilled his contractual obligation. The buyer will, of course, be liable to pay the agreed price for the goods, and if he has not paid it before or upon delivery, his claim for damages will be by way of counterclaim. Where there is an available market for the goods within s. 51(3), that subsection and the rules of mitigation would normally require the buyer to repurchase in the market immediately following the date of the seller's breach in failing to delivery in accordance with the contract, but it can be argued that the seller, by tendering the goods to the buyer at a later date, has estopped himself from taking up this position."

如果没有可供买卖的市场，法院或仲裁庭就会以任何其他的办法找出货物如果按照买卖合约规定作出交付/付运一天的真正价值与延误作出交付/付运的价值。在一个造船合约（这也是买卖合约）的 Fletcher v Tayleur (1855) 17 CB 21 先例，由于船厂延误交船，令买方错过了8月份可以赚取高运费的季节，而实际交船是在下一年的3月份，是运费低潮季节。无辜买方被法院接受可以索赔真正的损失，也就是在这一段延误期间估计的运费损失。另在本章5.1.2.2段介绍过的近期的 Contigroup Companies Inc v Glencore A. G. (2005) 1 Lloyd's Rep 241 先例，也是涉及了卖方的延误付运，有关货物也是没有可供买卖的市场，判是买方 Glencore 赔了172,899.67美元给分买方中石油的和解赔偿可以成功向违约卖方索赔。

在同样的道理下，如果延误作出交付/付运是生产工具（如一台机器），期间对无辜买方带来的一般性营运损失，也可以向违约卖方提出索赔：Victoria Laundry v. Newman Industries（1949）2 K. B. 528。

同样涉及了延误付运货物有著名的"倒签提单"（back date bill of lading）问题，这是CIF/CFR买卖经常会有的，就是不诚实的卖方过了付运日期最后一天才把货物装上船舶，为了要取得在付运日期内的装船提单，主要是为了去银行顺利议付信用证，就不惜把提单日子倒签：United City Merchants v Royal Bank of Canada（1982）2 Lloyd's Rep 1。这种延误通常不会是太久，例如只有一两天，所以无辜买方的损失如果按照较早所介绍的计算办法通常不会太大。但这里还涉及了另一个问题，就是倒签提单导致了无辜买方失去了可以拒绝单证的机会。问题就是这一个损失应该怎么样计算，它也带来了许多有趣的先例。

首先简单介绍持有倒签提单的买方可以向签发该提单的船东提出索赔，这方面的主要诉因会是船东通过船长在提单的日子作出了"误述"（misrepresentation），甚至是欺诈性误述，导致了买方作出了有"损害性的依赖"（detrimental reliance）支付了货款，所以可向船东索赔所有损失以恢复到没有作出这一个误述的地位：The "Saudi Crown"（1986）1 Lloyd's Rep 261 等。

但针对货物买卖，买方向CIF/CFR卖方的诉因就会是：（1）准确的付运日期是属于货物描述：Bowes v Shand（1877）2 App. Cas 455。倒签提单就代表了没有在付运日期内作出付运，所以买方可以拒绝这套付运单证或这票货物。（2）CIF/CFR买卖是单证买卖，法律有要求所有的付运单证必须是"真实"（genuine），而倒签提单恰恰是完全不真实：Kwei Tek Chao v British Trader and Shippers Ltd（1954）2 Lloyd's Rep 114；Hindley & Co v East Indian Produce（1973）2 Lloyd's Rep 515。

以上的两个诉因都可以让无辜买方在CIF/CFR买卖下有两次机会作出拒绝，第一次拒绝是在卖方交出付运单证，在以信用证支付货款的做法下也就是在议付的时候。第二次拒绝是在船舶抵达卸港的时候，交货给买方。在现实中，买方会否拒货很大的因素是取决于市场价格相比买卖合约价格。如果在签订买卖合约后的市场价格暴跌，买方就会想尽办法寻找一个合法理由拒绝单证或货物，企图把这一个不利的"市场风险"（market risk）转移给卖方，而倒签提单就给了他一个黄金机会。但问题是有不少买方不会及时发觉，而到了发觉的时候已经是两次拒绝的机会都已经过去，只能向船东或是卖方索赔金钱上的损失。如果向卖方索赔，而损失的计算只是局限在延误付运一两天是没有意义。市场价格即使在订约后暴跌，也很有可能在延误的一两天已经跌定与稳定下来。买方必须能够把所有支付了的买卖合约价格向卖方取回来，这才有意义。

这方面第一个先例是 Finlay（James）& Co v Kwik Hoo Tong Handel Maatschappij（1929）1 KB 400，它涉及了倒签提单，提单日子为9月30日（通常倒签提单的日子就是付运日期最后的一天，警觉的买方收到这种提单就应该去装港查问准确的货物装船日子),而实际上货物是在10月初装船。这就变为买方买的9月份食糖变为10月份食糖,虽然这两个月份的食糖在市场价格并没有差价。另一提的是倒签提单的行为是违约卖方也不知情,这会是多种情况出现,如倒签提单是分卖方搞的鬼或是违约卖方在货物的付运委托了其他船公司/货代处理。但合约责任是严格的责任,卖方不知情不表示他没有违约。反正是卖方的抗辩是买方只能索赔"名义损失"(nominal damage),因为9月份食糖与10月份食糖市场价格没有分别,所以买方没有因为延误付运而遭受任何损失。但买方是指出卖方这一份不真实的提单剥夺了买方可以拒绝单证/货物的权利,所以损失赔偿应该归还他这一个权利。高院与上诉庭都支持买方的说法,支持买方向卖方的索赔,就是买卖合约价格与货物抵达卸港的市场价格差价(当时市场已经下跌),让买方成功把市场风险转移给卖方。

下一个先例就是 Kwei Tek Chao v British Trader and Shippers Ltd(1954)2 Lloyd's Rep 114,它的判决是进一步对无辜买方有利,但受到一定的质疑。案情也是涉及了倒签提单,无辜买方在不知道的情况下支付了货款,但在卸货前买方已经知道了这一个事实。换言之,买方还有机会可以拒绝接收货物,但买方没有这样做,估计是买方由于在拒货后不能通过留置货物强制把已经支付的货款向卖方要回来,所以接收了货物以免"全军覆没"。这一方面,请看本书第四章之8.4.3段与8.7.2段有关买方在拒货后必须毫无保留让卖方取回货物。但这一来,就不像 Finlay(James)& Co 先例,买方再也不能说这一份不真实的提单剥夺了买方可以拒绝货物的权利,因为"因果关系"(causation)已经打断,不拒货是买方自己做出的决定。但在高院,Devlin 大法官还是按照 Finlay(James)& Co 先例判买方可向卖方索赔买卖合约价格与货物抵达卸港的市场价格差价。

再下一个先例就是 Kleinjan & Holst NV Rotterdam v Bremer Handels(1972)2 Lloyd's Rep 11,案情倒不是涉及了倒签提单而是错误的船舶名字,另也是涉及了不正确的付运单证而且被接受了,针对所涉及的买方索赔损失的计算,Cooke 大法官也是进一步肯定 Finlay(James)& Co 先例的损失计算办法说:"In my view, the decision in Finlay's case lays down a general rule as to the measure of damages in cases where the sellers have broken a condition of the contract by failing to tender proper documents and the buyers, not having rescinded, are entitled to recover damages for breach. The reasons why the buyers have not rescinded are immaterial. Whether they have been misled or have not elected to rescind with full knowledge of the facts the position is the same, namely, that if they had rescinded, they would not have had to pay a price(viz. the contract price) in excess of the market price of the goods at the time of the breach."(说是 Finlay(James)& Co 先例的损失计算办法已经规定了一条通用的原则,就是在卖方没有交出一套准确付运单证而买方也没有拒绝接收的情况下[不论是什么原因不拒绝并不重要],买方都可以索赔违约时市场价格与买卖合约价格的差价)。

接下去是 The"Kastellon"(1978)2 Lloyd's Rep 203 的先例,案情涉及倒签提单,是

一个 CIF 法国马赛的食油买卖,付运日期是 1974 年 12 月至 1975 年 1 月。卖方本是想 1974 年 12 月 20 日付运,但应买方要求,说是希望延迟付运,最好能在 1975 在 2 月底至 3 月初才把食油运抵马赛,否则岸上没有空的油库贮藏。卖方也充分合作,把付运延迟至 1975 年的 1 月中或 1 月 20 日。但不幸的是,卖方在装港(尼日利亚的 Lagos)遇上罢工,导致 2 月 2 日才把食油装上船舶。这时买卖合约的付运日期已错过但这也是买方所要求的延误。反正为了解决问题,卖方还是倒签提单,提单日子为 1 月 31 日。这事后被买方发觉,时为 3 月初,买方向卖方提出索赔,损失是根据他原可有权拒绝接受货物,但错失了机会,因为是卖方倒签提单。仲裁庭判是买方胜诉,以 2 月 26 日(该天交出付运单证)的市场价格与合约价格的差价是总共 7.5 万英镑,卖方要赔偿。卖方应买方要求才延迟付运,当然,买方也没有同意可以在买卖合约付运日期之后才付运。但事实上,船舶抵达卸港马赛正是买方所要求的 2 月底至 3 月初。这一来,买方利用倒签提单敲卖方一笔钱,在卖方看来,是道德上说不过去,但法律上就站得住脚。

接下去是 The“Raffaella”(1984)1 Lloyd's Rep 102 先例,案情涉及了 1 万吨水泥的买卖,说是在 1979 年 5 月在罗马尼亚的 Constanza 装在 Raffaella 轮去埃及的 Port Said。但实际上该票货物在一年前已经在另一艘船舶上。反正这票货在抵达埃及卸港的时候,质量已经变了很坏,不能使用。法院判是买卖的这票货物根本没有存在过,指该提单只是“一张虚假的文件”(a sham piece of paper),并判买方支付货款是在“事实错误”(mistake of fact)的情况下作出,卖方必须退还所有的支付货款。这一个先例与 Finlay(James)& Co 先例的损失计算说法看来只有一点联系,在这一个讨论中只是顺便提出来。

但在接下去的先例就有了不同看法,首先是在 Vargas Pena v Cremer(1987)1 Lloyd's Rep 394 先例。案情是涉及了买卖合约有一条条文针对货物(cottonseed expeller)的质量,说明脂肪不能超出 15%,如果超出,买方就可以拒货(Max 15% fat. If above 15% rejectable at Buyer's option...)。卖方在议付的时候交出的付运单证包括了一份装货前的检验报告,说明是脂肪在 15.73%。买卖双方之后希望通过和谈解决这一个问题,而买方也支付给了卖方 50% 的货款。但最后双方和谈不成功,而买方在货物到了卸港也把该票货物转售,这对买方本来可以拒绝接收货物的权利是致命的否定,因为这是做出了与卖方拥有货权不符的行动:Hardy & Co Ltd v. Hillerns & Fowler(1923)2 KB 490。至于买方可以向卖方索赔损失的计算,在该先例的 Saville 大法官不同意 Cooke 大法官在 Kleinjan & Holst NV Rotterdam 先例的看法,并认为买方不拒绝接收货物的主要原因与单证不正确无关,说:“It seems to me that on my reasoning these are simply irrelevancies, for the conduct adopted by the buyers was not the result of the breach-that conduct was not caused or dictated by the fact that the documents showed an excess of fat, but doubtless by the fall in the market which was quite unrelated to the breach in this case and the buyer's desire to secure themselves with regard to what they asserted were their rights. Of course, other things being equal, the buyers are entitled... to fair compensation for the breach-but what the Board of Appeal(这是指 GAFTA 的上诉仲裁庭)awarded is in my judgment neither fair nor compensation, since in effect the Board of Appeal awarded the buyers the difference between the contract price and the market(or more accurately the resale)price of the goods, in circumstances where the breach relied upon in fact caused the buyer no loss at all."

最后一个要介绍的是 Procter & Gamble Philippine Mfg Corp v Becher(Kurt A)GmbH & Co(1988)2 Lloyd's Rep 21 先例,案情也是涉及了倒签提单,提单日子是 1 月 31 日。但这里有一点莫名其妙,因为双方在较早时已经同意最后付运日期是延长至 2 月 29 日,实际付运的日子是 2 月 6 日与 2 月 10 日,照理说是不必倒签。换句话说,卖方交出不正确的单证,但实际上并没有一个违反条件条文的存在。

在卖方交出付运单证的时候,无辜买方对单证的真实性就有了怀疑。但在卖方的保证下与买方作出保留权利下,买方支付了 98% 的货价。船舶由于其他原因在装港延误,是到了 7 月 8 日才抵达卸港鹿特丹。那个时候,买方已经知道了倒签提单的事实。由于卖方不合作,买方最后把货物在卸港转售,转售的价格只是原来买卖合约价格的 57%。在上诉庭,双方争议的只是在损失计算。上诉庭也是判买方的索赔不能按照 Finlay(James)& Co 先例,其中 Kerr 大法官总结在这方面的法律地位说:

"As was pointed out by Mr. Justice Saville in the Vargas Pena Apezteguia Y Cia SAICv Peter Cremer GmbH(1987)1 Lloyd's Rep 394, that statement(这是指 Cooke 大法官在 Kleinjan & Holst NV Rotterdam v Bremer Handels 的说法)is too wide. The decision in James Finlay is not to be treated as laying down any general rule that a breach in relation to the documents presented under a c. i. f. contract automatically gives rise to damages based on the difference between contract and market prices. The true position can, in my view, be summarized as follows, apart from actions based on misrepresentation:

1. The presentation of the documents by sellers under a c. i. f. contract implies a guarantee or warranty-or whatever term one chooses to use-in the nature of a condition that the contents of the documents are true in all material respects. In relation to the dates of bills of lading this is an express obligation under clause 6 of GAFTA 100. But the judgments in James Finlay show that the same result follows by implication from the mere act of tendering the documents under the contract.

2. If the contents of the documents are untrue in any material respect, then the buyers can reject them and refuse to pay the price. No doubt, as the Judge in the present case mentioned in passing, although the point had not been argued, it may then be open to the sellers to make a second correct tender if they can. But in practice this will not often be possible. (如果交出的付运单证有不真实的内容,买方可以拒绝与不支付货价。这当然可以让卖方改正不真实的内容[如果改得了的话],并作出第二次交单。在现实中这种做

法并不容易做到。)

3. Ignoring all questions of waiver, which must depend upon the circumstances, if the buyers pay against the documents which are untrue in any material respect, then the next question is whether they would have been entitled to reject the documents if their contents had been correct. If they could have done so, because there would then still have been some other material breach of condition of the contract, as in James Finlay, Kwei Tek Chao and The Kastellon in relation to the date of the shipment, then-but only then-will the buyers be entitled to the full measure of damages, i. e. generally the difference between the contract and market prices. (这是说付运单证不正确,但实际上也有其他违反买卖合约的条件条文[如过了付运日期],才可以让无辜买方有权按照 James Finlay 先例的损失计算办法。)

The reason is that in that event this would be-… the estimated loss directly and naturally resulting, in the ordinary course of events…from the sellers' breach in presenting documents which contained untrue material statements. On that basis s. 53 (2) of the Sale of Goods Act would lead to this result. But not if the incorrect document did not conceal any breach on the part of the sellers."

5.5 卖方交付货物质量有缺陷的损失计算

这里所针对的货物质量有缺陷或"货不对版"的情况是针对无辜买方没有拒绝接收货物,这一来他等于是放弃了拒货的权利,但他并没有同时放弃索赔因为货不对版所带来损失的权利。至于无辜买方为什么放弃拒货的权利,一种常见的情况就是货物质量的缺陷不严重、有关货物在当时的市场价格上涨或买方赶紧要使用这票货物等。另一种情况会是货物质量缺陷是次要,无辜买方不能拒绝接收货物,这是在1994 年《货物销售法与供应法》下加在 1979 年《货物销售法》之 Section 15A(1)(b)所说的:"the breach is so slight that it would be unreasonable for him to reject them, then, if the buyer does not deal as consumer, the breach is not to be treated as a breach of condition but may be treated as a breach of warranty."

5.5.1 1979 年《货物销售法》的规定

这种损失索赔是在1979 年《货物销售法》之 Section 53 有针对,说:"(1) Where there is a breach of warranty by the seller, or where the buyer elects (or is compelled) to treat any breach of a condition on the part of the seller as a breach of warranty, the buyer is not by reason only of such breach of warranty entitled to reject the goods; but he may-(a) Set up against the seller the breach of warranty in diminution of extinction of the price, or (b) Maintain an action against the seller for damages for the breach of warranty. (2) The measure of damages for breach of warranty is the estimated loss directly and naturally resulting, in the ordinary course of events, from the breach of warranty. (3) In the case of breach of warranty of quality such loss is prima facie the difference between the value of the goods at the time of delivery to the buyer and the value they would have had if they had fulfilled the warranty. (4) The fact that the buyer has set up the breach of warranty in diminution or extinction of the price does not prevent him from maintaining an action for the same breach of warranty if he has suffered further damage"

以上 Section 53(2)所说的是 Hadley v. Baxendale(1854)9 Exch. 341 的第一条规则,即在双方订约时可以合理预见的损失。这是与 Section 50(2)针对违约买方拒绝接收货物与 Section 51(2)针对违约卖方拒绝交付/付运货物是一样道理。另在以上 Section 53(3),是针对交货的时候质量有缺陷的损失计算按照市场规则,即比较交货时不符合买卖合约质量的货物市场实际价格与符合买卖合约质量的货物价格之间的差价,这也可以当作是"贬值"(diminution in value)。而 Section 53(4)就表示按照市场规则计算损失,无辜买方还可以索赔其他的损失。再一提的是 Section 53(1)(a)说明了这种有缺陷的损失是可以用来对冲卖方对货价的索赔(这是债务的索赔),换言之可作为抗辩而并非是独立的反索赔。

5.5.2　货物质量有缺陷的贬值

这方面可节录《Benjamin's Sale of Goods》(8th edn,2010 年)之 17-051 段所说:

"**Damages for diminution in market value.** As is illustrated by the rule in s. 53(3) for 'breach of warranty of quality', the usual or 'prima facie' measure of damages for breach of the seller's contractual undertaking as to the quality or condition of the goods is difference between: (a) the value of the goods if they complied with the undertaking, measured at the time and place of delivery; and (b) the actual value of the goods, in their actual condition, at the same time and place. With the sum of money which amount to this difference, the buyer should (so far as the value of the defective goods is concerned) be put into the financial position he would have been in if the seller had complied with his undertaking. The measure prescribed by s. 53(3) assumes that the buyer has paid the seller the full price for the goods and is bringing an action or claim against the seller for damages for breach of his contractual undertaking (s. 53(1)(b)); if the buyer has not paid the price, his claim for damages may be used by him as a set-off against the seller's claim for the price (s. 53(1)(a)).

The rule as to the measure of damages in s. 53(3) is based on cases decided prior to the 1893 Act. The Court of Appeal has emphasized that the subsection provides only a 'prima facie' rule, which should not be applied where it would give the buyer 'more than his true loss'. The court said that sub. 53(2) was 'the starting point'. Apart from this, subs. 53(3) is not often applied on its own because there may be consequential losses or injuries caused by the defective goods, in respect of which the buyer may also be claiming damages. The buyer may also have a claim for damages for 'loss of amenity' despite the fact that the seller's breach of contract did not lead to any diminution in the market value of goods."

在这种情况下，是假设有一个可供买卖的市场，并要确定在交货时两个市场价格。第一个就是货物符合买卖合约质量的市场价格，第二个就是货物质量有缺陷的市场价格。针对第一个市场价格，本章较早时提到的所有问题都适用，不去重复。针对第二个市场价格通常会比较困难，也就是质量有缺陷或次货的市场价格。这一来决定该票货物的"真正价值"(actual value)就要根据其他证据才能与第一个价格作出比较，以取得损失金额。这会是可以参考实际把该票次货出售的价格，正如 Biggin & Co Ltd v Permanite Ltd(1951)1 KB 422 先例所说的："If the actual damaged goods are sold with all faults, good evidence can be obtained of the difference in value..."。但该先例也谈到是法院通常不会参照第三人说是如果他是买方会出什么价钱，这种说法的人通常连该票次货也没有见过，只是根据其他人的说法，通常不能做准。另在该先例也谈到根据一位有经验的"理算师"(adjuster)，估计也包括"验货师"(surveyor)，确定该票次货的贬值，说："It is a common practice in the commercial world to deal with this type of case by way of a price allowance; and claims for damaged goods are constantly met to the satisfaction of both parties by the fixing of an allowance by an adjuster or some person skilled in the trade. I think that that is a method which can legitimately be followed by the court where no more precise method of calculation presents itself."

这方面可以先介绍一个还没有立法之前的先例 Jones v Just(1868)LR 3 QB 197，涉及的货物是"一般质量的马尼拉麻"(fair current Manila hemp)，但由于卖方的违约，交付的货物是有缺陷。在交货后市场上涨，这导致了无辜买方最终能够把该票次货以买卖合约同样的价格转售。卖方显然是抗辩买方没有真正损失，但法院判是买方有权索赔一个以交货日期为准的好货与次货市场价格之间的差价。而买方后来以好价钱转售这票次货是与损失计算无关，后来市场上涨的好处也只能是归买方。

另介绍 Slater v Hoyle and Smith Ltd(1920)2 KB 11 先例，有关的买卖是布匹，卖方交付了一票质量与买卖合约不符合的次货，但买方已经把该票布匹转售并把这次货转交给分买方。分买方也接受并支付了全数的货款，也没有对买方提出任何索赔。之后买方向卖方提出索赔，卖方的抗辩就是买方根本没有损失或者买方在分买卖合约取得的货价就是该票布匹的真正市场价格。但上诉庭不同意，认为损失还是以一般的计算，就是按照买卖合约质量的布匹在交付给买方时的市场价格，比较该票次货在交付时的市场价格，差价就是无辜买方的损失。至于买方的运气好，分买方不提出索赔，这好处只是归买方。Scrutton 大法官是这样说："If the buyer is lucky enough, for reasons with which the seller has nothing to do, to get his goods through on the sub-contract without a claim against him, this in principle cannot affect his claim against the seller any more than the fact that he had to pay very large damages on his sub-contract would affect his original seller."

但接下去有一个非常不一致的近期上诉庭先例，导致了大家对"市场规则"(market rule)的适用有了一点不肯定，该先例是 Bence Graphics International Ltd v Fasson UK Ltd(1998)QB 87。原告 Bence Graphics(买方)向法院要求被告 Fasson(卖方)把买卖合约的货款退还,因为该货物完全是货不对版,一点不值钱。该案例的案情是 Fasson 把有瑕疵的"乙烯基薄膜"(vinyl film)提供给 Bence Graphics,而这种瑕疵是 Bence Graphics 在采用了乙烯基薄膜制造辨认集装箱的贴纸才能被发现的。看来,如果货物质量有缺陷或货不对版在后来才被发现,就不能适用"市场规则"(Market Rule),因为在无辜买方发现的时候去市场买入替代货物的时机已经过去。在该先例,Bence Graphics 只面对一个最终采用该贴纸的集装箱用户(也可算是分买方)的索赔,真正损失有限,而其他用户(或分买方)就没有向无辜买方提出索赔。换言之,如果把分销合约考虑在内,Bence Graphics 的真正损失就很有限。但如果 Bence Graphics 能够根据市场价格(因为货不对版不值钱)成功要求把货款要回来,他就可以大赚一笔。第一审的高院判 Bence Graphics 的损失应该以 1979 年《货物销售法》之 Section 51(3)的表面规则也就是市场规则来计算。但高院的判决被上诉庭推翻,上诉庭的大部分意见是 Bence Graphics 的损失应该把他要面对第三人也是分买方的责任(这里的责任不大)也计算在内。Auld 勋爵说:"Would have contemplated that, in the event of a breach by the seller discovered only after the decals had been in use, the buyer might wish to pass on to it claims for damages from dissatisfied customers."

这些判法的不一致在多本著名书籍都有提到,如在《Benjamin's Sale of Goods》(8th edn,2010 年)之 17-058 段是说:"The authority of Slater's case has been seriously undermined, and there is uncertainty as to the current law where the sub-buyer makes no claim against the buyer, despite the fact that the seller delivered defective goods to the buyer."

另在 Michael Bridge 的《The International Sale of Goods》之 10.51 段,说的更明确有关这一个先例可能会冲击传统的简单与快捷计算损失的市场规则:"The Court of Appeal has recently taken account of sub-sale contracts, in a case involving defective goods, where an award of damages based on the difference between the contract price and the value of the goods as delivered would have compensated the buyer for a loss that it did not suffer. It is not clear what effect this decision will have on the orthodox rule that sub-sales should not be taken into account when setting damages for non-delivery, but a rejection of the orthodox rule will mean the abandonment of a rule that is relatively easy to apply in favour of one that demands an extended inquiry into the facts of the case."

事实上,已经有后来的案例根据 Bence Graphics International Ltd v Fasson UK Ltd 的说法偏离了市场规则:Louis Dreyfus Trading Ltd v Reliance Trading Ltd(2004)2 Lloyd's Rep 243。

5.5.3 货物质量有缺陷的真正损失

这适用在有关货物交货时根本没有一个可供买卖的市场,这一来损失计算就根据 1979 年立法的 Section 53(2),也就是无辜买方所有的真正损失,只要是由于该票货物质量有缺陷的违约所直接与自然带来的都可以索赔。而其他损失计算的大原则都适用，如"因果关系"、"损失遥远性"、"合理减少损失"的局限。

这种真正损失也是千变万化，只能举一些例子。

5.5.3.1 补救缺陷费用

首先是对货物缺陷作出补救的费用，这些费用会是把有关货物的缺陷修好以利转售或自己使用。这方面可节录《Benjamin's Sale of Goods》(8th edn, 2010 年)之 17-055 段所说："**Cost of remedying the defect.** Where the market value of the defective goods cannot be ascertained, because there was no market in which they could be disposed of, damages may be awarded on the basis of the cost bringing the goods up to the contractual standard which would make them saleable. This is similar to the position where the seller fails to deliver the goods, and there is no available market in which to buy substitute goods: the buyer may buy the nearest equivalent goods which are available, and recover as damages both the cost of purchasing them and the cost of adapting them to meet the contractual standards."

5.5.3.2 无辜买方寻找替代货物(或替代解决办法)的费用

这方面的道理与本章 5.3.2.1 段一致，只不过是该段针对无辜买方因为违约卖方没有交付货物而导致要寻找替代货物，以交付给分买方或供自己使用，而在这里是违约卖方交付的是质量有缺陷的货物，而这个缺陷可能是严重至无辜买方必须寻找替代货物才能供自己使用。而且，有关货物是没有可供买卖的市场。显然，这种做法只要是合理，有关的费用是可以向违约卖方提出索赔。即使这笔费用是比买卖合约价格高昂的多，只要符合损失赔偿大原则的局限，都可以成功索赔。由于损失赔偿最大的原则是"复原"(*restitutio in integrum*)，买进替代货物的好处(如由于买进的机器更有效率而导致利润提高)需要在真正损失的金额中扣除。

这方面可举 British Westinghouse Electric & Manufacturing Co Ltd v. Underground Electric Rys. Co of London Ltd(1912) AC 673 先例，案情涉及了一台蒸汽机的出售，用在火车的车头。由于该蒸汽机不符合买卖合约的要求，本身在动力与经济的操作上有缺陷，这导致了受害方买方在使用了一段时间后购买另一台蒸汽机作为替代。该替代的蒸汽机是一个不同的型号，有更大的动力，导致了在操作上所带来的利润比原来一台蒸汽机即使在符合合约规定的情况下也更高。在后来的诉讼中，受害方作为原告索赔替代蒸汽机的价格以及其他有关的损失。但并不成功，因为判是替代蒸汽机所带来的更高利润是足够对冲买方索赔的损失。

5.5.3.3 无辜买方替代解决办法的额外费用

无辜买方找到其他替代解决办法，往往是与原来计划中的花费不会是一样。如果能够省钱，这就要在索赔的损失金额中扣除，因为合理减少损失的好处是应该归违约方。在同样的道理下，如果其他解决办法的花费是更大，这也可以作为额外损失的其中一个项目。在 British Westinghouse Electric & Manufacturing Co Ltd v. Underground

Electric Rys. Co of London Ltd 先例中,无辜买方以另一台蒸汽机作为替代,所多使用的煤炭也是损失的一部分。

5.5.3.4 货物质量有缺陷带来的罚款

针对有一些货物(如食物)的质量如果有缺陷,就可以合理预见会带来有关当局的罚款或类似的损失,这是可以向违约卖方取回:Cointat v Myham & Son(1913)2 KB 220;Crage v Fry(1903)67 JP 240;Marles v Philip Trant & Sons Ltd(1954)1 QB 29。

另举一个例子是笔者知悉一些仲裁案件涉及了中国运去美国的摩托车,买卖合约中要求货物必须符合美国的环境与排放要求。这一来,如果这些摩托车被证明是做不到,卖方就会要承担美国买方被美国环境当局的罚款。这可能是一笔很大的钱,远超出货物价格。这从来在法律没有一个说法是损失不能超过货物价格,如果卖方想把买方的损失赔偿封顶,就只能在买卖合约加上一条明确无误的最高赔偿金额条文。

5.5.3.5 货物质量有缺陷带来买方的人命/财产伤亡

针对货物质量的缺陷,如果造成买方或分买方的人命伤亡,这一个损失也可以向违约卖方提出索赔。这里要强调一下损失赔偿大原则如"因果关系"(causation)。例如有关的货物是食物,买方明知已经有问题的情况下还是食用而结果出事,这就会有很大可能打断了因果关系,因为出事是由于买方自己决定冒险。同样的道理下,买方买了一个梯子,在想使用时发觉有缺陷而且不稳固,但由于买方心急想用所以就冒了险,结果从高处摔下受伤,这也会是很大可能打断了因果关系。

至于造成买方或分买方(他的损失可以向买方索赔,最终造成是买方的损失)的财产损失,一个简单例子就是卖方交付的车子刹车有问题,结果导致买方在使用时发生碰撞。虽然没有造成人命伤亡,但车子损坏是需要修理。这就是买方的财产损失。

货物质量有缺陷会带来很严重的人命/财产伤亡,如卖方交付的煤气炉有缺陷而发生爆炸,导致买方家毁人亡,甚至波及邻居。这种损失无辜买方是可向卖方索赔,金额也会是远远超出煤气炉的价格。这种案例可举 Harbutt's "Plasticine" Ltd v Mayne Tank and Pump Co Ltd(1970)1 QB 447,就是有关安装一个供暖系统,由于质量有缺陷导致火灾并烧毁了买方的厂房,法院判重建厂房的费用就是买方的损失。

这方面可节录《Benjamin's Sale of Goods》(8th edn,2010 年)之 17-072 段所说:"If it was in the reasonable contemplation of the parties, at the time of making the contract, that the seller's breach of his contractual undertaking as to quality or description was not unlikely to cause physical injury to the buyer's person, or property, the buyer may recover damages for such injury. The type of kind of loss in question must have been within the reasonable contemplation of the parties. Thus, where food is sold for human consumption, the buyer may obviously recover damages for his illness caused by its defective condition. Where the buyer or woolen underwear contracted dermatitis through the defective condition of the garment he recovered substantial damages from the retailers for breach of the statutory condition imposed by s. 14 of the Act. The prima facie rule under s. 53(3) would merely have gives the buyer the difference in value between the defective garment and a similar one of merchantable quality. Where personal injury or death is caused by the seller's breach, the damages may include compensation for pain and suffering, disfigurement, loss of faculty, as well as loss of earnings, which are normal heads of damages in the assessment of damages in tort for personal injuries or death. (There may often be concurrent liability in tort, but the advantage in suing in contract is that the claimant may not have to prove the negligence of the defendant.)"

5.5.3.6 货物质量有缺陷带来买方对第三人要负责的人命/财产伤亡

如果上述所讲的人命/财产伤亡是发生在第三人，如分买方（或是买方的雇员或是邻居），而分买方是可以向买方（分买卖合约中的卖方）提出索赔。这方面可节录《Benjamin's Sale of Goods》(8th edn, 2010 年)之 17－075 段所说："It may have been within the reasonable contemplation of the parties at the time of making the contract that: (a) if the goods were defective, a third person (or his property) was not unlikely to be injured as a result of the defect; and (b) as a result the buyer was not unlikely to be held legally liable to compensate the third party for his injury or loss. In these circumstances, if such an injury occurs, and the defect was in breach of the seller's contractual obligations to the buyer, the latter may recover as damages from the seller the damages and costs paid to the third party, and the buyer's own costs incurred in reasonably defending the third parties claim."

第三人的索赔会是以诉讼形式（不论诉因是侵权或是合约），这诉讼并不需要无辜买方打到底后赔付了"判决债务"(judgment debt)才能向违约卖方索赔要求补偿。如果是没有希望的诉讼，无辜买方更加合理的做法是与第三人作出庭外和解。只要这和解是合理，如无辜买方称职的法律代表建议和解的金额，这笔钱是可以向违约卖方要求补偿：Biggin & Co Ltd v Permanite Ltd (1951) 2 KB 314。这方面可节录《Benjamin's Sale of Goods》(8th edn, 2010 年)之 17－078 段所说："**Settlement out of court**. The buyer need not defend the sub-buyer's claim to the point of a judgment against him. If he reasonably settled the sub-buyer's claim out of court, he may recover as damages from the seller a reasonable amount paid under such settlement: if litigation between the buyer and sub-buyer should have been in the contemplation of the parties, so should reasonable settlements. The fact that the settlement was made under legal advice is relevant to its reasonableness. The onus of proof is on the buyer to establish a prima facie case that the settlement was reasonable, but it is open to the seller to attempt to show that the buyer was not liable to pay anything to the sub-buyer or to produce new evidence or new factors to show that the sum paid was not reasonable. In addition to the damages paid under the settlement, the buyer will recover his reasonable costs."

第三人索赔的诉讼如果无辜买方需要花律师费用作出抗辩,只要是合理,这笔钱是可以向违约卖方索赔。即使无辜买方是明知道货物质量有缺陷,责任方面在分合约是无可异议,无辜买方作出抗辩还是会有情况合理。毕竟除了责任还有损失方面,而第三人的索赔金额与损失项目经常会夸大,或是涉及了各种损失赔偿大原则局限的争议,都会需要作出抗辩。而即使无辜买方准备作出庭外和解,也会需要抗辩后才能找到机会达成合理和解。这表示即使诉讼是很快和解,花一定金额的律师费用还是免不了。这都可以向违约卖方索赔这笔额外的损失。这方面可节录《Benjamin's Sale of Goods》(8th edn,2010 年)之 17 - 077 段所说:"If, in the circumstances set out in the first sentence of the preceding paragraph, the buyer has, as a result of the defect in the goods, reasonably incurred costs in defending a claim brought against him by a sub-buyer, he may recover from the seller both the reasonable costs paid or payable to the successful sub-buyer and also his own reasonable costs of his defence. The test of reasonableness in incurring the costs is the crucial one, which depends on the particular circumstances of the case, judged as at the time when the buyer had to decide how to act. The seller is likely to be in a better position than the buyer to answer the allegations of a sub-buyer that the goods are defective or do not meet the contractual standard; thus, if the buyer notifies the seller that the sub-buyer is claiming damages from him (the buyer), but the seller, after saying that the sub-buyer's claim is unfounded, refuses to assist in defending it, the buyer's action in incurring costs to defend is likely to be held to have been reasonable:

'... the reasonable course to be pursued by the [buyers] might be that they should not at once submit to the claim but that, unless they could get information from the [seller] that there was really no defence, they should defend the action.'

If, before he incurred costs in defending the sub-buyer's claim, the buyer could himself have ascertained whether the goods complied with the contract, he will not be acting reasonably in defending..."

5.5.3.7 货物质量有缺陷带来买方利润损失或营运损失

货物质量有缺陷会带来无辜买方的利润损失,如无法或只能降价分售/转售,这是可以向违约卖方索赔的损失。这里可以部分节录《Benjamin's Sale of Goods》(8th edn,2010 年)之 17 - 066 段所说:"Where, at the time of making the contract, the seller knew, or ought reasonably to have contemplated, that the buyer intended to use the goods to produce a profit, and that a breach of the seller's undertaking as to description or quality of the goods would impede that profit-making, the buyer may recover damages for his loss of profit caused by the breach."

至于带来无辜买方的营运损失,这种先例也是很多,大道理与延误交付货物所带来的营运损失道理一样,在本章 5.3 段已经提到过。有关货物质量有缺陷,而货物是卖方明知道买方会是用来作为营运的用途(如有关货物是一艘船舶或是类似的商品),就会需要作出合理营运损失的赔偿。这方面的先例有 Cullinane v British "Rema" Manufacturing Co Ltd(1954)1 QB 292,案情涉及了买卖一台"黏土粉碎机"(clay-pulverising machine)。买卖合约中保证该台机器的生产力,但买方在使用后发觉无法做到。买方向卖方提出索赔,损失是包括了两个方面,其中包括了利润损失。英国法院是这样说:"The plant having been supplied in contemplation by both parties that it should be used by the plaintiff in the commercial production of pulverized clay, the case is one in which the plaintiff can claim as damages for the breach of warranty the loss of the profit he can show that he would have made if the plant had been as warranted."

5.5.3.8 货物质量有缺陷带来买方失去快乐

针对一些货物本质上是让买方享用,这一来如果质量有缺陷即使不会造成人身伤亡也有可能对无辜买方造成"失去快乐"(loss of amenity)。这种类别的损失以前被视为是太空泛与无法肯定合理赔偿的金额,所以被视为是不能提出索赔。但英国法律在 1970 年初开始放宽,首先在一些涉及了享用/娱乐的相关合约,如旅游,这一来如果发生违约而导致游客失去快乐,法院会要求违约方作出赔偿:Jarvis v Swans Tours Ltd(1973)QB 233。据悉还没有有关货物买卖这方面的先例,但照道理说是可以适用。比较接近的是有关建造合约的先例 Ruxley v Forsyth(1995)All ER 1936,案情涉及了一个游泳池的建造,但违约的建造商没有按照合约要求的水深,浅了一尺半。这一缺陷照说是不会带来雇主任何损失,反正该游泳池也不是用来跳水。但法院还是判违约方需要赔偿无辜方 2500 英镑作为失去快乐的损失。

5.5.3.9 货物质量有缺陷带来买方名誉的损失或将来生意的损失

货物质量有缺陷会带来无辜买方的"名誉损失"(loss of reputation),如儿童的玩具含有毒物质,导致分售的百货公司在事情曝光后名誉扫地。该百货公司作为买方就有可能向玩具的卖方(也可能就是生产商)提出索赔,其中会包括了名誉损失。根据合约的赔偿,大前提是名誉损失不能提出索赔,这也会是太空泛与无法肯定合理赔偿的金额的原因:Addis v Gramophone Co Ltd(1909)AC 488。这只是属于诽谤的侵权范畴。但这里会有很多的例外,如雇佣合约、婚约、作家、艺人(如表演合约)等。这方面在《Chitty on Contracts》(30edn,2008 年)在 26－086 段与 26－087 段有提到,可部分节录如下:

"Damages for loss of reputation as such are not normally awarded for breach of contract, since protection of reputation is the role of the tort of defamation. However, where the breach of contract causes a loss of reputation which in turn causes foreseeable financial loss to the claimant, he may recover damages for that financial loss: in Malik's (Malik v Bank of Credit and Commerce International SA [1998] AC 20) case, the House of Lords held that where, by conducting a dishonest and corrupt business, the employer had broken his obligation to his employee (under the implied 'trust and confidence' term) the employee could recover damages for the financial loss suffered by him where his future employment prospects were prejudiced by the stigma of his employment...

Another line of authority covers cases where the contract gave an opportunity to the claimant to enhance his reputation as an author(Tolnay v Criterion Film Productions Ltd [1936] 2 All ER 1625;Joseph v National Magazine Co Ltd [1959] Ch 14) or an actor (Clayton & Jack Waller Ltd v Oliver [1930] AC 209;Marbe v George Edwardes Ltd [1928] 1 KB 269):damages may be awarded for loss flowing from a failure to provide promised publicity,which loss may include loss to existing reputation. Subject to remoteness,damages are recoverable where the breach of contract causes loss commercial reputation involving loss of trade."

估计一般货物的买卖合约应该是不属于这种例外情况。但上述的节录最后一句也有提到将来生意损失会是可以向违约方索赔,而其中提到的几个先例 Cointat v Myham & Son(1913)2 KB 220;GKN Centrax Gears Ltd v Matbro Ltd(1976)2 Lloyd's Rep 555;Jackson v Bank of Scotland(2005)1 WLR 377。

至于带来"将来生意损失"(loss of repeat orders),这看来也是与名誉损失有一点接近甚至是同一码事,有时候被称为是"loss of goodwill",是有说法无辜买方只要举证成功(举证可以部分顾客作为证人说明如果不是货物的缺陷,他就会继续与无辜买方做生意)。这方面可节录《Benjamin's Sale of Goods》(8th edn,2010 年)之 17 - 069 段所说:"Where,at the time they made their contract,it was within the reasonable contemplation of the parties that defects in the goods supplied by the seller(in breach of his undertaking as to their quality)might lead to sub-buyers(customers of the buyer)withdrawing their custom from the buyer,damages may be awarded for loss of profits on 'repeat orders' from the sub-buyers. (A similar principle has been accepted by the House of Lords in the case [Jackson v Royal Bank of Scotland [2005] 1 WLR 377] of breach of obligation to maintain confidence,which led to the claimant losing future profits from 'repeat orders' from his previous customers.) When some customers give evidence that they would have given repeat orders but for the breach of warranty,the damages are not limited in amount to the loss of custom from those customers:the court may draw inferences as to the probable total loss of business."

这方面在上诉庭的 GKN v Matbro(1976)2 Lloyd's Rep 555 先例有涉及,买方是叉车的建造商,而卖方是车轴的供应商让买方把车轴安装在叉车上。但由于车轴有缺陷,导致买方制造出来再分售给其他顾客使用后经常出现故障。这导致了诉讼,其中卖方向买方追讨欠下货款的 3 万英镑,但买方提出货物质量缺陷导致损失的索赔并要求对冲欠下的货款。而其中一项损失就是将来生意的损失,因为顾客再也不前来购买叉车,导致销售下降。Denning 勋爵同意这一种损失类别是可以成功索赔,说:

"I should have though that loss of repeat orders was well within that principle. But Mr. Wilson(卖方代表大律师)submitted that a defendant ought not to be liable for such a loss unless he had expressly or impliedly undertaken to pay damages on that account. He relied on British Columbia Sawmill Co v Nettleship(1868) LR 3 CP 499. but the observations in that case cannot survive the decision of the House of Lords in Czarnikov v Koufos(1967) 2 Lloyd's Rep 457. The principle was stated by Lord Upjohn at pp 484 and 421 and 422:

...If parties enter into the contract with knowledge of some special circumstances, and it is reasonable to infer a particular loss as a result of those circumstances that is something which both must contemplate as a result of a breach...

That principle applies to loss of repeat orders as well as to other losses. Applying the principle here Centrax(卖方) knew as well as anybody the purpose for which these axles were required. It must have been within the contemplation of the parties that if these axles failed, it would cause much damage to the goodwill of Matbro(买方). Customers would be disappointed and would not order any more. It seems to me that the arbitrator was entirely correct. Loss of repeat orders from existing customers can be recovered where that is naturally within the contemplation of the parties as a consequence of the breach."

这种违约带来将来生意的损失证明会有一定难度,毕竟生意下跌会有其他各种原因,因果关系不容易成立。损失的举证责任虽然是在无辜方,但在民事诉讼最后还是根据"可能性的平衡"(balance of probability)。所以有关的证人是否有说服力在证明有生意下跌的情况下,原因是来自货物的缺陷,而且补救不了,就是至关重要。

5.5.3.10 货物质量有缺陷带来的其他额外费用与损失

作为总结,这里再强调损失是千变万化的,所以笔者再也不想介绍更多的损失类别以免本章太过冗长。只最后节录《Benjamin's Sale of Goods》(8th edn, 2010 年)之 17-062 段所说:"In addition to the particular items of expenditure mentioned in other paragraphs of this section, the buyer may recover from the seller the reasonable amount of any expenses which have been wasted, or which he has reasonably incurred, as a result of the seller's breach. Such recovery is possible where it was within the reasonable contemplation of the parties, at the time of making the contract, that the buyer was not unlikely to have wasted expenditure, or to incur additional expenses if the seller delivered defective goods in breach of his undertaking as to their description or quality. Thus, where defective steam turbines were delivered, it was not disputed that the buyers could recover damages for the extra coal consumption and labour due to the defects in the machines during the period of their use(British Westinghouse Electric & Manufacturing Co Ltd v. Underground Electric Rys. Co of London Ltd [1912] AC 673). In another case(Molling & Co v Dean & Son Ltd [1901] 18 TLR 217), the seller knew that the buyer intended to send the goods to an American sub-buyer, who rejected them on the ground of their defective quality and shipped them back to England. The buyer was held to be entitled to recover from the defaulting seller the freight both ways across the Atlantic, and the customs duty paid in New York. The freight of the return voyage was an additional expense to the buyer, caused by the seller's breach of contract; the freight on the outward voyage was an expense which was wasted as a result of the breach-it would have been an item in the buyer's calculation of the price to be charged to his sub-buyer and which he would have received if the seller had not broken the contract. The buyer was awarded, in addition to the freight, his loss of profit under the sub-sale; provided that this loss was calculated as his net loss of profit after allowing for the cost of the freight which was presumably included in the price, there was no double recovery."

5.5.3.11 无辜买方的损失要小心不造成双重赔偿

这在5.5.3.10最后节录的英文已经提到了"双重赔偿"(double recovery)的危险要小心,否则就赔多了给无辜买方,毕竟赔偿就是为了"复原"(*restitutio in integrum*)。这里特别要注意的就是无辜买方索赔"利润损失"(loss of profit)与"浪费费用"(waste expenses)一并提出作为他的损失,其中是浪费的费用会包括在将来会赚取的毛利润内。例如,无辜买方除了索赔利润损失还索赔白开了信用证的费用,但要知道无辜买方如果买卖合约被履行顺利赚取预期利润,就必须花费这笔开信用证的费用。这种双重赔偿的争议在 Cullinane v British "Rema" Manufacturing Co Ltd (1954) 1 QB 292 先例中有出现,而且上诉庭之间无法达成共识,结果只是多数意见为准。在《Benjamin's Sale of Goods》(8th edn, 2010年)之17-070段有提到,但由于内容较多所以不在这里节录与介绍,只节录另一部分内容:

"But the Court of Appeal, in a later case (George Mitchell Ltd v Finney Seeds Ltd [1983] 2 AC 803), again said that the claimant must choose between a claim for wasted expenses and a claim for loss of profits, and that he cannot claim both. Yet it is interesting to note that in a case where defective seed was supplied to a farmer with the result that the crop failed, the leading speech in the House of Lords approved the inclusion in the damages of:

'...all the costs incurred... in the cultivation of the worthless crop as well as the profit [the farmer] would have expected to make from a successful crop if proper seeds had been supplied.'

In case not concerned with the sale of goods, it has been held that the claimant may recover damages for his wasted expenditure incurred in reliance on the contract only to the extent that it would have been made if the contract had been fully performed. But in this situation, the onus of proof is on the defendant to show, on the balance of probabilities, that the expenditure would not have been recouped: in the absence of such proof, it will be assumed in favour of the claimant that he would have recouped his expenditure from the gross return which he expected to receive from the full performance of the contract. This limitation should also apply to a split claim: even if the claimant claims both his wasted capital expenditure and his net loss of profits, which is calculated so as not to overlap with the expenditure, it should nevertheless be open to the defendant to prove the gross profits which the claimant could have expected, which amount would then be the ceiling on the total damages recoverable for the split claim."

§6 买卖合约另有明示规定的情况

买卖合约如果另有规定如何计算损失，当然是以合约条文为准，因为明示条文是超越法律默示的地位或默示条文。明示条文也更能代表了双方订约的意愿，至于明示条文合不合理或是办不办得到，只要条文是明确无误，没有办法作出其他的解释，法院或仲裁庭还是必须给它这样的解释。这毕竟是订约自由，1979 年《货物销售法》并没有禁止，特别是在国际货物买卖合约，因为不会涉及本土的消费者。

6.1 限制赔偿金额的条文

在买卖合约中经常会有明示条文针对损失计算或限制赔偿金额，例如在 Czarnikow v. Bunge (1987) 1 Lloyd's Rep 202 先例，买卖合约条文（21 条）是说："... The damages awarded against the defaulter shall be limited to the difference between the contract price and the market price on the day of default."（以违约/毁约一天的市场价格与合约价格的差别作为赔偿的限制）。

这看来与 1979 年《货物销售法》的 Section 50(3) 一样，只是重复英国法律的默示地位，但实际上有分别。主要是立法只把它当作是"表面规则"（prima facie rule），法院或仲裁庭只要觉得不恰当，可以绕过而另用 Section 50(2) 来计算无辜方真正损失：请看本章 5.1.1 段。但在 Czarnikow v. Bunge，该 21 条文被判是一条"责任限制"条文，作为违约方最高赔偿限额。

该案例中，CIF 卖方不交货（棕油），买方 Czarnikow 索赔"分售/转售的利润损失与责任"（sub-sale loss of profits and liabilities）。仲裁庭以证据认定在违约/毁约一天市场价格基本上与买卖合约价格一样，所以无辜买方没有损失。但同时，仲裁庭也认定刚好当时并没有真正货物可供买方购买作为替代（相等于有价无市）说："on the evidence available no oil of the contract origin(s) or any other acceptable origin was available on or around the date of default and which would have allowed a correct tender to be made in accordance with the provision of Clause 8（付运通知条文）of the contract."

这在 1979 年立法下市场规则就不适用，适用的是 Section 50(2) 来计算真正损失。但在该先例，由于已经有明示条文规定，就不存在另有选择，损失必须还是按照违约一天的市场价格与合约价格的差价，而且这就是最高的限额。Saville 大法官是这样说："I agree with Mr. Pardoe's（买方代表大律师）submission that these words are to be read in the context of what the parties must be taken to have contemplated and that such contemplation included not only the possibility of sub-sales but also that these were not unlikely to be dependent upon performance of the contracts-so that the words in question must be read in the context of at least the possibility of claims for damages for loss of profits or liabilities arising from sub-sales. To my mind, so far from intending to preserve such claims, it seems to me that the parties clearly intended to exclude them, by limiting damages to the difference between contract and market price."

这种限制赔偿金额条文在涉及中国的外贸也会见到，笔者就见过中国买方接受了外国卖方拟定的买卖合约有明示条文明确说明如果卖方不交付/付运有关货物，就必须赔偿给中国买方有关 CIF/CFR 货价的 5%（也见过有例子是 10% 不等的数字）作为"最终赔偿"(full and final compensation)。也会是以一个固定金额作为不交付/付运货物的赔偿，说明这金额是"议定赔偿"(liquidated damage)。这种条文对中国买方都会有危险与不利，就是在波动很大的商品市场，如果有关货物的市场价格上升至一个程度超出了 5%（或 10%）或议定赔偿金额，卖方就会拒绝履行合约。即使付运的船舶还差一天就到达卸港，卖方还是会想办法把有关货物在市场转售，而对原来买卖合约的无辜买方说："我完全愿意履行合约，按双方约定的议定赔偿一毛钱也不会少付给你。"在这里重复声明，英国合约法没有"善意"(good faith)的要求，解释明示条文也没有合理与否的说法，只要该条文写的明确。

6.2　违约条文

在国际货物/商品买卖，有一些著名的散粮标准格式合约中（如 GAFTA 或 FOSFA 的标准格式合约），经常会有一条"违约条文"(default clause)针对部分违约（主要是卖方拒绝供应货物或买方拒绝接收货物）损失的计算。这些条文的措辞/文字并不完全一致，所以会带来不同的解释。但重要的是这些条文的规定会与普通法或 1979 年《货物销售法》的规定并不一致。例如，GAFTA 标准格式合约的违约条文针对的违约与参照市场价格的一天与普通法或 1979 年《货物销售法》的"最后必须履约一天"(last performance date)并不一样。会是后者是更加接近"违约一天计算损失规则"(breach date rule)。

针对中国外贸，1979 年《货物销售法》的英国法律地位与明示违约条文的解释都很重要，因为中国是主要的外贸国家，在实践中见到两种情况都经常遇到。第一种情况就是买卖合约根本没有特定的标准格式，而仲裁条文与适用法条文只是说："伦敦仲裁（或香港仲裁），英国法适用"，这就表示 1979 年立法适用，损失计算也就根据本章较早所介绍。第二种情况是中国外贸使用一些标准格式合约，其中包括了一条违约条文。这种标准格式合约在涉及中国的买卖也是常见，所以有必要进一步了解。举例说，在 2004 年中国发生的巴西红豆事件，就暴露了中国的大豆进口商，有75% - 80% 使用的都是 FOSFA 标准格式合约，导致了大量的争议都是要去伦敦仲裁（因为 FOSFA 合约是规定了伦敦仲裁），而且几乎都是惨败。

6.2.1　FOSFA 与 GAFTA 合约中的违约条文

再进一步分析违约条文前，先节录这种条文的不同版本。首先是 Federation of

Oils, Seeds and Fats Associations Limited FOSFA International 针对大豆的 FOSFA CIF 买卖合约中第 25 条：

"DEFAULT: In default of fulfillment of this contract by either party, the other party at his discretion shall, after giving notice, have the right either to cancel the contract, or the right to sell or purchase, as the case may be, against the defaulter who shall on demand make good the loss, if any, on such sale or purchase. If the party liable to pay shall be dissatisfied with the price of such sale or purchase, or if neither of the above rights is exercised, the damages, if any, shall, failing amicable settlement, be determined by arbitration. The damages awarded against the defaulter shall be limited to the difference between the contract price and the actual or estimated market price on the day of default. Damages to be computed on the mean contract quantity. If the arbitrators consider the circumstances of the default justify it they may, at their absolute discretion, award damages on a different quantity and /or award additional damages.

Prior to the last day for making a declaration of shipment a Seller may notify his Buyer of his inability to ship but date of such notice shall not become the default date without the agreement of the Buyer. If, for any other reason, either party fails to fulfil the contract and is declared to be in default by the other party and default is either agreed between the parties or subsequently found by arbitrators to have occurred, then the day of the default shall, failing amicable settlement, be decided by arbitration."

另一条常见的违约条文是 The Grain and Feed Trade Association 的 CIF 买卖合约或称为 GAFTA 100 的标准格式的第 23 条：

"DEFAULT-In default of fulfillment of contract by either party, the following provision shall apply: -（双方如果违反买卖合约，以下条文适用）

(a) The party other than the defaulter shall, at their discretion have the right, after serving notice on the defaulter to sell or purchase, as the case may be, against the defaulter, and such sale or purchase shall establish the default price.

(b) If either party be dissatisfied with such default price or if the right at (a) above is not exercised and damages cannot be mutually agreed, then the assessment of damages shall be settled by arbitration.

(c) The damages payable shall be based on, but not limited to, the difference between the contract price and either the default price established under (a) above or upon the actual or estimated value of the goods, on the date of default, established under (b) above.

(d) In no case shall damages include loss of profit on any sub-contracts made by the party defaulted against or others unless the arbitrator(s) or board of appeal, having regard to special circumstances, shall in his/their sole and absolute discretion think fit.

(e) Damages, if any shall be computed on the quantity appropriated if any but, if no such quantity has been appropriated then on the mean contract quantity, and any option available to either party shall be deemed to have been exercised accordingly in favour of the mean contract quantity.

(f) Default may be declared by the Sellers at any time after expiry of the contract period, and the default date shall then be the first business day after the date of the Sellers' advice to their Buyers. If default has not already been declared then (notwithstanding the provisions stated in the appropriation clause) if notice of appropriation has not been served by the 10th consecutive day after the last day for appropriation laid down in the contract, the Seller shall be deemed to be in default and the default date shall then be the first business day thereafter."

另是针对 FOB 买卖的 GAFTA 119 的标准格式的第 23 条，也是一条"违约条文"(default clause)，不去节录，因为是与上述 CIF 买卖的 GAFTA 100 的标准格式的第 23 条基本一样，除了没有(f)小条，因为该小条的内容是针对 CIF 买卖，如划归通知与 FOB 买卖没有关系。

有关国际商品买卖还有其他的贸易组织，他们也会作出一些标准格式合约。如在 Tricerri Ltd v Crosfields & Calthrop Ltd and Others(1958)1 Lloyd's Rep 236 先例的 Liverpool Corn Trade Association 标准格式也有这样的违约条文。

6.2.2　GAFTA 100 针对 CIF 买卖合约中的违约条文简单解释

这种标准格式合约条文也不断在改变，不同的版本就会有不同的解释。目前在使用的 GAFTA 100 的标准格式(针对 CIF 买卖)的第 23 条文(较早节录)看来是：

(1)根据(a)小条，无辜方(这可以是卖方或买方)有选择权向违约方作出通知针对违约方出售或买进有关货物，该出售或买进的价格就视为是违约价格。这被解释为是给无辜方作出一个选择"针对违约方出售或买进有关货物"(to sell or purchase, as the case may be, against the defaulter)。这等于是给无辜方通过转售或买进替代货物并确定违约方要赔偿的金额，通知也让违约方有一个机会回心转意履行买卖合约。这方面可节录 Kerr 大法官在 Kyprianou v Pim(1977)2 Lloyd's Rep. 570 先例中所说："I do not think that cl. 17(a) of GAFTA 79A contains an option in the sense of an irrevocable election. It merely provides the innocent party with a choice of remedies, but he wishes to avail himself of the right to sell or purchase against the defaulter, then he must first give notice so that the defaulter has a further opportunity of performing. The notice is a condition precedent to this choice of remedy."

(2)根据(b)小条，如果违约方不满意这通知确立的违约价格，或无辜方没作出选择与损失赔偿金额双方不能同意的情况下，就由仲裁庭去决定。

(3)根据(c)小条，损失赔偿金额是根据合约价格与(a)小条确立的违约价格之间的差价，或根据(b)小条仲裁庭决定违约一天的市场价格之间的差价为准。

(4)根据(d)小条，在任何情况下损失赔偿金额是不包括分合约的利润损失，除非仲裁庭根据特殊情况，行使他的裁量权去给予。本来在普通法下，如果市场规则下就不会理会分合约的损失（这在本章多处有提到，而在5.2段更有详细介绍），但在(d)小条看来是更加明确这一点，也不区分违约方在订约时是否收到有关分合约的通知。

(5)根据(e)小条，损失计算是根据划归的货物数量，如果没有划归，就根据买卖合约数量的平均数字。如针对有关买卖合约约定数量是50,000～55,000吨，平均数字就是52,500吨。而如果对货物数量有选择权（商品买卖合约在数量上通常有5%或10%上下限的选择权），就被视为是已经行使了该选择权，而选择的数量就是平均数量。这与普通法也是有一点分别，就是假设违约方如果有这一个选择权，即使还没有行使，也会选择一个对他最有利也就是可以赔的最少的一个数量。所以在一个买卖合约是"50,000吨，10% more or less(seller's option)"，违约卖方就只需要赔确定了的差价乘以45,000吨，假设违约卖方会行使10%选择权以减少赔偿。但在这里的(e)小条下，就说明是即使假设无辜方行使了选择，也是以平均数量为准，这等于是50,000吨。

(6)根据(f)小条，CIF卖方可以在买卖合约付运日期后任何时间宣告违约（注意是CIF卖方也可以根据第9条作出通知要求延长付运日期或第19条作出不可抗力的通知延长付运日期*），而违约一天就算是卖方作出通知后的第一个工作天。如果卖方没有宣告违约，但也没有作出划归通知，就以划归通知必须作出的最后一天后的10天作为是违约（划归通知最后的期限是在第10条文），而第二个工作天就算是有关的一天。

*GAFTA 100标准格式是在付运日期的最后一天，CIF卖方可以根据第9条文名为"延长付运日期条文"(Extension of shipment clause)作出通知后延长付运日期，但要在合约价格作出扣减（根据延长多久而定，如延长1到4天是扣减0.5%货价；5到6天是扣减1%货价；7到8天是扣减1.5%）。GAFTA 100标准格式也让CIF卖方可以根据第19条文名为"不可抗力条文"(Force majeure clause)在发生一连串列明的不可抗力事件而造成延误付运货物的情况下，在事件发生后的7天内作出通知给买方并延长付运日期。但卖方可以选择在任何合约付运日期后宣告违约，也就是不付运有关货物。至于CIF卖方通过要求延长付运通知或/与不可抗力通知押后作出违约通知的日期是否是一件明智的事就要看当时市场的走势，如果市场在上涨，卖方试图延长付运日期就会面对更大的赔偿。在Bremer v Archer Daniels (1981) 2 Lloyd's Rep 483先例，涉及了总共1200吨豆粑的买卖，价格是241美元"CIF Rotterdam"，从1973年4月到9月每一个月份付运200吨。但在4月份，CIF卖方并没有作出划归通知。由于当时市场急升，在本来的付运日期已经上升到340美元一吨，赔偿的金额显然是340美元与241美元之间的差价。但由于卖方依赖不可抗力条文的通知押后付运日期，这导致了市场价格上升至585美元一吨。法院判是以后一个市场价格为准计算损失赔偿。

以下段节介绍一下有关“违约条文”(default clause)的先例,特别是针对哪一天才算是“违约一天”(date of default)。

6.2.3 违约条文的先例之一:Tricerri Ltd v Crosfields & Calthrop Ltd and Others

首先介绍 Tricerri Ltd v Crosfields & Calthrop Ltd and Others(1958)1 Lloyd's Rep 236 先例,它是一个 CIF 买卖,货物是大麦,买卖合约是根据 Liverpool Corn Trade Association 的标准格式,其中有第 6 条文是违约条文,说:“(a) If the seller shall make default in shipping or declaring shipment, or in tendering the documents required by this contract, the contract shall be closed by invoicing back the goods contracted for at such price as the arbitrators shall determine, and this shall apply whether the price so determined be higher or lower than the contract price.”

在该先例,违约卖方曾经要求延长付运日期,反正最后付运日期的一天是 7 月 8 日,但卖方并没有作出付运而造成了违约。根据违约条文,无辜买方可以违约一天的市场价格比较合约价格并找出差价,然后向卖方“作出发票”(invoicing back),要求卖方支付。

在该先例,看来违约一天应该就是最后付运日期的 7 月 8 日。但由于在 CIF 买卖,卖方还可以购买浮动货物(只要在 7 月 8 日前)向买方作出划归。所以卖方是在“肯定与无可挽救的”(certainly and irretrievably)的情况下才是违约,也就是划归通知必须作出的最后一天。在该买卖合约,是有条文说明在货物付运后的 7 天内作出划归说:“Notice of appropriation with vessel's name shall be delivered by seller or his agent to buyer within five days after the date of sailing from the last port on the same seaboard, but in no case later than seven days from the last day of the period of shipment named in the contract.”

所以法院判违约一天是 7 月 8 日再加 7 天,也就是 7 月 15 日。

6.2.4 违约条文先例之二:Toprak v Finagrain

再介绍是 Toprak v Finagrain(1979)2 Lloyd's Rep 98 先例,涉及了 35 万吨小麦的 CFR 买卖,分三批付运,其中 13 万吨在 5 月 10 日至 30 日,12 万吨在 6 月 10 日至 30 日,10 万吨在 7 月 10 日至 30 日。在该买卖合约中,买方必须在 3 月 31 日前开出信用证并保证取得进口证明。但买方两样都没有做到,这导致了卖方在 4 月 30 日通知买方说接受他的违约。这通知是一份传真,内容说:“As we have not received any reply to our telex of 14th and 23rd April and no letter of credit has been opened kindly note that we hereby treat you as in default under the contract between us dated 1 Nov 74. We hold you responsible for all damages and loss sustained by us. We invoke London arbitration under GAFTA rules...”

无辜卖方向违约买方提出的索赔是包括了:(i)由于 CFR 卖方已经租了一艘船舶因没开出信用证而导致没有付运结果与船东约定取消租约,并赔偿 1,050,000 美元;(ii)按照违约条文,以 4 月 30 日的市场价格相比买卖合约价格的差价。这就涉及了市场价格应该以哪一天为准,是3月31日或是4月30日,因为在这期间市场价格进一步下跌而造成更大的损失。这也涉及了"违约"(default)是什么定义,到底是3月31日买方没有在最后限期之前开出信用证算是违约一天,或是卖方一直督促买方开出信用证直到4月30日感觉到没有希望并决定接受违约并终断合约才算是违约一天?两天之间市场价格相差很大,加上货物数量大,所以涉及庞大金额。在第一审,Goff大法官认为"违约"在有关条文中的定义就是指"没有在最后限期履行合约的一天,而该违约是重要至可让无辜方终断合约"(meant, quite simply, the day on which the buyer failed to perform the obligation which entitled the sellers to determine the contract.)。Goff大法官也认为不能任由无辜卖方选择哪一天算是违约的一天,迟迟不接受买方违约,说:"The clause provides, therefore, that (in the absence of special circumstances) the damages shall not exceed the difference between the contract price and the market price 'on the day of default'. The buyers' submission was that these words meant, quite simply, the day on which they failed to perform the obligation which entitled the sellers to determine the contract, and that was, of course, Mar 31. In answer to this simple submission, the sellers advanced a number of arguments. They submitted first that, having regard to the opening words of the clause, 'In default of fulfillment' here must mean a default in fulfillment of the contract; and that there is no default in fulfillment of the contract until there is an acceptance of the repudiation, because until that point of time the contract is still open. (卖方是指在违约/毁约被接受前,买卖合约依然有效,所以不算是违约) I cannot accept that argument; the words 'in default of fulfillment of contract' mean precisely what they say-a failure to carry out the contract on the due date. (Goff大法官不同意,认为违约条文的违约就是指买方违约没有开出信用证) The sellers then submitted that there were two breaches by the buyers in this case-first, on Mar 31, a failure to open the letter of credit, and second, on Apr 30, an anticipatory (and possibly an actual) breach of the buyers' obligation to secure an import licence; and that they could treat the buyers as in default on the second ground, in which event the date of default was Apr 30. I do not however think that it is open to the sellers to pick and chose in this way for present purposes. In many cases, one default by contracting party is followed inevitably by a number of others; and the innocent party cannot, I think, simply obtain the benefit of a later date by pointing to a later default which has occurred before the acceptance of the repudiation. (卖方也声称买方有两次不同的违约,一个是较早的没有开出信用证,另一个是没有取得进口许可证,卖方选择第二个违约为准。但Goff大法官不同意,认为违约本来就会带来一连串的其他违约,所以并不是让卖方随便选择可计算出更大的损失金额的一天。)"

接下去Goff大法官也提到无辜卖方的等待并不接受违约是不能单方面改变已经发生了买方违约的一天,说:"Here one has to be careful. If the contractual date for performance comes and goes, the innocent party may not immediately treat the other party as in default. He has an election whether to do so or not; he may, for a variety of reason, decide to wait for a time, and while he waits the contract remains open to performance. But the mere fact that he waits, and does not treat the other party as in default until a later date, does not mean that, for the purposes of the clause, the 'date of default' is changed; that date remains the day when the time for performance came and went without due performance."

但如果双方同意"更改合约"(variation),或涉及了弃权或禁止翻供,这会是有不同结果,但这些情况在该先例并不适用。适用的反而是如果无辜方在违约方的要求下(这是通过买方向卖方多番保证信用证即将开出)等待,延迟接受违约,英国法律就有一个默示条件对提出要求的一方需要赔偿因要求而造成的损失。而在该先例的案情,被认为是适用,Goff 大法官是这样说:"In such circumstances, there is no variation of the terms of the contract, nor is there any waiver or estoppel; but the innocent party has forborne to act at the request of the party in default, and it is a general principle of English law that, where one party acts at the request of another party, then, in the absence of circumstances indicating a contrary intention, the party who so acted is entitled to be indemnified by the party who requested him so to act against the consequences of so doing."

所以 Goff 大法官认为是以 4 月 30 日的市场价格为准,这也被上诉庭确认。但看来是违约一天是在 3 月 31 日,而后来市场进一步下跌要以 4 月 30 日的市场价格为准,这部分的损失是来自违约方要求下所带来的额外损失,这应该不是违约条文所针对的。

6.2.5 违约条文的先例之三:Lusograin v Bunge

下一个先例是 Lusograin v Bunge(1986)2 Lloyd's Rep 654,案情涉及了 5 万吨阿根廷小麦的 FOB 买卖,合约价格是 146.50 美元一顿。付运是分两批,第一批是 1983 年 2 月,第二批是 3 月,数量都是 25,000 吨。买卖合约也允许买方可以分批取货,但不能指定多过 3 艘的船舶。双方争议的是 3 月份第二批的货物,买方根据买卖合约是可以有 60 天的延长取货,这变为最后取货是在 5 月 30 日。但由于买卖合约中有一条文要求买方指定船舶在抵达装港递交"准备就绪通知书"之前的 15 天必须通知卖方有关的船舶,再加上装有关的一批货物是需要 2 天时间,这表示买方最迟在 5 月 13 日通知卖方有关的船舶,否则时间上来不及而构成违约/毁约。在本书第三章有关 FOB 买卖,介绍了英国先例 Bunge v Tradax(1981)2 Lloyd's Rep 1,贵族院判这 15 天通知的条文是属于买卖合约的条件条文。

针对第二批的货物,买方及时通知了卖方第一艘指定的船舶"Doryforos",说明它将在 3 月 30 日抵达装港。该船舶确实在 4 月 7 日装了 8333 吨小麦。接下去买方在 5 月 2 日通知了卖方第二艘指定的船舶"Honesty",它也在 5 月 11 日装了 2400 吨小麦。第三艘指定的船舶"Jana Vijay",买方的通知是在 5 月 11 日向卖方作出,说是装

666 吨小麦。这导致卖方向买方作出了一份电文,查询有关其余货物怎么办与是否会装在同一艘的"Jana Vijay"轮上,该电文是说"In order to reply constructively to your telex please advise whether you intend-as per sale terms-to give a further nomination for the balance 13,601MT on the same vessel stop awaiting your reply by return."

在同一天的稍后时间,买方再向卖方作出通知指定第四艘船舶"Lavaux",准备装运 13,601 吨。这导致了卖方通知买方他已经指定了超出 3 艘的船舶。这导致了买方在 5 月 13 日通知卖方他取消了第四艘船舶,并且同时作出违约通知,而违约的就是对余下的 13,601 吨货物不取货或拒绝接收货物。该通知是这样说:"Ref your Wednesday telex 19H14 'JANA VIJAY' is maintained therefore we cancel 'LAVAUX' nomination which was the fourth vessel and uncontractual as your mention in your telex. We hereby declare ourselves in default for balance of above contract 13,601 MT as of today until carrying charges stopping today."

买方作出违约通知的背后原因会有很多,但经常不外是:(1)选择终断,说明自己违约,就可以停止支付每天在累计的仓储费;(2)估计市场价格会进一步波动,所以希望作出违约通知可肯定了市场价格,并肯定了自己要作出的损失赔偿。

这就带来买方与卖方之间的有关哪一天才算是违约的一天的争议。违约的买方认为是 5 月 16 日,因为 5 月 30 日最后取货期之前给出 15 天通知,但没有这样做,就在最后期限一过的第二工作天(first business day)应该算是违约的一天。但卖方认为是 5 月 31 日,因为这才是 5 月 30 日最后一天的取货期的第二工作天。虽然买方在 5 月 13 日作出了违约通知,也没有作出 15 天通知有关指定船舶,但卖方有权不接受买方的违约,让买卖合约继续有效。毕竟,买方如果稍后再指定另一艘的第四艘船舶,卖方会可能根据情况接受而变了不了了之,即不反对第四艘船舶与延误作出 15 天通知。这是要到了 5 月 30 日才能真正肯定买方违约,所以它才是违约的一天。显然,5 月 16 日与 5 月 30 日的市场价格并不一样。虽然在该先例的差别不是太大,但法律地位还是很重要去明确,因为有很多同类的争议。

在英国高院,Staughton 大法官是支持仲裁庭判违约的一天是在 5 月 30 日,而市场价格也就是 5 月 31 日为准。他是判在 5 月 13 日买方作出违约通知的一天,卖方接受这一个违约或预期违约,就以该天作为违约的一天。但如果卖方选择不接受,违约的一天就以最后取货期的一天为准。Staughton 大法官是这样说:"If the sellers are right, they were free to treat the buyers' conduct as bringing the contract to an end after May 13 or not to do so. If they chose to keep the contract open for performance, the market might fall and so increase the damages which the buyers would be liable for in the event of non-performance, or it might rise and decrease the damages. But the carrying charges would increase day by day. I do not find that objectionable."

Staughton 大法官也有反驳有关批评是如果允许无辜卖方选择接不接受违约,进而在市场下跌的时候扩大买方赔偿的金额或否定买方希望通过违约通知肯定赔偿金额，说是没有人能够说的准市场的走势，所以没有什么不公道。他是说："There is a suggestion in the award that it was unfair of the sellers to sit back on a falling market and watch prices fall. But that is only a recital of the buyers' contention, not a finding of fact. I am skeptical as to whether such a charge could ever be made out. It is true that some people think that they can forecast the behaviour of a market in the future by looking at its trends in the past. The chartists of today are, I believe, handsomely rewarded for performing such a service, although if they are successful one wonders why they are still working rather than enjoying a cruise on a luxury yacht or minding their country estates. Seasonal trends in some commodities may, of course, be predicted; but I would hesitate to accept that one can say with confidence, even in the stock market, 'sell in May and go away'. Otherwise it seems to me that in general one can only sensibly speak of falling (or rising) market with reference to what has happened in the past rather than to what will happen in the future. The market price of today is what the majority of well-informed people believe the market price will be tomorrow. Or at any rate I would require a finding to that effect before I accepted that there was any general expectation that the price would be lower tomorrow. There is no such finding in this case. So I act on the basis that it was generally thought to be equally likely on May 16 that the price would be higher on May 31 as that it would be lower."

Lusograin v Bunge (1986) 2 Lloyd's Rep 654 的先例判法是与较早的 Toprak v Finagrain (1979) 2 Lloyd's Rep 98 判法不一样，该先例的判法是违约一天是不必理会无辜方接不接受。但 Lusograin v Bunge 先例的判法是不一样，Staughton 大法官是作出了一个区别，就是在 Lusograin v Bunge 先例是 FOB 买卖而不是 CIF 买卖。在 CIF 买卖，买方开出信用证是一个主要的履约责任，甚至是唯一合约的责任。所以在 Toprak v Finagrain 先例的买方在最后限期 3 月 31 日不开出信用证，就明确了该天就是违约的一天。但在 Lusograin v Bunge 先例是 FOB 买卖，这方面的主要履约责任有两个，一个就是买方指定船舶去装货，另一个是根据付运单证作出支付货款。如果买方不派船，违约一天就是最后指定船舶的一天。如果派遣了船舶但没有作出支付货款就是以拒绝支付的一天为准。这可以节录 Michael Bridge 的《The International Sale of Goods》之 10.81 段所说："In an FOB contract, where the buyer has to provide a ship and pay against shipping documents, there are clearly two dates for two main obligations-the end of the shipment period and the date of the documentary exchange. The date of default will be the former if the buyer fails to provide a ship; it will be the latter, if the buyer provides a ship but fails to make payment."

6.2.6　违约条文的先例之四：Concordia v Richco

在 Concordia v Richco (1991) 1 Lloyd's Rep 475 先例，案情涉及了 FOB 买卖，货物是阿根廷大豆，买卖合约是 GAFTA 64 标准格式。该标准格式的违约条文在 24 条说："DEFAULT-in default of fulfillment of contract by either party, the following provision shall apply(a) The party other than the defaulter shall, at their discretion have the right, after giving notice··· to the defaulter, to sell or purchase, as the case may be, against the defaulter, and such sale or purchase shall establish the default price. (b) If either party be dissatisfied with such default price or if the right(a) above is not exercised and damages cannot be mutually agreed, then the assessment of damages shall be settled by arbitration. (c) The damages payable shall be based on the difference between the contract price and either the default price established under(a) above or upon the actual or estimated value of the goods, on the date of default, established under(b) above. . . "

有关货物是在7月29日在阿根廷装港装上船舶并且签发了提单。按照正常的做法,卖方就应该把该套提单与其他付运单证交出给买方,并要求支付货款。但该买卖合约中没有规定卖方必须交出付运单证的最后期限,所以就要根据法律默示地位要求卖方以所有的"合理速遣"(reasonable despatch)把付运单证交出。但没有一个绝对的责任必须在船舶抵达卸港之前交出:Tradax v Goldschmidt(1977)2 Lloyd's Rep 604。这估计是因为航次短与船舶速度快,或是因为涉及了"一连串买卖合约"(string contracts),都会导致了卖方即使尽了最大的努力速遣,还是没有办法在船舶抵达卸港之前交出。在这种情况下,也经常会造成了买方以保函(或银行保函)要求船东交货,因为交不出正本提单。

继续讲 Concordia v Richco 先例,该船舶是到了9月29日(2个月后)才抵达 Odessa 卸港并不久后开始卸货。买方向卖方提出索赔,指卖方违约不尽快交出付运提单,而违约一天是9月29日。但卖方认为没有交出付运单证的违约一天是在更早的时间,大致上是在8月5日就应该可以交出付运单证给买方。显然是由于市场进一步下跌,根据违约条文之(c),违约一天到底是8月5日或稍后于9月29日就会令损失的计算相差很远。

在仲裁庭,判是违约一天在9月29日。但在高院,Evans 大法官认为在8月5日后,卖方就应该违约。而仲裁庭考虑了其他无关的因素,如在9月29日的船舶卸货后,提单再也不能在市场转售。仲裁庭应该考虑的是根据情况,卖方在8月5日后合理速遣应该在那一天必须交出付运单证。Evans 大法官是这样说:

"No-one suggested that the sellers were not in default, once the period within which they were obliged to send forward the documents expired.

The board's conclusion was influenced, however, by factors which are relevant, not to the question whether the sellers acted with reasonable despatch, but to other matters, such as the marketability of the documents and the receivers' ability to present them to the ship, which might arise if the obligation was to present them to the buyers within such a time as would not frustrate the commercial purpose of the contract, or within a time otherwise defined to similar effect. These factors could also be said to be relevant to the question of repudiatory breach, if that question was to arise. In my judgment, however, it does not, and the sellers' obligation was more straightforward. Their duty was to forward the documents with reasonable despatch, taking account of all the circumstances including an allowance for performance, though not breach, of the similar obligations of previous sellers, and the 'date of default' was the day after the expiry of whatever period the board finds was properly required for that purpose."

6.2.7 违约条文的先例之五:Fleming v Sanofi

在 Fleming v Sanofi(2003)2 Lloyd's Rep 473 先例,涉及了 FCA(free carrier)买卖,货物是 20,000 至 30,000 吨的 Russian /Ukrainian black sunseed,交货期是 1977 年 11 月与 1998 年 3 月,分两批交付。买卖合约合并了 GAFTA 78,第 28 条是违约条文,说:"(a) The party other than the defaulter shall have the right... to sell or purchase against the defaulter and such sale or purchase shall establish the default price...(c) The damages payable shall be based on the difference between the contract price and either the default price established under(a) above or upon the actual or estimated value of the goods on the date of default [established by arbitration]."

该买卖合约针对货价并没有明确下来,只说是:"be fixed for each shipment latest 15 days prior delivery period FCA(Free Carrier)."

卖方交付了部分货物,但还有一半以上的部分货物一直没有交付,无辜买方就向违约卖方提出索赔,这带来了到底哪一天算是违约一天。在该先例的时间表是:(i)在 1998 年 2 月 14 日,卖方必须通知买方他指定的装货地点/粮仓给 3 月份交付的货物,也就是在交货期的前 15 天,但没有这样做。(ii)3 月 1 日,买方把卖方不指定装货地点/粮仓视为是违约,这也是上诉裁决书所认定的违约一天。(iii)3 月 27 日,买方在 3 月 26 日定下的最后期限要卖方宣告装货地点。(iv)3 月 31 日,卖方在买卖合约最后的期限交付货物。(v)4 月 1 日,无辜买方认为是以该天的市场价格为准计算损失。(vi)4 月 6 日,无辜买方通知卖方说明他会买进替代货物。(vii)4 月 7 日,无辜买方买进替代货物 2026 吨,价格是 320 美元一吨 FCA,付运日期是 4 月 7 日到 30 日。

在仲裁的裁决,第一个裁决书判是以 2 月 14 日作为违约的一天计算损失,但在上诉的第二个裁决书,判是 3 月 1 日。上诉去法院,无辜买方认为是 3 月 31 日,也就是交付货物最后限期的一天为准。之后在高院,判是 2 月 14 日违约卖方就应该是肯定与无可挽救,而且不指定装货地点/粮仓在这一个买卖合约下是一个重要责任(因为必须是重要的违约才可让无辜方终断合约),因为该合约许多其他重要方面,如约定货价,所以必须卖方做了这一步才能进一步履行合约。Cresswell 大法官是这样说:"The sellers' duty to declare loading places and silos was a main obligation under the contract. The contract in the present case was in most unusual terms and markedly different from the terms of contracts frequently encountered in international trade (including for example the terms of the various contracts considered in the authorities referred to above).

This was not a case where: (i) a quantity was agreed; (ii) the origin of the goods was agreed; (iii) the price of the goods was agreed; (iv) the point of delivery was agreed. As the board explained the trigger that would crystallize these matters was the declaration of loading places and silos by sellers because such declaration would fix the loading places, fix the origin of the goods, provide the essential and indispensable ingredient for the fixing of the price and start the process whereby ultimately it would become apparent whether goods would be delivered to buyers at all (depending on whether a price could be agreed or not). On Feb 14 the sellers were certainly and irretrievably in default."

但 Cresswell 大法官同意以第二个裁决书判的 3 月 1 日作为违约的一天,因为买方在 2 月 14 日后还在要求卖方约定货物价格,这可以算是弃权或禁止翻供,反正 Cresswell 大法官是这样说:"As to why the date of default became Mar 1 instead of Feb 14, the board in the award held as follows. Throughout January and February, Mr. Kohntopp on behalf of buyers pressurized Mr. Gammel to persuade sellers to price more seeds. These requests carried with them an implied request for a declaration of loading places to be made. By making the request, buyers represented that they would not exercise their strict legal right to performance on the contractual date. It would be inequitable to allow buyers to treat the contractual date for performance (Feb 14) as the date of default for the purposes of assessing damages under the default clause. According to Mr. Gammel's statement, these requests were made in January and February. There were no mention of them continuing thereafter. Accordingly the date of default for the purpose of assessing damages was Mar 1 rather than Feb 14 (as found in the original award)."

6.2.8 违约条文的香港仲裁

在 2004 年 5 月份,由于著名的有毒红豆事件导致中国婴儿的死亡,当局全面禁止进口巴西大豆。当时大豆市场价格高涨,中国也是世界上最主要的大豆进口国家,所以这一禁令一公布,导致大豆市场价格大跌。起初的跌势还是温和,因为大家采取观望的态度,不知道禁令会维持多久。但时间过了不久就价格开始暴跌。中国大豆进口商都是以 CFR 或 CIF 向国际著名粮商(包括著名的 A/B/C/D 四个著名粮商)购买。而使用的合约标准格式,绝多数都是 FOSFA CIF 格式,这包括了去伦敦 FOSFA 的机构仲裁条文。在该禁令下,中国大豆进口商或买方纷纷违约,声称依赖有关买卖合约受阻或变为非法而不必履行。在个别合约下,如果有关货物还没有付运,买方的违约通常就是拒绝开信用证;如果有关的货物已经付运甚至已经抵达中国卸港,买方的违约会是拒绝接受付运单证(特别在不涉及信用证付款)或是拒绝接收货物。这引起了大量的伦敦仲裁,涉及金额庞大,而且笔者所知道是除了一宗伦敦仲裁案件,绝大部分的仲裁结果都是中国买方惨败。这一个结果在读者看了本书(特别是第六章之第 8 段)之后,就可以理解中国买方在英国的法律地位是站不住脚。因为 CIF/CFR 买卖是"单证买卖"(documentary sale),不是在中国卸港交货的货物买卖。即使

CIF买卖是注明了目的地如“CFR上海”或“CIF厦门”，它只是要求付运单证（提单与保单/保险证明）说明运费（与保费）已支付并给予买方一个合约的保证该目的地/卸港。卖方能提供这份付运单证，也就是履约了，而这些履约并没有受到中国禁令的影响，不存在受阻或非法。

但涉及巴西大豆也在极少见的案件双方当事人同意前来香港仲裁，笔者知悉杨良宜先生就是其中仅有的案件中作为仲裁员。案件是38,000吨巴西大豆的C&F买卖，合约日期是2004年4月1日。根据该合约，中国买方应该在4月22日开出信用证，但是在4月16日，中国发现第一宗巴西毒豆的事件，这些毒豆是被发现在停泊在厦门的一艘Bunga Saga Tujuh轮上卸了一半被禁止继续卸货。反正这带来的消息很可能就是导致中国买方在4月22日没有开出信用证，但估计由于情况不明买方向卖方要求延期到4月30日，卖方也答应了。到了2004年5月10日，中国政府就开始禁止为数达23个大豆进口商（包括该仲裁案件的卖方）进口大豆，这导致成为国际事件与巴西大豆/国际大豆市场价格崩溃。在中国政府出禁令之前，该中国买方显然已经收到风，所以并没有在延期的4月30日前或之后的任何时间中开出信用证。但显然卖方希望买方开出信用证（即使很明显是妄想），因为除了大豆市场崩溃之外，卖方已经把货物装了上船与前往中国卸港途中，也估计在当时的市场环境是没有办法转售该票浮动货物。这种拖拖拉拉的情况一直维持到9月15日，卖方最终找到另一个中国买方才接受原来买方的毁约（就是拒绝开出信用证）。这里涉及损失的计算问题，因为巴西大豆的市场价格在2004年3/4月份的时候是非常高与平稳。例如在4月15日，C&F North China Port价格是每吨393美元，而到了5月3日，就微升变成每吨396美元，而价格暴跌是发生在6月3日之后的，一直到了9月15日更加是非常低落。

在以上的事实下，卖方的损失计算最有利的显然是以他在9月15日转售给另一中国买方的低落价格（每吨285美元），或者当时的市场价格（大致上差不多）。但中国买方就依赖上述的FOSFA条款，应该以4月22日或者是延期的4月30日没有去开出信用证的当天市场价格为准，因为如果他违约/毁约的话，就是在该天发生。

关于这条款中所谓的“date of default”（违约一天）是有多个先例针对过，包括较早段节所介绍的Topark v Finagrain（1979）2 Lloyd's Rep 98与Fleming v Sanofi（2003）2 Lloyd's Rep. 473。其中Topark v Finagrain正是买方没有开出信用证的案例，Goff大法官判的就是以买方没有开出信用证那天计算，而不是无辜卖方可以通过坚持要买方履行合约而拖延/押后违约的一天。

所以，包括杨良宜先生在内的仲裁庭判违约一天是在4月30日（这是因为买方自己要求延期，而延期之后又没有履行的一天）。但在那一天的市场价格根本不能显示任何的损失，所以卖方在这一项的索赔中（本来是大约450万美元）失败。

6.2.9　涉及违约条文的另一个巴西大豆案件

笔者据悉另一个巴西大豆的案件，但最后并没有作出伦敦仲裁的裁决，因为双方达致了庭外和解，而且是卖方的国际粮商（A/B/C/D其中一家）作出大幅度让步。所以，这一个案件也可以算是稀有的胜利。该案件涉及了4个在2004年3月份订立的买卖合约，分别在2004年7月初、7月底、8月初与8月底付运，总金额非常庞大。在北京当局作出禁令后并导致大豆市场价格下跌，卖方很快在5月26日作出通知要求中国买方在48小时内支付额外的追加保证金（这是在买卖合约中的一条特定条文，在付运前如果市场价格下挫的时候允许卖方要求买方支付追加保证金以保证大豆付运后会履行合约做出货价支付），保证金共达1200万美元（当时市场风险为1800万美元，但中国买方已经在卖方的账上有600万美元）。中国买方显然是不肯作出支付，这构成违约。期间双方有不断往来，主要是中国买方哀求国际粮商取消这4个大豆买卖合约。由于情况变得越来越坏，市场开始暴跌，到了6月5日，国际粮商接受中国买方的违约终断这4个买卖合约。

接下去，国际粮商开始伦敦FOSFA仲裁并索赔损失，而损失的计算是按照无辜卖方接受中国买方的违约一天市场价格为准。这等于以6月5日的市场价格与买卖合约价格作出比较，但那一天刚好是大豆市场下跌最厉害的一天，所以损失计算起来非常大。但中国买方挑出了FOSFA CIF买卖合约中第25条（之前已经节录），就是在5月26日或最迟28日中国买方已经拒绝支付追加保证金，这才是违约的一天。国际粮商作为卖方就应该合理减少损失并接受买方违约，而不应该拖到6月5日。而如果根据5月26日至28日的市场价格与合约价格的差价就明显减少，导致国际粮商还要退还部分已经在账上的600万美元给中国买方。

在这种情况下，根据上述的第25条，就要由仲裁庭决定以哪一天的市场价格为准。这句话就是“If the party liable to pay shall be dissatisfied with the price of such sale or purchase, or if neither of the above rights is exercised, the damages, if any, shall, failing amicable settlement, be determined by arbitration.”只说该案件在接近要开庭的时候双方达成庭外和解，基本上就是双方互不追究，国际粮商所得到的好处就是把保证金的600万美元拿走，而中国买方也就不需要额外掏一分钱。反正中国买方对结果也十分满意，勉强可以算作是一个仅有的伦敦仲裁胜利的案件。

6.2.10 违约条文下计算损失的先例：The“Caloric”

即使在违约条文下计算损失还是要以常识与逻辑作出分析。这里可以举一个有趣的先例名为The“Caloric”(1981)2 Lloyd's Rep 675，它涉及了一个“CIF贝鲁特”的买卖，货物是8500吨的阿根廷玉米，合约货物价格是119美元/吨。有关的船舶抵达了贝鲁特但由于内战而导致了港口关闭，根本没办法把货卸下来。而当时在贝鲁特由于粮食短缺，所以买方能以175美元/吨与183美元/吨的价格分批转售，而当时的市场价格更加是高达240美元/吨。所以买方非常希望能够把货物卸下来，而其间船期的延误是要买方承担5000美元/天的滞期费。但由于卖方不肯等待，希望尽早还船给船东，卖方作为承租人下令船舶开去意大利热那亚把货物卸下并以95美元/吨出售。再过了2个多月，贝鲁特港口才重新开放。在该先例，卖方由于没有交出付运单证,所以构成违约,但问题是损失怎么样计算。买方显然是希望根据贝鲁特的市场价格为准,这也是在一般情况下属于恰当的市场考虑买方的损失。但在该先例,Lloyd 大法官认为这样计算不正确,因为货物根本无法从船舶上卸下来,买方还要不断承担滞期费,所以有关货物的当时的价格(current price)应该就是与在热那亚出售的价格是一致的。

6.3 绕一圈子买卖的结算

"绕一圈子"(circle)的买卖在本书较早的第六章 8.5.3.6 段已经有介绍。即同一票是农产品货物例如由 A 卖给 B,B 转售给 C,C 再转售给 D,但 D 又转售给 A。会有情况是 A 故意造成这一个绕一圈子的买卖,就是在一连串合约的最后买进。这一来就根本不存在实际货物的付运,参与的买卖方只需要"结算"(closing out)差价,作为利润或亏损:Garnac Grain Co. Inc. v. H. M. F. Faure and Fairclough Ltd (1967) 1 Lloyd's Rep 495;The"Filipinas I"(1973) 1 Lloyd's Rep 349。在后一个先例中,Kerr 大法官说:"There is nothing at all unusual in commodity dealers using contracts of sale and resale as means of arriving at a position in which the true nature of transaction is the settlement of a price difference."

这种绕一圈子的买卖,在石油买卖也是经常发生,会在同一票货有几十次甚至上百次的交易,而其中一些石油公司的名字,会在一连串合约中多次出现。在原油的绕一圈子买卖,称为"daisychain",在 Voest Alpine v Chevron(1987) 2 Lloyd's Rep 547 先例有非常详尽的介绍有关做法,可节录如下:

"In common with other forward markets (e. g. , grain and oil seed) it frequently occurs that the same company appears twice in the same daisychain, at which stage, once this feature is identified, a potential 'circle' (or 'loop') is established, in which, if the existing contractual arrangements are left undisturbed, the delivery cargo will in effect be passed round the circle, with all the attendant notices and other documentation, only to end up where it began.

To avoid this unnecessary rigmarole and the subsequent expense, it is common practice for the companies within such a 'circle' to by-pass it by an agreed 'book-out' procedure. A book-out involves the fixing of a commonly acceptable reference or base price, whereupon each of the differing contract prices between the participants in the circle is adjusted to the base price, thus minimizing the quantum of payments all round the circle, and dispensing with both physical delivery of the oil, and all the notices, etc.

In the present case, very shortly after the conclusion of the original contract, a circle was identified by all the participants. This was at the 11th hour, since, as already indicated, the deadline for the appropriate notices, etc. for physical delivery expired at close of business on Apr 12 in London, i. e. 5 p. m. London time.

There immediately followed urgent discussions between the various participants with a view to arranging a book-out;it is common ground that these included telephone conversations between representatives of the plaintiffs in London(and possibly also in Austria)and representatives of the defendants in San Francisco at about 16 30 London time on Apr 12 (08 30 San Francisco time),i. e. within half an hour or so of the expiry of the deadline."

大家结算差价,还是需要买卖合约条文作出明示规定替代每一个买卖合约的法律地位就是必须实际履行,否则就是违约与必须面对损失索赔。所以针对农产品的买卖,GAFTA 100 标准格式第 24 条文提供了一个简单结算差价的做法,有关条文可节录如下:

"CIRCLE-Where sellers re-purchase from their buyers or from any subsequent buyer the same goods or part thereof,a circle shall be considered to exist as regards the particular goods so re-purchased,and the provision of the Default Clause shall not apply. (For the purpose of this clause the same goods shall mean goods of the same description,from the same country of origin,of the same quality,and,where applicable,of the same analysis warranty,for shipment to the same ports of destination during the same period of shipment). Different currencies shall not invalidate the circle.

Subject to the terms of the Prohibition Clause in the contract,if the goods are not appropriated,or,having been appropriated documents are not presented,invoices based on the mean contract quantity shall be settled by all buyers and their sellers in the circle by payment by all buyers to their sellers of the excess of the sellers' invoice amount over the lowest invoice amount of the circle. Payment shall be due not later than 15 consecutive days after the last day for appropriation,or,should the circle not be ascertained before the expiry of this time,then payment shall be due not later than 15 consecutive days after the circle is ascertained.

Where the circle includes contracts expressed in different currencies the lowest invoice amount shall be replaced by the market price on the first day for contractual shipment and invoices shall be settled between each buyer and his seller in the circle by payment of difference between the market price and the relative contract price in currency of the contract.

All sellers and buyers shall give every assistance to ascertain the circle and when a circle shall have been ascertained in accordance with this clause same shall be binding on all parties to the circle. As between buyers and sellers in the circle,the non-presentation of documents by sellers to their buyers shall not be considered a breach of contract. Should any party in the circle prior to the due date of payment commit any act comprehended in the Insolvency Clause of his contract,settlement by all parties in the circle shall be calculated at the closing out price as provided for in the Insolvency Clause,which shall be taken as a basis for settlement,instead of the lowest invoice amount in the circle. In this event respective buyers shall make payment to their sellers or respective sellers shall make payment to their buyers of the difference between the closing out price and the contract price. ”

在操作上,例如是涉及了A卖给B,B转售给C,C再转售给D,D再转售给E,但E再转售给A。假设A卖给B是15,000吨大豆,价格是每吨220美元。B转售给C是18,000吨大豆,价格是每吨208美元。而最低的价格在这绕一圈子买卖是D转售给E的每吨202美元,而平均货物数量在这5个一连串买卖合约是17,000吨。这一来在结算差价的做法中,以B作为例子,他就要支付给A的差价是306,000美元,计算是来自每吨18美元(220美元减去202美元)乘以17,000吨。但B针对C的买卖合约结算差价是可从C得到102,000美元,计算是每吨6美元(208美元减去202美元)乘以17,000吨。这等于B在这一个绕一圈子买卖是亏损了204,000美元。说真的,这绕一圈子买卖不涉及实际货物买卖,更贴切的是一场差价赌博。

§7 总结

本章已经提了不少涉及中方的案件,希望大家已经能够感受到熟悉有关损失计算大原则的重要性。笔者只多举一个杨良宜先生在《国际商务游戏规则——英国合约法》一书中提到中方吃大亏的案件作为最后的警惕。案件涉及一家香港的中资公司在早期向一家美国著名的公司以CFR买下分批付运的4万吨食糖,之后市场价格暴升。美国卖方先是要求拖延付运,后来在市场一直上升的情况下索性拒绝付运。中资公司之后向美国卖方索赔约70多万美元的损失(这是包括了在第一个航次白开信用证与因为延长付运日期而修改信用证的费用,另加上赔给国内收货人/分买方的每吨5美元的罚金,加上中资公司自己可以通过分售合约所赚取的大约每吨10美元的差价)。但说是被美国CFR卖方留难,要求披露多份文件如分售合约,赔付给中国分买方的证据与通信往来,信用证与修改的费用等。反正是导致中方无计可施最后找了杨良宜先生的协助向美国CFR卖方索赔。但杨良宜先生一被委托,很快看到中资公司"走宝",因为这票食糖价格暴升,市场价格明显在美国CFR卖方拒绝付运时是比买卖合约价格上涨了1000万美元。明显是中资公司应该根据市场规则索赔1000万美元,而不是区区的70万美元,而且损失计算与证明也简单得多,只需要"市场价格报告"(market report),这已经是在中资公司给杨良宜先生的文件中有好几份。根本不必要披露这份或那份文件,特别是分售合约的文件。这没有不公道之处,因为:

(i)这是英国法律计算损失的起点,只要是有适合市场价格可供比较,就以它作为损失的"表面规则"(*prima facie* rule),在1979的《货物销售法》的Section 51(3)有说明。而中资公司与美国CFR卖方的买卖合约,适用法是英国法。

(ii)美国CFR卖方如果手上真有这4万吨食糖,他也可以根据市场价格转售给第三人。如果中资公司不向他索赔或只索赔区区的70万美元,他就可以比履行原买卖合约多赚1000万美元,这是不应该让他赚的钱。

(iii)中资公司虽没有另在食糖市场买进替代的4万吨食糖,再交货给分买方(分售合约早已订立)以便履约,但如果他真这样做以避免被分买方提出索赔或/并维持自己的商誉,中资公司就会马上要多付1000万美元。

(iv)即使中资公司不履行分售合约,对国内分买方而言,中资公司实是违约/毁约,与美国卖方一样"不是好人",会面对国内分买方的索赔,而损失金额根据市场规则也正是1000万美元。而该案件中国内分买方只是获得每吨5美元,4万吨是总共20万美元的罚金。杨良宜先生看到该分售合约有一条文说明"罚款"(penalty)是针对货物迟了付运多少天要罚卖方多少钱一吨,而最高是5美元一吨,其实并非针对卖方没有交货。所以,分买方不向中资公司提出更大的索赔实际上是不懂得自己的合约权利。但即使该罚款条文可以针对卖方没有交货,而且根据中国法律(分售合约适用法是中国法)这种惩罚性赔偿条文是有效,只表示了中资公司合约订的好。这好处(就是可向卖方索赔1000万美元但只要向分买方赔付20万美元)也应该是归中资公司而不应该归美国CFR卖方。反正在市场规则的损失计算下,分合约的地位是不予考虑。

可惜在该案件,杨良宜先生最终无法说服中资公司领导向美国卖方索赔1000万美元。他坚持只索赔70多万美元,因为他不多赚也不多亏,希望老老实实的做生意。结果该案件也是在杨良宜先生向美国CFR卖方提出警告说如果不支付70多万美元赔偿结案就马上会开始伦敦仲裁并根据市场规则索赔1000万美元后的第二天,卖方马上做出了支付。

第九章 装卸时间与滞期费

这重要而且复杂问题绝非只是“程租合约”(voyage charter)的事,国际货物买卖合约,不论是FOB或是CIF,只要涉及租船业务,一定要面对。而且,国际货物买卖合约是比程租合约更先一步要面对这方面的问题,因为买卖合约是最先要订立的一个合约。

在租船合约而言,虽然今天在航运租船市场中期租的比例是越来越大,甚至只是一个航次也会是以期租形式的“航次期租”(Time Charter Trip,简称TCT)进行。令表面看来在程租合约下历史悠久与独有的“装卸时间”(laytime)计算与“滞期费”(demurrage)问题应会减少。但事实上这方面的课题的重要性对中国大陆贸易商而言毫不减少,因为有大量的国际货物买卖,这些个别的买卖是无法像期租一样对待,还是一个个航次针对。而它的重要性随着船舶运费与滞期费的高涨而变得越加显著,买卖双方会面对的数以几十万百万美元的滞期费索赔案件比比皆是,很轻易的就把货物买卖中所赚的差价微利吞噬掉。而几十万美元的滞期费可能也只不过是10天8天的船期延误,这在今天的装卸港口拥挤的情况下毫不奇怪。

国际货物买卖必须面对这个严肃的问题是很容易理解,因为称得上是国际买卖就难逃要面对海运,而中国大陆涉及的大宗货更是离不开要租船。如果这是程租,买卖双方谁要负责租船就必须作为承运人面对船东,包括在装卸期间造成延误的滞期费索赔。这是不容易逃避的,因为国际船东都是精明过人的,很难想象他们愿意出租船舶走一个不熟悉的港口或明知道十分拥挤与装卸十分缓慢的港口,而租约中没有对船东十分保护的装卸时间计算与高昂的滞期费率条文。这会是像有条文针对船舶不论在港内或者港外就可以递交“准备就绪通知书”(notice of readiness,简称NOR)以开始起算装卸时间。这一来,就可以把船舶在港外等待泊位的风险转嫁给承租人,而不是要船东自己承担。另一个保护船东的例子是在租约谈判中拒绝接受一条广泛的停止装卸时间计算与滞期费计算的免责条文。反正这些巧妙都在杨良宜先生的《装卸时间与滞期费》一书中有谈到,这在本书只能由本章概括介绍这个复杂的问题,无法重复。有关装卸时间与滞期费的重要案例也实在不少,但注意这些多数是程租合约的争议,只有少数是买卖合约的争议。但道理完全一样,因为主要就是解释合约条文的措辞/文字,不论合约是租约或者是买卖合约,如果双方采用同样的结构与条文,基本的解释都是一样。

由于承租人难逃对精明国际船东的滞期费责任,而承租人或者是分承租人最终会是国际货物买卖的卖方或者买方(这要看是CIF或是FOB买卖),所以这笔钱最终是要有关的国际货物买卖中其中一方承担经济后果。而这里涉及的其中一个重大考虑是负责租船与派船的一方,如CIF的卖方,会在装港愿意而且无可推搪的承担有关滞期费,毕竟船期的延误是卖方自己造成或风险自己承担。但一涉及它无法控制的卸港,就很不愿意承担有关的滞期费了。如笔者曾经见过买方因为各种的原因(如买方没办法转售,或是没有储存地点,或是与船东有争议,或是不肯提供担保以交换船东不继续留置货物,或是拒绝卸货因为有轻微的货损等),造成船舶在卸港漫长的延误,货物卸不下来。船东事后向承租人索赔金额庞大的滞期费,而承租人就是CIF卖方,但他对卸港发生延误的原因是控制不了甚至不会知道。这种案件多不胜数,如在The"Forum Craftsman"(1991)1 Lloyd's Rep. 81先例,案情涉及了一票袋装食糖的CIF买卖,卸港是伊朗的Bandar Abbas,船舶在1984年6月11日抵达锚地并递交了通知书。但先是由于港口拥挤,船舶停留至8月2日才能靠泊,又由于一开始卸货发觉有小部分袋装食糖受潮,结果船舶被赶出锚地并再停留了79天,至10月22日才重新靠泊。显然这带来了一笔金额巨大的滞期费,船东向承租人索赔并且成功。如果CIF卖方,也就是租约的承运人,在订立买卖合约时考虑到他控制不了船舶在卸港会发生的延误,他就应该在买卖合约中订明伊朗买方只能有一段"固定卸货时间"(fixed discharge laytime),一旦超出,不管是什么原因造成延误都要支付滞期费。这就可以给CIF卖方保障,不至于夹在当中。

如果不是CIF买卖,而是FOB买卖,负责派船的买方也有同样的考虑,只是要关注的变成是装港会发生的延误。虽然针对装港延误会有比较好的一面,就是通常延误会比卸港短,因为买卖合约与信用证往往还有最后的"付运日期"(shipment period),导致FOB卖方只要能够控制下就不会/不能漫漫无期的延误船期造成巨额的滞期费,这种漫长延误(有时候长达半年或1年)的情况会在卸港发生。但FOB买卖在装港产生滞期费也会对派船的买方有坏的一面,就是无法通过租约条文迫使船东通过留置货物与卖方直接结算,因为只能在卸港要交货的时候才存在有留置权利的问题。

对负责派船/租船而且要面对船东滞期费索赔的买卖一方,对它们无法控制的装港或者卸港,做法就是在买卖合约中加一些有关的条文。通常这些条文都非常简陋,相比程租合约的条文是差得远了。但这不是一个好现象,国际货物买卖合约应该与程租合约有同样全面与细致的装卸时间计算与滞期费条文。应该记得在订约自由的大原则下,每一位订约方就是靠合约条文掌握自己的命运与对自己公平。

接下去笔者准备先介绍国际货物买卖合约中有的装卸时间计算与滞期费条文分两大类型:补偿性质与独立性质,并介绍它们之间的优劣。接着是谈要负责派船的买卖一方如何对可能产生的滞期费向非派船的对方取得担保。最后是介绍买卖合约与滞期费有关的千奇百怪的不同案件。

§1 买卖合约中有关条文的介绍

随便拣一些被报导的先例,已可见到这方面的争议可不少。由于买卖双方有订约的自由,在措辞/文字方面也是千变万化。现举例如下:

(i)Miserocchi v. Agricultores(1982)1 Lloyd's Rep 202 先例,是玉米的 FOB 买卖,有关条文是:"Loading Rate Once vessel is berthed alongside berth suitable to sellers and ready to load this parcel, sellers guarantee, provided that the vessel... is able to receive, a minimum average loading rate of 500 tons per weather working day..."。

(ii)The"Giannis Xilas"(1982)2 Lloyd's Rep. 511 先例,是食糖的 FOB 买卖,有关条文是:"150 metric tons per workable hatch and *pro rata* with maximum 750 metric tons per weather working day, Saturdays, Sundays and holidays excluded even if used... Despatch not less than 50% of demurrage"。

(iii)The"Aegis Progress"(1983)2 Lloyd's Rep 570 先例,是食糖的 FOB 买卖,有关条文是:"Loading: 150 metric tons per workable hatch and pro rata with maximum 750 metric tons per weather working day..."。

(iv)Socap v. Marc Rich(1990)2 Lloyd's Rep. 175 先例,是 FOB 买卖,有关条文是:"Demurrage as per Sonatrach GTCs(General Terms & Conditions). However Buyer shall not be entitled to recover demurrage from Seller except to the extent that Seller is able to recover such demurrage from his Supplier and Seller shall not be obligated to pay any amount in excess thereof"。

(v)Ets. Soules v. Intertradex(1991)1 Lloyd's Rep. 378 先例,是中国土豆的 CIF 买卖,有关条文是:"Discharge 400 metric tonnes per hold/weather working day Sundays and holidays excepted unless used with maximum 2,000 metric tonnes per day. Demurrage USMYM3,500 per day with half despatch"。

(vi)The"World Navigator"(1991)2 Lloyd's Rep 23 先例,是玉米的 FOB 买卖,有关条文是:"Loading Rate: Once vessel is berthed alongside berth suitable to sellers... Sellers guarantee provided vessel is able to receive, a minimum average loading rate of 500 tonnes per weather working day... but sellers shall not be responsible for any time lost due to... any other cause of Force Majeure"。

(vii)The"Rio Apa"(1992)2 Lloyd's Rep. 586 先例,是黄豆 448 国际货物买卖的 FOB 买卖,有关条文是:"Special Conditions: (1) Loading rate: 3.00 metric tons per WWD SASHEX U. U. (2)... (3) Demurrage rate as per Charter Party, but max 6,000 despatch, half demurrage. (4) Notice of Readiness: accepted from 5:00 p. m. if presented before noon same day and from 8:00 am the working day after it presented after 12:00 noon previous day. Time to start counting once N. O. R. is accepted. NOR to be accepted WIBON, WIPON, WICCON, WIFPON. . . (5) All other terms and conditions not in contradiction with the above mentioned terms as per Argentine Centro conditions for FOB business as far as applicable (with GAFTA 64 deleted, replaced by GAFTA 119) otherwise GAFTA 119"。

(viii) Gill & Duffus S. A. v. Rionda Futures Ltd. (1994) 2 Lloyd's Rep. 67 先例，是食糖的 CIF 买卖，有关条文是："Discharge: 750 metric tons basis 5 hatches per weather working day of 24 consecutive hours. Thursday afternoon, Friday and holidays excepted unless used. Time to count 24 hours after tender of notice of readiness whether vessel in port or not, at berth or not, whether granted free pratique or not, whether customs cleared or not. Master allowed to tender his notice by radio. All other terms and conditions as per Sugar Charter-Party 1969 (revised 1977). Despatch and demurrage at discharge to be for buyer's account. Demurrage as per C/P. . Demurrage to be settled as incurred by buyers every 15 days. . . "

(ix) 杨良宜先生涉及的一个仲裁，FOB 买卖玉米，合约有关条文是："Load Term: Sellers guarantee minimum load rate of 1,200 MT and 1,500 MT for bagged and bulk cargo per weather working days Sundays holidays excepted unless used, if used actual time to count only. Time for loading shall commence to count at 0800 hours of the next business day after vessel's arrival free pratique granted, ready in all respects to load the cargo, and notice of readiness being delivered at offices of the shippers/consignees or their agents during ordinary office hours (Monday-Friday 0800 – 1600 and Saturday 0800 – 1200), whether the vessel in berth or not. Otherwise per Gencon charter-party. Demurrage / despatch as per governing charter party for sellers' account"。

(x) 在另一个仲裁，是钢材的 CIF 买卖合约，有关条文是："Delivery: CNF FO CQD (customary quick despatch) Fangcheng, China"。

(xi) Kronos Worldwide Ltd v. Sempra Oil Trading SARL (2004) EWCA Civ 03 先例，是石油的 FOB 买卖，有关条文是：

"[Laytime] as per charterparty and to be divided by two plus 6 hours NOR SHINC. . . unless sooner berthed. . . otherwise as per charterparty terms, conditions and exceptions.

[Demurrage is to be calculated] in accordance with the charterparty rate, terms conditions and exceptions (except as indicated under above clause). "

(xii) Lia Oil SA v. ERG Petroli Spa (2007) 2 Lloyd's Rep 509 先例，是石油的 FOB 买卖，有关条文是：

"12. Laytime

36 hours + 6 hours nor shinc to apply for each lot, provided vessel discharges the

whole cargo in 24 hrs time. Any delay before berthing, during berthing, after berthing which are the result of bad weather and/or bad sea conditions and/ or berth closure by port authority shall count as half the laytime, or if the vessel is on demurrage, as half time on demurrage.

14. Demurrage

Demurrage, if any, will be required by seller if owners actually claim it pro rata quantity loaded if part cargo, rata [ie rate] as per c/p... any claim barred if not notified duly supported by relevant documents (whereof copy of c/party and copy of owners' demurrage claim and invoice) within 100 days from b/l date."

(xiii) The "Luxmar" (2007) 2 Lloyd's Rep 542 先例，是石油的 FOB 买卖，有关条文是：

"9. Laytime

36 running hours shinc weather permitting plus 6 hours notice always due, (notice of readiness must be tendered only after the vessel has arrived within the customary anchorage) provided vessel can receive the total cargo in a period of time equivalent to the two thirds of the agreed laytime hours. If the vessel tenders NOR after the firm agreed laycan, laytime shall begin upon berthing. Laytime shall commence either 6 hours after NOR tendered at loadport or upon berthing, whichever is earlier and expire at hoses disconnection, or receipt of documents, whichever is earlier. Time used from hoses disconnections till receipt of documents on board shall be equally shared between buyer and seller after the three hrs usually granted by ship.

10. Demurrage

Demurrage, if any, will be requested by buyer only if ship-owners actually claim it. Daily rate as per charter party..."

(xiv) 笔者涉及的一个仲裁，是黄豆的 CFR 买卖，合约有关条文是：

"The master of performing vessel shall tender notice of readiness (NOR) to discharge in writing or by cable or by fax to the vessel's agent during ordinary office hours 0800 to 1700 Monday through Friday whether in berth or not (WIBON), whether in port or not (WIPON), whether customs cleared or not (WCCON), whether in free pratique or not (WIFPON), laytime will commence at 08:00 hours on the next business day. Time lost in waiting for berth, shifting, unstowage and lighterage/lightening to count as laytime. All discharging costs, including shifting, unstowage and lighterage/lightening are for Buyers' account. Time used in shifting from the outer most anchorage/waiting area to berth to count as laytime. Time used prior commencement of laytime not to count as laytime. If vessel is unable to proceed to berth due to tide, pilot/tug availability, port authority restrictions and/or other reasons beyond Owners' control, time used to count as laytime.

Demurrage dispatch(sic) rate be fixed on USD25,000 PDPR, dispatch(sic) half demurrage.

Any demurrage or despatch to be settled within 30 days after completion of discharge against presentation of laytime calculation, statement of facts signed by the master and commercial invoice."

以上举的许多例子,写法都不一样,所以带出来的结果也不一样。双方如果有了争议都会涉及了需要仲裁庭(国际货物买卖合约通常都有仲裁条文)作出条文的解释,并需要律师协助买卖双方在仲裁作出恰当的处理。

§2 装(卸)时间/滞期费为何在买卖合约必须约定?

这些年来经常发生港口严重拥挤,特别是散装货船动不动要待泊一两个月并不罕见。在正常航运市场,一艘船舶每天的"船期损失"(detention damage)或期租租金高达几万美元一天,或是更高金额。笔者记得在2008年金融海啸前,每天的船期损失更加会超出20万美元。

这一来,待泊的一两月相等于上百万美元的船期损失,这笔钱总会有人要承担。一般而言,不会是船东要承担。国际船东(特别是西方船东)大多是精明能干,否则也难以在这竞争激烈的国际市场生存。他们在把船舶出租去拥挤的港口,一定会坚持保障他们在待泊期间能够算作装卸时间或/与滞期时间。而且,每天的滞期费订得高。而滞期费即是承租人承诺赔偿船东对船期损失的"议定赔偿"(liquidated damage)。

如果得不到充份保障,精明的船东宁可不做这票生意。即使是运费给得高,也会得不偿失。或是宁可是期租租金稍低,船东也以期租方式出租些拥挤的港口装卸,不必冒船期损失风险。

这保障船东对船期损失所用的恰当措辞/文字是千变万化,已在杨良宜先生的《装卸时间与滞期费》一书与《程租合约》一书的第11章节有详谈,不重复,只简单介绍方法有如下:

(i)在租约中约定了一段固定装卸时间,说明承租人承诺在这一段时间或天数内完成装卸作业。固定装卸时间也可以根据装卸率,反正知道装了多少或卸了多少货就可以根据装卸率得出固定装卸的时间。在英国合约法,任何的合约承诺是属于严格或绝对的责任。所以承租人一接受,就必须在固定装卸时间内完成作业,否则就是违约。这里不存在合理与否,如承租人无法及时完成作业是由于坏天气或涉及装卸的机械故障。原因是坏天气造成的船期延误,总要有人承担经济后果。如果承租人因为合理不需要承担,就变为船东要承担。这一来,要承租人承担经济后果就理所当然,因为他承诺在固定装卸时间内完成作业,期间发生意外的风险就应该落在他。这一来,承租人希望在这种情况下对他有保障,就完全看订立租约的措辞/条文。如这固定装卸时间只是说"总共5天",显然坏天气的风险是在承租人,因为5天都在下雨或是刮台风,一天一天还是过去。但如果这固定装卸时间约定是说"总共5个晴天工作日"(total laytime 5 weather working day),这一来在下雨或刮台风的天数显然就不能算是"晴天工作日",这变成坏天气所造成的延误就转到船东。

同样的道理也在装卸的机械故障,如果装卸涉及了岸上机械或设备,如输送带或爪子,承租人不想承担故障带来的延误,就可以在租约中增加一条免责条文,列下一连串的事故(其中包括了机械故障)所造成的延误,停算装卸时间或滞期费。而如果所装的货物是来自离开泊位有一定距离的贮存地点或矿场,需要边运(以卡车、车皮或驳船)边装,就会有风险是这些运输工具甚至矿场发生机械故障(或其他意外),这免责条文也需要明言。否则在针对性解释免责条文的情况下,装卸时间的免责条文只能被解释为针对装卸作业的机械故障,而不会延伸太远如矿场。

(ii)约定了固定装卸时间,就涉及了怎样开始起算的问题。对船东而言,显然是希望越早开始起算就越好,因为固定装卸时间计算完了就马上开始算滞期费。但针对承租人而言,他当然是喜欢越晚起算越好,最好就是在船舶挂靠了装卸泊位而且真正开始作业,这就可以保证承租人能够充分利用这一段固定时间而不必支付任何滞期费。由于这些年来港口拥挤,所以很少港口会让待泊的船舶在港内等待,往往是需要船舶在港外锚地等待。这一来就会带来争议船舶是否已经抵达装港或卸港,或还只是在航程中,谈不上能够开始计算固定装卸时间。至于在港外待泊的延误,对承租人看来就与船舶要在航次中途通过苏伊士运河或巴拿马运河遇到的延误本质上是一样。毕竟,港口拥挤并需要待泊并非是承租人的过错所造成。但精明的国际船东不会肯在这方面吃亏,所以在偏袒船东的"金康租约"(Gencon Charterparty)1976年格式中有一条印本条文的"待泊时间照算装卸时间"(time lost in waiting for berth to count as loading or discharging time, as the case may be)。这条文已在贵族院先例 The "Darrah"(1976)2 Lloyd's Rep. 359 被判定是船舶不论在港内或港外的延误,只要是等待泊位的延误都可以计算为固定装卸时间。这表示船东在港外待泊的船期损失都是承租人的风险,也经常出现在船舶真正靠泊开始装卸货的时间,固定装卸时间早就已经没了,变成承租人在实际的作业中都算是滞期费,根本享受不到固定装卸时间。

(iii)在金康租约1994年格式的允许船长可在"港内港外"(whether in berth or not. whether in part or not 即 WIBON, WIPON)递交"准备就绪通知书"(notice of readiness),并起算装卸时间。这是与上一条文本质上是一样,都是保护船东,而且在一定程度上保护得更加完善。

(iv)另一种保障船东的措辞/文字是在租约中加上一条文要求"承租人提供船舶一抵港即可马上靠挂泊位"(berth reachable on her arrival)。这一来,如果船舶抵港需要待泊,就表示承租人无法履行他作出的承诺,就是提供一个马上挂靠的泊位。这一来,承租人自然是要赔偿船东的船期损失。

(v)关于装卸时间与滞期费,在订立租约中还有其他很多巧妙的地方,这里只是举了很少数的几个方面,是为了让读者可以了解到一些大精神。

2.1 买卖双方谁承担船期损失/滞期费?

既然精明的船东一般不会承担在装卸港口的船期损失,这笔免不了的经济损失或滞期费自然是要落在买卖双方其中的一位。究竟是谁呢?这又要看买卖合约如何约定了。要知道,这会是一笔大钱,在短航次而且港口拥挤,它会是远远超出了运费。买卖双方谁要最后承担会是亏大本,而谁不必承担会是赚大钱。今天竞争剧烈的国际市场,在货价上能赚多少?像滞期费才是要高度重视的一笔金钱。

在买卖合约订立时,离付运日期仍会有好几个月,租船是将来的事。但有远见的,也是要负责租船与派船一方的买方(FOB 买卖下)或卖方(CIF 买卖下),已经要作出未雨绸缪。因为将来租船,船东肯定不会罢休,会盯着他(作为承租人)承担船期损失或滞期费。

如果这滞期费是产生在派船方在买卖合约下自己负责有关装卸作业的港口,如FOB 下的卸港与 CIF 下的装港,延误风险自负也是无话可说。但这一来,派船方会有一定的主动权或控制权,如安排工人加班以减少延误,减少滞期费的支付。

但如果滞期费产生在非派船方应负责的港口,如 FOB 下的装港与 CIF 下的卸港,派船方是无法控制船舶的速遣,这会是对他造成严重的不利,因为船东在租约下仍会是盯着他(承租人),不论这滞期费产生是在装港或卸港。

所以,在买卖合约下派船方应以条文形式要求非派船方作出某些承诺,如在多少天内装完卸完,或是要承担支付给船东的滞期费,或是要与船东直接结算(特别是CIF/CFR 买卖下的卸港滞期费)等。

2.2 买卖合约或租约不订明装(卸)时间的后果

如果买卖合约不订明装卸时间,如 FOB 买卖合约不订明卖方要在多少固定时间内装完货物,这会是什么后果?船舶花了 20 天在装港,船东向承租人(买方)索赔租约下所同意的滞期费。之后,买方向卖方要求补偿这笔钱。但卖方会反驳说:我哪里同意过在 20 天(或任何天数)内可装完货物?确是,买卖合约没有任何明示条文针对。没有明示条文,只能靠默示条文。默示会是需要有一个说法,难道可让卖方"海枯石烂"的任意拖慢来装?但法律也不会说死是 1 天或是 10 天,毕竟不同货物品种、不同的港口设施等会导致有很不同的快慢去装(卸)。所以,很容易推理是:这默示只会是"合理时间"(reasonable time)。何谓合理,是以每一个案件不同的事实而定。而一般不是卖方的错,不是他能控制,如港口拥挤或罢工,在"合理时间"下也会相应延长,船期损失不会算在卖方。而即使是卖方有错,故意不速遣,减少船期损失,买方想事后证明以支持向卖方索赔损失,也不会容易。所以,靠法律默示的"合理时间"是完全不足保障派船方的利益。这是与租约下的不约定或"不固定装卸时间"(所谓 unfixed laytime 或 CQD[customary quick despatch])地位完全一样。反正是,没有约定一个固定装卸时间要求承租人必须装卸完毕,就变得是默示约定不固定装卸时间。不固定装卸时间根本没有明确的多少天装(或卸)时间,解释也是与"合理时间"一样。

这方面可以举一些先例,在 Burmester v. Hodgson(1810)2 Camp. 488 先例中,运输合约没规定任何装卸时间,卸货花了 63 天之久,这其中的延误风险的损失归谁?Mansfield 首席大法官说:"Here the law could only raise an implied promise to…discharge the ship in the usual and customary time for unloading such a cargo. That has been rightly held to be the time within which a vessel can be unloaded in turn, into the bonded warehouses. Such time has not been exceeded by the defendant."(大致上是说法律只能认为承租人作出一个默示承诺在一个正常与习惯性的时间内把货物从船上卸下。)

而在 Postlethwaite v. Freeland(1880)5 App. Cas. 599 先例中,案情涉及船舶装了一批钢材去南非的 East London,租约没有约定固定的卸货时间,而只是说:"Cargo to be discharged with all dispatch according to the custom of the port."在 East London 的卸港,习惯做法是船抛锚在港外,然后把货物卸下驳船。驳船之后被人工拉进去港口内。整个操作是由一家私人公司操作,该公司根据船舶先后抵达的次序轮流安排卸货,只有携带邮件的船舶会有优先。当时由于驳船的短缺与港口拥挤,导致有关船舶等了 31 个工作天才能卸完货。但船东向承租人索赔滞期费损失被贵族院否定,原因是租约没有约定一个固定的卸货时间。其中贵族院很明确地指出了是否有约定固定装卸时间的重大分别。Selborne 勋爵说:"If, by the terms of the charterparty, he(承租人) has agreed to discharge it within a fixed period of time, that is an absolute and unconditional engagement, for the non-performance of which he is answerable, whatever may be the nature of the impediments which prevent him from performing it and which cause the ship to be detained in his service beyond the time stipulated. If on the other hand, there is no fixed time, the law implies an agreement on his part to discharge the cargo within a reasonable time..."(如果承租人同意了在一段固定的装卸时间去装卸,他就有了一个绝对与无条件的合约责任要履行,不能履行的话就是违约,需要赔偿船东的船期损失。至于是什么原因造成延误,导致承租人不能履行是不影响这一法律地位。反过来,如果没有约定固定装卸时间,法律只会要求承租人履行一个默示责任,即在合理时间内完成装卸作业。)

最后可节录 Diplock 勋爵在 The"Johanna Oldendorff"(1973)2 Lloyd's Rep 285 先例中说:"Charterparties originated at a period when contractual obligations were as a general rule treated as absolute. A party's obligation was to secure that anything that he warranted should be done, was done. If it was not, then, unless this was the result of some default of the other party, he was liable in damages, even though circumstances over which he himself had no control and could not even have foreseen made it impossible for it to be done."(租约下作出的承诺通常被视为是绝对。合约一方的承诺是必须做到。如果做不到,除

非原因是对方的过错,该承诺方就要赔偿损失,即使令承诺方做不到的原因是无法控制,甚至是不能预测的。)

2.3 买卖合约或租约订明 CQD

如果买卖合约(或租约)约定的装卸时间是 CQD(customary quick despatch)或类似没有约定多少天数或时间的措辞/文字又如何呢?答案是与普通法地位一样,写了也是白写,也等于租船人有合理时间装卸。

在 Lyle Shipping Co. Ltd. v. Cardiff Corporation of Cardiff(1900)5 CC 397 先例,Romer 大法官说:"The first question we have to consider is as to the meaning of the not uncommon provision in a charterparty as to the ship being discharged 'will dispatch as customary'. I think it is now settled that such a provision means that the discharge shall take place with all reasonable dispatch..."

2.4 买卖合约或租约订明 Liner Terms

如果买卖合约或租约约定是 Liner Terms,这一来装卸时间的地位是与 CQD 一致。唯一的分别只是在装卸的费用问题,Liner Terms 通常是由船东承担装卸费用,但 CQD 则通常与"免费装卸"(free in and out,简称 FIO)走在一起,装卸费用仍是由承租人承担。这一方面是在 LMLN No. 554(2001)有谈到。注意是买卖合约经常有类似的条文,如买卖是"CIF Liner Discharge",即表示派船的卖方要向买方承担卸货的费用,并在议付时提供有这方面批注的提单。在 Seng v. Glencore Grain(1996)1 Lloyd's Rep. 398 先例,买卖合约中的大米货物价格规定是"cost and freight linerterms Rotterdam in bulk..."

但卖方在后来的租船中与船东所同意的是 FIO,估计其中一个原因是船东通常不愿意接受 Liner Terms,特别是在不了解的港口。当然,也有可能是卖方根本不警觉租约与买卖合约之间出了这个矛盾。

装货之后,卖方取得了一套提单(合并租约的提单)并向买方要求支付货价。但买方拒绝,当然这种拒绝其中一个背后原因可能是大米市场下跌,理由是提单没有说明是 Liner Terms。在高院,Mance 大法官判买方胜诉,可以拒绝这一套单证,因为这一套单证是提供买方作为提单持有人面对船东的时候可迫使后者履行提单内的合约责任,包括承担卸货的费用。这就是卖方在 CIF/CFR 买卖必须在这一套付运文件中提供给买方一个持续性的单证保障,在本书第二章 8.1.4 段有详论。Mance 大法官是这样说:"the contracts contemplated performance involving the presentation of shipping documents including invoices and bills of lading; that was the scheme of a c. & f. sale; the documents would identify the agreed cost, freight and destination and would give the buyers contractual rights as against the carriers to delivery for such freight and at such destination. 'Linerterms' refers to responsibility for inter alias, discharge, a matter directly involving the carrier. When the sale contract price clause referred to 'linerterms', the natural conclusion was that it referred to a right which buyers were to be given against the carriers. So viewed, the contract remains from shipment an essentially documentary transaction, under which the buyers part with payment in return for continuous protection against inter alia the carrier."

2.5　何谓合理时间？

如果买卖合约或租约没有约定固定的装卸时间而需要法院或仲裁庭找出双方默示的条文，则这"合理时间"如何确定？正如 Van Liewen v. Hollis Bros(1919)25 CC 83 先例中 Dunedin 勋爵说："reasonable must be reasonable under all the circumstances of the case."(合理与否以每一个案件不同的事实来确定)。

的确，装散粮或矿砂与装钢材或袋装水泥的"合理时间"会很不一样，装散粮或矿砂应该短的多。当然除了考虑不同货物的不同装卸做法外，还要考虑不同港口设施、拥挤情况、当时天气等多方面的情况。所以它的尺度会很松，也不稳定，船东指称承租人或买卖合约下的派船方指称非派船方用了太长与不合理的时间装卸货物并不容易成立。总的说，要指称对方(承租人或非派船方)用了"不合理时间"装卸实质上就是证明对方在装卸作业中有过错，造成了延误，所以要承担这一部分的船期延误。

以下分段针对一些会造成在装卸港口的船期延误的特定原因，而这是在没有约定固定装卸时间的情况下，买卖合约下负责租船或派船的一方或程租下的船东要承担的。

2.5.1　船期延误的风险在租船/派船方或船东头上之原因一：港口拥挤

港口拥挤是近年来国际货物买卖中海上运输的环节会产生延误最大的危险，往往会带来好几十万或百万美元的滞期费争议。这船期延误的风险在没有约定固定装卸时间的情况下应归租船/派船方(在买卖合约)或船东(在租约)。

在 2.1.1 小段提到的 Postlethwaite v. Freeland 先例，因驳船不够与港口拥挤，船等了 31 天才开始卸货。贵族院判决是船东自己负责这 31 天的延误，承租人没有不合理延误卸货之处。至于当时因港内船很多而导致驳船不够与港口拥挤，贵族院认为这些都是考虑何谓合理时间的因素。港口愈拥挤，卸货的合理时间也应相应延长。

另在 Hulthen v. Stewart & Co. (1903)8 CC 297 先例也是因卸港拥挤而延误卸货，贵族院也是判承租人不承担这风险。

2.5.2　船期延误的风险在租船/派船方或船东头上之原因二：罢工

工人罢工造成严重船期延误在 50、60 年代是一个大问题，但随着 70 年代开始的集装箱运输(针对班轮运输)与大型散装船以机械装卸(针对散货/商品)取代了以前以密集工人装卸货物后，罢工已经不是一个大问题。但心有余悸，所以不少标准合约还是有非常详尽的罢工条文针对这一个原因带来的船期延误应该由谁承担经济后果。

在英国法律，除非租约另有规定，在没约定固定装卸时间的情况下，这船期延误风险也是归船东(或买卖合约下的租船/派船方)承担。这方面的先例如 Castlegate Steamship Co. Ltd. v. Dempsey and others(1892)1 QB 854, Esher 勋爵说："By reason of the very some cause, viz, the strike of the dock labourers, the share of the work for which the shipowners would originally be responsible was prevented from being done, as well as the share of work for which the charterers would be responsible. It seems to be impossible, under these circumstances, in the case of a charterparty which fixes no definite time, to say that the charterers are to bear the whole burden of what happened."

2.5.3 船期延误的风险在租船/派船方或船东头上之原因三:港口当局干预

如果港口当局干预,不批准船舶靠泊,在租约(或买卖合约)没有约定固定装卸时间的情况下,这船期延误风险也由船东(或买卖合约下的租船/派船方)承担。在 Good & Co v Isaacs(1892)2 QB 555 先例中,Kay 大法官说:"I think the true result of the evidence is that there was no delay except what was occasioned by the custom of the port, and for this the charterers are not responsible."

即使港口当局干预有错,这非是承租人(或买卖合约下的非租船/派船方)有错,所以结果仍是一样:Weir & Co v Richardson(1897)3 CC 20;The"Kingsland"(1910)16 CC 18。

2.5.4 船期延误的风险在租船/派船方或船东头上之原因四:第三方行为或错误引起的延误

这种情况,一般而言船期延误风险也是归船东(或买卖合约下的租船/派船方)承担。例如:在 Lyle Shipping Co Ltd v Corporation of Cardiff(1900)5 CC 397 先例,火车车皮安排不够,是第三人(铁路公司)的错,导致了卸货延误,上诉庭判是船东承担后果。

在工人不足的情况下,也有如此判法:Akties Glittre v GabriellWade & English (1926)24 Ll. L. Rep. 372。

2.5.5 船期延误的风险在租船/派船方或船东头上之原因五:天气等自然原因

这情况的一个主要案例是 Carlton Steamship Co Ltd v Castle Mail Packets Co Ltd (1897)3 CC 207, Macnaghten 勋爵说:"I cannot understand how it can be unreasonable when it is the period required by the character of the harbour, the laws of nature, and the regular recurrence of spring tides."(即如果因天气等自然现象带来延误,如何能指控承租人使用了不合理时间装卸?)

另外有两个先例是结冰导致装货延误,考虑何谓合理时间判是应该加入这些因素,故承租人不必对延误后果负责:The"Otava"(1922)12 Ll. L. Rep. 63;The"Cleveland"(1923)16 Ll. L. Rep. 323。

2.6 船期延误唯一要承租人承担的情况:承租人违约与行为

看来,在没有约定固定装卸时间情况下,唯一可让非租船/派船方(买卖合约)或承租人(租约)承担船期延误的是在他有违约与其行为而导致延误时。这一个结果可以从两个途径解释:(1)由于对方的错误或行为而导致延误,这部分时间就很难说是属于合理时间;(2)对方的错误导致延误,就表示对方违约,可让本来要承担船期

损失的租船/派船方或船东可以向对方提出索赔有关的损失,这就对冲了相关的装卸时间或滞期费。这种较常见的例子有如下:

(i)货物须有批文才准卸下,而船东订约前未被告知,带来船舶22天的延误,判是承租人要负责:Mitchell Cotts Co v Steel Bros & Co Ltd(1916)22 CC 63。

(ii)承租人未备妥货物待装,是承租人一个绝对或严格责任的违反,对这会经常发生的延误承租人应该负责,The"Dimitrios N. Rallias"(1922)13 Ll. L. Rep. 196。经常在装港约定CQD的租约中,会加上一条明示条文说明承租人如果没有在船长递交"准备就绪通知书"时备妥货物待装,就要赔偿给船东每天若干金额的船期损失。可以说是没有这样明示规定,法律也是这一个默示地位。当然明示规定并同时约定一个议定赔偿的金额也会是好事。

(iii)在LMLN No 2报道的伦敦仲裁,是关于装上船的小麦不合格导致船期损失,也是要承租人负责。

(iv)即使不完全是承租人违约,但是因他行为所致,也会判承租人有责任。这方面有Rodenacker v May and Hassell Ltd(1901)6 CC 37先例。卸港作业可以有两种:一是卸船后火车转运,另一是卸船后驳船转运。当无法得到火车车皮,判是承租人有责任安排用驳船转运。实际上,这判法也没有太大奥妙,是看在什么情况下承租人的合理装卸时间变为不合理。例如,等待安排火车车皮是遥遥无期,承租人就有责任安排驳船转运,这才是合理。相反火车车皮估计不久后就能够有安排,再要求承租人安排驳船转运,带来额外费用与麻烦,而估计省的时间非常有限,这就不合理。

2.7 对合约没有约定装卸时间的总结

以上可见,没有约定固定装卸时间对船东实是大大不利,也难怪像金康租约根本不会有一个约定是CQD的选择,它作为保护船东的标准承租合约格式根本不考虑CQD。那么,CQD或是没有约定固定装卸时间(unfixed laytime)是如何在现实中产生的呢?这会是:

(i)短航次或是船东对某些港口非常了解,船东敢于冒承担船期延误的风险,即使是港口拥挤。在订约自由情况下,大可约定装港是承租人有5天的固定装货时间,只是在卸港(由于船东非常了解)才订CQD。据知,不少中国船东当装卸港是在中国内地时会接受外国承租人的CQD的条件,但外国的装卸港就会要求一个固定装卸时间。但了解归了解,CQD仍是对船东严重不利。如一个意外事故带来多天延误,风险归船东,这非是对港口了解就可以避免的。

(ii)买卖合约双方或一方不懂的情况下,又不利用标准格式。这一来,常会漏去约定固定的装卸时间,也没有与租约挂钩或"合并租约"(as per charter party),而租约涉及了精明的国际船东是很少会漏掉这方面的条文。这一来,FOB买方派出的船舶,卖方会有合理时间慢慢装货。CIF买卖下,又轮到买方慢慢在合理时间内卸货等。

在CQD或没约定固定装卸时间情况下,实是不必订下滞期费是多少钱一天,因为很少情况会涉及滞期费。一般船期损失的风险,CQD 下是会在船东或买卖合约下租船与派出船舶一方。对于较早曾提到承租人如果有违约而导致要对延误承担责任时,也可届时计算真正损失,索赔"滞期损失"(damage for detention)。毕竟,违约不会经常发生,等于双方不必为不合理绕航或不安全港口去预先议定一个赔偿金额(liquidated damage)一样。话虽如此,笔者仍见过约定 CQD,又另有附加条文说如果在装港(中国)因货未备妥或文件不齐导致船期延误,承租人要赔每天 2 万美元(或不等金额)滞期损失的做法,这 2 万美元也相当于滞期费了。看来,对这种较多预见会发生的违约才有必要预先订这 2 万美元。

2.8 买卖合约约定固定装卸时间的后果

但如果买卖合约约定了多少天(或通过每天约定的装卸率可计算出时间)的固定装(或卸)时间,法律地位完全不一样,会是对租船/派船的一方大大有利。简单的合约法概念也是要求非派船方既然答应了在多少固定时间装(或卸)完,就必须做到,这是绝对或严格的合约责任。如果在装卸作业期间有船期损失,风险在非派船方,因为无法履行合约承诺就是违约。正如在 William Alexander & Sons v Aktieselskabet Dampskabet Hansa and others(1919)25 CC 13 先例,Hunter 勋爵所说的:"It is well settled that where a merchant has undertaken to discharge a ship within a fixed number of days he is liable in demurrage for any delay of the ship beyond that period unless such delay is attributable to the fault of the shipowner or those for whom he is responsible. The risk of delay from causes for which neither of the contracting parties is responsible is with the merchant."(法律是十分明确如果货方或承运人承诺在一段固定的天数内卸货,如果是超出了时间就要承担支付滞期费,除非是船东过错导致延误。如果延误的风险是来自其他原因,都是要货方或承运人去负责。)

2.9 除了固定装(卸)时间外要注意的其他有关方面

当然,在买卖合约中只是约定固定装(卸)时间仍不足以保障租船/派船方。还有其他方面要注意,如同租约一样,如:

(i)针对装(卸)时间的开始。一般对派船方而言,心态与船东一样,希望越早能开始装(卸)时间的计算越好。例如在本章§1 段所举的几个例子,在措辞上已是不一样。同样是 FOB 买卖,在(i)的 Miserocchi v Agricultores(1982)1 Lloyd's Rep 202 要求船舶靠泊了卖方选择的码头/泊位,才能始算装货时间。这等于是租约的"泊位租约"(berth charter),会导致港口拥挤所带来漫长的待泊船期损失要求船东(租约下)或租船/派船方(买卖合约下)自己负责。

但在§1 段的(vii),The "Rio Apa"(1992)2 Lloyd's Rep. 586 是订明"准备就绪通知书"可提早递交,并有一连串的 WIBON(这是指不论是否靠泊的"whether in berth or not"),WIPON(这是指不论是否进港的"whether in port or not"),WICCON(这是指不论船舶有否清关的"whether in customs clearance or not"),WIFPON(这是指不论船舶是否检疫通过的"whether in free pratique or not")。而 WIPON 是允许船长在装港外

递交"准备就绪通知书",一经递交/接受,明示约定或是法律默示地位都会让装货固定时间起算,而一起算就不会中断。这一来,表示港口拥挤所带来的船舶需要在港外待泊船期损失,是要承租人(租约下)或非派船方(买卖合约下)负责。

以装港是上海为例,港口拥挤,船舶通常被迫在长江口待泊10天(为例)才能靠泊。在Miserocchi v Agricultores的条文措辞下,要在靠泊后才能起算装货时间。但在The"Rio Apa"的条文措辞/文字下,可在长江口已经递交"准备就绪通知书"并起算固定装货时间,会是在靠泊时这约定的多少天时间(假设是10天)已是计算完,进入滞期时间,并在上海港的泊位装货的时间都需要承租人(租约下)或非派船方(买卖合约下)去支付滞期费给船东或租船/派船方。

(ii)针对固定装(卸)时间方法,起点是装货时间一开始计算,就不会中断,除非有关的合约另有约定。这一个法律地位与滞期费的计算也是一样道理,所以有著名的说法"once on demurrage, always on demurrage"。例如较早曾经在本章§2一开始介绍过租约约定"晴天工作日"(weather working day),这一来在下雨或刮台风或周日,装卸时间计算就会中断。但更加重要中断固定装卸时间的计算是以一条明示条文说明遇上了一些特定的事情就要中断。这一个条文在本章§1段的(vi)的The"World Navigator"(1991)2 Lloyd's Rep. 23有关条文中,有一句是说:"sellers shall not be responsible for any time lost due to... any other cause of Force Majeure"。这条文对船东(租约下)或租船/派船方(买卖合约下)拟定的并不好,"不可抗力"(force majeure)能包括什么,不能包括什么呢? 这会是无可避免带来很多的争议,更不说在英国法律下,有危险被视为是太不肯定而无效:British Electrical and Associated Industries(Cardiff) Ltd v Patley Pressing Ltd(1953)1 WLR 280。例如港口拥挤(这也是多年来造成庞大滞期费的主要原因),承租人(租约下)或非派船方(买卖合约下)能否指这是不可抗力? 特别是有关的港口拥挤在订约时已经是众所周知,显然依赖不可抗力中断计算装卸时间是不会成功。但在订约自由下,卖方大可以订明:"卖方对装港拥挤的船期损失不负责"(sellers shall not be responsible for any time lost due to... congestion at the loading port)。只要是双方在合约清楚写明,都是有效,不存在合理与否。

(iii)程租租约中的明示条文中断装卸时间计算(与滞期费计算)通常是一个很重要的信号确定有关租约到底是"偏向船东"或是"偏向承租人",买卖合约也是同一个道理。例如"偏向船东"的金康标准格式租约,它是根本没有这种明示条文。可以说是做到一开始起算装卸时间或滞期费,就中断不了,所以计算起来非常容易。但中国的承租人,这么乐意使用金康租约而导致要承担庞大的滞期费实在是莫名其妙。对部分的承租人而言,背后主要的原因会是受限于这方面的知识,他们只听过金康租约而没有听说过其他的标准格式租约,或是更重要的订约自由大原则以及必须在合约保护自己的权益。在这里笔者可介绍另一种标准格式租约是偏向承租人,它是针对食糖(但在订约自由下可以用在其他货物/商品),有关明示条文规定可中断计算装卸时间与滞期费的措辞/文字如下:"**Strike and *Force Majeure*** In the event that whilst at or off the loading place or discharging place the loading and/or discharging of the vessel is prevented or delayed by any of the following occurrences: strikes, riots, civil commotions, lockouts of men, accidents and/or breakdowns on railways, stoppages on railway and/or river and/or canal by ice or frost, mechanical breakdowns at mechanical loading plants, government interferences, vessel being inoperative or rendered inoperative due to the terms and conditions of employment of the Officers and Crew, time so lost shall not count as laytime or time on demurrage or detention."

(iv)针对固定装(卸)时间的结束。这一方面比较简单,一般是在作业完毕,固定时间(或滞期时间)即告结束。当然它也会有其他的小变化,特别是双方会在有关合约(买卖合约或租约)用上千变万化的措辞/文字。

§3 买卖合约以补偿性质约定与结算装(卸)时间/滞期费

已经提到,在订立国际货物买卖合约之时,派船方(CIF/CFR 卖方或 FOB 买方)必须已经考虑这问题。他会有两种做法:(1)不冒风险,将来租船要支付船东多少滞期费,或高或低,都要非派船方针对他要负责的装或卸所带来的延误作出补偿这笔支出。这算是"补偿性质"(indemnity code)的做法。(2)冒险,在国际货物买卖合约独立的约定非派船方要负责的装货或卸货作业,并规定了固定的装卸时间与滞期费,而将来租约会是与船东有不同的有关条文,导致派船方会赚会亏。反正租约与买卖合约是两个不同的合约与不同的合约方,完全是可以有不同的条文,这可称为"独立性质"(independent code)的做法。至于在国际货物买卖合约中有关装卸时间与滞期费的条文到底是属于哪一种性质,完全是看有关的措辞/文字而定,本段先探讨有关补偿性质的做法。

3.1 补偿性质条文通常是合并有关租约的装卸时间/滞期费条文

这种国际货物买卖合约中往往很简单的规定了非派船/租船的卖方或者买方必须"补偿"(indemnify)派船/租船的一方所要支付给船东的滞期费。这一来,派船/租船的一方(如 CIF 卖方或者是 FOB 买方)不是想在滞期费赚钱,但也不会想赔钱,所以有对方作出补偿也就心满意足。这一来,简单的做法就是在买卖合约"合并"(incorporate)将来租约会约定的装(卸)时间/滞期费,常见英文措辞是"Demurrage as per charter-party or freight agreement": Suzuki & Co v. Companhia Mercantile Internacional (1921) 9 Ll. L. Rep. 171。

上诉庭判是该条文只是一个补偿协议,而不是一个独立的滞期费计算条文。所以,如果 CIF 卖方作为承租人无需支付滞期费给船东,非派船的 CIF 买方也就不存在要做出任何补偿了。至于 CIF 卖方为何不必支付滞期费给船东,即使船舶确实有延误,会有各种原因。在 Suzuki 先例中的租约是因为有一条“中止条文”(Cesser Clause),但这也会可以是船东太晚提出索赔滞期费而过了时效:OK Petroleum v Vitol (1995)2 Lloyd's Rep. 160。这甚至会是一个怕事与怕仲裁的亚洲船东遇上了凶巴巴的承租人/CIF 卖方,即使在一个很有机会胜诉的滞期费索赔的案子中也不敢据理力争而放弃了。反正是,CIF 卖方没有在租约下支付滞期费也就没有补偿了。看来,遇上买卖合约这种争议,非派船的一方应该要求原告提供证明已经支付给了船东有关的滞期费,如银行汇款单。

在 Gill & Duffus v Rionda(1994)2 Lloyd's Rep. 671 先例,Clarke 大法官判是“合并的租约是指运载该票货物的租约,而在订立买卖合约时该租约并不存在或已经存在都不会影响”。(the expression ‘as per charter-party’ referred to the charter-party pursuant to which this cargo was being carried or was to be carried from Cuba to Libya; provided that the charter concerned was a genuine commercial arrangement it did not matter that the charter had not been drawn up at the time when the contract of sale was made or that the rate of demurrage depended on a standing arrangement between Mambicuba and Cubazucar.)

在该先例,Mambicuba 是船东,他以每天 5000 美元滞期费率租了给 Cubazucar(第一卖方)。Cubazucar 以 CIF 卖该票食糖给该先例的原告,Gill & Duffus,买卖合约内约定卸港滞期费最高 2000 美元一天。而原告再把该票食糖以 CIF 卖了给被告担保的买方,但买卖合约内约定的卸港滞期费是“Demurrage as per C/P……”。显然,合并的是租约,不是 Gill & Duffus 与 Cubazucar 的买卖合约。所以 Clarke 大法官判是被告要承担是 5000 美元,而不是 2000 美元一天的滞期费。

接下去介绍的是 OK Petroleum v Vitol(1995)2 Lloyd's Rep. 160 先例,该 CIF 买卖的有关条文是:“12 hours SHINC + 6 hours NOR(for each port) Demurrage: As per Charter Party rate, terms and conditions *pro rata* for part cargo.”。

而租约的有关条文是:“H. Total Laytime in Running Hours: 72 hours(as per Worldscale) I. Demurrage per day or *pro rata*: USD 14,000...”。

这一来,租约的有关条文也就全部搬进去买卖合约了。CIF 卖方/承租人要支付给船东的滞期费也可根据买卖合约向 CIF 买方要回来。Colman 大法官是这样说:“(1) the sale contracts incorporated the provisions of the charter-party specifying the rate of demurrage and those clauses going to the calculation of laytime; and all the provisions in those clauses which cut down what would otherwise be the charterers' liability for demurrage would be incorporated into the sale contracts for the benefit of the buyer.”

补偿性质的做法通常就是在国际货物买卖合约中针对装港(FOB 买卖)或卸港(CIF/CFR 买卖)的装卸率或时间说明合并将来租约中的规定。原因是通常有了买卖合约后才会有租约,所以在买卖合约中很难肯定将来租约会是争取到怎么样的装卸时间与滞期费条文。但如果条文能够有效地合并将来租约中的规定,就等于把租约的相关条文搬来买卖合约，这就可以保证派船/租船的一方不会因为条文不同而被夹在当中。

买方或会担心：CIF/CFR 卖方有了“完全补偿”（full indemnity），会否对船东放任，滞期费率会订得太高？照说，卖方为自己利益也不会乱来，因为装港也可能会产生滞期费。但在订约自由下，也难保卖方不刻意与船东约定装港是 CQD 卸港是比市场高一倍以上的滞期费率。虽然不多，但也不是没有见过租约约定装卸港，或不同港口，有不同高低的滞期费率。笔者更见过 CIF 卖方租用自己集团公司的船舶，私下约定了很高的滞期费率，但 CIF 买方并不易证明卖方与船东（集团公司中的另一个法人）有私通，有阴谋，只能是怀疑。

有此担心，非派船的 CIF 买方可在买卖合约中订明“As per charter-party, but maximum demurrage rate USMYM15,000 per day or *pro-rata*”。

合并的做法在商业合约中是非常普遍，英国法律完全是接受。例如租约经常会合并 1924 年《海牙规则》，这只需要简单的一句话，不必要把《海牙规则》每一条文全部搬来租约才会有效。又例如信用证几乎一定会合并国际商会的 UCP600，这也是一句话就足够，不要求把 UCP600 中每一句都搬去信用证。如果不能简单的合并其他文件，就会导致很多商业合约的厚度变得是一本书，可真是劳民伤财了。

当然有效合并的法律也有很多先例，这在一下段节会进一步介绍。

3.2 尚未存在的租约可否合并

简单说，这并不是问题，毕竟买卖双方不论是谁负责要去派船/租船是通常不会在国际货物买卖合约订立之前就租船，因为买卖合约谈不拢再想从租约脱身就要对船东作出赔偿了。更何况会有买卖合约是涉及了分批付运，导致了需要几个航次的租船。但针对尚未存在的租约可否合并的问题所针对的先例倒并不多，大概是因为现实需要，英国法律不会唱反调作出异议。

第一个先例就是 OK Petroleum v Vitol (1995) 2 Lloyd's Rep. 160，Colman 大法官是这样说：“By contrast, in the case of these sale contracts, as would normally be the case with such contracts, the charter-parties whose terms as to demurrage are said to have been incorporated had not been brought into existence at the time when the sale contracts were entered into. Nothing in the terms of the sale contracts specified the precise terms of the charter-party which the seller might enter into. He had complete freedom to contract on any terms provided that he procured delivery of the goods in accordance with the terms of the sale contract and tendered a bill of lading consonant with his obligations as a c. i. f. seller.”

另是在 The“Northern Progress”(1996) 2 Lloyd's Rep. 319 先例，Rix 大法官说：“It is frequently the case that parties enter into contracts which incorporate terms which, although already in existence, are at the relevant time unknown to one contracting party and perhaps extremely difficult for him to consult. In practice, therefore, even if not in theory, the vice of the incorporation complained of in this case is commonly found, but the incorporation is not on that ground ineffective."

简单的答案是,这样做是完全可以。只要合并的措辞/文字是清楚明确的,合并一些不存在的其他合约或文件条文是完全有效。

3.3　合并范围是包括何种租约或者标准格式条文?

有关合并其他的一份合约或者文件到底是包括了什么范围,在笔者与杨良宜先生合著的《仲裁法——从1996年英国仲裁法到国际商务仲裁》一书,就有多处谈到该问题(在该书的第五章的3.1.2.2.1段),并举了很多著名的有关案件:The"Merak"(1964)2 Lloyd's Rep. 527;The"Annefield"(1971)1 Lloyd's Rep. 1(CA);The"Rena K"(1978)1 Lloyd's Rep. 545;The"Delos"(2001)1 Lloyd's Rep. 703。这些先例通常都涉及"租约提单"(charterparty bill of lading)以一条泛泛的条文合并"所有"(all)有关租约的条文,措辞上会是:"all terms, conditions and exceptions of the charter-party to be incorporated in this bill of lading."但一贯的判法都会把它局限在租约与提单航次直接有关的条文,而与提单的付运与交货无关的租约条文是不被认为有效的合并。举例说,租约中的装卸时间、滞期费、船东不负责装卸费用等是可以通过泛泛的合并条文搬到提单,并约束提单持有人与承运人。但租约的仲裁条文就与提单的付运与交货无关,不能通过泛泛的合并条文搬到提单并约束提单持有人。如果要合并仲裁条文,就必须在提单说明,好像Congenbill 1996一样,但这一来仲裁条文就不是通过合并而它的有效实际上是来自一条明示条文。

这种严格的解释合并条文很有道理,正如像The"Northern Progress"(1996)2 Lloyd's Rep. 319先例所说,合并会是一些双方或者一方无法知道也无法控制的,任由对方摆布的条文,并受到约束。所以,合并的范围是会有很多局限,这在The"Northern Progress"先例中有谈到,例如是:(1)"合并条文是不足合并一些条文与订约方的基本责任相违反"(incorporation clause does not incorporate a clause that would otherwise render a party in breach of his basic duty)。(2)"合并条文不足合并一些条文是与主合约条文矛盾与相违反"(inconsistent and repugnant)。(3)"合并条文是不能合并一些在相关贸易中是不合理与不平常的条文"(unreasonable and unusual terms in the trade)。(4)"考虑合并条文也要顾及到商业上的合理性与常识"(rationality and commercial commonsense)。(5)通常合并所有其他合约或者文件的条文不代表"所有"。

另在Habas Sinai VE Tibbi Gazlar Isthisal Endustri AS v Sometal SAL(2010)EWHC 29(Comm)近期先例,涉及了一个2008年6月9日订立的废钢的CIF买卖,卖方是Sometal,土耳其买方是Habas。买卖合约是卖方代理人Metkim以有他抬头信纸所拟定的,内容包括了货价、支付办法、货量、付运日期、卸货率等。而最后加上的一句就是合并条文,简单说"其他方面就与以前的买卖合约一致""All the rest will be the same as our previous contracts"。之后双方有了争议,主要是卖方指买方因为市场价格上涨而拒绝接收货物,导致了卖方损失高达500万美元。这就涉及了买卖合约到底有否合并了以前买卖合约的仲裁条文,因为如果没有,卖方就只能去买方所在地的法院,也就是土耳其法院提出索赔,这是卖方很不愿意做的事。

买卖双方以前的买卖合约有十几个,其中在最早的三个是由买方拟定,第三个更是明确约定伊斯坦布尔为仲裁地点。但接下去的买卖合约都是由卖方或者他的代理人 Metkim 所拟定,许多都约定伦敦仲裁。在这里也可以看到在国际货物买卖,买卖双方在订约时对仲裁条文都不是很重视与稳定,几乎是谁拟定就是可以同时决定,双方重视的只是货价与支付办法的条文。所以在这个先例中就涉及了两个重要问题,第一个就是在 2008 年 6 月 9 日的 CIF 买卖,只是泛泛的合并以前的买卖合约,是否能够合并仲裁条文?第二个问题就是如果能够,合并的到底是什么仲裁条文,因为以前的买卖合约中有不同仲裁地的仲裁条文。

在这方面英国法院判是在第一个问题,如果合并订约双方以前约定过的合约,这一来合并的范围就比较广,因为大家都了解以前的合约到底是什么条文,这包括了仲裁条文。在这种情况下,一条泛泛的合并条文就足够合并仲裁条文。但如果是合并合约其中一方与第三人订立的合约,完全是第三人之间的合约,这就表示订约双方其中一位或甚至是双方都不会对合并的另一份合约完全了解与掌握。这一来,一条泛泛的合并条文在合并的范围就必须局限在好像 The“Northern Progress”先例所说的一些原则,其中就是不包括一条仲裁条文。但由于在本案例,卖方与买方是合并他们之间以前订立的买卖合约,显然是可以以一条泛泛的合并条文包括他们之间曾经约定过的仲裁条文。这就带来第二个问题了,到底是什么仲裁条文为准。在第二个问题英国法院判是合并的是伦敦仲裁条文。这里对一个外国旁观者来说会是有保护伦敦仲裁的味道,但英国法院也能有解释。这包括是在近期的十份以上的买卖合约,由于是由卖方或他的代理人 Metkim 所拟定,多数是约定伦敦仲裁。而约定伊斯坦布尔仲裁的早期买卖合约,已经是两年半以前。所以,英国法院判断是双方的订约意图显然就是伦敦仲裁条文。

说到底,考虑合并条文的范围与主合约(在本章就是指买卖合约)的关系本身就是一个解释合约的过程。它主要就是由法院或者仲裁庭客观考虑合约整体的双方订约意愿,尤其是要考虑到双方或者其中一方会否对合并一些什么内容可以有合理的知悉/警觉。这里有上百条的解释合约规则可作出协助,但毕竟最后还是法院或者仲裁庭所做出的客观、合理、轻重、整体与协调后的判断,而不是硬性由规则牵了鼻子走。如 Rix 大法官在 The“Northern Progress”(1996)2 Lloyd's Rep. 319 先例中所讲:“In my judgment, however, the most fundamental rule of construction is to seek to ascertain, by objective means, the true intention of the parties. Principles of construction are developed in certain contexts, among them the problem of incorporation clauses, to assist in this process; but such principles, like all maxims of construction, cannot be allowed to take on a life of their own divorced from the ultimate goal of seeking to ascertain the parties' true intent. That goal may require an ultimate judgment to be developed which seeks a compromise of even conflicting principles, or principles which push in different directions.”。

这一来,就不难理解合并的一些条文如果与主合约的基本责任或者条文起冲突,到底谁轻谁重应是很容易分析。而合约是重视双方的订约意愿,故此在一些不知道什么条文被合并的情况下是不会想到会被一些不合理与不平常的条文通过合并而约束。以下可举一些重要先例。

3.3.1　例子一:合并条文如果不合理,不应该是双方订约意愿,不该被合并进主合约

The"Miramar"(1984)2 Lloyd's Rep. 129 是一个贵族院先例,所以很有权威性。但它不是有关租约合并在买卖合约而是租约合并在提单的案例。该合并条文十分广泛,如下:"This shipment is carried under and pursuant to the terms of the charter dated... between... and... Charterer, and **all the terms whatsoever** of the said charter except the rate and payment of freight specified therein apply to and govern the right of the parties concerned in this shipment."

该被合并的租约中有装卸时间的计算与滞期费条文,说明了承租人应该支付的滞期费。照说,这些条文是与提单航次有直接关系,应该说是可被合并。而租约条文中的承租人身份也在提单可被"篡改"(manipulate)为收货人/提单持有人。这看来可以接受的做法在整船货都是包括在一份提单的情况下,是可以理解的。但如果有几票货与几套不同的提单,加上有多个装港与多个卸港,说每一套提单的持有人,不论货量是多少,都要承担承租人在租约所欠下所有的滞期费,会是看来并不合理或者说不通。这千变万化的实际情况,Diplock 勋爵说:

"I draw attention to the various combinations of circumstances affecting the using up of laytime and the accrual of liability to pay demurrage in which a bill of lading for some part of the cargo may be issued by the master on behalf of the owner or after having been issued may be negotiated by the holder of the bill. Laytime may have been exhausted and the vessel may already be on demurrage before any cargo has been shipped at the first loading port, let alone subsequent loading ports if the charter-party gives an option for more than one. After completion of loading of the full cargo any unused laytime will start running again on arrival at the first discharging port and will continue to run until either (i) the cargo has been completely discharged there or at subsequent discharging ports if there be more than one, or (ii) the laytime is exhausted and liability for demurrage starts to accrue.

So if the owners are right in their contention as to the construction of the incorporation clause in the Exxonvoy bill of lading, cl. 8 read in conjunction with cl. 5 to 7 of Exxonvoy 1969, has the effect that every consignee to whom a bill of lading covering any part of the cargo is negotiated, is not only accepting personal liability to pay to the owners freight, as stated in the bill of lading, but is also accepting blindfold a potential liability to pay an unknown and wholly unpredictable sum for demurrage which may, unknown to him, already have accrued or may subsequently accrue without any ability on his own part to prevent it, even though that sum may actually exceed the delivered value of the goods to which the bill of lading gives title."

所以 Diplock 勋爵不认为一条广泛的合并条文是可合并承租人在租约下的滞期费责任,主要原因是来自这种无边无际的滞期费责任不会是部分货物的提单合约中的订约意图,商业上也不合理或者说不通。Diplock 勋爵是这样说:"I venture to assert that no business man who had not taken leave of his senses would intentionally enter into a contract which exposed him to a potential liability of this kind; and this, in itself, I find to be an overwhelming reason for not indulging in verbal manipulation of the actual contractual words used in the charter-party so as to give them this effect when they are treated as incorporated in the bill of lading. I may add that to do so would raise a whole host of questions as to how the liability is to operate as between different consignees of different parts of the cargo, to which questions no attempt has been made to vouchsafe any answer, let alone a plausible one. To give some examples: is any personal liability for demurrage incurred by consignee of cargo which has been discharged before the expiry of laytime? If the discharge of a consignee's cargo takes place after the vessel is on demurrage is his liability to pay demurrage limited to the amount of demurrage accrued after the expiry of laytime and up to the time when the discharge of his part of the cargo is complete? Is each consignee liable for all demurrage accrued while his cargo remains on board? Is the liability of each consignee to pay demurrage several? If the shipowner chooses to sue one consignee of part of the cargo for the full amount of demurrage has that consignee any right of contribution against consignees of other parts of the cargo and, if so, against which of them and upon what basis?"

结果是,贵族院拒绝作出篡改以解释收货人在提单下要对租约的滞期费负责。另在 The"Spiros C"(1999)2 Lloyd's Rep. 91 先例,Colman 大法官也判是租约的卸货时间条文不能被合并提单内。

但要强调的是上述所介绍的是针对把租约的装卸时间条文与滞期费合并在个别的提单内,这会是不合理与说不通。但如果把租约的装卸时间条文与滞期费合并在买卖合约内,就不会出现这种不合理与说不通的情况,所以上述所介绍的并不适用。笔者要作出这些介绍只是想说明在合并另一份合约的条文是其中有一个重大考虑就是整体看是否合理。稍后笔者会介绍一些案件,如涉及中国的一个 DES 买卖,双方争议是是否有合并了 Asbatankvoy 标准租约格式所有其他有关起算卸货时间与通知书递交条文。

3.3.2 例子二:主合约如果与合并条文有矛盾,前者超越后者,但应该尽量全面协调

Pagnan v. Tradax Ocean(1987)2 Lloyd's Rep. 342 是有关合并的条文(在一个标准格式合约)如果是跟主合约不是完全"矛盾"(inconsistent),解释起来仍是需要作出协调而不是否定合并的条文。在该案件中,主合约有一条"特定条文"(special condition)说:"Sellers to provide for export certificate enabling buyers to obtain import licence into EEC under tariff 07.06 with 6% import levy."

而合并的标准合约格式是 GAFTA 119,其中有一条条文说:"19. Prohibition-In case of prohibition of export... or in case of any executive or legislative act done by or on behalf of the government of a country of origin... restriction export... only such restriction shall be deemed by both parties to apply to the contract... to prevent fulfillment... and to that extent this contract or any unfulfilled portion... shall be cancelled."

这个案例是有关 FOB 买卖,商品是泰国的"木薯片"(tapioca)。木薯片对泰国的经济是至关重要,而欧共体是泰国的主要出口地。木薯片是作为家禽饲料使用,这表示木薯片的价格是要与其他的谷物竞争,而普遍而言谷物的价格是比较低。只有在欧共体因为存在农业保护措施,所以谷物的价格被人为抬高,造成泰国木薯片有能力竞争。当然,这仍需要欧共体不把进口的木薯片征收高税。站在泰国的立场,当然是出口去欧共体越多越好。而站在欧共体的立场当然是进口越少越好。结果双方的政府在 1982 年 6 月签订了一个协议,主要是定下了进口配额。协议也规定了泰国必须控制出口数量不会超越这个配额,并需要针对每一票货作出批文。泰国出的是"出口证明"(export certificate),这是给卖方。欧共体出的是"进口许可证"(import license),这是需要有泰国出口证明后才会签发给买方。

有了上述的解释,读者就可以明白上述特定条文所针对的是什么了。

案情是由于出口的数量超过了配额的规定,泰国政府不肯再出出口证明,并频频更改规定。这最终导致在第一个航次顺利付运后,接下去的两个航次卖方无法再取得出口证明,这导致买方终止买卖合约,并向卖方提出索赔。而关键的问题就是特定条文与合并的 GAFTA 119 标准格式的第 19 条文之间的关系。其他有关的问题包括是特定条文是否对卖方有一个"绝对"(absolute)的责任取得出口证明,或者只是"最大努力"(best endeavours)的责任?如果责任只是后者,卖方应该是尽了最大努力但仍是无法取得出口证明。

英国上诉庭判是在文字上该特定条文应该是要求绝对的责任,它只是简单的说"sellers to provide for export certificate",并没有其他文字减低或者限制这一方面的责任,而合约的责任通常在这些情况下都是严格/绝对责任,除了是一些不必明示的普通法下默示的免责下才可逃避责任。

至于特定条文与 GAFTA 119 之间的关系,在解释起来如果特定条文与第 19 条文有直接冲突,显然是特定条文应该超越第 19 条文。但解释合约应该尽量避免否定任何条文,而需要尽量协调。这一来,上诉庭判是特定条文虽然是加在卖方的一个绝对责任,但这个责任是被合并的第 19 条文所减轻,可以一并解释而且给两条条文都有一定的意思。

在第一审的 Steyn 大法官是这样解释:"there was no express provision making clear that the special condition overrode cl. 19; there was an absolute obligation to obtain an export certificate and breach of this obligation gave rise to a prima facie liability for damages; the sellers would however be excused from liability if they could prove the necessary facts to bring the case within the scope of cl. 19. . . "

而在上诉庭,Bingham 大法官同意第一审的判决并说:"the natural construction of this contract was that the sellers were to provide for the export certificate but in the case of prohibition of export or in case of any executive or legislative act done by or on behalf of the government of Thailand restricting export, the unfulfilled portion of the contract was to be cancelled; that construction did not deprive the special condition of effect; the obligation to provide for the export certificate remained on the sellers; if the sellers were unable to provide for the certificate because of any impediment falling within the carefully defined ambit of cl. 19 they were relieved of their contractual obligations and there was no indication that cl. 19 was not to apply to this as to all other contractual obligations."

3.3.3 例子三:泛泛的合并条文不应包括辅助性条文

这里已经在大量的案例明确了提单合并条文是不包括租约的仲裁条文的观点,因为可以说仲裁条文是一种"辅助性"(ancillary)的条文,更不用说仲裁条文现在有了一种说法是一个独立协议。但还会有什么其他的辅助性条文?这在 OK Petroleum v. Vitol(1995)2 Lloyd's Rep. 160 先例有所澄清。

首先说明了该先例是涉及两个汽油的 CIF 买卖合约,分别由两艘不同的船舶装运。在买卖合约中两个合约的滞期费条文都是大同小异,属于补偿性质。一份合约是说"As per Charter Party",另一个合约是说"As per Charter Party rate, terms and conditions *pro rata* for part cargo."而有关的租约除了是规定了滞期费费率外,也包括了一条时效条文如下:"10 TIME BAR Charterers shall not be liable for demurrage incurred and/or other cost and/or charges incurred under the charterparty and pertaining to Charterers use of the vessel, unless Charterers within 90 days from the moment of hoses disconnected on discharge have received notification of the claim together with the necessary documentation evidencing such claim. On such receipt Charterers are entitled to a 90 day period for the handling of the claim and remittance of the amount due."

上述的 90 天时效条文对承租人是十分有利,经常会出现船东过了 90 天才提出滞期费索赔,或者在 90 天内就提出了滞期费索赔可惜是没有"相关的文件"(necessary documentation),结果导致索赔失败。这种案子多不胜数,如 The"Oltenia"(1982)2 Lloyd's Rep. 99; The"Sandalion"(1983)1 Lloyd's Rep. 514; The"Marianna" May 26, 1982 (unreported); The"Luka Botic"(1984)1 Lloyd's Rep. 145; The"Pera"(1985)2 Lloyd's Rep. 103; The"Medusa"(1986)2 Lloyd's Rep. 328(C. A.), LMLN No. 481(1998), LMLN No. 493(1998), LMLN No. 506(1999),等等。所以,重复上述的 90 天时效条文对承租人是十分有利。但问题是如果在买卖合约合并租约的有关滞期费条文,就有疑问这 90 天时效条文是否也被合并进去?如果是,该承租人(在买卖合约就会是 CIF 卖家

或者是 FOB 买家)可就是自讨苦吃了。例如船东向承租人索赔滞期费,提出的时间与递交相关文件的时间刚好是在 90 天将届满,而承租人在收到之后马上向买卖合约的对方提出,恐怕这 90 天也已经过去。问题是,如果这 90 天时效条文是明确的约定写在买卖合约,也就只能以字面意思作出解释了,因为合理不合理不在考虑之内。但一涉及是合并,问题就是这针对提出滞期费索赔的时效条文是否被泛泛的一般性合并条文包括在内?

该先例在英国高院,Colman 大法官首先说明是有哪些有关租约(根据 Asbatankvoy 标准格式租约)卸货时间与滞期费条文是可被合并在买卖合约中,如下:"One can therefore confidently conclude that, at the very least, the sale contracts incorporated the provisions in the charter-parties specifying the rate of demurrage and those clauses going to the calculation of laytime, such as the notice of readiness clause from Part II of the standard Asbatankvoy form(save insofar as it was inconsistent with the provisions in the sale contract that the buyers would be entitled to six hours free time after notice of readiness), cl. 11—calculation of laytime—from the OK petroleum A. B. 's charter-party terms and conditions, including those of the excepted perils at(a)(i)to(v)and(b)insofar as they had not been deleted, as some of them had been under the *Chemical Venture* charter, the hours for loading and discharging clause from part II, as well as the demurrage clause and the safe berthing-shifting clause, to the extent not incompatible with cl. 11. I would further hold that all the provisions in those clauses which cut down what would otherwise be incorporated into the sale contracts for the benefit of the buyers. For example, under cl. 11 of the OK Petroleum A. B. 's terms and conditions the circumstances in which time is not to count could be relied upon as fully by the buyers under the sale contract as by the charterers under the charter-party."

但问题是,第 10 条租约条文的时效只是针对滞期费,这是否也包括在合并条文内?对被告的买方而言,抗辩是合并应该包括。时效条文本质上是一种免责条文,既然有关卸货时间与滞期费计算的其他免责/停算装卸时间条文(如罢工或者其他免责事项的发生可停算的第 11 条文)是明确可包括在合并条文内,就没理由对针对稍有不同的免责条文再作出区分哪些有合并。

但 Colman 大法官不为所动,他提到合并仍是不存在的合约(租约)就双方不会有订约意图包括合并一些辅助性条文,如仲裁或者管辖权条文。而在本案例,时效条文虽然只是针对滞期费,但本质仍算是辅助性条文,因为它并不针对双方的合约权利,而是针对执行方面。这就是与 Asbatankvoy 第 11 条文比较,虽然也是免责条文,但两条条文有不一样的地方。Colman 大法官是这样说:"In the present case cl. 10—the time bar provision—although exclusively applicable to claims for demurrage under the charter-party, is essentially ancillary to the substantive or subject-matter provisions of that contract relating to demurrage. Its ancillary nature is conclusively demonstrated by the fact that its contractual function is confined to the enforcement of already-accrued contractual rights. It is exclusively concerned with recovery of such demurrage as has already fallen due. The words of incorporation in the sale contracts, being in general terms, do not, in my judgment, clearly express a mutual intention to incorporate into those contracts any provision of the charter-party which is not part of the demurrage subject-matter of that contract but is merely ancillary to it. Moreover, there is no special feature in the circumstances of this case which suggests that the usual approach to the construction of general words of incorporation should be departed from."

笔者也可以在另一个角度看是把这90天时效条文也包括在合并条文中约束买卖合约是不合理,不会是买卖双方订约的意图。毕竟既然是补偿性质的滞期费条文,被船东提出索赔后再向买卖合约的对方要求补偿,怎会是同一期限的时效?这种不合理的安排就应该只能靠明确的明示条文,而以合并的方式或者默示地位都不应该有效。

3.3.4 例子四:合并条文不包括一些不合理、不寻常并与基本合约责任起冲突的条文

这可举 The "Northern Progress" (1996) 2 Lloyd's Rep. 319 案例以介绍这个观点。案情涉及一个买卖合约是 CFR Free out Rijeka/Koper(在前南斯拉夫),货物是巴西大豆饼。这两个前南斯拉夫的卸港在买卖合约说明是买方的选择并必须在船舶通过直布罗陀海峡作出宣告,买卖合约另有一条合并条文把所有的租约条文合并,说"All terms, conditions and exceptions as per Charter-party"。

在买卖合约订立的当天(1991年9月13日),CFR卖方就以程租方式租船,船名就是"Northern Progress"。但在租约内,卖方作为承租人约定了一条很特殊的针对绕航条文,如下:"55 In the event that Yugoslavian ports are closed to merchant shipping or the area is subject to an insurance premium due to war-like conditions then Owners to declare this to Charterers and Charterers to nominate alternative port within Italian Adriatic. Extra insurance premium for this to be for Charterers' account. Any deviation incurred to be compensated to the Owners by the Charterers at cost duly substantiated."(如果前南斯拉夫卸货港口对商船关闭或者该地区要征收战争险加保费,船东有权向承租人提出宣告而承租人要另指定一个卸货港口是在意大利的亚得里亚海。额外的保费是由承租人承担。所有绕航的费用也要承租人补偿给船东。)

显然,这一条条文是针对当时前南斯拉夫的不稳定局势。如果问承租人为什么要答应这样的条文,因为会把它夹在当中。买卖合约是要去前南斯拉夫的港口,但租约下局势有变就必须要绕航去意大利的港口。其中一个答案应该是船东坚持,否则宁可不把船舶出租去战云密布的前南斯拉夫港口。而卖方,也是承租人,被迫让步,否则根本租不到船舶。当然,接下去会产生的问题是买卖合约合并了所有租约条文是否包括这一条特殊的第55条文,虽然买方对租约此条文是完全不知情?

三天后，即在9月16日，卖方/承租人更与船东签订了租约的"附录一"（Addendum No. 1），内容是给承租人多一个选择权去汉堡卸货。这估计是如果前南斯拉夫的局势变了非改港不可，承租人在汉堡卸货会比在意大利港口卸更方便。在同一天，卖方/承租人也说服了买方鉴于前南斯拉夫的危险局势，买方会希望有改港卸货的选择。这导致了买卖合约也约定了一个附录，就是买方有选择权去宣告汉堡或者Ravenna（这是意大利的亚得里亚海的一个港口）。但注意是，买卖合约与租约的有关条文仍然是"互不配合"（mis-match）。

到了9月21日，伦敦保险市场作出通知前南斯拉夫要征收战争险加保费。船东马上通知卖方/承租人，并要求改港。

再拖了好几天，到了10月9日，夹在当中的卖方/承租人被迫向买方要求汉堡作为卸港，并要求出一套提单指出汉堡是卸港。但买方拒绝，说明前南斯拉夫局势不断在改变，所以不想过早作出决定。

到了10月25日，买方宣告Rijeka为卸港。但卖方/承租人指称前南斯拉夫的两个卸货港口都是不安全的，不能去。而事实上，卖方/承租人也不会有能力逼船东前往这两个港口。最终这票货是在汉堡卸下来，而买方是在抗议下提货的。之后，买方就在伦敦GAFTA仲裁向卖方/承租人提出索赔。这案例最终上诉去了英国法院，Rix大法官判是该租约的第55条文不合理与不寻常，并且与买卖合约的基本责任（去前南斯拉夫卸货）起冲突。而Rix大法官是这样说：

"the duty was to procure a reasonable and usual contract of carriage and in the light of the sellers' acceptance that they were bound by the award's finding that cl. 55 was not a term that was usual or reasonable in the trade, there was obvious strength in the submission（这是指买方呈辞有明显的说服力）that the incorporation clause **did not incorporate a clause that would otherwise render the sellers in breach of their basic duties**.

The award's holding that cl. 55 was not incorporated into the sale contract should be upheld; the inclusion of such a clause which allowed the owners to sail elsewhere than to the contractual destination because an additional insurance premium had been announced could not be viewed as reasonable; and the clause was different in kind and in conflict with specific contract clauses concerning renomination of the discharge port."

3.3.5 例子五：合并另一份文件或者合约是把它所有的条文都搬过来，除非其中有条文与主合约明示条文起冲突

这里笔者不介绍案情，这一个案例与买卖合约也无关，但希望节录其中是重要说法有关合并另一份文件或是合约的问题。这个案例是Modern Building Wales Ltd v. Limmer and Trinidad Co. Ltd（1975）1 W. L. R. 1281, CA.，Buckley大法官说："Where parties by an agreement import the terms of some other document as part of their agreement those terms must be imported in their entirety, in my judgment, but subject to this; that if any of the imported terms in any way conflicts with the expressly agreed terms, the latter must prevail over what would otherwise be imported."

3.4 补偿条文的大前提是买卖合约的租船方作为承租人必须在租约有支付滞期费的责任

这一方面的大精神实际上在很早期的案例 Suzuki & Co v. Companhia Mercantile Internacional(1921)9 Ll. L. Rep. 171 中已经有所显示，就是 CIF 卖方作为承租人如果因为有一条中止条文不用对船东负责赔偿滞期费，也就无法向买方要求补偿了。

比较近期的案例再次明确了这一个大精神是：Mallozzi v. Carapelli S. P. A.(1976)1 Lloyd's Rep. 407，该案例是一个玉米的 CIF 买卖。买卖合约中涉及卸货时间计算与滞期费的条文是如下："Average Discharging Rate 3,000 long tons per working day of 24 consecutive hours, Sundays, holidays and Saturdays after 1300 hours excluded unless used... **Demurrage/half dispatch on unloading at the rates indicated in the charter-party for buyer's(Mallozzi's) account**. Time to run from the first working shift following the presentation of the letter of readiness whether in berth or not, whether in port or not."。

在上述条文看来，对计算卸货时间与开始计算(在通知书递交后)应该是有独立的规定。而且是对 CIF 买方十分不利，因为通知书可在"不论靠泊与否"(whether in berth or not)与"不论进港与否"(whether in port or not)都可以递交。这一来，就有效的把港口拥挤的风险从卖方转嫁到买方了。而事实上，该案例的两个卸港那不勒斯(Naples)与热那亚(Genoa)都是十分拥挤，导致产生很大一笔的滞期费。但注意上述条文有关滞期费率是补偿性质，是要根据租约的费率。

在该案例，是比较少见的 CIF 卖方先租了船舶后才订立买卖合约，而关键的是 CIF 卖方是以期租方式租船，只有支付每天租金，不存在有滞期费率。这一来，CIF 卖方只能推算船期延误每天应该是多少钱，当作是理论性的滞期费向买方提出索赔。在仲裁中，CIF 卖方胜诉。但最后上诉到上诉庭，判是 CIF 卖方败诉。Megaw 大法官是这样说："The relevant Charter-party contains no provision for demurrage on unloading and no rates for demurrage. So the buyers' case was really perfectly simple: never mind how long the time was that was occupied and whether or not that involved not complying with the 'average rate of discharge' laid down in the first sentence(of the discharge clause in the sale contract): having regard to the fact that the sellers had chosen—no doubt for their own good purposes—to enter into a contract with shipowners, namely the time charter-party, which did not involve any provision for demurrage nor indicate any rates for demurrage, there was nothing to be paid. In my judgment it is as simple as that; and that contention is right."

有说法是，CIF 卖方自己该死，明知道是期租，但在买卖合约中的有关条文却完全不协调，约定"滞期费以租约为准"，而事实上根本没有这么一回事。但笔者看来，即使是约定了买卖合约后才租船，而租船的方式是期租，恐怕判法的结果仍是一样，因为租约根本不存在有滞期费的支付与滞期费率。

考虑到今天越来越多是期租,即使只是跑一个航次,市场上也会遇到船东拒绝以程租方式出租而导致是以"航次期租"(Time Charter Trip 或简称 TCT)进行。同样危险的也在 CQD 的租约约定,因为这也是不会涉及了滞期费的支付。也是同样的危险是在 CIF 卖方或者 FOB 买方使用自己拥有的船舶作出货物的运输,因为不存在自己对自己有法律责任作出滞期费的支付。但幸亏这种情况很少存在,即使 CIF 卖方或者 FOB 买方拥有船舶,也会是以单船公司分别拥有个别船舶。所以是集团内部使用某一艘船舶,还是需要订立一个内部的租约,这就可以包括装卸时间与滞期费条文。

考虑到以上的情况或危险,笔者大力建议是要租船/派船的 CIF 卖方或者 FOB 买方在订立买卖合约的时候,最好是以"独立性质"(independent code)的装卸时间计算与滞期费条文,不与租约扯上关系,有关条文也不是补偿的性质。因为他们不会知道在订立买卖合约后租船,会否被迫使要以期租方式才能租得进恰当的船舶。当然,也可以有另外一种折中或灵活的做法,就是以集团的另外一家公司期租船舶,再内部安排以程租方式分租给派船的卖方或者买方,反正要有一份程租租约可以说成是被合并进买卖合约,内中有装卸时间与/或滞期费的规定,而且是租船/派船方有结算与做出支付(即使是支付给集团另一家公司)。否则,就会给非派船的 FOB 卖方/CIF 买方一个天上掉下来的大便宜,正如上诉庭的 Mance 大法官在 The"Devon"(2004)2 Lloyd's Rep. 282 先例所说:"As to the position which may(on the authority of Mallozzi v. Carapelli S. P. A. ,[1975] 1 Lloyd's Rep. 229(Mr. Justice Kerr);affirmed [1976] 1 Lloyd's Rep. 407 to which I refer below)arise if a sale contract refers to a voyage charter-party rate and the seller never enters into such a charter(but for example uses a time-chartered vessel or his own vessel),that situation can hardly have been contemplated at the time of the sale contract;and, since it prevents any demurrage at all arising between seller and buyer(whether the sale contract demurrage provisions are viewed as operating independently or by way of indemnity),it represents on any view something of a windfall escape for the buyer(rather than a windfall bonus for the seller)."

§4 买卖合约以独立性质约定与结算装(卸)时间/滞期费

国际货物买卖合约中以"独立性质"(independent and free-standing code)针对装卸时间与滞期费条文,其实没有什么巧妙,简单说,买卖合约与租约是两个完全不同的合约,订约方并不相同,针对的也不是同一回事,它们之间的关系只是间接的。所以这两个合约的条文是没有必要扯在一起,除非买卖双方通过合并约定了在他们的买卖合约有关装卸时间计算与滞期费要以租约相关条文为准,这就是上述所讲的合并与补偿性质的情况。如果买卖合约根本不合并租约,根本不提及派船方将来会订立的租约。而且,买卖合约中有自己的装卸时间与滞期费条文,这一来有关的计算与滞期费支付就必须独立来针对,而没有任何基础或者必要性参考租约。

这种买卖合约完全是独立性质的装卸时间与滞期费条文最早的一个案例是 Houlder Bros v. Commissioner of Public Works(1908)A. C. 276。在该案例中,贵族院允许 CIF 卖方向 CIF 买方成功索赔比租约的计算下更大的一笔滞期费,从中赚取差额。Atkinson 勋爵是这样说:"There is. . . no rule of law that the vendor in a c. i. f. contract may not secure for himself a profit under a demurrage clause contained in it. Nor is there any indisputable presumption of law that the parties to such a contract did not intend that he should receive such a profit."

另在 Ets Soules v Intertradex(1991)1 Lloyd's Rep. 378 先例,Hobhouse 大法官也有说:"It is conceded by the buyers that they impose an obligation upon the buyer as against the seller to discharge the vessel at the rate stated and that, if he fails to discharge it at that rate, then he must pay demurrage, that is, liquidated damages for breach of that obligation; likewise he is entitled to despatch if he discharges the vessel more expeditiously. It is common ground on both sides that it is not an indemnity provision, and indeed it makes no reference to any charter-party——This is a contract which is independent of any charter-party provision and neither I nor the arbitrators were concerned with any charter-party provision. It is simply a provision of a contract of Sale which applies as between a buyer and a seller which imposes certain obligations on the buyers and provides for payment of liquidated damages if that obligation is broken."[买方同意他有一个责任以约定的卸货速度卸完货物,否则他是违约,要支付已经议定的赔偿,即是滞期费。本合约不是一种"补偿"(indemnity)的规定,它从未提及租约。我与仲裁员也不必理会租约,只要看买卖双方在买卖合约内约定的是什么责任]。

从上述的判决可以见到,只要在买卖合约的独立性质装卸时间与滞期费条文约定得对租船/派船方有利,关键是比租约(不论是已经约定下或者仍未租船)的相关条文更有利,派船方(CIF 卖方或者 FOB 买方)就可以赚取货物差价以外的滞期费差价利润。而这是可能比货物差价更大的一笔钱,会在稍后讲到。这特别是在租约已经是约定的情况下,如 CIF 卖方在买卖合约尚未谈妥就已经租船(如 Mallozzi v. Carapelli S. P. A. [1976] 1 Lloyd's Rep. 407 和 Gill & Duffus S. A. v. Rionda Futures Ltd. [1994] 2 Lloyd's Rep. 67 等先例),是会预先知道租约所要承担的装卸时间的计算与滞期费,他就更容易在买卖合约中争取更优惠的相关条文,以赚取滞期费的差额。看来他完全可以这样做,而唯一的局限是 H. Tiberg 先生所著的《Law of Demurrage》一书,第四版第 666 页脚注 16 所讲的如果买卖合约的滞期费率比租约高出太多,会被视为是一种"惩罚性条文"(penalty clause)而变得无效。但这估计是要两个费率相差很远才会是面对这个危险,而且租约的滞期费率没有必要告诉买卖合约中的对方，再加上订立买卖合约的时候通常还没有租船导致难以说是滞期费率约定得太高，所以是惩罚性（因为是否属于惩罚性是以订约时为准）。

4.1　独立性质的装卸时间计算与滞期费条文的利弊

话说回来，既然独立性质的条文会有机会让 CIF 卖方或 FOB 买方赚取滞期费差额，当然也会有危险会亏损滞期费差额，只要是买卖合约中的相关条文约定得比租约相关条文差。简单的例子是买卖合约中的滞期费率是每天 2 万美元，但稍后的租约由于航运市场上涨而被迫接受船东要求的每天 3 万美元。这一来，租船/派船方就在船舶发生延误造成滞期费的支付，就会有每天 1 万美元的差价需要自己填补。相反，如果是属于“补偿性质”，租船/派船方就可以要求非派船方作出完全的补偿，就不存在他需要支付每天 1 万美元的差价。这里的危险也不小，原因是国际船东都是精明过人，很难在近年来对船东有利的市场中会承诺一些不足够充分保护船东的装卸时间计算和滞期费条文，更不说是船东坚持期租方式才肯出租。

这表示先订立买卖合约然后才租船的情况下（这是大部分情况），派船的一方（CIF 卖方或者 FOB 买方）如果是意图订立独立性质的有关条文，就必须大力争取最有利的装卸时间计算和滞期费条文。这是防止将来在租船的时候被迫向船东做出让步，它就不会夹在当中而会在滞期费方面有亏损。这一般也比较容易，只要派船的一方有警觉与对滞期费这个复杂的课题有认识，因为在买卖合约所会遇到的对手（特别是来自发展中国家的非派船买/卖方）在这方面往往是比船东差劲得多。

独立性质的条文还有一大好处就是它既然与租约扯不上关系，要独立计算装卸时间与滞期费，也表示不会受租约是期租或者程租的影响：Mallozzi v. Carapelli S. P. A. (1976) 1 Lloyd's Rep. 407，或者租约下根本没有支付滞期费的责任：Suzuki & Co v. Companhia Mercantile Internacional (1921) 9 Ll. L. Rep. 171。

但独立性质的条文当然也有弊处，这就是市场的波动，特别在国际货物买卖会涉及了多批不同的付运，履行的时间会是拉得很长。这就会带来危险在买卖合约约定的独立性质装卸时间与滞期费条文在隔了好几个月或一年之后，租船市场上涨而变得是对派船方的 CIF 卖方或 FOB 买方非常不利，根本赚不到滞期费的差价，还要亏老本。当然如果 CIF 卖方或 FOB 买方看到航运市场形势不对是可以有一些应对的办法减少亏本，例如通过购买衍生品如“波罗的海国际航运期货交易”（BIFFEX）作出保障，或是较长期期租一艘船舶。

独立性质的条文还会有其他考虑，如在 FOB 买卖下，买方是派船方。如果他在买卖合约中订明在装港是“Laytime and Demurrage: as per charter-party”，买方可对装港会产生的滞期费有了“完全补偿”（full indemnity）。但装港不存在可留置货物，所以买方只能是与船东在租约结算后再向卖方追付，要求补偿装港滞期费，可以说相对来讲省不了太多的麻烦。

对 FOB 的卖方而言，应允装货时间“以租约为准”（as per charter-party）最大危险是将来租约会订下了一个极短的、不现实的装货时间。如装这票 2 万吨的钢材最少要有 5 个工作天,连加班也算在内。但租约却订下了 2 个工作天。要知道,这不只是涉及滞期费支付的问题,还涉及更重要的是衡量 FOB 买方有否准时指派船舶去装港,这方面请看本书第三章 4.3 段。

所以 FOB 卖方不会喜欢装货时间根据将来会怎样的租约条文。作为卖方的考虑,可以食糖的标准买卖合约有关条文作介绍。这种条文在 The"Giannis Xilas"(1982)2 Lloyd's Rep. 511 与 The"Aegis Progress"(1983)2 Lloyd's Rep 570 先例中可见,它是以每个"工作船舱"(workable hatch)为准计算出固定的装货时间。至于 FOB 买方将来能否以同样的有关条文租进船舶,FOB 卖方也就不必理会了。

这是什么原因呢?如果买卖合约是 7500 吨食糖,正常情况下,如果买方指派一艘约 1 万吨载重的船舶,该种船舶一般有 4~5 个船舱可供装货,卖方是有 8~10 天已是足够可装毕这票 7500 吨食糖。但如果约定了 10 天工作天的装货时间,届时买方指派来一艘 2 万吨载重的船舶,这票 7500 吨食糖只会是该船舶的部份货物。该船舶虽有 6 个船舱,但船长为了安全等原因,配载了 2 个最大船舱装载这 7500 吨食糖。但对卖方的困难是,他有 4~5 个船舱可去工作,安排 4~5 组小工,才能维持装货率,保证在 8~10 天装完。但只有 2 个船舱,只能安排 2 组小工,可就不能在 8~10 天内装完了。卖方能怪买方指派的船舶不适合吗?要知道,指派不适合的船舶是严重问题,卖方可以买方毁约对待,拒绝装货并终断买卖合约。答案当然是船舶没有不适合,买卖合约没有任何规定 FOB 买方的船舶不能以"部分货物"(part cargo)装载这 7500 吨食糖。该 2 万吨船舶也完全能进出装港、靠泊等。买方这样做(指派 2 万吨船舶)与船长这样做(只配载了 2 个船舱),客观看没有不合理之处,所以也不会有任何默示条件否定它。这一来,既没有明示条文,也没有默示条文,卖方还能怨谁?所以卖方只好改措辞/文字保护自己,在买卖合约不以 8 天、10 天为装货时间,转而改为以每个"工作船舱"装 150 吨一天的速度为准。这一来,买方指派的船舶有 4 个可工作船舱,装货时间较短:7500 吨 ÷(150 吨 ×4) = 12.5 天。而买方指派的船舶只有 2 个可工作船舱,装货时间较长:7500 吨 ÷(150 吨 ×2) = 25 天。这对买卖数量较少的食糖,不失为较公道做法,但这"工作船舱"计算起来非是易事,各种变化已在杨良宜先生《装卸时间与滞期费》一书第 12 章 6 段有详谈,在此略过。

4.2 独立性质条文例子

当然,区分买卖合约中的装卸时间计算和滞期费条文到底是属于补偿性质或者是独立性质,由于买卖双方经常会乱写,所以有时候也不好区分。毕竟,因为买卖合约的相关条文不合并租约条文就算是独立性质也未免过于简化。这种争议出现在 Gill & Duffus S. A. v. Rionda Futures Ltd. (1994)2 Lloyd's Rep. 67 先例,它在 CIF 买卖合约中针对卸货时间是有以下条文:

"Discharge:750(seven hundred fifty) metric tons basis 5 hatches per weather working day of 24 consecutive hours. Thursday afternoon, Friday and holidays excepted unless used. Time to count 24 hours after tender of notice of readiness whether vessel in port or not, at berth or not, whether granted in free pratique or not, whether customs cleared or not.

Master allowed to tender his notice by radio. All other terms and conditions as per Sugar Charter Party 1969 (revised 1977). Despatch and demurrage at discharge to be for buyer's account. Demurrage as per C/P half dispatch. Lighterage, if any, is for buyer's account and risk. Demurrage to be settled as incurred by buyers every 15 days. Buyers to guarantee minimum 30ft draft at discharge port."

上述详细条文十分保障 CIF 卖方而对 CIF 买方(非派船方)就不利,其中最关键是允许"准备就绪通知书"的递交与开始计算卸货时间(24 小时后),"不论船舶进港与否"(whether vessel in port or not,简称 WIPON),或者船舶是否靠泊等。这一来,就是把卸港拥挤的风险转移给买方,而这是在普通法下认为买卖合约中没有明确的合约条文作出改变,这种风险是属于 CIF 卖方:Ets Soules v Intertradex (1991) 1 Lloyd's Rep. 378。

但在滞期费率,它又合并租约(as per C/P),变为有一点不伦不类。Clarke 大法官在考虑了有关先例后,判该买卖合约的装卸时间计算和滞期费条文是独立性质,而不是补偿性质。唯一合并的只是租约的滞期费率,是 5000 美元一天。其他一律是以买卖合约的独立性质条文为准。Clarke 大法官是这样说:"For example this is not a case like Suzuki & Co v. Companhia Mercantile Internacional (1921) 9 Ll. L. Rep. 171 where the Court of Appeal held that the obligation to pay demurrage was merely an obligation to indemnify in circumstances where the only provision about demurrage was that it was to be"as per charter-party or freight agreement". Here the expression"demurrage as per C/P half dispatch"does not stand alone but appears in the contract after detailed provisions as to when notice of readiness could be given and as to the calculation of laytime. In its context that expression means in my judgment no more than that the rate of demurrage in the relevant charter-party should be the rate of demurrage for the purpose of the contract of sale."

作为买卖合约的独立性质条文,也不存在是要有自己的明示条文全面针对,也可以以合并的方式。但这合并的是一些标准格式合约的计算装卸时间与滞期费条文,而不是租约的相关条文,这一来就不会是补偿性质。在 The"Adolf Leonhardt"(1986) 2 Lloyd's Rep. 395 先例,FOB 买卖合约是合并了 GAFTA 64/125,该标准合约格式内有关装货时间的计算是有以下的条文:"Special conditions: loading rate, M. T. 2000. Time to account as per Centrocon charterparty, WIBON, WIPON, WIFPON... Other conditions as per Centro Exportadores terms in force at time and place of shipment."

Staughton 大法官判这种合并只是 Centrocon 标准格式,而不是有关的租约,说:"The relevant words of incorporation in the sale contract between the buyers and the sellers are 'time to count as per CENTROCON charter party'. Those words refer, in my judgment and as the Board of Appeal(仲裁上诉庭) held, to the Centrocon printed form, rather than to any particular charter-party actually concluded between any two persons. No other sensible solution was suggested."

Staughton 大法官也说明有关条文是一个独立性质的买卖合约责任,如下:"My answer would be that the sellers have an independent obligation,… I do not find it surprising that a buyer should contract to receive demurrage at a different rate, or on different conditions, than those governing his liability to pay a shipowner or a sub-buyer. What persuades me that an independent obligation was intended here is the reference in the sale contract to the Centrocon charter-party, scilicet in its printed form. Whatever terms might be agreed between the buyers and a shipowner, or their sub-buyers, it was all Lombard Street to a China orange that they would not be precisely the printed terms of the Centrocon form. The buyers had not, when they contracted with the sellers, concluded their sub-sale, at any rate in point of form; it makes good sense that they should bargain for an independent obligation in the terms of the printed form, if only as an approximation to what they might agree with their sub-buyers."

同样情况有另一个案子是 The"World Navigator"(1991)2 Lloyd's Rep. 23,该 FOB 买卖合约是合并了 GAFTA 64 与阿根廷 Centro terms。GAFTA 64 的第 7 条文是类似 CQD,没有规定装货的时间,说:"Vessel to load in accordance with the custom at port of loading unless otherwise stipulated…"

但 Centro terms 却有非常详细的固定装货时间计算,说:"**Loading Rate**. Once vessel is berthed alongside berth suitable to sellers and ready to load this parcel, sellers guarantee, provided that the vessel is able to receive, a minimum average loading rate of 500 tonnes per weather working day, Sundays, Holidays and Saturday afternoons excluded, according to Centrocon, but sellers shall not be responsible for any time lost due to act of God, Strikes, lockouts, riots, civil commotions, labour stoppages, breakdown of machinery and/or winches, failure of power, fire or any other cause of Force Majeure. No despatch is due by buyers to sellers."

这些有关条文都没有与租约扯上任何关系,所以买卖合约里的装货时间计算办法是独立考虑,不受租约下承租人对船东的滞期费责任的影响/局限。

4.3 装卸时间计算与滞期费条文前者是独立后者是补充的情况

在订约自由的大前提下,订约方是自己掌握自己的命运。既然补偿性质与独立性质的条文会是带来截然不同的后果,这就要靠买卖双方在订约时自己掌握轻重。而最后是怎样的措辞/文字,解释起来完全是看个别合约的写法,没有大巧妙。正如 Clarke 大法官在 Gill & Duffus S. A. v. Rionda Futures Ltd. (1994)2 Lloyd's Rep. 67 先例的第 77 页所说:"As in all cases of this type, whether that submission is correct depends upon the true construction of the contract of sale. It is thus convenient to consider here its true construction. In this connection I was referred to a number of decided cases. Such cases may provide guidance to the Court, but each of them was considering a different contract none of which was in the same terms as the contract in the instant case."

但由于买卖合约经常会写得很混乱(其中一个主要原因是买卖双方自己对这一个课题的了解不足),导致会分不清而带来争议。例如,许多情况是属于"两者皆有"(hybrid)的性质,像在 Gill & Duffus S. A. v. Rionda Futures Ltd. (1994) 2 Lloyd's Rep. 67 先例就是在滞期费率计算方式合并租约,带来一定的混乱。这幸亏已经在上诉庭先例 The"Devon"(2004)2 Lloyd's Rep. 282 被澄清。该租约是这样规定:

"10. Laytime Laytime allowed shall be a total of 36 hours SHINC to commence six hours after Notice of Readiness is tendered or upon berthing whichever is earlier and time shall cease counting at disconnection of hoses.

11. Demurrage. As per charter-party per day pro rata."

在第一审,Morison 大法官认为是补偿性质。但这被上诉庭的多数意见所推翻,判这里的装卸时间是独立性质,它只是有限度地合并租约内的滞期费率。上诉庭认为这样做法是特别在像本先例的买卖合约涉及了四个不同航次的付运,会拖上一段较长的时间。这一来,每一艘不同船舶所租进来的滞期费率会是波动很大,所以在本先例的 CFR 卖方只合并了每一个航次租约的滞期费率,但卸货时间还是独立计算,这可减少将来的不稳定。所以本质上,这个买卖合约的有关条文仍被归纳为"独立性质"(independent code)。Mance 大法官是这样说:"If(as here)the rate of demurrage depends on whatever charter-party the seller makes, that represents only a small qualification on the parties' initial certainty(itself mitigated by the fact that the rate must be 'usual'). Once the charter is made, the rate is defined and the two contracts can operate independently. The reason for adopting a charter-party into an otherwise independent sale contract scheme(rather than making a best guesstimate of the future demurrage rate[s] to which the seller is likely to be exposed)is obvious. It is to ensure that the sale contract demurrage provisions approximate sensibly to those ultimately agreed. Further demurrage rates are inherently uncertain(especially in the case of a sale contract like the present for four deliveries over a significant future period)."

另是买卖合约即使是独立性质的有关条文,也经常是写得十分简陋,相比租约的有关条文是差得很远,导致对租船/派船方会是保障不足。例如没有一条宽松的递交准备就绪通知书条文(说明是船舶在港内港外都可以递交),就会在 CIF、CFR 与 DES 等买卖合约都有困难要求买方承担卸港的拥挤。这种忧虑在补偿性质的条文下不存在,因为如果租约有一条宽松(或严格)的递交准备就绪通知书条文,它也会被一条合并条文引进买卖合约。

不用说是个别由买卖双方自己拟定的买卖合约,就是一些经常使用的标准格式买卖合约,也存在简陋或者是不稳定的相关条文。例如是 GAFTA 的一些合约,Contract 112 是针对散装饲料的 CIF 买卖,它的第 13 条文针对卸货时间的计算就十分详尽,包括了在第一卸港递交准备就绪通知书与固定卸货时间的起算等,看来与一般租约的相关条文相差不远。但 GAFTA 另一份 CIF 买卖合约,Contract 100,就是简单在 13 条文针对卸货说:"as fast as the vessel can deliver in accordance with the custom of the port",而根本没有提到递交通知书、卸货时间与滞期费,约定的基本上是 CQD。

4.4 独立性质装卸时间计算与滞期费条文也独立于其他的分买卖合约

这其实与租约一样,"分买卖合约"(sub-contract of sale)也是一个不同与独立的合约。如果没有明示条文把它们扯在一起,理应是分别计算与结算,这一方面的先例有 The"Adolf Leonhardt"(1986)2 Lloyd's Rep. 395。但会是有买卖合约把分买卖合约扯在一起。在 The"Ama Uglen"(2001)1 Lloyd's Rep. 512 先例,CIF 买卖合约中说明买方要支付给卖方的滞期费是"以能够从分买方要回来为准"(but recoverable to the extent that same can be recovered from his sub-buyer)。CIF 买方在抗拒 CIF 卖方的滞期费索赔理由是它没有从分买方要回这笔滞期费,所以也不存在要支付 CIF 卖方。但上诉庭解释"can be recovered"这三个字为"can with the exercise of due diligence be recovered"。在该案例中,CIF 买方只是把 CIF 卖方索赔的滞期费转交给分买方,没有尽力跟进,上诉庭认为 CIF 买方并没有做到"恪尽职责"(due diligence),判 CIF 卖方胜诉。

4.5 买卖合约简陋的独立性质装卸时间计算条文的风险:港口拥挤

这个风险也是独立性质的相关条文才会有,因为补偿性质的条文是合并租约,再重复是租约条文如果定得好或者是坏,至少要派船的买卖一方不会夹在当中。但独立性质的装卸时间计算条文如果是简陋,特别是没有一条宽松的递交准备就绪通知书条文,就会对租船/派船方有危险了。因为这是买卖合约,它会是 CIF 或者是 DES 货价为准,默示地位的考虑与租约并不一样。这在上诉庭的著名先例 Ets Soules v. Intertradex(1991)1 Lloyd's Rep. 378,该先例的"部分货物"(part cargo)5000 吨中国甜薯 CIF 买卖合约有典型的完全独立性质装卸时间计算与滞期费条文,如下:"C. i. f. free out Lorient Discharge 400 metric tonnes per hold/weather working day Sundays and holidays excepted unless used with maximum 2,000 metric tonnes per day. Demurrage US MYM3,500 per day pro rata with half despatch."

另外,该买卖合约合并的 GAFTA 100,它的第 16 条文是说:"DISCHARGE. Discharge shall be as fast as the vessel can deliver in accordance with the custom of the port but in the event of shipment being made under liner Bill(s) of Lading, discharge shall be as fast as the vessel can deliver in accordance with the terms of the Bill(s) of Lading. The cost of discharge from hold to ship's rail overboard for Buyer's account. If documents are tendered which do not provide for discharging as above, or contain contrary stipulations, Sellers shall be responsible to Buyers for extra expenses incurred thereby."

注意的是该买卖合约根本没有与租约扯上关系,而且也没有一条递交准备就绪通知书与开始起算卸货时间的条文。这表示针对这方面的问题,就要依赖法律的默示地位了。

案情是该船舶“Handy Mariner”在 1987 年 9 月 30 日抵达法国卸港 Lorient,但由于港口拥挤(买方没有过错也无法控制),船舶是到了 10 月 13 日才能挂靠泊位并开始卸货,卸货完毕是在 10 月 23 日。这就带来相对一大笔的滞期费,而导致的原因就是港口拥挤。以租约的角度来看,船舶是到了港内 Lorient 并递交了有效的通知书。如果租约没有讲明是船舶必须到一个泊位才算抵达,如约定“one safe berth”,英国法律的默示地位就是:船舶一到了港口范围内抛锚,就已经算“抵达”(arrived)装港或卸港,马上可以递交准备就绪通知书与起算固定装卸时间。针对约定船舶必须去一个泊位才算抵达的租约被称为是“泊位租约”(berth charter-party),而约定去一个港口才算抵达的租约(这也是法律默示的地位)被称为是“港口租约”(port charter-party)。正如 Staughton 大法官所说:“If the contract to be construed had been a charter-party,there could be no doubt of the answer. A contract to proceed to Lorient has the effect that the carrying stage of the voyage ends when the vessel reaches the port. It is for the charterer then to discharge her,and delay in obtaining a berth counts against his discharging time. If on the other hand the contract is to proceed to one safe berth Lorient,for example,time does not start until the berth is reached. There are well known acronyms(such as WIBON-whether in berth or not) which can be used to vary the effect of describing the destination as a berth.”

但国际货物买卖的行业中从来没有说法是“港口买卖合约”(port sale contract)或者是“泊位买卖合约”(berth sale contract)。而且 CIF 买卖或者 CFR 买卖通常只会说明目的地港口或卸港,如在本案例是法国的 Lorient,而极少会说明目的地港口的泊位。这里一个原因是 CIF 买卖是针对文件的买卖,而文件最关键的就是一份提单。由于 CIF 买卖的货价包括了“运费”(freight),所以提单通常是要求注明是“运费已付”(freight prepaid)以确认卖方已经把运费支付后才会收到这一份付运单证,让买方支付 CIF 货价以交换这一套付运单证的时候(通常是通过信用证议付)会是“物有所值”。但运费只会是根据不同的卸港而决定高低,不会受该卸港的什么泊位的任何影响(即使不同泊位有时候会有不同收费标准,并会由船东承担)。所以这解释了其中一个原因是 CIF 买卖通常只说明目的地港口/卸港而不会理会是什么泊位。这一来,租约区分“港口租约”与“泊位租约”套用在买卖合约并不适宜,因为 CIF 买卖几乎都是“港口买卖合约”。

但在该先例,GAFTA 仲裁庭判是该买卖合约属于“港口作为目的地的合约”(port destination contract),所以“Handy Mariner”轮一抵达了 Lorient 港内并递交租约下的有效准备就绪通知书,固定卸货时间即可起算。这等于是 CIF 买方(非派船方)败诉,要承担在 Lorient 港口拥挤带来待泊所损失的 13 天与有关的滞期费。

但该裁决书上诉去了高院与上诉庭被一致的推翻,认为租约的说法不能直接移植到买卖合约,除非是通过合并的情况或者是有独立的明示条文说明是要 CIF 买方承担卸港拥挤所带来的滞期费。Staughton 大法官是这样说:“To undertake a liability for demurrage while the vessel is in port but waiting for a berth would be an open-ended commitment in a contract for the purchase of what must probably be a part cargo. It would also be open-ended for a full cargo. . . I would require rather clearer words before holding that the buyers had assumed such a liability in this case. ”

而另外上诉庭的 Neill 大法官说："It is important to remember throughout that this is a contract between sellers and buyers. The contract clearly contemplates the shipment of goods but it contains no direct reference to a charter-party or to any of the provisions to be found in a charter-party relating to, for example, the tender of a notice of readiness. . . The natural meaning to be placed on any stipulation as to the time of discharge between seller and buyer is that the time should run from the moment the seller places the goods at the disposal of the buyer. "(很重要理解这是一个买卖合约,该合约清楚考虑到把货物付运,但没有与租约扯上任何的关系。也没有任何明示的条文针对好像在租约中针对准备就绪通知书的递交。故此,对买卖合约内的默示条文针对固定卸货时间自然的解释就是起算应该在卖方把货物交出给买方处置的一刻,这显然是要等到船舶靠泊后才会出现。)

总结教训,就是在买卖合约是以独立的装卸时间计算条文为准,租船/派船方就必须像船东在租约一样将有关条文订得详尽、明确、广泛与宽松,特别是在针对递交准备就绪通知书的规定。如在较早介绍的 Gill & Duffus S. A. v. Rionda Futures Ltd. (1994)2 Lloyd's Rep. 67 先例,就有说明可递交准备就绪通知书,不论是船舶有否进港内,有否靠泊等。如果 Ets Soules v. Intertradex(1991)1 Lloyd's Rep. 378 的买卖合约有这样写明,就不存在默示地位或条文的适用,也不会存在 CIF 卖方索赔滞期费的败诉,除非明示条文的措辞/文字就是约定了"泊位买卖合约"(berth sale contract),即在船舶靠泊后才能递交准备就绪通知书。

当然,回过头来,非派船方的 CIF 买方(也包括 CFR 或者是 DES 的买方)也要小心在买卖合约中抗拒这种广泛与宽松的递交准备就绪通知书条文,甚至是越含糊越好,因为法律默示地位对他们有利。否则如果卸港有拥挤,这风险就会随着一条广泛与宽松的递交准备就绪通知书条文转嫁到非派船的买方。

上述的探讨是在 CIF 买卖中,但在 FOB 买卖中,如果在装港有拥挤而导致滞期费的产生,因为船舶无法靠泊装货,这风险属谁？在 The"Sotir" and "Angelic Grace" (1982)1 Lloyd's Rep. 202 先例,判是租船/派船的 FOB 买方要承担这个风险,因为是买方的责任要提供船舶在付运货物的地方(这显然是指装货的泊位)让 FOB 卖方可把货物装上船上甲板。

看来,在买卖合约不论是 CIF 或者是 FOB,反正租船/派船方都要小心在对方港口拥挤所带来的风险会是在他,而他作为承租人的身份也会难逃在租约下要向船东承担港口拥挤的风险。所以租船/派船方,不论是 CIF 卖方或是 FOB 买方,如果明知对方的港口十分拥挤而不想承担这个严重的后果,就必须要把独立性质的相关条文订得好,特别是要有一条详尽、明确、对派船方广泛与宽松的递交准备就绪通知书条文。

4.6 独立性质装卸时间与滞期费条文下赚取差额的实例

笔者的感觉是近年来许多著名国际贸易商与发展中国家的买卖方(包括中国买卖方)都倾向在买卖合约中订立独立性质的装卸时间与滞期费条文,也就是不与租约扯上关系。这里可能会有许多的原因,包括有部分国际贸易商会有自己的船队或者期租进来船队,导致了补偿性质的条文不是太适合。但笔者估计最重要的原因就是他们掌握航运与法律方面的知识,可以通过独立性质的有关条文赚取滞期费的差额。这在本段一开始介绍 Houlder Bros v. Commissioner of Public Works (1908) A. C. 276 先例已经说过是可以这样做。有知识与有水平的国际贸易商夹在当中两边施压,在租约对船东就争取对承租人有利的条文与压低滞期费率,在买卖合约对非派船方就争取对租船/派船方有利的条文与抬高滞期费率。然后,分别计算与结算。国际贸易商还可以在航运市场低的时候以低租金期租船舶,但在后来的买卖合约中的装卸时间与滞期费条文会是根据当时的市场而定。反正在这种灵活的做法下,都可以让国际贸易商赚取可能是庞大的滞期费差价。而且,这是神不知鬼不觉,完全不像货价是相对十分透明。

以下笔者节录杨良宜先生在《装卸时间与滞期费》一书中所举的涉及中国买卖方的实例。

4.6.1 实例之一

第一个例子涉及巴西大豆,其中一位著名国际贸易商以 CFR 价格出售给中国买方。其中有一条卸货(DISCHARGE)的条文内容如下:

"Cargo to be discharged free of expense and risk to the Seller and the vessel at the rate of five thousand (5,000) metric tons per weather working day (WWD) of 24 consecutive hours, Saturday, Sundays, holidays excluded (SSHEX), even if used (EIU).

NOR, to be tendered in writing (including telex/cable/fax etc.) to Receiver(s) or ship agent's office between 08:00 to 17:00 hours Monday to Friday, Saturdays, Sundays, holidays excluded, whether vessel in port or not (WIPON), whether vessel in berth or not (WIBON), whether vessel has been customs cleared or not (WICCON), whether vessel has been granted free pratique or not (WIFPON).

Laytime to commence at 08:00 on the next working day, if NOR is tendered before 17:00 hours.

Laytime to count WIPON/WIBON/WICCON/WIFPON. Time not to count from 00:00 hours Saturdays to 00:00 hours Mondays and full day holidays.

Time used for shifting the vessel from place of stoppage, lay-by berth to discharge berth, and lightening to be counted as laytime.

In case of more than one discharging port, seaworthy time between discharging ports to be at buyer's risk and expense. Cost of putting vessel into seaworthy trim, including bagging, to be for buyer's account and time used to count.

Demurrage/dispatch rates at USMYM 55,000/half dispatch per day or pro-rata. Once on demurrage always on demurrage.

Demurrage/dispatch has to be settled within 30 days after completion of discharge based on Laytime Statement signed by Master. "

可以见到以上的条文是非常的保护派船的 CFR 卖方(著名国际贸易商),特别在非常宽松的允许船长提前递交准备就绪通知书并起算固定卸货时间,能够有效的把港口/泊位拥挤的所有风险转嫁给中国买方。另一个特点是,它对卸货时间的计算是除了周日与假日外没有任何免责条文可中断或者停止计算。至于滞期费更加是说明"一旦滞期,永远滞期"(Once on demurrage always on demurrage),变为周日与假日也要一并计算在内。

上述条文明确是一条独立性质的卸货时间计算条文,与租约无关。而最后的一段/一句,更是说明了买卖双方之间卸货后30天内结算,即不是让中国买方与船东在提单下直接结算,也不存在船东可以留置货物。而事实上,在该案件中 CFR 卖方是期租了一条55,000吨的船舶,装的巴西大豆涉及两票货,一票是另一个买卖合约下与同卸港的22,000吨,而这一票是有30,000吨,而租金是49,000美元一天。笔者虽然不知道另一票买卖的有关卸货时间与滞期费条文,但估计也差不多。光是看这一票30,000吨的货,根据上述节录的条文的滞期费率是55,000美元,CFR 卖方已经是可以赚取6000美元一天。如果在另一票买卖的滞期费少说一点是30,000美元一天,该 CFR 卖方就光是从滞期费可以赚总共36,000美元一天。可以说,船舶越卸得慢,CFR 卖方就越高兴。

另注意是上述条文根本没有一条针对性的免责/停算卸货时间条文,这表示卸货时间一起算后就一直不停的算在中国买方。不论是遇到什么风险所造成的延误,是中国买方完全无辜与无法控制的情况,卸货时间或者滞期费照算。反过来,CFR 卖方作为承租人所以期租租进的船舶倒是有一条十分广泛的停租条文。这表示会出现一种情况是 CFR 卖方面对船东可停租,但他面对中国买方是卸货时间/滞期费照算。由于是两个不同的合约,国际贸易商的 CFR 卖方条文定的好也是该他赚取这些好处。反正是,CFR 卖方可以说是赚得更多,也赚得更隐蔽了。

最后一提是,通过买卖合约的一条独立性质条文,CFR 卖方就不必担心期租了船舶无法向中国买方索赔滞期费了,因为两个合约是无关与独立,也没有合并租约:Mallozzi v. Carapelli S. P. A(1976)1 Lloyd's Rep. 407 先例。

4.6.2 实例之二

这个是另一宗的 CFR 买卖,卖方是另一家国际著名的粮商,买方是中国。而有关的条文又是对派船的 CFR 卖方非常有利,如下:

"DISCHARGE TERMS

(a) Buyer guarantee discharge rate of 5,000 metric tons per WWD SSHEX EIU WIPON/WIBON/WIFPON/WCCON. . . .

(c) Time used for lighterage/lightening to count as laytime. . . .

(f) N. O. R to discharge to be tendered during working hours of 0800 – 1700 Monday to Friday and between 0800 – 1200 hours on Saturday. Laytime to commence at 0800 hours next working day after NOR tendered WIBON/WIPON/WIFPON /WCCON.

(g) Demurrage rate is USD 10,000/day. Dispatch is half demurrage. Time to be counted WIPON/WIBON/WIFPON/WCCON. Demurrage money, if incurred to be paid by buyers to sellers. Despatch money, if earned to be paid by sellers to buyers. Claim to be settled within one month after completion of discharge. . . .

(j) All other terms of the Charter Party to apply."

这里只需要一提的就是最后一句的(j)并不是合并租约有关卸货时间与滞期费条文,因为一个泛泛的合并是不能超越已经是明示的条文。其他方面与实例之一相同,不必重复解释。只说,该国际粮商在巴西以 FOB 买进的大豆也会与巴西卖方订同样的买卖合约,并包括有同样的装货时间与滞期费条文保护自己。

4.6.3　实例之三

这个是另一宗的 CFR 买卖,卖方是一家与实例一与实例二不一样的国际粮商,他与中国买方的买卖合约的有关条文是:

"SHIPPING TERMS. . .

2. Buyer to guarantee an average discharge rate of 5,000 metric tons per weather working day of 24 consecutive hours, Saturday, Sundays, and holidays excluded, even if used (WWD SSHEX EIU).

3. Notice of Readiness (NOR) to be tendered during working hours from 0800 hours to 1700 hours from Mondays to Fridays. Laytime to commence at 0800 hours of next working day after NOR is tendered. Time lost in waiting for berth, shifting, lighterage/lightening to count as laytime.

4. Notice of Readiness (NOR) to be tendered WIPON/WIBON/WIFPON /WCCON. . . .

6. Demurrage/Despatch rate to be as per charter party, but maximum USD 36,000/USD 18,000. Despatch to be half demurrage. Demurrage/dispatch rate to be declared to buyer prior to vessel arrival at discharge port.

7. Demurrage money, if incurred, to be paid by buyer to seller. Despatch money, if earned, to be paid by seller to buyer. Payment of demurrage/dispatch to be settled within 30 days after presentation of agreed Laytime Statement of Facts/NOR signed by Master/Vessel Agent and commercial invoice."

上述条文也是与上两个实例大同小异,不去重复。

§5 总结买卖双方要注意的有关滞期费问题

根据上述所讲不妨作出以下的总结：

(1)今天船舶运费与船期非常昂贵，相对中国进出口的一般性大宗货商品（涉及租船）还是价格比较低，所以这一个非常重要之处掌握的好坏也就决定了外贸做的好坏或亏赚。

(2)港口不少是拥挤与其他情况（如天灾人祸），都会导致了船舶的延误而产生庞大的滞期费。

(3)国际货物买卖难逃航运，买卖双方总有一方需要租船/派船。这一方非要充分了解这一方面的法律与实务，因为它要面对精明的国际船东订立一个租约与进行计算/结算。但即使是非派船的一方，它也逃避不了这方面的问题。情况之一是在买卖合约下它会面对租船/派船方的滞期费索赔。情况之二是在提单合约下会面对船东直接提出的滞期费索赔。这在 CIF 或者 CFR，甚至是 DES 买卖下，中国进口商经常面对的困扰，就是外轮通过对进口货物的留置索赔一大笔的滞期费。所以，买卖双方都要懂这一方面的法律与实务，这不能是以怕麻烦不去租船/派船就可以逃避的了。

(4)买卖合约中租船/派船方作为承租人要对船东承担支付滞期费的责任，对于他负责与控制的一部分装货或卸货作业，产生滞期费是无可推卸的责任。但在对方（非派船方）所负责与控制的装货或卸货作业，派船方要担心在滞期费赔偿夹在当中是完全有可能与必要。

(5)这光靠法律默示地位是不足保障租船/派船方，必须以明示与拟定得有利的条文才会足够。这明示条文就是买卖合约中的固定装货或卸货时间的计算与滞期费条文，也包括了其他有关的条文，如一条宽松的递交准备就绪通知书条文。

(6)国际货物买卖合约与租约在装卸时间计算（如港口与泊位租约的说法）由于是性质不一样的合约，在默示的地位下有不同的解释。只有通过明示与拟定得有利的条文，能在买卖合约与租约中“搭配”（match）才会对租船/派船方作出充分的保护。

(7)国际货物买卖合约中的装卸时间与滞期费条文可以两种主要的形式出现：一是“补偿性质”（indemnity code），二是“独立性质”（independent code）。属于哪种性质完全是看个别合约的措辞/文字来决定。

(8)由于租船市场今天充斥了期租，而期租没有滞期费的规定，所以补偿性质的装卸时间与滞期费条文不足保护租船/派船方。

(9)独立性质的装卸时间与滞期费条文必须完整与全面（如有一条宽松的递交准备就绪通知书条文），尽量与租约相关条文看齐甚至是更加有利，这才可以保护租船/派船方。

(10)港口拥挤的风险与延误带来的滞期费在没有明示条文针对的情况下通常是由派船的买卖方承担,要把风险转嫁到对方(非派船方),最佳的途径就是通过明示条文主要是一条广泛与宽松的提前可以递交准备就绪通知书条文(如说明是在港内港外甚至离开300海里等待护航舰队都可以有效递交)。

§6　买卖双方滞期费的担保、结算与推卸责任

有了保护性的装卸时间的计算与滞期费条文,不表示租船/派船方(CIF 的卖方或 FOB 的买方)可以安心,因为这里还要涉及结算与真正把钱要回来的考虑。否则,租船/派船方很容易被夹在当中,在租约下作出滞期费的支付,但在买卖合约下却取不回来。即使两份合约的有关条文完全是一致与全面,对夹在当中的合约方而言,受到保护也只是停留在理论的层面。

如果买卖双方都是国际一流的公司,他们虽然是精明过人,但买卖合约下如果明确要支付的滞期费或者其他欠款,债务人也通常不会抵赖,因为于事无补,与他们是好人坏人无关。但可惜在国际货物买卖经常会涉及一些来历不明的公司,或者是执行很困难的发展中国家所在地与没有财力的公司,或者是部分发展中国家大公司但也是因为他们不懂或者说不清而无法得到支付或者扯皮。在货价的支付方面,通常有信用证的做法来保障卖方,也就是通过一家独立的国际银行以信用证的合约方式对卖方保证在他做出付运后并提供有关的文件,就会得到货款的支付。通常在国际货物买卖,特别是 CIF 买卖,可以说都是卖方的工作与责任,CIF 买方在买卖合约下的责任可以说是绝无仅有,除了开出信用证。所以卖方也是有了信用证的保证,才会安心租船与把货物装上船舶。但信用证只会是针对货价支付的保证,对于滞期费的产生与结算(这会是一大笔钱特别涉及拥挤港口),租船/派船的 CIF 卖方就很难包括在信用证内。换言之,不像货价,CIF 卖方手中是什么担保都没有,只能靠将来向 CIF 买方提出滞期费结算与索赔。如果 CIF 买方拖延或者不肯支付,就需要根据买卖合约的仲裁条文开始诉讼并希望最后能够把胜诉的裁决书执行。但这是一条昂贵与漫长的路,CIF 卖方能够避免就会想这样做。

6.1　FOB 买卖针对装港所产生滞期费的计算与担保

在 FOB 买卖合约,买方就不光只是通常有开出信用证的责任,他还有一个十分麻烦与重大的买卖合约责任,就是租船与派船到装港让 FOB 卖方装货上船。有了这个责任,就表示 FOB 买方有了风险。经常见到有这方面的案件就是 FOB 买方派船去了装港,FOB 卖方交不出货或者商品市场上涨而导致 FOB 卖方拒绝装货,除非买方接受抬高买卖合约的价格。这往往也会导致 FOB 买方作为承租人在租约下无法履约而要毁约。这一来,FOB 买方会面对两场官司,一场面对船东在租约下的索赔作

出抗辩,另一场是向违约的 FOB 卖方在买卖合约下提出索赔。这里,FOB 买方通常是没有太多的保障。因为就算涉及信用证付款,也是由他开出信用证给 FOB 卖方,而不是倒过头来,所以 FOB 买方不会是成为信用证受益人。在很少数的情况下,买卖合约会规定 FOB 卖方必须在订约的 7 天 10 天不等期限开出"履约担保"(performance guarantee)。但即使买卖合约有这种规定,履约担保的金额也不会高到哪里去。

至于在装港会产生的滞期费,FOB 买方更加是无法有任何保障会得到 FOB 卖方的支付,即使买卖合约中有一些十分保护性的固定装货时间与滞期费条文。幸亏是已经说过,装港的滞期费产生会比卸港严重性低,因为有付运时间与信用证有效期的限制。而且通常装货率确实会比卸货率快得多。但这不能一概而论,在装港产生庞大一笔滞期费的情况笔者不是没有见过。这一来,FOB 买方就很难取得担保以保证支付,但他作为承租人却无法逃避船东的索赔。这是因为 FOB 买方无法像 CIF 买卖的做法通过租约条文迫使船东在卸港通过留置货物直接找非派船的 CIF 买方结算与支付。因为在装港是不存在留置货物,如果船东是在卸港留置货物,这到头来迫使作出支付的是 FOB 买方自己而不是非派船的 FOB 卖方。

所以,通常的做法就是派船的 FOB 买方向卖方另根据买卖合约在航次履行后结算,这会是 FOB 买方先与船东结算后,然后向卖方提出要求补偿。如果在买卖合约的相关条文是"独立性质"(independent code),FOB 买方甚至可以一面抗拒船东的滞期费索赔,另一方面根据买卖合约的相关条文另作出计算并向卖方作出索赔。FOB 买方是毫无必要与租约的结算扯在一起,但一般是会在收到船东的索赔滞期费的有关文件后才能向卖方提出独立的计算与索赔,因为计算装港滞期费的有关文件,如"通知书"(notice of readiness)、"事实记录"(statement of facts)和"时间记录表"(time sheet),是船东才会先取得。这通常做法仍需要对 FOB 卖方有一定程度的信任,如将会有货装与向卖方事后索赔滞期费不会是一场空。但现实中,互相信任会是空中楼阁。如果能够相信滞期费的顺利支付,就没有太大的理由不相信货价的顺利支付,大可以省回开信用证的费用。

但在程度上,还是有情况是 FOB 买方十分不相信卖方(包括不相信卖方能顺利提供货物装船),而且对装港不了解,或者相关贸易与航线也十分陌生的。这一来,FOB 买方一个常用的逃避风险的办法是用 CIF 买卖,宁可货价高一点。但怕就怕在 FOB 卖方根本不懂航运,所以买方坚持 CIF 买卖就无法直接成交了。为了避免装港产生庞大的滞期费,这一来,FOB 买方就算租船/派船,也会想到如何把装港可能产生的庞大滞期费能够向 FOB 卖方有一个担保,万一将来要面对船东的索赔。

笔者知悉在 2004 年一案件中,就有这种困扰与非常麻烦的一些安排。案件涉及的滞期费是 480,000 美元,这只是卸港的一笔滞期费。至于在装港,金额是更高达 500,000 美元,因为耽误的时间是有 14 天之久而租约的每天滞期费率是 35,000 美元。装港是一个印尼的新港口,没有什么船舶去过。有关货物是相对不值钱的煤炭,而买卖是 FOB。买方也预见到装港会有麻烦,包括是有延误。结果在谈判买卖合约与租约的过程中非常麻烦。做法就是在租约中说明装港的滞期费是由船东与 FOB 卖方直接支付,并明确地豁免 FOB 买方任何在装港滞期费的责任。但在没有担保下也不肯信任在印尼的 FOB 卖方(是一家不知名的公司),船东也不肯干,偏要盯住财雄势大的 FOB 买方,也是租约下的承租人。结果安排是把印尼 FOB 卖方也拉进来成为是程租合约的一方当事人,并在订约后的一个约定的短期限内开出一流银行的"履约担保"(performance bond)给船东,否则租约与买卖合约自动作废。该租约的一些有关条文如下:

"17. All the demurrage and damage for detention in the loading port will be on seller's account, the owner cannot claim from the buyer.

18. Performance Bond: Within 7 banking days after signing this voyage charterparty, seller should issue Performance Bond by major international bank acceptable to owners. The amount in US dollars of 10% of the purchase value basis FOB term, to be considered as security of detention or demurrage.

19. DURATION: The Performance Bond will be available through full period of COA contract. Sample of Performance Bond to be referred as attachment.

25. EFFECTIVE: This Charter Party will be effective on the date of signature by three parties and to be activated automatically on received Performance Bond."

但这样做仍是难逃麻烦重重,至少是会有以下的困难:

(1)在船东的运费市场下(也就是船少货多),船东也不想有这么麻烦的租约关系。除了谈判复杂外,也要考虑到如果事后 FOB 卖方开不出履约担保,这就会导致租约无法生效而逼使船东另要在市场为船舶找另一份租约,这难免会导致船期的延误。所以,船东是不会喜欢一个租约(这是在上述例子中的第 25 条文)会有这种"后续条件"(condition subsequent),导致租约看似是已经订立与有约束性,但实际上对方要走就走。

(2)在履约也会是困难重重,包括装港滞期费向 FOB 卖方索赔,而卸港滞期费向 FOB 买方(也是承租人)索赔,弄不好有两场官司,两个仲裁。

(3)要求 FOB 卖方开出的履约担保只是 10% 的 FOB 货价,但装港会带来多少船期延误是天知道,故此这履约担保会是金额不足。即使是履约担保增加到 20% 甚至 50% 的货价担保,是否就提供了足够的金额仍然是个未知数。

(4)这份租约虽然有明示条文讲明装港滞期费不能向承租人索赔,但没有规定说船东不能留置货物去追讨装港的滞期费(在履约担保数额不足的情况下或者作出担保的银行倒闭)。这是"诉人"(*in personam*)与"诉物"(*in rem*)的区别,当然,对滞期费作出货物留置并非是英国普通法默示的权利,这不是运费。对滞期费的留置货物权利还是需要以合约形式,这会可能在提单中出现。这一来,就难保船东不会在提单下对欠下的装港滞期费作出货物留置,最终还是要收货人(就是承租人/FOB 买方)作出支付。所以这些方面需要有很完整的思维才能给意图逃避装港滞期费的

FOB 买方足够全面保障。

结果在该案件,的确是麻烦重重。加上买卖双方互不信任,船东对买卖双方更加是不信任(否则怎会作出这么复杂的安排)。所以笔者估计在仲裁之后三方关系破裂,以后估计也不会再有这种交易了。所以,这不是一个长远的或者优越的做法。

6.2 CIF/CFR 买卖针对卸港所产生滞期费的结算与担保

这方面一直以来普遍的做法去保护租船/派船方是推卸责任,强制船东与 CIF 买方直接计算与结算滞期费(至少是卸港的滞期费),做法就是在租约中约定一条"中止与留置条文"(cesser and lien clause)。这尤其是适合在买卖合约中的卸货时间与滞期费条文属于是"补偿性质"(indemnity code)。这种中止与留置条文的措辞/文字。可节录其中一份著名的北美散粮的标准格式租约,Norgrain Form(1989),它的第 35 条文是这种条文的典型:

"35. The owners shall have a lien on the cargo for freight, deadfreight, demurrage, and average contribution due to them under the Charterparty.

Charterers' liability under this Charterparty is to cease on cargo being shipped except for payment of freight, deadfreight, and demurrage at loading, and except for all other matters provided for in this Charterparty where the Charterers' responsibility is specified."

上述条文的第一句是约定在欠下滞期费,给船东对货物有一个留置权。英国法律是不存在有默示让船东对滞期费作出留置,所以船东想享有留置权就必须要依赖明示合约条文。毕竟,这是订约自由。这租约的条文稍后会通过合并一份"租约提单"(charter-party bill of lading)让船东有同样的权利对滞期费进行留置。上述条文的第二句是说明承租人在货物付运后就终止责任,也就是不管卸港发生的事情。接下去的一句是说承租人在租约下只是对运费、亏舱费与装港滞期费负责。这等于是说明船东针对装港滞期费可以根据租约向承租人索赔,但卸港滞期费就必须通过留置货物向收货人索赔。可以说,这条文是完全配合 CIF/CFR 买卖的做法与保护租船/派船的卖方。

上述做法就可让负责租船的 CIF/CFR 卖方免去被夹在当中的麻烦,就是先要面对船东在租约下索赔滞期费的第一次麻烦,赔了之后再要倒过头来向买方在买卖合约下要求补偿的第二次麻烦。

这种做法在许多方面都有好处。如果船东的确是能够顺利在卸港对船上的货物行使留置权,把欠下的卸港(甚至包括装港)滞期费从提单持有人/收货人(他也会是 CIF/CFR 买方)逼出来,这会是比船东事后向租约下的承租人(他会是 CIF/CFR 卖方)索赔,要旷日持久地仲裁,甚至要采取其他辅助性的法律行动如申请冻结令或 Mareva 禁令等,可以说是优越、简单与快捷得多。

对承租人,也是租船/派船的 CIF/CFR 卖方,好处是他可以免麻烦与冒风险,也不必花任何诉讼费用就解决这一个大问题。本来,他是对无法控制的卸港延误不想负责也不想理会。在正常情况,承租人逼使了船东通过留置货物直接从收货人取回欠下的滞期费,CIF/CFR 卖方可以真正做到在交出付运单证后(通常在信用证的议付),就可以把这次单证买卖当作告一段落。

但如果 CIF/CFR 买卖合约的固定卸货时间计算与滞期费条文是属于"独立性质"(independent code),而且 CIF/CFR 卖方估计可以在买卖合约与租约的计算办法与滞期费率差价中赚取一大笔钱,他就不会愿意让船东为滞期费通过留置货物直接与买方结算了。毕竟这会让买方知道卖方除了货物差价还赚了不少滞期费的差额,这不一定是好事。这一来,CIF/CFR 卖方如果事后向买方索赔租约(假设租约下的滞期费买方已经直接支付给了船东)与买卖合约的差价(也是卖方的利润的一部分),就会面对抗拒与扯皮了。如果 CIF/CFR 卖方面对的是一位无法赖债的买方(如中国的大型国营进出口公司),就会希望别让船东插手进来令 CIF 卖方的"暴利"(赚了货价还赚了滞期费的差价)曝光。所以是会希望分别作出结算与支付,即先与船东根据租约结算,之后 CIF/CFR 卖方根据买卖合约的独立性质固定卸货时间计算与滞期费条文向买方结算或索赔。

想租约与买卖合约分别作出结算与支付,就需要在剥夺或者否定在租约中的中止与留置条文,这导致进一步合并在提单的租约条文也令船东不能在卸港留置货物。这在订约自由下这是有几种的写法,如承租人把租约内的中止与留置条文干脆删除掉(至少是部分删除有关滞期费的货物留置),然后再加一句说明有关滞期费是由船东与承租人直接结算(Demurrage or despatch to be settled directly between Owners and Charterers in accordance with the terms, conditions and exceptions of this Charter-Party.)。

另外一个写法是规定结算与支付滞期费的时间是在卸完货之后若干天,如是"Demurrage, if any, to be settled 90 days after completion of discharge and chaterers having received all relevant load/discharge documents duly signed"这样的约定就显示了在卸货的过程中滞期费根本还没有欠下,船东无从可留置货物:The "Athinoula" (1980) 2 Lloyd's Rep. 481。

§7 CIF/CFR 买方对租约提单的滞期费责任与应对

中国的大量货物(主要是指散装货)进口,据闻高达 80% 是以 CIF/CFR 买卖,原因之一是避开了租船与要涉及航运的麻烦与责任。但已经介绍过,CIF/CFR 买方(这包括不少中国进口商)并不能避免航运的麻烦与责任,而其中最重要的一环就是租约提单下的滞期费责任与货物被留置下被迫马上作出支付。

7.1 留置货物照算卸货时间/滞期费与可在卸港外留置货物

注意是留置货物期间所带来的延误是照算在卸货时间内或者是滞期费计算:Lyle Shipping Co Ltd v Corporation of Cardiff (1899) 5 CC 87; The "Boral Gas" (1988) 1

Lloyd's Rep. 342;Gill & Duffus S. A. v. Rionda Futures Ltd. (1994)2 Lloyd's Rep. 67,所以中国 CIF/CFR 买方必须尽快解决(就是作出支付或者把船东要求的一笔钱存放在法院作为担保),否则会是滞期费越滚越大,最终导致不可收拾。

中国 CIF/CFR 买方的货物如果被留置还有一个很大的风险就是船东干脆不进中国卸港,在港外进行留置,并威胁买方如果不赶紧支付欠下的滞期费,就会连船带货开第三国家的港口把货物拍卖。英国法律是允许这一个做法,背后原因是有很多发展中国家的港口不允许或是难以正规/合法地留置货物,英国法院也不信任这些地方:The Chrysovalandou Dyo(1981)1 Lloyd's Rep 159。中国港口应该是多年来没有任何困难留置货物,但还是有外国船东在留置货物的时候拒绝进港,并且不断威胁会向英国法院申请把货物拍卖。

7.2 CIF/CFR 买方的货物被留置后的应对做法

首先,遇上这种情况,中国 CIF/CFR 买方就应该尽快取得一份有关的租约。有可能正式的租约还没有被双方签署,就只能要求一份"工作租约"(working charterparty)。但有可能工作租约并不完全反映了双方的协议,故此会同时要求有关达成租约协议的来往谈判与最后的"确认"(recap)。这方面提出要求可以是向 CIF/CFR 卖方,但这说不准,因为有可能涉及其他的分卖方。所以更好的提出要求的对象就是向留置货物的船东取得有关的租约或者是租约谈判文件。这毕竟是船东有的法律责任要把他声称被欠下的一笔滞期费计算与有关证据说清楚,正如 Scrutton 大法官在 Albemarle Supply Co. Ltd. v. Hind & Co(1928)1 K. B. 307 有以下权威说法:"A person claiming a lien must either claim it for a definite amount or give the owner particulars from which he himself can calculate the amount for which the lien is due."

如果船东只坚持说明他所计算的滞期费金额而不肯进一步的提供一份有关租约或者谈判文件,CIF/CFR 买方就可以把所要求这笔钱存放在有关的海事法院为交换马上卸货。毕竟留置货物只是取得担保。之后 CIF/CFR 买方可在有关的海事法院诉讼要求船东证明他的索赔,租约或者相关谈判文件也就难逃要披露了,如果提单有一条仲裁条文或者有效地把租约的仲裁条文合并了进来,双方的争议就要以仲裁解决了,海事法院只是掌管这笔担保金。

有了租约或者相关谈判文件的重要性是十分明显,否则 CIF/CFR 买方对船东要求的滞期费金额无从异议或者反驳,而船东作出错误而且是夸大的计算是经常会发生。这已经表示中国的 CIF/CFR 买方非要看了租约并了解有关条文与相关法律地位不可。由于有订约自由,所以很有可能每一个租约都会有不同的条文带来完全不同的法律地位。

例如说,租约如果有一条好像 The"Athinoula"(1980)2 Lloyd's Rep. 481 先例的第 18 条文(条文是"Demurrage, if any, to be paid by Charterers to Owners within 1 week after presentation of Owners' calculation of laytime, supported by statements of facts and notice of readiness both ends."),也就是在卸完货之后若干天才结算滞期费,就表示在船

东留置货物的一刻,滞期费根本还没有欠下,CIF/CFR 买方就可以完全否定留置权的合法性。这一来,表示船东希望通过留置权向 CIF/CFR 买方索取的滞期费应是完全失败,并要对有关延误负责。

又例如说,如果被合并的租约是有一条停止计算卸货时间与滞期费的免责/停算卸货时间条文,免责的事项包括了"妨碍"(obstruction),这一词已在 The"Amstelmolen"(1961)2 Lloyd's Rep. 1 先例被判是包括了港口拥挤。而在有关的航次中所产生的庞大滞期费,主要是港口拥挤所带来(通常也是事实),就表示 CIF/CFR 买方可大幅度的减少船东对滞期费的计算。

再例如说,如果被合并的相关租约条文涉及承租人与船东之间的口头协议,例如,由于运费市场急升,双方口头协议提高运费与滞期费。这个根据英国法律是不能约束提单持有人:The"Heidbery"(1994)2 Lloyd's Rep. 287。换言之,提高的一部分滞期费是 CIF/CFR 买方不必要支付的。

就算这不是口头协议,而是承租人与船东以文书的租约"附件"(addendum)提高滞期费,但租约附件的日期是在签发提单之后。这就表示了提单所合并的租约并不存在有这份附件。

7.3 CIF/CFR 买卖合约约定卸港是 CQD

最后可举一个中国 CFR 买方所遇到的同类问题例子,就是他与外商的买卖合约说明是"CFR FO CQD",并且付出了以这个基础的货价(通过信用证议付)。显然,中国 CFR 买方不想面对滞期费的索赔,而在买卖合约规定了是 CQD。在这个规定下,如果 CFR 卖方以期租方式租船,他就不会有问题,因为期租根本不存在有滞期费的问题。而在期租下,通常是根据纽约土产(NYPE)的标准格式,CFR 卖方,也是承租人,不会有困难出一套提单规定是"CQD Discharge":The"Berkshire"(1974)1 Lloyd's Rep. 185。这一来,中国 CFR 买方也不会受到船东索赔滞期费的困扰。但问题就是如果 CFR 卖方在租约规定或者租约方式与买卖合约"不搭配"(mis-match),这就带来问题。就是,外商的 CFR 卖方以程租方式租船,并且同意了"固定装卸时间"(fixed laytime)与滞期费条文。一定程度上,这也可以理解,因为要以 CQD 条文租船会被一般的船东拒绝。这一来,提单如果合并了程租合约的固定装卸时间与滞期费条文,议付转让后就变为船东与中国 CFR 买方之间的合约条文。如果船东在卸货前或者是中途留置货物,向中国 CFR 买方逼出租约下的滞期费,就会对 CFR 买方造成不公道,因为他付出的货价是根据 CQD。可惜是买卖合约并没有合并进提单,合并的只是租约,所以买卖合约怎样规定毫不影响提单合约。这一来,中国 CFR 买方如果想取得这票货,只能作出支付船东要求的滞期费(当然应该在查阅了租约相关条文后)。之后,中国 CFR 买方如果向 CFR 卖方要求补偿这笔钱,会有可能是要带来时间的损失与费用(如律师费)。所以这种麻烦局面应该尽量回避。

这里的方法一种可能是在信用证规定议付的提单除了是 CIF/CFR 普及的"运费已付"(freight prepaid)的批注外,也规定提单表面必须批注是"CQD discharge"。这一来,就会逼使 CIF/CFR 卖方在无法以程租方式加上是以 CQD 租船的情况下,只能以期租方式租船才能取得这些批注的提单,以利信用证议付。

7.4 中国 CIF/CFR 买方针对这一个问题的说法与解答

中国买方曾在这方面吃过不少亏,加上中国港口拥挤,经常是好几十万甚至上百万美元一笔一笔的滞期费被外国船东通过留置货物而被迫支付。中国买方不甘心之余,笔者常听到几个意见或抗辩如下:

(i)买方以前根本未见到一份有关合并的租约——这往往也是事实,但能否作为抗辩而站得住脚实有很大疑问。首先,不存在合约方未有见过的东西,或不了解的东西,但被合并在一份有效合约内,可不受约束。例如,有多少涉及信用证的当事人,包括银行,实是对合并的 UCP600 根本不了解,也从来没有熟读?此外,中国买方大可向 CIF/CFR 卖方要求提供一份租约,如果买卖合约合并了 Incoterms,买方是有权要求。

最重要的是:买方即使早见到一份租约又怎样?可以不付或少付滞期费吗?可以说是两者之间的因果关系根本是没有,买方要支付的命运一早已在买卖合约同意卸货时间/滞期费是以"以租约为准"(As per charter-party)有了定论。

(ii)船东无权留置货物——这推理上也说不通:船东留置的权利来自租约的约定,如金康租约的第 8 条明确说船东可为滞期费(当然是包括了装港或卸港的滞期费)留置货物。这租约条文合并进了租约提单,等于是约束了买方,也等于买方已在合约中同意了船东可为滞期费留置货物。英国法律并没有禁止这种"合约形式留置权"(contractual lien)的做法。中国《海商法》也不见得有,特别只是针对卸港产生的滞期费。

(iii)买卖合约并非是这样高昂的滞期费率——如果买方在买卖合约有为滞期费率订明了上限,如"maximum 1 万美元 1 天",而船东所要求的,根据租约是 2 万美元 1 天,这又是如何呢?买方的不满看来有理。但要清楚是,租约提单合并的是租约,不是买卖合约。看来,买方要多付出给船东的滞期费才能让留置货物结束,只能另向卖方追付补偿这多支付了的滞期费。

(iv)如果买卖合约订明卸港是 CQD(customary quick despatch),买方更好的保障是在信用证(如果涉及)或单证交付讲明提单上要有批注说明卸港是 CQD,这可防止该提单合并了一份租约,内有高昂的滞期费。

§8 索赔滞期费的时效

较早在 3.3.3 段曾经提到过的 OK Petroleum v. Vitol (1995) 2 Lloyd's Rep. 160 先例就是涉及了索赔滞期费时效的问题,笔者在这里简单一提。在买卖合约(与航次租约)下经常碰到的问题是没有在时效期间对滞期费提出索赔与开始仲裁,而引致失去索赔机会。这里的问题是滞期费时效经常定的非常短暂,如在卸完货物的 30 或 90 日。这里的一个理由说是租约下的承租人或买卖合约下的非派船方需要尽早知道产生滞期费的有关事实,如用来支持滞期费计算的"事实记录"(statement of facts)到底是记录了什么造成延误的事实,并且在有疑问的情况下可尽早去装港或卸港作出调查,时间如果晚了就会令证据失去。

在买卖合约,会错过时效的危险更是严重,因为往往租船/派船的 CIF 卖方或 FOB 买方要等待船东先向他们索赔并交出"准备就绪通知书"与"事实记录",他们才可以向非派船方提出滞期费的索赔并在被拒绝的情况下开始仲裁。这就表示买卖合约的时效即使是短暂,也必须比租约的时效更长。

有关滞期费时效问题在杨良宜先生的《装卸时间与滞期费》一书第十九章详细探讨,不在这里重复。笔者在这里只介绍在买卖合约中最近的两个先例。第一个是 Lia Oil SA v. ERG Petroli Spa(2007)2 Lloyd's Rep 509 的先例。在该案例,虽然卖方过了 100 日时效才向买方提出起诉,但因为买方承认了对部分滞期费的责任,所以按照英国 1980 年《时效法》(Limitation Act 1980)第 29(5)段,对于买方所承认的部分滞期费,时效重新开始计算。《时效法》第 29(5)段这样陈述:"Subject to subsection(6) below, where any right of action has accrued to recover-(a) any debt or other liquidated pecuniary claim; or... and the person liable or accountable for the claim acknowledges the claim or makes a payment in respect of it the right shall be treated as having accrued on and not before the date of the acknowledgment or payment."

这个先例的教训就是不光是索赔滞期费的租船/派船方要警觉这一个经常会出现的短暂时效,就是连非派船方也要警觉。这警觉就是在时效一过,就千万不要做出任何承诺,以免构成一个新的协议。同样重要的就是不要对任何部分的滞期费作出承认,或作出部分支付。因为这样做,在英国 1980 年的立法下就会让时效在这个时间重新起算。这种危险在笔者与杨良宜先生合著的《仲裁法——从开庭审理到裁决书的作出与执行》一书之第 848 页在提到 The "Good Challenger" (2004) 1 Lloyd's Rep. 67 先例也有谈到。

第二个是 The "Harriette N" (2008) 2 Lloyd's Rep. 685 先例,案情是有关一个 CIF 的买卖,货物是 32,000 吨的丙烷,从挪威付运去墨西哥的港口,双方也约定了固定卸货时间与 32,000 美元/天的滞期费率。卖方与买方在谈判的时候,曾经涉及了一条 90 天时效的条文,但双方有争议是是否最后同意了该条文。该条文如下:"Any Demurrage claim shall be submitted by seller within 90 days after completion of discharge. Any claim made after this time bar shall not be valid. Buyer and seller shall agree to the demurrage amount by 90 days from buyer's receipt of seller's claim. Thereafter, if any dispute outstanding, buyer shall pay all undisputed amounts promptly."

之后发生的事情是租船/派船的 CIF 卖方向买方(著名的国际贸易商)索赔 103, 527. 84 美元的滞期费,而买方也就同意作出支付。但 CIF 卖方自己搞错,就是这一笔滞期费只涉及了第一批货物的卸下，而后来的第二批货物卸下另产生了40多万美元的滞期费。而买方在同意结算第一笔滞期费的时候是知道CIF卖方算错/搞错了，但决定不提醒。反正在CIF卖方知道自己搞错后，再向买方索赔一遍准确计算的卸港滞期费，共达549,360.96美元，但要减去第一笔支付了的金额。

买方提出的抗辩就是在CIF卖方第二次索赔准确计算的卸港滞期费时，已经是过了90天的时效。另是在结算第一笔滞期费的时候，双方已经达成了协议，这是有约束性的。

在该先例，英国法院根据双方提供的文件与口头证据，最后认定双方在谈判买卖合约的时候最终是没有达成协议加入上述节录的时效条文。但英国法院是认为在结算第一笔滞期费的时候如果达成协议，这是有约束性的。因为英国法律在一般性的合约（这包括国际货物买卖合约）是没有“善意”（good faith）的要求，精明的一方即使知道对方犯了错不主动提醒，也是不影响合约的有效性。但精明的一方如果误述或是非法诱导，英国法律才会有救济。Aikens大法官是这样说：“However, if one party has made a mistake about a fact on which he bases his decision to enter into the contract, but that fact does not form a term of the contract itself then, even if the other party knows that the first is mistaken as to this fact, the contract will be binding. That was the effect of the decision of the Court of Queen's Bench, on appeal from the County Court, in Smith v Hughes (1871) LR 6 QB 597, see particularly at page 603 per Cockburn CJ, and page 607 per Blackburn J. The correctness of that decision and the analysis in it has never been doubted.”

Aikens大法官也说明如果他判决是双方的确同意了一条针对滞期费的时效条文，CIF卖方的索赔就错过了时效。

§9　FOB买卖合约约定装货时间与开始对准时指派船舶影响

在本书第三章所介绍的Bunge v Tradax (1981) 2 Lloyd's Rep 1先例已提及约定的固定装货时间将会用作标准看FOB买方指派的船舶是否准时，可让卖方在付运日期内把货物装船。第三章也提到Miserocchi v. Agricultores (1982) 1 Lloyd's Rep. 202先例，说明法律默示地位是装港拥挤的风险在买方。这一来，即使是订明固定装货时间是“2个工作天”，船舶在8月29日（星期一）抵达装港，而最后付运日期是8月31日，该船舶也不一定准时。因为如果装港拥挤，是3天后才靠泊，届时已是9月1日，卖方如何能在最后付运日期前把货物装上船？

既然是FOB买方的风险，这拥挤的船舶延误风险在本质上实与船舶在装港外遇险沉没一样，都是在FOB买方。

反正是,FOB买方没有准时指派船舶,是违约/毁约。说FOB买方没有错,这不是谈道德而是谈在严格的买卖合约责任下谁负责什么工作与承担什么风险,这里并不追究谁犯错的问题。或会是,这意外延误或港口拥挤是包括在“免责条文”(exception/exemption clause),这也只是在卖方向买方以后者没有准时派船提出索赔时,后者可作为免责的盾牌。免责不是免风险,不存在原是买方的风险变为卖方的风险,细看一般免责条文的措辞/文字应是明了。

这一来,FOB买方想避免这风险,以免以为准时指派的船舶到了装港后发觉实际上是不准时,就是在买卖合约中提前起算装货时间。

在本章§1段提到的The“Rio Apa”(1992)2 Lloyd's Rep. 586先例,读者会留意到有关条文允许船舶在港外(whether in port or not或WIPON)递交准备就绪通知书,并起算装货时间。

FOB买方指派的“Rio Apa”轮在1988年7月18日抵达装港Buenos Aires的港外Common Zone待泊,并递交了准备就绪通知书。但因泊位拥挤,直至7月31日才能靠泊,该天已是买卖合约付运日期的最后一天。但该合约有一条允许买方可发出要求延长付运日期通知的条文,但需要支付延误带来的“carrying charges”给卖方。

在7月26日,固定装货时间已经计算完毕,并起算滞期费。所以,7月31日靠泊时,船舶已是进入滞期时间。而买方也没有发出要求延长付运日期的通知,卖方也若无其事在8月4日装完货物。之后,买方向卖方索赔7月26日至8月4日的滞期费,但卖方反索赔8月1日至4日的“carrying charges”。卖方说“carrying charges”是另一回事,只要有延长付运日期,买方都应该支付。但Hirst大法官不同意,判是:(1)滞期费与“carrying charges”是同一回事,不可分割。(2)因为有WIPON的保障,买方没有违约。

这样看来,要是不存在有条文延长付运日期,“Rio Apa”轮在7月31日靠泊,已进入滞期时间,也已是付运日期最后一天,卖方根本不可能在付运日期装完货物,签发在付运日期内的装船提单。但要是卖方拒装,指该船舶不准时,毁约的是卖方而不是买方了。

§10 买卖合约与滞期费的例子介绍

10.1 例子之一:FOB买卖的装港装货时间是从开出有效信用证才起算

在The“Spear 1”(2004)1 Lloyd's Rep. 260先例,简单案情就是因为FOB买方没有开出信用证,FOB卖方就拒绝装货,但船舶已经在装港等待而因此产生了滞期费。FOB买方向卖方提出这部分的滞期费索赔。照说,这滞期费是因为买方违约而产生,但一审的Chambers大法官判是两码事。

这看来有些奇怪的判决受到批评,如Charles Debattista教授在《Lloyd's Maritime

Law Quarterly 2004》一文中提出质疑并且认为可能带来恶果，如 FOB 买方不开出信用证，但可以昂贵的赔偿滞期费责任威吓 FOB 卖方并逼使他在没有信用证付款保证下被迫装船。

幸亏，这个高院判决被上诉庭推翻，判是开出有效信用证是卖方要装货的先决条件。Mance 大法官说“直到信用证开出，装货时间在买卖合约下是不起算”(laytime did not begin to run under the sale contract until after the letter of credit had been opened)。

10.2 例子之二：解释 FOB 买卖合约的 Laycan 与装货/滞期费条文

接下来介绍一个近期的先例名为 ERG Raffinerie Mediterranee Spa v. Chevron USA Inc(The“Luxmar”)(2007)2 Lloyd's Rep 542，它是涉及一个 FOB 的买卖，货物是 30,000 吨汽油。FOB 买卖合约有一个 Laycan(Layday 与 Cancelling day 的简写)日期，Laycan 对租约而言是十分明确，Layday 是第一天对承租人要起算装货时间，而 Cancelling day 是指如果船舶还没有抵达与备妥，承租人可取消租约。所以，船东要掌握好，务求船舶抵达装港与备妥是在 Laycan 之间的一天。这一来，即使船舶还要等待装货，装货时间也不会受 Layday 还没有届临而不能起算。

如果 FOB 买卖合约有一个 Laycan，针对派船的买方而言，Layday 应该是指第一天卖方有责任提供货物，因为装货时间开始起算。买方派去装港的船舶如果早于 Layday 抵达，卖方是不必理会，延误的时间直至 Layday 是在买方自己，装货时间也不能起算。Cancelling day 是指买方派去装港的船舶必须抵达的最后一天，否则卖方可以取消买卖合约。所以，在 FOB 买卖下买方派船到装港的时间要掌握得非常好，不能早过 Layday 也不能迟过 Cancelling day。而这方面的考虑 FOB 买方是与船东在租约一样，务求船舶是在 Laycan 内的其中一天抵达与备妥。总结说，Laycan 只针对派船的恰当期限。但如果是不伦不类地适用，就会带来不必要的争议。如在 CIF/CFR 买卖，就不应该有 Laycan，因为派船的责任是在卖方。如果 Laycan 是指在 Cancelling day 的一天还没有装完货物，买方可取消买卖合约，这就会带来一种莫名其妙与不合理的结果，就是船舶在 Cancelling day 前不久抵达装货，但在 Cancelling day 终结的一天只装了一半货。至于会否在 CIF/CFR 买卖合约，因为没有 Laycan，卖方就可以慢慢来装货？答案应是不会，因为合约内(或者信用证内)还有最后的付运日期。CIF 买卖合约不应该有 Laycan，可参阅近期先例：SHV Gas Supply & Trading SAS v. Naftomar Shipping & Trading Co Ltd Inc(The Azur Gaz)(2006)1 Lloyd's Rep 163。这一个课题在本书第二章 9.4.11.6 有详论。

在本案例，涉及的是一个特殊的情况。就是 FOB 买方所派的船舶在 Layday 前已经抵达装港，但过了 Cancelling day 后，FOB 卖方还不能提供货物装船。而买方就以此作为理由取消买卖合约。至于背后的原因是什么就不必深究了，通常是货物市场价格下跌。但问题是，FOB 买卖合约的 Laycan 是否适用在这种情况？或者，它只适用在船舶必须在 Laycan 内抵达装港，与提供货物/装船无关。至于 FOB 卖方延误装货,他唯一面对的只是要承担船舶的滞期费(如果用光了装货时间),除非延误是严重到过了"付运日期"(shipment period)变为一个新问题。这是因为不在固定装货时间内完成作业只是一个保证条文的违约,赔偿滞期费已是足够救济。但过了付运日期(如果买卖合约有规定),就会是破坏条件条文。

在进一步谈论本先例的案情前,先介绍有关买卖合约的条文如下:

"**7. DELIVERY**

FOB 1 SAB REFINERY NORTH SITE... IN A SINGLE LOT BY M/T 'TBN'/SUBS TO BE NOMINATED BY BUYER AND TO BE ACCEPTABLE TO SELLER IN THE PERIOD 27 – 30/05/2004

BUYER WILL NARROW SUCH PERIOD TO A TWO DAY **LAYCAN** LATEST BY 21/05/2004 C. O. B. ITALIAN TIME

THE LAYCAN IS AN ESSENTIAL ELEMENT OF THE CONTRACT, IN FAVOUR OF SELLER

9. LAYTIME

36 RUNNING HOURS SHINC WEATHER PERMITTING PLUS 6 HOURS NOTICE ALWAYS DUE... PROVIDED THE VESSEL CAN RECEIVE THE TOTAL CARGO IN A PERIOD OF TIME EQUIVALENT TO THE TWO THIRDS OF THE AGREED LAYTIME HOURS

IF THE VESSEL TENDERS N. O. R. AFTER THE FIRM AGREED LAYCAN, LAYTIME SHALL BEGIN UPON BERTHING

LAYTIME SHALL COMMENCE EITHER 6 HOURS AFTER N. O. R. TENDERED AT LOADPORT OR UPON BERTHING WHICHEVER IS THE EARLIER AND EXPIRE AT HOSES DISCONNECTION, OR RECEIPT OF DOCUMENTS, WHICHEVER IS EARLIER, TIME USED FROM HOSES DISCONNECTIONS TILL RECEIPT OF DOCUMENTS ON BOARD SHALL BE EQUALLY SHARED BETWEEN BUYER AND SELLER AFTER THE THREE HOURS USUALLY GRANTED BY SHIP.

10. DEMURRAGE

DEMURRAGE, IF ANY, WILL BE REQUESTED BY BUYER ONLY IF SHIP-OWNERS ACTUALLY CLAIM IT. DAILY RATE AS PER CHARTERPARTY..."。

本先例的案情是双方根据第7条文在2004年5月21日把Laycan收缩到2天,就是5月29日至30日。FOB买方Chevron所派的船舶"Luxmar"在5月28日之1000时抵达并递交了通知书,但由于装港炼油厂的问题,船舶到了6月3日还是没有开始装货。结果到了当天的1508时,Chevron取消买卖合约。这里就带来双方的互相指控对方违约,并索赔因为市场波动与"Luxmar"轮白跑一趟所带来的损失。卖方ERG声称买卖合约与程租租约本质上一样,就是装货如果发生延误,唯一的救济就是支付滞期费而不是终断合约,因为延误装货并非是条件条文:Inverkip Streamship Co

v. Bunge & Co (1917) 22 CC 200; Universal Cargo Carriers v. Citati (1957) 1 Lloyd's Rep. 174。

但买方 Chevron 认为本买卖合约与程租租约不一样,刻意加在第 7 条文的 Laycan 就是指卖方必须在这个期间内装完货或者至少要在 Laycan 最后一天的子夜开始装货。但法院并不同意 Chevron 这种说法,也不接受 Chevron 可终断买卖合约。首先是第 7 条文把"交货"(delivery)与 Laycan 混在一起,但其实并不是同一回事。FOB 的交货应该是指装货完毕,但交货只是第 7 条文的标题,而该条文的实质内容是主要针对 Laycan 与收窄 Laycan。照说买方派的船舶即使是 Cancelling day 的子夜前抵达,也不能说是买方过了 Cancelling day。

换一个说法是如果指该 FOB 买卖合约中的 Laycan 就应是指卖方必须在这两天内装完货物,这就与第 9 条文的固定装货时间有了冲突,因为这两段时间并不一致。再加上第 10 条文的滞期费,是针对装货超出了固定装货时间,就更加产生矛盾了,因为根据 Chevron 的说法是过了 Laycan 他可以终断买卖合约,就令第 10 条文的滞期费根本无法适用。总结说,判决还是以简单的买卖合约中各有关条文合乎逻辑的一并分析所得出的综合解释与答案。所以,买方 Chevron 败诉。

这一个案例实际上也是条文订得含含糊糊与不好的后果。如果在这个 FOB 买卖合约,Laycan 是约定在一条名为"买方指定船舶"(Buyer to nominate vessel)的条文,这 Laycan 的适用就明显不过与符合常理。但在本案例是把 Laycan 放在一条名为"交货"(Delivery)的条文,而交货是 FOB 卖方的合约责任。这一来,就涉及这 Laycan 是否指卖方在销约期交不出货就给了买方机会取消合约。也是这个合约条文的缺陷,就给了 FOB 买方 Chevron 企图取巧的机会。幸亏,由于延误船舶装货超出了固定装货时间只需要赔偿滞期费的法律地位与做法已经是根深蒂固,所以如果写得含糊是不足明确可以改变法律与一贯做法的地位。

10.3 例子之三:DES 买卖下买方会否要承担港口拥挤与航行风险导致的延误?

DES 在国际商会 Incoterms 2000 有关卖方的责任在海运是:"**A3 Contract of carriage and insurance** a) Contract of carriage The seller must contract at his own expense for the carriage of the goods to the named point, if any, at the named port of destination. If a point is not agreed or is not determined by practice, the seller may select the point at the named port of destination which best suits his purpose."

另在交货地点与方式是说:

"**A4 Delivery** The seller must place the goods at the disposal of the buyer on board the vessel at the unloading point referred to in A3 a). In the named port of destination on the date or within the agreed period, in such a way as to enable them to be removed from the vessel by unloading equipment appropriated to the nature of the goods."

另在《Laytime and Demurrage In The Oil Industry》一书的第 124 页,对 ex-ship 也有以下的说明:

"Finally, let us look at the ex ship contract. Here virtually all the risks are borne by the sellers and the buyer will only pay for the quantity of oil that is discharged from the ship. He will, however, normally pay a higher unit price for the cargo commensurate with the seller's perceived risk.

Risk and property in the cargo passes to the buyer at the ship's manifold connection at the port of discharge. The seller will procure the cargo in accordance with the agreed contractual quality and quantity parameters, provide a ship and pay the freight, insure the cargo and deliver it to the buyer's designated berth at the port of discharge and within the agreed delivery dates."

显然,DES 买卖与 CIF 或 FOB 买卖很不一样。后者是在装港把货物付运的合约,但前者是卖方要承担所有的风险把货物运到目的港的合约。故严格说,DES 是买方不会要承担卸港滞期费,因为卖方有责任把货物交到约定的目的地,这通常不会是港外锚地,因为离买方卸货地点仍有一定距离。但由于有订约自由,所以 DES 下其他条文如果不清楚而一作出协调与整体的解释,仍会出现滞期费争议。以下介绍的是有关一个欧洲卖方以船上交货 DES(delivered ex-ship) one safe berth Shanghai(假设为上海)的价格出售约 38,000 吨的丁烷和丙醇给中国买方。该买卖合约中另有条文针对卸货时间的计算与滞期费,是说:

"12. Laytime for discharge

60 hours SHINC + 6 hours NOR basis 20,000 MTS, extra laytime shall be given on *pro rata*, basis for quantity over 20,000 MTS.

For demurrage calculation purpose only, Seller shall guarantee vessel is capable to discharge min. 200 MT/hr for propane and min. 500 MT/hr for butane.

If Seller's vessel fails to meet the high tide in daytime(0600 – 1800) on the day of arrival at Shanghai Pilot Station, then waiting time still next available high tide in daytime or till vessel is fully alongside, whichever is earliest, shall not be counted as laytime.

13. Demurrage

USD 25,000 per day or *pro rata*.

Claims, if any, shall be communicated in written within 90 days after NOR."

请注意是,上述条文没有与租约的相关条文扯上任何关系,完全不像是"补偿性质"(indemnity code)的条文,而明显是"独立性质"(independent code)的条文。加上,它也没有合并任何其他标准格式租约,例如是像 The "Adolf Leonhardt" (1986) 2 Lloyd's Rep. 395 租约中的一句:"special conditions... **Time to count as per Centrocon charter party**, WIBON, WIPON, WIFPON. Demurrage/dispatch as per C/P... Other Conditions as per Centro Exportadores term..."

如果是这样明确的合并,当然就可以解释是除了明示的一些如"WIBON","WIPON"等,其余有关装卸时间的计算就要看 Centrocon 标准租约格式了。正如

Staughton 大法官所说如下:“The words ‘Time to count as per Centrocon Charter-party’ in the contract of sale between the buyers and the sellers referred to the Centrocon printed form and not to any particular charter-party concluded between any two persons; and the words referred to all those provisions in the Centrocon form which determined when time should and when it should not count including cl. 30 (strikes).”

再回来继续介绍上述 DES 买卖的案件,该买卖合约另有两条有关争议的条文,如下:

“17. Commercial Terms Incoterms 2000 plus amendments for Ex-ship sales shall be applied.

18. Maritime Terms As per Asbatankvoy C/P”。

注意是 Asbatankvoy 是油轮租约的标准格式,普遍被市场使用,有一点像 NYPE 租约格式被使用在干货租船市场。Asbatankvoy 有一条是关于准备就绪通知书的第 6 条文,说明船舶“靠不靠泊”(berth or no berth),也就是不必到达 DES 所约定的目的地,都可让船长递交有效的通知书并起算卸货时间。另 Asbatankvoy 有一条第 9 条文,内容要求承租人在船舶一抵达港口的时候,就马上要指定一个可以“马上挂靠的泊位”(berth reachable on her arrival),这在杨良宜先生的《装卸时间与滞期费》一书第六章有详述,包括像著名的贵族院的 The“Laura Prima”(1982) 1 Lloyd’s Rep 1 先例。这一来,光是看 Asbatankvoy,可以是明确说把船舶不能马上靠泊卸货的风险(最通常的风险就是港口拥挤)转嫁到承租人(租约)。而本案件的争议点就是如果真的有把 Asbatankvoy 全面合并了,会否把港口拥挤的风险从派船的 DES 卖方转嫁到非派船的 DES 买方?

在该仲裁案件,船舶到了上海受到了延误,停了 10 天左右才能靠泊卸货,这最终导致了欧洲卖方向中国买方索赔大约 300,000 美元的滞期费。由于买卖合约内有一条香港仲裁条文,这导致杨良宜先生最后被双方接受为独任仲裁员。

有关合并条文的一些基本精神与原则,本章已有详细论述,不重复。需要再强调的就是解释合并条文本质上是与解释其他合约条文做法一样,其中也包括了合约整体的合理性/商业性,合并条文是否明确,是否被明示条文所超越,合并条文会否产生矛盾或者不明朗,能否作出协调等。但上述所讲都是属于一些大原则,由于每一个合约都涉及不同的写法,条文与事实,所以无法一概而论。只能每一次都利用一些原则与一个有逻辑的头脑作出一个合理的解释。在这个案件里据悉令杨良宜先生感到疑惑的是:

(1)这个货物买卖合约是明确的 DES one safe berth Shanghai 作为目的地。照理说,卖方的“基本责任”(basic duty)是要把丁烷与丙醇运送到买方的卸货泊位(假设在上海只有一个),买方才需要提货与卖方尽了交货的责任。

(2)即使是 CIF/CFR 的买卖,英国法律已经是很明确港口拥挤的风险是派船的卖方所要承担的,除非合约另有明示条文作出不同规定:Ets Soules v. Intertradex

(1991) 1 Lloyd's Rep. 378。至于是 DES 的买卖,应该是更加明确港口拥挤的风险是由派船的卖方所承担,除非另有明确的明示条文作出不同的规定。

(3)在这个买卖合约中,看来是有完全独立的卸货时间计算与滞期费条文(第 12 与第 13 条文),该条文中没有与真正的租约,也没有与标准格式的 Asbatankvoy 扯上任何关系。这一来,能否把买卖合约第 18 条文中提到的 Asbatankvoy 中的一些有关卸货时间(如递交准备就绪通知书)的条文与第 12、13 条文联在一起与作出补充?要注意是,这与 The "Adolf Leonhardt" 先例完全不一样。要是一样或者接近,至少 Asbatankvoy 就应该合并在专门针对卸货时间的第 12 条文而不是在 18 条文,如在约定了独立的卸货时间后,加上一句说:"其他有关条文依据 Asbatankvoy"(Other terms and conditions relating to laytime as per Asbatankvoy)。

(4)在这个买卖合约中,所合并 Asbatankvoy 的租约标准格式条文只局限于"海事条文"(Maritime terms),这也是第 18 条文所针对的。这海事条文包括些什么?显然,它是包括或者合并了一些买卖合约内没有规定但可能有关的 Asbatankvoy 条文如相互免责条文,首要条文,共同海损条文,战争条文,港口代理条文,油污条文,等等。但问题是会否包括与卸货时间有关的允许提前递交通知书条文起算卸货时间,以补充买卖合约内独立的卸货时间计算条文(第 12 条文)的不足之处或者大大提前在 DES 买卖下的起算卸货时间?如果是,为何不合并在第 12 条文而要合并在第 18 条文?这一来,又是否足够清楚明确根本上改变 DES 买卖的卖方基本责任把货物运送到买方的卸货泊位的约定目的地,而变为买方要提前承担卸港拥挤与其他航行风险?

(5) Asbatankvoy 标准格式内还有其他对船东有利但对承租人不利(在买卖合约中这是对 DES 卖方有利但对买方严重不利)的著名第 9 条文之"船舶一抵达即可马上挂靠泊位"(berth reachable on her arrival)。在本仲裁案件中,DES 卖方作为原告一直也没有提到,只依赖了 Asbatankvoy 标准格式的第 6 条文有关提前递交准备就绪通知书。这是到了最后的结案陈词才突然提出了 The "Laura Prima" (1982) 1 Lloyd's Rep. 1 一个先例。反正是杨良宜先生作为独任仲裁员有很强烈的感觉就是 DES 卖方与其代表律师也不清楚知道到底是合并包括些什么东西。因为 Asbatankvoy 第 6 条文被合并的话,第 9 条文就没有理由不包括。这一来,DES 卖方为何不提出对他更优越的第 9 条文,而依赖第 6 条文的可在习惯性锚地提前递交准备就绪通知书,并与被告的买方争论一些有关通知书是否有效的争议,如什么是习惯性锚地,检疫,DES 买方有否委任代理人接受通知书,等等?

(6)总结而言,杨良宜先生最后还是认为 DES 卖方没有足够清楚明确地以合并 Asbatankvoy 根本性改变 DES 买卖的性质。要这样做,最明确的写法是在本合约的第 12 条文明确加多一句"berth reachable on her arrival",或者是"The master shall give notice of readiness upon arrival at customary anchorage"。稍不明确但仍是足够的合并是像 The "Adolf Leonhardt" 的做法在第 12 条文加多一句"Other terms and conditions relating to laytime as per Asbatankvoy"(注意该先例有关条文明示了 WIBON, WIPON)。再

不明确下去就是像本案件在买卖合约另一条文的第18条文,本身一点没有与第12条文扯上任何关系,只是合并了Asbatankvoy。到了这个地步杨良宜先生作为仲裁员就无法接受Asbatankvoy的第6条文与第9条文被合并去一个DES买卖从而根本性改变了在卸港船舶滞期风险的分摊。结果杨良宜先生是判中方的DES买方抗辩成功。

第十章　其他相关方面的问题

§1　国际买卖的支付货款办法

在国际货物买卖,对卖方而言收到货款是最重要的事情。在岸上/本土追债已经是够困难了,但比起国际上仍是小巫见大巫。国际上卖方一般很难充份了解外国买方的资信情况,更难了解他之后有了变化。作出不断调查极其昂贵与不便。卖方在买卖合约中保留货权(这可看本书第五章之1.4段)也没有实质意义,外国向倒闭买方申张货权会是不可行、不划算或地雷处处。此外,还有各种其他的经济或财政上风险,如法律的改变(买方国家有了外汇管制),利率的改变,外汇的变动,等等。

向赖债的外国买方追讨欠的货款,即使找一个懂行的国际律师也非是易事,昂贵的律师费用更是在所难免。这不像本土追讨欠款,一般的律师都会可以胜任,在当地法院向赖债买方起诉。更不用说国际买卖还有很多岸上/本土买卖不会有的风险如外国法律的改变、政局的改变、外汇管制、货币贬值等。可以总结地说,国际买卖在这种"财政风险"(economic risk)或/与"财政风险"(financial risk)是十分巨大,卖方要特别小心。

所以一贯以来的做法,卖方在没有获得支付或支付的保证,是不会肯把货物付运给外国买方。正如 Staughton 大法官在 The"Ciudad de Pasto"and"Ciudad de Neiva"(1988)2 Lloyd's Rep 208 先例中所说:"It seems to me that in the ordinary way a seller will not wish to part with the property in his goods if they are shipped overseas until he has been paid in full."事实确是如此。但这也不一定,反正怎样支付货款或保证支付货款纯粹是买卖双方之间的订约自由。但卖方与买方之间的利益与期望显然是对立。

以下不妨谈谈会在国际货物买卖中出现的支付货款的办法,这大致上可以分为四种:(1)"定期结算"(open account);(2)"托收"(bill for collection);(3)信用证"(letter of credit);(4)"预付货款"(cash in advance)。

1.1　不同支付货款办法对买卖双方的利弊比较

以上的各种办法对买方最有利是(1),而接下去的办法就逐步对买方不利。但对卖方的利益而言就倒过来。而(1)与(4)在国际货物买卖合约应该是比较少见,而且只能是适用在一些有特殊关系的买卖双方之间。

先简单介绍(1),这只适用在买方与卖方之间有非常了解与密切的关系,甚至是跨国公司的分公司或联营公司之间的买卖，根本不存在卖方需要怕买方将来支付货款会扯皮或买方会倒闭。在做法上就是卖方把货物付运后，把付运单证交出给买方，而买方会马上以电汇或其他支付办法作出货款的支付，这可称为是“见单即付”(sight payment)。更会是，定期结算在双方同意下会在多次货物付运与在卸港交货后的一段时间内作出结算，如每3个月不等的时间。这种支付办法显然对买方最有利，也是对卖方最不利。如果卖方面对不了解与不可靠的买方，将来收不到货款的机会是非常之大。笔者据悉杨良宜先生早期曾经处理过一些案件，涉及了中国卖方对欧美买方不了解的情况下同意这种付款办法。而同意的背景是中央下了一个出口的指标，为了达到指标，个别单位就接受这种支付货款的条文以扩大出口，结果有许多坏账根本是收不回来而不了了之。

另介绍(4)，这适用在一些有信誉与有垄断性的卖方，他可以要求买方预付货款或订货时就已经现金支付了货款(cash with order)。这种做法显然对买方十分不利，因为买方根本不会知道将来能否收到购买的货物与会否是货不对版。更加不会知道的是在支付了货款与交货的一段时间内，卖方会否倒闭。但这种做法还是经常会有。

接下去会分别介绍(2)与(3)的做法，他们都是CIF或FOB买卖经常会使用的支付货款办法。但可以先解释与这两种办法经常有关系的一份文件，就是“汇票”(bill of exchange)。

1.2 汇票或银行汇票

汇票的法律在英国是来自1882年的《汇票法》(Bill of Exchange Act)，该立法在目前还是有效而且这些年来也没有什么大的变动。它在Section 2对汇票的定义是说：“A bill of exchange is an unconditional order in writing, addressed by one person to another, signed by the person giving it, requiring the person to whom it is addressed to pay in demand or at a fixed or determinable future time a sum certain in money to or to the order of a specified person, or to bearer.”

“汇票”(bill of exchange 或 draft)是由卖方(在汇票的关系中可称为是drawer)对买方作出，要求或命令买方(可称为“drawee”)做出支付一笔特定金额的货款给卖方或特定的第三人(可称为“payee”)。这汇票是必须有卖方的签字，而买方收到汇票后如果接受也必须签字确认。买方在签字接受汇票后可称为“acceptor”。汇票的支付可以是要求马上，这种汇票可称为是“即期汇票”(sight draft)。但也可以是根据双方的约定，支付是在稍后的时间如3个月后，这等于是给买方一段宽容的时间才做出支付，可称为“远期汇票”(term draft)。而到了3个月届满，可以向买方要求作出支付。如果卖方对买方的资信不放心，也可以多一个第三人(通常是银行)加签(这可被称为是“Signature by way of Aval”)作为保证汇票会在届满时做出支付。

汇票是有各种的写法，如卖方如果欠他的银行钱，就可以在汇票的支付写上他的银行作为是“payee”。当然，payee也可以写上是卖方自己，反正这种可称为“指令汇票”(order bill of exchange)。汇票也可以是“持有人汇票”(bearer bill of exchange)，就是支付汇票的钱给汇票的持有人。

也可以是倒过来买方向他的银行作出汇票,要求或命令他的银行(作为 drawee)向卖方(作为 payee)在期限届满作出支付。这一来在有关的银行接受与签字后,卖方就对将来收取货款有了保证。显然,他也可以把该份汇票向其他银行通过背书或交出(这是针对持有人汇票的做法)作出"议付"(negotiate)与"贴现"(discount),把汇票转为现金,马上有钱可供使用。而不论是通过背书或交出而持有汇票的人士都可称为是"holder"。

如果将来是买方甚至是买方的银行到了期限届满不作出货款的支付,对 payee 或是 holder 最大的保障就是马上可以向英国法院取得一个"简易判决"(summary judgment),这在1998年的《民事诉讼规则》(Civil Procedure Rules)是在 Part 24。这一个做法是不会允许卖方或是卖方银行作为被告提出任何的抗辩,对冲或是反索赔。唯一可以抗辩的就是有真凭实据的欺诈,不合法或是欠缺对价/约因等导致合约无效的理由。还有在简易判决是剥夺了被告开庭审理的权利,导致了被告根本没有拖延诉讼的机会,而原告也可以在很省钱与时间的情况下取得判决。可以说,简易判决是法院审理案件的例外做法,他通过一个"简易处理"(summary disposition)办法把争议处理掉,省得花大家的时间与金钱,包括法院的时间。在 Three Rivers District Council v Bank of England(No 3)(2001)UKHL 16 先例中,贵族院针对简易判决有以下的介绍:"The method by which issues of fact are tried in our courts is well settled. After the normal processes of discovery and interrogatories have been completed, the parties are allowed to lead their evidence so that the trial judge can determine where the truth lies in the light of that evidence. To that rule there are some well-recognised exceptions. For example, it may be clear as a matter of law at the outset that even if a party were to succeed in proving all the facts that he offers to prove he will not be entitled to the remedy that he seeks. In that event a trial of the facts would be a waste of time and money, and it is proper that the action should be taken out of the court as soon as possible. In other cases it may be possible to say with confidence before trial that the factual basis for the claim is fanciful because it is entirely without substance. It may be clear beyond question that the statement of facts is contradicted by all the documents or other material on which it is based. The simpler the case the easier it is likely to take that view and resort to what is properly called summary judgment. But more complex cases are unlikely to be capable of being resolved in that way without conducting a mini-trial on the documents without discovery and without oral evidence. As Lord Woolf said in Swain v Hillman, at p 95, that is not the object of the rule. It is designed to deal with cases that are not fit for trial at all."

但即使是简易判决还是解决不了买方在支付届满前倒闭,汇票还是不能防止损失的问题。

较早曾提到的"Signature by way of Aval"是在 G + H Montage v Irvani(1990)1

Lloyd's Rep 14 先例中有解释,上诉庭的 Mustill 大法官是这样说:

"The placing of a signature on a bill of exchange, by someone who is neither drawer nor acceptor, coupled with delivery of the bill thus signed, is a potential source of liability in two directions. First, towards those who subsequently become holders of the bill. Secondly, towards prior parties, including in particular the drawer. . . .

Where the party is not the holder of the bill, but a stranger to it, he may incur liabilities in more than one way. (I omit from consideration the liabilities of persons who signs as agents, or as accommodation parties, or for honour only, since these are not material to the present case.) Where the stranger simply 'backs' the bill, but appending his signature without qualification or explanation, his position is prima facie governed by s. 56 of the Act-

56. Where a person signs a bill otherwise than as drawer or acceptor, he thereby incurs the liabilities of an indorser to a holder in due course.

Thus, the quasi-endorser, or anomalous indorser, as he has been described, will be liable to subsequent parties in the event of dishonour, even if at the time of indorsement the drawer has not yet signed: see s. 20. but he will not by his signature alone incur liability to the drawer/payee."

在该先例带出了汇票的法律冲突问题,因为根据英国法律,在《汇票法》之 Section 48(1)与 Section 59 是要求汇票的 acceptor 如果没有做出支付,是必须给加签的第三人(可称为是"avaliser")通知。但如果按照德国法律,加签的第三人被视为"担保人"(guarantor),没有这一个要求。这导致了整个案例的结果就取决于英国法或德国法适用。在国际上为了统一这一个法律冲突的问题,联合国通过了一个公约名为 1988 年的《Convention on International Bills of Exchange and International Promissory Notes》。它需要十个国家签字才能生效,但目前为止还是不足够。所以这一个法律冲突还是会持续,虽然汇票也是合约的一种,大可以加上一条管辖与适用法条文。

1.3 托收(collection)

托收就是卖方把有关货物作出付运后,取得这一套付运单证,加上(或不加上,看双方约定)一份汇票,向买方要求支付货款。这表示要把付运单证送去买方的所在地,这涉及了两种做法。第一种就是把汇票与付运单证快递交出给买方,要求支付。这是希望买方会履行他在买卖合约的责任,接受汇票并支付货款,而不是先把付运单证收下并利用,主要就是以正本提单向船东在卸港取货。

但另一种办法就是卖方把汇票(如果加上)与付运单证通过在买方所在地的代理人向买方要求接受与作出支付货款。这代理人是可以通过任何人士,但比较普遍的还是通过一家银行。这一家银行通常会是卖方的银行,而如果该银行在买方所在地没有分行,就会通过另一家银行作为"分代理人"(sub-agent)向买方提出要求。可以说,卖方委托向买方取货款的银行可称为是"remitting bank",而该银行委托的分代理人可称为是"collecting bank"。他们收到钱之后都必须在扣除他们的费用后把货款汇给卖方。

如果 collecting bank 在收到货款之前把付运单证交出给买方,这会是危险。他是会要对卖方负责赔偿损失,原因是违约与侵占了卖方对付运单证的主权。这种情况会发生,因为买方可能是 collecting bank 的客户,把付运单证交出会是希望帮助买方筹措资金,如把付运单证转售给分买方。

针对卖方与他的银行或与分代理人的另一家银行之间的托收关系,国际商会也有一套规则与做法,名为 Uniform Rules for Collections 1995 或 URC522。

以托收的办法对卖方还是有一定的风险,因为如果买方不支付货款,卖方即使持有一套付运单证可以对船上的货物有控制,也会面对在遥远的卸港转售货物或其他处理办法,这经常会是十分困难与损失重大。而如果买方能占有这一套付运单证并把该票货物转售给其他善意的分买方,这在本书第七章的 3. 10. 5 段所提到的"买方控制货物"(buyer in possession)与 1979 年《货物销售法》Section 25 及 1989 年《Factors Act》Section 9,卖方甚至会失去了该批货物的主权给分买方。

目前的国际货物/商品买卖通过托收的办法还是经常有,特别是在著名的国际贸易商与大石油公司之间,甚至不委任银行托收。对他们而言,买卖双方都知道大家的背景,就没有必要花钱要银行托收,更不用花更多的钱要银行开信用证。

1.4 信用证

在国际货物买卖,特别是涉及中国的进出口,这支付货款的保证通常就是通过"信用证"(letter of credit 或 bankers' documentary credits)。笔者对一些最重要的方面,如涉及了买方在买卖合约下的责任简单介绍。

1.4.1 信用证的定义与作用

首先介绍的是信用证的定义与作用,这可节录 Hamzeh Malas & Sons v British Imex Industries Ltd(1958)2 QB 127 先例,Jenkins 大法官说:"[T]he opening of a confirmed letter of credit constitutes a bargain between the bank and the vendor, which imposes upon the banker an absolute obligation to pay, irrespective of any dispute there may be between the parties as to whether the goods are up to contract or not."

这就是在买卖双方之间,卖方由于对买方的经济状况不了解,加上已经提到过国际买卖的风险如政局的改变、外汇管制等风险,所以买方通过信用证把一个"可靠的账房"(reliable pay-master),也就是一家国际银行或有信誉的银行作出对卖方的付款保证。这信用证也就是银行(作为开证银行)与卖方(作为受益人)之间的一个合约,而合约的内容就是只要卖方向开证银行及时提供一套特定的"付运单证"(shipping documents),特别是包括了"装船提单"(on board bill of lading),银行就一定会马上做出货款的支付。信用证更是说明可以向其他的银行"议付"(negotiate)。反正是,如 Denning 勋爵在 Trans Trust SPRL v Danubian Trading Co Ltd(1952)1 Lloyd's Rep 348 先例所说:"an irrevocable promise to pay money to the seller in return for the shipping documents."

1.4.2　开出信用证与履约担保/见索即付保函时间的前后

会有国际买卖是卖方也要提供金额较低的担保,以保证会供应与付运货物。因为在国际上商品市场价格经常暴升暴跌,而订立合约时与实际付运时通常有一段时间,期间市场价格肯定有所变动。如果市场暴跌,合约如果有问题也只会出现在买方,如 FOB 买方拒绝开出信用证与拒绝派遣船舶去装港。但如果市场暴升,就变为卖方会出问题,不论是 FOB 卖方或 CIF 卖方都会拒绝供应有关货物。所以,在买方提供了信用证的情况下,也经常会有买卖合约要求卖方提供金额较低的“履约担保”(performance guarantee)或“见索即付的保函”(demand guarantee)。显然,信用证与卖方的履约担保或见索即付的保函都是十分重要,买方不开出信用证是卖方根本不用装货,所以都属于是“条件条文”(condition)应该是没有疑问。在买卖合约中规定了在什么时间必须开出信用证或见索即付的保函都必须严格执行。会有情况是在时间上没有规定,这一来,会有争议是开出信用证与开出见索即付的保函在时间上是否是有先后或是同时作出。看来,法律会是认为卖方必须先开出见索即付的保函,买方才需要开出信用证:United Trading Corp SA v Allied Arab Bank Ltd(1985)2 Lloyd's Rep 554。

1.4.3　开出信用证是卖方付运货物的先决条件

已经提到在买方开出信用证之前,卖方是不必作出交货与付运货物,换言之,开出符合买卖合约要求的信用证是“先决条件”(condition precedent):Dexters Ltd v Schenker & Co(1923)14 Ll LR 586;Ets Chainbaux SARL v Harbormaster Ltd(1955)1 Lloyd's Rep 303;Garcia v Page & Co Ltd(1936)55 Ll LR 391;Trans Trust SPRL v Danubian Trading Co Ltd(1952)1 Lloyd's Rep 348。此外,在 FOB 买方没有准时开出信用证的情况下而导致晚了装货,船舶在这一段时间的等待是不计算卖方在买卖合约下要承担的装货时间与滞期费:The“Spear 1”(2004)1 Lloyd's Rep 260。至于在 CIF/CFR 买卖,卖方在等待买方开出信用证而导致他所租用的船舶面对延误,这方面的额外租金或滞期费是卖方可向买方索赔损失,因为是他的违约所导致的。

The“Spear 1”的先例也可以适用在其他涉及了买方没有准时开出信用证的情况,例如在买卖合约要求买方在付运前 30 天内开出信用证,但买方在计划付运前的一天才开出信用证。这一来,如果说是先决条件已经履行,卖方有责任付运货物。但这说法是剥夺了卖方在买卖合约中的合法权利与默示了买方违约所造成的延误,比买卖合约规定的时间晚了 29 天才开出信用证。看来比较公平的做法是去延长卖方的付运日期 29 天。这看来是符合 The“Spear 1”先例的精神。在 Tamari & Sons Ltd and Another v“Colprogeca”(1969)2 Lloyd's Rep 18 先例中,有类似但不是完全针对这方面问题的争议。该 CFR 买卖约定了付运日期是 8 月 25 日,另约定了信用证(并必须有一家里斯本银行保兑)必须在 7 月 16 日开出,这一天被卖方接受可延至 7 月 18 日。到了 7 月 18 日,卖方收到的信用证并没有被里斯本银行保兑。卖方要求买方作出补救,并表示愿意延长开出信用证的时间,但条件是买方必须同意同步延长付运日期,不能仍是8月25日。买方到了7月底才勉强同意延长付运日期4天,并拒绝再延长。到了8月25日,卖方显然感觉到情况悲观,接受了买方的违约/毁约并终断买卖合约,卖方事后向买方提出损失索赔并且胜诉。英国的一审法院认为是不必针对买方的违约应否同步延长付运日期,说是根据双方之间的谈判,但看来是觉得这样处理合理。Megaw大法官是这样说:

"The seller of goods to be shipped abroad commonly stipulates in his contract that he shall have a period of time before he is obliged to ship the goods after he is assured by the establishment of a credit that the purchase price will be paid to him. That is something which is well known to everybody who takes part in the transactions of this sort and I have no doubt whatever that it is well known to the parties to this contract. When, therefore, the credit was not established until Aug. 15 (on the assumption that it was then duly established and confirmed), the consequence was that the sellers, if they were still to be obliged to ship by Aug 25, would have had only 10 days in which to make their arrangements for shipment. The sellers from the outset protested about this matter. They demanded of the buyer that if the letter of credit were to be opened belatedly, the shipping period should be extended accordingly...

They (Sellers) were prepared to negotiate to see if the transaction could still go through, despite the buyer's breach. They gave the buyers the opportunity to put the matter right; but it was made quite clear in the correspondence, as appears from the summary of it in the award, that, on each occasion when they made an offer of a new or varied contract with a postponed date for the establishment of the credit, it was conditional upon the buyers for their part agreeing to a corresponding extension of the shipment period. That is something which one might have thought was entirely reasonable, sensible, and commercially proper. The buyers ultimately (I think about the end of July) agreed to extend the shipment period by four days to Aug. 29, 1966. That was something that not unnaturally was unacceptable to the sellers and they refused to accept it. Right up to Aug 25 (and I am still assuming for this purpose that the credit was duly established and confirmed in accordance with its terms by Aug 15) the buyers were still adopting the form attitude that they would not agree to any extension of the shipment period beyond Aug. 29. the sellers were not prepared to accept that and they said, as in my judgment they were fully entitled to do, 'Very well; you have broken an essential term of this contract by your failure to provide the confirmed credit at the due date or, indeed, until something like a month thereafter-if then. We have made you an offer that we will still allow this contract to go on in varied terms if you will extend the shipment period accordingly. You, the buyers, have refused to accept that offer that we have made. We have done our best to make this commercial transaction work. We are no longer prepared to play with it. You have broken the contract long ago in an essential term. You have shown you are not prepared to accept what we offered and in the circumstances we are going to treat the contract as at an end.'"

1.4.4 怎样才算是开出信用证

既然开出信用证是这么重要的条件条文,买方就有必要知道怎样才算是开出信用证。开出信用证,特别是一个保兑的信用证,涉及了三个不同的合约。第一个就是买方与开证银行之间的合约,也就是开证银行承诺开出信用证,而买方就提供担保以及支付有关费用作为对价。第二个合约是开证银行与受益人,也就是卖方。这一个合约是开证银行承诺受益人在他交出一套信用证规定的付运单证后,作出货款的支付。第三个合约是保兑银行与受益人之间,也就是保兑银行承诺与开证银行负有连带责任支付受益人。

这里可顺便一提的就是在第一个合约有提到是有对价/约因,这显然是一个英国法律下有效与有约束性的合约。但第二个与第三个合约,是看不出有什么对价/约因,也就是受益人的卖方根本没有任何好处给开证银行或保兑银行。尤其是信用证是在买卖合约订立后才开出,所以卖方的承诺接受买卖合约并不能是作为信用证的对价/约因。而即使是,也已经是过去了的对价/约因。这与一般的履约保证都不是太一样,对价是受益人没有这一个保证是不肯订立买卖合约。但看来这一个在国际货物买卖的习惯性做法已经被法院接受了是有效与有约束性(指银行与受益人之间),即使是没有对价/约因的存在,好像信用证是一份"盖章合约"(contract under seal),不需要对价/约因。这方面在 Hamzeh Malas & Sons v British Imex Industries Ltd (1958)2 QB 127 先例中,Jenkins 大法官说到他不愿意干预信用证的对价/约因问题,因为这已经是"一个十分精密的商业制度,被普遍接受是信用证有约束力"。(an elaborate commercial system... built up on the footing that bankers' confirmed credits are of that [binding] character.)

继续会讲关于怎么样才算开出信用证,这可介绍 Bunge v Vegetable Vitamin (1985)1 Lloyd's Rep 613 先例,案情涉及了"CIF Bombay"的棕榈油买卖。买卖合约要求是3月16日开出信用证,但信用证是晚了4天卖方才收到保兑银行的确认。但买方否认有延误开出信用证,这就涉及了怎样才算是开出信用证的一天,买方认为只需要开证银行作出通知,因为接下来的事情都是机械性的一步步走。但英国法院的 Neill 大法官不同意说:"The opening of a confirmed letter of credit involves three contracts: (a) a contract between the buyer and the issuing bank; (b) a contract between the issuing bank and the seller beneficiary; and (c) a contract between the confirming bank and the seller beneficiary. If the argument on behalf of the buyers were correct it would mean that a letter of credit is opened as soon as the first of those contracts has been concluded. It seems to me that that cannot be right and that a letter of credit cannot be regarded as having been opened until the second and third contracts have come into existence and the credit or something equivalent to it has been communicated to the seller or to his agent. This approach seems to me to be in conformity with the speeches of Lord Wilberforce and Lord Brandon in Brinkibon Ltd v Stahag Stahl Und Stadhlwarenhandelsgesellschaft m. b. H. ,(1982)1 Lloyd's Rep 217. That was a case which was concerned with offer and acceptance, but I can find nothing in those speeches to throw doubt on the proposition that it is not until the contract between the banks and the seller come into existence and communication has been made that the letter of credit can be said to be opened. That approach also seems to me to be in accord with the principle that a letter of credit does not become irrevocable until it has been communicated to the beneficiary."

1.4.5 开出信用证的时间

1.4.5.1 明示时间

在买卖合约中,不少会是约定明确的开出信用证时间。对卖方而言,显然他是希望越早开出信用证越好,即使离开货物付运日期还是有一段时间。这可以保证在期间市场价格暴跌,如果开出了信用证就会令买方无法脱身。但如果允许稍后时间才开出信用证,就会有危险买方会扯皮或违约。还有一个重要的情况是有关的货物需要很快生产或制造,令卖方要承担各种花费如购买材料。这一来,卖方希望在开始生产或制造前就已经有了信用证在手,可以保证买方无法脱身。在这种合约,笔者见过明示条文规定在买卖合约订立后的15天内就必须开出信用证,虽然离开真正付运的日期还有好几个月。另也见过在一个1998年的ICC仲裁案件(Case 9532),案情涉及了5万吨化肥的CIF买卖,合约条文中要求在收到签署的买卖合约后4天内开出信用证,说:"The buyer shall issue a confirmed, transferable, irrevocable, divisible, assignable, and unrestricted commercial letter of credit within four working days from the date of the receipt of a hard copy of this signed contract."

对买方而言,显然是希望越晚开出信用证越好,这对买方比较省钱,不需要太长时间把资金绑死与需要向开证银行提供担保的时间也可以相应缩短。

反正是通过双方的谈判与让步,最后会同意一个明示时间。这一个时间要重复强调是属于条件条文,特别是贵族院在 Bunge v Tradax(1981)2 Lloyd's Rep 1 先例说明的大原则,就是涉及了买卖合约,所有有关时间的规定都会视为是重要或作为条件条文对待:"broadly speaking, time will be considered of the essence in mercantile contracts"。所以,买方在市场价格上升时必须要小心及时开出信用证,否则会面临好像 Bunge v Vegetable Vitamin(1985)1 Lloyd's Rep 613 先例的困境。

此外,涉及了明示约定时间,就要避免文字/措辞并不明确而导致争议。在 Ets Chainbaux SARL v Harbormaster Ltd(1955)1 Lloyd's Rep 303 先例,有关的明示条文要求买方在"几个星期内"(within a few weeks)开出信用证,这等于是给买方在订立买卖合约后一段合理的时间开出信用证。

另在 Sohio Supply Co v Gatoil(USA)Inc(1989)1 Lloyd's Rep 588 先例,该原油的 FOB 买卖涉及开出信用证日期是明示为"估计装货一天前的10天"(ten days prior to the estimated loading date)。根据买卖合约,卖方需要在3月6日之下午5点前作出3天的装货时间的选择,而第一天的装货时间必须是在15天以后(估计需要这一个时段让FOB买方租船与开去装货地点)。反正卖方就在3月6日宣告了装货时间为3月22~24日,为期3天。买卖双方之间就有了争议,卖方认为在装货时间的第一天也就是3月22日前的10天,买方就必须开出信用证。但由于买方没有在3月12日开出信用证,卖方在第二天的3月13日就终断买卖合约。而买方认为估计装货一天应该是以3天装货时间内的最后一天为准,也就是3月24日。这表示最后开出信用证的一天是3月14日,卖方在3月13日终断买卖合约并不合法,是属于违约/毁约。反正在该先例倒也不是判谁最后胜诉,但英国法院显示了他的初步看法是卖方的说法是强而有力。

1.4.5.2 默示时间

如果买卖合约中没有明示条文针对买方必须在什么时间内开出信用证,就必须了解法律的默示地位。这可以把CIF/CFR买卖与FOB买卖分别探讨,因为它们之间有本质上的不同。在CIF/CFR买卖,是由卖方选择准确付运日期。但在FOB买卖,是由买方选择准确付运日期。而理论上,卖方对信用证的要求只是在作出实际付运的时候,买方没有必要提早花钱把信用证一早就开出与备妥。

1.4.5.2.1 CIF/CFR买卖

首先在CIF/CFR买卖,第一个介绍的先例是上诉庭的Pavia & Co SPA v Thurmann-Nielsen(1952)1 Lloyd's Rep 153,案情涉及了3000吨巴西花生的"CFR Genoa"买卖。其中1500吨的付运日期是1949年2月至4月,另1500吨是3月到5月。支付货款的办法是以信用证,有关条文是:"Payment:By opening of a confirmed,irrevocable,divisible,transmissible and transferable credit,opened in favour of the sellers and utilizable by them against delivery of the following documents."

卖方在2月9日通知买方说巴西的出口许可证已经取得并要求买方开出信用证,但由于买方是在3月4日才取得意大利的进口许可证,所以卖方直到4月22日才取得信用证。这导致了部分货物没有作出付运,卖方蒙受损失并提出索赔。

在第一审,McNair大法官判是第一批货物的1500吨是必须在2月9日开出(注意这不是2月1日,也就是付运日期的第一天,因为卖方在该天才取得出口许可证),而第二批货物是在3月1日开出(这是付运日期的第一天)。在上诉庭,认为是买方必须在整个付运日期内备妥与开出信用证,其中Somervell大法官是说:"I think when a seller is given a right to ship over a period and there is machinery for payment,that machinery must be available over the whole of that period. If the buyer is anxious,as he might be if the period of shipment is a long one,not to have to put the credit machinery in motion until shortly before the seller is likely to want to ship,then the credit shall be provision by which the credit shall be provided 14 days after a cable is received from the seller,or some provision of that kind."(必须在整个付运日期内提供给卖方这支付货款保证的信用

证。如果付运日期约定的很长,买方不想太早开出信用证直到卖方真正想作出付运,大可以在买卖合约中规定买方在收到卖方作出付运通知后的14天或不等时间内开出信用证)

而Denning大法官也说:"The sale of goods across the world is now usually arranged by means of confirmed credits. The buyer requests his banker to open a credit in favour of the seller, and, in pursuance of that request, the banker or his foreign agent issues a confirmed credit in favour of the seller. This credit is a promise by the banker to pay money to the seller in return for the shipping documents. Then the seller, when he presents the documents, gets paid the contract price. The conditions of the credit must be strictly fulfilled; otherwise the seller would not be entitled to draw on it.

The question in this case is this: In a contract which provides for payment by confirmed credit, when must the buyer open the credit? In the absence of express stipulation, I think the credit must be made available to the seller at the beginning of the shipment period. The reason is because the seller is entitled, before he ships the goods, to be assured that, on shipment, he will get paid. The seller is not bound to tell the buyer the precise date when he is going to ship; and whenever he does ship the goods, he must be able to draw on the credit. He may ship on the very first day of the shipment period. If the buyer is to fulfil his obligations, he must therefore makes the credit available to the seller at the very first date when the goods may be lawfully shipped in compliance with the contract."

第二个要介绍的先例是A. E. Lindsay & Co Ltd v Cook(1953)1 Lloyd's Rep 328。案情涉及了500箱冻鸡从澳大利亚运去英国的CIF买卖,运输的船舶是"Strathnaver"轮,计划是在9月28日从悉尼开航。信用证的开出有了延误而导致这批冻鸡最后是没有作出付运。英国法院判是开出信用证既然是付运的先决条件,开出的时间就必须在付运之前。

接下去是上诉庭的Sinason-Teicher Grain Corpn v Oilcakes & Oilseeds Trading Co(1954)2 Lloyd's Rep 327先例,案情是涉及了9500吨加拿大大麦的"CIF Antwerp/Hamburg"买卖,付运日期是1952年10月至11月。支付办法的条文是说:"PAYMENT: Net cash against documents on first presentation in London. The buyers give the sellers through their London bank the guarantee that the documents will be taken up on first presentation."

但没有条文规定该支付的履约担保是在哪一天作出。有关的买卖合约是在8月11日订立,美国卖方就开始追索这一个英国银行的担保,并对买方定下了一连串的限期必须在9月1日、9月3日与9月9日前作出。由于没有这样做,卖方就在9月10日终断合约。显然在该天还离开第一天的付运日期有21天,看来时间上是太早。英国上诉庭认为该卖方错误理解合约的地位,以为他有权可以马上取得支付履约担保并有权单方面定下限期。上诉庭同意一审的判决,认为支付的履约担保与信用证是同一码事,买方只需要在付运日期的第一天10月1日前的合理时间内开出,而在9月10日是太早。

1.4.5.2.2 FOB买卖

已经提到过,FOB买卖是通常由买方控制付运日期内哪一天作出付运,所以没有必要在一个较长的付运日期内要求买方在第一天直到最后一天都有备妥与开出信用证。大可以在买方有了决定付运并作出预先通知给卖方后才开出信用证,这应该是有足够时间在真正付运一天前已经备妥。也的确会有这种明示条文的规定,如在SSCMO(London)Ltd v Societe Generale de Compensation(1956)1 Lloyd's Rep 290先例,条文是规定:"letter of credit to be opened not later than 10 days before expected ready to load"。

固然,如果在一个较长的付运日期内都有信用证在手,卖方就会更加安心,不必害怕在期间的市场价格波动会导致买方不履行合约。但英国法律并不针对这方面的问题,也不要求合约一方给另外一方足够的保证会履行合约。卖方如果觉得需要这一个安心,他可以以明示条文在买卖合约中要求在整个付运日期甚至更早的日期有信用证在手。

看来,FOB买卖与CIF买卖在这方面的法律地位是差不多。第一个先例是Ian Stach Ltd v Baker Bosly Ltd(1958)1 Lloyd's Rep 127,案情涉及了500吨船舶钢板的FOB买卖,付运日期是1956年8月至9月,而支付货款条文是:"By confirmed irrevocable letter of credit divisible and transferable, and assignable to our nominees in Western Germany."在8月5日,卖方催促买方马上开出信用证,但买方没有回复。到了8月14日,卖方由于供应商的压力告诉买方说由于他持续性的违约不开出信用证,他会把这一个案件交给他的律师处理。买方是在8月15日回复说他还在等分买方开出给他的信用证,作为"转让"(transferable)。Diplock大法官认为是买方需要最晚在付运第一天开出信用证,所以买方晚了就是违约/毁约,说:"that it is the duty of the defendants under the contract to open their letter of credit by Aug 1, 1956, at the latest; that defendants' failure to open a credit was a breach of condition which went to the root of the contract and plaintiffs (having waived their rights temporarily by their letter of Aug 8) were entitled, on Aug 14, to accept that breach as a repudiation of the contract."

但这一个先例是涉及了一连串的买卖合约以及可转让信用证,在这种情况下显然Diplock大法官的判法有一定道理,就是为了大家的肯定。针对买方的争辩说是不需要开出信用证直到卖方真正备妥作出付运,Diplock大法官是这样说:"It seems to me that Mr. Lawson(买方代表大律师), too, has argued that the obligation that arises upon the buyer does not arise upon the buyer until a date which he could not possibly know because it is a date which must depend on circumstances, and it must depend upon circumstances which would not normally be known to him. He does not know, and would not normally know, how long a chain there was between him and the actual manufacturer or stockist. He would not know how long it would take to bring the goods from the place where they were and transport them to the port. He would not know in a case of this kind, and did not know, whether or not the goods had to be rolled to order or whether they were stock or whether they were partly rolled. It seems to me that, in a case of this kind and in the case of an ordinary f. o. b. contract financed by a confirmed banker's credit, the prima facie rule is that the credit must be opened at latest (and that is as far as I need to go for the purpose of this case) by the earliest shipping date. In that way, one gets certainty into what is a very common commercial contract and in any other way one can, I think, only get a positioning which neither buyer nor seller knows what his rights are until all the facts have been ascertained, and one, and possibly two or three, Courts have directed their minds to the question whether in all the circumstances that was a reasonable time."

Ian Stach Ltd v Baker Bosly Ltd 先例的判法看来受到支持，这包括了 State Trading v Cie Francaise (1983) 2 Lloyd's Rep 679 和 Glencore Grain Rotterdam BV v Lebanese Organization for International Commerce (1997) 1 Lloyd's Rep 578。在后一个先例中，Longmore 大法官涉及了这一个方面简单说："A contractual letter of credit did here by then to be in place strictly before the first day for shipment, on the board's findings in this case, Apr. 1; see Ian Stach Ltd v Baker Bosley Ltd."

但这一个合理性在一般的 FOB 买卖还是有质疑，毕竟默示地位时要讲合理。例如在 Michael Bridge 教授的《The International Sale of Goods》(2nd edn, 2007 年）一书之 6.46 段说："It is submitted that, in the general case, where it is the FOB buyer who controls the shipping timetable, the buyer, if the contract does not stipulate an opening date, should be required to open it a reasonable time before shipment. This date, presumptively, may for the sake of convenience be the same date on which the buyer gives notice of readiness to load. A seller wanting greater certainty and assurance should stipulate for a precise and earlier date."

1.4.5.3　卖方对不准时开出信用证的弃权与恢复权利

即使知道了买方在明示或默示的地位下不在最后期限开出信用证是违反条件条文并可以让卖方索赔损失与选择终断合约，笔者还要针对一种经常见到的情况进一步解释。这就是在买方不准时开出信用证会是市场价格上升，可让卖方抓紧这一机会终断买卖合约，但这种情况还是比较罕见，因为稍微有警觉性的买方在这样的市场情况下都会尽量尽早开出信用证。在大部分的情况下，买方不准时开出信用证还是会在市场价格下跌的时候，这导致了买方迟疑不决，能拖就拖。但也在这种情况下，卖方为了完成这一个赚钱的买卖合约（因为货物价格约定的比市场高），也往往不会马上选择终断合约。相反，卖方会想尽办法哀求或威胁买方开出信用证以履行买卖合约。这哀求或威胁的结果会导致双方达成一个补充协议，例如押后开出信用证半个月，并同时延长付运日期或甚至把合约价格稍微调整。这一来，押后开出信用证的时间就变为新的最后限期。

但更加会出现的情况是双方没有达成什么补充协议,反正就是拖拖拉拉。如果过一段时间市场价格回升,买方也就回心转意开出信用证就令整个事情过去,这倒也是好事。但怕就是拖拖拉拉的后果就是市场价格进一步下跌,而卖方也会到了一个地步感觉到没有希望而想终断买卖合约并向买方索赔损失。这一来,就涉及了卖方会否对他终断合约的权利已经弃权或构成禁止翻供,因为买方没有准时开出信用证的违约可让卖方在合理时间内终断合约早已经过去。如果后来买方回心转意开出信用证,卖方也就必须履行买卖合约并作出货物的付运,因为合约从来没有终断过。至于卖方可能有损失需要向买方索赔,如在延误开出信用证的期间导致了 CIF 卖方对他所租用的船舶要多付出租金或滞期费,这索赔的权利并没有失去或放弃,放弃的只是终断合约的权利。

但如果买方一直不开出信用证,卖方在感觉无望或另有计划处置货物,想终断合约,他就要小心了。卖方对终断合约的选择权弃权,只能被视为是暂时性,毕竟买方还是持续没有开出信用证。所以卖方是可以恢复他的权利终断买卖合约,在做法上就是向买方作出一个通知,给他一段合理的时间开出信用证,否则就会终断买卖合约。

这可先节录《Chitty on Contract》(30th edn,2008 年)22 - 042 段所说:"**Effect on party forbearing**. The party who forbears will be bound by the waiver and cannot set up the original terms of the agreement. If, by words or conduct, he has agreed or led the other party to believe that he will accept performance at a later date than or in a different manner from that provided in the contract, he will not be able to refuse that performance when tendered. However, in cases of postponement of performance, if the period of postponement is specified in the waiver, then, if the time was originally of the essence, it will remain so in respect of the new date: Luck v White(1973)26 P. & C. R. 89; Nichimen Corp v Gatoil Overseas Inc(1987)2 Lloyd's Rep 46. If the period of postponement is not specified in the waiver, the party forbearing is entitled, upon reasonable notice, to impose a new time-limit, which may then become of the essence of the contract: Hartley v Hymans(1920)2 KB 475; State Trading v Cie Francaise(1983)2 Lloyd's Rep 679. Similarly, in other cases of forbearance, he may be entitled, upon reasonable notice, to require the other party to comply with the original mode of performance, unless in the meantime circumstances have so changed as to render it impossible or inequitable so to do: Toepfer v Warinco AG(1978)2 Lloyd's Rep 569. He cannot treat the waiver as entirely without effect."(无辜方如果容忍对方的违约会受到弃权的影响而无法主张他在合约中原有的权利。如果无辜方以文字或行动导致了违约方相信他会接受在较后时间履行合约或者与合约要求不同的履行办法,无辜方就不能拒绝违约方不按照原来合约要求所作出的履行。但如果是涉及了延误履行,而无辜方的弃权是明确说明延误多久[举例说是卖方对买方说明我允许你多一

个星期开出信用证]，这一来过了弃权说明的时间，无辜方还是拥有他原来的权利在新的最后期限。这方面的先例有 Luck v White 与 Nichimen Corp v Gatoil Overseas Inc。但如果无辜方的弃权是没有规定延误多久，他有权作出一个合理通知并定下明确的履约期限，让他恢复他的权利可以把这一个新的最后期限作为条件条文，并在违约方没有履约的情况下有权终断合约。这方面先例有 Hartley v Hymans 与 State Trading v Cie Francaise。但如果在无辜方在弃权的期间直到作出合理通知，情况有所改变导致违约方不可能再履行或是不公平，无辜方就无法恢复他的权利了。反正是无辜方必须了解他不能把弃权视为是毫无影响。）

这方面第一个要介绍的先例是 Panoutsos v Raymond Hadley Corporation of New York(1917)2 KB 473。案情涉及4000 吨面粉的买卖，买卖合约约定货物在 11 月 7 日前分批付运去希腊，支付办法是"by confirmed bankers' credit"。但买方开出不是保兑的信用证，这是不符合买卖合约的要求。卖方虽然注意到信用证没有保兑，但还是作出了部分货物的付运，并且通过该有不符点的信用证结了汇。同时，卖方也取得了买方同意将余下的面粉的付运日期从 11 月 7 日延长至 11 月 30 日。但在 11 月 25 日，卖方在没有作出任何通知或警告的情况下终断买卖合约，理由是买方违约没有开出买卖合约所要求的信用证。至于卖方为什么会突然改变态度也不必细究，反正很多时候是涉及了市场价格的变化而导致了卖方想找理由从合约中脱身。法院判是对于买方违反开出保兑信用证的条件条文，卖方有权选择终断买卖合约，也不必履行任何货物的付运。但卖方在弃权后在没有作出合理通知给买方（让买方有一个机会开出符合买卖合约的信用证）的情况下终断买卖合约，这是不能接受，所以违约/毁约是在卖方。在上诉庭，Viscount Reading 首席大法官是这样说："I cannot find any authority to support the proposition that, when one party has led another to believe that he may continue in a certain course of conduct without any risk of the contract being cancelled, the first-mentioned party can cancel the contract without giving any notice to the other so as to enable the latter to comply with the requirements of the contracts. It seems to me to follow from the observations of Lord Justice Bowen in Bentsen v Taylor, Sons & Co(1893)2 QB 274, that there must be reasonable notice given to the buyer before the sellers can take advantage of the failure to provide a confirmed bankers' credit. That is the decision of Mr. Justice Bailhache."

比较近期的同样判法是贵族院的 A/S Tankexpress v Compagnie Financiere Belge de Petroles SA(1948)83 Ll L Rep 43 先例。

总结这一个非常重要的法律地位，就是无辜方如果曾经作出容忍，之后决定终断合约以利了结这一个违约，就必须记得先作出一个合理通知给违约方再采取终断合约的行动，否则无辜方反而会变为是违约方。在本段所讲的情况就是卖方向买方作出一个通知说："卖方已经给了买方许多机会作出买卖合约所要求的信用证，但已经是过了半个月，买方还是没有行动，甚至没有作出任何回应。卖方在这种没有希望与无助的情况下,决定再给你5天工作天的通知,要求你必须在期间内作出符合买卖合约的信用证,否则卖方被迫行使有关的权利,包括终断合约与索赔损失。"

1.4.6 信用证必须准确与符合买卖合约的要求

信用证除了准时开出,买方也要小心信用证必须准确,这代表信用证必须完全符合买卖合约的要求。例如在 Panoutsos v Raymond Hadley Corporation of New York (1917)2 KB 473 先例,买卖合约要求的是保兑的信用证,而买方开出不是保兑的信用证就是典型的不符合买卖合约要求。

这种情况经常会出现,在卖方提出不符点之后买方可以作出补救,通常就是由开证银行作出"修改信函"(amending letter)给受益人的卖方:Tamari & Sons Ltd and Another v"Colprogeca"(1969)2 Lloyd's Rep 18。而如果买卖合约涉及了货物的分批付运,也可以在后来付运的货物作出准确的信用证,正如在 Bunge v Vegetable Vitamin (1985)1 Lloyd's Rep 613 先例,涉及了4次付运的棕榈油,Neill 大法官说:"it is also accepted that any defects there may have been in the letter of credit which was opened in March could have been corrected in letters of credit opened in April and May for the purposes of shipments in May and June respectively."

当然这一个补救只可以在买卖合约下明示或者默示的最后期限内作出。

1.4.7 卖方接受不准确信用证的后果

这可先节录《Benjamin's Sale of Goods》(8th edn,2010年)一书的23-062段如下:"**Credit at variance with the terms of the contract**. Where the terms of the credit as opened differ from the terms as specified expressly or impliedly in the underlying contract, the deficiency can be rectified by the opening of a compliant credit before the time at which the credit is required under the underlying contract. If the defect is so cured, the seller has no cause for complaint. If, however, the defect is not cured but the seller does not object, two analyses are possible. First, the seller may be considered to have assented to a proposal to vary the underlying contract with respect to the terms of the credit. Such a variation is binding on both parties. Secondly, the seller may conduct itself so as to waive the right to insist on the opening of a credit compliant with the underlying contract as a condition precedent to the seller's shipment obligations. However, the grant of fixed extensions of time to comply with the underlying contract is not a waiver of the right to treat non-compliance as a repudiatory breach; such extensions are 'mere indulgences to the extent that they are granted and have no other effect'. Moreover, even in cases where waiver is established, the seller can re-assert the right to a compliant credit by giving the buyer reasonable notice of its insistence on compliance with the underlying contract, but the seller is not entitled to treat the buyer as in repudiatory breach of contract pending service of such notice and expiry of the reasonable time. If, on the facts, reasonable notice cannot be given because, for example, the credit has already been realized so that it is too late to insist on the originally agreed terms, the waiver becomes irrevocable and equivalent in effect to an agreed variation. Where, however, a contract involves a number of shipments, loss through waiver of the right to object to a non-compliant credit with respect to one shipment does not prejudice the right to give reasonable notice insisting on strict compliance as regards the remaining shipments. The requirement for reasonable notice is, however, dispensed with where on the facts, whether or not known to the seller, it would serve no useful purpose because the buyer either would not or could not provide a compliant credit within whatever would amount on the facts to a reasonable time. ”

以上的节录可作出进一步的解释。首先就是卖方如果不反对信用证的不准确或不符合买卖合约,或是买方过了最后期限还是不作出修改,卖方也不接受这一个违约/毁约终断买卖合约的情况。而这种情况会出现在卖方认为这一个不准确信用证并不会影响或严重影响他的议付,特别是加上在当时有关货物的市场价格下跌,卖方希望完成这一个交易。反正这种情况的出现,法律上就可以有两个解释。第一个就是把卖方这一个反应视为是同意“变更”(variation)买卖合约对支付货款的条文。第二个解释就是把卖方视为是“弃权”(waiver),这是针对买卖合约要求准确信用证权利的放弃。

1.4.7.1　后果之一:同意变更

针对变更的说法,可节录 Goff 大法官在 Ficom SA v Sociedad Cadex Limitada (1980)2 Lloyd's Rep 118 先例中所说如下:

“I approach the matter in this way. It is plain on the authorities that parties to a contract of sale, under which payment is to be made by means of a letter of credit, can, by subsequently agreeing to terms of the letter of credit which differ from those specified in the sale contract, thereby vary their contractual obligation under the sale contract: see W. J. Alan & Co Ltd v El Nasr Export and Import Co(1972)2 QB 189;(1972)1 Lloyd's Rep 313. A somewhat similar case may arise where the parties do not, in their sale contract, define the terms of the proposed letter of credit. Where that occurs the letter of credit, as subsequently agreed between the parties, may fill the contractual gap and so supplement the terms of the sale contract; if that is not done, for example, where the parties are unable to agree on the terms of a letter of credit to be issued under a contract of sale, then the dispute may have to be resolved by defining where possible, by means of implication or by resort to any approved custom of the trade, the terms upon which the parties must be taken to have agreed that the letter of credit should in due course be issued.

Now, whether there has, in any particular case, been a binding agreement between the parties either to vary the terms of the original sale contract, or to supplement its express terms, is to be ascertained by asking the question whether the parties intended so to do-their intention to be ascertained objectively in the usual way from their words and actions at the relevant time."

换言之,变更就是双方同意对原来的合约作出改变,如买卖合约本来是要求保兑信用证,但在变更后就不再要求保兑。买卖合约既然是双方约定,双方也可以同意把它取消或是某些地方作出改变,而双方同意作出的改变也就有约束力。但一个有效的变更也必须具备成立合约的所有法律要求,如必须双方有订约的意图,这也是较早节录Goff大法官所讲的最后一段话。此外一个有效的变更也需要对价/约因,虽然近年来对这方面的要求已经放宽:Simon Container Machinery Ltd v Emba Machinery AB (1998)2 Lloyd's Rep 429。因为有这种法律的要求,所以卖方不反对或接受一个不准确信用证通常不会是与买方同意作出买卖合约的变更,而是涉及了"弃权"(waiver)。而变更与弃权主要的分别就是变更是永久性,也就是代表了双方的协议,不存在卖方可以反悔,如要求买方在接下去的付运必须是保兑信用证。要恢复到买卖合约原来要求的保兑信用证,是需要另一个变更超越,而另一个变更也是需要买卖双方同意。但弃权可以是暂时性,卖方可以在作出合理通知后,恢复到原来的买卖合约地位。

1.4.7.2 后果之二:弃权

许多这种"容忍"(forbearance)或"让步"(concession)都会是属于弃权。如买卖合约要求订立后的10天内必须开出信用证,但买方没有做到或开出不准确的信用证。卖方并没有选择终断合约,而是要求买方尽快开出信用证或对不准确的信用证作出修改。这是一种弃权的行动,卖方不能在之后不声不响突然终断合约,毕竟买方可能在那个时候已经即将开出信用证或对不准确的信用证作出修改。而买方在晚了5天或10天不等的时间才开出信用证,卖方也不能指这是违反了买卖合约的最后期限才开出,可让他终断买卖合约。这是因为卖方较早时提出的要求买方履约,已经是构成了对违反买卖合约的有关信用证条件条文所带来的终断合约权利已经被放弃。卖方是必须作出通知再给一段合理的时间才能恢复他在买卖合约的权利,也就是在新的限期届满,如果买方还是没有开出准确信用证,他才可以终断买卖合约。

弃权不像变更,不需要双方订约的意图,也不需要对价/约因。这可以节录《Chitty on Contract》(30th edn,2008年)之22-035段所说如下:"A mere forbearance or concession afforded by one party to the other for the latter's convenience and at his request does not constitute a variation, although it may be effective as a waiver or in equity. Such a forbearance or concession need not be supported by consideration, and can be made orally even when the contract is one which is required to be made or evidenced in writing."

在较早节录的《Benjamin's Sale of Goods》(8th edn,2010年)一书的23-062段部分所讲是卖方可以作出通知,要求买方必须在一个合理时间内(也就是一个新的期限)开出一个准确的信用证,才可以恢复他在买卖合约中的权利。

1.4.8 付运单证必须严格按照信用证的要求

这可以先节录Equitable Trust Co of New York v Dawson Partners Ltd(1927)27 Ll LR 49先例中,Sumner勋爵说:"There is no room for documents which are almost the same, or which will do just as well. Business could not proceed securely on any other lines."

对付运单证严格性的背后原因是由于信用证的操作完全依赖文件，加上银行通常不会了解有关的业务，所以没有办法作出判断到底文件的偏差是否是没有太大的影响或是可以接受。此外，银行也没有时间作出进一步的澄清或调查，他必须在检查文件后很快就作出决定是否支付给受益人。这可节录 Diplock 勋爵在 Commercial Banking Co of Sydney Ltd v Jalsard Pty Ltd (1973) AC 279 先例中所说："The banker is not concerned as to whether the documents for which the buyer has stipulated serve any useful commercial purpose or as to why the customer called for tender of a document of a particular description. Both the issuing banker and his correspondent bank have to make quick decisions as to whether a document which has been tendered by the seller complies with the requirements of a credit..."

所以不明确或需要进一步澄清或调查的文件是不被接受在 The "Galatia" (1980) 1 Lloyd's Rep 453 先例，Donaldson 大法官说："A tender of documents which properly read and understood calls for further inquiry or are such as to invite litigation are a bad tender."

这种不幸的情况需要进一步澄清或调查的文件通常出现在一套付运单证的不同文件之间，而不是在单独的一份文件。简单的例子可以说是提单的货物品种被称为 "machine-shelled groundnut kernels C. R. S." (C. R. S. 是 Coromandels 的简称)，但信用证要求的货物品种是 "Coromandel groundnuts"。这也可以出现在一套付运单证中其他的文件，如出口许可证与检验报告之间出现不一致的名称。在懂有关贸易的人士而言，他们是同一品种的货物，但涉及银行就表示需要做进一步的澄清或调查。所以在 Rayner (JH) & Co Ltd v Hambro's Bank Ltd (1943) 1 KB 37 先例，银行被支持可以不在信用证做出支付。

有关不同文件之间必须串的起来是针对同一批货物，Parker 大法官在 Banque v Rayner (1982) 2 Lloyd's Rep 479 先例中说："I have no doubt that so long as the documents can be plainly seen to be linked with each other, are not inconsistent with each other or with the terms of the credit, do not call for inquiry and between them state all that is required in the credit, the beneficiary is entitled to be paid."

以上这些重要的因素导致了法律对付运单证的要求是非常严格，这会是比实质货物的交付更严格，导致会有情况买方不可以拒绝接收货物但可以拒绝付运单证：The "Hansa Nord" (1975) 2 Lloyd's Rep 445; Ficom SA v Sociedad Cadex Limitada (1980) 2 Lloyd's Rep 118。

以下可举几个先例来说明它的严格性。

例子一：Skandinaviska Kreditaktie Bolaget v Barclays Bank

在 Skandinaviska Kreditaktie Bolaget v Barclays Bank (1925) 22 Lloyd's Rep 523 先例，涉及了付运单证最重要的装船提单漏了填上"发货人"(shipper)一栏，而"收货

人"(consignee)一栏是写上了"指令"(to order)。这一来,就导致了这份提单不清楚谁有权指示船长在卸港放货给谁,被判是银行可以拒绝支付货款。Greer 大法官是这样说:"In looking at the documents which were delivered I find that the bill of lading is a bill of lading which does not name the shipper;it is a document 'to order',and it is a document as to which,from the document itself,no one could ascertain who was the person entitled to endorse the document;and it would have been a document of very little value in the hands of the bank if they had had to realize the security they obtained by means of it. It is not in my judgment what is called for by the letter of instructions from Mr. Nellist(买方). It is not a blank endorsed bill of lading."

例子二:Bank Melli Iran v Barclays Bank(Dominion,Colonial & Overseas)

在 Bank Melli Iran v Barclays Bank(Dominion,Colonial & Overseas)(1951)2 Lloyd's Rep 367 先例,涉及了"100 辆新卡车"(100 new Chevrolet trucks)的买卖。但在卖方交出的付运单证中,发票是写作卡车是"新的状况"(in new condition),而产品来源地证明是写作卡车是"新、良好"(new good)。这被法院判是这种不同的写法会带来一定程度的含糊,因为这种写法可以是与"新卡车"是同义,但也可以不是。McNair 大法官是这样说:"I feel no doubt at all that the phrase 'in new condition' is not or may not be synonymous with the term 'new.' It is,of course,true that the term 'new' is capable of different meanings in relation to different subject-matters. For example,the term 'new' when applied to wine,as in the phrase 'putting new wine into old bottles,' has clearly a different meaning from what it bears when applied to a motor car;but 'in new condition' in relation to a motor vehicle seems to me to be essentially different from 'new'."

例子三:Soproma SpA v Marine & Animal By-Products Corp

在 Soproma SpA v Marine & Animal By-Products Corp(1966)1 Lloyd's Rep 367 先例,涉及了 500 吨的智利鱼粉的"C&F Savona"买卖。信用证所要求的文件是发票、卫生证书(说明有关货物是没有沙门氏菌)、质量与检验证书等。而针对有关的货物是"500 CHILEAN FISH FULLMEAL 70% Protein,10% Max. Fat,2% Max. Salt,2% Max, Sand,10% Max. Moisture."

但在卖方交出的付运单证,其中质量证书在针对蛋白质是写作"67% minimum",而质量证书是写作"69.7%",这是与信用证对货物的要求是 70% 不符。而在卫生证书就没有说明货物没有沙门氏菌。这被法院判是银行可以不接受。

例子四:Banque v Rayner

在 Banque v Rayner(1982)2 Lloyd's Rep 476 先例,付运单证涉及了几个不同的不符点,在这里笔者只挑两个方面。第一个不符点是银行认为信用证要求付运的船舶是属于班轮公会(Shipment to be effected on vessel belonging to Shipping Company that member of an International Shipping Conference.),但没有要求这是针对什么文件。银行认为他有权要求承运人或船公司作出一份证明,明确有关的船舶是属于班轮公会。

但卖方没有提供，而卖方其中的一个争议就是提单有船公司的抬头与一条印本条文说："The shipment is subject to the terms and conditions of the relevant Conference/Rates Agreement Tariff so far as they are not inconsistent with the terms and conditions of this Bill of Lading."但法院认为提单只是显示了该船舶会是属于班轮公会但不能作为是明确的证明。反正是，法院认为银行有权拒绝作出支付，其中 Parker 大法官是这样说："No specific documentary proof was called for by the credit but, since parties to documentary credits deal only in documents, the bank were in my judgment entitled to insist upon, and the defendants were obliged to provide, reasonable documentary proof. The requirement for a certificate was, in my view, a reasonable requirement and accordingly the bank was entitled to regard its absence as a valid ground for refusing payment even if, as was in fact the case, the vessel was a Conference Line vessel."

第二个不符点是说产地来源证明与其他针对货物的证明（EUR 1 证书）与付运单证的其他文件以及信用证串不起来，这一点也被 Parker 大法官接受，说："In the present case the tender was, in my judgment, bad, both as to individual documents and as a set. The document clearly called for inquiry. It may well be that the use of the words 'sucre blanc de betterave a letat solide non denature' to the description of the goods in the credit, which appear in two of the three EUR 1 certificates, made no difference but those words do not appear in the credit nor do they appear in the certificate of origin which is said to relate to the same parcel. The three EUR certificates cannot be seen on their face to cover 2000 tonnes net. The third one gives the gross weight only and does not state what number of bags is covered. The two quality certificates refer to two apparently different voyages and one of them introduces an entirely new company on the scene. The only thing to connect it with the certificate of origin to which it is supposed to relate is the destination. There are other matters in addition. I do not consider that the documents are on their face consistent with each other. It is accepted that they are in any event not on their face linked with each other and they do not show EUR certificates as to the required quantity."

例子五：Seaconsar v Bank Markazi

另在 Seaconsar v Bank Markazi（1993）1 Lloyd's Rep 236 先例，涉及了信用证有要求所有的付运单证必须注明信用证的号码与买方的名字，说："Our LC No. and our principal's name should appear on all documents and packages..."为什么信用证有这个要求并不清楚，可能是希望把付运单证的所有不同文件都串的起来针对同一票货物。但卖方交出的付运单证中有其中一份名为"Proces verbal of goods"没有加上信用证号码与买方名字。照理说，卖方还有时间对这一个不符点作出修改并再次交出给银行，但不知道为什么卖方没有这样做，导致了最后银行没有做出支付。卖方作为原告向开证银行索赔，理由是尽管付运单证必须严格，但还是需要一定程度的宽容。毕竟"Proces verbal of goods"这份文件应是明确针对同一票货物。但这被上诉庭所拒绝，

原因是信用证有明确的明示要求,就不能漠视这一个要求。Lloyd 大法官是这样说:

"Here, by contrast, there is an express requirement that the documents should be linked in the sense that each of them should contain the letter of credit number and the name of Bank Markazi's principal. Whatever the reason for this, the requirement is clear. I do not see how Bank Melli could ignore that requirement. It may be that the proces verbal in fact related to the same goods, and that one can see this by inference from the other document. But the absence of the letter of credit number and the name of Bank Markazi's principal on the proces verbal called for some explanation. The bank was therefore entitled to reject.

It is an odd feature of the case that the proces verbal was never amended, as other documents were, and as it could have been at any time up to the expiry of the credit on Mar. 17, 1988. But the fact is that it never was. To hold that it is even arguable that the documents as presented were a valid tender under the credit would, I suspect, cause surprise among bankers, and risk upsetting the ordinary course of business. In my judgment the tender was clearly bad."

例子六:Kredietbank Antwerp v Midland Bank plc

在 Kredietbank Antwerp v Midland Bank plc(1999)CLC 1108 先例,涉及了一份付运单证的文件是由"Griffith Inspectorate"作出的"吃水检验报告"(draft survey report),但卖方交出的文件是由"Daniel C. Griffith(Holland)BV"作出,证书上也有"Inspectorate"的标志。显然这一个看来不同的名字是属于一些国际性的检验公司,他们在不同国家的分公司会有不同的名字,但串的起来是属于同一个集团。所以在该先例,英国高院与上诉庭判文件是银行应该接受,其中高院是这样说:"any banker used to examining documents tendered under letters of credit would know that there are a number of groups which carry out surveys... on a world-wide basis, and that individual companies or partnerships at different ports are members of or loosely affiliated with those organizations."

1.4.9 总结付运单证必须严格按照信用证

即使对信用证下的付运单证必须是严格,没有"极轻微"(de minimis)的说法,但还是有说法是可以接受一些偏差。只是银行这样做就会有一定的风险,正如 Parker 大法官在 Banque v Rayner 先例中说:"I also accept... that Lord Sumner's statement cannot be taken as requiring rigid meticulous fulfillment of precise wording in all cases. Some margin must and can be allowed, but it is slight, and banks will be at risk in most cases where there is less than strict compliance."

例如在 Bankers Trust Co v State Bank of India(1991)2 Lloyd's Rep 443 先例中,买方的电传号码应该是981310,而被写成931310,法院判是可被接受。但注意是这一个非常微小的错误并不涉及有关货物。可以说是很难作出判断什么是可以被接受或不可以被接受,在大部分的情况下,银行还是会小心严格按照信用证的要求审查受益人交出的付运单证。

但在现实中是经常会有情况一套付运单证中能挑出很多不符点,特别是信用证要求的文件太多。随便举一个例子,在 Bankers Trust Co v State Bank of India 先例中,买方在卖方交出的付运单证中挑出了 46 项不符点,而银行挑出 23 个不符点。

在这种情况下,银行会有几种做法。一种就是尽快通知受益人有关的不符点,并退还付运单证说明受益人可以随时去银行取回这一套单证。受益人的卖方就会可能有机会在信用证限期届满之前作出修改并作出第二次的交出付运单证。

第二种的办法,情况会是银行认为某一份或多份文件有不符点(特别是小不符点),但受益人认为银行是判断错误,而该受益人是该银行的一个有信用与重要的客户,所以双方希望能够息事宁人,就是让开证银行与最终的买方会接受这一套付运单证,不挑毛病。这一来,银行会作出有保留的支付货款给受益人(payment under reserve)。这种支付只是暂时性,如果将来开证银行提出合法理由拒绝文件,银行是可以要求受益人退还这笔钱。在 Banque v Rayner 先例中,Parker 大法官是对这一个保留的解释为:

"A more natural and, as I think, commercially sensible meaning to give to the words is that the bank if it was not at the date of payment contractually payable.

Such a meaning is, moreover, one which accords with the realities of the situation. At the time of the payment under reserve the beneficiary either is or is not entitled to payment. If he is entitled to payment the bank should have paid him without reserve and he should in justice be entitled to retain that which was from the start due to him. I find it impossible to suppose that either he or the bank intended by the use of the words to put him under an obligation to repay and then claim against the bank. On the other hand there is every reason to protect the bank from being unable to reclaim even if at least one of the discrepancies was valid. It is this protection only which in my judgment the bank obtains when a payment is made and accepted under reserve."

第三种办法也是通过开证银行问买方是否接受这一套有不符点的付运单证,与第二种办法的不同之处就是受益人并非是有关银行认为是一个有信用与重要的客户,或是不符点可能有关银行认为是比较严重,所以银行不会作出任何支付给受益人。这种解决的办法也经常会是成功,就是买方通过发证银行确认可以接受这一套付运单证。至于买方为什么接受的背后原因可能是有多种,如不符点事实上是无关痛痒,或是有关货物的市场价格当时暴涨,或是买方很需要有关的货物,或是买方与卖方另外达成协议对合约价格作出扣减(但不必在信用证作出修改)或其他的好处等。

1.4.10 卖方如果因为付运单证的不符点不能从信用证获得支付可否向买方要求支付?

这一个问题可先节录《Benjamin's Sale of Goods》(8th edn, 2010 年)之 23 - 216 段

所说如下：

“**As between beneficiary and applicant**. Failure to make a complying presentation constitutes a repudiatory breach of the underlying sale contract. Where a contract provides for payment by documentary credit, the opening of the required credit almost invariably constitutes only conditional payment but the condition relates to the operation of the credit according to its terms, not to the receipt by the seller of payment despite a failure to comply with the credit's terms and conditions. A seller that fails to make a complying presentation has no right to require payment instead from the buyer: Ficom SA v Sociedad Cadex Limitada(1980)2 Lloyd's Rep 118; Shamser Jute Mills Ltd v Sethia(London) Ltd(1987)1 Lloyd's Rep 388. The consequence is to characterize every instance of non-compliance under a documentary credit as a repudiatory breach of the underlying contract, irrespective of whether the tender of such documents to the buyer would constitute a repudiatory breach in the absence of any documentary credit.

A seller that fails to make a complying presentation may, as already seen, endeavour to obtain the buyer's acceptance of non-conforming documents through the credit. Alternatively, the seller may elect to approach the buyer directly, in which case a buyer that subsequently accepts the documents, or the goods, must be considered as waiving the non-complying nature of the presentation and must pay seller, either by informing the issuing bank of the waiver and requesting the bank to pay under the credit or by paying the seller outside the credit.”

以上的节录可以带来接下去进一步的分析。

1.4.10.1 信用证是买方绝对或只是有条件的支付?

这一个分析涉及了信用证如果是一个“绝对”(absolute)的支付,就表示买方在开出信用证之后已经是尽了支付货款的责任,卖方将来不论是什么原因造成不能从信用证获得支付,与买方都没有关系。但如果信用证只是一个“有条件”(conditional)的支付,就表示卖方不能通过信用证从银行获得支付,会有情况可以找买方要求做出支付。

应该是法律把信用证视为是相等于本土买卖的以支票作出货款的支付,如果该支票不被银行接受,卖方还是可以要求买方支付货款。换言之,信用证并非是绝对,而只是有条件的支付,有关的先例有 Newman Industries Ltd v Indo-British Industries Ltd(1956)2 Lloyd's Rep 219; Alan(WJ) & Co Ltd v El Nasr Export and Import Co Ltd (1972)2 QB 189; Man(ED&F) Ltd v Nigerian Sweet & Confectionary Co Ltd(1977)2 Lloyd's Rep 50; Shamser Jute Mills Ltd v Sethia(London) Ltd(1987)1 Lloyd's Rep 388。

这表示如果开证银行违约或倒闭,买方需要对货款做出支付的责任就会出现,卖方也可以向买方要求支付。这是与信用卡不一样,接受信用卡做出支付的商店是不能在银行没有做出支付再向顾客要求支付。这方面可节录 Michael Bridge 教授的

《The International Sale of Goods》(2nd edn,2007 年)之 6.75 段说:"Nevertheless,if the bank defaults,the buyer's duty to pay is reactivated and the seller is entitled to pursue the buyer for payment. Putting it another way,the buyer warrants that the bank will honour a letter of credit if the seller complies with the terms of the letter. Letters of credit are therefore to be distinguished from bank credit card,where it is settled that the use of the card discharges the buyer's payment obligation,so that there is no recourse against the buyer if the bank later defaults in paying the seller. Since the rule of conditional payment is a presumptive one,it is open to the buyer to argue that on its true construction the contract of sale provides for absolute payment by the buyer in this way."

除了开证银行违约或倒闭外,另一种情况卖方可以找买方要求支付货款是在付运单证有不符点是由买方所造成:Saffron v Societe Miniere Cafrika(1958)100 CLR 231。举例说,信用证要求的其中一份文件是必须有买方的合作才能取得,如买方检查人的检验报告,但由于市场下跌造成买方不合作。也会有情况是这一份文件只需要签字确认,如在 The"Messiniaki Tolmi"(1981)2 Lloyd's Rep 595 先例,涉及了买方拒绝签署一份准备就绪通知书,信用证要求该份证明必须由买方签署。英国法院指令让法院"聆案官"(master)代台湾买方签署。

最后提到的一种情况是卖方的货物已经被买方在卸港提走,显然是无单放货,但事后买方以不符点拒绝接收付运单证,导致卖方无法从信用证取得货款的支付。这种危险在 FOB 买卖特别大,因为是买方租用与控制有关的船舶。这种情况在 Huyton SA v Peter Cremer & Co GmbH(1999)1 Lloyd's Rep 620 先例中出现,有关的案情在本书第三章 10.4.2 段有详细介绍,不重复。只说卖方的救济是可以多方面采取法律行动,包括向船东索赔无单放货,向买方索赔货款的损失或/与侵占货物(因为买方拒绝接受单证所以财产/货物所有权没有转移),向实际占有货物的分买方主张卖方对该批货物的主权并要求退还等。

1.4.10.2　付运单证有不符点卖方可否向买方要求支付

这里先节录《Benjamin's Sale of Goods》(8th edn,2010 年)一书的 23-061 段如下:"**Seller cannot by-pass compliant credit.** Once the buyer has produced the opening of a documentary credit in accordance with the terms of the underlying contract,the seller is not entitled to by-pass the credit and seek payment directly from the buyer. A documentary credit affords the seller the reassurance of being able to look to one or more banks as,it assumes,reliable and solvent paymasters. In return,the buyer is relieved from having to stand ready to pay the seller upon tender of documents and instead can agree reimbursement arrangements with the issuing bank suitable to the seller's financial position. The seller's right to look to the banks is not,therefore,a mere option:an alternative right to elect to present documents directly to,and call for payment from,the buyer would deny the buyer its correlative right to organize its financial affairs with the issuing bank to its own convenience."

另在同一本书的23－216段的下部分(已经在较早前节录)也说明卖方如果是自己没有办法交出准确的付运单证给银行,是不能要求买方做出支付:Ficom SA v Sociedad Cadex Limitada(1980)2 Lloyd's Rep 118;Shamser Jute Mills Ltd v Sethia(London)Ltd(1987)1 Lloyd's Rep 388。以下可进一步介绍后一个先例的案情,它是一个200吨黄麻纱的FOB买卖,在1984年10月至1985年1月的期间每一个月付运50吨。

有关支付涉及了双方在买卖合约约定通过一个"不可撤销与保兑的即期信用证"(irrevocable and confirmed letter of credit at sight)。而合约中另有一条有关的条文(第13条)说:"Irrespective of the method of payment, the buyer shall remain responsible for payment of the full value of all goods shipped in accordance with this contract and shall guarantee payment..."(无论是什么样的支付货款办法,买方必须对全额货款的支付负责并担保付款。)卖方在11月和12月份的付运都没有问题,顺利议付并收到货款。到了12月20日,买方开出了一个信用证为下一次的付运,但没有保兑,而买方也没有抗议。在作出付运后,卖方把付运单证去交出给他当地的银行要求议付。而议付银行同意做出支付但鉴于付运单证中发现一些不符点,所以说明是有保留的支付"under reserve for the... discrepancies"。议付银行把这套付运单证送去给开证银行并要求偿还,而开证银行把付运单证中一些文件的不符点告诉买方,而买方回复是不接受这套付运单证。这导致了卖方最后要向买方在这一个先例中索赔货款或损失。

在英国高院,Bingham大法官针对有关的信用证没有保兑,认为是不重要。卖方不抗议可以把它视为是同意变更或弃权,说:

"If I am correct that Oriental's Credit(开证银行的信用证)was never confirmed, it was a credit which did not conform with the requirement of the contract. But the sellers were content to accept the credit at the time as meeting the buyer's contractual obligation, and cannot now be heard to object, which indeed they have not tried to do. So the credit must be treated as if it did conform.

There were other inconsistencies between the terms of the contract and the terms of Oriental Credit's letter of credit. But by accepting the credit terms the sellers must be taken to have varied the contract in accordance with the terms of the credit they have accepted, or at least to have waived any right to rely on the earlier contract terms. This, again, is something the sellers have not tried to do."

至于是卖方无法从信用证取得货款的支付,转而向买方要求支付,这也是被Bingham大法官所否定,说:"If the seller fails to obtain payment because he does not and cannot present the documents which the terms of the credit, supplementing the terms of the contract, require, the buyer is discharged: that was the Ficom SA v Sociedad Cadex Limitada (1980)2 Lloyd's Rep 118 case. In the ordinary case, therefore, of which the present is an example, the due establishment of the letter of credit fulfils the buyer's payment obligation unless the bank which opens the credit fails for any reason to make payment in accordance with the credit terms against documents duly presented. I know of no case where a seller who has failed to obtain payment under a credit because of failure on his part to comply with its terms has succeeded in recovering against a buyer personally. If this were an available road to recovery, many of the familiar arguments about discrepancies in documents would be unnecessary. Bearing in mind the likelihood that buyers will(as here)sell on to sub-buyers, such a result would, I think, throw the course of international trade into some confusion. It must in my view follow that the sellers here, not having complied with the credit terms, cannot recover against the buyers personally."

至于第13条文,Bingham大法官不觉得这改变了什么,它只是重复英国法律的地位就是信用证只是一个有条件的支付办法,买方会有情况需要负责货款的支付,说:"The buyer is under that clause to remain responsible for payment of the full value of all goods shipped in accordance with the contract. But this cannot be read quite literally, since plainly a seller who had shipped goods in accordance with the contract but never made documents available to the buyer to enable the buyer to get possession of the goods could not recover the price. So 'this contract' in the clause must mean the whole contract, as varied or supplemented by the agreed terms of the letter of credit. The clause than makes plain, as may before the Alan(WJ)& Co Ltd v El Nasr Export and Import Co(CA)(1972) 1 Lloyd's Rep 313 decision have been doubtful, that the establishment of the credit is not absolute payment; and the clause is in line with the law as I understand it, that a seller who has duly performed all the contract terms, including the presentation of all the documents required by the credit, but who has not obtained payment, may continue to look to the buyers. That is not this case."

§2 适用法律与管辖权

国际货物买卖合约是一份国际性的合约,涉及多国法律与管辖都可能会适用。为求稳定,如对合约条文的解释、之后的履行、索赔的时效等方面有了争议判谁是谁非等,买卖双方都应该一早约定"适用法"(governing law 或 law of the contract),而不是依赖虚无空泛的最密切关系法律事后追认什么是适用法。毕竟在国际性的合约,有最密切关系的国家也会有好几个。

同样在"管辖权"(jurisdiction),也应一早在国际货物买卖合约约定。今天国际货物买卖一般都会约定一条仲裁条文,如北京贸仲仲裁。这确也是好方法,因为有140个国家/地区承认与加入了1958年的《纽约公约》。所以仲裁能获得世界上绝大多数的外国法院承认,不准任何合约方取巧去"择地行诉"(forum shopping)与裁决书能成功执行的机会也比国家法院的判决高多了。而在避开美国法院的“无事不管”(long arm of American jurisdiction),判决起来会是天文数字赔偿,任意加上倍数的惩罚性赔偿,更是依赖一条文书的仲裁条文最为有效。美国不信任任何其他国家的司法制度,所以没有与任何国家有互相承认国家法院判决的双边协议,但美国却加入了1958年的《纽约公约》。这变为美国不会理睬一个中国最高院或其他中国法院作出的判决,但就会承认与执行一个北京贸仲管理下作出的裁决书,因为美国也必须履行国际公约的责任。

本书所介绍的是1979年的英国《货物销售法》(Sale of Goods Act 1979),有关法律在前殖民地,如香港(或新加坡),也大致上适用。但这是假设销售合约适用英国法(或香港法)而有关争议是由英国或香港熟识当地法律的法院或仲裁庭管辖。如果合约没有有效的管辖权/仲裁及适用法律条文,在争议发生时(这在金额庞大的与复杂的国际商品买卖,可以说是无可避免而且频频会发生),这会带来严重问题,主要包括:

(i)特别在国际货物买卖的情况,会被一些在外国的合约方在他们当地起诉,可以他们当地是中方不熟悉的法律与法庭程序占尽便宜。买卖合约原本拟定的条文会按当地法律与理解作出解释而导致不肯定或效力大减,甚至无效,或当地法院对审理国际货物买卖的案件缺乏经验,结果难以判断最后结果。这都会逼迫中方大幅度作出让步,谋求达成和解,甚至放弃向外国公司索赔/抗辩。

(ii)亦可能双方需要针对管辖权或适用法律先作争议,还未到审理案件实质内容前已经花费大量律师费争议管辖权或适用法律这些程序上的问题。当事人不可小看处理这些程序问题,它是可以消耗大量的时间与金钱,这些问题的复杂性往往可超越实质争议(就是谁对谁不对),所以花费的时间和金钱也会相对的增加。

(iii)若没有有效的管辖权/仲裁或适用法律条文,双方在国际货物买卖的情况下往往一开始的时候不能确定最终会由哪个国家的法院与法律审理争议。这情况对合约双方(特别是针对想提起诉讼的一方)不利,因为在不知道哪个国家的法律适用或哪个法院审理案件的情况下,无法采取有关保护措施,如保护“时效”(limitation period)。反正是,要提起诉讼连第一步也做不出来。

(iv)就算合约内有管辖权/仲裁或适用法律条文,也需要考虑条文是否拟定的好,没有瑕疵。笔者碰过不少拟定的不好而因此变为无效的条文。也有碰过不少操作起来举步维艰与花费昂贵的条文,如最近见到不少管辖权/仲裁或适用法律不一致的条文(包括香港仲裁适用印尼法律,新加坡仲裁适用中国法律等)。因为“外国法律”(foreign law)都必须当作是事实来证明而不能只由法院/仲裁庭自己做出裁决。这都代表在开庭程序中需要提供外国法律专家证人,而因此提高诉讼费用而且带来结果不稳定(因为法院/仲裁庭对于外国法律很难用自己的理解与经验作出判断,只能依靠专家证人在庭上的说法与表现来做出选择)。

笔者在以上对于在国际货物买卖(以及一些相关的其他合约,如信用证)会面对关于管辖权或适用法律常见的问题做了简单解释，但无法对这广泛议题作详尽介绍。若需要进一步研究，读者可参阅有关权威著作，包括《Dicey and Morris, The Conflict of Laws》。由于国际货物买卖合约通常有仲裁条文，涉及了这一个行业的读者更加需要了解这一方面的问题，因为在国际货物买卖是经常会面对仲裁，避无可避。这方面可参阅笔者与杨良宜先生、莫世杰先生合著的《仲裁法——从1996年英国仲裁法到国际商务仲裁》与《仲裁法——从开庭审理到裁决书的作出与执行》。

最后只介绍一个杨良宜先生很早期处理的案件，希望带出了解这方面课题的重要性。案情涉及了香港买方向泰国卖方在2月份左右订立了一个FOB买卖合约，货物是泰国玉米，总货量涉及了12万吨，分别以2万吨一次付运，而付运是每一个月要作出，从8月份开始。买卖合约也有其他的要求包括是卖方在每一个航次的付运前10天开出信用证，并为了保证双方会在这一个较长时间的合约中履约，大家要相互提供金额达25万美元的履约担保，并要银行加签。

但在订立了买卖合约后不久，玉米市场急转直下，到了7月中旬，市场价格已经比合约价格低了很多。在这种情况下，买方自然不开出信用证，也不租用船舶，虽然这明显是违约。泰国卖方不断督促买方开出信用证，反正大家就拖拖拉拉再过了大半个月，而期间市场价格进一步下跌而且看来是没有希望扭转。这导致了买方到了8月上旬或8月中感觉无望，向卖方发出了一份电文，说是市场价格这样在下跌是不可抗力，买方决定不开出信用证与派遣船舶去曼谷，请卖方提取25万美元的担保后把这一次交易结案，并希望以后再做生意。

买方这样做显然是违约，而且违约得很难看，且把自己放在一个很不利的地位。一是以文字说明了他拒绝履行合约的原因就是市场下跌，二是错解了25万美元的履约担保就是责任限制，这显然是不对，违约的后果是要赔偿卖方的损失让他恢复到一个合约被履行的地位。反正是，卖方很快就接受买方的违约终断买卖合约，并很快把25万美元的担保从买方的银行取得，之后委任了驻在香港的伦敦律师所，并向买方作出一封要求支付的信函（letter of demand），要求买方在14天内支付约150万美元的损失（这是根据违约一天的市场价格与合约价格的差价，减去25万美元），否则将会在香港法院提出索赔。这律师信导致了买方的恐惧并马上约见杨良宜先生（他们两位是认识的朋友），要求想办法如向卖方代表律师哀求一定程度的扣减后分期赔付。但杨良宜先生觉得很难，也觉得很难抗辩，可以说如果是去香港法院，会是由于没有一个合理的抗辩而被法院认为适合作出一个简易判决，不给买方一个机会去开庭抗辩或拖延时间。但杨良宜先生在看了有关的买卖合约后，虽然觉得是订得不错与看来全面，总共有24条文针对各方面的问题，但偏偏少了一条仲裁条文或管辖权条文。难怪卖方委任香港律师准备在香港法院提出诉讼，因为香港是被告的所在地显然是有管辖权。但杨良宜先生就灵机一动，想起了泰国法院的延误，马上在买方面前打了一个电话给一个泰国律师问上一个案件是否会被拖延8年至10年之久，他的回应是还不止10年。接下去杨良宜先生问有关这一个案件能否让香港买方去泰国法院起诉,要求卖方归还这 25 万美元,因为是合约受阻。泰国律师同意这是可行,结果就在卖方律师要求信函的 14 天限期届满之前,买方的泰国律师已经在泰国法院起诉。这导致了卖方律师跳起来,威胁要在香港法院开始诉讼,而买方的回应是会在香港法院要求"终止"(stay),因为有关的案件已经在一个友好国家的法院受理。反正到了后来该案件是在泰国法院审理,而且一拖就拖了十几年,结果索赔被拖死,最终不了了之。

显然在该 FOB 买卖合约中,如果是加上了一条仲裁条文,就不至于卖方会面对这种厄运。要强调的是仲裁条文也必须拟定的好,如果是约定去莫名其妙的仲裁地点如乌干达,恐怕作为原告的卖方命运也好不了多少。

案 例 目 录

图书在版编目(CIP)数据

国际货物买卖/杨大明著．—北京:法律出版社,2011.10(2024.5重印)
(研究生教学书系)
ISBN 978-7-5118-2592-6

Ⅰ.①国…　Ⅱ.①杨…　Ⅲ.①贸易法—研究生—教材
Ⅳ.①D996.1

中国版本图书馆CIP数据核字(2011)第201398号

国际货物买卖
GUOJI HUOWU MAIMAI

杨大明 著

责任编辑 吴 昉
装帧设计 凌点工作室

出版发行 法律出版社
编辑统筹 教育出版分社
责任校对 杨锦华
责任印制 刘晓伟
经　　销 新华书店

开本 710毫米×1000毫米 1/16
印张 45.5　**字数** 910千
版本 2011年10月第1版
印次 2024年5月第4次印刷
印刷 北京建宏印刷有限公司

地址:北京市丰台区莲花池西里7号(100073)
网址:www.lawpress.com.cn
投稿邮箱:info@lawpress.com.cn
举报盗版邮箱:jbwq@lawpress.com.cn

销售电话:010-83938349
客服电话:010-83938350
咨询电话:010-63939796

书号:ISBN 978-7-5118-2592-6
定价:79.00元

凡购买本社图书,如有印装错误,我社负责退换。电话:010-83938349